# 北大地理系文献

# 教学手稿卷 1

崔海亭 主编
唐晓峰 蔡运龙 副主编

學苑出版社

**图书在版编目（CIP）数据**

北大地理系文献教学手稿卷 / 崔海亭主编. -- 北京 : 学苑出版社, 2025. 6. -- ISBN 978-7-5077-7190-9

Ⅰ. K90-4

中国国家版本馆CIP数据核字第2025R7F052号

**出 版 人**：洪文雄
**责任编辑**：杨 雷
**出版发行**：学苑出版社
**社　　址**：北京市丰台区南方庄 2 号院 1 号楼
**邮政编码**：100079
**网　　址**：www.book001.com
**电子信箱**：xueyuanpress@163.com
**联系电话**：010-67601101（营销部） 67603091（总编室）
**经　　销**：新华书店
**印 刷 厂**：廊坊市印艺阁数字科技有限公司
**开本尺寸**：787 mm × 1092 mm 1/16
**印　　张**：84.5
**字　　数**：750 千字
**版　　次**：2025 年 6 月第 1 版
**印　　次**：2025 年 6 月第 1 次印刷
**定　　价**：980.00 元（全三册）

# 前 言

本书汇集了北京大学地理系（城市与环境学院）几代教师的手稿，包括侯仁之大师的遗稿，也包括胡兆量、董黎明、周一星、王缉慈、蔡运龙、唐晓峰、韩光辉、许学工、冯长春等著名地理学家的手稿。

手稿像一面镜子，反射出老师们辛勤耕耘杏坛的身影；手稿像一部交响乐总谱，汇集了每一位教师授课的“华彩乐段”。

教师的手稿，具有很高的历史文献价值，它不仅反映一个单位的教育水平，更承载着一个学校的学术风格，并记录着学科及其教学发展的足迹。在借助电脑写作普及后，老师们大都不用手写讲稿了，使得当下手稿已成为非常稀缺的资源。本书汇集的手稿，大多产生于二三十年甚至三四十年前，是整整三代人教学活动的结晶。能将这些文献收集起来出版，更显弥足珍贵。

手稿具有较高的学术价值，是珍贵的文化遗产。本书汇集了“北京历史地理”“文化地理学”“自然地理学概论”“城市规划原理”“城市问题研究”“城市地理学”“现代工业地理学”“综合自然地理学”“中国城市历史地理”“中国历史地理”“中国自然地理”“城市总体规划”等课程的手稿，生动反映了老师们在课堂上引领潮头，向学生介绍新思维、新成果和新方法的创造性教学活动。事实上，这些手稿经过多年教学实践的磨砺，后来大多成为优秀的教材或专著出版，在全国产生了广泛深远的影响。

不同课程、不同教师的学术风格不同，阐述地理学的表达方法不同，各有千秋，百花齐放。侯仁之先生的手稿是其中的典范，他讲课逻辑严密、鞭辟入里、深入浅出、娓娓道来、引人入胜，受到历届学生的称赞。每一位老师在自己的领域都深耕不辍、与时俱进，成就了深受学生欢迎的精品课。理论联系实际，结合自己艰辛的理论探索和丰富的实践经验传授知识，重在培养学生的地理学思维和掌握地理学的研究方法，这就是北大地理教育的优良传统。手稿的字里行间折射出精益求精、严谨治学的学风，既充分体现了北大地理学的独特风格，更成为珍贵的文化遗产，值得传承和发扬。

因系多年前的手稿，有的保存并不完整，也有反复修改的痕迹，但仍能反映出当时备课的认真精神。这些手稿的收集，最早来自唐晓峰教授的倡议，他和蔡运龙教授为此付出了大量心血。本次出版的手稿带有抢救性，谨向提供手稿的各位老师致谢。

还要特别向为本书的组稿、加工、编辑、出版辛勤付出的杨雷女士致谢。

崔海亭

2024年10月27日于燕园

# 总目录

## 北大地理系文献
## 教学手稿卷 1


侯仁之《北京历史地理》……………………………1

胡兆量《文化地理学》……………………………41

崔海亭《自然地理学概论》………………………71

董黎明《城市规划原理》《城市问题研究》………175


## 北大地理系文献
## 教学手稿卷 2


周一星《城市地理学》……………………………319

王缉慈《现代工业地理学》………………………431

蔡运龙《综合自然地理学》………………………511

唐晓峰《中国城市历史地理》……………………631


## 北大地理系文献
## 教学手稿卷 3


韩光辉《中国历史地理》…………………………777

许学工《中国自然地理》…………………………969

冯长春《城市总体规划》…………………………1169

北大地理系文献

教学手稿卷 1

# 目 录


侯仁之……………1

《北京历史地理》

胡兆量……………41

《文化地理学》

崔海亭……………71

《自然地理学概论》

董黎明……………175

《城市规划原理》

《城市问题研究》

侯仁之

# 《北京历史地理》

这是1988年侯仁之先生为北大学生开设的《北京历史地理》课程的讲稿，是在整理侯先生遗留档案中发现的。关于北京历史地理，侯先生有一项深受北大同学欢迎的讲座，那时，每批新入学的同学都会聆听侯先生的这项讲座，它是同学们北大经验中难忘的部分。而这份讲稿，并不是那类讲座的手稿，而是一门课程的详细讲述纲要。其内容更加系统、详细，含有更多的理论方法。

这次授课，侯仁之先生已经77岁，从讲稿撰写的细致程度可以看出他的一丝不苟的工作精神。按说，关于北京历史地理问题，侯先生有数十年的研究经验，且多次为各类人员开设讲座，其内容应该是烂熟于胸的，但他仍然要如此认真地备课，并对讲稿反复修改，这里我们看到了老一辈学者对待教育事业的认真执着的精神。在侯先生遗留的个人档案中，还有这次听课同学书写的作业，也被侯先生精心保存着，这正体现了一位教师对工作的热爱。（唐晓峰）

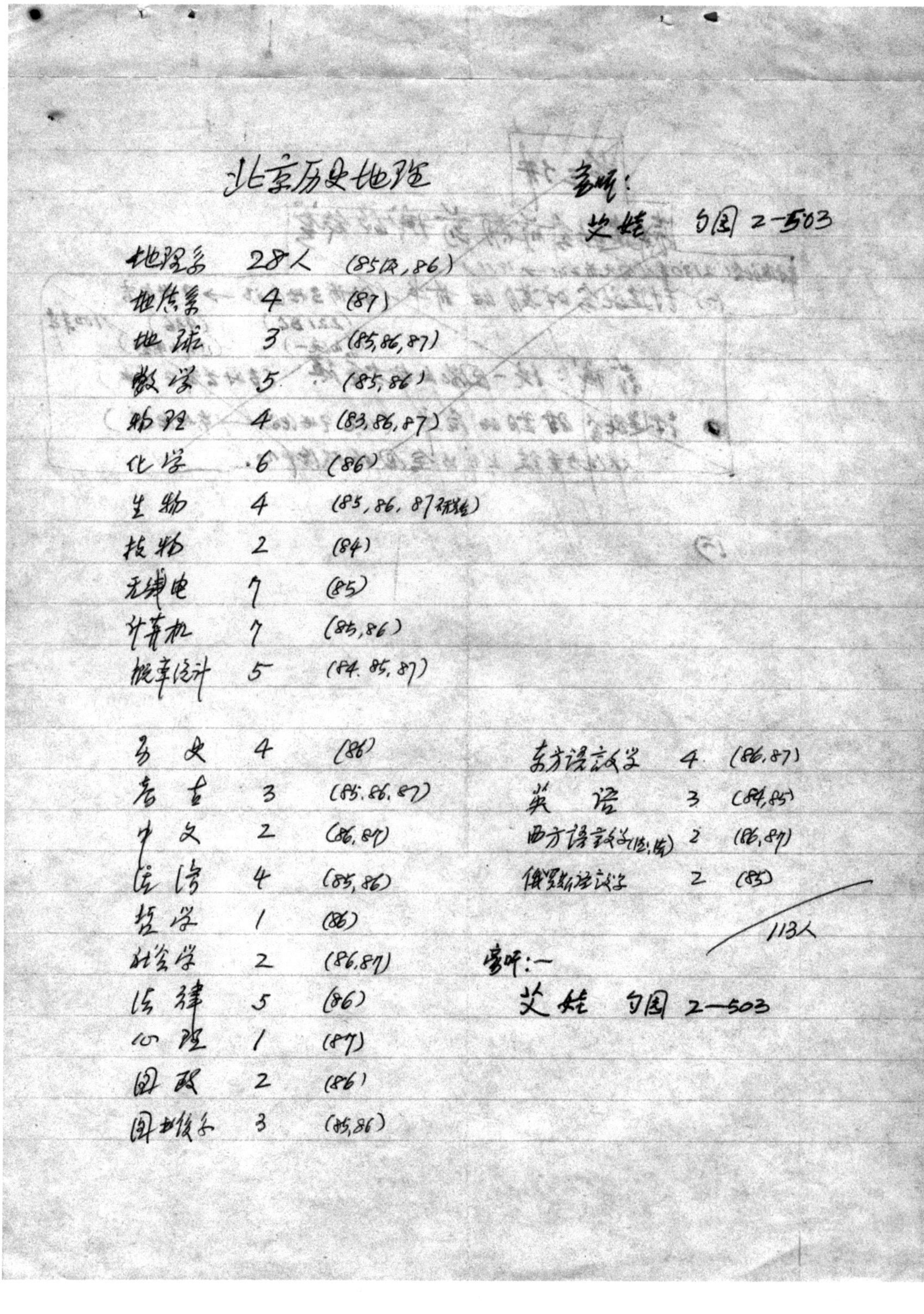

北京历史地理　　复印：
艾娃　勺园2-503

| | | |
|---|---|---|
| 地理系 | 28人 | (85级,86) |
| 地质系 | 4 | (87) |
| 地球 | 3 | (85,86,87) |
| 数学 | 5 | (85,86) |
| 物理 | 4 | (83,86,87) |
| 化学 | 6 | (86) |
| 生物 | 4 | (85,86,87研究生) |
| 技物 | 2 | (84) |
| 无线电 | 7 | (85) |
| 计算机 | 7 | (85,86) |
| 概率统计 | 5 | (84.85,87) |
| 历史 | 4 | (86) |
| 考古 | 3 | (85.86.87) |
| 中文 | 2 | (86,87) |
| 经济 | 4 | (85,86) |
| 哲学 | 1 | (86) |
| 社会学 | 2 | (86,87) |
| 法律 | 5 | (86) |
| 心理 | 1 | (87) |
| 国政 | 2 | (86) |
| 国经系 | 3 | (85,86) |
| 东方语言文学 | 4 | (86,87) |
| 英语 | 3 | (84,85) |
| 西方语言文学(法,德) | 2 | (86,87) |
| 俄罗斯语言文学 | 2 | (85) |

113人

复印：—
艾娃　勺园2-503

第三讲

封建社会前期蓟城的发展

封建社会：2130年（公元前221→1911）

（一）封建社会时期的前半（公元前3世纪初→9世纪末
（221BC）（秦的统一）（936）（辽代的陪都）1100多年

蓟城：统一国家的地方重镇（当时首都在关中）

（二）封建社会时期的后半（公元9世纪末——本世纪初）
从地方重镇上升为全国的政治中心。

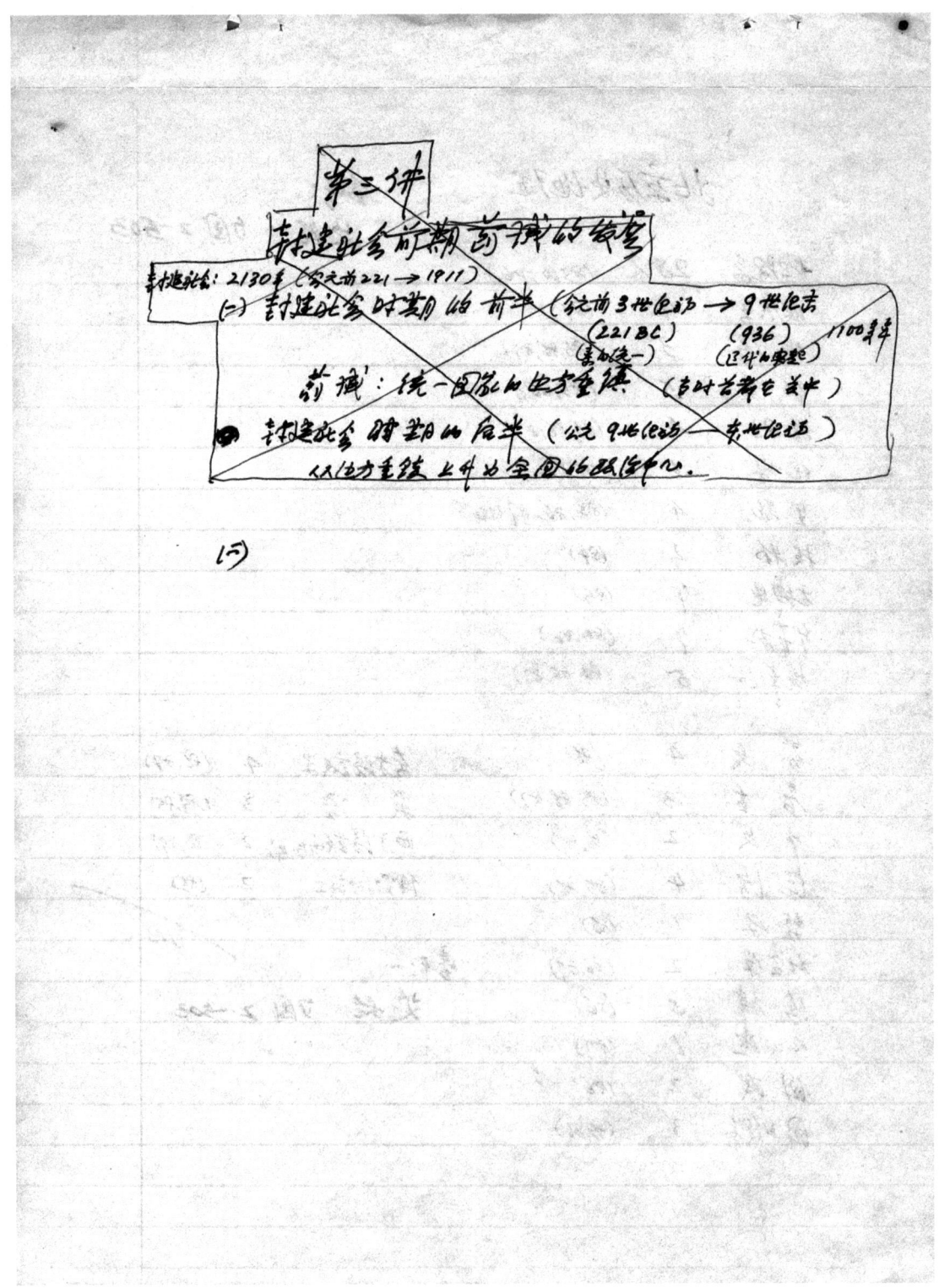

（三）

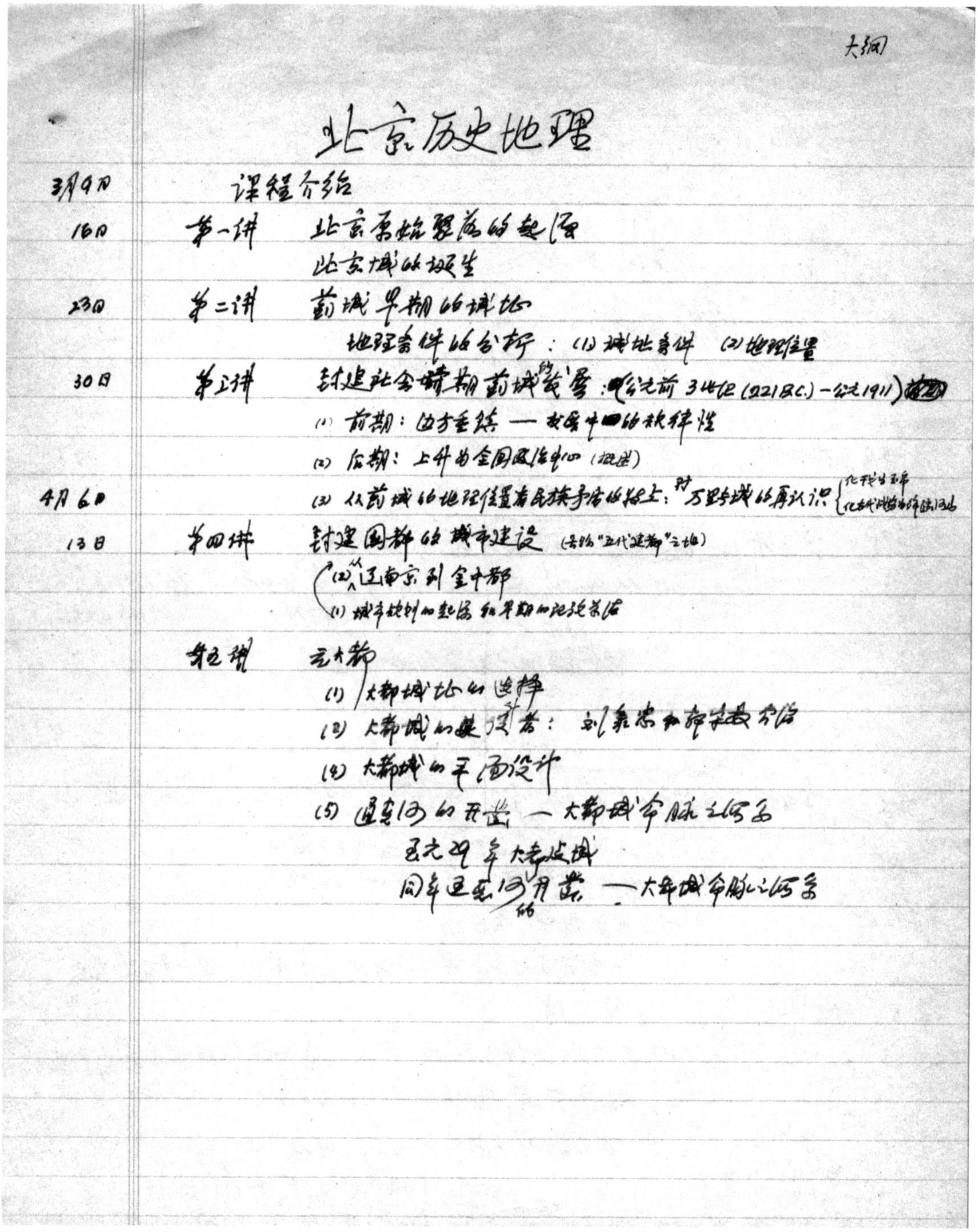

大纲

# 北京历史地理

3月9日　课程介绍

16日　第一讲　北京原始聚落的起源
北京城的诞生

23日　第二讲　蓟城早期的城址
地理条件的分析：(1) 城址条件　(2) 地理位置

30日　第三讲　封建社会时期蓟城的发展：（公元前3世纪（221B.C.）－公元1911）
(1) 前期：地方重镇——我国中原的战略性
(2) 后期：上升为全国政治中心（概述）

4月6日　(3) 从蓟城的地理位置看民族矛盾的特点：对万里长城的再认识 {[illegible] / [illegible]}

13日　第四讲　封建国都的城市建设（另给"五代建都"之地）
(2) 从辽南京到金中都
(1) 城市规划的起源和早期的理论基础

第五讲　元大都
(1) 大都城址的选择
(2) 大都城的设计者：刘秉忠和郭守敬介绍
(4) 大都城的平面设计
(5) 通惠河的开凿——大都城命脉之所系
至元29年大都建城
同年通惠河的开凿——大都城命脉之所系

大纲（初稿）

# 北京历史地理

3月9日　　课程介绍

3月16日　第一讲　北京原始聚落的起源
　　　　　　　　　北京城的诞生

3月23日　第二讲　蓟城早期的城址
　　　　　　　　　" " 地理条件的分析 {1.古城址 2.地理位置

3月30日　第三讲　（封建社会时期）蓟城的发展
　　（一）从公元前三世纪初到公元十世纪末：约1100多年
　　　　（前221）　（938年已为陪京）
　　　　封建统一国家的地方重镇。
　　（二）从公元10世纪初到20世纪初。
　　　　从地方重镇上升为全国的政治中心。

4月6日　第四讲
从蓟城的地理位置，看民族关系的特点

4月13日
　　（一）在我国封建社会后期
　　　　从民族间的军事矛盾到文化融合，有一个逐渐发展的过程。

4月20日（讲稿）（李秀山）
　　（二）其结果，促进了蓟城迅速上升为全国的政治与文化中心。
　　　　（表现在城市规划与建设上，十分明显）

4月27日
　　（三）万里长城：过去是民族矛盾的产物。
　　　　　　今天：各族劳动人民血汗的结晶。
　　　　　　"化干戈为玉帛"——化战场为今天的旅游胜地。

姜女庙联

5月4日
"秦皇安在哉，万里长城筑怨。
姜女未亡也，千秋片石铭贞。"

①

1988年3月9日

# 北京的历史地理

## 课程介绍

(一) 一门选修课:

(1) 不是专题探讨的选修课

(2) 而是专题课的 " "

(二) 课程的性质、应该在课堂讲授的内容

(1) 不应该只是把这门学科的研究成果,介绍给大家,
更重要的是把怎样取得这些研究成果,讲给大家.

(2) 也就是说,不应该仅仅是既得知识的介绍,
更重要的是取得这些知识的方法(手段)的介绍.

鸳鸯绣出从君看,
莫把金针度与人。

这是在旧社会,垄断知识者保密的一种手段.

(三) 如果照这样去讲——不仅是传授既得的知识,还要尽可能地去讲述取得这些知识的手段. 那么就只能涉及到一些[研究过程的]细节,

(1) 而这一研究过程,总是从感性认识,上升到理性认识的过程

(2) 其中,也必然包括着一个量变到质变的过程.

(四) 我是否可以这样去讲——这也是一种尝试,是否能这样尝试有待去做. 同学们有什么意见、问题,也可以随时告诉我。

(1) 我想今天就结合"北京的历史地理"这门专题,先举两个例子来说明:我们对北京城最初的[所得到的]一些感性认识

(2) 其次再补充介绍一下:历史地理作为一门新学科(从沿革地理到历史地理)又是怎样发展起来的;——这和北京大学作为一个高等学府来说,是有密切关系的.

1988年3月9日. 4:00-5:30

# 北京历史地理

## 第一讲 课程介绍

(一) 地理系的领导建议开设《北京历史地理》这门选修课，我很高兴，能有机会接受这项任务。

为什么？

(1) 作为以"北京"命名的一座高等学府的学生，将在这里度过他一生中最重要的一段学习时间，理应对这个城市有所了解。

(2) 其次、北京这个城市，又不同于一般的城市，她既是一座举世闻名的历史文化名城，又是社会主义的中国的首都。

②

(1) 我对北京城的感性认识是怎样开始的。

① 57年前（1931）第一次来北京的印象。——第一个全局的感性认识、是我终生不忘的第一堂地理课[?]。

——见《北京的城墙与城门》序

② 第二个、全局的感性认识——"海淀"、"圆明园"（第二外出[?]）

——见《北京海淀附近的地形、水道与聚落》（页251—271）《历史地理学的理论与实践》

(2) 历史地理作为一门科学的发展。从沿革地理到历史地理的发展，先后同又和北京大学密切相关。

① 今年是北京大学九十周年校庆：

《我与北大》征文、我写了《燕园问史》[?]。——发表在北京大学的刊物[?]。从沿革地理→历史地理

② 《北京历史地图集》——沿革图。

③ 《百科知识》："历史地理学概说"

# 北京历史地理

## 第一讲 课程介绍

(一) 地理系的领导建议我为同学们开设《北京历史地理》这门选修课。我很高兴。同学们有选择的自由，我想，我自己也可以不按照一般基础课的要求，而有选择地讲自己所学的内容。(这不是一门基础课、而是一门专题课、——这就是选择这一自由的条件)

不是基础课
而是专题课

我想最重要的一点，就是，我不应该仅仅是把关于这个学科的研究成果、介绍给同学；如果说在已有的研究成果中、有些是来自我个人的，那么我就应该把我自己是如何得到这些成果的过程，尽可能的讲出来。

换句话说，在这样的专题课里、不应该只是传授已有的知识、更重要的是讲述这些知识是怎样取得的、——特别是自己的第一手知识是怎样取得的。实际上、既使是第一手知识、其来源也不同、或是整合已有的研究、而得出新的成果。更可贵的是自己的新发现。(这只能举例来说明)(最忌不问出处、抄袭别人研究成果)

自然、课程这样来讲、就需要涉及一些工作过程的细节，这是应该说明在前的。

其次、一切第一手知识的来源，必需注意从感性认识开始，然后上升到理性认识；这中间就包括着一个由表及里的过程。

(二) 这门选修课、就试图按照上述的方法去讲、——这也算是一种方法上的尝试。同学们有何意见，也请告诉我。

今天、我就先结合"北京历史地理"这门专题课，先举两个例子、来说明：(1) 我对北京城的感性认识是怎样开始的。
(2) 历史地理作为一门新的学科是怎样发展起来的。
(分述如下)

③

# 北京历史地理

（3月16日）

第一次、介绍了课程的特点

## 第一讲

① 北京市地形图
② 北京城图

（一）北京原始聚落的起源
（二）北京城的诞生

### （一）原始聚落的起源

㈠ 所谓原始聚落的含义。

（1）㈡ 在原始聚落出现之前的旧石器时代：（从旧石器时代—新石器时代）

在北京地区，已有50万年人类居住的历史：——

① 旧石器时代

（a）初期：中国猿人："北京人"

从古猿进化到智人的中间环节的原始人类

i）周口店：北京西南的50公里的"龙骨山"。

ii）遗物：石器 砍伐器、（狩猎用）锋利的刮削器、采掘器

iii）灰烬：4-6M、烧骨 烧骨石块

用火的证明。

（b）中期、新洞人，距今约10万年

发现人牙齿

（c）晚期：山顶洞人，"" 2万年

顶部洞的中发掘

骨针（装饰、鱼骨等）

狩猎+渔捞

② 新石器时代　近一万年，

（a）早期："东胡林人"墓葬

清水河畔台地上：两男一女；与打制石器 尚无磨制……

(2) 新石器时代 (距今一万年)

平原上的氏族聚落开始出现

从狩猎、采集过渡到畜牧和原始农业。

原始农业的出现：(游牧生活→转向定居。

(山上洞穴→山麓平原)

器具：石斧、石铲、石镰、石凿、石纺轮、细石器、陶器

① 早期：距一万年。 (尚无磨光的石器)

东胡林人：门头沟区、清水河南岸台地

墓葬：两男一女。

② 晚期：

(a) 雪山村遗址 (1961) 距今六千年

(下) 最下层：红褐陶、彩陶片 与仰韶文化相似

又与辽宁红山文化的相似

(中) 中层：黑灰陶、细、轮制。 距今四五千年

性质：龙山文化 河北型

(上) 上层：(夏家店下层文化)

约相当于早期的青铜文化。

(b) 平谷、上宅 早于雪山 五至六千年

④

3月23日 第二讲

(一) 蓟城~~地理条件的分析~~早期的城址
(二) 地理条件的分析

(一) 早期城址

(1) 最初关于蓟城城址的记载

① 《战国策》卷30.《乐毅报燕王书》 公元前285

"臣奉令击齐,大胜之,轻卒锐兵,长驱至国。齐王逃遁……仅以身免。珠玉财宝,车甲珍器,尽收入燕。大吕陈于元英,故鼎反于历室,齐器设于宁台,蓟丘之植植于汶篁。"

② 北魏 郦道元 (465—472 or 527)

《水经注》卷13

"昔武王封尧后于蓟。今城西北隅有蓟丘,因丘以名邑也,犹鲁之曲阜、齐之营丘矣。"

(宋 沈括:《梦溪笔谈》)

(2) 遗址、遗物

(1) 广安门外、滨河西路之西:燕国瓦当

(2) 春秋、战国 陶井、井圈。

(二) 城址地理条件的分析

(1) 城址条件 (位置条件)

① 洗马沟源自西湖、侧蓟城南方古道。 (地面水源)

② 永定河古冲积扇上的潜水溢出带: (地下水水源)

(2) 位置条件

① 《史记·货殖列传》 卷129

"夫燕亦勃碣之间一都会也。
南通齐赵，
东北边胡……
有鱼盐枣栗之饶。
北邻乌桓、夫余，
东绾秽貉、朝鲜、真番之利。"

⑤

3月30日

## 第三讲

## 封建社会时期蓟城的发展概况

(一)封建社会时期蓟城的发展（公元前221—1911）共2130年

前半期：地方的重镇

后半期：全国的政治中心

(二)前半期（公元前221→公元918）

蓟城发展的基本规律：

(1)每当中央集权的统治力量强大：

内足以镇压农民起义、外足以发动对外开拓侵略的时候，就常常以蓟城为经略东北的基地；

(2)反之、每当中央集权的统治力量衰微，农民起义日益激烈的时候，东北的游牧部族，就常常乘机内侵，于是蓟城又成为地方上一个军事防守的重镇。

(3)到了防守无效，东北游牧部族的统治者一旦入侵，蓟城就成为必争必夺之地，甚至还要成为入侵者进一步南下的据点。

(4)至于、在这期间、绝大部分时间，总处于比较安定的局面，蓟城又经常为中国北部最大的贸易中心，起着南北文化交流的纽带作用。

〔举例如下：〕

中央集权政府的建立
另地边

①秦始皇．大修驰道．从咸阳直达蓟城．[221-207 B.C.]
（公元前209年）

②汉代：

汉 [202 BC.-8 AD] 新 [9-23] 东汉 [25-220]

"天下名都"

"燕之涿、蓟" "富冠海内" 为"天下名都"。

见于《盐铁论》

汉昭帝始元六年：前81年

桑弘羊主持盐铁会议．

第一次大规模农田水利建设

③三国曹魏．嘉平二年．公元250

镇北将军刘靖：屯田守边

三国 [221-316]

主要为东北的前进基地

④隋炀帝大业四年（608）

开永济渠，北达蓟城

引沁水

隋 [581-619]

⑤唐太宗贞观18年（644）

19年（645）

唐 [620-906]

(三) 后半期：（938—解放前）

1) 上升为全国的政治中心 （938—1911）

(2) 1911—1949

五代 [907-959] 后梁唐晋汉周

⑥ ~~[struck-through text]~~

(1) 公元4世纪［西晋末年］—5世纪中

(2) 公元10世纪的前期（907-959）

公元314：羯族石勒．陷蓟城．

公元350：鲜卑族慕容儁建前燕．

⑥

## 第三讲　封建社会时期蓟城的发展

（未完、继续讲）

4月6日

（在封建社会时期，开始建立了中央集权的政府之后）

~~[illegible]秦汉[illegible]~~

全国的政治中心在咸阳→长安；蓟城则是东北边方的重镇。

举（例）

(1) 209 B.C. 秦始皇驰道，向东北直达蓟城

（统一时期）　在汉代兴盛之时，蓟城居于"富冠海内"的"天下名都"。

（汉昭帝始元六年，B.C.84）

(2)

（分裂时期）三国曹魏　嘉平二年　公元250年

镇北将军刘靖屯田守边：

《水经注》卷14 引刘靖碑文

刘靖："登梁山以观源流，相㶟水以度形势……

乃遏于水，导高梁河，造戾陵遏、开车箱渠。

……水流乘车箱渠，自蓟西北迳昌平，东迳渔阳潞县，

凡所润含，四五百里，所灌田万有余顷。"

①㶟水：（水经注卷13）

"㶟水出雁门阴馆县、［今山西代县西北四十里］

东北过（代郡）桑乾县南［今河北省怀安县西北］

㶟水又东南入山，瀑布飞梁，悬河巨壑，湍激十许丈，谓之落马洪，……

㶟水自南出山，谓之清泉河，……

㶟水又东南，迳良乡县之北界［今河北省房山县东］，历梁山南，高梁水出焉。

㶟水又东迳广阳县故城北，［今良乡东北十里］

㶟水又东北，迳蓟县故城南……

㶟水又东南，高梁之水注焉。水出蓟城西北平地，泉流东注……又径蓟城北，

又东南流，《魏土地记》曰："蓟东十里有高梁之水"者也。

《魏土地记》曰："清泉河上承桑乾河，东流与湿水合。"㶟水东入渔阳，

所在枝分，故俗谚云："高梁无上源，清泉无下尾。"盖高梁微涓浅薄

载足津通，渴借涓流，方成川渚；潭泉西注，所在枝分，更为微津，散漫难寻故也。"

(3) 五胡十六国. 公元301—433. 4世纪初—5世纪中

前后一百多年间，陷于分裂、

① 羯族石勒、公元314攻陷蓟城、自称赵王、

② 鲜卑族慕容儁、公元350.建前燕.迁都于蓟。

(581-619) (~~600-906~~)

(4) 隋唐时期 [581—906] 统一时期

① 隋炀帝大业四年(608)、发民工.

开永济渠、引沁水南达河、北通涿郡.(治蓟)

……(~~大业七年(611) 炀帝自将击高丽. 从江都乘龙舟北上. 直到蓟城. 兵马增多. 集中蓟城.~~)

② 大业七年(611) 《资治通鉴》大业七年秋七月：

"发江淮以南民夫及船，运黎阳及洛口诸仓米至涿郡，舳舻相次千余里。"

③ 大业八年正月(612) "四方兵皆集涿郡，凡一百一十三万三千八百人，号二百万，其馈运者倍之。宜社于南桑干水上，……祭马祖于蓟城北。"

④ 大业九年、(炀帝本纪)

"征天下兵，募民为骁果，集于涿郡。"

后自率师到蓟城，时杨玄感叛国，遂引退。

(620-906)

② 唐太宗 贞观十八年(644)冬、准备征高丽.

十九年(645) 《旧唐书·本纪》：幸定州.至蓟城宣布誓师.

大败六军。天寒粮尽，

十一月还至蓟城. 为安抚军心、结悯忠寺.

(旧闻考. 17/12上引《塞北事纪》)

安禄山反(公元755)

平卢.范阳.河东 三镇节度使.

①

4月13日

(2) 从辽南京到金中都

# 第四讲　封建国都的城市规划和建设

## 一、我国城市规划的起源和早期的理论总结

(1) 在我国，城市规划起源甚早，可以上溯到（奴隶社会时期的）商代。

是从统治者的都邑开始的。当时都邑的核心建筑——即宫殿。

考古发现提供了充分的证据，说明从宫殿建筑开始。

① 河南省偃师县二里头遗址（公元前1900年至前1500年）（商朝时代遗址）

发现两座大型宫殿基址，都建筑在夯土台基上。

(a) 1号宫殿的基址，长宽约百米，占地1万平方米。

正面主：面阔8间，进深3间的殿堂，四周有廊庑，前面有门，中间是庭。

(b) 2号宫殿规模略小，基本形制与1号宫殿相同。在1号宫殿基址东北约150M。

这两座由堂、庑、庭、门等单位建筑组成的宫殿，布局严谨，主次分明，是迄今所知最早的宫殿建筑。其形制，开中国历史时期宫殿建筑之先河。

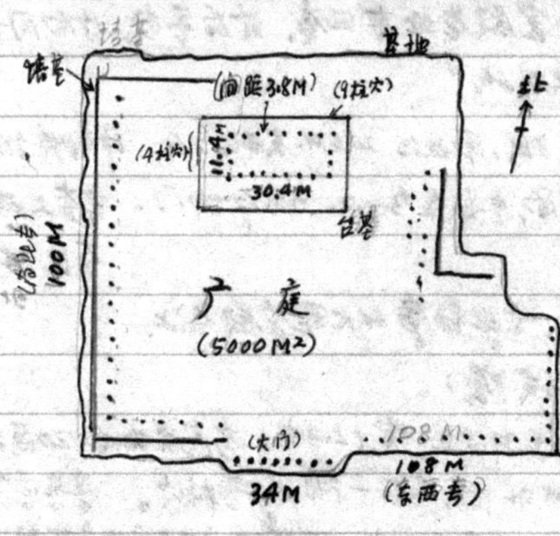


东北150米处为2号宫殿遗址？

中国大百科、考古学卷、页118　二里头1号宫殿遗址平面

1500
250
1750

②

② 郑州市商城（代中期都）（在今郑州市城内及郊外，放射性碳素断代：约公元前1500左右）
盘庚迁殷以前的商代早期都邑。
城为长方形，周长约7公里，面积25平方公里

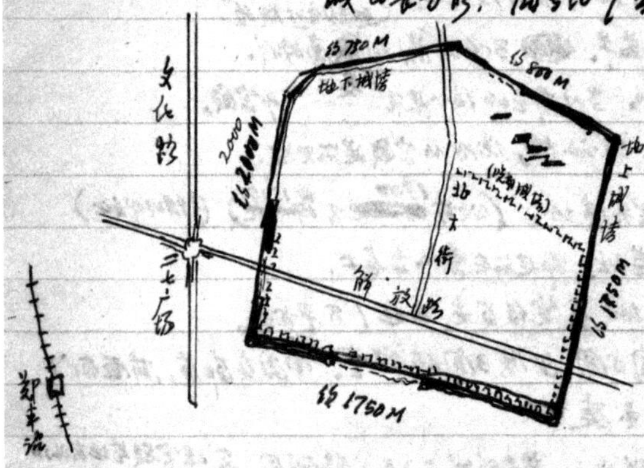


城内东北部有二里冈期宫殿遗址。
一残存夯土台基

（大百科·考古学卷 页650）

③ 湖北黄陂的盘龙城——商代盘龙古城（1974发掘）
已发现的我国长江流域第二个古城
"已发现的上层宫殿基址有三座，前后平行（并列），方向同城垣一致，
可知是统一规划的。"
"古城平面略呈方形，南北约290M，东西约260，中轴线方向：北偏东20°。
城墙四面，中部各有一口，可能即城门。主夯土城垣高出地面1-3米，
夯筑技术，近似郑州商城。"

城内三座前后并列、坐北朝南的大型宫殿基址。
其中1号、2号基址已清理发掘：

(a) 1号基址：长39.8米，宽12.3米。是高出地面20厘米以上的夯土台基，
台基四周的外沿，各有一排大檐柱穴。建筑面宽38.2米、进深11米。
(b) 2号基址 南距1号基址13米。可能为一个大厅的"前朝"部分。其北面的
(c) 1号基址，则为"后寝"。

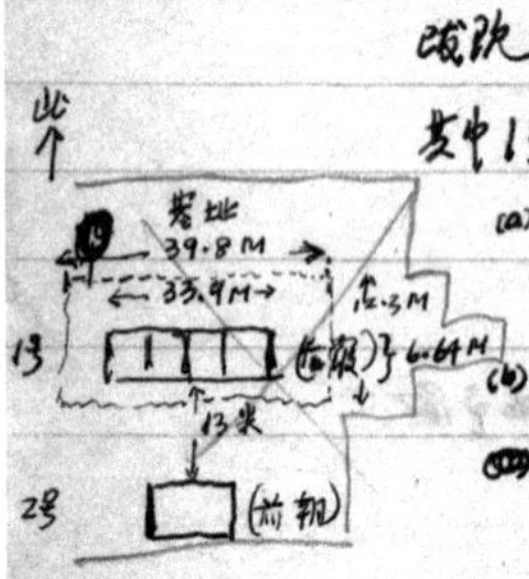

③

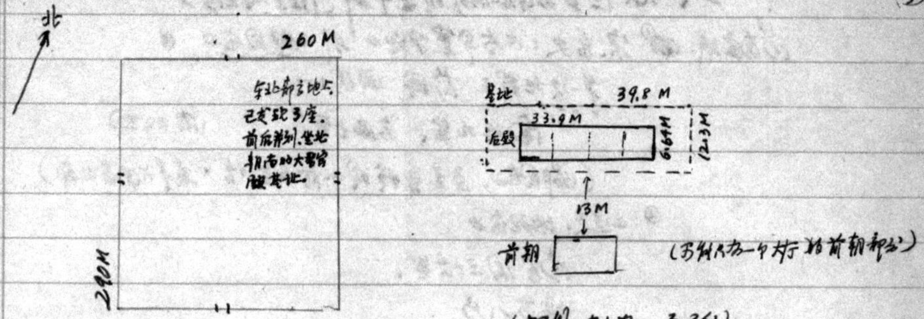


(文物.考古家. 页361)

又加以规范化的记录

(2) 早期的理论总结：《周礼·考工记》的"匠人营国"条.

《周礼·考工记》中的"匠人营国"条.

成书于春秋末年（公元前5世纪前期） （战国：前467—前222）

"吴创建城以筑城以卫君"

①"匠人营国，方九里，旁三门，国中九经九纬"

（天子的王城，占地九里见方，城墙的四面，各有三座城门。

城内南北干道九条，东西干道九条。）

②"王宫门阿之制五雉，宫隅之制七雉，城隅之制九雉"……

天子的宫门城墙高五丈，宫墙的四角高七丈，城墙四角高九丈。"……

③"左祖右社，面朝后市"

王城的布局：宫城在中轴线上，其后为集市，宫城之左为太庙，

之右为社稷坛。

(3)"左祖、右社"：一从此确定了中轴线的方向。

(4) 城墙的重要性：

《淮南子·原道》"鲧作城郭"。

① 不仅在于军事防御、守卫，而且是城市设计上分析的组成部分。

② 除去完整的城市轮廓，对于城内的①道路系统、②功能分区

③重要建筑的分布。④特别是主要的中心的保护——控制的作用。

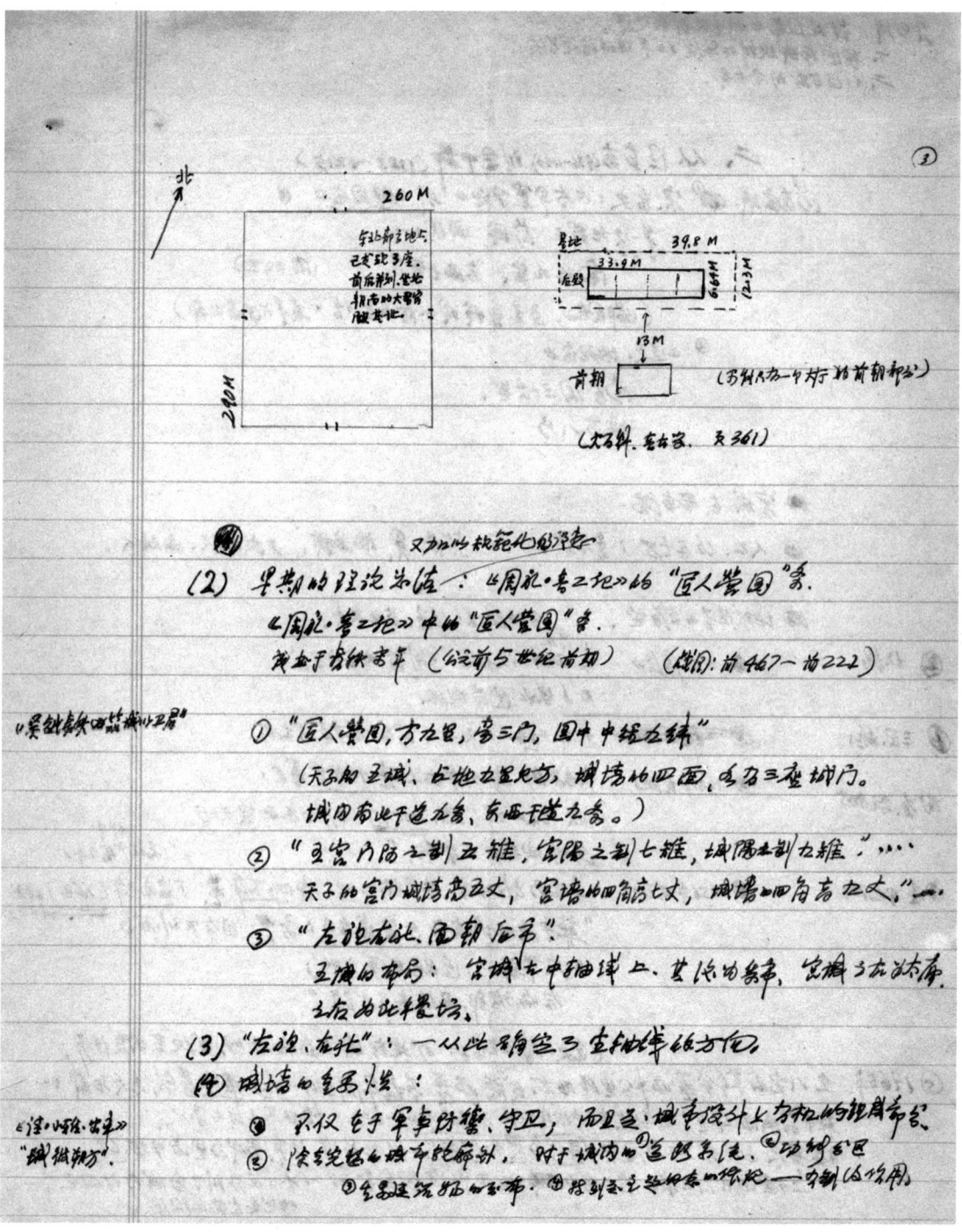

第四讲 封建帝都的城市规划的演进.
一、我国都城规划的思想和早期的理论总结.
二、从辽南京到金中都.

④

## 二、从辽南京(936-1153)到金中都(1153-1215)

(1)辽南京城: ① 宋·乐史:《太平寰宇记》引《郡国志》,中
第一次记载了蓟城城周之一
"南北九里、东西七里" (周32里)
(《郡国志》、当是唐代或以前的著作·最早不过南北朝)

② 《辽史·地理志》
南京周三十六里.
城方八门

② 宫城在西南隅.

③ 人口,约三十万:多民族, 汉、契丹、奚、渤海族, 少数女真人、西域人.

④ 地理位置的确定. 自北魏至隋唐、宋代不大.

② 北魏 ●《水经注》 1)蓟丘
2)西湖:[illegible]·侧蓟城西方位
3)高梁水过蓟城北.

① 三国·魏: ~~[illegible]~~ 4)引《魏土地记》:蓟东十里有高梁之水.

④唐,公元808 ● 1951年发现: 东安门街御河桥出土唐任紫宸墓志:
"以元和三年[公元808年]十月十七日窆于幽州城东北七里余."

(代宗)(应作广德元年)

③唐 公元763 ● 1956年发现: 永定门外彭庄、安乐林工地、唐姚子昂墓,于宝应二年[763](肃宗)(代宗)
"葬于幽州城东南六里燕台乡之原" 还有下列两句
"左带巽河,近瞩交流之水;
右临城郭,西接燕丘之陵."

《金史·蔡圭传》:扩建蓟城东南两面时,发现燕王陵迁葬.

⑤1965年,在八宝山革命公墓西半公里的地方,发现西晋永嘉年间(307-312)华芳墓志,志文记载:"葬于蓟城西二十里"。这是已发现文中把蓟城方位最早的一块。恰好墓中出土晋尺。按晋尺每尺合24.2厘米,晋代每里合1800尺,从此为准计算,晋代每里为435.6米,二十里为8712米。自八宝山公墓西半公里向东量8721米,正好到今会城门村附近,也就是古蓟丘附近。

南宋使臣：
"宫室前后数重，繁缛华美，刻镂精致，工巧无遗力。"

《揽辔录》："燕京始营此都，……役民八十万，兵夫四十万，作治数年，死者不可胜计。金朝北宫营制宫殿，其屏扆窗牖皆破汴都辇致于此。"

《北辕录》："北宫营缮之制，初取汴京，[诏]……土木之营，……役兵民一百二十万，数年方成。"

⑤

(2) 金中都城

• 扩建后范围：城：包括今宣武区西部，周长 18690米

宫城：周9里30步

① 规划设计负责人 张浩等于1150年(天德二年)扩建。1152年完成。1153从上京(今黑龙江省阿城县白城子)迁都，定名中都。仿北宋汴京城。

孔彦舟

扩建工程：民夫80万、兵工40万。
运一木之费至二十万两。
载运一车之器材，需五百人。
所为宫殿皆饰以黄金五采。
一座宫室以兑成以亿万计。

(下支宫潭园木材，汴梁宫殿建筑材料，"艮岳"太湖石。)

① 姚子郎墓志：幽州城东南六里。东北"在金部城郭，西枋黄土之陵"。
② 金扩建中都，把悯忠寺包在城内。大定九年(1169)才改葬城外。证明其高位子墓主到此地去。(见金史卷125蔡珪传)
③ 侯仁之所论的《水经注》记"洗马沟水侧前湖当方数里……再东迳蓟县故城……"湖水伏流，西北出前湖中。"

城内60坊：延续了从唐辽时的街坊制，由金元时代开放性街巷制取代开始。

(元)建城之后，不到百年，就于1215年为蒙古骑兵攻破，宫殿毁于兵火。"

城内方圆各园。
《大金国志》：一
"瑶池、蓬瀛、柳庄、杏村，尽在于是。"

1179
1155
26

② 《金史》称：京城北离宫为大宁宫，大定十九年(1179)建。后更为宁寿，又更为寿安，明昌二年(1191)更为万宁宫。
《燕山志》：寿宁宫有琼华岛，绝顶广寒殿，
皆为民游石。(北海：琼华岛)

(大宁宫建后10年) ③ 卢沟桥，大定廿九年建(1189) (明年为始建800周年)
全长266.5M，宽7.5M，11孔，望柱140根。
大小石狮共485个。

~~[struck-out words]~~：④ 开金口河，引水入北护城河。又开水渠，从瓮山泊高梁河，以东南入北护城河。

## 第五讲 元大都城

⑥

### (一)大都城的选址

(1) 12世纪末、至13世纪初，蒙古族兴起于斡难河上。

首长铁木真 尊号成吉思汗，统一蒙古各部。

1215年 成吉思汗兵南下，攻破中都。城中宫殿全毁。

(2) 1260年春，忽必烈南下中都，驻跸琼华岛离宫。

《元世祖本纪》：—

1261、修燕京旧城。

1262、修琼华岛。

又命郭守敬引玉泉通漕（《元史河渠志》卷177）

1264、再修琼华岛

1265、成渎山大玉海，敕置广寒殿。（黑质、白章）

1266、成五山珍御榻，置琼华岛广寒殿。

同年、三修琼华岛

1267、兴建新城、始名中都。（蒙古名 汗八里图）

1271、改国号曰元。

1272、改中都为大都。

1262年，郭守敬建引玉泉水以通漕。

1292年—1293，通惠河竣工。

### (二)都城的平面设计

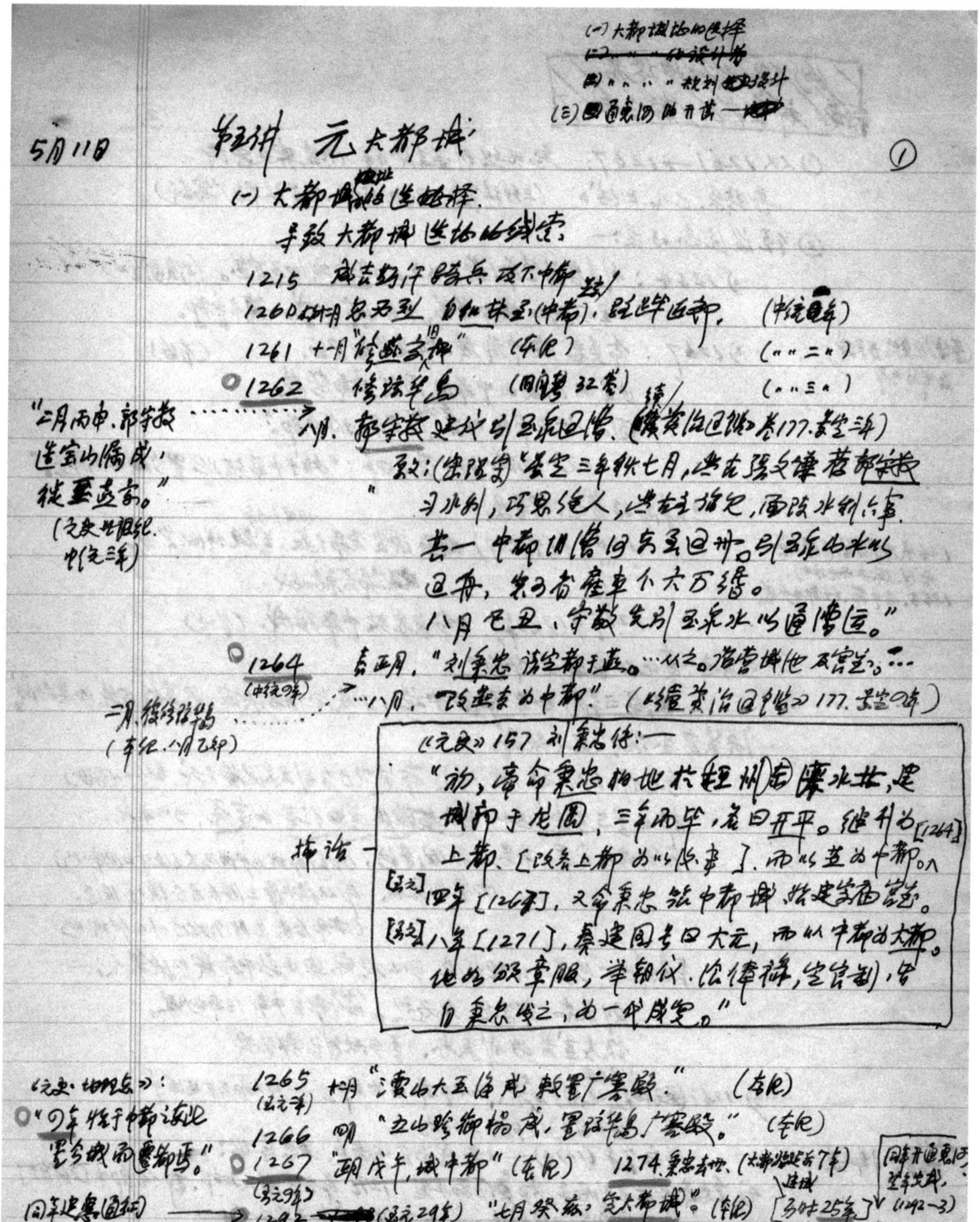

(一) 大都城址的选择
~~(二) …… 设计~~
(二) …… 规划设计
(三) 园苑的开凿

5月11日　第五讲　元大都城　①

(一) 大都城址的选择
导致大都城选址的线索：
1215　成吉思汗骑兵攻下中都
1260 忽必烈至 自和林至(中都)，驻燕京近郊。(中统元年)
1261 十一月"修燕京旧城"(本纪)　(〃〃二〃)
1262　修琼华岛　(同前书32卷)　(〃〃三〃)
八月，郭守敬建议引玉泉通漕。(《续资治通鉴》卷177. 景定三年)
"二月丙申，郭守敬造宝山漏成，徙至燕京。"(元史世祖纪. 中统三年)
载：(宋理宗)"景定三年秋七月，蒙古张文谦荐郭守敬习水利，巧思绝人，蒙古主召见，面陈水利六事。其一：中都旧漕河东至通州，引玉泉山水以通舟，岁可省雇车钱六万缗。八月己丑，守敬先引玉泉水以通漕运。"
1264 (中统5年)　春正月，"刘秉忠请定都于燕。……从之。诏营城池及宫室。"……八月，"改燕京为中都"。(《续资治通鉴》177. 景定五年)
二月，修琼华岛(本纪，八月乙卯)

《元史》157 刘秉忠传：—
"初，帝命秉忠相地于桓州东滦水北，建城郭于龙冈，三年而毕，名曰开平。继升为[1264]上都，[改名上都为"上京"]，而以燕为中都。[至元]四年[1267]，又命秉忠筑中都城，始建宗庙宫室。[至元]八年[1271]，奏建国号曰大元，而以中都为大都。他如颁章服，举朝仪，给俸禄，定官制，皆自秉忠发之，为一代成宪。"
摘语 —

1265 (至元2年)　十二月"渎山大玉海成，敕置广寒殿。"(本纪)
《元史·地理志》："四年，始于中都之东北置今城而迁都焉。"
1266　四月"五山珍御榻成，置琼华岛广寒殿。"(本纪)
1267 (至元4年)　"正月戊午，城中都"(本纪)　1274 秉忠去世 (大都城建成后7年)
同年建皇宫城垣 → 1292 (至元29年)　"七月癸亥，完大都城。"(本纪)　[至此25年]　同年开通惠河，翌年完成(1292—3)

~~（四）大都城的建设者 刘秉忠、郭守敬~~

②

① 从1261→1267：忽必烈到燕京6年，决定兴建新都。

其经过，已如上述。（[illegible]）

② 值得注意的是：—

1) 1264：刘秉忠请定都于燕，从之。诏营城池及宫室。（《续通鉴》）

这里所说的城池、宫室，当是燕京旧城。后名中都。

（李治）已先筑开平城 后升为上都

2) 1267：命秉忠筑中都城，始建宗庙宫室。（本传）

这里所说的中都城，乃指中都新城。

因为：《世祖本纪》明言：至元四年"正月……城中都。"

《元史·地理志》亦称：至元四年："始于中都之东北置今城而迁都焉。"

这三年间的变化，很重要：—

1264年（中统五年）决定定都于燕（旧城），（并修）并建城池、宫室。

1264，郭守敬曾随张文谦西行，兴办西北水利。1265，返中都，任都水少监。

定都是秉忠建议。

1267年（至元四年），又命秉忠筑中都新城。（本传）

促成这一变化的原因是什么？

按：这三年间必有详细讨论，才最后作出决定，不再修旧城而兴新城。决策者是谁？史文缺载。

考虑到：1262年（中统三年），郭守敬已有引玉泉运漕之议，世祖从之。（本传）

郭必参与其事。这从引水的河渠道的位置的变更，可以看见。

实际上，史文全同，实是不用旧漕河、（即金中都城北护城河，东至通州的旧闸河）

而用玉泉水，即从积水潭上游东出至坝河渠道。

（其即后来流经门外的外的护城河）

考虑到这一问题的地理情况，可以设想兴建新中都城的决策人：—

刘秉忠、郭守敬、忽必烈。1265郭在中都，任都水少监。

领其事者为刘秉忠，参与规划者郭守敬。

3) 1267（至元四年）刘秉忠奏建国号曰大元，以中都为大都。—时大都尚在建造中。

为开国之始（本传）关系甚大。

1271 郭守敬升都水监。

此后7年（1274）—大都城尚在建造中，秉忠去世。

4) 秉忠去世后不到两年，郭已任都水监。1276都水监并入工部，郭任郎中[工部郎中]

管全国水道、工程修建。可以继承秉忠未完之业。

(三) 大都城的规划设计

(1) 大都最后全部完工在 1292(至元29年)：—　③

世祖本纪：至元廿九年"七月癸亥，完大都城。"

从始建(至元四年正月)到全部完工(至元廿九年七月)历时25年。

其间有史可考者，如下：—

1267 决定筑新城 ——→ 规划设计

首要先定中轴线，同时规划全城布局，逐步施工

1271(至元八年二月) 筑宫城

1273(〃〃十〃十月) 建正殿、寝殿、周庑。

秉忠于是年去世 → 1274(〃〃十一〃正月) 宫殿告成 [秉忠死]

→ 足见先从宫殿、大内建起。

1285(〃〃廿二年六月) 大都基本建就

1292(〃〃廿九年七月) 最后全部告成。

→ 首城、大城。街道布局完善 <大市、坊设施。

最重要在此期间，要修到通惠河(上下水道)

1292 开凿通惠河，1293年完成。

史文也有缺载者需考察白浮上源，测量水道，也在1292之前

~~(三) 大都城的规划设计~~

(2) 主要设计人、刘秉忠与郭守敬的生平学术

(博通天文、历算、音律、儒学、佛典)

① 刘秉忠，名侃 (1216—1274)(59岁) 今邢台人(邢州)

少不得志，青年时代出家到武安天宁寺，法名子聪。

后随高僧海云北上，觐见忽必烈(当在和林)，深受赏识。

殁年后，弃文书，"赐金百两以葬具"，回邢州。

三年服丧期满，仍到西南140里之武安紫金山。与老友张文谦

共同讲学。培养一少年王恂，成为天文学家。后经秉忠介绍给忽必烈。

又有老友郭荣送孙守敬到紫金山从学。守敬后经

张文谦介绍给忽必烈。

和林(巴彦巴托尔)

(多伦之北)

其后，忽必烈又令秉忠返和林，受命规划建筑开平城。

忽必烈因此才令秉忠营建大都城。(改开平为上都)

② 郭守敬 (1231—1316)(86岁) 亦邢台人，父早卒，祖父名郭荣。

精通天文、数学、水利，影响守敬。又使守敬从学于秉忠。

④

（31岁）
郭守敬. 1262, (由张文谦引见于忽必烈.
面陈水利六事
1264. 随张文谦去西北(兴水利)
1265. 返中都. 任都水少监
1267. 勘察上京大都河
1271. 升都水监.
(1274秉忠去世)→
1276. 都水监并入工部. (全国营建工程). 任工部郎中.

1276(至元十三年) 元军下临安. 全国统一。
元世祖采纳刘秉忠生前建议. 决定改订旧历. 负责者之人王恂
(由刘秉忠介绍给忽必烈)
时守敬. 任工部郎中. 因王恂之荐. 同时参加修历.
因守敬专于制仪. (制造仪器一廿件)
圭表: 测定24节气. 特别是冬至和夏至的确切时刻.
浑仪: ""天体"在天球上的位置
天文名词
地球在天球的中心. 日.月.星辰在它里面各有一定位置。
测定日月星辰位置
王恂的官职. 兼判太史局工作、主持历事.
在大都司天台 在上都也司天台
守敬: "历之本在于测验, 而测验之器莫先仪表。"

(一) 大都城的选址
(二) …… 规划设计（刘秉忠、郭守敬）
(三) 已先行的开发
(四) 大都城兴建的时代

⑤

# (四) 元大都城

(一) 全城布局：

(1) 大城：周长 28,600米（约合57里，另100步）→ 土城，今遗址，在北部。
几何中心，建中心台，台东15步（约23米）建中心阁

(2) 街道：① 南北街道、东西 " " ——一般宽约25M. 通干道
唯一斜街：滨湖北岸：商业集中区。
② 胡同，主要为东西向，宽只6.7M.
——划分为50坊，各有坊名

(3) 集市：① 湖北斜街：日中坊 [illegible]
② 今东四（牌楼）西南：枢密院角市
③ 今西四（" "）附近：羊角市（牛、马、羊、骆驼、驴）

(4) 湖泊 位据了全城中的心脏部位，最为重要。——规划者的大手笔
大内、隆福宫、兴圣宫，三足鼎立，以琼华岛为中心
琼华岛改称万寿山（或万岁山），南接瀛洲（圆坻）
（全城制高点）

引湖环城的规划，未能实现。

万寿山顶即广寒殿（今白塔）
"山皆叠玲珑石为之，峰峦隐映，松桧隆郁，秀若天成。"
（《辍耕录》） 相传来自汴梁艮岳。
方石槽，从岛东小桥引水至岛上，然后"转机运斗"上山，彩龙喷泉，从龙口喷出，再流入太液池。

(5) 宫城北面，为"果园"，皇家御花园

⑥

(二) 宫殿的建筑材料

环城航行
以计划未能完成

(1) 郭守敬，重开金口，"漕西山木石"。

故宫：《运筏图》、元初、卢沟桥西头雕像。

(2) 石材的大量应用。

如 前朝大明殿（太和殿前身）

殿基高十尺（一丈五尺）。

前为殿陛，分三级，绕以白石阑干，为龙凤雕饰

阑外每根栏柱下面，另以白玉雕琢的螭头，伸出，环绕殿陛四周。 创我国建筑工程上的石雕艺术，至为壮观。

(3) 著名石工：杨琼 太行山下曲阳县（今河北曲阳）阳平村。

同乡：王道、王浩 (三)家田营村

杨琼技艺尤为高超。（父杨德、叔杨荣、兄杨兴，皆石工。）

先后参加营建上都和大都。（光绪《曲阳县志》卷17."工艺传"第七）

由此推去：渎山大玉海可出杨琼之手。

(4) 刘秉忠、郭守敬、杨琼等石工巧匠之外，还有外籍人

① 也黑迭儿（大食人） 精通建筑，受知于忽必烈，建大都时，

全其"领茶迭儿局、诸色人匠总管府达鲁花赤"。

庐 （庐帐） （中外各族工匠） （总管官）（监工）

大都宫殿建筑，揉合了外来的建筑技巧、风格，如

盝顶殿、棕毛殿、维吾尔殿等，见于记载

色彩绚丽：黄、绿、蓝、紫以及白色玻璃材料。

（五）大都城兴建的时代 ⑦

(1) 大都城的兴建：在中国封建帝都的建设史上，有划时代的意义。
既最近似地体现了、最初见于记载的设计方案（《周礼·考工记》）
又为今日北京城奠定了基础。

(2) 同时，在大都城的建设过程中，从1267开始动工，到——
到1274 宫殿完成 历时7年
到1285 基本落成 历时18年
到1292 全部落成 〃〃25年、1293 又一年，通惠河告成。（历时：26年）
但环城航运计划，未能实现。

(3) 在这25、26年的过程中，有很可纪念的历史事件，例如

①马可·波罗东来：—㊀1271 忽必烈建国号曰元。（是年Marco Polo与父叔起程东来）
㊁1275—76，(下半年) Marco Polo到大都（即大都宫殿落成之后1年多。）
㊂1292，即大都全部落成之年，Polo护送公主航行到波斯，出嫁。
计留元朝16年
威尼斯与热那亚交战，Polo被俘，狱中口述游记。（[illegible]）
影响到1492年哥伦布决定西航，去寻找中国，结果发现美洲。
1498 Vasco da Gama 绕过好望角到达印度西海岸卡利库特
(Kozhikode，旧称Calicut) (Ibn Madjid)
郑和七次西航：(1) 1405—1407 (7) 1431—1433 } 历时29年。（当时大海船60多艘，其中大船容200多人。最后一次航行：27,550人）

②大都是当时举世最繁华的大城市：也产生了世界文化名人。
㊀城市经济的繁荣，对某市民阶层对文化艺术的要求，杂剧艺术大放光彩，在宋金以来民间说唱文学的基础上发展起来，兴于大都人。
最杰出的代表：关汉卿（汉族，1210左右—1298前后）
（通惠河完成后的五六年）
他接近下层人民，有广泛接触，作杂剧、有本可考60余种，流传至今的只有十几种，"感天动地窦娥冤"是其一。
此外还有描写豪权势欺凌百姓，些有贵族荣尊无耻，写出了他们与劳动人民处于尖锐对立的地位，反映了民间疾苦与正义呼声，

1958
1298
卒660 纪年 →　他的一些戏剧上演，轰动大都城。 ⑧

1958年6月，关汉卿作为世界文化名人，受到全世界隆重纪念。

③ 大都城的兴建，又是文天祥殉节的时代。同时民族矛盾也突出起来。

正是在这一时代中，产生了"正气歌"的作者文天祥！

而"正气歌"也震撼了大都城。 我作两句话："人生自古谁无死，留取丹心照汗青"

文天祥，宋朝爱国英雄：(1236–1282) （大都建成前九年）

1256 文天祥 1256（宋理宗，宝祐四年）参加进士考试，殿试考到第一，状元，时年20岁。

1259. 忽必烈的军队渡江，南下湖北鄂州，军入湖南，911/。
长江上游形势紧急。

投降派议迁都逃避。 文天祥上书力争，斩杀投降派，不受。

从1259到1279}20年间 谈谈斗争。

1274 元主以伯颜统三军，出兵伐宋，大败宋军于池州，宋30万精兵败北。

文天祥任官于赣州，募兵入卫临安，力主抗战，以争取…

1276 元统帅伯颜攻临安。（献三城）朝廷派人出使，文任丞相为"右丞相"

与伯颜谈判，被扣，解往北方。中途脱出于江苏镇江，经海路至

(1274. 大都宫殿落成)

1277 福州。时临安已陷落。去福州组织力量。1277进兵江西。

后寡不敌，败北，妻子儿女被俘。

1279 收拾残部，与元兵战于广东，在海丰被俘。自被俘之后

之人百般劝降，写出过零丁洋诗》。后押往大都，

关汉卿等　"优待如上宾" 决不屈服，日夜哀思，高唱…

（劝降宋幼主恭宗，9岁来劝，不见回。） 遂关入兵马司土牢内。

"是气所磅礴，凛烈万古存。当其贯日月，生死安足论。"（中国两句）　（宫廷壮烈）

因四年，坚贞不屈，写下了著名的"正气歌"，传诵流入民间。

1282（至元十九年） 闽北起义军 薛宝臣 扬言攻大都，救文丞相，文被斩首。

忽必烈决定最后一试，亲自劝降，许以"宰相"官职，不从。

""讲究劝降之话，文对："但愿一死足矣！"

次日被杀，年仅47岁！ 当时兵马司监牢，即今府学胡同

小学校园内，今文丞相祠。

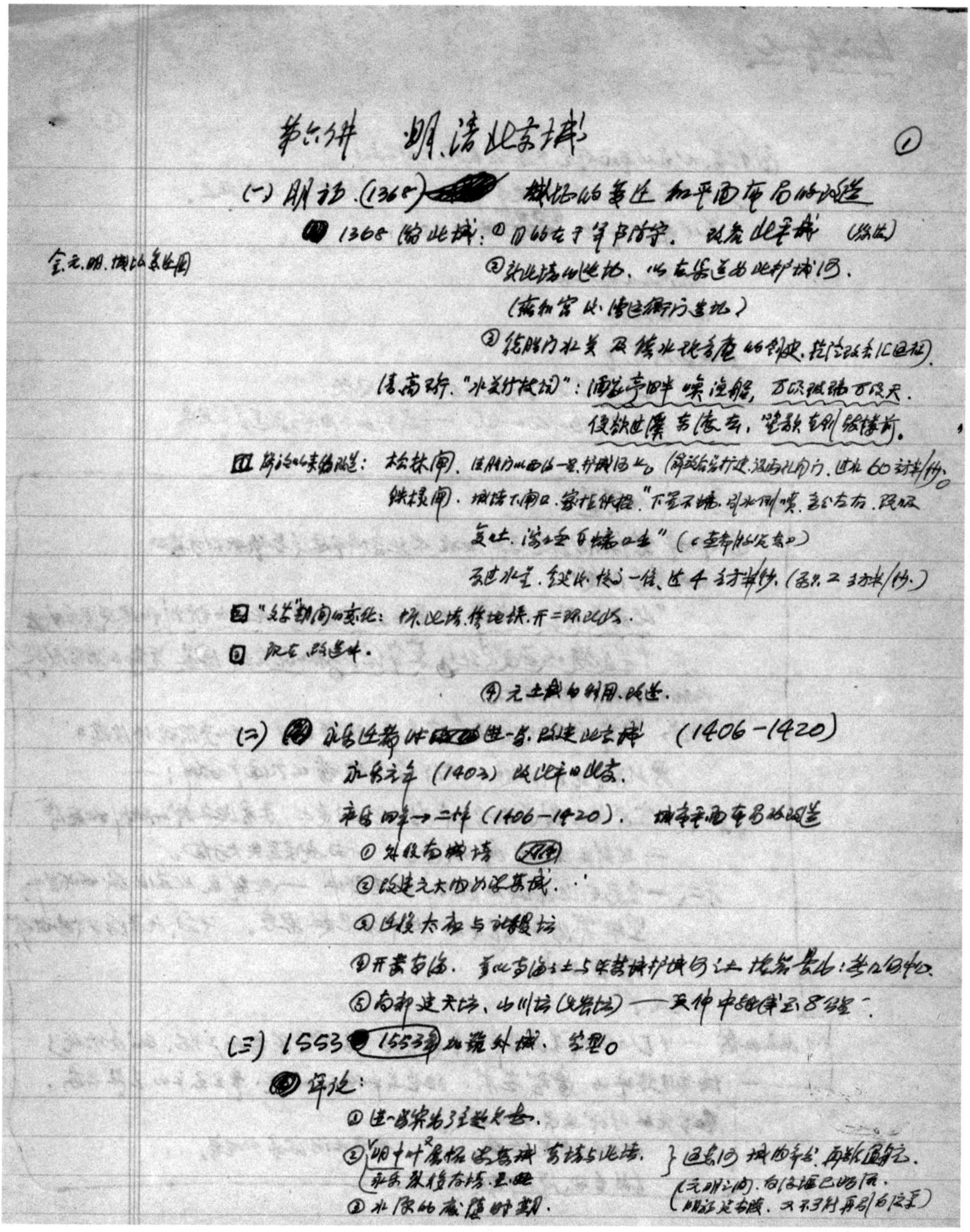

第六讲　明清北京城　①

(一) 明初(1368)城垣的变迁和平面布局的改造

1368 缩北城：① 因旧土城空旷难守，改为北平城（徐达）

金元明城址变迁图

② 就北墙以北地，以东西河道为北护城河。

（积水潭以北大片地区被划在城外）

③ 德胜门水关及积水潭[illegible]

清高珩《水关竹枝词》："酒家亭畔唤渔船，万顷玻璃万顷天。便欲过溪东渡去，笙歌直到鼓楼前。"

二 修治北京的河道：松林闸，德胜门以西一里，护城河上。（解放后[illegible]，进水60立方米/秒。

铁棂闸，城墙下南口，安有铁栅。"下置石螭，引水倒喷，[illegible]，既[illegible]复吐，游鱼自螭口出"（《[illegible]》）

西直水关，铁棂[illegible]，进水4立方米/秒。（[illegible]立方米/秒）

三 "文革"期间的变化：拆北墙，修地铁，开二环北路。

四 [illegible]

④ 元土城的利用、改造。

(二) 永乐迁都北京进一步改建北京城　(1406-1420)

永乐元年(1403)改北平为北京。

永乐四年→十八年(1406-1420)，城市平面布局的改造

① 南移南城墙（二里）

② 改建元大内为紫禁城。

③ 迁移太庙与社稷坛

④ 开凿南海，并北海、中海与紫禁城护城河之土，堆筑景山：[illegible]中心。

⑤ 南郊建天坛、山川坛（先农坛）——天[illegible]中轴线[illegible]8公里。

(三) 1553（1553年）加筑外城，呈"凸"字型。

评论：

① 进一步突出了主题思想。

② 明中叶[illegible]南墙与北墙。
永乐[illegible]　} 通惠河城内部分，再能通航。
（元明之间，[illegible]）

③ 水源的[illegible]时期。

Kevin Lynch.

②

④ 但是、从宏伟的平面布局来看，有其极大的缺点：

1) 最主要的是，作为封建帝都的设计的主题思想，以特权为主。

2) 要从模型评论，~~[illegible]~~ 极为重要：

(a) Rasmussen

(b) Bacon

3) 如何改造？

既要保持其文化古城的优秀传统，

又要适应现代化的改造：——最突出的问题，改造与继承

⑤ 北京旧城的改造

① 1983年党中央、国务院原则批准《北京城市建设总体规划方案》

并作出重要批复：

"北京是我国的首都，又是历史文化名城。北京的规划和建设要反映出中华民族的历史文化、革命传统和社会主义国家首都的独特风貌"

如何去反映？需先研究。

例如"首都的独特风貌"究竟是什么样的？似乎很难讲清楚。

要从其研究出发的角度，我们首先明确以下两个原则：——

第一、一定要站在创造社会主义新文化的高度上，来考虑北京城的规划和建设——特别是北京旧城的改造。不然，就要丢失大方向。

第二、一定要在北京城的规划和建设中——特别是北京旧城的改造中，坚持突出社会主义新时代的主题思想。不然，就要陷于支离破碎，面目全非。

分述如下：——

(一) 北京旧城——中国封建社会漫长过程中一个最后的、也是最完整的产物，它充分体现了城市建设中的造型艺术，但它集中体现的是帝王至上的主题思想，整个是封建时代的艺术、精华所在。

但它已经是历史的城。而这些仍值得继承和发扬。

古为今用、洋为中用。

6月15日 上课时未讲 ①

6月1日

# 第七讲 清代海淀皇家园林的兴建

(一) 海淀地区早期的开发
(二) 清代皇家苑林的兴建

## (一) 海淀地区早期的开发。

### (1) 海淀名称的由来

① 最早见于文献记载的，作海店。

王恽：《中堂事记》：

"中统元年[1260，距今728年]赴开平，三月五日发燕京，宿通玄北郭。六日早憩海店，距京城二十里。"

事在元大都城开始兴建以前六年。海店已是大路的一个休憩站。

② 海店，实际上来自湖泊的名称，曰海淀。

明（万历）蒋一葵：《长安客话》（北京出版社页63）

海淀：水所聚曰淀。

（引文出）

③ 海淀一名，作为湖泊，在元初，大都城建成之后，始告显著。都下游人日众，南名曰丹棱沜。

明人王嘉谟《丹棱沜记》

"京城西十五里为海淀，……有古祠[元]，一名碑，乃元上都留守□□所立，文云丹棱沜，常余揣行，余皆磨灭。沜多小，水泉隐见泊若，连以数里，可舟可渡。足食鱼鸟，灵山出之，盖神皋之佳丽，郊居之胜选也。……余读书海淀，与沜为邻。……"

（《日下旧闻考》引《蓟丘集》）

又有《海淀望西山诗》：

"西山秀风好，水竹幸为邻。岩壑翻如绘，丹棱沜可津。"

④ 明·区怀瑞："友人招饮海淀、李果园、剑芳亭"：一有"蜗居正与城西去，十里荷花海淀田。"之句。

②

为穆宗李后之父（万历的外祖父）武清侯

(3) 李伟清华园与米万钟勺园之对比：

"丹楼[illegible]万家丛，贵家纷纷分[illegible]流；
李园米园最豪爽，其余琐琐营林郭……"

（永瑆，成哲亲王）

(二) 修建皇家园林：

(1) 康熙南向，以前清华园的畅春园
康熙、乾隆又建恩佑寺、恩慕寺，
与勺园为宏雅园、[illegible] 等均修[illegible] 园[illegible]、园林、[illegible]

(2) 康熙48年（1709）建圆明园（[illegible]）

(3) 乾隆14年—16年（1749—1751）建清漪园 → 15年—17年（1750—1752）
25年（1760）建大水法（1860 英法焚毁）
37年（1772）建绮春园.（道光时改名万春园）

近100年后被毁

三山五园：万寿山、玉泉山、香山、畅春、圆明、清漪、静明、静宜

(4) 海淀诸名园—[illegible]
淑春园.
乾隆58年（1793）马戛尔尼来聘. 住宏雅园.
George Macartney
67年后、即1860（咸丰10年）
10月18日 英法焚毁

全校考试 6/20-25 本课考试时间(外系学生) 6/22日(上课时间) 考场的改变，宫殿以全，地点：地理系办公室。
系内 ″ ″ 6/16-25 ″ (本系学生) 6/15 (上课时间)

①

# 第八讲 北京旧城的改造

(一) 北京旧城规划设计的特点

(1) 从一开始(公元1267)，就有一个完整的规划设计。

其后，又经过不断的改造(1236.1240)和扩展(1553)

终于成为人类历史上封建社会时期都城建设的杰出典型。

(2) 它的规划和建设，反映了悠久的历史文化渊源——

一脉相承，不断发展。

① 从奴隶社会早期宫殿建筑的设计："从坐北向南，前朝后寝"的特点

② 经过……晚期国都建设的理想设计：面朝后市 (左祖右社，旁三门，九经九纬。)

③ 又经过了封建社会，从西汉到唐宋都城建设的实践——

如汉之长安，以及隋唐洛阳、北宋汴梁(开封)和金朝中都的建设经验。

(3) 又在城址的选择上，充分利用了当地的河湖水系，加以人工改造，

有效地解决了城市发展中的水源问题，

也美化了城市的环境——包括新旧园林的开辟。

(4) 还发展了中国传统的建筑艺术。

①石工，②彩绘，③空间控制(宫庭、广场、四合院)

但是，这一切规划设计和建筑艺术所集中反映的主题思想，就是帝王至上。

这就使得今天的继承和利用，格外困难。——这也就是北京旧城改造中的关键问题。

(二) 今天，北京旧城改造的关键问题，在于

(1) 如何，继承旧城设计上的整体布局的特点：匀称、明朗、壮丽雄伟(Rasmussen)

但是，又要赋予以新时代的主题思想。——由封建帝王至上的设计思想，

改变为人民至上的主题思想。

① 有成功的实践(如天安门广场的改造。② 也有失败的教训(如城墙与城门的废弃)

②

③今后应该着重考虑的是：（人民性的表现）

(a) 外城中轴线的处理 及以天桥为中心的规划与设计 {天坛 先农坛

(b) 什刹海的开发。

(2) 从城市设计的主题思想的改变，到城市功能作用的改变

① 主题思想的改变。一突出地说明的是，城市性质的改变。

从封建帝王的帝城到社会主义人民时代的政治中心。

② 随着城市的根本性质的改变，城市的功能也有了新的改变。

即化消费城市为生产城市

关键问题：发展哪一种的生产？

(a) 解放初期的决策：发展重工业。{首钢 燕化 → 污染 } 带来一系列的问题 } 水源缺乏，下游水系污染，[illegible] 排污的干渠。

(b) 1983年批准的总体规划：不再发展重工业。

而是发展精密仪器 电子工业

传统的手工艺制作

旅游事业——现在

③ 突出的是1983年批准的规划的"特点"。

第一次提出 北京是全国的政治中心和文化中心。

文化中心如何体现？

中国历史博物馆——科学院的内容

~~④ 水系的开发 及旧日河湖道的[illegible]~~

~~⑤ 卫星城的建设 [illegible]~~

散见 ④ 住宅建筑：如何继承？ 如何发展？ 西方的高层建筑的引进。

古城的住宅民居的主体

四合院

《北京历史地理》选修 20人

83级地理系学生名单

共29人

| 学号 | 姓名 | 性别 | 备注 | 学号 | 姓名 | 性别 | 备注 |
|---|---|---|---|---|---|---|---|
| 830501 | 春风 | 男 | | 830525 | 顾钢 | 男 | ◎ [illegible] |
| ~~830502~~ | ~~徐晓嘉~~ | ~~男~~ | [illegible] | 830526 | 邵杰 | 男 | |
| 830503 | 朱杰 | 男 | 一 | 830527 | 李培杰 | 男 | 一 体会 |
| 830504 | 刘莉萍 | 女 | [illegible] | ~~830528~~ | ~~孙雷~~ | ~~女~~ | |
| 830505 | 黄世洁 | 女 | 一 | 830529 | 王叔 | 男 | ◎ [illegible] |
| 830506 | 陈真 | 女 | ○ [illegible] | ~~830530~~ | ~~康中毅~~ | ~~男~~ | |
| 830507 | 李淑云 | 女 | ○ [illegible] | | | | |
| ~~830508~~ | ~~吴红月~~ | ~~女~~ | ◎ 水[illegible] | | | | |
| ~~830509~~ | ~~张维~~ | ~~男~~ | | | | | |
| 830510 | 高扬 | 男 | 一 [illegible] | | | | |
| 830511 | 刘逵 | 女 | ◎ [illegible] | | | | |
| 830512 | 宋培欣 | 女 | ◎ [illegible] | | | | |
| 830513 | 张浩 | 男 | ◎（体会）[illegible] | | | | |
| 830514 | 王彦 | 女 | ○ | | | | |
| 830515 | 邹壮 | 男 | ◎ [illegible] | | | | |
| ~~830516~~ | ~~崔承印~~ | ~~女~~ | ◎ [illegible] | | | | |
| 830517 | 陈泓 | 女 | ◎ 北京地区文化的发展 | | | | |
| ~~830518~~ | ~~董小玲~~ | ~~女~~ | | | | | |
| 830519 | 陈宏浩 | 男 | ◎ [illegible] | | | | |
| 830520 | 赵东杰 | 男 | ◎ [illegible] | | | | |
| ~~830521~~ | ~~冉克栋~~ | ~~男~~ | | | | | |
| ~~830522~~ | ~~尹晓红~~ | ~~女~~ | | | | | |
| ~~830523~~ | ~~薛列东~~ | ~~男~~ | | | | | |
| 830524 | 郭正丽 | 女 | ◎ 古建筑保护 | | | | |

《北京历史地理》选修26人

○ + 一

以"心得"题目

八四级地理系学生名单

共27人

| 学号 | 姓名 | 性别 | 备注 | 学号 | 姓名 | 性别 | 备注 |
|---|---|---|---|---|---|---|---|
| 840501 | 一 魏建新 | 女 | [illegible] | 840525 | ◎ 张如成 | 男 | "历史地理之[illegible]" (好) |
| 840502 | ◎ 孙 明 | 女 | 北京历史地理[illegible] | 840526 | ○ 金立宏 | 男 | [illegible] |
| 840503 | + 王 辉 | 女 | 有关圆明园[illegible] | 840527 | ◎ 江国永 | 男 | [illegible] |
| 840504 | ◎ 戴春鸿 | 女 | 从北京湾谈起 | 840528 | + 黄喜明 | 男 | 学习北京历史地理的一些体会 |
| 840505 | + 杨学锋 | 男 | [illegible] | | | | |
| 840506 | ◎ 王玉玲 | + 女 | 谈北京城址与水系 | | | | |
| 840507 | ○ 张 斌 | 男 | 学习北京历史地理之后感 | | | | |
| 840508 | ○ 邱长贵 | 男 | 圆明园[illegible] | | | | |
| ~~840509~~ | ~~吴金山~~ | ~~男~~ | | | | | |
| 840510 | + 顾 平 | 女 | [illegible] | | | | |
| 840511 | + 张怡农 | 男 | [illegible] | | | | |
| ~~840512~~ | ~~[illegible]~~ | ~~男~~ | | | | | |
| 840513 | ○ 蔡文胜 | 男 | [illegible] | | | | |
| 840514 | ○ 冯 勇 | 男 | 学习北京历史地理的体会 | | | | |
| 840515 | 一 李 悦 | 女 | "学习体会" | | | | |
| 840516 | 李 斌 | 男 | | | | | |
| 840517 | ◎ 赵 翊 | 女 | 永定河——北京的摇篮 | | | | |
| 840518 | + 邵 培 | 男 | 圆明园的兴建与衰亡 | | | | |
| 840519 | ○ 郎 方 | 女 | "[illegible]历史浅谈" | | | | |
| 840520 | 张 萍 | 女 | | | | | |
| 840521 | + 王朝晖 | 男 | [illegible] | | | | |
| 840522 | ◎ 聂 扬 | 女 | [illegible] | | | | |
| 840523 | + 孙治国 | 男 | 北京历史地理学习体会 | | | | |
| 840524 | 一 刘 坚 | 男 | "北京历史地理学习体会" | | | | |

# 胡兆量

## 《文化地理学》

《文化地理学》为韩茂莉自2003年开始执教的本科生课程，从这一年开始至2023年,20年间胡兆量先生每个学期在这门课程上都为学生讲一次课，课程题目为《中华复兴的地理环境基础》，其中包括四项内容：1. 从中国特色社会主义说起。2. 大好河山是国情的一部分。3. 优秀传统文化中的地理环境烙印。4. 传统文化与建立世界新秩序。胡先生每次上课都倾注着对学生、对教学的感情与科学、认真的态度，不仅亲自手写（包括反复修订）讲稿，制作幻灯片，而且无偿将自己的著作赠送给学生。胡先生课上，学生获得的不仅是学识，还有可贵的师德。

胡兆量先生初次讲授《文化地理学》时正是70岁那年，至2023年秋天上课已经90岁高龄。因课程安排在晚上，胡先生每次上课从离学校远的家赶往课堂，又在课后夜晚九点左右回家，其辛苦胜于住在学校附近的任何人。20年间胡先生从没有因为约定好的那周出现天气变化或身体问题而违约，不仅如期赶往学校，且充满激情将自己对文化的领悟传递给学生，深得学生的敬佩。（韩茂莉）

共　页第　页

## 中华复兴的地理环境基础①

一，从中国特色社会主义说起

(一)社会主义在探索中前进

(二)苏联东欧易帜的原因

(三)马克思主义与我国实际相结合

二，大好河山是国情的一部分

(一)文明古国一条带

(二)优秀的文化凝聚剂

三，传统文化中的地理环境烙印

(一)天比神大

(二)家国情怀

(三)勤俭好学

四，传统文化与建立世界新秩序

(一)天下观与人类命运共同体

(二)讲信修睦，亲仁善邻

(三)站在历史的正确一边

① 本文是2023年9月18日在韩茂莉教授《中国文化地理》课中穿插讲授的第三稿原样。

20×20=400　维克多利

1

二、埃及和巴比伦

共　页第　页

当前，全世界都在讨论中华复兴。智者见智，仁者见仁，众说纷纭。地理学可以为这一议题作出贡献。初步归纳，关于中华复兴与地理环境的关系有五个论点。

(一)中华复兴离不开地理环境的舞台。中华复兴中有地理环境的直接影响和间接影响。

(二)我国大好山河是中国实际的组成部分。中国特色社会主义是中华复兴的制度基础。中国特色社会主义是马克思主义与中国实际相结合。

(三)中华复兴的渊源是华夏古文明。我国具备诞生古文明的优异农耕环境，又具备古文明延续的必要条件。

(四)天比神大，家国情怀、勤俭好学是我国优秀传统文化的要点。这些要点中有地理环境间接影响的烙印。

(五)从天下大同、讲信修睦，到建立人类命运共同体，中华复兴站在历史的正确一边，为完善国际新秩序作出贡献。

20×20=400　　2　　维克多利

一，从中国特色社会主义说起

中华复兴的社会制度基础是中国特色社会主义·社会主义社会是人类社会的新形态. 中华复兴是社会主义优越性的具体表现.

**（一）社会主义在探索中前进**

马克思恩格斯关于唯物史观和剩余价值的伟大发现，为科学社会主义理论奠定了基石。1848 年 2 月马克思恩格斯起草的《共产党宣言》标志科学社会主义的诞生。马克思恩格认为科学社会主义主要包括：

一，在生产资料公有制基础上组织生产，满足全体社会成员的需要是社会主义生产的根本目的。

二，对社会生产进行有计划的指导和调节，遵循等量劳动领取等量产品的按劳分配原则。

三，无产阶级革命是无产阶级斗争的最高形式，由无产阶级政党领导，以建立无产阶政权为目的，[redacted]。

具体怎样实现社会主义社会，在什么条件下实现，需要实践来印证。马克思[redacted]

149

3

恩格斯在《共产党宣言》1872年德文版序言中指出："这些原理的实际运用，正如《宣言》中所说的，随时随地都要以当时的历史条件为转移"。[①]

1871年3月巴黎人民举行武装起义，建立世界上第一个工人政权——巴黎公社。虽然公社[redacted]存在72天，"将永远作为新社会的光辉先驱而为人所称颂"。1917年俄历10月25日（公历11月7日），列宁领导的十月革命实现了社会主义从理论、运动到实践的伟大跨越，从根本上撼动资本主义世界，[redacted]鼓舞了资本主义国家的革命运动，掀起了被压迫民族解放斗争新高潮。

苏联开启了人类历史上第一次大规模社会主义建设。通过实施五年计划，推进国家工业化和农业集体化，苏联迅速从一个落后的农业国转变为强大的工业国。在第二次世界大战中，苏联的巨大贡献鼓舞了全世界民族独立和人民解放运动，推动社会主义从一国到多国发展。[redacted]家。第二次世界大战后，东中欧波兰、捷克、匈牙利、罗马尼亚、保加利亚、阿尔巴尼亚，南斯拉夫、德意志民主共和国（东德）相继走上社会主义道路。在东亚，中国、朝鲜、越南、柬埔寨、老挝，在北美洲，古巴建立社会主义社会。社会主义成了一股强大的洪流。[②]

## （二）苏联东欧易帜的原因

苏联解体是20世纪地缘政治上的灾难。对俄罗斯人民来说，解体是一个悲剧。1991年12月25日，戈尔巴乔夫签署辞去苏联总统的命令，克里姆林宫屋顶上红色的镰刀锤子国旗悄然落下，标志苏联从世界政治地图上消失。同年12月26日俄罗斯联邦成立，保留原苏联3/4国土面积和1/2人口。1991年苏联人口比美国多18%。解体后，由于俄罗斯出生率下降，公共医保滞后，人口出现负增长。[redacted]势。这期间，美国人口持续增长，俄美两国人口差距扩大。2016年俄罗斯人口

[①] 马克思、恩格斯著，博古译，《共产党宣言》9页。北京：中央编译出版社，2021年6月。

[②] 社会主义发展简史编写组，《社会主义发展简史》，36-122页。北京：人民出版社、学习出版社。2021年8月。

1.44 亿，相当美国人口 44.5%。

[redacted] 1991 年苏联解体的基本数据[1]

| 国　名 | 人　口 | | 面　积 | |
|---|---|---|---|---|
| | 万　人 | % | 万平方公里 | % |
| 苏　联 | 29792 | 100.0 | 22300 | 100.0 |
| 俄罗斯 | 14800 | 49.7 | 17100 | 76.7 |
| 乌克兰 | 5170 | 17.3 | 604 | 2.7 |
| 白俄罗斯 | 1030 | 3.4 | 207 | 0.9 |
| 摩尔多瓦 | 434 | 1.5 | 34 | 0.2 |
| 波罗的海三国 | 789 | 2.7 | 174 | 0.8 |
| 中亚五国 | 5951 | 20.0 | 3994 | 17.9 |
| 南高加索三国 | 1618 | 5.4 | 187 | 0.8 |

资料来源：世界行政区划图册，北京：中国地图出版社，1993 年 3 月。

苏联解体后，经济衰退，物价飞涨，卢布贬值，百姓手中的储蓄成了一张废纸。1989 年苏联经济规模占世界第 7 位。1996 年俄罗斯经济跌到低谷，当年经济规模在世界上排第 23 位。苏联解体对经济的打击比卫国战争还大。卫国战争期间，苏联 GDP 下降 22%。1991 年到 1996 年俄罗斯 GDP 下降 61%。

[redacted] 俄罗斯经济规模（GDP）变化

| 年份 | 俄罗斯（十亿美元） | 俄罗斯（世界位次） | 美国（十亿美元） | 俄罗斯/美国（%） |
|---|---|---|---|---|
| 1989（苏联） | 771 | 7 | 5657 | 12.9 |
| 1991 | 509 | 9 | 6174 | 8.2 |
| 1996 | 196 | 23 | 9665 | 2.0 |
| 2008 | 1660 | 8 | 14720 | 11.2 |
| 2012 | 2017 | 8 | 16244 | 12.4 |
| 2016 | 1375 | 13 | 18559 | 7.4 |

资料来源：世界银行数据库

[1] 波罗的海三国：爱沙尼亚，拉脱维亚，立陶宛。中亚五国：哈萨克斯坦，吉尔吉斯斯坦、塔吉克斯坦，乌兹别克斯坦，土库曼斯坦。南高加索三国：格鲁吉亚，阿塞拜疆，亚美尼亚。

苏联解体是社会主义运动的挫折，也积累了宝贵的经验教训。从失败中学习是成功的捷径。有的学者说，中国改革成功的因[redacted]之一是以苏为鉴，改掉苏联模式[redacted]的陈腐弊垢。

苏东九国社会主义失利的原因是多方面的。主要原因是社会主义社会不完备，不能充分体现社会义的活力，比不过资本主义。“社会主义制度优越性的根本表现，就是能够允许社会主义生产力以旧社会所没有的速度迅速发展”。“如果在一个很长的历史时期内，社会主义国家生产力发展的速度比资本主义国家慢，还谈什么优越性。”[1]“世界上一些国家发生问题，从根本上说，都是因为经济上不去，没有饭吃，没有衣穿，工资增长被通货膨胀抵消，生活水平下降，长期过紧日子”。[2]

东欧剧变，苏联解体，我有近距离体验。1989 年 10 月，经过西伯利亚大铁路，在莫斯科转车到[redacted]不来梅[redacted]。初衷是欣赏贝加尔湖和西伯利亚原野风光。进入西伯利亚后，每到一站都有俄罗斯倒爷上车收购商品。倒爷看中我身上穿的羽绒服，开价相当一张从北京到柏林的火车票价。1989 年我国改革开放才十一年，轻纺工业已经远远超过苏联水准。列车在莫斯科转车。转车前夜住在莫斯科大学宿舍。次日上午赶到车站签票大厅，三个签票口只开一个。人们拥堵在签票窗口吵吵嚷嚷。环顾四周，有个侧门可以进入签票员值班室。推门一看，三个窗口都有值班员，开一个窗口是人为制造紧张局面。走进侧门，拿出 50 美元现钞，要求签票。一位女签票员愉快地收下美元，只用半分钟就签好到柏林的车次。上火车一看，还有不少空位。公共服务沦落到这个地步，痛感“社会主义”老大哥日薄西山了。

一路上看到苏联百姓生活不如西欧，东德百姓生活不如西德。当时，东德马克与西德马克官方汇率一比一，实际汇率十比一。东德建的柏林墙守不住了，宣布公民可以访问西德。西德采取一个绝招，欢迎东德人到西德走走，过关时每人发二百西德马克。东德一千六百万人口，几天内有八百万人涌向西德。看到西德商品琳琅满目，人心一下子散了。1990 年 10 月，两个德国通过协议实行和平统一。东欧社会主义国家大都和平易帜，只有罗马尼亚军队与保安部队发生小规模枪战。

---

① 《邓小平文选》第二卷，128 页，人民出版社，1983 年。
② 《邓小平文选》第三卷，354 页，人民出版社，1993 年。

152

[redacted]

### （三）马克思主义和我国实际相结合

1989 年到 1992 年东欧剧变，苏联解体，世界社会主义运动遭遇巨大危机。为什么面临危机我国能够顶住风暴，扛起社会主义大旗？原因是多方面的。其中，有两条与地理学有关。第一条是规模。我国人口占全球五分之一，面积占全球十五分之一，具有难以撼动的体量。第二条传统优秀文化。“中华优秀文化源远流长，博大精深，其中蕴含的天下为公、民为邦本、自强不息、厚德载物、为政以德、革故鼎新、任人唯贤、天人合一、讲信修睦、亲仁善邻，同科学社会主义价值观具有高度契合性”。[②]

中国特色社会主义是马克思主义和我国实际相结合的硕果。1982 年邓小平指出：“把与克思主义的普遍真理同我国的具体实际结合起来，走自己的道路，建设有中国特色的社会主义，这就是我们总结长期历史经验得出的基本结论”。[③]在社会主义条件下发展市场经济，是前无古人的伟大创举，是对马克思主义发展作出的历史性贡献。

社会主义生产的根本目的是满足人民群众不断增长的物质和文化需要。中国特色社会主义始终坚持以人民为中心的发展思想，为了人民，依靠人民，不断解放和发展社会生产力，促进人的全面发展。

马克思和恩格斯在《共产党宣言》中指出：“过去一切运动都是少数人的，或者为少数人谋利益的运动”。“无产阶级运动是为绝大多数谋利益的运动”。为绝大多数人谋利益是科学社会主义的灵魂。中国特色社会主义的强大生命力在于把握一切为人民的灵魂，在发展生产基础上不断提高人民的物质和文化水平。用全世界人民大团结代替全世界无产阶级联合起来，用人民民主专政代替无产阶级专政，是对科学社会主义理论的重大发展。

中国特色社会主义展示了科学社会主义的强大生命力，给世界那些希望加快发展的国家和民族提供了全新的选择。时代潮流浩浩荡荡，历史车轮滚滚向前。按照中国特色社会主义道路，扬帆远航，中国的明天必将更加辉煌！

② 习近平在中国共产党第二十次全国代表大会上的报告。
③ 《邓小平文选》第三卷，3 页。北京：人民出版社，1993 年 10 月。

153

76

二、大好河山是国情的一部分

中华复兴，华夏古文明，离不开大好河山的舞台。大舞台唱大戏，演交响乐，小舞台演唱小戏，演曲艺、演室内乐。祖国大好河山是我国国情的重要组成部分。

（一）文明古国一条带

中国、印度、埃及和巴比伦四大文明古国成一条带状分布在旧大陆北纬 30° 附近。旧大陆北纬 30° 地带有诞生古文明的地理环境。

[redacted] 四大文明古国位置示意图（张芝联、刘学荣）①

古文明以农业为经济基础。农业需要土地、阳光和水~~三个自然要素~~。旧大陆北半球有地球上最大的陆域。南美洲和北美洲组成的新大陆，面积不到旧大陆二分之一。南半球绝大部分地区是汪洋大海。北纬 30° 属于副热带高压地带，阳光充沛。往北纬度升高，光照时间短，作物生长缓慢，依靠草原放牧，人口容量有限。往南进入热带雨林区，气候暖湿，物种资源丰富，适宜狩猎经济，社会发展相对滞后。

北纬 30℃属于副热带高气压带，雨量稀少，又称回归沙漠带。便于灌溉的大河附近，阳光与水巧妙结合是农耕宝地。埃及有尼罗河。巴比伦有幼发拉底河、底格里斯河。印度有印度河、恒河。我国有黄河、长江。历史学家称古文明是大河文明。并不是所有大河都可以孕育古文明。只有在旧大陆北纬 30° 附近的大河孕育灿烂的古代文明。

① 张芝联，刘学荣，《世界历史地图集》，北京：中国地图出版社，2000 年，13页。

8

与埃及、巴比伦比较，我国地理环境的优势显而易见。埃及和巴比伦位于交通廊道上，小而富，缺乏纵深，无险可守，强敌频频入侵，民族和文化更替成为常态。

埃及国土面积 100 万平方公里，95%是沙漠和半沙漠。可供耕作的土地集中在尼罗河三南洲和尼罗河谷。三角洲面积 2.4 万平方公里。尼罗河谷长 1350 公里，宽 3 至 16 公里，面积 1.6 万平方公里。巴比伦位于两河流域下游的冲积平原上，可耕种面积约 4 万平方公里。

廊道区位是人口、文化、宗教流动必经之地，也是军事活动必经之地。埃及是亚洲和非洲的接合部。巴比伦是西亚十字路口。从希腊、罗马到波斯、印度经过巴比伦，从阿拉伯半岛北上也经过巴比伦。

埃及和巴比伦周边没有高山屏障，大都是低平的荒漠。强敌进攻，经过一两个战役，整个地区就会沦陷。埃及和巴比伦的历史像走马灯一样，“一种语言和另一种语言融合了。一个国王打倒另一个同王”，你方唱罢我登场。[①]

[①] [美]海斯、穆恩、韦兰著，冰心、费孝通等绎，《全球通史》，北京：红旗出版在，2015 年，18 页。

共 页第 页

四大文明古国中，我国的地理环境有特殊的优势。

一是东亚季风气候。我国位于欧亚大陆东隅，面向浩瀚的太平洋。强大的东亚季风气候造成我国雨水丰沛，雨热同季，四季分明的自然禀赋。夏季我国普遍高温。七月内蒙古额尔古纳市平均温度 18.4°C，海南岛三亚市平均温度 28.5°C，南北相差 10.1°。水稻可以在东北栽种。长城以南作物一年两熟到三熟。冬季额尔古纳一月平均温度－27.9°C，三亚一月平均温度 20.9°C，相差 48.8°。冬季北方银装素裹，到了华南鲜花盛开。

二是有高山大漠屏障。在高山大漠护卫下构成完整的中原环境。黄河、长江、珠江等大江大河可以互相贯通，组成宏大的社会发展舞台，有利于文化繁荣沟通，经济发展交流，政治融合统一。

（二）优异的文化凝聚剂

20×20=400　　10　　维克多利

政治上的碎片化和文化上的断续化是印度的重要特征。

印度是一片辽阔富饶的地域，处在热带季风区。印度的干湿季节变化比我国更强烈。每年 6 月到 9 月是雨季，南半球东南季风越过赤道，转为西南季风，带来印度洋湿润空气和充沛雨量。雨季占年水量 90%左右。10 月到次年 5 月旱季，常出现 40° C以上高温。从印度河流域到恒河流域连成大片平原，面积 75 万平方公里，比我国华北平原和松辽平原加在一起还大。印度领土一半以上是耕地，耕地面积 23 亿亩，居世界第二位，仅次于美国。

历史上印度是地域概念，不是国家概念。印度一词来自是印度河，梵文 Sindhu。波斯人在公元前五世纪攻入印度，按波斯语发音称 Hindu。伊斯兰文化传入印度后，称 Hindustan。英国入侵后改用 India。印度宪法中写明国家原名波罗多。波罗多是古印度众多国家中的一员。印度历史学家认为：“英国人建立铁路、邮政、电报、货币、盐务管理”，建立“文官制度，构成了一种行政机构体系”，“将印度融为一个国家”①。

很长一段时间，人们认为公元前 1500 年雅利安人进入印度是印度文明的起点。1856 年英国人修建铁路，在拉哈尔附近哈拉帕村发现遗址，1921 年考古证实遗址是公元前 2800 年到前 1600 年的古城市。在印度河流域陆续发现那时期遗址 250 余处，称哈拉帕文明。哈拉帕文明有 500 个象形文字，至今没有人能破译。哈拉帕文明的主人是目前分布在印度南部的达罗毗比茶人。

图 1.2.1 印度哈拉帕古文字

印度内部民族复杂，语言众多。宪法规定“官方语言是印地语。经法定程序批准，各邦可以使用地方语言”。以印度语为母语人口占全国 1/3。法定联邦官方语言 22 种。中央政府重要文件用 22 种语言刊印。1963 年印度实行《官方语言法》，简称三语方案。印地语地区学校学习印地语、英语和一种印度地方语言。非印度地语地区学校学习本地语、英语、印地语。泰米尔纳德邦、西孟加拉邦、

① [印]潘尼迦（K.M.Panikhar），《印度简史》，简宁译，北京：新世界出版社，2016 年 266-277 页。潘尼迦是印度第一任驻华大使。

卡纳达卡邦抵制三语方案，语言矛盾引发大规模群众示威。

雅利安人进入印度后形成种姓制度，把人分成四等：一，婆罗门，神职人员；二，刹帝利，统治者，武士；三，吠舍，商人、农场主；四，首陀罗，体力劳动者。还有最低层的贱民，不可接触者。印度独立后，努力消除种姓制度的影响，[redacted]。然而，种姓的残余影响仍然存在，农村地区尤其明显。

1947 年 8 月，印度摆脱美国殖民统治独立。信奉印度教为主地区成立印度共和国。信奉伊斯兰教为主地区成立巴基斯坦伊斯兰共和国。然而，教徒分布犬牙交错。目前，印度境内仍有 13.4%人口信奉伊斯兰教。印度是世界上伊斯兰教徒最多的国家之一。

文化是我国文明延续的凝聚剂。春秋战国我国实行分封制。华夏文化的凝聚力量秦始皇统一天下的思想基础。任继愈说：“只要细看诸子百家共同关心的问题，不难发现，他们争论的都是如何建立大一统的国家，建成后如何管理。孔、孟、荀、墨、韩非都提出了他们统一的方案。貌似超脱的老子、庄子也设计了他们治理天下的蓝图，并不是不要统一”。“老子讲小国寡民，是指基层乡村组织要小。至于管理天下，还得要无为而治的圣人、圣王”。[①]

我国国土辽阔，人口众多是空间优势。加上文化凝聚力，空间优势，切换成时间优势，保障国家统一的时间优势，西晋衣冠南渡，南宋偏安杭州保障文明永续。

关于我国的国情，人们常说地大物博，人口众多。确切地说，我国最重要的国情是中华民族。地大，我国国土面积不及俄罗斯、加拿大。物博，我国可耕地、淡水、森林、矿产资源并不是最丰富的。人多，我国人口已被印度超过，我国占有绝对优势资源是具有强凝聚力文化的中华民族。

① 任继愈，《汉学的生命力》，载《东西方文化交流》，吴志良编，澳门基金会出版，1994 年，18 页。

2

1712

共　页 第　页

三、传统优秀文化中的地理环境烙印

地理环境通过农耕经济对中华文化传递影响，又称地理环境的间接影响，地理环境的第二影响。天比神大、家国情怀、勤俭好学是中华优秀传统文化的精华。在这些精华中，都有地理环境间接影响的烙印。

男耕女织的小农经济是中华传统文化的经济基础。中华传统文化为巩固农耕经济基础服务。我国传统农耕经济以生产资料个体所有的小农经济为基础，完全或者主要依靠自己体力劳动满足自身消费，产品的商品率很低。小农经济具有分散性和封闭性。家庭是基层生产单元。

(一)天比神大

作物生长靠阳光雨露，农业活动离不开天。敬天是中华传统文化第一特征。在天与神的关系方面，中华传统文化认为天比神大，天是百神之君，天管着神。

20×20=400　　维克多利

13

共 页第 页

敬天观的表现是宗教观念相对淡薄。我国是宗教信徒比例较低的国家。百姓对神的要求是解难除惑。人们无事不登三宝殿，遇到急事，临时抱佛脚，病急乱投医，来庙烧香，西寺许愿，拜了观音拜玉皇。改革开放初期，上海发展奖券，人们求佛保佑中奖。画家有感，作《保佑我中头奖》漫画。画中佛陀伸出三指，示意中奖后提三成。“人和神之间的交流，基本上与人间交易一样：有承诺，也有还愿；有祈求，也有报酬。”①

①许倬云，《中国文化的精神》，北京：九州出版社，2018年，171页。

20×20=400　　14　　维克多利

图 2.4.2 保佑我中头奖（韦启美）[①]

1959 年山西上党地区发生罚神事件。人们敢于惩罚办事不力的神灵，在世间十分罕见。那年干旱无雨，百姓祭拜管雨水的龙王爷。前三天敬龙王，给龙王穿上黄袍，祭上丰富贡品。三天无雨晒龙王，把龙王抬到干旱的河边转圈，让龙王感受干旱的滋味。到第九天仍无雨，开始尿龙王，剥掉龙王身上的黄袍，把神像扔在干河滩上，往像上撒尿，以示惩罚。直到老天下雨，才把龙王抬回庙里。[②]

敬天文化的精髓是天人合一。

[redacted]

天人合一首先要遵守自然规律。“天行有常”，自然规律是不可以替代的，不可以改造的。人们必须按照自然规律办事。不违农时是农耕经济的守则。二十四节气是指导农业生产的范式。汉武帝时，二十四节气收入《太初历》，按节气春耕、夏种、秋收、冬藏。

① 韦启美，《幽默画》，成都：四川人民出版社，1996 年，45 页。

[redacted]



15

天人合一的价值观内核是和谐观，包括自然与人的和谐，人与人的和谐。

早在战国时期，荀子就提出："草木荣华滋硕之时，则斧斤不入山林，不灭其材，不绝其长也。"人与自然和谐相处是社会可持续发展的保障，是社会进步的重要标志。

延伸到社会，和谐观的精彩体现是天下一家，天下大同。天下由核心和四边组成。天下的核心是华夏。天下的四边是四夷。四夷认同华夏文化，可以融为一体。天下一家，用文化作为划分族群的标准，推动文化融合，促进族群融合。天下一家从提出之初，便摆脱用狭隘的血缘作为区分族群的尺度，极大地缓解了激烈的冲突和对抗。

天下一家，天下大同打开了国人的视野，培养坦荡大度的气概。孟子提倡："乐以天下，忧以天下"。"乐民之乐也，民亦乐其乐；忧民之忧也，民亦忧其忧。"①这一惊句，成为华人修身的最高境界。

①《孟子·梁惠王章句下》

20×20=400　　76　　维克多利

共　页第　页

(二)家国情怀

庄稼人凝固在土地中。在土地中孕育家国情怀。"日出而作，日入而息，凿井而饮，耕田而食。"①土地有定位，有边界，有四至，有可度量性和不可移动性、不可替代性。

在家国情怀中有华夏文明的时空观。华夏文明的空间观是爱乡恋土，但求江山永固，不求领土扩张。华夏文明的时间观是企求生生不息，代代永继，持续长流。华夏文明的时空观，有浓浓的和平色彩。

"露从今夜白，月是故乡明。""故乡何处是，忘了除非醉"。家国情怀是华夏文学永恒的主题。"安土重迁，黎民之性。骨肉相附，人情所愿也。"②背井离乡是痛苦的抉择，落叶归根是游子的梦想。

①《乐府诗集》，《杂曲诗词，击壤歌》。
②《汉书》，卷九，《元帝纪》。

20×20=400　　17　　维克多利

合成一段

维系家国情怀的核心道德观念是仁。"仁者人也"。"仁者爱人"。仁的本质是两个人的关系，是父子关系，兄弟关系，同事关系，朋友关系，夫妻关系。1912 年中华民国成立后编写民国教课书。语文第一课是人字，强调人是家庭一员、社会一员、群体一员，强调人的社会属性。画中有三代人，祖父和祖母，父亲和母亲，三个娃娃。三代人济济一堂，其乐融融。学习英语，最先学 man，男人，woman，女人，强调人的生物属性。英语与汉语人字相当的具有社会属性的是 Human being。这个词在英语教课书中出现得很晚。

图 2.2.1 民国国文课本第一册第一课"人"

[redacted]

合成一段

丰子恺漫画《襁负其子》歌颂母爱是自然规律，是天道。母亲背负子女与母鸡对小鸡的爱护是相通的。

18

图 2-2-2 襁负其子（丰子恺）①

① 丰子恺（1893-1975），护生画选集，北京：中华书局，1999 年 12 月。襁（qiang）襁褓(bao)，包婴儿的被毯。

3

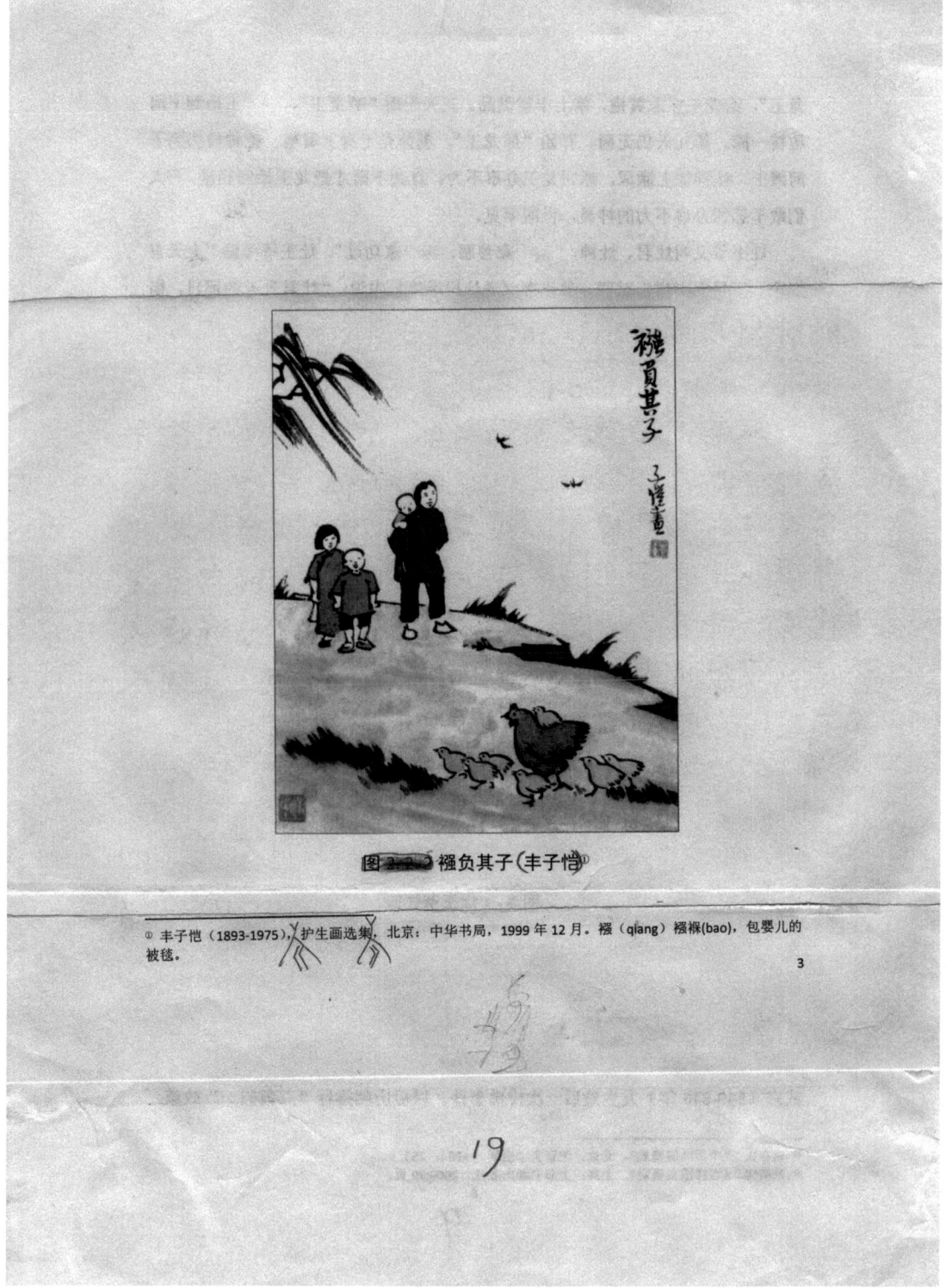

共　页第　页

聚家为国，国是大家。汉语国家一词，将家与国捆绑在一起，具有家国统一，家国同构的深刻内蕴。将汉语国家翻译成英语，Country, Nation，都没有家国同构的精髓。

家与国毕竟是有区别的。当家与国发生矛盾时，忠孝不能两全，化解的原则是孝服从忠，忠是孝的最高境界。《孝经》讲："夫孝，始于事亲，中于事君，终于立身。"① 立身的内容是"修身、齐家、治国、平天下"。中华文明绵延久远，有赖保家卫国仁人志士奋斗牺牲，有赖尽忠报国的岳飞，苟利国家生死的林则徐。

① 《孝经》，开宗明义第一章。

20×20=400　　20　　维克多利

共　页第　页

（三）勤俭好学

中华民族立足于世界民族之林，离不开勤俭好学。

中国大地有宜耕的优势，也有水旱频发的劣势。季风气候变率大。夏季季风强时，向北推进快，北方降水偏多，北涝南旱。夏季季风弱时，向北推进慢，北方降水偏少，北旱南涝。"离离原上草，一岁一枯荣，野火烧不尽，春风吹又生。"小农经济像原上小草，历经野火磨难，抗御多种灾害，节衣缩食，顽强求生。

"天行健，君子自强不息。"①君子要照刚健的天道行事，奋发自强。孟子批评懒散的人"饱食、暖衣，逸居而无教，则近于禽兽。"②

"早起的鸟儿有虫吃。""努力不一定成功，不努力肯定不能成功。"这是成功学的第一定律。华人漂洋过海，到天南海角都能扎下根来，靠的是勤俭奋斗。华人是成功学的模范生。

---

①《周易·彖传》

②《孟子·告子下》

20×20=400　维克多利

21

7

中国人对劳动和休息的关系是劳动第一，休息第二，休息为了更好地劳动。为了完成生产任务，中国人惯于加班加点，连轴转。在西方，休息是第一位的，不愿意放弃休息去完成工作。西方人聊天，休憩是第一主题。

马斯克在回答选择上海建特斯拉总装厂时说："特斯拉上海厂推行的一些劳动安排在美国显然做不到，或者根本不愿尝试。""新冠疫情暴发数周停工结束后，特斯拉上海工厂工人在车间睡觉吃饭，每位员工领到一个睡袋和一个气垫。""在美国，企业在疫情后，雇员选择辞职而不是重返岗位，难以填补前所未有的岗位空缺。"①

改革开放后，民营经济异军突起。江浙一带民营企业家~~发扬四万精神~~"踏遍千山万水，说尽千言万语，吃尽千辛万苦，经历千难万险"。"四万"精神是勤俭好学的体现。

①[俄]今日俄罗斯电视台网站，《亿万富翁谈美国人逃避工作，与中国人不一样》。

2023年5月11日

笃学是勤俭自强的延续。我国农耕文化又称耕读文化。耕是经济基础，收五谷，立性命。读是上层建筑，知诗书，达礼仪。翻开《论语》，第一句是："学而时习之，不亦悦乎。"张履祥在《训子语》中说："读而不耕，饥寒交至；耕而不读，礼义遂亡。"

1995年美国宾夕法尼亚大学史蒂文森对美国3500名小学五年级学生的学习时间作过统计，华裔学生每週课后学习时间比白人学生多一倍。白人学生每週课后学习时间20小时，其中，数学3.4小时。华裔学生每週课后学习40小时，其中，数学11.4小时。美国社会学家戴维·波普诺这样描述华人家庭对子女的培养："课后作业被认为是一项家庭共同承担的任务。典型的场景是饭后桌子就被清理干净，然后家里所有的孩子都趴在桌上写作业"。①

①[美]戴维·波普诺著，李强译，《社会学》，69页。北京：中国人民大学出版社，1999年。

四、传统文化与建立世界新秩序

中华复兴的影响是世界性的。中华优秀传统文化对建立世界新秩序有巨大贡献。

(一)天下观与人类命运共同体

美国《国家利益》杂志指出："中国的天下系统能够为将来的世界政治提供最好的蓝图"。①2008 年北京奥运会口号"同一个世界，同一个梦想"，向全世界宣传中华文化的天下理念。

2013 年 3 月，习近平在莫斯科国际关系学院演讲时首次提出构建人类命运共同体理念。每个国家、每个民族，前途命运紧紧联系在一起，应该努力构建一个风雨同舟，荣辱与共，和睦相处的人类大家庭。对美好生活的向往是世界各国人民的普遍愿望。构建人类命运共同体摒弃丛林法则，不搞强权霸道、超越零和博弈，开辟文明发展的新道路。人类命运共同体理念写入联合国多项决议，[redacted]产生广泛的国际影响。

共建"一带一路"是促进全球共同繁荣、推动构建人类命运共同体的重要平台。[redacted]"丝绸之路经济带"和"海上丝绸之路"合称"一带一路"。"一带一路"把中国梦同世界各国人民和发展的梦想结合起来，是人类 21 世纪全新的发展理念。

## （二）讲信修睦，亲仁善邻

我国与俄罗斯是多民族国家，也是世界上邻国最多的国家，都有十四个邻国。我国与邻国和睦相处，不少成为全天候朋友。俄罗斯与不少邻国纠葛较深，似有无解的怨仇。这一差异背后有深刻的文化根源。

苏联民族问题由来已久。"大俄罗斯民族主义根深蒂固，民族分离主义倾向也很严重"。"苏共领导层长期以来不能正确认识民族问题，不能制定和执行正确

---

[redacted]

① 美国《国家利益》双月刊网站，帕特里克·迈耶（印尼穆罕默德大学）：为什么中国认为它可以建立一个乌托邦式的世界秩序，2016-11-23.

的民族政策，甚至采取强制和高压手段处理民族问题，恶化了民族关系”。[①]

由于历史和社会等多方面原因，民族间，邻国间不可避免出现矛盾和冲突。我国发扬讲信修睦、亲仁善邻传统文化，正确地应对冲突，为过渡到和平的常态创造条件。1962 年中印边境冲突是典型性。

1962 年中印冲突称自卫反击。中印边界 1700 公里，没有正式划定，历史上有条传统控制线。边界分三段。主要战场在东段，不丹以东地段。英国侵占印度后，单方面在东段划了一条麦克马洪线，将传统控制线以北 9 万平方公里土地划入印方。我国不承认麦克马洪线，坚持通过谈判解决有争议地区的领土。

从 1959 年起，印度支持达赖喇嘛叛逃，在印度落脚，越过麦克马洪线向我方挑衅滋事。印度将据点修在我方据点旁边，甚至修到我方据点侧后。经过 3 年忍让，事端不断升级。1962 年 10 月 20 日我军反击，一天内全歼印度王牌旅，4 天第一阶段战事全面告捷。10 月 24 日，我方呼吁停火，和平谈判。印方拒绝和谈，调兵遣将，向美国、苏联求援，准备再战。11 月 13 日印方发动第二次进攻。14 日我方还击，到 21 日全歼印军。自卫反击战前后打了 32 天，实际战事 10 天。印方阵亡 4885 人，被俘 3968 人。我方阵亡 722 人。[redacted]

11 月 21 日，我方单方面停火，宣告三大措施：

一，主动撤回到战前实际控制界线，再各自后撤 20 公里，避免接触。

二，3968 名战俘全部遣回。我方优待战俘。有时，我方战士吃干粮，供应印俘米饭。组织 26 名校级以上战俘到北京等地参观。

三，全部归还缴获的轻重武器装备。武器装备在德让宗广场上堆放得整整齐齐。坦克、汽车加满汽油，以便印方驶回。

胜方采取这样三大措施是空前的，是战争史上的奇迹。当时印方通讯系统混乱，尼赫鲁在报纸上得知我方停火三措施，大惑不解，召见我驻印大使。得到肯定回答后，安下心来，请访华的锡兰（斯里兰卡）总理班达拉奈克捎个信息，保证以后不再越过麦克马洪线。

战争与和平是一对矛盾。从历史的长河考察，和平是常态，战争是非常态，战争目的是和平。自卫反击战为和平而战。

---

[①] 《社会主义发展简史》，191-192 页。北京：人民出版社，当代中国出版社，2021年8月.

163

25

[redacted]

《孙子兵法》说："知彼知忆，百战不殆"。"不知彼不知己，每战必殆"。[1]印度违反孙子兵法，违反战争规律。印度既不知彼，也不知己，过低估计我方的决心和力量，过高估计自己的优势。印度认为，根据当时形势，我国是不敢动武的。美国希望印度遏制中国，挑拨中印矛盾。苏联撤走援助我国的专家，与我国发生意识形态争论。我国经济遭遇三年困难时期。台湾不断叫嚣反攻大陆。同时，前线的区位条件对印度有利。我方补给困难。公路补给，一车汽油从内陆运到西藏，途中消耗半车。在西藏养一个战士等于内地七个战士的消耗。维持一个战士作战，消耗还要增加一倍。印方离战场近，补给方便。

中印两国军队的战斗力不在一个档次上。这一点是印方的盲点。[redacted]印度军队是职业兵、雇佣兵、当兵为了养家糊口，缺乏崇高目标。加上种姓制度、民族矛盾，军队的凝聚力较差。印军缺乏实战锻炼，排兵布阵，一字展开，顾头顾不了尾。我军有保家卫国的崇高理想，有吃苦耐劳的精神素养，经历长期的实战磨练。针对印军布阵，我军采用侧后迂回，分割包围战术，打得印军惶惶不可终日，好似我军从天而降，防不胜防。第二阶段作战时，我军有 1500 人部队，在藏民协助，翻过小路，行军六天六夜，赶到印军后方，堵住退路，印[redacted]

打痛为止是我方自卫反击的目标。毛主席估计这一仗可保 30 年安定。自 1962 年以来，中印边境安定 60 年了。小磨擦不断，大事端没有发生。由于我国妥善处理冲突。事后，印度在联合国继续支持我国恢复合法地位，共同推动南南合作。

[1] 《孙子兵法·谋攻篇》

轻轻翻过中印冲突一页，维护两国友好关系，对亚洲，对世界，都是福音。冲突是暂时的，合作是长久的。这是处理中印冲突的宝贵经验。

[redacted]

## （三）站在历史正确的一边

我国“和为贵”的治国方略和外交方针，受到国际有识之士的好评，是我国软实力的重要组成部分。

巴拿马胡利奥·比利亚拉斯说：“中国能够保持其一贯的外交政策：尊重主权，致力于维护国际和平，遵循不干涉、合作、和平解决冲突原则，遵守联合国宪章和国际法，始终站在历史正确的一边”。“这是第一次，一个大国的崛起不是依靠压迫、奴役、种族灭绝和掠夺”。①

卡迪拉·佩西亚戈达说：“英美干预主权国家并试图按自己的样子改造世界的日子已经结束了”。“中国坚定不移地奉行尊重主权原则可能真的成了西方干预主义棺材上的最后一颗钉子”。②

李大钊说：“现在世界进化的轨道，都是沿着一条线走，这条线就是达到世界大同的通衢，就是人类共同精神连贯的脉络”。③

① 胡利奥·比利亚拉斯（巴拿马亚洲战略研究中心名誉主席），中国与历史正确的一边，巴拿马《星报》网站，2022-10-1.
② 卡迪拉·佩西亚戈达，西方主导全球舞台的时代几近结束，英国《独立报》，2017-01-29.
③《李大钊文集》，下卷，北京：人民出版社，597-598页。

165

4

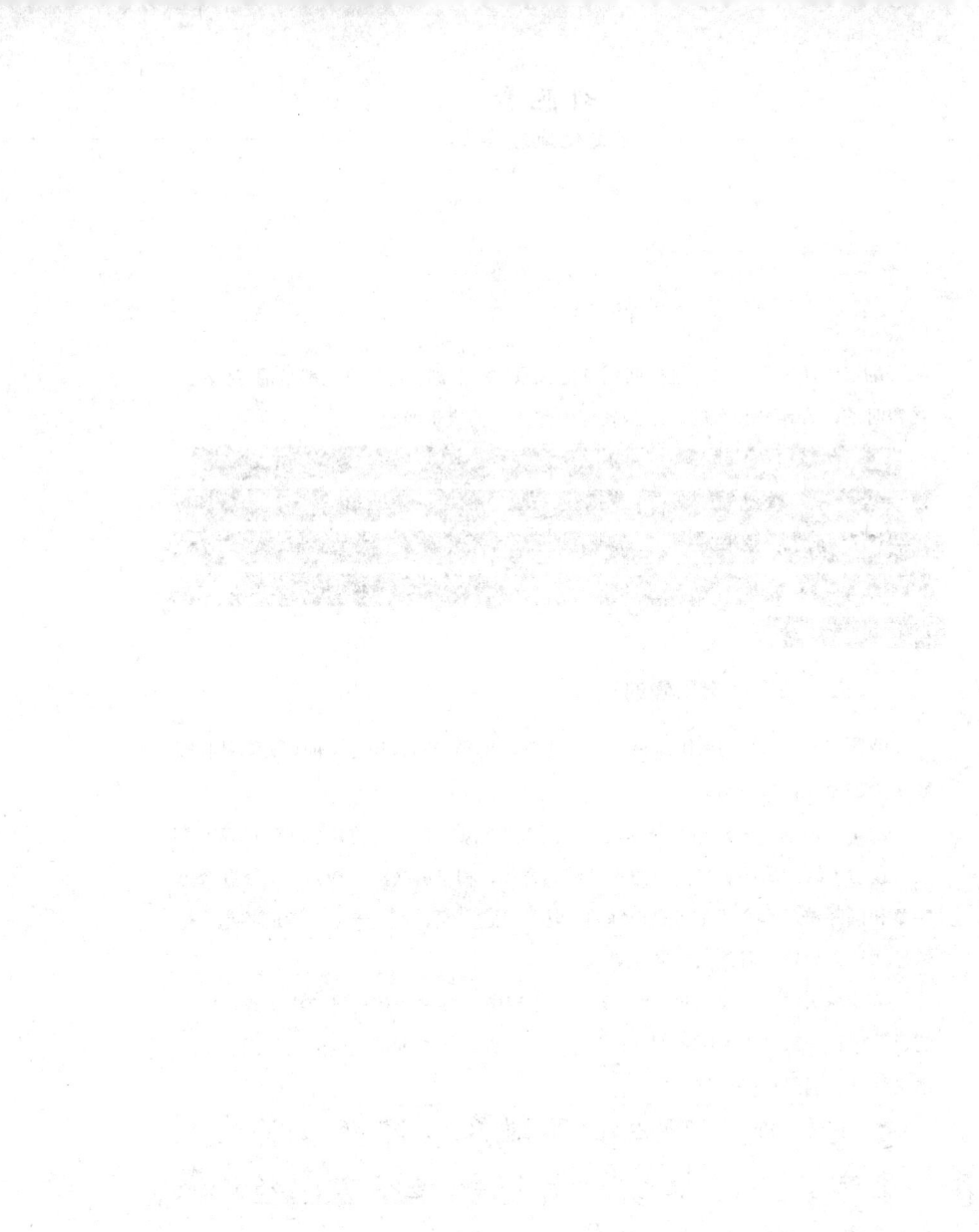

崔海亭

# 《自然地理学概论》

《自然地理学概论》是地理系本科生的一门专业基础课，对于学生认知地球表层系统的结构、功能和变化带有启蒙意义。这门课已经设置73年了（1952—2025）。

1966年以前，这门课的内容大致沿袭苏联的卡列斯尼克的教材体系。“文革”后，参考英美的同类教材进行讲授。1988年高等教育出版社出版了丁登山主编的《自然地理学基础》，作为本课的参考教材。

本讲稿参阅了20世纪90年代出版的相关教材，在讲稿中强调了地理学是“研究地球表层系统”的。同时，将地球表层系统的内外现象、运动和发展规律概括为：内力过程、气候过程、水文过程、地貌过程和景观生态过程。

在胡兆量先生做系主任时，定下一个规矩：系主任应承担一门新生的专业基础课，《地理学概论》或《自然地理学概论》。本稿是我担任城市与环境学系主任时讲课的手稿，能作为历史的遗存保留下来深感欣慰。（崔海亭）

共 17.5周　　17.5×4 = 70 节

放假占去 2-4节

实用 66 节课. 期中考试用1节. 实际用65节.

课时分配：

讲课： 54

| | | | |
|---|---|---|---|
| 实习. | 1次 | 4 | 11 |
| 参观 | 1次—2次： | 2-3. | |
| 电影. 电视片： | | 4 | |

第三周（9月16日）. 绪论 2　　4

第四周：第一章 地理系统 ＞ 4　　8

第五周： 地理系统

第六周：第二章 基本地理过程：1.气候过程 2

第七周： 2. 水文过程 ＞ 4
3. 内力过程

第八周： 4. 地貌过程　　20

第九周： 地貌过程.
5. 景观生态过程　（崔海亭）

第十周　景观生态过程　“……”

期中考试

第十一周：第三章. 一、基本自然地理规律
1. 地域分异规律.　　12

第十二周 第三章 2. 系统性

3. 地带性.

第十三周 第三章 4. 时·空尺度.

第十四周 第四章 地表主要环境

1. 气候 环境.

第十五周 第四章 2. 地貌环境 12

第十六周 第四章 3. 生物环境 (崔海亭)

第十七周 4

第五章 自然地理的理论与应用.

区划与土地类型.

第十八周 第六章 人类对地理环境的影响 (崔海亭) 4

1. 教材:(主要参考书).
丁登山主编:自然地理基础.
2. 录相电影
(1) 太阳的家族 (天文馆 9月28日).
(2) 气候
(3) 河流地貌
(4) 生态系统.
(5) 旋转的地球 (Remote sensing)
3. 道明课后与辅导.
4. 实习一次 外动力与景观 (北宫门附近).
5. 课外作业:野外实习报告,

1994年9月16日 第一节课　　　　第 1 页共 1 页

自然地理学概论

绪论

这一部分我们主要解决三个问题

1. 什么是地理学，即地理学的研究对象、内容和方法

2. 自然地理学的研究对象和内容

3. 这门课的内容和学习方法

第一节 地理学的研究对象和内容

1. 地理学的研究对象

地理学是一门内容广泛，分支众多并且正在迅速发展的科学。用一句简单的话定义它往往是不全面的，例如我们可以从书上看到许多相近又不相同的定义：

我们所采用的教学参考书，丁登山主编的《自然地理学基础》中认为：地理学是研究人类赖以生存和生活的地理环境的科学。

王铮等在《地理科学导论》中做了另一种表述：地理学是研究地球表层系统及其内部现象、运动和发展规律的科学。认为"地"即指地球表层

北京市电车公司印刷厂出品 九三·三
(1458) 20×20＝400

系统。"理"即指现象、过程的规律性和法则。

再明确地说，地理学是研究土地（即地球表层一定范围内全部自然要素和人文要素相互作用的产物）"道理"（它们的差异性、空间联系、时间过程以及利用、保护管理等）的科学。

科学的真正区分是根据其研究对象，从上述举例中我们可以发现，不同作者都强调地理学的研究对象是地球表层，即人类生存的地理环境，它是抽象的，又是实在的。同样，我们理解的土地的全部特征也就是地理环境。

另外一个与地理环境相关的概念是人类环境。人类居住在地球表层。人类环境的范围是随着人类社会发展、科学技术的进步逐渐扩展的。人类大约花了上千年的时间才搞清了大陆和海洋的轮廓，1542年西方的地图上还不知道有太平洋和中国！从16世纪到19世纪，经历300年才测绘了30%的陆地，由于技术条件的限制，西藏高原的经度测量误了2°；地中海的经度缩短了5°！直到本世纪初发明了航空摄影技术，从30年代开始，使用航空摄影，大大加快了对地球表层的观察了解。从60

(1458) 20×20=400

北京市电车公司印刷厂出品 九三·三

Earth's surface physical environment — the home of human beings.

第 3 页共 3 页

人类活动的范围扩展到星际空间。真正实现了"坐地日行八万里，巡天遥看一千河"年代开始人类进入太空时代了。尽管如此，我们仍然认为地球表层（一般指对流层顶到岩石圈的上部）才是与人类活动有直接关系的地理环境。所以地理环境与人类环境的内涵是不同的。

2. 地理学的研究内容.

概括地说地理学的内容是综合研究全球或区域性的人口、资源、环境和发展。这样说还不足以说明地理学独特的研究领域，让我们从地理学的传统中进行一番考察：

(1) 空间(研究)。分析

空间是地域的几何抽象。地理学把自然界抽象为大气圈、水圈、生物圈、岩石圈。为了突出人类对地理环境的影响又提出了智慧圈，或人类圈。有些地理学家不赞成过多地"臆造"圈层。自古以来人们"仰视天空，俯察地理"都是在进行空间分析，但空间研究不仅是研究地表事物的距离大小，同时重视它们内容的差别和相互关系。例如我们研究京津唐、秦皇岛、烟台这一环渤海的城市体系，我们当然要考察他们之间的距离、城市规模，另外，更应当分析它们的位置和彼此相关的经济联系、不同的功能。

文？

北京市电车公司印刷厂出品 九三·三

(1458) 20×20=400

(2) 区域研究。

地球表面的自然和人文现象分布是不均匀的，这种差异表现为一定的区域特征。举例论，最明显的莫过于我国几大区域了：东北、西北、青藏……无论你走哪一条路如果我们从校园的东南角部向北或者向西，都必须下坡；校园里的河湖水系全都集中在西面和北面。这是为什么？这就是地区差异，北面、西面和东南部地貌不同，形成发展的历史不同，土地利用的类型也不完全相同。扩大到北京。

(3) 人—地关系研究。

最初原始的人与其它动物对地球的影响差别不大，随着人类社会的发展，人类不断地扩大和加深改造利用地理环境，增强适应地理环境的能力，改变地理环境的面貌；同时，地理环境也影响着人类活动，产生地域特征和区域差异。地理学历来主张从整体上研究人和地理环境的关系。五十年代以来，人类逐渐认识到人类社会的发展正在受到严重的挑战：人口膨胀，资源匮乏、环境恶化，PRED的矛盾日益突出，这些问题基本上属于地理学领域，今天提倡的可持续发展（Sustainable development）就是协调人地关系的努力。

北京市电车公司印刷厂出品 九三·三

(1458) 20×20=400

(4) 地理系统研究。

地理学从宏观上看属于地球科学的一部分。地球科学是一个内容复杂多样的学科体系，可以从不同角度、不同层次研究地球，于是分化出许多分支学科，如地球物理学、地质学、海洋学、地理学等。地理学把地球表层看作一个不断从外界获得物质和能量的开放系统，它又是一个非常复杂的，包含许多子系统的复杂的巨系统。现代地理学认为地球表层五大圈层（大气、水、生物、岩石和人类）相互作用合称地理圈（或环境圈）。地理学把地理圈作为（地理）系统（Geosystem）采用综合原则和系统分析来研究它。一个完整的地理系统，是自然、社会、经济的复合体系，由自然子系统和社会子系统、经济子系统相互联系与耦合，按一定规律构成的复杂的巨系统。我们的目的是了解它们的结构（等级、层次）、功能（能量、物质、信息的输出、输入、转化）、动态（状态随时间的变化），对它们进行描述、模拟、预测、调控。

(5) 地理建设。[illegible] 指出建设地理学。主要任务：

① 有效地利用自然资源，理论指导下的规划，有计划地改造自然

② 区域优化模式

③ 改善人类生活环境 即MAB。

3. 地理学的分科 （见图式）

通常采用二分法，将地理学分为自然地理学和人文地理学（广义的）。前者主要研究未受人

北京市电车公司印刷厂出品 九三·三

(1458) 20×20=400

干扰或干扰较轻的自然(地理)环境，后者主要研究经济环境、社会文化环境。例如北大校园的自然环境主要包括东南部的海淀台地与西面、北面的巴沟低地、清河谷地，两者的地貌条件有差异；另外地下水的埋藏深度不同，前者缺少地表水体，后者则有诸多河、湖水系。水体受到了污染等这些自然地理研究的范围。但就人文社会方面来讲，东南部是居住区和教学区，建筑物最多，海淀镇是过去的商业中心；而低地则是北京大学的园林区。并且是在古代园林基础上发展起来的……。这些则属人文地理研究的范围。

有人主张三分法：即分为自然地理、经济地理和人文地理(狭义的)。

陈传康教授在图式中还表示了地理学科的三个组织层次：统一地理学、综合地理学、部门地理学；地理学研究的三重性：理论研究、应用研究和区域实践。从时段划分，地理学又可分为古地理(全新世以前)，历史地理(侯仁之院士认为研究新石器时代以来，历史时期的人地关系)，时间地理。

地理科学涉及许多知识领域，它和许多相关学科交叉形成许多边缘学科，例如与气象学

北京市电车公司印刷厂出品 九二·三

(1458) 20×20=400

交叉形成气候学；与地质学交叉形成地貌学；与生物学交叉形成了生物地理学（包括动物地理学和植物地理学）；与经济学交叉形成经济地理学等等。由此可见地理学是一个综合性的学科体系。（见图2）

第二节 自然地理学的研究对象和内容

1. 自然地理学是研究地球表层的自然环境的。它有不同的名称：主要有自然地理壳和景观壳.

为什么用圈？即指与地心大致对称的和处于同一物理状态的物质组成的空心球。地球表层由一系列这样的空心球组成，称为地圈。自然地理壳（圈）是地球的子系统，它具有以下特性：

(1) 物质处于三(种)态（固、气、液）；

(2) 一切形式的物质（水、气、土、生物、岩石）相互渗透、相互作用；有机无机相互转化；

(3) 自然地理过程的能量来自太阳，同时来自地球的内能；（内外力的叠加）

(4) 进入地理圈的能量均被转换、部分被储存；

(5) 在圈层范围内的物质和能量按垂直和水平方向有

北京市电车公司印刷厂出品 九三·三

(1458) 20×20=400

强烈分化。

(6) 这一圈层由于有活的有机体存在，使地球表层大为改变。尤其是他成为宇宙间唯一有人类居住的场所。

地理壳（Geographical crust）= 景观壳（Landscape crust）= 地球表层 它的厚度：上达对流层顶 即 8 km（极地）—16 公里（赤道）；下界为岩石圈的上部，深至5—6 公里（陆地下），海洋下深约 4 公里）

2. 自然地理学的内容

(1) 研究自然地理环境组成成分（气候、地貌、水文、土壤、植被、动物界）的特征、形成机制和发展规律。即在要素水平上分析自然地理环境，回答"有什么"？"是什么"？

(2) 研究自然地理成分之间的相互联系。从整体性（Oneness）出发，阐明（揭示）成分之间的物质、能量联系（循环、转化、流通…），相生、相克、竞争、分化等动态过程。如蚂蚁在各类生态系统中的作用，说明动物群与植被的联系，又说明不同动物群之间的联系。

(1458) 20×20=400

北京市电车公司印刷厂出品 九三·三

(3) 研究自然地理环境的空间分异。(differentiation) 包括某些自然现象和人类对于土地利用的空间差异。存在哪?存在这一现象的原因?意义?欧亚大陆东部的内陆存在草甸草原、北美中西部也存在类似的植被。它们都有夏热多雨和冬天寒冷的气候。都有深厚肥沃的黑土,都是用作农业生产的粮食基地。地理学更关心它们在全球的分布。

(4) 参与自然条件和自然资源的评价(evaluation) 比如我们评价一个开发区不能只考虑它的区位(Location)条件。还应考虑它的自然条件,我们不会把港口建在泥沙迅速堆积的黄河口,而是选择龙口、烟台等深水海岸。

(5) 研究自然地理环境(包括人为干扰、控制、改变的次生环境)的变化。提出整治的对策。例如研究全球变化引起海平面升降对人类社会的影响、风沙移动对农田、牧场的影响以及应采取的对策。

第三节 本课程的内容和安排

1. 我们这门课是一门入门性的基础课,它是为学习各部门自然地理打基础的先行课,目的是

北京市电车公司印刷厂出品 九三·三

(1458) 20×20=400

改变大家在中学阶段形成的对地理学的理解：即把地理学理解为地理知识的汇编。通过这门课建立起整体性（Holistic）的地球观，把地球表层系统即自然地理环境作为一个复杂的开放性的巨系统来认识。

2、在理解地球表层系统的基础上，进一步了解发生在地球表层的基本的自然地理过程。我们不是一个圈层一个圈层地介绍，而是按照他们之间的内在联系，阐明气候过程、水文过程、内力过程、地貌过程、景观—生态过程等。

上述基本自然地理过程，是着眼于物质循环、能量传输的联系和系统的状态及相互作用。

3. 发生在地球表层的过程"造成"的后果，是自然地理环境在空间上的分化。所以我们要从全球尺度研究不同特性、不同类型、不同尺度的"环境"即地球表层整体环境的细分。如气候环境可分为极地的、中纬的、沿海的、热带的（湿热；干热）等。这样我们就避开了与别门自然地理课程过多的重复。

4. 总结自然地理的基本规律（性）、如地带性规律、地域分异规律、系统性、时空尺度等等。

5. 人类与环境的关系。着重从总体上讨论

北京市电车公司印刷厂出品 九三·三

（1458）20×20＝400

人类活动对自然地理环境的影响。当然同时也关注自然界的变化对人类社会的影响。研究调控方略和手段。

6. 讨论自然地理学的研究方法。

教学方式：

1. 讲课 配合幻灯、投影片、电视录像。

2. 参观实习：附近郊外观察，天文馆、自然博物馆、地质博物馆

3. 读书。认真读一本参考书；读有兴趣的参考材料。

4. 作业与考试 结合参观写出心得报告；作练习题，自检性的习题，以帮助理解和复习；期中一次小测验，加上作业作为学期评定成绩的15%；期末笔试。

5. 每二周一次答疑。 3362. 3651. 主任办公室

北京市电车公司印刷厂出品 九三·三

(1458) 20×20=400

# 第三章 地球环境

## §1. 全球气候环境

### 1) 气候环境（的概念）

我们常说"十里不同天"就是指两个地方气候环境的差异。(1) 那么什么是气候环境呢？由一组（一定区域）明显的不同于其它地区的气候形成因素共同决定的（某种）状态，包括热量条件、水分状况、地表类型和天气系统。如低纬热带气候环境，中纬度气候环境，（系统）指地气候环境等。

例子 A.B.C.D

(2) 气候环境可分为不同尺度：

大尺度：西欧、北美和东部属于中纬度气候环境，我国属于东亚季风气候环境等。

中尺度：由大地形决定的气候类型。如（秦岭以北的）关中盆地是暖温带半湿润气候，而（岭南的）汉中盆地属于（湿润的）亚热带类型的气候。

小尺度气候：局部地形、下垫面类型决定的气候。例如北京周围各点指不同的四地：东北部（中低山）｜东南部（平原）｜西北部（中山、盆地）｜西南部（中低山）。说明局部地方性气候的差异。

### (3) 分类

经验的：根据气候特征划分，例如椰林、木荷等代表

第 3-2 页共 页

热带湿润气候，柑橘可以代表亚热带湿润气候，苹果可以代表温带半湿润气候。这种办法在说明上容易，但准确地划出界线的[illegible]。从京广路可以看到：郑州以北、以南不同；武胜关南北不同；江南江北不同；岭南岭北不同。所以58年冬季的诗作了粗疏的描写：

1956.12.

朝辞京华白满天，
夕过黄河冰塞川。
中原大地春未绿，
隆冬春到武胜关。
仰看汉口看菊展。
长沙红叶艳满山。
衡山冲里觅风物，
露天青松来浪前。
清水田塘绕茅舍，
苍翠玉立千万竿。
七日行程千里地，
柳柳苍苍绿无边。
灼灼红花排满枝，
浓绿好似三月天。

北国的冰雪
中原的青苗
武汉的菊花
长沙的红叶翠竹苍松
南国的红花
形成了不同气候环境的特点

为我们划分出几个气候环境：暖温带北部、暖温带南部、亚热带北部、中亚热带、南亚热带。

科学上来划分气候环境，主要根据大气环境的特点，即根据成因，如气团和风系。请我们看一下全球的气团分布及其源地：这就是

cP mP mT cT cA 它们的源地、特性不同。片子

20×20=400 （华02）

低纬热带气候环境，30°N—30°S，位于信风高压带。 第三—3 页共 页

被雨量副（热）带高压下限制。热带主要有以下三种气候环境：

(1) ① 干旱热带气候环境（包括热带干旱气候）。

① a. 这些主要分布在美国西南部、墨西哥北部、南美Atacama、西南非洲、西至北非直达大陆的东部区。

② b. 这一种气候环境有两个特点：（其一是强烈的）降水稀少，（一般为250mm。）尤其大陆西岸极旱地区，如智利的Iquique年雨量仅1.3mm；西南非洲的纳米比亚只有18mm！这是由于离岸风使海水冷涌，空气稳定。底层湿空气经过冷洋面产生了雾和云、细雨。

第二个特点是温度波动、变幅大：强烈的辐射和（少云的）晴空，使气温在白天很高，在阴影中一般都超过30°C！世界最高温度（气温）58°C的记录是在利比亚的Sahara沙漠中，而美国的死谷也达57°C。在荒漠的裸露沙地，表面甚至达到82°C。反射率也是很高的，加上干燥水汽含量很少的空气，所以热量吸收减少。夜间（晴空）地表辐射很强，所以地表迅速变冷，年较差可达40°C！

（我们南方广东海南受到信风影响NE）

(2) ② 信风气候环境：① a. 主要分布在热带海洋地区，并影响到大洋的西部边缘带。如大西洋西岸的加勒比、中美地区；南美、非洲东岸；印度尼西亚群岛、东南亚。

② b. 温（度）和年、日变幅都比较小，大多数（干燥区 植物）地区温度在20—40°C之间。最高温度也较低。

20×20=400 （华02）

第 3—4 页共 页

又有至达尔群岛季节变化较显著。

③ c. 相对湿度 70—80%.

雨量在洋上分布不均匀，但最大雨量是西岸多于东岸。冬春季多。 降水以（雷）暴雨 587 mm（E Honolulu）→ 1971 mm（W Suva）

风从副热带高压中向赤道附近，在北半球呈东北信风，南半球为东南信风。

大洋东岸：风从副热带高压以过干旱的荒漠，吹过冷洋面，蒸发量增大，相对湿度增加。当气温遇到冷洋流时，冷洋面上形成雾，云雨则少见。因为空气下沉，上层有气以形成逆温，产生逆温。（西非）

(3) ③ 赤道气候环境：① a. 分布于赤道 S—N 10°之间；

② b. 日变化超过月、年变化。最冷月均大于 18°C，最高 t 不超过 40°C。最低不低于 15°C。

③ c. 全年多雨，且多（暴）雷雨天气。全年 f > 75%。 全年雨量多超过 1700 mm，以附近甚至达 3050 mm！ 因此全年水分平衡：降水 > 蒸发！（雨陡一年 322 天雷雨）

赤道带科氏力影响很小，对流占优势，气压梯度不大，但风小，成为赤道无风带。

④ d. 最大径流带。Amazon；Zaire.

⑤ e. 持续生长的植物，雨林。目前除了东南亚、东部爪哇岛以外的大热带地区，人口仍然很少。

(4) ④ 热带海洋性气候：

热湿 凉干　　　　第3-5页共　页

"近太阳"季节湿，"远太阳"季节干。位于赤道带与干旱区（热带）过渡带。冬（旱）干夏雨。冷季平均温>18°C。1月t至… 一月t=18°C。
降水或 P>E的一半，或 E>P。

位于赤道雨林两侧。巴西部分地区、巴拉圭；非洲在Sahara南缘成带状分布，东非、南非。

温度变化幅度大于季风气候、赤道气候。相对湿度约在60—75%。干湿（变动）（干季大，湿季小）

植被为Savanna林。

非洲，这一气候在边缘，在Sahara南缘形成著名的半干旱的带——"Sahel"带。七十年代以来持续出现干旱。它是气候变化和人类干扰共同作用形成的"荒漠化"区域。过牧、垦荒，增大了蒸发和对流。干旱少雨，使该地区也在变化。现在研究认为Sahel的干旱与几内亚湾的海温有关。

（5）① 热带季风气候：

monsoon 起源于阿拉伯语"mausim"意思是季节。因为阿拉伯海风向有季节性规律（变化）。冬至7月从NE→SW。

主要在南亚、东南亚，典型热带季风气候。印、巴、孟、缅、泰、布隆，西非、北澳。这对本地区的政治经济文化影响之大。

夏季有一个雨峰。12—6月以东北风为干季。热…。
SW风（6月→11月）带来雨水、洪灾。为此形成雨季的小气候

20×20=400　　（华02）

第三-6页共　页

是对流层的主导风。冬天极锋气流往往移到赤道附近。使南亚次大陆的陆面成为高压。东北风吹向海洋。

夏天西风急流北移至赤道附近。赤道东风急流。这时北部印度、南亚大陆形成低压、地表形成SW风。而此时海洋的水汽带来了水热同季。水稻棉花、茶叶了好种成好季节！

(6) 中纬西岸气候环境

主要分布在北半球，南半球也有一小部分陆地。即在西岸，最典型为西欧。

此中纬典型地方1月均温都高于0℃。极端温度40℃。低于+12℃。日均-5℃—16℃之间。

最冷最热2—3个月。雨量分配均匀，760mm或更多。位于极锋气流下的某纬度之范围带来温润空气。

季节性变化，昼夜温度变化。夏季白天长达14—18小时。东西温和。最冷时不<20℃。但冬天一般5—10℃。又月均不低0℃。

沿海西岸地区降水最大。

地中海气候是一个特例。冬雨夏旱。夏季受副热带高压控制。冬天副热带高压南移。在极锋急流之下，暖气团带状向赤道缓慢移动。

20×20=400　（华02）

(7) 中纬内陆气候环境：

① 北美、亚欧大陆内部（广阔）中纬地带，与海洋远离隔绝，北美西部又有高山屏障，欧亚大陆内部又离海洋远，湿空气难以到达；南美同样受西面有安第斯山脉屏障。（所根据内陆也）形成干旱区或半干旱区。

② 亚热带低压降水带。

这一气候环境的最主要特点：③ 冬夏相反的温度变化。

夏天极端温度达40°C，冬季低于0°C的月份（3—6个月）（随纬度而变），除南极之外，Siberia冬季最冷达到-56°C。

夏季形成热低压中心（海洋上形成高压中心）。最大降水也在这时。

降水量各地有差别：Kansas达948 mm，哈萨克斯坦544 mm，张家口（苏克）只有246 mm。美洲的大平原南部和哈萨克斯坦荒漠地，前苏联的

为干旱或半干旱气候。

(8) 中纬大陆东岸气候环境：

包括北美东部和东亚（中、朝、日）。

虽然类似于亚热带季风气候，有季节变化、风向相反，但过程不同（过程）。冬季风以自冰冷的大陆内部，当海洋影响时成为暖湿（偏暖）的夏季。夏天极端温度达40°C，冬季结达到冰冻。北美东岸倾入大陆，但比西岸更向高纬延伸。最低温度低于16°C的有6个月—3个月。东京（最多）雨最多。盛夏东南风又于西风环流（以西伯利亚）CP低温（副高以东的）少雨。从春→夏，西风北移（华02）

夏多雨（地形雨）南方（夏秋）

（20°~20~30°西南季风带来降水）

东京 115 tkm.

波士顿

第 3—8 页共 页

(9) 极地气候.

极圈以内. 终年低温. 相当冷的空气. 如射热极. 加剧了这里的低温. 冬天黑长夜. 没有热量收入. 但却继续失去热量. 夏最热时 0°C（不超过 2-3 个月）. 冬 −50 — −70°C 南极高原.

降水少. 并非所有极地都冰雪覆盖, 风很大. 吹雪.

(10) 山地气候. (高原).

极高山 (大于3000m). Hymalaya. tibetan. Andes. Rocky. Alps. Kenya. 大气稀薄. 干. 净; 气温随高度递减; 日变幅大. (白热. 夜冷); 季节变化与纬度有关. 赤道带年. 日变化都小, 冬季 极区(地区)的冷, 极地. 终年冷.

降水随高度增大. 向风坡. 多降雨. 背风坡少雨 形成雨影带.

小气候环境(尺度): 城市气候环境明显增大. 粉尘增多了. 增加凝结核. 温差大大. 径流增大. 降水偏少. 风小.

复习思考:

1. 什么是气候环境? 形成气候环境的因素有哪些?

2. 世界分为哪几类气候环境?

阅: 第三章 第五节 一. 第六节 十、十一.

题: 十三. 十四. 十五.

第 3-9 页共 页

§2. 地貌环境

地貌环境是许多因素综合作用的结果，但是人类也在其中起了重要作用，即增大了或控制着自然过程。因此，我们不仅要研究人类活动对地貌环境的影响，还要研究地貌环境对人类活动的影响。例如，1210年后的塌方是人工加速了倾向的滑坡；另一方面，喀斯特塌陷给人类活动带来许多困难。所以人类活动必须依靠自然的一些通道。大约在一些障碍人类活动的地方，自古以来有人大多人迹之地。

1) 地貌环境

我们着眼的不仅是形态，特别是它们的形成方式、形成过程。不是一个小范围内一个地貌发育，而是一个较大地理区域内的过程的地貌组合。

什么是地貌环境？它是在于固体地壳表面的一个较宽的带（大气圈以下），它与固体地壳组合在一起，由内外力共同作用下形成的外貌特征的组合。

(1) 全球地貌环境与过程（模式）的全球框架。

| 过程 | 湿润带或中纬 | 干旱带或中纬 | 冰川、冰缘 寒冷带或高海拔 | 沿岸 |
|---|---|---|---|---|
| 风化 | 化学的 | 物理的 | 物理的 | 重要的 |
| 块体运动 | 缓慢式 | 快速式 | 快速式 | 重要的 |
| 流水 | 重要的 | 偶然 | 融水 | 有时 |
| 冰川 | | | 重要 | |
| 地下冰 | | | 对冰缘环境重要 | 极地海边 |
| 风 | （有时） | 重要 | 冰川边缘、冰缘 | 裸露海岸 沙丘 |
| 海洋 | | | | 重要 |
| 人为 | 重要 | 重要 | 不很重要 | 重要 |

(2) 地貌形成的综合性.　　见木不见林；见林又见木

很有哪一个地区的地貌是由单一过程形成的. 例如

北京(西山)的地貌 是由内力和地体运动滑坡 河流(水) 冰川. 风力等过程综合作用的结果. 我们过去的研究工作是以区域为主通过对地貌景观的了解

来判断(详细的)地貌过程, "见林见木" 以认识"林"为主.

(3) 地貌区.

我们可以从两个方面来划分大区域地貌：地区的和气候的.

Büdel 根据地貌形成的不同气候环境和营力来划分地貌形成区.

结构的两类：　的区域差异外

① 岩性造成的地貌环境：

①. 冰缘地貌(环境)区. 寒冻风化为主. 活动的块体运动, 融水的作用. 也可使河流下切. 几米/1000年.

② 季节性热带气候区.

雨季时雨, 低水位时旱.

6-8个月 水分充足 风化层中生物进行化学风化迅速. 活动也非常活跃. 地面25%以上的是红色的. 形成深厚的风化壳红土. 旱季只有3-4个月. 停止上述风化过程. 已形成的土壤板结硬化, 雨季一开始, 水流又把地表一部分搬走. 使风化壳顶部形成草坡等. 在河流保存基岩区 地区形成平缓低平的地貌景观. 平地或洼地.

总之上述两类地貌环境 ① 快速变化的地表过程(类型. 面积). 即风化强度和块体运动活跃; ② 流水侵蚀同样活跃.

第 3-11 页共　页

③ (较)不活跃的地形特征：

即温暖型风化和侵蚀过程不强烈的地区。三种类型的地区属于这一组：a. 冰川覆盖区，热带干旱区，湿润中纬地区。

南极大陆和格陵兰岛等。被冰层覆盖，长久(不断)处于冰冻状态。很缓慢的(向)流动，很厚的地层不能流动。冰层起保护原面貌。保持了冰期以前的地形轮廓或形成了风化壳。所以冰下保留了风化和活跃特征。只有冰层四缘和冰面上分布着零星(性)的融水流。

b. 热带干旱区：如 Sahara 等。地形变化很缓慢。风化速度低。雨水稀少，风力对坚硬岩石只起磨蚀作用。好些地形可以(成为)长期保存。流水作用主要集中在暴雨后一些地段。

(以)上的那些地段的风力，但主要是降低地表。

荒漠中有时也有如中洪水地沟区洪沙的。

大面积堆积 -10m

c. 中纬湿润区：植被覆盖，侵蚀量小，冲刷小，缓慢的。13流中只有溶解物、极细粒物、胶体。风化与块体运动也很缓慢。则在厚的1m的风化壳(在湿润)很缓慢移动，地面保持较低的水平。∴风化壳成了重要的保护层，除非有人类水平破坏，不然就产生(新的)风化。了解这地方很需要知道冰体。他们(在)那些以产生类型的化学风化，(如)风化带，异化特质物甚多。这以又很快被流水搬运走。d. 中纬湿润地区经历了第四纪末和了侵蚀期，如山区，干燥土壤处，如地中

20×20=400　　（华02）

第 3-12 页共 页

地区（南部）。人类破坏原生植被更加速侵蚀。黄土地区过垦、对地面破坏的

化坡的地貌 "乡土的道路成河" 就是一句生动的（写照）描述。

半干旱区的流水侵蚀。风沙活动。

2）实例 幻灯教学

(1) 风化与块体运动

✓ ① 内蒙干旱地区花岗岩的球状风化

✓ ② 河南嵩山峰的深厚的风化壳

③ 西双版纳 澜沧江畔的深厚风化壳

④ 热带风化形成的红土。

⑤ 福州鼓山花岗岩风化壳厚度很大

⑥ 云南禄劝 砂页岩风化 形成的 Bad land。

✓ ⑦ 岷江上游大塌方 叠溪 1610

⑧ 大寨 一个小泥石流

⑨ 冻土区的冻融蠕动

✓ ⑩ 黄龙寺附近的倒石堆

(2) 流水地貌。

① 也林草原上一场暴雨后的地表径流与洪水坑

✓ ② 东山某地 暴雨后的 洪流。

③ "地表水 冲沟形成的情况。浑浊中的地面水土流失。
太行山中

④ 缓坡沟谷的小沟。

⑤ 上游多瀑布。跌水。（太行山）

⑥ [illegible]

⑦ 流水的巨大侵蚀力！ 上游以侵蚀为主。

✓ ⑧ 澜沧江上游的高山峡谷。深切的河流

⑨ 云南滇池湖边的阶地。

✓ ⑩ 岷江流域的阶地（松潘县）

⑪ 某些阶地。

⑫ [illegible]

20×20=400

✓ ⑬ 长江口

✓ ⑭ 珠江三角洲的基塘（桑）景观。

(3) 风沙。

✓ ① 内蒙古高原岩漠 戈壁。

② 新疆的[illegible]

③ [illegible]

④ 小腾格里沙地的沙丘。

⑤ 新月形的沙丘链。

⑥ [illegible]地貌一角

⑦ 美国干旱区的风蚀地貌。

⑧ 柴达木盆地[illegible]

(4) 冰川 干旱环境地貌

✓ ① [illegible]

✓ ② "古流水地貌" 干旱区的

③ 干旱盆。

(5) 半干旱地貌环境。

✓ ① 黄土高原的地貌

② 人类活动加速侵蚀

③ 风水两相地貌

(6) ① 岩溶与侵蚀地貌

✓ ② 桂林[illegible]

✓ ③ [illegible]

（并02）

④ 路南石林等 喀斯特 karst.

第 3-13 页共 页

(7) 海岸带地貌环境.

① [illegible]海岸.

② 海岸的岛屿

③ [illegible]海岸[illegible]

④ [illegible]的[illegible]. [illegible]作用.

⑤ [illegible]

⑥ [illegible]

⑦ [illegible]海岸带的[illegible].

(8) 冰缘地貌环境 (极地, 高山)

① [illegible]

② [illegible]

③ [illegible]冰缘地貌—[illegible].

④ [illegible]

⑤ 古冰缘地貌: [illegible]

⑥ [illegible]

⑦ [illegible]

(9) [illegible]地貌.

① [illegible]

② [illegible]

③ [illegible]

④ [illegible]

(10) 冰川地貌

① [illegible]

② [illegible]冰川谷"U"型.


③ [illegible]

§3. 生物地理环境

1) 生物地理是自然地理学中一个重要的研究领域，它主要研究动、植物在地表的分布格局及其形成过程。我们今天见到的森林、草原、荒漠、等等都是现代气候条件的反映。例如

森林 要求足够的土壤水分和适当的植物条件.

Savanna 它是热带森林和草地之间的过渡类型. 植物是适应降水不足、有一个明显的干旱季节

Grassland 土壤水分中度亏缺. 植物比较适当或偏低.

Desert 土壤水分很不足, 植物适当.

Tundra 植物矮小.

以上说明动植物需要一定的水热条件. 我们所说的生物地理环境就是因水热条件变化引起的生物群落的分异。

形形色色的动植物，形成陆生和水生的生态系统，许多小生态系统又可以组成为一些大的可以识别的生态单位。它们是动物与植物相互作用的生命层的一部分。其中又以绿色植物作主导地位。所以生物地理学家把这些以植物作为标志的动植物相互作用的大的生态系统的联合体称为生物群落(biome)。上述森林、热带疏林草地、草地、荒漠、冻原都是生物群落。

北京市电车公司印刷厂出品 九三·三
(1458) 20×20=400

生物群落又是地理环境变化的结果。每一个生物群落都有它的形成和发展过程。拿北京的生物群落来说：在10000多年以前原始森林非常干旱，类似荒漠一样。在全新世适宜期又有比今天更温暖湿润的气候条件。例如在房山县至今仍可见到自然生长的漆树和八角枫，而这些植物目前在秦岭以南至亚热带地区。东北针阔混交林地区的茂林，嘉荫县的湖泊里还生长着荷花。这都告诉我们每一个生物群落都有一个历史过程，反映着过去的环境变化。

总之我们可以把生物地理环境看作相同时间、空间尺度的生态系统的组合（区域性生态系统的组合）。它包括对环境条件有着共同需求的动植物与环境因素的综合。如在水热条件（具有一致的气候条件，多久之一致的（优势种与一定植被）、土壤（条件）也有防御相同）。

2) 生物与环境的关系。

自然环境中对动植物有影响的因素有许多，如气候的：四季节、积温度相同，光、暗度、温度、降水、季向风等；土壤水分，

自然环境中的水（生物有机体不断利用）平衡，决定于降水(P)、蒸发(E)、R（径流）、I（入渗）在同时空尺度上的平衡。这种平衡关系主要依赖于植被之上。（图1说明之）

生物与环境关系可以从两个方面来研究：

一是生物对生态因素（外界条件）有一个忍耐限度。这就形成了相同的适应能力。例如对温度、湿度、土壤水、营养等不同的适应。根据对水分的需求，我们可以把植物分为：

(1458) 20×20=400

北京市电车公司印刷厂出品 九三·三

第 3-16 页共 页

① 水生植物 对过量水分适应的特性。生于浅水沼泽、河湖。

② 中生植物 排水良好的土壤，水分适中的植物居多。雨量适当。

③ 旱生植物 · 适应耐旱。干旱区的植物。如 Cactus.

动物有类似的适应特征。如旱生动物，它们（如许多无脊椎动物）像许多植物一样生于旱季节休眠，雨季一来又活动。有些甚至比雨季食物来得早时就繁殖产卵；美国大盆地有一种小的淡水小虾，可以休眠许多年，以待湖里有水再活动。（一个世纪中可能会有3-4次这样的事件）。

哺乳动物，在缺水的荒漠生存，休眠是逃避干旱。如不排汗；或可以降低温度；排泄干浓的尿液；夜出活动，逃避炎热。

(2) 对温度的适应：

温度直接影响植物的（生理）功能，如光合作用、开花、结实、种子发芽，影响植物生长。极端温度决定某些植物的生存界限和个体的功能。

温度又（是一个）间接（影响）因素 水汽含量，从而影响（植物）土壤呼吸和水分蒸发。

总之，冷地方植物种类少，热带种类很多，说明低温限制了植物的生长。

(3) 一种动物生活在相对一定温度范围（大多数动物的生理机制对一定的t），包括爬虫纲、无脊椎、两栖类，是冷血动物；它们的体温随（周围）环境而改变，它们只在温暖季节活动，以休眠方式（越）冬。一些脊椎动物休眠阶段叫冬眠。

（1458） 20×20＝400

北京市电车公司印刷厂出品 九三·三

大多数冬眠动物穴居的洞、巢或其它地区，冬天並未达到的极端温度，或他的土居土壤，或他动不见很迅速，适于他们冬眠。

其他动物是恒温动物如鸟、哺乳动物。较低温动物，有皮毛、羽毛，脂肪保持体温，並可靠排汗、喘气、血液循环散热。

其它因素如光，受季节和纬度影响，白天了纬度而定长短。一些植物生长季缩短了，但生活的夏天生长，要光照适应了。

中纬度地区，一年中之经常律明显，生长着落叶林，一系列植物生长过程发芽、开花、结果、落叶都受光照控制。

光照同样影响动物的行为，昼夜循环制约了动物活动（鸟、哺乳动物）

其它如形态因素（坡向、坡度）、营养因素都影响动植物的生活。

3）世界生物群落及其分布

森林生物群落：

（1）热带雨林

北京市电车公司印刷厂出品 九三·三

(1458) 20×20=400

(1) 赤道雨林和热带雨林

① 分布与生长的气候环境：太阳高度大，阳光直射，气温年变化小；全年多雨，超过2500 mm。10°N—10°S之间赤道雨林；10-25°N—10°-25°S之间，热带季风和信风影响的地区，为热带（季节性）雨林。

热带(雨)林 译为：热带雨林和热带季节性雨林.

（湿季明显）

（有一个旱季，有的树木落叶）

（信风在此上升，绝热冷却，多雨。）

② 繁茂的植物群落（雨林结构）

a. 种类极其丰富。大量乔木种类，上百种/ha.（40-100种/ha.）

[illegible]的陆地面积，却拥有25之一的植物种类.

海南岛仅占全国土地面积的0.35%，高等植物占全国1/6.

（自从第三纪就有了。已有6000万年历史了！）

（树种太杂给采伐生产带来困难）

b. 结构复杂。层多（巨树70-80m，中、下层乔木），藤本草本层.

c. 藤本、附生，非常发达.

d. 生长不分季节同时开花期，老茎生花.

e. [illegible]（独特的植物）

f. 裸芽.

③ 贫瘠的土壤。枯落物进入土中量很大，但微生物迅速分解淋溶。粘重、赤红的砖红性土壤，营养元素淋溶，只有$Fe_2O_3$、$Al_2O_3$，如块石般坚硬（铁盘）。

草食性动物的粪便也是分解很快，使土中只有一点营养物质，大部分营养物质都储存在植物体中。所以热带人为什么刀耕火种，就是通过这种方式使（矿质）营养归还土壤，但也毁掉森林的！

游耕：“Shifting cultivation”

第31-2页共　页

要知道热带雨林如此庞大、复杂的生态系统！原来树木通过真菌与根相联[illegible]营养。[illegible]

[illegible]

④ 巨大的初级生产力、复杂的食物网。

作物生长依赖生态系统中能流经千千万万。初级生产力了。（无论如何植物有生产都归于光合作用转化。）

动物生活也有分层性。上层为鸟类、蝙蝠；中层有其它鸟类和攀树的动物：松鼠、树懒、猴子。（一天睡18-20小时！）南美鸟类占全球18%，鸟类占29%。爬行类40%、两栖类20%。

吸血蝙蝠、捕鸟蛛、卷尾猴、长尾羽鸟。

物种个体少、优势种不明显，适应性分化。各自的营养空间、生态位（生态位）

（丰富程度之高的惊人，林冠300倍！生活型、物种多样、优势种不明显、树栖多于地栖，无季节性规律，然生繁茂。）

⑤ 巨大的基因库

50%的生物物种。平均每公顷233种/km²。一个国际的大小面积的物种相当于UK 1/6！

植物的产品：饮料、水果、工业原料、医药、材料、染料、精油；生物药物。3000种抗癌药物中的1/4来自雨林。（以前儿童白血病[illegible]一种 rosy periwinkle 长春花[illegible]）

已被描述的不到1/100！知之甚少，谨慎（地）从事。

1950　30%

75　12

1990　6%！

(1458) 20×20=400

北京市电车公司印刷厂出品 九三·三

(2) 热带季雨林.

① 干湿季明显的气候.

位于热带雨林与草地之间，总降水量从赤道向外递减，季节性气候显著增加（温度、降水）。产生干季，限制植物生长。包括许多类型：半常绿雨林，上层乔木有落叶种类，下层树种仍常绿的；落叶季雨林，见于山地及热林下过渡。随旱季延长和雨量减少，从季节雨林 → 落叶林 → 稀树草地 → 草地

② 结构简单，层次减少，藤本、板根与附生植物，树冠层开敞，草本层发达。

③ 短而小的叶子。旱季多落叶

(3) 热带稀树草地. Savanna.

① 旱季较长　2.5—5—7.5—10个月不等.

② 高草稀树

③ 叶质小　小叶片利于适应.

④ 草食动物的王国.

草多，草食动物多。大型的：羚羊、斑马、犀牛、角马、长颈鹿、非洲水牛、象。Serengeti. $13\times10^3$ km².

那里有哺乳动物 $3\times10^6$ 头.（300万!）

小型啮齿类 5 mammals in 三小 ±=. 1/4耗了所用食物的75%. 本身是肉食动物（食物）主体；植食性昆虫种类甚丰. 白蚁、蚁类、蝗虫.



北京市电车公司印刷厂出品 九三·三

food chain 岩上高山狮. 斑羚. 猎犬. 猛禽.

地栖. 穴居多. 狮已迁地了.

特奔善跑. 集群生活(上百. 成千) 逐水草而栖.

适于流动生存.

其生活动: 斑马. 羚羊. 长颈鹿. 斑马和羚羊. 相依为命: 长颈鹿吃树上叶子. 羚羊斑马吃近地面的草. 灌木. 斑马负责警卫 一旦有肉食动物袭来. 它以信号通知, 引起其它动物的警惕.

(4) 亚热带常绿阔叶林

Min. $\bar{t}$=3-8°C Max. t=24-30°C $\bar{t}$=16-18°C 的影响.

"江南有丹橘 经冬犹绿林"

① 大陆东岸的亚热带季风气候. 春季温暖. 夏热潮湿. 冬季稍干寒. 伴相对湿度仍较高. 降水1000-2000 mm.

地中海 15-18°C 冬6-7°C 500-750 mm

中国的湿润亚热带季风气候; 美国的亚热带季风气候

② 终年常绿. 林冠层比较整齐. 树冠呈一致的. 革质小型叶片.

山毛榉科. 樟科. 茶科. 木兰科. 等组成 常有竹子树混生.

灌木层多为杜鹃. 山茶. 冬青.

草本植物与木质藤本繁多.

Quercus ilex 常绿 栎属

③ [illegible]

④ 形成红壤黄壤(砖红化). 发育在湿热环境. 湿润多雨气候下. 铁铝在土壤中积累 盐基物质流失 K. Na. Ca. Mg 大多淋失. 富集 Fe. Al. 土体呈赤红色. pH=4.5-5.6. P含量低. K缺乏. 改良红壤加石灰! 了解山区了黑土. 过渡

北京市电车公司印刷厂出品 九三·三

(1458) 20×20=400

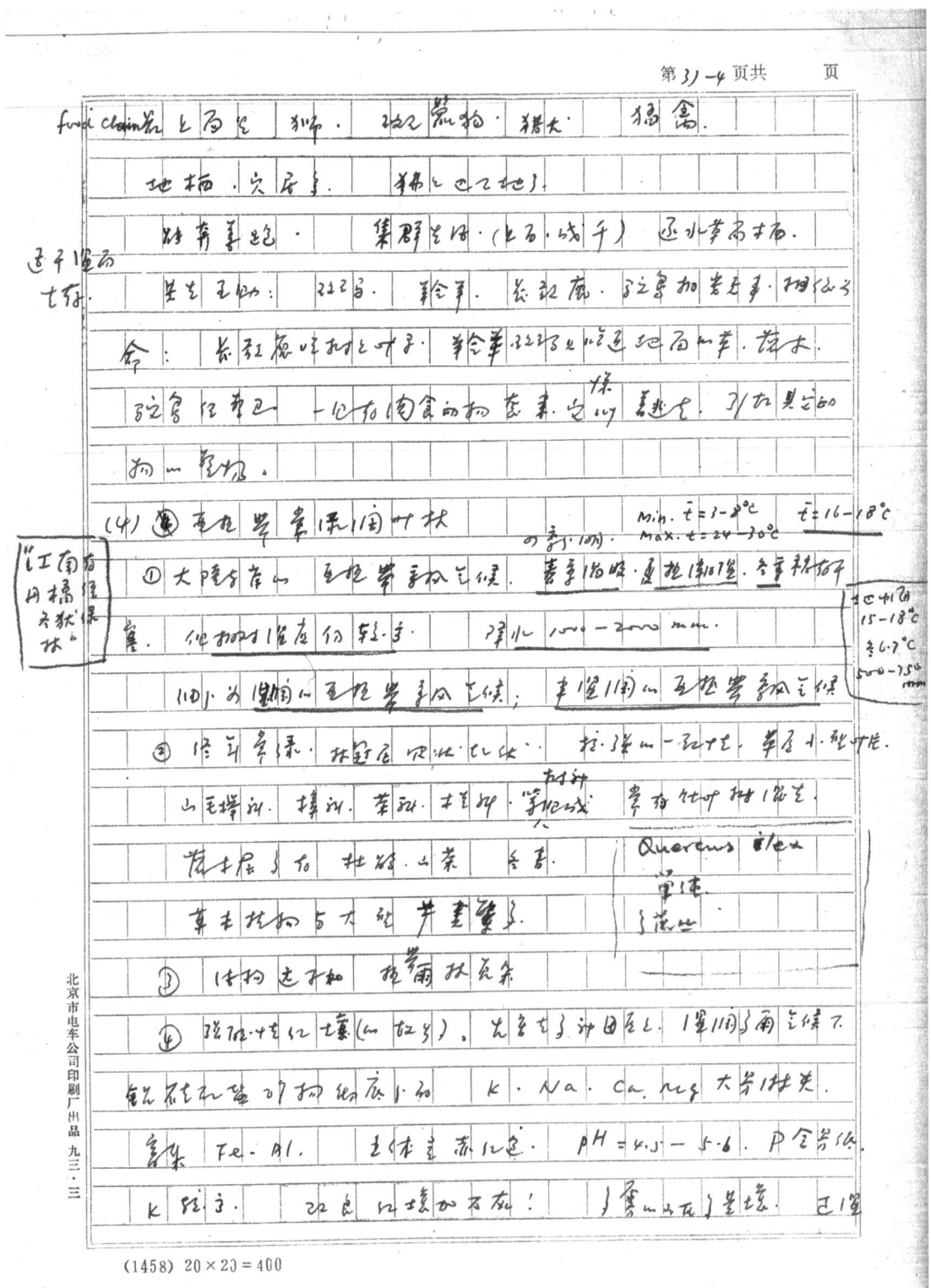

红色石灰土是古老土壤
现以它是亚石灰土。



的土壤环境。氧化性水化。形成黄色或暗黄色土层。称红壤即山地黄壤。表土有机质含量高了。适于林木生长，较大面积的次生林。

⑤ 丰富的特有植物。

该地区森林区内有2000种植物。植物区系保存了较多古老种。银杏、水杉、银杉。[illegible]如[illegible]等。中国特有植物有：杉木、杜仲、珙桐等。地中海地区也有一些古老植物如[illegible]、山茶[illegible]植物。

⑥ 多样古老的动物群。

古老子遗种类有：大熊猫、小熊猫、云豹、金猫、华南虎、苏门羚、白鹇、猕猴、金丝猴、叶猴。[illegible]
(半树栖) (树栖)
又称西南林子。 [illegible]

白鳍豚、扬子鳄。

地中海地区[illegible]动物[illegible]，[illegible]北方动物(混合)[illegible]
[illegible] 西南[illegible]
[illegible]

~~[illegible]~~

大陆西岸硬叶常绿林。

① 夏旱冬雨的气候环境。 $t=15-18°C$ $P=500-750mm$。
6.7°C 3-5月[illegible]

② 常绿的乔灌木 刺叶林。 黄杨。 夏季有的植物休眠。雨季生长。 [illegible]

③ 红色石灰土。是一种古老土壤。

④ 油橄榄 [illegible] [illegible]

⑤ 土著的动物种 [illegible]

(1458) 20×20=400

北京市电车公司印刷厂出品 九三·三

第四—1页共 页

12/九

# 第四章 基本地理规律

以前的地理学满足于回答"哪里有什么？"、"怎样发生的？"，现在我们则要追求"为什么发生"，"和什么有联系？"即找出某些规律性和一般规律。
研究地球的一般地理规律是自然地理学的主要任务。

## §1. 地带性规律（普遍性的）

1) 什么是地带性？

地球表面的自然地理要素、自然地理过程和自然地理现象，按照一定顺序（由赤道到两极）呈有规律带状（更替排列）。18世纪末，A.V.洪堡首先发现并阐明世界植被分布规律，认识到气候和动植物分布的属于纬度变化的规律性。后来19世纪末俄国土壤学家道库恰也夫在研究土壤分布规律，建立了土壤地带学说。1893年他把世界（土壤）自然地带划分为五个地带，认为
苔原—森林—（黑钙土）草原—荒漠—雨林。
地带性是世界规律。

大多数地理学家对地带性的认识是：

(1) 水平地带性。

①纬度地带性：（自然地理现象）主要沿纬线方向延伸、按纬度变化引起的带状更替。例如我们从南海的曾母暗沙到东北的漠河可以划分出：赤道雨林景观（立径）热带季风（常绿）雨林景观，亚热带常绿阔叶林景观，暖温带落叶阔叶林—针阔混交林—针叶林景观。

W =

(1458) 20×20=400

北京市□□公司印刷厂出品 九三·三

第四-2页共　页

② 经度地带性：以纬线。（指经度变化产生的带性）分异。如北纬43°N以北从东向西（从大兴安岭到新疆）依次排列着森林草原景观—典型草原景观—荒漠化草原景观—荒漠景观。

③ 纬度地带性产生的原因：太阳辐射的空间分布不同，经度地带性是由于降水减少，土壤含水量逐渐减少造成的。

(2) 垂直带性。（垂直地带性）

山地（地理环境）随海拔升高呈带状更替的现象称为垂直带性。（温度每升高降低）0.6°C/100米

(3) 垂直带性与水平地带性的关系。

① 垂直变化梯度比水平变化梯度大得多

0.6°C/100m。

② 水分随高度增大，达到一定高度又减少。水平带不是这一规律。

③ 相似而不相同。每一水平地带均有各自的垂直带谱。基带不同。南迦巴瓦峰的基带（雨林）→高山冰雪带较完整。长白山的基带落叶阔叶林→高山冻原。该山为纬向变化。新疆天山垂直带是落叶阔叶林。该山为经向变化。

④ 如果用一个函数式表达　对任何一个地方的景观在空间

$S_{(景观)} = f(W, J, G)$。　纬度变化，经度变化，
　　　　　　纬 经 高　　高度变化影响的函数。

(1458) 20×20=400

北京市电车公司印刷厂出品 九三·三

(3) 非地带性。

✓不以太阳辐射分布为条件的现象也随处可见。如地壳的构造运动形成的山地（有人认为也有地带性）岩浆活动、地震、火山等。

说明：①每一个地区都是同时有地带性和非地带性两种特征。例如北京的落叶阔叶林、褐色土、山地棕壤是地带性表现；山地的分布是非地带性的。地带性与非地带性结合相互作用，才使景观具有多样性。

②另一点，地带性规律的表现与尺度有关。在行星尺度上，地球的自然地理地带（植被、气候、生物、土壤）表现十分明显。但是在大尺度，就会出现许多地方是被打乱了，被地形改造了。如内陆与沿海就不同，南半球和北半球又不同。为了避免问题复杂，我们可以把实际地带性表现干扰的舍去归一体化，集中在一个理想大陆上。他们就会呈现出下列图案：

△高纬度、低纬度呈现纬度地带性。

△中纬度复杂。

△大陆中心呈经向更明显地表现经度地带性。

（见理想大陆植被地带图）

北京市电车公司印刷厂出品 九三·三
(1458) 20×20=400

地带性规律的应用：

主要用于种植业区划、粮食和经济作物合理布局，产量而且高产稳产，优质高产措施。

造林：防护林、树种选择。木材以云冷杉为主，次以油松，以及落叶松、桦树、栎树。

一、1、§2. 地域分异规律

地球表层根据地理过程可以区分出不同类型结构和地理特征的区域单元。它是一个普遍存在的规律性。按尺度可分为四级：

1、1) 全球性：(1) 热量带（热力地带性）　（地带性）

(2) 海陆分布。全球性非地带性。

非地带性。

2、2) 大陆和大洋的分异。

(1) 陆地上体现地带性。

① 大陆东西岸地带性的不对称。

② 干湿地带性

③ 大规模构造体系。秦岭、天山、阴山

Cordillera、Урал、Andes。

(2) 全大洋。

表层受纬向自然带，深海地区则非地带性……

北京市电车公司印刷厂出品 九三·三

(1458) 20×20＝400

3. 3) 区域尺度

大地构造—地形因素。大山、大平原、大高原

青藏高原、黄土高原、华北平原、四川盆地、以南五岭

等等。

4. 4) 中尺度分类

(1) 区域内部地形—地貌的影响，如：滨海平原、

冲积平原、山地丘陵、湖泊与海洋。

(2) 地方性气候的作用。

海岸气候、山地气候、森林气候、荒漠气候、城市气候等。

热带西海岸盛行信风（北半球：NE信风），气流干燥，降水少，因而荒漠逼近海岸，但在海边却形成一个多雾、相对湿度较大的环境。另外，盛行风吹走表层海水，使下层海水上涌，又形成向南的冷洋流。下层海水低温又形成冷海面，上层构成低温大气层，这使南下信风的低温大气加升，形成低层云和平流雾的海岸气候。

湖岸、海岸：因有海陆风的调节，且水面蒸发影响，使沿岸气候更为和缓、湿润，比同纬度偏南的气候。如闽南亚热带界在福建沿海可延伸到莆田一带，所以该地多龙眼、荔枝等喜热植物的南亚热带北界。太湖西洞庭山，它们所在地为南坡，是在中亚热带的局部气候环境，成为商品橘子生产地最北的一个。

位于一带品种多样，也是新的局部气候环境。

城市热岛效应是很明显的。刘老师等研究 86.10.2. 7:45 静风无云 8:00 北京气温12°C 热岛14°C 范围与建成区相当。远郊区县为11°C。

北京市电车公司印刷厂九
(1458) 20×20=400

城区　　　　温度17°C.
基本上北京的热岛偏城南。宣武门、前门、崇文门以南一带，直到广渠门附近。东南温度在已有一个小中心(17°C)

而故宫、中南海、北海又形成一个"冷岛"(12-13°C)

莲花池有一个热岛.(17°C)

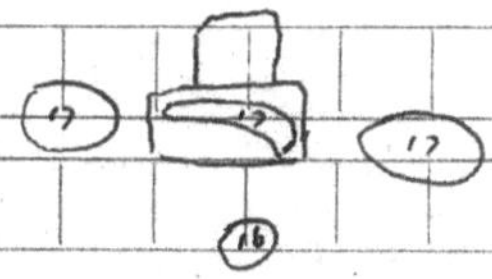

基本上相差3°C(17-14°C).

✓城内外可差6°C!

　　　　　　　　科学的发展
当有风时风小，如城市污染排放也有很大影响的，这说明北京城市温度和上风向一度周围.

(3) 垂直分异

我们已经讲过自然地理要素随高度增加，气候特征发生垂直变化情况。垂直带性不同于纬度带性。珠峰就是最好的一例。由低到高可划分为以下几个垂直带：

5坡 ① 热带山地季雨林带 1600以下

② 山地亚热带常绿阔叶林带(1600-2500)

③ 山地暖温带针阔叶混交林带(2500-3100)

④ 山地寒温带针叶林带(3100-3900)

⑤ 亚高山寒带灌丛草甸带(3900-4700)

⑥ 高山寒冷草甸垫状植被带(4700-5200)

⑦ 高山寒冻冰碛地衣带(5200-5500)

⑧ 高山冰雪带 5500以上.

北京市电车公司印刷厂出品 九三·三
(1458) 20×20=400

西坡：① 山麓寒冷半干旱草原带（4000—5000）

② 高山寒冷草甸垫状植被带（5000—5600）

③ 高山寒冷冰碛地衣带（5600—6000）

④ 高山冰雪带（6000以上）

a. 座落地点.
b. 坡向 S.N 坡不同.
c. 长短
d. 湿润条件

垂直带—基带（地带性类型）的序等 决定垂直带谱.　一条山脉

N-S 向山地各段也不相同；从S→N趋简单（大量缺失）　随地形及坡度不同.

条件不同都影响到带谱的性质.　主要是山南坡以及坡度

但其坡度大于垂直的两坡以有。　海拔以下和陆地.

5. 5) 小尺度分异

大中尺度上还存在局部因素引起的小尺度地域分异现象。例如：

1) 地形中往往引起小气候：坡度改变了太阳入射角，改变了降水的分配　水热条件再分配．坡度．排水．潜水深度．流动性……都有影响．构造运动．母质．也不同。

阴阳坡；东西坡 哪个偏干暖？（西）

陆峪与平缓：例如 北戴河 海滨：

示意图

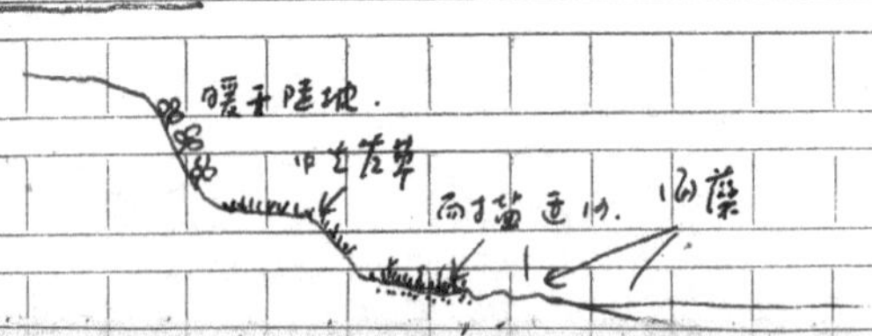


(2) 局部地层构造、岩性或土层引起的　天课

如华南丘陵地的黄泥地：河流地形不同使土层厚薄　红化

十分明显，依坡地以棉花为主，滨海地以大豆为主，低土地以甘薯花生为主

以谷子与种小麦和高粱。

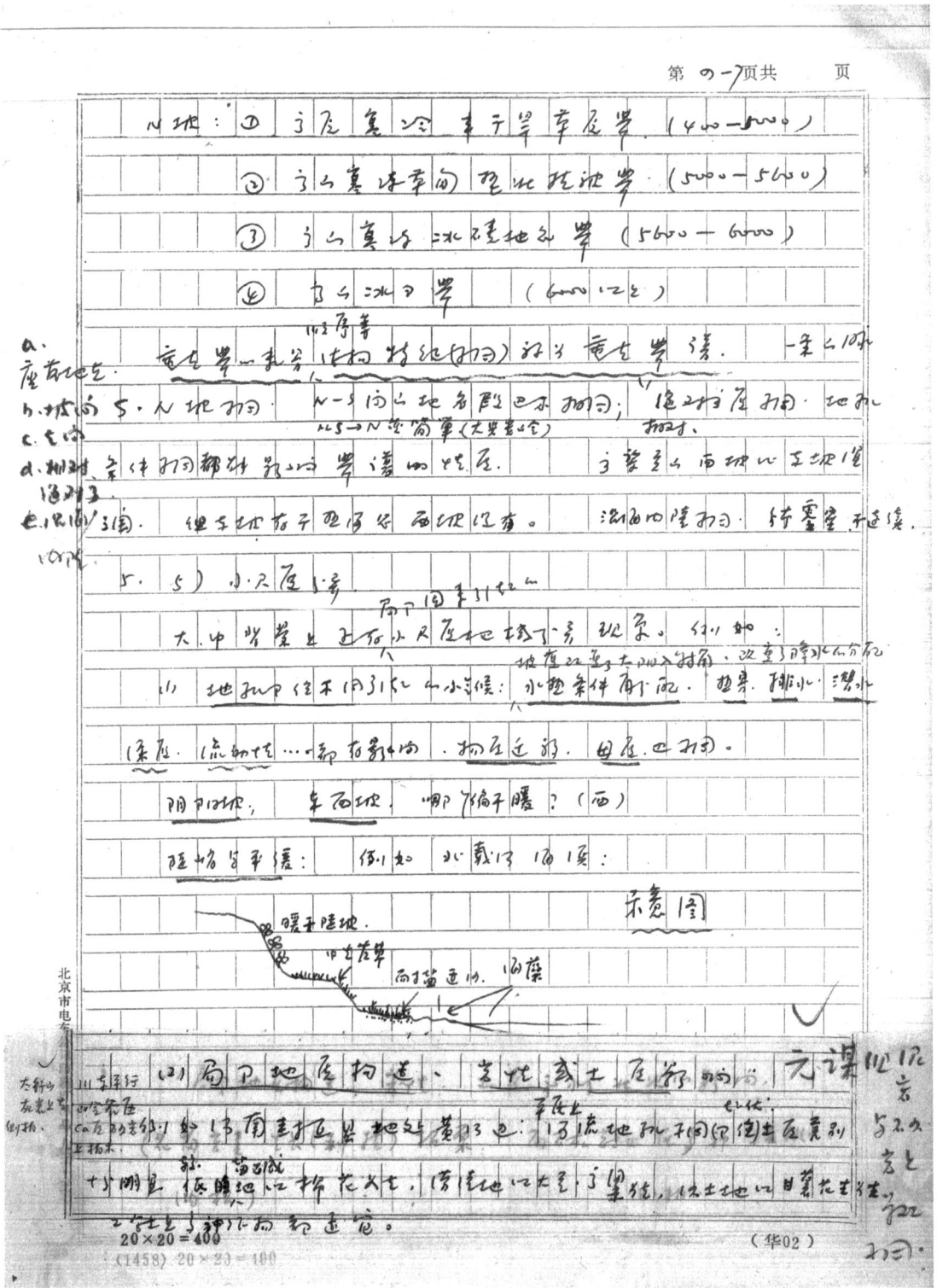

在一个大陆内的地区上,也可以看到随着土质的不同,植物群落或人工植被的差异。

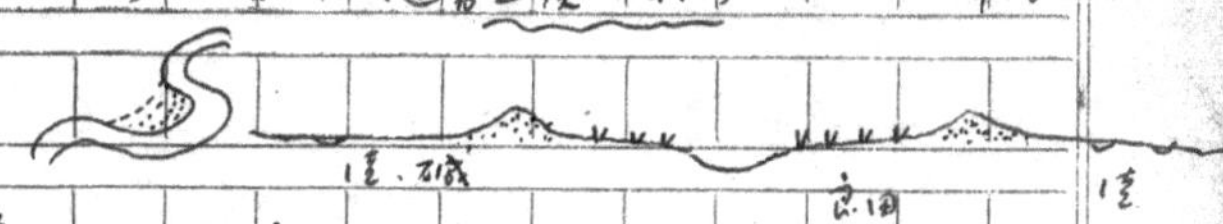

二、(6) §3. 地域分异规律的相互关系.

1. (1) 大陆地域分异的水平结构 研究一个规律可用一个理想大陆图式 可看出: 纬度地带. (水平分带 2维空间)

① 南北半球基本对称

② 环绕全球连续分布的地带,只限于:极地、副极地和赤道. 其它纬度仅受干湿度地带性,以经向森林—草原—荒漠.

③ 以大陆东西两岸为主的非地带性地带谱. 荒漠分布于大陆内部,和寒流经过的经向;森林分布在暖流经过的地方。

④ 除寒流经过的地区外,经向多分布森林. 其向极地过渡到(草甸)冻原.

大陆性地带谱: 荒漠—草原—(森林草原—)森林(灰壤)—冻原—极地.

④ 寒暖流引起经向差变地带性地带.

2. (2) 控制水平地带性的原因素:

苏联的布德科. 用辐射干燥度指数 $= \frac{R}{Lr}$

(向下)- (向上) R 为净辐射差额.(净辐射)(热量收入). L 为蒸发潜热. r 为年降水总量.(蒸发某一地区年降水量所需热量)

即年热量收入与用于蒸发年降水的热量(蒸发降水所需热量)之比。用它划分不同地带:

| | | |
|---|---|---|
| <0.35 冻原 | 1.1—2.3 草原 | >3.4 荒漠 |
| 0.35—1.1 森林 | 2.3—3.4 半荒漠 | |

(1458) 20×20=400

北京市电车公司印刷厂出品 九三·三

3. (3) 水平与垂直地带性的关系.

① 垂直带变化速度 > 水平带变化. 选择度不同

② 垂直温度变化 因降水增加; 垂直减少. 水平带因大气环流, 海陆对比. 北极对比是否相同

③ 光照强度变化不同. 水平带太阳高度角变化, 上带之下相同.

④ 地形条件变化不同(复杂程度). 上下变复杂化, 水平相对变化缓慢.

4. (4) 地域结构关系综述

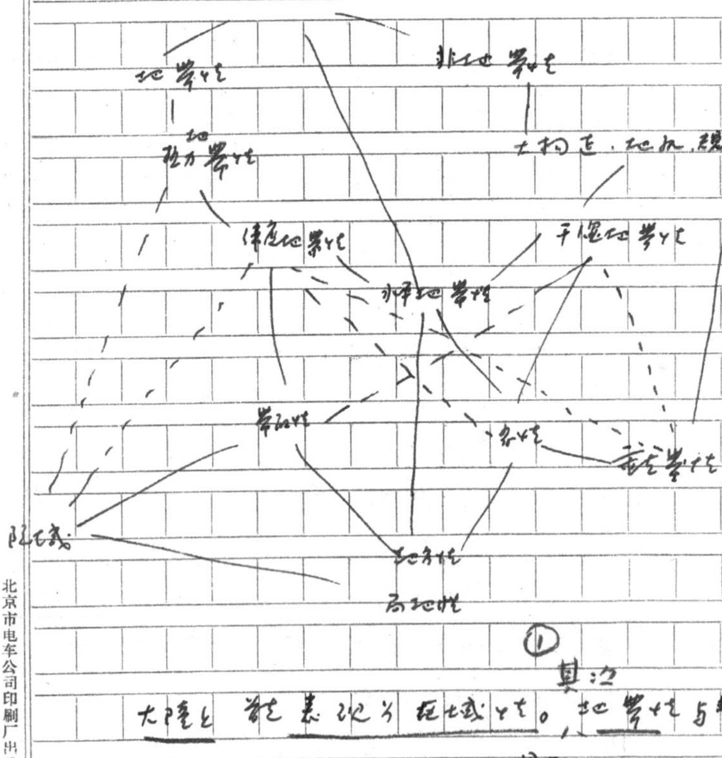


①

大陆上首先表现为区域性。其次，地带性与非地带性是最基本的地域分异规律。它们成因不同，彼此不从属，而是并列。它们又共同作用，相互干扰，制约，依其表现复杂多样的、相互交织的

北京市电车公司印刷厂出品 九三·三

(1458) 20×20=400

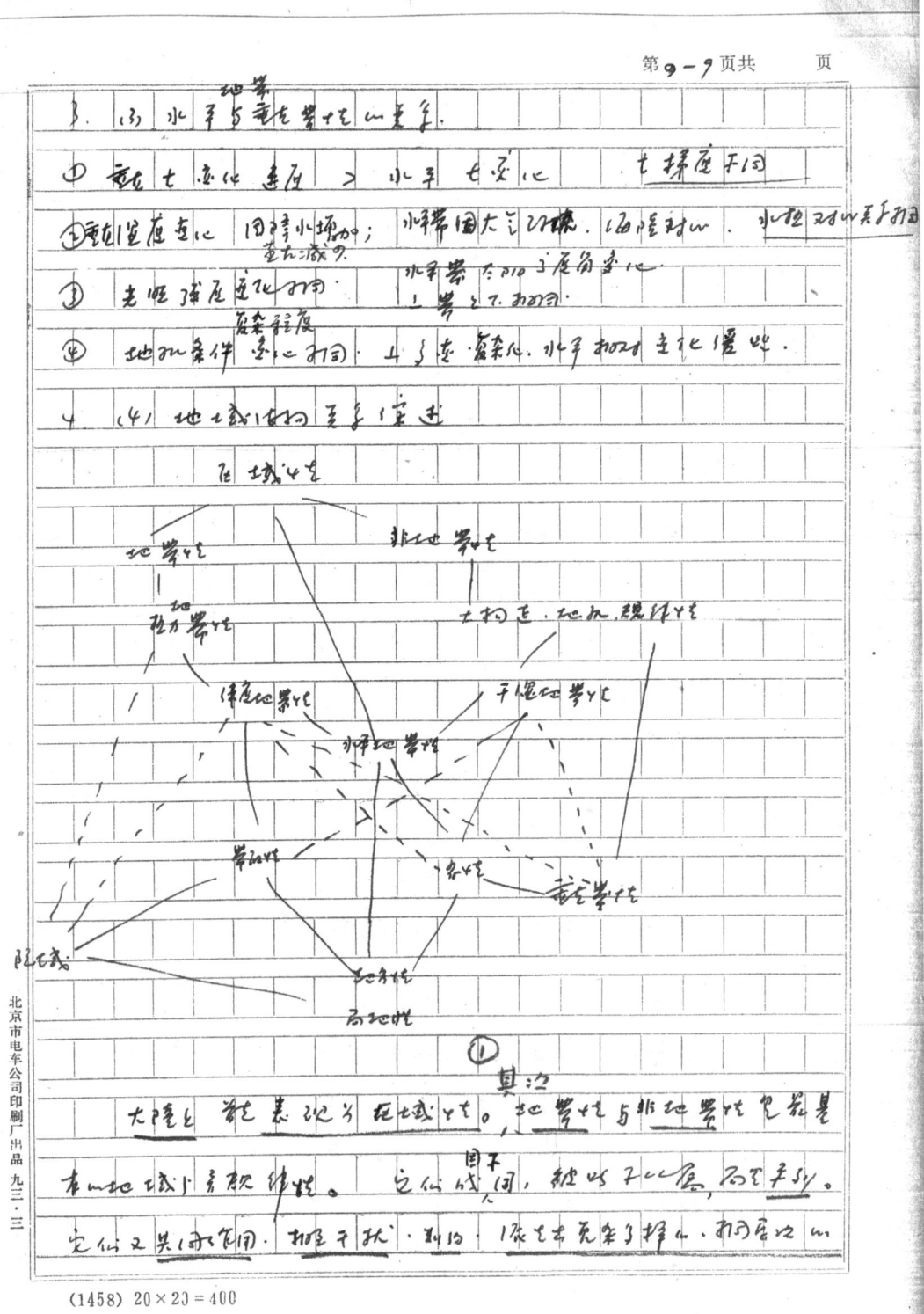

第 9-10 页共 页

实际的景情况（同前）.

② 从空间结构上看，地域分异又表现为水平结构和垂直结构。

大陆的水平结构中，主要表现为纬度地带性和经度地带性。

③ 带段性
纬度地带性结构形式又表现出带段性（从非地带条件的地

带性表现）。例如东亚季风大陆内，由北向南分别是热带的亚

带带。 如 欧亚北部地区的由南北两个森林草原，

两个草原亚带。

森林 / 大针叶
松林 / 阔叶林

段性：地带（性）内部的非地带差异。如亚带分为西岸海洋性

气候、内陆大陆性气候、东岸季风大陆性气候；亚热带：
大陆西岸地中海式气候
西岸地中海气候、东岸亚热带季风气候。

段性也有地带和内部差异：大兴安岭东西两侧

森林草原 / 森林草原

④ 单元
显域和隐域：反映景观水平地域结构中地带性特征为主的地域称显域
地域；反映非地带性特征为主的低平地域（沼泽、盐域、冲积平原）
称为隐域性地域

§3. 节律性

"燕子来时新社，梨花落后清明。" 北宋 晏殊 词中写春

时间上它表现为现象的节律。分为

1) 周期性节律。 昼夜变化的时间（节律）。年变化 季节变化 （温度）

变化、气温变化 结冰的冰期 （1月份时间）结冰。 叶长落，鸟迁徙。

2) 旋回性节律。 比周期大，不固定周期

如气候的旋回。 冰川进退。 （但它小体变化 不等时间
（运动）
间隔）。但又有一定（旋回性（当然不是回到原来的地位））。

(1458) 20×20=400

北京电车公司印刷厂出品 九三·三

随机的、混沌的、偶然 第11页共 页

§3. 节律性　　但确定有多少其它又有等长周期的现象。

在地球表层许多自然过程是有节律性的。从太阳的出没，到季风的进退、动物的迁徙（居），植物的生长发育，甚至我们人类的生活生产活动也都受这一规律的支配。

什么是节律性？简单地讲就是在时间上重复周期性变化的现象称为节律性。根据它们的表现形式又可以分为：

1) 周期性节律。即有比较等长的时间间隔的自然现象："燕子来时新社，梨花落后清明"。这就是对中原地区春天节律的形象描述。我们周围许多现象都可以告诉我们这样的事实：未名湖水的结冰和融化，温带落叶木本树叶的生长和凋落；温度在一天之内从低到高，又从高到低的涨落性变化都是周期性节律。

从严格意义上讲，没有绝对同间隔的周期性变化，因为整个气候环境是变化的。今年是11月17日开始结冰，明年结冰不可能在同一天。

2) 旋回性节律：比周期性时间间隔更长，波动变化的、不等时间间隔的变化。如气候变化，冰川的进退，湖水位

(1458) 20×20=400

北京市电车公司印刷厂出品 九三·三

例如 冰川的 厚度过去130m 现代冰川相对减小很多。

110　80　40　20

太阳黑子　11.　22

10000年的3000年左右的气候周期　不是重复。而是不断的发展变化的周期性。仿佛波动的发展。

§4. 自然地理环境的(完整性)统一性(综合性).

四个要素 相互联系制约 作用。任何一个都不能孤立存在。而是相互作用

相互作用的各个要素组成一个整体。成为一个有序系统。

地球各圈层之间都是相互联系、相互作用，形成了地球表层系统。它是一个开放的复杂的巨系统。

开放：它与外界有物质能量交换。太阳辐射是它的主要的输入流，长波辐射是它主要的输出流。

复杂：它被称为最复杂的系统之一。这里的系统包括地理环境的各部分结构组合很复杂。大部分同类的相互作用形成的系统。

不仅地球表层有统一性，而且它的各部分表现形式的统一在不同区域更有其系统性。

北京市电车公司印刷厂出品 九三·三

(1458) 20×20=400

的涨落，太阳黑子的变化等等。树木生长受气候影响也表现出旋回性。例如在小腾格里沙地中至今仍生长着小片的松林，他们的年令分布不是连续的，而呈基本等时间间隔的（周期）旋回性，110年的、80多年的、40多年的、20年左右的，集中分布在几个时段，说明降水旋回了，气候条件适宜于松林生长发育的年龄组以波动形式出现的。又如太阳黑子，也有11年左右的周期，还有22年的。

以更大尺度上，10000年之内有3000~3200年左右的周期，但在一个周期中又有许多小波动，1000年左右。

波动性旋回也不可能是简单像一个车轮，转动时完全是一个封闭的圆；它的整体性变化犹如一个滚动着的车轮，一面作圆周运动，一面沿着一定方向向前进。

§4. 景观的整体性.

整体性是地球表层（系统）各圈层相互联系，相互作用的表现。地理系统之所以称为系统，它由下列性质决定的：几个同层次的地球系统是一个整体

1) 整体性。"整体不等于它的各部分的总和"是说明，整体具有各部分所没有的功能。例如一个森林生态系统中，植物、动物、土壤组成一个整体，不可任意割裂开来。

(1458) 20×20=400

北京市电车公司印刷厂出品 九三·三

第9-13页共　页

草群离了土壤肥料生存，但有动物啃食，肥料很好生长，而土壤的肥力又靠植物和动物（润落物、排泄物）供给。（循环式）（刺激）他们是一个相互联系的整体。

2) 相关性　不仅能与环境之间有关联性；而也是一个系统内，各要素彼此之间有相互作用，形成结构整体；植物与动物之间又有互相关系。例如松毛虫吃松树针叶，而黑卵蜂、小茧蜂将卵产在松毛虫的卵内，使其子代大多成为幼虫；黑卵蜂和小茧蜂又以花的蜜露和花粉为食，叶落到地上后，生物分解，还给土壤，再被植物吸收。这说明针阔叶混交林有利于防治病虫害。

（相互制约　相互依存）

3) 结构性　是指系统内，各要素之间相互作用方式或秩序，相互作用的形式，系统内部的形式就是系统的结构。

九大行星以椭圆形轨道绕着一个轴心运动，形成太阳系的结构；生产者、消费者、分解者之间相互作用构成了整个生态系统；土壤剖面上的O—A—B—C层等（有机质层、淋溶层、淀积层、母质层）。系统的结构决定系统的功能。

4) 层次性　一个大的系统由一定要素组成，这些要素又由更低层次的要素组成子系统，一个系统又是更大系统的组成要素。

拿生物圈来说　个体—群落—生态系统—生物群落—生物圈表现了层次性。　元素—矿物—岩石—岩层—固体地表

5) 动态性　即系统的运动、发展、变化。　气候系统、水文系统、生态系统，是一个不断变化的。地球系统从来不是静止状态。

大气圈最活跃，水其次，生物圈中等，岩石圈最稳定。

(1458) 20×20=400

北京市电车公司印刷厂出品 九三·三

由于其变化有承袭先前的变化：如侵蚀、风化、河流演变、迁移；突发先前的突变，如火山爆发、大地震等。许多时候表现对时间的滞后
较长，往往加上缓慢的，引起系统的相应变化。而土壤呈子滞后。或存在非线性过程，
总之，地理系统是一个开放系统的问题，需要也必须照顾未来。

开放：能量、物质、信息交换。

外界不断输入物质和能量，系统的变化即状态的响应。如一条河流，上游来水、来沙是对它的输入；对下游的输出是输出。全球的能量输出；太阳地球表面接受太阳辐射是输入，而地球辐射是输出。地球表层系统非常复杂的，系统内部单元多，要经过相互作用一个个地才能达到平衡。

地理系统具有自组织特性：系统受到干扰会发生平衡。地理系统趋向于某一种状态。如河流动态趋向于一个均衡剖面，一个生态系统的一片森林经过演替趋于平衡稳定状态。

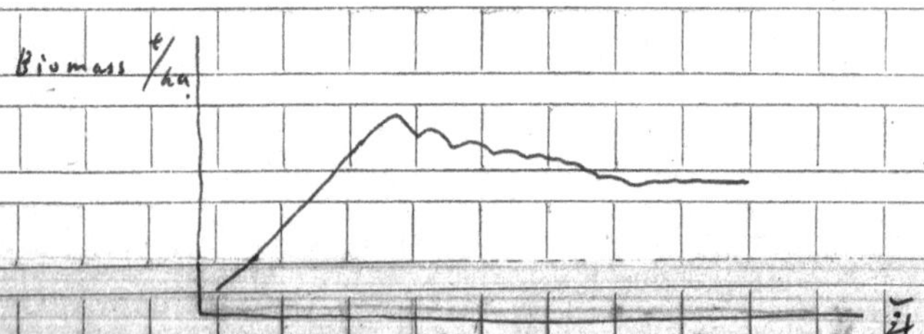


§5. 地理系统的尺度

时空二元性是一切地理现象的属性。

时间和空间是研究一切事物都必须考虑的属性。地理系统是很复杂的，它涉及的时空范围都相当大。所以在地理研究中，尺度观念就更为重要。

20×20=400　　（华02）

地球表层系统分为大气圈、水圈、岩石圈和生物圈四个子系统。它们在不同层次上相互作用过程的时间、空间尺度分布范围很广（见图）。时间尺度和空间尺度是一切地理过程的两个基本特征（属性）。它们的关系是：

1）在地理系统中诸过程时间尺度和空间尺度是相关的。例如气候过程的时间尺度是月、季以上，到百年，与之相应的空间尺度是100—10000公里。这就是我们要研究10—100年尺度的环境变化，必须以全球尺度来考察。

2）时间尺度不同，涉及的主要过程也不同。拿研究CO2传播的尺度来说，若在毫秒级，主要是细胞内的光合作用过程；时、日级是植物的生长过程；旬、季尺度上是植被群落、生物量变化过程；10年、几十年是植被演替过程；

3）时间序列与空间序列不完全一一对应。例如地貌演化过程中，如果环境没有变化，湖泊在空间上将呈现如下的状态：湖泊—湖滩—沼泽湖滩—陆地。但是如果环境出现变化，就不一定按照上述空间状态变化。如植物迅速向湖心推进，变成沼泽湖。

图

北京市电车公司印刷厂出品 九三·三

(1458) 20×20=400

时空错位·紊乱　第四-16页共　页

这些现象是过程的不平衡

4) 残遗现象也属于时空不一致的表现。例如有些地方残存着古老景观的片段，它们经历了很长的时间过程，但却表现出局地存在的小空间尺度。它们的时空间是非常局部的。如在黄土高原上，我们经常看到局部的黑垆土，土壤年龄约在2000—3000年左右。他们并没有广泛分布，而主要在地形的低洼部位，成为黄土高原大尺度背景上的"岛状"斑块。就像是一块"冲浪板"，时间过程就像是起伏向前传播的波浪。冲浪板保持了相对稳定态，经历波浪连续运动而来的持续性，成为继承性空间。有人认为有残迹黄土，北京地区中生代就有了风成的黄土，那就更古老了！经历了几千万年。

五、§6. 自然区划

我们可以把自然区划看作地域分异规律的应用。

1. 什么是自然区划？

在地域分异因素的影响下，自然环境分布空间上具有一定的规律性，主要表现为区域性差异，并共存一定的从属关系，构成一个区域等级组合体系。自然区域的这种系统被称为自然区划。通俗地说，自然区划就是按照一定等级体系对自然区域的划分（分区）。如天气预报中将北京分为西北部山区、西南部山区、东北平原、东南部，这就是北京的自然区划。

(1458) 20×20=400

北京市电车公司印刷厂出品 九三·三

按区划的对象分为综合自然区划和部门自然区划。

综合自然区划着眼于环境的综合特征，根据其地域一致性和差异性进行地域划分。如根据水热条件把全国分为大区，

部门自然区划只考虑环境的某一方面，如大地构造、气候、水文、植被、土壤等。如森林区。

实用性自然区划：如公路自然区划、林业区划、灾害自然区划、建设自然区划、农业自然区划等。

二、(2) 区划原则：

在具体运用地域分异规律进行的区划时，应(考虑)遵循

综合分析原则：根据综合特征，选择反映综合自然要素的相互联系的指标作为划界依据。

主导因素原则：在地理环境中找出起主导作用的一个主导标志。如根据 ≥10°C 积温 4500°C 线区分亚热带北界。

三、2) 方法。

(1) 自上而下的方法　在大范围地域的横向的差异原则。地区可以卫星影像作参考。地貌界线可作主导标志相结合。

全国按非地带性因素和环境综合因素划分为：

东部季风大区（大区）

西北干旱区

青藏高寒区。

(1458) 20×20=400

北京市电车公司印刷厂出品 九三·三

再按热量差异分带；再按干湿差别划分地区；地区内再分地带和亚地带。

(2) 自下而上的类型化合并。把地域结构上和发生上有空间联系的相邻地区合并起来，成为（最高）一定类型的地域结构的区域。如辽东半岛和山东半岛皆山丘区。黄土高原。祁连山和柴达木盆地相当水平相似。都属于暖温带。（表）

3) 分区与类型的关系

(1) 区划单位空间上是连续的；类型单位在空间上可以不连续。

(2) 区划单位是区域等级系统，有区域单位之间的从属关系。每一个区中包含若干个低级区；类型是区划的基础，区域可划分出类型。

(3) 具体的区域，抽象的类型。

(4) 类型级别越低，共同属性越多；区划单位级别越低，个性越突出。

中国自然区划（1983）实例。

三大自然区，七个地区，三十三个自然区。

4) 讨论

(1) 相似性和差异性是对立统一的一个事件。自然区划要求：区域内相似性最大，差异性最小；区域间差异性最大，相似性最小。但都是相对的。

北京市电车公司印刷厂出品 九三·三

(1458) 20×20=400

第 -19 页共 页

(2) 界线不是一条明确的线，而是一个模糊的过渡性边界。这使得区划工作，尤其是在界线的划定上造成一定困难。所以界线又有一定人为性质。它相当于人为确定的线，而是某种过渡线。

(3) 区划标准是全面地把握综合整体规律，而不是某一个要素决定。所以有综合性，它同时又有主导性。

(4) 区划只是具有相对意义的东西。

(5) 区划的等级性：就像在行政区划上有省、县一样，自然区划也有等级系统，可以分成若干级。区划等级愈高，其内部差异愈大，反之愈小。各级单位都具有综合性，在自然界中都可以找到相对[illegible]的一致性。

如12个大区的等级：表 4.52

22.6 0.5

(1458) 20×20=400

北京市电车公司印刷厂出品 九三·三

第 1 页共 页

# 第五章 人类对地理环境的影响

## §1 人类文化发展的几个阶段（与地理环境的关系）

### 1）原始自然人（时）阶段

4—6百万年

这时的人和动物差不多，依赖性和一个群体状的动物差不多。（两人百克依赖2000大类植物。）从人类起源大约经历了几百万年（化石证据认为，人类最早的祖先之存4—6百万年）。他与现代我们这一种最近的人类祖先 Homo sapiens sapiens，在地球上大约生活了4万年了。（这对于）与46亿年的地球进化历史之一个瞬间，他却将我们这个行星带来了巨大变化。

4万

HOW 人

这40000年中大约3/4的时间，人类处于游荡的狩猎和采集阶段。人类靠猎取野生动物、采集野生植物生活。古人群的规模小的，很少超过50人。如果食物缺乏时，他们便带上少量的财物，转移到其他地方去。他们对周围的环境有了认识（适应），如季节变化（观察）、寻找水源等，知道了动物、植物可以吃或不能药用。学会用石头、骨头和木头、武器，去狩猎，切割动物、植物和皮革，制作衣服和隐蔽物。他们当时主要靠两种能源：植物固定的太阳能，供给动物，其次是他们自己强健的体力。生存出生率较高，妇女一般生4-5个孩子，但通常只有1-2个活下来长大成人，由于各种疾病的感染，人们的寿命平均大约30岁。人们已认识到根据食物的供需平衡来控制人口。很显然这时人类对自然的影响只是局部的。集体狩猎可猎获大型的动物，学会用火、吃熟食，把森林变为草地。

(1458) 20×20=400

北京市电车公司印刷厂出品 九三·三

第 2 页共 页

生农首拉

2) 定居农业社会

生产工具和武器的改进，人类逐渐进入农业社会。大约10000—12000年前，大部农业兴起。人们开始有意识地圈养野生动物和栽培野生植物。动（植）物驯化（种植），不断出现于较肥沃（森林）地区。棒子作工具，原始的农业。

原始农业

砍烧清除出一小块林间空地上耕作（用刀耕火种方式）。另一种方式是游耕。在10—30年时间内，种一块换一块，轮闲。用这种方式实现了稳定的农业。但这种耕作方式只能供养自己的家庭。靠人力和原始的石制工具耕种小块田地，所以这时对周围环境的影响相对较小。

真正农业：大约开始于5000年前。是在有了金属制造的犁之后，有了畜力代人拉犁。这样就可在更大面积土地上耕种，开垦大面积的草地。由于大规模耕作，才能使人口迅速增长。

从狩猎采集到定居农耕的逐渐变化，主要产生以下影响：

(1) 每人每日耗费的劳动增加。10000—20000大卡。

(2) 由于有稳定的食物供应，人口增长。除掉饥饿的困扰。

(3) 人类作用的范围更大。为自身生存需要，控制、改变地表的范围越来越大。

(4) 定居的游牧式狩猎、采集获得更多的物品。

(5) 逐渐形成了村落。之间有了交换物品的交易。村子进一步扩展成为镇和城，之后成为政治和宗教的中心。

第 3 页共 页

定居农业、人口集中对社会、技术的影响.

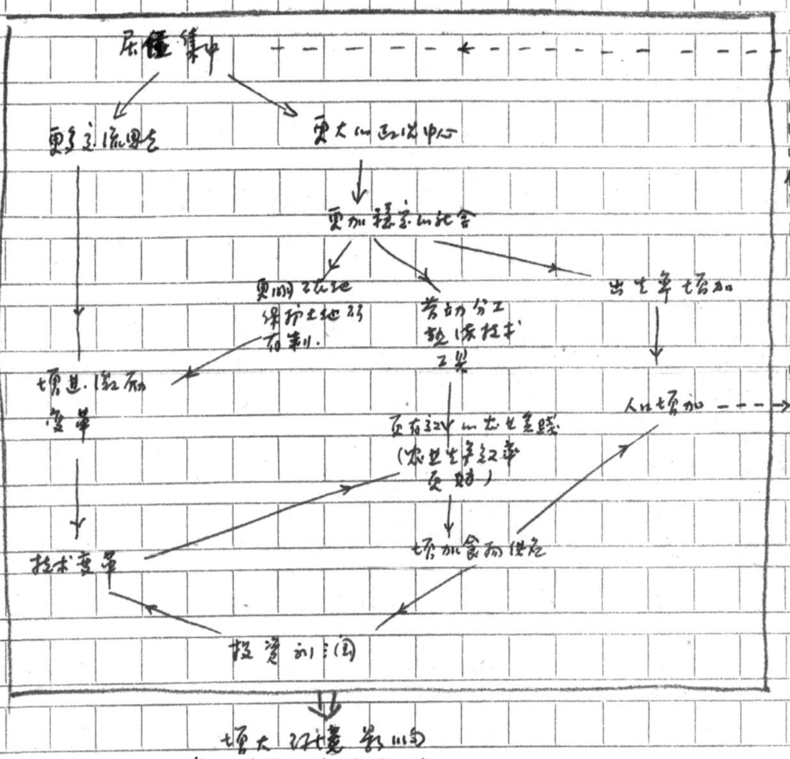


人口压力对土壤生产力的长期影响:

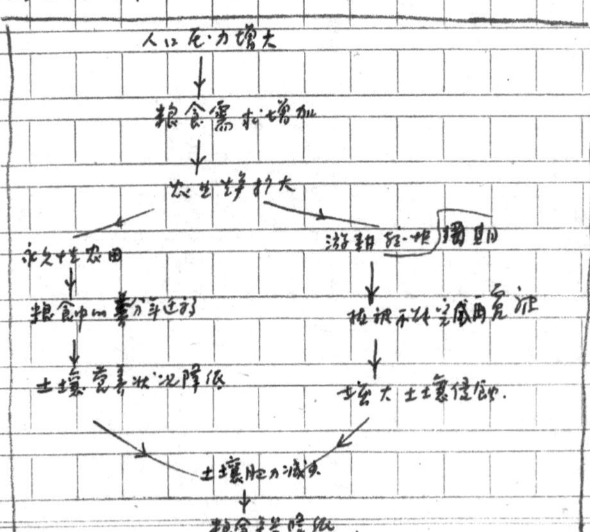


(1458) 20×20=400
北京市电车公司印刷厂出品 九三·三

第 4 页共 页

土地的农民和奴隶从事繁重劳动，生产粮食，创造了庙宇、和宫殿园陵等。 人口增长引起人们对木材和燃料的需求，加剧了对森林和草地的破坏，破坏了动植物的生境。许多地方管理不善导致大规模毁林和土壤侵蚀、草场过牧，甚至引起土地变成荒漠。巴比伦古代文明的消失就是一个生动的例子。

3）工业社会（文明）

近300年来的变化超过了以前的几千年几万年！史无前例！让我们看看

(1) 这一阶段的特点：

①生产和消费都获得巨大增长；

②这一巨大增长依赖于非再生资源如煤、石油、天然气和各种金属的消耗。

③容易降解的天然材料被不易降解的合成材料代替。

④人们生活的交通、生产、农业、照明、取暖、制冷全依能源

(四) 急剧增长

工业的更进一步发展，产生的效益有：

2) ①创造了许多有用的、经济价值的产品。

②农业产量急剧增长，工业化的农业，使较少农民生产了更多粮食，人们生产力提高了。5-10%人口养活全体人口

③由于卫生、营养、医疗进步，平均寿命增大。

④人口增长趋于下降，因为避孕、生育控制、教育、社会保险、都提高了。平均收入

(1458) 20×20=400

北京市电车公司印刷厂出品 九三·三

4) 工业社会的地球观。(MDCs)

长久以来人们普遍相信：

(1) 我们人不是自然的一部分

(2) 我们人类统治(主宰)一切动物种的。

(3) 我们是自然的征服者。未来的地球表层是人类主宰一切。

(4) 资源是无限的。

(5) 认为生产和消费越多我们会更好。

(6) 最重要的国家应当是占有和利用世界资源的大部分。

这是不正确的。

(3)后果 87年世界人口已达50亿。而175年前人口不过10亿。即使在降低增长率的情况下，世界人口到2050年预计达100亿！ 300年来人类对环境的影响规模(广度)和变化率、方式上都迅速增长，这是一个以化石燃料为基础的工业化社会。主要变化是：

毁林 ① 人类活动使世界森林面积从前农业社会以来净减800万km²，大致相当于一个美国的国土面积。这个减少中的3/4是自1680年以来砍伐的。

污染大气 ② 从20世纪开始人类每年生产15亿吨S，~~均等于~~自然界S循环的流量。

水资源 ③ 每年要从河流湖泊取3600km³的水。这个数字约相当于 ~~均等于~~ 与……体积相同的水量！ 1680年时用水量少于100km³！



北京市电车公司印刷厂出品 九三·三

第 6 页共 页

§2. 人类对生物圈的影响

1) 人类活动对生物圈持续性的影响（表解）

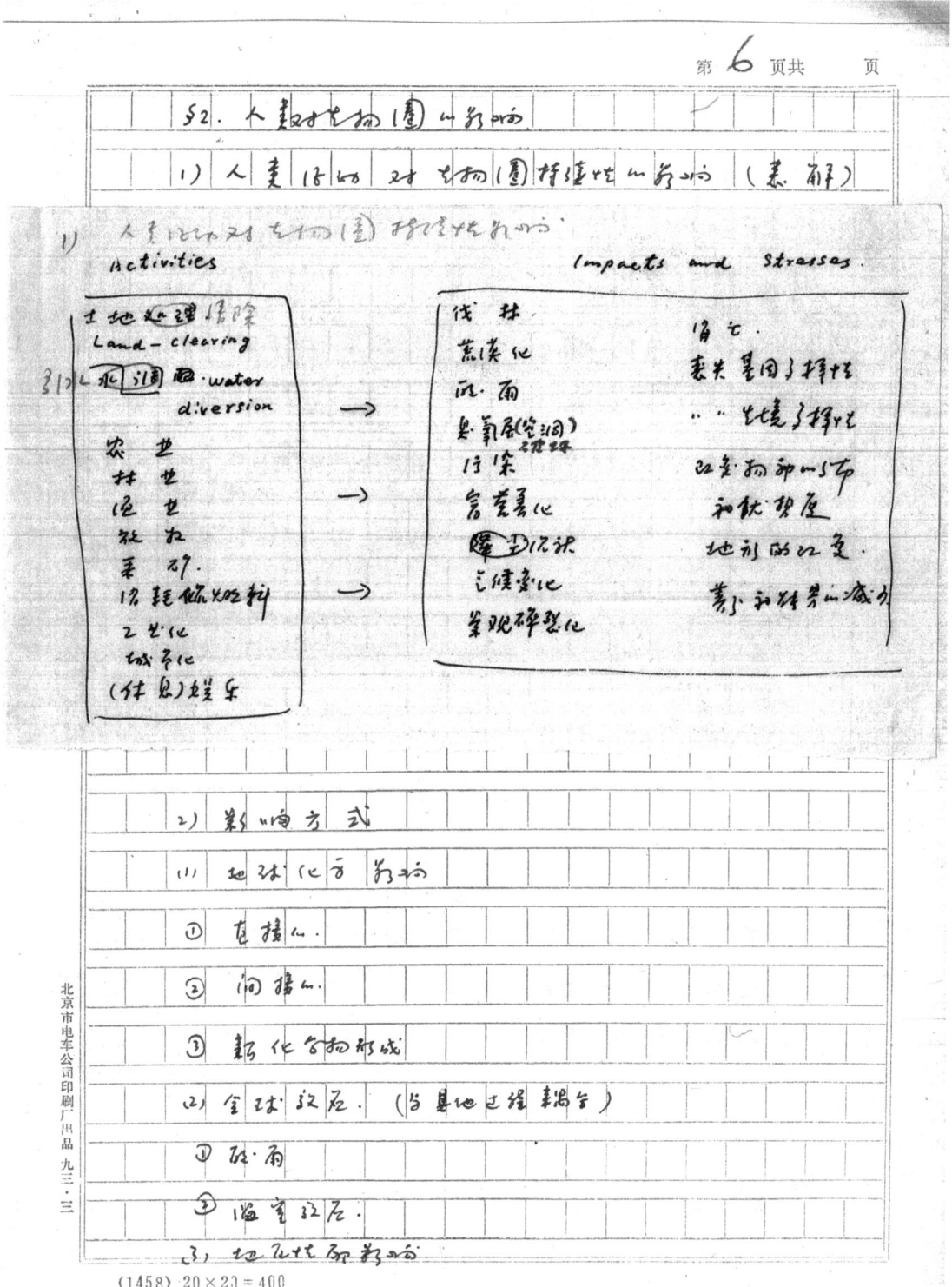

1) 人类活动对生物圈持续性影响

| Activities | | Impacts and Stresses | |
|---|---|---|---|
| 土地处理 清除 Land-clearing | | 伐林 | 消亡 |
| 3) 水（引调）面 water diversion | → | 荒漠化 | 丧失基因多样性 |
| 农业 | | 酸雨 | …… 生境多样性 |
| 林业 | → | 臭氧层（空洞）破坏 | 改变物种的分布和丰富度 |
| 渔业 | | 污染 | 地形的改变 |
| 放牧 | | 富营养化 | 营养和能量的减少 |
| 采矿 | → | 降水沉积 | |
| 消耗能源燃料 | | 气候变化 | |
| 工业化 | | 景观碎裂化 | |
| 城市化 | | | |
| （休息）娱乐 | | | |

2) 影响方式

(1) 地球化学影响

① 直接的

② 间接的

③ 新化合物形成

(2) 全球效应（与其他过程耦合）

① 酸雨

② 温室效应

(3) 地区性的影响

北京市电车公司印刷厂出品 九三·三

(1458) 20×20=400

页 共页 第 7

§2.

3. 人类对生物圈的影响

3）

| 自然生态系统 | 人控生态系统 |
| --- | --- |
| （例如湿地、森林、草地） | （例如玉米地、工厂、牧场） |
| 捕获、转化、储存太阳能 | 消耗化石燃料、核燃料 |
| 放出 $O_2$，消耗吸收 $CO_2$ | 放出 $CO_2$、消耗 $O_2$ |
| 形成肥沃的土壤 | 耗用肥沃的土壤 |
| 过滤、储蓄、净化、稀释水体污染物 | 迅速污染、利用或降解水体中的污染物 |
| 提供野生生物的栖息地 | 破坏野生动物栖息地 |
| 自动过滤、降解污染物及垃圾 | 产生污物与垃圾，必须人去清理 |
| 具自我维持、自我更新能力 | 需代价才能维持和更新 |

方面。

2） 概括起来可以归纳为：

（1） 人类活动的地球化学影响。

又分为 直接作用、间接作用、形成新化合物 等。

① 直接影响： 人工造成技术性元素迁移。

前苏联 主要谷物产区在 哈萨克斯坦和西伯利亚西部，每年有1000万t谷物运往欧洲，一些元素通过谷物从[illegible]流域转移到黑海、里海盆地。

|  | K | P | Fe | Si | N |  |
| --- | --- | --- | --- | --- | --- | --- |
| 随谷物迁移 | $2.2\times10^5$ | $2.1\times10^4$ | $2.7\times10^3$ | $1\times10^5$ | $3\times10^5$ | t/年 （30万t） 300,000 t/年 |
| Volga河迁移（化学径流） | $3\times10^5$ | $2.5\times10^4$ | $15\times10^3$ | $5\times10^5$ | $3\times10^4$ |  |

显然某些元素（技术性）迁移值大于河水的化学径流！

（电开21）20×20=400

8

又如每年从世界大洋中捕鱼1000万—1100万t. 可带有
$7-10^3$ t的N　$2-10^3$ Si 被捕带回到陆地上.

英国每年进口的食品中含的F计有1000—10000 t. 约等于英国本土从大气降水中得到的F

② 间接的影响　人类活动改变景观结构. 生物群落的物种组成. 从而改变了生物地球化学物质流的方向和性质.

从最早的开始·农业的发生(9000年前) 扩大到大规模促使影响日益加大. 全世界每年用于居住·工业·交通的土地有800万公顷. 这对自然景观产生了很大的干扰. ?

| 自然景观 | 农业景观 |
| --- | --- |
| 自然条件 | 农业条件. |
| △ 从流域进入大洋圈的土平均达 5 t/km²·年. 总计 0.7 bln t/年 7亿t/年 | △ 37 t/km²·年. (为7—8倍!) 56亿t/年. |
| △ 由分陆(冰川)(1.3水)迁移 $2-3\times10^9$ t/年. | △ 陆底侵迁移. $2\times10^9$ t/年 |

③ 新化合物形成

已知有400万种新化合物. 7万种已成为商品. 2.5万种有潜在致癌危险. 每年用于防疫农药500万t. 含杀死许多生物有机体. 使臭氧层变薄.

第　页　共　页

(2) 全球环境

平均−3.5%，冬4.7%，夏2.1%。
−1%　cancer(皮)，+5−7%！
在亚洲、北美，40°N−50°N 10月最减少。

① 酸雨　　困扰许多工业化地区和国家。

② 温室效应。　　③ $O_3$层破坏。← −3%！

$CO_2$已达1.3万年以来的顶点。还有 CFCs、$CH_4$、$N_2O$ 等温室气体。对于观测和模拟（的结果）看法有分歧。但都要研究。

气候变暖对中高纬度来说可能会使作物生长季延长。$CO_2$增多会有利于光合作用，增产60−80%。对流层变暖也会使（平流层）变冷，有利于（减缓）对臭氧层的破坏。但也有许多不利影响，如变暖，空调使用增大，火电增 $CO_2$、$SO_2$、CFCs、$N_2O$ 增加。地表$O_3$增加；光化学烟雾，农作物（沉降）减产（病虫害生物）。增多又可能使病虫害猖獗；气温增高植物呼吸作用也会消耗一部分（光合作用产物）等。

据估计，当温度升高1°C，意味着气候带向北推移161 km。

(3) 地区性的局部影响。

① 产生污物，污染水体、陆地。

② 杀虫剂的使用造成危害："拉普森害"；体内积累，生物体内积累。常留存，肉食性动物→人类。

③ 放射性污染。　Sr−90　I−131　Cs−137　致癌。

遗传突变，沿食物链转移。

④ 物种消失和生态平衡的破坏。

从1600年以来162种（变种）鸟类消失。381种受威胁；哺乳动物约100种消失，255种濒危。但世界有紧急保护或濒危。1627年原牛、杜杜鸟消亡；1870−80南非二种斑马消失；1914旅鸽灭绝！

（电开21）20×20=400

第　　页共 10 页

3) 变化趋势.　　(P.6)

第 6 页共　　页

3) 变化的(量度)(趋势)　　10000年前为0，1985为100%　1860年以来 变率

| 内容 | 1860 | 1950 |
| --- | --- | --- |
| 毁林 | 50 | 90 |
| 陆地脊椎动物多样性 | 25—50 | 75—100 |
| 开采水量 | 15 | 60 |
| 人口规模 | 30 | 50 |
| C 排放 | 30 | 65 |
| S | 5 | 40 |
| P | <1 | 20 |
| N | <1 | 5 |
| Pb | 5 | 50 |
| $CCl_4$ | 0 | 25. |

Human dimension

4) 区域性响应(格局)方式　　人类活动

(1) 农耕方式　马来亚、墨西哥州、亚马孙、东非高原、尼日利亚

亚　苏门答腊泥沼 集约工业化和(双重)农业影响

(2) 俄罗斯平原、乌克兰、美国西部 工业方式　　(图)式

(3) 北美、瑞士、瑞典 大型工业化方式

北京市电车公司印刷厂出品 九三·三 (1458)20×20=400

农业是一古老的产业，不断进步，现在有几种农业系统：

① 传统农业（traditional）

畜力耕翻，轮作种植，施厩肥，手劳一般较强。

② 常规农业（conventional）

机械耕作，轮作种植，施化肥，撒农药，全翻耕。

可多年。

③ 轮种农业（alternative）

a. 作物轮种：一个地块上种不同作物，改变经济效益和环境生态效益，如改良土壤物理性质，增加N素，种豆科Medicago，再种须根作物，轮种作物包括种牧草、饲料、定植小粮食作物，防止侵蚀。种黑麦，除杂草，减少除草剂。某种作物又有防止害虫的作用。

b. 耕地方式上：抛弃浅耕、翻耕（15 cm）。推广免耕法，或少翻耕。凿耕（chisel）

c. 植物营养。

d. 综合病虫管理。生物防治，基因工程。

北京市电车公司印刷厂出品 九三·三

(1458) 20×20=400

第 11 页共 页

5) 比较．

(1) 自然生态系统（对比） | 人控生态系统

| | |
|---|---|
| △ 海洋．森林　草地 | 耕地．工厂．城市． |
| 捕获太阳能（转化．存储） | 消耗化石燃料．核能 |
| 放出 $O_2$，消耗（吸收）$CO_2$ | 放出 $CO_2$．消耗 $O_2$． |
| 形成肥沃土壤． | 耗用肥沃土壤． |
| 涵蓄、净化补给水资源 | 污染迅速，耗用、改变降雨水资源． |
| 提供野生动物栖息地 | 破坏之． |
| 自动净化污染物．垃圾 | 产生、排放大量污染． |
| 自然维持生存能力 | 需依赖外部维持． |

总之 (2) 生态评价）

① 人控耗时大大超过自然捕获、转化的太阳能．不得不依靠消耗过去几百万年中储存的太阳能，及其他能源（水、核）来补充．

② 城市是人类活动最集中的生态系统．如何城市．消耗物质能源．某一个100万人城市．每天消耗水62.5万t．燃料9500t．食物2000t．排污水50万t．废气950t．垃圾9500t．

③ 人类城市依赖于农村！必须依靠周围的广大农村生态系统．

④ 任何城市生态系统都离不开地球生态系统．如氧．$CO_2$．$SO_2$ 等循环．某些元素的cycle现象．它们的作用……

(1458) 20×20=400

北京市电车公司印刷厂出品 九三·三

§3. 当今世界几大（全球性）问题：

1) 城市化与城市生态系统。

(1) 世界城市化的趋势。

（人口向城市地域集中或农村转为城镇的过程）

a 城市化是从人口定义的，指居住在大城市中心区（具百万城市）的人口比重的增加（或扩大）的过程

| | 城市人口比率 | | 年变化率 | 百万人口城市数 | | 占人口 | |
|---|---|---|---|---|---|---|---|
| | 1960 | 1990 | | 60 | 90 | 60 | 90 |
| 全世界 | 34.2 | 43.2 | 2.8 | | 276 | 12.2 | 14.8 |
| 非洲 | 18.3 | 33.9 | 4.9 | | 24 | 5.7 | 9.2 |
| 北美中美 | 63.2 | 71.4 | 2.0 ~~28.7~~ | | 44 | 28.7 | 31.8 |
| 南美 | 51.7 | 75.1 | 3.6 | | 29 | 23.4 | 32.8 |
| 亚洲 | 21.5 | 34.4 | 3.7 | | 115 | 8.3 | 11.3 |
| 欧洲 | 61.1 | 73.4 | 1.2 | | 36 | 16.5 | 17.0 |
| 前苏联 | 48.8 | 65.8 | 2.0 | | 24 | 12.4 | 15.3 |
| 大洋洲 | 66.3 | 70.6 | 2.0 | | 4 | 31.8 | 32.2 |

表

城市化是近一二百年随工业化出现的世界现象。它对周围的农村地区的环境、社会、经济（产业结构）、文化、人口迁移、土地利用都带来强烈的影响。

本世纪初城市人口比重13%，10亿；1925—28%；1985—41%。1990年已达45.2%。至2000年，将有47%人住在城市（2005年60%！）。发达国家75%以上，大多数发展中国家在50%以下。

① 城市居民绝对数量的有很大增长，尤其发展中国家更明显。发达国家的增长趋势相对缓慢。

北京市电车公司印刷厂出品　九三·三

(1458) 20×20=400

第13页共　页

② 百万人以上的大城市（数目、规模）正在增加。中小城市也在不断增加。这从以下也看得很清楚。下面我举出一组数字来吧。

③ 农村人口不断进入城市。（农业人口的转移）发展中国家的大城市形成大的贫民区、非法住宅区。墨西哥城1500万人口中600多万在非法住宅区。

(2) 耕地的减少

① 大量良田被占。代之以水泥、沥青的覆盖。

据美国统计（1949年—69年）20年间占用的耕地（1—3等）占全部耕地的80%。估计本世纪20年中城市化城市用地增加一倍！全世界以每年800万公顷（约等于英国+荷兰）增加到17世纪。（约等于一个比利时的面积。）印度每年占地47.6万公顷。（占全5.8万ha）。

各地都在浪费。（政府、农民、各地多占用，都不惜占地。）美国城市的边界随意扩展！

② 强化周围农田一块的侵蚀。由于城市的农业转变为商品化的农业。如上海每年上市蔬菜900万t，都来自郊区农村。

③ 运输用地大量增加。美国公路网占地129,000 km²（12.9万km²）（80年代数）。比一个荷兰的面积还大！（15万）。占全国土面积的1.4%。光停车场就占3000 km²。

（美国城市铺设的柏油路面积达600 m²。而1975年全世界土地面积为10000 km²，相当于荷兰27倍大小！）

(1458) 20×20=400

北京市电车公司印刷厂出品 九三·三

NEW YORK 3°C
北京已达3°C
第 14 页共 页

④ 环境质量下降。自然景观的消失！绿地减少，大量耕地被占了，污水使环境中的河流变臭了，40 Km！3°C，"热岛"增加空调，病菌及上升。

⑤ 地下水位下降和地面沉降。天津、上海。

生活用水增加。现在北京缺水7亿。2000年将为9-10亿。

(3) 城市生态系统的特点。

完全不同于自然生态系统的人工生态系统：各种城市中存在的事物都被人类所改造、控制了。人类成为社会经济活动的主体，城市生态系统的主体，光、热、水、气、土壤、岩石、植物、动物、微生物等自然生态要素及建筑物、人工构筑物是城市经济的物质基础，生产者植物退居于次要者的地位。《环境与人类》

生产和生活需要调节的功能。

2) 城市生态系统：

以人为主体，集约人口、经济、技术与文化的地域大系统，就是城市生态系统。是一个由环境系统、生物系统与技术经济系统构成的"环境—技术经济复合系统"。

(1) 人类对陆地生态系统影响最深，改造最彻底的地方。

除了大气候和地形以外，几乎没有留下原始生态系统任何自然特征。

(2) 缺少生物成分，植被覆盖率低。动物种类少，人口集中。 生物受危害，化学污染

(3) 开放性。大量输入、输出，商品的交换系统。物质转移不是通过食物链转移而是通过技术经济系统转移的。更加明显。

(4) 多种人植，但有着自然的影响。各地常见的树：广州的榕树，南京的梧桐、法桐，北京的毛白杨、刺槐。

现代农业和



2）农业生态系统和城市生态系统。

（1）农业生态系统。

一定区域的气候、水文、地形和土壤条件下，以作物和家畜为基础，包括该区域的林木、草地、昆虫、杂草和微生物共同构成的特有结构和物质循环系统。

经过人类数千年的劳动，今天人类已经改造了大面积陆地生态系统，把森林、草原、荒漠绿洲，改造成为人控生态系统，包括各类农田、经济作物种植园、人工林地、人工草场及鱼塘，等构成重要的农业生态系统。它们是在人类干预下，农业生物群体与其周围的自然和社会经济因素彼此联系，相互作用，共同建立起的固定、持久的联系，获得一致，出新产品的人工生态系统。人是这个系统的组成成分，也是系统的调节者、控制者。（2）它有以下特点：

①人工控制下，以农作物、家畜代替了野生生物群体，生态系统的物种、物量变化。农作物生物周期短，产量高、营养丰富、高产性大、耐贮藏，培育新品种。但对环境的适应性、抗逆性有所降低，如竞争不过杂草，需人工锄草，发生品种退化，不利于优良品种的保存。

②动植物的数量减少，生物多样性大大降低，主要生存周期的作物，加上害虫同时泛滥传染，使食物链单一，层次结构简化。

(1458) 20×20=400

北京市电车公司印刷厂出品 九三・三

第 136 页共 页

丧失了自动调节能力。结果系统稳定性降低。如系出于某种原因破坏了这种平衡，而系统本身的反馈机制，所以农业生态系统必须依靠人的管理。需要有管理和维护。第一层次人工调整控制又需要建立在社会的手段上。多种经营了使系统结构复杂，不仅提供产品和农业产品，而且增强了农业生态系统的稳定性。例如我国江苏太湖区的生态系统建立了一个良性循环的模式。

(3) 为了满足社会需要，人类从系统中获取粮、肉、奶、禽蛋品，这就使系统中物质和能量的输出增大。为维持系统平衡就要通过多种方式投入化肥、农机、电、水、化石燃料等。结果农业生态系统是一个大量物质能量输出输入的开放系统。

(4) 生产力是综合了自然资源、经济、技术因素，也反映人的劳动水平，经济效益。主要是农作物的初级生产力和畜牧的次级生产力。

(5) 明显的地域性。不同地带有不同的农业生态系统。

热带雨林系统，亚热带的桑基鱼塘，北方寒温带的地区系统，大平原的旱粮系统，江南稻粮油作，南/稻 稻/桑，都有不同的地域特点。

(6) 人是农业生态系统的调控者。随着人类文化技术发展在从第一种技术走上生态农业之路。

(3) 农业生态系统对环境的影响 ~~破坏土壤、农田~~

① 种植业：机耕破坏土壤结构；② 农药残留在土中积累；③ 有机物……降低。

(1458) 20×20=400

北京市电车公司印刷厂出品 九三·三

结构破坏
养分流失
入口减少

3) 土壤退化(Soil degradation)和荒漠化

(1) 土壤退化的情况.

全世界由于人为活动的影响，正在普遍发生土壤退化现象. 可以分为以下几个等级:

① 轻度: 大约有750百万ha(7.5亿公顷). 属于这一级的基本保持原来的土层, 只在表层有少量侵蚀和盐渍的现象. 如果是草地, 70%被原生植物覆盖; 45年以来苗情也维持稳定.

② 中度: 300百万公顷(3亿ha). 出现风蚀、水蚀, 养分和物理性状都下降.

③ 重度. 9.1亿公顷. 过去45年来已被风水侵蚀剥去表土. 冲沟大量发育, 隔离. 30%以上失去原生植被, 仅靠施N肥也不能增产.

④ 极重. 9个百万公顷. 毁林、过牧、加上原有的侵蚀土壤, 使情况更加严重. 不能生产粮食, 不太可能恢复.

分布情况(各大洲)如下:

| | 世界% | 欧洲% | 北美% | 非洲% | 中美洲% | 大洋洲% | 亚洲% | 南美% |
|---|---|---|---|---|---|---|---|---|
| 水蚀 | 56 | 52 | 63 | 46 | 74 | 81 | 58 | 51 |
| 风蚀 | 28 | 19 | 36 | 38 | 7 | 16 | 30 | 17 |
| 化学退化 | 12 | 12 | 0 | 12 | 11 | 1 | 10 | 29 |
| 物理退化 | 4 | 17 | 1 | 4 | 8 | 2 | 2 | 3 |

北京市电车公司印刷厂出品 九三·三

(1458) 20×20=400

(2) 产生原因

① 过牧　牲畜超载践踏土壤，减少土壤含水量，和通气性，并吃掉草种。全世界有6.79亿公顷，占全部退化[illegible]的35%！非洲比例高达49%，澳大利亚达80%，主要分布在干旱、半干旱地区。

② 农业活动　游耕与刀耕火种，利用导致土地肥力迅速下降；另一方面过量施用化肥也导致土壤板结和酸化（acidification）；没有正确措施保护的坡耕地加剧水土流失，剥露出的土地加快风蚀；农业机械碾轧也使土壤物理性状变坏；干旱、半干旱地区灌溉引起次生盐渍化。有2.83亿公顷耕地土壤是不合规格的。

③ 过度开采薪炭林引起土壤破坏，约占7%，非洲占13%。

④ 工业化　工业活动的污染，尤其在工业化国家污染、酸化，如欧洲附近2300万公顷的地区尤为突出。（若比严重的非洲你们应想！联合国发出警告）

(3) 荒漠化

① 土壤破坏达到严重程度就会导致荒漠化。什么是desertification？有许多不同的定义：

从偏自然地理角度来定义：生态系统由于气候的变异、活动和过度开发而退化，土地的生物生产力减小或遭受破坏最终导致

北京市电车公司印刷厂出品 九三·三
(1458) 20×20=400

类似荒漠的状态，称为 desertification.

△操作性的定义：草场、雨养农田（旱耕地的）或灌溉农田（水浇地的）农业生产力降低10%以上，形成类似荒漠的状态。（中度的生产力下降10-25%，严重的下降25—50%，严重的达50%以上，形成沙沟和沙丘。）草场、旱地、灌溉土地在其基础上，农业生产力下降10%以上，造成类似荒漠状况。通常由于过牧、土壤侵蚀、持续干旱、盐渍化等因素共同形成的。

荒漠化多发生在荒漠边缘，持续干旱，上层土壤因植被和风的过度垦殖而变干，使其更加暴露于风蚀。全球约有2000—3500万km²荒漠化土地。最著名的Sahel地带，位于Sahara沙漠南缘。全国的农业问题，政策失误和干旱共同造成desertification.

在发达国家的某些地区也存在这一问题。如美国西南部的土地荒漠化，还有尘暴（dust bowl）就是这一过程的表现。美国约1/3土地存在这个问题。

△荒漠化的两个主要特征：植被破坏和土壤破坏。基本的生产力减少，生产方式改变。适时生草减少，种植业的牵制了，投入大，加之还是它的反应力。

② 原因。 综合成因。由于资料较少，引起一些争论：究竟是什么原因？气候为主？或人为活动？一般都认为长期不合理利用土地和干旱共同促成desertification。在干旱之外，如果管理不善也会导致荒漠化，如江西的"红荒"。另外，如果管理改善，加强管理，在已经经历过短期干旱或偶尔干旱年份，也能继续生存。

1934年5月暴风了Colorado、Kansas、Oklahoma、New Mexico、Texas州的风暴

人类活动大体包括毁林、农业耕作和过度放牧。总之人类活动加剧了自然环境的选择。

京市电车公司印刷厂出品 九三·三

(1458) 20×20=400

§4. 持续地球观

1) 人类的地球观的演变。原始农业时人们崇拜自然、畏惧自然，拜物教，农业社会中出现神崇拜。工业化社会中科学技术发展使人们以为人类能征服自然，人定胜天为口号，形成一种征服自然的世界观。主要是：

我们不是自然的一部分，人是征服一切自然的征服者，应当主宰一切；资源是无限的，并和使用越多越好；发展要以牺牲环境和利用世界资源为代价。

最近一二十年人类觉醒，从许多从未看到过的对人类环境的事件，导致新地球观的诞生。现在人们认识到：

我们是自然的一部分，人类并非是征服一切的主人。我们不是地球的征服者，而是地球公民；要与其他自然物共同存在现存在的每一个物种都有生存权利。包括在宇宙万物生存的权利。必要是我们的存在取决于维持地球生命支持系统。人类只有在保持自然平衡的条件下才能生存。现代社会中的人应当改变他们的生活方式，过简朴的生活，不浪费有限的资源，因为资源是有限的。我们可以称之为持续（发展）的地球观。　接 p.21—23

2) 持续发展观念的内容。

1992.6.3—14. 里约峰会和21世纪议程是一个划时代的共同纲领。它主张：我们的家乡——地球的整体性和相互依存性。全球在建立新的、公平的全球伙伴关系。

人类应以与自然和谐的方式过健康而富有的生活。

两种不同的地球观对比

工业社会中许多人认为：

1 a. 人类处在自然界之外。

2 b. 人类凌驾一切物种之上。

3 c. 人的作用是征服自然、主宰一切。

4 d. 资源是无限的，因为我们的才智使它们有用或找到代用品。

5 e. 我们生产和消费越多，我们的经济境况就越好。

6 f. 最重要的国家应当支配世界资源的最大份额。

与上述错误的世界观相对立，现代社会出现了持续地球观：

1 a. 我们是自然界的一部分（一体化原则）

2 b. 人是宝贵的，但并非凌驾其它物种之上，我们每个人都是自然界平等的一员，是(世界)地球公民。（谦卑原则）

3 c. 我们人类的作用在于了解自然、与之同在，而不是征服者。（合作原则）

4 d. 每一种生物都有生存权，至少它有生存的权利，他们的存在并不依对我们有用或有潜在利用价值为转移。（尊重自然的原则）

5 e. 凡是有利于维持包括人和所有物种在内的生命支持系统的稳定就是正确的，否则就是错误的，一切以地球的稳定持续为准（持续性原则）。

6 f. 最重要的是生命而不是物。（爱护、欢乐原则）

7 g. 人为使任何野生物种灭绝或伤害、以及使它们的生境退都是错误的（保护

(1458) 20×20=400

北京市电车公司印刷厂出品 九三·三

野生动物和生物多样性原则).

8 h. 当我们为自身的基本或非基本的需要而改变自然时，应选择伤害其它生物最小的办法，伤害一个种比伤害一个动物个体更坏，伤害一个生物群落更是错误的（最小失误原则）.

9 i. 资源是有限的，我们不应浪费（限制性原则）.

10 j. 没有哪一个个人、公司或国家一味地增加他占有地球有限资源的权利。正如印度圣雄甘地所说："地球能满足每一个人的需要，但却不能满足每个人的贪婪"（知足性原则）.

11 k. 我们从来不完全知道我们做的事。我们所做的每件事大都无法估计对其它人和动物和环境所带来的影响（生态学第一定律）.

12 l. 如果把人和其它生物只当作生产的要素（新经济学的名词），是不对的。（经济学一切原则）.

13 m. 我们拥有的一切现在和将来都来自太阳和地球。地球可以没有我们，我们却不能没有地球。一个耗竭的地球将是一个耗竭的经济。（尊重性的根，或地球第一的原则）

14 n. 不要做任何同(地球)支持所有生物和人类得好的物理的、化学的和生物的设(全)备。地球的灵魂是不能侵犯的灵魂。前面提到的和谐生态系统的概念（平衡地球的生态原则）.

15 o. 我们必须维持地球良好的状态）如初.（后代权利原则）.

16 p. 每个人都有不污染和不使环境退化的义务（当代人义务原则）.

(1458) 20×20=400

北京市电车公司印刷厂出品 九三·三

第 23 页共 页

17 q. 我们应维持地球的生物多样性，帮助和恢复那些已被人类活动破坏的自然生态系统，只应在持续基础上利用它们，应使已被我们征服和占用的生态系统回到原生状态。（地球保护和医治原则）。

18 r. 保护和维护自然，使其达到法律要求的运转。（道德与法律原则）

19 s. 限制出生率以限制人口总量（控制生育的控制原则）。

20 t. 要求、休息、尊重和了解地球和个体，花时间去直接体验地球的空气、水、土壤、森林、动物、细菌和其它部分。（实践生态的心灵原则）。

21 u. 学习要作为地球的公民，使生活更平和更和谐。（爱的原则）。

当我们看到Arizona州生物圈Ⅱ号的人们走出巨大生态生物圈时，你看到什么？它嘲笑他们！这些不是他们的生命希望吗？我觉得我们应当这样看着：因为他们在人类历史上第一次证明：我们能够过一种持续的生活。他们不仅是表面上有新的感受，更是体会到人是地球公民。

G. Tyler Miller，这个人坚决维护原则的人，也为我们做出了榜样。

(1458) 20×20=400

北京市电车公司印刷厂出品 九三·三

北大地理系文献

教学手稿

第 29 页共　页

提高环境意识。 少生·少污 [illegible] 成人教育。

③第三是 持续(经济 持续社会) 发展的决策。

~~(1) 经济增长与环境保护相协调。~~

环境问题必须与社会经济发展问题统一考虑，并在社会发展中求得解决。

满足当代利益又兼顾整体利益，既满足当前又兼顾长远利益。实质就是：维护生态平衡，促使资源永续利用。目的是社会经济和环境的协调发展，实现社会效益、经济效益和环境效益的统一。

发展的原则是：既满足当代需要，又不危及后代，使代际、地区之间实现公平分配。

我们在环境问题上有三大政策：

△"预防为主、防治结合" 三同时，谁污染谁治理，环保纳入地方和各行业中长期和年度经济社会发展计划

△谁污染谁治理：

△强化环境管理。 法规。

(2) 人类共同任务，但发达国家应负主要责任

(3) 加强国际合作，要尊重各国主权。

(4) 世界和平稳定。

(5) 兼顾当前与长远。

我们人类自身在地球表面形成了人造的技术结构，所以叫做技术圈；又形成了以经济、文化组成的社会环境，所以叫做社会圈。人们生活在

(1458) 20×20=400

北京市电车公司印刷厂出品 九三·三

152

30

到我们所创造的一切文明，离不开综合利用自然界的力量。只有这样才是真正觉醒。而地球表层称为"智慧圈"，充分体现了人与自然互相依存的关系。人类是地球之子，人不能脱离自然界，要适应自然规律。在结束这一章的时候，我朗诵郭沫若的诗：

地球，我的母亲！

我过去，现在，未来，

食的是你，衣的是你，住的是你，

我要怎么样才能够报答你的深恩？

……

地球，我的母亲！

从今后我要报答你的深恩，

我知道你爱我还要劳我，

我要常常劳动，永久不停！

地球，我的母亲！

我的灵魂便是你的灵魂，

我要强健我的灵魂，

用来报答你的深恩。

北京市电车公司印刷厂出品　九三·三

(1458)　20×20＝400

第六章 生物圈与土壤形成　　　　第 1 页共　页

## 一、景观生态过程

从今天起，大家将接触到一些新的概念，主要是地球表层以生物为主导的环境，我们称之为生物圈（Biospher）。在生物圈中发生的自然地理过程更为复杂。前十几周讲过的气候过程、水文过程、地貌过程、内力过程等，基本上是无机的过程，以物理变化为特点。今天我们所要讲的是发生在大气圈、岩石圈和水圈交界处，在生物参与下，地球表层四个主体环境，即大气一循环环境、固体地球环境、地貌环境和生物有机环境之间的物质能量的交换过程。我们可以称为景观一生态过程。它以生物物理和生物地球化学作用为特点，是有机过程。（图1）

大家都知道，植物（绿色）吸收太阳辐射能、大气中的$O_2$、$CO_2$和岩石风化产生的各种土壤元素，土壤储蓄水分供植物吸收，这样植物体是依靠吸收、转化来自其它环境的物质和能量来建造植物体，而植物又供给动物作食物；动植物之间以捕食、被食形成复杂的食物链、食物网；微生物分解动植物有机体，使元素又释放，回归到其它环境中去，这就构成了景观一生态过程。我们所以使用这个术语是强调所有这些作用是以

北京市电车公司印刷厂出品 八六・八
（1458）20×20＝400

Land = 一片土地
Landscape = 环境 = 景观 含义更广泛 更具有整体性.



景观（即土地）为载体的。作用的结果形成了不同的景观，其中最活跃的因素是生物。（图1）

二、生物圈的特性

1. 多层次等级结构

除非从太空回望地球，我们是无法看清生物圈的全貌的，（有一位宇航员（William A. Anders）把地球形容成一棵小小的装饰华丽的葱绿色的球形圣诞树）但是我们从飞机上或火车上却可以看到不同的环境：黄淮海平原的麦田、江汉平原的湖群、江南红壤丘陵、珠江三角洲的基塘。这就是说我们看到了构成生物圈的不同单元。又如我们11月25日去七王坟实习，看到低山的榆树林和油松林，看到林下的各种植物。以上事实告诉我们生物圈是一个包含多级组织层次的系统。生态学上从微观到宏观分为以下层次：

分子—细胞—器官—个体—种群—群落—生态系统—生物群区—生物圈。

population (1) 什么是种群？地球表面不同种（植物、动物、微生物）的生活着的个体群称为种群。如大竹山的榆树林种群是指生活在那里的所有榆树个体的总称。

community (2) 什么是群落？群落是种群的集合，它占据

北京市电车公司印刷厂出品 八六·八
(1458) 20×20=400

一定的空间，是这一空间范围内所有种群的集合体。如大竹山阳坡上是侧柏、荆条隐子草群落，半阴坡（NE）分布着槲树林、三桠绣线菊、野青茅群落。这是两种不同环境，分布着两类植物群落。

（3）什么是生态系统（Ecosystem）？ 有机体与其共存的环境是一个不可分割的整体。

森林+树木

如果我们把上面的群落看作一个整体，即包括所有的生物（动、植物、微生物）和它们所在的环境条件构成了一个物质和能量交换的系统，一个整体就称为生态系统。如槲树林中栖居着各种鸟类、小型兽类、昆虫、爬虫类等，以及真菌、细菌、放线菌等微生物，具有独特的地貌条件，和一定的土壤条件，它们可以划分为生物有机体和无机环境两大组分，生物有机体之间又功能分为生产者、消费者、（分解者）还原者，能量在三者之间流动，同时它们与无机环境之间进行物质循环。

生物群落

（4）Biome（或Landscape）：可以理解为许多不同性质的生态系统的镶嵌（mosaic）组合。如北京西北部山前至少可以分为三种（景观）生态系统：冲积平原农耕（景观），冲积扇果（园）林（景观）、低山落叶阔叶林（景观）。从更大尺度上我们也可以举出落叶阔叶

它们共同组成了山前过渡地带的景观

北京市电车公司印刷厂出品 八六·八

（1458）20×20=400

林生物群区、常绿阔叶与落叶阔叶混交林生物群区，和常绿阔叶林群区。总而言之，景观或生物群区是由不同生态系统组成的异质性的地表环境。

(5)生物圈(Biosphere)：生物圈包含了不同类型的景观（或生物群区），包括全球的陆生生态系统和水生生态系统。如冻原、针叶林、阔叶林、草原、荒漠、热带疏林草地、雨林、高山等。

2. 生物圈的第二个特征是生物有机体的极大多样性(Diversity)

让我们从下列数字看起：

地球上曾经出现过的生物约有2.5亿种；

地球上现存的生物约有500万—1000万种；

其中经过鉴定的动物约有200余万种；

植物约有30多万种；

微生物约有10多万种。

尚有许多未被发现和未经鉴定的物种。

3. 生物圈的第三个特征：结构不平衡性、不对称性。

生物圈（地球表层）可以看成一个大的"七巧板"，是由

北京市电车公司印刷厂出品 八六·八

(1458) 20×20=400

许多不同性质的单位镶嵌而成的，不仅大洋、大陆、山地、平原分布不平衡，而且海陆的生物分布不平衡。海洋生态系统中生命物质浓度最大的是在浅海海域近表层水体中，那里浮游生物最集中的一层，具有最大的初级生产力（由植物有机体固定太阳能形成的生物生产力）。并且最大初级生产力并不在热带海域，而是在寒暖流交汇的高纬度海域。与海洋生物圈不同的是陆地生物圈，生产力最高是在热带、亚热带，其次是暖温带。

由于地球表层复杂多样的环境条件，地表生命物质的分布随之呈条带状、条块状镶嵌。在大陆与海洋、南北半球，大陆东岸与西岸是不对称的。

4. 生物圈的第四个特征是物质循环和能量流动。　生物圈的物质循环、能量流动和信息传递是通过生态系统实现的。

(1) 物质循环

绿色植物从环境中获取营养物质，主要是生命必需的元素：C、H、O、N。它们是组成蛋白质的基本元素，称为能量元素；Ca、Mg、K、

北京市电车公司印刷厂出品 八六·八

(1458) 20×20=400

S、Na 是生物所需的大量元素；还有 Cu、Mn、Zn、Sr、B、Fe、Si 等是生物需要的微量元素。

上述各种元素通过食物链转移给其它生物继续被利用，包括我们人类在内。最后以残骸、排泄物被微生物分解、转化重返环境之中，进行再循环，这一过程称为物质循环。

(2) 能量流动。以太阳能进入生态系统后不同化学之间流动转化、构成了能量流动。

生态系统中，自养植物所固定的太阳能称为初级生产。（首先）~~形成~~初级生产力（初级生产就是能量的最早积累）。这是生态系统中可利用的基本能源，一部分用于植物自身消耗，其余进入食物链被消费者利用，并以热的形式散失在环境中。这种能量流动是沿食物链、各个环节即按营养级，逐级单向流动的，逐渐减少，最终全部散失。

单位时间内、单位面积上绿色植物（生产者）所固定的全部能量称为总初级生产力（GPP），扣除呼吸作用（R）所消耗的能量，称为净初级生产力（NPP）。NPP = GPP − R。单位是克/m²/年。

生态系统中自养生物被植食性动物采食，是有机物的转移。植食性动物又被肉食性动物（狮、虎、豹）捕食，而肉食性动物再被处于更高营养级的人类猎取。这种以营养（关系）为中心的吃与被吃的关系，形成了一条能量传递的链条，称为 Food Chain。实际上一个生态系统中往往形成(生物链条)更为(复杂的)食物网(web)(图 )。

(3) 信息流。 生态系统中，除物质循环、能量流动外，还有有机体之间的信息传递。信息流是伴随生态系统中能量、物质流而存在的。它是生态系统有序化程度的标志。例如，一个地方老鼠多了，捕鼠的鹰也就多(鼠少了，鹰也就转移到其它地方)，这属于(种群之间的)营养信息；再如物理信息，声、光、电、热的输入会影响植物、动物的活动规律。白洋淀有敲铁的打渔的。海洋捕捞有用灯光诱捕的。有些花给予短日照之规则提前开花；还有化学信息，如许多动物、蚂蚁通过分泌物留下化学信息，以便后来的追随。狗尿也是一种化学信息，黄鼠狼又可震慑狗；还有行为信息，野驴警戒，鱼鹰的护卵等。

月黑雁飞了。星光导航

三、生态系统的结构。 我们可以用图解方式表达一下：

1. 生态系统的组分。

(1) 非生物组分

a. 基质：土壤、岩石、水体等，是植物生长、动物活动的空间场所。

b. 生物代谢的原料：太阳能、$O_2$、$CO_2$、$H_2O$、

北京市电车公司印刷厂出品 八六・八

(1458) 20×20=400

无机盐、有机物（碳水化合物、蛋白质、氨基酸、腐殖质）

c、生物代谢的媒介：水、空气、土壤。

(2) 生物组分。

生产者：高等植物、藻类　等自养生物

消费者：动物（异养生物）。

还原者（分解者）：细菌等小型异养生物。

2. 生态系统的结构

(1) 空间结构。

a、地上、地下的成层性。林中各层、底草、地下浅中深。

b、水平分布的不均匀性。如林下的植物、林窗中、林缘植物等。

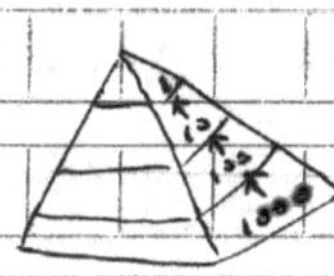

(2) 营养结构。

营养级：位于食物链不同环节上的生物，处于不同的(营养)地位，（以绿色植物为第1营养级　生产者—初级消费者→次级消费者……→）构成营养级。林德曼发现在能量传递过程中大致只有10%能量进入下一个营养级，90%被消耗掉。这一转化效率称为"十分之一定律"或林德曼定律，在大多数系统中它是适用于水生生态系统，对陆生生态系统不完全适用。

3. 生态系统的形成与演（变）化。



北京市电车公司印刷厂出品 八六·八

1. 生态系统的形成

(1) 原始生态系统的形成

早期地球大气圈可能没有$O_2$，也没有$O_3$层存在，(只有)主要由$CH_4$、$NH_3$、$CO_2$、$SO_2$、$N_2$、$H_2O$组成。后来由于水汽凝结，降下雨水形成原始海洋；宇宙辐射、闪电、火山爆发等作用，使大气圈、水圈发生化学变化，形成简单的有机小分子，经过漫长岁月，经过一系列复杂的进化过程，形成细菌型的原始生命，生活于水下环境中，在缺$O_2$环境中通过酶解分解有机物，获取能量（有机物在无氧状态下分解），后来才逐步出现了自养型原始生物。（蓝绿藻）。34亿年前，首先出现光合细菌，以$H_2S$为原料，利用$H^+$还原$CO_2$，形成有机物。后来出现了原核生物后，蓝藻可以以水、$CO_2$为原料制造有机物，并放出游离氧。∴27亿年前形成了由蓝藻、细菌组成的原始生态系统。

(2) 绿色植物的出现

12亿年前元古代

随着大气中氧含量增加，12亿年前，出现了真核生物，动植物分化，才使生态系统分化为生产者、消费者、分解者。当时$O_2$含量为现今大气圈中的1%，$O_3$也增加(形成)上层，吸收紫外线，6亿年左右前，海洋中动物

北京市电车公司印刷厂出品 八六·八

(1458) 20×20=400

大量出现。

S 4.2—4亿年前，志留纪晚期，水生藻类进一步发达，$O_2$含量上升到今天的10%以上，$O_3$层在20—25km上空形成，为陆生生物创造了条件。

D 早中泥盆纪（D），4亿年前发生从水生到陆生的重大飞跃。陆地上出现了蕨类，接着又出现了昆虫等陆生生物，形成了原始的陆生生态系统。这时岩石风化，产生了早期的土壤，成为淋溶出的矿物的贮存库。

C 约在3.5亿年前左右，（C）大气中$O_2$含量达到今天的水平，陆生蕨类植物繁盛，形成原始的森林生态系统。

P 2.8亿年前的早P，地球气候发生分化，出现干旱气候，出现了裸子植物，并一度占优势，一直延续到中生代，出现的植物类群如苏铁、银杏和针叶树林。

T J K 中生代气候温和，出现大型爬行类动物，盛极一时，如下蛋的恐龙。（蛋化·南阳）

E 0.65亿—0.2亿年，被子植物大量繁盛起来，多样性好、完善的组织器官，适应能力更强，遍布全球。动物界也得到发展，昆虫纲、鸟纲、哺乳纲，晚第三纪出现大量草食性动物，各种肉食性动物也获得发展，使生态系统的演化进入高级阶段。

北京市电车公司印刷厂出品 八六·八

(1458) 20×20=400

第 11 页共 页

N 晚第三纪N的寒冷化、干旱化，尤其是第四纪冰期的发生，地球的动植物随着环境的变化（冷暖、干湿、水生、陆生）进一步分化、多样化。

人类出现于近400万年。人类出现后，对自然生态系统的影响逐渐加强。出现人工、半人工生态系统（天然、半天然）。如北大校园的森林生态系统属于半天然的生态系统。人工栽培、自然演替，昆虫、鸟类的迁入迁出，植物种子进入、飞出，等等。

4. 生态系统的演替（Succession）

(1) 概念 生态系统的结构、功能是随着时间而变化的。在内因、外因共同作用下，一个生物群落逐渐被另一个生物群落代替的过程叫做演替。从字义上看意味着继承和延续。但实际上可能有三种情况：

正常替代 a. 第一种情况是早来定居的成分（如先锋植物）为后来植物定居创造了条件（改善了生态条件）。这是正常的演替形式。如推平一片地，第一年可能生长一年生杂草，第2年可能生长2年生草本植物，逐渐长了灌木，后来乔木长成一片林地。前几周报道塞罕坝昔日荒漠的一块沙漠土地上现在形成了一片森林，就属于这一情况。

北京市电车公司印刷厂出品 八六·八
(1458) 20×20=400

第2种情况是先来定居的成分具有高度忍耐性的种类，后来的种不如它们的抗性强，可能会延缓演替的时间。

第3种情况是先来种子与后来种都具很强的竞争力，这样一来发展就会出现不确定性。可能外来因素会起关键作用（如火灾、病虫害）。

(2) 演替的类型

① 进展的演替：一般指从裸露地开始经过一系列阶段最后形成顶极（CLIMAX）群落或稳定的群落。

a、旱生演替系列，从干旱岩石表面开始的，如果这些大块岩石表面又经风化已经在的地衣—苔藓—草本—木本而终结形成较复杂结构的群落。

b. 水生演替系列，从水体（湖泊）开始的演替过程：从漂浮植物阶段—沉水植物阶段—浮叶植物阶段—挺水植物阶段—湿生植物阶段—陆生植物阶段。湖底不断抬高，陆生植物向湖心前进。

总之，演替是一种有方向、有次序的生物群落发展过程，可以说：第1是物种间共同作用的结果，每一阶段又为下一阶段创造了条件；是有控制的；先生物成了新生物继续的更替，每一个新的群落都以上一个更



北京市电车公司印刷厂出品 八六・八

复杂，更充分利用资源。

② 逆向演替

它是生物群落在外因干扰下，从复杂结构、相对稳定的结构简化，不稳定的退化过程。

| 进展 | 逆向 |
| --- | --- |
| △结构复杂化 | 简单化 |
| △空间利用充分 | 不充分 |
| △生产率增加 | 降低 |
| △对群落特殊适应物种形成 | 对外界适应物种形成 |
| △群落环境中生化 | 旱生或湿生化 |
| △对外界不良环境适应能力 | 减弱 |

③ 演替的结果：顶极

当生物群落达到与大气候条件一致的稳定时，叫做演替顶极（Climax）。这个概念是1916年由美国生态学家Clements首先提出来的。现在已不在一般意义上使用这个名词，而代之以顶极群落。意思是指演替到最后稳定的情况下，（植物）生物群落适应于当时气候条件，总初级生产力与总呼吸消耗相同，从太阳获取能量与释放能量之间，养分摄取与归还之间达到了相对平衡状态。

总之从一个简单的幼年群落演替为一个成熟稳定

北京市电车公司印刷厂出品 八六•八
（1458）20×20=400

第 14 页共 页

小结演替的结局是：

a. 物种多样性增加。

b. 食物链复杂，组成增多。

c. 保持营养物质能力增强。

d. 系统稳定性、抗干扰能力增大。

e. 生物量（biomass）增加。

f. 环境更趋于中生化。

在某一生态系统中，单位面积上积累的有机物质总量表示。生物量主要由植物组成。陆生动物等仅占植物量的1%。

5. 生物地球化学循环（Biogeochemical Cycling）

生物地球化学循环即指矿质养分和能量在生态系统中的循环和转移的运动过程。有机体需要这些营养物质才能健康生长。吸收物质形成新的细胞，合成有机物质，如蛋白质、氨基酸。需主要的是 C、O、N、K、P 等。

△ 岩石风化释放无机物到土壤中；

△ 大气降水也产生一部分物质。

△ 土壤有机体，植物从大气中吸收气体物质。

人工施肥、农药。

△ 生态系统中被固定、转移：

这些物质成分通过食物（网）传递转移；在土壤中通过化学作用降解。生物通过两类食物链进行循环：

(1458) 20×20=400

北京市电车公司印刷厂出品 八六·八

第 15 页共 页

捕食食物链：植物→植食动物→捕食者→……主要在植被层中进行，即茎分主植被层中绿叶。

腐屑食物链：死有机物、废物，由小型异养生物进行分解，变成无机物归还到土壤中，主要在土中进行。

以上介绍了生物圈和生态系统的概念，生态系统的主要类型分析将在下一章结合世界植被来介绍。

四、土壤形成过程

1、土壤生态系统

除了生物存在、生物的巨大作用之外，生物圈还有一个明显特征是形成了土壤生态系统。

土壤是覆盖于地表的由水、气、矿物质和有机体混合而成的具有肥力的疏松的薄层。它为植物提供了营养物、水分，空气和能量给作物、动物的基地，它以生物和死的有机体和无机物维持生态系统的营养和能量的运转，所以它是植物的支持系统。是人类了利用的自然资源。土壤生态系统中许多物理的、化学的作用同时发生，复合进行，导致物质和能量的输入，生物的（动、植、微）与非生物的部分的相互作用，所以称之为土壤生态系统。

2、土壤的组成成分

固相：（矿物质）＋（有机物）
液相：复合溶液
气相：（大气成分）＋（生物新陈代谢产生的气体）、
土壤生物（土居动物与微生物）

肥力＝营养、水分、空气、热量、适当及时供给

（1458）20×20＝400

北京市电车公司印刷厂出品 八六·八

第一、固：50%为固体矿物。 1-0.005mm 砂粒占50-70%；0.05-0.01 粉粒 40%左右；<0.001 粘粒 30%以上

(粘粒)+(有机质) = 腐殖质(Humus) 决定了土壤的肥力。

少量 有机固体
活：植、细菌、放线菌。
死：残体、排泄物。

水

空气。

| | 土壤空气 | 大气空气 | 体积百分比 |
|---|---|---|---|
| $N_2$ | 79. | 79.01 | |
| $O_2$ | 18-20.3 | 20.96 | |
| $CO_2$ | 0.15-0.65 | 0.03 | |

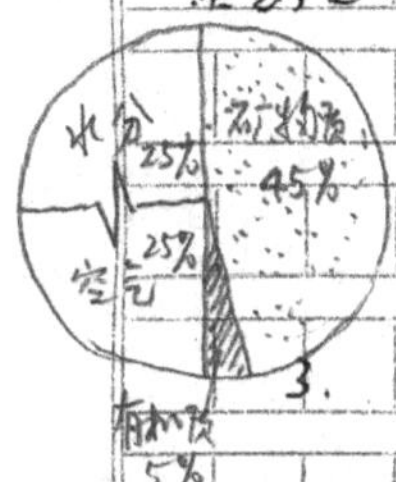


3. 土壤系统的形成与发育

风化

(1) 母质的形成：

风化壳上部不断进行化学风化和物理风化，使岩石破碎，也可形成冲积、风积母质上

(2) 有机物质的增加。

低的、高的有机体不断在土中积累。在野草凋落过程中有机物残屑转移到土中；低有机体（小的）生活于土中，土壤也不断加深。有些高的生物活动延至土壤与非土壤的界线。

剖面发育

(3) 土层分化。（发生层次的产生）

一般34

粘土矿物由化学风化产生，在淋溶作用下形成，粘土矿物的淋溶

在化学反应和物理变化之后，土壤剖面发生了分化，（淋溶、可溶物质向下移动，较小的矿物往往也随同淋失）形成理化性质不同的层次。各层之间物理、化学成分不同，结构不同，有机质含量也不同。这种土层分化是生物、气候、和时间三者共同作用的结果，尤其是水对土壤作用的结果，月球上有疏松的表层但没有形成土壤。

出品 八六·八

(1458) 20×20=400

(4) 土壤发生层次

O层 有机物聚积层（半分解、未分解）

A00 未分解
A0 半分解

A层 矿质土壤表层 矿物质与腐殖质多结合的表层

色泽暗又叫腐殖层 一淋溶

（E层 矿质淋溶层 色浅 粘粒、铁铝、CO2溶于水形成的淋失

余体为淋失而向下淋溶 ）

B层 心土层 也叫淀积层 淋洗土层淋下物质 偏粘 紧实

C层 母质层 成土作用微弱 未受前的风化物或沉积物

D 基岩（母岩）
(R)

4. 土壤的一般形态特征

a. 颜色 由腐殖质和三氧化铁决定的颜色 等

b. 质地 石头 壤 粘
(机械组成)

c. 结构 团粒 块状 核状 柱状 片状 棱柱状
团聚体结合的状况

d. 松紧度

e. 孔隙 毛细孔隙和非毛细孔隙

f. 湿度 含水情况

g. 新生体 土壤形成过程的生成物 如 $CaCO_3$ 铁锈

胶膜 石膏

h. 侵入体 混入的外来物 贝壳 瓦片 骨骼 石块

i. 根系 动物

北京市电车公司印刷厂出品 八六·八

(1458) 20×20=400

5. 影响土壤形成的各种因素

美国著名土壤学家H. Jenny用一个公式表示土壤与各形成因素的关系：

S(土壤性质) = f(cl, o, r, p, t, ……).

第一个是气候。我们可以从图上看到气候尤其是水热条件影响到风化程度，从而决定着母质的厚度和类型；气候决定着植被类型和盖度等；第三，气候决定着侵蚀的程度等等。

第二个因素是(有机质，有机体的多少)生物因素。

第三个因素是地形，起表起伏及其形态，

第四个因素是母质，与岩性、坚硬程度有关。

第五个因素是时间。它是一个必要条件

以上就是通常所说的五大成土因素

现在我们结合三张图来分析这个问题。

第一张图是土壤化成厚度与气候的关系

从图上我们可以看出降水大于蒸发的有两个地带，一是湿润热带，另一个是北方针叶林带，但二者的温度条件相反，所以化学风化程度不同，形成的次生矿物不同，风化壳的厚度

北京市电车公司印刷厂出品 八六·八

(1458) 20×20=400

也不同。从土壤形成过程来分析，冷湿的针叶林带的灰化作用为主（针叶林下，真菌分解，强

下 酸环境下表土中碱金属、碱土金属及Fe、Mn、Al被强烈淋失，形成灰白色的灰化层—石英）而湿热气候条件下以富铝化脱硅过程为主（热带森林下，残落物分解很快，分解产物又淋失，硅酸也大量淋失，而土中的Fe、Al少动，形成大量Fe、Al氧化物和氢氧化物在土中积聚，常成铁结核、铁盘，土色深红，如砖红壤）。

温带草原，草原气候条件下，草本植被为主，土壤上部形成大量有机质，在微生物作用下形成腐殖质层，以腐殖化过程。

温暖半湿润气候下森林植被，化学风化强，形成次生黏土矿物，土壤发生黏化作用。

可从第2张图上看出不同气候环境中发生植座标主要的成土过程（作用）：

潜育是大强则水分饱和还原；当温度低，降水多，蒸发弱则为潜育化（渍水缺氧条件下 $Fe^{3+}$+电子→$Fe^{2+}$ $2Fe_2O_3 \rightarrow 4FeO + O_2$，使土壤呈灰蓝色）。

以经座标了以看出植被、地质、地形的影响。

北京市电车公司印刷厂出品 八六·八

(1458) 20×20=400

结果就形成了不同的土壤类型（图3）

最后我们看一下地形的影响：从这一简单图式中可以看出处于不同地形部位的土壤剖面发育的情况。平缓处（高处）发育正常的剖面；陡坡上形成不完整的剥蚀剖面；低洼处以堆积为主的地形部位则形成埋藏剖面。

# 董黎明

## 《城市规划原理》
## 《城市问题研究》

20世纪70年代，北京大学地理系经济地理专业创办了城市规划专业方向，我承担了城市规划原理的教学任务，该课为专业必修课，每周4时（4学分），这门课的讲授一直持续到2001年退休。由于多次搬家等原因，目前只保存少部分讲稿。其中最初的讲稿采用自编的《城镇总体规划讲义》和建筑工业出版社出版的《城市规划原理》，经过多次教学之后，由于积累了大量的教学经验和素材，我的讲稿采用纲要的形式，讲课时能生动灵活地发挥，教学效果更好。

20世纪80年代我又承担了一门硕士研究生课程——城市问题研究。课程的主要内容是我的两个教学研究方向——城市规划和城市土地利用经济评价。每周3学时（3学分）为必选课。该课的讲稿主要围绕研究的问题展开，不要求课件的系统性和连贯性。该课除了给本校研究生讲授外，部分内容也用于校外的各类培训班，如为市长培训中心授课等。（董黎明）

Historical process of Urban Development

城市发展的历史过程

# 第二章 城市形成发展的历史背景

世界万物在不断运动演化。地球的年龄估计已有50～60亿年，而人类自类人猿分化出来，只不过200～300万年的时间。城市的历史更短，城市聚落从农村居民点分化出来仅是5000多年以前的事情。相比之下，城镇体系最年轻，它是近代工业化和城市化的产物，如同刚刚落地的婴儿。

社会发展的历史告诉我们：任何城市，都是经过不断的发展变化逐渐成长起来的。它们既有自己的过去，也有其今天和未来。在这个演变的历史长河中，有些城市脱颖而出，迅速发展，成为国家或区域的中心；也有一些城市，在历史上曾有过繁荣昌盛的一页，而一度由盛变衰，甚至消失湮没；还有一些城市，在发展中几起几落，历经沧桑。正是这一幕幕的变化，推动着城市的发展。

研究当代城市体系，如果只知道它的今天，而不了解它的"昨天"和"前天"，我们的认识往往

J109877 20×20=400

只停留在表面上，无从掌握城市发展的基本规律；同样，规划展望城市的未来，也不能割断历史和现状去凭空设想。本章的指导思想，旨在用历史和动态的观点去观察研究城市，为城镇体系规划打下良好的基础。

## 第一节 城市的产生和发展

### 一.城市聚落与农村聚落

大约7000年以前，人类社会的第一次大分工，使农业从狩猎、采集的粗放经营中分化出来。人类生产的固定化，使之有了相应的固定住处，即最早的原始聚落。位于西安城郊的半坡村遗址，是一处新石器时代典型的农村聚落。从挖掘出土的情况可以看出，原始人居住的村舍规模很小，只有数十座方形和圆形小屋，村外为一条壕沟，房舍简陋，功能单一，主要是农民聚居的场所，不具备任何城市的特征。

随着生产工具的改进，灌溉和耕作技术的提高，社会开始出现剩余产品，于是在农业生产者当中分化出专门从事手工业的职业；此外

第 3 页共 页

，社会产品的不断交换，促进了商品生产的发展，同时也出现了专门从事商品交换的商人。生产力的发展也促使原始公社生产关系的瓦解，出现了对土地、牲畜和奴隶的私有制。这时，居民点也发生了分化，一些位置适中、交通方便的乡村聚落，特别是商品交换中心，逐渐成为商人、手工业者、奴隶主及士兵聚居的场所，形成了最初的城市居民点。可以说，城市是伴随着国家、阶级、奴隶社会而发展起来的。

城市与乡村聚落都是人类生活居住的场所，这是其共同的一面。但是，由于社会分工的不同，城乡聚落有质的差别。首先，城市是一定地域范围的政治、经济、军事、宗教的中心，因此城市居民主要从事于与其职能相应的非农业活动，古代的城市中即使也有一定数量的农民，但不构成居民的主体。其次，为了维护城市各类职能的需要，城市中通常拥有城墙、濠沟、官府、衙门、宗教建筑、固定市场、公共活动场所等设施，这些在农村聚落中一般是

J109877 20×20=400

没有的。最后，就集聚规模而言，无论在古代和现在，城市的人口和面积要比乡村聚落大得多。

我国应用的城市一词，比较确切地反映古代城市的职能。所谓城，主要指城市的防卫职能——城墙、城郭。从奴隶社会开始，为了保护统治阶级的安全，几乎所有的城市都筑有城墙，其外是深沟或护城河。根据考古发掘，我国早在龙山文化末期（稍早于传说中的夏代）在山东、河南等地出现了一批原始城市聚落，山东城子崖古城东西长309米，宽450米，城墙残高2.1米～3米；河南淮阳平粮台古城之墙残高3米，宽10米，南墙中部有城门遗址。这些发现，与《古今注》中所传说的夏代就已"筑城以卫君，造郭以守民"的记载是基本一致的。

至于市，则是指交易市场。最初的商品交换活动也许从农村开始，《易·系辞下》曾记载："日中为市"，"交易而退，各得其所"。这种交易类似于集市贸易，交易双方多为农民，而且贸易活动的时间和场所并不固定。随着商品生产进一步扩大，出现了专门从事贸易的商人。于

第 5 页共 页

二、世界城市的发展

"世界各国"

(一)早期城市

中东的两个文明古国——埃及和巴比伦也许是世界城市的发祥地，早在公元前3000年，在肥沃的尼罗河三角洲平原和美索不达米亚平原上，就涌现了许多著名的城市如孟菲斯、卡洪、乌尔、提洛斯、巴比伦等。这些古老的城市虽然湮没在深厚的河流的冲积物中，已不复存在，但从挖掘的遗址中仍可看到人类由游牧、半游牧的原始聚落走向到阶级社会创造的文明历史。

早期的城市具有许多共同的特征。为了取得充足稳定的水源，它们几乎分布在沿河地势高亢、洪水不易淹没的地带。干旱半干旱的沙漠热带气候，简易的灌溉工程，使当时的农地如埃及等待汛期来临才能利用泛滥的洪水灌溉，作物一年能一熟，低下的农业生产水平不可能供养众多的城市人口，因此除首都城外，早期城市规模普遍偏小，例如建于公元前2500年的埃及卡洪城，仅300米长，260米宽，面积不到0.1平方公里。从城市结构看，当时已有简单的分区，城市中心一般布

(1453) 86.4 20×20=400

置奴隶主的宫殿和象征神权统治的庙宇，这些建筑通常体型高大，奴隶主可居高临下监视奴隶劳动；相反，奴隶聚居的地方则拥挤不堪，其间或甚围隔以围墙，反映出强烈的阶级对立。

公元前八到六世纪，位于地中海的希腊半岛成为欧洲最早进入奴隶制的地区，先后形成许多城市国家。这些通常由中心城市及周围的农业地区组成，规模一般不大（类似于我国春秋战国时期的诸侯小国）。其中雅典是当时地中海最大的商业中心城市，其通商范围东至小亚细亚，西至法国南部，北到黑海沿岸，南抵埃及。雅典人口最多时曾达15万人，城市中心建有许多规模宏大的公共建筑，例如奉祀雅典娜的神庙、可容纳一万七千观众的露天剧场，都是欧洲古代文明的象征。

从公元前五世纪开始，罗马统一了意大利半岛，接着又相继征服了地中海沿岸及欧洲南部广大地区，成为一个强大的奴隶制帝国。在战争掠夺及繁荣的经济基础上建造的都城罗马规模很大，人口多达百万人，城内拥有华丽的宫殿、寺庙、浴池、斗兽场等公共建筑和多层住宅，用支架的引水桥将远处的水引入城市，用石料铺路及下水道，均表明城市设施达到很高的水平。罗马时代，在被征服地区还建立了许多殖民地性质的营寨城，如伦敦、巴黎、科隆、维也纳等。这些城市大多处于水陆交通和军事要冲位置，既是地方的行政活动中心，也是罗马军营驻地，但规模都很小，直到近代，这些城市才发展成为欧洲著名的大都市。

(二) 中世纪的城市。

世界各地进入封建社会的时间比中国晚，欧洲是在4至6世纪，印度在6～9世纪，中亚细亚是4-6世纪，俄罗斯则晚至9-11世纪。至于非洲和美洲的大部分地区，仍处于低级的原始氏族社会，尚为农村聚落文化景观。这一阶段，由于各地进入封建社会的时间较短，也未出现像中国这样的中央集权的封建大国，因此无论技术和城市的发展水平，都远不如中国高。

欧洲在封建社会初期，日耳曼人在罗马帝国的废墟上建立了许多封建王国。由于连年的战争，原有城市遭到严重破坏；每个自给自足的封建庄园，都是一个封闭的经济实体，减少了对城市的依赖性，致使商业活动、城乡经济联系减弱，城市发展也经历了一个衰败的过程。

当然，这种现象是暂时的。一但农业有了发展，农产品增多，必然使一部分农民从耕作业中分离出来，有的从事于手工业劳动，成为具有熟练工艺的铁匠、木匠、武器匠、毛织匠等；而另一部分人则成为独立经营的小商品者、进而变为聚居在城市中的商人。到了十一世纪，欧洲城市开始普遍发展。一方面，原有有罗马时代的营寨城得到恢复；此外，在交通方便的沿河地区又出现了一批新的港口和工商业城市，如意大利的威尼斯、热那亚、佛罗伦萨、葡萄牙的里斯本，德国的汉堡、吕贝克等。在内陆地区，一些封建王国的都城或地方经济中心，如维也纳、布拉格、布鲁塞尔、布达佩斯、莫斯科也相继得到发展。

第 页共 页

表 X-? 中世纪欧州主要城市的人口

| 城市名称 | 7世纪 | 10世纪 | 14世纪 | 16世纪 | |
|---|---|---|---|---|---|
| 伦敦 | | 25000 | 40000 | 150000 | + |
| 科隆 | 15000 | 21000 | 57000 | 37000 | |
| 汉堡 | | | 10000 | 23000 | |
| ~~伯明翰~~ | | ~~2000~~ | ~~2000~~ | | |
| 都伯林 | | 4000 | 20000 | 26000 | |
| 布拉格 | | 5000 | 40000 | 70000 | √ |
| 布达佩斯 | | 2000 | 15000 | 20000 | |
| 维也纳 | 5000 | 20000 | 20000 | 45000 | |
| 布鲁塞尔 | | 2000 | 18000 | 32000 | |
| 巴黎 | 25000 | 20000 | 275000 | 260000 | + |
| 里昂 | 10000 | 20000 | 35000 | 120000 | + |
| 里斯本 | 15000 | 15000 | 35000 | 80000 | √ |
| 巴塞罗纳 | 10000 | | 40000 | 30000 | |
| 罗马 | 50000 | 35000 | 30000 | 55000 | √ |
| 米兰 | 25000 | 30000 | 100000 | 110000 | + |
| 热那亚 | 15000 → | 85000 → | | 62000 | √ |
| 佛罗伦萨 | | | 61000 | 65000 | √ |
| 那不勒斯 | 30000 | 30000 | 60000 | 275000 | + |
| 威尼斯 | 25000 | 35000 | 100000 | 150000 | + |
| 布加勒斯特 | | | 2000 | 25000 | |
| 莫斯科 | | | 22000 | 30000 | |

资料来源.

与罗马时期相比，中世纪欧州的城市的平

的规模要比过去的城市大得多，十六世纪时，人口超过5万人的城市有11个，其中10万人以上的城市仅有6个。而奴隶社会时欧州仅罗马、雅典是人口超过10万人的大城市，其余人口均不足5万人。城市数量、规模的变化表明封建社会生产力的水平比过去有了明显的提高。

在城市职能上，如果说罗马时代的城市重视城的攻防，侧重发展"城"的职能，则中世纪"市"的职能、即手工业、商业贸易在城市中的地位已日趋重要，甚至许多城市都是在集市和港口贸易的基础发展起来的，例如当时当时最大的城市之一威尼斯，有"亚得里亚海沿岸各国首都"的称号，在鼎盛时期，它拥包括3000艘商船的船队，不仅独占了地中海东半部的贸易，而且与整个欧州乃至亚州都有经济联系。十三世纪末威尼斯商人马可·波罗前往中国的经历及在游记中的描述激发了西欧人对东方的向往。意大利北部的工商业城市在13～15世纪则[illegible]以[illegible]

是以工场手工业著称，例如佛罗伦萨大约有200家工场生产呢绒，雇用工人的总数达到3万人。这种高度的专业化分工，为资本主义的发展打下了重要的物质基础。最后，中世纪欧洲城市的地域分布也发生了一定变化，除大部分重要城市仍集中在地中海沿岸一带外，在东欧、中欧等内陆地区，也出现了若干规模不大的行政管理中心。这些城市现在大部分已成为欧洲各国的首府或区域中心城市。

亚洲除中国外，城市分布主要集中在中、近东北纬30度至40度之间的狭长地带。这个地区原来就是世界古代文明的发源地之一。奴隶社会解体后，这里又相继出现了许多强大的封建帝国。以伊斯兰教为核心的阿拉伯帝国，在八世纪时曾拥有东至印度河、西至西班牙的大片领土，成为地跨欧、亚、非三洲的大国；十四世纪以后奥斯曼土耳其的兴起，不仅取代了东罗马帝国的统治地位，而且东征西讨，亦占领了欧亚广阔的土地。在军事上的兴盛，往往伴随着经济

第12页共　页

的发展，促进贸易的不断往来。在阿拉伯最繁荣强盛的时期，大量的商人物品如丝绸、陶瓷制品、宝石、香料来往于欧、亚、非三洲之间，我国的广州、泉州、扬州、长安等地也居住了许多阿拉伯商人。上述经济活动无疑对当时城市的发展具有重要的作用。因此，在10世纪时，位于中东的巴格达、大马士革、伊斯坦布尔都是人口20万以上的大都市。而同期欧洲甚至还未有超过10万人的城市。

(1458) 86.4 20×20=400

（三）近代城市

1769年蒸汽机的发明以及各种新技术、新能源在生产、交通等方面的广泛运用，在英国首先揭开了工业革命的序幕，继而在十九世纪又扩大到欧、美乃至全球范围。它不仅激起生产力的飞跃发展，同时也促进大量工业城镇的成长。恩格斯在"英国工人阶级状况"一文中生动地描述了这一过程："大工业需要许多工人在一个建筑物里共同劳动；这些工人必须住在近处，甚至在不大的工厂近旁，他们也会形成一个完整的村镇。他们都有一定的需要。为了满足这些需要还要有其它的人，于是手工业者，如裁缝、鞋匠、面包师、泥瓦匠、木匠都搬到这里来了。……于是村镇就变成小城市，而小城市又变成大城市"。

上述阶段所指的不仅是近代城市的发展过程，同时也是城市化和城镇体系形成发展的过程。有关这部分内容，将在本章第二节专门进行分析。

是，一些位置适中、交通方便、周围产品丰富的交易场所逐渐固定下来，成为商业活动的中心。交易的对象也发生了变化，《周礼·地官》中说："大市，日昃而市，百姓为主；朝市，朝时而市，商贾为主；夕市，夕时而市，贩夫贩妇为主"。这里所指的市，显然已是城市功能的一个重要组成部分。

接P4

二 我国城市的发展与分布

世界各国进入奴隶社会的时间不同，因而城市发展有先有后，在地区分布上也不均衡。最早的城市主要分布于西亚两河流域、埃及尼罗河三角洲、印度河流域和我国的黄河流域。这些地区在古代都具有温暖的气候、肥沃的土壤、发达的灌溉农业。

在漫长的历史发展过程中，我国的城市大体经历4个[redacted]阶段：[redacted]夏、商、周；春秋战国至汉；两晋至明清；鸦片战争至解放前夕。

(一)奴隶社会的城市

从公元前22世纪的夏代开始，中国进入奴

隶社会，经历商、周，至春秋战国转入封建社会。这段时间我国的经济活动主要集中于黄河中下游地区，早期的城市如郑州的商城，河南安阳的殷墟，西周的政治中心丰、镐（西安），东周王都洛邑、成周（在洛阳附近），均位于自然条件和农业生产条件俱佳的渭河平原及黄河冲积平原之上。这些城市的基本特点是（多由农村居民点演化而来）规模较小，职能简单，有些还发现大量殉杀奴隶的墓葬，一方面反映[redacted]当时较低的生产力水平，同时也表明奴隶社会的残酷性和阶级对立。例如解放后在郑州发现的一处古城遗址，是商代的一座都城，其范围南北2000米，东西1700米，除有夯土墙基外，还有大小不等的房屋，活人陪葬的骨架，以及多处冶铜、制骨、陶器及酿造作坊的遗址等。

公元前十一世纪周灭商。周代不仅在政治上按奴隶主的地位划分领地，实行分封制；在城市建设上也有严格的区分，规定帝王都城方九里，诸侯的都城分别方七里或方五里。为了区分统治阶级与平民的地位，周代的城市有"城"与"郭"之分。"城"是奴隶主与王公贵族的领域，并具有防范

第 16 页共 页

奴隶、平民反抗的功能；"城"与"郭"之间则是下层阶级生活居住的地方，城市布局具有鲜明的阶级性。

周代的城市还有一套反映奴隶社会城市如何规划建设的思想，据《周礼·考工记》记载："匠人营国，方九里，旁三门，国中九经九纬，经涂九轨，左祖右社，面朝后市，市朝一夫"。上述思想虽未在考古中得到证实，但对封建社会的城市建设影响很大，元大都和明、清北京城的格局，与这段记载十分吻合。

(二)春秋战国至秦汉的城市

由于铁器的发明使用，进一步促进了农业生产和手工业的发展，春秋战国以后，我国步入封建社会。在政治经济的推动下，~~城市[illegible]数量及规模有了很大的发展~~，在黄淮流域相继出现一批规模较大、经济繁华的城市。例如战国时期的齐都临淄，赵都邯郸，魏国大梁，燕下都，秦咸阳，楚国郢都，寿春等，都是当代的大都会。这些城市有以下特点：

1. 城市规模远远超过奴隶社会的城市，反映了

J109877　　20×20＝400

而且商业、手工业十分发达

生产力水平的飞跃发展。

2. 春秋战国时期，由于列国诸侯相互讨伐，战争频繁，故城市具有很强的政治、军事职能；城市选址往往位于易守难攻的地形部位。

3. 城市主要集中于黄、淮、海平原，整个空间格局变化不大。

齐国古都临淄可列为当时最繁荣的城市之一。它位于土壤肥沃、森林、矿产资源丰富、"粟于丘山"的淄河冲积扇上。城市由城与郭组成，大城(郭)南北9里，东西7里；小城(宫城)南北4里，东西近3里，总面积60多方里。这已超过《周礼·考工记》中规定王都"方九里"的规模。临淄城的形状不规则，为了防御东部"莱夷"国的侵犯，东部城墙沿淄河陡立的阶地而立，利用天然河流作为保卫城市的屏障。而宫城则位于西南角地势相对高的台地之上，易守难攻，这种布局反映了城市军事职能得到强化。临淄城内还发现大量的冶铁、冶铜、铸钱的作坊遗址；城内有水井、下水道，表明城市的经济职能和服务设施都达到较多的水平。值得注云的是城市中还有大型的马坑一个，在一定程度上反映了城市具有从奴隶社会向封建社会逐渐过渡的特征。

《战国策·齐策》曾记述了当时临淄城的概貌："临淄之中七万户，……。临淄之途，车毂击，人肩摩，连衽成帷，举袂成幕，挥汗成雨，家敦而富，志高气扬"。从描写中可知，临淄人口规模在30万以上，并有相当繁华的商业区域，这与考古的结果是相当一致的。

秦统一中国后，结束了长期的战争分裂局面，建立了强大的中央集权及郡县制度。由于行政区划及度量衡的统一，国家版图的扩大，政治、经济的稳定，促进了一批城市、特别是行政管理中心的发展。秦时的县城估计有800～900个，其中许多仍构成我国今日县城的基础。

汉代持续了400年的时间，此期经济发展，人口、城市增长很快，西汉末年全国人口已达5959万人，郡、县数量多达1600多个，城市数量比秦增加一倍左右。在地区分布上，汉代的主要城市仍集中在黄淮平原。当时全国除首都西安外，还有18个较大的城市，其中河南7个，河北、山东、山西、安徽各两个，其余3个分布在长江流域与珠江流域。此外，汉代加强了与西部少数民族的政治联系和经济交往，结合贸易和边防，在传统的丝绸之路沿线发展了一批城市，如武威、张掖、酒泉、敦煌等。

(三)西晋至明清

东汉以后，群雄割据，北方战争频仍，加上西部、北部的少数民族经常骚扰，形成长期持续动乱的局面，对经济和城市的发展带来巨大的破坏。一些原有的都市、经济中心如临淄、邯郸由盛变衰。

东晋年间，中原人民随晋王朝南迁时也大量流入南方，这是我国历史上人口第一次大迁移。到北宋时，由于金兵南侵，再次形成大规模的人口南迁，致使北方人口数量迅速减少。江南地区因获得大量具有熟练技能的劳动力，对于开发本地的各种资源，兴修水利，发展河流航运，增加粮食和经济作物的产量，具有重要意义。从此，我国的经济重心已完全由黄河流域转移到长江中下游地区，无论经济实力、人口数量、城市发展水平，南方均已超过北方。我国城市总的格局是：全国的政治中心仍在北部，经济中心和工商业城市则偏集于东南沿海，由于水运是经济联系的重要交通方式，城市分布以长江及大运河等航道为轴线，向纵深扩散。

作为政治中心，唐、宋、元、明、清历代的都城仍在北方，以规模宏大，布局严谨称著世界。

位于西安的唐长安城，东西长9.7公里，南北8.7公里，总面积87平方公里，城市人口100万，城市主干道宽150米，相当于今日北京东、西长安街。这些无比宽阔的空间尺度，充分反映了一个强大封建帝国都城的气魄。

北宋首都东京汴梁城（开封）人口最多时曾达150～170万人。从著名的"清明上河图"中，可以看到汴梁不仅是最高封建统治的政治中心，同时也是一个人口稠密，商贾云集、经济繁荣的工商业城市。

元、明、清的首都均建于北京。因远离全国的经济中心，城市需要的粮食、丝绸、茶叶等生活用品不得不依靠大运河从江南调入，每年仅漕粮就达400万石，是一个典型的消费城市。但作为一个封建帝国的都城，明清北京城的规划布局和建设成就远远在其它城市之上。

整个城市用三套城墙划分为不同等级的功能区。紫禁城（故宫）居城市中央，是封建帝王的统治中心，一般臣民不可逾越的禁区；皇城位于紫禁城外，居住着内府官员和贵族；外城为一般平民百姓居住，也间有一些王府及富豪的府邸。充分体现了封建社会的阶级对立。更为独特的是，在布局上有意塑造了一条长8公里的中轴线，其上整齐排列着城市最重要的建物物如城门、楼阙、宫殿以及制高点。故宫的三大殿突出地展现在轴线的中心位置，象征着普天之下，唯我独尊的封建思想。

与上述政治中心形成鲜明对照的是，唐宋以后，直至明清的经济中心和工商业城市几乎都在南方。唐代国内最大的商业城市有三个：一为扬州，地处长江与大运河汇口；一为港口城市番禺（广州）；另一个是大运河与黄河的中转点汴州（开封）。宋时因农业、手工业、商业贸易的迅速发展，城市规模亦相应增大，全国人口10万户以上的城市由唐代的10个增至40个。南宋的都城临安地处水网密布、盛产稻米蚕桑的杭嘉湖平原，城市人口亦达到120万，在其周围的苏州、扬州、南京、绍兴也都是规模很大的城市。

明清时期，由于农村商品经济和手工业的发展，中国出现了资本主义萌芽，在长江流域和沿海一带涌现了大量工商业城市和数以千计的小城镇。全国较大的工商业城市有43个，如苏州、松江、镇江、常州、仪征、嘉兴、湖州、广州、开封、济南、淮安、济宁、临清、宁波、武昌等。这些城市中，位于江浙地区的有14个，沿大运河分布的16个，靠长江发展的10个，大约3/4的城市集中在东南沿海地区。按性质可将工商业城市进一步分为三类：

J109877　20×20＝400

1. 手工业城市，如苏州、杭州、松江的丝绸与纺织业，景德镇的陶瓷业；

2. 商业城市，同时也是重要的交通枢纽，如武汉、重庆、扬州、淮阴、天津等。

3. 港口贸易城市，多位于沿海地区，如广州、福州、泉州、宁波。

除工商业城市外，在城乡商品经济日趋扩大的基础上，农村圩场、集镇的发展也十分迅速。其实，自唐宋开始，我国农村集市贸易已相当普遍，甚至在边远的地区也不例外，唐朝著名诗人用"青箬裹盐归峒客，绿荷包饭趁圩人"的诗句，生动地描写广西柳州地区农民赶圩的热闹情景。在众多的农村圩场和集市中，它们的佼佼者经过进一步发展，又演变为较大的城镇。例如苏州的枫桥，吴兴的菱湖、王店、震泽，嘉定的南翔，山东东阿的张秋镇等，在宋元时期就已是集镇，明清期间变为大镇。

(四)鸦片战争至解放前夕

鸦片战争（1840年）之后，帝国主义的势力从海上侵入我国，几千年的封建社会的经济基础

J109877　20×20=400

逐渐瓦解，从此，城市的发展也被纳入半封建半殖民地的轨道。另方面也应看到，西方列强在掠取中国的同时，也传入了先进的科学技术和装备，使中国的城市与现代工业、交通结合在一起，无论在性质、结构、城市景观、空间分布等方面，都发生了很大的变化。根据城市发展的动力机制和主要职能，可将其归纳为三种类型：

1.在港口基础上发展起来的城市。19世纪帝国主义首先是从海上打开清王朝关闭的门户的，然后以沿海港口为基点，沿江或沿铁路交通线继续深入中国内陆。因此，位居交通要冲的港口，往往受外来势力影响最深、发展变化最大。这些城市按影响程度又可分为两种情况：

一是在帝国主义直接控制下发展的城市。如青岛受德国、日本控制；旅大为俄、日控制，哈尔滨为帝俄控制。这类城市带有强烈的殖民地色彩，其发展、规划布局乃至建筑风格完全服从帝国主义的需要和意图。

第 25 页共 76 页

第二种是帝国主义通过设立租界、兴建工厂、银行等方式，控制城市的发展，掌握中国的经济命脉。城市租界区实际上是帝国主义的殖民地，中国政府无权行使职能。这类城市因缺乏统一规划和市政设施，往往布局混乱，建筑五花八门。贫富区域相差悬殊。如上海、天津、汉口、宁波、厦门、福州、芜湖、九江、万县、重庆、烟台等。

上海位于长江出海口南岸，有黄浦江深水港口和航道与通国内诸外城市，腹地广阔，资源丰富，人口稠密，经济发达，其直接吸引范围长江三角洲是我国最富饶的地区，有中国"金三角"之称。鸦片战争后，上海成为首批通商开放口岸，英、美、法等国利用其有利区位，纷纷开辟租界，建设工厂、银行、仓库、码头，把上海作为深入内地、掠夺我国丰富资源的头号营地。在短短几十年间，上海由滨海一普通小镇一跃成为远东最大的工商业城市，1930年人口超过300万人。高楼林立、银行密布的外滩，则是这座城市殖民地化最突出的标志。

J109877　　20×20＝400

天津和上海一样，也拥有优越的地理位置和交通条件。早在元、明时期就是海上运输和运河的中转码头。1860年英法联军迫使清王朝签订"北京条约"，天津被开放为通商口岸，"八国联军"侵华，天津又一次被八国划分为更多的租界区。帝国主义以此为基点，把侵略势力进一步伸向华北和蒙古广大的腹地。解放前夕，天津已发展为仅次于上海的第二大工商业城市。

(二) 工矿业城市

鸦片战争前，我国在封建社会的土壤中虽已萌发了资本主义经济因素，但发展速度十分缓慢，劳动生产率低下，无论工业、农业、交通运输业均处在旧式的手工生产阶段。十九世纪中叶伴随着帝国主义的入侵，也从西方带来了工业革命后的新机器和新技术，刺激了官办的"洋务"运动和民族资本工商业的发展。在兴修铁路、开发矿山、开办新式工厂的基础上，一些资源丰富、交通方便的地区出现了许工矿业城市，如唐山、焦作、马鞍山、萍乡、大冶、玉门等；另外，在日本侵略势力的直接垄断控制

第 28 页共 页

下，大量掠取东北、华北等的矿产资源，由此也形成了一批新的工矿城市如抚顺、鞍山、本溪、淄博等。上述城市绝大部分以煤炭、冶金为其主要职能。

随着近代交通的发展，在铁路沿线或水陆交通枢纽点也出现了新的城市，如郑州、石家庄、蚌埠、浦口、衡阳、长辛店以及东北的营兰店、瓦房店等。它们利用方便的交通条件，发展了机械修造、纺织、食品等加工工业。

（三）原有的地方中心城市

为了便于统治管理，自秦统一中国后，历代封建王朝都设置了各级行政管理中心，如在长期的发展过程中逐渐形成不同的地方中心城市——省会、州治、府治、县治（如太原、成都、长沙、苏州、杭州、沈阳等）。鸦片战争后，这类城市也发生了较大变化，总的趋势是城市规模逐渐扩大，城市职能增加，不同程度地兴办了近代工业、交通、商业金融及文化教育机构，在城市景观中，既保留着封建社会特征的旧城面貌，又出现一些新式建筑和街道，两者形成强烈的反差。

J109877 20×20=400

第23页共　页

在空间分布上，由于政治经济发展的不平衡，生产力布局的畸形发展，也导致城市化的地区差异。总的来看，东部沿海经济发达地区城市发展速度和水平要远远高于内地经济欠发达地区，此外，重要的交通干线以及东北新开发地区也是城市迅速发展的区位。

解放前夕，面积只占全国13.7%的沿海地区，集中了我国65%的城市人口，3/4的工业产值。与此相应，1949年全国共有城市136个，东部沿海68个，占城市总数的一半。特别是人口百万人以上的4个特大城市——上海、天津、北京、广州、沈阳，则全部集中在东部地带。土地辽阔、资源丰富的西部地区不仅城市稀疏，而且规模很小，经济实力差，例如当时的兰州，人口只有17万，仅属小城市的等级；至于青海、宁夏等省区的首府西宁、银川，城市人口只有3～5万人，还不如东部地区的大镇。

当然，即使在东部沿海地区，城市的发展也是不平衡的，例如广西、福建因交

J109877　20×20＝400

因交通闭塞，港口缺乏宽阔的腹地依托，加之尚未发现具有重要开采意义的资源，经济和城市发展相对缓慢；即使在同一省内，也存在较大的地域差异。苏南的城市化水平、城市数量、质量显著高于苏北地区，就是一个突出的例证。（图2-1）

解放前与我国城市分布图. 31. P87

## 第二节 城市化与城市体系的形成

工业革命以前，农业和手工业是国民经济的主体，绝大多数劳动力分布在乡村，从事农业生产活动，这就决定了城市长期停滞在缓慢的发展阶段。到十八世纪初叶世界城市人口只占总人口的3%左右；即使资本主义发展最早的欧洲，也没有一个百万人以上的大城市。十八世纪中叶的产业革命，是城市发展的分水岭，它像汹涌澎湃的浪潮，在短短的一二百年间把城市化推向全球，并在空间上形成了不同规模、等级的城镇体系。

一 城市化是工业化的必然结果

第 30 页共 页

## 第二节 城市化的浪潮

工业革命前，第一产业是经济的支柱。低简单的手工劳动，封闭分散的生产体制，把绝大部分人口和劳动力束缚在乡村田野。因而向非农业人口提供的粮食和其它消费品数量有限，这就决定了漫长的中世纪城市一直停滞在缓慢的发展阶段，直到十八世纪初叶，世界上还没有一个百万人的大都市。据估计，当时城市人口仅占世界总人口3%。这表明城市化尚未开始。

十九世纪的产业革命，是城市发展的分水岭。这个变化表现在在农村中，新式机器的运用，农业生产技术的革新，资本主义的经营方式，迅速地提高了农业劳动生产率，一个农民提供的产品可以养活越来越多的消费者，于是剩余的大量农村劳动力成为城镇人口的基础。当然，光凭这一点，不会导致城市大规模的发展，因为城市是第二第三产业的区位集聚，没有社会分工，缺乏新的产业部门，城市无法接纳如此众多的剩余劳动力。只有大工业的发展，才能把城市化的可能变为现实。

J109877 20×20=400

一、资本主义国家的城市化

城市化的潮流是不均衡的。从世界范围看，它首先出现于欧洲老牌的资本主义国家。在初始阶段，城市化几乎与工业化同步进行，哪里发生工业革命，哪里就出现城市的大发展。

英国是世界上第一个掀起城市化浪潮的国家。在此之前的1700年～1750年间，英国虽发展了资本主义，但城市发展速度不算很快，在这五十年间，城市人口占全国总人口的比重仅由18%上升到22%，半个世纪提高4个百分点。全国最大的城市伦敦人口67.5万，其它几个主要城市如伯明翰、利物浦、曼彻斯特、格拉斯哥，都是几万人的小城市。十八世纪末至十九世纪初开始的工业革命，不仅掀起了英格兰中部和东南部采煤、钢铁、纺织工业的发展，同时也解放了广大的农村劳动力。1811年，全英已有2/3的劳动力脱离了农业，标志着第一个城市化的浪潮已经到来。因此，从1750～1800年的后半世纪，英国城市人口的比重增加了8个百分点，达到30%，1850年进一步提高到50%，率上升幅度多达20个百分点。1900年，英国是世界上唯一城市人口占绝对优势的国家；城市人口比重多达78%。在此期间，城市的数量和规模都在迅速扩大，十九世纪初，伦敦成为欧洲第一个人口突破百万的大城市，廿世纪初，其规模达到650万，在世界各大城市中遥遥领先。

西欧几个主要资本主义国家德国、法国、荷兰、比利时的城市化约晚于英国五十年左右。德国从1795年开始从英国引进第一台蒸汽机，1838年发明用焦炭炼铁，1870年大规模地开发鲁尔煤田，出现了第一次移民高潮，在莱因—鲁尔地区形成了许多新兴的工业城市。原有的老城市柏林、汉堡、科隆、慕尼黑在工业化的过程中也像滚雪球般地迅速膨胀。例如柏林十九世纪初人口不到20万，到1930年，已发展成424万人的欧洲第二大都市。受英、德工业化的影响，法国在北部及莱因河上游的洛林地区也发展了钢铁、纺织、机械制造工业，巴黎、里昂等原有中心城市也因发展加工工业使其规模不断扩大。

第 33 页共 页

附表2-- 英、法、德主要城市人口变化 (万人)

| 城市名称 | 国家 | 1800 | 1860 | 1900 | 1930 | 1960 |
|---|---|---|---|---|---|---|
| 伦敦 | 英国 | 111.7 | 322.7 | 658.6 | 821.6 | 817.2 |
| 爱丁堡 | 英国 | 8.3 | 20.3 | 39.4 | 43.9 | 46.8 |
| 曼彻斯特 | 英国 | 9.0 | 33.9 | 64.5 | 76.6 | 66.1 |
| 巴黎 | 法国 | 54.7 | 169.6 | 271.4 | 289.1 | 279.0 |
| 马赛 | 法国 | 11.1 | 26.1 | 49.1 | 61.1 | 77.8 |
| 柏林① | 德国 | 17.2 | 54.8 | 188.9 | 424.3 | 326.1 |
| 科隆 | 德国 | 5.0 | 12.1 | 37.3 | 75.7 | 80.9 |
| 汉堡 | 德国 | 13.0 | 13.4 | 70.6 | 112.9 | 183.2 |
| 慕尼黑 | 德国 | 4.0 | 14.8 | 50.0 | 73.5 | 108.5 |

资料来源，引自 Michael C. Romanos, «Wester European Cities in Crisis» 1979.

注 ① 1960年柏林人口包括西柏林与东柏林两部分

美国在产业革命时刚从英国的殖民地变为独立的资本主义国家，城市化的进程几乎比英国晚了70年。从1790年至1840年的半个世纪内，城镇人口的比重由5%缓慢上升到10%，这个时期仍处于城市化的准备阶段。直到十九世纪中后期，随着工业和铁路网的大规模发展，美国

J109877 20×20=400

表2-美国19世纪城市的发展

| 年代 | 1790 | 1800 | 1810 | 1820 | 1830 | 1840 | 1850 | 1860 | 1870 | 1880 | 1890 |
|---|---|---|---|---|---|---|---|---|---|---|---|
| 城市人口比重（%） | 5.1 | 6.1 | 7.3 | 7.2 | 8.8 | 10.8 | 15.3 | 19.8 | 25.7 | 28.2 | 35.1 |
| 城市数量（个） | 24 | 33 | 46 | 61 | 90 | 131 | 236 | 392 | 663 | 639 | 1384 |

资料来源，引自于洪俊等，《城市地理概论》

的城市化才走上蓬勃发展的道路。1920年，城市人口比重达到51.2%，相当于英国十九世纪五十年代的水平，1980年进一步上升到73.7%，已达到相当高的水平。

日本是工业化与城市化起步最晚、发展最迅速的国家。其初始阶段从廿世纪起至第二次世界大战后，日本通过发展资本主义及对中国、朝鲜等国的战争掠夺，迅速地打下了工业的基础。从六十年代到八十年代，则是城市化的加速阶段。日本通过战后工业的技术更新，大力发展临海工业，从而使经济起飞，在不到二十年的时间里，一跃成为经济实力仅次于美国的资本主义国家。城市人口的比重从五十年代40%左右，迅速上升到76%（1980年），1/4世纪提高26个百分点，在资本主义国家中是少见的。随着城市

J109877　　20×20=400

人口的增加，东京、大阪、名古屋之间的狭长地带，只占日本国土面积10%，却集中了全国45%的人口。其中东京在半径50公里的范围内集聚了2450万人，成为世界上最大的都市区之一。

表2— 五个主要资本主义国家城市化速度比较

| 国别 | 英国 | 法国 | 德国 | 美国 | 日本 |
|---|---|---|---|---|---|
| 城市人口达20%时间 | 约1720 | 1800 | 约1875 | 1860 | 约1925 |
| 城市人口达40%时间 | 1840 | 1900 | 约1865 | 1900 | 1955 |
| 经历的时间(年) | 120 | 100 | 80 | 40 | 30 |

资料来源：引自叶维钧等，《中国城市化道路初探》

从上述几个主要资本主义国家的城市化的过程中可以清楚看出：

1. 在城市化的初始阶段，城市的发展，城市人口的增长主要是第一产业的劳动力向第二产业转移的过程，因此城市化的速度取决于工业发展的快慢程度。从这个意义上讲，没有工业化，就谈不上城市化。

2. 同是资本主义国家，城市化的历程各不相同。工业化和城市化愈早的国家，由于受历史

J109877 20×20=400

条件的制约，城市化经历的时间较长，从起步到深化完善约150年，而美日等国则借助于其它先行国家的推力和惯性，依靠廿世纪出现的新技术，可以用较短的时间走完这一段路程。

二、城市化的普遍性和阶段性

如果说，十九世纪是主要资本主义国家的城市化历史，则廿世纪，特别是第二次世界大战后，城市化的浪潮已席卷全球。这段时间，西方国家的城市化已由初级阶段转入相对成熟、稳定的高水平的发展阶段；社会主义国家和经济欠发达国家的城市及人口急剧增长，势不可挡

本世纪五十年代以来，世界范围内出现了相对稳定的和平建设环境。欧洲国家战后的经济恢复和重建，促使一大批劳动力和资金继续在城市中集聚，到八十年代初，原有基础较好的西欧和北欧国家，城市人口的比重已占总人口80%左右，城市化的内容已不再是以人口和工业的集聚为主，而转入了经济结构和社会生活的变革的轨道。原来城市化水平相对较低的南欧及东欧社会主义国家，城市发展的势头很快

，例如南欧国家希腊从1951～1971的20年中，城市人口比重由37.7%迅速提高至53.2%，希腊首都三十年里人口增加了200万人，其中半数为"非法"移入的居民。苏联战后平均每年兴建城市25座，战后头十年城市人口每年增加200万，七十年代以后每年增加350万。城市人口的比重也由1950年39.3%上升到64.8%（1980年），三十年提高25个百分点。

当代城市化的另一个特点是原来经济贫穷落后的殖民地半殖民地国家，第二次世界大战后相继独立，他们不仅在政治上逐渐摆脱帝国主义长期奴役的地位，在经济上也利用本国丰富的资源、廉价的劳动力，引进外国的资金和先进技术，发展本国工业，在短短的三十年间，无论在工业化和城市化方面，都取得了惊人的进展。例如位于北非的阿尔及利亚，曾是法国的殖民地，自1962年独立后，不仅在反帝、反殖民主义的斗争中发挥重要作用，在第三世界国家中享有较高的威望，在经济上亦利用本国丰富的石油资源及其它矿产资源，建立国家民族工业，1980年，人均国民生产总值接近2000美元，城市人口比重由1960年30.4%提高到60.9%，二十年增加30个百分点，在世界各国是极其罕见的。

表2— 世界10个主要地区城市化发展 1950—1980年

| 地区 | 1950年 | | 1980年 | |
|---|---|---|---|---|
| | 城市人口（百万人） | 城市人口比重% | 城市人口（百万人） | 城市人口比重（%） |
| 北美 | 105 | 64 | 196 | 79 |
| 西欧 | 177 | 60 | 260 | 74 |
| 大洋洲 | 8 | 64 | 17 | 73 |
| 拉丁美洲 | 67 | 41 | 237 | 64 |
| 东欧和苏联 | 108 | 39 | 243 | 62 |
| 北非和中东 | 26 | 26 | 112 | 48 |
| 东亚 | 112 | 17 | 358 | 33 |
| 东南亚 | 23 | 13 | 90 | 24 |
| 南亚 | 69 | 15 | 199 | 22 |
| 撒哈拉非洲 | 17 | 10 | 80 | 22 |
| 世界合计 | 715 | 29 | 1792 | 41 |
| 較发达国家 | 457 | 53 | 842 | 72 |
| 欠发达国家 | 257 | 16 | 950 | 30 |

资料来源：中国城市科学研究会等，《国外城市化译文集》，1987

J109877 20×20=400

上表展示的是1950～1980年世界城市化的概况。数字表明，当代世界上已有41%的居民生活在城市中，而且，随着时间的推移，今后将有更多的人口继续由农村转移到城市。这一事实反映了城市化的普遍性和广泛性，无论哪个国家，何种社会制度，只要生产力和社会经济发展到一定阶段，就必然导致城市化现象，这是一条不以人们主观意志为转移的城市发展规律。认识这一点，有助于我们采取积极诱导的方针政策，将城市化引入正确的发展道路。

与此同时，也要看到城市化的地区差异。在过去三十年间，发达国家城市化水平由53%上升到72%，依然处于领先地位。欠发达国家八十年代城市化水平只有30%，但发展速度快，势头猛。例如1950年发达国家的城市人口几乎是欠发达国家的两倍，到1980年，后者城市人口已超过前者1亿人。另外从10万人以上的城市数量上看，三十年间发达国家增长1倍，欠发达国家则增长2.3倍，而且在总数上已占首位，充分表明欠发达国家在当代城市化中的重要地位。当然，在欠发达国家中，由于经济发展程度的差异，也造成城市化水平的显著差别。拉丁美洲各国平均水平已达62%，而撒哈拉非洲、南亚和东南亚地区城市人口的比例还只有22～24%。我国目前也处于这一行列。

城市化的地区差异实际上也反映了发展的阶段性。根据城市化水平，国内一些学者认为城市化的进程可分为三个阶段：30%以下为早期阶段；30～70%为中期阶段；70%以上为后期阶段。不同阶段，城市发展的动力机制以及存在的问题有显著差别。

早期城市化的主要动力来自第一产业向第二产业转化。在空间上反映为强烈的向心集聚，大城市规模迅速扩大，并由此带来一系列的城市问题。目前欠发达国家的城市化大多处于这一阶段，许多农民盲目进城，给城市的交通、住房、环境保护等方面带来种种弊端。

中期又称城市化的加速阶段，此期第二产业的集聚和扩展仍在继续，第三产业作为新兴的部门，在城市中获得迅速发展。第二产三产业职工人数的增加，导致城市化速度更快。处于这个阶段的许多国家，如六十年代的日本，当代的墨西哥、埃及等，因城市容量和基础设施不能适应城市人口高速增长的需要，也是问题成堆，矛盾重重，东京、墨西哥城、开罗等大都市都经历过或正面临着这一艰难的历程。

城市化的后期，由于第一产业比重很低，已不可能将更多的劳动力转移到城市中，第二产业也处于相对稳定状态，职工数量不再增加；第三产业在城市中居于主导地位，成为城市发展的主要动力。在空间上，城市已由向心集聚转为向外辐散，出现了所谓郊区化现象，大城市中心区人口下降，中小城市蓬勃发展。城市社会问题如人口的老龄化、失业等日益尖锐。目前一些主要资本主义国家的城市化已进入这一阶段。

充分认识城市化的地区差异和阶段性，有助于我们剖析不同发展阶段城镇体系发展演变的规律性，并针对不同国家地区城市化的特点及问题，因地制宜拟定规划的对策措施。

第　　页共　　页

第三节　城镇体系的产生

一、

从本章第二节的简明阐述中可以得到明确的结论：城市化与城镇体系是一对孪生姐妹，它们都是工业革命的产物。

但是也有一些学者认为早在中世纪或封建社会，就存在着城镇体系。例如英国地理学家卡特（H·Carter）在《英国的居民点类型和发展演变》一文中指出："公元1086年，英国自治城邑有112处。在中世纪早期，诺曼人征服后，这个体系就被修改扩大了"。实际上，卡特讲的中世纪的城镇体系只不过是一种行政管理系统。我国早在二千年前的秦汉时代，就有了郡县制的管理体系，以后又进一步发展成首都—省会—府治—县治更为系统完善的行政管理体系。但这类系统毕竟与城镇体系有本质的差别，中世纪的社会经济发展水平尚不具备形成体系的条件。

一 城镇体系形成的基本条件已经成熟

十九世纪开始的工业化和城市化，为城镇体系的形成、发展、完善提供了必要的物质基础，如果稍加对比前后两个不同历史阶段的经

J109877　　20×20＝400

济、城市发展状况，就不难看出这是一个重要的分水岭。

1. 城市化为城镇体系提供了必要的城市人口和城市数量。

中世纪，缓慢的生产力发展，低下的劳动生产率，使人口与城市数量长期停留在很低的水平。据估计，公元1000年，世界总人口不过2.75亿人，且绝大部分为农业人口；同一期间，我国的人口仅[redacted]三千多万，与现在相差数十倍。人口数量少，农业人口比重大，决定了城镇的规模和空间地域分布稀疏、分散的特征。

十九世纪开始的城市化，使新老城镇如雨后春笋般地发展起来。据不完全统计，10世纪时全世界人口超过10万的城市不到10个，而且全部分布在亚洲，1950年这一级别的城市有906个，1986年又发展到2201个。其中发达国家和欠发达国家各占一半左右，表明其分布已相当普遍，城市密度越来越大，城市之间的平均距离日趋缩短，有利于密切城市之间的相互联系。

表2— 世界上10万人口以上城市的增长

| 城市规模（万人） | 世界总计 1950 | 世界总计 1980 | 较发达国家 1950 | 较发达国家 1980 | 欠发达国家 1950 | 欠发达国家 1980 |
|---|---|---|---|---|---|---|
| >500 | 6 | 26 | 5 | 11 | 1 | 15 |
| 200～500 | 24 | 71 | 15 | 31 | 9 | 40 |
| 100～200 | 41 | 129 | 28 | 68 | 13 | 61 |
| 50～100 | 101 | 249 | 61 | 118 | 40 | 131 |
| 20～50 | 281 | 727 | 173 | 351 | 108 | 376 |
| 10～20 | 453 | 999 | 275 | 482 | 178 | 517 |
| 总计 | 906 | 2201 | 557 | 1061 | 349 | 1140 |

资料来源：同表2一

表2一不仅反映了近三十年各级城市普遍发展的状况，从中还可以发现大城市发展更快这一不以人们意志为转移的事实。十九世纪中叶，世界上人口超过百万的大城市仅3座，1900年上升到13座，本世纪五十年代发展到71座，到八十年代初则猛增至226座，数量增加2.18倍；而同期10～100万人的城市数只增加1.36倍。

大城市发展的另一个特点是本世纪五十年代以前，其分布主要集中在经济发达的国家，像伦敦、纽约、东京、巴黎，都是无可争议的超级大都市。战后情况相反，经济欠发达的第三世界国家大城市的发展势头远远超过工业化国家，其中尤以500万人以上的特大城市数量变化最大。1950年欠发达国家这类城市只有一座，到八十年代迅速增至15座，目前墨西哥城、圣保罗、上海、布宜诺斯艾利斯，里约热内卢、北京都是人口超过1000万人的大都市区。这样的变化，无论在古代或十九世纪，都是没有的。

我们暂且不谈大城市发展过快产生的消极因素。从城镇体系的角度出发，人口数十万至上百万的大城市通常是一个地区的政治、文化和经济中心，具有多种职能，对周围地区和中小城镇有一定的凝聚力，是城镇体系不可缺少的核心和生长点。至于人口上千万的大都市区，本身就是一个由许多城镇组合的系统。

2.第二第三产业的发展促进了城市的职能分工。

建立在封闭的自给自足小农经济基础上的

J109877 20×20=400

古代城市，虽然也从农业中分化出手工业和商业职能，因当时商品经济薄弱，交通不便，这些部门只能在小范围内为城市本身或周围农村服务，够不上专门化部门。结果，大部分城市职能单一，几乎是清一色的行政管理中心或军事营塞。由于缺乏必要的劳动地域分工，城市之间自然没有发生密切的横向经济联系。这类城市即使存在于共同的空间地域，实际上尤如大海中的一个个孤岛，无法形成统一的有机整体。

工业革命打破了农业一统天下的局面，并使第二、第三产业成为国民经济和城市的重要支柱。这些新兴的产业部门受区位、资源、市场、劳动力、生产技术等因素的影响，又进一步地分化为多种多样职能，它们在空间的组合与分工，造就了形形色色不同类型的城市，如综合性的城市，以某些专门化部门为主的城市等等。每个城市的专门化部门并非为自我服务，而是面向其它的城镇和广大地区。于是，劳动地域分工产生了专门化部门，而后者又促进

J109877 20×20＝400

了城市之间的相互联系。例如七十年代美国243个5万人以上的城市中，半数以上属于汽车制造、飞机制造、石油化工等专业化城市。我国鞍山更是一座典型的专业化城市，钢铁工业占整个工业产值2/3左右，根据分工的需要，建国以来鞍山为全国各地生产了近亿吨钢材，而生产中消耗的焦炭及城市居民消费的轻工产品，则由其它城市提供。这样的经济联系和物资交流使城市每年货运量多达4500万吨，人均40吨。如此巨大的物流交换，只有在城市高度分工的基础上才会实现。

3. 近代交通、通讯的发展，形成了城市相互联系的网络。这也是城镇体系不可缺少的重要组成部分。

铁路是世界上最早出现的近代运输方式之一。自1814年英国人乔治·史蒂文森发明第一个火车头之后，铁路很快在欧美的国家铺开。1850年，英国已基本上形成以伦敦为中心的铁路网（图2—　），说明当时交通的发展与工业、城市的发展是同步的；相比之下，欧洲大陆国家铁路建设刚刚开始。再经过半个多世纪的发展，直到廿世纪初，才形成巨大的跨国、跨地区的铁路网。1915年，美国铁路通车里程超过40万公里，铁路货运量占总运量3/4，数条横跨全国的铁路干线把大西洋沿岸和太平洋沿岸的城市紧密地联成一体。没有如此稠密的铁路网，美国廿世纪初就不可能出现高速工业化和城市化的局面。

图2-2 欧洲1850年的铁路分布

图2-3 稠密的美国铁路网

如果说，铁路的出现，为运量大、运距长的工业发展提供了有利条件，战后高速公路网的建设，民用航空的普及，则使得旅行的时间进一步缩短，城市之间的"距离"显得更近，生产与生活更为方便。欧洲第一条高速公路建于1924年，它联系着意大利的两个重要城市米兰和威尼斯。由于高速公路运行速度快，中转环节少，随着大型载重汽车的出现，其优越性很快在面积不大，平原居多的西欧国家显露出来，到本世纪八十年代，已取代了铁路的地位，成为客货运输的主要交通方式。例如在货运结构中，英国公路运输占总货运量60%以上，意大利则超过70%。至于客运，在西方国家平均2—3人就有一辆小汽车的时代，社会之间的交往更是易于之事，即使在国土面积较大、铁路网十分稠密的美国，铁路客运也一落千丈，目前90%以上的旅客乘坐速度更快的飞机和汽车。

除近代交通外，由电话、电报、电视、激光和卫星传播组成的现代化通讯网络对增强城市之间的联系也具有十分重要的作用，其意义在于，不仅大的城市可以在瞬时之间从遥远的地方获取重要的信息，许多在通讯网络覆盖的中小城镇，也能分享过去只有在大都市才能及时获得的情况，这种技术进步，是推动小城市发展的重要因素。

总之，现代化的交通运输网和通讯网修改了人们的时空观念。十五世纪哥伦布乘坐帆船从西班牙横渡大西洋，用了两个月零9天的时间；在蒸汽机和内燃机时代，乘坐轮船走完同样的距离已缩短到3—7天；在飞机火箭时代，从伦敦越大西洋至纽约，乘坐最快的协和式民航机只需三个半小时。人类的技术进步，交通、讯息日新月异的发展，终于打破了长期以来城市分散、封闭、孤立的状态，为组织城市之间的分工协作并使之组成一个紧密联系的有机整体奠定了重要的基础。

二

与城市化的进程一样，城镇体系本身也具有阶段性和地域差异。从动态观点看，城镇体系总是由单中心城市发展演变为城镇群落，其结构则由不完善到完善，并从较低的层次、等级向更多的级别演化。在空间分布上，城镇体系不可能在世界各国各地区同时形成，只有那些经济高度发达、城市化达到较高水平并有中心城市依托的区位，才能成为其生长点。然后，随着区域经济的普遍发展，城镇体系的范围不断扩大，最终由地方型的系统发展演变为全国、乃至跨国的巨大体系。为了便于认识城镇体系的形成发展过程，下面结合实例，分别划

J109877 20×20=400

第 10 页共 页

析三种不同的地域类型，即大都市区、工业集聚区、沿海地区城镇体系发展演变的特征。实际上，这些地区也是体系最佳的生长点。

大都市地区

从地理学的角度观察，大都市区不是一个孤立的点，而是由城市中心区与周围在社会经济上与其有十分密切联系的居民点共同组成的地域单元。关于大都市区的划分标准，目前并无统一的口径。根据联合国的报告，八十年代世界上共有28个大都市区，每个人口规模至少在500万人以上，最大的可超过2000万人。但其地域范围不大，一般在数千至万余平方公里之间。

大都市区之所以是城镇体系的有利生长区位，有多种原因：首先，大城市一般地理位置优越，腹地内资源丰富，人口稠密，经济水平较高，为城市区域内工业、城镇的集聚打下良好基础；其次，大城市中心区本身就是巨大的磁极，具有雄厚的内聚力和辐射力，一方面，中心区从四面八方吸引了大量的人口和产业，

J109877 20×20=400

它们不仅汇集在市中心，也有相当部分在郊区发展；另方面，中心区在集聚到一定程度后，也会将部分人口分散到郊区，从而促进都市区内的小城镇和卫星城迅速发展。最后，大都市区不仅有发达的对外交通网与通全国各地，同时还有稠密的郊区道路交通系统——公共汽车、有轨快速交通、地铁以及私人汽车，联系中心城市与周围的郊区城镇。这种联系的密切程度远远超过与区外一般城市的关系。

大都市区城镇体系的形成大体经历两个阶段。其最初发展是集人口及主要功能于市中心区，继而沿主要干道向四面八方扩展，大量郊区土地被吞食转化为城市用地。此时因"向心力"占主导地位，城市呈单中心的结构，外围地区发展相对缓慢，城镇体系尚不完善。当大都市区的发展进入郊区化的阶段后，城市中心区的部分人口和功能开始向近远郊转移，在数十公里乃至上百公里的范围内，形成一系列具有通勤性质的居住区、工业点及卫星城镇，与中心区共同组成大都市区的城镇体系。

实例：伦敦大都市区

伦敦是英国的首都，国际最大的金融、贸易中心，也是世界上最早形成的大都市区。按英国官方的规定，伦敦大都市区面积11427平方公里，1981年人口1121万。空间地域结构可以显地分为四个环带，即内部市区（内伦敦），近郊区（外伦敦），绿色地带及外围地带。许多著作提到的大伦敦实际上由内伦敦和外伦敦组成，这部分的范围共1580平方公里，是整个大都市区的核心。

内伦敦面积321平方公里，是从1850～1914年工业化的高潮中发展起来的。其主要特点是人口稠密（7782人/平方公里），在市中心集中了全市64%的商业机构，60%的办事机关，从事第三产业的职工超过全市80%，是全市最繁华、也是最拥挤的区域。由于在十九世纪末城市发展过快，内伦敦东区居住有大量外来移民和工人，这里房屋简陋，环境质量很差，加上第二次大战的破坏，战后已成为重点改造对象。自六十年代以来，因经济衰退，地价上涨，内伦敦的许多小工厂、公司纷纷外迁；不少富有的家庭也纷纷搬到郊外更舒适的地方定居，致使居民和职工人数迅速减少。例如整个内伦1971～1981年人口减少了17.6%，其中伦敦东区1901年人口最多时曾达到60万人，二次大战因严重破坏，1951年人口只有23万人，1981年又进一步减少到14万人。

外伦敦距市中心8～11公里，面积1259平方公里。在廿世纪初仍是以农田绿野为主的近郊区。两次大战之间（1921～1939），由于内伦敦已人满为患，城市像摊大饼一样由内向外扩展，使这里的人口迅速增加了120万人。本区因处于建成区边缘，城乡相间，人口密度相应下降，1981年平均3348人/平方公里。战后外伦敦因发展用地有限，加之原有房屋标准不高，对第二代青年居民缺乏吸引力，近年发展趋势已由人口增长的势头转向缓慢下降。

外伦敦外围有一条宽5～8公里的环行绿带，其作用是为阻止伦敦建成区进一步扩展而设置的。这条永久绿带虽也分布有少量人口，但里面没有大型的城镇居民点。绿带以外，相当

J109877 20×20＝400

第 14 页共 页

于城市远郊区。在面积约一万平方公里的范围内，战后发展很快。1938年外伦敦地区的人口只有305万人，随着卫星城镇的建设，原地小城镇的扩建，1961年人口迅速增至435万人，1981年又进一步发展到540万人，平均二十年人口净增100万人。与此同时，也形成了较完善的城镇居民点体系。

伦敦大都市区的城镇体系具有一个巨大的核心——市中心区。根据1981年统计，包括内外伦敦在内的中心区面积占大都市区13.8%，人口671万，占总人口55.4%。此外，其外围拥有11个新建的卫星城镇，8个为四十年代规划设计，另3个建于六十年代中期。它们总共接纳了87.8万人，平均每个规模8万人左右。除卫星城外，这个体系还包括二十余个原有的城镇。它们在数十条纵横交织的铁路、公路、高速公路网的串联下，形成一个具有密切联系的有机整体。从动态的发展看，伦敦大都市区的扩散还在继续，例如本世纪五十年代人口扩散或通勤平均距离为25～60公里，六十年代为50～100公

J109877 20×20=400

里，而八十年代最远已超过100公里。很明显，这实际上也是城镇体系不断扩展、完善的过程。

图2-4 伦敦大都市区城镇体系

工业集聚区

十九世纪工业化的第一次浪潮首先从钢铁、煤炭等原材料工业的发展开始。这类工业消耗原料、燃料多，产品笨重，运输量大，布局多趋向于资源丰富、交通方便的区位，如英国以伯明翰为中心的"黑乡"，德国的鲁尔，法国的里尔、美国以匹兹堡为中心的大湖工业区，我国的辽中，均属第一代老工业区。钢铁、煤炭工业的集聚及相互结合，在不大的范围内形成众多的工矿城镇。这些城镇因职能单一，受资源分布影响较大，不可能形成规模较大的中心城镇，这是城镇体系形成的最初阶段。

十九世纪末、二十世纪初，内燃机的发明，电力的广泛应用，掀起了工业化的第二次浪潮，机械制造、电机电器、汽车修造、化学工业等加工工业部门相应发展起来。第二代工业

第 16 页共 页

的布局一方面趋向于交通方便、协作条件好，靠近市场的大城市，但也有一部分如火力发电、煤化工、重型机械、矿山机械、建筑材料等，与传统的钢铁煤炭工业有密切的联系，在老工业区发展起来，这时，部分矿工业城镇由于注入了新鲜血液，不仅使规模扩大，而且职能亦日益增多，逐渐发展为综合性的工业城市，并构成体系的核心。

战后新技术、尖端工业和第三产业的发展，又给传统的工业集聚区增添新的活力。通过产业结构的改革调整，昔日结构过重的倾向有所减弱；某些矿业城镇因资源枯竭，发展了许多新的产业取而代之，从而使体系的城镇类型更为丰富，各类城镇的等级和空间分布更为完善。

实例：鲁尔工业区

鲁尔区位于联邦德国莱因河以东鲁尔河与利伯河之间，面积4432平方公里，人口520余万。1982年煤炭产量占欧洲经济共同体国家总产量的62%，粗钢产量占21%，一直是西欧最大的

J109877 20×20=400

工业集聚区。

鲁尔煤炭资源丰富，硬煤储量达650亿吨，占西德95%，且煤质优良，品种齐全，开采条件良好，特别是通过莱因河这条国际航道的水运，可与西欧主要国家的原料产地和产品市场取得密切的联系。工业革命后，鲁尔煤炭资源得到大规模开发，从1850年至1900年，煤炭产量由190万吨增至6010万吨，生铁产量也由1.5万吨迅速增加到330万吨，并确立了以煤铁为核心的工业结构。工业的集聚，引起了移民高潮，在短短的数十年间，鲁尔区的人口增长了10倍，达到350万人（1870年）。并在鲁尔河西岸形成了一系列矿工业城市。当时因城镇职能单一，工业集聚规模较小，所以城镇人口规模也小，例如首位城市埃森1850年只有9000人，1880年发展到5.7万人，尚未形成体系的核心。

廿世纪前半段，受两次大战的刺激，鲁尔区在煤炭、钢铁工业进一步发展的基础上，又增加了电力、机械、化工等新的部门，并在地域上有了初步分工。北部动力煤炭区，形成煤

J109877　　20×20＝400

炭—电力—化工—石油工业综合体；中部为炼焦—化工—煤气工业综合体；西部是煤炭—钢铁—机械—化学工业综合体；东部是煤炭—炼焦—钢铁—电力—机械工业综合体。但无论哪种类型，都离不开煤炭—钢铁工业基础，这两个基础工业部门的职工人数最多比重曾达70%。在此期间，中心城市埃森、多特蒙德、杜伊斯堡的规模也相应增大，成为40～60万人的综合性工业城市。

本世纪六十年代之后，鲁尔[redacted]区工业与人口向大城市集聚的过程基本结束，[redacted]开始转向周围的小城市扩散，使城镇密度进一步加大。目前在东起多特蒙德、西至莱茵河畔之间，已形成一条长60公里、宽20～30公里的城市带，共聚集大小城市53个，其中人口超过50万的城市3个：埃森（65万），多特蒙德（61万），杜伊斯堡（55.6万）；人口20～50万的城市4个：波鸿（40.2万），伍佩尔塔尔（34.4万），雷克林豪森（30.7万），奥伯霍森（22.9万）。实际上，由于各市建成区已首尾相接，在空间上已连成一体，无法区分相

第18页共 页

区之间的具体界线，这种高密度的工业城镇聚集区，在世界上也是罕见的。

随着新兴产业的不断加入，劳动地域分工的加深，鲁尔城镇体系主要城市的职能类型也由原来清一色的煤炭、钢铁工业城市向多功能的方向发展。鲁尔首府埃森，是全区行政管理中心、综合性的工业城市；东部第二大城多特蒙德，除保留钢铁工业职能外，还是全国的啤酒重要产地和国际文化体育交流中心；位于莱茵河畔的杜伊斯堡是欧洲最大的内河港口，也是鲁尔城镇体系与莱茵发展轴连接的纽带；第四大城波鸿则是全区的教育中心和唯一的汽车制

从更大的地域范围看，鲁尔区与莱茵城市带在空间上已联成一体，组成等级更高的鲁尔—莱茵城镇体系，由于它包含了近千万人口，也有人将其称为大都市区。

沿海港口工业城市带

自古以来，港口都是国家地区对外联系的门户，对促进区域、城市之间的经济文化交流具有重要意义。因此，中外各国的经济腾飞，

J109877　20×20=400

多半是从沿海地区开始的。港口之所以成为城镇体系重要的生长点之一，与近代工业交通的发展有密切的关系：(1)造船技术的不断革新，海洋巨轮的出现，使海运成为运量最大、成本低廉的运输方式；海上运输的发展又导致港口吞吐量的迅速增长，港口城市规模不断扩大。(2)廉价的海运也改变了生产力布局接近原料、燃料产地的趋向，第二次世界大战以后，许多沿海城市利用优良的港址，大型的船舶从海外输入原料，发展港口工业，如钢铁、石油化工、火电、海洋化工、造船等。从而使港口由过去单一的交通贸易职能变为多种职能的城市。(3)现代的铁路、公路、航空、内河运输和管道综合交通网，把港口与其腹地紧密地联系起来，进一步增强了港口的地位与活力。

当然，除上述有利因素外，沿海港口工业城市群的发展，还取决于其它条件，如港口自然条件，地理位置、腹地的范围及经济发展水平等。世界一些重要的港口城镇体系：美国的纽约—波士顿，洛杉矶—圣弗朗西斯科；日本的东京—横滨，大阪—神户；荷兰的兰斯塔德，我国以上海为核心的长江三角洲地区，都具有良好的区位、可供大型海轮进出的航道及港址，腹地广阔，交通方便，经济基础雄厚等多种有利条件。

沿海城镇体系的形成发展大体经历三个阶段：初期随着海上交通的发展，港口条件的改善，国家和地区之间物资交流规模的扩大，港口城市的运输职能进一步强化，但城市其它职能发展不快；第二阶段，沿海地区利用港口、交通的各种有利因素，大力发展工业，使单一职能的港口逐渐发展为规模巨大的综合性的港口—工业城市；最后则以此为基点，在港口工业城市向外辐射的作用下，沿海地区和港口腹地的工业、城镇得到全面发展，形成了以港口为核心的沿海城镇体系。

实例：兰斯塔德港口工业城市带

兰斯塔德意为环状城市（Ring City），位于荷兰西部沿海莱茵、马斯、斯凯尔特三条河流的入海口，跨三个省，面积5638平方公里，占全

J109877 20×20=400

国领土16.7%，1981年人口602万，集中了全国总人口的42.4%，是欧洲人口最稠密的地区之一。

兰斯塔德虽从十七、十八世纪的海上贸易得到发展，但城镇规模都不算大，1650年最大的港一系重要城市，每年有数亿吨的原料、燃料、产品运往各地，流域内需要的物品也通由这条国际河道从海外输入。兰斯塔德处于河口地带，这一得天独厚的交通地理位置，无疑对港口和商业贸易的发展提供了极其有利的条件。从本区条件分析，荷兰居民一向具有航海、商业贸易的优良传统，工业革命后，港口运输条件又得到不断改善，如1825年建造了第一艘轮船，1839年修建了国内第一条由阿姆斯特丹通往哈勒姆的铁路，1872年鹿特丹开挖了通往海上的新航道，1876年修建了北海运河……。上述现代交通设施的建设，不仅使鹿特丹、阿姆斯特丹迅速成为欧洲、乃至世界最大的港口之一，而且城市规模也不断扩大，鹿特丹从1860年后的一个世纪中，人口增长了五倍，城市范围扩大不下11次。

廿世纪五十年代开始，兰斯塔德进入了港口工业的发展阶段。除原有的传统工业——造船、农产品加工工业外，许多新兴的工业部门得到迅速发展，其中又以石油加工工业最引人注

J109877 20×20=400

目。兰斯塔德虽无大的油田，因地处欧洲石油消费中心，通过廉价的海运，从中东和北海油田输入大量原油在此储存加工，仅鹿特丹各炼油厂的加工能力就达1亿吨/年，每年消费量2000万吨，约占西欧国家全年消费量的5%。荷兰缺乏煤铁资源，利用进口的原料，在北海运河的维尔曾(Velsen)建有钢铁厂，1980年粗钢产量迅速上升到530万吨。机械、电器也是重要的工业部门之一，以生产电器、计算机等产品为特色的菲利浦公司在世界上占有重要的地位。工业的发展，促进了城市群劳动地域分工，丰富了城市的职能，使每个城市的发展更有特色。例如鹿特丹是世界最大的港口及石油加工中心，每年货物吞吐量多达3亿吨；阿姆斯特丹是荷兰的首都，是一个拥有港口、石油加工、造船、金融、商业、文化等多种职能的综合性城市；海牙虽不是首都，却是中央政府所在地、全国名符其实的行政管理中心；另一个重要城市乌德勒支位于国家主要铁路公路干线的交汇点上，位置适中，成为国家会议的主要中心。

J109877　　20×20＝400

第 25 页共 页

图2—5 兰斯塔德城镇分布变化

在空间分布上，兰斯塔德在本世纪六十年代以后也经历了"郊区化"过程，三个最大的城市人口减少，郊区小城镇迅速发展。图2— 展示了两个不同时期兰斯塔德人口和城镇分布的变化：1850年该区总人口仅75万人，城镇居民点数量少，规模小，布局分散，不成体系。1980年人口已发展到590多万，以阿姆斯特丹、鹿特丹、海牙、哈姆四大城市为核心的环状体系已经形成，环的平均宽度约20公里，周长170公里以上，里面包括50万人以上及20～50万人口的城市各两座；10万人左右的城市5座及众多规模更小的城镇，它们主要沿环内的铁路、运河分布，城镇间距只有几公里或甚至连在一起，形成一个世界上罕见的多中心、高密度的沿海城市带。

通过对上述三类城镇体系形成发展过程的简要分析，可以清楚看到，它们在发展中既有

J109877 20×20=400

特定的地理条件和社会历史背景，因而在时间、地点、规模、结构形态等方面，各具特色，不能相互代替；另方面，城镇体系的发展同时又受到社会经济发展和城市化的基本规律制约，它们又具有许多共同之处：

1. 城镇体系的形成发展与城市化的过程一样，具有一定的阶段性。换言之，只有城市化达到较高的水平，城镇体系才进入比较成熟完善的阶段。以上列举的三例，都属于工业化和城市化较早的资本主义国家，绝不是偶然的现象。

2. 从地理上看，这些城镇体系均位于滨海或江河平原地带。这里地势平坦，土壤肥沃，农业、商品经济发达，劳动力资源丰富，交通方便，为城镇体系的发展打下坚实的基础。在江河平原中，具有通航之利的河口往往是城镇体系最佳的生长点，河流三角洲不仅孕育了世界许多著名的大都市，同时也是城镇体系的摇篮。

3. 城镇体系既可划分为不同的地域类型，有时在空间上，不同的类型又可能重叠在一起，例如伦敦都市区既是大都市型的城镇体系，然而又是沿海城市带的重要组成部分。若干个不同的体系重叠在一起，往往会演变为规模更大，级别更多的城镇体系。

以下（废）



1769年蒸汽机的发明，在英国首先揭开了产业革命的序幕。由于在采煤、炼铁、纺织工业和交通运输中广泛应用了新式的动力机器，大大提高了劳动生产率。这不仅激起了工业迅猛飞速的发展，同时也解放了广大农村的劳动力，使之转移到城市和新建的工业中。1811年，英国从事农业的劳动力只占全国生产劳动人数的1/3，标志着城市化第一个高潮的到来。

恩格斯在《英国工人阶级状况》一文中形象地描述了这一过程："大工业需要许多工人在一个建筑物里共同劳动；这些工人必须住在近处，甚至在不大的工厂近旁，他们也会形成一个完整的村镇。他们都有一定的需要。为了满足这些需要还要有其它的人，于是手工业者，如裁缝、鞋匠、面包师、泥瓦匠、木匠都搬到这里来了。……于是村镇就变成小城市，而小城市又变成大城市。"

工业的发展，人口的集聚，使城市的发展像滚雪球般的愈滚愈大。产业革命前，英国最大的城市伦敦在1750年只有75万人，经过大约一个世纪的工业化过程，到1900年伦敦人口已达到648万，成为世界最大的都市和经济中心。原来人口不过数万人的利物浦、伯明翰、曼彻斯特、格拉斯哥等城，也相继发展为重要的工业城市。在此期间，英国的城市化水平并非匀速提高，而是以加速度向前推进。例如在非工业化的1700～1750这50年间，英国城市人口占总人口的比重仅由18%上升到22%，半个世纪提高4个百分点；1800年，由于开始了产业革命，城市人口的比重迅速上升到30%，即在相同的时间内提高8个百分点；1850年又进一步达到50%，提高幅度为20个百分点；1900年，英国是世界上唯一城市人口占绝对优势的国家，城市人口已占全国总人口78%。可见，城市化与工业化几乎同步实现。

作为社会发展的大趋势，欧美的一些资本主义国家中也经历了类似英国的城市化过程。

德国自1795年从英国引进第一台蒸汽机，又经过20～30年的消化准备之后，于19世纪三十年代首先在资源丰富、交通方便的鲁尔区掀起了工业革命的高潮。早在13世纪，鲁尔的煤就进行了露天开采，由于手工操作，马拉运输，生产效率很低。1838年发明用焦炭炼铁的技术后，迅速推动了煤炭、钢铁工业的发展，从1850年至1900年，煤炭产量由190万吨增至6010万吨，生铁由1.15万吨提高到330万吨。增长幅度达数十倍至数百倍。生产规模的扩大，需要大量的工人，1870年出现了第一次移民高潮，鲁尔区的人口比产业革命前一下子增加10倍，由35万发展到350万人。廿世纪初，鲁尔已成为欧洲人口最稠密的重工业区，同期德国城市人口比重已超过总人口的一半，仅次于英国，成为欧洲大陆城市化水平最高的国家。

美国在产业革命时刚从英国的殖民地变为独立的资本主义国家，当时全国只有24个小城市，1801年城市人口只占全国总人口4%。一个世纪以后，工业化推动着城市化飞速发展，1900年全国的城市增加到1348个，城市人口的

第 24 页共 页

比重上升到40%。经过两次世界大战的发展，美国已成为世界头号经济大国，同时也是城市化水平最高的国家之一。

综上所述，虽然世界主要资本主义国家工业化（和城市化）的起点不同，但整个历程和发展趋向是基本一致的，也就是说，到第二次世界大战以前，这些国家的城市化已完成了农村人口向城市集聚的阶段，这一过程大约用了（120～）150年的时间。

表2-1 主要资本主义国家城市人口占总人口比重 %

| 国家＼年代 | 1801 | 1851 | 1881 | 1901 | 1921 | 1980 |
|---|---|---|---|---|---|---|
| 英国 | 32.1 | 50.0 | 67.9 | 78 | 79.3 | 88.3 |
| 美国 | 4.0 | 12.5 | 28.6 | 40 | 51.4 | 82.7 |
| 法国 | 20.5 | 25.5 | 34.8 | 40.1 | 46.7 | 78.3 |
| 德国 | | | 41.4 | 54.3 | 62.4 | 86.4* |
| 日本 | | | | | 18.0 | 63.3 |

资料来源：

*.

二次大战以后，由于全球范围拥有一个相对稳定的和平环境，六十年代亚、非、拉

J109877 20×20＝400

全球范围内出现了一个相对稳定的和平建设环境。五十年代欧洲国家战后重建,促使一大批劳动力和资金继续在城市集聚,使经济很快复苏,城市化水平进一步提高。到八十年代初,原有经济基础较好的西欧、北欧国家城市人口比重已上升到80%左右;原来城市化水平相对较低的南欧和东欧社会主义国家,城市人口比重提高的幅度更大。例如苏联战后平均每年兴建城市25座。战后头十年城市人口每年增加200万,七十年代以后每年增加350万。城市人口占总人口比重则由1950年39.3%上升到64.8%,卅年中提高了25个百分点。

当代城市化的另一个特征是某些经济欠发达的国家和地区,战后经济发展和城市化突飞猛进,取得了惊人的进展。这些国家原先大部分是殖民地,五十年代以后相继独立,他们不仅在政治上逐渐摆脱了长期被帝国主义统治奴役的地位,在经济上则利用丰富的资源、廉价的劳动力等优势,吸引国外投资,发展本国工业,在短短的二、三十年间,工业化与城市化取得了长足的进步。

由于政治经济发展的不平衡，欠发达国家城市化的地区差异较大。某些12国和地区如拉丁美洲和加勒比海地区城市人口比重已达到70%以上，亚洲、非洲平均只有36%左右，其中尼泊尔、卢旺达、乌干达等国城市人口比例尚不到10%。

表1— 世界各大洲及不同部位城市人口的比重和人口增长率

| 地区 | 城市人口占总人口比重 % | | 每年人口增长率 % | | | |
|---|---|---|---|---|---|---|
| | | | 1950—60 | | 1975—80 | |
| | 1950 | 1980 | 城市 | 农村 | 城市 | 农村 |
| 世界 | 29.9 | 41.3 | 3.4 | 1.1 | 2.9 | 1.3 |
| 发达国家 | 52.5 | 70.2 | 2.4 | -0.1 | 1.7 | -0.8 |
| 欠发达国家 | 16.7 | 30.5 | 4.7 | 1.4 | 4.1 | 1.7 |
| 非洲 | | | | | | |
| 东非 | 5.5 | 16.1 | 5.4 | 2.0 | 6.9 | 2.2 |
| 中非 | 14.6 | 34.4 | 4.1 | 1.5 | 5.0 | 1.1 |
| 北非 | 24.5 | 43.8 | 4.3 | 1.7 | 4.6 | 1.6 |
| 南非 | 37.2 | 46.5 | 3.5 | 1.7 | 3.6 | 2.3 |
| 西非 | 10.2 | 22.3 | 5.0 | 1.8 | 5.3 | 2.1 |
| 美洲 | | | | | | |
| 北美洲 | 63.8 | 73.7 | 2.3 | 0.9 | 1.5 | -0.2 |
| 加勒比海地区 | 33.5 | 52.8 | 3.2 | 1.2 | 3.4 | 0.6 |

J109877 20×20=400

第 67 页共 页

| | | | | | | |
|---|---|---|---|---|---|---|
| 中美洲 | 39.8 | 60.8 | 4.7 | 1.8 | 4.4 | 1.6 |
| 温带南美洲 | 64.8 | 82.2 | 3.1 | -0.7 | 1.9 | -0.7 |
| 热带南美洲 | 36.3 | 64.9 | 5.4 | 1.3 | 4.2 | 0.7 |
| 亚洲 | | | | | | |
| 中国 | 11.0 | 25.4 | 6.8 | 0.7 | 3.3 | 1.0 |
| 日本 | 50.2 | 78.2 | 3.4 | -1.6 | 2.0 | -1.6 |
| 东南亚 | 14.8 | 23.1 | 3.9 | 1.9 | 4.3 | 2.3 |
| 东亚其它国家 | 28.6 | 58.9 | 4.2 | 0.6 | 4.0 | -0.4 |
| 中南亚 | 15.6 | 22.5 | 3.0 | 1.8 | 4.2 | 2.2 |
| 西南亚 | 23.4 | 55.8 | 5.8 | 1.2 | 5.2 | 1.1 |
| 欧洲 | | | | | | |
| 东欧 | 41.5 | 59.3 | 2.3 | -0.3 | 1.7 | -0.8 |
| 北欧 | 74.3 | 85.1 | 0.8 | -0.5 | 0.9 | -1.9 |
| 南欧 | 41.0 | 59.4 | 2.4 | 0.3 | 2.3 | -0.3 |
| 西欧 | 63.9 | 78.1 | 1.7 | -0.6 | 0.9 | -0.3 |
| 苏联 | 39.3 | 64.8 | 3.9 | 0.0 | 2.2 | -1.1 |
| 大洋洲 | 61.2 | 75.9 | 3.0 | 0.8 | 2.6 | -0.1 |

资料来源：Peter Hall, The world cities Third edition 1984.

综上所述，我们可以得出以下比较明确的结论：

1. 城市化是社会经济发展到一定阶段的必然产物。无论哪个国家，何种社会制度，只要走工业化的道路，必导致城市的蓬勃发

J109877 20×20=400

展，城市人口迅速增加。如果说，十九世纪只是少数资本主义国家城市化的起步发展阶段，廿世纪下半叶城市化已成为一股全球性的巨大潮流，席卷大部分国家和地区。不管主观愿望如何，任何与之可逆的方针政策都无法阻止它的前进。

2.城市化的过程有一定的阶段性。如果把城市人口占总人口的比重在40%以下视为城市化的初期阶段，城市人口比重在40%～70%之间划为中间过渡阶段；城市人口比重超过70%以后看作高度发展（的后期）阶段，则每个阶段城市发展的动力机制和主要问题显著不同。城市化初期阶段突出的特点是内聚力的作用，使大城市规模迅速扩大，并由此带来一系列的城市问题；与后工业化相适应的城市化的高度发展阶段，其重要标志之一是城市的郊区化，它反映了城市辐射力的增长和城市分散发展的趋势。此期城市面临的主要问题已由经济、环境等转向社会方面。城市化的第二阶段则有过渡性，兼具前后两个阶段的特征。

~~同阶段城镇体系的特点和变化趋势具有重要意义。~~

3.城市化的地区差异十分显著。1980年，经济发达国家城市人口占总人口的比重已达到70.2%，标志城市化已达到了相当高的水平；相比之下，欠发达国家城市人口的比重只有30.5%，其中有些国家甚至低于20%，刚处于城市化的初始阶段。另方面，如果对比城市化的进程和城市人口的增长速度，则情况正好相反，发达国家由于基本上完成了由农村人口向城市人口转化的阶段，城市人口的增长速度日趋减慢，五十年代增长率为2.4%，1975～1980年又进一步下降到1.7%；欠发达国家目前正处于大量农村人口涌向城市、特别是盲目流入大城市的阶段，城市人口增长率比发达国家高出一倍以上。这些国家由于经济基础薄弱，城市的住房、基础设施等又无法满足城市人口骤然增长的需要，往往导致一系列的"城市病"。

总之，既要认识城市化的普遍规律，又要看到城市化的阶段性和地区差异，这对于科学地分析城镇体系的特点和问题，因此制定城市发展方针具有重要意义。

二 ~~城镇体系的形成和发展~~ 工业化与城市化前的城镇体系的形成发展是缓慢的孤立的图景

工业革命前，虽然城市发展已经历了数千年时间，遍布于世界各地。但用系统的观点分析，这段时间尚不具备产生城镇体系的条件。主要理由是：

城镇作为一个体系，首先必须是一个独立完整的机体，具有一定的层次和结构。在奴隶社会和封建社会，由于生产力发展缓慢，劳动生产率低，农牧业一直是社会经济的主体，并占据绝对优势，这就决定了城市的规模、数量、职能长期停滞在相当低的水平线上。在一定地域范围内的城镇群体，由于数量少，规模小，无法组成独立完整的体系。因缺乏准确的统计资料，很难估计一两千年前世界城市的数量和分布状况，直到近代才有文献记载1800年世界人口约10亿人，其中3%即3000万人是城市人口①。由此往前推算，无论在公元前的古老年代或中世纪，世界城市的人口和数量要远远低于19世纪初的水平。缺乏足够的人口和数量形成城镇体系

注①. J109877 20×20=400

和物质基础。

其次，城市系统内必须具有密切的联系，即各主要城镇之间、中心城市与周围地区之间在生产、流通、文化、技术等诸方面将出现频繁的交往。这种联系，只有在一定的劳动地域分工的条件下才有可能出现。然而，古代的经济基础一直是封闭的自给自足的小农经济，由于商品经济薄弱，城市之间尚未形成专门化的生产部门，大部分城市职能单一，几乎是清一色的行政管理中心和军事堡垒。在此情况下，城市之间的联系往往成为一种行政的隶属关系。即使历史上最有名的沟通我国南北的大运河水运，也并非真正的生产联系，因为从长江下游地区运往北京的漕粮和纺织品，只不过为统治阶级的消费服务而已。

最后还要指出，城市之间的各种联系，有赖于方便、快速的交通网络来实现。古代的交通方式，无论中外，均处在人行马车的落后状态，无法承担大宗物流、人流的运输任务。

第 32 页共 页

十九世纪的工业化和城市化，是城市发展史上的重要转折点，打破了城市长期缓慢发展的局面，为城镇体系的形成奠定了重要的物质基础。

人口和工业的集聚，使许多城镇如雨后春笋般地发展起来。英国的城市化开始最早，城市发展较快，1801年英国城镇数量只有106座，1851年，仅半个世纪就增加到265座。继英国之后，美国城市发展更快，在1790年到1890年的一个世纪内，城市数量从24座一跃增至1384座。城市数量的增加，引起了城市空间地域结构的变化，由于城市密度的提高，城市之间的平均距离缩小了，这种变化有利于加强城市的相互联系。

表2— 美国十九世纪城市的发展

| 年代 | 1790 | 1800 | 1810 | 1820 | 1830 | 1840 | 1850 | 1860 | 1870 | 1880 | 1890 |
|---|---|---|---|---|---|---|---|---|---|---|---|
| 城市人口比例(%) | 5.1 | 6.1 | 7.3 | 7.2 | 8.8 | 10.8 | 15.3 | 19.8 | 25.7 | 28.2 | 35.1 |
| 城市数量(个) | 24 | 33 | 46 | 61 | 90 | 131 | 236 | 392 | 663 | 639 | 1384 |

资料来源：引自于洪俊等，《城市地理概论》

廿世纪，随着城市化由少数组织发达地区向全球蔓延，城市的地域分布也由西欧、北美迅

J109877 20×20=400

逐步发展到亚洲、非洲、拉丁美洲等区，城市发展先是以沿海地区为基点，逐步深入内陆。例如印度在英国殖民地时代，主要城市加尔各答、孟买、马德拉斯、艾哈迈达巴德等均集中在印度洋沿岸，二次大战后独立，内陆城市德里、海得拉巴、班加罗尔等也很快发展。1961年，印度人口10万以上的城市113个，1971年则上升到142个。

在城市普遍发展的同时，~~作为城镇体系核心的~~大城市发展更为迅速。十九世纪中叶，世界上人口超过百万的城市仅3座，占城市人口6%；1900年上升为13座，占城市人口13%；1950年猛增到115座，人口比重达31.6%；1980年大城市数量又翻了一番，达到234座，占城市人口40%。（见叶维钧等《中国城市化道路初探》p76）。上述大城市不仅分布在经济发达、城市化水平高的国家和地区，~~同时也广泛分布于~~同时在发展中国家崛起，甚至增长更快。例如美国人口超过50万以上的大城市共22个，其中百万人以上的城市6个，而西德人口50万以上的大城市12个，其中百万人以上的城市

J109877　　20×20=400

3个。在发展中国家，以世界两个人口大国为例：印度百万人口的大城市有7个，中国1987年不包括台湾地区，则达到25个，是全球大城市最多的国家。

当今的大城市都是综合性的城市，中心城市包含多种职能，既有雄厚的工业基础，同时也是一定地域范围的政治、文化、科技和交通中心，对周围的地区及城镇有较强的辐射力和凝聚力。每个大城市犹如太阳系中的太阳一样，构成城镇体系的核心，带动其它城镇沿一定的轨道运转。离开中心城市，要建立完善的城镇体系是不可能的。

近代交通的发展，先进的通讯技术——电话、电报、通讯卫星的发明应用，大大缩短了城市之间相互联系的时间；跨国、跨地区的综合运输网和各种通讯网，把长期分散、孤立、封闭的城市逐步联成一个统一的有机整体。可以说交通网络本身就是城镇体系的重要组成部分。从时间上看，交通和通讯的现代化与城市化的进程是基本同步的。

铁路是世界上最早出现的近代运输线，自1814年英国人乔治·史蒂文森发明第一个火车头之后，铁路运输很快在英国、继而在欧洲铺开。从图2— 中可以看出，到1850年，英国已基本上形成以伦敦为中心的铁路网；相比之下，欧洲大陆其它国家的铁路刚刚开始建设，尚未成网，除德国、法国、比利时、荷兰沿海铁路较密集外，南欧、东欧以及当时的俄国几乎还是一片空白。一个世纪后，到廿世纪中叶，不仅欧洲已为稠密的铁路网复盖，而且铁路已成为世界各国最主要的运输工具。美国1915年通车的铁路超过40万公里，铁路货运量占总运量3/4，密如蜘蛛网般的铁路把美国东部大西洋沿岸的城市群与中西部的城市群紧紧地联成一体，为社会化的大生产和城市之间的专业化分工打下了坚实的基础。

美国的铁路网

图2—

15世纪哥伦布[redacted]帆船从西班牙横渡大西洋到达美洲大陆，花了二个月零9天的时间，

第 36 页共 页

本世纪六十年代，随着民用航空的普及，高速公路网的铺开，世界空间进一步缩小了，城市之间的距离显得更近了。现在乘坐最快的协和式飞机~~横跨大西洋~~，从欧洲伦敦到北美洲纽约，只需要三个半小时。高速公路的出现，既提高了公路运输的效率，又增加了交通运输的机动灵活性，南欧国家盛产的新鲜水果蔬菜，通过汽车运输，在24小时内便可送到北欧国家顾客手中。因此，在面积不大、经济高度发达的[redacted]西欧国家，公路运输目前已成为城市经济文化联系最主要的[redacted]运输方式之一，[redacted]在货物运输结构中，英国公路运输量占总运量60%以上，意大利则超过70%。即使在面积较大的美国，公路和航空运输的客运量占全国客运总量90%以上。总之，近代交通的发展，从地理上完全改变了传统的时[redacted]念，~~四通八达的交通网络，打破了国家和地区的界线，把原来分散孤立的城市~~

另起一行

图2— 最清楚地反映了城市之间不断靠拢、聚合的趋势。

图2—？

J109877 20×20=400

三、城镇体系的形成发展

工业革命后，城镇体系作为一个具有阶段性和地域性的历史发展过程，并非在世界各地同时实现，只有那些地理位置优越、经济高度发达、城市化水平高且有中心城市依托的少数区位，才有可能成为城镇体系的发生点。概括起来，这样的区位有以下三种地域类型：

(一)大都市区

从地理学的角度观察，大都市区不是一个孤立的点，而是由城市中心区和周围在社会经济上与其有十分密切联系的居民点共同形成的地域单元。关于大都市区划分的标准，目前尚无统一的定论，根据联合国的口径，八十年代世界上共有28个大都市区，其人口规模至少在500万人以上，最大的可超过2000万人。

大都市的成长过程也是城镇体系的发展过程。在城市发展的最初阶段，大都市与其它城市一样，集中表现于中心区，城市在小范围内高度集中。此时因内聚力占主导地位，城市对外辐射力尚弱，外围地区发展相对缓慢，整个空间地域结构仍是单中心的形态，大都市区的特征并不明显。当城市中心区的规模过于庞大，以致于原有的集聚效益被许多消极因素如地价上涨、住房不足、交通拥挤、环境质量下降等抵消之后，大城都市的人口和部分功能开始由中心区转移到郊区或远郊，区位有利的城镇、在数十公里至一百公里的范围内，形成了一系列的居民点、工业区、卫星城镇。这些城镇通过方便的交通网络，与中心城市保持密切的联系，共同组成大都市区的城镇体系。

伦敦是英国的首都，国际最大的金融、贸易的中心，也是世界上第一个人口最早突破500万人的大都市区。然而伦敦的迅速发展，却是工业革命以后的事。1500年，伦敦的人口只有5万，1600年也不过20万人，到1800年，伦敦已是85万人的大城市了。在工业化与城市化的浪潮推动下，伦敦的规模近百年扩大了近十数倍，1900年突破400万人，本世纪六十年代，伦敦市区人口达到800万人，此后，由于城市对外的辐散作用，1981年市区人口减少到671万，但外围地区人口却明显增加，因此整个伦敦大都市区并未衰退，而是继续发展。

伦敦大都市区面积11427平方公里，1981年人口1211万人。空间地域结构可明显地分为四个环带。

1. 中心区：面积只有27平方公里，人口密度高达8500人/平方公里，这里集中了全市64%的商业建筑，60%的办事机构，从事第三产业的职工数达80%，是伦敦最繁华、也是最拥挤的区域。从1966年至1976年间，市中心区的职工人数曾减少了18%，但其管理和服务职能却有所加强。一些新兴的第三产业如咨询、广告、贸易、高等教育科研等机构纷纷在此发展。许多家在郊区的职工白天到此上班，晚上人去楼空，如同沙漠般的死城。

2. 内伦敦。紧连市中心区，是整个大都市区的内环。面积321平方公里(包括中心区)，1981年人口249.8万。内伦敦是

J109877 20×20=400

从1850—1914年工业化的浪潮中形成的。由于发展过快，许多工人和外来移民居住在东区条件恶劣的简陋房舍中，环境质量很差，战后已成为城市重点改造的对象。伦敦西区则是中产阶级及富人的居住区，多为独户低层建筑。自六十年代以来，由于经济衰退，地价上涨，内伦敦的许多小工厂和公司纷纷外迁；另外，许多富有的家庭也纷纷迁往郊外更舒适的地区定居，致使人口和职工大量减少。例如伦敦东区1901年人口曾达60万人，第二次世界大战后因严重破坏，1951年降至23万人，1981年又进一步减少到14.3万人。整个内伦敦在1971～1981年人口减少了17.6%，是人口减少最快的地带。

3. 外伦敦：相当于城市的近郊区，距市中心8—11公里。面积1259平方公里。在行政区划上，外伦敦管辖20个区，连同内伦敦的12个区，共32个区，由"大伦敦市议会"管理，故内外伦敦又通称大伦敦区。

外伦敦在19世纪基本上还是一片荒野，两

次世界大战期间，由于城市地铁线路已伸展到距市中心平均24公里的农村地带，为城市与郊区之间的通勤提供了便利的条件，于是，城市建成区像摊大饼一样，推向外伦敦地区。1921～1939年间，这里的人口迅速增加了120万左右，但人口密度远比市中心区低，平均只有3348人/平方公里（1981年）。从近年的发展趋势看，外伦敦区外缘有宽阔的绿带隔离，进一步扩展的可能性不大，加之两次大战期间建设的房屋标准不高，对第二代的年青居民缺乏吸引力，因此人口由增长的势头转向缓慢下降。

4. 绿带卫星城镇环。为了防止伦敦无休止的蔓延扩张，英国政府请命阿伯科龙比（Abercorombie）于1944年编制了著名的大伦敦规划。其主点是在市区边缘建设宽5－8公里的永久性绿带，在绿带外围距市中心30～50公里范围内兴建8个新城，以便把内伦敦约120万人疏散到更远的郊市区城中去。其中新城拟安置50万人，在扩建原有20余座乡间小城镇的基础上安置40万人，另有30万人分散在绿带中。

第 42 页共 页

战后经过三十多年的建设，大伦敦规划的设想基本得以实现，而且还有进一步的发展：到1981年，面积近1万平方公里的伦敦大都市区的人口达到540万人，比规划预期的目标422.4万多117万人；拟建的8个新城已全部建成，加上六十年代中期规划设计的三个新城，共有11个卫星城镇，在此居住的人口共87.8万人，也远远超过了原规划的指标。这些新城一方面有较大的独立性，具有完善的生产、生活服务职能，舒适的居住环境，便捷的道路交通系统，同时又与中心城市保持密切的联系，成为都市区城镇体系的组成部分。哈罗(Harlow)是四十年代首批建设的八个新城之一，位于伦敦以北38公里，1980年人口已达到8万人（新建区由伦敦外迁到此的工厂约170个），其中70%的职工就地工作，30%的职工通过方便的交通系统(M11号高速公路、铁路)来往于伦敦—新城之间。

综上所述，伦敦大都市区的空间的结构在城市发展的不同阶段发生了相应的变化，但最终朝着城镇体系的方向发展。

J109877　20×20=400

(二) 工业集聚区

世界工业化的第一次浪潮首先从原材料能源的生产领域，即钢铁煤炭工业的大发展开始的，这些工业的特点是产品笨重，消耗的原料及辅助材料多，运输量大，需要大量的工人（一个大型钢铁厂往往拥有数千乃至上万职工）。因此，凡大型的原材料工业基地在十九世纪均趋向于煤铁资源丰富、交通运输方便的区位。例如英国以伯明翰为代表的所谓黑乡地区，德国的鲁尔工业区，法国的里尔区以及美国的以匹兹堡为中心的大湖工业区。钢铁、煤炭工业的集聚及相互结合，促使在不大的范围内，兴起了一个个工矿城镇。随着工厂规模的扩大，这些小城镇的数量和人口亦不断增多，形成了城镇体系的雏型。

十九世纪下半叶，电力的应用，内燃机的发明，掀起了工业化的第二次浪潮，一些新兴的加工工业：机械制造、化工、电器、汽车纺织崛起。为原有的老工业区增添了新的活力。第二代工业虽然主要趋向消费市场和交通方便、技术力量雄厚的大城市，但也有一部分如电力、煤化工、重型机械等与传统的钢铁、煤炭工业有密切的联系，成为老工业区新的主业部门。于是，工业区的职能越来越多，原来一些职能单一的矿工业城市发展了后续加工工业后，逐渐成为综合性的工业城市，而且规模也由中小城市发展为大城市，构成工业集聚区城镇体系的核心。

西德的鲁尔不仅是世界上最老的工业区之一，也是最典型的工业城镇体系。鲁尔位于莱因河以东，两条支流鲁尔河与利伯河之间，总面积4432平方公里，1984年人口522万，平均每平方公里1178人，是联邦德国人口最稠密的地区之一。

鲁尔拥有丰富的煤炭资源，储量达650亿吨，占联邦德国95%，而且煤质优良，品种齐全，半数以上是炼焦煤。通过莱因河这条欧洲水上运输大动脉及区内稠密的运河交通网，可以加强与世界各国原料、产品的联系，例如早期钢铁工业所需的铁矿石通过水运来自法国洛林，利用回空船又将当地的焦煤运返法国。

此外，鲁尔正好处在西欧经济发展轴上，这条轴线北起莱茵河口荷兰、比利时的港口工业区，沿河谷向南经西德鲁尔、科隆、法兰克福、斯图加特等重要的工业城市带，直抵法国、瑞士边境城市斯特拉斯堡和巴塞尔。这一有利的区位，使鲁尔的产品接近欧洲主要的消费市场。这也是近百年来其生产保持常盛不衰的重要原因。1982年，鲁尔煤炭产量占欧洲共同体国家总产量的62%，粗钢产量占21%，仍是欧洲最大的重工业区。鲁尔区的工业结构以煤炭、钢铁工业为主，在发展鼎盛期，这两个部门的职工占工业职工70%；随着加工工业的发展，煤炭、钢铁工业的比例已下降到40%，机械及金属加工工业已占1/4左右，此外，化学、石油加工工业也占有一定比重。

工业革命前，鲁尔地区不仅城镇数量少，而且大多数具有农村居民点的性质。鲁尔区的首府埃森1800年人口只有4000人，仅仅是中欧东西交通大道上的一个普通小镇。其它城镇可想一斑。

表2-1 鲁尔地区主要城市的人口变化

| 城市＼时间 | 1800 | 1850 | 1880 | 1920 | 1950 | 1975 | 1980 |
| --- | --- | --- | --- | --- | --- | --- | --- |
| 埃森 | 4000 | 9,000 | 57,000 | 439,000 | 605,000 | 680,000 | 650,000 |
| 杜伊斯堡 | — | — | 41,000 | 244,000 | 408,000 | 445,000 | 556,000 |
| 杜塞尔多夫 | 10000 | 27,000 | 95,000 | 407,000 | 498,000 | 630,000 | 592,000 |

资料来源：W. Hoffman A Geography of Europe

表2-1显示，从1850～1950的一百年间，是鲁尔城镇体系形成发展的主要阶段。几个主要城市人口增加数倍，由几千人的小城镇一跃发展成50万人以上的大城市。本世纪七十年代以后，人口向大城市集聚的过程基本结束，转向周围的小城镇扩散，使各级城镇在空间上结合更为紧密。在分布上，东起多特蒙德，西至莱茵河畔，在长60公里、宽20～30公里的范围内，已形成了一个工业、居住区鳞次栉比、首尾相连的城市带，共聚集大小城市53个，其中人口超过50万人以上的大城市有三个：埃森(65万)，多特蒙德(61万)、杜伊斯堡(55.6万)；人口20～50万的城市4个：波洪(40.2万)，伍佩尔塔尔(34.4万)盖尔森基森(30.7万)，奥伯霍森(22.9万)。实际上鲁

尔城镇体系现在又与杜塞尔多夫、科隆、波恩等中心城市组成的北莱因城市带联成一体，形成级别更高的体系。

随着新兴产业的不断加入，劳动地域分工的加深，鲁尔主要城市的职能类型也由原来清一色的钢铁、煤炭工业城市向不同的专门化方向发展。例如鲁尔的首位城市埃森，其主要职能是行政管理中心、综合性的工业城市；东部的第二大城市多特蒙德，除仍保留了钢铁工业职能外，还是联邦德国最大的啤酒生产地之一；同时也是国际重要的文化体育交流中心，在此曾举办过两届世界乒乓球赛。杜伊斯堡则是鲁尔工业区与莱因经济发展轴的交通纽带，在钢铁工业的基础上发展成为欧洲最大的内河港口，最高吞吐量曾达4460万吨。另一重要城市波洪是典型的煤炭生产城市，随着煤炭生产的北移，矿井逐渐关闭，目前已成为工业区的教育训练中心，1960年在此建立了鲁尔第一所工业大学，八十年代又发展了汽车制造工业。

(三)沿海港口工业地带

第 48 页共 页

沿海港口，通常是国家和地区对外联系的门户，对促进沿海地区及其腹地的城乡经济发展，具有重要作用。因此，中外各国的经济腾飞，多般是从沿海地区开始的。然而工业革命以前，沿海港口的职能较为单一，多限于交换手工业和农副产品，例如古代的海上丝绸之路，其贸易物品多为瓷器、丝绸、香料等，来往于各国港口的船舶体积小，载重量轻，靠风力推动，航速慢，不可能给港口带来大量的货物。总之，小规模的商业贸易，很难使当时的港口成为沿海城市的生长点。

近代工业交通的发展迅速改变了港口城市的地位和面貌：(1)造船技术的不断革新，大吨位海洋巨轮的出现，使海上运输成为运量最大、成本最低的交通运输方式。其结果，必导致港口吞吐量的迅速增长，港口城市规模不断扩大。(2)有了廉价方便的海运，生产布局更为机动灵活，许多港口城市即使没有原料、燃料，也可利用大型船舶从海外输入，发展港口工业。目前，在沿海地区布置大型的钢铁、石油加

J109877 20×20=400

工、海洋化工、造船等项目，已成为工业布局的重要趋向。这一变化，使港口由过去单一的职能演变为多种职能的综合性城市。(3)现代化的交通网络，把港口城市与腹地联成一个有机的整体，进一步增强了它的地位和作用。上述种种有利条件，也推动了沿海城镇体系形成发展的重要因素。

另方面也要看到，新的产业技术只是外因，条件。沿海港口及城镇体系能否形成发展，还取决于其它各种条件，如港口的自然条件、港口的区位与腹地大小，周围地区的经济基础等。实践表明，世界上一些重要的港口城市带如美国东海岸的纽约—波士顿、西海岸的洛杉矶—圣弗朗西斯科，日本的东京—大阪—名古屋，我国的长江三角洲、荷兰的兰斯塔得等，其核心城市与港口，一般都具有可供停泊巨型船舶的优良港湾，腹地辽阔，交通方便，区域经济基础雄厚，接近消费市场等有利条件。

第 50 页共 页

在沿海的港口工业带中，荷兰的兰斯塔德也许是最独特的城镇体系。这里经济高度发达，城镇密布，却没有一个百万人以上的大都市；体系的核心由几个数十万人的各具特色的城市组成，虽职能分工不同，却经历了一条共同的发展道路。

兰斯塔德意为环状城市（Ring city）。位于荷兰西部沿海马来因、马斯、斯凯尔特三条河流的汇口，跨荷兰三个省，面积5638平方公里，占国家领土16.7%，1981年人口602万，集中了全国总人口的42.4%，平均每平方公里1067人，是欧洲人口最稠密的地区之一。

兰斯塔德的形成发展大约从1850年开始的。在此之前，这片地势低下、易遭洪水侵袭的地区只不过是一些渔村或沿海贸易的小型港口。进入资本主义阶段，荷兰也成了向外扩张的殖民主义国家，在十七、十八世纪所谓的海上贸易"黄金时代，荷兰从东南亚等国掠夺的大批原料和热带农副产品，均经由阿姆斯特丹等港运入。从而促进了港口和城市的发展。如前所述，

J109877 20×20=400

一系列重要的工业城市，大量的原料、产品、能源通过水运来往于世界各地，来因河成为运输最繁忙的国际航道。由于内河水浅船小，凡出海或由海上输入的物资必须在河口储存中转，这一优越的交通地理位置，无疑对处于国际贸易航道节点的兰斯塔德提供了最有利的发展条件。从其本身的条件出发，荷兰居民一向具有航海、商业贸易的优良传统，在欧洲工业化的影响下，1825年建造了第一艘轮船，1839年建成了全国第一条由阿姆斯特丹通往哈勒姆的铁路，此后1872年鹿特丹开挖了通往海上的新航道，阿姆斯特丹1876年修建了北海运河。上述各种现代交通设施的建设，迅速提高了两港的中转运输能力，在短短的一百年间，各主要城镇的规模扩大了数倍到十几倍。例如鹿特丹1850～1947年人口增长了5倍，从1860～1960一个世纪内城市扩大范围不下11次，由于它的区位更佳，到20世纪初已取代了阿姆斯特丹作为荷兰第一大港的地位。第二次世界大战后，兰斯塔德也经历了郊区化的过程，三个最大城市的人口已开始

J109877 20×20=400

向郊区扩散，使中小居民点发展更快。

图2-，不同时期兰斯塔德城镇变化

图2- 展示了两个不同时期兰斯塔德人口和城镇地域结构的变化：1850年该区总人口只有75万，城镇居民点规模小，数量少，布局较分散。1980年全区人口增至590多万，以阿姆斯特丹、鹿特丹、海牙、哈勒姆四大城市为核心的环状城镇体系已经形成。这个环的平均宽度约20公里，周长170公里以上，包括50万人以上的城市及20～50万人的城市各两个，10万左右的城市5个和众多规模更小的城镇。这些居民点均以中心城市为基点，沿环内的运河、铁路分布，城镇间距只有几公里，甚至首尾相接。近二十年来，由于城市人口不断向外扩散，原来环内的农业地带——"绿心"也逐渐被占据，整个兰斯塔德区域有被城镇聚落联成一片的可能。

作为分散的多中心城镇体系，每个主要城市既有分工，又有密切联系。例如鹿特丹是世界吞吐量最大的港口，每年进出的货物达3亿吨以上，这里也是欧洲最大的石油储运和加工中心，原油加工能力超过1亿吨。阿姆斯特丹是荷兰首都，并非中央政府所在地，行政中心设在海牙，阿姆斯特丹除具有与鹿特丹类同的港口、石油加工及造船的职能外，还有金融、文化、商业等多种职能。乌得勒支位于国家主要铁路、公路干线的交汇点上，位置适中，成为国家会议的主要中心。除四个主要城市外，其它的小城市也分担不同的职能。

上述三类城镇体系虽经历不同发展过程，出现在不同的国家和地区，而且具有各自的结构形态；但在地理环境和社会经济条件方面，它们却具有许多共同之点。

首先，这些城镇体系，大多位于沿海平原和江河湖滨地带，这里地势平坦，土壤肥沃，农业发达，劳动力资源丰富，商品经济发展较快，为城镇发展打下了坚实的基础。此外，沿河、滨海平原地带，多具有航运之利，除天然河道外，还有许多人工运河，组成稠密的运输网，起着沟通城乡经济联系的重要作用。本文涉及的鲁尔区虽不靠海，但发展却受益于便捷的莱因河水运网，即使在现代交通高度发达的今天，鲁尔钢铁工业所需的铁矿石仍有相当部分靠水运从巴西、澳大利亚、北非等国输入。当然，如果城镇处于河口或河流三角洲的区位，则发展条件更为有利。河口地带本身物产富饶，经济发达，河网密布，溯河而上，有广阔的内陆腹地依托，流域内所需的进口大宗物资，必然通过河口中转，而内陆盛产的各种原料产品，也顺江而下，在此集散。加之河口地区河宽水深，河海相通，同时可通行大型海轮与内河船舶，往往成为国家地区对外经济联系的重要门户，沿海与内陆地区相互交流的纽带。可以说，河口地带是城市最有利的生长点，这个被称为"金三角"的地带，孕育了许多著名的大都市和与之相应的城镇体系。位于泰晤士河口的伦敦、莱因河口的鹿特丹自不必说，此外，在尼罗河三角洲成长的开罗—亚历山大体系、以上海为核心的长江三角洲城市群等，都是十分典型的例子。

其次，大多数城镇体系所在区域都有悠久的发展历史，在工业革命以前，城乡经济已达到较高水平，手工业生产、商业贸易等非农产业异常活跃，居民具有较好的劳动技术素养。例如伦敦早在2000年前被罗马人占领时，就已成为大不列颠最大的一座商港，当时欧洲大陆的商船，经莱因河和北海，将内地盛产的橄榄油、酒类、玻璃和金属器皿等产品运抵伦敦，同时把当地出产的毛织品、皮革、白银、铅等运往欧洲大陆；德国的鲁尔区早在13世纪时就开采鲁尔河两岸浅层的煤田，运用木轨和马拉车辆将煤运至河边再水运至其它地区，与此同时，也利用木炭进行了小规模的炼铁和农具制造等手工业生产。上述经济活动，在城乡造就了一批能工巧匠。这些人实际上成为十九世纪工业化与城镇化浪潮中一支不可缺少的生力军。相比之下，世界上也有不少自然条件优越、资源丰富的地区，因开发时间晚，经济基础薄弱，劳动力的素质

J109877 20×20＝400

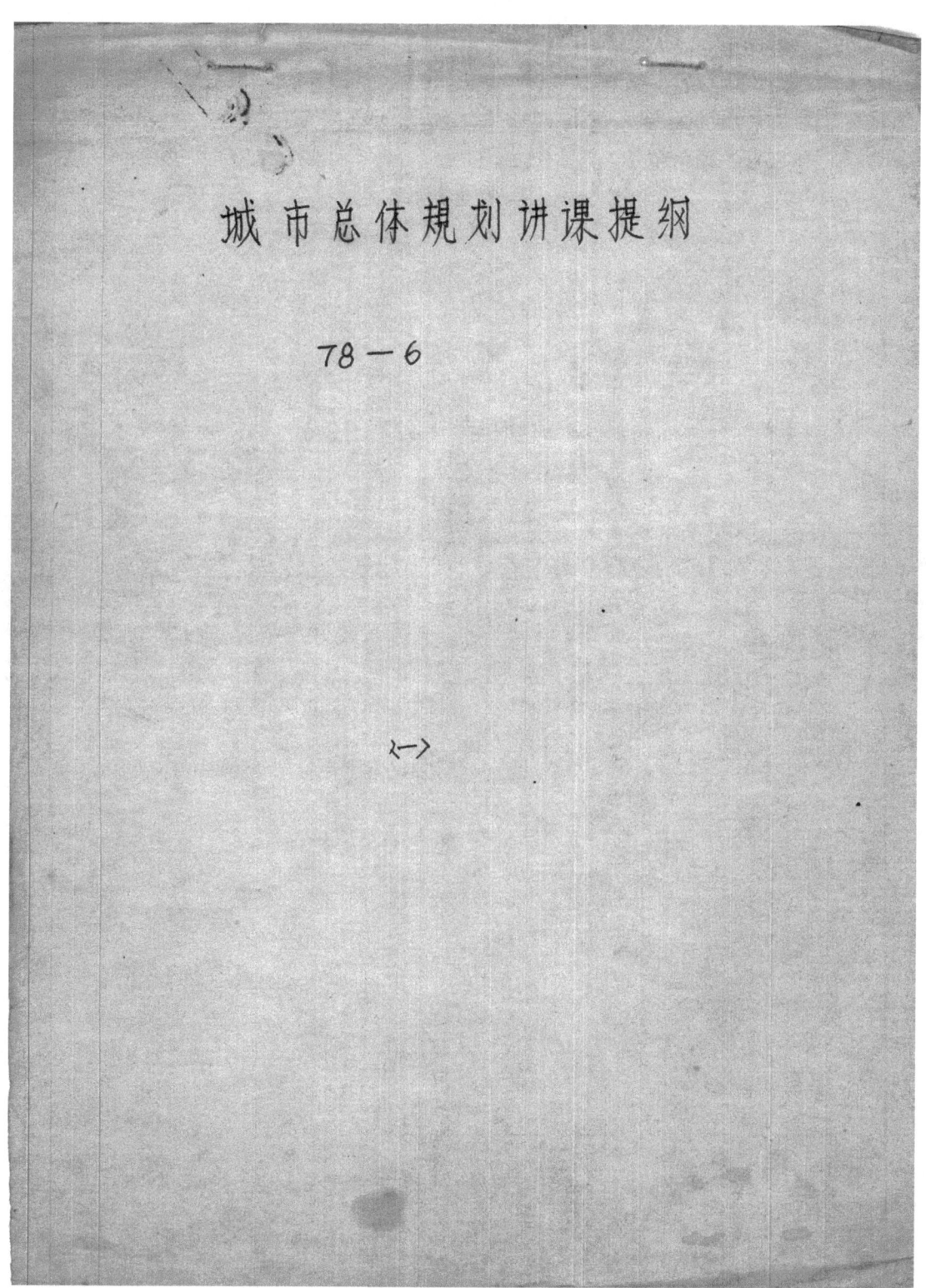

# 城市总体规划讲课提纲

78－6

〈一〉

# 城市总体规划讲课提纲

第 1 页

## 第二章. 城市规划的基本任务和编制方法

### 第一节: 城市规划的基本任务:  从"乱"说起.

一: 一些错误认识: 城市规划是:"土地爷、管地皮的"."是国民经济计划的继续""是城市建设的远景设想.", 更消极的认识:"规划、墙上挂挂". 供参考用.

二. 正确认识: 根据党的社会主义建设总路线、按照国民经济计划、结合城市具体条件, 对城市各项建设进行合理安排. 根据"工农结合, 城乡结合, 有利生产, 方便生活的原则, 正确处理工业与农业、生产与生活、需要与可能、近期与远期、平时与战时, 整体与局部的关系, 为无产阶级政治服务. 为社会主义生产服务. 为劳动人民生活服务.

例: 在哪里建设城市;
建设什么样的城市? 大庆为例.
是倒序的.

说明: 1. 总路线、方针政策. 国民经济计划是依据;

2. 必须结合具体条件. 要因地制宜. 不能千篇一律定规划.

3. 任务的核心是对城市各项建设(而不是某项)进行合理安排

4. 城市规划的过程、就是不断遇到矛盾. 而又不断

(1324)

北京市西城区印刷厂出品 七六·三

装 订 线

解决矛盾的过程.

例：为实现四个现代化.各部门都要发展. a.要建设就要占土地，城市占了菜地，农业如何发展？ b.城市中两相邻的单位都要发展，又无土地，怎么办？……

## 第二节：城市规划的编制方法与内容

### 一. 城市规划工作阶段的划分.

1.阶段：区域规划——总体规划——详细规划—修建设计.

2.举例：淄博市——区域规划. 辛店：总体规划，石化总厂生活区的布置——详细，住宅选型：修建设计.

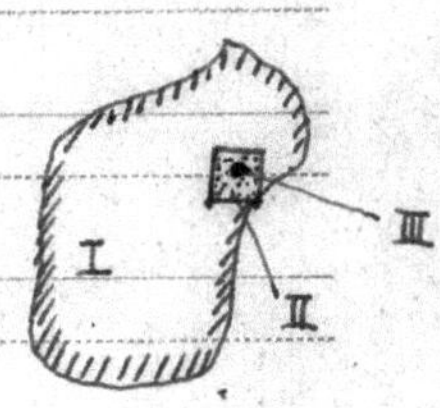


3:特点：由大到小，由整体到局部，由粗到细.

4.为何要划分阶段：

a：城规是一项复杂的工作，不同阶段解决不同矛盾问题.

例：唐山地震后.不可能一下子把规划做到房子如何摆的深度.

b.符合人的认识规律：以纲带目、全局观点.

### 二.总体规划的基本内容和编制方法：

1：总体规划是城市建设带有战略的布局工作.

a：决定了城市的性质规模.

b. 决定了 " " " 发展方向

c. " " " 城·各部分的布局.

都是带有方向性、战略性的问题.

2：总体规划涉及的内容非常广泛 （见讲义 P.17）

a：全面安排 工、农、交. 城市各项设施的布局.

b. 既有生产，也考虑生活，既有地上，也有地下.

c. 还涉及到经济、工程、地理、建筑等问题.

小结：是"城市建设的总参谋"，不是"管弦乐队的总指挥"。

3、总体规划具有一定的期限，一般分近、远期. 原因：

a：城市建设是一个长期的过程，是"百年大计". 某些项目的实现（北京地铁、沈阳北站）时间很长. 唐山最快也得五年.

b. 不同时期解决不同任务. 远期——战略性；近期——战术.

4. 总体规划的成果：

a：图件是主要的形式，除正式图还应有分析图

(1324)

北京市西城区印刷厂出品 七六·三

b. 文字是图的说明.反映规划的指导思想、指标、依据.

5. 总体规划的步骤 (见讲义).

强调大纲的作用.避免重复返工.来回修改。举例:李徒

6:总结——做好总体规划的关键:

不在于:资料多.图漂亮.说明书写得厚.

a:指导思想正确: 例:平阴县30万人.县城规划10万人.——大城市思想.

b.问题抓得准,要做大量调查研究.分析.例:湛江规划——岸线合理分配.

c.规划方案要有科学依据:例:营口规划道路120米; 今后发展趋势.定量化.运用计算技术;

三.总体规划与详细规划的关系.

1.详细规划的基本内容 (讲义 p 19)

2.二者是整体与局部、纲与目的关系,

a:总体规划是详细规划的依据。例:辛店化=生活区没有总体先做详细出现的问题.

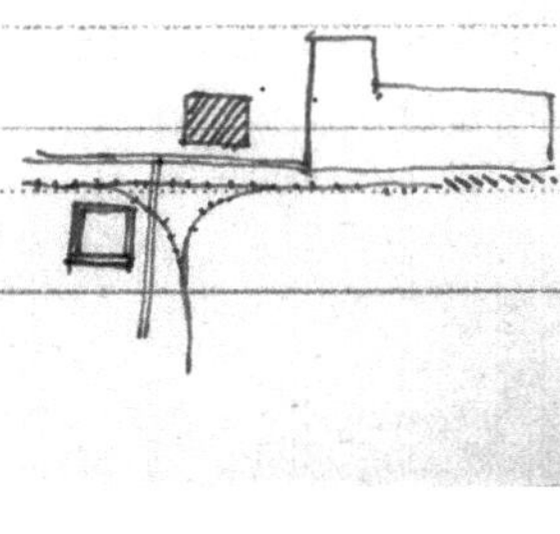

b.详细规划是总体规划的补充.

例:北京美术馆、民族宫的形式与布置.


装 订 线
(1324)

3. 总体规划主要偏重城市土地合理布局；与地理学科关系密切；

详细规划侧重建筑群体布置，与建筑学科关系密切.

四：总体规划与区域规划的关系.

1：区域规划是城市总体规划的依据，决定城市的.

a：发展、建设条件；b. 性质. c. 规模. 例：山东淄博周村. 博山.

2ª：即使没有区域规划. 亦应分析周围地区的发展条件.

例：平谷：通过分析. 明确近期不可能修铁路. 工业发展受限制.

五. 城市规划的审批

1. 审批的作用：a 体现党的一元化领导；b. 作为城市建设的依据、有权威性. 防止乱定规划. 或因人事变动规划亦变

2. 如何审批：①. 分类上报

②. 现场会审. 领导. 群众. 规划人员三结合. 例：平谷.

六：全节总结：

1. 在城市建设中，区域. 总体. 详细起着不同的作用. 其中总体规划是城规的核心. 起承上启下的作用.

(1324)

北京市西城区印刷厂出品 七六·三

装 订 线

第 6 页

2．每个规划既有联系，又有分工．内容有交叉穿插（区域规划的工业调查与总体相同）．从工作顺序：先区域，后总体，也可一气呵成．

第三节：城市规划工作的特点．

一．阶级性：

1．任何阶级社会，城市规划都是为统治阶级的利益服务的．

a．城市随社会分工（手工业、商业与农业）．与阶级、国家同时出现．

b．剥削阶级的城市规划，反映了剥削阶级与被剥削阶级的对立．

①：奴隶社会．奴隶主与奴隶分开．为防止造反．奴隶主居高临下：（如郑，临淄…）

②．封建社会．三纲五常．君为臣纲．以天子为中心的规划思想．

例：明北京城．三大殿．太和．保和…

③．资本主义社会．

a．城乡对立．超级大都市的出现．

b．贫富对立．美国110层的大楼．芝加哥市中心的贫民窟．

C：社会主义城市规划的特点：贯彻三服务的方针．

例：a：天安门广场规划．b：三通一平．一治先了．c．龙须沟．

(1324)

北京市西城区印刷厂出品 七六．三

装 订 线

第 7 页

2. 必须认真贯彻党的各项方针政策。城市规划是一项革[命]化的技术工作：例：禁止大搞楼堂馆所。
↘居住用地指标。4米²/人—6米²，9米²/人，涉及到政策。

二、综合性：

1. 城市规划既然要统筹安排城市各项建设，势必涉及各方面，

2. 根据科学知识兼筹划多，包涉及地理、经济、工程技术的学科知识

3. 要做好规划，必须具备

a、较全面的知识，不能只从建筑、工程角度去搞：例：北京郊区车紧张，光从增加车辆、修路途径解决不了问[题]，应从布局解决

b. 大城市较复杂，规划部门在综合的基础上还要适当分工。

c. 许多知识需要在实践中学。

三 地方性——地域性——地理性。

1. 社会主义的城市规划除遵循共同的规律、原则外，还要考虑其具体情况，"具体分析，实事求是，因地制宜"，

2. 各城市的差异、及特点，是因地理条件不同而产生的。

例：重庆 —(地形)— 成都；

(1324)

3. 我国是地域辽阔，幅员广大的国家，自然条件千差万别：

例：广州——哈尔滨：通风、防寒，青岛——乌鲁木齐：内陆·港口……

四、城市规划的性质：

1. 城市规划既是一项工作，也是一门科学。

a：它有明确的研究对象：它研究城市组成要素的合理布局问题。
边缘。

2：它是建筑、地理、工程技术共同研究的学科。

a：现代科学发展的产物：在基础学科的基础上分枝越来越多，有的走向综合，（环境、宇宙、城规）。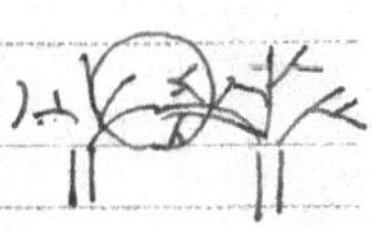

有的更专业化。（物理的分化……）

b. 在生产力水平低的时期，城市建设的主要问题是建筑问题

∴城规依附于建筑科学，城市日益现代化，建筑再也包不了。

3. 城规是地理学研究的一个领域，但它同样不能代替、包办。

a. 地理学侧重从城市发展、建设条件、城市用地合理布局

角度从事研究城规。

b. 应充分发挥地理学的特点。

(1524)

北京市西城区印刷厂出品 七六·三

装 订 线

## 第三章 城市规划的调查研究
第 9 页

一、没有调查研究就没有发言权

1. 要不要调查研究，不是单纯的方法问题，而是个路线问题，

a. 对林彪的批判。b. 对四人帮的批判。迁厂。五团子机场。

2. 规划方案的好坏，取决于调查研究的深度。

实例说明：

a：成功实例：兰州。先做大纲。4年调查。向长委自研究气象与污染的关系。用地分析图5000个钻孔资料。10余张分析图。

b：北京永定门——立水桥路。深入乡下中农调查。解决了问题。

c：调查不够，造成损失——候马缺水，工厂搬家。

d. 湿空设想，无法实现：北京。1000人100辆汽车。车库。城内40%绿地。目中无房；陆地行舟——可航3000T船的京津大运河。

二、城规调查研究工作体会：

1. 必须通过自己的劳动。没有现成的资料。例。泰安底图。

2. 不怕苦。不怕累。勤跑勤问。　例 10万T乙烯厂地及生活区选择。

（三个第一次：带病。走远路，翻山沟）。

3. 要有的放矢，心中有数，目的明确。防止层层搜集。漫无边际。

(1324)

北京市西城区印刷厂出品 七六.三

装 订 线

例：深井泵——神经泵；郊区农业——将大队农业资料全部抄录.

4：注意野外观察，不要游山玩水. 例：登泰山.（绿地.风景区）.

5. 调查的目的在于运用. 要做好资料的整理分析工作.

作业：设计工业企业调查一览表.

1. 内容：职工人数. 用地面积. 主要产品及产量（产品去向）、原料来源、用水量，用电量. 燃料消耗量. 三废污染状况. 存在主要问题. 规划设想.

2.（编写到某铁路区段站搜集资料的调查提纲.）人口调查提纲

## 第五章 城市用地选择和用地组织

### 第一节 城市用地选择

一. 城市用地选择的概念.

1. 城市用地选择是在区域规划的基础上，即在生产力的布置大体已定的情况下，在较小范围内选择城市用地的位置.

a. 新建城市主要选择摆在哪一块，通常与区域规划. 厂址选择联合进行. b. 老城市：确定进一步发展的用地范围；

二. 城市用地分析图的编制.

1. 城市用地分析图的作用.

a. 按城市建设的要求, 将土地进行自然分类. (与自然区划不同)

作用: ①b. 充分反映在不考虑经济条件的前提下, 哪些地适宜建设, 哪些地不宜.

②c. 指出不同类型的土地, 需要采取的不同工程准备措施:

例: 河漫滩 —— 防洪; 软土层 —— 加强基础; 坡土 —— 平整土地.

③d. 是城市用地选择的基础. 需较好的地理知识.

2. 如何分析城市用地.

根据自然条件对城市建设的影响程度. 选择几个重要的因素, 採用分级评价的方法.

a: 一般採用三级进行分析评价

①: 适宜修建的用地: 指自然条件有利的地段. 一般不需要或只需要採取简单的工程措施, 就可以进行修建; 农业上应是荒地或低产田.

②. 必须採取工程措施加以改善后才能进行修建的用地.

(1324)

北京市西城区印刷厂出品 七六·三

有些地区按用作指标:
a. 宜
b. 较适宜
c. 需采取工程措施
d. 不宜

1. 良好建筑用地.
2. 适合建筑, 但需要进行简单处理的用地
3. 可进行建筑, 但需要进行适当处理的用地.
4. 不适于建筑用地.

指自然条件不太有利. 需以人工改造. 增加投资造价.

③. 不宜修建的用地: 自然条件极其不利. 事倍功半; 或占农田.

b: 影响城市建设的主要自然因素及评价指标:

①. 工程地质: —— 各种岩石或土的承压力指标.

>2.5　　0.7—2.5　　<0.7.

| 建筑层数 | 地基承压力不小于(公斤/平方厘米) |
|---|---|
| 一层 | 0.5 ~ 0.7 |
| 二 〃 | 0.7 ~ 0.12 |
| 三—层 | 1.5 ~ 2.0 |
| 四 〃 以上 | 2.5 以上 |

岩石类土: (花岗. 石灰. 片麻. 砂岩). 50—400 公斤/cm².

砂类土: 1.0—4.0 公斤　中粗砂承载力高.

粘性土. 0.8—3.0 公斤.　流动性的软土. 不宜.

杂填土: 不宜修建.

| 地基岩土性质 | I | II | III |
|---|---|---|---|
| 压缩性 | 低.轻 | 中 | 高 |
| 不均匀性 | 轻 | 中 | 严重. |

②: 地形条件 — 坡度指标:

| a | b | c |
|---|---|---|
| <10° | 10—15° | >25° |

要注意不同的用地，对坡度要求不同。

| 用地名称 | 最小坡度 % | 最大坡度 % | 备注 |
| --- | --- | --- | --- |
| 一般工业用地 | 0.4 | 4.0 | |
| 铁路线路 | | 0.6 ～ 2.0 | |
| 铁路站场 | | 0.25 | |
| 城市道路　干道 | 0.3 | 4.0 — 6.0 | 特殊情况可 |
| 次要 | 0.3 | 6.0 | 采用10%。 |
| 小街路 | 0.3 | 8.0 | |
| 建筑物 | 0.3 ～ 10<br>建筑可自由布置 | 10 ～ 25<br>要一定限制 | 25%以上，设计及布置受到较大限制 |
| 机场 | 纵坡一般 0.5 | 横坡一般 0.5-1.5 | |

冲沟发育情况 >

③：水文地质。—— 地下水位（基础筑物基础深度以下）。

＞4.5米　　　0.5 — 4.5　　　＜0.5米

建筑物对地下水位深度的要求。

| 建筑物层数 | 地下水位至低于地面 |
| --- | --- |
| 低层建筑 | 0.8 — 1.0 |
| 三层以上 | 1.0 ～ 1.5 |
| 有地下室建筑 | 2.5 ～ 3.0 |
| 道路 | 1.0 |

北京市西城区印刷厂出品　七六·三
装　订　线
(1324)

第 14 页

④：洪水淹没状况：

无淹没　　百年一遇不超过1.5米　　>1.5米.

⑤：冲沟发育状况：

无发育.　　间距 >100米.　深度 <10米　　间距 <100米.　深度 >10米.

其它条件的分析：滑坡．岩溶．泥石流．活动性断层．沼泽．地震．有价值的矿产资源．等无具体指标．要做分析．

3. 城市用地分析图的编制方法．

a：搜集必要的自然资料：

①．地形图：（1:5000．1:10000）．②．水文资料．——历史上不同周期（20年～100年一遇）．最大洪水位．③．地质．工程地质资料：地震．构造地质．工程地质．④．水文地质．⑤．矿产地质．⑥气候：风．湿度．降水．冰冻．⑦地貌图：野外观察．○○○○○ 强调!!!

b：作单项分析图．

①：洪水淹没线；②，等坡度线，③．地下水等深线．

④．土的承载力等值线图；

(1324)

c. 画出：冲沟、崖坡、矿产、沼泽地、现代河床的范围。

d: 根据单项评价指标进行综合，原则是：

① 各项指标均为适宜建设用地——Ⅰ类。

②. 有一项以上为不宜建筑用地——Ⅲ类。

③. 界于①—③之间。Ⅱ类。

e: 综合自然地理分析法：——适用于缺乏资料的情况。

①: 特点，以地貌类型为基础，辅之以地质图等。

②. 依据：不同的地貌类型，决定了：坡度、地基性、地下水埋深、洪水淹没状况。如河漫滩——淹没区，冲积扇——良好的建筑区。

f: 实例：

①. 張各庄。　　②. 秦皇。

G. 作业：作辛店地区用地分析图。

三、城市规划中的防震问题。

1. 地震是对城市破坏最大的自然灾害：（引用世界各国资料）。

2. 唐山地震的经验教训：

(1324)

装 订 线 北京市西城区印刷厂出品 七六·三

a. 破坏损失的基本情况； 唐山：95%以上房屋被破坏。死亡20万以上。北京：10%破坏。

b. 城市基本烈度与实际相差太大，大部分建筑未设防，使损失严重。

死亡率：丰南10%。市区21%。郊区14%。

c. 大城市比小城市、市中心稠密区比郊区死亡率高；

d. 震区内用地质条件差异，基本烈度可相差1—2度；路南区一切倒塌 95%。北部：有45%只可维修。

e. 建筑物密度、房屋间距、道路宽窄对防震有密切关系。

f. 地震后的次生灾害（包括水、电、汽断绝）危害甚大。

g. 绿地是个安全岛。

3. 震区用地分析与用地选择。

a. 根据全国地震烈度区划，尽量避免在震区选择城市用地，一般：<6度，适宜建设用地；7—8度，需采取一定措施；~~≥10度~~ ≥9度，不宜建设新的城市。

b. 在震区选择有利的地段作为建筑场地；

| 有利 | 不利 |
| --- | --- |
| ①. 稳定的水平岩层。 | 活动断层、交叉断层。（注意山前） |
| ②. 稳定的岩石地基、土基、地下水位深。 | 松软土层、含水松砂、人工填土；旧河道、旧池塘、河漫滩。 |

→与③合并。

装 订 线
北京市西城区印刷厂出品 七六·三
(1324)

| 有利 | 不利 |
| --- | --- |
| ③. 山坡坚固的缓坡（风化轻）。 | 非岩质陡坡，泥质河岸。 |
| 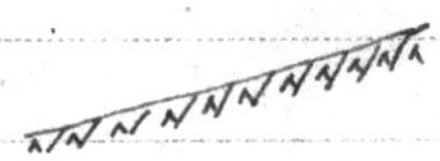 | 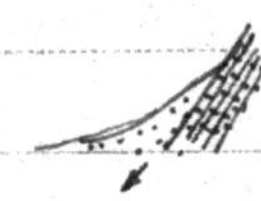 |
| ④. 地形变化单调的平稳地段 | 地形突然变化的地段（山咀、山包、[illegible]） |
| ⑤. 微风化的基岩，一般的稳定土（碎石土、砂性土、粘土） | 饱和粉砂、淤泥、冲填、杂填土。 |
| ⑥. 位于河流水库上游。 | 位于水库下游。 |

C：开展地震烈度小区之划，根据各小区的情况，采取相应的防震措施。

四、城市用地的选择的原则

1. 贯彻以农业为基础的方针，节约土地资源，充分利用荒地、坡地、次地进行建设，尽量少占农田，不占良田。

a：节约用地的重要意义：我国是一个多山的国家，主要山地占2/3以上，平原112万$K^2$，占12%，沙漠16亿亩11%。

苏联平原占60%，美占1/3。

中国人口：53：6亿。耕地16.7亿。3亩/人。

64：7.2亿 " 2.3亩/人

77．9.6亿 " 15.9亿 1.6亩/人。

(1324)

北京市西城区印刷厂出品 七六·三

装 订 线

人口增长规律：自然增长率10‰ —— 70年翻一倍

20‰ —— 30 〃 〃 〃

中国目前：14‰． 30‰ —— 23 〃 〃 〃

b：如何贯彻节约用地的原则：

①．山区．午阳58年至今共征地一万多亩，耕地占一半，1度以工业基建共占地五万多亩，其中荒山占88%．占耕地仅6000亩．以往来造地还田共4000余亩．现在全市共有耕地12.5万亩．比建设初期11.1万亩还有增加．

措施：大钢铁厂上山．（8%－10%）．居住区（10%－30%）．

②．沿海：上海宝山钢铁基地用地选择．~~（[illegible]）~~

③ 平原：北京·张家口，安定．选择次生沙质荒地．

c．编制农业土地利用图评价耕地好坏．（以安定为例）．

15%：好地：水浇地、丰产稳产田．菜地、果园．水田．

30%．次地：旱地（花生．白薯．）盐碱地．低洼易涝地．

30%：半荒地：小片杂木林．轮作休闲地

25%：荒地．沙丘．

(1324)

第 19 页

2. 选择自然条件有利的地段，避免不利的自然因素.

a: 不利的自然条件增加基建投资. 例:

铁路: 山区 120—150万/K. 丘陵 80—100万; 平原 30—50万.

年阳房屋造价: 上山 > 平地 20—30%.

湖北咸宁: 三通一平占 40%. 上海宝山: 增加投资 20亿.

b. 不利生产、不便生活. 例: 生产时 □□□□

二汽车间摆在山沟. 忽视防洪. 一场暴雨淹没了五十三个车间. 698台设备. 塌方 1.1万 M³. 全国汽车投资 10亿. 二汽占 7亿.

c. 对城市产生毁灭性的影响.

唐山地震; 河南大水. 淹没遂平; 沙漠中的旧城遗址.

d: 利用用地分析图. 可选择自然条件有利的地段.

举例: 山东泰安用地分析图.

3. 充分利用原有城市居民点.

a. 可就近取得支援. b. 可利用原有设施.

? 例: 湛江很好利用. 双方发展; 东煤未利用唐山. 设施

(1324)

自搞一套;

北京市西城区印刷厂出品 七六.三

装 订 线

必然完全 □

4. 水、电、路条件方便：

a 好的例子：梅山工程；b.教训：攀枝花：交通不便，从成都运菜。

总结：影响用地选择的因素是多方面的，必须：

a. 多做方案比较，b. 抓主要矛盾。

五：城市用地选择方案比较实例介绍

上海金山卫的用地选择方案比较：（卡片）

第二节 城市用地组成与分类。

一、城市用地组成：

1. 城市首先由市区与郊区构成：

2. 市区与建成区的概念：

a 市区：除郊区以外的行政管辖范围。北京：东城、西城、崇文、宣武。

b. 建成区 ①. 城市中连片的已被征用做非农业生产建设用地的部分，其中包括超出市区以外的市属独立镇或区，以及位于近郊区的市属工厂、仓库、居住等用地。（南京大学）

(1324)

①. 指被城市包围的所有用地.（农业．湖．河）. [illegible]，

②：指具有城市设施（水．电．路灯网）．连片的城市建设用地．美国．

二：城市用地的分类：

1. 城市用地可分为：工业用地，生活居住用地，对外交通用地，仓库用地，公用事业及市政设施用地，卫生防护用地，特殊用地，农业用地，其它用地．（讲义 P72）

2、起决定作用.（数量多．决定城市布局）是工、生、交、仓四大块.

3. 城市用地分类的目的在于：根据不同类型用地的要求进行功能组织.

第三节. 工业用地规划布置.

概述：工业是城市用地布局的基本的核心问题.

a. 占地面积大.

b. 影响城市布局.

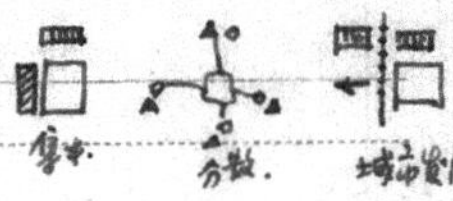


c. 城市环境.

一. 工业用地布置要求.

1. 满足"三通一平"的要求．即水、电、路通．地势平坦.

例①：我国新建大型钢铁工业基地放在沿海．运输方便．上得快，内地过去搞了许多厂．三通一平未解决上不去；例②. 市区许多工业不愿迁往郊区．这也是原因之一.

(1324)

2. 满足工业生产本身的要求：（简）.

a. 接近原料燃料； b. 有良好的协作关系. c. 工厂之间在生产上不互相干扰，例：硫酸—自行车（锈蚀）. 锻铸—精密仪表……（震动）.

3. 要与城市各部分取得良好的关系.

a. 工业区的发展不应妨碍城市的发展方向. 举例、邯郸.

b. 既方便职工上班，又不污染生活居住区.

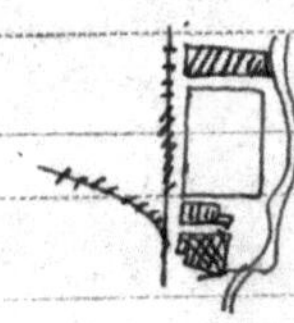

例：① 厂内盖宿舍，方便上班，产生污染.

② 距离太远. 不便职工上班. 例：首钢部分人住城里

c. 与对外交通（出专用线方便）. 仓库、城市道路取得方便联系.

举例：

与对外交通关系良好.
专用线过长. 对城市分割.


d. 要有利于农业发展.

4. 严重污染的工业要摆在对生活居住区影响最小的地段.

a. 充分考虑风象因素.



北京市西城区印刷厂出品 七六.三

第 23 页

①：风向频率与污染的关系.　(讲义 P75).

举例：英国阿冯塑斯榆树叶中铅含量. W：26.65；SW. 20.46.

②：我国风频的特点

i. 东半部位于东亚季风区.（简要说明季风的形成.

ii 多数城市全年有两个盛行风向.

沈阳：N：17%. S：24%　北京 N 18%. S 14%. 上海 SE 19%. NW 15%.

广州. N 25%. SE 15%.　欧洲全年只有一个主导风向.

iii 两盛行风向风频相当. 方向相反. "主导风向原则"——上风. 下风的概念已不适用. 工业区应摆在风频最小的一侧.

iiii. 盛行风向的过渡性. 随季节更替交替. 呈现出规律性变化.

(论文：P 11页).

Ⅴ. 许多城市静风频率高. >30%的地区, 应将其作为主要问题考虑.

重庆. 33. 昆明 36. 成都 40%. 遵义 52%. 平结. 54. 天水 58. 兰州 62. 万县 66.

举例 兰州。

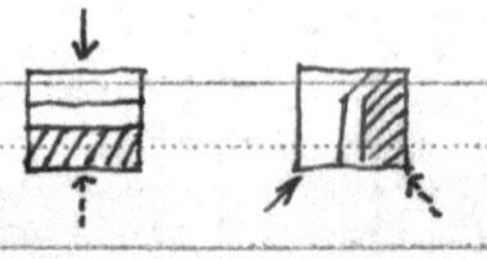

一个盛行风向.

Ⅵ. 图式：

(1324)

装　订　线

北京市西城区印刷厂出品　七六.三

第 24 页

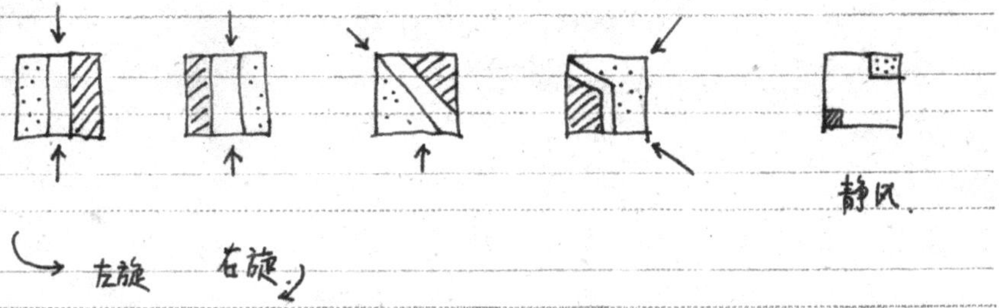


Ⅲ：实例．包头的布局．讲义 P77.

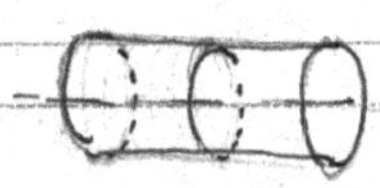

③：风速因素的影响．

i：风速 污染浓度大小与风速一次方呈反比．

ii 污染系数及其存在的问题． 污染系数 = $\frac{定向风频}{定向平均风的速}$

iii 新的污染系数：

$$\lambda = \left[\frac{1}{2}\left(1+\frac{u}{V}\right)\right]^{-1}$$

(兰布达) λ：污染系数． V：全年各风向的平均风速．

u：某风向平均风速．

优点：①．$\frac{u}{V}$ 同一量纲；②．u=0．公式成立；③．0<λ<2．

即各风向的污染浓度最大相差二倍，与实际情况接近．

例：延庆

| 风向： | N | NE | E | SE | S | SW | W | NW | C |
|---|---|---|---|---|---|---|---|---|---|
| 风频 | 4 | 8 | 12 | 16 | 7 | 18 | 13 | 5 | 17 |
| u | 2.6 | 2.2 | 2.4 | 3.0 | 3.0 | 4.5 | 5.0 | 3.4 | 0 |
| λ | 1.13 | 1.21 | 1.16 | 1.06 | 1.06 | 0.86 | 0.81 | 1 | 2 |
| 污染风频 | 4.5 | 9.7 | 13.9 | 16.9 | 7.4 | 15.5 | 10.5 | 5 | 34 |

V=3.4

(1324)

④：实例．包头盛行风向与城市布局的关系．

b：避免不利的地形影响．

a．地形的阻碍作用改变气流的运动方向．

①．山脉．河流沟谷的走向对盛行风向有较大影响．

（顺山风．顺沟风）．

②．山谷．盆地．较复杂的地貌单元．易产生静风．涡风．

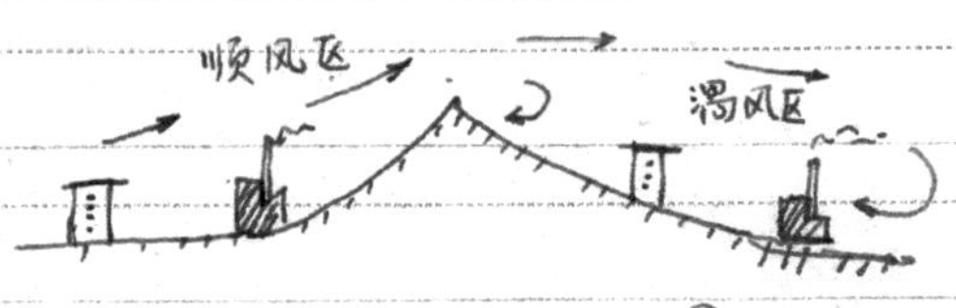


①．　　　　　　　　②．

情况有利　　　　　　情况不利．注意上风与下风的概念．

b．地貌条件的差异引起局部地段温度．空气条件的变化．产生局地环流．逆温层．

①．局地环流：山谷风．

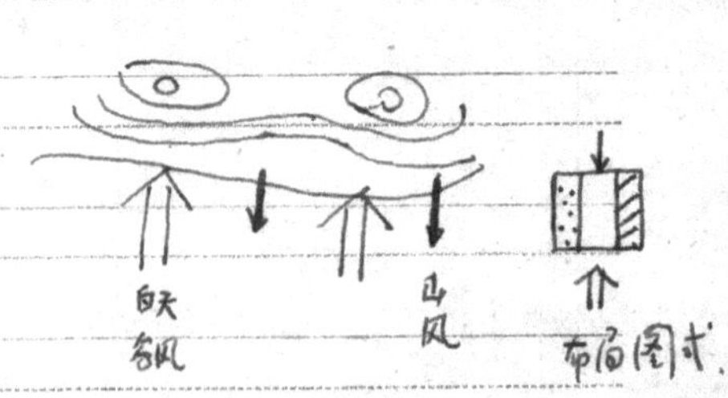


②：海陆风

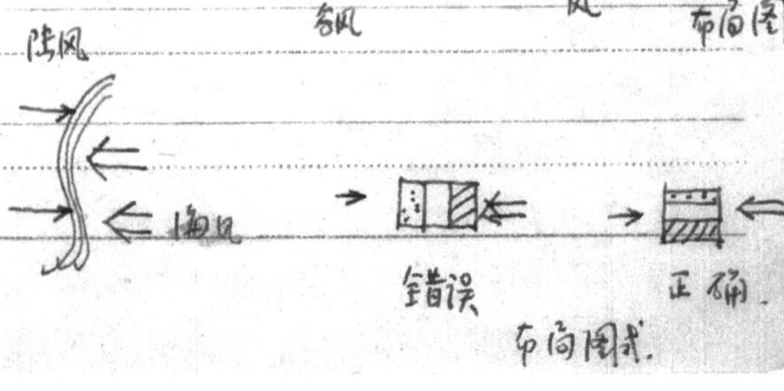

③. 静风与逆温.

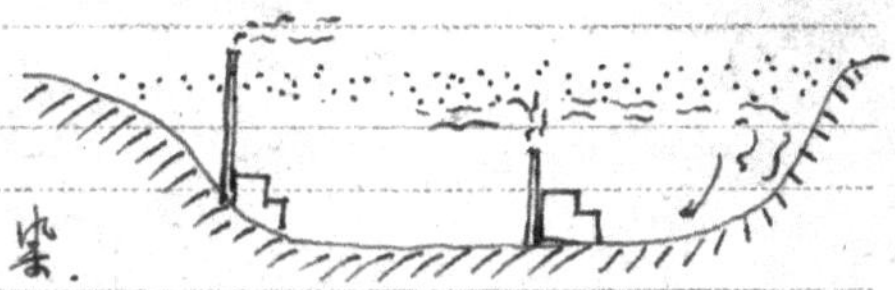

烟囱低于逆温层高度. 易产生污染.

C[illegible]: 工业用地应选择在城市水流的下游.

①. 工业摆在河流地下水流上游是造成水污染的重要原因.

例: 首钢摆在地下水流上游.

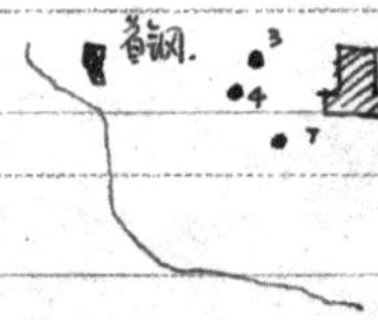


深口肉联厂摆在城市水流上游.

②. 上游与下游的位置是相对的. 必须进行流域规划.

例: 北京通县——北京下游. 天津的上游. 南京栖霞山为南京下游. 为镇江的上游. 要强调水的自净能力.

③. 河流方向与盛行风向相反. 分析理由.

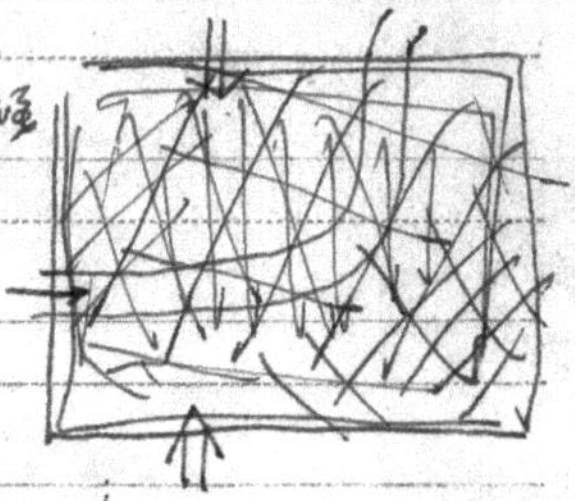

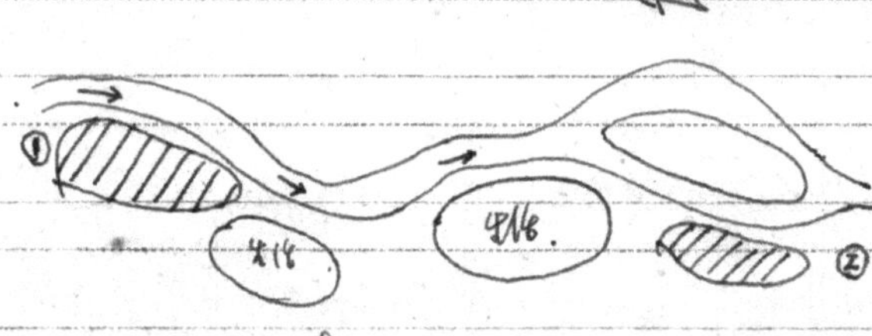


①: 对水污染较轻. 用水量大的工业. (机械. 冶铁).

②. 对水污染较重. 对大气污染较轻的工业. (造纸. 印染. 化纤).

(1324)

5. 对有污染的工业需要设立一定宽度的卫生防护地带.

a: 依据: ①大气污染的地面浓度与距离成反比. (讲义P79).

②. 水的自净率随距离而提高.

b. 工业卫生防护带的形式.

①: 防护地带的宽度. —— 国家规定.

②. 形式:

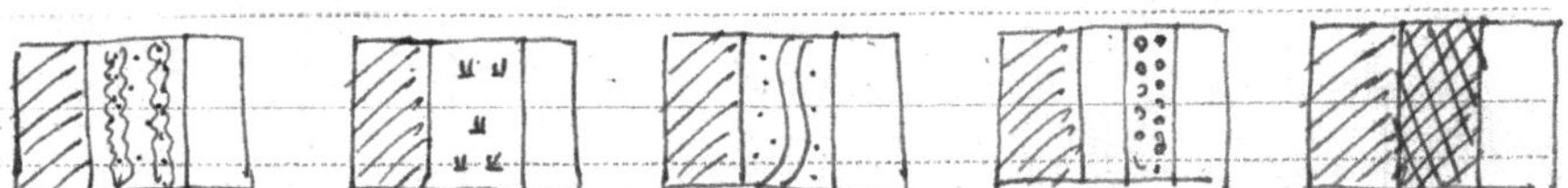


c: 问题:

①: 我国用地紧张. 不仅很难设置, 甚至已有的被占用. —石河子.

②. 对于大型工业企业. (钢铁. 石油化工). 1000米也起不到防护作用.

工业区与居住区将缓过近. 交通又跟不上. 举例: 胜利石化.

③. 有的企业本有污染, 但加了烟囱后. 防护地带失掉作用.

如 ( $X_{max} = \left(\frac{H}{C_z}\right)^{\frac{2}{2-n}}$ ) 或 $X_{max} = 10-15H$. 辛庄电厂.

结论: 防护带是必要的; 它是消极的防御办法; 要因地制宜.

(1324)

二.工业在城市中的布置:

概述:集中与分散相结合的布置形式,较大城市的四种组织形式.

1.工业区:定义:工业区是由若干个工业企业组成的工业相对集中的地区,除厂房外,还有工业仓库.动力.交通运输等为工业服务的附属设施.

a:工业区的组成: ①.厂房及仓库 ②.动力设施.(电站.热电站.煤气站.变电站.).③.给水[redacted]设施及污水处理厂.④.运输设施:专用线.工业站.⑤.行政办公.

b.工业区的规模.规模过小,协作不便.用地过大的问题.

例:北京东郊规模过大.——污染不易处理.人防.交通.用水.用电.

c.布置方式:
①性质相同的组织在一起,小城市可组织综合工业区.
②.一般布置在城市的边缘,大城市可分割若干区.

实例.北京:东郊(综合).东南郊—化工.东北酒仙桥—电子.清河—毛纺.

西部:钢铁.重型机械.

2.工业街坊:一些用地数公顷小型无害工业.无线电.食品.机械.

3. 位于居住区的小工业：污染小、无害。缝纫、玩具制造、文教。

4. 郊区独立工业点。a：离城市较远；b．一般为大型、具有污染的工业（材料类），数量1—2个企业。例：牛栏山化纤；琉璃河：水泥、主井地。

小结：我国因受四人帮干扰，很难找到完全工业区。应吸取教训。

第三节 对外交通用地规划布置。

概述：由铁路、公路、航运、航空4种用地组成。

特点①为城市基本部门服务，是城市对外联系的纽带；

②．对城市有严重干扰；例：火车、飞机。

③．本身~~附条~~要有良好的衔接；火车—长途汽车。

一：铁路用地在城市中的布置。

1、铁路干线（路）尽量避免穿越、分割、包围城市。

a．现象：穿越：青皇岛、唐山；分割：郑州。

包围：石家庄

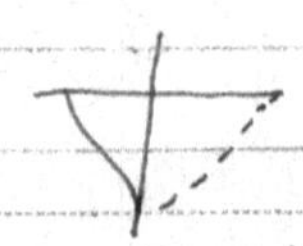

b：原因：①．城市规模扩大，跨铁路另一侧发展。

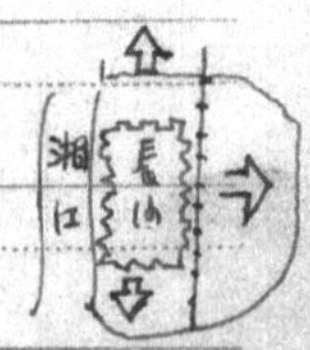


②．新建铁路未考虑城市发展。(~~京广线~~ → ~~导致城区离星、被迫~~ 风景区大.

承钢封闭线

(1324)

北京市西城区印刷厂出品 七六·三

1. 改进措施：①. 城规(总体方案). 城市向铁路一侧发展.

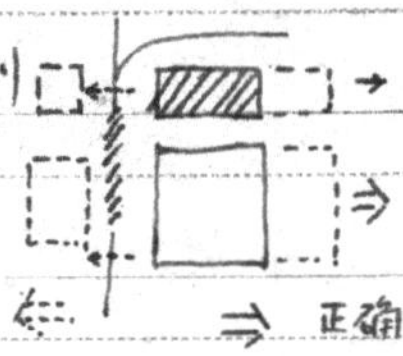


②. 旧线改造，从城市外围绕过.

③. 当线路无法改造时. 城市主干道与铁路交叉处设立交.(不夫应立交，除南).

④. 在两侧各设主要的生活服务设施.

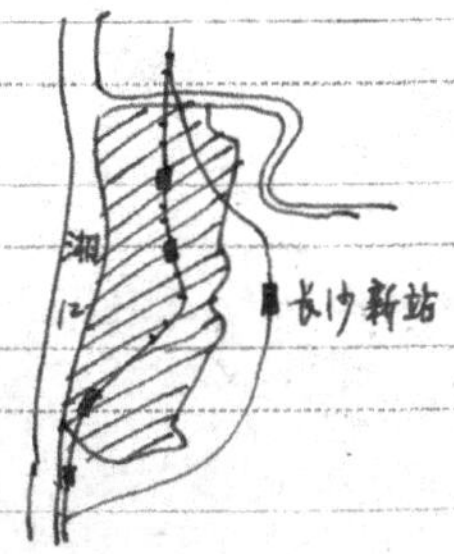


2. 铁路站场在城市中的布置.

a：客运站：位于城市适中地点.(但不是中心). 便利旅客往返.

过远的例子："包头三大怪，车站在郊外". 5k. 交通不便.

良好的例子：北京站.

车站过远的原因：城市规模定不准确.

b：货站. ①~~根据城市居住区的分布和服务范围~~ 一般城市. 设置综合性的货站. 一般接近仓库区.

(秦岛把货站拉出. 有部分居民用地迁就过远).

②. 在工业或仓库区大综货物的集散点. 应当设工业站. 地区站，这类车站一般应设在城市的外围.

(1324)

③. 接近编组站. 节约运行里程.

北京市西城区印刷厂出品 七六·三

C.编组站：特点：a.用地多. b.干扰大. c.与城市关系不大.

一般放在城市外围. ①：一般设在干线的汇合处；主要车流经过的干线上。举例：不宜在编组站. 在市中心. 迁出投资7000万. 放在南郊.

二：公路(运输)布置要求.

1. 首先要(划分公路与城市道路的功能) 并)根据不同的功能合理布局(进行).

a. 公路——①城市之间，城乡之间，城市与郊区的联系，

②.步行交通量小，无管网、路灯.

b：城市道路. ①.联系城市内部；②.有大量人流穿行. 有管网.路灯. 有人

c：为此，不能用公路代替城市道路. 例. ——→

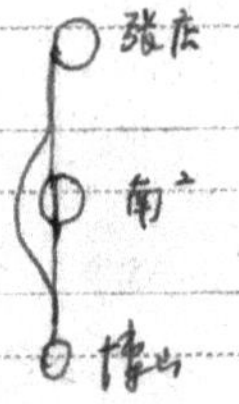


2. 公路线路不应穿越城市. 另方面，城市不应在公路两旁摆项目. 例 北京沙河镇.

3. 大城市可设置环路解决过境交通问题：北京三环，成都二环.

4. 汽车站的布置. a.布置在城市适中的地区. 不宜太远；b.周围应有旅馆.饭店服务设施；c.靠近火车站.

过境车辆停车场：布置在城市边缘，一般在环路上，应设"旅客之家"。

(1324)



装 订 线

第 32 页

三、水路运输布置要求：

1. 合理安排岸线，正确处理城市与水运的关系。根据深水深用、浅水浅用的原则，全面安排港区码头（军用、民用）、工业布局、城市各项建设，保证重点，照顾一般，各得其所。

举例：青岛、湛江；成功，秦皇岛：城市缺乏岸线。

2. 正确处理港内各部分——码头、仓库、外贸、铁路的关系。

a：码头之间的关系：深水深用，浅水（渔轮、舢舨）民用；

货物分区（粮、石油、杂货），码头、港区分类使用。

3. b：仓库与码头的关系：国内主要库场面积：126—170m²/每米码头岸线。

日本大阪：31m²。还要考虑二线库场的安排（短时间停留、存放）。

3. 与港口水陆联运的铁路专用线，不要穿越分割城市。

4. 环境保护——石油污染。



北京市西城区印刷厂出品 七六·三

装 订 线

四：航空运输

概述：速度快．客量越来越大：安 = 10余人．伊尔14 30余人．波音707 174人．波音747：340人．国外已取代火车．占第一位．首民也机场．1000—1500万人次/年．

布置要求：

1：技术条件：应满足机场本身的要求：

a．用地：

| | | | |
|---|---|---|---|
| 一 | 3200 × 800 | 256公顷． | 波音．伊尔62． |
| 二 | 2400 × 700 | 168 〃 | 伊尔18．三叉． |
| 三 | 1700 × 600 | 102 〃 | 安24．伊尔12． |

b．坡度．纵：0.5%．横 0.5—1.5°．

c．风向：迎风起落．

d．净空：不许有高大建筑物．

2．噪音大．要远离市区．例．广州机场．石河子机场．

3．要有快速干道与市区取得方便联系．例(1) 北京．(40分)．兰州 2小时．

第四节．仓库用地规划布置．

一．仓库用地布置的重要意义——以黑龙江绥棱县失火为例．(卡面)．河北固安1976年弹药库爆炸(武器库)．炸毁房屋600间．县委炸毁．屡楼了．幸好提前半小时撤离．死10人．

第 34 页

二：仓库分类：有多种分类，按用途及所属关系：

仓库
- 国家储备库　a. 规模大，b. 要求交通方便，c. 由国家掌握，与城市无关。
- 转运仓库　a. 要求交通方便，b. 储存周期短，c. 与城市无关，
- 为城市服务仓库，a. 门类繁多，b. 与城市关系密切，c.

按（储存）商品性质可分：综合性仓库，专业性仓库（冷库，料库）危险品仓库，石油，木材，炸药，毒药等。

三. 影响仓库用地指标的因素。
1. 仓库用地综合指标：目前国家无规定，一般以 $m^2$/人代表。
2：城市性质：大城市 > 小城市。

交通枢纽 > 一般城市。

3. 仓库的技术经济指标：3个仓库，除（库容）掌握年吞吐量，储存量外，还要3个。

a：~~仓库有效面积~~ 仓库堆存指标 $T/M^2$. 指标大，用地省；

b. 周转次数：$\frac{\text{全年吞吐量}}{\text{设计库容}}$　次数多，用地省，

a. 生铁 3.5

轧 1.0

木材 0.2

稻草 1.0.

c. 建筑性质：是堆场，还是库房；是单层，还是多层，

（利用率高）。

(1324)

四：仓库用地规划布置要求：

1. 不同类型和不同性质的仓库分别布置在不同地段。

①：国家储备库、中转仓库——城市郊外，为城市服务的仓库具体分析。

②：为城市居民服务的仓库——百货、日杂用料、食品、水果、蔬菜，仓库小，可以布置在居住区内及边缘；

③：一般工业品仓库、五金、机械，可组成综合仓库区，择在交通方便、离工业区较近的地段；

④：易燃、易爆、危险品仓库，放在远郊，单独布置。例：北京木材，近郊南郊。

⑤：相互干扰的仓库，不宜布置在一起。食品——建材、化库；料库——粮食、茶叶仓库（农药），（化工产品库。

2. 仓库应靠近铁路货场、车站，便于取得交通联系及充分利用。

①：好的例子：石家庄、郑州。 ②：要注意防止在铁路两侧布满，防碍城市交通，不利备战。

3. 要满足环保、卫生、防火要求：

①：仓库区与工业区、居住区之间应设防护带，一般根据规范分为

(1324)

| | 宽度 | 性质. |
| --- | --- | --- |
| a: | 300米 | 占有毒的有害气体仓库.(水泥). |
| b: | 100米, | 化库. 非金属库 |
| c. | 50米. | 蔬菜. 小米. |

石油仓库的要求: 距重要设施: 水电站. 桥梁. 1000—3000米
居住区. 最小150米.

②: 具有污染. 异臭味的仓库: (腐蚀+冷库). 设在城市下游. 盛行风向.

③: 要有消防设施:

④: 利于战备. 例如在城市中. 分散仓库在容积小于25—30公顷为宜.

石油库最好接地下. 半地下.

# 北大地理系文献

## 教学手稿卷 2

崔海亭 主编
唐晓峰 蔡运龙 副主编

學苑出版社

# 目录

北大地理系文献
教学手稿卷 2

周一星……………319
《城市地理学》

王缉慈……………431
《现代工业地理学》

蔡运龙……………511
《综合自然地理学》

唐晓峰……………633
《中国城市历史地理》

# 周一星

## 《城市地理学》

这份手稿是我为北大地理系本科生开设《城市地理学》课程而写教材的一部分。

城市地理学随着城镇化的发展而诞生，二战后迅速成为现代人文地理学的重要分支。1946 年西方出现第一本城市地理教科书。我国在 1949 年前，只发表有数十篇城市地理论文，大学里并不开设系统课程。后来因历史原因，其发展基本处于萧条、停滞状态。直到国家恢复高考，北大地理系的经济地理专业向城市规划转向。这时，城市地理成为我的学术方向，城市地理课成为专业必修课。然而，在学科发展几乎空白的背景下，没有一本现成的讲义或教材可用。

笔者通过阅读西方著作，学习国内已有成果，结合本人的城市研究和规划实践，1981 年第一次给 1978 级本科生开设城市地理课，以后每年一次直到 65 岁退休。最开始，除教案外，编有《城市地理参考资料》。教课几轮后有所积累，1984 年恩师仇为之先生为我与商务印书馆签约，应承写作《城市地理学》这本书。不想好事多磨，1992 年 3 月交稿，1995 年 7 月出版。这本在北大长年使用的教材，共 9 章。这里刊印了手稿的前言、目录和前两章。需要说明，在 1999 年第 3 次和 2011 年第 6 次印刷本中曾做过 19 页次的“挖改”，手稿保持历史原貌，未做相应改动。

离开讲台已近 20 年，今又翻出 30 多年前的旧稿，睹物思情，不胜感慨，对出版社的创意也深表感谢。（周一星）

# 前言

在19世纪的最后一年，有一位纽约康奈尔大学的年青学生阿德纳·斐伦·韦伯，发表了一篇题为《十九世纪城市的发展》的论文。他用不同国家无可辩驳的数字概括19世纪最显著、最普遍的特点之一就是世界的城镇化。如他所料，在20世纪，世界的城镇化过程在继续前进。今天，我们快走到21世纪的大门口，尽管极少数起步最早的国家经历过城镇化快速增长以后，乡村人口向城镇的迁移速度已经显著放慢，进入了城镇化离心扩展的新阶段，但因地广人众的发展中国家在本世纪中加入到快速城镇化的行列中，整个世界伴随着人口爆炸而来的城市爆炸始终没有停下来的迹象。

工业革命以后的城市，特别是大城市，既给人类带来了空前丰富的物质财富和精神财富，在社会经济发展中的地位日益突出，但它同时也给人类带来诸多麻烦，因其社会问题和环境问题丛生而令人困惑。许多人追求城市的生活方式，不顾离乡背井，千方百计流入城市谋生，而另有一些人却想方设法逃离这个繁华世界。政府决策者在决心推动经济发展时，常常强调通过城市开发来实现他们雄心勃勃的目标，当他们面对管理中出现的种种困难时，又常常想对城市发展加以种种控制，甚至不惜强行疏散城市人口和产业。

城市在迅猛发展中所表现出来的这些两面性，吸引了各个学科和各种观点学者的注意力，他们希望在这个纷繁复杂的领域中，发现和总结城市发展的规律性，提高规划、建设和管理城市的自觉性。社会的现实需要给一系列以城市为对象的学科提供了蓬勃发展的无限动力。

城市地理学是城市科学大家庭中毫不逊色的一员。地理学家以其空间地域性、系统综合性的独特视角和以人为中心的人地关系的观念来研究城市，而区别于其它城市学科。二次大战以后，城市地理学获得长足进展，对城市研究作出了贡献，并在学科的相互融合和渗透中，从经济学、社会学、心理学等吸收了必要的营养，又采用了数量方法、计算机、遥感以及地

第 3 页共 页

理信息系统等现代手段，成为地理学中最活跃的人文地理分支之一。

中国的城市地理学的发端不晚，但因特殊的历史背景，在新中国重新起步却已经是70年代末80年代初。我以经济地理学的一点专业基础和70年代参加过一些城市规划、城市环境保护方面的实践，意识到城市地理学在我国发展的前景，从而对它产生了浓厚的兴趣。经过一年的自学准备，1980年第一次在北大地理系开设了城市地理课程。从此，我的科学研究和社会实践几乎一直没有脱离开中国的城市，从城镇化问题起步，涉及过城市体系、城市气候、城市政策、城镇体系规划和城市统计概念等方面。教学所要求的系统化思路激起过我不少研究的思想火花，科研又反过来充实了教学内容。地理系学生学习城市地理的高涨热情，对我也是一个鼓舞。我的课程从一二十人的经济地理专业的必修课，逐渐扩大为地理系各专业学生选修的六、七十人的大课，并吸收过一些外单位的进修教师。

（电开21）20×20＝400

为青年学生提供一本城市地理学导论性的参考书，是写作这本书的最初目的。酝酿写作计划早在1982年，但在进行过程中，于洪俊、宁越敏的《城市地理学概论》和许学强、朱剑如的《现代城市地理学》，分别于1984和1990年问世。这两本论著都有很高质量，且各有特色。前者是我国著名城市地理学家严重敏教授的两位高材生在硕士研究生学习期间的力作，涉及的领域广泛，内容丰富，充分显示了作者当年精力充沛、勤奋刻苦、富有风行的年轻人的风貌。后者以穗港学者的合作为优势和特色，较多的摄取了城市地理发展的新理论和新趋势。为了避免不必要的重复，我先后两次修改自己的写作计划。想不到从当初酝酿时算起，一晃就是10年拖过去了。

现在奉献给读者的这本小册子，在内容安排上是这样考虑的。第一章介绍城市地理学的发展概况，第二章介绍和讨论城市地域概念和统计口径，这是对城市进行地理学研究的必要准备和重要基础。第三章介绍和讨论城镇化趋势，它是现代城市发展的背景，构成城市地理宏观研究的基本内容。第四、五章分别从外部条件和内部机制两个侧面讨论城市形成和发展的基本原理。外部条件侧重于城市地理位置的分析，内部机制侧重于城市经济基础理论的讨论。第六、七、八章分别就城市体系的三大支柱城市职能结构、等级规模结构和空间网络结构进行比较深入的分析。第九章以前面各章理论和方法的综合应用为结尾，讨论城镇体系规划。各章之间既有独立性，又有明显的衔接关系。

每一章内容的安排以国外国内并重，理论方法和应用兼备为原则，力求理论和实际相结合。西方城市地理学的一般理论，在前面提到的两本书中有大量的介绍。本书将增加对有些理论的讨论和评价，目的是便于我们在吸收这些理论时，不至于生搬硬套，可以有比较、有选择。在这个基础上才谈得上有创新。我还认为理论研究的生命力在于能解决指导实践，解决问题。因此本书在力求讲清楚有关概念和理论的同时，重视有关方法的介绍和探讨，并提供了一些应用适当方法去研究我国问题的实例。我也一直希望，城市地理研究应该能为国家制订正确的城市和区域发展的方针政策出谋献策，在一些章节我也确实冒昧地发表了我的见解。不管它正确不正确，能不能被接受，但它作为一家之说，确实代表了我的思想和为国家服务的良好愿望。总而言之，如果本书能以多一点"研究"的成份，对以前几本我国的城市地理学综论性著作作一点菲薄补充，我就心满意足了。

用城市地理学的学科体系来衡量，本书远不够全面和系统。有些内容，是因为论述的书籍甚多（如城市发展的历史），无需重复；有些内容，国外的研究很多，但离我国的实际较远，有我们自己特色的研究则刚刚起步（如城市内部结构）；有的研究在我国还没有真正开展起来，缺乏必要的文献。当然，更主要的原因是作者对这些问题还知之甚少，因此索性不求面面俱到，把未及领域作为作者努力的方向，留待今后继续探索。我国城市地理学的研究队伍已经相当庞大，而且发展前景十分乐观。我深信，以中国为主题的一系列的城市地理学专著正在孕育，它们的问世指日可待。

在本书即将完稿之际，世界风云变幻，全球政治地图发生了很大变化。但书中涉及到一些政治实体的统计资料或论述，如苏联、西德、东德、南斯拉夫等等，都已无法一一修正或替换，现按原稿付印，代表的是原来的政治实体概念，在文中不再一一注出，这是需要特别说明的。

全国经济地理科学与教育研究会很早就把本书列入"经济地理学理论丛书"的选题之一。成稿以后，有的同志提议，按照学科的分类，该书列入"现代地理科学理论丛书"可能更加贴切。提议得到了两个丛书编委会的支持。就我而言，该书得以出版，两个丛书编委会的支持和鼓励都是极为珍贵的，我在此谨表示深切的谢意。在写作过程中，我的老师仇为之、张景哲、胡兆量、杨吾扬、魏心镇等诸位教授，曾给予我亲切教诲和热情指导，周舜武、叶冰同志审阅、润色全书，提出了许多宝贵意见。刘威同志清绘了书中插图。笔者还参阅和引用了数百位学者的论著、资料。对各位师长、同行、朋友提供的帮助，我怀着深深的敬意和感激之情。

书中错误和不当之处一定很多，敬请各位不吝指正。

周一星

一九八二年

三月于燕园

# 目録

第一章 绪论
第一節 什么是城市地理学
一.城市是人类文明的象征
二.城市是一种特殊的地理环境
三.城市地理研究城市空间组织的规律性
第二節 发展简史
一.描述性地名辞典阶段
二.自然位置论阶段
三.区域分布论阶段
四.二次大战后的迅速发展阶段
第三節 中国城市地理学的发展
一 1949年以前兴起阶段
二 1949-1966年相对萧条阶段
三 1967-1976年停滞阶段
四 1978年以后振兴阶段
第二章 城市地域概念
第一節 城镇定义和城乡划分
一.城、市、镇、城市、城镇
二.城镇确定的标准

（电开21）20×20=400

三.城乡界线的划分

第二節 其它城市地域概念

一.大都市区

二.通勤场和城市场

三.大都市带

第三節 中国的城镇概念和统计口径

一.中国市镇设置的标准

二.中国的城乡划分

三.中国城市统计口径的讨论

第三章 城镇化——当代世界的潮流

第一節 基本概念

一.城镇化、城市化和都市化

二.什么是城镇化

三 量测城镇化的指标

第二節 世界的城镇化

一.历史背景

二.世界城镇化进程的特点

三.世界城镇化水平的地域差异

四.城镇化过程曲线

五.城镇化与经济发展的关系.

（电开21） 20×20=400

第 3 页共 页

六、过度城镇化和低度城镇化

七.郊区城镇化*和逆城镇化

第三节 中国社会主义阶段的城镇化

一.中国城镇化过程的特点

二.制约我国城镇化发展的主要因素

三.我国城镇化的地区差异

四.绝对均衡论和相对均衡论

五.中国城镇化面临的若干问题及对策

第四节 应用：区域城镇化水平预测

一.联合国法

二.城镇化与经济发展水平的相关分析法

三劳动力转移法

四时间趋势外推法

五系统动态学方法

六目标优化法

第四章 城市形成发展的地理条件

第一节 城市群体分布的区域基础

一.城市宏观分布与自然区域地理条件

二.城市宏观分布与区域经济地理条件

第二节 城市地理位置的影响

（电开21） 20×20＝400

* 1999 年第三次印刷“郊区城镇化”已改为“城市郊区化”。

一.概念

二 城市地理位置的类型

第三节 城镇发展地理条件的综合评价

一.因子选择

二.综合评价

三.应用

第五章 城市发展的经济基础

第一节 城市经济活动分类

一.城市经济的部门划分

二 城市经济活动的基本 [redacted] 与非基本部分

第二节 划分城市基本和非基本活动的方法

一.普查法

二.残差法

三.区位商法(宏观法)

四.正常城市法

五.最小需要量法

六.小结

第三节 城市经济基础理论与城市发展机制

一.影响基本/非基本比率的因素

二.城市经济基础理论对城市发展机制的解

第5页共 页

释

三.投入—产出分析与乘数确定

四.小结

第六章 城市的职能分类和城市性质

第一节 城市分类概述

第二节 城市职能分类方法评述

一.一般描述方法

二.统计描述方法

三.统计分析方法

四.城市经济基础研究的方法

五.多变量分析法

六.小结

第三节 中国的城市职能分类研究

一.区域性的城市职能分类

二.全国性的城市职能分类

三.城市职能分类的应用

四.城市职能与城市性质

第七章 城市体系的规模分布

第一节 城市规模分布理论和方法

一.城市首位律

（电开21）20×20=400

二、四城市指数和十一城市指数

三、城市金字塔

四、二倍数规律

五、位序—规模律

## 第二节 对城市规模分布的讨论

一、国外对城市规模分布的理论解释

二、城市规模分布与经济发展水平和城市化水平的关系

三、应用位序—规模分布模式要注意的问题

## 第三节 中国的城市规模分布

一、我国城市位序—规模律的验证

二、我国城市规模等级结构的变化

三、我国城市规模等级体系的省区级差异

四、我国省区级城镇规模等级体系的演变模式

## 第四节 中国城市发展的规模政策

一、我国城市发展方针的简单回顾

二、近年来争论的焦点

三、我国城市规模和经济效益的关系

四、我对规模政策的见解

第7页共 页

第八章 城镇体系的空间网络结构

第一节 中心地理论

一、背景

二、有关的概念和术语

三、理论假设

四、克氏中心地理论的要点

五、对克氏理论的验证与讨论

六、廖什的中心地理论

第二节 城市吸引范围的确定

一、概念

二、方法

三、应用举例

第三节 我国城市空间结构的研究

一、我国城市的空间分布特点

二、从新城市看我国城市分布的宏观变化

三、我国城市经济影响区域的空间组织

四、我国的城市经济区

第九章 城镇体系规划

第一节 基本概念

一、城镇体系

（电开21） 20×20=400

二、城镇体系的基本特征

三、城镇体系规划的提出

## 第二节 城镇体系规划流程和内容

一、工作流程

二、工作内容

三、工作方法

## 第三节 城镇体系规划的战略构想

一、问题的核心

二、西方城市发展战略的一些理论概念

三、发展中国家城市发展战略类型

四、小结

第 1 页共 页

# 第一章 绪论

## 第一节 什么是城市地理学

### 一.城市[redacted]是人类文明的象征

自人类从自然界分化出来以后，人类的存在一方面离不开自然，更重要的是人类还要利用和改造自然以创造自己的文明。从穴居到定居；从逐水草而居到定居；从分散的农村聚居到更为集中的城市聚居，人类已经历了漫长的岁月。在这个发展过程中，"物质劳动和精神劳动的最大的一次分工，就是城市和乡村的分离"①。城市的产生，一直被认为是人类文明的象征。在西方，"文明"(civilization)一词就来源于拉丁语的"市民的生活"(civitas)。

因为正是城市的诞生，它比旧石器时代的营地和新石器时代的村庄都更能有效地组织和动员人力物力，发展分工合作，促进贸易交流，从而使一部分人有可能脱离必要劳动去从事艺术、哲学和科学事业。这样一种崭新的社会结

①马克思、恩格斯，"德意志意识形态"(1845-1846)，《马克思恩格斯全集》，第3卷，56－57页。人民出版社，1960年第一版

J109877 20×20＝400

构把当时人类拥有的一切发明和革新成果，把天文知识、神祇观念、文学艺术、宗教政治、实用技艺皆都组合到一个以宫殿、神庙为中心，以城垣为边界的新型人口群落之中。城市在吸引和集中各种社会人群和文化的过程中，既使人类文化的长期积累得以保存免于流失，而且又促进了文明发展的飞跃。

二、城市是一种特殊的地理环境

1、地理学研究地球表面的地理环境。在地理环境这一广阔的领域，城市是一种相当特殊的地理环境。

城市占整个地球的表面积很小，但集聚了高密度的人口和社会经济活动。世界的许多发达的国家，已经成为城市的国家。以美国为例，1980年366个城市化地区，只占美国土地面积的1.5%，但集中了美国61%的人口（1.4亿人）①。中国的城市发展水平还比较低，特点却差不多。1988年我国434个城市，市区面积占全国的11.7%，而全国

①. U.S Department of Commerce, Bureau of the Census, Population and Land Area of Urbanized Areas for the United States and Puerto Rico: 1980 and 1970, 1980 Census of Population, Supplementary Report. 参考文献91

J109877　20×20＝400

人口的27.2%，运输总量和零售商业的50%以上，工业产值的70%以上，高等教育的几乎100%都集中在这里。而这些工业、交通、商业、文教活动实际上又主要发生在只占全国面积0.13%的城市建成区里①。城市不仅是人口中心、经济中心，也是国家社会生活的中心。多数决定国家发展的决策是在城市中作出的，多数社会变化开始于大城市，然后才扩散到较小的城镇和乡村。城市是人类物质财富和精神财富生产、积聚和传播的中心，影响和联系的面极为广阔。令人遗憾的是城市常常也是社会藏污纳垢的场所。

人类对自然环境干预最强烈的地方也许就是城市。城市虽然不能脱离城市所在地域的地形地貌类型、气候类型、植被土壤类型等地理背景，但是原来的自然环境面貌在城市地域里已经所剩无几，面目全非。大规模的土方填挖和建设已经改造了城市地貌，以水泥、沥青、砖瓦和各种人工铺设组成的人工下垫面，取代自然下

①《中国城市统计年鉴1989》，中国统计信息咨询服务中心、国家统计局城市社会经济调查总队编，中国城市经济社会出版社联合出版。

20×20=400

整面形成了独特的城市气候，即使是公园、植物园、动物园中的自然物也无一不受人工的控制。总之，城市是包括了自然环境却又是以人造物和人文景观为主的一种地理环境。人类对这一部分自然地域的改造影响深远，作用之大，反过来通过影响自然界又影响人类本身的生存。

城市是一种不安全的、脆弱的环境系统，是人类受自然环境的反馈作用最敏感的地方。城市的人口永远不能在狭小的生存空间维持。城市的复杂功能运行，要与外界发生十分密切的联系。包括维持城市生态系统的能量如粮食副食品、煤炭，甚至新鲜的空气和水分，主要靠外界输入。而城市的废弃物也必须输送到系统之外。过量抽取地下水，造成地面下沉；排放过量污染物，触发震惊世界的伦敦烟雾事件和洛杉矶光化学烟雾等，都说明城市某一个环节的不协调，主要受害的还是城市。至于自然灾害或病菌肆虐一旦发生，则城市常受到最惨重的损失。震中位于唐山市的1976年特大地震，共计死亡24.2万人；1988年初的上海甲肝流行，

第 5 页共 页

使几百万人口的一些特大城市几乎处于瘫痪，都是十分典型的例子。

城市又是一个极其复杂而且处于动态变化之中的巨系统。由于它是自然力与人类创造力共同作用的产物，推动城市发展变化的因素，实在是太多、太复杂了。有来自自然界的和人类自身包括社会的、经济的、文化的和工程技术的因素，有来自城市内部的和城市外部的。每个城市在共性之下又都形成了各自鲜明的个性。因此，它们的发展常有很大的不确定性而难以预测。在人类没有完全了解自然界和人类自身以前，也很难完全了解城市，以及完全预知城市的理想未来。这不是宣扬不可知论，而恰恰是只有真正把握住城市的这种本质和特点，才能使城市的研究和规划更接近于实际，或者说理性的成分更多一点。

城市地理学就以城市这一特殊的地理环境作为自己的研究对象。

## 三、城市地理研究城市空间组织的规律性

正因为城市是一种特殊的地域，是地理的、经济的、社会的、文化的区域实体，是各种人文要素和自然要素的综合体，所以有许多学科以城市作为研究对象，比较成熟的有城市经济学、城市社会学、城市地理学、城市建筑工程学、城市生态学、城市气候学等。它们各从一个侧面研究城市的某种价值和运动过程。城市现象的复杂性，使这些研究领域互有重迭交错，保持紧密的联系。城市规划和管理可以看作是它们共同的应用方向。（图1.1）一系列以城市为研究对象的学科的组合即城市科学。

图1.1. 城市学科的领域重迭

图1.1. 城市学科的领域重迭 根据参考文献9、P2修改

城市地理学侧重于城镇区域的地理学研究。我们知道，各个城市的形成和发展有不同的历史背景和地理条件，各有不同的职能，承担不同的分工，形成各不相同的结构和形态，所有这些不同都不是偶然发生的，有它发展的内在

规律。城市地理学就是主要研究城市空间组织的规律性的学科。按它研究的不同空间尺度，又可以分为国家或区域中的城市的空间组织（也称城市体系）和城市内部的空间组织（也称城市内部结构）两大部分。

城市地理学在地理学中的地位说法很多。有人认为城市地理是人口地理学的分支学科[①]。理由是人口地理学研究人口的分布和迁移。而人口分布通过聚落表现出来，城市不过是人口分布的一种具体的聚落形式。同时，城市也是人口在城乡之间迁移的一种结果。显然，这是可予承认的事实。然而，人口地理学主要从人口学特征诸要素（如人口数量、性别、种族、年龄等）来研究人口的分布和迁移，它只能触及城市地理一小部分的研究内容。城市地理学所说的城市除了是人口的聚居点外，还是许多经济要素和非经济要素组成的综合体，这是人口地理学所无法容纳的。这种观点的产生，可

①. 如苏联 B. B. 波克什舍夫斯基，见《地理学分支学科简介》，商务印书馆，1962年。

J109877 20×20＝400

能是因为长期以来的区域经济地理描述中，总把人口和城市结合在一起作为描述的最后一部分的结果。

5 上述观点有联系的一种看法认为城市地理学和工业地理学、农业地理学、交通运输地理学一样，是经济地理学中的一个部门地理。我们知道，经济地理学的部门分支学科，基本上按照工业、农业、交通运输、商业、人口等各经济要素（生产、流通、消费）为不同对象而划分。把人口看作一种生产力要素或消费要素，从而把人口地理学归为经济地理学的一个特殊分支，还勉强可以成立。而城市地理不研究任何一种经济要素本身的分布规律，而着重于各种经济要素在城市中的组合，以及经济要素和其它非经济要素互相影响在城市所产生的综合结果。所以城市地理学既不是人口地理学的一个分支，也不是经济地理学的一个部门学科。这种观点的产生，主要由于城市地理学在没有独立以前，一般附属于经济地理学。

现在普遍认为城市地理学是人文地理学的

第9页共 页

一个分支学科，这种意见似乎也值得商榷。地理学的自然、人文二分法并没有全部覆盖地理学。而人文地理学的分支学科分别以经济、社会、政治、文化、军事等地理现象为对象形成各分支学科的研究领域。与上同理，城市地理所研究的城市与这些现象都有关系，但它不研究它们各自的过程，而专注于以上要素（还要加上自然地理要素）在空间的组合。它不是一个部门，而是若干部门在地域上的综合。

我倾向于认为，城市地理学是把城市作为一个区域来研究的，应属于区域地理的范畴。理由有三：首先，如上所述城市地理既然不是部门地理，那么在地理学的学科体系中，必然是区域地理；第二，区域地理的对象可以是不同性质的区域，如自然区、经济区、行政区，每一种区域类型又可以有不同的空间尺度（如经济区可以分为大经济区、省内经济区、县级经济区等），城市是一种兼有经济、行政和自然性质的一种综合性的区域，城市区域又有市中心、建成区，都市区，大都市带等不同尺度，

J109877 20×20=400

第三，城市作为地球表面的一种地理现象主要有两方面的特征，一是位置和分布的特征，二是内部结构的特征。研究前一种城市的地理现象，即研究一定区域里的城市，研究城市体系；研究后一种城市的地理现象，即把一个城市当作区域来研究，研究城市的内部结构。这是一个问题互有联系的两个侧面，联系点就在无论是城市体系还是单个城市，它们都是区域的一部分，区域的缩影或焦点。由于城市与自然环境系统之间的关系的研究还很薄弱，因此可以认为城市地理学目前是偏重人文地理的综合性的区域地理研究。我相信，城市气候、城市地貌、城市水文等城市自然系统的研究，随着城市中人类活动对自然环境的反作用日益深刻，今后必会有长足发展。

~~图1-2. 城市地理学在地理学中的地位~~

城市地理学理论的主要应用领域是城市规划、区域规划，以及各种形式的城市和区域发展对策研究。在城市规划中，城市地理主要在总体规划中发挥作用，分析城市的发展条件，明确城市的性质、分工和发展规模、发展方向，制订各类用地和重点建设项目的布局方案。在区域规划中，城市地理着重解决区域中不同等级城镇的合理分布、合理分工和合理规模，以城市为中心，把区域中的点、线、面组织成一个有机的整体。城市规划和区域规划日益紧密的结果，城镇体系规划的这部分工作实际成了城市总体规划和区域规划的结合部而受到重视。

## 第二节 城市地理学发展简史

城市地理学是地理学的一个分支学科，因此地理学的发展过程和整体研究水平制约着城市地理学的发展，具有大体相应的发展阶段。另一方面，随着城市在社会经济生活中的地位日益重要，城市化的迅速发展和城市问题的日益尖锐，城市地理学作为地理学中一个相对后起的分支，正在蓬勃发展，日渐完善和独立，并反过来给地理学的发展以巨大推动。

城市地理学的发展大体可以分成四个阶段。

一、描述性的地名辞典阶段。

在二十世纪以前，城市地理主要是以区域地理描述的一个组成部分而存在的。

西方最早的区域地理的代表作斯特拉葆（Strabo, B.C. 63－24）所著的十七卷《地理学》一书，对城市就有了比较系统的描述，主要记叙城市的地理位置、行政隶属、人口、商业和物产。城市描述的这种格式甚至一直延续到近代。变化只是随着商业和对外贸易的发展，城市的增多，人们视野的扩大，所认识的城市在数量上越来越多，在描述内容上对贸易和地理位置给予更多的重视。这种变化在十五世纪地理大发现以后尤为明显。

中国区域地理的最早代表作《史记·货殖列传》成书在西汉时期，比古罗马与斯特拉葆所处的时代还略早一些。作者司马迁在把全国主体分为十六个历史、经济地理区的基础上，对分布在各地区的二十五个重要城市作了描述。例如对燕（今北京）的论述是："夫燕亦勃、碣之间一都会也，南通齐、赵，东北边胡。上谷至辽东，地踔远，人民希，数被寇，大与赵、代俗相类，而民雕捍少虑，有鱼盐枣栗之饶。北邻乌桓、夫馀，东绾秽貉、朝鲜、真番之利"。从《史记·货殖列传》开始，经《汉书·地理志》，直到魏晋以后大量出现的方志和其他有名的地理著作，区域描述成了中国地理学的主流，其中对城市的描述也差不多是采取叙述式的地名辞典的形式出现，且内容逐事琐碎、日趋臃杂。虽然早在十七世纪前后，以刘继庄为代表的地理学家们对这种封建主义的地理传统提出了挑战，主张地理研究要"经纬天下"、探讨"天地之故"，寻找自然规律。但终因社会历史的局限性，这种地理学的新思想没有在中国成长发展、开花结果。

二、自然位置论阶段。

西方在完全不同的历史条件下，十九世纪上半叶洪堡(Humboldt, Alexander Von 1769-1859)、李特尔(Karl Ritter, 1779-1859)得以科学地总结了古代地理学，开始了地理学探讨地理现象分布规律的转折，接着拉采尔(Friedrich Ratzel (1844-1904))、李希霍芬(Ferdinand Von Richthofen)等在十九世纪后半叶确立了近代地理学。二十世纪早期人文地理学又异常繁荣，城市地理学作为一个专门的新领域在这种背景下出现了。1901年迪肯森(B.B. Dickinson)在一篇发表在《地理杂志》上题为"城镇位置"的论文中总结道："让我们永远放弃把城镇、物产和名胜作为互不联系的事实加以罗列的学问，而是要对分布和自然位置的逻辑结果有一般的但是综合的了解"。由于当时认识上的局限性，地理学思想以地理环境决定论占优势。反映在城市地理学上，当时的基本思想就是用城市所在位置的自然条件的作用来解释城市的起源和发展。尽管这样，从自然位置来解释城市的发展比堆砌资料的描述是进了一步，它为城市地理学发展成为一门科学奠定了基础。

有两部著作的出版可以反映这一阶段城市地理学的特点。一是城市地理学的第一部通论性著作，卡尔·哈塞特(Karl Hassert)的《城市地理研究》1907年在德国出版[1]，标志了城市地理学进入从区域描

第 15 页共 页

述的附属地位脱颖而出。另一个特点是当时城市地理以单个城市研究为主，布兰查德(R. Blanchard)对法国东南部的一个城市的研究成果《格勒诺布尔：城市地理的研究》是其中最有名的代表作②。这一类研究大都以城市的自然位置推导出城市的特点作为结论。

三、区域分布论阶段

世纪三十年代和四十年代，地理学从环境决定论的束缚中走了出来，认识到人和环境的关系中，人是一个积极的因素，人要受到环境的直接影响，但是不能用环境控制来解释一切人生事实。人类生活方式是各种因素包括社会、历史、心理因素的复合体。地理研究领域的中心从极端的自然方面逐步地转移到人文方面。越来越多的地理学家得到共识：地理学是研究地球表面现象分布的科学。各种类型的区域研究成

①. Karl Hassert, (1907), Die Städte Geographisch Betrachtet Leipzig.

②. R. Blanchard, (1911), Grenoble: étude de Geographie Urbaine, Prais.

J109877　20×20＝400

为地理研究的热门课题。

这时，城市地理学的注意力也转移到城市和区域的关系以及城市区域内部形貌区的形成上，而且这样的兴趣一直维持到五十年代和六十年代。

早先的位置公式也日益受到现实的挑战。它不能解释有些地方条件并不差或在相当优越却没有产生城市；而在一些条件明显不利的地点却出现了城市，甚至可能是大城市。它无法解释历史上曾经很发达但已经不存在了的城市。十九世纪中叶铁路交通的发展和进入二十世纪二十年代汽车在西方开始普及，新式的运输方式刺激了城市区域的迅速扩大，在英国出现了集合城市（Conurbation）。用位置公式也无法解释许多城市成团联聚的这种现象。至于大城市内部景观的差异更是主要为各种经济和社会的力量所决定。地理学家已经感到，把城市研究归结在无生命的自然位置和静态图式的形态上，已经是无能的表现，以至不得不重视社会和经济因素对城市发展的影响，注意了从区域[illegible]城

（继续）

市群体的角度来研究城市的分布、职能、规模以及从城市区域的角度来研究城市内部的差异。

这一时期城市地理学的两大贡献是德国地理学家克里斯塔勒（Walter Christaller）中心地学说的诞生和美国芝加哥人类生态学派提出的城市土地利用模式。前一成果的巨大影响虽然在战后才感觉到，但它的出现说明，城市地理已从单个城市的研究向城市体系的研究迈进；后一成果则标志着城市地理学的注意力从对城市简单而肤浅的总体认识转向城市内部的景观的复杂性。城市地理学的两大组成部分在这一阶段得以基本确立。

四、二次大战后的迅速发展阶段

第二次世界大战以后，地理学和其它学科一样，经历了"知识爆炸"浪潮的冲击，进入了现代地理学的发展阶段。冲击波主要来自这样一些世界性倾向，如：

自从贝塔朗菲（L. Von. Bertalanffy 1901-1972）提出一般系统论后，战后在科学界中兴起了系统研究的热潮。地理学在致力于研究地理空间系统的结构、信动和演变中，研究的领域并没有大的变化，但研究的基本目的有了新的方向；

战后，特别是1960年以来，科学和数学受到广泛重视，全世界出现了对计量技术的日益广泛应用和实用理论模型的新的探索。数学概念和统计方法在地理研究中也相应传布开来，一向认为无法定量的人地关系的 五十年代末和六十年代发生了地理学的所谓"计量革命"，这是一次地理学思想方法论的更新；

再就是空间科学的发展和电子计算机的运用，人类的观察技术和分析技能发生了一次革命。使地理学获取资料和储存、处理资料的能力发生了难以置信的变化；

早在二十和三十年代，不同学科的学者在各学科的边缘领域进行合作，取得了出人意料的进步，出现了生物化学、社会心理学等新的边缘科学。到本世纪中叶，各学科在更多的面向解决现实问题的时候，出现了广泛的跨学科合作的趋势。最好的一个例子也许就是区域科学的出现。区域是地理学的传统研究对象，大

J109877 20×20=400

量的信息和所提出的问题的复杂性，已经使任何一个地理学者都不可能掌握一个区域的全部有关知识。1954年在伊萨德（Walter Isard）领导下，一批经济学者、地理学者、其它社会科学家与工程师们组成"区域科学协会"，美国宾夕法尼亚大学的地理系被改名为区域科学系，伊萨德任系主任。

地理学在战后深深地卷入了以上这些世界性的旋涡和潮流之中。

在这之前，城市地理学在西方还并不很发达。第一本英文的城市地理教科书直到1946年才出版①；二次大战以前，欧洲还没有一所大学专门开设城市地理的课程②；美国在1920年已有一半的居民生活在设有建制的城镇里，但直到战前确实还没有几个地理学家专门研究城市地理③。然而，战后情况大变，城市地理学后来居上，迅速发展成现代地理学中最大的独立分支之一。

①. Taylor, T.G. 1946, Urban Geography, New York: E.P.Du

②. Carter, H. 1972, The Study of Urban Geography, London: Edward Arnold, P1.

③. Johnston, R.J. 1982, The American Urban System, New York: St. Martin, P4-6.

J109877　20×20=400

甚至可以说，在促进地理学改变其指导的方法论方面，城市地理学一直处在领先地位。促使这种变化的原因是多方面的。首先城市地理学的初步基础在战前已经奠定，一些基本概念已经确立；第二，东西方各国由于战后恢复战争创伤的大规模的城市重建，许多地理学者投身到城市规划和区域规划工作，城市地理的理论和规划实践相结合，大大促进了这门学科的发展。美国虽未受战争破坏，但三十年代经济萧条时期和战时遗留下的大量问题需要解决，也包括了重新规划美国人工作和居住环境的迫切要求；第三，西方商业资本家开始理解进行商店区位和市场研究的重要性。这些工作大量运用城市地理的理论和调查方法，为接受过城市地理专业训练的人员广开了就业的出路；第四，发达国家的城市化水平迅速提高，人口的大部分都已聚居城市，城市的土地、交通、住宅、环境、犯罪等各种问题都日益尖锐，大量的城市问题向城市地理学提出了挑战。

~~5.现代城市地理学的几个主要学派~~

这一阶段，地理学的新思潮层出不穷，而且在城市地理学中都有最充分的反映，先后形成了区位学派、行为学派和激进马克思主义等几个流派。

地理学以前的典型工作多通过查阅文献和野外考察，借助地图和表格，主要用文字来描述地球表面的差异性，最终将研究地域划分成一系列各具特点的小区域，工作的主要精髓是经验。这样的描述工作在战后新一代的地理学者看来是有缺陷的——不精确和主观性。他们开始注重系统化的计量分析，以区位论为主要理论基础，（从距离入手），用统计方法寻找城市分布和内部结构的空间组织模式，并用这些模式模拟现状、预测未来、帮助区位决策。这就是著名的区位学派。

地理学应用数学并不是新方向。"新"在于过去认为不能用数学语言来描述的极为复杂的人文地理分支，开始大量采用了统计方法；由过去的"求异"——过分强调空间差异，走到了"求同"——寻找一般规律。使地理学走上了理论化、计量化和抽象化的道路，标志了长期称雄于地理学界的区域差异学派开始衰落。美国的加里森（William L. Garrison）和他领导的华盛顿小组为这一进步作出了贡献。1955年加里森在美国西雅图的华盛顿大学开办了第一个地理学数量方法讨论班。讨论班的参加者如贝里（B.J.L. Berry）、邦奇（W. Bunge）、达西（M.F. Dacey）、盖提斯（A. Getis）、马布尔（D.F. Marble）、莫里尔（R.L. Morril）、奈斯图恩（J.D. Nystuen）和托布勒（W.R. Tobler）等在后来的计量运动中都有很大的影响。美国的地理计量运动很快影响到欧洲以至全世界。在欧洲的代表人物是哈格斯特朗（T. Hägerstrand）、乔莱（R.J. Chorley）和哈格特（P. Haggett）。从乔莱概括的模式建立和使用的一般过程（图1.2）可以反映出这一学派的工作特点。

图1.2.

图1.2. 模式建立和使用的一般过程.
（引自 Yeates and Garner，1980，p8）

然而，重视科学和数学的世界倾向一度因忽视了历史、语言和文学而产生了反作用。地理学的计量化也一度走向极端，甚至有人声称一个新的地理学境界已经取代了传统的文学性、描述性的研究。把地理研究的目的和手段相混淆，把运用数学符号还是文字符号来解释地理现象对立起来，这显然是不全面的。正如詹姆斯在"地理学思想史"中所说，"实际上，在许多情况下数学提供了一种更为精确的叙事方法。文字形式的论著则可为概念的公式提供激发人心的富有创新精神的探讨"①，不应该偏弃任何一方。西方地理学界在七十年代已经对此有所反思。

到六十年代中，城市间的空间组织和内部模型的实证研究的积累，表明在实际观察到的状况和预期的模型之间存在着许多差距。模式的运用并不都很有效。各种区位理论的不现实的假设受到批评，对仅仅利用小样本建立的模

①. 普雷斯顿·詹姆斯，地理学思想史，商务印书馆，1982年．486页．李旭旦译．

式运用到大范围地区或者把有限的地区性模型无条件推广到其它地区的做法也提出疑问，甚至用于分析的数据资料的本身也可能就有问题。对数量革命进展的不满，对规范模型可检验性的疑虑，导致六十年代后期行为方法的引入，并被称为行为革命风行于七十年代。

行为学派认为任何地理现象，除了纯粹自然地理现象外，都和人与人的群体的决定有关。按照区位学派的客观立场所计算得到的最优区位尽管好，但实际上人的行为往往是非理性的，至少不是全理性的。实际情况很大程度上由人的不同品质、动机、偏好、态度、心理等因素造成的决策而形成。对规范区位理论最早提出批评的著名学者普雷德（A.Pred）把决策人的行为和理想区位的关系用行为矩阵表示，认为决策结果的正确程度是有关信息的数量、质量以及决策者处理这种信息的能力的函数。不同的决策人处于行为矩阵中的不同位置，只有在理想状态或偶然情况下，才能处于矩阵的右下角，即达到经济人的最优模式。① 行为学派主

运用信息的能力

结论趋向优化 ⟶

| 信息的数量和质量 / 认识趋向完善 ↓ | | | | | |
|---|---|---|---|---|---|
| | $B_{11}$ | $B_{12}$ | $B_{13}$ | $B_{14}$ …… | $B_{1n}$ |
| | $B_{21}$ | $B_{22}$ | $B_{23}$ | $B_{24}$ …… | $B_{2n}$ |
| | $B_{31}$ | $B_{32}$ | $B_{33}$ | $B_{34}$ …… | $B_{3n}$ |
| | ⋮ | ⋮ | ⋮ | ⋮ | |
| | $B_{n1}$ | $B_{n2}$ | $B_{n3}$ | $B_{n4}$ …… | $B_{nn}$ |

图1.3　普雷德的行为矩阵

强，对地理表面人文现象的模式和空间分布的理解，有赖于对影响这些人为现象分布的行为和决策的认识，而不依靠对这些现象本身位置关系的认识。~~换言之，描述模型的几何结构的有关形态尚不能充分理解这些几何结构形成的方式~~。只有注意研究参与创造某种结构的行为者的决策活动，才能揭示过程[②]。行为受环境感应的过程如图1.4所示。这样分析城市的发展，

① A. Pred, Behavior and Location: Foundations for a Geographic and Dynamic Location Theory, part 1. Lund: C.W.K. Gleerup, 1967.

②. D.J.沃姆斯利，G.J.刘易斯，行为地理学导论. 西安：陕西人民出版社，1988年 P8-9.

图1.4　环境感知与行为
（引自参考文献112，P13）

除了包括以前的自然因素、经济因素外，把社会、文化和心理等其它人文因素也包括进来了。

六十年代末和七十年代，西方国家的社会问题尖锐化。特别在美国，反战、妇女、黑人三大运动风起云涌。以结构马克思主义为哲学基础的结构主义思潮兴起。这一思潮也进入城市地理学，出现了所谓的激进马克思主义学派。

如前所述，城市地理的发展是和战后城市规划的实践分不开的。然而到六十年代末，城市规划对解决众多的城市问题，特别在解决与社会不公平有关的那些问题中软弱无能，导致了对规划理论基础的怀疑，进而扩展到对城市地理以致整个地理学理论基础的怀疑。他们批评区位学派的理论忽视了控制经济决策和制约个体活动的资本主义规律。批评行为学派的行为研究是调查真空中的个体选择，忽视形成这种选择的环境约束和社会约束。认为一切个人行为都是从某种政治、社会、文化的系统下的行为，不能把个人和整个系统分开。这些学者接受了马克思主义的部分观点，认为私有制造成人的物化，资本主义社会造成阶级剥削的非人性，只有通过阶级斗争和革命才能恢复人的本质。在他们看来，资本主义国家存在的环境污染，资源浪费、交通拥挤、住房短缺等城市问题是资本主义经济制度的产物，要解决这些问题不能孤立地分析地理空间，而要全面改造整个社会结构。大卫·哈维（David Harvey）是这一学派的主要代表。

各种观点和学派的争鸣，恰恰给城市地理学带来了繁荣兴旺的局面。城市本来就是复杂的综合体。各种方法对于充分理解城市空间形态都是必要的、有益的，只是有时侧重点有所不同。它们不是互相排斥的关系，而是互相补充的关系。人们一直试图在传统地理学的基础上，把定量的区位分析和实证方法、行为方法以及结构主义观点结合起来。

## 第三节 中国城市地理学的发展

我国奴隶社会时代的一些早期典籍，如《尚书》、《礼记》、《周礼》、《诗经》《管子》等，就已经记载奴隶主阶级对城邑、聚落的一些地理知识。这方面的许多珍贵记录，集中反映在先秦時期城址选择的地理原则和城市规划的思想。

例如《礼记·王制篇》记："凡居民，量地以制邑，度地以居民，地、邑、居民必参相得之"。《周礼·大司徒之职》记："凡造都鄙，制其地域而封沟之，以其室数制之，不易之地家百亩，一易之地家二百亩，再易之地家三百亩"。《管子》记："上地方八十里，万室之国一，千室之都四。中地方百里，万室之国一，千室之都四。下地方百二十里，万室之国一，千室之都四。以上地方八十里与下地方百二十里，通于中地方百里"。"夫国城大而田野浅狭者，其野不足以养其民；城域大而人民寡者，其民不足以守其城"。又说："凡立国都，非于大山之下，必于广川之上，高毋近旱而水足用，下毋近水而沟防省，因天材就地利，故城郭不必中规矩，道路不必中準绳"。

上古人们的某些观点，与今人的城市地理思想来比，虽说简朴，却也精辟。那时候精心选择的城址，有些甚有战略眼光，如长安、洛阳，其后久而不衰。

在漫长的封建时代，除了前面提到的《史记·货殖列传》，《汉书地理志》和大量的方志中有(包含)大量城市的描述外，也有许多描述单个城市的著作，诸如[redacted]《洛阳伽蓝记》，《汴京遗迹志》、《东京梦华录》、《武林旧事》、《唐两京城坊考》、《日下旧闻考》等。大都是记叙都城的政治、经济、文化、地理、建筑、风俗、掌故等，内容庞杂，很难称作城市地理著作。

中国近现代的城市地理学，作为人文地理学的一部分，(始于二十世纪，其间随着整个人文地理学的沉浮而)[redacted]而经坎坷，大体可分四个阶段。

一．1949年以前　兴起阶段．

鸦片战争结束以后，许多人认为清政府失败的原因是由于科学技术的落后，所以在各方面提倡向西洋学习。一方面中国派遣许多留学生赴欧美留学，选择学习地理；一方面有大批外国地理学家到华考察和讲学。通过这两个途径，西方的地理学开始传入中国。

1909年张相文（1867—1933）等仿效欧美的先例创立"中国地学会"，标志了中国近代地质学和地理学的萌芽。二十世纪初叶，许多赴欧美留学的学生开始回国，其中以竺可桢、丁文江、翁文灏为代表，是公认的中国近代科学地理学形成和发展的开创者。他们将西方地理学的研究方法和实践工作经验带回中国，用野外考察、因果分析和推理代替了单纯方志性的记叙。他们在国内又着手培养了一批地理人材，不少人接着去西方深造，取得学位，又回国服务。从1921年起，多所大学相继设立了地学系或地理系，1934年成立了"中国地理学会"，同年出版会刊《地理学报》。到1937年前的若干年中，中国的人文地理学曾达到一个短暂的相对繁荣。但好景不长，抗日战争爆发，设有地理系的几所著名大学和地理学会、地理研究所均内迁到重庆、遵义、昆明等地，处境极为困难，人文地理学的研究不得不限于西南、西北等地的路线考察和区域研究。~~尤以四川等地的小区域研究和路线考察居多。~~抗战胜利后，情况也未能恢复正常。

综观这一阶段，中国人文地理学毕竟已形成雏型。有了一支有理论有实践的研究队伍，研究的领域几乎在人文地理的每个分支全面展开，在人地关系论、经济地理、人口地理、城市地理、文化地理、政治地理、军事地理等各地理分支领域都取得一定进展。专门的城市地理学的论文始见于二十年代，以单个城市的研究为主，论及南京[1][2][7]、无锡[3]、重庆[4]、昆明[5]、成都[6]等，面上的研究较少[8][9][10]，理论探讨则更是寥寥[11]。

① 张其昀，1927，中国之国都问题，东方杂志，24(5)
② 张其昀，1932，首都之地理环境，科学的南京.
③ 王益厓，1935，无锡都市地理之研究，地理学报，2(3).
④ 陈尔寿，1943，重庆都市地理，地理学报，10.
⑤ 李孝芳，1944，昆明都市地理，科学集刊，2(1).
⑥ 沈汝生等，1947，成都都市地理之研究，地理学报，14(3.4).
⑦ 吴传钧，1949，南京上新河的木市，地理，6(2,3,4).
⑧ 褚绍唐，1933，中国都市之地理的因素，地学季刊，1(2)
⑨ 沈汝生，1937，中国都市之分布，地理学报，4.
⑩ 严钦尚，1939，西康居住地理，地理学报，6.
⑪ 林超，1948，聚落分类之讨论，地理，6(1).

解放前的中国人文地理学受欧美的影响最为深刻。苏联的地理学思想也已有所流传，特别在当时的解放区开始有组织地研究马列主义人文地理学。

二、1949—1966年深受苏联影响的不平衡发展阶段，城市地理相对萧条

新中国成立以后，整个地理学的科研和教育工作得到迅速发展，专业研究队伍日益扩大，成绩是主要的。但是发展很不平衡，表现在自然地理和人文地理之间发展不平衡，人文地理学相对落后；人文地理学内部各分支发展不平衡，经济地理一花独放，其它分支相对落后；经济地理学内部发展不平衡，非物质生产部门的经济地理分支相对落后。

这样的发展格局与中国地理学全面学习苏联关系密切。在学习苏联的过程中，没有切实贯彻实事求是、取其精华、弃其糟粕的精神，把苏联地理学中一些左的错误的东西也当成好的东西照样搬到了中国。

在五十年代初期，中国地理界曾经不适当

（南开21）20×20=400

地开展了对西方地理学思想的全面批判，批判的矛头主要指向人文地理学。《地理学报》从1950到1953年刊登的本来就不多的几篇人文地理学的论文，几乎都遭到公开批评。其结果研究人文地理被视为畏途，一批擅长于人文地理的学者转向于自然地理学，人文地理的论文在地理刊物中的比重显著下降。除了经济地理学以外，整个人文地理学都被认为是唯心主义的伪科学，从而成为研究的禁区。城市地理在绝大多数情况下又成为经济地理区域描述中的一个附属部分。

中国地理学会经济地理专业委员会1961年在上海举行了一次重要的会议。会上提出要学习国际多方面的包括西方的先进经验，建立中国的经济地理学的理论体系，特别要抓紧填补人口居民点地理学等缺门。根据这些意见，科学院地理所成立了第一个人口居民点地理研究组，北京大学第一次开设了人口居民点地理的专题课，1964年出版了解放后第一本介绍西方人文地理学发展动态的书籍[1]，中心地理论也开好被介绍进来②，包括城市地理在内的人文地理学的发展在解放后有一次有了一线转机。可惜的是刚刚露出的一线曙光很快就在1966年开始的文化大革命中消失了。

三、1967-1976年文革期间的停滞阶段，[redacted].

文革十年可以分成两段。1966—1971年，~~包括经济地理~~几乎所有地理学的科研和教学工作完全被迫停止，许多地理研究机构和教学组织被强行拆散或撤销。1972年以后大部分地理工作者逐步回到原来的工作岗位，为了学科的生存，尽可能在社会上寻找适合自己专业的工作方向[redacted]逐步开展了一些工作。1974年北京大学经济地理专业率先招收城市和区域规划方向的学生，随后各高等院校的经济地理专业都陆续转向城市规划方向，地理研究机构也都组织了专门的力量从事城市课题的研究。在当时的艰苦环境

① 中国地理学会经济地理专业委员会．1964，资本主义国家经济地理学的研究动向．北京：商务印书馆．

② 克里斯塔勒，城市的系统，严重敏译，地理译丛，第四期（1964年）．PP52-55

（电开21）20×20=400

下，经济地理学界进行了大量探索性实践，保存了专业队伍，开拓了一些新的服务方向和研究领域，为后来人文地理学的复兴准备了条件。不足之处是，由于大环境的限制，当时普遍轻视基础理论的学习和研究，与国外（包括西方和苏联）的学术交流和信息资料的往来几乎完全断绝。六、七十年代恰当世界地理学突飞猛进，发生着重大变革的时期，这就使中国地理学特别是人文地理学和世界水平的差距进一步拉大了。

四、1978年以后[redacted]振兴阶段。

国运的兴衰和学术的盛衰息息相关。1976年四人帮被打倒，文化大革命终于结束。1978年以后中国进入改革开放的新时代，人文地理学走上了复兴的道路。"改革"使人们的思想从教条的、空洞的概念中解放出来，敢于实事求是地研究地理学的理论和实际问题，有了重新认识人文地理学的作用和地位的可能性。"开放"使中国有可能加强与国际地理学界的接触与交流，国外人文地理学的迅速发展以及各国家发展和介决各种社会问题中所起的作用，也促进中国地理学界重新评价人文地理学的作用和地位。

转折发生在1979年12月至1980年1月在广州召开的中国地理学会第四届代表大会上。李旭旦（1911—1985）教授第一个提出了"复兴中国人文地理学"的战略口号，受到了会议的拥护。由于各方努力，1983年7月正式成立了中国地理学会人文地理学专业委员会，具体负责推进经济地理以外的人文地理分支的发展。近年来综合的或部门的人文地理学术讨论会频频举行，研究论文数量大增，青年作者不断涌现。

人文地理的初步振兴可以从1934—1988年地理学报各类论文数量变化的表1和图1.5得到证明。1934—48年人文地理的论文的数量不称多，十五年间一共才47篇，年均3.1篇，但那时与自然地理方面的论文数相差不大，是它的71.2%，人文地理各分支间的分配也比较均衡。1949—1966年人文地理与自然地理都有发展，但自然地理的论文增长更快，十七年间人文地理方面上升到80篇，年均4.4篇，但仅仅是自然地理的33.8%

（京开21）20×20=400

表1.1 1934-1988 中国地理学报中人文地理论文数

| | 1934-48 | 1949-66 | 1967-77 | 1978-88 |
|---|---|---|---|---|
| 地理学 | 4 | 4 | 0 | 7 |
| 综合区域地理 | 11 | 2 | 0 | 1 |
| 地理学史 | 5 | 0 | 0 | 13 |
| 自然地理及各分支 | 66 | 237 | 0 | 256 |
| 人文地理及各分支 | 47 | 80 | 0 | 82 |
| 其中 | | | | |
| 经济地理和国土整治 | 4 | 17 | 0 | 16 |
| 农业地理 | 9 | 35 | 0 | 24 |
| 工业地理 | 1 | 2 | 0 | 9 |
| 交通地理 | 5 | 3 | 0 | 6 |
| 商业地理 | 1 | 0 | 0 | 0 |
| 人文地理 | 4 | 4 | 0 | 3 |
| 人口地理 | 6 | 2 | 0 | 2 |
| 城市地理 | 5 | 3 | 0 | 17 |
| 乡村聚落地理 | 4 | 1 | 0 | 1 |
| 历史地理 | 0 | 11 | 0 | 3 |
| 旅游地理 | 2 | 0 | 0 | 0 |
| 民族地理 | 4 | 0 | 0 | 0 |
| 政治地理 | 0 | 1 | 0 | 0 |
| 地名学 | 2 | 1 | 0 | 1 |
| 地图学 | 7 | 15 | 0 | 10 |
| 外国的地理学介绍 | 2 | 20 | 0 | 4 |
| 人物传略 | 5 | 8 | 0 | 11 |
| 书刊评介 | 14 | 16 | 0 | 10 |

其中71.3%是经济地理，绝大部分又是农业地理的论文，表现了不平衡性。1967—77年学报停刊十一年。1978—88年人文地理的论文明显增加，年均7.5篇，十一年共发表82篇，不过仍然只及自然地理论文的32%。其中经济地理仍是第一大分支，农业地理的比重有所下降，工业和交通运输地理有所上升。最明显的变化是城市地理异军突起，成为经济地理以外论文最多、发展最快的分支。

图1.5.

图1.5 1939—1988中国地理学报人文地理与自然地理论文数历年变化曲线.

推动城市地理学发展的最早动因是文革后期，大学地理系的经济地理专业为了改善学生毕业后的出路，先后转向城市规划方向，大量的经济地理学者转向研究城市。当时城市规划工作在中国被取消多年，城市发展中充满了混乱现象，为地理学的介入提供了机会。1978年以后，城市在中国社会经济的复苏和加速发展中作用越来越大。城市地理学[redacted]在这种环境下得到成长壮大。主要进展体现在三个方面：

(1)参加了大量的城市规划设计，在城市规划界已经确立了自己的地位。

城市规划在中国历来是建筑学出身的规划师工作的领域。现在各地理系师生进入这一领域参加过数以百计的市镇规划，取得了社会的信任。这是因为城市总体规划中的许多综合性问题的解决，如城市的职能性质、规模、吸引范围、功能区的布局、重点企业和设施的区位选择、城市环境等，是建筑学的薄弱环节，而恰恰是地理学的专业优势。在大量实践的基础上，发表了不少有关城市总体规划的理论和方法论方面[redacted]具有明显地理学特色的论文①。

① 如：李文彦，1978，煤矿城市的工业发展与城市规划问题，地理学报，33(1)。

侯仁之，1979，城市历史地理的研究与城市规划，地理学报，34(4)

杨吾扬、董黎明，1979，关于风象在城市规划和工业布局中的运用，中国科学，第11期。

宋家泰，1980，城市－区域与城市区域调查研究——城市发展的区域经济基础调查研究，地理学报，35(4)，

常怀正、许学强，1981，城市规划中的人口分类问题，经济地理，1(1)

周一星、张勤，1984，关于我国城市规划中确定城市性质问题，地理科学，4(1)

周一星，1988，城市总体规划中人口[illegible]，地理科学，[illegible]

南京大学宋家泰等编的《城市总体规划原理》是地理学研究城市规划的一本总结性专著。1984年以后，中国广泛推行市带县的管理体制，各地政府已经不满足于单个城市的规划，迫切要求为一个区域内互有联系的一组城镇的合理发展提供宏观指导。为了满足这种需要，城市地理学者创立了我国的区域城镇体系规划，应用城市地理的理论与方法论，预测规划期内区域的城镇化水平，合理规划区域内城镇的等级规模结构、职能结构和空间网络结构，大大丰富了城市规划的内容①。地理学者的许多城市总体规划和城镇体系规划的成果通过法律程序已被各地政府批准并得到实施。

(2) 城市地理学带头兴起了中国城市化的研究

当西方学者早在六、七十年代已经关注中国的城市化进程时，中国却没有人研究这个问题。

① 吴友仁，1985，市、县域规划的任务、内容和方法，经济地理，5(4)。
周一星，1986，市域城镇体系规划的内容、方法及问题，城市问题，第1期。
宋家泰、顾朝林，1988，城镇体系规划的理论与方法初探，地理学报，43(2)。

因为在很长时间里中国对城市化基本上持否定态度。1978年以后，首先是地理学家借鉴国外城市化的总趋势，总结新中国前三十年城市化过程曲折发展中的经验和教训，大胆提出了中国要现代化也必然要伴随着城市化①，对城市化有了一个比较正确的认识。经过几年的讨论，城市化的方向已经得到各界包括政府的普遍接受。近十年来中国城市化过程明显加速并稳步前进，结束了长达二十多年的城镇人口大起大落或停步不前的不正常状况。现在，城市化已经成为地理学家、经济学家、人口学家、社会学家和城市规划界共同的研究热点，研究的中心是符合中国国情的城市化道路究竟怎样

①. 王嗣均. 我国城乡人口构成必须改变——兼评城市建设一项方针的提法.

吴友仁，1979. 关于我国社会主义城市化问题，城市规划，第5期.

周一星，1982. 城市化与国民生产总值关系的规律性探讨，人口与经济，第1期.

丁景熹，1981. 关于我国城市化道路问题及其在江苏的探索，地理文集，第4期.

周一星，1984. 关于我国城镇化的几个问题. 城市和经济区，福州：福建人民出版社.

王嗣均、许学强，1986. 中国近期城市化速度和市镇人口的分配问题，经济地理，6(1)

先。问题的核心是怎样在中国实现规模空前的人口从农业向非农业、从乡村到城镇的大转移。近年来地理界对珠江三角洲和长江三角洲等发达地区的城市化，特别是那里的小城镇研究比较深入①。国家的城市发展方针是城市化道路的集中反映，以北京大学地理系为代表的一些学者，近来对我国控制大城市规模，合理发展中等城市、积极发展小城市的城市发展方针提出了不同的见解②，还在引起热烈的讨论。

(3)城市体系研究已经全面展开，但不同类型的单个城市的微观研究还很薄弱。

区域性的城市体系研究成果很多，它们大都是区域规划或区域城镇体系规划的产物③。至

---

① 许学强等，1988．珠江三角洲的发展与城市化，广州：中山大学出版社．

江苏省小城镇研究组，1987．小城镇区域分析，北京：中国统计出版社．

② 胡兆量，1986．大城市的超前发展及其对策，北京大学学报（哲学社会科学版）．第5期

周一星等，1988．对我国城市发展方针的讨论，城市规划，第3期．

了全国性的城市体系研究在主要领域已经开展起来，其中讨论城市规模分布的较多①。最近，有关城市经济空间网络②、城市职能分类③、城市间信息交互作用④、城市的经济效益差异⑤等研究成果也陆续发表。这些成果都采用了不同的统计分析方法，借助计算机来处理大量的原始资料。全国性城市体系研究取得进展，部分归功于中国城市统计资料的日益丰富。

③. 丁景熹. 1984, 苏、锡、常、通在上海经济区城镇群体中的地位和作用, 地理科学, 4(3).

孙盘寿、叶舜赞, 1984, 京津唐地区城镇体系结构和今后城镇的发展前途, 经济地理, 4(3).

董黎明, 1987. 温州市域城镇体系规划构想, 地理学报, 42(3).

刘盛佳 1985. 湖北省城市地理特征的形成、演变和城市发展趋势, 经济地理, 5(2)

①. 孙盘寿, 1984. 我国城市人口规模的变化, 地理学报, 39(4)

周一星、杨齐. 1986. 我国城镇等级体系变动的回顾及其省区地域类型, 地理学报, 41(2)

② 陈田. 1987, 我国城市经济影响区域系统的初步分析, 地理学报, 42(

③ 周一星等 1988. 中国城市(包括辖县)的工业职能分类, 地理学报, 43(4)

④ 虞蔚, 1988. 我国重要城市间信息作用的系统分析, 地理学报, 43(2

J100877 20×20=400

⑤ 周一星. 1988. 中国城市工业产出水平与城市规模的关系, 经济研究, 第5期

周一星, 杨齐. 1990, 中国城市经济效益的多因素分析, 经济地理, 10(1).

围绕着制订各个城市发展战略而展开的单个城市研究，论文的数量极多。主要内容大都是分析某个城市发展的有利条件和限制因素，确定城市未来发展的方向，提出相应的措施。其中沿海开放城市和经济特区城市的研究尤其受到重视①。

~~城市内部结构的研究在中国比较薄弱，有新意的少数成果主要集中在上海和北京等大城市②，主要涉及城市的市场空间和生产空间。~~

---

① Kwan Yiu Wong (ed), 1982. Shenzhen Special Economic Zone: China's Experiment in Modernization, Hong Kong: Hong Kong Geographical Association

蔡人群等，1985，深圳特区经济开发中几个关键问题的初步研究，地理学报，40(2)

姚士谋等，1989，厦门经济特区经济辐射功能与发展趋势，地理学报，44(2)



② 于洪俊 1983，试论城市地域结构的均质性，地理学报，38(3)

宁越敏，1984，上海市区商业中心区位的探讨，地理学报，39(

杨建中、宁越敏，1985，上海市经济发展的空间分析，地理研究，4(3)

徐放 1984，北京市的商业服务地理，经济地理，4(1)。

第45页共　页

有关我国的城市内部结构的研究主要集中在上海、北京、广州和南京等少数大城市②，主要涉及城市的市场空间、生产空间和社会空间。与此有关的城市形态研究和城市边缘区研究也正在取得进展。但总的说来城市内部结构的研究在中国相对比较薄弱。主要原因是：

（接P46）

对于城市的社会空间和感应空间的研究还几乎是空白。主要原因是：①经济地理学参加了大量的城市总体规划，但比较忽视对城市内部结构的理论概括和深入研究；②中国缺乏城市内部各小区域的详细统计资料；③由于社会制度和所有制的根本不同，西方已有的各种城市内部结构的理论和模式，与中国的实际情况差距较远，不易被移植吸收。1986年中国成立了国家土地局，加强对城市土地利用的管理，正在逐步推行城市土地的有偿使用。这一改革措施必将引起城市内部一系列的连锁反应。城市地理学正在研究城市土地的分等定级，为确定城市地价提供依据[1]。这很可能成为推动城市内部结构研究的新的契机。城市住宅短缺、交通紧张、生态失调等城市问题的尖锐化也要求加强城市内部结构的地理学研究。

中国的城市地理学从二十世纪初期自西方国家引进以来，经历了一条在艰辛曲折中前进

①董黎明、冯长春，1989，城市土地综合经济评价的理论方法初探，地理学报，44(3)。

J100877　20×20＝400

的道路。和过去比，我们是前进了一大步；和同期的先进水平比，差距还很大。从主要于本国的研究到更多面地研究世界；从引进国外的理论和方法到创立中国特色的学派；从重于描述到定性定量的高度结合；从重于现状研究到精于预测和政策、决策研究，真正形成一个多角度多层次研究的生动活泼的局面，则还有相当长的路程要走。中国有世界上最多的城镇人口，庞大而复杂的城镇体系，城镇化的发展正方兴未艾，完全可以期望，城市地理学在中国具有极为广阔的前景。

# 第二章 城市地域概念

一般说来，城市是相对于乡村而言的一种相对永久性的大型聚落。但是当你没有进行空间界定以前，它仍然是一个非常抽象的概念。从历史上看，古代、中世纪、近代和现代的城市其内容和形态千差万别。从地理上看，城市有行政意义上、实体意义上和功能地域意义上的区别。从几万人的聚落直到几千万人的都市带，城市包括了跨越极大的空间尺度。因此任何以城市为对象的研究首先要明确你研究的是什么地域概念的城市。在引用城市统计资料进行分析时，选择合适的或可比的城市地域显得尤其重要。由于这方面的失误而导致研究失败的例子屡见不鲜。

## 第一节 城镇定义和城乡划分

### 一、城、市、镇、城市、城镇

要找到一个与当代世界相符合的令人信服的城市或城镇的定义是不容易的，更难找到一个可应用于不同时代的解释，因为城市的定义同城市的起源问题联系在一起，而城市的起源在学术界是一个还没有完全解决的问题。

第 2 页共 页

中国古代城市的起源，大体上就有两种意见，多半是对"城市"这一概念的不同理解而引起的，其实质也可以看作是究竟以"城"还是以"市"来作为"城市"标志的问题。

"城"最早是一种大规模永久性防御设施，主要用于防御野兽侵袭，后来演变为防御敌方侵袭。所谓"城成也，一成而不可毁也"。中国最早的城起源于传说时代的三皇五帝之都（约公元前26世纪初）①。考古发掘最早的古城为4000多年前夏代所筑，如河南登封县王城岗、淮阳县平粮台、山东章丘县城子崖等。和城类似的一种居民点的防御性构筑物叫郭（廓），早在夏代就有"筑城以卫君，造郭以守民"之说②，"内为之城，城外为之郭"。但这时的城还不具备宗庙、宫室、商业市场、手工业工场等一般城市所应该具备的物质要素。古代的城市常有城墙，但城市并不非有城不可，城墙对于古代的城市和乡村都是需要的。因此

①《淮南子原道训》，"夏鲧作三仞之城，一曰黄帝始立城邑以居。"
②《吴越春秋》，"鲧筑城以卫君，造郭以守民，此城郭之始也"

J109877 20×20＝400

有人认为，原始的只具有防御功能而没有商品交换为目的的商业市场的城或城堡不能作为城市[1][2]。城与城市不可混为一谈，只有商品经济不断发展，在人口比较集中的城市设市，城市方才产生。这时历史已进入阶级社会的门槛[3]。作为一个发展过程来看，有人认为从原始社会后期至夏是"城堡阶段"，商到西周是"都邑阶段"，只有到春秋时期才有完全意义上的城市兴起[4]。总之这一类意见认为城市是进入阶级社会以后的产物，是国家出现的重要标志。另一类意见则认为原始的城堡从广义的城市概念来看，应是城市的雏型，不能排斥在城市范围之外，因此城市早在国家产生之前的原始社会后期就已产生[5]。

~~市的起源可追溯到原始社会中期。~~

市是商品交易的场所。在城市产生以前，

① 夏鼐，谈谈探讨夏文化的几个问题，河南文博通讯，1978年1期
② 俞伟超，中国古代都城规划的发展阶段性，文物，1985年2期
③ 马世之，略论城的起源，中州学刊，1982年3期
④ 张鸿雁，论中国古代城市的形成，辽宁大学学报，1985年1期
⑤ 杜瑜，中国古代城市的起源与发展，中国史研究，1983年1期

市没有固定的场所。早期市的位置常在居民点的井旁，故有"市井"之称。人们在特定的地点按特定的时间相互交易，形成集市。随着商代货币的使用大大促进了商品经济的发展，为了经营上的方便，市逐渐被吸引到人口比较集中，又是奴隶主贵族居住的城中，并有固定的位置，真正意义上的城市方才产生。汉魏之际，市的位置在城外郭内。唐代，市占一坊之地。宋以后，市坊制解体，市由坊内扩展一整条街。在南北朝时期，在城市的城门外开始设有供农民出售饲料、燃料等农产品的市场叫草市，但数量尚不多，唐代还曾规定"诸非州县之所，不得置市"[①]，中唐以后，因手工业商业兴盛，水陆交通发展，草市在县以下居民点大量兴起，这就是广大农村集镇的前身。

镇与市原本有严格的区别，"有商贾贸易者谓之市，设官防者谓之镇。"[②]镇以军事行政职能为主。到宋代，镇才摆脱军事色彩，以贸易镇

① 《唐会要》卷86.

② 乾隆《吴江县志》卷4.

市出现于经济领域，成为间于县治和草市之间的一级商业中心，近现代逐渐引伸为一级政区单位和起着联系城乡经济纽带作用的较低级城镇居民点。

正因为"城市"与"城"和"市"具有发生学上的密切联系，到了近现代，城、市都成为乡的反义词而作为城市的简称。加上镇的介入，就产生了城市和城镇混用的局面而带来许多麻烦。

在许多场合下，城市和城镇这两个概念有严格的区分。只有那些经国家批准设有市建制的城镇才称为城市（city），不够设市条件的建制镇才称为镇（town），市和镇的总称才叫城镇或市镇（urban place 或 city and town），在我国的人口统计中，对应有城市人口，镇人口和城镇人口（或市镇人口）之分是最明显的例子。在不严密的情况下，又常常把城市作广义理解，代表城镇居民点的总称。例如我国的城市规划法所称的城市就包括国家按行政建制设立的直辖市、市、镇。出于同样的原因，urbanization（城镇化）也被

[redacted]

urban system（城镇体系）被译为城市体系　第 6 页

翻译为城市化，Urban Geography被移为城市地理学。在很多情况下，城市与城镇混用（城镇地理学）（已经难以扭转。）

二、城镇确定的标准

社会发展到今天，人总是组织成大小不等的群体居住在居民点里。居民点在类型和规模上相差悬殊。最笼统地说，中外各国大体都有这样一套居民点的系列：小村（hamlet）——村庄（village）——镇（town）——城市（city）——大城市（metropolis）。村庄和比村庄还小的居民点一般是乡村型的居民点，居民主要从事农业活动；镇和比镇大的居民点是城镇型的居民点，统称城镇，是以非农业活动为主的人口集中点。

城镇不同于乡村的本质特征有这样几条：⑴城镇是以非农业人口为主的居民点，在职业构成上不同于乡村；⑵城镇一般聚居有较多的人口，在规模上区别于乡村；⑶城镇有比乡村要大的人口密度和建筑密度；⑷城镇具有上下水、电灯、电话、广场、街道、影剧院等市政设施和公共设施，在物质构成上不同于乡村；⑸城镇一般是工业、商业、交通、文教的集中地，是一定地域的政治、经济、文化的中心，在职能上区别于乡村。当然，这样提还是很不严密的。

在日常生活中，区别城镇和乡村似乎是轻而易举的事。实际上，目前世界上还没有为定义城镇找到一个统一的标准。世界各国各地区根据各自社会经济发展的特点，制订了不同的城镇定义标准。这些标准多少离开以上城镇的本质特征，所不同的是有些国家的标准侧重于强调某一个特征，有些强调几个特征；有的有明确的数量指标，有的只有定性指标。下面分类介绍若干典型例子。

(1) 单纯用县级行政中心所在地为标准

[redacted]

如埃及规定省的首府和地区首府为城镇；蒙古的首都和地区中心为城镇。使用这类标准的有三十几个国家，其中以拉丁美洲国家居多。

(2) 单纯以城镇特征为标准

如智利规定有一定公共和市政服务设施的具有明显城镇特征的人口中心为城镇。马耳他这个小岛国，情况特殊，没有农业用地的建成区即为城镇。

(3)单纯以居民点人口数量划分城镇

采用这种标准最为普遍，如伊朗5000人以上的市、镇、村均为城镇；肯尼亚2000以上居民的镇；墨西哥2500人的居民点；爱尔兰包括郊区在内的1500人以上的市和镇，等等不下50个国家。

(4)用居民点的人口数量和密度指标相结合

如瑞典只要有200人以上，房屋间距通常不大于200米的建成区即为城镇。加拿大为1000人以上的设有建制的市、镇、村以及1000人以上人口密度至少390人/km²的未设建制的居民点。

(5)用人口规模和城镇特征两个指标相结合

如巴拿马1500人以上且具有街道、上下水系统和电力系统等城镇特征的居民点为城镇；实行种族歧视政策的南非规定所有以非农业为优势的有500人以上居民的地方和邻接的郊区为城镇，同时又规定即使居民在500人以下，只要有接近100个白人居住具有专门城镇特点的镇也属城镇。

(6) 用人口规模和从业构成两个指标相结合

如荷兰以2000人以上的市或人口不到2000人但男子从业人口中从事农业不超过20%的市为城镇。南斯拉夫规定得更具体：15000人以上的居民点以及人口5000—14999至少30%不从事农业的居民点；人口3000—4999至少70%不从事农业的居民点和人口2000—2999至少80%不从事农业的居民点为城镇。

(7) 取两个以上指标作为标准

如印度，镇以及有5000人以上、人口密度不低于390人/$Km^2$、成年男子人口至少3/4从事非农业活动并具有明显城镇特征的地方为城镇。捷克斯洛伐克的规定最为详尽。5000人以上的大镇建成区人口密度要超过每公顷100人，至少有三个生活区住房占15%以上，镇上大部分地区有供水和排水系统，至少有5名医生和一家药店，一所九年制学校，一家超过20个床位的旅馆，有供应本镇以外村镇的商业和分配系统，有周围地区居民在镇上就业的机会，有一个公共汽车总站，非农业人口占90%以上；2000

人以上的小镇建成区人口密度须超过每公顷25人，至少有3个生活区住房占10%以上，镇上小部分地区有供排水系统，至少有两名医生和一家药店。在此标准以下不属于城镇。

(8) 其它标准

目前世界上还有近七十个国家和地区没有明确的城镇划分标准，有的只公布城镇的名称和数量，有的只说明法律上事先规定的居民点为城镇，有的干脆对此不加任何说明。

根据统计，世界各国确定城镇的标准，差异非常悬殊。单是在城镇定义中包含有人口下限指标的80个国家和地区来看，标准最低的只有100人（乌干达），最高的为50000人（日本）（表2.1）。[redacted]因此，不同国家之间城镇的对比研究要注意到这种情况，标准的完全可比是不可能的，修正也很困难。1938年国际统计学会曾建议世界各国以2000人的规模作为城镇和乡村的界限。二次大战以后，在布拉格召开的欧洲统计会议曾建议2000人以上农民不超过20%的居民点即可称为城镇，10000人以上的居民点均为城镇。实际上没有被各国执行。

表2.1 城镇定义中包含有人口下限标准的国家

| 下限标准（人） | 国家和地区 |
|---|---|
| 100 | 乌干达 |
| 200 | 丹麦、瑞典、挪威、冰岛、格陵兰、法罗群岛、 |
| 400 | 阿尔巴尼亚 |
| 500 | 南非、巴布亚—新几内亚、新喀里多尼亚． |
| 1000 | 加拿大、委内瑞拉、格林纳达、澳大利亚、新西兰、 |
| 1400 | 汤加 |
| 1500 | 巴拿马、哥伦比亚、爱尔兰． |
| 2000 | 肯尼亚、利比里亚、埃塞俄比亚、加蓬、扎伊尔、安哥拉、塞拉利昂、苗尼亚、阿根廷、古巴、玻利维亚、洪都拉斯、瓜德罗普、马提尼克、以色列、阿富汗、捷克和斯洛伐克、卢森堡、法国、西德、东德、希腊、南斯拉夫、所罗门群岛、荷兰． |
| 2500 | 美国、墨西哥、波多黎各、委内瑞拉、泰国、关岛 |
| 3000 | 英国． |
| 5000 | 印度、巴基斯坦、伊朗、孟加拉国、南朝鲜、土耳其、尼泊尔、沙特阿拉伯、约旦、黎巴嫩、加纳、马里、马达加斯加 赞比亚、索马里、苏丹、喀麦隆、奥地利 比利时． |
| 10000 | 塞内加尔、马来西亚、科威特、希腊、西班牙、葡萄牙、意大利、瑞士 |
| 20000 | 尼日利亚、毛里求斯 |
| 50000 | 日本 |

来源：根据联合国《Demographic Yearbook》1980 和 联合国《Patterns of urban and rural population growth》1980 汇总．

三、城乡界线的划分

根据各国确定的城镇定义，就可以把城镇从广大的乡村区分开来。城镇作为一级行政单位就有自己的辖区范围。如果我们从高空来观察这些城市，辖区范围的界线[redacted]虽然看不见，看到的是完全不同于乡村景观的城镇聚落的实体——有着密集人口的，由各种人工建筑物、构筑物和设施[redacted]组成的[redacted]建成区。

按理说，城镇的辖区界线应该大体上就是城乡之间的分界线，城镇辖区界线内的人口应该就是城镇人口，以外的人口就是乡村人口。然而实际上远非如此。城镇聚落的实体范围和城镇行政界线相一致的情况是很少见的。不一致有两种情况，有的城市的行政管辖范围比城市聚落发展的实际范围要大，包括了一定的乡村地域（图2.1a）；有的城市的实体发展已经超出了城市的行政管辖范围（图2.1b）。显然，图2.1中两个城市的辖区界线并不反映城乡界线，它们辖区范围内的城市人口是不可比的，前者偏大，后者偏小。

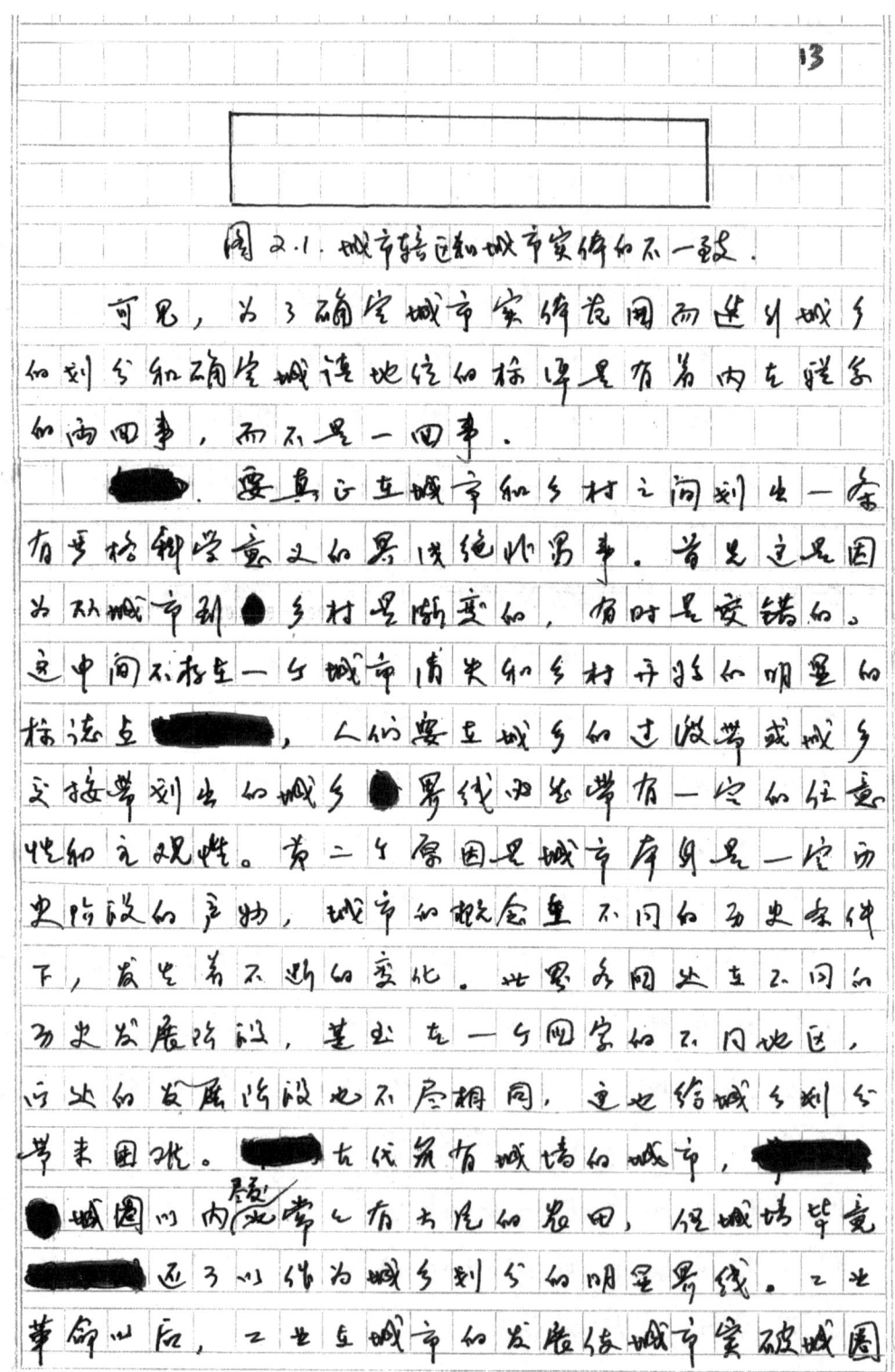

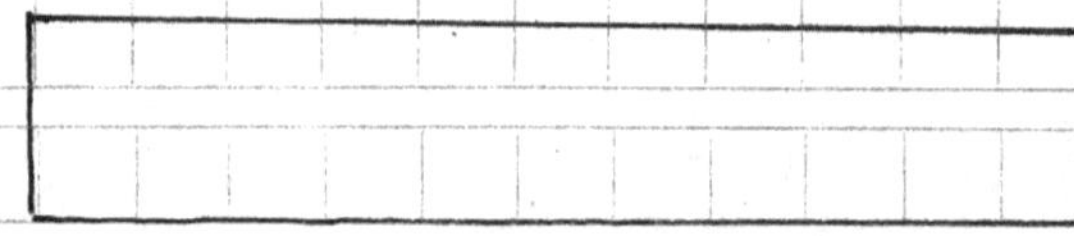

图2.1. 城市辖区和城市实体的不一致.

可见，为了确定城市实体范围而进行城乡的划分和确定城镇地位的标准是有着内在联系的两回事，而不是一回事。

[redacted]. 要真正在城市和乡村之间划出一条有严格科学意义的界线绝非易事。首先这是因为从城市到[redacted]乡村是渐变的，有时是交错的。这中间不存在一个城市消失和乡村开始的明显的标志点[redacted]，人们要在城乡的过渡带或城乡交接带划出的城乡[redacted]界线必然带有一定的任意性和主观性。第二个原因是城市本身是一定历史阶段的产物，城市的概念在不同的历史条件下，发生着不断的变化。世界各国处在不同的历史发展阶段，甚至在一个国家的不同地区，所处的发展阶段也不尽相同，这也给城乡划分带来困难。[redacted]古代筑有城墙的城市，[redacted]城圈以内虽然也常常有大片的农田，但城墙毕竟[redacted]还可以作为城乡划分的明显界线。工业革命以后，工业在城市的发展使城市突破城圈

膨胀起来，城墙一类的明显界线不再存在，但每个城市毕竟还是相对集中，象大饼似的一块。进入现代，由于汽车的普及和城市郊区化的结果，城市变成了中心城市和包括外围若干城镇在内的城郊的复合体。城市，尤其是大城市与周围地区的联系在空间上日趋广泛，在内容上日益复杂，划分城乡界线又增加了难度。

为了解决城市实体与城市行政界线不相符合的问题，使城市与城市的比较能放在同一可比的基础上，人们试图从两个途径来加以解决。

一个途径是用人口密度的标准进行城市可比区域的定界，通过计算城市内部每一个最小行政单元的人口密度，画出不同密度值的城市区域的轮廓。认为只有在相似人口密度值以内的城市区域才能进行合理的有意义的比较。①用这种方法进行少数城市的比较也许是合理的，但普遍采用有很多困难。各国人口密度不同，城市人口分布模式不同，相似的密度范围内

① K.G. Gryztzell, 1964. The demarcation of comparable city areas by means of population density. Lund Stud Geogr., Series B, Hum. Geog. 25.

的城市地域也很难具有可比性，另外，这样的资料是很难取得的。日本在1960年的国情调查时，把人口密度在4000人/km²以上，总人口在5000人以上的地区叫人口集中地区，用它来代表城市的实体，它是采用这种方法的一个例子。

另一个途径是对城市实体的范围划定使用详细的规定。在这方面美国的处理方法比较完整，在发达国家具有代表性。

美国国情普查规定，城镇人口由居住在城市化地区（Urbanized Area）的全部人口和城市化地区以外的2500人以上的居民点（place）的全部人口组成。美国人口的聚居点有二种，一种是设有市、镇（town and borough）、村建制的居民点，称为"设有建制的居民点"（Incorporated place），它们按各州的法律设置，有自己的法定边界；另一种是未设有建制的居民点，政府为了普查需要，对于有一定规模的未设建制的居民点划定了统计边界，被称为"普查规定的居民点"（Census Designated place，简称CDP）。城市化地区是美国为了确定城市的实体界线以便较好地区分较大城市附近的城镇人口和乡村人口的目的而提出来的一种城市地域概念。相当于我们常用的城市建成区（Built-up territory）[redacted]。

每一个城市化地区由[redacted]中心城市和它周围的密集居住区（urban fringe）组成，合计人口在5万以上。中心城市是（两个部分）指城市化地区内人口最多的一个或二个设有建制的市。1980年以前，规定中心城市的规模必须在5万人以上（或为了社会和经济目的组成的双城，合计人口5万以上）。1980年开始为了允许那些较小的人口中心被定义为城市化地区，对中心城市规模的标准已经放宽。中心城市周围互相邻接的密集居住区由下列地域组成：

(1)互相邻接的2500人以上设有建制的居民点或普查规定的居民点；

(2)人口不到2500人的设有建制的居民点或普查规定的居民点，人口密度必须达到每平方哩1000人以上，密集居住区至少容纳了80%的人口，或至少有100个住宅单元；

(3)由道路相连结的人口密度在每平方哩1000人

以上的没有建制的邻接地域；

(4) 人口密度不到1000人的其它没有建制的邻接地域，假如它们：被上述符合标准的地域所包围；或关闭开口端宽度在一哩以内的城市化地区边界的凹入地；或连接在城市化地区本体以外不超过1.5～5哩的符合上述密度标准的地区。

(5) 在土地利用中作为铁路站场、飞机场、公园、高尔夫球场、工厂、工业园、办公区、公墓等邻接的非居住用地。

1980年美国一共有366个城市化地区，集中了全国人口的61%。人口最少的50338 (Jackson, Tenn)，人口最多的15590274 (New York, N.Y.-Northeastern New Jersey)

[redacted] 图2.2是俄亥俄州德顿城市化地区图。中心城市德顿市人口20.3万，有几十个单元组成的四周的密集居住区有人口39.2万，合起来是一座接近60万人的大城市。

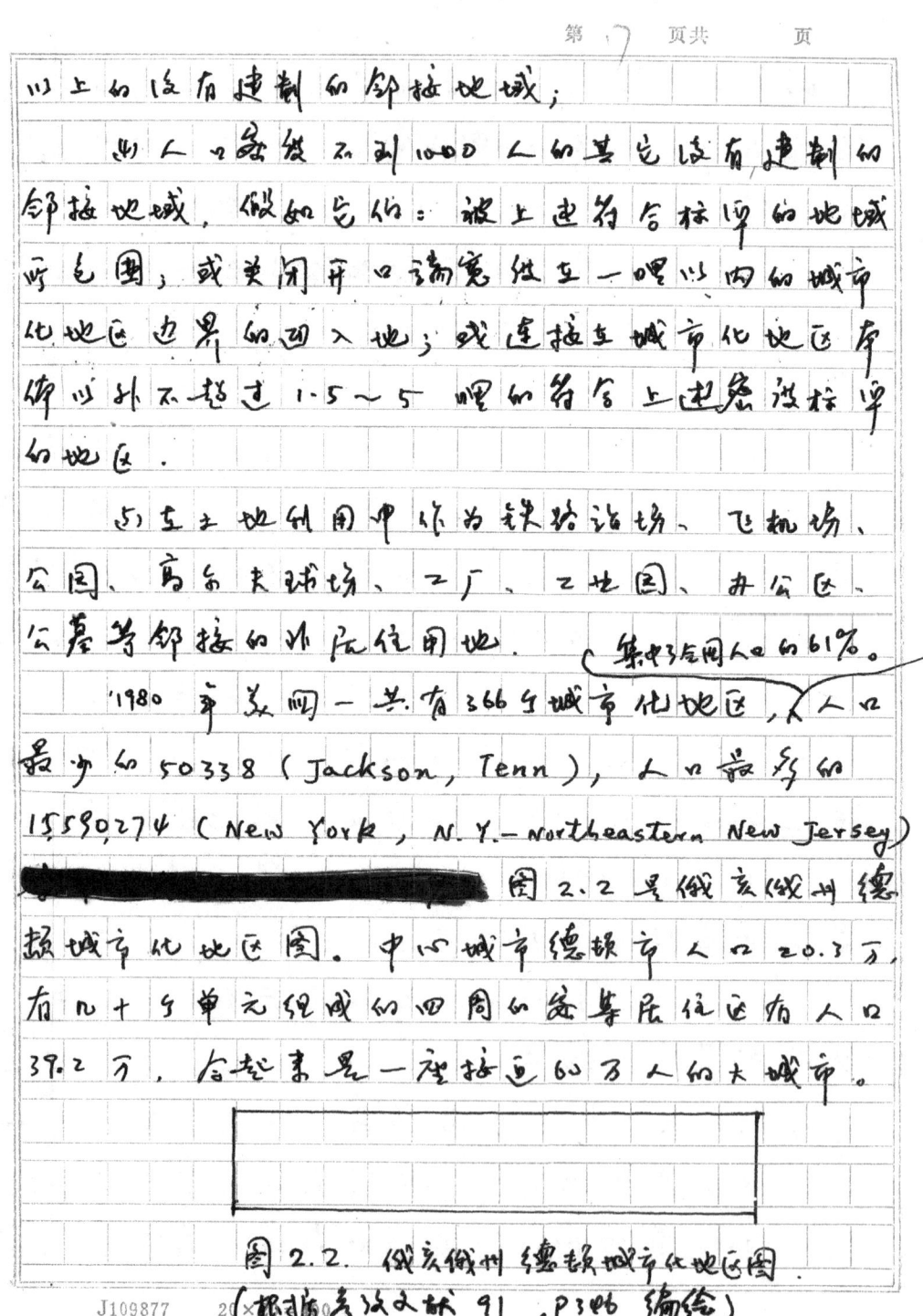

图2.2. 俄亥俄州德顿城市化地区图.
(根据参考文献91 ,P346 编绘)

美国国情普查局为了划分城乡界线使用城市化地区的概念最早开始于1950年，这以后具体的标准略有变化，但基本涵义依旧。而且这一名词术语已在世界各国广泛应用。

第二节 其它城市地域概念

城市建成区或城市化地区反映了城市作为人口和各种非农业活动高度密集的地域而区别于乡村，它不是行政意义上的城市，而是实际景观上的城市。这是城市研究中最基本的城市地域概念。可是，这样的城市地域边界易于变动，取得各方面的资料十分困难。更重要的是城市与周围地区有着密切的社会和经济联系，这种联系常常超出城市化地区的范围。城市社会越发达，城市与所在区域之间的联系越频繁，城乡之间的界线也就越模糊，城乡二分的必要性和实用价值也随之下降。这就要求在城市研究中有其它的城市地域概念来适应这种变化。

一、大都市区

大都市区的一般概念是一个大的人口核心以及与这个核心具有高度的社会经济一体化的

邻接社区的组合，一般由县作为构造单元。它也不是一级行政单元，而是[redacted]城市[redacted]功能上的一种统计单元。

美国早在1910年就提出[redacted]大都市地区(Metropolitan District)的概念。1949年定义了具体的统计标准用于国情普查，称作标准大都市区（简称SMA），1959年改称标准大都市统计区（SMSA），一直用到1980年。这以后开始实行新标准，并改称大都市统计区（MSA）。

每一个MSA必须至少包括一个50000居民以上的中心城市或者至少50000居民的城市化地区，总人口至少100000人（在新英格兰为至少75000）。一个MSA[redacted]由中心县(central county)和外围县(outlying county)两部分组成。

中心县即中心城市所在的县以及县的人口至少有50%以上是在城市化地区里的邻接县。也就是说每一个MSA必须包括一个城市化地区，有时可能包括二个或二个以上的城市化地区。

和中心县结合在一起组成MSA的外围县必须满足某些大都市特点和到中心县的通勤等[redacted]

J109877　20×20＝400

特别要求。具有大都市特点要满足的标准有：(1)这些县的劳动力至少有75%从事非农业活动；(2)以该县里被雇佣的非农业劳动力至少是中心县所雇佣的非农业劳动力的10%或至少10000名；或者县里居住的非农业劳动力至少是中心县所居住的非农业劳动力的10%或至少含居有10000人；或者这个县50%以上的居民居住在互相邻接的人口密度至少150人/哩²的次级行政区(Minor civil Division)里，这样的次级行政区要和中心城市相连而不间断。

具有大都市特点的县还必须满足与中心县的通勤条件：住在县里的非农业劳动力至少有15%在中心县工作，或者在县里工作的非农业劳动力至少有25%居住在中心县。

1980年的标准还规定，人口在100万以上包括有两个或两个以上城市化地区的大都市区，假如满足特别的标准，要进一步定义出它们组成部分"基本大都市统计区"(Primary metropolitan statistical area，简称PMSA)，包含有2个PMSA的大都市复合体则称为"结合大都市统计区"(Consolid

(Consolidated metropolitan statistical area. 简称CMSA)。1984年美国一共有256个MSA，和21个CMSA（包含73个PMSA）。大都市区的人口占全国人口的76%，土地面积占16%。

可见，确定大都市区地域标准的核心是以非农业活动占绝对优势的中心县和外围县之间劳动力联系的规模和联系的密切程度。更多的反映了就业机会集中（需要劳动力）和人口集中（供应劳动力）的县的组合。中心城市和城市化地区一般仅相当于大都市区的核心，大都市统计区一般比它们的核心要大，包括了连续的建成区外缘以外的不连续的城镇和城郊发展区，也可能包括一部分乡村地域，城市化地区是不包括乡村地域的。因为大都市统计区的外界与县界吻合，比较稳定，资料容易统计和收集，所以使用极为广泛。

类似的概念在加拿大叫国情调查大都市区(CMA)，在英国叫标准大都市劳动市场区(SMLA)，澳大利亚叫国情调查扩展城市区(CEUD)，瑞典叫劳动—市场区等等，就是各国的县作标准不同，但含义是类似的。

二.通勤场和城市场

如果从大都市区的中心向外分别画出到中心城市的不同通勤率等值线，那么大都市区的外界大体和通勤率10~30%的范围相当①，实际的通勤范围远远超出大都市区以外。通勤场(commuting field)就是到有关中心城市通勤的外界(0%等值线)所包括的范围，是比大都市区更大的功能上的城市地域概念。图2.3表示德顿、辛辛那提、哥伦布三个相邻的中心城市与它们的标准大都市统计区和通勤场之间的相对关系。城市通勤场有一定的重迭。根据贝利对1960年通勤资料的研究，美国几乎所有的县都有至少5%的职工到某一个大都市区通勤，都可以被纳入某一个通勤场。贝利借用daily urban system的术语，进行了美国城市通勤区划~~(图2.4)~~②.

[redacted]

① M. Yeates, 1980. North American Urban patterns, Edward Arnold Ltd. New York. p11.

② B.J.L. Berry, 1970. The Geography of the United States in the Year 2000, Transactions of the Institute of British Geographers, No. 51 p21-54.

图2.3. 辛辛那提—德顿—哥伦布三个中心城市的通勤场
（引自参考文献97，P6）

最新颖、含义最广泛、地域最广阔的城市地域是由弗里德曼（J. Friedmann）和米勒（J. Miller）在1965年提出的城市场（Urban field）①。这是从美国现实出发，但主要着眼于未来的一种理想的城市空间形式。简单的说，城市场被认为是从良好的社会经济联系的网络演化成的有着相对低密度的广阔的多中心区域结构，它的许多城镇中心被主要用于农业和娱乐的开阔空间所环绕，原来的巨大的中心城市正在开始失去它的传统优势，变成仅仅是区域中的专业化中心之一。它的范围比通勤场更大，是因为它还包括了城市居民周期性的户外娱乐活动场所（囊括了城市居民的绝大部分活动）。在这样的城市区域中，就包括了大面积的农田、森林、湖泊、海滩，但都是城市化生活的组成部分。一个中等规模的大都市区的城市场大约从中心向外延伸二个小时的汽车路程，面积9000—15000

① J. Friedmann and J. Miller, 1965, The Urban Field, Journal of

第 24 页共 页

年前吧。那里总是作为这类未来的典型地区的一种新的空间组织形式。估计到2000年，将有20%的人口要生活在城市场中，其规模小的可有50万人，大的可有2000万人。①

由于城市场不具有明确的统计标准，使用中这一术语已被逐渐扩广而偏离了原意。常常顾名思义地把城市场用于大城市核心向外的各种吸引范围。

三 大都市带。

有许多[redacted]都市区连成一体，在经济、社会、文化等各方面活动存在密切交互作用的巨大的城市地域叫做大都市带（Megalopolis）。这一概念是法国地理学家戈特曼（Jean Gottmann）在研究了美国东北部大西洋沿岸的城市群以后，于1957年首先提出来的。② 戈特曼选择了古希腊时代建立的一个理想中非常大但从未发展到这样大的[redacted]城市的名字 Megalopolis（意即一个

① J. Friedmann, 1978, The Urban Field as Human Habitat in L.S. Bourne and J.W. Simmons (ed.) Systems of Cities. Oxford, 42-52. 文献34

② J. Gottmann, 1957, Megalopolis, or the Urbanization of the Northeastern Seaboard, Economic Geography, 33(3), 189-200 文献38

J109877 20×20=400

非常大的城市）来称呼这个世界上最大的当时人口超过3000万的超级大都市区。在中国，很多人把Megalopolis翻译为特大城市或城市集群或城市带都有些词不达意。大都市带必须具备的条件有(1)区域内有比较密集的城市；(2)有相当多的大城市形成各自的都市区，核心城市与都市区外围的县有着密切的社会经济联系；(3)有联系方便的交通走廊把这些核心城市联结起来，使各个都市区首尾相连没有间隔，都市区之间也有着密切的社会经济联系；(4)必须达到相当大的总规模，戈特曼坚持以2500万人为标准；(5)是国家的核心区域，具有国际交往枢纽的作用。

大都市带的空间形式自提出以来受到极大的重视。在七十年代，戈特曼认为世界上有六个大都市带：(1)从波士顿经纽约、费城、巴尔的摩到华盛顿的美国东北部大都市带；(2)从芝加哥向东经底特律、克利夫兰到匹兹堡的大湖都市带；(3)从东京、横滨经名古屋、大阪到神户的日本太平洋沿岸大都市带；(4)从伦敦经伯明翰到曼彻斯特、利物浦的英格兰大都市带；(5)从阿姆斯特丹到鲁尔和法国北部工业聚集体的西北欧大都市带；(6)以上海为中心的城市密集地区，这是研究还比较少的一个大都市带①。还有三个可能成为大都市带的地区是：(1)以巴西里约热内卢和圣保罗两大核心组成的复合体；(2)以米兰—都灵—热那亚三角区为中心沿地中海岸向南延伸到比萨和佛罗伦萨，向西延伸到马赛和阿维尼翁的地区；(3)[redacted]以洛杉矶为中心，向北到旧金山湾向南到美国—墨西哥边界的太平洋沿岸地区[redacted]。

到八十年代后期，在发展中国家特别是亚洲人口密集的水稻农业国也有类似于大都市带的城市地域出现，例如台湾西海岸、爪哇以及中国东部沿海的几个发达区②③。

缺憾之处在于后来提出的不少大都市带，都缺乏比较明确的地域界定。

图2.4 美国东北部大都市带和世界性大都市带的关系.

① J. Gottmann, 1976, Megalopolis System Around the World, EKistics, 243, 109-13 文献 39

② T. McGee, 1987, Urbanisasi or Kotadesasi? The Emergence of New Regions of Economic Interaction in Asia. Honolulu: EAPI, WP-87-8. 文献 59 103

③ Zhou Yixing, 1988. The Metropolitan Interlocking Region in China. paper prepared for the Conference on the Extended Metropolis in Asia. Sep. 19-23. 1988. Honolulu

J109877 20×20=400

杜克西亚迪斯（C.A. Doxiadis）从大都市带的发展趋势大胆推断，一百年以内由于交通和通讯手段的改善，城市动力场不断扩大和延伸，以前相对独立的大大小小的城市动力场会逐渐合并而形成一个集聚系统，使几个大都市带互相联结而形成一种由许多大的结点或发展轴联结成网络的具有巨大空间和人口的聚落形式，即世界性都市带（ecumenopolis，有人译为环球都会区），各个大陆的都市带联合体形成一个全球性的世界都市①。欧洲的世界性都市带的主要结点将在西北欧、意大利北部和白俄罗斯—乌克兰地区，它们和欧洲的其它部分之间有大量的联系。美国的世界性都市带以美国东北部为主要结点，通过发展南部和加利福尼亚、佛罗里达和墨西哥湾沿岸等外围结点联系起来。但是贝利对未来城市聚落的空间形态有不同的看法②。他认为人类正从机械时代进入电子时代，这意味着主要的大都市中心的发展将放慢速度，

① C.A. Doxiadis, 1970, Man's Movement and His Settlement. Ekistics, vol.29. No.174. 文献31

② Brian J. L. Berry, 1970, The Geography of the United States in the Year 2000, Ekistics, vol.29, No.174. 文献17

20×20=400

就会变得更成高级一体化的通讯网络的中心，其实际的优势可能增加了。而仅在城市场或世界性大都市带以外的具有高级舒适环境的较小中心，借助发达的电子通讯网络可能变成美国的主要发展区，获得较快的发展速度。在世界的其他发达地区也会有相似的情况。

小结：

从结构简单的小城镇聚落到以中心城市为核心的城市化地区，再到以城市化地区为核心的大都市区、通勤场和城市场，以及有许多都市区连接而成的大都市带，反映了城市概念和城市区域概念的不断发展和延伸。变化的总趋势是从行政城市体向景观城市体和功能城市体方向变化，从单一城市体向城镇复合体的方向变化。

在选择复杂的情况下，根据不同的目的、不同的发展阶段，用某种指标确定一系列不同空间尺度的城市地域是一种可取的良策，这样既满足了各方面的不同研究需要，又避免了概念上的混乱。这也告诉人们，在城市研究中对城市资料的使用要十分谨慎，以同一个城市命名的城市资料，可能代表不同尺度的城市地域，比较研究要采用合适的空间尺度并保持概念上的可比性。

## 第三节 中国的城镇概念和统计口径

### 一 中国市镇设置的标准

国务院在1955年公布了第一个确定城镇的标准，采用居民点的人口下限数量和职业构成两个要素相结合的办法。规定常住人口2000人以上、居民50%以上为非农业人口的居民区即为城镇。工矿企业、铁路站、工商业中心、交通要口、中等以上学校、科学研究机关的所在地和职工住宅区等，常住人口虽然不足2000，但在1000人以上，非农业人口超过75%的地区，以及具有疗养条件，每年来疗养或休息的人数超过当地常住人口50%的疗养区均可列为城镇型居民区。城镇和城镇型居民区以外的地区列为乡村。聚居人口10万以上的城镇可以设市，聚居人口不足10万的城镇，如果是重要工矿基地、省级地方国家机关所在地，规模较大的物资集散地或边远地区的重要城镇，确有必要时也可设市。市的近郊区无论它的农业人口所占比例大小，一律视为城镇区。县级或县级以上地方国家机关所在地以及聚居2000人以上的城镇可设置镇的建制，少数民族地区标准从宽。

为了应付大跃进期间城镇人口增长过快带来的困难，1963年底国务院对上述标准作了较大的修改：(1)设镇的下限标准提高到聚居人口3000人以上，非农业人口70%以上或聚居人口2500—3000，非农业人口85%以上；(2)缩小了市的郊区范围，规定市镇人口中农业人口所占比重一般不应超过20%；(3)市区和郊区的非农业人口列入市的城镇人口；市区和郊区的农业人口不再作为城镇人口而列入乡村人口。

一次新的变动发生在1984年，这一年人民公社被撤销并恢复乡作为县以下的乡村基层行政单位。同时规定在20000人以下的乡，假如乡政府所在地的居民点非农业人口和自理口粮常住人口①在2000人以上可以设镇。20000人以上的乡，假如乡政府所在地的非农业人口和自理口粮常住人口超过总人口的10%也可以设镇。

① 自理口粮常住人口指根据1984年国务院和公安部的有关通知和规定，农民进入集镇务工经商，到集镇办理自理口粮落户手续的人，落户后按非农业人口统计。

简单地说，镇应该至少有2000以上的非农业人口和自理口粮常住人口聚居。实际上，现在有很多乡镇的非农业人口规模低于法定标准。

1986年设市标准也作了较大调整：⑴非农业人口6万以上，年国民生产总值2亿元以上，已成为该地经济中心的镇，可以设市。少数民族地区和边远地区的重要城镇，重要工矿科研基地，著名风景名胜区，交通枢纽，边境口岸，虽不足以上标准，如确有必要，也可以设市。⑵总人口50万以下的县，县人民政府驻地所在镇的非农业人口10万以上，常住人口中农业人口不超过40%，年国民生产总值3亿元以上，可以撤县设市。总人口50万以上的县，县府所在镇的非农业人口一般在12万以上，年国民生产总值4亿元以上，也可撤县设市。自治州人民政府或地区（盟）行署驻地所在镇，不足以上标准，如确有必要，也可以设市撤县。⑶市区非农业人口25万以上，年国民生产总值10亿元以上的中等城市，可以实行市领导县的体制。显然，设市标准比以前也大大降低了。有很多市实际远低于法定标准。

1990年底的资料，我国有设市的城市467个，其中直辖市3个，地级市185个，县级市279个，县辖镇9115个（不含市和市郊区所辖的建制镇）。

二 中国的城乡划分

中国的城镇地域在统计上基本以设有建制的市和镇直接辖区的行政界线来划分，市镇辖区以外为乡村。具体到人口的城乡划分，不同时期又有变化。1963年以前，市镇辖区内的总人口（即非农业人口和农业人口）为城镇人口，这以外的人口为乡村人口。这期间市镇的郊区较小，市镇的~~设置存~~行政范围接近于市镇实际范围。1964—1981年期间改为市镇辖区内的非农业人口才称城镇人口，辖区内的农业人口属于乡村人口，这时期市镇的郊区也还不称大。但从此开始了城镇人口与城镇地域之间的相互脱节。

1982年第三次人口普查以后，城镇人口的统计标准又回到以前的市镇总人口，包括了市镇辖区内的农业人口。但随着"整县设市"和"整乡设镇"的模式逐渐代替过去的"切块设市"和"切块设镇"模式，市镇辖区包括了过多的乡村地域，市镇人口包含了过多的农业人口。城乡划分和城乡人口统计越来越失去其实际意义。

在1982年的城乡人口划分的口径已经难以为继之时，1990年的第四次人口普查对市镇人口统计不得不改换口径，规定：市镇人口中的市人口是指设区的市所辖的区人口和不设区的市所辖的街道人口；镇人口是指不设区的市所辖的居民委员会人口和县辖镇的居民委员会人口。如果我们忽略掉市镇人口~~不一致的人口和~~中包含的少量常住地与常住户口登记地不一致的人口和户口待定的人口，那么最新的市镇人口统计口径简单地说就是设区的市（直辖市和地级市）统计市区的总人口，不设区的市（县级市）和县辖镇只计其中的非农业人口。实际上是在过去曾经采用过的偏大和偏小的两种统计口径之间，采取了一种折衷的方案，设区的市采用偏大的辖区总人口，不设区的市和镇采用偏小的非农业人口。

既然市镇行政区界是城乡统计的基础，这就有必要了解中国市镇辖区的构成特点，这是理解中国城镇统计口径的关键。

我国城市的城郊空间关系可以按三个指标进行分类。(1)按城市建成区的空间分布形态，可分成单核心分布、多城接近分布、多片分散分布三类；(2)按城郊组合方式，城市可分为大郊区和小郊区两类；按市区组成的空间特征，城市有带飞地和不带飞地的两种类型。综合考虑这三种因素，在理论上可以分出12种类型（图2.5）①

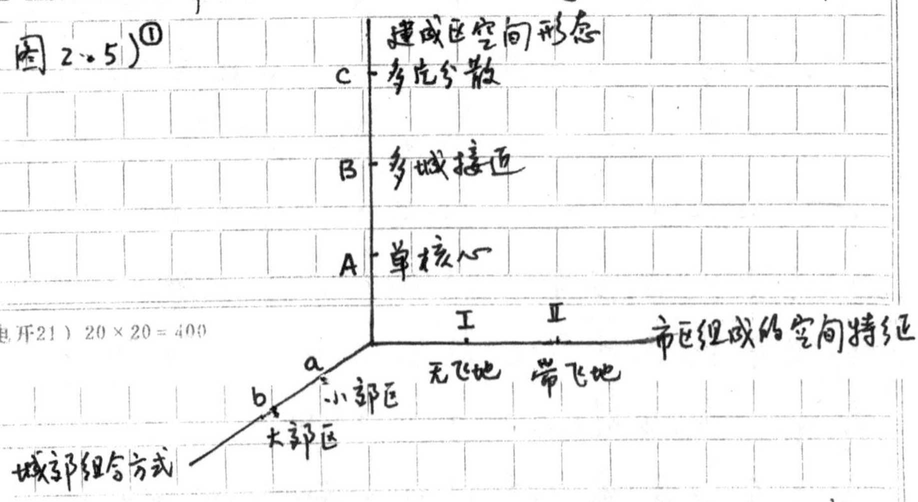




图2.5 中国城市的城郊空间关系分类指标构成

1. AⅠa 单核心无飞地小郊区型 如保定
2. AⅠb 单核心无飞地大郊区型 如呼和浩特
3. AⅡa 单核心带飞地小郊区型 如徐州
4. AⅡb 单核心带飞地大郊区型 如德阳
5. BⅠa 多城接近无飞地小郊区型 如兰州
6. BⅠb 多城接近无飞地大郊区型 如银川
7. BⅡa 多城接近带飞地小郊区型 （尚未发现）
8. BⅡb 多城接近带飞地大郊区型 如包头
9. CⅠa 多片分散无飞地小郊区型 如秦皇岛
10. CⅠb 多片分散无飞地大郊区型 如淄博
11. CⅡa 多片分散有飞地小郊区型 如张家口
12. CⅡb 多片分散有飞地大郊区型 如齐齐哈尔

在中国，几乎所有城市的直接辖区（即市区，不含辖县）都远远大于城市的建成区，1988年434个城市中，建成区面积占市区总面积超过10%的仅有59座城市。这一点是和西方国家非常不同的地方。

对市领导县的体制需要作一些说明。1982

① 周一星、史育龙（1991）．中国市镇地域实体划分方法及其应用研究，（未刊稿）

年以前，只有少数大城市为了确保蔬菜、牛奶、鸡蛋等副食品的供应而管辖若干个县。1982年以后，为了发挥城市带动地区经济发展的作用，原于辽宁、江苏等发达地区的市领导县的体制大面积推广到大中城市，甚至某些小城市。到1990年底，168个市领导了700个县（不含由市代管的县级市）。市辖县不属于城市市区的统计范畴。我国的县不论它受谁领导，其中的镇属于城镇，其中的乡属于乡村。

包括辖县在内的直辖市和地级市的市域范围，是中国特定条件下的一种行政上的城市地域。不同城市之间辖县的范围变化很大，并没有明确的标准。小城市可能带很多个县（如乐山市带12个县），大城市可能只领导很少的县（如沈阳市带2个县）。因此包括辖县的中国城市地域，相互之间并无可比性，与国外的大都市区也是完全不同的两个概念，也无可比性而言。

三 中国城市统计口径的讨论

我国城市地域和城市统计存在的问题有：

(1)没有一个保持稳定的城镇和城镇人口的定义，频繁多变的标准使我国的城镇统计失去了有意义的国际比较的基础，很多情况下用它来分析中国城市本身的发展也感困难。

表2.2说明用国家公布的市镇总人口和使用达18年之久的市镇非农业人口两种统计口径来衡量中国的城镇化水平，两者差距越来越大。1990年第四次人口普查又公布我国市镇人口比重为26.23%，不仅使不解内情的人难以理解，而且又使以前的各种统计失去连续性，需要重新修补。

表2.2 按两种不同统计口径计算的城镇人口比重

| 年份 | 按市镇总人口计(%)<br>(1) | 按市镇非农业人口计(%)<br>(2) | (1)−(2) |
| --- | --- | --- | --- |
| 1949 | 10.6 | 9.1 | 1.5 |
| 1960 | 19.7 | 16.6 | 3.1 |
| 1970 | 17.4 | 12.2 | 5.2 |
| 1980 | 19.4 | 13.7 | 5.7 |
| 1985 | 36.6 | 16.9 | 19.7 |
| 1989 | 51.7 | 18.9 | 32.8 |

(2) 用现在的市镇行政区为基础的各种城镇统计指标难以反映我国城镇的实际情况。

以市镇总人口所反映的城镇发展速度就被大大夸张了。1949-1980年，中国市镇总人口的比重从10.6%上升到19.4%，31年增加了8.8个百分点。然而1980—1989年间，从19.4%上升到51.7%，9年增加了32.3个百分点。不错，改革开放以来我国城镇发展速度确实比以前快，但如此惊人的速度是不实的。水分来自三个方面：首先，设置市、镇的标准比以前大大降低了，还出现了许多达不到标准的市镇；第二，大量的县（1983-1987年间约136个）和大量的乡（1984-1987年间约6300多个）整个地被晋升为市和镇，这些新设市镇，农业人口占压倒优势；第三，许多原来的市、镇也扩大了行政辖区。因为如此，近几年新增加的市镇人口，80%以上是农业人口，说明主要是行政因素而不是经济因素导致了市镇人口的快速增长。

随着市镇总人口中农业人口比重的增加，历年的市镇总人口在时间上已经失去可比性（表2.3）

表 2.3 中国市镇总人口中农业人口的百分比

| | |
|---|---|
| 1949—1963 | 15—17 % |
| 1964—1980 | 23—30 % |
| 1981—1984 | 31—50 % |
| 1985 | 54 % |
| 1986 | 58 % |
| 1987 | 62 % |
| 1988 | 63 % |

同样道理，用现在的市镇行政区为基础的人口规模指标和各项人均指标及人口密度指标都受到严重扭曲。~~城市之间不可比。~~表 2.4 是具有典型意义的两组规模相似的城市。第一

表 2.4 总人口规模相当的两组城市的比较（1988）

| Ⅰ 城市 | 总人口(万) | 非农业人口(万) | 建成区面积 Km² | 人口密度 人/Km² | Ⅱ 城市 | 总人口(万) | 非农业人口(万) | 建成区面积 Km² | 人口密度 人/Km² |
|---|---|---|---|---|---|---|---|---|---|
| 邓州 | 133.4 | 7.8 | 20 | 582 | 石家庄 | 125.9 | 102.1 | 83 | 4100 |
| 麻城 | 103.7 | 7.9 | 18 | 288 | 洛阳 | 112.8 | 72.4 | 44 | 2073 |
| 禹州 | 101.3 | 7.4 | 4 | 688 | 乌鲁木齐 | 106.7 | 100.5 | 62 | 1278 |
| 定州 | 95.6 | 6.5 | 10 | 751 | 合肥 | 95.4 | 69.2 | 64 | 2082 |
| 汝州 | 78.4 | 6.0 | 14 | 508 | 苏州 | 82.8 | 68.7 | 36 | 6291 |
| 利川 | 75.0 | 4.4 | 22 | 163 | 阜新 | 71.7 | 62.0 | 41 | 1600 |
| 辉县 | 67.9 | 4.7 | 25 | 338 | 保定 | 61.4 | 46.8 | 51 | 4875 |
| 乐陵 | 56.3 | 3.9 | 10 | 504 | 温州 | 55.2 | 39.1 | 23 | 2952 |

组中的郑州等8个城市都是近年来新设的县级市，它们全市的非农业人口都不足8万，但县改市后，全县人口都成了市区人口，于是这些小城市的规模和第二组中石家庄等8个"货真价实"的大中城市规模相当。实际上这两组城市的许多指标都没有可比性。

(3)虽然城镇非农业人口资料的连续性比较好，它在两个方面仍然是不理想的。一方面它不包括居住在城镇并从事非农业活动的农业人口，这一部分人口的数量正在日益增长。即使居住在城镇的从事农业的农业人口，也是城镇的当然组成部分，不应排除在外；另一方面它却包括了城镇建成区以外很远的分散居住在乡村的非农业人口。两者相抵，城镇非农业人口作为城镇人口总的说口径偏小。

(4)第四次人口普查的市镇人口统计对设区的市和不设市的市及镇采用双重标准，其全国性的总体结果是可以接受的，以往的严重虚夸状况得到改善。但也正因为如此，这样的折衷方案既部分继承了过去口径偏大的缺陷，又部分继承了口径偏小的缺陷，使得市镇人口的普查数据在市镇之间和省区之间不具有可比性。中国城镇概念和城镇人口统计长期存在的问题，在这次普查中仍未得到根本解决，甚至变得更复杂化了。

（5）不同空间尺度的城市辖区没有相互区别的专用名称，造成了概念和城镇统计口径上的人为混乱。执行市领导县以后，这种混乱变得更严重了。以北京市为例，也许你从不同的出版物中可以遇到7种所谓北京市人口（表2.5）。

表2.5 北京市人口——七种不同的规模（1987）

| 人口（百万） | 含义 |
|---|---|
| 1. 9.88 | 北京市总人口（包括辖县） |
| 2. 6.70 | 北京市区总人口（包括4个城区，4个近郊区和2个远郊区） |
| 3. 5.74 | 北京市城近郊区总人口 |
| 4. 5.47 | 北京市区非农业人口 |
| 5. 5.11 | 北京市城近郊区非农业人口 |
| 6. 4.50（1984年） | 北京市建成区人口 |
| 7. 2.40 | 北京市城区人口 |

假如对这些北京市人口的概念不作特别的说明，就很难明白它们的确切含义。在这7种北京市人口中，读者认为哪一个最接近于反映北京这一座城市的规模呢？报刊上一度声称，中国最大的城市是重庆而不是上海，深圳特区不等于深圳市等。这都是由于带县的"市"和不计辖县的"市"都叫"市"带来的误解。

以上问题产生的根源是我国简单地用市镇的行政界线来代替城乡界线。人们一直忽视中国市镇的行政辖区与城镇设置标准的严重脱节，前者远比后者为大。

通过缩小市镇的行政辖区来解决这个矛盾涉及面太大，几乎是不可行的。在不更动现有行政地域划分体系的前提下，我建议：

(1)我国应建立一种反映城镇实际界线的城镇地域概念，并确定相应的标准，作为城镇统计的基本单元。

建成区最符合于城镇实际的概念，但是建成区的外界随时间不断变化，统计较为困难。为了保持地域上的完整性和稳定性，又兼顾科学性和简单易行，建议城镇实体的范围应该包括(a)城镇的建成区，和(b)它们的近郊区。市和镇两级按其规模和建制可分别命名为"近市区"和"近镇区"，合称"市镇区"。在中国，城市不论大小，原来都有近郊区的概念，在相当长时间内城市建成区不会越出近郊区界。近郊区的范围不应太大，以近市区或近镇区人口中农业人口不超过20－30%为宜。

(2)在城市实体概念的基础上，建立一套不同空间尺度的互相衔接的城市地域概念，以满足不同目的的需要，并和国际上的城市统计建立起可比的基础。详见图2.6。这一套系列的组成

图2.6 对中国不同空间尺度城市地域概念的建议

(引自 ~~Zhou Yixing 1988~~)

参59号城102

比近市区小的城市地域概念依次是城市建成区、旧城区和市中心，这些概念在中国和西方都一直沿用。

比通市区大的下一个城市地域概念是城市的直接辖区，即行政上不含辖县的城市市区。现在部区较小的市县分设的城市市区则和通市区范围一致。

比城市市区大的下一个城市地域概念是城市经济统计区（Urban Economic Statistical Area, UESA），这是较大的城市与周围已经以二、三产业占绝对优势，并保持密切社会经济联系的县的组合。大体相当于国外的大都市区，但统计标准要适应中国的特点。

比城市经济统计区要大的城市地域概念有两个，一个是中心城市加上它带县范围的城市地区。对市领导县体制的利弊有许多不同的见解，从长远来说，用组织城市经济区的办法而不是用行政的办法来实现市县经济的横向联系可能更加灵活而且有效。如果仍采用大中城市带县的办法，则应制订带县的标准，并采用比"市"更高一级的名称以示区别。谭其骧先生主张用"道"称呼作为一级政区的直辖市，用"府"称呼作为二级政区的地级市，确实很有必要，也富中国特色。

另一个是许多城市经济统计区首尾相联组合成的都市连绵区（Metropolitan Interlocking Region，MIR），相当于国外的大都市带。据初步研究，以上海为中心的长江三角洲和以广州、香港为中心的珠江三角洲已经具有都市连绵区的特点，前者早被戈特曼定性为世界第六大都市带，但并没有确定边界进行定量研究。京津唐地区和沈阳到大连的辽宁中南部地区也已呈现都市连绵区的雏型。从远景来看，山东半岛和福建沿海也有形成都市连绵区的良好前景。都市连绵区是国家最活跃、最有生命力的大型人口和经济核心区域，确有必要建立相应的城市地域概念，加强对其现状特点和动态演变的研究。

如果上述建议得以实现，将给各个领域的中国城市研究和中外城市对比研究提供坚实的科学基础。中国的城市地理将可能在这个背景上描绘出~~更新更美~~更真实的画图。

王缉慈

# 《现代工业地理学》

我从 1963 年考入北大地质地理系到 1968 年毕业离校，由于“文革”实际上只有两年半在读大学，上了地质学和地理学的一些基础课。1978 年考回北大地理系进修（回炉）两年，除了补学基础课以外，跟着 76 级本科生上了魏心镇老师的工业地理学课。1980 年留校任教，教工业地理学。

现存的手写讲义可以明显地分为两类，即〔1〕讲授魏心镇老师教材时留下的（只有第十七章）〔2〕使用自己编写教材时留下的（一本笔记中的 43 页和《现代工业地理学》书中的批注）。

1980 年我使用魏心镇老师的《工业地理学（工业布局学原理）》讲课，以后逐年推陈出新，用学科前沿成果来充实基础，酝酿编写新教材。我沿用魏老师的教材时，强调生产力布局，以重化工业为主，分部门从原材料和工艺流程出发，讲工厂定点和选址，以及工业区规划布局。现存的这部分手写讲义只有第十七章——建材工业布局，该章尽管只占 3 个学时（水泥工业 2 学时、玻璃工业和陶瓷工业 1 学时），讲义多达 22 页，因为每年备课内容都有删补和更新，这 22 页包括了这一章在 3 年备课时的不同手稿。

1985 年后我 3 次在国外进修，并多次出国参加学术会议，学习了本学科相关的前沿理论。在此过程中不断审视自己的教学实践，重建思路。为了适应国内市场经济发展的需求，我变更了讲课内容，编写了《现代工业地理学》，该教材于 1994 年 8 月出版，吸收经济学、管理学和社会学的最新成果，强调技术变化和组织变革对工业地理的影响。在《现代工业地理学》的“自序”中写到 10 余位国内外老师的帮助，在“主要参考文献”中列出了 72 篇参考文献，包括 27 篇英文文献。

《现代工业地理学》出版之前，我写过一本系统的讲义，但未找到，很遗憾。从1994年到2011年退休，我一直用自己编的教材。这本笔记中还有些国内外相关文献的摘录，边学边教的痕迹十分凸出。工业地理的备课笔记写作时间是从1994年9月到1996年11月，跨越两个学年，涉及的概念有产业联系、产业集聚、规模经济和范围经济、价值链、企业的空间结构和空间战略、增长极、工业园区、技术创新、孵化器等。这本笔记中还记录了教学参观，包括北京卫星制造厂、上地信息产业基地、北京水泥厂、乡镇企业（平房乡和马坡乡）。另外，笔记中还有一些给学生的思考题，以及准备讲课用的比较通俗的段落和故事。

除了这本笔记以外，我还在第一版自编教科书的第76、87、88、89、91、93、97、106、107、111、115、122、123、124、125、126、127、131、138、140、174、175、176、179、181页的空白处写了不少批注和补充内容。在本科生工业地理学教学基础上，1998年我开设了研究生课“以技术为本的区域发展”。（王缉慈）

第1讲 ①

① 第十七章 建材工业布局

水泥工业布局(2学时)
玻璃、陶瓷工业布局(1学时)

一、水泥原料与工艺流程
二、水泥工业布局(厂址选择与布局趋向)
三、我国水泥工业布局现状及问题
四、玻璃、陶瓷工业布局

---

建材属原材料工业(建筑也是加工工业)在建筑费用总值中,建材占60%左右。

79年国务院49号文件指出:"建材工业和燃料动力、交通运输一样,是国民经济的先行。"过去长期忽视建材、水泥、玻璃缺乏,"秦砖汉瓦"。1980年国家统配水泥的缺口约为400—500万吨,平板玻璃只能满足城镇和工业需要的40%左右,建筑卫生陶瓷也供不应求。新型建材发展缓慢,至今各种新型材料(大板、加气砖、框架轻板等)加在一起,仅占墙体屋面材料总量的5%左右。

经济越发展,建材工业比例越大。在美国、日本,建材工业同冶金工业的投资比例是1:2,而在我国连1:10也没有。

建材种类很多,按结构性质可分三类:(P121,矿物质,有机质,金属)。工业地理学主要讲矿物质建材工业布局。

水泥、木材、钢材是三大主要建材,水泥工业是建材工业中最重要的工业部门。

一、水泥原料与工艺流程　1.原料

硅酸盐水泥是粉状物,与水混合时成可塑性物质,逐渐变成具有机械强度的石状物体。

水泥主要成分:

| | | |
|---|---|---|
| $CaO$ | 62—67% | 95%以上 |
| $SiO_2$ | 20—24% | |
| $Al_2O_3$ | 4—7% | |
| $Fe_2O_3$ | 2.5—6% | |

所谓水泥原料,就是具有一定矿物成分的岩石及工业上的废料,从这些原料可制水泥。

自然界中由一定含量比例的$CaO$,$SiO_2$,$Al_2O_3$,$Fe_2O_3$组成的天然原料只有泥灰岩,它不需要事先加工,就可直接煅烧。

大多数情况下,水泥生料由含有上述主要成分的岩石用人工配合而成。

通常原料分两类:① 含$CaCO_3$的石灰质原料(供给$CaO$)80%——石灰石、白垩、介壳灰岩、石灰质凝灰岩、大理石、石灰质泥卯石。1吨水泥生料中需1.4—1.5吨

② 含粘土质的原料(供给$SiO_2$,$Al_2O_3$,$Fe_2O_3$)20%——粘土、粘土质页岩、黄土、河泥。1吨水泥生料需0.2—0.3吨

可作水泥原料的工业废渣(或综合利用)

① 石灰质原料——电石渣、糖滤泥、氨碱法制碱渣、造纸厂白泥。1吨水泥产[illegible] 3.1吨水泥

② 粘土质原料——煤矸石、粉煤灰、赤泥。

水泥生料一般只由两种原料,而用3—4种以上原料配制,需要加校正原料:

硅质校正原料—含$SiO_2$高的粘土、硅藻土、火山灰、砂岩、河砂等。

铝质校正原料—铁矾土废料、含$Al_2O_3$高的粘土、铝矾土。

铁质校正原料—低品位铁矿石、黄铁矿渣、硫铁矿渣、含铁高的粘土。常缺$Fe_2O_3$不足,1吨水泥生料需0.03—0.05吨铁粉。

对石灰质原料要求　$CaO$ 47%以上
　　　　　　　　　$MgO$ 3%以下

对粘土质原料要求　$SiO_2$ >60%、
　　　　　　　　　碱含量<3—4%
　　　　　　　　　有较好的塑性。

石膏作为缓凝剂,其含量不超过熟料重量的3%。矿化剂—氟化物、含氟硫酸盐

2. 工艺流程：

两磨一烧——① 生料制备：在采石场备天然原料，湿法：原料加水磨成料浆（生料混合均匀）（掺粘土）；干法：原料烘干、磨细（节约燃料）（燃料低，但质较差）

② 煅烧生料：用回转窑、立窑。

③ 熟料磨细（加入石膏一起磨，加混合材磨）

生料磨 →（库）→ 窑房 →（库）冷却1—3星期 → 熟料磨

↑↑ 原料配制　　　　↑↑ 石膏、混合材

回转窑长40—150m，直径2.5—3.5米，圆钢筒，窑身稍倾斜。

窑内主要反应：

燃料和生料在窑内相向移动。

高温（900°C）下$CaCO_3$分解出CaO，即除C作用。到1000—1200°C，CaO同黏土成分（$SiO_2$，$Al_2O_3$，$Fe_2O_3$）发生固相反应，生成的主要物质有：

硅酸二钙：$2CaO\cdot SiO_2$

铝酸三钙：$3CaO\cdot Al_2O_3$

铁铝酸四钙：$4CaO\cdot Al_2O_3\cdot Fe_2O_3$ 等。

达1300°C，以上固相反应完成。

1300°—1450°C是烧结过程，$2CaO\cdot SiO_2$部分熔融，与CaO化合形成$3CaO\cdot SiO_2$。

$3CaO\cdot Al_2O_3$和$4CaO\cdot Al_2O_3\cdot Fe_2O_3$部分液相。

煅烧后骤冷即为熟料。熟料成分是：

硅酸三钙——$3CaO\cdot SiO_2$

硅酸二钙——$2CaO\cdot SiO_2$

铝酸三钙——$3CaO\cdot Al_2O_3$

铁铝酸四钙——$4CaO\cdot Al_2O_3\cdot Fe_2O_3$

氧化镁——MgO

水泥熟料中含少量CaO（游离）及其它化合物。

这些新的矿物质与水起水化反应，具有在水中硬化的能力。

在水泥熟料成分中，起水化作用最快的是$3CaO\cdot Al_2O_3$，它使水泥早期强度高，含$3CaO\cdot Al_2O_3$越多，凝结越快，须添加缓凝剂（石膏）。例如高铝水泥（矾土水泥）硬化快，但在矿物水中的稳定性低于普通硅酸盐水泥。

$3CaO\cdot SiO_2$是硅酸盐水泥活性最强的成分之一，水化及硬化较硅酸二钙快得多，具有高强度。……

由此可见，水泥生料中各氧化物组分对水泥熟料性能有不同的影响，为控制硅酸盐水泥的化学组分，必须配好生料。

改变水泥的成分，可以增加耐酸性或各种不同的适应性，因而出现特种水泥：

矿渣水泥、火山灰水泥、大坝水泥、快硬水泥、油井水泥、耐火水泥等。

水泥标号——指该水泥所制成的试块经28天养护后所具有的最低抗压强度。除养护28天的抗压强度外，还有早期强度（3天、7天）的指标。

硅酸盐水泥抗压强度（公斤/厘米²）

| 水泥标号 | 3天 | 7天 | 28天 |
|---|---|---|---|
| 200 | — | 100 | 200 |
| 250 | — | 160 | 250 |
| 300 | — | 180 | 300 |
| 400 | 160 | 260 | 400 |
| 500 | 220 | 350 | 500 |
| 600 | 260 | 400 | 600 |

高标号（500，600）水泥3天强度，已超过200号水泥28天强度，说明高标号水泥不仅强度高而且硬化快。标号越高，质量越好。

水泥贮存时间不宜太久，放三个月强度降10—20%，放6个月降15—30%。（受潮使水泥凝结时间延长，强度降，结硬块）

一②

二、水泥工业布局　1. 布局与选厂

水泥厂通常是靠近主要原料（石灰岩及粘土）的产地。（每生产1吨水泥熟料，约需1.3—1.4吨石灰石）。同时应尽量使用当地燃料 国外水泥厂燃耗……20 我国水泥厂耗煤……

燃料所占比重一般只占原料与燃料总重量的15—20%，因此，在当地没有适当燃料可用时，可由远道运送燃料。

另外，由于水泥产品不宜远运，为避免产品长距离运输，水泥厂应接近水泥集中消费区。（运输量大，体重，价格低）

「新建水泥厂的水泥市场运距参考指标
大型厂（>100万吨/年）　300—400 km
中型厂（20—100万吨/年）　200—300 km
小型厂（<20万吨/年）　<100 km.

在水泥工业不够发达的国家地区，或生产特种水泥时，其市场运距可适当延长。

世界水泥市场运距300 km左右。」

这里很显然是原料地、燃料地及消费区之间的最佳区位问题。

由于水泥原料（石灰岩、粘土）分布比较广泛，消费地较多，使水泥工业有可能既接近原料地，又接近消费区。因此，水泥工业布局应首先考虑市场需要（如葛洲坝、三峡水电站——），在合理的供销半径范围内选择优质矿山（半径一般为……）。水泥厂靠近矿山布置，并有丰富的水源地和可靠电源（靠近现有的供电系统或正在建设的发电厂和区域变电站）每生产1吨水泥耗电100—120度，电费占水泥总成本20—25%。

铁路专用线。
①接近主要原料基地
②接近消费地（消费地运输不宜过长）
③大运量，方便交通运输
④经济可靠的供水系统
⑤适应不同原料加工和工艺流程
⑥污染防治，远离城市布厂

运输

2、水泥运输问题

世界上许多国家都投入较大力量研究最佳的水泥流通方式。近一二十年来，水泥的物流形态发生了很大变化。

装运形态，从桶装、袋装、到散装。

出厂形态，由粉状体改变为颗粒状熟料。

供应形态，由粉状水泥改为加工搅拌好了的生混凝土。

介绍一种水泥流通加工的新方式——熟料长途输送，在消费中心建粉磨站。

历来水泥成品出厂，内含大量混合材料，一方面增加运费，另一方面受潮（粉状）造成很大损失。提倡长途输送熟料，就是将"两磨一烧"中的第二磨转到消费中心的粉磨站，视当地资源和需要加入混合材料，制成各个品种及标号的水泥再供用户。

优点如下：

1. 降低运费，节省运力。据计算，平均有30%左右以上的运力消耗在矿渣及其他加入混合材上，采取长距离输送熟料，可使水泥输送的吨位大大减少。

②. 在矿山建大型熟料生产基地，在无资源的水泥消费区大中城市建粉磨站，可以解决没有石灰石资源地区的水泥供需问题，改变目前有些地方长途运输石灰石和水泥的状况，减轻运输压力。

2. 节省大量包装用纸，节约优质材料。以年产1.2亿吨水泥算，每年用于水泥包装纸袋的红白松木将近360万$m^3$。仅包装费用就占成本的五分之一左右。

3. 长途输送熟料可以防止由于受潮造成的损失。未磨细的熟料，较潮湿的稳定性很强。我国水泥散失，受潮变质及污染浪费损失合计损失费用占售价的10%左右。

4. 可按实际需要生产各种标号的水泥。

另外，还有其他的很多优越性，例如以较低的成本突破大批量、高运费的输送，可以利用国铁、港、仓等现有装卸设备和装运车皮装运，比散装水泥运输经济。等等。

例如，可在大连水泥厂由国家投资建熟料粉磨线，在天津由地方投资建粉磨站(无资本)，大连熟料运至天津粉磨，就地供应散装水泥。

再如首钢除含铁运往琉璃河，制成水泥后再运回北京，不如在中间(房山县)建粉磨站。

(琉璃河水泥厂125万吨/年)

三、我国水泥工业布局的现状与问题

1949年：全国水泥总产量中，辽宁占40%，

京、津、冀占20%，

沪、苏占10%。

其他：晋、鄂、川、粤、黑有少量小水泥厂。

"一五"：配合东北工业基地——鞍山、抚顺、本溪、锦西、大连、哈尔滨、牡丹江

配合华北、中南——北京、唐山、太原、广州、黄石

〃 华东、西南——上海、南京、重庆。

1957年，沿海水泥仍占70%，其余不足30%主要在黑、晋、鄂、川少数省。

同期已作为全国工业建设重点的吉林、内蒙、河南、陕西、甘肃等省区水泥仍是空白区。川、鄂、黑这些工业建设重点省，水泥产量也不多。

沿海往内地调运水泥。

"二五"调整布局：

西北 配合兰州、西安、北疆工业区

新建永登、耀县、铜川、新疆等厂。

西南 配合成渝工业区，渡口、六盘水、昆明、贵阳地区的工业建设。

新建扩建 重庆、江油(剑阁)、渡口、水城、昆明、开远、贵州、峨眉、水城。

中南 配合郑洛汴、武冶、广州基地

新建扩建洛阳、黄石、英德

华北 配合京津唐、石邯邢、太原大同、包兰地区。

新扩建首都、唐山、邯郸、卓子山、大同。

华东 扩建沪、宁，新建芜湖、江山、临[illegible]、九江、万年、南平、永安等厂。

到80年代，以这些大中型水泥厂为骨干，在全国建了5000多个小水泥厂，产量占全国总产量的68%以上。

全国29个省市自治区(不包括台湾)中，除天津、西藏、青海、宁夏、新疆、内蒙外，其他23个年产量都在100万吨以上，其中辽、川、鲁、冀、苏400万吨以上，豫、鄂、湘、粤、皖300万吨以上。

水泥的铁路平均运距逐年下降，1956年900多公里，1978年361公里(P124表)，说明水泥工业布局趋于合理。

我国水泥工业布局由于历史上和其他方面的种种原因，至今仍有不合理状况，主要是：

集中在辽、川(以及江浙、重庆)大中型水泥厂较多。

西北、华北、中南水泥不够。

东北、西南调出，西北、华北、中南调入。

华东基本自给，但上海不足。

1972—1979年，平均每年

东北调出150多万吨，西南调出80多万吨，

西北调入70多万吨，中南调入近60万吨，

华北调入44万吨。

1979年，四川调出的水泥，西到新疆，东达天津，平均运距1200公里，其中调往新疆运距3000公里，每吨运费23.5元。

京津二市从外地调进和进口的水泥，一年运费约有800万元。

据北京建委分析，按前三年的建筑指标(每平方米造价143元)算，用四川水泥比用北京水泥每平方米增加运费4.5元，提高工程造价5.2%。

1-③

(5) 第一方面调整水泥工业布局：

1. 尽量多大量调入水泥的地区。

近期水泥需要量增长大的新兴工矿区。

有的县有较大的石灰石矿、石膏矿，有的有大量矿渣，煤矸石可利用，煤电供应方便，应新建扩建大中型水泥厂。

2. 水泥供应困难的边远地区，如新疆、青海、西藏一次性投资多些，但和长途运输供应可避免很费，安排好水泥厂的建设还是合理的。

3. 地处临海可供出口供应水泥的地区，如广东、广西，建立出口基地。

4. 能源缺乏省区，仅燃料煤缺的地区，也应发展水泥工业。如浙江，水泥缺，石灰石资源丰富，以外省运燃煤。如按一吨煤用作4吨水泥的燃料计算，从安徽运煤到浙江平均运距800公里，一个年产60万吨的水泥厂每年需燃煤15万吨，运煤费用110万元；如从安徽调给浙江60万吨水泥，每年运费700万元，为运煤费用的6.2倍。显然，调煤比调水泥要合算得多。

四、玻璃、陶瓷工业布局

1. 玻璃工业布局

①、由于玻璃产品不宜远途运输，玻璃厂应尽可能接近消费地。

②、由于玻璃生产消耗燃料比原料大得多、原料运量不算大，因此玻璃工业布局首先靠近燃料地，并有一定原料供应条件。

平板玻璃厂的规模划分

大型 >100万标准箱

中型 50—100万标准箱

小型 <50万标准箱

从我国生产实践看，大量发展小型玻璃厂的经济效果是不太理想的。新建玻璃厂，国家投资的应建150万箱以上的大型厂，个别地区建中型厂也要建50万箱以上的，不要建小厂。

小厂 ① 能源消耗大，大、中、小型玻璃厂燃料单耗比，大约是1:1.5:3。

② 产品质量差

③ 单位成本高

④ 劳动生产率低。

例如赣州市玻璃厂是赣州地区唯一的玻璃厂，赣州地区有丰富的石英砂资源，但燃料十分缺乏，玻璃厂所需的煤要从萍乡运来。因此，兴国、全南、于都的玻璃厂全部下马（于都有煤但不能烧玻璃，玻璃厂要求煤热值在7千大卡以上。赣州地区交通不便，全区玻璃制品需要量很大，特别是制药工业要用瓶子，不可能全部从外地调来，因而保留了一个赣州玻璃厂。但该玻璃厂年年亏损，其原因主要是煤价高，萍乡煤52.4元/吨运到赣州105元/吨，中转环节多，损耗20%以上，煤质不好。萍乡煤运到南昌65元/吨，赣州比南昌玻璃厂燃料高出40多元。光煤一项一年比南昌多花10多万元。年年亏损，但由于是赣南唯一的玻璃厂还要维持下去。

我国的重点玻璃厂：

秦皇岛耀华玻璃厂 323万标准箱/年（1985年）

洛阳 216万 〃

沈阳 182万 〃

大连 163万 〃

株洲 117万 〃

上海耀华 80万 〃

兰州、蚌埠、厦门、杭州、太原、通辽、南宁、凯里。

三、陶瓷工业布局　　制坯、装饰、施釉、烧成

1) 原料因素

普通陶瓷资源分布普遍（粘土和高岭土、长石、石英……），陶瓷工业分布也较广泛，但偏远地区，如缸、碗等。

高级陶瓷要求优质原材料（陶瓷）

唐山、邯郸、淄博、醴陵、石湾、景德镇、宜兴陶都

2) 技术因素

如景德镇　大量技术工人和艺术家。

陶用粘土是地表流积土（粘性较高、可塑性较强），瓷用粘土要求细腻、长石、石英。

陶用低温火焰烧，瓷用高温火焰烧。

第十八章

森林工业及造纸工业布局（[illegible]学时）

一、森林工业

森林工业包括森林采伐工业与木材加工工业。

1. 森林采伐工业

包括伐、运和贮木场初步加工三部分。

森林采伐工业的劳动对象是森林资源。森林资源与工矿资源不同点是矿产资源不能再生，森林资源可以抚育更新，也可以在无林、少林地区植树造林，改变森林资源的天然分布状况。因此，采伐工业布局受自然资源分布状况的限制比采掘工业小，但由于森林生长周期很长，三、四十年到上百年，因此天然森林的状况对伐木工业的发展和布局仍是基本因素。

我国森林资源比较贫乏，全国森林面积18.3亿亩，绝对面积不小，但仅占国土总面积12.7%（即森林覆盖率），世界平均是22%。在世界160个国家中，森林覆盖率占第120位、人均面积占第121位。（世界人均12亩，我国只2亩）人平木材蓄积量在世界75国平均63m³，我国不到10m³，占第5?位。在有限的森林资源中，除去北部原始林、防护林、特种用途林、经济林等，实际可采资源更少。

我国森林资源消耗大，更新跟不上采伐。全国每年林木生长量与采伐量之比为1:0.88，加上森林火灾、病虫害和部分林区毁林开荒等损失浪费，森林资源的实际消耗量已超出年生长量，出现了"吃老本"的局面。……建国以来，国营林场采伐迹地中，约有20%没更新，如果不及时改变状况，森林资源将趋于枯竭。

为解决我国木材供需矛盾，改进森林工业布局，要解决好以下问题：

1) 原有林区合理采伐

我国采伐工业三大地区：东北、内蒙东部，西南和南方九省（南方林区）

合理采伐——采伐量同生长量相适应。

采伐方式——除少数土壤瘠薄、人工更新能跟得上、坡度缓和的地方，可采取小面积的皆伐方式外，一般应择伐或渐伐，采伐后的迹地应及时更新。

2) 有计划地开辟新采伐基地（[illegible]）

关键在林区道路建设，一般在新建林业企业的总投资中，用于道路建设的应占50%左右。我国林区道路少，经营水平低。世界林业发达国家，道路密度表如下：

| | |
|---|---|
| 美（1963） | 4米/公顷 |
| 苏（1963） | 2.25米/公顷 |
| 瑞典（1968） | 9.4米/公顷 |
| 瑞士（1964） | 40米/公顷 |
| 中国（1975） | 0.7米/公顷 |

（每公顷林地平均有道路）

第十七章 建材工业布局

1.水泥工业布局(2学时)
2.玻璃、陶瓷工业布局(2学时)

提纲:1.水泥原料与工艺流程
2.水泥工业布局趋向
3.水泥厂厂址选择
4.我国水泥布局的现状及问题
5.玻璃工业布局
6.陶瓷工业布局

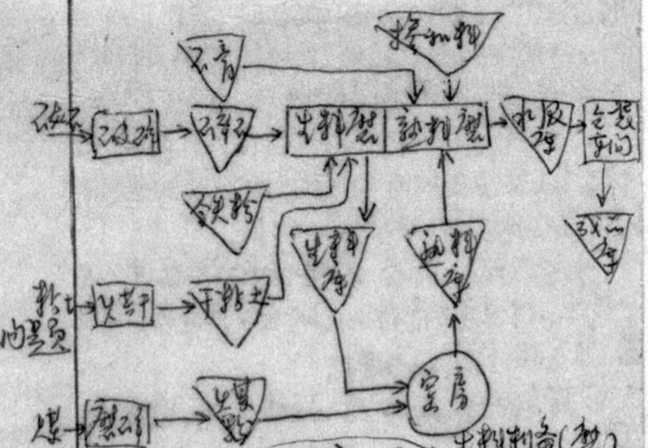


一、建材工业在国民经济中的地位和作用

对建材工业的重要性多年来没有足够的认识,影响了国民经济的发展速度。

建材工业属于原材料工业部门(建筑业是加工工业),是大规模经济建设和提高人民生活水平的物质基础。在建筑费用总值中,建材占60%左右。

79年国务院49号文件指出:"建材工业和燃料动力、交通运输一样,是国民经济的先行。"过去长期忽视建材工业,近几年水泥、玻璃很紧张,"秦砖汉瓦",建材工业很落后,住房紧张,没有水泥,影响人民生活的改善,问题严重。1980年国家统配水泥的缺口约为400—500万吨,平板玻璃只能满足城镇和工业需要的40%左右,建筑卫生陶瓷也供不应求。新型建材发展缓慢,至今各种新型材料(大板、空心砖、框架轻板等)加在一起,才仅占墙体屋面材料总量的5%左右。

经济越发展,建材工业的比例越大。在美国、日本,建材工业同冶金工业的投资比例是1:2,而在我国连1:10也没有。

二、水泥工业布局

1.水泥原料与工艺流程

水泥与木材、钢材是三大主要材料,用水泥制品可代替木材、钢材,如水泥轨枕、电杆,钢筋混凝土塔代钢架塔等。水泥工业是建材工业中最重要的工业部门。

原料:
①石灰石 80—90%
②粘土 10—15%
③石膏 3—5% 缓凝剂
④混合材(石)渣、矿石、炉渣、火山灰、硅藻土等
⑤燃料 煤炭、重油。(有煤、不煤都可以)

含石灰质与粘土质的一切天然的或人工的原料

两磨一烧,回转窑、立窑

两种工艺:干法和湿法

生料制备(磨)
煅烧生料
熟料细磨
窑外分解新技术

干法:耗煤低 热耗 500—700大卡/吨

湿法:耗煤高、耗水多、熟耗1350大卡/吨

~~二、水泥工业布局趋向~~

硅酸盐水泥化学成分
CaO 60—67%
$Al_2O_3$ 4—7%
$SiO_2$ 19—24%
$Fe_2O_3$ 2—6%

允许 MgO 4.5%以下
$SO_3$ 3%以下 有害,易裂。

为保证以上化学成分,生料中应含75—78% $CaCO_3$ 和22—25% $SiO_2+Al_2O_3+Fe_2O_3$。

目前世界中普遍用回转窑烧水泥。

①所谓干法和湿法主要指生料制备过程

干法——将原料烘干,干燥状态下磨细,入窑(入回转窑前用水泥生料的盘成大,入立窑前加适量水及煤粉,搅成生料球)煅烧

湿法——原料加水湿磨,搅拌过程中含水35—40%的料浆,入窑煅烧。只能用回转窑。优点是生料混合均匀,产品质量较高,缺点耗煤多。

生料粉细度越细越好,4900孔/厘米²筛余量不超过15%。配料精确,搅拌均匀。

②煅烧生料

回转窑长40—150m,直径2.5—3.5米,圆钢筒,内衬耐火砖,轴横置,与水平方向成一小斜角,煅烧时圆筒可以绕其轴转,每分钟1—2转。

立窑——投资少,收效快,设备简单,但煅烧不均,冷却慢,质量差些。

窑内反应:$CaCO_3$高温分解出CaO与$SiO_2$、$Al_2O_3$、$Fe_2O_3$发生固相反应,$Al_2O_3$生成铝酸一钙($CaO·Al_2O_3$),继续与CaO生成铝酸三钙($3CaO·Al_2O_3$)。$Fe_2O_3$成铁铝酸四钙($4CaO·Al_2O_3·Fe_2O_3$)、硅酸二钙($2CaO·SiO_2$)

温度达1300°C，以上固相反应完成。

1300→1450→1300°C是烧结过程，$3CaO\cdot Al_2O_3$及$4CaO\cdot Al_2O_3\cdot Fe_2O_3$熔融成液相，$2CaO\cdot SiO_2$也部分熔解，并与CaO化合形成$3CaO\cdot SiO_2$，这一过程要有足够温度和时间，使反应完全，否则熟料中有剩余CaO（游离），水泥安定性不良。

煅烧阶段后，骤冷，液相一部分成玻璃体，一部分成结晶体，未变为液体的大部分熟料全部为晶体状态。出窑快冷后即为熟料。

回转窑内各阶段：干燥、预热、分解、烧成、冷却。

③磨细熟料

制成的熟料须贮存1—3个星期后，再磨细，这可以使熟料继续冷却，并使熟料中的游离CaO（不超过1—1.5%）吸收潮湿空气而水解，减少以后体积变化不均匀，保证水泥安定性，还可使水泥凝结时间减慢，并使熟料结构较疏松，易于磨细。

在熟料磨细时，需加入少量天然石膏（$CaSO_4\cdot 2H_2O$）以调整水泥凝结时间，使水泥不急凝。熟料中$3CaO\cdot Al_2O_3$过多，加石膏应多。

若掺加混合材料也在此时加入，同时磨细。

水泥经磨成合乎要求的细度后（4900孔/厘米²筛上筛余量不超过15左右），放入仓内储存，冷却，残余游离石灰水解，检验合格，即可使用。

水泥标号——用强度指标，指水泥硬化一定日期后其胶结力的大小。我国建筑材料标准中，将硅酸盐水泥分为六个标号，

抗压强度（公斤/厘米²）

| 水泥标号 | 3天 | 7天 | 28天 |
|---|---|---|---|
| 200 | — | 100 | 200 |
| 250 300 | — | 180 | 300 |
| 400 | 160 | 260 | 400 |
| 500 | 220 | 350 | 500 |
| 600 | 260 | 400 | 600 |

高标号（500、600号）水泥的3天强度，已超过200号水泥28天强度，说明高标号水泥不仅强度高而且硬化快。标号越高，质量越好。

水泥储存时间不应太久，否则将吸收空气中的水分及$CO_2$而使水泥凝结时间延长及强度降低，或者结成硬块，不能用。

放三月强度降10—20%，六月降15—30%

掺混合材料的硅酸盐水泥

①矿渣水泥：熟料中掺成品总量的20—85%粒状高炉渣再加石膏，磨细。（石膏的作用是加速水泥硬结）

②火山灰质水泥 20—50%火山灰混合材

③大坝水泥 抗蚀性较强，发热量低，若放热量大，坝体产生裂缝。$3CaO\cdot Al_2O_3$比普通水泥低得多。

④快硬水泥（指硅水泥）：早期强度较高（3天强度达28天强度的75%以上），但28天后期的强度增长速率较低。要求高$3CaO\cdot SiO_2$、$3CaO\cdot Al_2O_3$含量（与大坝水泥正相反），水泥磨得更细。

另外还有很多品种，如油井水泥、道路水泥、矾土水泥（高铝水泥）、防水水泥、耐酸硅酸盐水泥等。

2. 水泥工业布局方向

1) 接近水泥集中消费区，避免产品长距离运输。P124 附71—73表全国大中型水泥厂平均运距逐年下降，说明水泥工业布局趋向于合理。

新建水泥厂的水泥平均运距参考指标

大型厂（>100万吨/年） 300—400 km

中型厂（20—100万吨/年） 200—300 km，

小型厂（<20万吨） <100 km

在水泥工业不够发达的省区地区，我们生产水泥时其平均运距不宜太远。

2) 靠近石灰石矿山

石灰石是生产水泥的主要原料，每生产1吨水泥熟料，约需1.3—1.4吨石灰石，因此，在合理的供销半径内选矿点，即在接近消费区处选矿点。

3) 接近燃料产地

对燃料需要量较高（窑外分解技术）

部分已新建的大中型水泥厂燃料产地及运距

| 水泥厂 | 大同 | 洛阳 | 耀县 | 江油 | 邯郸 |
|---|---|---|---|---|---|
| 燃料地 | 大同 | 义马、宜洛 | 铜川 | 广元 | 峰峰 |
| 运距 km | 10-20 | 20、130 | 30 | 110 | 10 |

水泥窑外分解——把原来在窑内进行的预热和分解改在窑外增设的预热器和分解炉进行，使窑直接将大部分经过分解的物料送入窑内煅烧，可以大大提高熟料的产量。

水泥生料中有害成分：$MgO$、$TiO_2$、$P_2O_5$、$Mn_2O_3$、$R_2O$（$K_2O$或$Na_2O$）
不宜过多　影响凝结　高炉炉渣　熟料中未分解的游离

矿化剂——为加速水泥生料煅烧过程而掺入生料粉中的少量外加剂。

如：氟硅酸钠、石膏、磷石膏、铜矿渣、铅矿渣、锌矿渣、氟化钠、氟硅化钙等。

固主要煅烧燃料，选择燃料的原则概括为：

1、发热量高，挥发分低，灰分少。一部分灰分随烟气排掉，另一部分掺入熟料中，灰分应小于15%

2、来源丰富、价格便宜

3、长期供应不易变更。

煅烧料基地

在矿山资源丰富、交通运输方便的地区建设大型生料生产基地，在大中城市和没有矿山资源、水泥用量又比较大的区域建设粉磨站，向用户供应袋装水泥，是一个带有方向性的重大经济政策。好处：

1. 解决没有矿石资源地区的水泥供需问题，改变目前有些地方长途运输水泥和水泥的状况，减轻运输压力

2. 节省大量包装用纸，节约物资木材。以每年1.2亿吨水泥算，每年用水泥包装纸袋的红白松木材约达360万$m^3$。

3. 有利于改善大中城市的环境污染。

4. 有利一部分小厂改造，将一部分生料运至交通线旁的小厂与之实行生料/熟料合磨制水泥或小厂改为粉磨站，对扩大产量、降低成本有益。

例如，原在大连水泥厂由国家投资建生料生产线，天津地方投资建粉磨站（无资源）

大连生料运至天津粉磨，就地供应散装水泥。

多年干湿之争，现在可以肯定，干法是发展方向，新建厂应以干法生产为主。

49个我国大中型企业中湿法比重占60%，湿法厂目前不宜急于搞改造，而应有计划地搞工厂改造，如新建干法工艺线、新旧设备并存、干湿法方式并存

1980年小水泥厂产量占全国水泥总产量中占68%，5000多个厂

水泥产量1949年68万吨，80年达7980万吨，29个省市自治区除西藏、宁夏外，都有水泥厂

建材以构成建筑物主体材料——水泥、钢材、木材三大材料

（砖瓦灰、砂石等传统材料）

装修配套材料——平板玻璃、建筑陶瓷、卫生陶瓷、防水油毡、建筑五金。

工业发达国家水泥人年300–400kg，世界平均每人150kg，我国按大水泥25公斤/人

据统计，目前我国工业废渣每年排出量约3亿吨，其中粉煤灰3700万吨，煤矸石7000万吨，高炉炉渣1800万吨，钢渣600万吨，尾矿粉1亿吨，工业和民用炉渣5000万吨。高炉炉渣利用率70%，粉煤灰、煤矸石利用率只10%。

<u>硅酸盐水泥原料</u>

硅酸盐水泥主要化学成分 { $CaO$ 62–67%，$SiO_2$ 20–24%，$Al_2O_3$ 4–7%，$Fe_2O_3$ 2.5–6% } 95%以上.

原料（一般化学用四种原料，而用三种甚至四种以上原料中配制）

① 石灰质原料（供给$CaO$）— 石灰石、白垩、贝壳岩、石灰质泥灰岩、料礓石、石灰质鲕卵石、

② 粘土质原料（供给$SiO_2$、$Al_2O_3$、$Fe_2O_3$）— 粘土、粘土质页岩、黄土、河泥

③ 校正原料（辅助原料）、矿化剂、缓凝剂（石膏）
- 硅质校正原料 — 生料中$SiO_2$不足时，加含$SiO_2$高的粘土、硅藻土、硅藻石、蛋白土、火山灰、硅质渣、砂岩、粉砂岩、河砂
- 铝质校正原料 — 铁矾土废料、含$Al_2O_3$高的粘土、铝矾土
- 铁质校正原料 — 低品位铁矿石、黄铁矿渣、硫铁矿渣、含铁高的粘土。

对石灰质原料要求 $CaO$ 47%以上，$MgO$ 3%以下.

对粘土质原料要求 $SiO_2$ >60%，碱含量<3–4%，有较好塑性

可作水泥原料的工业废渣（混合材）
- ① 石灰质原料 — 电石渣（$Ca(OH)_2$）1吨电石与水反应生成1.2–1.5吨干电石渣（80%水分的浆体6–7吨）
  - 糖滤渣（泥）（$CaCO_3$），脱水烘干
  - 碱渣（氨碱法制碱碱渣，$CaCO_3$），脱水烘干，还含氯
  - 白泥（造纸厂渣$CaCO_3$），含$Na_2CO_3$、$NaCl$.
- ② 粘土质原料 — 煤矸石、
  - 粉煤灰（每度电排100–200克，含$SiO_2$较低，需加硅质校正原料）
  - 赤泥（烧碱氧化铝时排的废渣，每生产1吨氧化铝约产生赤泥1.5—1.8吨，加石灰质原料）

**石灰石、粘土、铁粉、石膏。**

控制硅酸盐水泥的化学组成：

各氧化物对水泥性能的影响及作用

$CaO$ 高，正常情况下形成的$CaO \cdot SiO_2$多，加速水泥硬化和强度提高.
过高，熟料中含是游离$CaO$，加水后缓慢溶解，体积膨胀，水泥制件裂纹、安定性不良

$SiO_2$ 保证$CaO$成化合状态存在.
过多，水泥凝结时间变慢，早期强度过低.
过少，$CaO$重结不足，形成大量$2CaO \cdot SiO_2$，体积膨胀，熟料粉化、

$Al_2O_3$ 形成$3CaO \cdot Al_2O_3$水化速度快，使水泥早期强度高。助熔
过多，凝结速度太快，硬化时体积变化不正常，后期强度增长变慢.

$Fe_2O_3$ 主要助熔。过少，烧成困难，游离$CaO$增加，过多，形成过多液相，窑内结大块，影响操作.

引进项目必须合理选择厂址

特殊的困难：

1、大型引进项目的设备尺寸、重量一般都大，重，铁路隧道一般只适不过的，只有靠水路与公路运输。水路运输又受到水上航线的限制，不是哪里都可运。而且内河运输的除去已有港的建码头，增加起吊设备，解决卸船与装车问题。而公路运输则需加固（加宽）或新建桥梁、道路，加大弯道半径或降低公路坡度。为了把这些大件设备运送到建设场地，投资花费太大，仅冀东、宁国两厂运输花掉1,700万元以上。

| 工厂名称 | 大件设备名称及尺寸（米） | 大件设备重量（吨） | 为运大件设备所花投资（万元） |
|---|---|---|---|
| 冀东 | 水泥磨筒体 φ 4.61×15.11 | 103.6 | 814.42 |
| 宁国 | 原料 〃 φ 5.4×15.30 | 140 | 900 |

2、引进项目设备先进、技术水平高，相应要求管理、技术人员技术水平高，如果实现现代化，同时要求配套的辅助设施，也要相应投资，充分利用原有设施，最好是在老企业建新工艺线。

新建的一切从头建起，供水电、交通运输、机电修理都要大量投资。如冀东这方面投资1,300万元以上，宁国5000万元左右。

| | 冀东 | 宁国 | 合计（万元） |
|---|---|---|---|
| 1.供水 | 48.6 | 261.2 | 309.8 |
| 2.供电 | 64.3 | 3,500 | 3,564.3 |
| 3.交通运输 | 1,100 | 1,020.4 | 2,120.4 |
| 4.机电修理 | 123.9 | 212.5 | 336.4 |
| 小计 | 1,336.8 | 4,994.1 | 6,330.9 |

1960年初，我国从丹麦史密斯公司引进日产熟料1,050吨的干法水泥生产工艺线成套技术设备（国内的是褐煤套），当时拟在山东定点建厂，后为三线，改在山城，1970建成投产。

①

# 第十七章 建材工业布局

一、水泥原料与工艺流程
二、水泥工业布局
三、我国水泥工业布局现状与问题
四、玻璃、陶瓷工业布局

建材属原材料，多品种，多行业。建材部管辖产品五百多种，按产品性质分三类：

1. 建房及工程用（建筑材料）：水泥、玻璃、陶瓷、砖瓦、砂石。
2. 工、农、交、国防用新型无机非金属材料及配套产品：玻纤、玻钢、特陶、工业技术玻璃、人工合成……
3. 非金属矿石及制品：石棉、云母、滑石、石膏等，现代化、尖端科学原材料。

发展速度，发达国家建材速度高于工业发展平均速度。

| 1950—1978年 | 钢年平均速度 | 水泥 | |
|---|---|---|---|
| 美 | 1.2% | 2.5% | （意、日、 |
| 苏 | 6.3% | 9.4% | 巴西钢 |
| 法 | 3.5% | 4.9% | 比水泥 |
| 中 | 15.2% | 10.5% | 增长快） |

投资 美、日 $\frac{建材}{冶金}=\frac{1}{2}$ 中国 $<\frac{1}{10}$ [redacted]

长期建材落后，水泥、玻璃短缺。1979年进口90万吨水泥（朝、日），仍缺四、五百万吨，供需矛盾很大。平板玻璃只能满足基建和城市工业的40%。

三大材中第一类——水泥，在传统建材中应用最广，代替部分金属、木材、天然石材、沥青，"建筑的骨干"。

## 一、水泥原料与工艺流程

1、水泥原料——

水泥主要成分。水泥生料由含有上述主要成分的岩石人工配合而成。

(1) 普通水泥原料

① 石灰质原料：在生料配比中占80%，石灰石为主。1吨水泥：1.4—1.5吨（干）、1.5—2.0吨（湿）

② 粘土质原料：20%，粘土、黄土。0.2—0.3吨

③ 辅助原料（校正原料、矿化剂、缓凝剂） 1吨水泥：0.03—0.05吨铁粉

矿化剂（促进煅烧）：氟化物、硫氟硅盐、萤石等。
缓凝剂：石膏。
(2) 特种水泥原料：
白色硅酸盐水泥——要用白色粘土、纯石灰岩，要求含Fe极少<0.1–1%。
高铝（矾土）水泥——要用铁矾土，含Fe、Al高。
特种硅酸盐水泥——含Si很高，要用硅藻土、硅灰岩，还加砂子、石英。
(3) 混合材：矿渣、砾石、粉煤灰、火山灰。□ 混合材料为掺在水泥中的廉价的矿物材料，掺作用为~~……~~ 一活性混合材料含有（水硬性）

2、工艺流程
磨—烧—磨
① 生料制备
② 生料煅烧 { 预热、分解、固相反应
③ 熟料磨细

干燥、预热、分解、烧成、冷却

窑内主要反应：高温下CaO同$SiO_2$、$Al_2O_3$、$Fe_2O_3$发生固相反应。
熟料成分。水泥标号。
水泥生产方法的"干—湿"之争：
湿法——生料磨内加水粉磨成浆状，入窑 { 生料混合均匀、车间粉尘少，热耗高。
干法——粉磨烘干或烘干粉磨，加水成球状入窑：用复杂空气搅拌系统，（电耗高），热耗低，耗煤少。

五十年代是世界上湿法生产的"黄金时代"。（悬浮预热器）
最近干法生产有新的技术突破（七十年代以来），①把预热、分解部分分离，窑里煅烧，窑外分解，热耗大大降低，节约大量燃料。② 西方研究出预均化堆场，把富矿和贫矿搭配好（原料预均化）③ 生料搅拌系统技术改进，料级均匀，偏差值小，接近湿法。④ 工厂大型化，湿法困难。⑤ 收尘技术，等等。
干—湿—干的过程。六十年代中期均化技术和悬浮预热器出现，七十年代以来窑外分解技术崛起，干法生产成为当今水泥工业发展的主导方向。
以前干湿法受气候条件影响的。我国基本上以长江为界"北干南湿"。

②全国49个大、中型水泥厂的分布：

| | 干法 | 半干法 | 湿法 | 小计 |
|---|---|---|---|---|
| 东北 | 7 | 3 | 0 | 10 |
| 华北 | 4 | 2 | 3 | 9 |
| 西北 | 2 | 0 | 2 | 4 |
| 长江以南 | 1 苏州 | 1 福建永安 | 24（82%） | 26 |
| 全国合计 | 14 | 6 | 29（57%） | 49 |

（苏州光华水泥厂因为白水泥不得不用干法）

在干法与湿法生产水泥界有两种趋势，一种仍主张"北干南湿"，第二种淘汰湿法，第三种因地制宜，适当改进。第三种适宜。

干、湿如何协调发展，因地布局，不仅要考虑技术上的可能性，还要注意经济上的现实性，即必须按气候条件、资源状况、规模大小、原有基础等方面作全面考虑。

---

二、水泥工业布局

（一）、水泥工业特点及其对布局的要求

（二）解决消费中心的水泥需求问题

（三）水泥制品工业布局

宝山 — 宝山水泥厂
冀东 — 丰润水泥厂
三峡 — 枝城水泥厂
葛洲坝 — 荆门 〃
三门峡 — 洛阳 〃
攀枝花 — 渡口 〃

（一）1. 接近主要原料地 石灰石40%（D₂运距短的）

2. 接近消费地

应首先考虑市场需要，在合理的供销半径范围内选择优质石山。

3. 运输条件 邯郸水泥厂在车站边，运输调度方便。
峨眉 〃 1公里专用线。
水城 〃 投资6千多万，专用线投6百多万，占10%。

4. 能源条件 当前由于电不能建厂的较少，但因电导致的问题突出，如常州水泥厂又搞起自备电来了。

5. 水源

6. 远离城市、风景区不能建厂，如桂林，72世厂不同意，杭州。

7. 利用荒山坡地。

我国大中型水泥厂49个，全国大小水泥厂共近五千个，1980年小水泥产量占全国水泥总产量中占68%。

百万吨以上大厂只有5个：首都琉璃河 125万吨/年　　世界最大 南斯拉夫(西德建) 2万吨/日
邯郸 117 〃
华新(黄石)
耀县(铜川南)
峨眉 65年迁厂 将吉江建 从唐家庄迁到峨眉

50万吨以上共18个：江油、永登(兰新线上)、湘乡、广州、上海、江南(南京栖霞山)、山东铝厂、工源(本溪)、抚顺、大连、哈尔滨、水城(60万吨)、大同、柳州。

东北、四川较多。
东北是原有基础 黑——哈、牡丹江，吉——松江 辽——大连、本溪、锦西。
四川建三线：峨眉、渡口、江油、重庆。

建材矿产资源情况：
石灰岩——分布广、储量丰、到79年底，全国保有储量193.8亿吨，其中工业储量99.5亿，
远景储量94.3亿吨。
上海、天津、黑龙江的资源缺少，储量不足，甚至无足。
我国具有比较大速度发展水泥工业的条件，满足年产亿吨水泥无问题。

我国水泥产品品种

(二)、水泥制品工业布局

78年全国6524万吨，其中大型2271万吨，小型4253万吨。

| | | | | |
|---|---|---|---|---|
| ① | 辽宁 | 566 | 大型 347 | 小型 219 |
| [illegible] | 山东 | 469 | 59 | 410 |
| ③ | 河北 | 464 | 160 | 304 |
| ② | 四川 | 455 | 216 | 239 |
| ④ | 江苏 | 444 | 104 | 340 |
| ⑤ | 北京 | | | |

万套引进项目。

人人均水泥有：山东、江苏、广东、河南、河北。

③ 7

二 ③ 水泥工业生产特点及其对布局的要求

1. 水泥生产原料失重大，要接近主要原料地

主要原料——石灰石、粘土、少量铁粉。

石灰石：烧成时失重35—45%。

1吨硅酸盐水泥需1.3—1.5吨石灰石。石灰石价廉、量重，损耗大，长距离输送将提高产品成本。石灰石40%，$CO_2$

如上海水泥厂由230公里外的镇江供应石料，每吨石灰石售价2元，运价8元，到厂价格10元，比就近厂家高2—4倍。

粘土：在生料消耗中占16—20%。（就近解决）

石膏："　3—5%。

2. 水泥是消费普遍、不宜远运、大量生产的产品，要求接近消费地。

水泥用量大、价格低、原料广

1) 据日本资料，其运费占水泥生产成本30—40%。

我国最早的、产品运销全国的启新（唐山）1889年洋灰公司，在30年代每桶水泥成本1.04日元，运销费高达1.88日元，为成本的1.8倍。要有[illegible]而无集中消费区生产更经济。

2) 破包率大，一般为5%，高的达30—40%。久贮会降低标号，影响质量。

3) 可按需要生产各种标号水泥。

（新建水泥厂的市场运距参考指标）……

3. 大运量，要求有方便的运输条件

水泥工厂规模大，设备笨重，货运量大，物料的年吞吐量约为工厂规模的三倍左右。因此，大中型水泥厂应靠近铁路干线，还应考虑专用线接轨的可能性，在有水运条件的地区，应积极考虑水运。

（一般年产15—20万吨规模的水泥厂要求修专用线，150万吨/年以上的不仅要修专用线，还要有水运码头（有水运条件下）才能满足大量运输需要）

年运出量按水泥销售量计算：

石灰石和粘土由工厂自运，货运量为年产量50—80%

"　要求给予运输　"　1.5—2.0倍

"　要求其他部分给予运输　"　1.8—2.3"

利用工业废渣生产水泥原料的水泥厂，厂址往往靠近废渣来源的工厂，如利用钢铁厂的矿渣、电厂的粉煤灰或铝厂的赤泥等的水泥厂多在这些厂附近，或成为其一个水泥车间。

4. 水泥生产成本具有"能耗偏重"特点，要求保证可靠的能源供应。

水泥生产工艺主要是粉磨、烧成和粉磨，需要消耗大量能源。100万吨/年水泥用煤20万吨，[illegible]

湿法窑每生产1吨熟料耗标准煤200公斤左右，每吨水泥综合电耗85—100度。干法比湿法每吨水泥综合电耗高30—40度

我国水泥生产成本中：

原料、材料占 20—28%

燃料、电费 36—42%

~~各项费用 60—80%~~

国外能源价格贵，电力费在生产的能量费用占水泥生产成本的一半。

厂址选择上，可以考虑靠近电源（现有供电系统或正在建设的发电厂或区域变电站）。不少水泥厂采用废热发电装置（利用窑尾废热），可以满足水泥厂自用电的需要，但水泥厂附设发电车间增加了建厂投资，使工厂管理复杂化，在有电力网供电的地区，经济上不合算。

燃料虽属能就近供应，然而由于燃料的占比重比原料少得多（一般只占燃料与原料总重量的15—20%）。因此，在当地没有适合燃料可用时，可以就近通过运送燃料。即在原料资源丰富而燃煤缺乏的地区，调进煤炭办水泥厂是合理的，如浙江

**5. 水泥厂选址应有足够的水源**

当水泥厂靠近农村时，应注意不与农村争水，同时考虑在工厂投产后不应严重影响用水。

年产120万吨干法水泥厂日用水量5500吨

100万吨湿法 〃 7000吨

**6. 水泥厂是污染源，要远离城市**

1973年对中国水泥厂测定：

该厂每天200吨粉尘进入大气，平均浓度18—26毫克/立米，在工作区为90—100毫克，超过国家标准15倍，顺风方向，粉尘可吹到5公里之远。

远离城市，在其下风向，风景区内不宜建。

**7. 厂址用地尽可能利用荒山坡地，少占农田用地。**

充分利用地形，坡度较大时可以结合地形采取阶梯式布置。

**（二）解决消费中心的水泥需求问题的途径：**

① 运入水泥成品

② 运入矿石原料在消费中心建厂

③ 运入半成品熟料在 〃 建粉磨站

① 按水泥运输区划向消费中心调拨水泥

散装比袋装成本低20%，装卸快，运输量大，便于自动化，有利客户使用储存，减少运输损耗。

天津63年以来在市区、郊区建了大中型转运站，推广散装水泥，散装率一直90%以上。

大力推广散装水泥，在消费中心建散装水泥储和中转运站，解决当前散装水泥的运输问题，尤其是散装专用火车，是有重大经济意义的措施。

② 在消费中心建厂

日本63个水泥厂中，接近原料地37个

〃 消费地17个

原—消之间9个

临海 3个

④上海水泥厂 离上海十几公里黄浦江畔。六十年历史，解放初年产量不到6万吨，78年——65万吨。

大部分原、燃料来自外地：

石灰石——浙江长兴
　　　　江苏镇江（距厂230公里）
河泥——黄浦江
矿渣——南京九四二〇
粉煤灰——上海
铁粉——上海吴泾
煤——山西大同
石膏——南京、太原、天津
纸——福建、佳木斯

成品主要供本市和近郊（少量出口）

水泥成本每吨10元，比国营厂高一倍，但由于劳动生产率和充分利用城市多种有利因素，产品成本并不昂贵。

消费地建厂有以下优越性：

1）、靠近消费地
2）充分利用城市交通，便于协作
3）交通方便，就地供应
4）、技术力量强，劳动生产率高。

上海水泥厂经验和产量均高于全国平均水平，由于建厂条件和基建费用一致，水泥生产规模、品种、工艺流程、消耗指标相同，各种原料和地点已定，在原料地还是在消费地建厂，应视运输消耗最低作为建厂标准。

③充分利用消费中心的废料，在消费区建粉磨站 原料地——熟料生产 消费地——粉磨站

鞍山市周围的和地区水泥厂接受钢铁和铁合金的矿渣混合磨成水泥。

江苏宜兴水泥厂就向扬州、盐城、镇江等地出售半成品作原料。

上海室山水泥厂完全可以设为粉磨站

（三）、水泥制品工业布局。

建筑业方向是改变落后的露天操作，搞工厂化、建筑工业化，

预制加工业包括混凝土预制构件厂、预拌混凝土厂、石膏板、轻建筑制品厂等。

预制构件厂

原料——水泥、砂子、石子、钢材。

趋向消费区，（原料运输比成品构件运输方便）、大型工地或居住区、城市周围。

合理地域分工

上海——安徽铜陵
西安——铜川、耀县
广州——英德
天津——大连

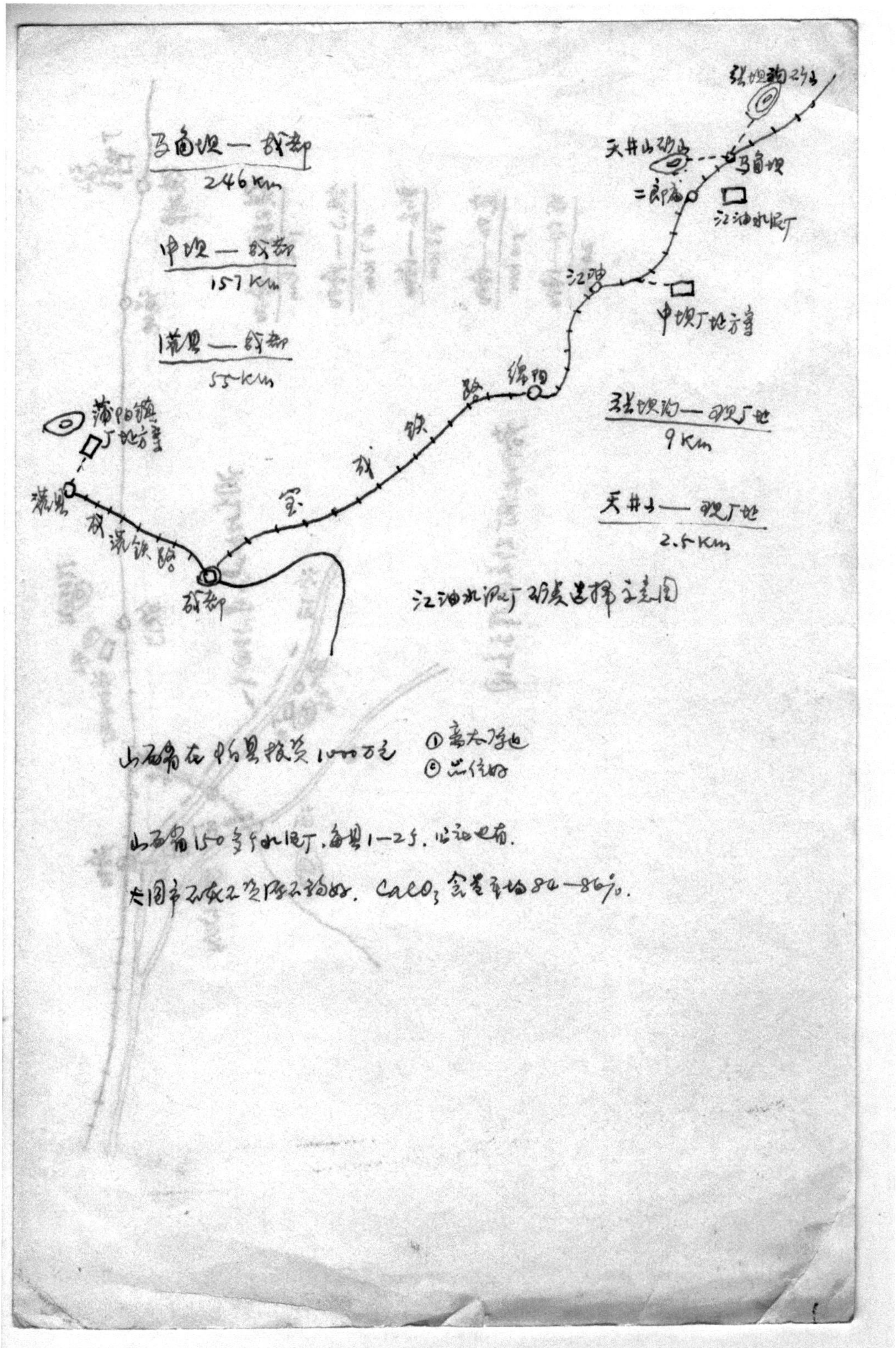
马角坝—成都
246 Km
中坝—成都
157 Km
灌县—成都
55 Km
蒲阳镇
厂址方案
灌县
成灌铁路
成都
宝成铁路
绵阳
江油
中坝厂址方案
二郎庙
马角坝
江油水泥厂
天井山矿山
9 Km
2.5 Km
江油水泥厂矿区选择示意图

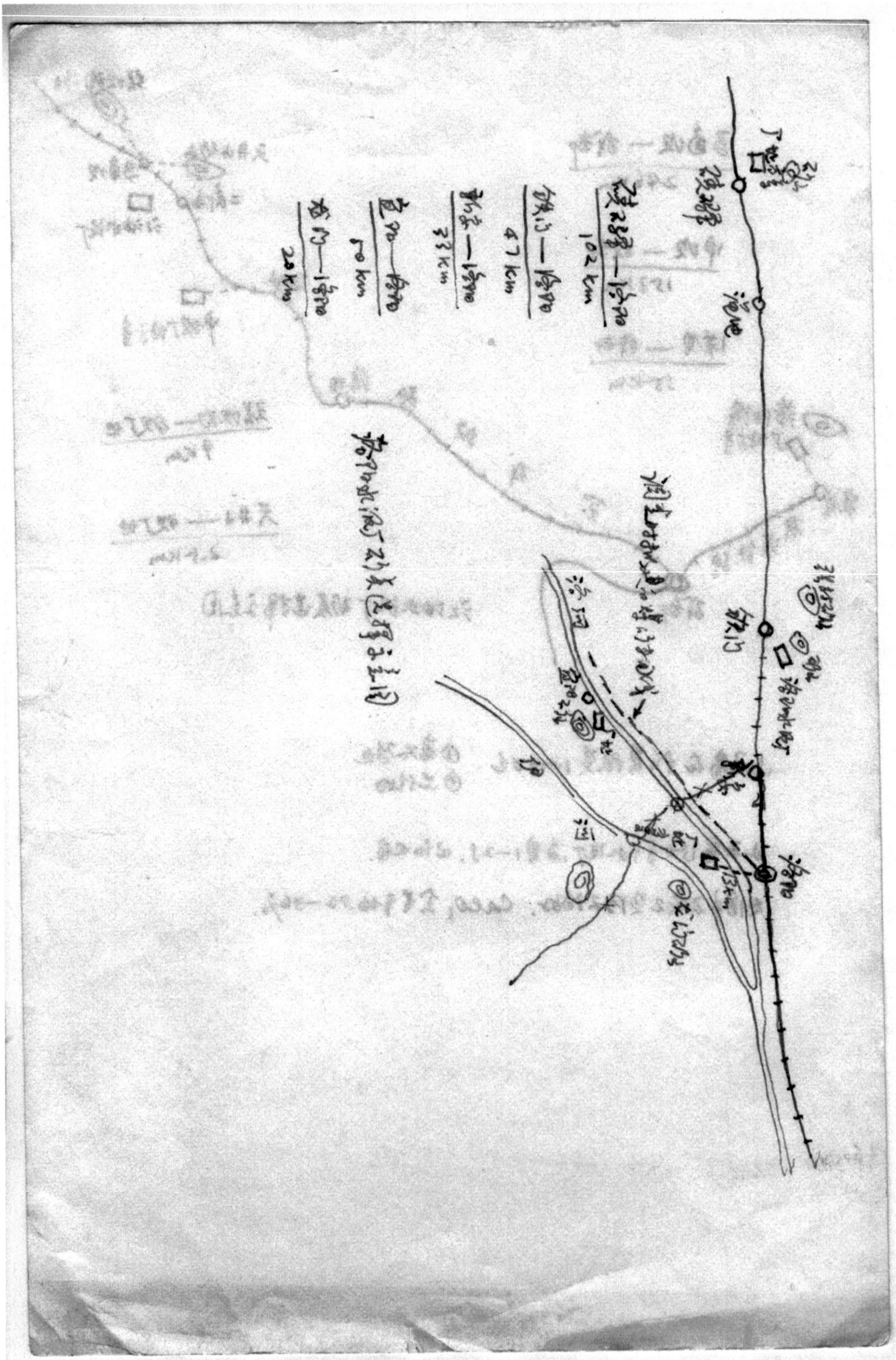

水泥强度是指水泥试体在一定时期内，其能受力的大小，用标准条件下的水泥胶砂的强度表示。

强度即水泥标号指标。

旧水泥标准规定，测定水泥强度方法"硬练法"。将水泥、标准砂（福建平潭石英砂）与水按规定比例与标准方法捣制成抗压、抗拉试件，在标准条件（温度20±5°C，相对湿度90%以上）下养护，用一定方法和抗拉强度试验机测得其3天、7天、28天的抗压与抗拉强度。用试验所得的28天龄期的抗压强度代表水泥标号。

1979年我国对号参数，使用国产的五种水泥经过了新标准，采用软练法测定强度。用水泥和标准砂按1:2.5（灰砂比）混合加入定量水，按规定方法制成试件，在20±2°C水中养护，测定其3天、7天和28天的抗压与抗折强度，用试验所得28天龄期的抗压强度代表水泥标号。

| | | |
|---|---|---|
| 普通硅酸盐水泥 比例 | 旧500号 ≈ 新425号 | |
| | 旧600号 | 525号 |
| | 旧700号 | 625号 |

水泥标号是水泥的主要技术指标。

按水泥的性质和用途分六类：　　百种之多。

一般水泥（普通）：硅酸盐、普通硅酸盐、矿渣硅酸盐、火山灰质硅酸盐、粉煤灰硅酸盐水泥。

快硬高强水泥

水工及耐侵蚀水泥

膨胀水泥

固井及耐高温水泥

其他特性水泥

按水泥的矿物成分分5类：硅酸盐水泥类、铝酸盐水泥类、其他矿物水泥类

[illegible] ——→ [illegible]

[illegible]

19

# 企业地理

当代企业世界、经济结构、公司组织、竞争过程

一、现代经济的竞争结构

1. 多种竞争模式：

① 完全竞争
② 不完全竞争或垄断性竞争
③ 寡头占有
④ 垄断

2. 集中倾向 集中率

3. 分割经济的概念——二元经济

中心企业 边缘企业

大企业 小企业

全球 多部门 多国家

对技术看重，企业组织可分为6种：

Plan for next week 下周計劃

① 攻击 ② 防守 ③ 模仿 ④ 依赖 ⑤ 传统 ⑥ 机会主义.

4. 作为空间变化的主体的公司

经济的基本单位. 地理由这些公司的决策和行动决定

20

特殊的空间问题是：

①. 家庭与企业是当代经济之多结构中的主要形式

②. （公司企业）家庭数小，力量大，是主要兴趣所在

③. 分析的工具由组织的、行为的、管理的理论产生。

④. 分析基于复杂的、不确定的之多环境中的动态变化之上。

⑤. 对于理解企业的行为及其社会、经济、空间影响来说，内部等级结构是重要的。

⑥. 理解现代空间经济的演变和运营的关键是认识存在于不同规模的企业之间的相互关系的种类。

不同种类和不同力量的

21

二、在多变的环境中的企业：双向关系

1. 企业组织不是"黑匣子"

仅仅从投入产出看，仅能了解为什么它位于那里，有什么影响对一个地区。应进一步了解企业如何运作？如何结构？如何决策？

McNee 1960年提出要更人文主义的经济地理 more humanistic economic geography — enterprise geography

企业目的——不是所有企业都以利润最大化为目的

企业组织越复杂，它的目的越复杂，因为其中工作人员都有不同目的

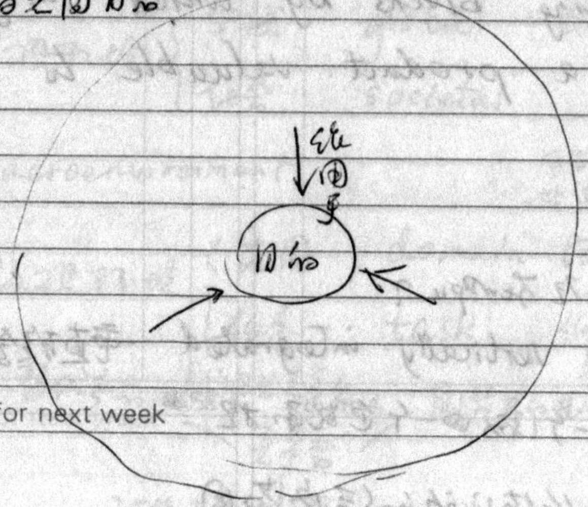


作用于决策过程的力

23

企业组织是一组职能构成的。

这些职能是什么？它们之间有什么关系？

一个很有用的构架是 Porter 的价值链 Value Chain

Every firm is a collection of activities that are performed to design, produce, market, deliver and support its product. … Value activities are the physically and technically distinct activities a firm performs. They are the building blocks by which a firm creates a product valuable to its buyers.

这些活动在哪儿？

两极端 在内部？ vertically integrated 垂直联合

也可能每一个活动由一个企业承担.

每个企业有价值活动的经济范围
economic scope

新问题：什么决定企业边界？— 交易费用概念

23

星期 ok

transactional costs —

一 the costs of running the economic system.

外部不确定性越大，企业越会在内部控制

二 2、不确定的和多变的环境

以及经济组织（人） 而不是孤立的

企业是开放系统，与外部环境相联系，相互作用

三 复杂的—— 多层次，多元素 complex

动态的—— 流动的 dynamic

企业的主要任务是使之和外部环境相适应。

四 environment 直接或间接 影响企业组织行为

宏观环境 { 全球 global / 社会 societal　　社会文化影响 社会价值观 政治的技术、教育

五 Macroenvironment　　可能与该企业相互作用的一些组织，可能影响其组织行为

六 微观环境 { 范围 domain 域环境 / 任务 task 任务环境

替代产品　目前企业竞争者　有潜力的进入者　　对企业发生影响的

竞争者

日 供应者 讨价还价 [公司] 讨价还价 消费者　　包括特定和潜在的

(有影响力)　　(有影响力)

管理者（制定规章者）

(经济、政策 管制进入) 政府　工会 影响工资和劳动条件

24

3. 外部环境的信息和知觉.

人们在外部环境中的行为不是由环境的客观性质决定的，而是由行为者对环境的感知决定的。这个知觉过程的诸因素：信息的种类，选择性的信息

行为环境：

behavioral environment

{ task environment
  parts of the domain of organization

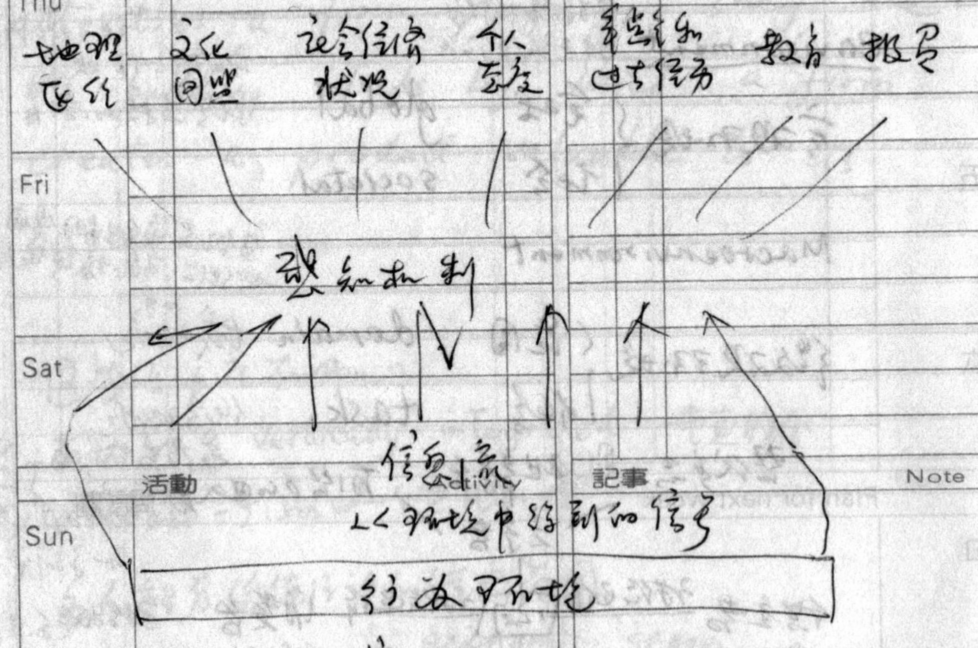

25

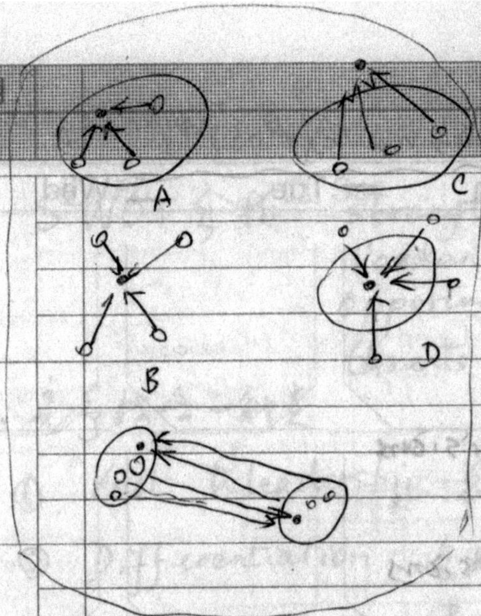


社会组群对个人间交流的影响

4. 动荡的环境：变化的市场和技术

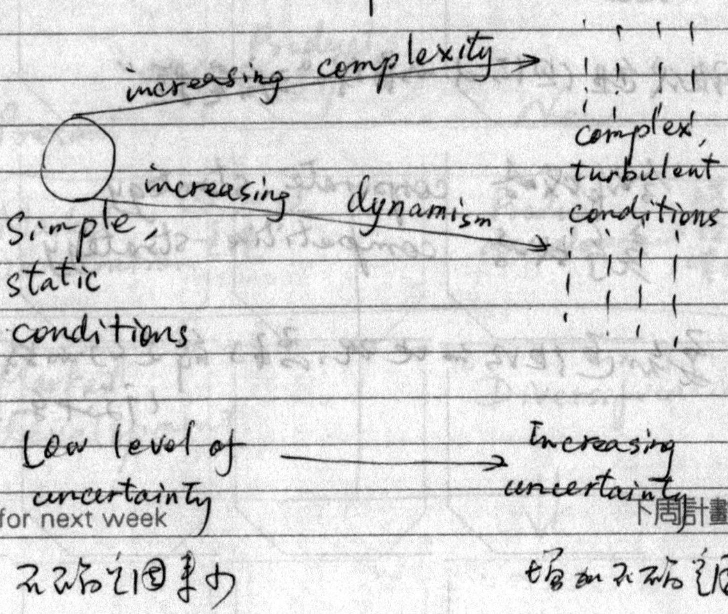


Plan for next week 下周計劃

不确定因素少　　增加不确定因素

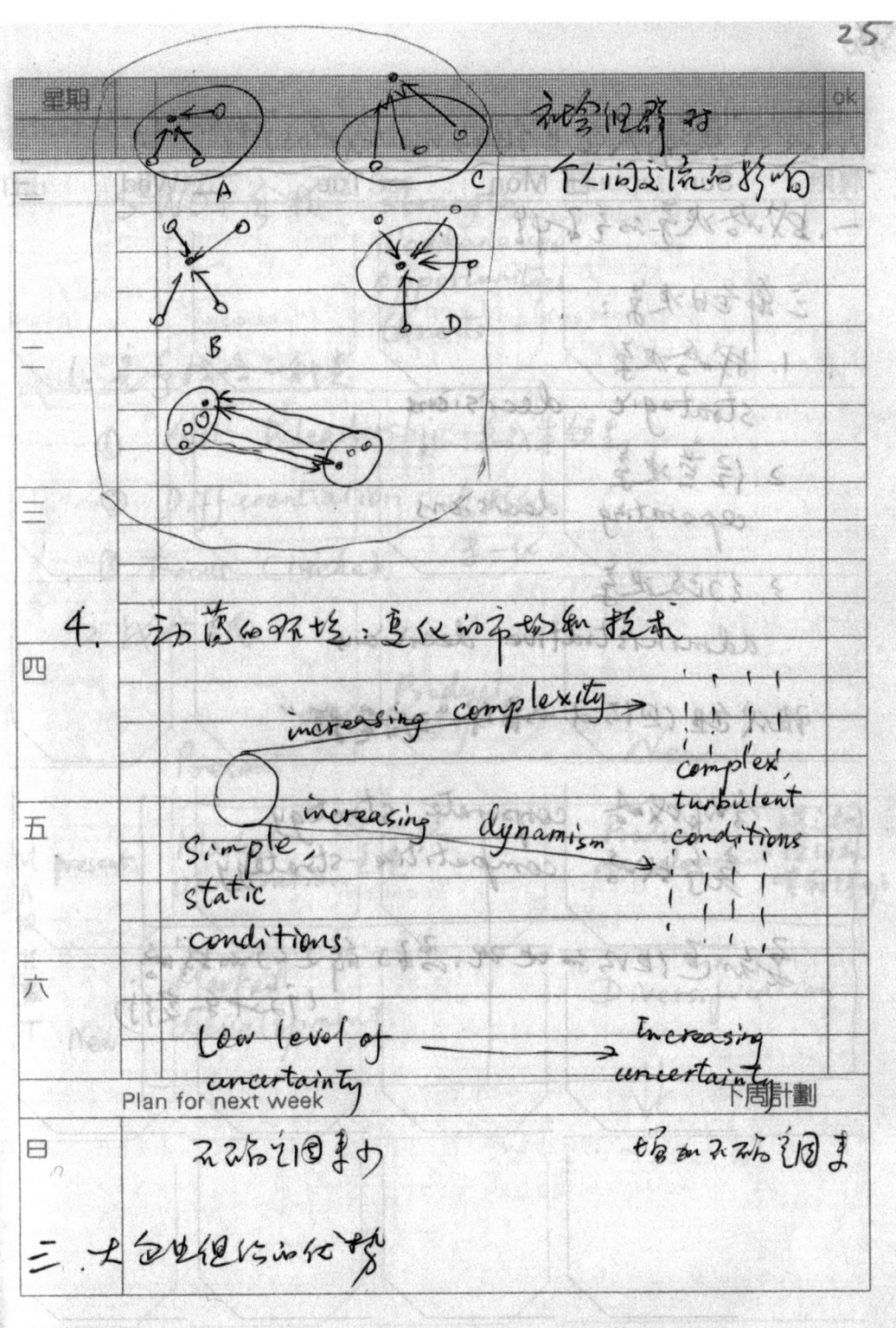

二. 大企业组织的优势

26

# 从地理现象看大企业组织的战略行为

一、战略决策的重要性

三种企业决策：

1. 战略决策
strategic decisions

2. 经营决策
operating decisions

3. 行政决策
administrative decisions

现代企业组织可以看成"三层金塔"

公司战略 corporate strategy
竞争战略 competitive strategy

要知道组织的地理，必须了解它们的战略（设计和实行）

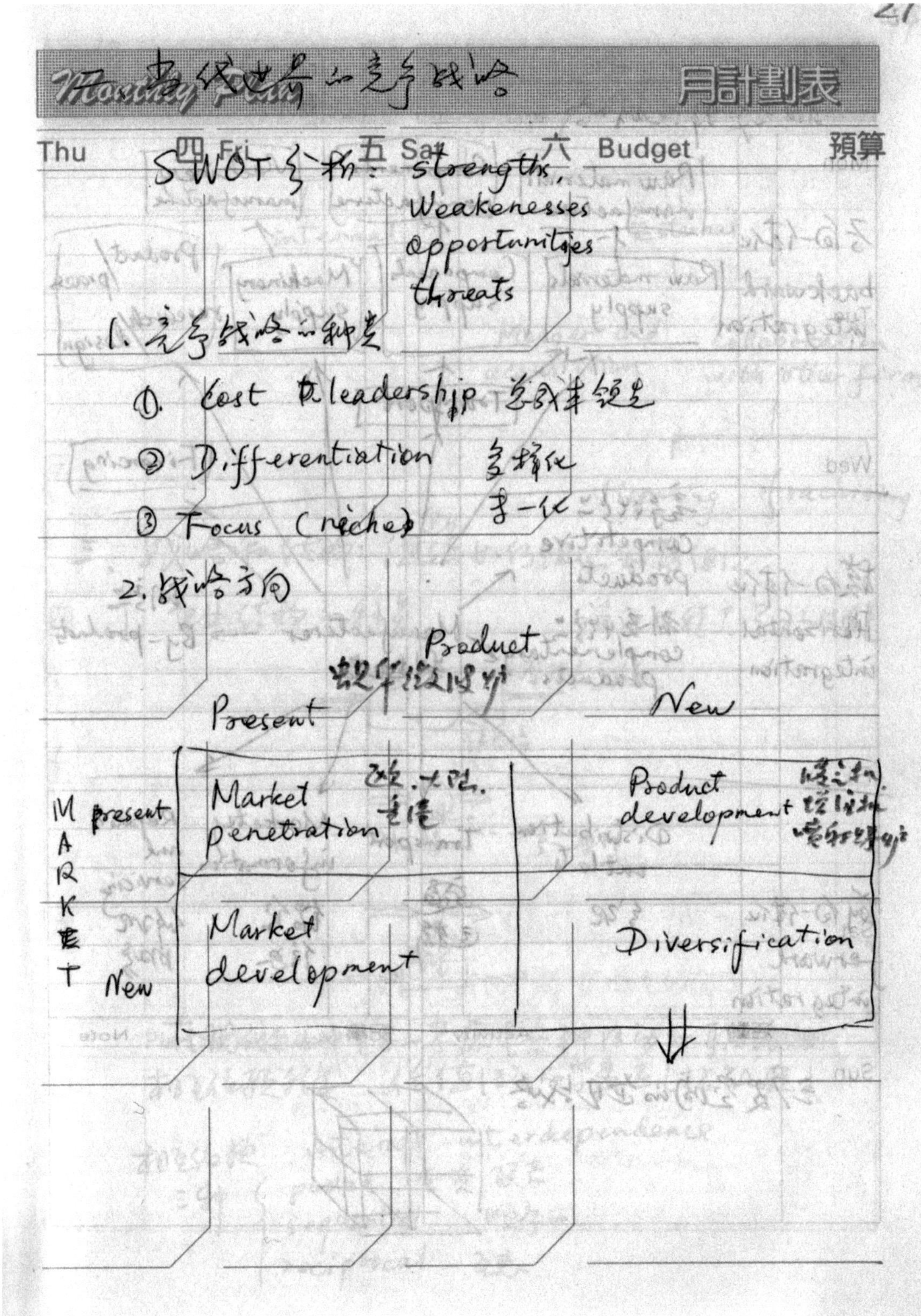

21

Monthly Plan 月計劃表

当代世界的竞争战略

Thu 四 Fri 五 Sat 六 Budget 預算

SWOT分析: strengths, Weakenesses, opportunities, threats

1. 竞争战略的种类

① Cost leadership 总成本领先

② Differentiation 多样化

③ Focus (niche) 专一化

2. 战略方向

| | Product Present | New |
| --- | --- | --- |
| MARKET present | Market penetration 改·大战·重促 | Product development |
| MARKET New | Market development | Diversification |

38 卫星制造厂 10.5

月計劃表 Monthly Plan

Sun Mon Tue 二 Wed 三

[illegible]

卫星常说要搞卫星.

地面站 有地方有钱才能建

以十亿元计/年

法国发射地已到南美圭亚那去.

研制费最少10亿元.

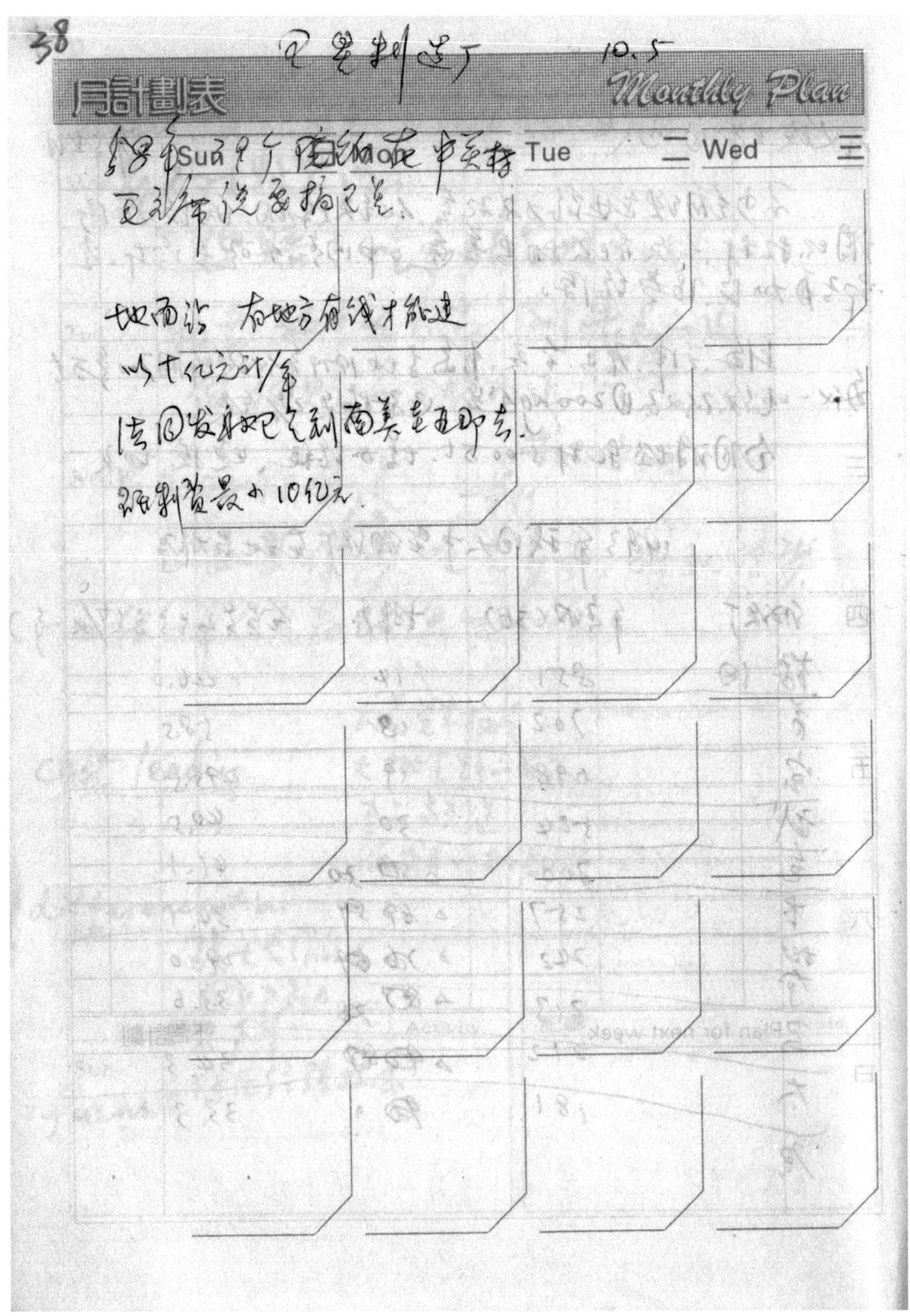

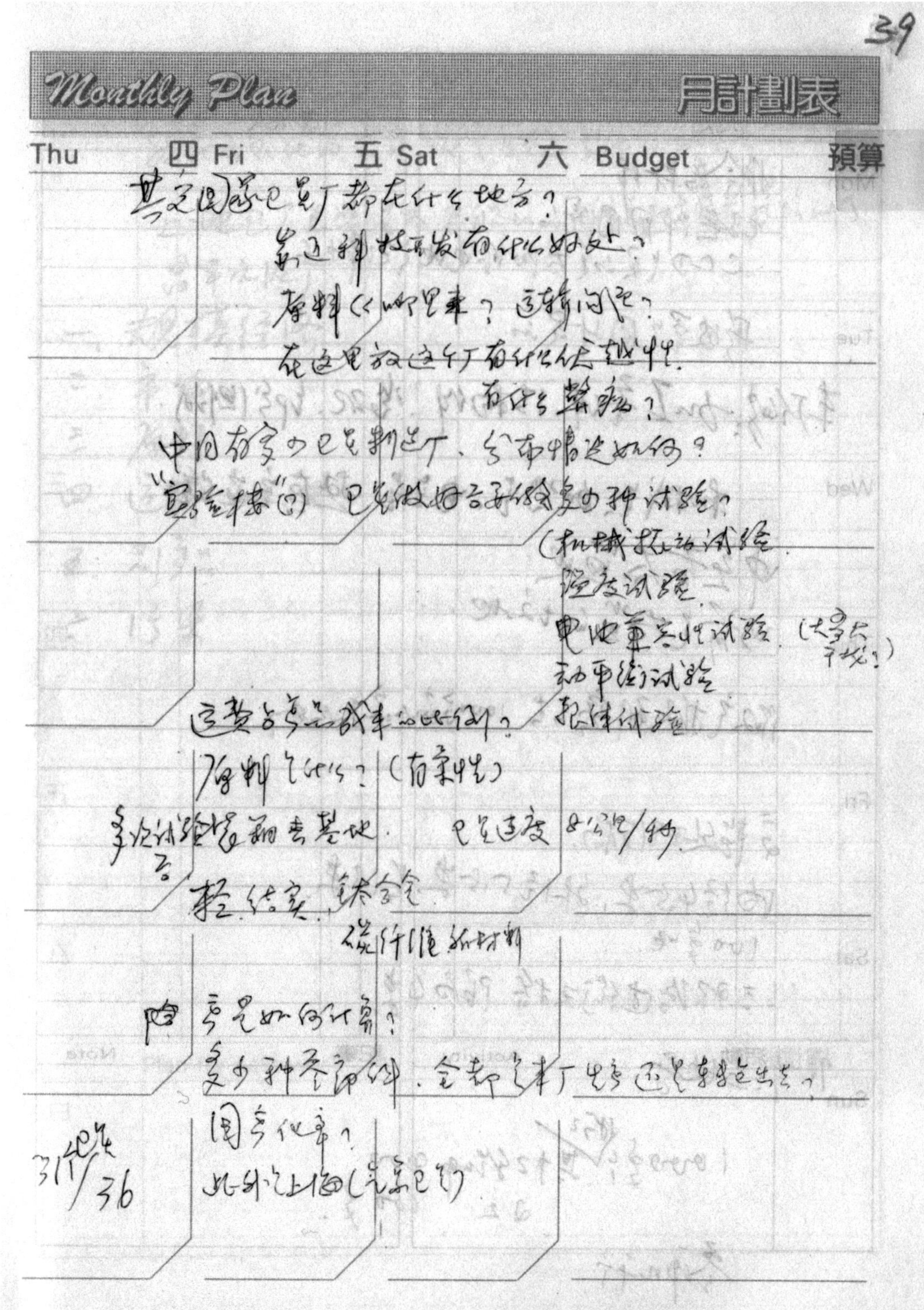

39

Monthly Plan 月計劃表

Thu 四 Fri 五 Sat 六 Budget 預算

其它国家[illegible]厂都在什么地方？
靠近种植园有什么好处？
原料从哪里来？运输问题？
在这里发展这行有什么优越性？
有什么弊病？
中国有多少[illegible]制造厂、分布情况如何？
"实验楼"(?) [illegible]做好后要经多少种试验？
（机械振动试验
强度试验
[illegible]试验（太高太干燥？）
动平衡试验
[illegible]试验
运费占产品成本的比例？
原料是什么？（有季节性）
多位试验需要[illegible]基地。 [illegible]速度 8公里/秒
[illegible]结构、钢丝
碳纤维新材料
[illegible]产品如何计算？
多少种[illegible]，全部[illegible]厂生产[illegible]
国产化率？
[illegible]上海[illegible]
[illegible] 31/36

40

| Day | Appointments 約定 | ok | | contact 聯系人 |
| --- | --- | --- | --- | --- |
| Mon | 非金属材料 | | | |
| | 电子元件用陶瓷的。 | | | |
| | CCD镜头太阳能电池之陶瓷的。 | | | |
| Tue | 行波管之用外壳的。 | | | |
| | 车间做：加工零件、结构件、装配、部分测试。 | | | |
| Wed | 机械室、加工室、电子室、超真空室实验。 | | | |
| | 中关村太阳也， | | | |
| Thu | 以前之太阳的场地。 | | | |
| | 做之模拟测实验，1000多米大厅空空的。 | | | |
| Fri | 空腔组织结构， | | | |
| | 内径4.5米，外径5.5米，长13米。 | | | |
| Sat | 100多吨。 | | | |
| | 三环路边街天桥 阳面4米。 | | | |

活動 Activity 記事 Note

Sun
下一个：上地村。

10000多人，博士 其中工程师4000
院士22 100多。

参观几个。

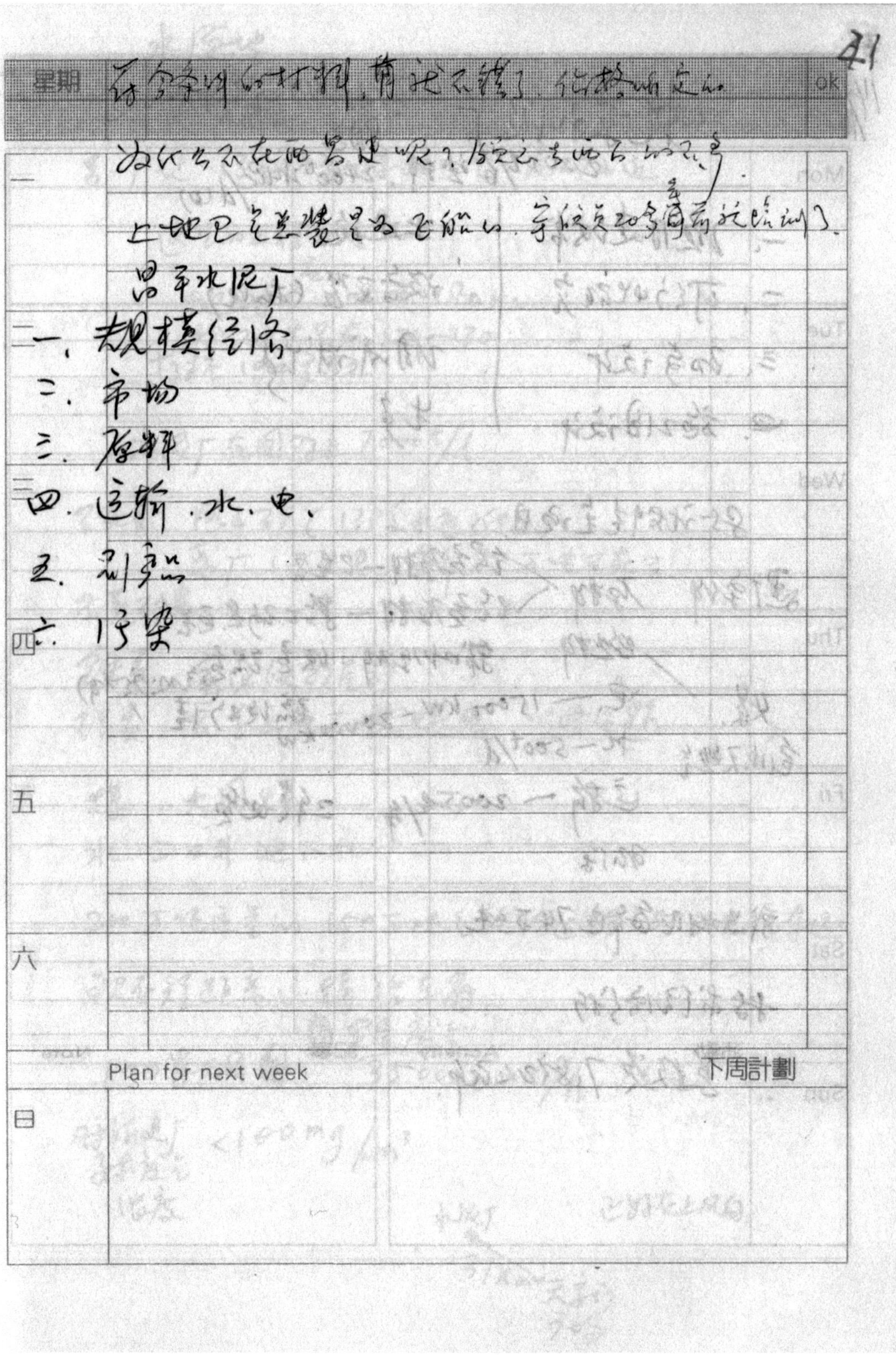

昌平水泥厂

一、规模经济
二、市场
三、原料
四、运输、水、电、
五、副产品
六、污染

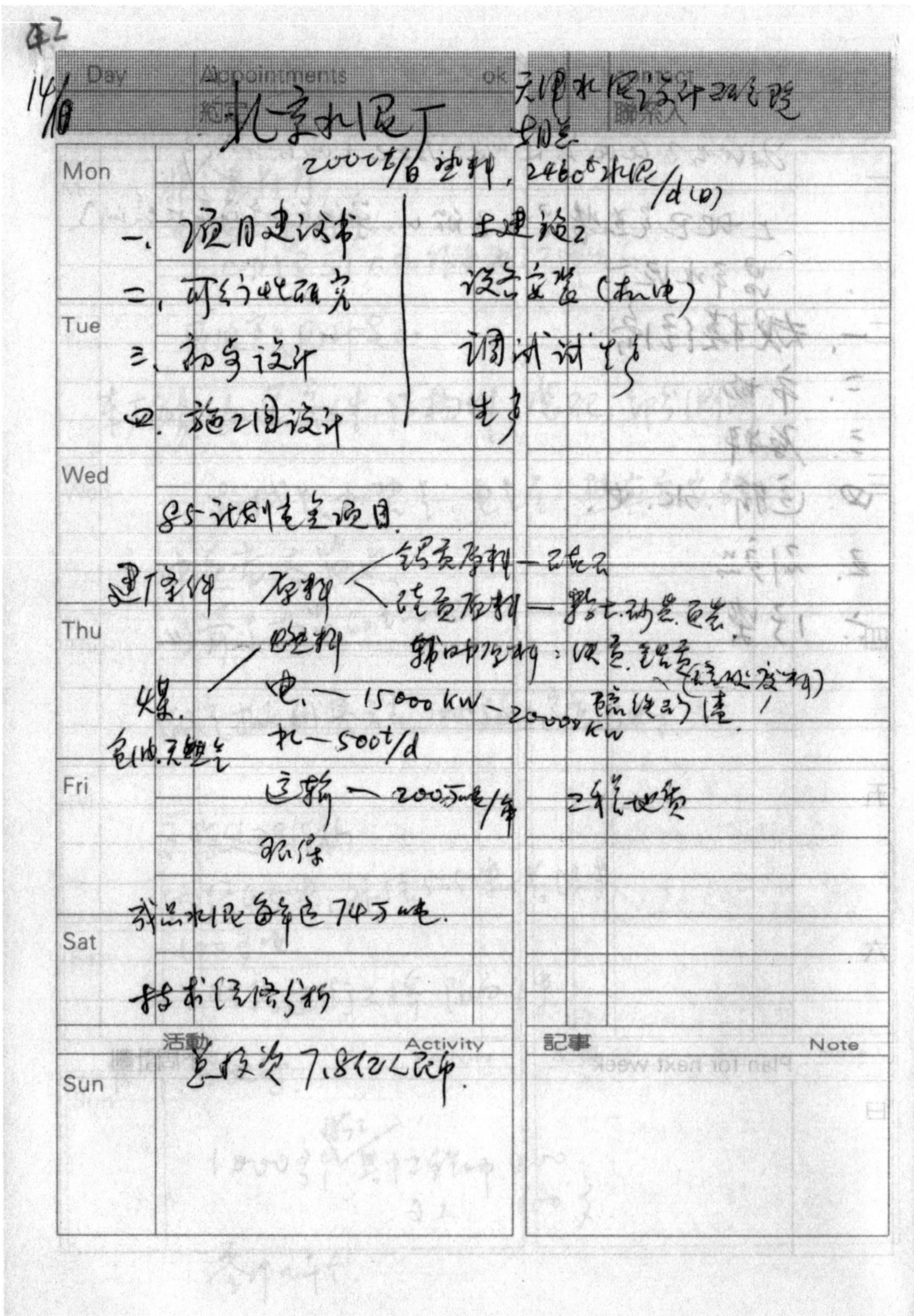
14/日
北京水泥厂　天津水泥设计研究院

2000t/日 熟料，2460t 水泥/d(日)

一、项目建议书　土建施工
二、可行性研究　设备安装（机电）
三、初步设计　调试试生产
四、施工图设计　生产

85计划重点项目.

建厂条件　原料 — 钙质原料—石灰石；硅质原料—黏土.砂岩.页岩
燃料　辅助原料：铁质.铝质（硫铁矿渣）
煤.　电—15000kW—20000kW　临时设施
原油.天然气　水—500t/d
运输—200万吨/年　工程地质
环保

成品水泥每年达74万吨.

技术经济分析

总投资7.8亿人民币.

水泥基地.
高用系电网自交运.

星期 | ok

一 选厂址 13陵水库以东30公里. 离矿山近.

这里的工程地质
地面耐力 >~~18吨~~ 180kN
我们这里只有 120—130.

二 打桩 1000多万元.

水泥厂在国内是上 7000t/d.

三 石灰石 凤山矿(13陵水库附近)
离厂17公里. 每年85万吨石灰石.

石英砂岩

四 铁质 宣化烧矿尾矿.
铝质 石景山电厂 粉煤灰 公路运输

五 煤 大同煤
水 三口井 地下水

200万吨运量的150万吨已经公路运输 50万吨汽车运.

六 现在短距离运输汽车省.

Plan for next week 下周計劃
100米烟囱 窑尾废气 35000m³/h 废气.

日 排放速度 <100mg/nm³
各类废气
1倍度

正好在上风向.

水泥厂
37km
天安门广场

84

环保
一票否决制。

产品、销售及运输

产品：1. #525普通硅酸盐水泥（600号） 60万吨/年
2. #425粉煤灰水泥（500号） 14万吨/年。

出厂方式：100%火车散装。
或 50%火车散装
50%汽车散装。
~10%汽车袋装。

每年北京市需要250万吨高标号水泥从外省市运来。
邯郸、冀东、大同水泥厂。

保证北京城建之急需。
立足北京市。
城建集团、建工集团的大型搅拌站。

首都水厂扩建

45

## 大企业组织内部的空间重组织

一般原理：考查大企业组织地理时，我们可常地认明某些一般倾向，以及在公司内价值链过程中不同的活动有不同的区位要求，这些要求可以在不同地理区位得到满足。

现在，我们来考虑大企业组织内部的空间变化和空间再组织的问题。空间变化——企业活动的数量、大小、联系、地理——不是经济地理传统了解的区位决策问题那么简单。前面讲过，区位决策仅是组织投资决策中的一部分。这些决策中的一部分是选择特殊活动的新区位，但大部分的决策关于现存工厂之间的活动和资源的再配置问题。

大的多工厂企业和单一工厂企业之间的主要区别是大企业有很大的潜在的灵活性。从定义上说，单工厂企业完全在一个地理区位经营。只要它们保持单一工厂实体，所有的变化和调整都必然在一个地方。相反，多工厂公司在多个区位经营（巨型企业在十多个区位）。它们不仅以它们自己的组织设计和结构来在不同地方划分它们的经营活动，而且能在现存的工厂之间重新分配职能、产品和生产。潜在的灵活性的不同是单一工厂企业和多工厂企业的重要区别。

如果面临影响特定区位的问题（永久或暂时的），单一工厂的企业只能在本地解决、调整，或者寻找新的区位。面临类似的问题时，多工厂企业可以把生产转移到另一些工厂，以解决问题。换句话说，多工厂企业——尤其是地理分散的企业——较少受到地方经济条件的限制。

在企业内部的大量空间变化是作为兼并和合并的结果而发生的。这不仅使企业网络加上新组织的活动，而且通常导致整个网络的合理化，或新的之前被固化。

在大企业组织中，某些空间重组织和合理化一直在发生。有时这种重组织可能是很大规模的，对整个企业影响很大。组织空间变化的程度是企业的战略的、行政的和经营的决策，尤其是战略决策。

这类决策的特有的空间结果可能采取很多形式：

46 （空间）组织变化

（四）用大规模土地变化和区位转移

区位转移（变）：普遍有三种：

（1）在完全新的区位投资　建新的工厂

（2）在原有区位扩增投资

（3）其他公司获得工厂

区位转移可能对企业内其他工厂产生重要影响。

例如建新分厂的决策可能在其他地方的工厂变化大小，移的以至关闭。这样的区位调整往往与引进新技术，以及相生产组织利用依或和区位的有关。获得企业的一体化可能变化原有工厂的职能或规模。对于大企业组织来说，每个这种过程可能自动地在组织的不同部分发生（以及在不同区位）。某些原有企业可能扩张，另一些可能收缩，某些可能变化职能，新工厂可能开张，另一些可能关闭。公司的整个调整过程在地理上是错综复杂的。

甚至在相对简单的结构中，也有空间重组织的很多可能性。一个假想的公司最初经营四个分离的工厂，生产三种产品，以不同的联合方式。

这种结构有4种可能的变化方式。通过变化的空间合理化过程。

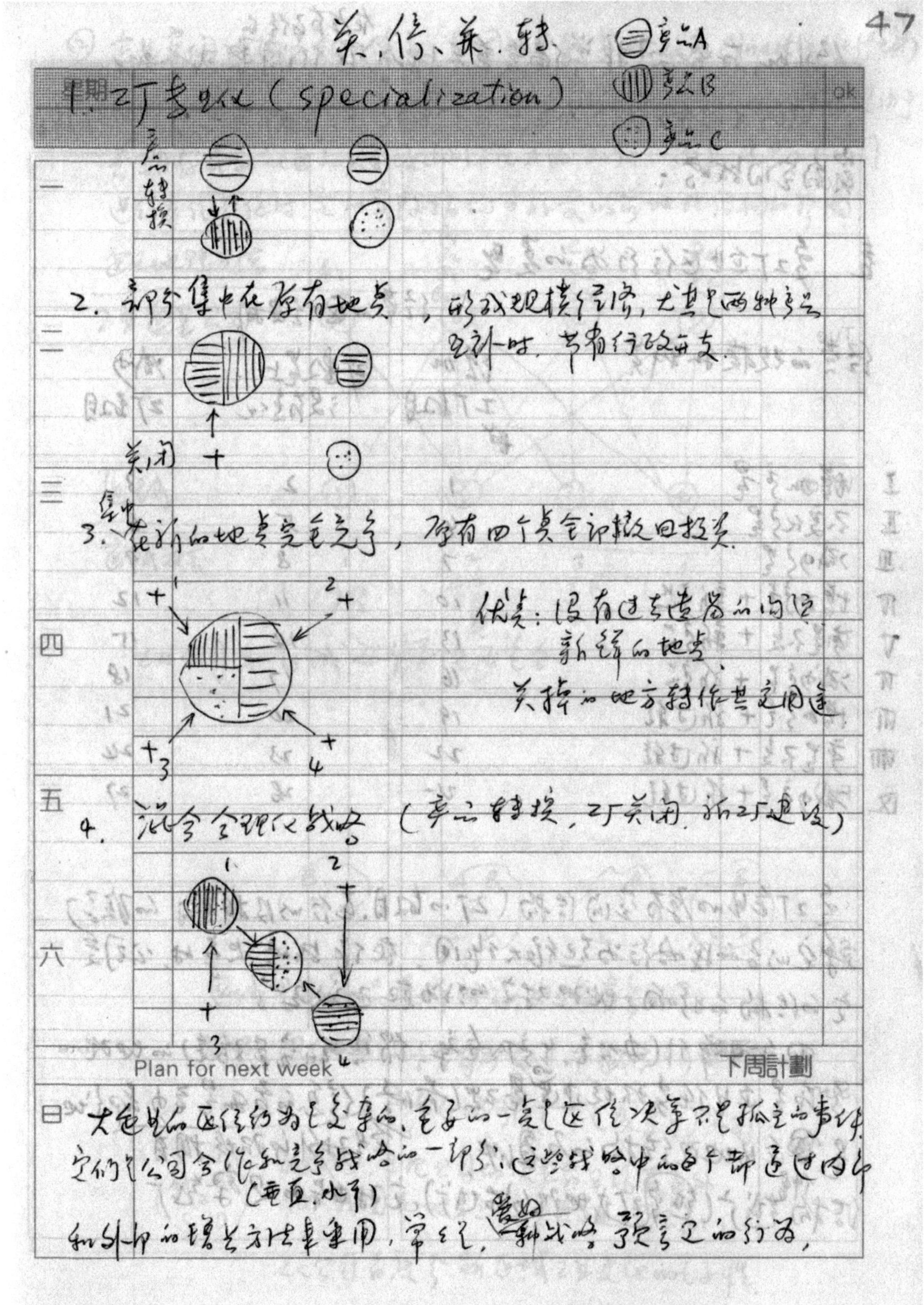
47
关、停、并、转
产品A
产品B
产品C
星期
1. 工厂专业化（specialization）
产品转换
一
2. 部分集中在原有地点，形成规模经济，尤其是两种产品互补时，节省行政开支。
二
关闭 +
三
3. 集中在新的地点完全重建，原有四个点全部被关闭。
优点：没有过去遗留的问题，新设的地点，关掉的地方转作其它用途
四
五
4. 混合合理化战略（产品转换、工厂关闭、新工厂建设）
六
Plan for next week
下周計劃
日
大企业的区位行为已更复杂，企业的一定区位决策只是孤立的事件，它们是公司合作和竞争战略的一部分；这些战略中的每个都通过内部（垂直、水平）和外部的增长方法来采用，常常是，最好的那种战略预言它的行为，

48

例如，有些公司非常偏爱兼并战略，在原有区位的区位调整或合理化只是经济可能区位行为之一。下表说明，多工厂企业可以用不同的空间战略：

表 多工厂企业区位行为的类型

| 经营的规模和种类 | 经营的区位安排：增加工厂数目 | 工厂数目上没有变化 | 减少工厂数目 |
|---|---|---|---|
| Ⅰ 增加产量 | 1 | 2 | 3 |
| Ⅱ 不变化产量 | 4 | 5 | 6 |
| Ⅲ 减少产量 | 7 | 8 | 9 |
| Ⅳ 增加产量＋新产品 | 10 | 11 | 12 |
| Ⅴ 产量不变＋新产品 | 13 | 14 | 15 |
| Ⅵ 减少产量＋新产品 | 16 | 17 | 18 |
| Ⅶ 增加产量＋新过程 | 19 | 20 | 21 |
| Ⅷ 产量不变＋新过程 | 22 | 23 | 24 |
| Ⅸ 减少产量＋新过程 | 25 | 26 | 27 |

多工厂企业的原有空间结构（工厂的数目、区位以及相互间的联系）对它以后的战略行为起很大作用。在作战略决策时，公司受它的结构的影响。地理对它的行为起正效应。

① 企业单位（办公室、生产厂、仓库、销售、研究实验室）的地理分布是企业从其环境通过某些（普通）信息的质和量而多部分地是企业地理结构的反映，企业对外部环境拥有作用结构越广（越多工厂或地理分布越广），它对世界的观察越广

49

② 企业空间结构之所以重要，是因为它有惯性效应(inertial effect)

原有工厂有大量固定资产投资，不能轻易放弃。这样的惯性可能由于长期存在的社区的关系或政治压力而加强。而且，当多工厂公司进行区位变化时，它的实际指向可能受以前地理结构的影响。

企业地理方法

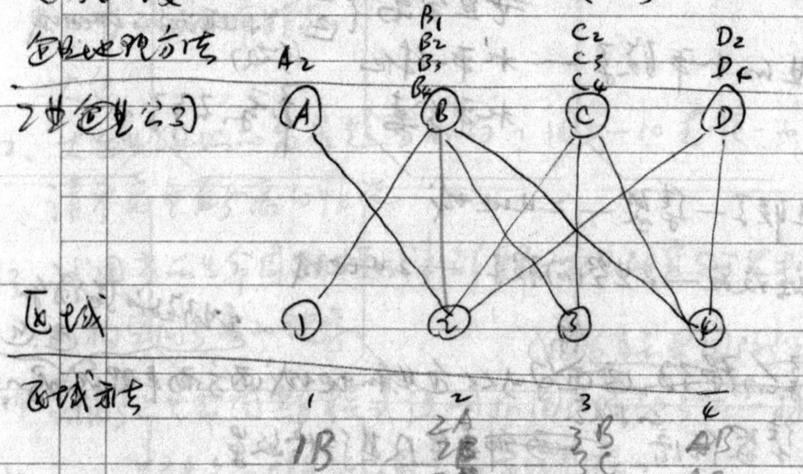


工业公司和区域两个系统不重合。

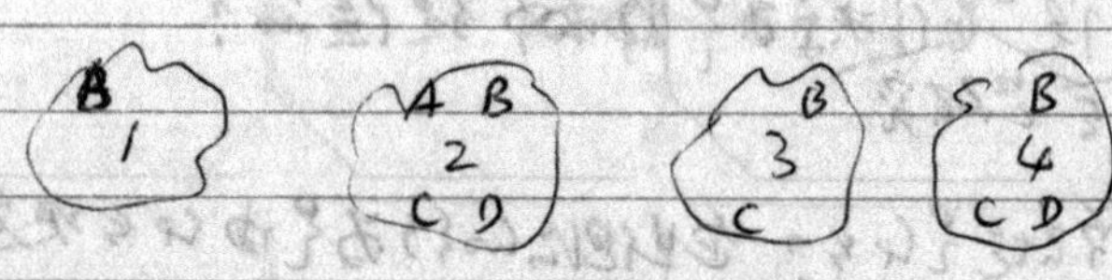


区域里可能只有一个公司，也可能有多个公司。

非一对一组合　一个公司可在1个(或多个)区域

一个区域可有1个(或多个)公司

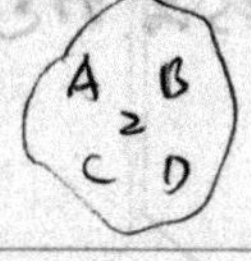


区域内，支配公司的决策者可能在区外(如我国在地方上的中央企业，否正常?)

∴从公司角度分析区域工业变化的复杂性。

1. 举例（说明）企业的工业联系的两个类型

2. 试从企业和地域两方面理解工业联系

① 企业的垂直联系——垂直一体化 { 近距离（集聚）大企业为主的工业地域；远距离（分散） }

垂直分离 { 近；远 } 小企业为主的工业地域（分散）

② 企业的水平联系——水平一体化

水平分离　集聚、分散？

③ 工业联系——集聚——工业地域

基础设施——工业空间联系——工业地域

2. ~~工业联系的强弱、远近~~可以从企业和地域两方面来理解吗？（企业联系的强弱和远近）

3. 什么是集聚经济、它的类型及其经济效果

4. 企业的空间选择，为什么实践低水平的分散重复建设，你能从我国的实际看（重复建设）由于条块分割，你能举出例子吗？

5. 什么是企业地理学？为什么要研究企业地理？

6. 为什么说企业（区位）决策是黑箱的？（过去只研究区位）

7. 企业的区位是什么？企业区位的行为是由什么决定的？

企业的地理区位对其行为有什么影响？

8. 企业的价值活动方式在企业内部还是其它企业中进行（是由什么决定了）

价值活动 { 本企业内、其它企业（企业边界）；本地、跨地区、跨国 }

垂直一体化 { 本地；跨地区 }

垂直分离、外包 { 本地；跨地区 }

(增长和发展取决于战略和结构) 51

9. 企业多工厂、多区位的格局是如何产生的？有什么优越性？

10. 企业价值链中相连的阶段的空间分隔普适吗？

11. 大公司总部、分部、研究与开发机构、生产机构各有什么区位要求？有什么分布特点？

大企

12. 大企业组织的发展趋势如何？图5—10是唯一的发展趋势吗？请考虑垂直分离的情况。

13. 试用产品生命周期模式来解释大企业研究与开发机构和生产机构空间分离的现象。

(指定阅读国际分工2)

14. 试用产品生命周期模式说明新国际劳动分工的特点和工业地理学含义

15. 什么是转包？转包活动发展的条件是什么？

16. 转包活动地理范围扩散以及地理集聚是怎么回事？

52

| Day | | Appointments 約定 | ok | | contact 聯系人 |
|---|---|---|---|---|---|
| Mon 10月 | 17 | 大都市空间组织 | | | |
| | 18 | 辩论 | | | |
| | 19 | 城市地理复习、实习（上机） | | | |
| | 24 | 工业部门与生产配置 | | | |
| Tue | 25 | 学生 | | | |
| | 26 | | | | |
| | 31 | | | | |
| 11月 | 1 | 产业的集中与扩散，空间演变 | | | |
| Wed | 2 | 高新技术园区与区位 | | | |
| | 7 | 工业生产方式变革 | | | |
| | 8 | 工业地域形成过程 | | | |
| | 9 | 增长极理论 | | | |
| Thu | 14 | 工业城市、工业结构 | | | |
| | 15 | 地域分工理论 | | | |
| | 16 | 工业开发区 | | | |
| | 21 | IT技术产业 | | | |
| Fri | 22 | 创造新工业地域 | | | |
| | 23 | 创造新工业地域 | | | |
| | 27 | 国家竞争优势理论与地理学 | | | |
| | 28 | | | | |
| Sat | 29 | | | | |

| 活動 | Activity | 記事 | Note |
|---|---|---|---|
| Sun | | | |

53

星期 "结构服从战略"原则 （不如"形式服从职能"（建筑学））

要素排序，取决于你到哪里。

一

职能结构

[illegible]

主任室　办公室　教务　党办

二

结构是一种工具，用来实施战略
成功使用结构工具的先决条件是选择和理解战略。

三

通过研究企业来研究区域 Ann Markusen

几十年来，公司行为和区域增长、发展之间的关系已经成为区域规划者、
四 经济学家、地理学者的研究课题。大量文献涉及这一领域。
最近，重点转向企业，一直也地理
（由企业）

从产业转向公司和工厂

五 当选中一个企业时，研究者必须面临的是对企业的调查。因此，需要使用工业年表等（dictionary），在一个集中着一种或多种较大规模工业的地区中，研究者面临几十个或几百个选中的企业。有些企业有不止一个地方工厂，另一些地方企业则属于地区外的母公司。而且，研究者可能要到各地方经济发展专家调查，包括企业历史学家、贸易组织代表、大学研究者和官员调查。

研究成功受到资源限制。根据我们的经验，两小时以内的访问需要到10小时的准备。每周15小时访问，四个月内完成30次访问。可行的是保持[illegible]

Plan for next week　下周計劃

日 大公司中通常存在的文化，可以识别是主要的人
从公司和工厂转向被访者

1. 举例说明区位的工业联系的两个类型

2. 试从企业和地域两方面说明工业联系

① 企业的垂直联系 — 垂直一体化 { 近距离（集聚）大企业为主的工业地域 / 远距离（分散） }

垂直分离 { 近 / 远 } 小企业为主的工业地域（分散）

② 企业的水平联系 — 水平一体化

水平分离　集聚、分散？

③ 工业联系 — 集聚 — 工业地域

基础设施 — 工业空间联系 — 工业地域

工业联系的强弱和远近

2. ~~工业联系的强弱、远近~~ 你可以从企业和地域两方面来说明吗？

3. 什么是集聚经济、它的类型及其经济效果

4. 企业的空间竞争，为什么导致低水平的分散重复建设，你能从我国的实际看，由于条条块块垄断，扭曲了……举出例子吗？

5. 什么是企业地理学？为什么要研究企业地理？

6. 为什么说企业区位决策是[illegible]的？（过去　不研究　忽略）

7. 企业的组织是什么？企业组织的行为是由什么决定的？

企业的地理区位对其行为有什么影响？

8. 企业的价值活动分为在企业内部还是其它企业来进行（是什么决定了）

价值活动 { 本企业内 / 其它企业（企业边界） ; 本地 / 跨地区、跨国 }

垂直一体化 { 本地 / 跨地区 }

垂直分离、外包 { 本地 / 跨地区 }

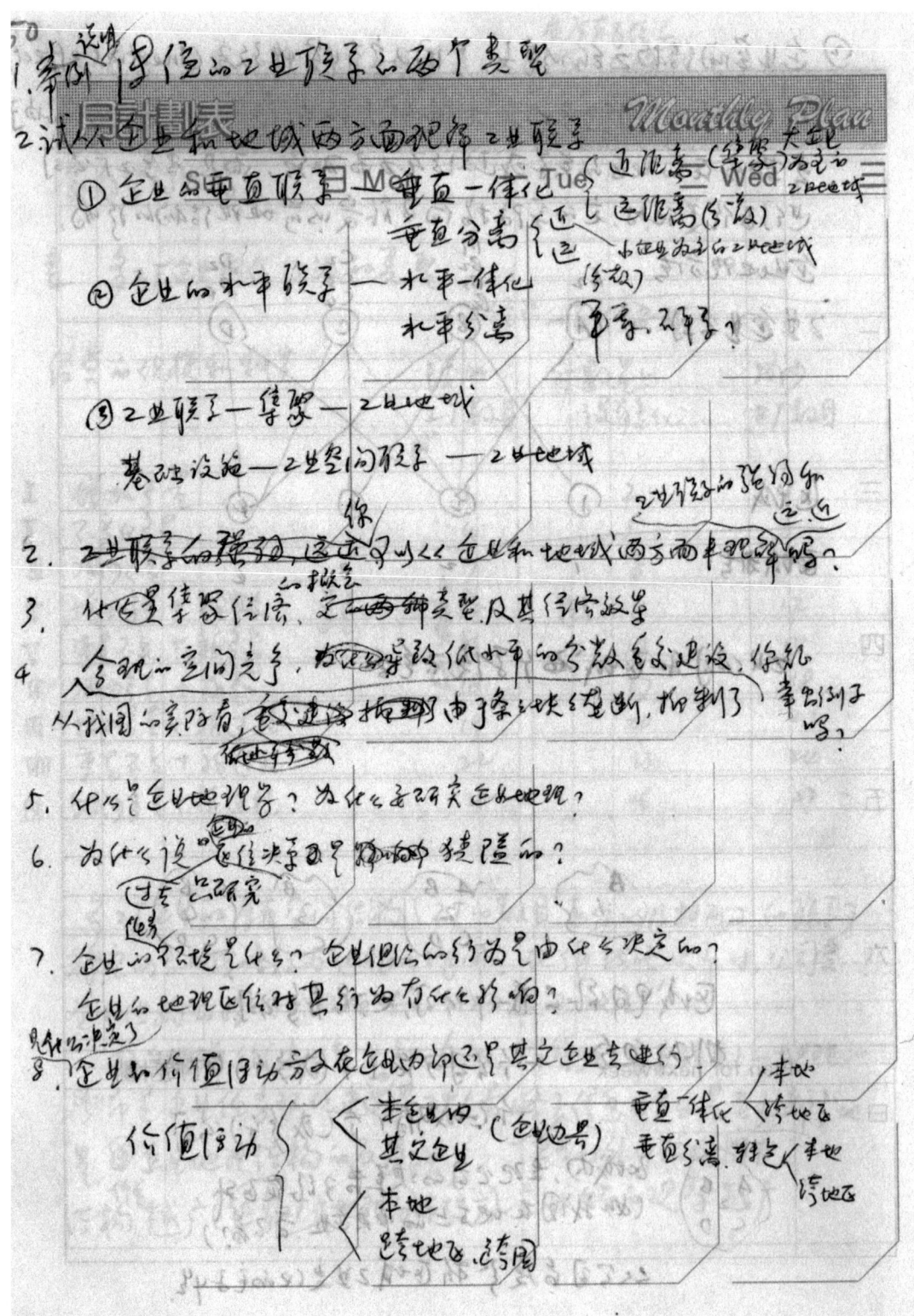

51

（增长和发展战略和结构）

9. 企业多工厂、多区位的格局是如何产生的？有什么优越性？

10. 企业价值链中相连的环节的空间分离适宜吗？

11. 大公司总部、分部、研究与开发机构、生产机构各有什么区位要求？有什么分布特点？

大企

12. 大企业组织的发展趋势如何？图5—10是唯一的发展趋势吗？请考虑垂直分离的情况。

13. 试用产品生命周期模式来解释大企业研究与开发机构和生产机构空间分离的现象。

（指垂直型国际分工）

14. 试用产品生命周期模式说明新国际劳动分工的特点和工业地理学意义。

15. 什么是转包？转包活动发展的条件是什么？

16. 转包活动地理范围扩散以及地理集聚是怎么回事？

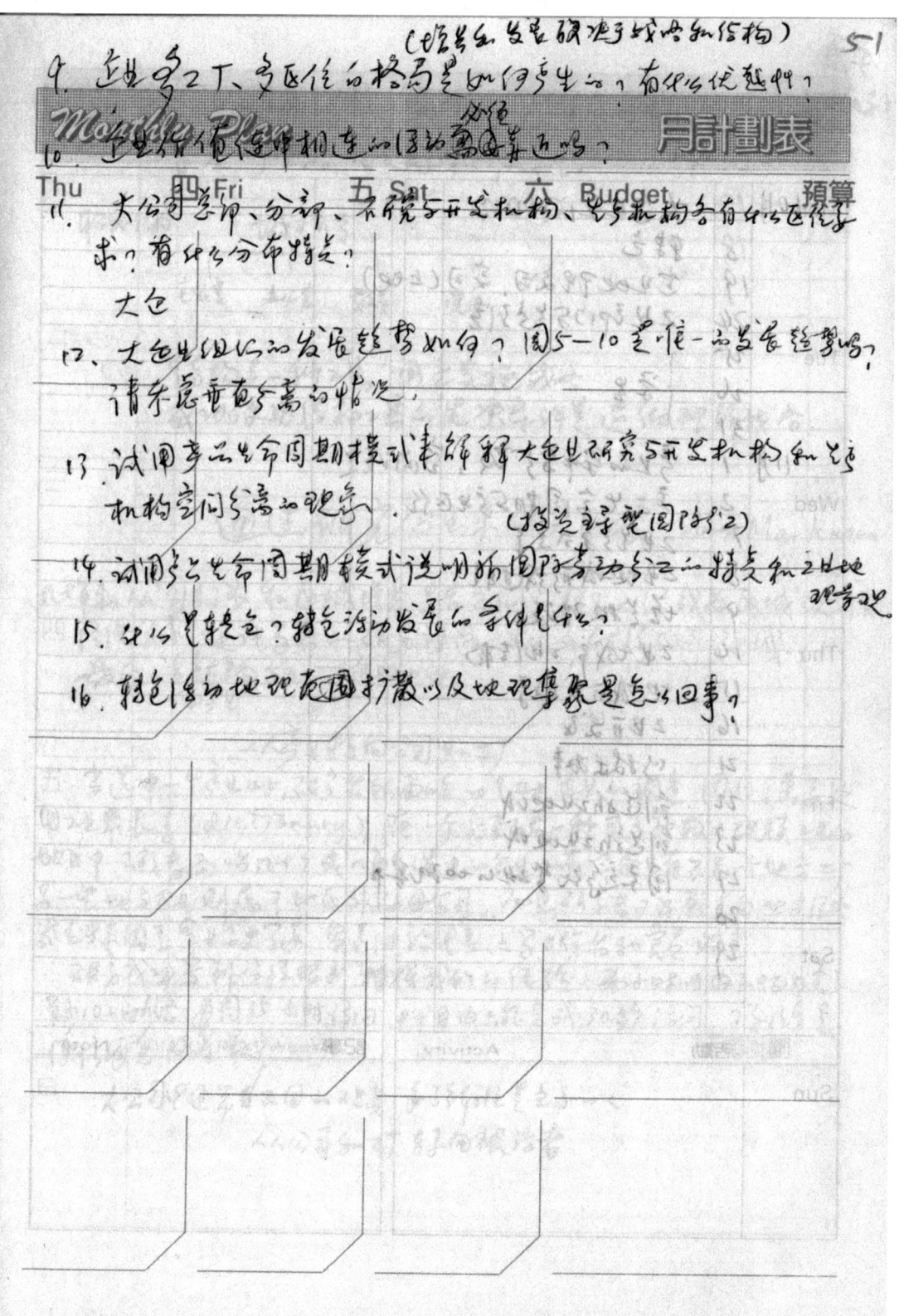

56

Day Appointments ok 約定 | contact 聯系人

多核心(点)辐射型

如哈尔滨

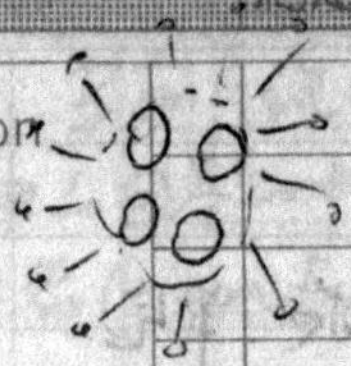

Mon

6 5 锅炉厂、汽轮机厂、电机厂、(绝)缘材料厂、

厂 阿城继电器厂、建电器厂

联结 沈阳矿机厂、电器机器厂

Tue

牡丹江电动装置厂、青岛锅炉金属结构厂、

哈尔滨电缆厂、电碳厂、电机厂、电表厂、

长春东风电力设计院等十多个企业。

东风汽车公司

总部 —— 湖北十堰市

生产 —— 核心企业在十堰和襄樊

Thu

(30个厂) (二汽各厂)

改装车生产企业 58家 30多个城市

汽车总成厂 25家

Fri

零部件厂 69家

配套件厂 35家 29个市县

贵州 韶关、安康 云南 郑州(江)、湖南(桂)、云南

Sat

高原型汽车 半越野车 高原型柴油机厂 农用三吨载重汽车

活動 Activity 記事 Note

Sun

57

星期 make-or-buy decision

一

in-house production —— complete internalization within the firm

free market transaction —— arm's length transaction on the open market

二

formal collaborative venture

* subcontracting relationship

三

principal firm — subcontractor

四

Connections or linkages

经济活动在有限地理区域内集聚

任何公司都是更广生产链的一部分（通过直接或间接联系）

外部经济是通过这些联系传到网络中的每个企业。

五

三种联系：① 生产联系，从一个公司到另一公司的物质运动，作为生产过程的一部分：

一般企业越小，越依赖联系，越专业化，

从大企业来说，联系保持在内部。

六

② 服务联系 提供机械、工具、维修。

大公司内部提供，小公司在外。

③ 销售联系 广告公司、杂货公司、运输公司、经销商

Plan for next week 下周計劃

原材料通过最终产品市场或到生产链的另一阶段。

日

集聚经济的关键：联系的企业的距离最小化

58

Day | Appointments 約定 | ok | contact 聯系人

上地信息产业基地

95.10.20.

实创招商引资部

速 统一文化.

91年筹备成立，为高技术企业营造基地.

Tue

新科技转化为生产力.

市政设施. 占地180公顷.

规划用地175公顷.

Wed

包括用地 70公顷

电信 " 28公顷

道路 51公顷.

一个供热厂、电话局、变电站.

Thu

绿化隔离带，绿化指数35%.

每1万平米一块，不确定数量. 共69块地.

市政配套. 规划

Fri

上水 400，600.

雨水

污水 一道经小清河.

天然气 直径500cm. 中压供气.

Sat

电讯 24-48孔 线槽

供热厂 3台10吨锅炉 6台45吨锅炉.

变电站 3台4万千伏变压器

活動 Activity 記事 Note

四个

Sun

卫星天线接收设施

15条道路、 信息大道、开拓路、创业路、上地东路、上地西路.

东北旺路.

电话 路机容量4万门

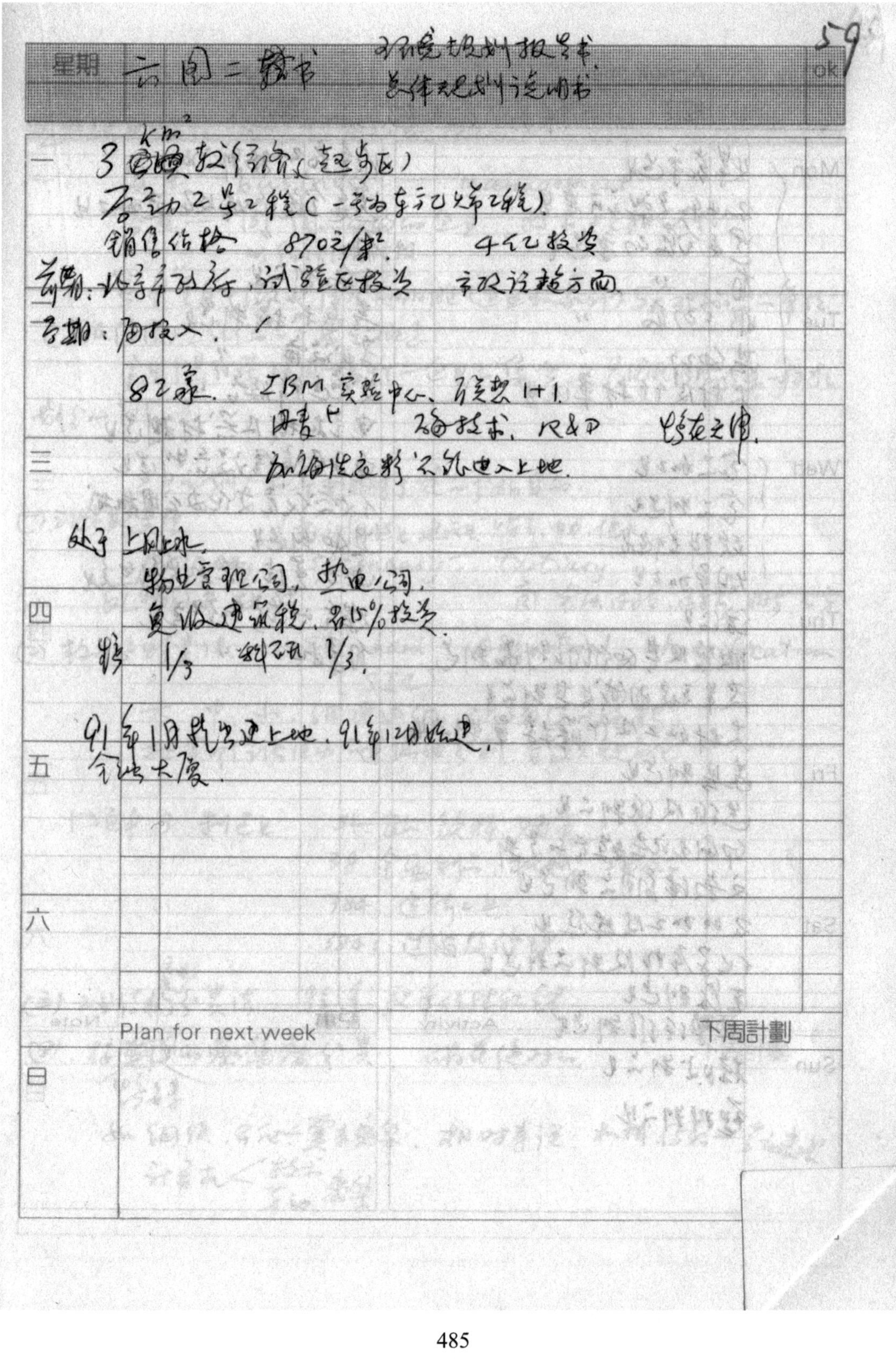
星期 六 园二期 环境规划报告书 总体规划说明书
59
3 km² 规划(起步区)
启动工业园区(一期为电子工业园区)
销售价格 870元/米² 4亿投资
前期：北京市政府，试验区投资 市政设施方面
后期：再投入。
82家 IBM实验中心、联想1+1
高技术、R&D
加强优惠条件 不能进入土地
处于上风地
物业管理公司，热电公司
15%投资
1/3 1/3
91年1月批准进入土地，91年12月始建
金码大厦
一
二
三
四
五
六
日
Plan for next week
下周計劃

60

| Day | Appointments 約定 部类 行业大类 | ok | | contact 聯系人 |
|---|---|---|---|---|
| Mon | 煤炭采选业 | | | 非金属矿物制品业 |
| | 石油和天然气开采业 | | | 黑色金属冶炼及压延加工业 |
| | 黑色金属矿采选业 | | | 有色 " |
| | 有色 " " | | | 金属制品业 |
| Tue | 非金属矿采选 " | | | 普通机械制造业 |
| | 其他矿 " | | | 专用设备 " |
| | 木材及竹材采运业 | | | 交通运输设备 " |
| | | | | 电气机械及器材制造业 |
| Wed | 食品加工业 | | | 电子及通信设备制造业 |
| | 食品制造业 | | | 仪器仪表文化办公用机械 |
| | 饮料制造业 | | | 其他制造业 |
| | 烟草加工业 | | | 电力、蒸汽、热水生产供应业 |
| Thu | 纺织业 | | | 煤气的生产和供应业 |
| | 服装及其他纤维制品制造 | | | 自来水 " |
| | 皮革毛皮羽绒及其制品业 | | | |
| | 木材加工及竹藤棕草制品业 | | | |
| Fri | 家具制造业 | | | |
| | 造纸及纸制品业 | | | |
| | 印刷业记录媒介的复制 | | | |
| | 文教体育用品制造业 | | | |
| Sat | 石油加工及炼焦业 | | | |
| | 化学原料及化学制品制造业 | | | |
| | 医药制造业 | | | |
| | 化学纤维制造业 | | | |
| 活動 Activity | | | | 記事 Note |
| Sun | 橡胶制品业 | | | |
| | 塑料制品业 | | | |

61

星期 进入壁垒是一种成本，这种成本是新进入一个产业的厂商必须负担，而已在该产业内的厂商不必负担的。

一 企业 business — management

产业— 同一商品市场的企业，技术、工艺相似性
的经济活动阶段

"产业"是居于微观经济的细胞（企业和家计）与宏观经济的单位
二（国民经济）之间的一个集合概念。

产业是具有某种同一属性的企业的集合，又是国民经济以某一标准划分的部分。

三 产业的划分和集合服务于分析目的。

(一). 三次产业分类法 [第二产业] 制造业、建筑业、煤气、电力、供水

primary, secondary, tertiary

农（种植）、畜、林、渔　　商、金融保险、运输、服务、公务

四 (二). 标准产业分类法 Standard Industrial Chassification (SIC)

大、中、小、细项四级，规定有统计编码。

把全部经济活动无遗漏地分割，并使之规范化。

五 十二项中 3 制造业. ~~31. 食品、饮料、烟草~~

38 金属制品、机械、工业设备。

384. 运输工具

六 3841. 造船及修理。

(三) 工业（产业）结构分类法. 轻、重、[illegible]。

(四). 按资源（生产要素）密集度分类. 只存在相对的。 下周計劃

日 如钢铁、石化—资本密集，相对来说，机械、纺织—劳动密集。

计算机 < 技术 / 劳动 密集。

62

月計劃表　Monthly Plan

集中　——市场与老工业区位的联系。

衡量集中度的指标

绝对集中度　在地域上处于前一名的企业所占的市场占有率，或在某一百分比的市场占有率之内的最大地域企业的数目。

绝对集中度指标

经济地理学理论探讨与实践分析的一部力著
——评《新的产业空间》——

姚斌　陈宗兴
（西北大学城市与资源学系，西安 710069）

1. 该书是我国第一部较系统地论述了……区域区位理论的论著，具有重要的学术价值

2. 从高技术产业的特点出发，全面概括指出了技术开发区的空间演变规律，为其区位选择和规划建设提供了科学依据

63

一、产业的概念和分类

二、产业的绝对集中度

三、进入壁垒.

①. 由规模经济造成的进入壁垒. 垄断程度高,集中度高的产业

②. 由费用造成的 "

a. 原经营者占有资源. 企业建立了跨地区的推销网、服务网. 顾客对企业的信赖

b. 进入时需资金.

c. 购进专利和设备

③. 法律和制度造成的壁垒. 如开业执照. 关税. 非关税壁垒等.

四. 大企业和小企业

复习题:

一、什么是"产业"概念? 为什么说企业的地带和产业的地带是不重合的?
大企业可以跨多个产业的生产活动

二、~~如何理解~~ 什么叫集中型部门, 什么叫分散型部门? 它们的企业规模和经营范围有什么特点? 以及进入障碍

三. 在什么情况下存在规模经济的部门分散化?

四. 集、散部门对国际经营战略的不同选择如何?

64

第七章

comparative statics, constant

人类社会的经济随时间变化。为了表达这种变化会发展新的技术，要把研究与时间结合，讨论其空间变化和发展

在以前章节，包括后面前面的讨论等都不是静态的，而是是有千变万化的结构的形成变化的因素随时间而变。

我们现在需要交换方法，要把过去的分析所有因素在动态的或时间的结构中去考虑 a dynamic or temporal framework

How does an economic landscape evolve?

How does economic development proceed in space?

因为这里需要考虑两个基本点：

1. The formation of the nucleus or initial structure —最初的结构或核心的形成
2. The subsequent growth and development of that structure — morphogenesis (creation of form) 这结构以后的发展和增长 — 形态的产生

第2比第1更容易

Initial triggers to development

historical accident

{ How strong a trigger
What kind
where it occurred } influencing on subsequent events
on landscape

65

boom town, spark

星期 起飞，某个时间 advantage OK

它的现代[?]存在某一种物质，因而有了一种特殊优势

一 绝对优势 absolute 或相对优势 comparatively

labor, capital, technical know-how, } moved
skilled in making use of them } in

二 Linkages were established
clusters were formed

General judgment: 一般判断.

三 经济人集中 assembly of capital, labour, know-how
at particalur places.

受限制 投入的空间供给(区位)和市场需要
不确定性大，企业家尽力判断和行动

四 强调性物质方面而[?]使用来[?]产品.
社会和文化力. social and cultural forces.

Where? 解释这事为什么发生在那里.

五 对发展过程解释. phisical attributes 物质条件
necessary 必要
but not sufficient 不足充分条件
不同的人对使用条件有不同选择.

六

Once triggerd by some initial motivating force, economic development teds to be a cumulative process.

Plan for next week 下周計劃

日

82

| Day | Appointments | ok | | contact 聯系人 |
|---|---|---|---|---|
| [illegible] | | | | 体制问题. 产业化问题. 技术引进问题. 企业模式. 组织模式. |

Mon 1930年

访问蒂宝准备:

Tue 企业联合、网络。 走到一定阶段才能联合?

企业如何走出生产环节? 交通运输?

中科集团组成简介..

Wed

Thu

访问中科董事会准备:

中科集团组织机构、地理分布.

Fri 产业化问题.

Sat 访问科怡准备:

与山东电缆厂合资. 董者?

活動 Activity subcontracting? 記事 Note

Sun 高技术企业走向正规的办法, 必须解决电网(光纤)

83

出口基础乘数

total employment 1000

E res 600 $\frac{600}{400}=1.5$

E ex 400

$E_{res} = 1.5\,(E_{ex})$

$E_t = E_{ex} + E_{res} = (1+1.5)\,E_{ex} = 2.5\,E_{ex}$

export base multiplier = 2.5

$E_{ex}$ 2000 $E_t = 5000$

Tiebout (1962) Direct and indirect multiplier effects: the income multiplier

assume short-term 三个部门：exports, } income
local investment } from outside
residentiary { local consumption — income from local spending of others two sector

地域生产综合体

被看为"经济建设最有效的、真正合理的、可保证社会经济高速发展的地域组织"

"经济建设工业布局的理论依据之一，就是要阐明能保证最大限度地提高劳动生产率的各个工业部门在各地理上结合的特殊规律，在理论上设计地域生产综合体，设计其内部的类型和数量的比例，最合理地设计它们的布局。

为整个综合体选择最合适的地点，就要在新的综合体经济组成部分各种因素之间找出特殊的"平衡"。

组织地域生产综合体，需要比单个大型企业的更大更复杂的协作，就是大的和小的一系列附加企业

多企业 偶然的、相互间没有有机联系的简单集结。

可以相互补充、经济上相互联系的一个合理集结。

84

60年代以来，苏联把组建地域生产综合体作为该国发展经济和加强其国防力量的一种主要手段，国家计委生产力研究委员会是研究和组建地域一的主要机构。

地域生产综合体是在一定地域内，依据国民经济发展计划的要求，有目的地组建起来的部门协调的地域单元。

其特点是："有统一发展的大而相近的地域，
有向该区集中的有价值的自然资源
并利用这些资源解决国家远期和近期经济发展的一些重大任务
不但要建立专门化的经济中心，
而且要建立整个地区的和社会的基础设施。

区位：主要位于邻近燃料和原材料产地或交通条件优越的地方。

多以当地自然资源为基础，着重发展能源工业和原材料工业，相应发展耗能和耗原材料多的加工工业部门，从而形成全苏意义专业化部门为主导的、部门有机结合的地域单元。

地域生产综合体有多种类型、不同等级。

地域生产综合体是计划经济的产物，是国民经济综合发展思想在一地域上的具体体现，是经济区划、区域规划和城市规划的根本指导思想。

85

综合体的形成和调整

德国鲁尔工业区。

1850年前 手工采、分散小。

19世纪50—60年代 英法和比利时资本的注入，促进煤、钢扩大，相关部门发展

煤—钢—电—化—机

① 煤→炼焦→钢厂。炼焦煤的成功，鲁尔区南部与比利时利用煤炭的钢铁厂转到这个区。

② 洗中煤、劣煤—建电厂、煤砖厂 〉促进煤炭增加

③ 煤炭化学。合成汽油、合成橡胶、合成氨、炸药等。煤焦油加工→染料

④ 机械制造。采煤、运输、电机、冶炼、轧钢设备、机车、车辆。〉冶炼钢

鲁尔区大部分企业、原料相互利用、构成统一的综合体。

五十年代末结构危机。① 石油上升、煤需求下降。

② 矿井进入衰老期，几百个矿井关闭

③ 钢铁受到日、美竞争，出口减少。工人失业，福利下降。

调整：建电子工业，发展电器。

奥佩尔

利用废弃煤矿的工业场地建汽车厂（欧洲最大之一）

建服装、纺织、啤酒等工业 各种服务业 保险等

增加几万个就业岗位，改变出口格式，增加出口竞争。

提高竞争能力，形成多样化、轻重型工业结构，工业总产值增大。

Plan for next week 下周計劃

148

| Day | Appointments 約定 | ok | | contact 聯系人 |
|---|---|---|---|---|
| Mon | (1) Pedagogic Objectives of this course | | | |
| | Term assigments: | | | |
| Tue | Class participation | | | |
| | deadlines | | | |
| Wed | grade determination | | | |
| Thu | Feedback | | | |
| | provide a stimulating, challenging and worthwhile intellectual experience. | | | |
| Fri | instructor as a communicator | | | |
| Sat | (2) Effectiveness of the course | | | |

| 活動 Activity | 記事 Note |
|---|---|
| Sun | |

规模经济（上课 1996.10.11） 149

1996年10月

星期　对专门化……劳动分工
劳动分工和劳动地域分工　提高空间意义

一　今天我们来从劳动分工入手，学习规模经济和范围经济这两个概念。这是经济地理学，工业地理学的重要理论基础。

为了更好地说明问题，使大家有感性的认识，我们想从直观的现象开始。

二　先看看这张椅子（凳子），它是怎么做出来的？

①、哪些材料？（木料、铁钉、粘合剂、油漆……）

②、那么，一个木匠做这张椅子要有些几道工序呢？

三　每道工序 从人 杠杠

买材料，锯、刨、凿，组装，上漆子，油漆。　需要买胶、买钉、买油漆

③、要哪些工具呢？（锯子、刨子、凿子、锤子、刷子、熬胶的锅子、钳子）

四　所用的房子只是一间

④、好了，现在我们想想看，如果这张凳子由几个人分工来做，好不好呢？（比如锯子刷……）

（有好处：①"熟能生巧"，长期从事一种操作，可以掌握技术，提高速度。

五　②、取长补短，各人体力不同，专长不同（分配工种）

③、节省因不断改变工种转移所费的时间

由于有这么多好处，我们就来建一个木工厂或凳子厂。

六　工厂雇员从1个增到5人，不单凳子的年产量增加，而且每人的产量也增大。劳动生产率也提高。

Plan for next week　下周計劃

假定　一人时每年100个凳子，平均 100个/人·年

5个人每年不是500个凳子，而是1000个凳子。200个/人·年

这个成就是怎么取得的呢？因为固定成本不变（厂房、设备、折旧费）

可变成本（原材料费、燃料费、电力费、工资）　一个人要买一个锯、一个锤……　5个人也同……

150 假如这套（装备）木工工具和厂房每年折旧到生产总成本中的固定资产折旧费为10000元

Day Appointment（不管有多少个工人） ok contact 联系人

~~一人生产时，当增加工人~~，这个成本项目不会改变。

Mon ~~从这个例子可以看到~~，假如每个工人的年工资是10,000元，
工厂人数从1—5，年工资变成50,000元。
另外，搓子生产所需要的木料、油漆、服装、用品……等，这些成本项目都会随产量而变，因此是可变成本。

~~1—5人之间木门产品的成本变化情况是~~

Tue

| 工人人数 | 生产量（凳子） | 固定成本（元）（只算固定资产折旧费） | 可变成本（假设只算工资） | 总成本单位产品的成本（元） |
|---|---|---|---|---|
| 1 | 100 | ~~10000~~ 10000 | 10,000元 | (10000+10000)/100 = 100元/个 |
| 5 | 1000 | 10000 | 50,000元 | 60元/个 |

Thu

这里说明了一个道理：

① ~~无论~~一个工厂，在一定规模范围内，总有一部分成本不随产量的增长而增长，只要固定成本不变，随着产量上升，成本会下降，这就是规模经济。

| | | 汽油费 | 出租车司机 | 总费用 | 每人 |
|---|---|---|---|---|---|
| *打的： | 1人每公里 | 2元 | 8元 | 10元 | 10元 |
| | 5人 | | | 10元 | 2元 |

Sat

② 固定成本不是一成不变的，比如采用新设备，由于工人减少，

活動 来自化水平提高，人造资源降低成本 Note

Sun 以上只考虑木工工序，因为我们知道，一个木匠不可能同时能打铁做铁钉、做化工、做油漆……

151

# 内部规模经济 和 外部规模经济

星期 OK

一 所谓内部、外部，是指企业而言，又是对规模经济的不同定义。

比如刚才所讲的，某工厂内部，由于工人增加，达到规模经济。或者一设备增大。

那么，什么样的产业规模经济明显呢？(P125)

二 钢铁、石油化工、水力发电。 流水线、标准化生产

vertical integration

外部规模经济：通过扩大整个产业的规模——即增加厂家，达到产量增加。"再开一个工厂"。

三 aggregate

范围经济：(P123)

组成产品或设备的零件如果不那么明确，各环节过程可以分开。

四 例如木工：锯、刨，皆可以分开给不同的人去做。油漆、胶可以分开。

内部范围经济 和 外部范围经济

五 我们用从企业内部和外部来看范围经济的问题。

把木工、胶、油漆等不同的专业化部门放到同一个企业中进行，形成所谓"多角化企业"，是内部范围经济。显然，木器的制作中，内部是范围不经济的，因为很难(大到)各相关生产过程

六 最佳规模的匹配，但在其他行业，如空调机一发动机……，纺织。

horizontal intergration

外部范围经济

Plan for next week 下周計劃

把各不同生产阶段分到不同的企业里进行，可以达到范围经济。

日 "p123 这是范围经济导致多元企业和多角化经营企业的出现(内部范围经济)，并降低交易费用和导致外部范围经济)。 agglomerate

显然，木工是属于外部范围经济的。 形成工业(地域)综合体(规模与范围) 产业地区(范围)

152

| Day | Appointments 約定 | ok | contact 聯系人 |
| --- | --- | --- | --- |

Mon 影响外部规模和范围经济的因素（电子）

外部环境的不确定性——市场竞争的加剧，替代品的出现，经济周期出现。

Tue

规模经济与范围经济的地理意义（大企业、小企业）（地域的特殊经济体、外部性区）。

Wed 专业化 specialization，贸易 trade，

使产生了种种分布格局。

在经济理论中，（从企业与环境关系来看）

Thu 规模经济　　市场条件决定了规模经济

不同规模的市场条件不同。

小企业：

Fri 工艺美术厂、手编厂、汽车配件厂（大华机械厂）

专业机械加工。　家具、纸加工、皮革

钟表、塑料制品、食品　（浙江苏浦
铝、铁、铅
生产塑料模具）

Sat

问题：活動 Activity　記事 Note

Sun

① 内部范围经济不应包括垂直联合，

② 集聚经济不应包括外部范围规模经济 ✗

（因为人们这里讲的是联合）

南方周末　96.10.1　1573

星期　ok

继"国企之争"之后的又一次大争论　赵汇宁　涌树章等

一　中国还要不要引进外资

要不要保护国内(民族)企业

二　有人列举中国汽车、彩电行业受政策保护的不同结果来说明问题。已经发展了40多年的我国汽车工业至今仍被称为"幼稚产业"，得到长期的特殊政策保护。1991年全国144家汽车厂的年产量仅相当于世界汽车年产量的2.7%，汽车生产一直是制造业部门中竞争能力最低的行业之一。与此形成鲜明对照的是，中国彩电行业，完全进入市场竞争，在与进口彩电的激烈较量中，在不太长的时间内，发展成为世界第一的彩电生产大国。

四　西方信息技术企业抢滩中国

IBM宣布的决定：承诺2000年之前在中国投资将达20亿美元

北方电信公司和[illegible]已在上海生产半导体元件。

世界最大的Intel则在上海投资5000万美元，将生产电脑芯片。

五　AMD公司在苏州建芯片生产基地

[illegible]公司已在南京生产电话交换机。

惠普公司又开始在浦东生产电脑外设产品。

六　摩托罗拉：同南京熊猫电子集团合作生产了Power PC芯片和苹果Mac操作系统的个人电脑

在天津投资5.6亿美元生产半导体元件。（迄今信息产业最大投资项目）

下周計劃

Plan for next week

日　国内：电视机　长虹　康佳

电脑　联想、长城、北大方正

中国将在一、二十年内发展成为世界最主要的半导体生产基地之一。

美国《幸福》杂志记者对Intel公司总裁Andy Grove前不久的访问

他的回答：10年内中国将成为主要的对手（其它国际企业在中国的投资所引发的竞争格局）

160 企业范围—经营范围，产品多样化
生产种类的联合经营程度

~~专业和生产~~

企业规模—指劳动力、生产资料和产品在企业集中的程度。
按人数、生产能力或资产来划分。

规模经济—"规模"是生产的数量，
"经济"是节省成本之意。

规模经济存在的原因是生产作业的"不可分割性"
加工只有达到一定数量时才进行

范围经济—又称组合经济
"范围"是生产活动的种类

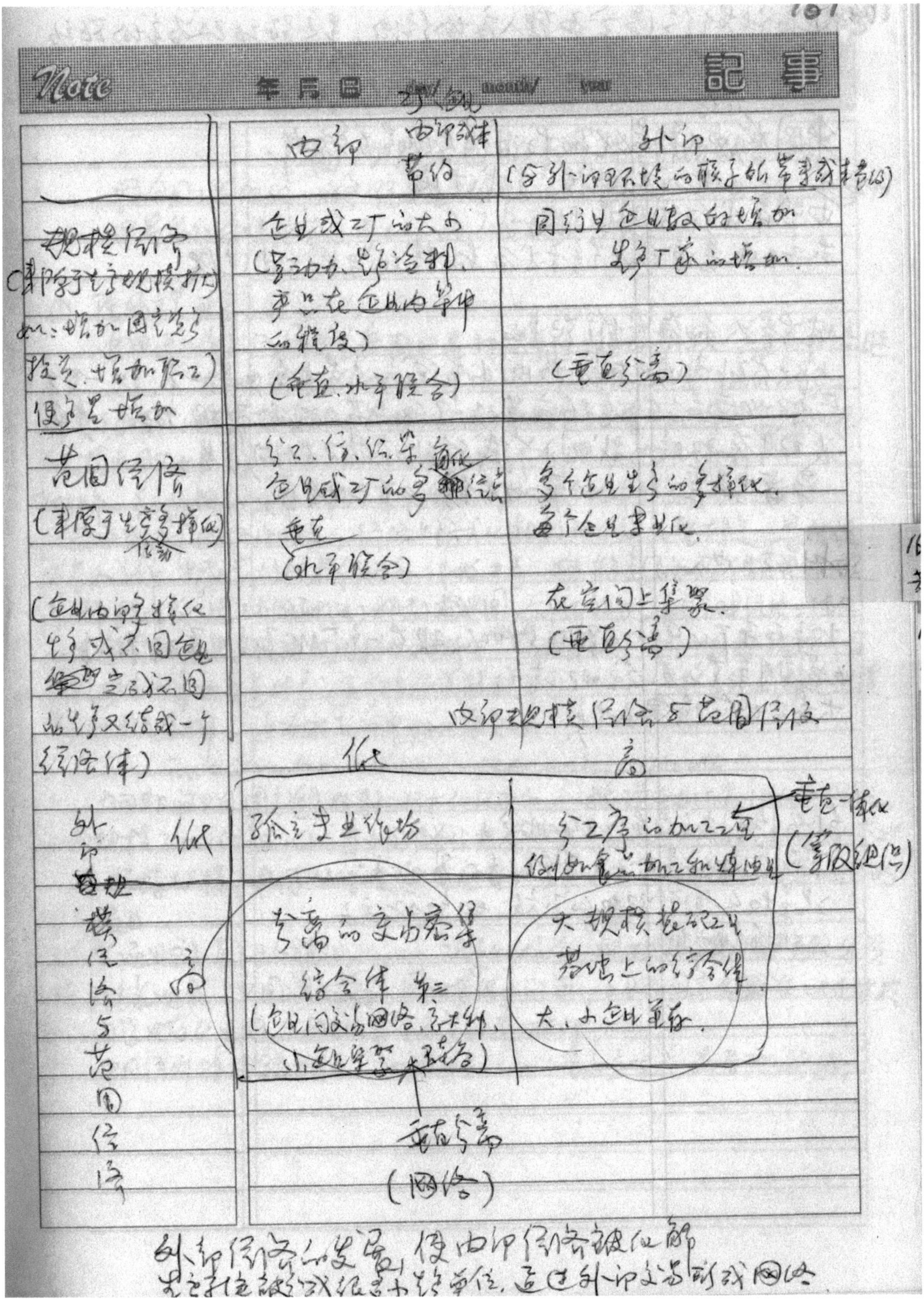
Note 年 月 日 day/ month/ year 記事
内部
外部
规模经济
使产量增加
范围经济
企业或工厂的大小
(垂直、水平联合)
垂直
(水平联合)
(垂直分离)
在空间上集聚
(垂直分离)
低
高
综合体
大、小企业并存
垂直一体化
垂直分离
(网络)

182

記事　年　月　日　day/　month/　year　Note

对于发达国家来说
发展中——面临挑战，尤其是不发达国家

新的形势下，如何认识——
过去的传统优势，靠自然资源、廉价劳动力，
过去对于学生的传统教育行不通了，

✕ 与学科有关的职业，

建立合作培训的机制

我们组织不了这么大范围，
规模经济范围经济，
TV，
多渠道——
promotion 规模经济和范围经济增加

国家——地区组
地区市的组织 五市、六市、七市、八市，

学生在组织过程中发挥了自己的作用这一个层次组织
如何发挥学科的作用，前景如何，要作出好的判断，

10.30 国家政策和指导思想向中央政府作出报告，
区域创新课题，
核心素质，还有的机构，有的是补足，

课程的设计，

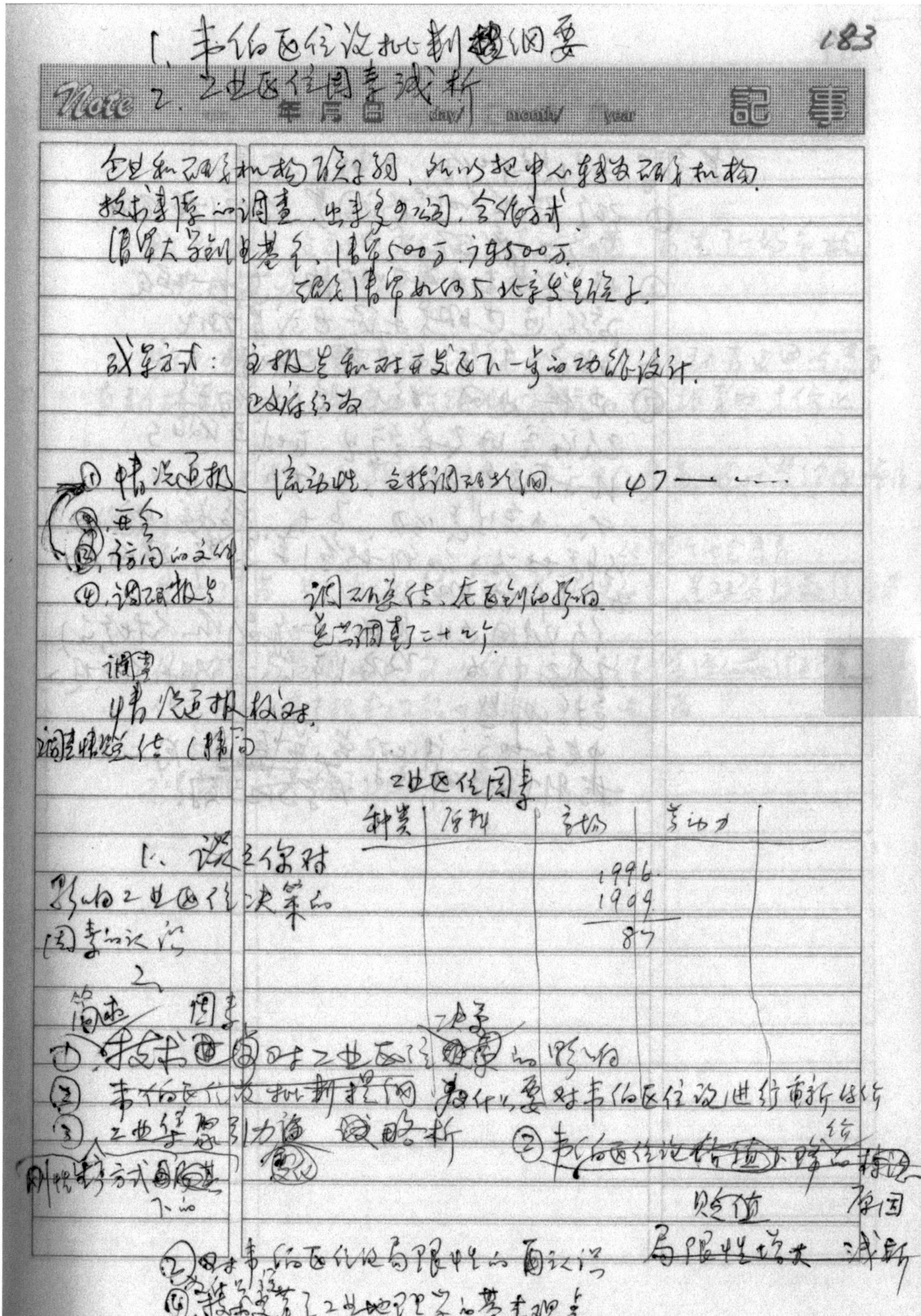

1、[illegible]区位论规划提纲要 183
2、工业区位因素浅析

Note 年 月 日 day/ month/ year 記事

企业和研究机构联系紧密，[illegible]中心转移到研究机构。
技术[illegible]的调查，出来的公司，合作方式
清华大学[illegible]，清华500万，[illegible]500万。
[illegible]清华[illegible]北大[illegible]

成果方式：[illegible]设计。
[illegible]

① 情况通报　[illegible]
② [illegible]
③ [illegible]文件
④ 调研报告

工业区位因素

1、[illegible]
影响工业区位决策的[illegible]

1996
1999
87

① [illegible]工业区位[illegible]的影响
② [illegible]区位论[illegible]提纲　[illegible]对[illegible]区位论进行重新评价
③ 工业集聚引力[illegible]　战略[illegible]

④ [illegible]区位论局限性的[illegible]
⑤ [illegible]工业地理学的基本观点

184

記事 年 月 日 day/ month/ year Note

集资问题. 不仅城市供给 主要
① 政府院所的结构调整, 做到精简机构、
改革机构的要求.
② 地方政府基本功能在四大服务, 其中一项在
建设, 通过服务来促进地域城镇化,
服务、经济、文化基础设施
③ 选择 建网. 特别问题之如何去解决
建设资金的筹集与管理、区域与城镇与
地方政府的建设资金在哪
大、中型城市的交通, 道路、桥梁, 以及
以中央投资为主的科技与城乡选择建网络
为地方经济服务.
行政区的选择 合作的形式(城镇的)
建设行为, 建设计划、设计, 设施建设
包括哪些
中央和地方一体化的关系 问题 集中的权力
搬到下面的各种资金. 大量地方资金.

185

Note 年月日 day/ month/ year 記事

(高斯定理

牧牛人的牛跑到农夫的田里去吃麦苗，发生了一场争执。
农夫说：你赔我麦苗的钱！

牧牛人想，反正要赔钱，我就放纵我的牛到麦田里吃麦苗，直到可能增加的牛肉的价钱和应赔的钱相等时才停止。

如果农夫说：如果你的牛少吃一单位麦苗，我就奖给你一单位价值麦苗的补偿。

以期保全麦苗

牛吃了麦苗，长了肉的价值大于麦苗损失的差，是社会资源最佳配置。

假设交易费用为0，可以自由交易，得到资源的最佳配置。
但实际上，农夫根本不可能让牧牛人的牛去吃麦苗。

交易费用——经济运行中的费用

186

記事 年 月 日 day/ month/ year Note

Location — allocation
区位 布局，配置

1、学科目标
2、知识构架、

3、重要概念
工业哲学 the nature and meaning of existance
the search for knowledge

approach philosophy — apply
allocation — location
industry — manufacturing

工业地理学 存在之性质和意义（学问之研究）

① * The Philosophy of Industrial Geography

Value, goals, concerns

"Umbrella" philosophy
related discipline

[illegible]
[illegible]
[illegible]
[illegible]

② Misconceptions

③. development

④ symposia 议论

187

Note 97年4月2日 day/ month/ year 記事

参观准备　单店乡、马坡乡两企业的对比调查

目的：① 了解企业家、小企业及其在我国的意义
（认识企业的规模）② 企业的发展环境
③ 国有企业、集体企业、合作企业的分工
④ 从企业研究区域的调查方法

1) 现状

企业调查：
资本规模、固定资产规模
资金来源
生产规模
主要产品　市场

研究开发、人才培训
信息来源、国外企业联系
企业组织形态
业绩（产值、利税）

区位条件　地价　房价

文化

② 未来发展
企业前景
资本增减
厂房扩建、地点选择
市场前景（国内外）

(1) 企业
(2) 企业家
(3) 技术
(4) 区域
（企业与环境的关系）

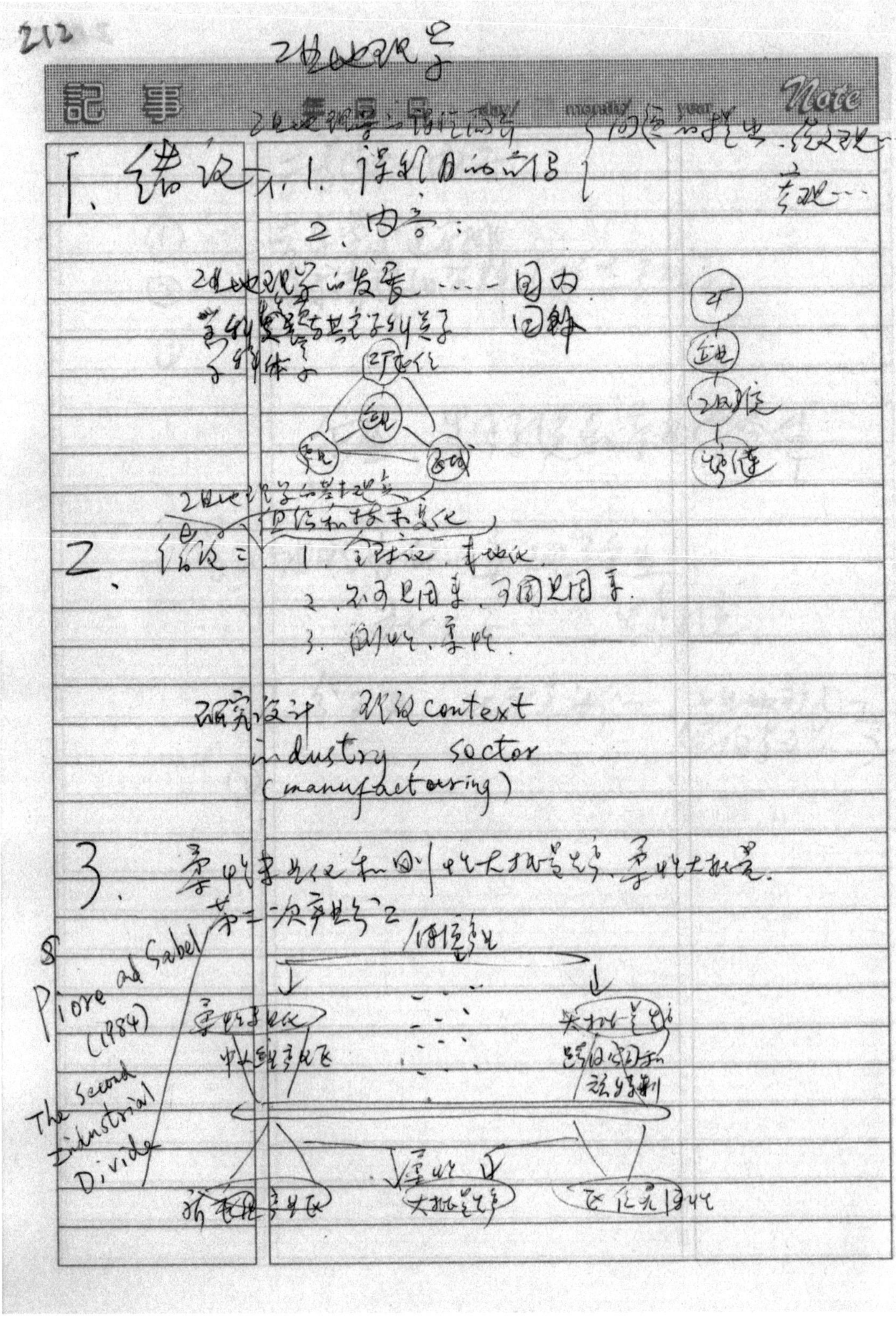

212

工业地理学

記事 年 月 日 day/ month/ year Note

工业地理学的课程内容 { 问题的提出、经济…… 空间……

1、绪论 1. 课程目的和内容

2、内容：

工业地理学的发展 …… 国内 国外

学科发展与其它学科的关系

学科体系

工业地理学的基本概念

组织和技术变化

2、绪论二 1. 全球化、本地化

2. 不同民用事、不同民用事

3. 刚性、柔性

研究设计 现代 context

industry, sector (manufacturing)

3、柔性专业化和刚性大批量生产、柔性大批量

第二次产业分工 / 创造性

柔性专业化 中小型企业

大批量生产 跨国公司和 福特制

柔性化 大批量生产

Piore and Sabel (1984) The Second Industrial Divide

# 蔡运龙

## 《综合自然地理学》

1984年我硕士研究生毕业留校任教，随即被指派接任陈传康先生创立的《综合自然地理学》课程。当时尚无正式出版的教材，甚至非正式的油印讲义也还不完备。于是就以我上陈先生讲授此课并担任其助教时的笔记作为线索，并进一步学习相关文献，逐步形成了这个教案。

这是一个“干中学”的过程。我在那时还从来没有上过讲台，不免底气不足，甚至诚惶诚恐。欲给学生一碗水，就要有一桶水的储备，自己是否具有足够的储备？这是我最担忧的事情。为了胜任课程的讲授，我那段时间是下了苦功夫的。现在回头看这个教案，虽然粗糙和稚嫩显而易见，但毕竟反映了那时的学科及其教学状况，也记录了我的一段学术生涯，权当一个历史文献吧。

陈先生一向对他的学生委以重任，让我接手这门他讲了好几年的课程，实在是对我的栽培和极大信任；他还耳提面命地为我提供了很多具体的帮助和辅导。开课前我在教研室做了试讲，老师们给予了热情鼓励和有力支持。当时关伯仁先生还在我们教研室，记得他和蔼地嘱咐我不要紧张，要有自信。

综合自然地理学是包括北大林超、陈传康先生在内的中国地理学者率先正式提出和建立起来的，且陈先生首创了综合自然地理学课程的框架结构和主要内容，这个教案算是一份对他们的学习心得和教学继承。

综合自然地理学已今非昔比，其研究的广度大为扩展，研究的深度也有非凡的进步，理论、方法及应用呈现了全新的面貌，学科体系及其教学体系已趋成熟和完整。综合自然地理学教材的正式出版和再版反映了这个发展进程。高等教育出版社于1993年出版了由陈传康、伍光和、李昌文编著的《综合自然地理学》；此书第二版由伍光和和我共同编著，2004年出版。由于其他编著者皆已作古，第三版由我单独编著，2019年出版。一、二、三版教材总共印刷32次，发行12万多册，被许多高等学校地理科学类院系采用，并对同类教材起到了引领和示范作用。这份教案可以说是我编著该教材的源头之一吧。（蔡运龙）

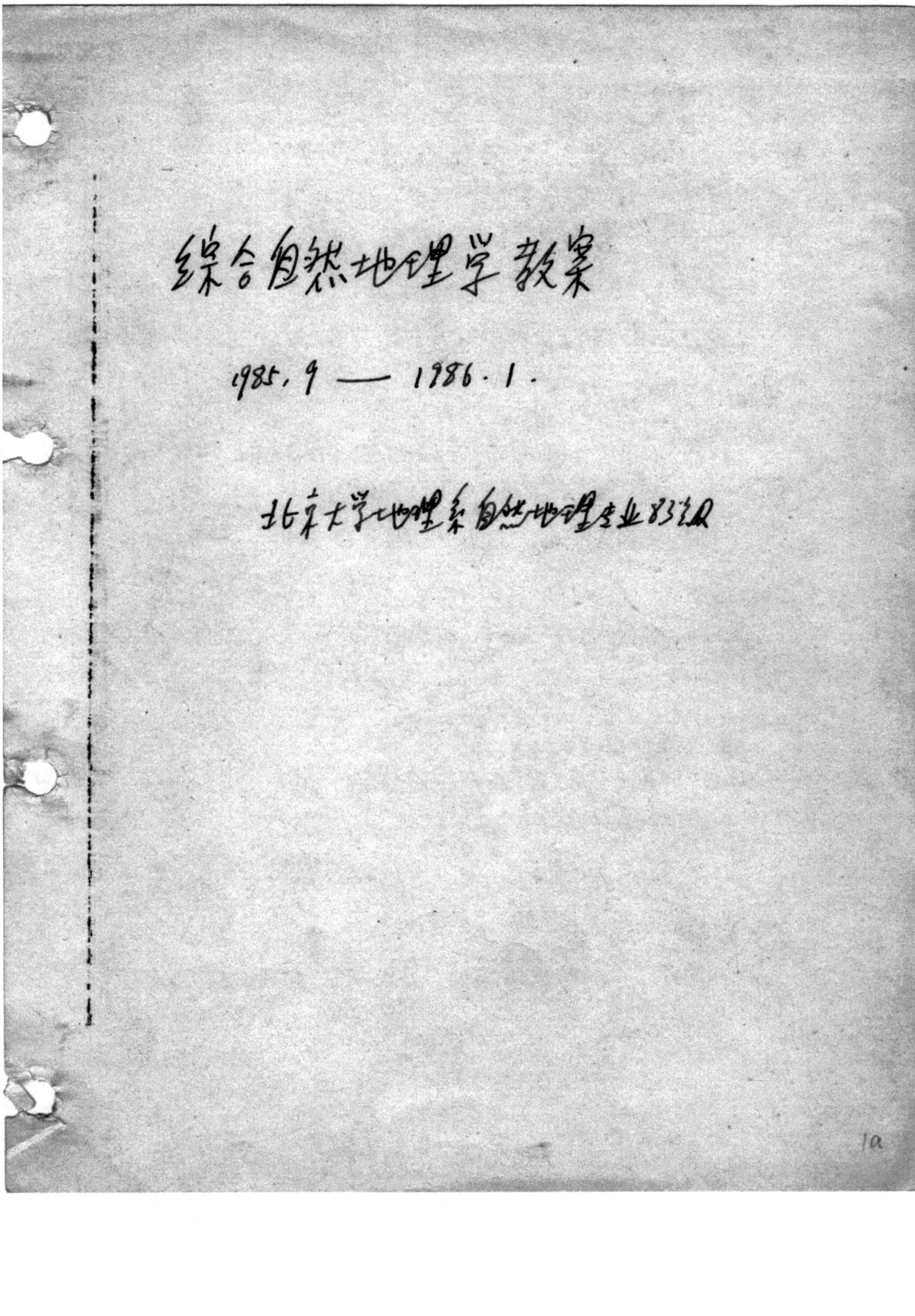
综合自然地理学教案

1985,9 — 1986.1.

北京大学地理系自然地理专业83级

1a

教材参考书　　　　[illegible]（1）、伍光和。

东汉班固《汉书》中用此概念作篇名"地理志"，延用至今。

# 绪论——综合自然地理学在地理科学中的地位

## 一、地理学的研究对象和分科：

"地理"：最早见于《易经·系辞》，（殷周之际）前11世纪，"仰以观于天文，俯以察于地理"，"观法于地"——"地有山、川、原、隰，各有条理，故称理也"。

Geography：古希腊艾拉托色尼创造，（前3世纪）。与"地理"相似。

1. 地理学的研究对象：

"一门科学应当具有自己特有的研究对象，即在性质上不同于其它科学所研究的对象，这是确定科学的独立性的不容争辩的准则。当一门科学研究为其它科学所不研究的东西时，这门科学才是独立的"——恩格斯：《自然辩证法》，　对象的现代概念——边缘、综合、横断。

"科学研究的区分，就是根据科学对象所具有的特殊的矛盾性。因此，对于某一现象的领域所特有的某一种矛盾的研究，就构成一门科学的对象"。——毛泽东，《毛选》第一卷，1965，297页。

几个代表性的定义（含英文摘）

环境：历史概念：海洋、宇宙空间、矿产，用"人类环境"作为历史唯物主义概念。

层次概念：地球表层——地球——宇宙。地理环境＝地球表层。

"人与生物圈"（MAB）的概念是不确切的。

"地理环境"的划分：天然，人为自然，经济，社会

自然　　　　难分

彼此联系。

2a

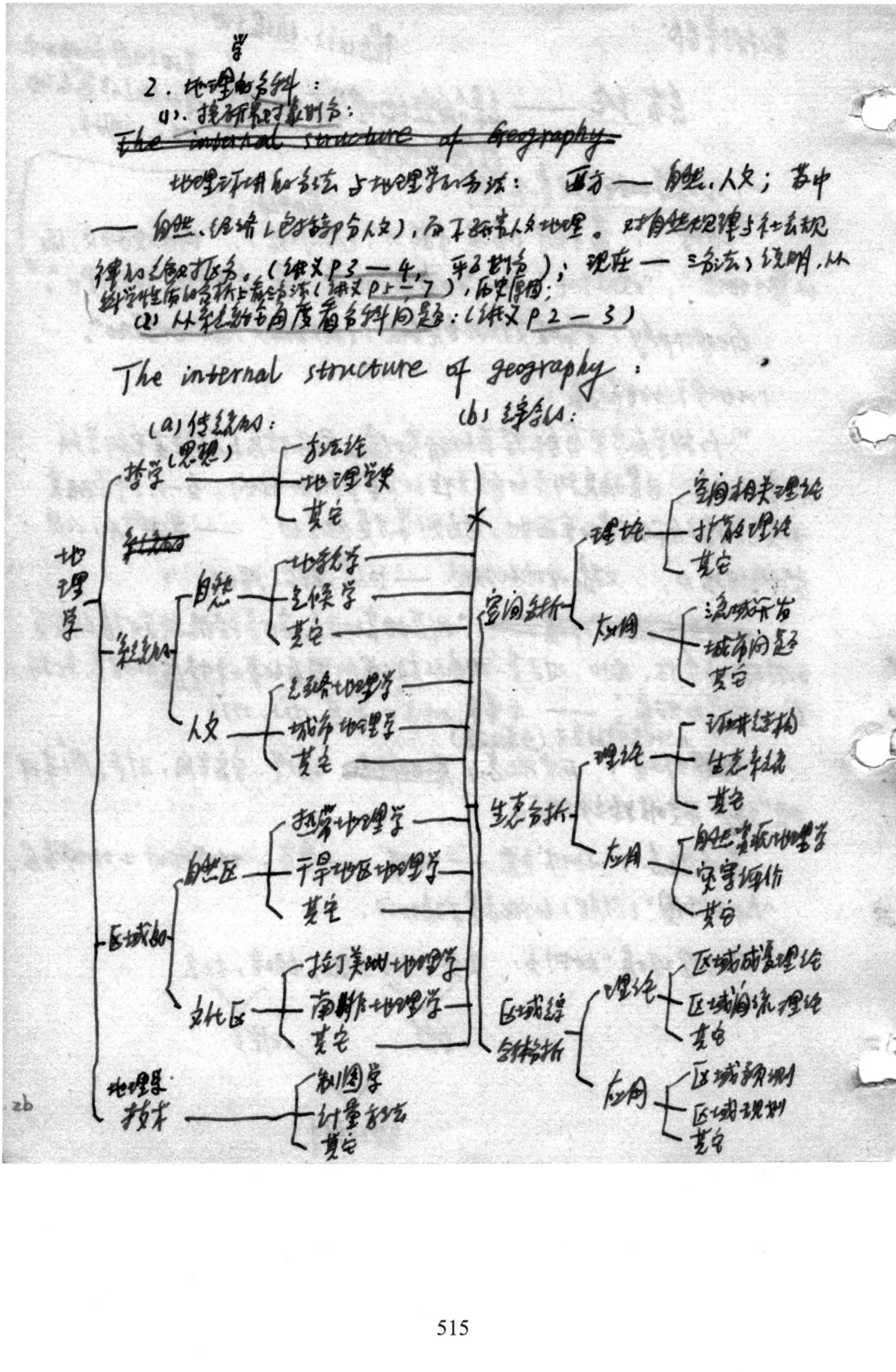

学

2. 地理学的分科：

(1). 按研究对象划分：

~~The internal structure of Geography~~

地理研究的方法与地理学的方法：西方——自然、人文；苏中——自然、经济（包括部分人文），而不研究人文地理。对自然规律与社会规律的绝对区分。（讲义P3—4，严格划分）；现在——三分法）说明，从纯学性质的分析上看三分法（讲义P5—7），历史原因；

(2) 从系统综合角度看分科问题：（讲义P2—3）

The internal structure of geography:

(a) 传统的：

- 地理学
  - 哲学（思想）
    - 方法论
    - 地理学史
    - 其它
  - ~~系统的~~
  - 系统的
    - 自然
      - 地貌学
      - 气候学
      - 其它
    - 人文
      - 经济地理学
      - 城市地理学
      - 其它
  - 区域的
    - 自然区
      - 热带地理学
      - 干旱地区地理学
      - 其它
    - 文化区
      - 拉丁美洲地理学
      - 南斯拉夫地理学
      - 其它
  - 地理学技术
    - 制图学
    - 计量方法
    - 其它

(b) 综合的：

- 空间分析
  - 理论
    - 空间相关理论
    - 扩散理论
    - 其它
  - 应用
    - 流域开发
    - 城市问题
    - 其它
- 生态分析
  - 理论
    - 环境结构
    - 生态系统
    - 其它
  - 应用
    - 自然资源地理学
    - 灾害评价
    - 其它
- 区域综合分析
  - 理论
    - 区域成长理论
    - 区域间流理论
    - 其它
  - 应用
    - 区域预测
    - 区域规划
    - 其它

—Peter Haggett: Geography: A modern Synthesis.
p615.

（组织顺序）
立体划分：三分法．三层次、三重性（三方面）|三时段：

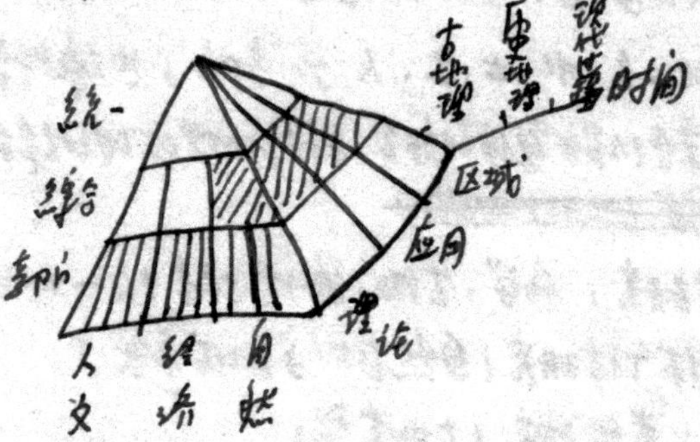


解释：从高层次到低层次．

（教材P3）
社会

~~(2) 从科学的发展的分析上看分科．（教材P5—P7）~~

（或取消）(3) 从地理学发展历史看分科（教材P7—17）．原始综合—分析—现代综合．

二、自然地理学的研究对象：（笔记）

1. 对象——自然地理环境——地球表层的自然方面，各种特性

(1) 地域单位划分：（笔记），组成部分

(2) 厚度：~~[illegible]~~ ① 上至对流层顶，下至沉积岩圈；② 近地面的活动层；

③ 在自然地理综合体的单位、研究的问题而不同（全球性与大气污染，西藏高原对东亚气候的影响）．

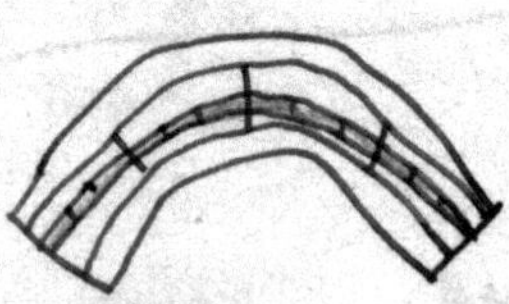

阿曼德图

(3) 时间深度：视范围与问题而不同．

(4) 研究深度：宏观与微观．

3a

2. 地球表层的性质与特点：

（讲义 p19—21）（编组讲义 p3—p4）开放——交换，进与出；有序——有规律的层，多层次结构。

远离平衡态的耗散结构（远离平衡态、较稳定、有序的物质结构）。

1节.

三、自然地理学的分科：

1. 自然地理学的研究途径：

（1）要素研究：地、气、水、土、生、人；部门，边缘科学。

部门地理（自然）学的分化与综合（作为整体的部分，紧密结合地理环境的综合研究（讲义 p24—25）。

综合

（2）自然地理过程研究：化学，生物，物理过程，人—地过程。

（4）自然地理综合体个体研究（自然区划与区域自然）

（5）……………类型研究（土地类型）

（3）地域分异规律。

综合自然地理学的三个核心问题（相互关系、地域分异、地域单位）和三个方向（水热、化学物质、生态、平衡）。

2. 自然地理学的分科：

应该

卡列斯尼克

部门——综合

普通　区域

批评（讲义 p25—26）

部门——综合

区域

说明（讲义 p26—27）

四、自然地理学与其它有关科学的关系：

（笔记，讲义 p28—35）

七章. 综合自然地理学发展简史及展望：

（三人讲义 p1-1 p1-9 —40）

打倒"四人帮"以来，"综合"非常活跃，在农业区划，生产布局区域开发，国土规划和整治，自然资源调查，农业发展方向等方面作了大量工作。今后，横向综合，纵向综合与深入

（讲稿开总文 p18—24）

五. 综合自然地理学的研究内容：

（同上讲义 p0-2～0-3）

六. 综合自然地理学的实践意义

（讲义 p35—40），以后有时间专门讲"综合自然地理学的应用研究"。

36

四、自然地理学与其它有关科学的关系：

1、与环境科学的关系：

对环境科学的广、中、狭义理解（讲义p29－30），自然地理学的位置。

对环境问题的片面理解：乐观派，西欧悲观，美国不发达国家文明的衰落。实际上，地理学才能全面研究环境问题（环境污染、噪声；盐渍化、水土流失、地面沉降、诱发地震、河流改道等环境问题，如阿斯旺大坝），Strahler著作。环境问题史（笔记）。

2. 与生态系统研究的关系：

（笔记），以生态系统生态学研究的结构综合整体环境背景研究（即自然地理学）（自地学基础）；生态研究也有利自然地理学，近年发展的景观生态学。

3. 与经济地理学的关系：

（笔记）

4. 与综合地理学的关系：

（讲义p31－33）综合地理学是什么？四个方面看来，自地是综地的基础研究，"综地"为自地研究开拓发展道路。

五、综合自然地理学的研究内容和实践意义：

1. 研究内容：（见讲义p2—p3）。

2. 实践意义：（讲义p36）。国土整治；遥感的综合解译；军事（ME XE）

~~生态格局~~：实际工作中综自工作者相对部门工作者的优势。

体现在"应用综合自然地理学"。

"以自然结构为基础，从事区域的经济社会结构的长期规划性分析"

发展预测（区域）；规划方案；生态设计

2节.

4a

六、综合自然地理学发展的回顾与展望：

1. 原始的综合时期：概述，举例——《禹贡》与《管子》（经典笔记，刘著p2-3），方志，西方（三人讲义，p1.2—1.3）；

2. 分析时期（后期）与近代综合的萌芽，（讲义p8）。

3. 新的综合时期，（讲义p10—13），（三人讲义p1.8—1.13）（三人讲义1-13—1-19）。

4. 发展趋势：（刘著p7—9），（[illegible]讲义p18—24）

46

六、综合自然地理学发展的回顾与展望：

导言：（三人讲义 p1·1.）　综观历史，大体可划分三个时期：

1. 原始综合时期：

概述：（三人讲义 p1·1——1·2）

《禹贡》（前5世纪）：《尚书》之一篇，假托夏禹王所划分的政区，分天下为九州（冀、兖、青、徐、扬、荆、豫、梁、雍）：

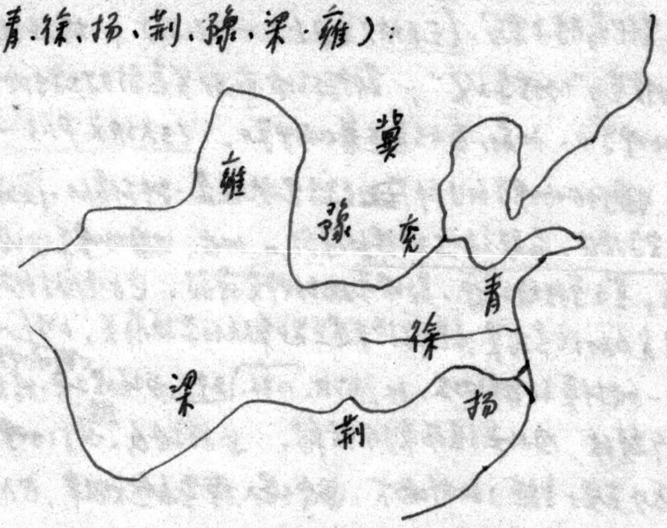


每州分别叙述山川、湖泊、土壤、物产，田赋、贡品、水陆运输线、少数民族。禹贡是世界上最早的区划著作，禹贡的区域思想，对中国地理学的发展影响很大，成为历代地理志和方志的模式。

《管子·地员》：最早的土地分类与分等著作。（前3世纪）

土地分类思想：首先根据地势高低和地貌形态的巨大差别把土地划分为渎田（大平原）、丘陵、山地三大类，然后又据地表组成物质、中小地貌形态和其它自然条件的差异细分为25个亚类。（刘著 P2—3）

Ⅰ. 渎田（大平原）：

5a

1. 息土（生息之土）

2. 赤垆（历疏、刚强、肥沃之土）

3. 黄唐（黄色虚脆的盐碱土）

4. 斥埴（盐分黏土）

土地分等思想：…… 分别叙述各类土地的土宜（土地利用）、草木、泉、民（人口疏密）

同时还依各类土地的土壤肥力以及对农、林业的适宜程度把土地分为上、中、下三等。（详见讲义 P10）

古代希腊与罗马：（三人讲义 P1.2—1.3），埃拉托色尼被西方地理学家推崇为"地理学之父"；斯特拉波在83岁高龄时写成地理，完成十七卷的《地理学》，此前，有43卷巨著《历史学》。（三人讲义 P1.3—1.5）（1.6）

（尤其是相互联系）古代地理学的这种综合思想还是一种朴素的、原始的，因为：仅限于文字描述，而缺乏自然规律的探讨。此后，中国地理学仍沿着这一综合的传统发展，其文学传统深厚，数理基础却非常薄弱，这与中国古代科学技术史上虽不乏数理方面的优秀成果，但始终未建立起严密系统的学说有关，此外，影响中国科学技术的哲学思想长期为一种朴素的辩证法，以阴阳、八卦、五行为说理工具，始终把现实世界看作一个整体，因此未经历分析阶段。与此相反，古代西方地理学在原子机械论（源于亚里士多德）的影响下，逐步深入探索自然规律，进入分析阶段。

~~2. 分析时期~~ 2. 分析时期（形而上学时期）：

原子机械论发展为形而上学的世界观。哲学上认为形而上学是一种孤立、静止、表面、片面地认识世界、天不变的一种反动世界观。但在科学史上，形而上学世界观有伟大的贡献，在其指导下，科学家们把整个自然界划分为各个部分，并从total入手考察其特征，从而导致各门别类的科学的建立和知识的积累，这是科学发展必经之阶段。中国古代未经这一阶段，故一直缺乏对自然规律的探讨，直到西方近代科学思想传入。

50

（讲义 p7—p9）

3. 辩证综合时期：（讲义 p10—13）

地理学的综合辩证，继承了通论地理学（瓦伦纽斯、洪堡、李特尔）和多门地理学的研究成果、方法，吸取道库恰耶夫和德国景观学派这两种的思想而发展起来。（如回顾因果）

（旁注：自然地理学的研究）

道库恰耶夫：（三人讲义 p1.6—1.7）

德国景观学派：（讲义，p51—52）——特点特点。

帕萨格：1912年出版的《土地形态学》中，首次提出了景观学观点。他掌握了赫伯生（赫伯森）的主要自然区域（1905）概念的正确性及其重要意义。他指出，每个主要自然区域是自然现象的复合体，~~其中的各是~~他试图建立像植物学那样的"组织和细胞"的，构成主要自然区域空间内容的自然单元的等级体系。这些思想和方法在1919—1920出版的二卷本《景观学基础》和1921—1930年分四个部分出版的《比较景观学》两书中得到透彻的阐述。他认为，世界主要区域是景观带，它主要由气候决定，其内存在着四级景观实体：景观大区、景观区域、复合景观、景观要素。

（旁注：重要）

（三人讲义 p1.8—1.10，1.11—1.13）

指向：① 区域地理综合考查和区域研究。

② 综合自然区划。

③ 土地科学。

④ 自然地理过程。

⑤ 理论研究：原则、系统分析、指标（织造、开发程度），中国情况，是综合研究的薄弱环节，目前水平并不够高。

4. 展望：

6a

① 机制研究：

1. 纵向深入：过程，实验与定位观测，系统内部机制、物质、能量流；

② 定量：语言〔从哲学、文学到数学、符号（如计算机语言）〕、量化（现象、指标、界线）、建模。以精确、并能预测。地理系统自然。

③ 新技术~~横向扩展~~与新手段：遥感、土地信息系统、机助制图、重建.

2. 横向扩展：学科本身的扩展中（硕士论文 p96）.

应用方面的扩展：——建设地理学（博士论文 p20）

"绪论"部分思考题：（笔记本）

下次课的安排.

③节.

66

# 第一章 自然地理环境的（整体性、结构特征）及地域分异规律：

它是整个科学界的根本思想的一种普遍思潮。

引言：综合自然地理学的独立性在于把整个自然地理环境看作一个客观联系的整体来研究，这种作为整体、系统、全部集合来从事的研究，称为结构主义研究。结构主义是方法论。现代科学经过近二百年的发展，经过各种实验、归纳、统计、分析等等，到二十世纪初年虽然得到极大成果，但也遇到了各种一时不能解决的矛盾。许多学科都得出结论：过去把研究对象分析为许多组成成分的方法行不通，整体并不是各成分的简单总和，它比成分的总和还要多一些，即整体还有整体作为整体自己的性质。从整体出发来认识部分，实践证明是有成果的，甚至有些研究对象，只能一开始就从整体来研究才有可能。于是许多学科都产生了革命——结构主义革命，要求打破"原子论式的"研究，进行整体研究。

综合自然地理的理论目前包括两大部分：一是对自然地理环境整体性的认识，二是自然地理环境的内部结构。

一．自然地理环境整体性概念

（三人讲义：P3.3—3.14）

二．自然地理环境的结构特征：

（一）空间结构特征（三人讲义 P3.14—3.23）.

1.分层结构（垂直结构）——部门研究，也称部门研究.

2.地域结构（水平结构）：地域分异，个体区划，分类研究.

（二）功能结构类型：

1.动态系统.

7a

2. 联组系统
3. 过程—响应系统
4. 控制系统

见 牛文元《自然地理新论》p65—71.

5. 自然地理系统
6. 天然生态系统
7. 人类生态系统

见 三人讲义 p3.23—3.28.

一. 地域分异的基本因素:

①. 地带性因素:太阳能沿纬度方向分布不均.

②. 非地带性因素:地球内能释放——海陆结构——大地构造与地貌分区。

带. (讲义p48—49) 三人讲义(P4.1—4.2)

二. 全球性的地域分异规律:(讲义p50—55)

三. 全大陆和全海洋的地域分异规律(讲义p55—63)

四. 区域性的地域分异规律(讲义p64—67)

五. 中尺度的地域分异规律(讲义p68—86)

六. 小…………………(讲义p86—103)

七. 地域分异规律的相互关系(讲义p104—121)

八. 实例分析(自学), 作业.

76

二．全球性的地域分异规律：

在全球规模的分异中，两种互不从属的分异因素分别造成的分异现象也互不从属。

1．热力分带性：（讲义p50）

2．海陆对比性：

海陆分布大势（讲义p51）：四面体．大陆棱．大洋分面 ；p55）

海陆对比特点：①海洋联成一片，陆地相互分离；②海洋面积大于陆地面积，总面积5亿1千万$km^2$，其中海洋3亿6千1百万，占70.8%；陆地1亿4千9百万，占29.2%。海陆面积对比2.4:1。由于海陆面积对比如此悬殊，任一半球上，海洋面积都大于陆地面积，在北半球陆地占39.3%，南半球占19.1%；东半球35%，西半球20%。若以0°，47°N为和180°，47°S为两极，把地球分为两个半球，则海陆面积对比达最大程度，分别称陆半球和水半球。陆半球集中了全球陆地的81%，即便这样，陆地在陆半球也只占47.3%，小于海洋面积。水半球集中了全球海洋的73.9%，这里陆地仅占9.5%。③海洋深度超过陆地高度：海洋平均深度3795米，陆地平均高度825米；二者成4.6:1。但海洋最大深度（西太平洋马里亚纳海沟11521米）与陆地最大高度（珠峰8848米）却比较接近。从最高处到最深处，垂直距离20369米，这个数字十分接近地球半径赤道和极半径之差（21403米）。海陆起伏曲线（讲义p52）

海陆对比性的成因是地球内能在地壳不均匀释放造成的，可以从地壳的均衡、大陆漂移说、海底扩张和板块构造学说、地质力学等方面寻求解释。

海陆分异造成海洋和大陆强烈的对比，使地质地貌、气候、水文、生物等现象和过程都有明显差异，形成两种不同的景观——陆地景观和海洋景

8a

观。并通过海陆间的相互影响，形成次一级的地域分异。

三、全球陆和全海洋的地域分异规律：

(一)全大陆的地域分异规律(讲义p55—58)

1. 纬度地带性规律：

定义：自然地理环境各组成成分及其相互作用形成的自然地理综合体，大致沿纬线延伸而按纬度方向有规律变化的规律。成因。

解释：道库恰也夫发现这个规律的本来意义，就是指纬度地带性，简称地带性。另一种对地带性的理解包括纬度、经度、垂直等三种。

表现：(讲义p55—58)

纬度地带性叠加有纬向的地形构造带时，往往造成重要的地理分界线。如阴山—天山成为温带与暖温带的分界，秦岭成为暖温带与亚热带的分界。在其它地区，纬度地带性变化是渐变。

(以海陆干湿度为主导因素，) 2. 干湿度地带性规律：

定义：自然地理环境各组成成分和整个自然综合体从沿海向内陆大致按经度方向发生有规律的更替现象。

成因：基本上是非地带性因素，即大陆的大小、形状及其与海洋的对比关系，(地形走向) 但也有地带性因素的参予(行星风系)。

解释：常称经度地带性，或经度省性。这欠准确，因为①海陆分布并不一定与经向一致；②有地带性因素参加。

表现：首先形成大陆性气候与海洋性气候的差别，形成大陆内部和东西两岸的气候型差别。(《自然地理学》下册p111)。通过干湿差异而影响其它因素的特点，不仅是干湿差异，而且有冬季缺水型和夏季缺水型之分。对水文、地貌、植被、土壤、景观的影响。

水平地带性：(讲义p58—59)

86

3. 大规模的构造体系及相应的大地势差异：

大陆东西两边常有隆起的高山，在大陆中部有下陷的低地。在美洲表现最明显，西部落基山脉和安第斯山脉，东部阿巴拉契亚山脉和巴西高原边缘，其间为密西西比平原、亚马孙平原和拉普拉塔平原。这种地势分异加强了干湿度地带性。

纬向与经向构造体系（讲义P59—60）

(二) 全海洋的地域分异规律：

1. 大洋表层的纬向自然带（讲义P60—63）（三人讲义P4-6）

2. 海底地形大势分异：与大陆特征相反，大洋底是中间高，两边低。中间为大洋中脊，向外为大洋盆地（坡度小，深2400-6000米），临近岛弧有深海沟，近大陆有大陆坡（深200—2400米，坡度大2—3.5°），大陆边缘有大陆架（深<200米，坡度7'）为大陆的延伸。由于大洋中脊和海底山脉多南北走向，故地形分异也大致呈经度方向变化（三人讲义P4.7称大洋底层自然区域）。

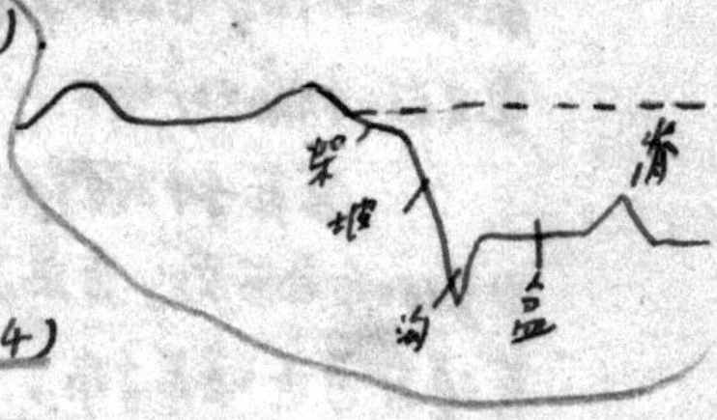


四. 区域性的地域分异规律（大陆）

1. 大地构造—地貌分异：

表现：（讲义P65第一段）

大地构造与地势地貌的关系（讲义P64）

规模等级（讲义P65第二段）

2. 带段性（讲义P66—67）

3. 省性（讲义P65—66）

（2、3）地带性和非地带性两种因素共同作用的结果。

五. 中尺度的地域分异规律：

1. 高地和平原内部的地势地貌差异：在大地构造—地貌差异背景上，高原、山地、平原内部仍有地势地貌分异，并因此影响其它自然地理成分以及整个景观的性质。例：华北平原（笔记）与山西高原（讲义P70—71）

9a

2. 地方条件对地域分异的影响：

① 海岸气候和湖岸气候：二者形成机制和对景观的影响相似，只不过湖岸气候的规模小一些。

形成机制：白天，陆地增温较快，气流上升，低层风向是水面吹向陆面；夜晚反之。

影响：海陆风深入陆地的距离因地而异（大气环流背景），一般为20—50公里；湖陆风可入陆（12公里），如贝加尔湖。这种风使岸带相对湿度偏高，甚至可形成雾或低云，有时还产生降水；同时使气温变化趋于缓和，夏季（相对同经同纬其它地区）不致炎热，冬季不致寒冷。因此，在海岸和大湖岸常可形成一种具有偏南气候特征的地方气候。例如，我国南亚热带气候在福建沿海向北延伸，可达莆田一带，使南亚热带作物（如荔枝、龙眼等）大多向北分布，甘蔗产量也高。又如，太湖东西洞庭山原处北亚热带，北亚热带原不产桔（最低温<-7°C，冻害），但这里由于湖泊的调节，在南坡和向阳谷地维持着一个具有中亚热带气候的环境，是我国柑桔具有商品意义的一个偏北产地。

还有一种特殊的海岸气候。热带西海岸，盛行风为信风，（北半球）由东北吹向西南，是离岸风，且由中纬吹向低纬，故气候干燥，降水不多，荒漠可逼近海岸分布。另一方面，离岸风吹走了表层海水，构成向南流的冷洋流，使下层海水上涌（冷水），这里便形成一个冷海水区，其上方一低温大气层，迫使南下信风沿低温大气层爬升，形成多低层云和平流雾的海岸气候，使荒漠地区受到一定水汽浸润；同时，还维持着一个相对稳定的逆温层，不利污染的扩散，这里要特别控制污染物的排放。

② 森林区气候与水域区气候：与上述类似。都是由于下垫面水分较多，比热较大；因此产生气流交热作用，对气候产生影响。其中森林对降水的作用，还有争议。黄秉维在81年《地理知识》上发表文章，从水热平衡和国外实验、统计研究上证明无作用；但此文发表的时机不对，引起

96

车行燃大增。然而要城市不断保持增长、城市绿地增加，保护自然环境和生态平衡有着重要作用，这个意见是一致的。

1节.

③ 城市气候：（讲义 P74—77）

④ 地方性风：其作用对地域分异也有影响。地方盛行风的风向和性质，除取决于大气环流系统外，还取决于当地地势（山脉与河谷的分布特点）。

a. 较大规模山谷风：如乌鲁木齐，南依天山，北临准噶尔盆地，山谷风很明显。（白天谷风，夜里山风）。谷风将林木从谷中带到山上，使谷中温度减少，山上加大，山

风到相合。

b. 焚风：温度高，湿度小。例：北美落基山东坡钦洛克风是著名的焚风（Chinook wind）。我国石家庄位于太行山东麓，偏西气流盛行时也出现焚风，日气温可增高10°左右。

c. 较大规模峡谷风：当空气由开阔地区进入峡谷口时，气流横截面积减小，由于空气质量不可能在这里堆积，于是气流加速前进（流体连续性原理），从而形成强风。

地方性风对风沙地貌和城市大气污染的扩散有很大影响。地方盛行风决定沙带排列方向，也对当地水文和植被都有一定影响。强烈峡谷风地区，还可发育典型的风沙吹蚀地貌——风蚀城堡景观，如我国新疆的阿拉山口。

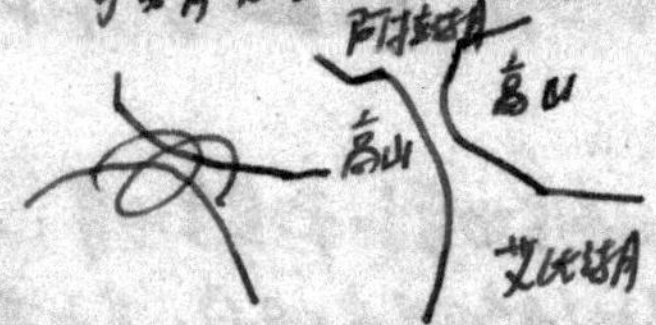


~~[illegible]~~：以上例举了地方性气候的类型。~~[illegible]~~地方性气候，~~[illegible]~~，主要取决于地面的海拔高度，地理纬度，距海（湖）远近，还有地形的组合关系和走向，以及大气环流背景。一个地方的地方气候，是该地自然资源的一部分，它与土壤相结合，可以确定一个地方可以生长什么，不能生长什么，这对于引进新品种并取得预期效果具有重要意义。例如，我国华南及云南南部（有人称准热带），就水热状况来说，发展某些热带经济作物的条件并不理想，但如选择适当的地形部位，越冬条件就能得到保证；上述太湖洞庭山的柑桔生长也是一例。又如建设亚热带飞地

10a

的茶叶，亚热带山区的温带水果，这些地带性气候条件下的飞地常能满足（第一地带）作物生长的限制性因素，又能发挥本地带的优势（土壤元素、水分），常常能出优质产品。~~[illegible]~~ 研究地方性气候对地域分异的作用，对选择工矿用地（考虑物质物扩散）和发展旅游地也有很大意义。

3. 垂直带性：

定义：随着山地高度的增加，气温自山麓向高山不断降低，因而使景观及其各组成成分发生相应的垂直分带变化。

原因与划分：垂直带产生的直接原因是气温随高度降低，（有时降水随高度增加）；更深一层的原因是地质构造和山地地势，山地需有足够的高度才能产生这种变化；而垂直带的表现却集中于植被和土壤方面。所以，虽然垂直带分异在气候、水文、地貌过程及地貌形态等方面都有反映，但通常以植被和土壤为主导标志，并结合热量、水分状况的变化来划分垂直自然带。

基带与垂直带谱：与当地[redacted]（水平地带）气候水热条件相应[redacted]第一带称为基带。一个山地所有垂直带的总体称垂直带谱。

影响垂直带谱的主要因素：① 山体所处的纬度地带和干湿度地带：位于不同纬度地带和干湿地带内的山地，垂直带的组合不完全相同，其中基带与该山地所处的纬度地带和干湿度地带具有一致，往上则带类似于较高纬的带的类型依次代替。因此，若山体高度一致，则愈向高纬，垂直带数目越少。垂直带随经度变化的规律较复杂，以后在"垂直带与水平地带的关系"（和"山地自然区划"中）中再讲（例）。② 山体的高度和走向：高度越大，垂直带谱越完全；山体走向与大气环流方向正交时，迎风坡和背风坡有不同的垂直带谱。（见珠穆朗玛峰例子）。因此垂直带性是地带性因素与非地带性因素综合作用形成的。

垂直带与水平地带比较：每个垂直带的分布与相应水平地带比较是零星的、断续的，常围绕山体作环状或半环状分布，围绕山系作条状带状

10b

分布，独立于相应的水平地带之外。因此，研究垂直带就不能简单地套照水平地带。研究垂直带谱的地域差异及垂直带与相应水平地带的对比，通常采用垂直带谱对比法（见讲义图1.9 珠峰南侧与温带、亚热带、热带山地的垂直带谱比较）。（不同干湿度地区垂直带谱比较，土质、岩性、人为因素对垂直带谱的影响，见笔记）

垂直带的规模等级（亚带）5

垂直分化：垂直带内还有垂直分化，或一个山体高度不足以产生两个以上垂直带但有垂直分化。垂直分化是垂直带内的量变，垂直带则是这种量变的结果引起的质变。一般绝对高度变化500—1000米，≥10°C积温变化500—1000°C才能引起山地垂直带的变化。但绝对高度变化200米，≥10°C积温变化200°C就足以引起作物品种早、中、晚熟期的变化，及物候变化，这对于布局农业生产是很有用的。（例：贵阳市蔬菜布局）。如何在山地土地类型研究中~~区~~区别这种垂直分化，将在"山地土地分类"中详细介绍。

反向垂直地带：基带在高原面上，向下发生垂直的有规律变化。这是由于随高原上河谷下切过程，土壤、生物、气候等产生新的形成过程，垂直带系统起源在上部，发展是由上而下。（典型的例子是青藏高原中的河谷地带。）反向垂直带谱取决于当地水平地带性位置、河谷下切深度、河谷走向与环境的关系。"雅鲁藏布江谷地，由上往下依次为：亚高山灌丛带、山地针叶林带、山地针阔叶混交林带、山地常绿阔叶林带。

风向的垂直分异及其意义（讲义p83—86）

六、小尺度的土地域分异规律：

小尺度地域分异因素主要是地貌部位和岩性土质，这是一种局部分异因素，与地带性、非地带性因素无直接关系，但以之作为背景。

（一）小尺度地域分异因素的表现：

1. 地貌部位引起的分异与小气候：

(1) 地貌部位~~引起的分异~~：地貌部位的划分（山区、平原）；

11a

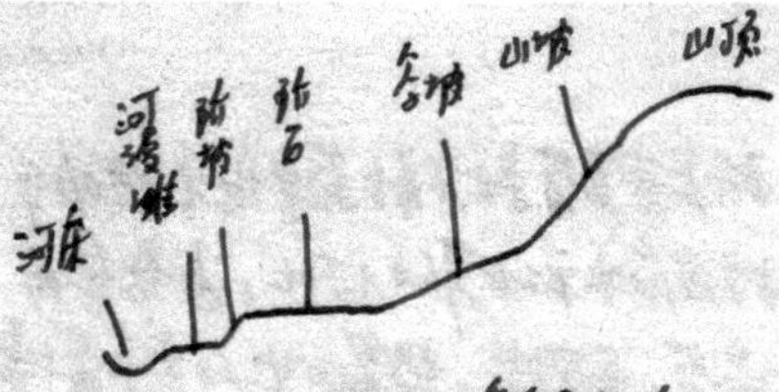


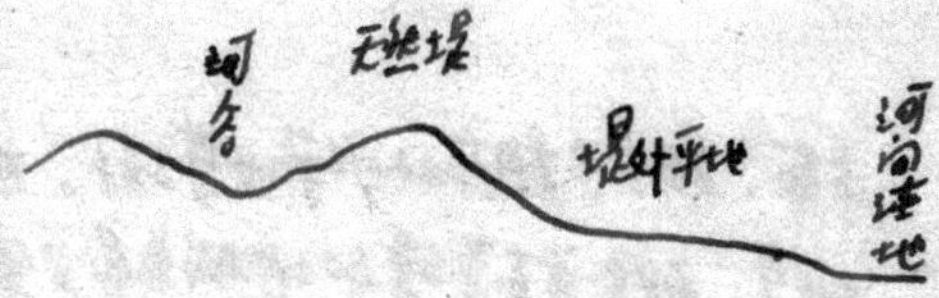

山区地貌部位划分。　　　　平原地貌部位划分。

地貌部位引起的分异表现在：①重新分配了大中尺度的水热条件，使各地貌部位有不同的小气候条件；②地表水排水条件不同；③地下水埋深、流动性、水化学成分不同；④地貌过程作用特点和方向不同；⑤沉积相和土质不同；⑥从而形成不同的生物群落和土壤。⑦人类活动方式和强度不同。

例：南方岩溶山区　　　　例：冲积平原：（讲义P89）

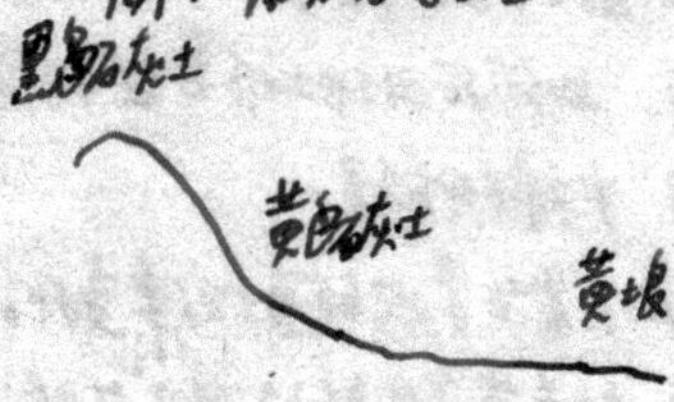


因此，地貌部位是小尺度地域分异的最重要因素。

（2）小气候：地貌部位是引起小气候的主要因素，但二者不一定完全相应，小气候具有相对独立性。

地貌部位对小气候的影响表现：①坡向、坡度不同可影响日照条件，影响温度差异，进而影响蒸发的差别，最后由植被差别反映出来，尤其在水分条件处"临界"的地区。②地貌部位影响通风条件，如丘陵上，可分为迎风坡、顺风坡，背风坡、涡风坡、高压坡、越山风顶等，在建设物设计中要考虑这些差别，布置走向和采取通风或不采取设备。作物布局中也要考虑这些差别，尤其在温度条件"临界"地区。③地貌部位对霜冻的影响；"雪落高山，霜打洼地"，这跟山谷风引起的冷空气下沉有关。作物布局要考虑这种差别，如西双版纳的橡胶布局，要避开低洼地的霜冻和高山地区的低温，布局在三级阶地、缓丘、低丘、高丘这个范围内。

小气候的相对独立性：小气候分异因素并不完全受控于地貌部位，它可以具有相对独立的分异意义。表现在由地貌原因引起的某些小气候现象，

110

其影响并不限于某一地貌部位，如大规模的山谷风、海（湖）陆风、雾凇等。

(3) 地貌部位与气候相结合，可以形成不同干湿程度的环境（讲义P92—93）

2. 岩性、土质和排水条件引起的分异：

岩性指岩层（基岩）性质，与地层（时代）概念不同；土质指基岩风化物和沉积物；排水条件与地貌部位有关，但也有相对独立性。

二者合称基质

(1) 岩性引起的分异：

不同岩石风化后，其土质的机械组成、化学成分都不相同，从而影响到土壤的物理化学性质，使地貌形态、透水性质、以至植物都不一样。

如北京地区：

| 岩类 | 性质 | 地貌 | 沉积物 | 土壤特性 | 植物 |
|---|---|---|---|---|---|
| 花岗岩性的 | 颗粒粗，微酸性， | 山形浑圆，沟谷发育且宽阔， | 沟底沉积物厚， | 透水性好，砂性（口松） | 多油松，板栗。 |
| 石灰岩性的 | 颗粒细，微碱性 | 山形陡峻，沟谷不甚发育，窄小， | 沟底沉积物少，多石块 | 透水性差，粘性（口紧） | 多侧柏，杏 |

岩性分类问题：①依据地质图，但要作修改订正，a. 不同岩石风化后的性质可能相同（例.讲义P93—94）；b. 有时与地层一致（如讲义P96—97），这时一般地层出露较少，各时代地层性质差别明显；但多数岩性与地层无关，而应打乱地层顺序，另按岩性分类排列（例.贵阳）；然而时代也有意义，因为决定了风化物的淋溶程度，如南方古生界（二迭系）前的石灰岩发育铁铝质黄壤，以后的石灰岩则一般为石灰土。

② 工作范围不同，分类详细程度不同。如全国综合自然区划中的岩性分类是一种大概括（讲义P94）；但中小范围内则应细分，如北京地区，可分六类（笔记）。

③ 服务目的不同，分类亦不一样：如对砂岩和页岩，为工程目的应分为二类，因其机械性能不一；如为农业目的，则可合并，因皆成

12a

石灰性黄壤、暗富硅。又如对于碳酸盐岩的划分，农业上只考虑机械组成和酸碱度，划"纯"与"不纯"(夹层)即可；但水文地质上的分类则还要考虑岩石本身的溶蚀性质、透水性与含水性、矿物组成等等，则要作进一步细分，纯(石灰、白云)、云质灰岩、等等；不纯的(石灰、白云含夹页、砂页、红层等等)。

(2)沉积相引起的分异：

沉积相分异：如河床相、河漫滩相、阶地相；湖积、海积、风积等；冲积、洪积及二者不同组合。

沉积相分异对景观的影响：(讲义P95)

沉积相分类可据第四纪地质图，但也要注意岩性分类中的那些问题，虽然表现不如岩性分类那样典型。还要注意图的精度(讲义P98－99)

节

(3)排水条件引起的分异：(讲义P98)(教材P114)

(三)小尺度地域分异的空间规律性——组合性和复区性：

小尺度地域分异因素及其引起的各自然要素的分异，形成各种小尺度的自然地理综合体——土地类型单位，这些单位的分布常有一定规律性，揭示这种规律性对于研究土地结构是很有意义的。

1.组合型景观：不同的土地类型在一定范围内依次递变而形成的组合。

常见形式：递变阶梯组合(山体、河谷、海岸)，图式，详述。

(讲义P99) 递变同心环带组合(孤峰、湖盆、围寨洼)，图式，详述。

二者的综合表现：递变同心椭圆环带组合(中山盆地)；递变扇形带状组合(洪积扇)

2.重复型景观：一定的组合型景观，按一定的规律在一定范围内经常重复出现。

常见形式：既重复出现，又依次更替，如在

126

分布均匀等的各地，图式（讲义P99），详也。

呈纵点状均匀分布：如分布有沼泽地的草原，图式（讲义P99），详也。

〃〃〃〃不均匀分布：如分布有溶蚀洼地的岩溶高原，图式。

土地类型质和量的对比关系：（讲义P102）及其研究方法。

土地结构研究可自下而上合并自然区划单位，也可确定一个地区大农业的构成方向。详见后。

七、地域分异规律的相互关系：

（一）大陆地域分异的水平结构

人类对大陆的研究程度远大于对海洋的，对大陆分异规律的认识也远超过对海洋的认识，所以海洋目前仅划分出海洋表层的自然带和海底自然区域。而对大陆地域分异的认识却更加深入、复杂。

1. 雅耶阿夫理想大陆自然地带相互关系图式：（讲义P104）

2. 水平地带性分异因素的定量分析：（讲义P104—107）

（二）水平地带与垂直地带的关系：

> 《自然地理学习》下册P126.

- 相似处：更替方式、更替原因。
- 差异：温度变化、范围的宽度和组成，地带性质，更替速度，历史发生。
- 联系：基带，海洋性与大陆性两种垂直带系统

（三）地域分异规律的相互关系：

1. 分异因素与分异规律：分异因素指引起地域分异的原因，地带性因素是太阳能的纬度分布；非地带性因素是地球内能的不均匀释放，这是两个基本因素。两者综合作用，产生派生的因素。局部因素有地貌、岩性与土质，基本上派生非地带性因素，但又相对独立。

分异规律指分异地域的空间表现规律，同样有基本的（地带、非地带）派生的、局部的。也可从规律上分为大、中、小尺度。

2. 地域分异规律的相互关系：

（1）基本的规律：

①地带性规律（讲义 p112）

②非地带性规律（讲义 p112—113）

相互关系（讲义 p114）

（2）派生规律：

①隐域性与显域性：（讲义 p113，更正）处境（讲义 p161）

②垂直带性（讲义 p113—114）

③带段性

④省性 ＞显域性.

（3）局部规律：组合性和复区性.

图解（讲义 p116—117）

八. 地域分异规律研究的[redacted]意义：

1. 自然区划和土地分类的基础：概述. 深入的领会待学完有关部分后.

2. 因地制宜和组织生产的根据：（讲义 p114—120）

九. 实例分析：

地域分异规律分析可提供一个区域综合自然地理特征的描述方法。区域综合自然地理特征及其分异的研究要避免每个特征，但又不能是部分特征的简单罗列，而应看到各要素间的相互影响、相互作用产生的综合特征，从而摆脱部分描述的泛泛。

实例（笔记）（讲义 p121—130）（贵阳市）

1节

136

思考题：（笔记） 本章作业：根据自己的实际见闻和文献，编写某一地区域地分异特征报告，并绘制相应图件。（学习方面 4）.（注意：实践、成绩）辅导.

左侧批注：各地分异规律常常受多种因素，二者是紧密联系的

左侧批注：生产实践上常需要综合自然特征的描述和分析

土地资源学

# 第二章 土地分级、分类和分等研究。

classification < hierachy / taxomomy , evaluation (appraisal, assessment)

三个概念的大致区别。

## 一、土地的概念和土地科学：

### 1、土地的概念：

（林超："国外土地类型研究发展概况"导言，p1）

这一概念有以下含义：

（地理）① 是一个自然综合体，有综合特征的（讲义 p143）（讲义 p142）

② 也包含人类长期活动的结果，如耕种提高土地肥力或造成水土流失或土壤盐渍化；有些人类活动可以改变土地的综合特征，如围海造田、修建水库。形成所谓文化景观。但仍受自然规律的制约。

③ 具有动态变化："相当稳定的周期循环属性"（如季节变化、休耕与耕作）；历史发展，所谓某一地段的土地特征，只是漫长发展过程中某一阶段的状况，与历史状况不同，将来也必然要变化。因此，有必要了解它的历史、现状和预测其演变趋势，才能全面认识其本质，合理开发利用。

④ 差异性是土地的固有特点，（林超文 p2）

（经济特点：）⑤ 土地是人类生活和生产的场所（林超文 p1-2）；此外，土地还有区位特点，这影响土地价值。

⑥ 尺度含义：有别于区划单位的（自然）地理综合体，是小区域景观研究。（分区感、类型感、地貌感）

这一概念，在英文用中的术语是 land。相近的一个术语是 landscape，但又偏于强调视觉美学内容。英文还有一个术语是 terrain，其含义较狭窄，

14a

仅包括地形和地表组成物质（土壤）。也有人将land与terrain等同。

2. 土地的基本特征是土地肥力（或生产力）

在土地这个范围内（厚度），在生物参与下，经过碳、氢、氧、氮等物质循环过程和太阳能的输入、转化、输出过程，把环境中的无机物质转化为生物质，把环境中的能量转化为生物能量，生物的分解又向环境释放出能量和物质。在土地范围内，所以能生长植物（具有生产力），是因为在这一范围内有大气中的光、热、温度、水、空气和土壤中的养分、水分、气体和热量。土地肥力就是这些物质和能量的综合作用表现。土地所以能生长植物，就是由于土地具有肥力。这是土地的基本特征。

还有生物参与这些物质和能量的调节

土地肥力是土地在植物生活过程中，满足并调节植物对大气中的光、热、温度、空气，以及植物对土壤中的水分、养分、热量和空气需要的能力。土地肥力是土壤肥力、气候肥力、生物肥力（植物、动物、微生物）的有机结合，是土地区别于其它客体的独特特征。

土壤与土地的区别（讲义p145—146）

土地与生态系统的区别（讲义p146）

3. 土地科学的研究内容：（讲义p146—147）

4. 土地资源研究的发展背景：（材料：国外土地类型研究发展概况，p3—13）

(1) 生产需要：

(2) 新技术新方法的应用

我国地理学的发展简史，其中含有土地类型思想。

5. 国外土地分类~~思想的发展——理论发展~~、研究概况：（同上材料p14—21）

（讲义p139—141）

146

同学提问：

1. 肥力是土地的基本特征吗？那么城市、工程用地以及不长植物的一些土地也有肥力吗？

2. 土地肥力与土壤肥力区别何在？土地肥力不就是土壤肥力吗？

答：

1. 肥力是土地的基本特征，主要是针对植物生长而言（第一营养级，第一性生产力，农作物、森林、草原）。目前土地资源学主要从土地生产力方面评价土地，所以如是说。但这并不意味着肥力这个基本特征对城市、工程用地和荒漠、极地、高山冰川等地毫无意义。城建用地须有一定绿地面积，以维持环境质量，故也要依赖土地肥力。看起来不长植物的地方，实际上也有生物存在，也依赖于土地肥力。

2. 植物体内干物质中，由根部从土壤中吸收的无机物质所占比例约为10%，其余90%直接间接来自光合作用形成的有机质。而植物光合作用所固定的二氧化碳大部分来自大气，小部分来自土壤。大气中的光、热、水、空气物质是独立于土壤以外的，植物光合作用必不可少的能量和物质。这些因子不仅是植物生长和土壤形成的"必须条件"、"环境因素"，也是种营养条件，即气候肥力。实际上，植物生长依赖于同时土壤肥力和气候肥力。

过去对土壤肥力的研究做了大量工作，对气候肥力的研究则开始起步（如"二氧化碳"施肥），对土壤肥力与气候肥力的相互关系及其对植物生长的作用要进一步研究，这正是土地科学的重要任务。

15a

二．土地个体单位的划分 —— 土地分级

（讲义148—149）

（一）导言：土地分级的意义、学派及方法论问题．

1．土地分级的概念及必要性：

概念（讲义 p150）

必要性（拙著《土地单位及其术语分级》二稿，p1—p5）

（带

2．土地分级的规律和方法：

几个重要分级系统的比较（同上文二稿 p5—附表1）

划分和术语（讲义 p152—153）
（自然系统的问题）

3．土地分级的方法论问题：（同上拙著二稿 p9—11，p15 ）

（二）土地分级单位的特征，划分法和术语）

1．相（фация）——（element）（site）：（暂用此名）

（讲义 p153—155）

1）几个定义的比较：（同上拙著二稿 p7 — 8）

2）此单位的性质和特点（讲义 p156—157）

3）相的划分（讲义 p157 — 170）（对照笔记）

4）该级单位的术语问题（同上拙著二稿 p15 ）

2．限区（урочище）——（unit，facet）．（暂用此名）

（讲义 p172 — 173）

1）几个定义的比较（拙著同上 二稿 p7—8）

（带 → 2）此单位的性质和特点（讲义 p174 — 175）

3）限区的划分（讲义175—189）（对照笔记）

4）该级单位的术语问题（同上拙著二稿 p15）

16a

3. 地方（местность）——（land system）（暂借此名）

这一级的由来（讲义 p192）

1). n个定义的比较：（讲义 p193）.（拙著二稿 p7-8）

2). 这级单位的性质和特点（讲义 p195-196）

3) 地方的划分：（垂直带，水平分化）　　　　（例，讲义 p192，剖表）

~~划分~~：一定的气候水热条件下，一定的地质构造，一定的地貌发育阶段，相当程度的岩性分异就出现了成一个地方。（解释）

~~组合~~：（讲义 p194-195）　　实例（讲义 p197-205）

4) 术语问题（拙著二稿 p15）

（三级土地单位的术语另一起在此讨论）

（1节）→ 4. 基本土地分级单位：（讲义 p206～209）

5. 山区土地分级问题 ~~土地分异因素的独特性及其在土地分级中的处理~~：

引言：为什么要特别讲一下山区土地分级。

a. 山区土地分级单位的特殊性（讲义 p210）

b. 我国是个多山的国家，山地占全国总面积的 2/3 以上；而且山区目前的开发利用程度远不如平原区，其潜力巨大，应着重研究。

~~(1) 山区土地分异因素的独特性：山区土地分级有以下问题要处理好~~：

(2) ~~山区土地分异因素的独特性~~：

~~① 垂直分异~~

③ 山区土地分级问题应研究：

a. 三级基本分级单位是否能概括山区土地的客观情况（尺度差异）？是否存在特殊的分级单位（过渡单位中是否有需特别强调的？是否有新的基本土地分级单位）？

b. 基本分级单位的划分与一般情况相同吗？有无特别的划分指标？

山区土地分级的特殊性，主要取决于山区土地分异因素的独特性。因此，为了回答这些问题，应首先研究。

166

(1) 山区土地分异因素的独特性。

① 垂直分异：在中尺度地域分异规律中已讲过：成因，地势——水热——各自然地理成分及综合特征的垂直变化。（讲义 p219－220）。以上是垂直带的级别划分。此外，还有垂直分化（土壤—植被类型上无变化，但有气温—物候及作物熟期的变化）。

以上垂直分异是山区土地分异的主要因素，也是土地分级和分类的重要标志。

② 山文结构与大气环流的形势对水热分布的影响（讲义 p211－213）

③ 多层地文期地形面：（8讲义 p91－94）（笔记）（讲义 －215）。但也要具体分析，最上部的地文期地形面有时因切割得较破碎，以至仅存孤峰，只相当于限区。如黔中高原。

作为处理的主要依据

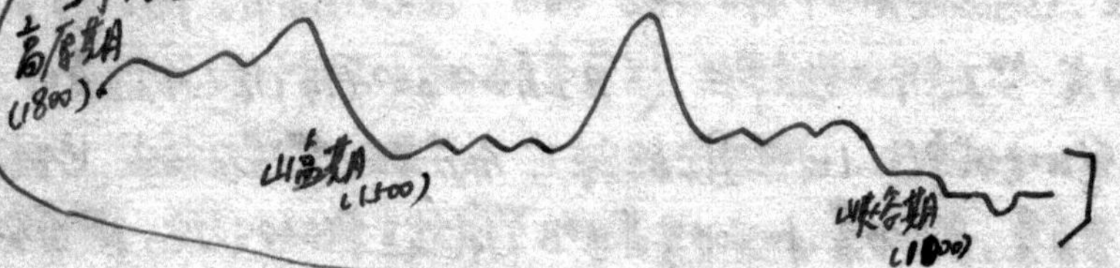


④ 地形切割破碎，正负地形明显交替：（讲义 p215－216）

⑤ 地表物质复杂多变（讲义 p213）

(2) 土地分级中如何处理山区土地分异的独特性：

① 垂直分异的处理：土地分级中地貌形态单位是重要指标，那么垂直带与地貌形态单位的关系如何？

垂直带的抽象模式是：

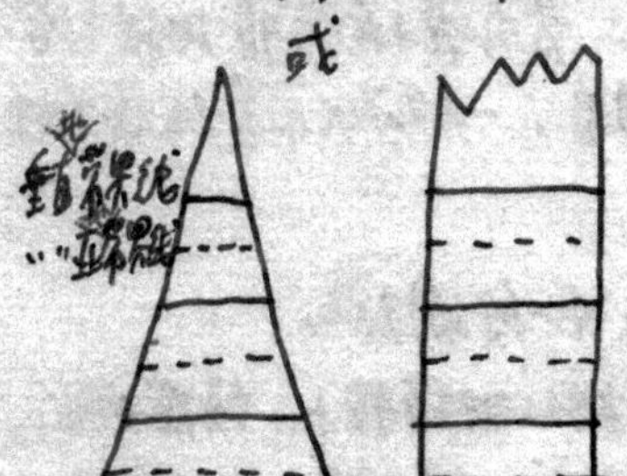


17a

实际看说为：

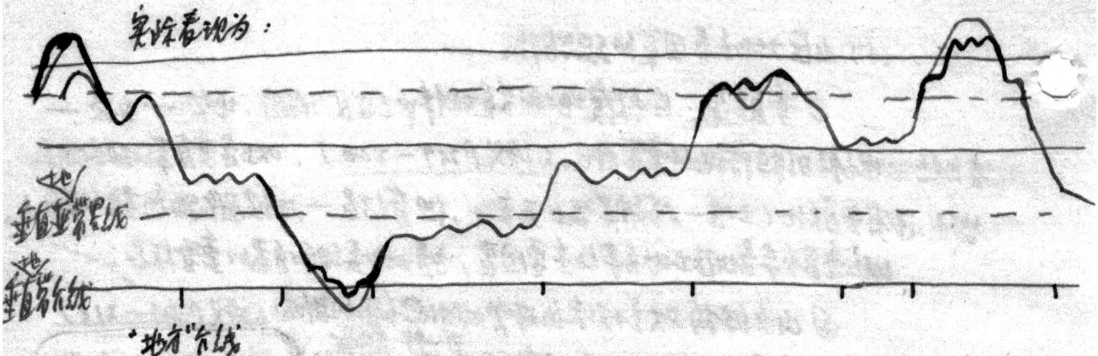


（新构造运动的间隙性抬升）

~~地方是~~可见，一个垂直带内，由于河谷的切割，土地在地貌上已分为河谷、山间盆地、山坡等地貌单位（土地类型单位名称），这在土地分级中都与“地方”相当，应先划分出来。于是，垂直带、（垂直亚地带部分）垂直地带被分割成一些不连片的独立单位，（只有垂直亚地带的具体个体（或垂直亚地带段）可以是一个完整的地域单位（对照图示解释），而且由一些限区构成，这就相当于地方），垂直带、垂直地带、和亚地带是这些个体独立单位的总称，因而是类型概括，而不是个体单位。上升某些个体也可能相当于限区。

曾经有人主张：a.垂直带相当于景观（自然地理区）；b.垂直带是比地方更高级的土地单位。这是把类型合并与区域合并混同了，因而是不合逻辑的。

这就是我们在山区土地研究中要解决的第一个问题：即三级基本单位也适用于山区。

② 对山文结构与大气环流形势的处理：背风坡与向风坡地貌分线是清楚的，所造成的水热状况、土壤植被分异也较明显，一般可以山脊线作为划分土地单位的分线。

③ 地文期地形残留的处理：将“独特性”中一段调至此。

④ 其它：地形破碎、岩性复杂使限区和相的规模较小，须在大比例尺制图中才能反映。此时，由于地貌分线、岩性分线比较明显，为相和限

76

区的划分提供了方便。

6、土地分级单位的相互关系：

土地分级单位有三个基本单位和一些过渡单位，为了从理性上认识它们，我们分析了其意义和性质、特点及划分方法；还需从感性上把握它们，为此，不妨举一些实例来说明。（81年讲义P88）（讲义P225—226）

实际存在的情况可能还要复杂，也就是说土地分级是连续的，具有多级性，这是因为（讲义P227）

土地分级的连续系列中，有些级别只是量变，有些级别则是质变。按质的差异为标准，就可确定基本单位。三级基本土地分级单位质的差异表现为：（讲义P230）

连续分级和基本分级各有其作用：（讲义P230—231）.

三、土地分类研究

1、个体单位和分类单位：

(1)概念：土地分级中所论的是个体单位，一个地方可分为n个限区，一个限区可分为n个相（每个地方、限区、相都是独立存在的个体）也可把n个相合并为一个限区，把n个限区合并为一个地方，这里

但在一个区域范围内，这些土地个体单位的数量是很多的，不可能也没有必要一一研究、描述，因此产生了分类研究。分类研究是将很多个体按其性质的共同性作不同层次的概括，每一概括层次就是一个分类级别，得到高低不同的土地分类单位。

这样说还比较抽象，可举实例说明较熟悉的：

个体单位划分
- 岩石：岩浆岩　沉积岩　变质岩
- 矿物：内生矿物　外生矿物　变质矿物
- 分子：有机分子　无机分子
- 原子：金属原子　非金属原子 →（类型概括）. 180

(2) 土地个体单位的多级性与分类单位的多系列性：

单位）

不同的个体，内部复杂程度不一样，不能放在一起归类。例如不能把矿物和岩石放在一起归类，不能把分子和原子放在一起归类；同样，也不能把限区和地方或土相放在一起归类。只有同一单位的个体，才能归入同一分类体系，例如岩石有岩石的分类、矿物有矿物的分类……，同样，地方有地方的分类，限区有限区的分类……。因此，由土地个体单位的多级性必然有分类单位的多系列性。

（讲义P233图示）

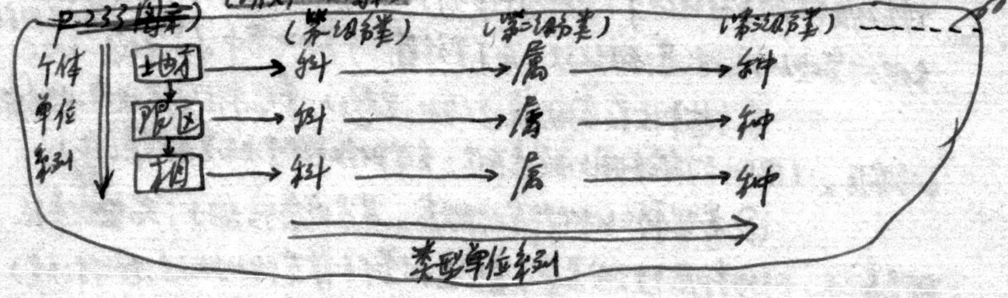


土地的多系列分类，在逻辑上是严谨的；实际工作中又避免或克服了综合土壤学和地植物学中的复区制图和分类的困难。复区制图是指一个图斑内包括两个或三个类型，使得各个图斑间不具备可比性。例如，当小比图内出现残积、水上、水下三种处境时，土壤类型可能分别是岩性土类（新成土，例如石灰土）或地带性土类（例如黄壤）、沼泽土、水稻土；相应的植被类型可能是阔叶林、沼泽、水稻；土壤的分异已是土类的差异，植被的差异已是植被型（生活型）的差异，这种差异一般要在大于1:5万的图上才能表示，而这种大比尺制图所反映的大部分地区已是土属甚至土种中的差异了。于是，一些图斑是土类（或植被型），另一些图斑都是土属（或群系），这就缺乏可比性。若缩小比例尺，使图反映大部地区的土类（或植被型），则图上图斑只（即一个图斑代表一个土类或植被型）

同时制图目的是一个图斑代表一个类型

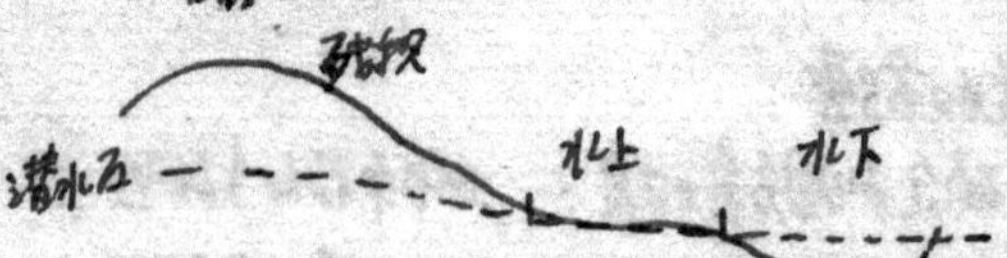


190

能并为一个图斑，它包括了几个土类（或植被型），这样仍缺乏可比性。土地的多系列分类没有这个毛病，它在一定比例尺上的图斑内容是有可比性的。

(1节) → ~~(3) 分类、制图对象与制图比例尺。(讲义 p234)~~

(3) 土地个体单位与分类单位的区别和联系：

① 个体单位是具体的，类型单位是抽象的：个体单位总是作为一个独立体存在于客观世界中，它总是具体的（local）；类型单位则是概括一系列个体的属性而得到的结果，是所有个体共性的抽象（abstract），它只是主观对客观的概括，是一种认识，而不具体存在于客观世界中。（利用上：个体是具体方式，类型是一种方式）

② 个体单位在空间上是连续的，完整的，类型单位则常表现为一些分离的分布区。（因此，个体在利用上要考虑区位；类型则视具体情况而定是否考虑区位）

③ 类型单位的概括层次越高，其共同属性越少；而个体单位越是高级，则内部属性越复杂。类型是对若干个体共性的概括，概括（分类）是与简化相联系的，所以分类的级别越高，概括程度越大，共性就越少。个体单位则不然，当把若干低级单位合并为一个高级单位时，得到的是更为复杂的个体，它包含有更加复杂丰富的内容。（举例说明，前述低级分类）

④ 个体划分是分类的前提；每一级个体单位都可进行类型研究。

~~2. 土地分类的方法论（与土地分级方法论的比较）~~

2. 土地分类系统

(1) ~~分类方法~~ 制定分类系统的步骤：

① 根据制图比例尺确定制图分类对象：土地单位的多级性决定了整个土地分类的多系列性；另一方面，具体到一幅图上，则只有一个分类系列。一幅图所反映的是哪一分类系列，取决于制图比例尺（讲义 p234）。（讲义 p148）

19b

①划出某一级单位的个体界线，然后对各个体按质的共同性进行不同程度(层次)的概括(具体方法见后)。这里有个问题，概括层次是从下往上(归纳)，还是从上往下？两种途径在逻辑上都是成立的，应视占有资料的情况取其一。

在局部地区(如所测土地类型图比例尺较大)和局部的资料较全的情况下，可以掌握全部个体的多种属性。在多种属性中进行概括，可以采取自下往上的途径。这在分类学上称多质的(或多判的)(polythetic)分类。在局部的资料不足或没有的情况下，土地分类是先通过实地考查有代表性的剖面，然后在绘制综合剖面图(详见后)的基础上，分析制图地区的地域分异规律。首先选取对土地属性及生产利用上影响最大的因素，概括出最高层次的类型；每一高层类型中再选取次要一级的分异因素作次一层次的概括，如此继续。这就是从上往下的概括。分类学上称之为单质的(monothetic)或单判的分类。

多质分类的优点是考虑的因素较多，分类能接近自然(客观)，即反应类型同一组各个体的质的共同性，这个共同性应是通过对所有属性加以考虑来测度的。但要求个体的材料充分(足够的个体数目)且全面(个体的所有属性)，这在实际中较难实现。单质分类要冒一个危险，即在未掌握全部属性的情况下选取影响最大的因素，可能会遗漏掉我们尚未掌握，但实际上是真正有意义的因素，导致分类不能反映质的共同性。为避免这一危险，故先应在作典型研究的基础上弄清地域分异规律。加之单质分类的优点是在实践上易行，故用得较普遍。

② 再一个问题是，概括层次即分类单位到底有多少(讲义p236第五)。至于地方的分类，一般情况只作一个地区，同样也是可行的。但有时需要在广阔范围内统一协调、联接各地区的分类系统(如现在进行的全国1/100万土地类型图)，则应多加几级分类单位。

③ 确定分类标志和指标：(讲义p235第六)。 一般在较高层次选取对土地综合特征和生产利用影响较大，且动态变化上较为稳定的指标(多为地

貌），其依据首先对选取对土地综合特征影响而单纯、稳定上相协调重要的指标（如岩性，次级地貌形态类型，垂直分化，再次是土壤和植被）。此外，人类活动的影响也应予考虑（讲义235第七）

④类型命名：（讲义p236第八）

(2)相的分类：（讲义p236—237）

①相分类级别和标志。（讲义p239）

②顺序划分法：自下而上。（讲义p239）

例：北京百花山附近相分类

相组（地貌，小气候，动力均匀性） | 亚组（地貌） | 相属（基质） | 相种（次级地貌分异，水文条件，土壤，植被，利用）

I 沟床相组 河床
- I′ 河床相亚组
- I″ 沟床相亚组
  - I″a 黄土冲沟沟床
  - I″b 火山岩山坡沟床
  - I″c 砂页岩……
  - I″d 石灰岩……

II 河漫滩、阶地相组

（详见讲义p239-241）

例：贵阳市花溪公社

相组（地貌） | 相属（基质） | 相种（土壤、植被）

I. 坡地
- Ia 石灰岩白云岩坡地
- Ib 页岩 砂岩坡地
- Ic 紫色岩坡地
- Id 黄红粘土坡地
  - Id1 马尾松林下黄壤坡地
  - Id2 果木、油茶林……
  - Id3 灌木、杂草草被……
  - Id4 黄泥土坡地
  - Id5 ……田……

II. 谷地平地

III 沟谷地

IV 洼地

V 平地

③ 两种分类体系的搭配法：从下往上，从上往下都可。(讲义p241—242)

对于这两种方法的评价(讲义p243)

(3) 限区的分类：(讲义p247—248)

① 限区分类级别体系：

限区种：初级地貌形态相同，而且基质也相同，因而土壤、植被也相同的限区的进一步概括。

限区属：初级地貌形态一相同，基质(或地貌形态次级差异)相同的限区种的进一步概括。

" "科：" " " " " " " "的限区属的进一步概括。

② 分类实例：

北京山地沟谷地区：

科(初级地貌形态)　属(初级地貌形态的次级差异)　种(初级地貌形态更次差异、土壤、植被、利用)

I 河漫滩

II 阶地 — IIA 一级阶地；IIB 二" " "；IIC " " " "

III 冲沟

IV 山脊 — IVA 斜降山脊 { IVA1 黄土斜降山脊；IVA2 砂岩……；IV3 火成岩……}；IVB 谷旁……；IVC 平顶山脊

V 残丘

这一分类系统也可用双3种分类体系的搭法来概括(讲义p252)

昔阳市：

科(初级地貌形态)　属(基质)　种(植被、土壤、利用)

I 山地

II 高丘地

III 低丘地 — { IIIA 石灰岩碳酸盐岩低丘地 { IIIA1 阔叶林石灰土低丘地；IIIA2 藤灌丛……；IIIA3 扫黄草坡……；IIIA4 岩泥土 " "；IIIA5 " " 田 " " }；IIIB 黄色砂页岩 " "；IIIC 紫色岩 " "；IIID 覆红粘土 " " }

IV 岗子地

V 平地

VI 沟谷地

VII 洼地

VIII 水域

210

平原区实例：

北京

科（地貌组合，土壤或亚类），属（土壤母质），种（利用、植被或土壤盐分）

低湿洼地

潮土中部平地 ⎧ 壤质潮土平地 ⎧ 壤质水稻土平地
褐潮土高平地 ⎨ 粘〃〃〃〃 ⎨ 〃〃潮土菜园平地
褐土 平坦岗地 ⎨ 砂壤质〃〃〃 ⎩ 〃〃盐潮土平地
⎩ 砂质〃〃〃

苏联拉脱维亚（东欧平原）部分（讲义p249）

在低级分类层次以垂直分化为指标的例子：延庆

科（地貌组合形态，垂直带）　属（基质）　种（垂直分化）

I 缓坡地

II 沟谷地

III 河谷平地

IV 台地

V 高原平地

VI 丘陵 ⎧ VIA 白浆土 丘陵
⎩ VIB 暗棕壤〃〃

VII 低山

VIII 中山

| | ≥10°C积温 | 适宜品种 |
|---|---|---|
| 温凉的 | 2400—2600 | 中熟 |
| 温冷〃 | 2200—2400 | 早熟 |
| 冷凉的 | 200—2200 | 极早熟 |
| ------ | | |

可见，限区分类标准在不同的区域都有所不同。但基本思想在高层次分类间分异意义大、且较稳定的标志，一般是地貌，在各区都适用；低层次分〃〃〃〃〃〃较次、且较不稳定的标志，这在各地可不同（基质、土壤、植被、垂直分化……）；最低层次分类则要求所有属性都相同。

（1节）

（4）土地的分类（~~讲义p259—260~~）

① 比较类级别标志（讲义p260），基本思想仍是

210

②实例：

陕北、关中（讲义P261–262）
怀柔（讲义P263）
〉区域制图，

全国1:100万土地类型分类系统：（讲义P264）

门 纲（水热地带植被亚型、土类）

D. 温润中亚热带

目 类（土地系统、垂直带和垂直地带）

平地纲
- D1 滩涂（潮间带）
- D2 低湿河湖滩地（指雨季淹没消退后渍涝的滩地）
- D3 海积平地
- D4 冲积平地
- D5 河川山间谷平坝地

山地纲
- D6 岗台地
- D7 丘陵地
- D8 低山地
- D9 中山地
- D10 高山地
- D11 极高山

（基质）
红黄壤低山地斜 *
紫色土低山地斜 △
石灰土低山地斜 ○

种 型（植被亚型、土壤亚类）

- *$D_8^1$ 常绿阔叶林红壤低山地 ˅
- *$D_8^2$ ……黄…… ^
- △$D_8^3$ ……紫色土……
- *$D_8^4$ 常绿落叶阔叶混交林红壤低山地 ˅
- *$D_8^5$ ……阔叶混……黄…… ^
- ○$D_8^6$ ……石灰土……
- *$D_8^7$ 针叶林红壤低山地 ˅
- *$D_8^8$ ……黄…… ^
- △$D_8^9$ ……紫色土……
- *$D_8^{10}$ 灌丛草地红壤低山地 ˅
- *$D_8^{11}$ ……黄…… ^
- ○$D_8^{12}$ ……石灰土……
- *$D_8^{13}$ 旱作红壤低山地 ˅
- *$D_8^{14}$ ……黄壤…… ^
- *$D_8^{15}$ 低山梯田
- *$D_8^{16}$ 毛竹林红壤低山地 ˅
- *$D_8^{17}$ ……黄…… ^

红壤系（垂直带谱）
黄壤系 ^

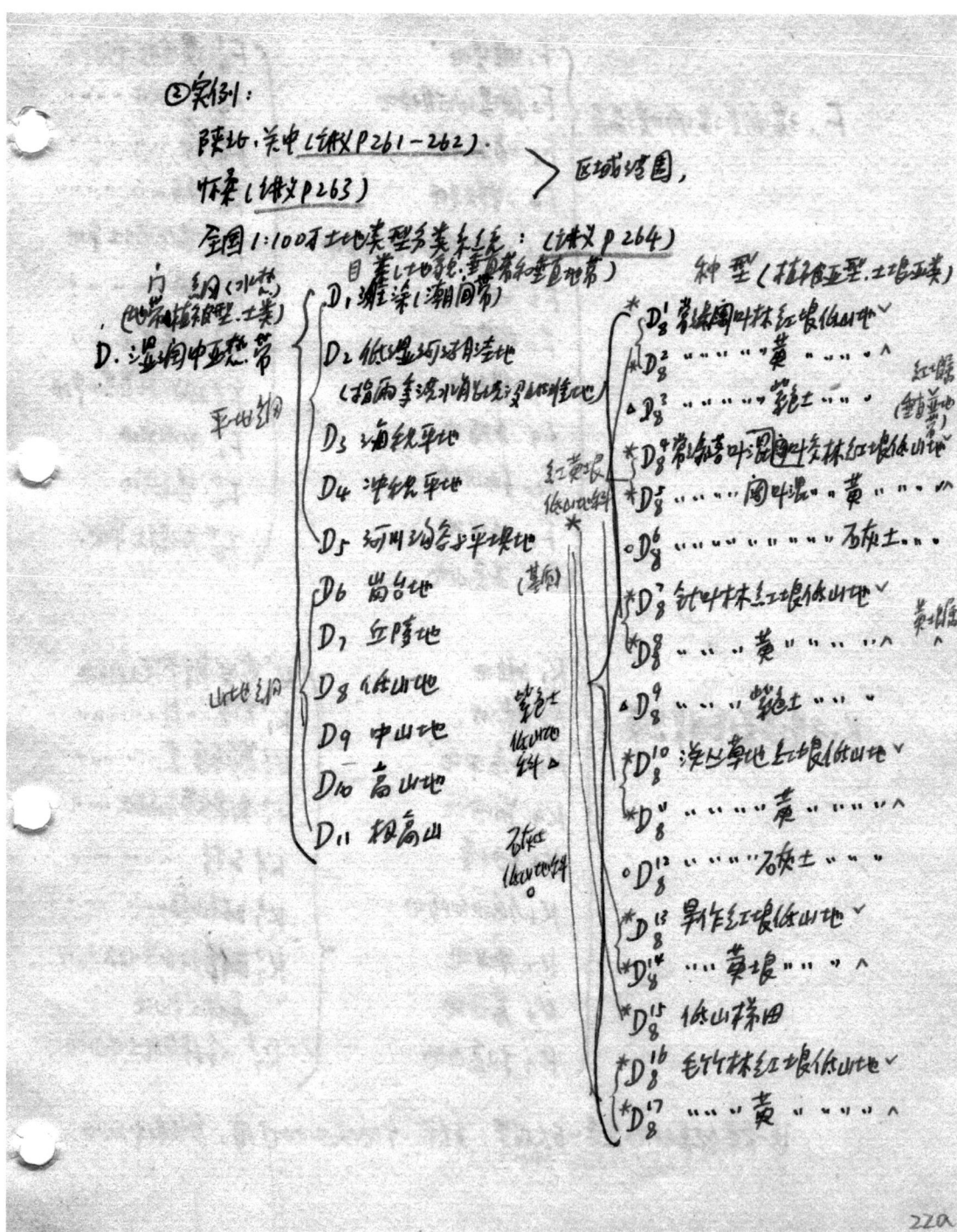

222a

F. 湿润半湿润暖温带
- F1 滩涂地
- F2 低湿洼地湖滨地
- F3 海积平原
- F4 冲积平地
  - $F_4^1$ 湿潮土冲积平地
  - $F_4^2$ …… ……
  - $F_4^3$ 黄…… ……
  - $F_4^4$ 褐…… ……
  - $F_4^5$ 盐化潮土平地
  - $F_4^6$ 碱…… ……
  - $F_4^7$ 砂姜黑土 ……
  - $F_4^8$ 碱化砂姜黑土平地
  - $F_4^9$ 水田平地
  - $F_4^{10}$ 盐碱地
  - $F_4^{11}$ 灰潮土平地
- F5 冲积洪积倾斜平地
- F6 沙地
- F7 沟谷河川地
- F8 岗台地
- F9 丘陵地
- F10 低山地
- F11 中山地
- F12 亚高山地

K. 干旱温带暖温带荒漠
- K1 河滩地
- K2 绿洲
- K3 土质平地
- K4 岗坡地
- K5 沙漠
- K6 低山丘陵地
- K7 中山地
  - $K_7^1$ 典型草原栗钙土中山地
  - $K_7^2$ 荒漠……棕…… ……
  - $K_7^3$ 草甸草原 黑…… ……
  - $K_7^4$ 野果生草灰褐土 ……
  - $K_7^5$ 云杉 …… ……
  - $K_7^6$ 云杉山杨…… ……
  - $K_7^7$ 西伯利亚落叶松灰色森林土中山地
  - $K_7^8$ 冷杉灰化土中山地
- K8 高山地
- K9 极高山地

这套系统的拟定是一巨大成果，能在一个地域如此辽阔，自然条件如此

26

能综合拿来的国家拟出一个系统一致协调的分类系统，而且反映了我国土地类型的客观情况，逻辑上体例上也基本准确清晰，这是世界上是无先例的。国外只有加拿大、苏联、澳大利亚、美国的土地分级可以与我国相比，但自然条件的地区差异远不及我国，[redacted]这几个国家并未定出全国统一的分类系统，只在区域范围内作了工作。国际生物学计划IBP（international biological programme）正在着手全世界的生态系统制图，其主要目标是作全世界的土地分类制图和评价，但迄今为止，仍未定出一个分类系统。看来，只有在一些大国的工作基础上来作世界统一的分类，因此，我国土地分类系统的拟定将对世界分类系统作出重要贡献。在这个意义上，应当说认为我国综合自然地理区划和土地类型学在世界上是领先的。

全国土地类型分类系统的制定，79年4月在南京开始；79年12月在北京讨论拿出了初稿；1982年4月在北京组织又讨论，定出试行草案一稿；83年4月在长沙又讨论，定出试行草案二稿，并开始编制南京、长沙、乌鲁木齐、西宁等12幅样图；1985年4月对样图进行审议通过，又对分类系统作了修改。现在这个方案集中了全国有关专家的意见，是我国土地分类工作的一次总结。但大家认为并非十全十美，有些问题还需在制图实践中去解决。（讲义 p265）

全国土地类型图计划1990年全部完成，同学们还来得及在其中发挥自己的聪明才智。1990年后，还有大比例尺图及理论、方法的归纳总结和深入。

拟定分类系统在土地类型调查制图中的意义，如何定好既科学又简明的分类体系。

3. [redacted]参数分类方法简介：

以上介绍的分类属于所谓"景观法"分类，即考虑自然地理综合体的所有组成成分的共同性来概括出类型。其优点是依据的标志比较全面完备，所划类型符合分类的基本要求，即反映质的共同性。但由所用标志较多，难以量化，故多为定性指标，使得某些界线模糊的类型的归属不能精确判定。为解决这一问题，在地理学计量方法影响下，出现了采用参数分类方法。

参数分类方法可定义为"以量化的属性为依据的分类"，定量指标代之定性

23

指标较精确，也适宜于用计算机来处理。

山丘区主要选用地形参数的一种有趣的分法，所谓"典型平面—剖面法"。在工作区域内选择若干典型剖面，每一剖面可控制一定的面积，若干剖面就可代表整个区域。平面也以一定的指标加以模型化。剖面类型按正地形所占面积比例来划分，其中又分平顶和尖顶两类；平面类型分非线性随机、线性随机、非线性平行、线性平行四类。剖面和平面构成双列指标网格。各类如图示。

| 正地形占据面积比例(%) | 正地形分 → ↓ | 平面图示 / 剖面图示 | 非线性随机 | 线性随机 | 非线性平行 | 线性平行 |
|---|---|---|---|---|---|---|
| >60% | 平顶的 | | 1 | 1L | 1∥ | 1L∥ |
| 40-60% | 平顶的 | | 2 | 2L | 2∥ | 2L∥ |
| <40% | 平顶的 | | 3 | 3L | 3∥ | 3L∥ |
| >60% | 尖顶的 | | 4 | 4L | 4∥ | 4L∥ |
| 40-60% | 尖顶的 | | 5 | 5L | 5∥ | 5L∥ |
| <40% | 尖顶的 | | 6 | 6L | 6∥ | 6L∥ |
| 无明显趋势 | | | 7 | | | |

236

这个方法的问题在于：其平面和剖面模型只适宜某些地区，若加以推广，模型要增多。最主要问题是其平面模型并非定量的。一个解决办法是采用水系型式（或沟谷型式）和河网密度（或沟谷密度）。

例2. 有些参数可直接在地形图上测得。对于土地元素（land element）的分类，采用坡度、坡面曲率、坡形变化速率、单位汇水面积四个参数，分出山顶、山坡、凹形麓坡、凸形麓坡、洼地、平地、河道几种类型。对于土地系统（land system），采用单位面积内山脊线总长度、各山顶连线网格总长、地形走向的方位三个参数，得出的土地系统分类图与传统方法制图的结果非常相符。

（以上二例见 J. R. Hails 主编：Applied Geomorphology）

平原区的参数分类例子不多，我系硕士生郑伟峰在河北大厂县作了一次尝试。采用的参数是土壤质地（以物理性粘粒的百分含量为单位），土壤有机质（百分含量），土壤速效磷（ppm），土壤速效钾（ppm），土壤可溶盐含量（ppm）。作者认为之所以选用这5个参数有二个前提：①是工作区气候条件均一，地面地貌条件简单，地下水也无有意义的分异，天然植被已无存，只有土壤有较大分异；②这次实践是一次实用性分类，而非自然分类。自然分类要考虑诸多因素，难以量化；实用性分类按某一特定目的，只选择与此目的有关的因素，有利量化。此次工作目的是为作物优化配置服务。因此选用上述五个参数。这是一次有益的工作，但由于选用的参数决定了其采样和化验的工作量必须巨大，才能控制工作区，所以个人只能作方法探讨，还不能作出有实用意义的分类图。

总之，参数分类方法尚在试验阶段，目前只在某些实用性分类（工程，军事）中应用。自然分类要采用参数法，有待于两个问题的解决：①是指标的量化；②多参数的处理。有赖于数学方法及计算机的应用。

24a

四、土地类型调查和制图方法：

导言：调查和制图方法基本上是个技能问题（"三基"之一），也即认识和能力，因此，具有很强的实践性，一些最重要的方法和技能只有在直接参予野外考查及室内分析实际材料的过程中才能掌握。所以，这里介绍的只能看作实习的一个指导书。

土地涉及各自然地理组成成分，因此，正如土地类型理论的研究应以掌握地貌学、气候学、土壤学、植物地理学等为基础一样，土地类型调查制图方法也需掌握各自然地理成分的研究方法。人们在实际工作中体会到，搞"综合"必须熟悉部门，甚至需要部门素养很高，当然，对部门可以有所侧重，如"景观生态学派"侧重地植物学，地貌环境学派（环境地貌学派）侧重地貌和土壤。

不同区域的土地类型调查制图方法各有其自己的特点，例如湿润地区不同于干旱地区，热带不同于寒带，平原区不同于山地区，天然状况保留完好地区（原生景观）不同于人类活动强烈地区（文化景观）。但所有地区的土地类型调查制图也有某些共同的原理、原则和方法。具体地区的方法可在实际工作中总结，这里只讲一般的方法，但涉及一些实例仅限于我们工作过的地区，学习中不妨举一反三。

此外，不同比例尺的制图，其方法也各有特点，但同样也有一般的方法特点。

1. 土地类型调查制图的基本阶段：

"……"与地理学其它学科一样，有三个基本阶段，即室内准备、野外考察、室内总结。有时这三个阶段还会有循环交叉。

1). 室内准备阶段：

• 首先根据制图调查的目的、任务和区域范围，确定制图比

240

比例尺，制图对象和调查内容。然后，室内准备的大量工作是收集、分析、整理有关文献资料和图件；末了，室内准备中还应制定野外考察计划（路线，时间，分工，考查内容）和野外工作的物质准备。以下着重介绍资料的收集、分析、整理。

（讲义P269），对有关资料的要求和分析整理方法如下：

① 地形图和航片（最好是用经校正的镶嵌航片或影像地图，但现在只能目视）

地形图是考查中重要的工具和信息来源，也是工作底图（如何校正以保证精度），因此，无地形图的地理工作者有如无武器的战士，无法工作。（讲义269－271）

卫片和航片比例尺最好同工作图比例尺一致，但一般不易办到。应尽可能收集到不同年代、不同时相（季节）、不同比例尺的航片和卫片。

地形图和航卫片的判读后面将专节介绍。

② 地质图及其说明书：

分析土地类型的地质基础，其中最重要的是岩性和构造。有时有现存的岩性图，但分类可能与土地分类的要求不符，应加以调整。大多数的情况是得不到岩性图，只有普通地质图编绘（第四纪平原区则主要以第四纪地质图为据），现在全国区域地质普查图及报告（1/20万）除西藏外基本完成，故普通地质图一般可收集到，个别地区还可得更大比尺的普通地质图。

1节 → 分析地质构造与地貌的关系

岩性分类，分析岩性与土壤植被的关系（在土地分异中讲了岩性分类的几个问题），以下举实例（见下页表格）（讲义P95－96有此表，只列表头）

单斜构造成单斜山，水平构造成台地、方山。

a. 地质构造格架控制着一个地区地貌的基本轮廓，表现为山丘水系走向与构造走向一致，如北京西北部山区在新华夏系构造控制下形成一系列北东向的山脉和谷地。b. 低级构造单位对地貌类型的形成有很大影响，一般情况下是背斜成山、向斜成谷，断裂破碎带也常有谷地，当然有时也有地形倒置现象。c. 构造性质对地貌类型的组成也有很明显的作用，若褶曲紧密、断裂发育，再加上外力作用切割，常形成切割很深的山谷相间地貌类型；若褶曲宽缓、断裂不发育，则地势较为平缓，受外力切割后常以丘陵、丘间地类型为主。故弄清构造有助于地形图判读和地貌分类。）

| 岩性类型 | 地层及其符号 | 地下水埋藏特点 | 风化壳特点 | | 水土流失类型 | 适宜生长的植物 |
|---|---|---|---|---|---|---|
| | | | 机械组成 | 酸碱性 | | |
| 片麻岩、混合岩的变质岩<br>花岗岩 | 太古界 Ar<br>燕山期 $\gamma_5$ | 裂隙水，泉流量小于200吨/日，风化层中单井出水量50—100吨/日 | 砂质<br>砂砾质 | 酸性至中性 | 中度鳞片状剥蚀 | 板栗、山楂、核桃等 |
| 砂页岩、石英岩<br>火山岩、火山碎屑岩 | 震旦亚界 $Z_3$<br>侏罗系 $J_2$ | 裂隙孔隙水，泉流量小于150吨/日 | 砂质、<br>砂壤质 | 酸性 | 冲沟、鳞片状剥蚀 | 板栗、山楂、核桃等 |
| 石灰岩、白云岩<br>石灰岩白云岩夹碎屑岩 | 震旦亚界 $Z_1$<br>…… $Z_2$<br>寒武系 ∈ | 岩溶裂隙水，地表较旱，下游与其它岩层接触处可出泉水，单井出水量一般200—4000吨/日 | 石砾质、<br>壤质 | 碱性、<br>中性 | 冲沟、崩塌、泥石流。 | 柿、<br>核桃等 |
| 黄土夹砾石层 | 晚更新统 $Q_3$ | 松散岩层孔隙水，富水性不均一 | 粉砂质、<br>砾质 | 碱性 | 冲沟、沟谷侧蚀 | 柿、核桃、梨、枣等 |
| 河流冲积物 | 全新统 $Q_4$ | 〃 | 石砾质、<br>砂质<br>壤质 | 碱性 | 洪水冲刷与堆积<br>风蚀、<br>河流侧蚀 | 柳<br>苹果、枣等<br>粮食、<br>核桃等 |

搞清岩性类型及其分布，a.有助于研究土壤、植被类型的性质和分布规律，以为土地分类提供依据；b.此外也有助于地貌判读，如花岗岩地区常形成钳状沟头，知道这个规律，在航片、地形图中就能顺利地判读沟谷，尤其是沟头。又如水系和沟谷应该是有出口的，但石灰岩地区也有伏流、盲谷，和通道点，在判读和制图中就不致茫然。c.岩性影响地下水的贮存和开采条件，这又对土地的利用性质和影响很重要。以上各点应结合其它资料分析综合。

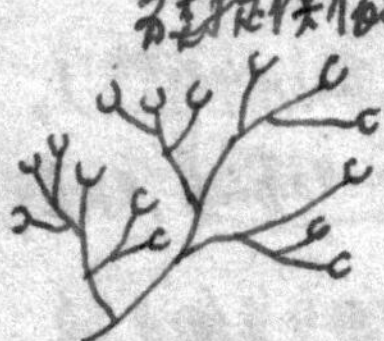

又如为农业服务的土地类型调查制图，对地质资料的要求主要是构造和岩性，有普通地质图已足够。为城镇工矿规划和地区经济开发服务的土地类型调查制图，则还应考虑地基承载力、建材来源、给排水条件、矿产资源等，除普通地质图外，还应收集水文地质图、工程地质图、地震分布图、矿产地质图。

256

③地貌资料的分析整理：地貌信息主要从地形图上提取，有时地形图密密麻麻，看不出规律，则应先作出水系图（河流、分水岭、主要等高线），得出地貌格架。

a.地貌分类：

直接有关的资料是地貌图，但现在的地貌类型图多采用成因—形态分类指标，直接引用将导致土地分类系统的重复或繁琐，而成因（地貌）与土地类并无直接关系，只要考虑形态分类（例：主要地貌形态类型）。常缺地貌图，则应拟地貌类型。

形态分类的标志：绝对高度，相对高度，坡度，形态组合特征。特别重视相对高度和形态组合特征（硕士论文P14）。地貌分类单位的与作为土地分类高级层次的地貌分类采用的形态指标有时不同，例如低山与中山的划分，主要以相对高度和绝对高度为指标，这个指标的值在各地不同，如何选取，纯地貌分类中只考虑其差值，而土地中的分类需考虑有无垂直地带的差异（硕士论文P93，以贵阳为例）。

地貌分类举例（硕士论文P15）

b. 地貌差异对土地其它成分的影响：对照气候、水文、土壤、植被资料分析。

首先分析地貌造成区域水热条件的再分配，一般情况是随高度增加，热量减少，降水增多。要分析地貌引起的水热差异是形成不同的垂直地带（亚地带），还是仅仅是垂直分化，再对地貌其它土地因素，决定是否选取作为土地分类的指标。

（例，硕士论文P16—17）

地貌对水文、土壤、植被的影响（硕士论文P17—18）

④土壤、植被资料的分析整理：

全国县级土壤普查工作已开展两次，县级农业区划也已基本完成，所以一般可收集到土壤、植被图。土壤、植被类型可作为较低级土地类型的标志。但要注意轮廓界线。土壤图多由土壤农化专业人员作，各县的土肥站作，其作法是通过采样点的分析、外推而划界，而采样点一般难以密集，故其界线任意性较大，应通过地理相关分析予修订。类型判断也存在一些问题，土壤普查中采样是分包进行的，采样人一般不是专业人员，较好的情况是通过短期培训，多数是临时抽调来参加，存在不按规定地点采样以及采样不规

26a

等的问题。所以在参考现存土壤、植被图时应估计到这些问题，一方面应用地理相关法修订，另一方面要准备采样补点。

植被图的分析也要注意上述问题。此外，现存植被受人类破坏极大，多为不稳定的次生植被，还会继续变化，所以弄清人类活动干扰下植被演替规律是必要的。如中亚热带山丘地区（贵州省植被区划 P225—226）

研究植被演替规律在土地类型调查制图中的意义在于：a，明确某些植被类型的不稳定性，以免作为土地分类指标或作出错误依据的推论上。b，弄清土地类型的发展变化（有的类型之间的关系）。c，对土地类型的利用意见上要考虑演替规律，如南方山丘区荒山草坡的利用问题，有种树与种草，种针叶林与种阔叶林之争，应把演替规律作为依据之一作出科学的判断（强土论文）

气候资料的分析整理一般应结合地貌资料进行，这在前面已涉及。因为气象站的分布较疏，在工作区内一般只有一个或几个站，现存资料只能代表区域情况，作为内部分异的背景材料，而内部分异的具体情况主要是地貌引起的。

以上各种部门资料的收集、分析、整理过程中，特别注意各要素之间的相互关系，相互作用，以导出土地类型的综合特征，而不是部门材料的简单叠加。同时，各图件的统一协调应予重视，现存部门图件一般由各学科各自完成，缺乏协调性（分类体例、轮廓界线），在分析整理过程中应尽量使协调统一起来。（分类系统——土地类型草图）

2）野外考察阶段：（讲义 P270—271）

3）室内总结阶段：（讲义 P272）

2．综合剖面制图：（讲义 P275—276）

剖面线的选择：要求如讲义 P271。还要注意尽量走直线，但若与"尽可能多地穿过各种土地类型"的要求有矛盾时，则可用折线，甚至断线。

266

折线.

中断.

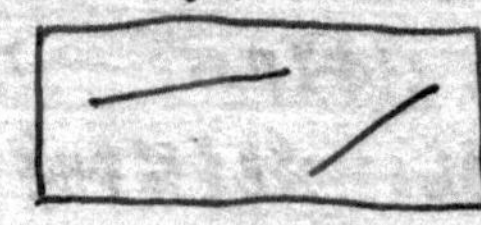

直线、折线、中断都要在地势起伏曲线上方标出方向，中断处还要剖面线上相应位置留一空隙(0.1mm)。

剖面图比例尺（讲义p275）

作法：

① 在地形图上截取地形剖面；根据是等高线系统，但需根据实际情况加以修改，如坡折处要注意表现，河谷也要予强调。

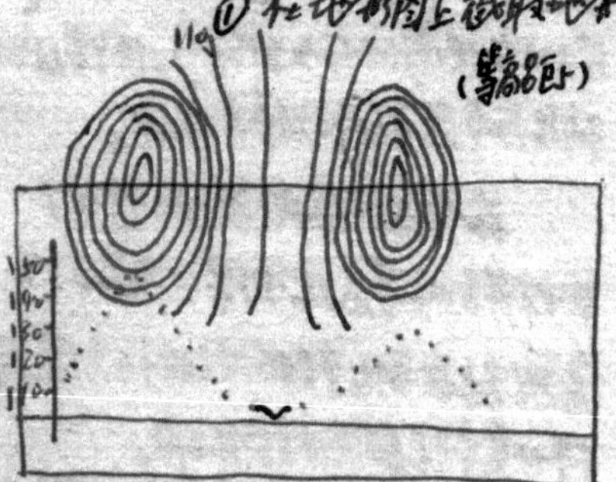


② 在剖面上以各种图例表示基岩、风化壳、土壤和植被（讲义p276）

③.④.⑤（讲义p276）

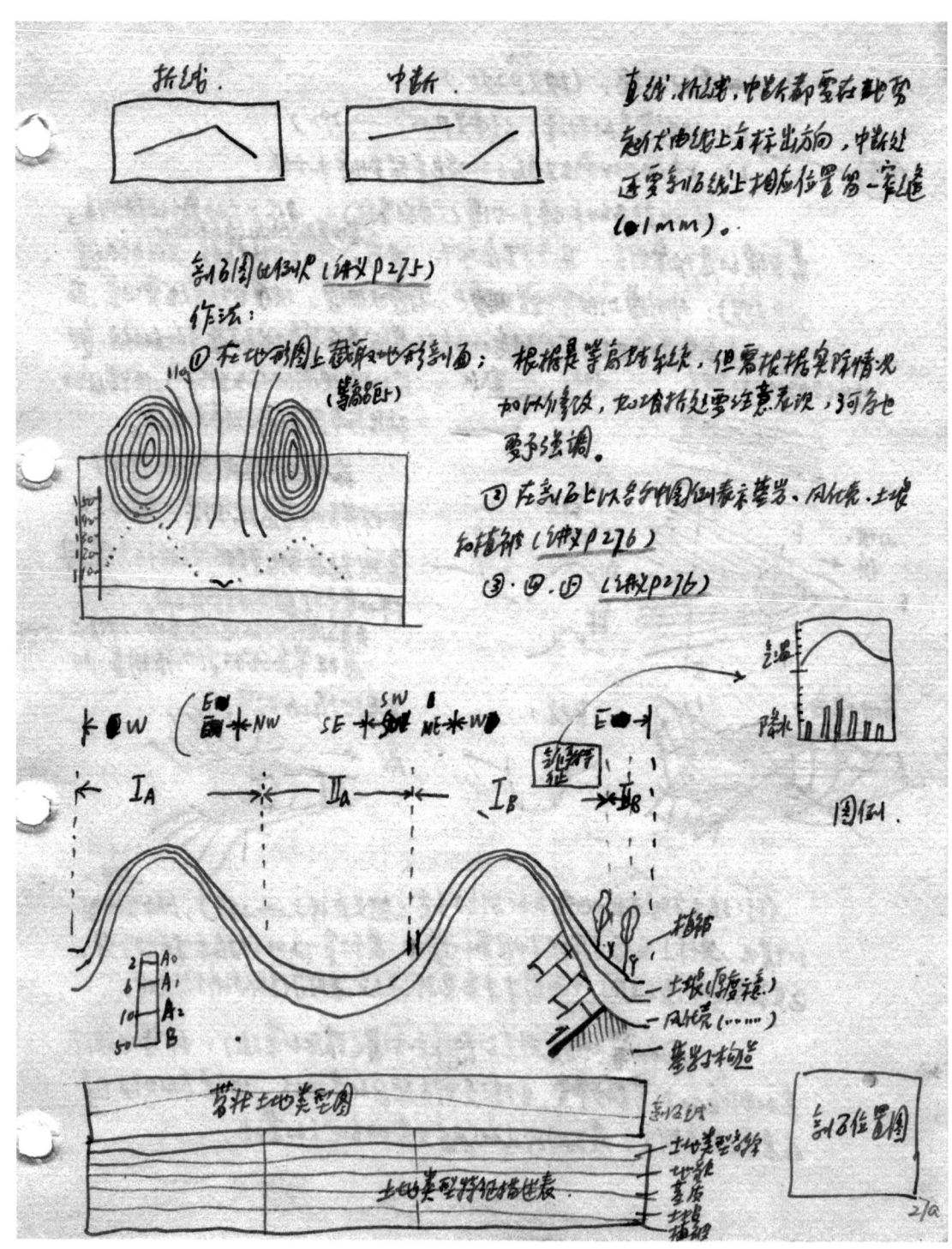

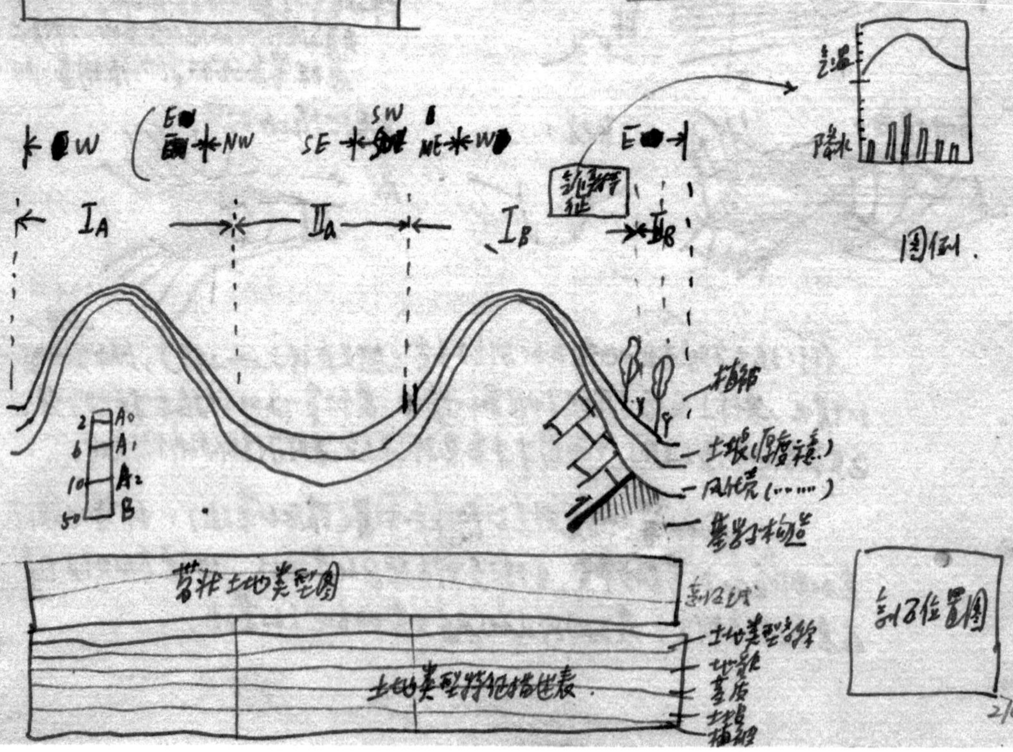

3. 地形图的判读：（讲义P285）

1）. 地形要素的判读：（讲义P285—295）

①节 → 2）. 与各级土地单位相应的地貌类型判读和划分：

① 地貌石的判读和划界（相的基础）：地貌石的划分，最关键的是坡度划分，其次才考虑坡向，坡形。其位置在地形图上是容易判断的。坡度划分指标一般为五级（讲义P288）；地形图上附有坡度尺，可据以测度。坡度划分界线要注意，在等高线走向平滑情况下，不同坡度地貌石的界线是在等高线疏密变化的地方，（但在小比例尺图上则不如计较），这个界线的确定应参照航片以便更准确。

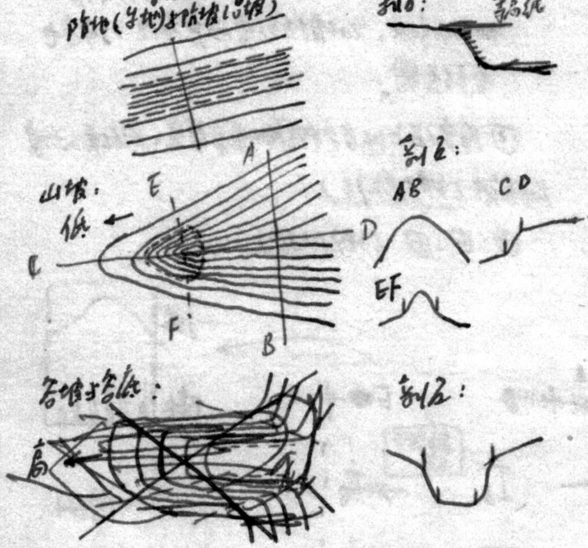


在等高线走向变化的情况下，则不能只顺等高线划界，而应在等高线疏密变化转折处的斜方划界。同样也要参照航片才能准确。当等高线转折指向高处是，为谷的坡情况……有时等高线的转折较明显，则易有把握地划界。

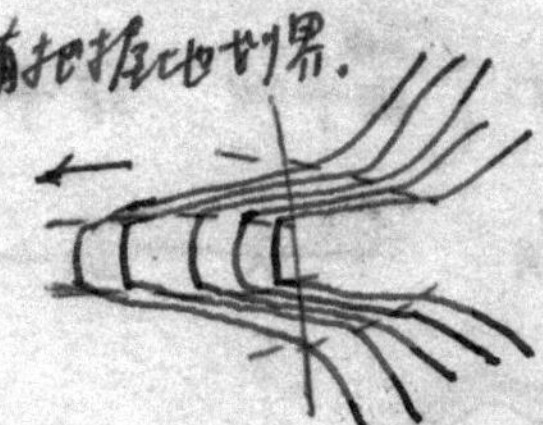


例：以丘方形斜丘地貌石的划分与分类（讲义P295—299），以上是典型（超现）的情况，实际上有很多表现不明显的情况，要积累一定的经验后才能划准。这只有多动手、多读图、多画图才丰富实践经验。开始可借助航片立体观测。

② 初等地貌形态的判读和划界（限区的基础）：初等地貌形态的判读和划界最为重要，它除了是划分限区的基础外，地貌石的划分也常在其界线内进行，其不同形式的组合又是划分地方的基础。

210

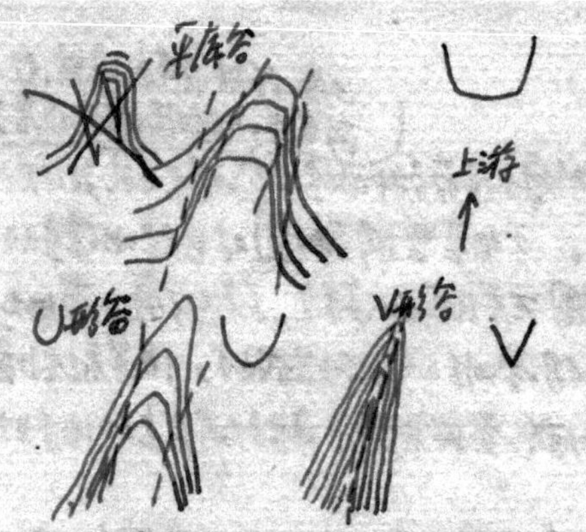


初等地貌型态的划分最重要的是河谷、沟谷系统的划界，可从大河谷入手，逐步深入到支谷。平底谷的界线较鲜明，沿坡麓线划界即可。U形谷划界线等高线转折处划；V形谷则等高线尖端联结起来。

平原区应划出河谷和天然堤。

河谷、沟谷系统勾出后，再在其格架内划分和勾画其它初等地貌形态。

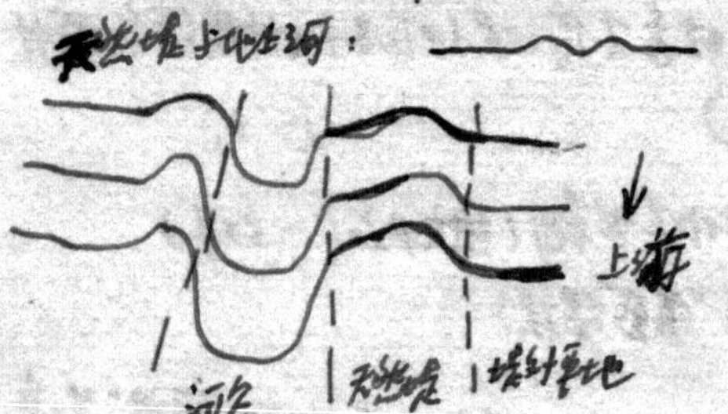


孤丘（或洼地）；洪积扇：

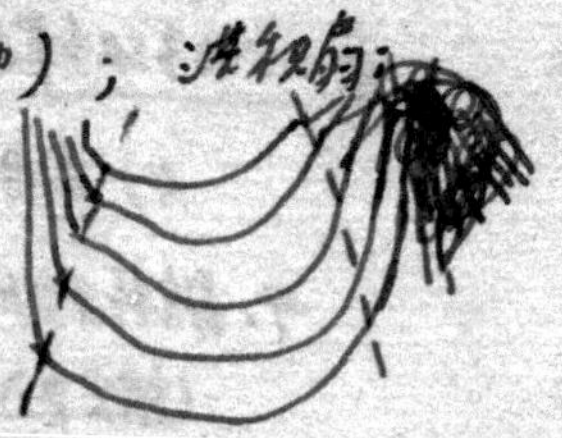

台地：（垂线状为陡崖或洼地）

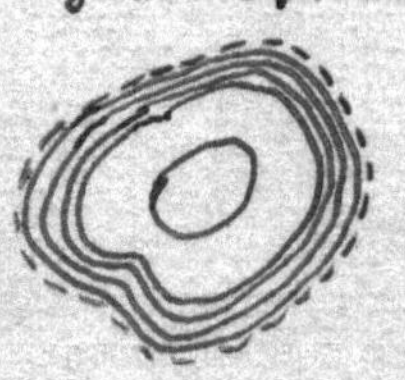

阶地：

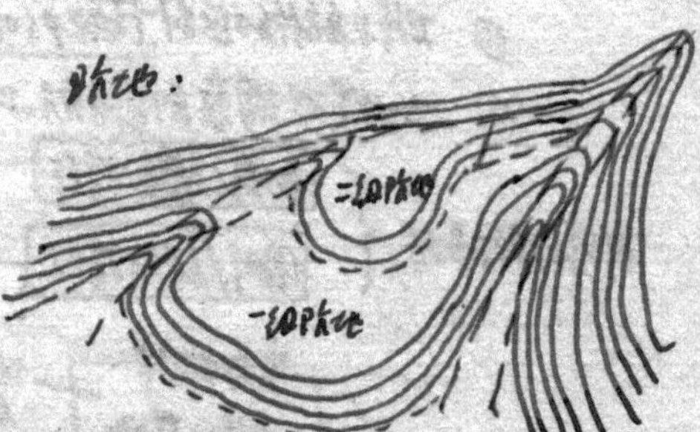


③初等地貌形态组合的判读和划界（地方的划出）：（讲义300—301页图2.30。）实际上"地方"的分类制图在小比尺地形图上进行，图2.30c的等高线系统已概括为一条河谷的形状（类似大比尺的一条河谷），因为地形图制作过程是先测大比尺图，据航片立体重现后所实际重现的形态制等高线；再由大比尺图来缩小成小比尺图。此中等高线系统要加以综合，即简化，包括等高线曲折度的简化，等高线系统的简化（等高距不同）。所以小比尺图上的一条沟（河）谷，实际上已包括了若干初级地貌形态。因此小比尺地方的分类制图也可由勾划河谷系

此种限区重复出现的范围划为一个地方；在另外一些不同的限区类型开始出现的范围，便是另个地方了。

280

统开始。

（讲义p301） 3）．其它地理要素的判读：地形图上还有各种地理要素的表示（土质、植被、居民点、道路、行政界线、地貌符号（陡坎、陡崖）；或通过比例符号，或实际表现了轮廓）．可从图例上查阅。土地类型调查制图对这些地理要素的判读主要应分析相互关系。如湖泊周围无居民点和道路，缩远才有，有无的区别实际上是地貌上湖泊阶地和湖滩地的区别造成的，但等高线上看有时看不出来，对地形要素的相关分析则能判断，并在开始有道路和居民点的地方划分界线。

各种地理要素的判读中要注意不同比例的区别（《地图综合》，陆传康《土地分级分类和制图研究》p77）

4）利用地形图在室内编制土地类型草图（讲义p301—307）

4．航片与卫片的应用（简介，详有"遥感"课程）（讲义p308）

① 卫片与航片的区别和选择（讲义p308—309）（"遥感图像目视解译原理"第三章，遥感资料的选择）

② 土地类型调查制图中航、卫片的解译过程和制图：

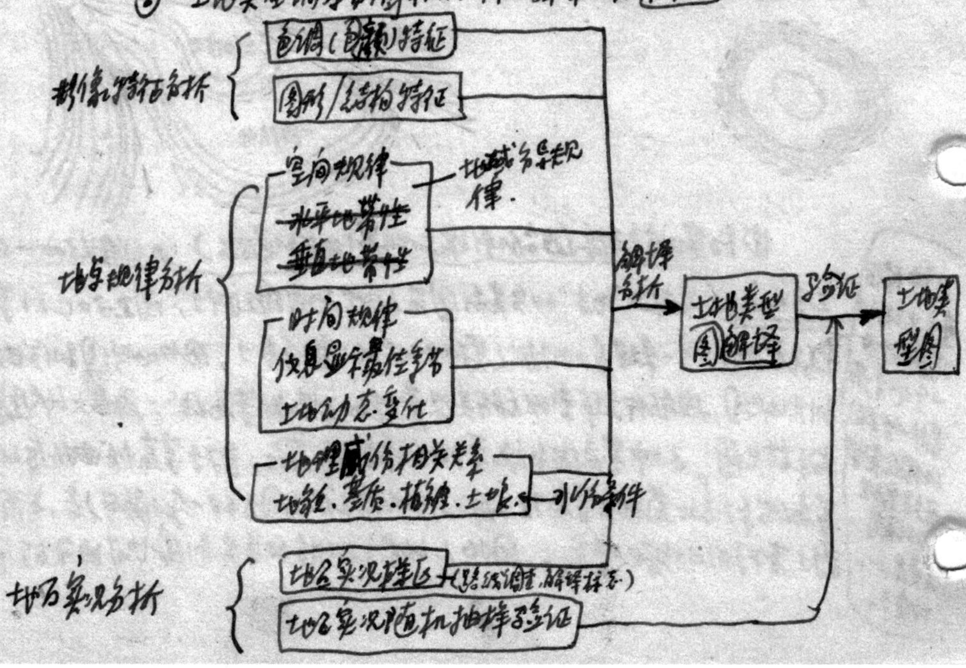


280

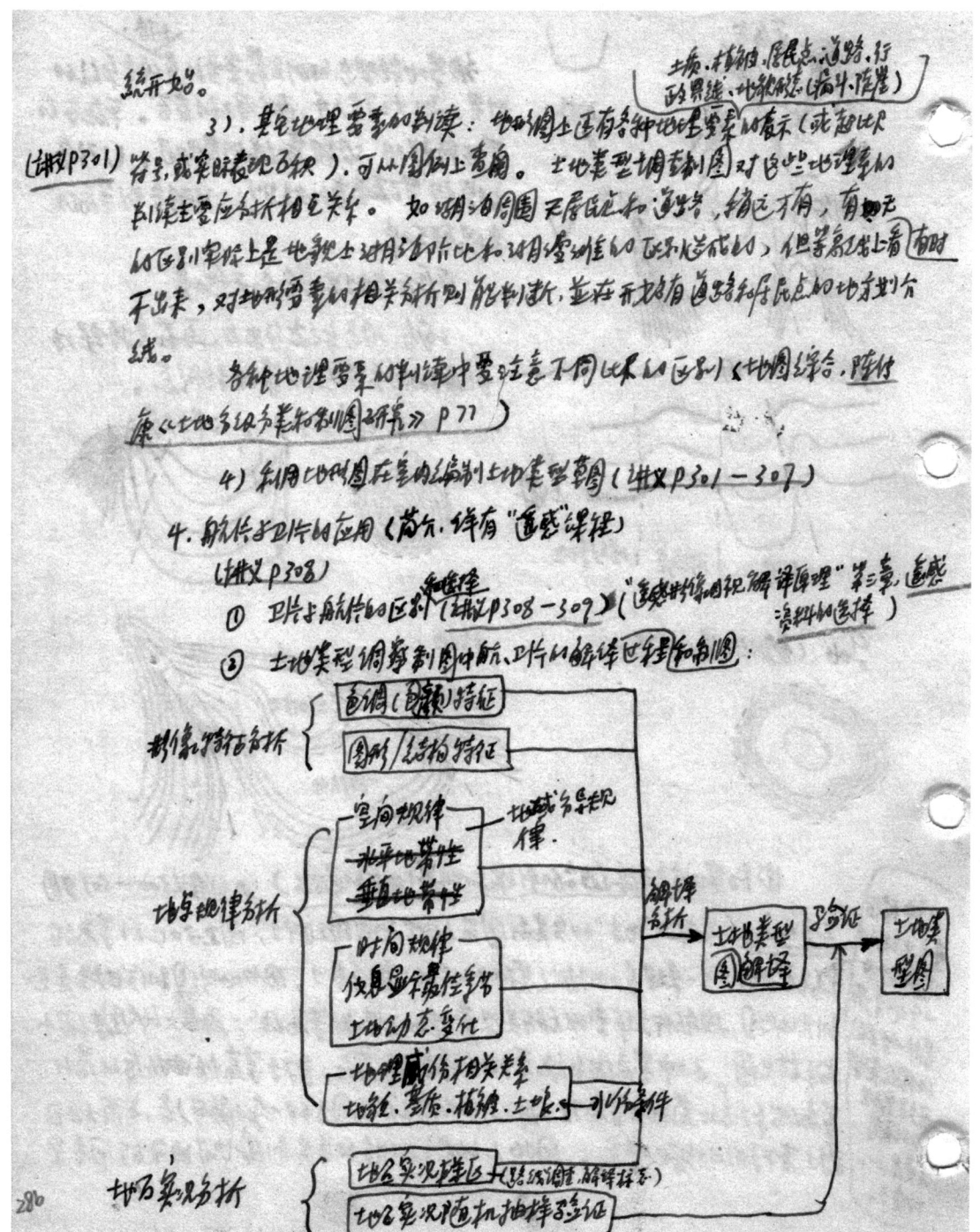

各项解释……

（讲义p309－310）结合过渡图说明。

③转绘问题（讲义p310）

（1节）→ 5. 土地类型图的编绘方法。

~~（讲义p310）~~

~~1）典型样区图的外插~~

通过对已有资料的分析、整理（和大路线踏勘调查），搞清了制图区域的土地分异规律（根据制图比例尺和工作目的确定制图分类单位），制定了分类体系；并通过路线调查（结合制图调查），制出典型样区的土地类型图，建立了航、卫片及地形图的解译标志。这样，就可以进行全区域的土地类型制图。主要（的工作是制图综合）：从典型样区图外推到全区图，从个体图到类型图，图例系统的设计，整饰。

1）典型样区图的外插：路线调查和综合制图测绘直接观查、测绘了典型地段的土地类型图（带状土地类型图），并建立了航、卫片解译标志。各带状图间的空白是通过外插法来划界线的，即通过典型地段实地考查掌握了土地类型分布规律及它们的界线性质和在地形图上的表现，把这些规律和表现外推到类似地段，这个过程主要以地形图为控制，以航、卫片为根据，还参照其它图件。前已述及，路线考查的路线布局要能够控制各种土地类型不同的分布区（组合区），做到这一点，则每一路线可控制一种组合区，其内土地类型的分布规律及界线性质与典型地段一致，外插是容易的、准确的。

若在室内利用文字资料、其它图件以地形图、航片、卫片编制土地类型图（如准备阶段的土地类型草图），须与一定的野外考察和组织结合，再加以订正和补充，这种订正补充也是从实地考察地段外插到整个制图区。

2）从个体到类型：以上得出的是制图对象的个体界线（尤其在初步时），而制图目的是类型图，从个体到类型有一个概括过程（讲义p310）

3）图例拟定：土地类型图的图例以分类系统为基础，制定分类系统有两种办法，即顺序列举法和两列指标网格法，相应地，图例的形式

29a

也有两种，一种是地图图例与土地分类系统和排列顺序一致（如讲义p248），再把类型符号框上图例，清绘时还要上色或作线划符号，（如讲义（p250－251）。另一种形式是把分类的两级指标作成网格（如讲义p254－255）照搬在图例中，各个格子中分别加上各种色彩或线划符号。

但图例系统不一定是分类系统的重复，二者可以一致，也可有些差别。由于制图的目的、比例尺、各土地类型的面积大小和分布特点、研究程度等因素的影响，地图的图例允许在一定程度上与分类系统不一致。主要表现有：ⓐ分类系统中的某些类型无法按原有级别表现在图上（制图比例尺限制），则重要类型在图上用超比例尺符号表示，次要类型可以在图上舍去，在限区类型图中，前者如池塘，后者如[illegible]。ⓑ分类系统以一定的土地单位为分类对象，图例则可以包括不同单位的土地，例如地方类型图中可以表示水库、坑塘、沼泽（限区），限区类型图中可以用超比例尺符号表示陡崖（地相）。相类型图上可以有限区界线，限区类型图上可以有地方界线。此外，图例中还包括有分类系统中没有的底图要素（居民点、地名、制高点、道路、行政界线等）。

④ 底图要素的选取：有时可以得到现成的草图，其上已有所需底图要素。如无现成草图，则需以地形图为底图。但是（《综合自然地理制图》p82－83）。

⑤ 整饰：（《综合自然地理制图》p72－76）

6．系列制图

系列制图包括两个方面，一是综合制图，二是制图综合（概括、取舍）。综合制图指编制同一地区同一比例尺的成套图件，例如土地综合制图要编制同一研究区的土地类型图、土地潜力等级图、土地利用现状图、土地规划图等。需要全面研究这个地区的自然条件，还需编制同一比例尺的自然地理要素图。

土地类型制图包括不同比例尺分别用不同土地单位为制图对象。

制图综合指是编制一个地区几种比例尺的一套图件。各有各的用处，例如对于个县，土地类型图可作农业地域类型布局的依据；限区类型图可作为某一具体利用方式选定布局的基础；相类型图则可作为选择不同改良措施的依据。（例：讲义250—251，263及贵阳市）

1）. 综合制图：

① 内容：（"土地分级分类和制图研究" p64—67）

② 各图的协调问题（"综合自然地理制图" p61—62）（讲义317—318）

2）制图综合：

① 概念：任何地图都是以缩小的形式来表示制图对象的，因此都需要概括，随比例尺的缩小，概括程度增大。其中也有取舍，"取"是在地图上保留一切重要的基本内容，"舍"是去掉无关紧要的细枝末节。

② 影响制图综合的基本因素：a. 制图比例尺。制图对象的几何轮廓要想在不同比例尺图上都以同样详细程度来表示是不可能的；地图内容及制图对象的质量数量特征也随比例尺不同而异（如植被图的类型合并、土地图的个体合并）。因此，就土地类型图而言，随比例尺的缩小，其内容也要概括，所表示的土地单位越高，制图对象轮廓也较简略。b. 制图区域的特点：区域复杂程度不同（如山区与平原），制图综合的情况也不一样。c. 地图的用途：视目的不同所要强调和舍去的内容也不同。

③ 地图综合的几个方面：a. 内容的取舍：例如，根据比例尺需求，应该表示哪一级地理综合体；应该研究哪些指标；底图要素的取舍。这是制订地图负荷。b. 质量特征的概括：随比例尺缩小，制图对象质量特征概括程度越大，有二条途径，一是从较简单的地理综合体到较复杂的地理综合体（如土地类型图）；二是从低级分类单位到高级分类单位（如土壤、植被图，有复区制图问题）。

（或将次要类型并入优势类型中。）

c. 轮廓的简化：按比例尺缩小制图轮廓，简化其不明显不重要的细部弯曲和细节。但不是机械的简化，而要力求保存其基本特征，以及对制图目的很重要的特

质量特征概括时的继承性问题（"综合自然地理制图" p88）
土地类型综合制图的特点（讲义p316）

30a

点，方法是有意识地适当夸大（不能按比例尺时用超比尺符号）；概括时还要力求保持制图轮廓和主线或轴线的准确位置和彼此之间的相互协调。

附→

实习指导

大比例尺土地类型图的编制

实习区域：北京怀柔县黄花城乡（公社）

〃〃路线：北大——清河——沙河——十三陵水库——黄花城

回程可能走延庆，看司机的意见。观察点：十三陵大坝、沙峪、长城、山口。

实习性质：大路线踏勘调查，利用已有资料在室内试编土地类型图。

〃〃目的：①观察各土地分级单位在实地和地形图上的表现，练习在野外和地形图上划分土地单位。（地形图上看限区和地方）

②实践土地类型图编绘的主要步骤：利用地形图和部分图在室内（结合大路线踏勘调查）编图，编综合制图。（利用航片编图在遥感课有安排；指导和编写安排在生产实习中来进行。土壤、植被分异部分工作过了前半部，制图区不成行政单位，加上时间所限，好些工作这次不作），（选界、判断类型、清绘、复印、整饰）

③结合"中国自然地理课程"，讲一下华北区，讲一下如何从土地类型到自然区划，具体由该课老师再谈。

制图要求：地形图比例尺为1:50000，故制图对象是限区（土地单元）。选择100cm²左右（10×10，或12×8，或15×7）制图；要求与典型地段相同，即尽可能包括最多的土地类型（分布区）。

300

实习区域自然地理情况：
地质地貌背景：

1. 背景：本区位于暖温带北部大陆东岸，半湿润地区，北纬40°15′—40°30′，东经116°17′—116°27′。处全国自然区划中东部季风大区。年均温9°—13°C，≥10°C积温3600°—4300°C，年降水量650—750mm。地带植被为暖温带落叶阔叶林和温带针叶林，主要有杂木林（栎类林）、辽东栎林、桦杨林、山杨林、油松林、侧柏林、栓皮栎林等。但由于人为破坏，天然森林保存很少，多已为次生灌丛草本所取代。灌丛主要有荆条、三桠绣线菊、平榛、二色胡枝子等。地带性土壤为褐土（水平地带性），北部中山区有山地棕壤，河谷有草甸土（非地带性）。以上为生物气候背景条件。

2. 区内地域分异是由地貌和基质的差别引起的。

(1) 地貌 本区最高点1529.7米（凤凰驼），最低点175米（怀九河出境处），切割深度达1350余米，（在100 $km^2$ 范围内有如此大的切割，尚属少见）。地貌大势是：北部的东西向延伸着主山脊，往南则有南北向、北北东向斜降山脊，其次一级又发育谷旁山脊。怀九河河谷大致呈南北向蜿蜒其中。

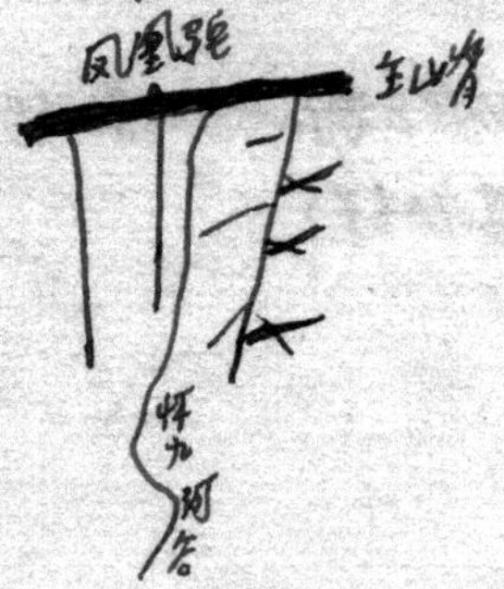


地貌类型（初级地貌形态类）：

中山：H>900m

低山：H=500—900m

丘陵：H<500m（个别山前丘陵可达500—700m），
h<200m。

冲洪积扇：位于谷底和谷坡间或山前，由坡积—洪积或冲积—洪积物组成的堆积地形。h=10—30m。

梁地：相当于三级阶地，呈垂条状沿河谷延伸。h=30—50m。

一级阶地：h=3—9米。（距河床）

二级……：h=6—20米。（……）

河漫滩：常为洪水淹没，h=2—3米（距河床）

沟谷：山丘间凹槽等的长条状负地形。

31a

地貌对其它成分的影响（"怀柔县自然地理参考资料"下册 p57—60，p68-69）
此外，阴阳坡通过蒸发量影响到水分条件，从而影响植物种类和高度，但暂不考虑。

2）基质：

类型：酸性岩（花岗岩、砂页岩、火山岩），碱性岩（碳酸盐岩），

洪积—冲积物。

基质对其它成分的影响（"怀柔县自然地理参考资料"下册 p53—57）

3）. 土壤：

以上二者为主导因素，但各因素的关系复杂难分析，最后反映在土壤—植被上，一般认为土壤—植被是全面反映这些作用的镜子。由于植被资料已过时，现暂以土壤资料为据。

类型：典型棕壤、淋溶性棕壤、生草棕壤……（中山）
淋溶褐土、……褐土，草甸褐土和褐土化浅色草甸土（低山、丘陵）
草甸沼色草甸土，层状浅色草甸土。（水上见境）

3、土地分类系统：

第一级以全区地貌形态为据，第二级以基质（山地、丘陵）和次级地貌形态。第三级以土壤（看制图比例尺有无三级分类而决定是否用第三级分类）。

中山地、低山地、丘陵地 ｝ 酸性岩、碱性岩（或土壤）

岗梁地（岗顶地和梁地） ＜ 岗地、梁地

沟谷地（酸性岩、碱性岩）

河川地 ＜ 台地（二级阶地）、川地（一……）、滩地（河漫滩）

台地指面、时间.

（此分类法仅供参考，制图比例尺中如有说应改，则应改；也可自行拟定；所选制图区不一定包括所有类型。此次重在认制图，分类体系不求完善。）

316

但土地评价要研究适宜性，在适宜性下再分等级，故将土地评价分为好，

## 五、土地评价

又称土地分等，土地潜力分级，土地资源评价，土地质量评价等。

1. 土地评价的概念：

①定义：土地评价是从经济利用角度，对土地的自然性质加以分析说明和进行质量鉴定的过程。

②研究内容：（《土地资源研究文集》第一集 p13）

③研究目的和意义：

早期是作为赋税的依据：从我国古代的"管子·地员篇"开始，其中有分等的思想，是为了鉴定土地等级以作为赋税的依据。这种土地评价一直延续到本世纪50年代到60年代初。道库恰耶夫十九世纪对俄罗斯黑钙土地区等地的考察都是应当地政府的要求，去鉴定土地的质量和收益，以之为基础向农民征收地税。1961年克林格贝尔等代表美国农业部土壤保持局将美国土地分成八级（详见后），也是鉴定土地质量以作为赋税的依据。这目的在我国仍有意义，尤其是农村经济改革中，土地联产承包后（包括山、水等的承包），收益如何分配，必须考虑土地质量。这个工作并未深入细致地作，随着农村改革的深入，必然会将土地评价与土地管理联系起来。

实际上包括了土地类型及其评价工作。

50年代到60年代初以后，土地评价开始转为为土地利用服务。实际上早在第二次世界大战期间，Stamp领导中学地理教师所作的英国土地利用制图调查已起到了这种作用。这个调查本来是为了认识和教育的目的，后来德军封锁英国，海外粮食供应被切断，英国政府决定谷物自给，这个调查成为谷物布局的依据。美国克林格贝尔的八级土地分等，暗含着级数又指出其适宜农、林、牧的程度不同，这也是为土地利用服务的。

70年代土地评价的目的已转到为土地利用规划服务了，即为土地利用规划提供基础资料和依据，以帮助规划人员和决策者在不同的土地利用类型中

32a

决策，并设计改良利用措施。

近年来国内外土地评价工作服务的范围越来越广，有综合的评价，针对国土规划中所需考虑的多种发展项目鉴定土地适宜性、限制性和等级；有单项的土地评价，如为开发木材资源的土地评价，为建立自然保护区的土地评价，为改良牧场的土地评价，为引种某一作物（或林木）的土地评价，为城市规划的土地评价，总之，土地评价的目的可以为若干项有关土地利用规划服务。

(3) 学科性质：据土地评价的目的，其工作性质既不是纯自然学科的，也不是纯社会学科的，而是一门交叉学科（横断学科），或需要自然地理学、经济学、社会学、工程技术（包括农学）等多学科协同作战。因为土地评价既要特定经济利用目的，即考虑某些土地用途，这些用途的范围必须与该地区的自然、经济、社会状况相适应；同时也必须考虑经济效益。这在下面谈到土地评价的原则时还会进一步领会。

2. 土地评价在土地科学中的地位：
土地科学的研究内容：（讲义p147）
(1) 与土地类型的关系：

从土地评价的定义和目的看来是要从经济利用的目的对土地的自然属性加以鉴定和评判，而土地类型对土地自然属性作了综合的研究和归类，因此，土地类型是土地评价的基础。土地评价实际上是对各种土地类型按不同生产利用目的再次进行评价分类。有如对各类植物再从其实用性分为食用植物、药用植物、工业原料植物、环保植物、种质资源植物、观赏植物等等。

对此，目前国内外观点暂趋一致。国外的土地类型工作大都是土地评价的第一步，在土地评价的总题目下进行（土地类型在认识意义上具有更大的独立性，故也有专做土地类型的工作）。国内土地工作者也都持这一观点，但从事评价工作的人有不同看法（讲义p324—326）。

澳大利亚的作法（"综合考察资料(三)"，p134）

320

他们主张土地评价以土地类型为基础，而土地类型是多等级的，这就需要明确各土地分级在评价中的作用。以英国海外发展部土地资源局土地评价的类型（或步骤）为例说明（《综合自然地理参考（三）》p112），他们把土地评价从广泛调查开始，到项目研究结束，各土地分级单位在不同步骤中分别评价。也可单作某一阶段的工作。

联合国FAO的"土地评价纲要"把评价分为不同深度等级的，也有类似思想（《土地评价纲要》p7）。

（2）与土地利用的关系：

土地利用可分为目前土地利用（即土地利用现状）和未来土地利用（或称土地利用转变）。土地利用现状可以作为土地评价的出发点，即将其与土地类型作比较，研究利用的合理程度。土地利用转变则是土地评价的归宿，即经过土地评价，为每种土地类型选择可取的（合理的、能发挥其生产力的）用途。

土地利用不仅取决于土地自然特性，也取决于社会经济条件，a.如取决于政策，典型的例子如在片面强调以粮为纲政策下，很多从自然条件上看不宜开垦的土地也开垦种粮，政策放宽后则又退耕还林、还草；b.又如取决于需要（日本）岩溶风景区峰丘造林投入高，一般不宜林，但为了提高旅游价值也不惜造林；c.又如取决于市场，平原区一般宜粮，但现在市场利润是种果优于种粮，于是有大量良田改为果园（如连云港、延庆）；d.取决于技术条件，如盐碱地在培育出耐盐品种后也可种植。因此，作为土地评价出发点的土地利用现状和土地评价归宿的土地利用转变，不仅要评价土地自然特性，也要评价社会、经济状况。

（3）在土地规划中的作用：

联合国FAO《土地评价纲要》认为（读书p3-4）

归纳以上四者的关系，可作如下图表：

33a

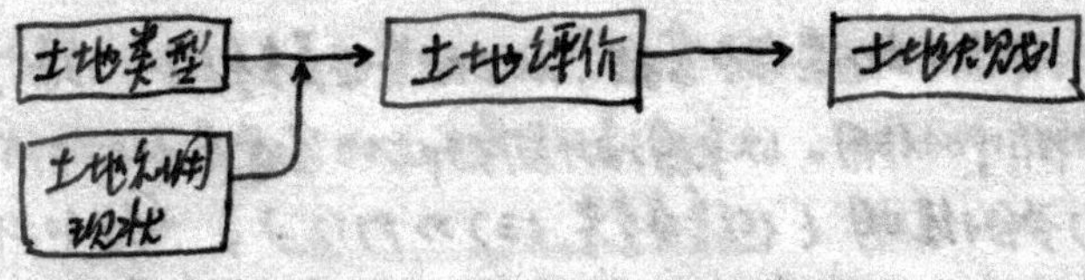


(4) 与土地经济学、土地立法、土地管理的关系：

土地经济学从经济学角度研究土地利用、产权、使用、地价、开发、土地课税等，这些都要以土地质量为根据，即以土地评价为根据；土地立法、土地管理也都涉及土地质量问题。但这方面的研究尚未展开，只作简单提示。

总之，土地科学从土地这一横断面，贯通自然科学和社会科学中各学科，可以认为土地评价在其中是联接自然科学和社会科学的桥梁。

3. 土地评价的原则：（讲义p326－327）

4. 土地评价的方法：

土地评价实际上是土地类型按一定生产目的再次进行的评价分类，所以评价方法的基本特点仍是一种分类思想。但由于所针对的生产目的多种多样，土地评价的具体方法和分等体系也是多种多样的。从服务范围来看，有农业的土地评价和非农业（如城建、旅游）的土地评价；从服务目的来看，有单项（或者几项）的适宜性评价和广义的生产潜力评价；从手段来看，又有定性评价和定量评价。我们介绍几个有代表性、影响较大的评价分等体系：即FAO《土地评价纲要》，美国农业部土地潜力分等，我国综考会的土地资源分类，城建和旅游土地评价，土地评价的参数方法。

(1) 分等中的基本概念和鉴定指标：

上述分等系统常用到的几个基本术语需要先解释一下。

土地适宜性（land suitability）：一种理解认为，适宜性是对一种特定土地用途的适应状况。另一种理解把适宜性看作土地所适合的利用种类的多寡，适应面越广，则适宜性越大。FAO的纲要持前一种理解，U.S.土地潜力评价和我国土地资源分类持后一种理解。

当前土地适宜性（recent）：土地在没有大型土地改良措施的目前状况下的适宜性。大

330

型土地改良指大量的非经常性投入，使土地的适宜性发生重要而相当长久的改变，如灌溉系统、围海造田。

(potential)
土地潜在适宜性：土地在进行一定大型改良后的适宜性。

(land limitation)
土地限制性：适宜性的反面，用土地特性或鉴定指标的一种表达方式(见后)。

(land capability)
土地生产能力(土地潜力、土地利用能力)：在一定技术经济水平上实现利用的内在能力。与适宜性的第二种理解大致相当。

1节 →
(diagnostic criteria)
(诊断指标)鉴定指标：用以决定土地等级的土地特性或土地质量称鉴定指标，诊断指标都有一个临界值或一系列临界值来确定土地等级的界限。常作为限制性表达。

这里有必要提一下土地特性和土地质量在含义上的区别。土地特性(land characteristics)或称土地特征是指可量度(measure)或测定(gauge)的土地属性(attribute)，(讲义上定义为可进行定量评价的土地属性，其实不尽然，如土壤机械组成、侵蚀性、有机质含量等，常为定性评价)。土地质量则指针对特定的土地用途而影响土地适宜性(或限制性)的特性，不同的土地用途要选用不同的土地特性来衡量土地质量(如讲义p348—349)。总之，属性的含义比特性广，特性含义比质量广，但在土地评价中者常用(选)鉴定指标。

诊断(鉴定)指标的项目和数值界限也因土地用途不同而异，讲义上例子(p350—351)是对于种植业的分等诊断指标。对林、牧、城建、旅游还应采用不同的诊断指标及量值，或将就这些指标对林、牧重新评级。

就我国的情况看(资源、15)，诊断指标还要(考虑)不同地区有所区别。综考会提出一个全国与地区结合的原则，既考虑全国标准的尽量统一，又考虑各个地区间的差别，分别为[1]华南、四川盆地—长江中下游区，[2]云贵高原区，[3]华北、东北区，[4]内蒙半干旱、西北干旱区，[5]黄土高原区制定了鉴定指标(西藏高原区暂缺)。

~~华北、东北区的诊断指标(《土地资源研究文集》第二集p49—50)。其它区详见该书。~~

都要考虑的因素：土壤侵蚀、地形坡度、土层厚度、有效土层厚度、排水条件、水分条件、温度条件。基岩裸露在黄土高原区不考虑；土壤盐碱化在云贵不考虑。

(scarcity value of land)
土地稀缺价值：(见FAO《纲要》p18—19)

34a

(2) FAO《土地评价纲要》的土地适宜性分类：(该书 p21—26, 28—30)

(3) 美国农业部土地潜力分等：(S. G. 麦克雷 el：土地评价，油印本上 p83—p95)

(4)《中国1:100万土地资源图》分类系统（试行草案）：

此方案由综考会主持编，1981年公布过一次（见讲义 p340—346），在八个样区试编，又作了修改，于1984年重新拟定公布。

此分类系统首先划出土地潜力区，再分土地适宜类，土地质量等，土地限制型，土地资源单位，其中土地资源单位是基图单位和评价对象。

土地潜力区反映不同地区土地生产力的基本差异，其依据是水热条件（组合及对比关系），具体指标是≥10°C积温及其持续天数，干燥度，热制和无霜期。中国划分为九个土地潜力区，即华南区、四川盆地—长江中下游区、云贵高原区、华北—辽南区、黄土高原区、东北区、内蒙半干旱区、西北干旱区、青藏高原区。这与原来所划十一类地区则有异，基本划分变动不大，具体划分指标和界线见讲义 342—345。

因为，水热条件是土地资源构成的首要的基本条件，也是决定土地生产力和影响土地资源利用方式的基本因素。

各土地潜力区内划分土地适宜类，共八个，即宜农耕地类、宜农宜林宜牧类、宜农宜林类、宜农宜牧类、宜林宜牧类、宜林类、宜牧类、不宜农林牧类。

各土地适宜类按农林牧各自的适宜程度与质量高低各分三个土地质量等，即一等宜农地、二等宜农地、三等宜农地；一等宜林地、二等——；一等宜牧地，二等——。多宜土地按农林牧土地质量等出行排列组合。

土地质量等内再划分土地限制型，共有10个限制型，即无限制、水文与排水条件限制、土壤盐碱化限制、有效土层厚度限制、土壤质地限制、基岩裸露限制、地形坡度限制、土壤侵蚀限制、水分限制、温度限制。各土地潜力区所采用的限制种类略有不同，如北方干旱区不考虑基岩裸露限制，云贵区不考虑土壤盐碱化限制。每一限制型的强度划分在各区略有差异，主要是有效土层厚度、水分

按限制因素及其强度划分

340

条件、温度条件的衡量指标。具体指标以华北—陕南、东北区为例（《土地资源研究文集》第二集 P42—43）。

土地资源单位是分类的最小单位，也是制图基本单元，一种限制型下可以有多种土地资源单位。土地资源单位定义为"土地类型和土地利用类型的结合，它是限制性范围内土地性质（包括地形、土壤、植被和利用现状）较一致的一组土地组成，因此它不仅限制因素和相应的改造措施相同，而且经营管理和提高土地生产力的其它措施也很一致。土地资源单位划分数量不限，多数可用地貌—土壤—植被—利用现状联名法，如河滩地—草甸砂壤土—小叶樟苔草草地、平原高平地—黑土—旱耕地、中酸性结晶岩山地—薄层暗棕壤—针阔叶混交林地；也可以用当地较科学的习惯名称，如梁地、川地、沙田等。

（可根据新划土地类型）

图例表示：

以红色粗线（线粗 0.4mm）表示不同土地潜力区的界线。

以黑色细线（…… 0.1 mm）表示土地宜适类、土地质量等、土地限制型和各个制图单元的范围。

每一适宜类以颜色区分，用八种颜色表示八个适宜类（详见《土地资源研究文集》第二集 P63），同一适宜类中不同质量等以同一颜色的不同深浅及花纹区分。以英文字母及阿拉伯数字下标表示限制型及其强度，以阿拉伯数字在质量等下标作土地资源单位。

例：　$233_1^{W_2}$　（图斑黄色）

黄色 —— 宜农宜林宜牧土地类

233 —— 二等宜农，三等宜林，三等宜牧，

1 —— 河滩地砂壤—丛生苔草草地。

$W_2$ —— 水的排水条件限制，较短期淹没，排水条件差。

上述三个评价系统具有代表性，从中可见土地评价的基本方法。将三者作一

35a

比较，可见各有优缺点。FAO的《土地评价纲要》比较严谨，各等级都有严格的定义，有的还有明确的数量指标；但分等体系也较简明，易于推广。但只适宜于单目标的评价，若要多个目标综合评价则只能在小区域内作得到，我国全国土地评价综合显然不能采用这种方法，但是一般的工作，这个方法值得推荐。美国土地潜力分等可用作大区域的综合评价，其方法也简明扼要，易于推广，但还能概括我国土地的复杂情况；其因以分等的适宜性定义欠严格，土地对一种作物有限制，对另一种作物却可能非常适宜，所以适宜性很难脱离具体作物来评价。我国土地资源分类系统也为全国综合评价制定，克服了美国土地潜力分等简单化的缺点，但又过于复杂，若能在全国1:100万土地类型图基础上作评价，或可大为简化。此外，适宜类、质量等的定义也欠严格，与美国方案有一样的毛病。还有个有待解决的问题是：1:100比例图上的制图单元（土地资源单位）就是土地类型图中的土地（土地系统），其内土地质量、适宜性、限制性都可能有很大差异，《中国1:100万土地资源图》分类方案也指出："目前百万分之一土地资源图制图单元的基本内容和范围还不能划一完全"，解决办法是"可用占优势的类型来命名，基本相当者则用复区表示"。这样解决并不彻底。全国1:100万土地类型图可用更一致方法解决这一问题，即每一类土地系统用一个块状图或表格描出其内的土地单元（见讲义p180—205）。评价也可采用这一方法，因此更应在土地类型制图基础上来进行。

1节 →

(3) 城建和旅游的土地评价：

356

① 城建土地评价：（讲义p334—339）。城建土地评价主要以土地工程地质条件为依据，指标有地基承载力（吨/米²）、压缩性、湿陷性、基础底面下的内聚力、基础底面下的内摩擦力等，这些指标可以实测；也可据基岩类型、土壤质地和有机质含量推导（查表，详见《工程地质手册》），

还考虑土壤对钢材和混凝土的腐蚀，可以根据土壤酸碱度、排水条件、土壤质地和电阻率来评价 →（指标）

（接上页）

建筑工业出版社，1975，p232-241），这样就可以利用土地类型调查的资料。英国的土地类型调查都同时可为农业、工程、军事等多项目的服务。

城建土地评价也视具体建筑项目的不同而评为不同等级，如工程地质条件相同的某一类土地，对于建坝、渠道、道路、楼房等可分别评为不同等级。

目前一些城建土地评价还考虑土地用作建筑材料的情况，防水排放能力（受土壤质地、地下水位、基岩或硬盘层深度、地形坡度影响），垃圾处理的条件（如卫生填土，主要考虑有无污染地下水的危险，承载运输车辆的能力和是否容易挖掘）等等，这些都可从土地类型资料中加以推导。

评价受社会经济需要的影响

② 旅游土地评价（S.G.麦克雷 el.《土地评价》（油印本下册），p234—237.）

以上所介绍的土地评价方法主要是定性的而不是定量的，虽然在鉴定指标中也有一些定量的等级划分。这种定量的方法有优点，也有一些问题。

优点：① 得出的结果一般合乎情理，可以接受，也常符合当地人的看法。不象有些定量方法依据一套数学公式，评出的结果有时会错误到荒谬的程度。

② 容易掌握，尤其在目前关于土地各组成要素间的相互关系及其对特定用途的影响的知识比较有限的情况下，用这种比较模糊的方法更较为现实。

③ 适用性广，根据不同用途、不同地区的具体情况，对限制性的性质和强度很容易作出修改以适合具体情况，但评价系统的基本结构和基本思路都不会有实质性的改动。

④ 多层次的分类体系，使得可以根据成果的用途和已有资料、研究条件的情况进行到任一合适的深度水平。任一深度水平的评价等级都可制图（但界线难免模糊）。

缺点：① 有任意性（主观性）；尤其是各等级定义不严格时，任意性更大。由于评价尺度无连续性，对于介于两等级之间的过渡类型（低级的高级或高级的低级）的评价，也依靠主观的偏好来判断。

② 没有充分注意不同限制因素的相互关系。在以限制性确定

36a

评价等级时，常以主导限制因素为依据，但若有好几项因素限制程度都不大，但它们共同作用却可能产生较严重的限制性。这种情况在以上几种评价方法中都没有解决好。

为了克服这些问题，产生了土地评价中的参数方法。

(6) 土地评价的参数方法：（参见S.G.·麦克雷尔《土地评价》，油印本下册p123—135）

参数方法的基本思想是，把影响土地质量的各因素分别加以定量测定，或给予评分，然后以一定的数学公式把这些因素综合加以，得出总的土地质量参数。（即量化和计算两大步骤。）

① 累加方式的参数体系（以加拿大为例）

$$D = (C + T + P) - L$$ （土地等级＝基础分－景观特征）

其中，C为气候因素，T为土壤质地（和有机质），P为土壤发生学方面特征。对每一个因素都作了细致的分类并评定分数。如土壤质地（该书p132,133）。气候划为5个气候带，最高分为40；土壤发生学特征划为22类，最高分为20。景观特征包括地形、排水状况、含石量、盐化度、侵蚀情况、植被复盖。景观特征好的地方，其分值为0；若景观特征使土地完全不适宜于农业，其分值等于基础分，得出最终评分为0。中间情况的评分介于0至基础分之间。

这个体系有个毛病，即当存在严重的某一限制因素时，在最终评分中未能充分反映，例如一块地有：

土壤质地优良　40分
土壤发生学剖面特征优良　20分
气候条件恶劣　5分

气候的限制在土地质量中占了主导地位，但仍可得相当不错的评分（满分100）。

另一类参数方法可解决这个问题，即乘积方式，每一个因素以百分比的形式给分，然后各因素相乘，最好的地得分为100%，次的可能为0。上述情况则可看作为 100%×100%×10%＝10%，最不利因素在最终结果中

360

得以占主导地位。美国斯托利指数法就是这样评价土地的。

② [redacted]的参数方法（乘积式）（以美国为例）

$$SIR = A \times B \times C \times X$$

| SIR | A | B | C | X |
| --- | --- | --- | --- | --- |
| 斯托利指数分级 | 土壤剖面特征 | 表土质地 | 坡度 | 其它因素 |

其中因素A（土壤自然剖面特征）分为39类，分别给予5%～100%的评分；因素B（表土质地）分30个等级，分别给予10%—100%的评分；因素C（坡度）划为10个等别，分别给予5%—100%的评分；其它因素包括排水、盐碱化、养分、酸度、侵蚀、微地形六大类，各类分为若干等级，分别给予10%—100%的评分。

③ 复合的参数体系。（该书P146—148）

④ 罗马尼亚的对特定用途的参数评价（该书P128—130）

参数方法的优缺点：

[redacted]：① 减少主观性；将各因素的等级分得很细，给予评分，可以减少主观性（但这种量化并非绝对客观）；[redacted]因素的选择、运算通过若干试验来决定，也可减少主观性（但也难绝对避免）。这种算术合并的方法，对于征税之类的目的特别有用（见该书P150）。

② 可以考虑不同因素的[redacted]作用综合，各种因素的作用都可最终在总评分中得以反映。（但各因素的关系是否仅仅是简单地相加或相乘就能反映的？还有待深入研究）

③ 便于借用电子计算机和数据库手段。如罗马尼亚那样细致的评分，在定性评价中很难处理；用参数方法，借助计算机则可做到。用连续的参数评定土地质量，也便于在土地规划（如作物布局）中运算。

以上是较为通用的参数方法，最近随计量地理学的发展，参数方法又有新的探索，主要在函数关系式上（量化的基本方法未变），有用各种函数式的（指数、对数等），模糊数学方法、逐步判别分析……，因皆处试验阶段，就不详细介绍了。

37a

六、土地结构研究：

土地结构是一个区域内土地类型质和量的对比关系，质的对比关系指该区域有哪些土地类型，各自的性质及相互关系如何；量的对比关系指每一种土地类型的面积及其在整个区域中所占比例。如"七山一水二分田，一分道路和庄园"。

要研究土地结构，除研究土地类型外，还必须研究土地统计。

1. 土地统计：

要求各土地类型的面积，很小的区域可以实地丈量，但工作量很大，一般在图上量算。图上量算的精度问题很复杂，直到现在没有很好的解决。如我国总面积960万km²是引用解放前"申报"的数据，解放后作了多次量算，出入较大，截至今未有一个确切的数字。影响图上量算精度的因素很多，有底图本身的变形（投影形式、航空片转正程度），类型界线的误差，坡地投影在图上面积与实地面积的误差，量算方法的误差等等。图纸变形的误差

1节 这里只谈量算方法，（见《遥感影像目视解译原理》笔记）（讲义P352）

土地统计可以按需要根据分别按行政系统、自然区划系统、经济区划系统来进行。（解释）土地类型与土地分等的统计（可参见讲义P354-355），还有土地利用的统计。

2. 土地结构与农业发展方向（~~讲义P353—361~~）

作了土地类型（课件）和土地统计研究后，对一个区域的土地结构也就清楚了。土地结构对一个区域的开发、利用、治理、保护影响很大，把土地结构研究与国土整治结合起来，是土地科学的重要应用方向。（讲义P353）

土地结构对区域发展的影响，以农业最明显，故是土地结构研究的重点。但最近也涉及到城市体系的布局、规划，交通线网的布局设计等问题。（略）.

(1) 区域农业发展方向：两个方

① 农业内部结构调整（讲义P361）

② 农业专门化方向（~~讲义P363~~）：即要求有商品生产。封闭

310

（131）

农业生产是自给自足，发展有限，到一定程度就停滞。现代化农业应是开放型的，要引进新的生产工具和生活资料，才能发展。有进就要有出，要能提供商品，才有资金买进现代生产工具和生活资料。从整个社会来看，区域农业专业化有利于发挥各个区域的优势，所谓扬长避短，生产最适宜于当地的产品，如湖南产粮、广东产糖，二者互换；而不必在甘蔗产量不高的湖南也种甘蔗。这样，整个社会的产品数量增加。此外，专门化农业也有利于经营管理。

（2）影响区域农业发展方向的因素：

上述农业发展方向的两个方面受社会、经济、历史传统、民族习惯等影响，（如海南岛因民族杂乱由强迫普种引起）（如我国种橡胶），但最重要的决定因素还在土地结构和水热条件。水分、热量是土地的组成成分，所以根本还在土地结构。但对于一个区域来讲，水热条件作为各种土地类型的背景，对农业生产具有相对独立意义，故需专门研究。

① 水热条件对农业发展的影响：

区域水热取决于～（讲义P347）

水热条件对农业内部构成方向的影响：a. 对农林牧副渔之组合构成（哪个为主）的影响：我国三大自然区不一样，东部季风区以农为主，西北干旱区以牧为主，青藏高原区情况复杂一点，或以农为主，或以牧为主；b. 对土地利用方式（耕作制度）和农作物及牲畜种类构成的影响：东部季风区寒温带，一年一熟（极早熟作物），中温带一年一熟，春小麦为主；暖温带，两年三熟，冬小麦为主，苹果、梨；北亚热带稻麦两熟，有茶、竹；中亚热带，双季稻一季旱作物两年五熟，柑桔、油桐、油茶；南亚热带双季稻一季冬或旱作物一年三熟，龙眼、荔枝，也像热带：双季稻一季冬作物一年三熟，椰子、咖啡、剑麻、橡胶……（讲义P358，已讲过）。c. 对农田水利措施的影响：农业收成的影响～旱涝灾经济效果（讲义P357）；旱涝措施（讲义P359）。

水热条件对农业专门化方向的影响：（讲义P362）《综自参考》四，P178－180）

38a

p183

②土地结构对农业发展的影响：

土地结构与农业内部构成：（讲义p359—362）（"综自参考"（四）p174）

……………与农业专门化：（讲义p362—363）（"综自参考四，p180—181）

③实例：西双版纳、黄土高原（讲义363—367）

第二章思考题：

1. 从综合自然地理学的角度看，土地概念包括哪些含义？（土地的定义是什么？）

2. 在具体地段种植作物和进行工程建设，分别需要考虑哪些自然特征？

3. 土地科学的研究内容有哪些？

4. 什么是土地分级？试从学科和生产实践两方面阐述其研究的必要性；

5. 土地分级基本单位有哪些？各有何特点？

6. 土地分级的过渡单位有哪些？各有何特点基本？

7. 山区土地分异因素有哪些？

8. 山区土地分级中如何处理垂直分异？

9. 为什么土地分类应该是多级别的？（逻辑上、制图上）

10. 土地个体单位与分类单位有哪些区别和联系？

11. “植物”类型概括层次（各分类级别）的主要标志是什么？

12. “限区”各个分类级别的主要标志是什么？

13. “地方”……………………………？（22）

14. 土地分类中，什么叫顺序法（顺序排合法）？什么叫两列指标网格法？各有何优缺点？

15. 土地类型调查制图的路线调查中，对路线选择有何要求？

16. 综合制图需表示哪些内容？

386

17. （图示）土地类型调查制图中航、卫片的解译过程和制图。

18. 土地规划制图包括哪些内容？

19. 土地类型的制图综合有什么特点？

20. 什么是土地评价？它和土地类型研究的关系如何？

21. 土地评价应遵循哪些原则？

22. 什么是土地适宜性？

23. 农业土地评价的主要鉴定指标（诊断指标）有哪些？

24. 什么是土地结构？区域土地结构与水热条件与区域农业发展方向有何关系？（举例说明之）。

39a

# 第三章 自然区划

大致安排： 学时

1. 概念、原则和方法： 4
2. 自然区划的等级(单位) 4
3. 自然地理区(狭义景观)的划分，它在区划单位中的意义. 2
4. 山地自然区划问题 2
5. 区划单位的类型研究，区划单位和土地分级单位的连结： 2.
6. 自然区划的调查方法和描述方法 2

补充：自然地理分界线问题

一、自然区划的基本概念、原则和方法：

(1)定义：

1. 概述：按区域的相似性和差异性进行地域划分，从而得出一系列具体的区域单位，并研究这些区域的自然特征及其发生、发展和分布规律，这种地域系统研究法就叫自然区划。

说明：① 把相似的部分联为一区，在发生差异的地方确定区界；② 相似性和差异性是相对的，根据不同的相似性和差异性指标，可划分出不同等级的区域单位，因此，区划是分等级的，从而有一定的等级系统。③ 土地类型也是一种地域系统研究法，也有以上特点，但类型系统化和区域系统化是不同的，其差别我们在综合再详细研究。

(2) 区划的特点：

40a

①. 区划单位内尽管具有内在的多样性，但由于其组成部分之间存在空间上的相互联系而保持一定的统一性和空间上的不可分割性。

② 区划的对象可以是各种不同的对象和现象，如自然的对象和现象（气候、水文、地貌、景观、植被、土壤），或社会经济的对象和现象（如经济区划、行政区划），但这些对象或现象必须形成有规律的地域结合（территориальное сочетание），且其性质在一定程度上是决定于它们的地理位置的。称之为"地域对象"（территориальный объект）。不是任何现象和对象可都进行区划的，如艺术区划、年龄区划、教育区划……。这就是地域性。自然区划的对象是地理综合体。

③ 区划单位的发生统一性：根据以上特点，区划可看作一种独特的地域系统，它可以根据地理位置的共同性和它们之间所存在的有规律的地域联系合并在一起。但是，由地域的共同性合并在一起的各个对象或现象之间的相互联系是在历史发展过程中形成的，任何区域都是历史发展的产物。因此，区划应反映历史上形成的对象和现象的地域联系的地域（区域）系统。

④ 区划既是划分（自上而下），又是合并（自下而上）。例如……。二者相互补充，因为从认识上，区划既可看作地理壳的客观分异过程的反映，也可看作景观组合为有规律的、越益复杂的地域结合。

⑤ 地域分异学说是区划的理论基础。

⑥ 任何区划对象都可以既按区域的区划（即区划），同时

406

又按类型的原则（即分类）来加以系统化。（例如，土壤可以组合为各种分类单位——种、属、亚类、类；同时又可分出土壤地域单位，区、省、地带等等。每一个土壤区域都是土种、土类等的有规律的地域结合。）又如，自然地理综合体可以概括为种、属、科等分类层次；同时又可划分为地带、省、区等区划单位。每一个高级区域（自然区划单位）都是低级区域类型的有规律的地域组合。

(3) 类型系统化（分类）和区域系统化（区划）的区别和联系：

① 类型单位是抽象的，区划单位则是具体的：一切分类单位都是概括一系列个体的属性而得到的结果，是所有个体共性的抽象（abstract），客观世界并不存在"种、属、科"，（"白马非马"），"种属科"是主观对客观的概括，是一种认识。而区划单位（包括土壤分级单位）是作为单独个体而存在于客观世界中的，它总是具体的（local）。

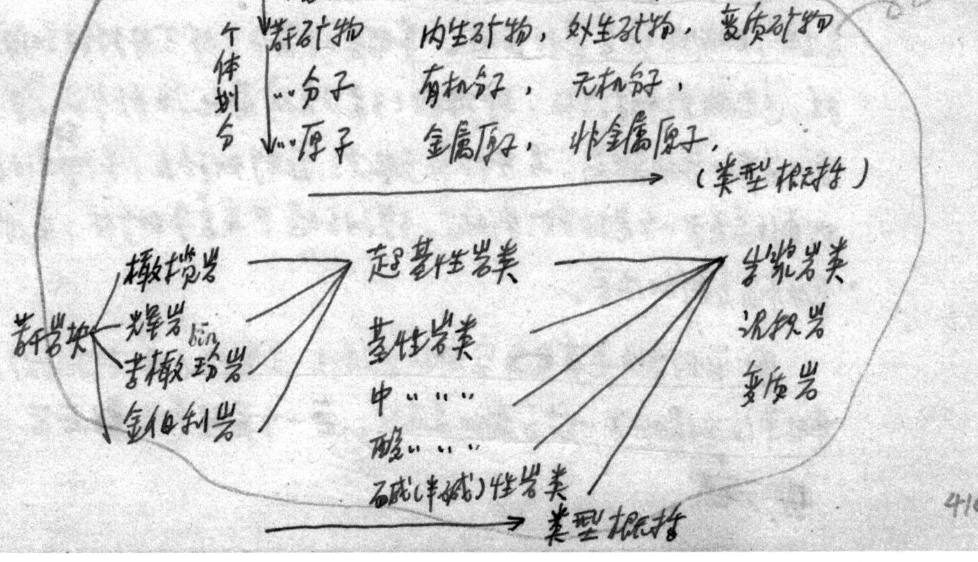

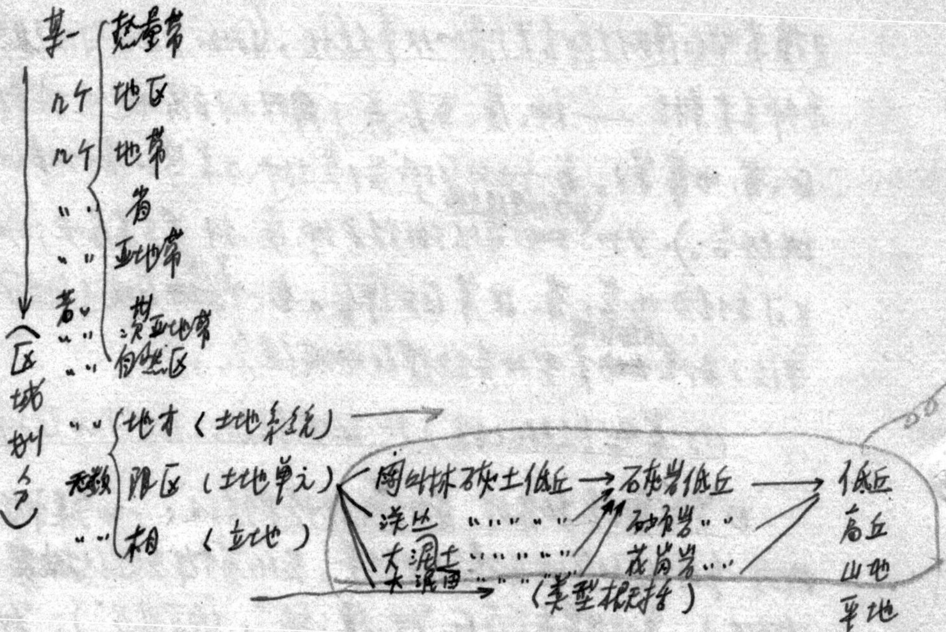


② 每一级区划单位都可以进行类型研究。另一方面，类型的分布是同一定的区域相联系的；类型是对若干个体性质的概括，因而以个体划分为基础。

③ 类型单位的层次越高，其共同属性越少；而区划单位越高级，则形成愈复杂的区域。类型是对若干个体共同特征的概括，这里撇开了个体特征，即概括（分类）是同简化相联系的，于是，分类的等级越高，其共性就越少。区划则相反，当把若干低级区划单位合并为一个高级区划单位时，得到的是更为复杂的个体，它包含更为丰富多样的内容。

④ 区划单位具有空间的连续性、完整性（区域共轭性），类型单位则表现为一些分离的分布区。图示 每一个类型单位在区

416

域内常有一定的分布规律，一类型的各个个体在分布上常趋向于一定区域，因此可以利用低级单位的分布规律作为"自下而上"合并区划单位的根据。

图示：
81年讲义上册
p164

⑤ 分类的根据是质的相似性；而区划的根据还有历史发展的共同性、地理过程的统一性和地域共轭性，质的相似性不是唯一根据。

例如一个山地省内，可以有从冰川——针叶林带——高山草甸——落叶阔叶林带——常绿阔叶林带——季雨林带这样一系列不同质的地理综合体。

碎石的地区 则较大范围比尺／完整的地区 较小范围比尺，比例尺方向，

⑥ 在应用上，类型……，区划……？

因而区划单位一般不作土地评价和土地规划单位，但可研究发展历史。

(4) 区划的对象：

如前所述，区划的对象具有地域性、区域共轭性、发生统一性。具有这三性的对象很多，因此有自然区划、经济区划、行政区划；各又可分综合区划和部门区划；按区划的目的又有认识性区划和应用性区划。综合自然地理研究的是自然地理综合体，其区划则称综合自然区划。

(6) 自然区划单位与土地分级单位的区别：深度；①区划单位在区域的地域上是唯一，而土地单位则重复出现；②区划单位反映高级地域的自然特征，土地单位则是当地的自然特性。④发生统一性，生态学的共同性，

(5) 自然区划研究的意义：

所以自然区划是全面认识自然环境的一个重要方法，是地理学系统的一个重要方面，（通过区划（还有分类）对某一地区自然地理现象加以研究、概括和总结）是自然地理研究发展到一定阶段的产物。所以区划既反映地理研究的程度，又反映地理学的理论和方法。在区划过程中还易于揭示实际材料和理论、方法问题。因此，深入研究区划是进一步发展地理科学的动力。（认识意义）

区划是区域研究的总结，是区域地理研究的第一步工作。

自然区划是全面地调查和评价自然条件和自然资源的一种方

42a

法，总规划开发利用这些资源和制定改造、保护政策的科学依据。因而是区域整治的基础工作。

区划是国民经济规划布局的依据之一。（Stamp在英国的工作）

区划是推广某些与地域有关的经验的基础。（实践意义）

以上几个方面，使我们对区划的概念有了较明确的认识。最后还应指出，过去曾有些地理学者（如D.Л.阿尔曼德）对区划的理解过于广泛，他们把分类、区划，以至分布区、等值线（米哈依洛夫）都视为区划，这只能引起混乱，不利地理学的形式化、逻辑化。现在对区划的理解已趋于一致，多数人作如前述观点。

“一切与地域有关的工作”，

## 2. 自然区划的原则：

区划单位最本质的特征，是内部相对一致性、区域共轭性和发生统一性。为保证区划结果正确反映自然界的客观存在，区划工作中必须遵循一定的原则（规则）。

自然区划是人为划分，是主观对客观的反映。这种反映可以得不一致。科学哲学中一个著名的命题是“观察渗透理论”，主观对客观的反映不仅取决于客观存在本身，也依赖主观的经验、知识、期望、及内心状态。对于“模糊数学”的自然界，对主观的依赖更大

（1）相对一致性原则：划分区域时，必须注意区域单位的内部一致性特征的。但这个一致性是相对的，即不同级别的区划单位有不同的一致性标准；此外，这个标准的表现，在区划单位的中央部分表现最为典型，边缘部分则在一定范围内变化。

例如：自然带的一致性体现于热量基础的大致相同，自然（地区）国的一致性体现为自然带内大地构造和地势大起伏大致相同，自然地带的一致性则体现在水热对比关系及其相应的（带带）土类、

420

(6) 自然区划单位与土地分级单位的区别：

(个体)区域划分：相、限区、地方、自然区(或称景观)，次亚地带、州，亚地带、省、地带、地区、热量带

土地分级单位　　　　自然区划单位。

表遗之有存，若联则分开，

① 尺度上的差别：自然区划单位是大尺度地域分异的结果，有时讨论中尺度地域分异；土地分级单位则是小尺度（地方级中尺度）地域分异的结果，而大尺度分异只是其小、中尺度分异的背景条件。

② 土地分级单位作为制图单元是土地评价和土地规划的基础，应用上可作战术方面的研究；自然区划单位则一般用作研究地域战略的基础。

③ 在一个区域内，土地单位可重复出现，因此有必要作类型研究；自然区划单位则在区域内唯一，故只作个体研究（当然，在大范围内也不排斥类型研究）。

④ 自然区划单位反映当地的全面自然特征，土地分级单位则是当地自然的片断（土地结构可反映全面，但已是区划性质了）。

⑤ 自然区划单位具有发生历史的共同性和相当的稳定性；土地分级单位则很少考虑发生历史，主要以形态特征为划分依据，稳定性也较差，只是发展过程中的"一瞬间"。

43a

植被型、土壤型的类似，自然省的（一致性）体现为自然地带内地势起伏大致相同（山地省则体现为垂直带谱的复杂性相同），……，这是说不同级别的区划单位有不同的一致性标准。

例如：阿穆德以一个森林地带为例来说明区划单位的一致性特征的典型类型性及过渡性。

| 要素 | 定性特征 | 定量特征 | |
|---|---|---|---|
| | | 一般 | 典型 |
| 地形 | 平原 | 坡度0-5° | 1-2° |
| 植被 | 松林夹其它 | 盖度>5% | >20% |
| 土壤 | 生草灰化土 | 腐殖质1-5% | 2-3% |

典型部分的划分指标较狭。

（2）区域共轭性原则，每个区划单位都必须是独立的、完整的个体，不能存在着彼此分离的部分。这与类型不同，类型是存在于各分布区中的。

不能存在既从属于某区又独立于该区的部分。

例如：尽管山间盆地与其附近的山地有质的不同，但在合并为高级单位时应为一个区域，山区的垂直带也是如此。同样，如有两个地区自然特征很相似，但若彼此分离，则不能并为一个区域单位。例如柴达木盆地虽然与蒙新高原的荒漠、半荒漠平地在自然特征上类同，但二者被阿尔金山和祁连山分隔，按照区域共轭性原则是不能合并为一个区域的。

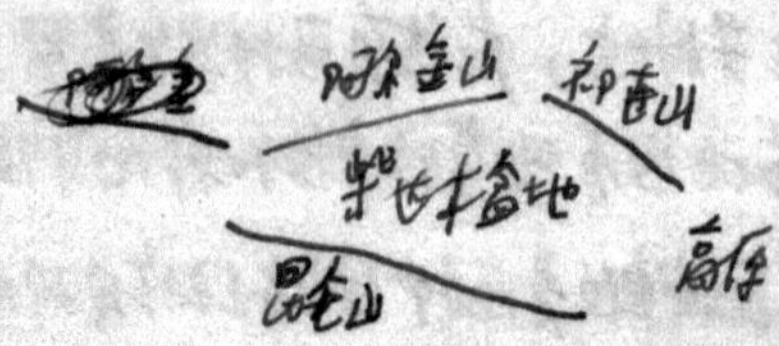


区域共轭性原则有时与相对一致性原则有矛盾，因此区划并非

440

仅考虑形态类似性。

(3) 发生统一性原则：区划单位的内部发生，发展必须是共同的。包括年龄相同，区域内各自然地理要素的相互作用、相互联系的方式和表现的时间要在相同；区域总合的发展方向相同，历史发展过程相同。

基本内容：H.A.宋采夫认为，区划的发生学原则要求：

① 查明每一个区域单位的形成原因及其以后的发展方向；

② 查明区域古地理历史的一般情况和确定其中最重要的转折阶段（突变性的意义）；

③ 查明作为以前历史发展产物的现代自然条件（残余特征）；

发生统一性原则的有关特点：

A 关于年龄：每个区域单位都有自己的"年龄"，但不等于该区域固体基础（地质地貌）的年龄，[illegible]，景观年龄小于地质地貌年龄。由于等级低的区域单位是等级较高的区域单位分化出来的，所以，区域单位的级别越低，其年龄越小；反之则越大。

B 关于区域内各自然要素的相互联系及相应的历史发展过程，是要把区划单位作为一个发生上统一的整体来看待，而不应简单理解为其组成成分和部分的特点形成的同步性。同时也要看到，区域单位是地带性因素和非地带性因素综合作用的产物，因此，关于此，有几种观点：① 仅把发生统一性理解为非地带性的地质地貌发展史（如H.A.宋采夫，Б.Л.李奇科夫，[illegible]），或仅理解为地带性的（白里蒙娃），都是不正确的。② 伊萨钦柯认为，为保证发生共同性，应该有两种发生类型，即地带性的非地带性的，相应地因有地带性单位和非地带性单位两个系列。[illegible] 事实上③，区域单位是两种因素交互作用形成的，

446

因两种规律的综合表现，这就是单列系统（综合性区划单位）的理论依据。

C. 关于今后发展方向：现代地理学特别强调地理预测，这对规划区域的开发、利用、保护、治理是必不可少的。一定的发生历史、一定的现代特征和作用特点，一般会有一定的将来发展，发生学分析是预测未来的一把钥匙。

特别应指出，现代景观的演化和发展方向受人类活动的强烈影响，所以发生学原则中应考虑人为因素，这在临界地区（critical）尤其重要，例如荒漠区边界的扩展。

D. 发生统一性也是相对的，不同等级或同一等级的不同区域单位，其发生共同性的程度和特点不相同。这种相对性与后的一致性的相对性是同样的道理。

总而言之，发生学原则应理解为区划单位系统的古地理分化过程，（考虑到人类历史时期的人为因素，还应看作历史地理分化过程），因此，发生统一性原则必须通过古地理法来贯彻。但古地理和历史地理的研究，目前尚不足以作出能反映出区域历史发展的区划，所以发生学原则的真正贯彻，还有赖于古地理研究的深入。目前区划工作中，这一原则的应用很少见，一般是㊟"考虑自然综合体的统一性"来贯彻发生学原则的"（吴传钧），因为现代特征的统一性正是发生历史统一性的结果。这并不排斥以古地理法来贯彻发生学原则的重要性，它可使区划工作更为切实，更为客观。

㊟理解为根据一些自然地理过程特征进行区划单位形成条件的分析（刘培桐）（83年讲义p5）。

以上三个原则是由区划本身的特点所决定的，用以保证区域单

45a

位的客观性和建立分区系统。但区划的另一方面是确定区域单位之间的界线，为此，还要贯彻另一些原则。

(4) 综合性原则：自然地理综合体包括所有自然地理成分和部分(要素)，还包括它们相互作用的结果，因此，区划中必须全面分析在区域单位内所有成分以及整体的特征的相似性和区域单位间的差异性，分析土地类型组合在区内的相似性和区间的差异性。把相似的部分联合为区域单位，在有差异的地方确定界线，这才能正确地反映客观的地域分异情况。

“综合”的层次有不同，综合地理区划要综合所有自然、经济、人文要素，综合自然区划要综合全部自然成分和部分，部门区划也要综合该部门的所有要素。低层次的综合可以是高层次的分析。

(5) 主导因素原则：地域分异原因是综合的，也常常是错综复杂的，难以确定。尽管如此，由于各自然地理成分的相互作用是不均衡的，在地域分异中常能找到一个起决定作用，并因其变化而引起综合体其它因素变化的主导因素。这一因素的主导分异，不但突出了该综合体的主要自然特征，同时反映和制约了其它许多自然因素，并且也指出了开发利用中的关键问题。(赵松乔)（所以，在综合原则前提下，充分考虑特定条件下某因素的主导作用，这就是主导因素原则）主导因素原则是对综合性原则的补充，它既不违反综合性原则，还为综合性原则的贯彻提供了简捷的途径。

以上是综合自然区划中公认的几个原则。提出的原则还很

456

多，如生产服务原则、多级别原则、地带性与非地带性原则等等，其中有些是应用区划中应考虑的，认识性区划中不宜强调；有些只是单位组织排列的逻辑方法，有些则蕴含于前述各原则中。也有一种意见认为前述五个原则都不是原则，只是观点、方法、目的、实质、注意事项等等（李才），这种争论已超越地理学理论的范畴，应属逻辑学的研究了。无论如何，区划中必须注意贯彻那五个方面，我们称之为自然区划的原则。

为保证这些原则的贯彻，应有相应的方法。

3. 自然区划的方法：

(1) 顺序划分和合并法：顺序划分即是根据大中尺度的地域分异规律，从划分高级区域单位开始，逐级划分次一级的区域单位。（83年讲义P11图式）。也就是"自上而下"的划分。

也可以从低级的区域单位逐级合并出较高级的区域单位，这就是"自下而上"的合并。自下而上的合并若从土地类型结构开始，则可以避免划界时的不准确，从而成为较科学的区划方法。目前随着小区域研究的深入和土地类型制图工作的开展，顺序合并法正与类型制图法结合，得到广泛应用。

(2) 类型制图法：根据土地结构的对比关系进行区划。土地结构即土地类型的质和量的对比关系。（83年讲义P13图式）。

顺序划分和合并法以及类型制图法在确定各等级的区域单位时，都依据相同的一致性标准，因而保证了相对一致性原则的贯彻。同时

46a

也保证了每一区域单位的完整性，因而也贯彻了区域共轭性原则。

(3) 古地理法：阐明区域单位形成的历史过程，这需要占有详细的古地理资料。但目前尚缺这方面的研究，故用得不多。周廷儒的工作可称古地理法的尝试（书目：83年讲义 P10注①②）。

(4) 部门区划迭置法：（83年讲义 P12）

(5) 地理相关分析法：即分析区域单位内各自然地理成分之间的相互关系以及相互作用的表现，这就需要参阅各种专门图件和文献，因而常与迭置法配合使用。地理相关分析的研究目前尚不够完善，因此在选取一致性指标时，难以得到反映综合性质的定量指标，这有赖于有关各学科的发展，如地理土壤学、地形气候学、地形生物学、地植物学。目前相关分析中只能采用一些定性指标，例如"中国综合自然区划"中采用的所谓生物气候指标。

部门区划迭置法和地理相关分析法都考虑了所有自然地理成分及其相互表现，因而保证了综合性原则的贯彻。

(6) 主导标志法：选取反映地域分异主导因素的某一指标作为确定区界的主要依据。~~[illegible]~~ 这一方法是主导因素原则的具体表现。但应看到，"因素"和"标志"并不等同，"因素"归根结底是指地带性因素（太阳辐射的地带性分布）或非地带性因素（地质地貌分异），而标志在低级区域单位则常常是土壤和植被。通过反映主导因素的标志贯彻主导因素原则。

应用主导标志法时，① 不能忽视地理相关分析，还应考虑主导因素和其它因素的相互作用；② 不同等级的区域单位有不同的主导标志，如在热量带中以热量为主导标志，地区则以大地构造地

否则只是做了部门区划

466

在给同一等级的区域单位时　地貌和干燥度，例。

级单元为主导标志；③ 使用中还可采用变通办法，在不同区域采用不同指标，或"将指标数字列出一个连续的范围"（江爱良）。例：热带北线，暖温带 3400—4500°C

4. 区划原则和方法的关系：（83年讲义 p15）

- 相对一致性原则 —— 类型制图法、顺序划分和合并法
- 区域共轭性…… —— 类型制图法、顺序划分和合并法
- 发生统一性…… —— 古地理法
- 综合性原则 —— 部门区划迭置法、地理相关分析法
- 主导因素原则 —— 主导标志法

以上原则和方法都是互有联系、互相补充的，应用某一原则和方法并不排斥其它原则和方法。

地域差异是逐渐过渡的，所以区划中界线的确定是较为复杂的问题，现代模糊数学关于区分过渡变化性质的模糊集合的思想，对区划研究的形式化具有重大意义。此外，也有人指出，自然界中并不存在地域界线，只有梯度变化，并尝试在地图上表现梯度变化，这种思想或许会在区划研究中引起一场革命。

（补）→

（补：部门区划迭置法：地理景观中所有组成要素都是紧密相互联系的，如果一个发生了变化，那么其余的因子都将发生变化。这样，各组成要素之间，在地理分布上存在着一定的吻合，一个要素的分布界线不应该显然与其相关联的分布界线矛盾，如果这些界线分歧很大，可能是其中某一要素没有得到适当的研究，或者是方法的适度不同。）—— 中国科学院自然区划工作委员会《综合中国自然区划》（初稿），科学出版社，1959年。p40.

47a

## 二、自然区划单位的等级系统

自然区划是地理研究条理化、系统化的一种研究方法，即将自然地理区域的划分条理化，其理论根据是地域分异规律。地域分异的结果是地表自然界分化为一系列大小不同，复杂程度不同的地域单位，因而地域单位的等级是有高低的。拟定能客观反映地域单位的大小和复杂程度的等级系统，并明确每一等级单位的定义，便是区划的重要理论和方法论问题。

地域分异规律表现为大、中、小尺度的分异，无论哪一种尺度的分异，归根结蒂都是地带性因素和非地带性因素综合作用的产物。但由于一部分区域单位分化的主导因素是地带性的，另一部分区域单位分化的主导因素是非地带性的，于是可以按照地带性分异的不同尺度拟定地带性的区域单位系统，同时按照非地带性分异的不同尺度拟定非地带性的区域单位系统。这就是"双列系统"。双列系统按两种不同的主导因素划分区域单位，虽然也反映了区域单位的综合特征，但这种综合是不完全的。实际上地带性、非地带性两种因素同时作用于任何等级的区域单位中，因此可以拟定反映两种分异因素的完全综合性单位，这样就得到区划单位的单列系统。双列系统相对于单列系统而言是分析性的。为了正确的综合，必须进行分析，所以我们先研究双列系统。

### （一）自然区划单位的双列系统：

476

1. 地带性区划单位与非地带性区划单位的形成原因和特点表现：

原因： 地带性区域单位分化的主要原因，是地带性因素的分异，即太阳辐射量沿纬度方向的变化，这个变化引起气候、土壤、植被、水文、外力地貌过程等自然成分的变化，导致区域整体特征的变化。

特点： ①（在界线形状上）区域单位大致沿纬线方向延伸，沿纬度方向变化。实际上，地带性分异的表现是很复杂的，这是因为非地带性因素也参与了区域的发展历史。首先，地带性单位并非都具有连续的球带形状，仅在极地、亚极地和赤道纬度，地带性单位才呈环状。在其它纬度上，地带性单位或是由于海陆交替、或是由地势变化而被切断。其次，地带性单位的延伸常常在一定经度上偏离纬线方向，这与非地带性因素引起的地势起伏、季风环流等的影响有关。而且地带性单位的界线由于受地势起伏及地表物质（岩石、水体等）变化的影响，往往具有复杂的形状（锯齿、镶嵌）。第三，在地带性区域单位内部，还有从海岸到内陆、以及随绝对高度的增加而发生的变化。

与非地带性单位比较。

加大结构面积 庐山。

② 地带性单位的变化具有方向性和非可逆性：由极地到赤道，依次更替，并不重复；对赤道而言，相似的地带性单位可以呈对称分布。

③ 地带性单位的过渡是渐变的，一般没有鲜明的界线，只有在迭加地貌界线时，才能找到明确的界线。如秦岭与南岭。

原因： 非地带性区域单位分化的主要原因，是非地带性因素的分异，即地球内能在地表各处有不同程度的释放，从而形成不同的海陆相互关系和地势－构造分异，这种分异主要引起水分（有时也有热量）条件和地表物质组成的变化，同样造成气候、土壤、植被、水文、外力地貌过程等自然成分的变化，导致区域整体特征的变化。

非地带性区域单位的表现非常复杂，有时沿经度方向变化

48a

(干湿度地带性)，楼数则无方向性，(因而常常可以重复出现)，其界线除平原地区的干湿度变化具有渐变性质外，多数与地貌界线一致，因而比较鲜明。

2. 地带性区划单位：

地带性分异因素在较大范围内表现出质变，在较小范围内表现为量变，量变在不同范围内也具有不同的量级。根据质和不同量级的变化，确定地带性区划单位有：带(~~пояс~~ пояс)，地带，亚地带，次亚地带。(зона)，(подзона)，(полоса)

(1) 带(пояс)

① 定义：带指地表热量分布及其对整个自然界的影响划分，在同一带内具有一定范围的辐射量、相似的大气环流，具有相似的热量条件及其变化韵律(季节)、因而具有相似的土地生产潜力。

如果使带内水分条件一致，则有相似的成土作用过程和生物发展方向，(地貌外动力过程)

② 划分：

| 植被特征 | 目前公认的带的划分 | 大气环流 | 热量特征 | 热量季节变化 | 成土过程 |
|---|---|---|---|---|---|
| 无 | 寒带(极带) | 极地东风带 | 最热月<0°C， | 极昼和极夜 | 无 |
| 冻原 | 亚寒带(亚极带) | 极峰带 | 最热月0-10°C， | 冬长，无夏， | 潜育(冰沼土) |
| 针叶林 | 温带 | 西风带 | 最热月10°以上，年均温10° ≥10°C积温4500°C以下 | 四季分明 | 灰化、粘化 |
| 阔叶林 | 亚热带 | 副热带无风带 | 年均温10°-20° ≥10°C积温4500-8000 | 冬短夏长 | 富硅铝铁化， |
| 热带雨林 | 热带 | 信风带 | 年均温>20° ≥10°积温8000-9000 | 无冬，但有变 | 富硅铁化， |
| 赤道雨林 | 赤道带 | 赤道无风带 | 最冷月均温>20° ≥10°C积温9500°C | 无季节变化 | 富铁化， |

486

以上是带的自然特征的典型图式，实际上由于非地带性原因的参予，情况远为复杂。提供这个图式是为了帮助理解带的定义。

在带的划分显得比较重要的国家（如中国、苏联），温带的面积广大、情况复杂，研究程度也较深，所以分而为三。

积温

寒温带（≥10°C积温<1700°C）

中温带（≥10°积温1700—3200°C）

暖温带（≥10°积温3200—4500°C）

④带的划分要注意：

a. 带并非单纯的热量带，而是综合性的景观带（或称自然带），因此，划分带时应使用综合标志，至少是建立在地理相关分析基础上的主导标志。如"中国综合自然区划"采用活动积温，同时考虑活动积温持续日期，以及积温有效性（最热月气温），作物越冬条件（最冷月气温），等等。它实际上已是一个综合性标志了。

参见《中国自然区划概要》p72

b. 自然带之间普遍具有过渡性，所以常借助其它指标来确定带的界限，如地形引起的变化与带的变化相一致时，往往可使界线明朗化；此外还可参照显域性的土被、植被界线。

c. 带的相似性和差异性是相对的，当有划分指标的等级不同，还有过渡。要以理论上严格区划的观点，必须注意划分指标的等价性（性质、范围），因此有些区划中的带，实际上只是亚带（任1.83年讲义P30）。

⑤ 划分带的意义：

a. 全世界范围的自然区划中是一级重要单位，在一国的区划中，意义相

49a

对较小，但似"中国综合自然区划"视之为Ⅰ级单位。对于各国自然区划的系、带的划分有了进行对比，使得彼此协调；也有利于对比各国及全球各大陆的自然特点。例如：（讲授83年 p32，中苏区划的对比，见《地理学报》1979年第3期 p190）

b. 可以对比、分析综合自然区划与部门自然区划的高级单位的相互关系，有助于相互协调。如我国第二次自然区划工作，正是用了地带在内的高级区划单位来协调部门区划方案的。

c. 便于推广农业先进经验，正确划定栽培作物的适种范围。

↑

（12月20日）

(2) 地带（зона，zone）

①定义：（讲义83年 p33）。这个定义包括以下方面：a. 水热条件；b. 相应的显域土类和植被型（或群系纲）；c. 其它相关方面，如地貌外营力，潜水与地表水，动物界等；d. 山区，则有共同的垂直带谱，其基带与~~同~~同类地带的平原相比，有相同的土类和植被群系纲或型。

（隐域土壤植被）

地带是最基本的地带性区划单位（热量指标的幅度也较宽）。在带里，生产潜力相似是以水分条件相同为假设；在地带里，水热条件都相似（热量指标采用对作物有决定意义的积温），所以自然生产力（现状）是相似的，这对农业生产特别重要。

地带的位列 ~~参考讲义（83年）p153—p160，但要注意：a. 这基本上是一个完全综合单位；b. 比上面定义的地带较宽，这一点下面还要讲~~。

（《中国综合自然区划》（初稿），科学出版社，1959，p29-31）

② 地带划分的标志：一般是以土类和植被型为标志划分地带的，但由于它们之间并非总是协调的，土类变化了，植被型未变，例如我国华北落叶阔叶林植被型分布区内就有棕壤和褐土两个土类。这就需要具体分析。这个例子中的不协调是因为植被型划得过大，所以有时是根据植被群系纲和土类来划分。但实际情况还要复杂，如岩性

496

变了，土类也变，植被的变化却不大，以土类和植被群系纲的划分作为地带的指标仍欠准确。此外，土壤、植被图的编制实际上也常常借助气候指标。因此，地带的实际划分常常考虑一些气候指标。

如亚热带划分为七地带的用≥10℃积温指标：6500—8000，5300—6500，4500—5300

这些指标有两类，一是对环境特别是对植物生长有明显联系，并产生直接影响的气候指标，如积温、辐射差额、水热指标（干燥度、湿润系数）。二是与环境有相关关系，但直接影响不大或未被了解的气候指标（气候因素与环境相关性），如年均温、七月均温、一月均温。~~在应用这些指标时~~，各地表现情况不一样，因此应用时要具体分析，如我国南方温度指标意义很大，而华北和东北则水热指标意义更大。

地带的划分也可借助于地形界线，因为地形界线最为明确，它又使水热条件发生较明显的变化，因而土壤、植被也有相应变化。~~无论以何种指标作主导标志，都必须以地理综合分析为基础。~~例：（83年讲义P35）。

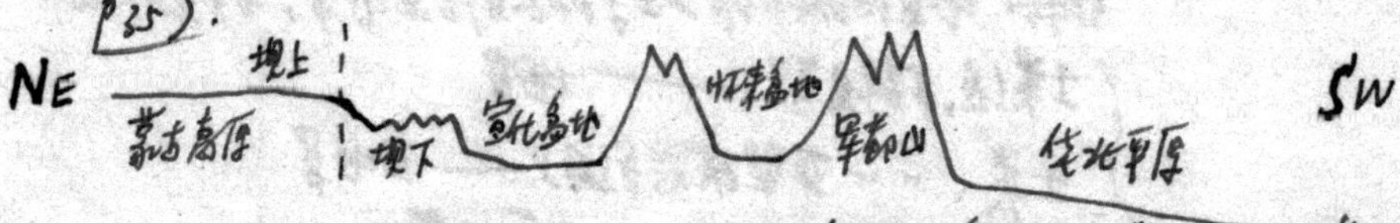


③ 过渡地带的处理：~~a. 一分为二，分属两地带；b.~~ 基本地带内存在过渡地带，表现为，a. 地理综合体本身很难分辨，如半荒漠和森林草原；b. 两带的成分（特别是植被）混杂在一个过渡带内。处理：a. 一分为二，分属两地带；b. 独立为一个地带，或划为亚地带，我国大多作前一种处理，外国大多如后者。~~如半荒漠和森林草原作地带，森林草原作亚地带。~~

地带内还可进一步划分低级的地带性区域单位。

(3) 亚地带（подзóна）与次亚地带（полосá）：（83年讲义P36）。

50a

地带内仍存在地带性分异，因而可以进一步划分低级的地带性区域单位。然而，由于①地带性变化的渐进性；②地带性单位划分目前多以一些气候指标和土壤、植被类型为依据，但这些成分的研究目前尚未深入，各成分划分单位的彼此协调问题更无研究（例：植被划分单位与土壤划分单位的协调）。所以亚地带和次亚地带的定义，划分标志等问题，尚缺乏研究，具体的划分方案也很少见。这里仅从逻辑推理上，概括地说一下亚地带和次亚地带的划分问题。

一般而言，地带之间的变化是整个区域的自然特征发生重大质变，（重复地带的任务）；亚地带间的变化则只是个别成分有质变，而其它成分只发生量变；次亚地带间的变化是各组成成分以及整体特征只有局部的、更低等级的量变。

地带内以植被—土壤为主导标志划分亚地带，理想状况下，

- 土类组、植被型 —— 地带
- 土类、" " 亚型（或群系组）—— 亚地带
- 亚类、群系 —— 次亚地带
- 土属、群丛组
- 土种、群丛

实际情况远为复杂，首先土壤分类等级与植被分类等级的互相协调，其次土壤、植被变化与地带性更替并非一致，尤其在地形非地带性显著时，因此只能参照显域土类和植被。这里也只是一个可能图式。

例：

暖温带落叶阔叶林地带 <
- 棕壤落叶阔叶林亚地带
- 褐土半旱生 ……………" <
  - 淋溶褐土落叶阔叶林次亚地带
  - 典型 " " 森林草原……

506

### 3. 非地带性区划单位：

非地带性单位划分的依据是干湿度变化（海陆相对关系）和大地构造—地势地貌变化所引起的区域单位整体特征的变化。也根据质变到量变，以及量变中的不同量级划分非地带性区划单位等级。

#### (1). 大区（céктор）：

①定义　大区①相应于一级大地构造单位（地槽和地台的组合），同时具有②相应的地势地貌特点（山系、平原、高原、盆地的组合特点），因而又有③独特的大气环流特点（形成一定的经度或纬度地带性），还具有④非地带性的特殊结构（地带的质和量、排列顺序、轮廓的特殊表现）。

②划分：具有以上四方面特点的区域就是一个大区，其划分的主导标志是一级大地构造单元及相应的地势地貌组合。

例如：苏联划为五个大区：东欧大区、西西伯利亚大区、中东西伯利亚大区、远东大区、中亚大区。分别大致相应于大地构造的俄罗斯地台、西西伯利亚陆台、西伯利亚陆台、中生代褶皱区、土兰陆台。大气环流特点以西伯利亚形成的蒙古高压（冬季）最为典型。其它特征。

中国可分为三个大区，主要特征见83年讲义P40，按大区定义来看，是这样划分的：

| | | | | |
|---|---|---|---|---|
| 东部季风大区 | 以华夏系、新华夏系为主 | 平原丘陵、低山为主的组合 | 季风影响， | 森林地带谱 |
| 西北干旱大区 | 以西域系、河西系为主， | 高原、山地为主盆地…… | 蒙古高压控制为主， | 荒漠……草原 |
| 青藏高寒大区 | 以西藏系为主， | 4000m以上的高原和高山…… | 形成高原季风，高原动力作用， | 高山…… |

51a

③ 划分大区是很有意义的。因为不同大区有不同的地带谱，[1]所以划分大区，在划分系统上是确定基本地带性单位——地带段的前提条件。[2]划分大区还可以在非地带性条件方面协调各区划和各大陆区划，[3]也可使部门自然区划（尤其是地貌区划）与综合自然区划协调。二者同等的意义相同。

## (2) 地区（область）（division）

① 定义：[1]地区相应于一级大地构造单位，即地槽或地台（或较小地槽或台块的组合），[2]地势地貌方面相应于大平原、大高原、大山系（或平原、山系、高原的组合），[3]具有一定的位置（纬度、海陆、高度），[4]因此便形成一定的大气候特征（大陆度、湿润特征），从而具有相应的水文、土壤、植被特征。

② 划分：大区与地区皆按大地构造—地势地貌差异划分，但

地区与大区的基本区别在于~~大地构造——地势地貌方面~~，大区是一级大地构造单位和大山系、大高原、大平原的组合，而地区则相应于一级大地构造单位和大山系、大高原、大平原。因此，它们在气候特征、土壤植被特征各方面都有不同量级的综合量指标。从垂直地带结构看来，地区的划分还以有无垂直带，以及垂直带的性质为依据，无垂直带时考虑地带谱，有垂直带时则考虑垂直带谱。

例：（依照斯）

东欧大区
- 东欧平原地区，地台，大平原
- 乌拉尔山地，地槽、大山系
- 高加索山地……，……、……

（详见83年讲义P43-44）。

按地区的定义，中国地区的例子有：东南亚岛群地区，中印半岛地区，华中—华南地区、东北华北地区、蒙新地区、青藏高原北部地区、青藏高原南部地区。

性（即是地带性的非地带性）划分，分为湿润、半湿润、半干旱、干旱四个地区。

510

"中国综合自然区划"中的"地区"是带里的非地带性差别，主要根据气候的非地带

(3). 亚地区（подобласть）

①定义：亚地区[1]相应于三级或二级大地构造单位，如台背斜、台向斜、槽背斜、槽向斜，个别相应于台块(二级)。[2]地貌特征上表现为发育阶段相近、地貌形态结构相似、地表组成物性质相似。[3]还具有特定的地理位置，因而在气候（干湿度、热量）上有一定共同性，从而决定了其它成分以致整个景观特征。

②划分：亚地区的划分[1]在大地构造地势分异清楚时，以地质地貌界线为依据，我国这样划分的典型例子有：

山西高原（台背斜）、柴达木盆地（台块）、四川盆地（台向斜）、阿拉善荒漠（台块）、天山山地（槽背斜）、阿尔泰山地（槽背斜）、鄂尔多斯高原（鄂尔多斯台向斜北部）、陕北黄土高原（鄂尔多斯台向斜南部）。

[2]大地构造地势分异不清楚时，则应考虑 a.地貌形态的较大尺度组合，例如鲁东鲁中山地（丘陵、盆地组合）、大别山南襄盆地（低山、盆地、丘陵组合）。b.考虑气候的省性差异，如华北平原的划分。

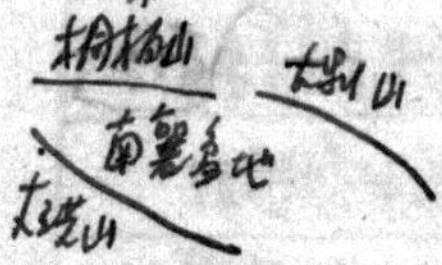


(4) 州（округ）：州是亚地区内地质地貌次级差异的结果，由此引起其它自然成分的变化，州相当于四级大地构造单位，如台凸、台凹、槽凸、槽凹。[2]地貌特点方面，山区注意山岭和盆谷组合情况，平原则注意沉积物的成片分布情况。[3]平原地区，还可以观查到气候的省性差异。

以四川盆地亚地区为例，可分为川东平行岭谷州、川北丘陵州、川中方山丘陵州、川西平原州（成都平原）。

总结：可见，非地带性区域单位都有一定的大地构造基础和相应的大地貌特征(或组合)，因而有相应的气候、水文、土壤、植被特征。

52a

一个中国大地构造单位等级如下：

| 等级 | 稳定区 | 半稳定区 | 半活动区 | 活动区 |
| --- | --- | --- | --- | --- |
| I | 地台区 | 活化地台区 | 准地槽区 | 地槽区 |
| II | 台块 | 活化地块 | 准地槽系 | 〃〃系 |
| III | 台背斜<br>〃向〃 | 活化台背斜<br>〃〃向〃〃 | 准槽背斜<br>〃〃向〃 | 槽背斜<br>〃向〃 |
| IV | 台凸、台凹 | 活化台凸<br>〃〃〃凹 | 准槽凸<br>〃〃凹 | 槽凸<br>〃凹 |
| V | 平缓背斜（穹窿）<br>〃〃向〃（构造盆地） | 短轴背斜<br>〃〃向〃 | 长轴背斜<br>〃〃向〃 | 线形背斜<br>〃〃向〃 |

大地构造单位与非地带性区划单位的关系：

| 非地带性单位 | 大地构造单位 | 气候差异 |
| --- | --- | --- |
| 大区 | I级单位组合 | 大气环流差异 |
| 地区 | 地台区I，地槽区I的组合 | 干湿度地带性、垂直差异带谱的 |
| 亚地区 | II或III | 山地、高原、平原的气候差别 |
| 州 | IV | 地势起伏所引起的气候差别。 |

应该指出，尽管古地质史对非地带性单位的形成有重大意义，但地貌发育阶段也很重要，其中新构造运动意义尤其重大，新构造运动和外力地貌作用常常改变大地构造单位的格局（改变界线、分化与联结、埋藏）。因此，在对大地构造单位和非地带性区划单位间的关系，还应作具体分析，上面只是提供了一个典型模式。然而，由于新构造运动一般具有继承性，这种相应关系一般是可用的。

526

## （二）自然区划单位的单列系统——综合性区划单位：

1、单列系统的根据和特点：

（1）双列系统的不足：区域单位的划分应反映客观存在的地域分异规律，而地域分异又有两个不同起因、互不从属（依存关系）的规律，即地带性和非地带性规律。因此，区划单位应有两个等级系统，这是基本的区划单位系统。但两种规律又同时作用于地表，任一级区域单位的形成都是两种规律共同作用的结果，不能设想一个区域只是在一种规律下形成。例如青藏高原是非地带性单位（大区），但如处在其它地带性区域（如赤道或极地），显然会是另一番景观，这就是说划分非地带性单位须考虑地带性因素；再如我国亚热带是地带性单位（带），但若不是处在现在的（非地带性）海陆位置，很可能也是另一番景观（回归沙漠带），这就是说划分地带性单位须考虑非地带性因素。所以，即使双列系统的坚持者伊萨钦柯也承认："只考虑这两类标志之一的区划将永远是片面的，因为在这种情况下地域的地理规律性不能得到充分的反映"。

为了克服双列系统的困难，伊萨钦柯采用了所谓"联系单位"，这是两个系统叠置后得到的区域单位。（83年讲义P49，图3）。其中，"地带"是一个国（地区）范围内的地带段，也是地带在相应国内的那一段，如泰加地带因在不同国内而分为俄罗斯平原泰加地带、西伯利亚西部低地泰加地带（低位沼泽）、西伯利亚中部高原泰加地带；"地带"内又按地带性分"亚地带"。省是地区的地带中的那部分，如山西高原地区分南北两个省；四川盆地处一个带中，为一个省。

这个图式有几个特点：①认为双列系统单位是基本单位，但又是互不依存、没有从属关系的两列单位。［行间插注：但若实施，则只能作两个等级性区划，或一个国内分高原平原，这仍不是综合自然区划。］②只在最后一级区划单位（狭义景观）中才综合结合（地方景观合）。③联系单位是次要的，只要分出两个联系单位就够了。这就其实是

［页边注：但区划单非都是对等划景观，在此以上的单位如何处理两种规律的关系？］

53a

单列系统的思想，但不彻底。同时又认为单列系统在理论上是"站不住脚的"，这就自相矛盾。

(2) 单列系统的基本思想：① 地带性和非地带性分异规律虽然互不依存，但由于同时作用于地表自然界，因而在空间上得到统一，表现为统一的（完全综合）的区域分异。任一区域单位的形成和不同区域单位的分化都是两种因素的交织作用和两种规律的综合表现，因此可以根据这种综合表现的不同量级，建立一个单列的区划单位等级系统。这是其理论根据。

12月24日

② 以双列系统作为单列系统的分析性步骤：要揭示统一的地域分异规律，首先要用分析的观点分别研究地带性规律和非地带性规律。相应地，建立完全的综合性区划等级系统，也应先弄清地带性和非地带性两类不完全的综合性区划单位，然后进行有机叠置。这里要注意：a. 只有等级相当的单位的叠置才能得出实际的综合区划单位，即在一定尺度的地带性背景中找非地带性分异，也在一定尺度的非地带性背景中找地带性分异。b. 叠置并非两种区划网格的机械交叉，而必须进行地理相关分析，然后对叠置的轮廓界线加以适当调整。这实际上是在地理联系分析基础上交替运用主导标志法来进行区划。

(3) 单列系统的划分图式（83年讲义p.16—17）

(4) 单列系统的特点：按上述思想划出的单列系统单位具有以下特点：

① 是带段性单位和省性单位相间排列的系列，只有自然区（低级单位）才是两种单位的完全统一。带段性即非地带性单位里的地带性差别，省性即地带性单位内的非地带性差别（主要是省性、也包括地貌省性、二者综合的省性）。因此，单列系统必须在双列系统基础上获得（解释）。

536

② 本着使用地带性标志和非地带性标志为主导标志，这样可减少任意性，以便不同的区划相互对比。

③ 区域单位的等级从属关系清楚，有利不同地区的对比和类型研究；使"自上而下"的逐级划分和"自下而上"的逐级合并都成为可能。（逻辑性强，有利地理学理论的简化）

~~2. 单列系统的排列图式：（83年讲义 P56—57）~~

**2.1. 单列系统单位的定义及划分：**

(1) 带段：
(2) 国：
(3) 地带段：
(4) 省：

（83年讲义 P57—59），与双列系统单位比较。

省以下单位的划分，目前的研究不多，也存在争论。但省性单位可进一步划分这一点上已比较一致了。59年中国综合自然区划方案在省下就划分出自然州和自然县两级单位（见83年讲义 P54）。省下带段性单位的划分争论较大，实际工作也做得很少。但我国华南广泛展开的亚热带和热带资源调查工作的研究结果表明，省以下的带段性分异是存在的；这在生产上也很有意义，可确定作物的引种界线和防护界限。因此，省以下区划单位的划分仍可按交替使用地带性或非地带性主导标志的方法，得出逻辑性较强的低级区划单位。例如，鄂伦春某分的自然区划工作（83年讲义 P62）。

（类似综合方案的亚区、小区。）

省下区划单位的研究以自然区较成熟，这中间有一段空白；自然区以下，相和限区的划分也较一致，"地方"则是各抒己见。地域单位划分的这个研究现状，以"自然区"为中点，两头对称。

（三）自然区划等级单位的"黑箱化"工作：（83年讲义 P64）〈陈传康讲课笔记〉。

（多区感、类型感、地段感）

《地理学报》Vol.33，No.1，P49
《中国综合自然区划概要》

54a

三、自然区(景观)的划分及其在自然单位系统中的地位和意义

自然区划不限单位，为何？

景观(自然区)的研究在理论和实践上都有很大意义。它是土地类型研究和自然区划研究的一个承接性单位，对确定自然区划单位和土地分级单位(及土地结构)都有帮助；它本身性质、特点的研究也有助于揭示综合自然地理学中的原理和规律。所以要专门讲一下。

实践上，景观是国土整治、农业的布局方向、自然资源开发利用和保护的基本单位。

1. 景观的概念：“景观”一词起源于德文“Landschaft”，英文译作 landscape，俄文译作 ландшафт。对它的涵意有几种理解：

景象、景色、风景

① 认为景观是个一般的概念，即各自然地理成分的总体特征，或称作“自然地理综合体”；甚至包括经济、人文特征，称作“地理综合体”。但不认为是一个地理综合体的单位。这样的理解可称作广义景观。从一个村庄到整个地球表面都有自己的景观。代表人物有阿尔曼德和米尔科夫，(后者还坚持区划单位才有景观，土地分级单位不具有自己的景观)。我国大多数地理学工作者也作这种广义理解(“景观生态”，见讲义P39)

这从英文字义上以俄文字义上都较合适。

② 认为景观是一定的区域单位，即区划等级中的下限单位——自然区。代表人物有伊萨钦科(区域学派)，中国有一些受其影响的学者也作如是观。这样理解可称为狭义景观。相当于英文文献中的 region。

还有贝尔格、格里哥里耶夫、苏卡乔夫、索恰瓦、宋采夫

③ 认为景观是类型的最低分类等级层次，类似生物学中“种”的涵义。代表人物有格沃兹杰茨基(景观类型学派)。现在作如是观的不多。

相当于区域学派的“地方”类型。

本节所讲的是狭义景观，称自然区。

2. 景观作为区域单位的由来：

① 来源于土地结构研究：土地类型研究深入后，土地规划工作也

546

逐步丰富深化。其中，人们常说：第一，人类生产活动并非孤立地利用某一土地类型，而是同时利用各种土地类型。因此利用中要考虑一定区域内各种土地类型之间的关系，这就必须研究土地结构及相应的自然分区，并以此作为确定经济（尤其是农业）地域类型的基础。第二，土地分类系统对土地属性的概括程度是相对的，自然界不存在完全相同的土地个体。即使是同一种土地类型，由于分布区域的差别，其自然特征也有某些差别，它们对因地制宜地区别改良利用措施有一定意义。（例如：贵阳，不同区域有不同高度，热量条件有别，对接近临界指标的作物如柑桔布局有意义。半湿润的热带沙漠土地类型研究）。此外，以土地结构为根据划分的自然区域，是更大范围内自下而上地合并高级自然区划单位的第一步，以这一途径进行自然区划，显然对推动综合自然地理学中的一些理论和方法论问题很有意义。出于以上考虑，土地研究除了进行类型划分外，还必须进行区域划分，即从土地类型组合结构的区域差异中，确定景观（自然区）。

(2)来源于自然区划确定下限单位的需要：物质是无限可分的，自然地理综合体也不例外（“日取其半，万世不竭”）。但划分到一定程度后，已不是按地带性和非地带性分异规律来划分了。往下按地方性分异划分，属土地分级研究范围；再往下还可按生物、岩石、矿物、分子、原子的个体分异划分，这已超出了地理学研究范围。地带性分异和非地带性分异到何为止？这对自然区划工作的理论和实际工作的相互协调都是十分重要的。研究结果表明，狭义景观可作为区划的下限单位，为与一般概念的景观区分，可称自然区。

这样，自然区便成为客观存在于自然界的、具有自己特征和地位的区域单位，它既不同于土地单位，也不同于其它区划单位。

3. 自然区的定义：（83年讲义p68）

55a

自然区[redacted]是在地带性和非地带性方面都最一致的区域单位，[redacted]自然界发展的现代阶段[redacted]统一的[redacted]部分，[redacted]具有特定的土地类型结构，其组成成分也具有相当的一致性。[redacted]自然区内充分反映出地方自然界的特点和自然资源的多样性，而且[redacted]是完整的土地利用单位并因此成为自然区划的下限单位。

12月2日

为了深入理解这一定义，以利于划分自然区，我们再详细地研究一下定义的含义。（自然区的特点）

1节 → 4. 特点：① 地带性和非地带性的一致性：a. 自然区的在地带性和非地带性最大 ~~即自然区是在一致的地带性和~~ ~~非地带性条件下形成~~。[redacted]较高级的区域单位都不具备这个特征，它们在地带性和（或）非地带性方面都还可再分。自然区在这两种特征方面都达到了最大的一致性。其内部分异，即土地分级，已经不是决定于地带性因素，即与太阳辐射的纬度分布无关；也不取决于非地带性因素，即与海陆对比关系和大地构造—地貌巨大特征无关，而主要同地形切割的性质、岩质的类型有关，取决于地方性分异。可见自然区是地带和非地带性两种属性的一致性最大的区域单位，其它区划单位和土地分级单位都不具备这个特点。

b. 与a有关，自然区是在最一致的地带性和非地带性条件下形成发展起来的，作为自然区发展条件中的地带性和非地带性因素，是确定其自然界结构的重要依据。（而且表现出两类分异和两种区划单位间特性的吻合）

自然区能反映出区域的地带性和非地带性特征，而土地单位不能。

c. 自然区既是地带性下限单位，也是非地带性下限单位，因而也是完全综合的自然区划的下限单位。

d. [redacted]自然区的自然成分和组成部分都在一定程度上表现出一致的地带性和非地带性属性，可以以此确定自然区的界线。

556

② 在发生历史的现代阶段是一个统一的整体：发生统一性是相对的，区域的等级越低，其年龄越小，反之越大；此外不同区域单位的发生共同性程度和特点也不相同。自然地理综合体的发展历史可大致分三个阶段：a. 其固体基础的地质历史；b. 古地理发展史；c. 现代地理发展史。自然区的发生统一性是指其现代地理发展史阶段是一个统一整体，在现代地理过程（相互关系）形成的那个时期，自然区就形成了。这需要掌握古地理资料。

相对于高级区划单位而言，自然区的发展史较短。但相对于土地单位来说，自然区则具有较长的历史和稳定性，后者指对抗干扰影响有较大抗性。土地单位在受到人类活动干扰后所发生的变化，在人类历史时期就可以观查到。而自然区的改造则需要很长的时间。即使人类对景观的影响已达到面目全非的地步，也不能改变其基本的地带性和非地带性条件。改变后的自然区尽管可能具有一些新的属性，但其基本属性仍表现为地带性和非地带性的。

③ 具有特定的土地类型结构：每一自然区都有自己的土地类型质和量的对比关系（类型、数量、面积、分布、组合方式）。因此，从自然区开始才能反映一个区域的全面自然特征和自然资源的多样性，~~国土整治（开发、利用、治理、保护）的基本单位应是自然区，~~于是，自然区就成为一个完整的土地利用单位和国土整治（开发、利用、治理、保护）的基本单位。

而土地单位则是分散出现，不能反映一个区域的整体特征，也不能决定区域开发的地域类型。

另外，自然区的不同组合，可以作为自下而上合并自然区（划高级单位）的依据。

④ 组成成分的同一性：a. 自然区内每一组成成分的一致性程度相同。伊萨钦科认为："气候区、地貌区、土壤区等在区域上都相当于景观"。但实际上地理学中各部门从来没很好协调，一致性程度不好对比。综合自然地理应解决这个问题。

56a

自然区的地质基础应为IV—V级大地构造单位，是V级单位（地质构造单位）的组合。（87年讲义P74）

自然区的地貌同一性表现为具有相同发生的中等地貌的有规律组合，（综合地貌复合体）除具有共同的地质基础外，还经历了同样的地貌发育阶段。如黄河现代三角洲，衡山、西樵山、和淮河中下段冲积扇平原、大同火山群、柴达木盆地。

自然区的气候相当于C.П.谢尔盖夫的"局地气候"（中气候或小范围内的大气候）；自然区的植被相当于群丛复合体，自然区的土壤则是土壤复区。

b. 自然区及其组成成分分布区的同一性：自然区的分布区应与各部门区划的下限单位吻合，其界线也大致符合。但由于存在不协调的问题，在用部门区划叠置法来确定自然区界线时，应进行地理相关分析。

⑤ 自然区是区划的下限单位：区划主要进行个体（具体的）研究。自然区由于具有以上特点，其个体特征和非重复性都较显著，因此，从自然区开始，着重个体研究。而土地单位则多次重复出现，数量也较多，因此着重类型研究。但二者并不排斥。

5. 自然区的划分：

自上而下：在自然地带内同时根据地带性和非地带性分异划分。主要标志是地貌复合体，即构造形式、中等地貌形态组合、地貌发育阶段、岩性（或结构）类型都一致的地区划为一个自然区。辅助标志：植被群丛复合体、土壤复区。

自下而上：根据土地结构，即土地类型质和量的对比关系合并自然区。由于土地分类单位是多级的，土地结构也是多层次的，土地单元（限区）有土地点（立地）的结构，土地系统（地方）中有土地单

566

元（跟区）的结构。自然区的土地结构是土地系统（地方）的结构，即有发生联系的几个土地系统的有规律组合就构成一个自然区。

自然区的划分举例：自上而下：一个大河三角洲（黄河、滦河），一个大的冲积扇（永定河冲积扇），山前冲积洪积平原。如海河平原省划分为滦河三角洲，海河三角洲、渤海海滨平原、永定河冲积扇、太行山北段山前冲积洪积平原、~~[illegible]~~滹沱河平原，太行山中段山前冲积洪积平原，燕山山麓冲积洪积平原，白洋淀交接洼地带等等。（燕山山地：冀北山间盆地，其他：大马火山群，怀来盆地，军都山。）

自下而上：贵阳为例，地貌部位和地形面，~~[illegible]~~，岩性，土地系统组合，自然区划分为相应的地质构造、中地貌形态组合。（山地自然区划分详见后）

《河北省及其附近地区自然区划》在海河平原省划出23个自然区，燕山山地划出36个，太行山山地划出八个，晋中南山盆地划出6个。这可在尺度上说明我们的一个概念。

又见鄂陵乡某乡的区划，（本册p.207—208）

作业、考试

57a

四、山地自然区划研究

山地的地域分异远比平原区的复杂。它虽然也遵循地带性和非地带性分异的规律，但又具有特殊的规律性，所以需要专门研究一下山地自然区划问题。此外，我国是一个多山的国家，研究山地自然区划具有特别重要的意义。

1. 山地自然地理特征和自然区划的特殊性：

……………的独特性表现为垂直带的存在分异。这主要是由地势——地貌这一非地带性因素起了特别显著的作用，但也与经度省性和地带性因素有关。

垂直地带与水平地带具有相似之处，但也存在区别。搞清这种相似和区别，对于在山地区划中处理好与平原区区划的关系，从而正确运用前面所讲自然区划的原则、方法、等级系统，有很大意义。

垂直地带与水平地带相似之处在于其直接成因都是由于温度和水分条件的变化，因而在海洋性垂直带谱中从山麓到山上大致出现类似从赤道向两极的自然带递变，垂直带谱的基带同所处的水平自然带相似，正是基带的特点把垂直带与水平地带联系起来。这一点对山地自然区划有特别意义，它解决了山地区域单位在一般区域单位中的联系和归属问题。

垂直地带与水平地带的区别有很多方面（详见地域分异规律部分），对于自然区划而言，最有意义的区别是：水平自然带的范围很大，而垂直带的上下高差一般只有几百米。因此，不同水平地带在发生上是不同的（地带性、非地带性），而不同垂直带（一个山地范围的）在发生上则具有统一性。另一方面，一个水平自然带区域内能够全体现该区域自然特征的全貌，因而则有自己的区域整体方向；而一个垂直地带则可能只反映当地自然条件

516

的片断，不能决定该区域的整体方向，山区区域整体方向应由垂直带结构来决定。因而山地自然区划要依据垂直带结构。

（山地区域由于具有以上特性），山地自然区划的基本任务在于，一方面要把山地作为独立的区划单位划分出来，从而强调其区域特征；另一方面又要在统一的区划系统中反映出山地区域分异与平原区分异的联系，即在统一区划系统中把山地与平原联系起来。从系统上看（接2(2)后一段话）

2. 山地自然地理特征独特性的表现及其在区划中的处理

(1) 垂直带结构的复杂性：

垂直带结构在不同山地，甚至在同一山地的不同段都有很大差别。这种差别是基带不同，垂直带数量不同，垂直带的性质不同，及垂直带的高度范围不同。是由很多因素决定的垂直带结构的差别。

① 纬度地带性因素对垂直带结构的影响：纬度地带决定了垂直带基带的性质，因而不同纬度地带内有不同的垂直带结构，整个垂直带系列都具有明显的地带性特征。

（纬度地带性对垂直带结构的影响，在经线走向的山脉中表现特别清楚。如科迪勒拉山系、乌拉尔山地。乌拉尔山地从北到南延伸达2000多公里，贯穿不同的自然地理地带：苔原地带、森林苔原地带、泰林（针叶林）地带、森林草原地带、草原地带、半荒漠地带。因此，乌拉尔山脉虽然在发生上具有统一性，在地势地貌上具有完整性，也可竖划分为几个（纬度带的）区域单位。对每个区域单位，其基带具有类似相应地带的特征，而且各区的垂直带系列都具有特殊的性质。在同一高度条件下，南乌拉尔较北乌拉尔、尤其是极地乌拉尔具有更完备和更复杂的带组合。

（以下见东北师大编、贵州师院重油印《自然区划问题》p43）。

纬度地带性因素对垂直带结构的影响，一方面便于弄清山区垂直带结构以划分自然区域，另一方面也可指出山地区与地带性单位的联系和归属。

再以中国为例：（见81年讲义下册 p96）

58a

② 气候省性对垂直带结构的影响：主要是水分状况和大陆度的影响。垂直带结构还决定于山地所处的水平地带性位置。

气候省性的影响首先使垂直带结构有海洋型和大陆型两种情况，只有在海洋型情况下，垂直带才基本恢复了水平地带系统的递变；而加上大陆型情况下，其中纬度只有特殊的干旱、半干旱垂直带性谱（详见"地域分异规律"部分）。在高纬度，气候省性对垂直带也有一些影响。例如，泰加林地带中，基带山地泰加林的特征在东欧大区（乌拉尔山脉西坡）是暗针叶泰加林（欧洲云杉、西伯利亚冷杉、西伯利亚五针松），在东西伯利亚大区是明亮针叶泰加林（兴安落叶松），在远东大区是暗针叶泰加林（鱼鳞松）。在低纬也同样有不同的垂直带省性结构，例如南亚热带：

台湾玉山：砖红壤性红壤（100）——（800）山地黄壤——（1600）山地黄棕壤——（2300）山地棕壤或山地暗棕壤——（2800）山地草甸土（3600）

云南哀牢山：燥红土（500）——（1000）砖红壤性红壤——（1600）山地红壤——（1900）山地黄壤——（2600）山地黄棕壤——（3000）山地淡黑草甸土（3054）

研究气候省性对垂直带结构的影响，同样也有利于按垂直带结构划分山地自然区域，而且也可找到该山地区域与水平地带单位的联系和归属。

③ 山体形态特征对垂直带结构的影响：走向、山脉相互位置、高度、坡向。山地高度不仅决定本身垂直带的数量和性质（带谱完整度），也影响相邻地区垂直带结构。山脉走向结合坡向对垂直带结构的影响很明显。东西走向的山脉产生太阳坡向差别（阴坡、阳坡），热量和

蒸发（水热条件）情况不同，这在中纬度具有特别重要的意义。山脉走向与大气环流和不同类气团产生风坡向差别（迎风坡、背风坡），对水分条件影响很大，产生不同的垂直带结构，如珠峰，南坡为海洋型垂直带谱，北坡为大陆型垂直带谱。有时太阳坡向和风坡向共同作用，对垂直带结构影响尤显著，如阿尔泰山脉和天山山脉的北坡和西坡水分条件优于南坡和东坡，这首先是由于北坡、西坡截夺西方气团带来的水分，其次北坡增温较弱。

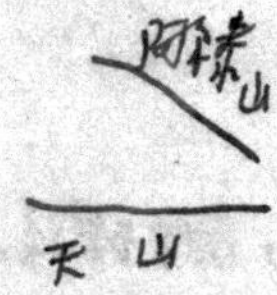


坡向对山地垂直带结构的影响，使我们在作自然区划时，可以把山脊线看作一条重要界线。山地高度对垂直带系列完备度的影响，使我们可据此划分低山、中山、高山，其中将仅有一个垂直带的山地看作低山；中山则有两个或几个垂直带；高山只有高山带（高山矮曲林、高山草原、高山草甸、高山荒原），有时还有冰雪带。根据自然土地类型的组合再划自然区。

湖3日

(2) 垂直地带与水平地带交错的复杂性：（83年讲义 p77－79）

（提到1点）←（如果说平原地区区划是按二维平面中的分异划分的话，山地地区的区划则应根据三维空间的分异来划分的。）

3. 山地自然区域单位的划分.

划以上单位按非地带性单位（省性单位）办法处理，同时根据上述分析决定其在整个区划单位中的归属和划定界线。

以下专门谈一下山地自然区（类或景观）的划分：（83年讲义 p80－84；陈先生对79级讲课笔记）。

案例：（4本、北京）秦岭南北坡（83年讲义下册 p83）

~~作业、地形图、部门图~~

59a

## 五. 自然区划单位的类型研究

区域系统化及类型系统化的区别和联系。自然区以上单位因为个体特征和非重复性都突出，故以个体研究（具体的）为主，自然区以下的单位则表现重复性，也不能代表一个地区全面的自然特征，故以类型研究（抽象的）为主。但个体研究并不排斥类型研究。

1. 区划单位的类型研究意义：

① 有利不同国家、大陆区划的对比，包括理论、方法、结果的对比，以便揭示规律和问题，最后制定全球的区划等级系统。我们在讲到"带"和"大区"划分的意义的时候，曾提到这种对比，这其实就是类型研究。目前最受重视的是"自然区"的类型研究，如国际生物学计划（IBP. international biological programme）正在进行全世界"生态系统制图"，制图对象是"IBP区域"，相当于加拿大"ecoregion"，即自然区（狭义景观）。IBP区域的划分标准——"地势起伏类型的变化常可成为划分IBP区域的适当基础"，这与景观区域学派是相同的。② 区划单位的类型研究对全球的环境管理也是有意义的，"只有一个地球"——大系统；各区划单位——不同层次的子系统；全球环境的协调须以各子系统的协调为基础，在全球范围内，子系统研究的类型更有意义。同理，对一个大国也是这样。

"综合"学派：
1. 地貌处理，
2. 景观生态，
3. 过程.

③ 地域性开发利用经验的推广：这种经验从一个具体地区推广到另一个地区，应考虑其自然条件的相似性，这就须进行类型研究。a. 区划解决一种经验在这个地区的扩展界线，b. 类型研究则解决这种经验所能推广到的其它地区（自解释）。例：美国柑桔的引种、新西兰猕猴桃的引种，我国南方石灰岩区油橄榄的引种；工程上，盐碱化

（未完待续）

对混凝土的腐蚀。

2.Ⓓ. 区划单位的类型系列:

由于区划单位是多等级的,而只有等级相同的单位间才可类比(例:岩石和矿物、细胞和器官),所以区划单位的分类是多级别的(详见83年讲义上册 p233)。区的分类、州的分类、亚地带段的分类、省的分类、……小(地段,区)类的分类等。

图式

分类标志与区划标志有区别又有联系。二者都按相似性划分,但区划中,相似性是指一个区划单位内部的相似性,[illegible]而分类研究中,相似性是指不同区划单位间的相似性,这种相互的相似性是不同区划单位的共有特征(共性),是对若干个体共性的概括,而忽略它们的某些个体特征。

分类中对若干个体的概括可进行到不同程度,因此分类可以是多层次的。很多人主张借用生物学中的分类级别来表示这种分类层次,即种、属、科、目、纲、门(型)等,以便建立严格的分类系统。但目前这种研究尚刚开始,还须要得到确定各分类级别的严格定义。例如,什么是区种?什么是区属?等等。

分类级别的数目与两个因素有关:①分类范围:范围越大,某一级别区划单位的个体数目越多,要进行类型概括的层次就多。②区划单位等级:在同一范围内,区划等级越高,个体数越少,要进行类型概括的层次就少。反之则多。

3.Ⓔ. 区划单位类型研究的实例介绍:

带的类型研究:一般在全世界范围进行,由于是高级区划单位,个体

60a

较少，只有一个层次（级）的类型概括。某个大陆中的带（例如欧亚大陆寒温带）是区划单位，全球来看，各带在各大陆都有分布，因此带是个泛指（抽象的）概念，即类型（如寒温带是对欧亚大陆、北美大陆、南美大陆各寒温带的概括）。某一大区中的带（例如东亚季风区寒温带）则是带段性单位，同理，若干大区中的同类带也是一种类型。

国的类型研究：
地带……：
省……：
自然区的类型研究

（83年讲义 P110—113、115……）

元月7日

# 六、自然区划调查研究的一般程序和方法

（一）室内准备
- 收集资料
- 分析研究资料
- 区域单位的拟定和草图

1. 收集资料：地形图（不同比尺、不同版时）（参考工具、成图底图）
卫片及典型地区航片
部门图及专题图
〃〃调查报告及专题调查报告。

2. 分析研究现有资料：焦点
- 各要素的相互关系、地域分异规律。
- 开发利用中的问题、可能性。

（1）部门分析：
地质：大地构造分区系统，地质构造的排列组合，岩性及第四纪沉积物的分布组合特点，新构造运动及其地貌表现。相应的自然区域单位。

606

※. 地貌分析：主要有三方面，

①. 地貌对其它自然要素的影响；

②. 地貌在地域分异中的意义；

③. 地貌在遥感影像解译中的作用。

详见《地貌研究在综合自然地理学中的作用》

④地貌图是部门图与综合协调的基础。

顺便提及地貌划分与综合自然区划（对成因的看法，划分指标）。

气候的分异特点（地带性、非地带性），与其它地区对比以确定水热指标的生产实践意义。

水资源结构、利用现状存在问题、外地调水的可能性。

土壤植被类型及其分布规律、土植资源利用现状及开发利用方向。

(2)综合分析：①（83年讲义下册 P120）

②部门区划与综合区划的联系（东北师大讲义 P57）。部门工作有：农、林、牧的作用，相互配合协调，论证修正（相关分析）。

3. 区域单位的等级及界线的初步确定、制草图。

(1)编绘水系图（包括重要等高线）。

(2)区划单位的界线问题（东北师大讲义 P67）

(3)等级系统：大的区划单位可据全国区划方案控制；较低区划单位应比较部门区划方案来确定，或按区划原则重新拟定。

4. 拟定考察路线和考察计划。

(二) 野外考察与调查：主要沿交通线，也补充一些横穿地带性或非地带性综合变化的路线，典型地区的自然地理类型调查。

1. 界线的验证和修正（83年讲义 P123-124）、区划单位实际特征的感性认识。

2. 社会经济情况调查：收集社会经济材料，主要研究当地

61a

水热条件、土地结构、动产资源结构、水资源结构以及区位条件对农业、工程、工业、交通、城镇(区)经济开发和环境保护的关系，以及开发利用、治理、保护中存在的问题，以利在区划报告中有的放矢、具有生产实践意义。（详见新编自然地理上册p127-129）.

（三）室内总结：

1. 对野外考察与调查中收集的资料加以整理，并结合室内准备阶段的工作加以分析研究。包括整理标本（岩石、土壤、植物）及照片。

2. 确定自然区划方案，正式编制自然区划图。

3. 编写区划报告：

内容：①区域总的自然地理特征；②区内地域分异规律；③分区的依据和分区方案；④分区描述；⑤生产建议。

注意：①要摆脱按部门地理成分顺序的传统描述法，只有综合特点。因为区划（自然）是为全面认识和综合开发利用该区域服务的，并非为某一部门服务。大范围区域可在指出该区在全国自然区划中的地位（归属）后，分别从地带性特点和分异、非地带性特点和分异、地貌结构（土地结构）三方面来论述，这三个方面对所有地理成分都有影响。小范围区域内地带性和非地带性分异不明显，则分级论述该区的地带性和非地带性的背景，然后从相关分析出发论述各自然要素的特点及相应关系。

②分区描述中，地带性单位着重描述地带性特征，省性单位着重描述非地带性特征。同时在一等级上要突出描述相应

616

一致性标准的表现。

③经济建设中：各个区的建设，怎样开发利用及发挥各个区的优势，从现存的问题改变到合理利用应有哪些政策保证。因此，需要懂社会学、农学、环境学知识。

元月10日

第二章复习题：

1. 试述自然区划的定义、特点及意义。

2. 在地域系统研究方法中，何谓区域系统化？何谓类型系统化？二者有何区别和联系？

3. 自然区划中应遵循哪些基本原则和采取哪些相应方法？

4. 地带性区划单位与非地带性区划单位的形成原因是什么？它们各有什么在空间表现上特点？

5. 试述自然区划单列等级系统的基本思想和特点，~~以图示~~图示如何从双列系统获得单列系统及各单位间的相互关系。

6. 简述大区、带段、国、地带段、省、州的基本特征。

7. 自然区(狭义景观)有哪些主要特征？自然区的研究有何理论和实践意义？

8. 垂直带结构受哪些因素的影响？表现如何？

9. 垂直地带与水平地带交错有哪些表现类型？区划中如何处理之？

10. 如何划分山地自然区(狭义景观)？

11. 自然区划单位的类型研究的意义有什么？

~~12. 试述地貌研究在自然区划工作中有何作用？~~

教学意见和建议（返馈）。

62a

# 唐晓峰

## 《中国城市历史地理》

这份讲课手稿是我在1983年秋季学期使用的，那是我研究生毕业留校后第一次上课。当时地理系的经济地理教研室很重视城市与区域规划，既重视教学，也重视社会实践，发展得非常好。在规划专业的课程设置中，有一门讲述城市发展历史的课，我因为专业是历史地理，就分配我来上这门课。当时国内学术界对城市史的兴趣也是越来越浓，我自己也很喜欢这个领域。另外，侯仁之先生开创的现代历史地理学很重视城市历史地理研究，这一领域是北大历史地理学的重点，由历史地理专业来上这门课是应当的。

这门课，也是我这辈子上的第一门正规课程，当时是边学习，边备课，边讲课。这一切都是新鲜的，所以并不觉得累。

这次听课的同学是经地80级的，秋季学期上完课，来年（1984）春季学期又与他们一起到阜阳参加教学（毕业）实习，内容是阜阳城市规划。那次是胡兆量老师带队，去了十几位同学，我带领其中两位同学负责历史背景的查阅、分析。因为是第一次在教学实习中独当一面，所以是难忘的，对工作难忘，对80级的同学也是难忘，现在还记得不少同学的名字。

这篇讲稿后来陆续用了两年，直到1986年我出国学习。讲稿基本上是完整的，只是隋唐五代部分在课后不慎丢落在教室里，未能找回，有点遗憾。40年后的今天看起来，讲稿的内容主要是介绍了一些基本的中国城市历史知识，没有就一些问题做深入讨论，但它毕竟是自己在北大首次登台讲课的纪念物，敝帚自珍，所以一直保存着。（唐晓峰）

1

# 序论

一．历史地理学是现代地理学的一个组成部分。这是由研究对象所决定。其研究对象是地理现象，地理现象的空间规律，即各种地理规律。划分学科是依对象，而不是依手段。

对同一领域的对象，可以有不同的手段，具体说，是处理资料（信息）的手段。但手段不能改变学科的性质。用卫星，不能说是宇宙研究空间技术的。用无线电仪器、电子计算机，不能说是无线电、计算机科学。用历史方法处理资料，寻找信息，同样不能说是历史学。

历史地理学主要研究对象是人类历史时期地理环境的变化。这种变化主要是由于人的活动和影响而产生的。历史地理学的主要工作，不仅要复原过去各时代的地理环境，而且还须寻找其发展演变的规律，阐明当前地理环境的形

20×20=400

第 2 页共 页

式和特点。这一研究对当前地理科学的进一步发展，有极大关系，同时也直接有助于当前的经济建设。

▲历史地理，将古地理与当代地理联接起来，我们可以由此得到一个环境演变的全过程。

▲在人类历史时期，自然演变不是没有，但相对于人类影响而产生的演变，在速度、规模上都要低。研究人为事物，直接的、间接的。

（经济地理研究人类活动的人的需求，打破，需要紧密结合）

▲不仅是理论高度，更要的是寻找规律，这些规律是具体地区中的规律，是一般规律在特定地区的表现形式。

▲因此，对于认识今天地理环境的形成，变化趋势都有意义，对于今天的建设事业也有重大意义。"历史"并不意味着过时的、陈旧的。

总之，要有时间意识，有完整的时间意识。任何一个事物，都有空间上的结构性，也有时间上的结构性。结构性亦即系统性。

分析人口，从年龄构成，实际上是时间结构性。评价一个城市，更不能抛开时间，否则无法认识它的什么和什么不满之，什么和多完培育。

20×20=400

很有必要以后，则先作这个规划。甚至可以有全变或研究。一个城市每个地方都可能有变成详细之整体计划，以便总图。一个城市必定有一个总趋势，这点规划者一定要明了的。

二、历史地理与沿革地理。

沿革的演变，指制度或疆域的转换。而沿革地理在我国有数千年的历史。最早的沿革地理书是《汉书·地理志》，班固著，成书于公元一世纪。

> 班彪先著，彪死，子固继之。后有人告发，说固"私改国史"，固下京兆狱。弟班超上书辩护，书奏送到洛阳，显宗明帝看后，赏其才，任命固为兰台令史，掌图书，修史。书未竟，固死，妹班昭续成。

沿革内容为：政区变迁，地名更易，都邑兴衰，水道变迁。

"水经注" 记河流，所经地区。从西南徙。

如：汉书地理志：

京兆尹，故秦内史，高帝元年属塞国，二年更为渭南郡，九年罢，复为内史。武帝建元六年分为右内史，太初元年更为京兆尹。元始二年，户十九万五千七百二，口六十八万二千四百六十八。

沿革地理只解决"知其然"的问题，而不能回答"知其所以然"这更高的认识。历史地理是在沿革地理的基础上，上升一步，研究"其所以然"，研究规律性的东西。对河流变迁、人口分布，都要进行地理学的分析。

十（历史科学："发现、查证、分析"的研究顺序）。

三、历史地理学领域内的唯物主义与唯心主义的对立。

这是一个哲学基础，思想方法，世界观的问题。而体现世界观对立的突出点在人地关系这个问题上。

①首先是人与地理环境之间是谁决定谁。

第5页共　页

从现象上看，即有人受控于环境的一面（人类自身类种的差别，原始社会时期的经济形态，人们的穿着饮食与自然条件之类的形态、生产、居住……）也有环境在人的作用下发生变化的一面。对于这两种事实的看法，很有争论。争论是在：哪一方面是本质性的，是决定性的，是主导的。

一种：地理环境决定论。不但决定人种、经济类型、生产特点，还决定社会制度、寿命多少、人的脾气（性格、智力）、生殖的多少。

关键在"决定"二字。地理环境的影响是存在的，但不是决定的。

另一种：人类可以改造自然，在地理环境中人类的能动性是主导方面。从方向、趋势上看人类是在不断地改造环境。

"环境决定论"是个老问题，在西方今亦不再流行，不用多讲。

②是在上一个问题的基础上前进一步的问题，即：人类是怎样来改造自然环境的。具体说：人类是否要依赖一定的关系来行动，是

20×20=400

第 6 页共 页

改造自然，人与人之间的关系对人类改造自然有巨大影响。

那么：在人地关系中只看人地之间，而忽视人与人之间的关系，不承认生产关系对于人类改造自然的影响。

明确：生产关系对于人类改造自然有很大的影响，在不同的生产关系下，会形成本质上不同的人地关系。

在私有制情况下，生产是分散的，无计划的，一个部门内部之间，一个区域与另一个区域间是竞争关系，互相矛盾关系，剥削一方压榨一方的关系。

封建时代，掌握地主对农民经济上的剥夺。如大运河是吸血管，长安吸取江南的财富。

半殖民地时期，帝国主义瓜分，内地则仍为封建制度。沿海人为发展内地，却掠夺内地的资源，因此城乡面貌差异巨大。

旧社会对于森林、耕地的破坏与环境的破坏，一方面是由于缺乏知识，不是为一定要这样用，主要是政府腐败，为敛财，竭泽而不顾后果。破坏前不顾将来。

在这种生产关系下，形成的人地关系，则

20×20=400

第 7 页共 页

或与地理问题，与今有新制情况下，是有很大差别的。

今有新制可以有计划地，从长远利益出发，从大局出发，去安排组织进行一系列生产活动和一切社会活动。这使得人们变对立为协作关系，走了飞跃式的向前发展。

四．野外考察之重要性．

这是一个方法、手段问题．对历史地理学研究，是极为重要的。

①纸上文献材料之不足。如一条河，文献说在旧东。则应在河东此之地势上．如旧有了迁移。这些重要与否，对一个城市则不可缺少之手段．只有实地考察才能弄明确。

②野外考察更重要之处，是实地验证文献记载，发现古今差异，从而发展地理科学之运动，探索运动规律。

沧州城，当时是"关前亭……"
今天是一片沙漠。

〔从实地考察核对文献记载，地理工作者据以做好田野工作，增加趣味，又有所得的〕

20×20＝400

野外考查一个重要借用手段：考古学。

十 什么是考古学：

历史地理学，注意人类活动之痕迹，因其注意人与地关系方面之活动痕迹。

如：石器时代考古的问题，说明当时水源。

两期文化层中间有沙层，说明洪水泛滥。

井之深度，说明当时地下水之水位。

借用考古自商——周之铜器顺序。

考古10了省会郑州之城市名称。

第　　页共　　页

仰韶文化时期的气候

半坡遗址（C14年代5600—6080年）的猎获物中有獐、竹鼠、貉（Hé）。今天的獐生活在长江流域的沼泽地带。竹鼠以竹笋、竹根为主食。现在陕西虽有少量竹林，但已无竹鼠。貉也是栖于河湖地区。这些动物骨骼说明仰韶文化时期，气候较今天温湿。

《西安市地理图说》7页

20×20＝400

第　　页共　　页

## 什么是考古学

(1). 是研究历史的(研究人类社会发展历史的)三大手段之一。考古学的特点是主要依据古代遗留下来的实物资料。

(2). 考古学与文物学不同。文物学只研究器物本身的年代、工艺等方面的问题，而考古学要利用实物所提供的历史信息去解释历史。如：从墓葬看出一夫一妻制的产生。从窖穴位置看私有制的产生。从某一器物的生产条件推测劳动组织，如司母戊大鼎。(重875公斤，需要70多个坩埚，每一坩埚3-4人，就需要200—300人同时操作，这只有奴隶劳动才有可能)。也有直接发现文字资料的，如甲骨文，证明了史记的可靠性。)

(3) 考古学的一个重要术语——文化。指人类某一集团的物质、精神的总成果，包括社会组织、风俗习惯等。在时代上、地域上表现出文化差异，从差异、联系上，看时、空关系。

20×20＝400

第 2 页共 页

城市的结构(侯先生进行了创造性研究开始改变这种状况)。对城市在区域环境中的地位、作用尚缺乏研究。对城市群体也缺乏研究。

参考书:

▲《历史地理学的理论与实践》 侯仁之 上海人民出版社

▲《中国城市建设史》 同济大学城市规划教研室 中国建筑工业出版社

▲其它中国古代文献、以及论著在讲课时随时介绍,不作必读要求。

▲中国自然地理 历史自然地理 科学出版社 中科院"中国自然地理"编委会

20×20=400

## 一、中国城市的起源

(一) 什么是城市：

许多学者（历史、建筑、地理、经济等方面的学者）都曾对城市下过定义。~~但没有~~据说多达24种。但没有一种定义得到公认。有的人根据居住人口，如2000以上者为城市，以下者为乡村。这显然不对。今内蒙集宁南有个大村，叫平地泉，人口过万，但绝对不是城市。又有些人认为城市一定要有城墙（指古代），以此特征来识别城市。这也不对。我国古代的商代都城——殷，便没有城墙。秦始皇也曾下令，将郡县城墙拆毁，但并不能说城墙毁了，城市就消失了，就变成农村了。以上这类城市定义，只注意了外部形式，没有从内容实质入手，因此无法准确全面地概括城市。

有些学者对城市的定义很重要，我举出二人。（见卡片）这两种定义，也基本上是从形式上入手。但是城市的形式是极为多样的。~~[illegible]~~ 所以从形式上入手去对城市的概念进行概括，不免要顾此失彼，挈放完长。

认识城市应当从分析城市的性质入手。以下举出几点，不叫定义，而称为几个主要特点。

①、城市是非农业型（兼有一定行政组织的）永久聚落。有些聚落是非农业型，但不是永久的。聚落—农庄 人口多

②城市是聚落的一种，但不是单纯的聚落，或者不仅仅是聚落，而是形成一个城市社会。就是说，城市的社会含量相当大，有不同的阶层、不同的生产部门、社会部门。早期城市的部门不明显，但城市发展后必然如此。不同的人类集团。

③（以上两点是就城市本身来说。）城市是以地域关系为特点的社会组织之一。这一点最具有地理学意义。

(二)、最早的城市是怎样诞生（形成）的？

(1)城市属于历史范畴，它有个发生、发展的过程，不同历史时期有不同的内容。

城市的基本功能是聚落，但它是一种特别的、高级的聚落（对于农村聚落而言）。城

城市不是突然出现的，不是由什么人凭空创造出来的。中国古代有各种英雄人物~~造城~~创造城廓的说法（见卡片）。这些都是不对的。城市像国家一样，是"不知不觉"产生的。它是一个缓慢的历史过程。人们只有在城市已经存在后，才能认识，才能发现其与原先的聚落不同。

城市是一种高级的、特殊的聚落。它是在历史发展过程中，由低级的一般农村聚落演变（异化）而成的。这个演变过程，就是城市化的过程。

回顾一下我国原始社会聚落的发展过程：猿人所住是穴居，社会组织是原始群。农业出现以后，定居成为可能，定居村落开始形成。氏族组织在这一基础上也发展起来。氏族组织社会分为两大期：母系氏族社会、父系氏族社会。（原始群中没有分工，只本能进行劳动。是不固定的小分合。氏族社会中，已有简单的分工，狩猎、采集、畜牧、农业、制陶……组织固定，并有一定的组织制度。）

▲什么是村落。

21页 13页 渑池县仰韶村

母系氏族社会的代表文化是仰韶文化，父系氏族社会的文化代表是龙山文化。28页山东历城（今章丘）龙山镇。

仰韶文化的典型村落遗址是西安半坡，姜寨。



▲见仰韶文化的村落复原。

半坡聚落东西最宽处200米，南北300米，总面积30000平米，此中半已发掘。居住区周围设有壕堑保护。堑北为公共墓地，堑东为制陶区。堑上可能架有木桥以便出入。居住区已发掘出40余座房子，中央有一大型圆角房屋（12.5×14 m²），其余小房子门都朝向大房子。据云南佤族之民族志材料，大房子应是部落首长住室以及开会之地方。

姜寨聚落之居住区为五组建筑环绕一个中心广场，每组都是由若干对偶住房环绕一个"大房子"。居住区外有壕堑，堑外是墓地、陶场。（参考摩尔根）

这种聚落布局，是当时氏族公社式社会结构之反映，一个村落实际上是一个社会单元，维系这一社会单元之是血缘纽带。在仰韶文化聚落选址：多在河岸台地，便于取水，而又不至为水害。另外河岸台地宜于原始农业发展。河岸是最早最便捷之交通通道。

当时已出现社会第一次大分工，即农业、畜牧业之分工，但这种分工没有使氏族组织解体，尤其是没有造成聚落之分工。

社会（部落，不仅仅是母系的。）

第7页共　页

（分工是城市产生的范围，而同时也是城市不断发展的范围，因为它是不断的分工，使城市日益复杂化。手工阶层、手工业城。历史中有大分工，也有各种各方面的小分工）。

仰韶属社会时，尚未出现第一次社会大分工（农业与畜牧业），虽然有制陶、制石器等生产工具，但这些只是"当作农业的副业来进行"。（马克思《资本论》）人们还没有完全离牧。

有的学者（叶光庭）认为此时，聚落还不是十分固定的，因为要进行土地的轮作，人们常常迁徙。

龙山文化继仰韶之后出现，属于父系氏族社会。已出现第一次社会大分工（发现家畜骨骼、羊骨羊粪层）出现一夫一妻制。▲遗址范围增大，达30—40万平米。

完整的村落尚未发现。但房屋发现的不少，有二、三间的组合房屋，有白灰面、屋内窖穴，反映了私有财产出现。叶光庭估计已有村落网。（有3处 另有 城垣 墙迹）

在龙山文化的中晚期，出现了夯土城墙（如

20×20=400

第 8 页共 页

遗（图见说解，夯筑为夯土墙）代表着是河南登封王城岗遗址：

两座城堡遗址东西并列（两者什么关系？）

西城南墙82.4米。夯土墙有基础槽。

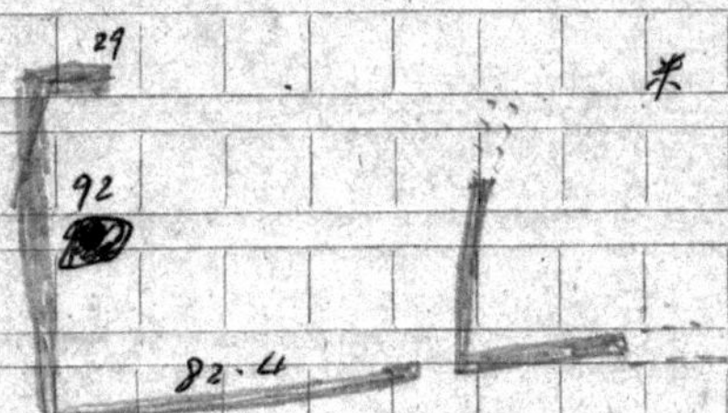


槽口宽4.4米，底宽2.54米，深2.04米。夯层厚10—20厘米。夯窝直径4—10cm，可能是用鹅卵石作夯具。（夯土技术是我国古老的建筑技术，直至现在，农村仍在使用。从小的隐墙、房屋墙，直到巨大的城墙、长城，都采用这种技术）

这是不是最早的城市？

我们说这样一座原始社会晚期的城堡，是聚落网中的特殊聚落。这种特殊性不仅表现在它的建筑结构上（有了夯土墙），更主要的是表现在这个聚落中所进行的社会活动方面。如祭祀、指挥战争、部落联盟会议，有较多的财富，首领的住所、较多的武士、奴隶……。城墙是保护财富、进行部落战争的需要。

由于这类聚落的特殊性，已经和普通的民

20×20=400

始村落有所区别了。因此有人称之为"城市雏形"，或"形成中的城市"。

但这还不是真正的城市，因为真正的城市是同国家一起出现的。因为"文明时代巩固并加强了所有这些在它以前发生的各次分工，特别是通过加剧城市和乡村的对立（……）而使之巩固和加强，……" "文明时代还有如下特征：一方面，是把城市和乡村的对立作为整个社会分工的基础固定下来，……"

在文明时国家出现以前，社会中的各种分工、分层，并没有完全突破氏族组织的形式，因而原始公社的平等制度仍居于主导地位。这种居于主导地位的平等制度反映在，使"城堡"与其它一般村落尽量保持接近。只有到阶级发展成熟（其标志就是国家组织的建立），阶级对立成为社会主导方面以后，所有以前出现的分工、城乡的对立才真正固定下来，并加剧起来，真正的城市才诞生出来。

我国古代，国城不分，城即是国，国即是城，"所城以为国"。

20×20＝400

①. 国家是按地域来组织的。由于部落之间的相互征服、吞并、奴役，原来的纯粹的氏族集团遭到破坏，而新的地域关系形成起了。（见卡尔，“氏族制度的崩溃……”）。统治者所居住的城堡则成为这个地域国家的中心。（如果原有的城堡在地理位置上不利于统治的话，可能会在新的适宜地点去营建中心城市）

②. 城市的消费性急剧增长。这是因为统治集团日益庞大，其附属人员（仆役、士兵）日益增多。这是与氏族时代极为不同。他们构成最早的城市居民。

③. 非农业经济部门（手工业、商业）涌向城市。因为早期手工业的发展主要是生产奢侈品，进步的工艺都表现在奢侈品上。王的宫殿建筑技术也是最好的。城市成为手工业的、金钱的会集地，商人们也向这里集中。

④. 政治、科学与上层建筑也以城市为中心发展起来。新的[illegible]在城市中继续进行。

以上几点，说明真正的“城市”的出现，这些特征都是因之以国家的出现而固定下来。

## 原始社会人们地理知识的萌芽

地理知识的萌芽是随着生产斗争的发展而产生的。在原始公社时期，人们对其生活和劳动的地区，必须有一定的认识，才能开展劳动和生活下去。例如到什么地方去捕鱼，到什么地方去打猎，什么地方可能有较多的果实，什么地方适宜居住等等。随着劳动内容的增加，劳动范围的扩大，人们对于环境的认识也不断的深化。（对于环境的观察也不断扩展）

例如出现农业以后，就需辨别土地的优劣，要选择适宜作物生产的地方耕种。畜牧则要驱赶牲口去寻找丰美的水草。总之，随着生产、生活领域的扩大，越来越多的环境因素开始对人类发生意义，同时人类也开始对这些越来越多的环境因素产生了认识。（人们也需要去辨别方向、计算路程……）

关于方向，一种是具体的（小范围的），以一座山头、或一个村寨作为目标。另一种是大地的空间方向，即东南西北，这一点可以从叁字来看出。

20×20=400

人们对于方向有着不同的感觉：北方代表寒冷，南方代表温暖，东方是太阳升起的地方，在原始人看来是崇高而神秘的。在许多古代的民族中便有"拜日之始出"的礼仪风俗。

有的学者认为，人类最先觉到和认识的两大自然的顺序有两个：日月的出落与大地的季节（即季节循环）。

原始社会聚落分布的地理特征

①大多分布在河流两岸的阶地上。这些河流并不是黄河一类的大河，而是大河的支流。河流阶地上地势平坦，取水方便，而又无水患，适于居住。此外河流阶地土质松软，适于从事原始农业活动。 [华北]

②在两条河流的交汇处的河岸，往往有原始聚落遗址。这与解决交通便利有关，因为河道是最早为人利用的自然通道。

③在江南，尤其是江浙一带，原始村落往往建在墩台或土丘上面。因为江南地区河水漫流，湖沼密布，没有似北方这样的高大的河

20×20=400

岸附近。江南的原始居民可能很早学会了使用水上交通工具——船。在浙江余姚河姆渡遗址发现有木桨。

④．在中国北方（从大石围来看）原始社会遗址主要分布在一个值得注意的现象：在华北平原的低地中部、东部没有发现原始社会遗址。这些遗址主要分布在平原边缘的山麓地带或河谷冲积扇地带。这可能是因为平原低地上，当时也是湖沼密布，而北方型原始农业（小麦、黍谷）不适宜在潮湿地带生产，只能在山麓、冲积扇地带发展。只有人类学会排水之后，才可能向平原低地推移——农业移民。南方型原始农业（水稻）则是另外一回事。

总的说来，原始社会，人类在居住分布上，主要还是适应环境，只能在条件具备的地方建立聚落，还不能在（选择地点）条件不具备的地方创造条件，建立聚落。（在人类发明井以后，才能逐步扩大居住区域，在离河湖较远的地方建立聚落。）

20×20＝400

第14页共 页

小结：

关于原始社会时期，需掌握的：

一、村落形态演变，村落是有防御的。

二、村落分布的地域。

三、由于分工，导致聚落的分工，由于国家的建立，城市得以最后确立。

20×20=400

第15页共 页

## 二. 中国奴隶制社会城市形态

这里是指夏商时代 前XXI—XI世纪。

夏朝的历史见于史记等古代文献，尚未得到考古学的最后证实。从发展趋势看，二里头文化可能是夏文化。二里头的分布地域同夏的地域相似。

通过对甲骨文的研究，证实了史记关于商朝的记载是可靠的（两者关于商王一系名字及世系的记载一致）。▲甲骨文.

夏朝的中心在河南北部、山西南部。商人的起源地可能在河南东部、山东西部地区。周人则起源于渭水上游、岐山一带。我国最早的国家形态，诞生在山西之南、河南之北、陕西中部，即黄河中下游地区。在四千年有文字可考的历史的头两千年，这一带一直是我国经济、政治、文化的中心。因此说，这一地区是中华民族的摇篮。我国最早的城市也是在这个摇篮里诞生的。

20×20=400

、商代气候

在安阳曾发现獐、竹鼠、水牛、象、貘等动物的骨骼。"今日水牛已分布在淮河以南，象栖息在西双版纳密林中，亚洲貘更是局限在马来半岛和苏门答腊的沼泽森林之中了。胡厚宣研究甲骨文也发现一块甲骨刻文说，在武丁时代（1365—1324？）打猎时获得一象。表明殷墟发掘出来的亚化石象多为土产，而不是从南方运入的。甲骨文还说明当时安阳人种稻，在第二个月或第三个月，相当阳历3月下种，现在安阳下种要到4月份，殷人约早一个月。"（历史自然地理）

## 夏

夏是我国第一个奴隶制国家。国家出现的标志是王位世袭制度的确立。禹以前是禅让制，禹老年时，按传统，选东夷的一个首领益作为继承人。禹死后，其子启，联合拥护他的势力杀掉益而夺得王位，废除禅让，建立了奴隶主统治的国家。设立官吏、设法律刑罚（禹刑）、监狱（夏台或称钧台）。

治理洪水，禹"尽力乎沟洫"，推动农业的发展和地区的开发。

出现冶铸铜业，进入铜器时代，夏曾铸"九鼎"，以象征王权。（欧洲是铁器时代进入奴隶制）

据文献记载，夏朝曾在今山西夏县西北（当时称安邑）、河南禹县（当时称阳翟zhai）、河南登封（当时称阳城）等地建立过都城。不过现在还没有找到确切的夏代城址。但是二里头遗址有希望发现夏城。

二里头遗址（河南偃师）

①、有三种级别的房屋：半地穴式5.08×2.2米，地面上中型房屋9×5米、大型宫殿群组。

大型宫殿群：东西108×南北100米。估计是廊庑封式的建筑群，由堂、庑、门、庭等单体建筑所组成，布局严谨，主次分明，基本具备宫殿建筑的特点和规模，开创了我国宫殿建筑的先河。

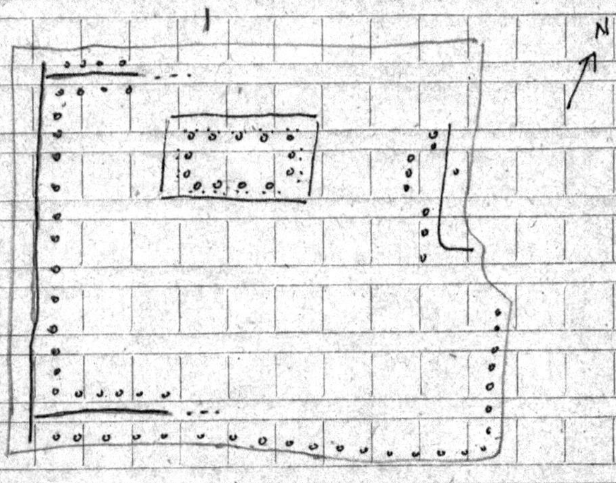


中部偏北的殿堂可能是四坡出檐式。面阔八间，进深三间。设有内，"以茅盖屋"（大戴礼）

四周有一组完整的廊庑建筑。东、西墙为一面坡式房屋，南、北是两面坡式房屋。

这组建筑很像戴震《考工记图》中的宗庙图。

主宫建筑指可能宫殿，不仅是指皇座所在之处。

20×20=400

据左传二十八年说："凡邑，有宗庙先君之主曰都"。因此，二里头有可能是一处都城。古代宗庙仍是行政之所。"失宗庙"就是失去政权，"毁其宗庙"就是灭人之国。

这三种级别的房子分别代表了权贵、权贵之附从、统治者。

②、二里头遗址范围大，2500×1500米，堆积厚、遗址遗物丰富。说明人口密集，聚居区大。

③、已发现城墙痕迹。墙之延伸范围、与宫殿之关系尚待探清。

## 商朝 前16—11世纪

商族是居住在黄河下游的一个历史悠久的部落，为东夷一支。黄河下游是一个洪水经常为患的地区，所以商族多次迁徙。据说自契至汤有八迁，第八迁是汤居亳（河南商丘）。汤灭

20×20=400

夏以后，又五迁其都，最后到殷（河南安阳小屯）。

在夏朝最后一个王桀的时候，商族势力已经很大。商首领汤举兵西向，灭掉夏朝，（当地人民欢迎商军"若大旱之望云霓也"）建立了商朝。商朝势力发展很快，活动的范围主要以今河南北部和山东西部为中心，西到陕西西部，北到河北北部（涿县一带，未到北京），南到湖北甚至湖南北部，东到海滨。（诗经商颂："邦畿千里，维民所止，肇域彼四海"）（过去以为商人势力未达长江流域，后在湖北黄陂发现盘龙商代遗址遗物，才确认商人活动范围已达长江）。

商代气候，较今天温暖。这从殷墟发现的动物遗骨上可看出。

在农业方面，园田水平有所提高，田间出现沟洫（畎亩）。甲骨文中田字作田畕囲。

在手工业方面，有"百工营"，分工细致，青铜器铸造式样辉煌。

商人已用了马车，轮子出现，从而交通道路趋于固定。"相土作乘马""胲作服牛"

商业发达，"牵车牛，远服贾"商人起先交

曾到河北及小流域作买卖。货币——贝出现。贝产于海滨（或说产于南方海滨），对商人来说是难得的东西。马克思说，"货币形态或是固定在最重要的外来交换品上"这是自然发生的地方形态（资本论第一卷）。除天然贝外，商人也有铜贝。（汉字中与钱财有关的字，很多有贝字，如财、资、货、贷、贡、贪、贩、购、贱、赌、贵），小屯一座中型墓中，有6000枚海贝。有的学者认为，后来商人称贾人，因为商朝人会做买卖，后世就泛称商人了。

上述经济诸因素的发展，必然推动城市的发展。

在上层建筑方面，商的国家组织更加庞大，有"群臣百吏"，随着祭祀礼仪活动的复杂化，出现一大批专门从事精神活动的人——贞人，即巫师。从甲骨文可看出，王室一切活动都要事先由贞人占卜。大批礼器出现——钟磬。这一切也要求有更大的专门的活动场所，城市的发展则满足了这种要求。

从文献中知道，商代称都城为邑，邑可能

指城市也指农村，但"大邑"一定是指城市，甚至都城。（商人称都城为"大邑商"）

在国家形成之初，一国一城，一城一国。随着奴隶制国家制度的不断健全，领土不断扩大，一国之内就不只一城了。除了中央控制的都城之外，~~出现~~各地地方性城市开始萌芽。~~出现了各地的一些城市，由各级中小奴隶主控制。~~

## 都城

郑州商城

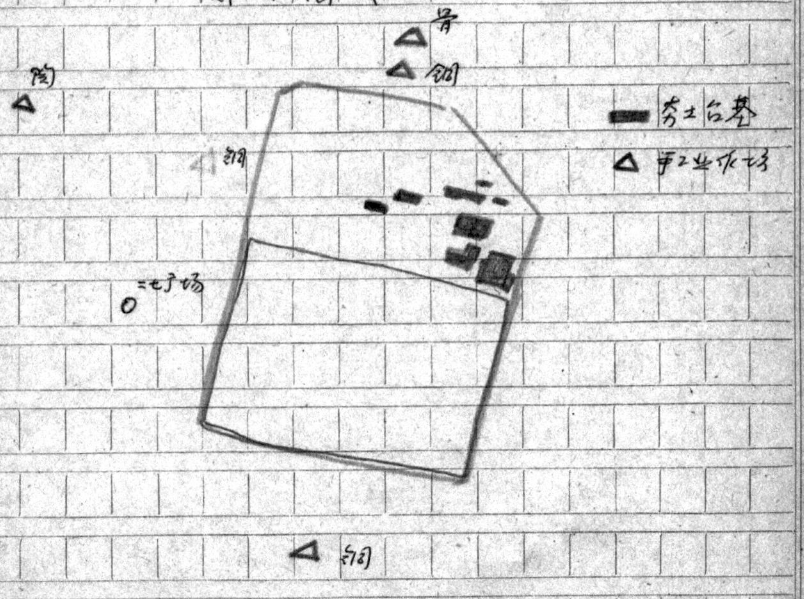


周长：6960米，东墙：1700米，南墙：1700，西墙：1870米

北墙：1690米

城墙今有11个缺口，其中可能有城门。

20×20＝400

城内：▲小型房基、窖穴、少量墓葬。

根据遗迹、遗物，估计城内有少量农民、一般中小奴隶主。

▲城内东北部一带，约6万多平方米的范围内，发现了几处大面积夯土台基和大型房基，最长的有60余米。

城外：▲有密集遗址，从遗物看，多为农业人口，反映了早期城市特点。

城市与农村紧密的联系，这些农村又不是纯粹的农村，它们与手工业作坊交错在一起，与城市生活互相渗透。

〔农业是经济主要方面，以农立国，城市本身还不能建立自己独立的经济，城市虽然从农村中分化出来，但不可能那般纯粹（和今天城市户口、农村户口）。〕

▲按照一定布局建立了手工业作坊。

南城外500米处，北城外200米处有铸铜作坊。北城铸铜处北有制骨作坊。西城外1300米有制陶作坊。

# 殷墟

殷墟是商代后期的王都，是我国奴隶制发展到全盛时期的政治、经济、军事和文化中心。

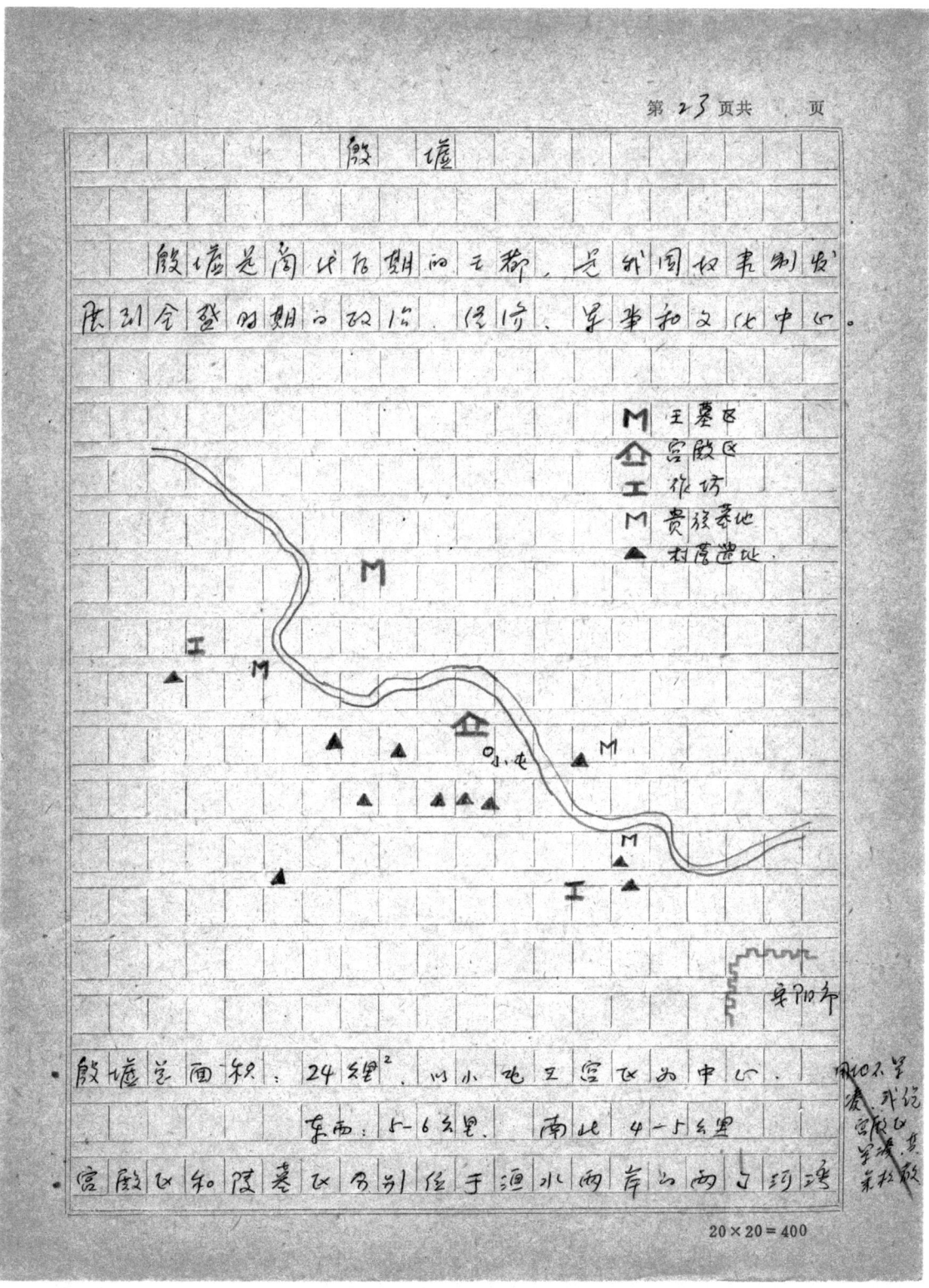

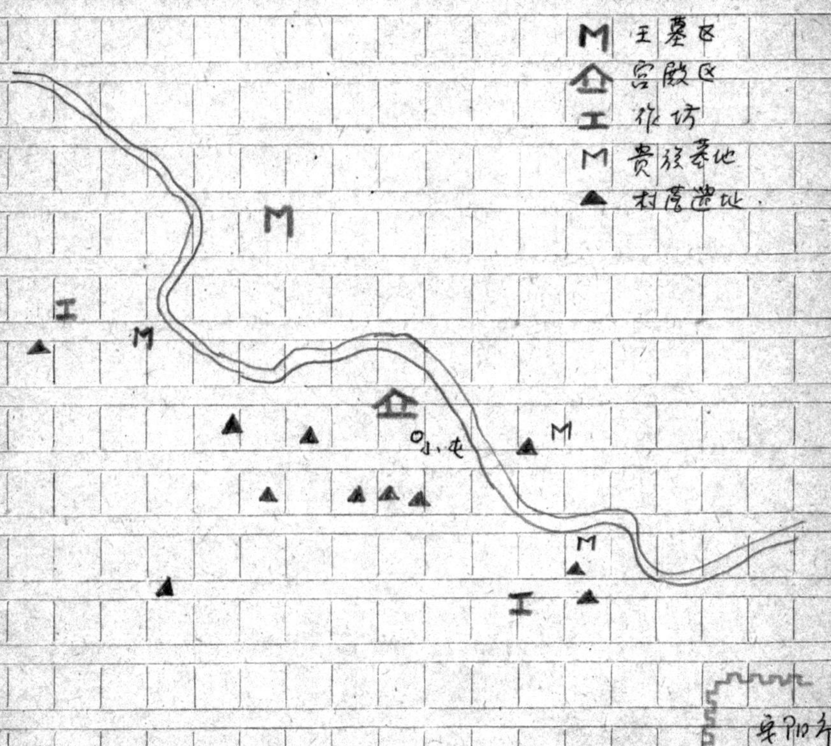


· 殷墟总面积：24 公里²，以小屯王宫区为中心。
东西：5-6 公里，南北 4-5 公里
· 宫殿区和陵墓区分别位于洹水两岸的两个河湾

~~周如不是陵、我说宫殿区王陵、其宗社殿~~

内，王宫在南，王陵在北。

宫殿范围内，“水沟”纵横（估计是水沟），窖穴密布，已发掘的56座房屋基址排列比较整齐，显然是经过了一番设计和布局。今天传世的十多万片有字甲骨，大多出于此区。解放后又进行科学发掘，一坑之内出一万七千多片。（这是武丁时代的档案库）（武丁时代是商朝盛世）

历年在陵墓区发掘了11座大墓和数以千计的小墓。大墓规模很大，是商王的陵寝。

环绕着王宫区和王陵区有许多分散的居民点，生活着自由民（农民）、小奴隶主等。

发现两处手工业作坊，东部一处是铸青铜礼器的，西部一处是制骨器的。王宫范围内也发现有铸铜、制骨的痕迹。

尚未发现城墙痕迹，只是在小屯中心●以西200米，发现一段壕沟，已探查●750米，宽7—21米，深5—10米。自西南蜿蜒向东北。此沟可能是人工防御措施。（见考古1961年2期）

第 25 页共 页

盘龙城（湖北黄陂县）

位于长江左岸，武汉市北约五公里，今盘龙湖湖滨的一个小山丘上，三面环水，北面与另一山丘相连，地势很不平坦，东北较高而西南低洼，城垣随地势起伏。

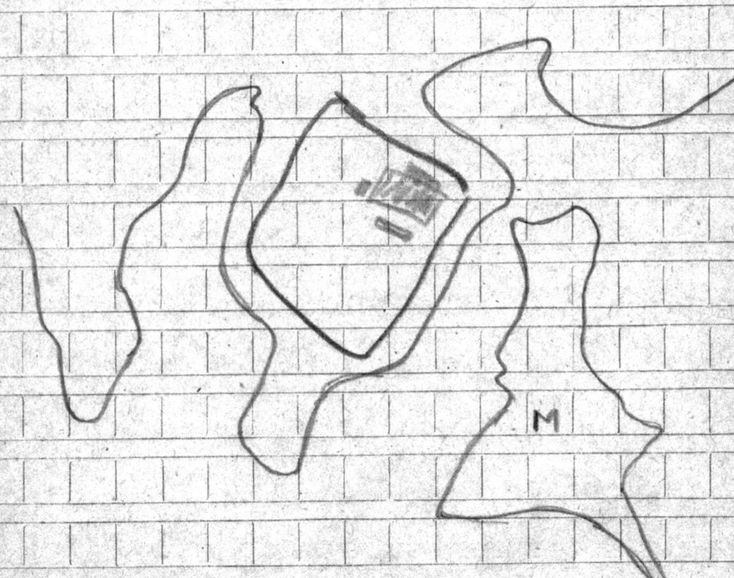


南北约290米，东西约260米，接近方形。

城内东北部高地有大型宫殿遗址，面积很

20×20=400

大，占全城之东北部。城内尚未发现其它遗址，可以认为，城墙主要为保卫宫殿区而修的。这与其说为商早的城市，毋宁说是宫垣。

城外分布有小型房屋、墓葬，以北面土丘上为最多。

商代城市特点：

①方形，这是我国古代城市的传统形式。这一形式出现的原因：①平原地带，地势平坦，可以将较大城市规划成方方正正的样子。②夯土版技术建造城墙，墙与墙垂直相交。③观念："四方之极"，君主所居城市，是天地的结合、象征，而"天圆地方"。（春秋战国时，曾子怀疑此说，认为如地是方的，天如何能遮住它。见大戴礼）。

②，以宫殿为主体，核心。这也是我国古代城市的传统形式。宫殿区规划紧凑，布局整齐，如殷墟。

③从城市分布来看，城市数量很少，主要座落在统治的中心区。中心区以外，有些贵族

据守的据点。这些据点军事性、政治性很强，经济作用不明显。出现的原因，可能是征服的结果。

夏商时期地理知识的发展：

①随着生产领域的扩大，人们对于环境的认识、利用、改造也有所前进。

▲认识到大面积水域的存在"四海"

√▲卜辞中所能反映的空间领域已十分之广阔

西向—东向，北向—南向。形成"中国"概念

√▲认识到地下水的存在，并掘井利用。▲

√▲对矿藏的认识和利用—冶铜。

▲治理洪水，疏导江河。命勘查地形的知识

▲开荒地为农耕的农田。

√▲由于领土国家的出现，形成了边疆的概念。"鄙"、"土方征我东鄙""舌方牧我西鄙"（土方在河北西北，舌方在今陕北一带）

▲对于固定的地点（经常以城邑为标志）、

第28页共 页

或固定的区域、地界，已有固定的名称。~~宜在地望周的，但还断续使用~~地名的丰富性，分布的广阔性，反映了人类对环境认识的程度，和从事社会活动的范围。

据说从夏代，已有掌管天地四时的官称"羲氏""和氏"。

20×20＝400

第29页共　页

人化的自然

地理学是研究人地关系的。人地的什么关系？即人类"变"自然的自然"为"人化的自然"的关系。

人类要直接利用土地进行种种社会活动。但"世界不会满足人，人决心以自己的行动来改变世界"（列宁，全集38卷，229页）

人类的生产实践，使自然不再是自然的自然，而成为"人化了的自然"。人化了的自然凝聚、物化着人的智力和体力，表现着人的意志和心理，服务于人的需要和目的。人是万物的尺度，或者说人的需要和目的是万物的尺度。人是以这一尺度去重新安排自然，即人化自然。

按马克思的论述，人化了的自然（不仅仅是自然环境，还有一切人所加工过的自然界，人化的自然环境如农舍，陶瓷，都是人的作品，作品的原料是自然物）与人类同构成社会。"社会是人同自然界的完成了的、本质的统一。"（马

20×20=400

参见"1844年经济学—哲学手稿"75页）。所以，劳动人化了的自然，实际是社会化了的自然。因此，自然的人化，要受到社会状况的制约。在原始社会晚期，出现了剩余产品，因此人类开始走上摆脱自然的束缚，有了"真实的分工"即物质劳动与精神劳动的分工。什么是精神劳动——人的意识已经不是用来"想象某种真实的东西"，而是用来"真实地想象某种东西"。不但只是控制现实中的存在去想象实践的行为，而是要控制想象中的存在将现实改变。在奴隶社会里，即对大规模的，其中使用的奴隶劳动，有指挥，有组织，有分工的协调生产，使自然界的能力为之减色。自然界的面貌也开始产生巨大的改变。

20×20=400

## 三、西周时期城市的大发展

周族起源于我国西北部的泾水、渭水一带，即陕西中部和甘肃东部的黄土高原地区。早期，周族还是和西北其他的民族部落混居在一起。到古公亶(但)父时，为了躲避戎狄的侵犯，来到岐山之阳的周原。"古公乃贬戎狄之俗而营筑城郭室屋而邑别居之。作五官有司。"

正当商朝极力经营东方的时候，原先商朝政治势力控制之下的周族，却从西方崛起，而与商为敌。公元前1028年(?)周武王率军，並联合庸蜀等小国举行东征，经过牧野(河南淇县西南)之战，商军"前徒倒戈"，商朝覆灭。周族便取代了商朝的统治地位，在商王国的废墟上建立了周朝。

周代属于封建领主制社会。经济制度为井田制，剥削形式为劳役地租，政治上"封诸侯建藩卫"，实行分封制。

从西周开始，我国古代城市获得较大的发展。这除了政治、经济、文化发展的一般性

社会

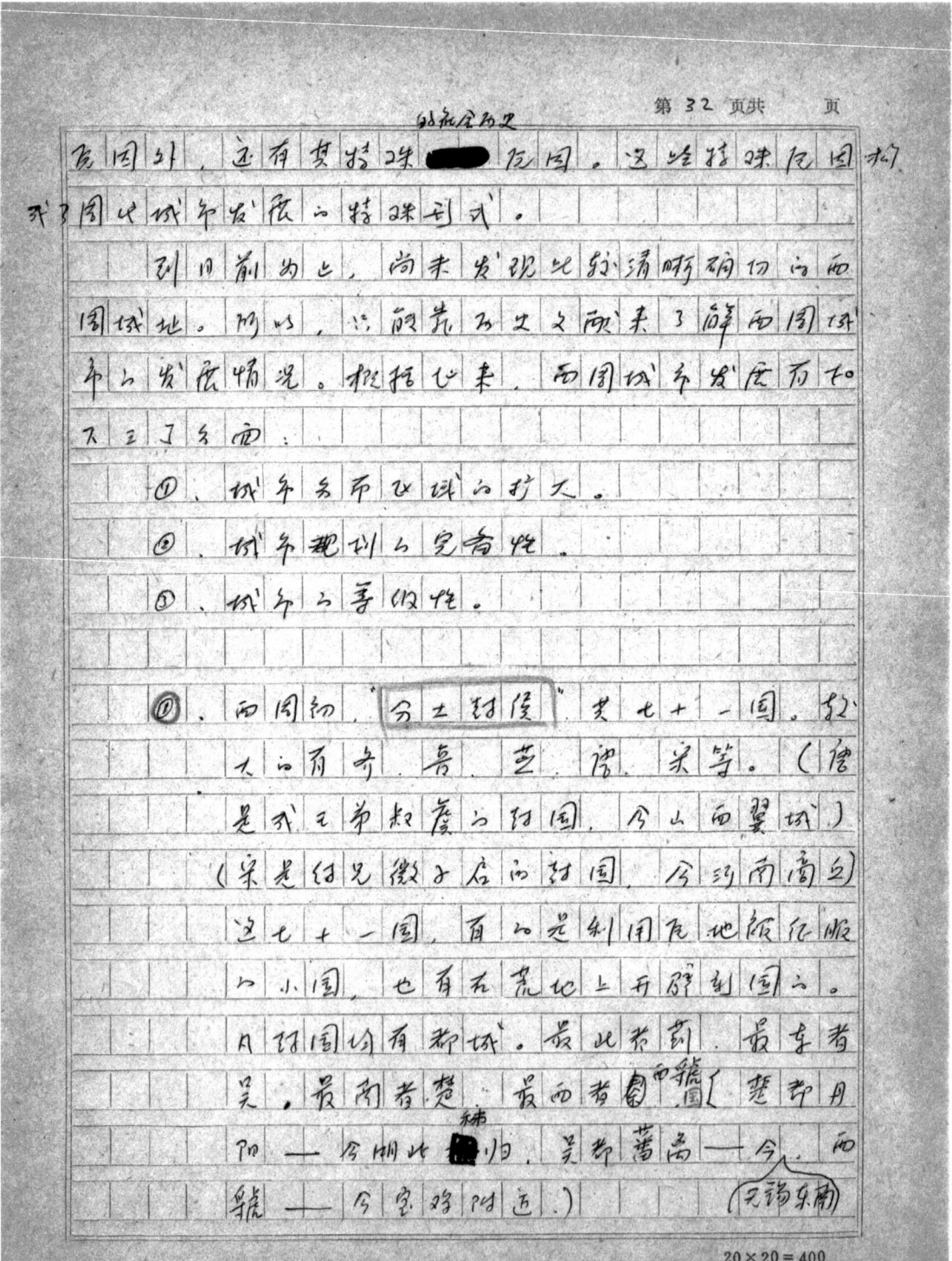

第 32 页共 页

的发展历史

范围外，还有其特殊[redacted]范围。这些特殊范围构成了周代城市发展的特殊形式。

到目前为止，尚未发现比较清晰确切的西周城址。所以，只能靠历史文献来了解西周城市的发展情况。概括起来，西周城市发展有如下三个方面：

①、城市分布地域的扩大。

②、城市规划的完备性。

③、城市的等级性。

①、西周初"分土封侯"共七十一国。较大的有齐、鲁、燕、晋、宋等。（晋是武王弟叔虞的封国，今山西翼城）（宋是纣兄微子启的封国，今河南商丘）这七十一国，有的是利用原地旧有的小国，也有在荒地上开辟新国的。凡封国均有都城。最北者燕，最东者吴，最南者楚，最西者西虢国（楚都丹阳——今湖北[redacted]秭归，吴都蕃禺——今无锡东南，西虢——今宝鸡附近。）

20×20=400

第33页共　页

城市分布重心由郑州—安阳，西移至今西安—洛阳一带。（西安—洛阳是到周唐代以前之城市重心区）

(2)、规划完备。

①、城市选址。西周时已有明确之选择城址之记载，虽然表面仍是占卜形式，但亦有实际意义。主要是地点适中，形势冲要，水源丰富。尚书中尚有周公卜洛之记载。~~礼记中亦有"量地以制邑，度地以居民"之记载。~~ 宫本.周代规划体色 39页

②、城市本身的规划。考工记中之论是对西周城市规划之原则总结。

"匠人营国，方九里，旁三门，国中九经九纬，经涂九轨，左祖右社，面朝后市，市朝一夫。"

"经涂九轨"指道路宽为车辆之9倍。伊东忠太认为，车宽6.6尺，两边各伸7寸，九轨则为72尺＝12步＝18米。"市朝一夫"指市朝各方百步 150米

20×20＝400

这是指国都的布局。这一布局原则不仅考虑了我们城内最重要的功能区（即城市或乡）已有些什么。这显示了当时在观念上，思想上的道术，即突出王宫的地位和左右对称的布局。左右对称是为了突出王宫，突出国君的至高无上。这种左右对称，突出宫殿的手法，对后世的城市影响很大。其方格网式的干道系布局方式，更为后代大小城市所遵循。

方城，中轴线，王宫居中，方格网布的干道——周代奠定了中国古典城市规划的基本模式，即：

市场：在周代以前，便有"日中为市"的临时性市场存在。到周代市场已成为城内的一个区域。由于西周实行"工商食官"制度，工匠和商贾大多为贵官家奴仆。因市场的组织也须官方管辖。当时的市场在国有时，设有专门官吏。这种官设市场制度，历久相沿，至宋代才完全解体，达2000年。市场有围墙，有门，入市之道，必须从门出入。市门称"阛阓"。音（环会）

君独不见夫趋市者乎？明旦，侧肩争门而入，日暮之后，过市朝者掉臂而不顾，（非好朝而恶暮，所期物忘其中。）（史记孟尝君列传）

以上是对春秋时期市场情景的生动描写。

③ 等级森严。

住房、用车、出行、埋葬、封地大小。

西周是个等级森严的社会。严格的等级制度深入社会的各个领域。这些等级制度称为"王制"或"礼"。等级大致有天子、诸侯、卿大夫、士、庶人。士以上为贵族，礼主要在贵族中实行，"礼不下庶人"。

在城市建设上，周代等级主要有：

▲"王城方九里"，公城方七里，侯伯城方五里，子男城方三里。

▲天子所居称王城，诸侯的叫都邑，卿大夫的叫食邑。

▲天子之城方九里，公侯七里，伯五里，子男三里。

▲天子之城一面三门，诸侯都邑二门。

▲天子用丹色石，诸侯用黑色。（细读）

▲天子城经涂九轨，诸侯七轨。

## 西周都城

### 丰、镐

周文王以前，周都在周原。文王时，修治内政，征伐附近方国，灭崇（沣水西），于是迁都于崇的故地，建丰邑（称为丰京）。文王死后，其子武王继位，迁都于沣水东岸，称镐京。

周人将都城迁至沣水两岸，一方面是政治势力向东发展扩大的结果，另一方面也是为沣水流域的自然条件所吸引。

武王迁镐之原因，有人认为是武王决心代纣所致。迁镐后，丰京并未废弃，周人仍居住在丰京。两京隔河相望，可算作是一个城市的两个部分。今西安以西，有斗门镇，即镐京位置，斗门镇附近之水即沣河，西岸相对即丰京位置。

第38页共 页

西周末年，天灾人祸并发。天灾是："三川（泾、渭、洛）竭，岐山崩"，"百川沸腾，山冢崒（音族）崩，高岸为谷，深谷为陵"（诗经）。这可能是小区域灾害及地震。人祸是犬戎攻周，内部争权，民不堪命。最后，内戮和犬戎攻破都城丰、镐被毁，幽王被杀于骊山，西周亡。京城残破，又有犬戎危胁，平王于是东迁洛邑，是为东周。

丰、镐可看作是西安城的前身、最初的城。

## 洛邑（王城、成周）

洛邑是今洛阳城之最初的城。

洛邑位于伊洛盆地，有伊、洛、瀍、涧四水环绕，方位适中，处交通要冲。周公旦称："天下之中，四方入贡道里均"。~~孔颖达："此有太行之险，南有宛、叶（今河南叶县）之饶，东压江淮，食湖海之利；西驰崤渑，据关河之胜"。~~今洛阳市向西而伸出之铁路线，基本上反映了古代西至长安之交通线。

周武王刚灭商，便选中洛伊二水一带这块宜人的地，建立洛邑。作用相当陪都、行都。

音缠
瀍

20×20=400

目的在于控制东方。至成王时，"成王在丰，使召公复营洛邑，如武王之意。周公复卜申视，卒营筑，居九鼎焉。曰：'此天下之中，四方入贡道里均。'"（史记周本纪）。目的在于加强对东方之控制。（在此以前，管蔡与（武庚联合）奄、蒲姑、徐夷、淮夷之叛乱）

2月21日：召公出发。

3月5日：到洛邑，查看地形。

7日：规划城郭、宗庙、朝市之位置。

11日：规划成功。

12日：周公也到，巡视了规划，並进行占卜，认为此地吉利。于是周公将规划图，以信呈报成王，成王批准，开始动工。

附：周原（岐山、凤雏村）西周宫殿：

三个庭院，四合院式。

影壁墙。

前后

第 40 页共 页

洛邑有二城，瀍水西为王城，为周人所居，瀍水东为成周，为"殷顽"所居。此二城距离较丰镐之间要近。王城在涧水入洛处，成周在伊水入洛处。成周距王城7.5公里，均在今白马寺一带。

成周内有闾里，闾里有小型围墙，这已是里坊制早期形态。由此推知，里坊制可能源于控制顽民。居住区周围以坊墙，无疑是控制居民最好之办法，但这种控制，似不会仅限于对本族之人。

闾：里门

（至此已六讲，12学时）

20×20=400

第41页共 页

# 东周——春秋、战国

西周时期，周天子为天下宗主，禁止各诸侯国攻战兼并（"礼乐征伐自天子出"）。平王东迁洛邑以后，王室衰弱，不再有控制诸侯的力量（"……自诸侯出"），诸侯国互相兼并，大国陆续出现，打破了王室独尊的局面。

平王东迁洛邑时，尚有土地6百里，由于赐给立功诸侯（保王东迁者），被邻国、戎族夺去，已所剩无几。诸侯也不大朝贡，据春秋，242年内，鲁君朝王仅三次。

不过周天子在名义上，还是天下宗主，诸侯相互征伐时，仍打着"勤王"的旗号，"挟天子以令诸侯"。

自春秋时代开始，出现礼崩乐坏的局面，西周时代的政治秩序、道德规范、经济制度给以解体。土地得以自由买卖，思想上是百花齐放，文人政客、商人大贾得以周游列国。

经济上：土地私有、铁器、牛耕（孔子学生字子耕，把牛与耕有联系）、~~大商人出现，这些商人非贵族，无学位，但财力雄厚~~

20×20=400

~~在政治上、社会上影响很大。~~

现介绍几项与区域开发、改造环境、直接与城市发展有关的新成就和新的社会变化。

一、交通的发展：西周时，各封国之间很少来往，"鸡犬之声相闻，老死不相往来"，各自独立经营，社会较为平静。至东周则大为不同，各诸侯国之间，聘问会盟频繁，战争连绵不断，交往日益繁多。

汶山：岷山
流沙：西北沙漠

齐桓公曾"南征伐楚……逾方城，望汶山。北伐山戎……西服流沙"。九次会盟诸侯。每次会盟必然是扈从如云，车马拥塞。

为了适应这种交通的政治需要和军事需要，各国都必须在其境内开辟道路、修建桥梁，以便利行旅来往，并都设置专门官，主管各该道路桥梁，设置关梁传驿。

周道如砥，其直如矢（诗小雅大东）

道路不仅宽阔平直，并列树表道，沿途有庐舍，提供饮食，道路管理得不好，便是亡国之兆。

传，是官方交通站，备有车马，有急

第43页共　页

车可乘传急驰，传节可以在传舍休息或换车马后启前程。发展到后来（宋朝时），传亦有把守要道，盘查一般行旅之作用。如孟尝君出函谷关一事。(见史记本传)。

邮，是传舍的职责，即传递公文书信。孔子说："德之流行，速于置邮而传命。"

有组织的交通运输（包括信息传递），是人类在较大空间内，高效率地完成各类统一性社会活动的主要手段，也是人类在较大空间内组织自身的主要手段。从空间意义上讲，庞大的社会经济体系，政治体系，甚至思想文化体系，也只有靠有组织的（而不是自发的）交通手段，才能结成有机而紧凑的整体。

在春秋末年，交通建置上的一个重大成就是运河的开凿。这就是公元前486年吴王阖闾（合吕）所开凿的邗沟（自今扬州——淮安北入淮）。邗沟连接了江淮两大水系及两大经济区，对社会经济的发展和南北文化的交融，产生了极其深

阖：门扇，门板

20×20＝400

运的影响。

其后，战国时（361 B.C.）魏惠王又开通了鸿沟，自今荥阳北引黄河水，东流经今开封，即魏都大梁北，折而南，至今淮阳东南入颍水。这样，将黄淮及其之间的水道连接起来，形成黄淮[illegible]平原上的水上交通网。

交通水平的提高，特别是一些新交通线的开辟，大大改善了城市的分布。~~随着交通网形成~~，我国古代社会前期的城市格局（长江以北，长城以内地区）逐渐形成。

二、商业的发达与大商人的出现：东周时期，随着旧式政治结构的解体，旧有的工商食官制度亦开始瓦解。社会上出现了越来越多的个体商人。而交通事业的发展，道路的畅通则为这些商人"周流天下"提供了方便条件。当时的商业主要是贩运性商业，即买贱卖贵。商人们密切注视着由自然条件所造成的各地物产的不同，地区之间价格的差异和涨落，即"观其所以缺、审周变，攘其四时而监其乡之货"，"乐观时变，人弃我取，人取我予"，时机一到，则"趋时

第45页共　页

若猛兽挚鸟之发"。由于商业的开展，商人社会地位不断提高，社会中出现了财产足以和诸侯相比的大商人，这些大商人不是贵族，也没有爵位，却可以交结诸侯，干预政治。

西周时期，大多诸侯城邑，只是政治性军事性城堡，面积不大，人口不多。这些城邑的建立本不是经济的原因。到了东周，在商业大发展的社会形式下，这些贵族聚集的城邑，自然成为商人倾销商品的场所，和商业贸易的集中地点。而地处交通枢纽的城邑，更成为商旅荟萃之地，而日渐繁荣。这样，便改变了过去~~只有大的都城"在城旅"的局面~~冷清萧条的气氛。在各国势力较大的诸侯国中，在当时交通枢纽，这种繁荣的都会比比出现。

~~古者，四海之内，分为万国，城虽大，无过三百丈者，人虽众，无过三千家者。今千丈之城，万家之邑相望也。~~

临淄甚富而贵，其民无不吹竽鼓瑟，击筑弹琴，斗鸡走犬，六博蹹踘（踏鞠）者。临淄之途，车毂（坑）击，人肩摩。

20×20=400

连衽(任)成帷，举袂(妹)成幕，挥汗成雨。家敦而富，志高而扬

(六博：古棋戏，6黑6白，二人对。蹹鞠：即踏鞠，鞠为皮，外以皮，内以毛。擎(抗)：坚刚。衽：衣襟。袂(妹)：衣袖。敦：厚道，诚心。)

三、人口增殖：东周时期，人口较西周为稠密。韩非说："今人有五子不为多，子又有五子，大父未死而有二十五孙。"(五蠹) 苏秦形容齐国"人民之众，车马之多，日夜行不绝，辚辚殷殷，若有三军之众。"史记苏秦传。人口增殖的原因，除自然增殖，除农业发展提供较多的生活资料而外，还有政治上的原因。由于争霸，诸侯争相扩充自己的国力。而国力强，主要表现在耕战。耕战必然需要较多人口。"城之守在兵，兵之守在人，人之守在粟"。所以诸侯之间，亦互相争夺人口，即采取优惠的政策招徕移民。另外还在国内施行奖励生育的办法。

在越国，"女子十七不嫁，其父母有罪；丈夫二十不娶，其父母有罪。将免(娩)者以告，公令医守之。生丈夫，二壶

酒，一犬；生女子，二壶酒，一豚。生三人，公与之母（韦注：乳母也）；生二人，公与之饩。"（国语·越语）　饩：食物

社会人口的增加，必然使城市人口增长，使城市规模扩大。如齐、楚等大国之都城规模都相当大。

"古者，四海之内，分为万国。城虽大，无过三百丈者；人虽众，无过三千家者。……今千丈之城，万家之邑相望也。"（战国策·赵策）

"临淄之中七万户……下户三男子，三七二十一万，……而临淄之卒固已二十一万矣"

由于以上所述各项社会原因，在礼崩乐坏的形势下，诸侯们为了富国强兵的实际目的而不再顾及古城市规模和城市规划布局之礼法制度，而大规模地扩建城市，并本着实用的原则进行规划和建设。管子就首先提出实用主义的建城思想。▲ 小注国都……

管子其人　　20×20＝400

第 48 页共 页

东周城市建设举例：

临淄

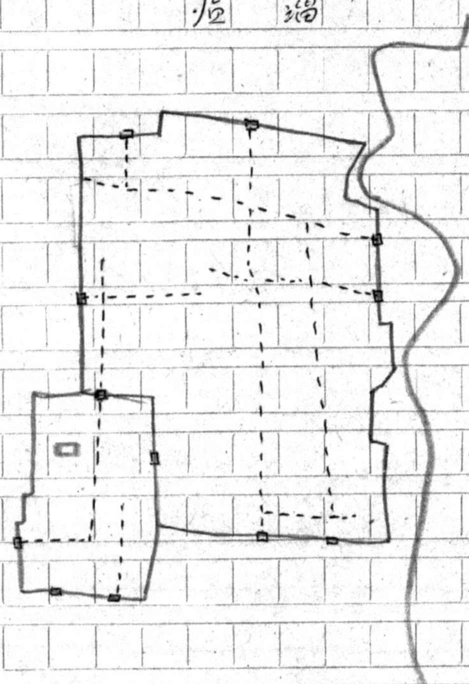

位置特点：临淄为冲积扇之前缘，地势向北微微倾斜。南部接近于50米等高线，北部在40米以下。城市紧傍淄河西岸，东墙恰在河流之自然堤上。城市以西是较低洼之开阔地。城市附近土地肥沃，这一带曾发现大汶口、龙山、商代文化遗址。不过城市之下最早之文化层属西周。

北低南高

20×20＝400

从大范围来看，城址地处鲁中丘陵之北缘地带，临淄沿山麓北缘列成东西方向古代交通线上。这条交通线，横贯山东北部，地位至为重要。

城市规模：大城：南北9里，东西7里。小城：南北4里余，东西近3里。两城总面积60多平方里。

规划特点：

(1) "就地利"，即利用天然地利。北城东墙之外，利用天然淄水为护城河，加强了对东[illegible]方之防卫。~~西面因地势较低，在当时信之排涝和起到护城作用，这样就有了东西两面，而只需东南北开掘护城河~~。

移后
城内南高北低，因此将宫城设在南方，从而突出宫城之威仪。这是统治者从来采取之形式。

（从来讲要防水，即"因近水"，但在这里）

古人敢于紧靠旧水道修建城，显然~~是古河道比较坚固，不致为洪水所淹~~。是认为这里有高台地，河性稳定，不至为洪水所淹。这一判断是正确的。两千多年来，淄河之摆动在这里并不大。

(2) 市民区——郭的出现。小城为城，外城为郭。城外有郭是春秋战国时代列国城市的普遍形态。"筑城以卫君，造郭以守民。"所谓民，即春秋战国时期膨胀发展起来的商人、手工业者人口。市场官府也位于郭中。城与郭这两大部分，反映了城市中两大阶级的界限分明。

(3) 小城内依然保留有中轴线，但郭城内，则是自然主义的居住布局。"凡仕者近宫，不仕与耕者近门，工贾近市。"(管子·大匡)。据考证，小城东面为衙署所在。"有鹿门稷者，行年七十而无妻"，说明有农夫住在鹿门。

(接前页"城内南之北侧")

临淄既是军事上的前进据点，又是地方开发的中心。"太公至国修政，……通工商之业，便鱼盐之利，而人民多归齐。"临淄附近有铁矿，人们得以"斩山木，鼓山铁"，又"煮海为盐"。战国时期的临淄甚为繁荣。

20×20=400

# 邯郸

邯郸以其为赵国都城而闻名，不过在赵在邯郸建都之前，邯郸一名已出现于史书。公元前546年，卫献公之弟子鲜，为政治避难来到属于晋国的邯郸，"织絇邯郸，终身不言卫。"（絇，渠音，鞋头装饰，皮子带）后来，又记录了几次在邯郸发生的战争。以上记载说明邯郸在建都前，已有相当规模，人们可以于之生活日。在这里发生战争，说明其位置的重要。

公元前386年，赵敬侯将都城由晋阳（今太原市南）迁至邯郸，以加强在东方的争夺。（赵国领土之半在晋中、晋北，南方有魏国阻挡，不便南下中原，所以只好选择走出太行山的办法。）

邯郸在战国时期，发展为著名的都会。其原因有三：

①位于太行山东麓南北大道上，"北通燕涿，南有郑卫"（卫都指道北，不出河南北。）。这条大道是一很开发很早的地带，有许多仰韶文化、龙山文化的遗址。

②位于太行八陉之一滏（Fǔ）口陉与太行山东麓南北大道的交汇点，地位冲要。

20×20＝400

太行八陉：

轵（zhǐ纸）关陉：河南济源西北

太行陉：河南沁阳县

白　陉：河南辉县西

（Fǔ）滏口陉：石鼓山（邯郸南）

井　陉：河北井陉县西

飞狐陉：河北涞源县北

蒲阴陉：河北易县西北

军都陉：北京昌平西北。

③邯郸附近的铁矿资源是冶铁手工业发达的有利条件，邯郸因此成为当时最负盛名的冶铁中心之一。

以上优越的位置条件，加上当时的政治因素，邯郸得以迅速发展起来。

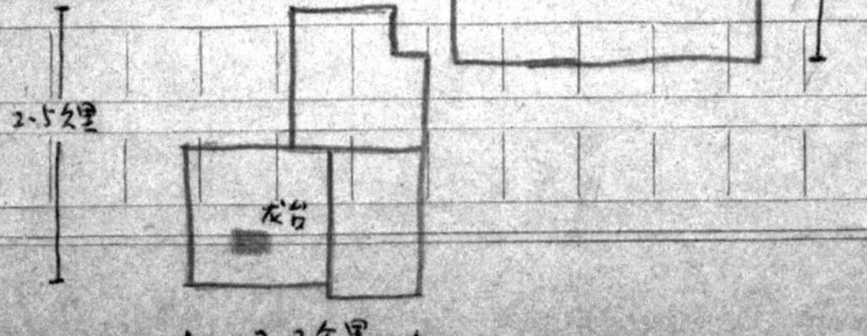

第53页共 页

大城可能是赵国在这里建都以前之邯郸城，当然其城垣可能在建都后重新加固扩建，其范围也可能有变化。不过其位置应为建都前之城邑所在。

大城之下春秋战国之文化层，埋深在7—9米处。经过局部发掘，发现有铁渣、铁块、炉渣等炼铁作坊之遗迹。还发现有整束的铁铤铜镞。

赵王城位于大城西南之丘陵之上。这是赵王之宫城，必然是迁都之时，因为大城已然存在，不便在大城之内开辟宫殿区，所以选择了城外之高丘。将宫殿修于高处，是当时之普遍形式，如临淄、燕下都都有这样之高台。将宫殿修在高台上，一来可以显示威仪，二来便于控制全城。

不过，宫城完全脱离大城，~~未能有联系~~，无法借助大城之[illegible]外郭廓之护卫作用，这是少见的。

公元前228年，秦军攻下邯郸城，~~灭掉赵国~~，而将邯郸改作郡城。（邯郸文字、燕国考察、第二年度西刻所刊参二事）

20×20=400

第 1-4 页共　页

小节：

城市自身，主要表现在郭城的出现。在郭内的主要居民是工商业者、官员和农夫。其中工商业者，是人口成分中膨胀较快，较明显的部分。这一部分人口决不会分散在农村部邑之中，而必然会聚集在都邑之内。我都邑迅[illegible]，正是这些人的活动，形成了城市的经济特色。从而使城市不仅在政治上，也在经济上与农村的差别愈来愈大。统治者可以把他们（工商业者）排斥在宫城之外，但无法将他们排斥在城市生活之外。从经济角度，正是这些人推动了城市的发展，决定了城市发展的方向。

不过，在政治、工商业的关系来讲，政治仍为主导性的因素，这是中国封建社会，特别是前期的城市之特点。一座城市之存亡，与其政治状态，关系至为密切。一方面是由于专权政治的特点，封建制度牢牢控制经济之命脉。另一方面是由于当时工商业自身的有限性。

城市分布：①地区性都会的兴起。这些地区，就是几个主要的、强大的诸侯国，如齐、

20×20=400

第 55 页共 页

鲁、燕、赵、楚、魏等国。这些诸侯国的都城多位于交通要冲，在政治、交通、工商业的综合作用下，城市经济都发达，城市也比较繁荣。这些城市发达的同时，也带动了地方经济的发展。（如：临淄、邯郸、宛）

在当时，也有一些城市它们不是都城，但由于交通地位特别优越，而发达闻名。其中最有名的就是定陶。有"陶为天下中"之说。在交通上，陶是南方由水路进入中原的咽喉（是因当时陶在又沟通了济水和泗水。济水通黄河，泗水又通淮水，这样，长江、淮、泗、济、黄河便连接起来了。连接济、泗的新水道就经过陶），以陶为汇点。

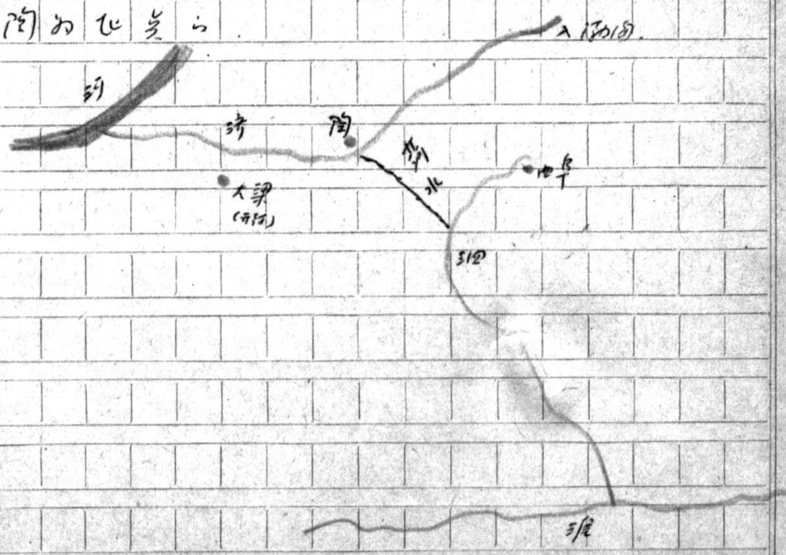


20×20=400

~~除了交通之便~~这样有利的交通条件，再加上陶地处中原，诸侯四通，地方富庶，便成为商业货易的集散之地。据战国策魏策，这一带庐田庑舍众多，农田密布，连放牛马之地方都没有。

②城邑多而密集，例如：

赵攻燕，得上谷（北京西北）三十城。（史记2320页）

（秦）攻魏，拔之，取城小大六十一。（史记2331）

（乐毅伐齐），下齐七十余城。（史记2429）

这些城不一定都是真正的城市，可能有不少是军事堡垒，但反映人口密集，经济发展。类似郑建都之前那样的小城市，也不在少数。

郡县制的起源：

郡县是地方行政区划，大约始于春秋时代。公元前690年，楚灭权、申、息等小国后，首先开始置县。其后，秦、晋、齐、吴国也陆续设县。郡的出现，稍晚。—659—620年，秦开始有郡。至战国时，郡县已相当普遍。

设县大概有三种情况：①通过战争，吞并小国以后设县，这种县较大。②，将贵势的私家的田分解置县。这种县较小。③将若干乡聚为一县。这种县更小。

郡县开始出现时，主要为防卫，位于边地。郡县开始并不相属，后来才形成郡领县。

郡县制在战国时，各国制度不尽相同，直到秦统一全国后，为了加强中央集权，才健全统一了郡县制，在全国推行。

郡县制与分封制最大的区别是：长官由国王任免，随任随免，不得世袭。一贵族政治转变为官吏政治。郡县官俸由朝廷发，而不是来自郡县之内。

兼并→富国强兵→集权

第 58 页共 页

"山经"与"禹贡"

"山海经"一书，由四部分组成，"山经"、"海外经"、"海内经"、"大荒经"。这四部分的写作年代并不相同。只有"山经"是春秋末战国初的（成书年代尚有争论）。其余都是西汉以后的。

山经作者以今山西西南隅、河南省西部作为中山经的主要部分，由此以南为南山经，以西为"西山经"，以北为"北山经"，以东为"东山经"。这五个部分就是五个地区。各个地区内，以山岭为纲，再把有关的地理知识附丽上去。

除山脉的分布形势外，山经中所含的地理知识有：河流的发源与流向、动植物（及其医疗作用）、矿物特产（矿产及各类岩石共计七、八十种）

山经中对矿产资源的记录，反映了当时手工业发展的情况和生产上的迫切要求。所谓"国用"的"得失之数，皆在此内"。

"禹贡"之成书较"山经"为迟（时代尚有争论）。从地理学角度看，其价值也在山经之上。禹贡

20×20=400

行文简炼（1193字，西山经2万1千多字），无怪异色彩，科学性更强。

禹贡首先采取分区的办法进行地理描述。其分区是假托大禹所划分的政区疆界，用自然分区办法，以山川形势把全国分为九个区域，名之为州——：

冀：晋、豫、冀境黄河大弯内。

兖：黄河与济水之间为兖州，古济水即今济南东北黄河。

青：古济水南，泰山北，山东半岛。

徐：泰山南，淮河北。

扬：淮河南，苏皖南部，江西东部，浙南东，湖北东。

荆：湖北南漳县西的荆山，南至湖南衡山之南。

豫：荆山向北直至黄河。　中原

梁：陕甘秦岭以南，至四川全境。

雍：秦岭之北，黄河以西，西至甘肃西境。

在九州中，记述了山川、湖泊、土壤、物产，以及田赋等级，贡品名目，还有水陆运输线。值得注意的是关于土壤的记述，可以说这一本书是最早的土壤著作，它根据土色，把土分成白、赤、黑、青、黄等几类，并以田之"上

"下"概括的表示土地的肥力和高低；以赋之"上""下"反映当时土地利用的情况。

禹贡的最后一部分是"五服"。"服"是服从的意思。作者在理想中，以政治力量强弱围绕天子京城把全国分成甸、侯、绥、要、荒五个区域，希望这五个区域都服从天子，因此叫五服。五服的划分反映出当时人们趋向于"大一统"的要求，在那时来说是有进步意义的。

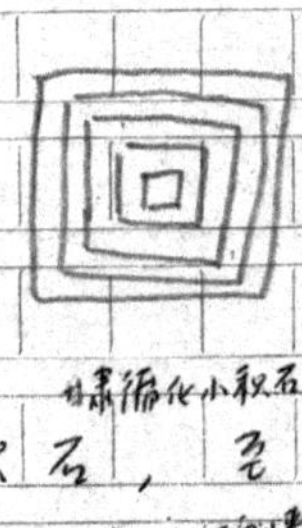

五服区域，各差500里

100米—2000米/3000米

导河积石，至于龙门，南至于华阴，东至于底柱（三门峡），又东至于孟津，东过洛汭（入河），至于大伾（河南汜水镇），北过降水（漳水），至于大陆（河北任县东北），又北播为九河，同为逆河，入于海。

五百里甸服：百里赋纳总（连稿秆），二百里纳铚（半截、短穗、嗝谷穗），三百里纳秸服（去壳），四百里粟（粗米），五百里米（精米）……五百里荒服（荒远）：三百里蛮（……部族），二百里流（最远之400里流放罪犯）。

20×20=400

## 秦汉时代的城市

自秦朝始，我国进入了中央集权制的封建帝国时代。全国的统一，有利于生产的发展和社会进步。国家统一以后，"税同率、币同值、车同轨、书同文、度同长短、量同大小、衡同轻重，政令统一。""汉兴，海内为一，开关梁，弛山泽之禁，是以富商大贾周流天下，交易之物莫不通。"（货殖列传）秦始皇曾"堕坏城郭，决通川防（决通阻碍交通之堤防），夷去险阻"，并修筑四通八达之驰道。

在大一统的局面下，春秋战国时的许多城市得到进一步的发展。而郡县等中小行政城市之多，则西达敦煌，南达广州、交趾（今河内附近）。

### 秦汉时代的经济区（及其变化和发展）

秦汉时代，国家版图辽阔，但各个地区的经济发展情况是不平衡的。而由于自然地理环境的差异，也势必造成各地区开发特点，开发速度的不同。统治一个版土辽阔之统一国家，就必须了解其经济区域差异之特点，把握

20×20＝400

其经济地理结构特点。一个国家的经济地理结构，是其经济基础的一部分，它制约着国民经济发展，也制约政治局势的演变。当然，各地区城市的发展也要以它为经济基础（如水利、经济管理）。

秦汉时期政治疆域虽然开拓得很大，但是经济区域的开发却不甚广。在秦与西汉时期精耕的农业区，主要还是在长城以南、长江以北，黄河中下游及其支流泾、渭、汾河流域与淮河流域的广大地区。这基本上仍是东周时期的开发基础。

司马迁常把当时的全国分为四个大的经济区，即山西、山东、江南、龙门碣石以北。（货殖列传）

山西、山东的大致以太行山为界，精确讲，以函谷关为界。

山东是最早开发的经济区。山西则是西周时开发的，然后又有秦国的进一步开发。经过秦的经营，又有两个新的经济区与关中地区联系起来，一是陇西、天水（秦州）地区，另一是汉中、蜀。不过关中平原本身的经济力量是主要

~~龙门碣石以北，主要是牧区，或半农半牧区。"龙门、碣石北多马、牛、羊、旃裘、筋角~~的。因为四川盆地富饶，但交通毕竟不太方便。山西（关中）经济区在秦汉时期是全国的经济重心，也是政治和文化的重心。"故关中之地，于天下三分之一，[而人众不过什三]，然其富量什居其六。"（货殖列传）"地小人众，故其民益玩巧而事末也"（货殖列传）。（玩巧事末，指从事技巧手工业与商业）。

龙门碣石以北，主要是牧区，或半农半牧区。"多马、牛、羊、旃裘、筋角"。"地踔远，人民希"。这一地区，经济类型与黄河流域有明显差异。这种差异必然引起商品的交换（司马迁有论述）。这种商品交换，使南北两方得以相互补充。▲▲

山东（关东）经济区是最古老而发达的经济区，包括中原、山东和晚些开发的淮河流域。这地区处于大平原地带，黄土平原，不必细为关讲"地小人众，数被水旱之害，民好畜藏"（货殖列传）。

江南经济区。在东汉末年以前，江南基本上未得到较好的开发（仅吴越一带比较发达）。大片

20×20＝400

也以是土旷人稀，草木繁盛，许多地方仍为林莽沼泽的原始状态（原始环境）。那里的农业技术水平较低，还在"火耕水耨（nòu）"的粗耕阶段。（耨，是锄草的工具）原始的狩猎渔捞、采集经济（54页注1移过来）还是重要的生产形式。~~但是长江以南自然条件极为优越~~江南之地又"地湿昧而多水险"（昧，暗蔽，糊涂）有"蝮蛇猛兽""瘴疠之病"，（丈夫早夭）。军队到那里"未施兵接刃，死伤者必众矣"（汉书卷64上）。中原的人提起江南，则谈虎色变，"秦民见行如往弃市"。（弃市：刑人于市，与众弃之）"谓其地，不可居也"。（以上）

但是长江以南的自然条件极为优越，气候温暖，雨量充沛，物产丰富，潜力极大。当时亦"无饥馑之患"，故而无积聚。司马迁称江南"无冻饿之人，亦无千金之家。"（货殖列传）

▲前述南、北、西线的民族分布

上述四大经济区尽管很不同，但是其间的联系却由来已久，如沟通其间的交通线，如邗沟、褒斜道，还是在诸侯争雄的时代便已修成。到全国统一以后，秦汉朝廷更有计划、而且[illegible]地加强了这种联系，使四大区的经济组织到全秦汉时期主要民族分布：

越人：又称百越，分布在东南沿海，五岭以南。（五岭：越城、都庞、萌渚、骑田、大庾，在湖南、湖南、湖南、湖南、江西与广东、广西交界处。）越人"断发、文身、错臂左衽"，住丘台沼泽，种水稻。秦朝后，这里的君长归附于中央朝廷。朝廷在设立郡县：会稽郡（苏州）、闽中郡（福州）、桂林郡（广西桂平）、南海郡（广州）、象郡（广西崇左）。

西南夷：分布于云贵川（今四川北、西部南部山地）和西藏东部。夜郎国即其中之一（贵州西部，"是当地最大的之一，故问汉使'汉孰与我大'"）。西南夷民族成分复杂，语言风俗、习俗也不相同，社会发展水平不平衡。滇也入所以社会早些（庄蹻入滇，秦灭楚而不返，自立为滇王，带去先进文化）。

西域：指南疆，而北疆则属于草原游牧民族，当时是乌孙。南疆都是些绿洲国家，号称三十六国，大都多有农业，称城郭之国。人种待研究，有的有印欧血统，用古印度文。张骞通西域以后，汉在西域设西域都护府，治乌垒（今轮台东）。

20×20=400

河西走廊以南，甘肃、青海东、四川西北为羌族，半农半牧。河西走廊是月氏人。

长城以北：是游牧民族匈奴，占据蒙古草原地带。匈奴之东为东胡，有乌桓、鲜卑等。主要在西喇木伦河流域。

鸭绿江南北为朝鲜，由高句丽等族，战国时本属燕。秦汉之际中原战乱，齐、赵、燕人迁入朝鲜者有数万口。汉武帝曾在那里设立郡县，今平壤一带是乐浪郡。

20×20=400

固一体之先之经济体系中。其表现于举驰道之修建与漕运之组织。

以驰道为主体之主要干线为：（以咸阳、长安为中心）

①向东，出函谷关，经洛阳、定陶、临淄到达山东半岛。此为连联山东、山西两大经济区之大动脉。此路过洛阳之后，又分出一路向北：1. 自洛阳渡黄河，经邺、邯郸、涿，到达蓟，由蓟可进一步到东北地区。【还有二水路：1. 沿鸿沟入颍水，入淮，由安徽北部东南下到长江。2. 由定陶转入菏水（即吴开之新河，以连济、泗），入泗水，入淮河，沿邗沟，入江而至吴越。】

②向东南，出武关（陕西丹凤东南，楚怀王曾到此会秦王，刘邦由此入关中），经南阳，到达江陵。【自沿湘江南下，进入广东。】

③不是驰道。向西南，循褒斜栈道，经汉中、广汉以达成都。褒斜栈道500余里，工程至为艰巨。

④向正北，经子午岭，而达于九原（今包头）之一条路，在秦时也叫"直道"，"堑山堙谷"而成。

⑤向西，经陇西，然后过黄河，沿河西走廊，出阳关、玉门关而通西域，即"丝绸之路"。

20×20=400

第 66 页共　页

在秦代，驰道是专供帝王出巡的车行大道，即御道。一般人，甚至达官大臣也不得擅自通行。西汉初年，仍有这种制度。虽然一般人不能上驰道本身，~~沿路侧~~驰道路侧，也还有被管理着，但亦为他人可用之通道。驰道宽50步，每隔三丈种一株树。路基用夯土锤打，平坦坚实。

这一庞大的全国性交通网之建设，自然有利于各地之联系，从而加强了全国政治、经济之整体性。

漕粮之运输：关中地区虽然土地肥沃，物产丰饶。但秦汉在此建立起全国之都城以后，大大提高了关中之粮食消费，这主要是因为关中人口之急骤增长。

秦代：徙天下富豪十二万户于咸阳。

修阿房宫者七十万。

修骊山陵又七十万。

再加上庞大的官僚机构及其附属。

汉代：长安人口8万户。

但长安城附近就有10万多人。

20×20=400

每个皇帝陵迁豪富数万户去守陵，如茂陵(武帝)有六万多户，长陵(汉初)有五万多户。

因此，都城所在的关中地区，需要外地的粮食支持。这种由外地运到京城的粮食，在古代叫漕粮。漕运，就是这种粮食的运输。漕运在古代封建社会，都是一件重大的国事。

（漕粮乃实物田租赋税
王朝末世，仍借之搜，常借收赋税）

为了漕运的方便，许多朝廷都不惜耗费大量的人力物力，去开凿运河，疏通天险。

在秦汉时期，漕粮主要是由山东地区西运关中。其主要运道便是函谷关和三门峡河道。西汉初年，西运的漕粮有十万石/年，到西汉中叶则每年增至四百万石。（一石10斗，一斗10升，1升西汉时约0.34公升。今天京升与市升相同，1分米$^3$）。

漕粮运输要长途跋涉，转换运路，因此在各个水运会聚点位上，要设立粮仓以存放漕粮。当时最大的一个粮仓叫敖仓，在今荥阳以北的敖山上。地当黄河与济水分流处。楚汉相争时，刘邦曾依靠此仓以供军需。（后世称仓为仓敖，仓廒，即源于此）

这种漕运，是由此形成了一种经济关系。这

什么呢？~~不是为发展的、民间的，而是政府的，为供应的~~。形成了封建帝国的经济基础的一个方面。帝国的首都（~~[illegible]~~）取决于此（当然不是唯一的）。因此，中央政府为了以行政手段来统治各个地区，控制各个地区的粮食分配，便成为朝廷最初的大事。一旦地方豪强兴兵自立，拒不粮食或破坏漕运，必然危及朝廷俸禄、军需、工程诸耗。因此，反对豪强，消除割据，一直是朝廷要务。这也是我国封建社会的一大政治特点。这种政治上的交通网，是古代生产力发展和都市的反映、造出，又是向未来发展的基础。

经济都会。战国时期出现了多个经济都会，在秦汉时期又获得了进一步的发展。原因是在大一统的政治形势下，交通商业进一步发达。

> 大夫曰："自京师东西南北，历山川，经郡国，诸殷富大都，无非街衢（音渠，大路）五通，商贾之所臻（到、凑集），万物之所殖者。（盐铁论·力耕）
>
> （那些天下名都）非有助之耕其野而田其地者也，居五诸侯之衢（要），跨街冲之路也。"（盐铁论·通有）

秦汉时的主要都会有：

▲长安、成都

▲洛阳、温（洛阳对岸偏东）、轵（纸）（洛阳对岸偏西）、荥阳（今荥阳北）

陶、睢（音）阳（今商丘、在定陶南）、临淄

▲邯郸、涿、蓟

▲颍川（河南禹县）、宛（南阳）、江陵

▲寿春（安徽寿县、淮河南岸）、吴（苏州）

▲番禺（广州）

成都：都江堰的修建，使成都平原得灌溉之利，因以繁荣，成都遂为蜀地中心。

荥阳：为东南诸水道归入黄河处，敖仓所在。

睢阳：位于睢水北岸，睢水也是一条沟通鸿沟（狼荡渠）与泗水的主要水道。亦是由洛阳东至鲁中山地南丁地区（及淮阴徐州）之主要通路。今陇海铁路经此（商丘市）

温、轵：在太行山麓大道南端，近黄河渡口孟津，又是进出上党（今山西东南地区）之路口。"西贾上党，北贾赵、中山"。

颍川：也叫阳翟，是由洛南至东南穿轘辕关

（吕不韦在此成大商人，张姓曾相国）

20×20=400

车营

去南阳山至宛北边。

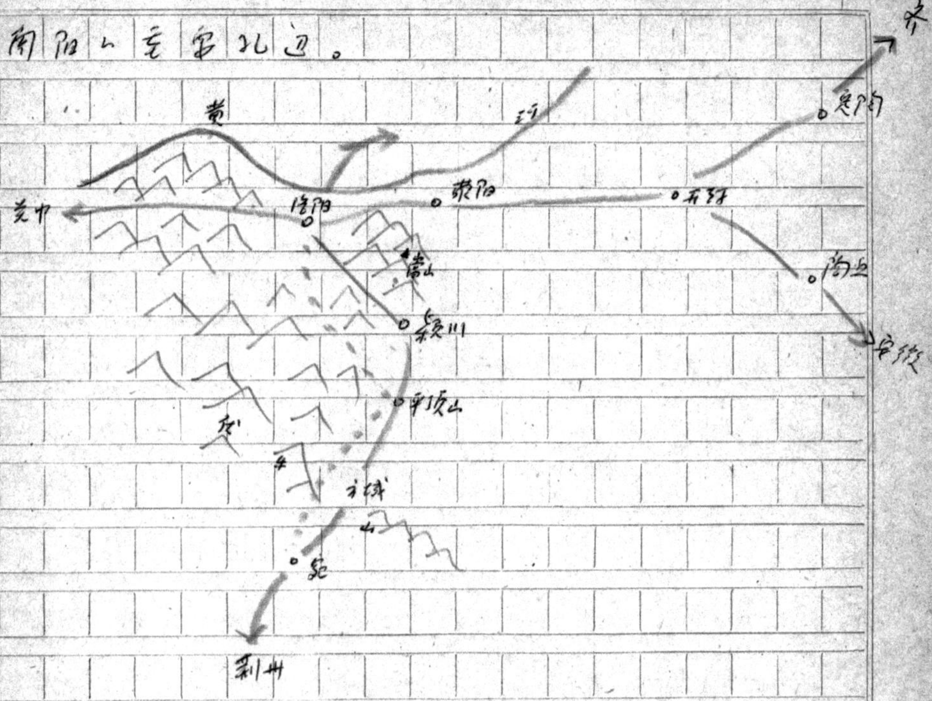


寿春：曾为楚都，为淮河岸最大都会。自中原至合肥→长江中下游地区经此。有芍陂之利。

番禺：对南洋交通门户。广州地区自古便与南洋有交往。为珍贵热带特产集散地。曾于广州发现秦代造船场。

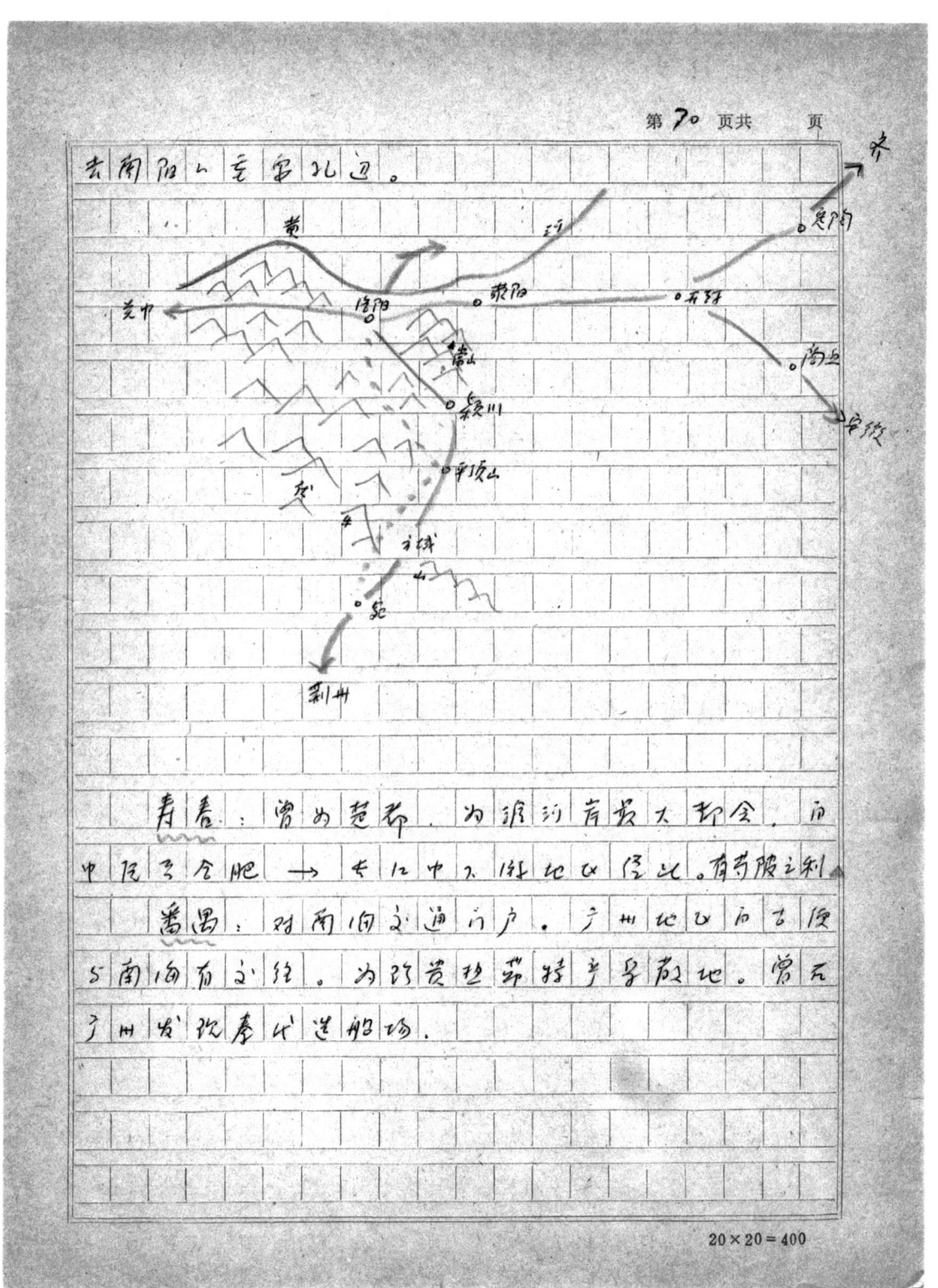

咸阳：

秦国本来都城在雍，地近周原，为关中盆地西端咽喉。后为加强东方与诸国之争夺，而将都城东迁至栎(月)阳，又从栎阳迁咸阳。

雍城遗址在今凤翔县南，当地叫南古城。因是为发祥地，故都城迁走后，雍仍为重要城市。秦始皇加冠典礼就在雍举行（-238年，时20岁）。早在雍时，秦国国王便有饮马黄河之志，即占据全了关中。 20 冠礼 18 婚礼 昝 zān

-383年，徙都栎(月)阳，遗址在今临潼县栎阳镇东25里的武家屯。栎阳作为秦都34年，著名之商鞅变法就是在这里开始的（其实行阶段在咸阳）。-350年，徙都咸阳。但栎阳仍为重要城市。汉初刘邦曾在此立都7年，-200年未央宫修成，才迁都长安。

-350年始都咸阳，至秦亡，咸阳为都140余年。秦咸阳在今咸阳市东二十余里的窑店镇一带（渭水北岸）。由栎阳迁到这里之原因，从地理角度看，是因栎阳远离渭水，又地多盐碱（郑国渠修后，才以盐碱地为良田）。而咸阳一带，因有丰镐之开发基础，交通条件更好，且有南山之材可用。渭水河之水可次可航。

咸阳城之平面布局已不可知，因被渭水冲掉许多。有些只是以记载：

统一中国前，咸阳城内主体宫殿名冀阙，是由商鞅监修的。城内有市，李斯被腰斩于咸阳市。渭南有诸庙、章台宫、上林苑。（蔺相如完璧归赵便在章台宫）

统一中国后，咸阳急剧扩大：

①、人口激增。"徙天下富豪于咸阳十二万户"。（可能不全住城内）

②、六国宫殿之修建。秦每灭一国，便仿照该国宫殿形式，在咸阳北阪上重新修造，号"六国宫殿"、"殿屋复道周阁相属"，十分辉煌。

③、扩建上林苑

④、"以为咸阳人多，先王之宫廷小"，便在渭河以南上林苑中，修阿房宫。东西500步，南北50丈，其上可坐万人。

⑤、架渭桥以沟通南北岸之宫殿。渭桥长580步，宽6丈。此为渭河上最早之桥。

统一以后，在较大范围内建设（不受城墙限制）

大咸阳市地

20×20=400

练习　　　　　　　　　　　　第　　页共　　页

①看"中国历史地图集"，查汉[2]、唐[5]、清[8]三代与今[illegible]~~地区~~之行政区划名称。~~和今天会比~~。

②按清朝名称，找出县志。（用"中国地方志综录"朱士嘉），说明此县名来历——朝代名称（[illegible]）

就与古之地，非几人同一地者，亦之与后世一地。

嘉庆重修一统志。

20×20＝400

增修建苑林宫殿。[redacted]位置于大城外花园，(以至到渭南)。是胜利者得意骄(?)傲情绪的反映。这样的城市似乎全无防守能力。因此刘邦入关后，秦王子婴只得投降(投降在图之一)。

刘邦入咸阳，约法三章，秋毫无犯。而随后来的项羽却对咸阳进行了毁灭性的[redacted]抢掠和焚烧。

## 汉长安

刘邦打败项羽以后，本想建都洛阳，经娄敬(车夫)和张良建议，决定定都长安。

长安本是秦咸阳的一个乡聚名，位于西周丰镐东北，咸阳东南，渭水的南岸。

这里有一座地势高敞的龙首原，长安城就座落在龙首原北麓。那儿原有一座秦朝宫殿，名兴乐宫，前202年开始改建兴乐宫，并定名为长乐宫，这就是长安城兴建的开始。

长安城可看作是咸阳的(继承，延续)(?)咸阳向渭南发展的趋势。渭南地区地势开敞，位于城市的前方(?)，且为西周丰镐附近，有传统可以依据。

第二年（-201），"长乐宫成，丞相已下徙治长安"。二年后（-199），未央宫及宫内的主体建筑如殿楼、东阙、北阙、前殿、武库等都已建成，于是刘邦自栎阳徙都长安城。此时之长安城规模尚小，两宫之外，还是一片旷野。

刘邦死后，惠帝三年（-192年）开始了修建长安城的浩大工程。惠帝五年（-190年）九月，全部城墙工程结束。其后，至汉武帝时，在城内外陆续修筑了许多宫殿。自刘邦-202开始改建兴乐宫为长乐宫，到武帝太初四年（-101）秋起明光宫，长安城营建了整整一个世纪。由此可看到长安城不是一次规划、一次建成的。

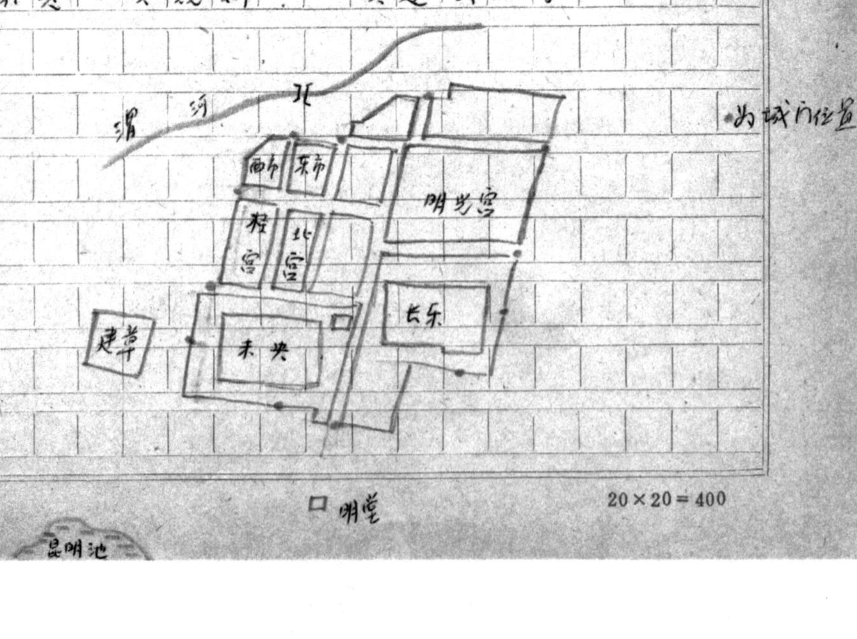

▲周长：25100米 = 25.1公里 = 汉60里强

东：5940米　　三辅黄图：周回六十五里

南：6250米　　汉旧仪：城方六十里

西：4550米

北：5950米

▲．都城十二门，每面三门。每个城门有三个门洞，通三条道，中间为驰道，为皇帝专用。

▲．城内外有160个里巷。有九市（市不全在城内）。街道两旁种槐榆松柏。"室居栉比，门巷修直"

▲、宫殿用地占去了城市的大部分，仅长乐未央二宫便占了$\frac{1}{3}$，各宫之间有加空道相通，未央宫与建章宫之间以架空道，由城墙上面通过。这种道路称为复道"悬栋飞阁，不由径路"。复道在秦代即有，咸阳曾筑270复道。

长乐宫初为朝会用宫，汉代制定礼仪便是在这里开始的。以后，长乐宫改为太后居住，朝会改在未央宫。皇帝亦住在未央宫。

未央宫是由七十多个宫殿、楼阁组成的宫殿群，前殿为其正殿。未央宫前殿坐北朝南，位整个宫殿都以这个北门为正。上朝参拜之人也都由此门入。这种宫殿布局在中国古代皇宫中少见的。未央宫建在龙首原上"斩龙首原而营之"。"龙首山长60里，头入渭水，尾达樊川（今长安县南），头高二十丈，尾渐下，可六、七丈"。龙首原自南而北接近渭水，近渭水时折而趋东，未央宫就在这折而趋东之部位。龙首山之脊被削成由北而南，自低渐减之三个大台面，形成宫殿之基础。

长乐宫与未央宫之间，有武库，系收藏武器之处。

长安城"八街九陌"（音莫mò，本指田间东西路）。每个城门对一街，但未央、长乐二宫阻挡住四街，故剩八街。陌，有人推测指通郊区之路。城内街道都是三途并列。中间是天子专用之驰道，汉代也叫中道。一般人不得行上驰道。[汉武帝为太子时，自桂宫欲进未央宫见父亲，两宫对门，但仍得而绕至城门处，再转弯而至未央宫门。] 驰道两旁有一尖顶之土墙：凡人皆行左右，左入右出。汉代贵人皆以车子出行为

第77页共 页

乘。[ 车有饰，上两种，什么场合用乘什么车都有规定。有一次成帝出席大典"升车正立""尊卑若神"。参加典礼活动，大官（二千石以上）都需乘车，而不能骑马，否则要去官罢免] 长安市上常常车马拥塞，一次一个叫楼护的"大侠"，母死，送葬之车达二、三千。

长安闾（或为里之门）里一百六十。里中有百姓官僚、贵族居住。除王室贵外，一般居民不得向街直接开门。每里户数不少。里中有小巷。汉朝规定，每家庭院中必需"树艺"，即"种树果木及菜蔬"，否则要受罚。

大臣王吉妻摘邻居枣，王吉欲与其离婚。邻人听后要砍树，经人劝阻，果未离，树未砍。（汉书）

长安九市：有六在城内，有三在渭桥北。有二在昆明池南。各市均为方形，门垣之制很严。市中有十字街道，称隧。隧两旁有列肆。市是交易处，也是行刑处。在市内经商要登记于市组，称"市籍"。有市籍之人地位很低，称"市井小人"。汉~~代"贱视商人~~"行"抑商"政策

20×20=400

如不得饱食，穿好衣服，杀牢了些。

上林苑 汉上林苑因秦之旧苑，亦名上林。秦苑太狭南，入汉曾辟为田地。汉武帝时复置上林苑，并加以扩建。

> 武帝常去城南游猎，而扈于城外，一路地投店求宿，遭冷遇，造田设有搭，只有小便。又疑武帝为奸盗，聚力争欲攻之。于是武帝以"游逸为苦，又为百姓所患"乃派官员扩建上林苑。

这一巨大的皇家园林向南直延伸到终南山，周回数百里。苑中开凿昆明池（象征滇池），周回40里，池中刻石为鲸鱼，池左右岸各立一石人，为牵牛、织女。苑内放禽兽供皇帝游猎，种奇花异草，并移来龙眼、荔枝、千岁桔、甘蔗等，当地都不能成活。

第19页共　页

公元前25年，绿林赤眉起义，烧毁未央宫等宫殿。东汉时，而长安只称西京，但宫室已非旧时规模。

东汉末年，长安城又遭受一次破坏，从此长安城便残毁下去。

东汉王朝以洛阳为都，长安称西京。洛阳城在东汉时曾有大发展，南北宫相对，有书肆、粟肆等。东汉洛阳毁于董卓大火。董卓"尽徙洛阳人数百万口于长安"。

建安25年（220年），魏文帝曹丕重建洛阳，并定都洛阳。三国归晋后，西晋仍都洛阳。西晋末年，洛阳毁于永嘉之乱（晋怀帝永嘉年间匈奴族烧毁洛阳，俘怀帝。这一匈奴力量后来在攻陷长安城建立了称帝政权前赵）。

220年　三国时代开始，以曹丕称帝建魏国为标志。

265年　三国归晋（西晋）。

316年　西晋愍帝被匈奴族俘虏。

317年　晋室东迁，东晋开始　　十六国

420年　南朝：宋、齐、梁、陈。

北朝：北魏（439统一北方）；东魏、北齐；西魏、北周。

589年，隋统一中国。

20×20＝400

三国至南北朝时期之城市

（220—589）共计369年

这一时期是我国历史上又一次政治大分裂时期。不同民族所建立的大小割据政权此消彼起，社会动乱，战争频繁，人口流动性大。在战乱集中之地区，经济遭受严重破坏，城市衰落，名都毁灭。但在战乱较少之地区，[illegible]经济可守一隅，新之城市诞生。可以这样说，在这三百余年之动乱中，既有之经济区与布局形势以及在此基础上形成之城市分布形势，均经打乱。人口大迁徙，民族大融合，新之地区得到开发与形成新之经济与区域形势之形成前奏。

世家豪族之发展与坞壁之出现。东汉时期，世家豪族已加发展。但统一帝国之存在给世家豪族之发展以很大之束缚力。黄巾大起义瓦解了东汉帝国，使世家豪族得以进一步发展（所谓世家豪族，即指地方上具有很大经济力量和政治力量之大地主）支配了地方之政权与内部，在乡间以农民身上榨取的剩余产品上，世家豪族（高门世族）与中央王朝是对立的。

世族有自己的部曲、宾客、家兵。当时社会上呈现两种不同的景象："名都空而不居，百里绝而无民"，这是在（中原旧有之小区域城市如此等）区。"豪人之室，连栋数百，膏田满野，附徒万计。"这是指农村世界。"附徒"包括自己的部曲（家兵）、门人、故吏、食客及多种文武流派。

世族依靠庞大的附徒，为了自保，而修建了一种特殊的聚落——坞壁。坞壁本质上是大地主的巢穴聚落，但利于保护安全。有围墙有角楼，有守卫家兵。其内储存大量的粮食与生活用品，还有兵器。例如董卓的坞壁存粮可吃三十年，他说："事成雄据天下，不成守此足以毕老。"坞壁规模很大，如许褚"聚少年及宗族数千家共坚壁以御寇"。也有许多坞壁相互联合，形成大的集团，如袁绍同党的世族有二十余壁。这些坞壁就像一个个自给自足的独立的小王国。

在考察中国城市发展史时，应当看到这种

第82页共 页

坞壁是城市的对立物。坞壁的出现导致了城市发展的退化。它们削弱了城市的政治、经济力量，限制了广大农村同城市的经济联系和政治联系。城市孤立了，工商业发展也就停滞了，有的城市甚至毁灭了。所谓"都市空而不居"。战争破坏了城市，坞壁则在农村发展起来。人口从城市迁到农村，以坞壁作为依托。

人口迁徙与民族大融合

在中原王朝崩溃的时候，北方一些少数民族乘机南下，进入中原地区，他们割地立国，互相征战。原先经济繁荣、人口稠密、文化发达的中原地区（关中、中原）成为民族斗争的战场，史称"五胡乱华"。但是，在另一方面，则是各民族的大融合。随着诸民族的相互杂居，其间的交流不断增加，特别是处于后进的民族，为了适应北方政权的需要，为了在占领区巩固自己的统治，向先进民族人民学习了先进的农业技术和文化知识，"穿汉服[illegible]

20×20=400

服"者之言服。甚至语言文字。从而缩小了民族之间的差异。在民族杂居之过程中，多个民族融合为一体。

当时的五大民族是匈奴、鲜卑、羌、羯、氐。

中原战乱，原先在中原居住的大量汉族人口，纷纷南迁。

"洛京倾覆，中州士女避乱江左者十六七"

"永嘉之乱，……幽、冀、青、并、兖五州及徐州之淮北流人相帅过江淮。"

▲中原人口南移过江，对江南经济的开发起了直接的促进作用。①、劳动力增加，推进了荒地的开垦。②改变了过去土著人稀的原始状况。③、带去了先进的生产技术和经营管理经验，逐步改变了过去"火耕水耨（nòu）"的粗耕生产，而进入精耕阶段。④、江南成为政治中心之所在。江南之开发，促成全国经济重心之南移，深刻影响着以后整个历史的发展。

当然，江南地区并不是没有战乱，但相对于北方来讲，要安定一些。另外相对于自身以

第 84 页共 页

前之各种来说，北方是破坏，南方是前进。

在上述社会背景下，城市发展应为：

**北方城市的大破坏与南方城市的兴起**

在战乱中，北方很多的重要城市，都遭到不同程度的破坏，许多城市荒芜为废墟，幸存的城市人口亦极为有限，城市亦屡建屡坏。

长安：董卓被诛后，其部将李傕（决）、郭汜、樊稠等攻入长安，"三夕城内，各备其界"，互相攻杀，李傕劫皇帝，郭汜留公卿，长安城宫殿被焚，死人数万。七十年后（292年）西晋时，有人到长安，看到宫殿废墟已野草丛生，野鸡在殿台鸣叫，狐兔在殿旁掘穴。西晋末年愍帝曾避难洛阳而到长安，这时长安城才有些修缮，但五年后（316年）匈奴贵族又攻长安，愍帝被俘，"长安城中户不盈百""公私有车四乘"，可见长安城很久才能重建（前秦）但其~~光明程度~~昔日之繁荣已难恢复了。

洛阳：董卓胁迫献帝迁都长安，"悉烧宫庙官府居家"，曹植诗中说："洛阳何寂寞，宫室尽烧焚""中野何萧条，千里无人烟"。曹丕

第85页共　页

至魏行篡汉后，由许昌迁都洛阳，重建洛阳城。三国归晋后，晋仍都洛阳，城市繁荣一时，但永嘉之乱又使洛阳化为一堆瓦砾灰烬。▲北魏统一北方，493年由平城（大同）迁都洛阳，又重建洛阳。北魏洛阳繁荣了三、四十年，534年北魏分裂，洛阳不再是都城。东魏统治者建都邺城，而发十万民夫拆毁洛阳宫殿，将木料运往邺城。后来，在战乱中，洛阳被"焚城中宫屋俱尽"。547年杨衒之（北魏的官员）到洛阳，看到一片废墟，回想当年繁盛情景，无限感慨，写了"洛阳伽蓝记"一书。（谈佛教）

都城尚且如此，其它中小城市更难逃脱这种命运。例如山东最大的都会临淄，秦汉盛期有户十万，人口50万（战国时），而东汉以后，临淄只剩国田王县（贵大县）只有人口19万。

▲北方的城市，就其本身来说，在这一时期遭受到大破坏，是发展的逆潮。但在这个别城市的权利上，却出现了一种重要的（战乱的同时促进的向隅，在）新发展。这就是为了维护统治的一个考虑，社会的居住者依靠城市防御战乱掠夺，城市建筑了较低

20×20=400

焚烧，但社会的上层建筑，社会思想，行为有相对的独立性。当生产力之东西并不全被战火烧光，只要人还在，原有的政治、文化、技术知识就会保留，甚至在继续发展。战争不能割断历史，战争不能毁灭人类的知识积累，不能中断人们政治的发展，而只能影响政治发展，抑制人们思想的发展。

城市规划形式，是人们的技术水平，社会政治、文化传统三者的综合体现，含有大量上层建筑的成分。这些方面在战乱中没有被摧毁。在魏晋南北朝时期，城市规划思想有所发展，城市布局有所创新，出现新型的城市布局，对后代时期的城市规划有着直接的影响。这一时期新型的城市布局，以邺城为先例。

邺城是曹操作魏王的都城（天子都是在许都），后来又成为后赵、前燕、东魏、北齐的邺城，是当时黄河流域为数不多的繁荣城市之一。位于今河北临漳县西南。曹操时期所建的邺城在当时漳水南岸，为东西七里、南北五里的长方形。后来的东魏又在南部增筑南城，东西六里，南北八里六十步。

第87页共　页

现在所谈的邺城规划，是指此前的曹魏邺城。

根据考古发掘材料及文献复原想象图

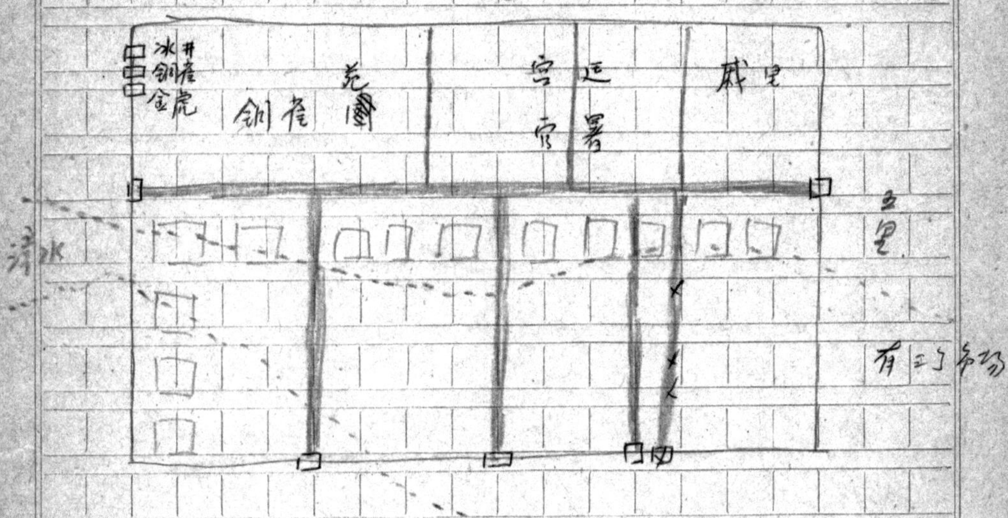


1. 宫殿区与居民里坊区整齐地分开，宫殿区在北，居民里坊区在南。

2. 闾里排列整齐，干道平直。

3. 过去只有宫殿群才具有这种规划，扩大使用到整个城市。

在魏晋南北朝时期，北方一度作为割据政权都城的有：长安、洛阳、邺、平城、统万（夏）城（陕西横山县西北）、姑臧（今甘肃武威）（前凉、后凉）、襄国（今邢台）（后赵前期）、中山（今河北定县）（后燕）

20×20=400

第 88 页共　页

范川（今榆中北，西秦）、西平（今西宁市，南凉前期）、乐都（今青海乐都，南凉后期）、广固（今山东益都西北，南燕）、敦煌（西凉前）、酒泉（西凉后）、龙城（辽宁朝阳，北燕）、张掖（北凉）、盛乐（内蒙和林格尔，北魏前身代）。

以上有的都城实际很小，有些弱小的短命政权根本来不及，也无力发展经济进行城市建设，所以它们的所谓都城仍不过是小城无异。

值得注意的是，不少民族来自牧业经济区北、西、东向南下，在它们向农业区推进时，多在农牧交错地带建立其早期的根据地城市，以作为南(侵)进的跳板，因此促进了这类地区的开发及程度不同的城市发展。北魏的平城是发展这一阶段较典型的一个。大同之南云岗石窟是当地文化发展的标志。据文献，北魏平城有宫城、外城（外城方20里），有里坊（大的里可容60—70家），城内"分设市里，经途洞达"。

平城

20×20=400

东晋、南朝时期，南方的政治，总的说来还是黑暗的，形势亦不稳定，但比之北方，较为安好些了。一个决定性的因素是北方劳动力以及先进文化技术的南来，使南方经济的发展进程超过了北方的同期发展速度。南迁至长江流域的人口，总数至少有70万人（中国史纲要二册82页）

南渡的人口通常是按籍贯聚集若干家，形成了一个又一个的流民群。南渡的官僚往往随带宗族部曲。到了南方的北人称为侨人。为了控制侨人，东晋在侨人集中的地方，陆续建立许多以侨人旧土国名的侨州、侨郡、侨县，让侨民按此登记入籍。在江南的一郡、一县中往往有数个北方的郡县侨治。侨人的狱讼刑罚都由侨治衙门管理。

南迁人口多数聚集在扬州地区和荆州地区称"荆扬二州，户口半天下。"这两个地区是东晋南朝时经济最为发达的两个地区。南迁人民中，也有越过长江以后，继续南迁，达到今浙江和皖南，甚至深入闽广。

20×20=400

以芜湖城之早期发展为例，介绍六朝时期江南城市之发展。

今天之芜湖城位于青弋江入长江之河口。但是自古代最早之芜湖城不在这里。考芜湖县志，可以看到上面转载着史书中关于芜湖早期城址之记载：

> “古鸠兹邑……汉置芜湖县于此。”（寰宇记）
> “鸠兹，吴邑，在丹阳芜湖县东。”（杜预）
> 也有说在芜湖东30里、40里……

（野外考察过程）

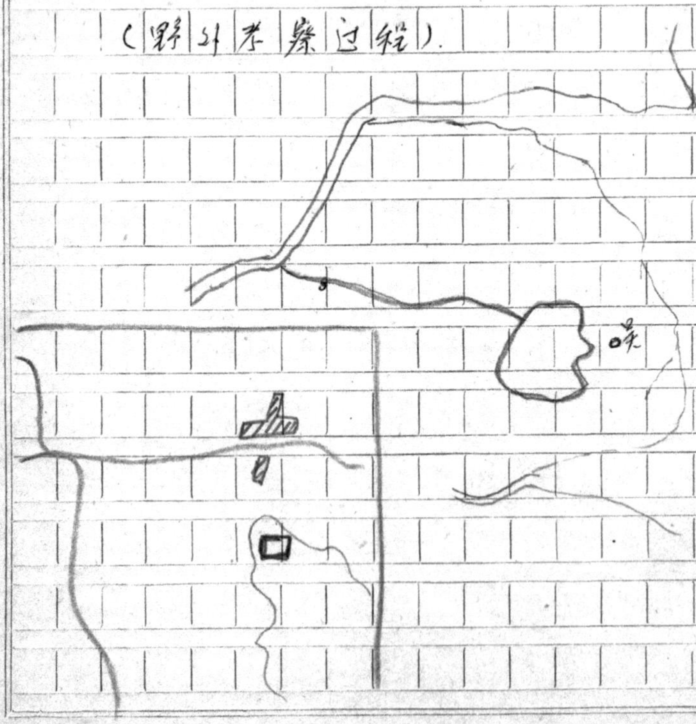

以下考察芜湖城由鸠兹邑迁至青弋江口的过程。

在鸠兹之芜湖城位置评价：

1.在僻处湖泊之边缘。由此再往西，一片平原低地，古代为湖泊沼泽之分布区，聚落难以发展。在这一方圆几十里之低地上，古代曾有一湖泊，"以蓄水不深而生芜藻"，而以名芜湖。这一带可视为长江下游的湖水区。芜湖县城位于这片湖泊之边缘，因此得名。在当时的自然条件下，大型聚落再向西发展是很困难的。

2.紧傍水阳江南岸。这条河道，是古代有名的中江之一段。中江本不与太湖通，吴凿通之。这样中江便成为沟通长江与太湖之重要水路运输线，在江南这个"舟楫世界"来说，亦具有重要的政治军事意义。鸠兹位于这样一条水道之上，自然地位是很重要的。

西汉初年，在鸠兹邑设立芜湖县。设县以后，直至东汉末年，这一带之发展是缓慢的，地位也不重要。史记汉书中几乎没有记载芜湖发生过什么事情。

到三国时期，孙吴极力在江南开发，芜湖地区得到发展。中江与长江相汇之地方，属于芜湖县境，在三国相互争夺的战争形势下，这一段长江十分重要。在"三国志"中，芜湖一名屡见不鲜，许多重要历史人物如孙策、孙权、周瑜、陆逊、刘备、曹操等，都有与芜湖一带有关的事迹被记载下来。

"江东形势，先有建业，次有芜湖"（刘备）说明芜湖在当时的重要地位。陆逊曾"部精卒数万人"据守芜湖。曹操伐吴，亲率而出征，并派遣大将，几番进攻这一带，但终没有取胜。周瑜病死巴丘（湖南岳阳一带），灵柩顺江东下，孙权穿白素服举哀，迎周瑜灵柩于芜湖。

在三国时期，战争形势对城镇聚落的设置提出了新要求。本来，孙吴并未把重要城镇设在临江位置，由于长江沿线战事较繁，才感到临江建立重镇的必要。[illegible]"即有警急，赴救为难"。战争形势提出要求，而临江平原的开发则提供了条件。

孙吴曾招来江北流民十余万人，当地人口

第93页共　页

大堤。在平原低地，展开围湖造田，古称圩田。孙吴围湖造田颇有成效。大将蒋钦去世，孙权赏"以芜湖民200户，田二百顷，给钦妻子"。随着围湖的开展，原有的"芜湖"开始缩小，居民点也增多了。在此种条件下，把芜湖县治搬到了青弋江口的鸡毛山之地。一说新的芜湖城便开始在这里发展。

芜湖城的西移，最初是出于军事上的需要，但主要的是这一地区经济重心西移的历史趋势。到了南朝时期，沿江平原"良畴美柘，畦畎相望，连宇高甍，阡陌如绣"。沿江的城市就发展的比较快，这是以后历史中所明显表现出来的。

对沿江城市发展的小结：

1. 多在两河汇口——两条交通线的交叉点。自宜昌以下江岸64座县以上的城镇，有50个位于两河会口。

2. 多由军事要塞发展而成，如宜昌、武汉（夏口城）、安庆（山口城）、九江（湓垒城）。

3. 在改造自然环境中发展。圩田、江堤。

荆州大堤是最早的干堤（字音）

20×20=400

第94页共　页

位于扬州地区的城市建康（三国叫建业，西晋叫建邺，313年，避愍帝司马邺讳，改名建康），一直是东晋南朝的都城，因而是江南最繁华的都市。它位于秦淮河入长江处，在低山丘陵环抱的盆地中。著名的紫金山（钟山）即位于城市东部。西部为清凉山，又叫石头山。诸葛亮说："钟阜龙蟠，石头虎踞，真乃帝王之宅也"。孙权建都，首先在石头山上建城，叫石头城。

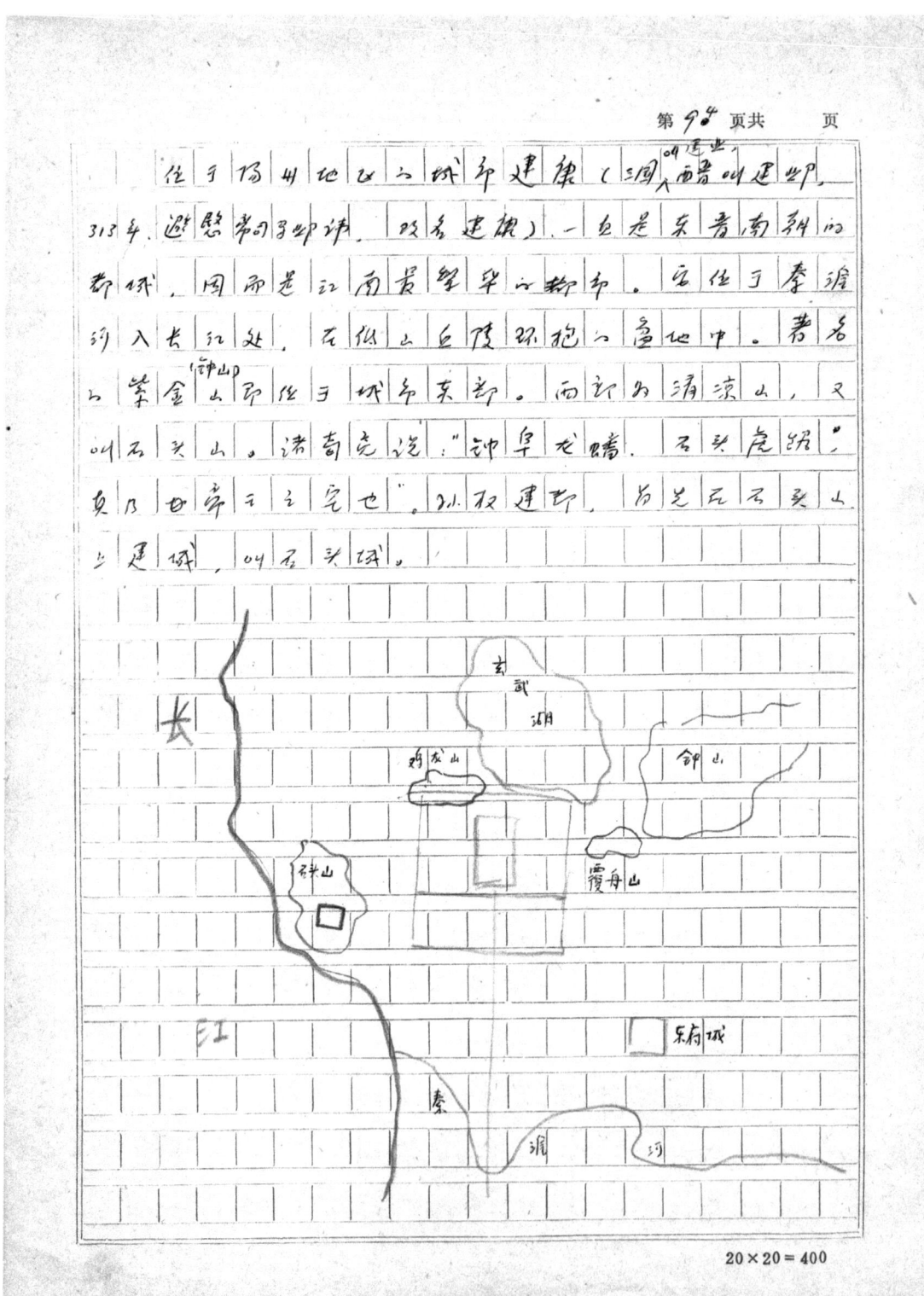

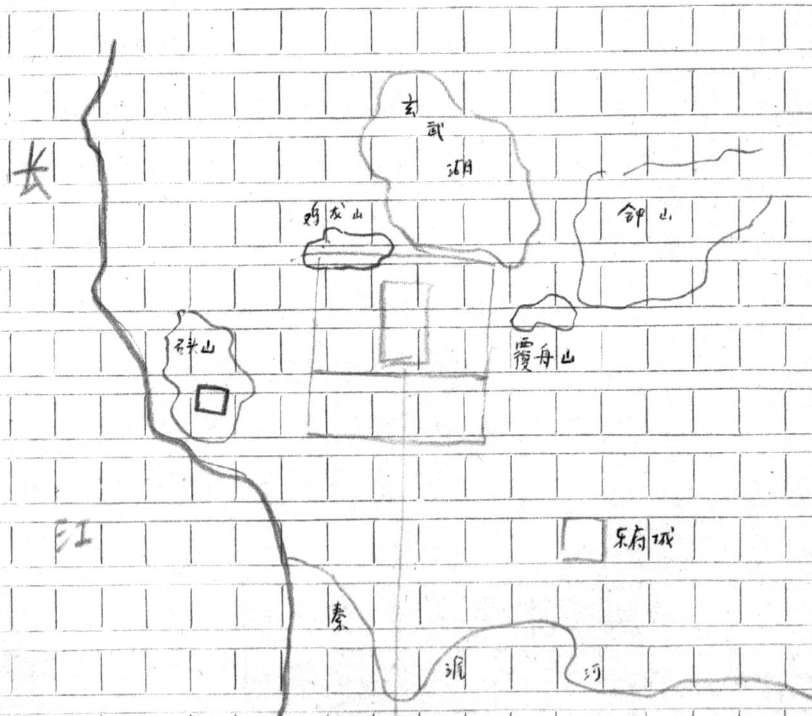


20×20＝400

（石头城是因楚灭越后所建之金陵邑旧址筑造的．南京又称金陵就是因此）．后来又在石头城东兴建都城．北依覆舟山．玄武湖，南近秦淮河，东至钟山西麓，周廿里。初设有城墙，只有篱门。宫城位于城中部偏北．市场和居民区多在秦淮河畔。

为了加强建业与京口之联系〔京口即今镇江，后为孙权统治中心、由此有运河通淮河．其南为太湖北了山发达经济区．即今无锡、常州一带〕孙权曾发军士开凿破岗渎，~~自秦淮河中游向东~~以通句容——云阳，即今句容——丹阳。

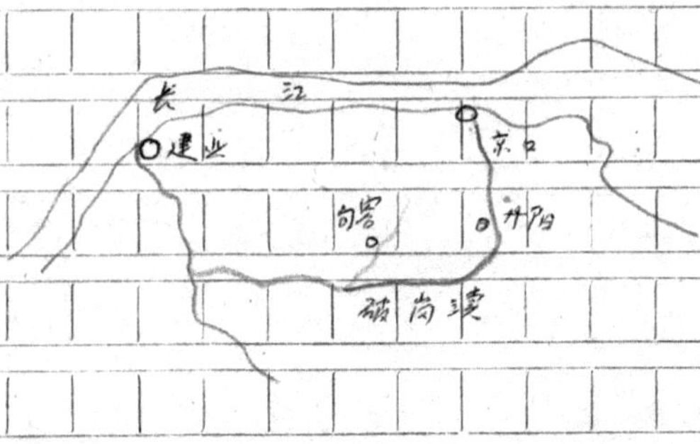


这样就沟通了建业与太湖地区之联系。而建业城之秦淮河岸区，则成为最繁华之市区。

自孙权在建业定都（一度为与刘备争荆州，迁都武昌．今湖北鄂城．使江东之统治及对有"宁饮建业水，不食武昌鱼"之说。）后经东晋、宋、齐、梁、陈，共计有322年皆为都城之用，故发展之极为繁盛。在梁武帝时，人口近百万。不过到了梁武帝的晚年，发生"侯景之乱"，动乱持续三年，建康破坏之惨不堪。

"自景围建业，城中多肿病，死者相继……血汁漂流，无复行路。及景入城，悉聚尸焚之。……初城中男女十余万人，及陷，存者才二三千人。"

"景自至建业，纵兵士前后虏掠，仓库所有，皆扫地尽矣。"

除建康以外，南朝较为发达之城市还有：江陵、山阴（今绍兴），当时有"海内剧邑"之称，"今之会稽，昔之关中"之称。东晋时，建康一度残破，有人曾建议迁都山阴。成都、~~洪州~~（南昌）、广陵（扬州）、寿春（安徽寿县）、番禺。襄阳

襄阳、寿春分别是沔（汉）、淮两水之交易中心。"广州刺史从城门一过便得商税三千万钱"，可以窥广州商业之盛。

《水经注》作者郦道元，~~[illegible]~~范阳涿县人（今河北涿县），作过北魏的官员。在东汉（或三国）时，有人（或说是桑钦）撰写了《水经》一书，记载全国水道137条，记其源流和流经地方。郦道元为之作注，注文20倍于原书，叙以支流小水，增至1250条，逐一探本溯源，述其变迁，以水道为纲又详记所经地区的山陵、城邑、关津、古迹，以及发生在该地的历史事件，成为一部内容十分丰富的著作。

东汉以后，地理书籍，对于地方的专门记载，数量相当多。这一方面是由于时代发展，地理知识不断的发展。另一方面可能也是由于政治需要，推动了有关地方记述的发展。水经注可以看作是对北魏以前我国古代地理的总结。

政治需要，促使水经注能以统一国家的范围来记载，反映了郦道元南北一统的思想。

水经注语言优美流畅，而很多的文字仍值、

今天读水经注，应当单以实地考察，以古今对比。用实地考察的成果对水经注再作注，是很有意义的。

20×20=400

分封制（封建制）

▲部落是"自然长成的结构"，封国则是自上而下、人为的。（马恩全集.21卷.179页）

▲封大者七十一、大小邦国四百余（吕氏春秋）

▲天子封诸侯，诸侯封大夫。下对上要朝贡纳、朝拜、出兵助征战。内政国则自理，有不同等级的"君"。有小国之"君"。

20×20=400

小岩样：

第　　页共　　页

你越不知花园，你越向您身边的人求知越快。在课堂作习、作业中，自无所谓，但在工作研究中，则是极为重要的。

向您的花园是事先已经被选定，~~而向您尚是向您的那个~~，花园尚未认识的时候，这个花园一定是不恰当的。真正的花园一定要在认识的过程中调查。总有一些资料在你的花园以外联系了。

比如认识一座城市，可能在调查过程中发现你当初城的某一个方面，而另一城市方面更要联系了。

认识现状，要联系历史。

认识北，要联系南。

认识此物，要联系彼物。

你越不知花园一定是有机的，而不能走出限定联系了的。

20×20=400

查我的古代书籍，及有关文献作习，评讲。

第　　页共　　页

如下同学做的较好：

徐庆凤、胡昌苗、缪宁、徐烽、孙胤凯、孙庆兰、思文、高翔、周蕾、黄玉亭、杨加达、刘荣芳

△有同学不满足于汉、唐、宋，而对地区发展了解不完全。应加宋朝、秦、元代、有的同学……有重要变化的时期。汉、唐、宋不是主要转折之点，则应指出其它朝代的主要转折，加以说明。

△估计有些同学只是已经对某地区，应当加以说明，如作于数目之间的地区（古代朝时）。

△在叙述古代行政区时，不全面。应有一级、郡（州、府）、有郡（州、府）的治所所在地。

△有些同学是在书本文献以后的……情况——可能没有。这在说是说有图书馆的一个缺陷。

提倡一种，写书在撰写上的好的习惯，培养……习惯，因为撰写是……的，因而是……的，……，……是……

……而是上面，100号。……

……

20×20＝400

第111页共　页

五代十国时期（907—979）　包江南、华北及
907—960　代后周

黄巢起义失败以后，全国又处于大分裂状况，大小政权此消彼长，战乱不息。北方曾先后有五个主要政权：梁、唐、晋、汉、周，一般在前面均加后字。其中，唐、晋、汉是沙陀人建立的政权。后汉灭后，有北汉在山西北部与后周并存。

沙陀，又作沙陁，西突厥别部。唐初居蒲类海（新疆巴里坤湖）以东，以境内有大碛（古尔班通古特沙漠），故号沙陀突厥。宪宗（806—820）时内附，处盐州。治所在今陕西定边（陕北长城边）

插出本为此段小字

南方则有九个主要政权割据：吴、南唐、吴越、楚、闽、南汉、前蜀、后蜀、荆南（南平），总括，这一段历史时期便称为五代十国。

这一时期，北方战乱频繁，加以契丹族之南下，经济受较大破坏，城市亦然。汴（开封）是后梁、后晋、后汉、后周之都城，洛阳作过后唐之都城，太原作过北汉之都城。它们是这一时期中原、华北的主要城市。（当时北边有契丹国，即辽国建

20×20=400

第112页共　页

主的城市，详后）

南方地区经过隋唐的发展，形成了几个以大城市为中心的经济区域。~~(後來南方的割據政權)~~这些经济区域由天然的地理~~(界线)~~界限分割而成。主要有：四川、湖南、岭南、江汉地区、江淮地区、三吴两浙、福建、云南。在南方割据的政权，大致也是按这些经济区划分的。

四川：前蜀、后蜀，　都成都。

湖南：楚，　都长沙

岭南：南汉　都广州

江汉地区：荆南（南平）　都荆州（江陵）

江淮地区：(先)吴，(后)南唐，（包括江西），都扬州、金陵（南京）

三吴两浙：吴越　都杭州

福建：闽　都长乐（福州）

云南：大理国。　都羊苴咩城（大理）

唐时称南诏，902年国灭，南诏都羊苴咩城。
937年，白蛮建大理国。

南方二级经济区的分区形势，大致是各区的中心城市，与今天几乎完全一样（除扬州变为南京）。这说明南方的开发已达到相当成熟的地步。割据政权的建立

20×20＝400

形势，是对南方地区开发程度的一个很好的说明。这种南方地区的开发形势，是南方割据政权的地理基础。南方的开发既是普遍的，而且又是有区别的，有中心的。不难看出，南方内陆地区大城市的分布格局大体已经形成和稳定。与今天情况对比，除上海、南京、重庆这几个港口城市而外，基本是相同的。

而北方则不同。还应该看到今天的南北差别是因为北方在第一个重大的历史事变，即北方民族的南下。在这一历史事变完成以后，北方的城市格局才确定下来。

南方的发展已经很充分了，全国内大区域发展至南方的重大变革，开始转向北方的华北、东北，以及北方的农牧交界地带。当然，中原与南方之交界地带，即淮南和江北一带地带，仍未定型。而大交界地带的城市格局，确定的较晚，（晚熟）而不似中原、江南两大经济区的腹地。近代资本主义对城市的影响主要是两条线：沿海、长江。

20×20=400

## 宋辽金时期城市的变革

北方民族的强大。（新的地区开拓之4）

契丹族是我国东北地区与内蒙古地区的一片地带——西拉木伦河（辽河上游）兴起的民族。（昭乌达盟）916年，其首领耶律阿保机创建契丹国，都皇都（昭盟巴林左旗南）。947年改国号为辽，（北宋建国于960年）改皇都为上京。其后不断扩大领土，后晋时，取得燕云十六州（天津、保定、代县一带以北）

石敬瑭反后唐，围困太原，向契丹求援，认契丹主为父，割卢龙、雁门以北给契丹。契丹主亲率五万大军来援，解太原之围。后又南下洛阳，灭唐。石是有名的儿皇帝。

947年，改国号为辽，（北宋建于960年），改皇都为上京，其余几京是：中京（昭盟宁城县西）、东京（辽阳）、西京（大同）、南京（北京）。

1125年，辽为金所灭，共存210年。（第二年1126年，金攻入开封，灭北宋）

20×20=400

金是与南宋对峙的政权。

女真族兴起于东北地区的松花江流域。1115年，其首领完颜阿骨打创建金国，建都会宁（黑龙江阿城，在哈尔滨东南）十年后，1125年，灭辽，1126年灭北宋。以秦岭、淮河与南宋接界。（鄂尔多斯以西，狼山南北，至甘肃西部河西走廊地区为西夏）以后，金主要都城在中都，其余陪都除上京会宁外，还有东京辽阳、西京大同、南京开封。

1234年，在蒙古、南宋联合进攻下，灭亡。

辽、金不同程度地伸入中原，受到汉族地区的先进文化，在这一文化融合的过程中，完成了向封建制度的过渡，社会经济亦有相应的发展。辽金二朝对于东北地区的开发是有所促进的。（详情略）

金朝在北京地区设立的中都~~（析津府）~~，是北京在封建社会后期，~~[illegible]~~由割据政权的首都发展到全国性都城的飞跃。北京作为都城（封建社会后期）的历史，就是由此开始的。1153年

20×20=400

北宋 960-1126 (167年)
南宋 1127-1279 (153年)

宋

第 116 页共 页

北宋统一中国以后，在政治、经济、军事领域中进行了一些较大的改革，社会各方面都有所发展。在经济方面，广大农民开垦了大量的农田，农业生产发展到一个新水平。随着农业的发展，工商业呈现空前的繁荣，手工业中出现许多新的创造发明，如指南针、活字印刷、火药火器，都出现在北宋。适应商业发达的需要，发明了世界上最早的纸币——交子（在四川）。工商业的繁荣，是宋代社会经济发展中的一个明显的新特点。

十万户以上城市，唐有10多个，北宋有40多个。

自北宋开始，城市面貌出现了重大变革，古代型城市转变为近代型城市。最主要之点是对城市工商业取消了自古以来的坊市制度，打破了交易的时间限制和空间限制，工商业者可以自由选择合适的营业地点，与自由规定的营业时间。

在唐长安城，晚上击鼓散后，坊市关闭，"六街鼓绝行人歇，九衢茫茫空有月"（衢：街道、大路）

20×20=400

北宋 960－1126（167年）
南宋 1127－1279（153年）



北京—大名府，河北大名东北
南京—应天府、商丘南
西京—河南府、洛阳

至宋代开封："夜市直至三更尽，才五更，又复开张。如耍闹去处，通晓不绝。……冬月虽大风雪阴雨，亦有夜市。"（东京梦华录，卷三）

宋开封是在后周汴州的基址上扩建发展而成。后周汴州城可看作是宋开封的起点。

后周周世宗，是一个五代时期较为有作为的君主，曾改革政治、整顿军事，奖励生产，北攻契丹，收复一些领土（莫、瀛、易三州）。亦主持了对都城的改建。其显德二年（公元955年）所下的改建京师的诏书，是古代城市规划建设方面的重要文献（详后又另论）。载《五代会要》。诏书中实事求是地指出了旧城所存在的问题，如用地紧张、道路狭窄、排水不良、公共设施不足、居住环境恶化等。下令扩建城市，重新规划街道、军营、仓场、官署。

宋开封继承了周代城，因为没有发生围城战争，周城得以完整保存至宋。不过宋还是对开封进行了一些改建、扩建，尤其是在加强城市之防御能力上。因为开封无险可守，乃"四战"之地。

▲开封城为三重：

中心为皇城，又叫大内、紫金城，周九里许。王宫所在，一部分官署所在。

外有里城，周27里。

最外为外城，周约50里，略呈南北长之长方形。

▲四水贯开封，自北而南是：五丈河、金水河、汴河、蔡河。金水河是供应宫廷用水（有渡槽从汴河上横过）。汴河即隋通济渠，是沟通江淮之水运干道，地位极为重要。

河多，桥也多，开封共有30座桥。除金水河外其余3条河均通向四方之水运通道。

▲商业区主要在里城东部、东南门，外城东门、东南门、西门。而里城之东门、东南门最为繁华，位在汴河之畔之相国寺，更是繁华商市之中心。开封有夜市，称"鬼市"。

相国寺创建于唐，（南北朝时，此地已有寺），宋太宗扩建，甚为壮丽，"金碧辉映，云霞失容"，内有500铜罗汉，宋代名家壁画，文

20×20＝400

竺（印度），日本僧人亦住此。可容万人多。

▲开封居民区120坊（一说80坊）。宋代之坊已无坊墙、坊门。民居可向街直接开户，设8厢分管120坊里。厢设厢吏，归开封府统管。于巷内三百步设一军巡铺，士兵六、七人，负责治安，这是坊墙管理破坏后，新的~~管理~~控制措施。

包公：当时称"关节不到，有阎罗包老"。（不能走后门，因为有阎罗包公）

在《清明上河图》中，可看到密集的院落式住宅，这是人口密度增大的反映。据研究，开封人口超过唐长安（150-170万），但开封城的面积则只是长安的一半。

清明上河图，作者张择端，是北宋宫廷画师（供职翰林图画院）（另，徽宗是院长），描绘东京开封民清明时上汴河游景之盛况。

▲艮岳，艮音gèn，为八卦之一。一为阳，--为阴，组成八种形式，☰为乾，天；☷为坤，地。☶为艮，为山。这八种形式代表八种自然事物，及由它们之特性所代表的各种事物。乾清宫、坤宁宫、坤乾等。

艮岳又名万岁山，在宫城东北。是宋徽宗认为开封地平，少山林泉壑之胜，为了游乐，用人工建造的园林。周十余里有山水楼台。

宋徽宗，赵佶（反）是亡国之君，却是宋朝著名画家，亲自掌管翰林图画院。最善花鸟。

古代成批运送货物的组织称纲，如盐纲

为修艮岳，搜天下（尤其江浙）奇花异石（太湖石）叫花石纲（船运开封）。后金兵南侵，围开封。园中百兽作了士兵的食物，异石作了炮石。剩下的石头，又被金人运到北京，修中都。传说北海中有些太湖石就是取自艮岳。

▲开封城市中，坊市制度的变化，繁华街道的形成，是城市经济发展、市民阶层抬头的反映。市民活动在开封城中明显增多，他们有自己的经济——商店，手工作坊，有自己的娱乐场所，文化生活。连某些皇家苑林（金明池、琼林苑）也定期（三月一日至四月八日）向市民开放，任人游览。

1126金破开封后，将宫殿拆毁，材资运中都。后虽有所修建（南宋），但繁华远不如宋。

20×20＝400

开封虽然被毁，但其宫城居中央的布局有利势，却影响到后来元大都、明清北京城等都城的建设。

## 元

1271年，正是元军向南胜利进军的时候，忽必烈废弃了"蒙古"国号，按照易经中"乾元"之意，改国号为"大元"。从此，我国历史进入元代。1271—1368，历97年。

元朝是我国封建社会历史上，第一个由少数民族入主中原而建立的全国政权。由于当时的蒙古族较汉族为落后，故而其所建立的政权实行了很多落后的政策（政治、经济多个方面），例如：

▲把全国人民分成四等：蒙古人、色目人（即各色名目，类别很多的意思）、汉人、南人。

色目人：指西域各部、畏兀儿、斡罗斯（提）、回回等。

汉人：指淮河以北原金国人，为汉、契丹

*元也者，大也。大不足以尽之，而谓之元者，大之至也。*

女真、高丽等，还有较早被征服之四川、云南各族人民。(蒙古军在攻伐宋时，首先攻四川、云南，以期南北夹击南宋之腹地)

中央官职之正职一律由蒙古人担任，地方官职只能由蒙古人、色目人担任(达鲁花赤)。

严格禁止汉人、南人拥有兵器、马匹，不许汉人田猎、习武、集会。元顺帝时期，有人提议将张、王、刘、李、赵五姓汉人杀光。

▲排斥汉儒，看不起读书人，社会上有"一官、二吏、三僧、四道、五医、六工、七猎、八民、九儒、十丐"之说。读书人处在"老九"的地位

▲很多蒙古贵族，把农田改为牧场，放马游猎，依草原风俗。

▲在农业、手工业生产领域中，又出现了近似奴隶身份的劳动者：当时称作"驱口"，主要是战争中被掳掠来的人口。如阿术攻打襄阳，掠五万人口。这些人口被俘，视为与动产为奴，可以买卖，如在大都，有马、牛、羊市，还有人市。

20×20=400

不过，元代历史也有其进步的一面。在一些开明君主（如忽必烈）当政时，还是力图克服蒙古旧俗，而施行"汉法"，并制定一些积极性的法令政策，从而推进社会向前发展。只当说这是元代历史的主要方面，不能说元朝仍是逆转。元朝毕竟大的时乱不多，从这一方面来说，是符合各族人民愿望的。元朝社会，是一个多种关系错综复杂的社会，民族成分复杂、思想复杂、生产关系复杂，进步与倒退相混合。

元代在城市开发、城市建设方面的主要成就：

▲大运河。元朝定都大都，而需要大批江南漕粮，而旧日的运河绕道开封，过于迂回。因此自1281年起，开凿新的南北大运河。这条运河很接近于今天运河的走向，南起杭州，经镇江、淮安、徐州、山东聊城、河北沧州、天津、通州，北至大都。元代亦用海路运粮。

自淮安至徐州一段，是利用黄河河道。黄河善徙，除宋以来至清末也一切都很不安定，其实的河道经常改道，对大者，有学者认为达26次。(当然这是指见于记载的。)辽、金、元时期，黄河下游河道很乱，多出多股，但以最南边的一股较为主要，大致说，在郑州[illegible]一带开始东南流，经商丘南，徐州，至淮安入淮，至海。~~这是历史上黄河河道中最南的一条~~。这一河道一直延续到清朝中后期(1855年)。1875年形成今道。1938年，国民党决郑州花园口，河水又入淮，9年后[1947]归今道。

▲驿站，元称站赤，是驿传之译名。元有驿站1383处，分陆站、水站。陆站用马、牛、驴、狗，水站用船。站赤一直伸入蒙古草原上的遥远地区，加强了草原同中原之联系。

▲棉花的广泛种植。我国古代衣着原主要是丝麻，元代以后，发生巨大变化。因元代以前，只有少数地区种棉(高昌、云南、两广、陕西)。元代提倡种棉，专门在浙东、江东、江西、湖广、福建设木棉提举司。江南地区以棉、布为夏税，江南植棉技术也向北方推广。

棉花的普遍种植必然促进棉纺手工业的发展。著名松江劳动妇女黄道婆从海南黎族人民那里学会了先进的棉纺技术并加以改进后，对江南棉纺业有很大推动。

▲元代的商业是发达的。王公贵族、公主驸马、大臣都间接地经营商业。和尚、道人也经商。他们开设旅店、浴堂、酒店。商人有自己的海船，在海外航线上很有势力。据说中印之间的海运，都操纵在中国商人手里。

元朝的城市经济——手工业、商业、服务业，是繁荣的。当时著名的繁华城市有：大都、开封、扬州、镇江、苏州、杭州、泉州、广州等。

马可波罗称杭州为"天城"，苏州为"地城"（据"上有天堂，下有苏杭"）。他描写苏州："其城甚大，周围有六十哩，人烟稠密，简直不知其数。这些人不全是商人和手工业者，也有文人和医生。假如他们都是斗士的话，一定可以去征服世界的其他地方。"此城有桥六千，都是用石砌成的。"

泉州是元代最大的对外商港，亦为东方巨港之一，南洋、印度、波斯、阿拉伯（《商船侣》"百货山积"）之一百多个国家和地区的商船云集于此，"百货山积"。许多外国传教士在这里登陆，马可波罗也是由此港离开中国（伴送科克清公主出使伊儿汗国）。"上都，今内蒙正蓝旗东20公里，闪电河（滦河）岸北（此字正北稍）

大都：

了解大都的建设发展，首必需追溯金中都的历史。

金朝夺取了华北、中原，以淮河、秦岭与南宋为界，出现了"以北则民淳而事简，以南则地远而事繁"的情况，于1153年，正式迁都中都。（会宁府仍为上京。）

传说修建中都时，"筑城用涿州土，人置一筐，左右手排立定，自涿至燕传递，空筐出，实筐入。"（《大金国志》卷37）这可能有夸大，但反映了统治者不知滥用劳动力的情形。

山东、河南、河北的丝粮和其他征调的物

资，是金中都的主要经济依靠。这些物资都由水道运至通州。通州到中都虽有漕渠可通，但因"通州而上，地峻而水不留，其势易浅，舟胶不行"，所以常以车陆运。"人颇艰之"。也曾发军夫疏浚漕渠，但未能解决问题。1170年，决定从西边卢沟河开口（金口）引水东下，经八宝山北，入中都北护城河再通通州，以解决通州至中都之水运问题。但渠成之后，"以地势高峻，水性浑浊"，或溃或淤，不能胜舟。实际上没起多少用处。后来因为怕上游河水暴涨，干脆把它"塞之"。

中都比通州高20米

这一事实说明了金中都城在水源问题上的危机。这一危机是造成元大都城北移的原因之一。

为了加强与南方的陆路联系，1189年下令造卢沟桥，1192年建成。全长265米，宽7.5米，11拱券。（雕石狮子485，但多是后代增补的）原来卢沟河上只有浮桥或木梁桥。这种桥无抗洪水能力。

以上两项工程，说明北京从一个地方上的城市升格，城市地位提高了以后，在首都的对外交通建设

20×20=400

施，交通开发水平便不能满足城市之需要了。

> 天然便利之交通地理形势，需要人们之开发，以求在原有之自然基础上，提高运输效率。这种开发包括，修整原有之道路，开运河，修桥梁，总之尽可能地利用发挥已有之交通工具。在原交通条件上建立运营之设施以保证促进交通工具之有效使用——即所谓以道路条件。

金中都在交通开发中，遇到了在当时来讲是难以克服之困难，即无法解决都城至通州这一段运河之水源问题。

由于以上原因，加上元初金中都城已经残破，所以忽必烈在这里建设其新都城时，选择了原金中都东北郊一块新的地方作为城址。这座新城1267年破土动工，1283年内外工程基本完成。而大都这个名称，在工程远没有完成，即1272年便宣布启用了。

元大都城址特点：

①元大都之所以选址在中都东北，这与即坐

第129页共　页

已经存在的一片湖泊，以及湖中的琼华岛有关。这里原是金大宁离宫，蒙军围攻中都，大宁宫却处城外，为蒙军所占，故未遭破坏。因此，忽必烈初到燕京时，选择了~~这块地方~~这座离宫作居住。~~琼华岛一带的景色势必吸引人的~~。忽必烈的驻地（成为营地），再加上琼华岛的优美景色，便很容易让人选择这个地方来建立新城。元大都就是以大宁宫所在的湖泊为设计中心的。

②由莲花池水系转移到高梁河水系。古代北京城早先是在莲花池水系（小湖加上由小湖发源的小河）上成长的，金扩范围，而绝后之变化，但始终没有离开这个城址。而元代开始，城市转移到了高梁河水系。这是一个历史性的变化。

所谓高梁河水系，并不是仅指发源于紫竹院的小小高梁河，~~而是是指~~还包括玉泉山水、香山山麓泉水等西北诸泉。金中都时，也曾试引用此诸泉水东南注入这河，但因水量不足，亦未见成效。

元代著名的科学家郭守敬，进深向北了地

20×20=400

的寻找新水源，从而出现了运导白浮泉水之工程。白浮泉位于今昌平县城东，凤凰山下所修渠道沿北京小平原西部山麓地带迂回而至瓮山泊，一路汇集了山麓地区许多小大泉水，从而增加了水量。渠自瓮山泊通入大都积水潭，再由南下出城，流入运河达于通州。这样就是一定程度上解决了大都至通州之一段运河之水源问题，漕船可以直入大都，停泊在积水潭。史载元世祖忽必烈从上都归来，"过积水潭，见舳舻蔽水，大悦。"遂命名为通惠河。

大都城规划特点：

①.首先以琼华岛宫一带的湖泊水面为设计中心，规划了皇城的宫殿布局。

在湖泊东岸修建宫城，即"大内"。

在湖泊西岸北部建兴圣宫。

在……南部建隆福宫。

三宫鼎立，中间为湖泊区，名为太液池。太液池中有万岁山，山南有小岛"圆坻"（音迟，水中小洲或高地）。圆坻北、东、西三面有桥分别连接万岁山、东岸、西岸。此为三组宫殿

第 131 页共 页

的精华中心。三组宫殿外环以皇城，又绕萧墙红门阑马墙。

②、进一步以宫城为设计中心，规划整个大城。贯穿宫城南北有一条中轴线，这条中轴线的方位恰在积水潭东岸，说明选择这条中轴线时已有将此线作为全城中轴线的考虑。因为这是一条西距太液池最近的一条全城中轴线，如仅考虑宫城中轴，似仍可向西靠些。

在这条中轴线上又确定了中心阁的位置，即仍以积水潭的东西距离，规定了中心阁至东西墙的距离（东墙因遇有低地，故稍向西缩），以中心阁至皇城以南的一段距离，规定了中心阁至南北城墙的距离。这样整个大城的范围就定下来了。

大都东西约6600米，南北约7500米，呈长方形，周28,600米。城墙有苇衣。

③、城内东西干道各九条，占主导地位的是南北向的干道。城内次要干道或称胡同，基本上是沿南北干道的东西两侧平行排列。今自东四一条至东四十二条，仍保持元代的迹。

20×20=400

第132页共　页

大都有50坊，设有坊墙，而实际上是以街道划分的居民区。

大都城的集市分布于全城，但主要的有三处：1、积水潭东北岸的斜街。

2、今西四附近有马、牛、羊、骆驼市。

3、今东四西南。

这三个市场正恰在皇城西、北、东三面城区的适中地点。▲金水河，自玉泉山开专渠引入，"濯(酌)手有禁"。

▲今日尚存的元代遗址：肃清门、土城、白塔寺、孔庙、国子监。

元大都平面布局，是古代城市中最接近于考工记理想规划的一座城市。

20×20=400

# 明清时代的城市

自明朝开始，中国又又进入传统的封建专权状态，元代的一些特殊的政治、经济政策被取消，统治者采取了一些恢复和发展生产的措施，农业、手工业、商业均有很大发展。

明朝中叶以后，在某些手工业部门（纺织业）中出现了资本主义萌芽，即资本主义式的经营方式——雇工制。

在比较繁华的大中城市中，市民阶层发展壮大起来。统治者对市民阶层的压榨管激化市民暴动，说明封建统治者与市民阶层，这一新型的阶级矛盾在向前发展。

明初，为了加强防卫，曾出现一个筑城高潮，各大中小城市，普遍改建或加修城墙。砖砌城墙普遍出现。（为了适应火炮武器）。

自此以后，中国的内陆城市基本定型，奠定了明清时期的城市状态，一直维持到解放前。只是在沿海地区、长江沿线的一些城市是在近代历史时期，在外国资本的刺激下出现过发展起来的。

第 134 页共 页

即是另一次城市发展高潮。（转略）

明宣德四年（1429）增加商税，指出三十三座大的工商业城市：

北京

南京、苏州、松江、镇江、淮安、常州、

扬州、仪真（  ）、杭州、嘉兴、

湖州。

不见西安
洛阳。
没有西北地区

福州、建宁（福建建瓯）、武昌、荆州、

南昌、吉安、临江（江西临江）、清江镇

广州、桂林、

开封、济南、济宁、德州、临清、（  ）

太原、平阳（山西临汾）、

成都、重庆、泸州、蒲州。

明中叶以后，又出现一些新的工商业大城市：

[illegible]九江、浒墅（江苏  ）、瓜洲、宁波、廉州（  ）、沙市、天津、河间、

保定、宣化、西安。

以上城市主要分布在江浙地区，长江中下游，运河沿线，东南沿海，及[illegible]地区

20×20＝400

济发展程度较高。

在工商业城市中已经有一定的分工，即某些城市已形成自身的工商业特色，如：

苏州是丝织业中心。

景德镇是瓷器制造中心。

松江是棉织业中心。

无锡是印刷业中心。

工商业城市的人口构成也有明显变化，工商业者比重增加。如明代南安州"十分其民，而工贾居其四"。万历时景德镇"镇上佣工，皆聚四方无业游徒，每日不下数万人"。

在人口密集的城市，房屋侵占街道，"寸地值寸金"（乾隆苏州）。

城区不断扩大，城垣内已不够，故在城门外形成新区，即"关厢"。有的城市在新区的关厢周围新筑城垣，有的新区发展规模很大，形成新城区，如北京前门外，扬州旧城以东沿运河。这类新城区形态，但较多不规整。

宋代以后的集镇，也随发展成为大镇，形成新的城市，如：苏州的枫桥，嘉定的南翔，上、京东河之时称镇。江苏盛泽镇尤为突出。"醒世恒言"中有一个描写盛泽人施复发家的故事。施复夫妇原只有1张织机。不上十年，发展到三四十张，雇了许多工人。邻家"连年失利"，把房子都卖给了他。

## 明清北京城

明朝初期曾建都南京，永乐皇帝于1403年以北平为北京，经常住在北京，并进行大规模营建。1420年改北京为京师，定都北京，1421年正式迁都。

明军攻下大都后，为便于防守，将大都城的北部空旷的北部放弃，在大都北城墙南五里另筑新墙，设二门：德胜、安定。永乐时期，在改建城市宫阙的过程中，又将南墙南移二里。这便形成北京内城的四至方位。

嘉靖43年（1564）修筑外罗城，原计环绕京城四面，由于财力所限，只修成了正南一面。外城修筑之目的是为了加强防御。外罗城修后北京城形成了凸字形。

明清北京城是在元大都旧城的基础上改建

20×20=400

而成的。（为杀其"王气"，而将元太液池东宫殿拆毁）。

宫城（紫禁城）。宫城是全城的中心。明清宫城较元宫城稍向南移。其布局严整，规模宏伟。开凿南海（明代），扩大了宫城中的风景水面。

挖掘南海及筒子河（紫禁城护城河）的泥土，用来堆成万岁山。乾隆16年（1751）又在山顶建五座亭子。

中轴线的运用——明清北京城平面规划的最突出特点。中轴线在城市规划中的运用，由来以久，到明清时代，达到最完美的程度。自南起永定门，北至钟楼，全长8公里。在中轴线上安排着全城中一系列最重要的建筑。中轴线上的一系列建筑的空间安排（包括立体空间）是经过精心设计的，从而强化了由这条中轴线所表达的思想主题——封建帝王的威严、神秘等。

保存了重要的明代大量遗物（后人认为）

在中轴线上：

△皇帝的宝座在中轴线上。

（册立皇后）

▲登基典礼中之一个仪式："颁诏"

诏书张挂上天安门，宣诏后，用木雕金凤凰口衔诏书，由城楼上中徐徐下。百官在金水桥南一齐跪拜。

▲殿试：省里考出举人，举人进京参加礼部主持之全国考试"会试"。合格后（称贡士）由皇帝亲自考试，即"殿试"。前三名为状元、榜眼、探花。其下还有若干人（即二甲、三甲），皆称进士。殿试在保和殿举行。

会试及格称贡士，但也可称进士。殿试及格者为进士。

这条中轴线之运用，极好地表达了当时之意识形态，却阻碍了东、西城之交通往来。（也此而南之一，直到明清亦阻碍了东西交通。

明清北京城之水源问题：

▲明初定都南京，后有漕粮北运之问题，所以元代时引白浮泉水之渠道失修阻塞。

导致城内积水潭等之淤积，水面缩小。

▲定都北京以后，修建皇城，将旧日东侧之

20×20=400

通惠河故道已入城内，因此船只无法通行，积水潭不再有码头之作用了。这一带元明之繁荣景象亦消失了。

▲定都北京以后，漕运问题更又提出。有人建议重浚白浮故道，但由于昌平城北兴建皇陵，而引水又必经陵前，堪舆家以为有碍地脉，故重引白浮水之计划未能实行。终明一代，漕粮均至通州转陆运，倒退到元通惠河以前之情形。城内用水仅靠玉泉之水。

清朝初年，重浚通惠河，小型粮船可至东直门、朝阳门外之护城上。但水源问题仍是一个没有解决之问题。而清朝大力开辟西郊园林，又增加了对水之需要。仅玉泉山、香山诸之水是不够用的。于是清朝在北京西郊山麓一带，进行了一系列整理水源之工作。

1. 打开香山诸，修建石堤，拦蓄玉泉山东流之水、亦把西山山麓若干细小溪完全拦聚尽。这是瓮山之湖泊（改名昆明湖），即美化了环境，又成为调节北京城用水之水库作用。于是昆明湖是北京第一座水库。

20×20＝400

北京旧城是我国封建社会晚期都城建设的杰出典型，设计思想明朗，主题突出，具有高度艺术水平，在世界范围内享有盛誉。

丹麦人罗斯穆森，在"城市与建筑"一书的序文中说："整个北京城乃是世界的奇观之一，它的[平面布局]匀称而明朗，是一个卓越的纪念物，[象征着]一个伟大文明的顶峰。"

美国的恩·贝康在"城市设计"一书中有专章评论北京。他写道："在地球表面上人类最伟大的个体工程，可能就是北京城了。这个中国城市是作为封建帝王的住所而设计的，企图表示出这里乃是宇宙的中心。整个城市深深沉浸在礼仪规范和宗教意识之中，现在这些都和我们无关了。虽然如此，它的[平面]设计是如此之杰出，这就为今天的城市[建设]提供了丰富的思想源泉。"

20×20=400

解放后，在历史形式的基础上进行改造，体现了批判继承，推陈出新的原则，并能呈现出社会主义人民首都的新格局，反映出新时代的主题思想。

历史地理为今天的城市建设服务：

一、历史上自然环境与城市的关系。（北京、芜湖、扬州）

二、城市在区域中和区域间的位置特点，及其由此所影响的城市性质。（北京、承德）

三、旧城改造：

①在旧基础上建设新城是我国城市建设工作的一大特点。

②、这些旧城是历史文化遗产，要批判继承，而不能完全抛弃。

要吸收古代文化精华，结合到今天的建筑艺术中，给今人以历史感的享受。

20×20=400

崔海亭 主编
唐晓峰 蔡运龙 副主编

# 北大地理系文献
# 教学手稿卷
# 3

學苑出版社

# 目 录

北大地理系文献

教学手稿卷 3


韩光辉……………777

《中国历史地理》

许学工……………969

《中国自然地理》

冯长春……………1169

《城市总体规划》

# 韩光辉

## 《中国历史地理》

1987 年底，我博士学位论文答辩顺利通过，毕业留校工作。是年我 40 岁，当年秋季学期学校公共选修课“中国历史地理”课程，“未开，因教师有事”。到春季学期，地理学系安排我讲“中国历史地理”课。其实，我在中学、在大学及研究生阶段都上过不同的课程，从不怯场。

1988 年 1 月 21 日，我就起草了该课的教案。3 月 1 日开始开课，讲了该课的“绪论”，包括概要、内容和要求。作为“中国历史地理”课第一部分，自然要介绍历史地理学，包括对象、性质、学科分类，为什么要讲历史地理学，及其研究方法等。3 月 17 日，对一个学期的教案又做了适当的修改。第二部分讲历史自然地理，主要介绍气候变迁、海岸线变迁和河流湖泊变迁。第三部分讲历史人文地理，包括中国政区的形成与划分，长城的修筑及其变迁，中国疆域的形成和领土的丧失，中国历史人口的变动。第四部分，最后介绍 40 余年来中国历史地理研究概况，又分历史自然地理研究（九个方面）和历史人文地理研究（九个方面）。因内容简明受到听课学生的欢迎。

作为 1985 届本科生、研究生全校选修课程，同学们认为中国历史地理是非常有用的课程。学期结束，地理学系教学副主任徐海鹏告诉我，全系教学评估 93 分，名列第三。

这是我在北京大学讲过的第一门课，通过教学活动，与年轻同学们建立了深厚友谊。（韩光辉）

第　　页共　　页

# 中国历史地理讲稿

韩光辉

北京大学地理系历史地理室

1988年3月1日

J109877　　20×20=400

# 中国历史地理

## 绪论

在我们中国，历史地理学与地理学一样，是一门古老而又年轻的科学。

所谓古老，是因自地理学著作在公元前4至2世纪的战国时期出现以来，地理沿革的研究便应运而生了。所以说作为历史地理学前身的沿革地理在我们中国也已存在了大约二千余年。

所谓年轻，是指作为一门科学的历史地理学，即科学历史地理学的产生和发展是在新中国成立之后，即近几十年间的事。

因此，中国历史地理研究既具有深厚的历史基础，又具有新鲜的生命力。其发展的前景是光明的。

我们也很知道，自近代以来，随着社会生产力的发展，实践的要求与科学的进步，地理学与其他科学一样处在不断的发展与分化中。其中按照研究对象的空间差异划分，地理学的各支学科包括两大系统：即①自然地理学系统、②人文地理学系统、③介于自然与人文之间的系统（包括人种地理、医学地理、风景旅游地理等学科）。

按照传统的研究方法划分，地理学的分支学科包括①对单个地理要素进行研究的部门地理学；②对一个完整区域进行研究的区域地理学；③对各自然地理要素进行综合特征研究的综合自然地理学等。

在地理学科学体系中，区域是一个庞大的系统，部门与区域相交叉，便又形成了区域部门地理等。

按照研究对象的时间差异划分，地理学包括古地理学、历史地理学和现代地理学三部分。

①古地理学是地质学与自然地理学的边缘学科，研究地质时期，特别是第三纪以来地表未经人类干预的自然界的变化及其形成原因的起源和演变规律。研究未经人类干预的自然环境是古地理学的最大特点。

②现代地理学是研究现代地理环境的科学。地理环境包括自然环境、人类作用于自然界后

J109877 20×20=400

发生了变化的环境和人类社会本身所形成的经济文化环境学。研究现时的自然与人文环境，即现时人地关系是现代地理学的特点。

③而历史地理学的研究对象既不是地质时期未经人类干预的自然环境，也不是现代已被人类强烈干预和改造的地理环境，而是历史时期，即人类历史以来的自然地理与人文地理环境。

因此，历史地理学在地理学研究地理环境的时间过程中处于承上启下、承前启后的地位。这一点的本身说明，历史地理研究的意义是不容忽视的。

为了帮助大家全面地了解并掌握历史地理学的理论及方法论等问题，《中国历史地理》课即从历史地理学的定义、对象、任务、学科性质与分类、方法及其与相关学科的关系以及历史地理学在我国的发展历史与现状问题讲起，而把主要内容放在分区中国历史地理方面。

本学期14周课，中国历史地理共上13次课，历史地理学理论上3次，中国历史地理上10次。

历史一般地理　　绪言.
略另闸　　第 1 页共 39 页

# 第一章　历史地理学

## 引　历史地理学

是研究历史时期地理环境诸现象及其发展演变规律的科学，是地理学的组成部分。

1. 历史地理学的对象及学科分类性质和

从总体上讲，历史地理研究的对象是人类历史时期地理环境的变化。其主要之处是：①"复原"过去不同时代的地理环境；②寻求和揭示不同时代地理环境发展演变的规律，以阐明当前地理环境的形成和特点。因此，历史地理学研究的对象实际上就是地理学研究对象在历史方向上的延伸。

这里所讲的人类历史时期，即历史地理学研究地理环境的时间界限，上限可上溯至全新世初期，距今大约一万年左右的时间，下限则与现代地理学研究相衔接。

这是因为人类在其进化的早期阶段，影响自然界的能力是微不足道的。直到原始农业出现以前的漫长时期中，人类虽然已经能够制造石器和骨器，从事有意识劳动，进行采集和渔

J109877　20×20=400

精、但实质上依然完全依赖于自然界生存，从自然界中摄取现成的物质维持生命。直到人类不仅学会了驯化动物而且更重要的是驯化植物之后，人类才真正在自然界中开始打下了自己明显的印记，于是原始农业出现了。这恰恰发生在全新世的初期。显然，在此以前，自然环境基本上还是未经人类明显干预的原始景观。首先复原这一原始的自然景观，具有重大的理论和实践意义。因为只有从此出发，才能真正追溯人类开始明显地干预自然的起点，才能在历史地理学研究不同时代地理环境的变迁确定一个相对尺度，从而与后来被干预以致被破坏了的自然环境进行比较，揭示其变化的进程和规律。

从全新世开始，即原始农业出现开始，随着社会生产力的不断发展，人类活动对于自然界的影响日益加深。原始森林逐渐被砍伐，湖泊沼泽逐渐被排干，气候、土壤以及动植物因此都在发生变化，由此而引起的自然环境中各个因素的连锁反应也日趋复杂起来。因此，将全新世开始的地理环境作为历史地理研究的起点是恰当的。

在北京地区，近年来在平谷县发现了全新世新石器时期中期的上宅遗址，距今大约七千年，属新石器时代。侯仁之教授及时地抓住了这一重要发现，申请基金希望实现从此为起点复原北京地区全新世早期及中期的地理景观，工作正在进行中。科学院地质所周昆叔研究员利用这一发现和其他科研成果日前复制出了北京地区全新世早期的原始景观图，受到了有关专家的普遍重视。这一工作的深入开展将为揭开北京地区人类历史时期环境的变迁打开一条光明的道路。这将是一项开创性的工作。

我们知道，地理学是一门性质特殊的科学，从它所包含的分支学科来说，它既是自然科学，也是人文科学。历史地理学作为地理学的分支学科，作为研究历史时期的地理环境的科学和地理学一样，也是一门性质特殊的科学。它的研究的对象和任务，除了时间上的差别之外，和地理学完全相同。因此历史地理学不仅与地理学具有相同的分支学科系统，而且拥有相同的学科属性。就历史地理学自身的学科来讲，同样既属于自然科学，也属于人文科学。

关于历史地理学的学科性质，曾经有过长期的争论。在我们中国经过50年代至60年代初期的讨论，多数同志已统一到"历史地理学属于地理科学的一部分"这一认识上来；部分同志认为是历史学与地理学之间的"边缘学科"。目前历史地理学的学科属性已基本上取得了一致的意见：历史地理学是地理学的一个组成部分。

根据历史地理学研究对象的差异可以划分出不同层次的分支学科系统：历史自然地理学、历史人文地理学，及历史地图学与区域地理。历史自然地理学研究地理环境中各种自然因素在人类历史时期发展演变的规律。这些演变主要是由于人类的活动而产生的。其主要包括历史气候、水文、生物、土壤、地貌等几个方面。因此相应地形成了若干低层次的分支学科

第 8 页共 页

即历史气候学、历史水文学、历史地貌学、历史土壤地理学、历史植物地理学、历史动物地理学等。

历史人文地理学研究历史时期人类自身各种活动的地理表现（即人地关系）及其发展变迁的规律。主要包括历史政治、人口、经济、交通、民族、商业、城市、聚落、文化、军事等人文现象。研究这些人文现象的地理特征及其规律性相应地形成了历史政治地理、历史人口地理、历史经济、历史交通、历史民族、历史商业、历史城市、历史聚落、历史文化、历史军事地理等分支学科。

历史地图学研究历史地图的基本要素和表现方法，并把历史地理研究的成果表现在地图上。历史地图的编绘和研究，是整个历史地理学研究的一个重要方面。

~~地理学史是研究地理学在历史上发展的学科，其研究内容包括地理学家、地理学思想、地理著作、地理学的研究方法与技术等。~~

按照地理学传统的研究方法划分，历史地理学的分支学科除上述对单个地理要素进

J109877 20×20＝400

行研究的部门地理学外，还包括对一个完整的区域进行研究的区域历史地理学和对各历史自然地理要素进行综合性研究的历史综合自然地理学等。

除此之外，在历史地理学学科体系中，部门与区域相交叉、部门与断代和区域相交叉，形成专题研究领域和研究方向。如北京地区历史植物地理，如辽金元明时期北京地区人口地理等等。

因此，在历史地理科学体系中可以划分出不同层次的分支学科：

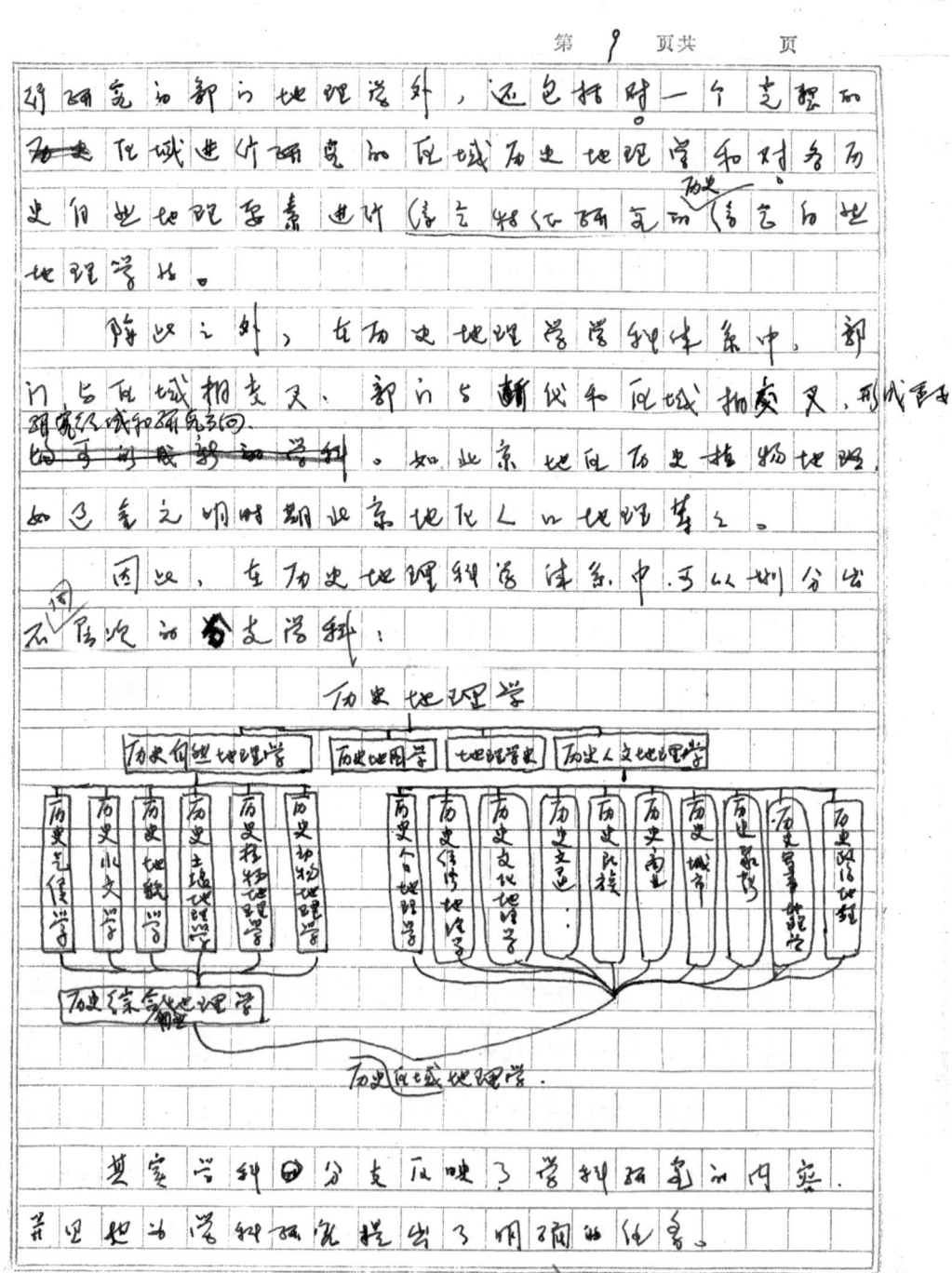

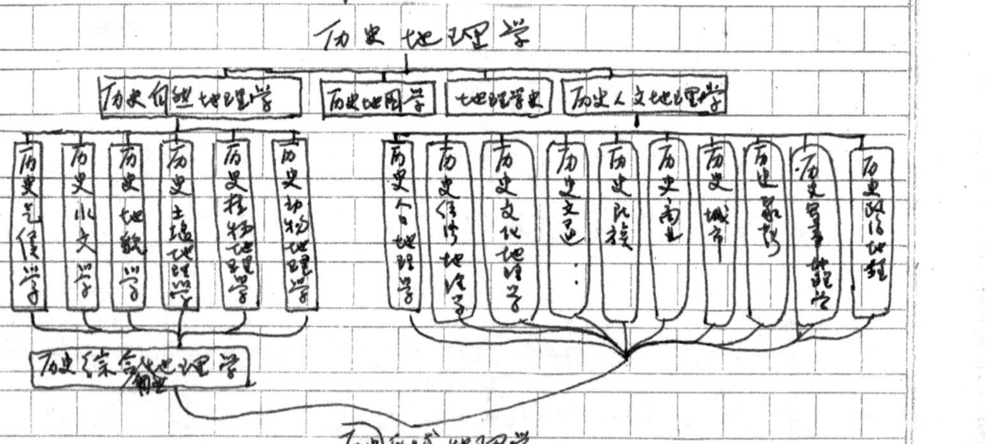


其实学科的分支反映了学科研究的内容，并且也为学科研究提出了明确的任务。

2. 为什么要研究历史地理学~~及历史地理学研究的方法~~

历史地理学所以能成其为一门科学，首先是因为它拥有坚实的哲学基础；其次是因为它的研究内容和研究成果具有重要的社会经济~~实践~~价值。先说说前者。 ①条件 ②决策 ③科学

③恩格斯曾指出："如果地球是某种逐渐生成的东西，那么它现在的地质的、地理的、气候的状况，它的植物和动物，也一定是某种逐渐生成的东西，它一定不仅有在空间中互相邻近的历史，而且还有在时间上前后相继的历史。如果立即沿着这个方向坚决地继续研究下去，那么自然科学现在就会进步得多。" ④毛泽东

历史地理学恰恰是研究地球表面诸地理现象在空间中互相邻近、在时间上前后相继历史的独一无二的学科。因此历史地理学学科，存在和继续发展是毫无疑义的。

根据实践论的观点，要研究事物的现状，也要研究事物的历史；要了解事物的今天，也要了解事物的昨天和前天。只有这样才能找到

J109877　　20×20=400

对事物发展全过程的正确认识。对于自然现象如此，对自然界也不例外。就目前的地理现象来说，它不仅是有今天的现状，而且还是有昨天，乃至前天的历史。因为任何地理现象都是处在经常不断的变化中，今天的状况则是从前天到昨天逐渐变化来的，因此只知了解它的今天，而不过问它的昨天和前天，显然是不够的。只有了解了它的昨天和前天，才能更好地认识它的今天。而地理环境中的诸现象的昨天是由历史地理学来研究的。通过对地理现象的昨天的研究，阐明和认识今天地理的形成和特点，对于推动现代地理学的发展是有意义的。

③显然，探讨和复原不同历史时期的地理现象，并揭示这些地理现象发生发展的原因和规律是历史地理学的任务。完成这些任务的目的在于为人类进一步利用和改造自然环境提供依据。事实上，历史地理学在研究历史时期的人地关系，探讨其矛盾运动的基本规律，为目前经济建设服务的过程中已获得了可喜的成果。

在经济建设中，历史地理学通过全面评

第 12 页共 页

价和总结历史时期人类利用和改造自然、发展生产的经验，为目前的经济建设提供了依据。例如解放后在历史自然地理研究中对气候、河流、植被、海岸、沙漠的变迁的研究获得的丰硕成果为农田水利基本建设、为防治水土流失、为治理河漠化提供了历史的经验教训，提供了直接的（有价值的）参考。在历史人文地理研究中，对区域历史经济地理与农田水利、对城市历史地理、对历史交通地理、对边疆历史地理的研究也均获得了可喜的成果，为国家经济区的建设，（对）交通运输的发展及对城市与城市体系规划建设、对反对大国霸权主义、维护祖国主权和领土完整的斗争发挥了重要作用。

侯仁之对北京历史地理的深入研究（在）对北京旧城的改造和新城市的规划中所发挥的作用更是有目共睹的事实。

(2) 在文化建设中，历史文化地理对文化区的形成发展方面进行研究，对历史上文化发展至关键的研究以及对中外文化交流的研究，不仅为不同地区普及文化教育，促进区间与区际间文

J109877 20×20＝400

第 13 页共 页

化交流，创建社会主义新文化提供借鉴，而且可以推动中外文化在新时期的交流。尤其应该提到的是，目前作为国家重点科研项目之一的《中华人民共和国历史地图集》的编绘工作正主要由广大的历史地理工作者完成中。图集的内容十分丰富，包括20个图组，其中有原始社会遗址图组，传说中的上古时期图组，商至清时期历代疆域政区图组，地貌、沙漠、气候、植被、动植物分布，自然灾害，民族，人口，农牧业、工矿业，交通路线，都市分布，城市建设，文化等项，战争战役和军事全线以及近代的中国人民革命战争图组。这部图集的编绘不仅是对我国传统特色的历史地图的重大发展，而且更重要的是这第一次体现了历史地理学的内容。显然，这也是进行爱国主义教育，向世界宣传介绍中国的一部重要教材。它的完成不仅有助于国家物质文明的建设，更有助于国家与民族精神文明的建设和文化建设。在这一工作中我们有历地研究室全体教师参加了城市图组和沙漠图组。今年我校九十周年校庆之前由我们侯仁之主编的《北京历史地图集》正式出版发行，这就是不仅仅是历地的全部科

J109877　　20×20＝400

研成果，也是此系文化建设中的佳作。

总之，无论在理论上还是在实践上历史地理研究都是有不可忽视的意义和作用，是一个不可缺乏的科学领域。

五 历史地理研究的方法：

(1) 历史方法 即历史文献研究的方法。在两千多年的封建社会中积累了大量的历史文献，其中也包括大量的历史地理记载。这是我们［在世界上没有那一个国家能与我们相比］历史地理研究所得天独厚的条件。①在历代官修正史中均有《地理志》或《郡国志》、《州郡志》等，主要记录行政建置沿革，从汉以后持续不断。②同时还保留有自唐代以来的［现存的］全国总志，有关地理内容更为丰富多彩。这些史料不仅是修史之本，而且也是研究中国历史地理的主要资料手段。③同时有水系专著，以后经注以下的［历代］地理著述也颇丰富。④自宋代以后方志地方的地方志保存下来也相当多，尤其是清代与民国时期的地方志更是丰富。［据统计现存地方志约有8500种，10万多卷。］⑤在国家第一档案馆（明清皇家档案馆）和第二档案馆（民国政府档案馆）中均保存有大量系的有关历史地理资料。⑥在官私编修的丛书中史籍亦有不少历史地理文献。仅以《四库全书》中汇编的历代地志即达517部8646卷。对这样丰富多样的历史地理材料必须进行严肃认真、全面深入、实事求是的分析研究，去粗取精，去伪存真，这同样需要，准确不误。

（2）考古学方法。人类历史时期，尤其是有文字记载以前的许多历史事实和地理事物都缺乏文字记载，在这种情况下，考古资料则成为研究古时历史地理的最宝贵资料。如对新石器时期大量文化遗址的发掘和研究，不仅可以研究古时历史农业、历史手工业、历史交通、历史人口、历史聚落分布的地理问题，而且还可以据以复原古时的地理环境的状况。就像今北京以及历代的城市轮廓和城市建设均是依据考古资料。甚至到了封建社会的中晚期，有若干历史问题也还需考古发掘资料来研究的。

（3）历代比较方法，即连续断代的方法。这是研究区域地理环境演变规律不可缺少的方法。如研究北京地区自辽代至民国时期各时期的人口分布状况，就是运用了历代比较方法。

第 16 页共 页

历代地方志往往是横断面方法相结合运用。横断面即历史剖面，以某一时限为视角研究这一时限上的地理事物的状况。对若干这样的横断面进行连续地研究，就又构成了历代地方志。这是复原历史地理的不可缺少的方法。

(4) 野外考察和社会调查的方法。野外工作是地理学的重要方法，社会调查方法则是社会学方法的移植。有许多文献不予记载的地理现象往往可以在野外考察和社会调查中发现。如对早期古城遗址的查勘，对古海岸线的研究都得力于野外工作，渤海西岸三道贝壳堤的发现为确定海岸线的走向和进退提供了第一手资料。

(5) 新技术手段的运用。如$C^{14}$测定年代，热释光法，古地磁测定，孢粉分析，航空卫星照片的判读解译古生物气候环境，确定绝对年代和地理事物的位置方面都具有不可忽视的作用。

~~4. 关于历史地理研究中的几个原则~~

(1) 坚持历史唯物主义和辩证唯物主义观点。恩格斯《自然辩证法》认为："地球的表

J109877 20×20=400

雨、气候、植物界、动物界以及人类本身都不断地变化，而且这一切都是由于人的活动。这可是忽视了自然界在这个时期中（按照自然界自身规律进入时期）没有人的干预而发生的变化，实在是微乎其微的。作者低估了历史时期人的活动对地理环境变化的普遍作用和干预的深度。应该注意的是，人类加工于自然界并不是彼此孤立、彼此隔绝、各人单独进行的，而是以社会为单位，通过一定社会的生产关系实现的。忽视社会生产关系的作用去讨论人对环境的改造、讨论环境的变迁不可能得到正确的结论。因此在历史地理学研究领域中，必须把握住辩证唯物主义和历史唯物主义观点。在探讨某一时期的地理时，首先必须弄清这一时期人们加工于自然是在什么样的生产关系下进行的；其次必须按照历史发展的客观规律进行历史地理~~研究的~~分期。例如将中国历史地理划分为这样八个时期：史前时期地理，先秦时期地理，秦汉地理，三国两晋南北朝地理，隋唐地理，宋辽金元之地理，明代地理，清代地理的八个时期。~~第三点~~，必须认识到地理学产生

第 18 页共 页

社会发展中表现为历史阶段，因此对地理环境的作用也应按各个历史阶段进行评价。第四点，在讨论历史时期的人地关系时，必须重视人类活动和能动的积极作用，及其对地理环境的影响。另一方面，也不能忽视人类活动受制于地理环境的一面。越是生产力低下的古代越是如此。

(2) 正确对待历史研究中的民族和疆域问题

在历史地理研究中，历代疆域的变动，民族关系和国家关系的问题是无法回避的。为此，

首先必须清楚地认识到：历史上中国都是一个多民族的国家。必须摒弃把我国历史疆域局限于中原王朝统治区的观念。研究中国历史地理就是研究包括各兄弟民族在内的历史地理观点。

其次，历史上各兄弟民族即使是处在敌对状态，都应视为中华民族的先民，其建立的政权应与汉族统治者建立的政权一例看待，功绩和领土，且互征伐。

再次，研究边疆历史地理应该正确地反映各断代时期的疆域状况，有根据历史事实阐述

J109877　　20×20＝400

第 19 页共 页

和揭露近代列强侵吞我国领土的事实。

(3)努力坚持历史地理研究为社会实践服务的原则。避免脱离生产脱离实际的歧途。

## 四、中国历史地理研究的历史和现状

在中国历史地理学的发展经过了两个阶段，早期是以研究历代疆域和政区演变为主的"沿革地理"。"沿革地理"更确切的名称应是"疆域沿革史"。

新中国成立前基本上尚属于历史地理而不太相同

最近一个世纪，在西方首先赋予传统"历史地理"以新的内容，即以地理学的观点，凭借历史的资料研究历史上已经消失了的地理，或称之为过去时代的地理。这就是今天所说的科学历史地理学。因此在世界范围内科学历史地理学的形成和发展仅仅经历了一百年左右的时间。在我们中国则是晚近的事——是在新中国成立之后的事。所以说，在我们中国，历史地理学的发展史经历了两个重要阶段，即沿革地理阶段和科学历史地理学阶段。前者长达近一千八九百年，而后者仅仅经历了四十年的历史。

1. 沿革地理阶段 借助历史文献以研究历代疆域和政区演变为主的学问称为沿革地理。沿革地理在我国是有悠久的发展历史。

J109877 20×20=400

我们知道，早在人类文化发展的黎明时期，就自然地孕育着两种基本要求，一是对自身赖以生活的自然环境能够不断地有所认识，其次是对自身世代相传的来源能有越来越多的了解。在长期文化发展的过程中，便逐渐形成了两种密切相关的知识领域，即地理学和历史学。但二者在其发展的早期阶段并没有多大的界线。司马迁被认为是中国历史学的奠基人，在其历史名著《史记》中也包括了相当重要的地理内容，如《史记·货殖列传》、《河渠书》，则主要讲的是经济和水利地理内容。在西方，如古希腊的一些历史学者，也同样可以合理地称之为地理学者。在古代俄罗斯，有许多学者被称为历史学家，同时又被称为地理学家。这也是同样在历史学家的著作中常常含有地理学的内容。如俄罗斯学者塔吉谢夫（[illegible]）。

△ 但在地理学的长期发展中，中国和西方又各有其传统和特点。尤其是在近代历史地理学形成过程中，彼此间的异同也更显明。如

沿革地理在我国有着长期发展的历史。沿革地理最早的创作当是东汉班固所撰《汉书》中的《地理志》。自此开始，历代正史中都有同一体

例的著作，或称《地理志》，或称《郡国志》，或称《地形志》，但内容是完全一致的。因此《汉书·地理志》为后世同一内容的写作提供了一种体例上的模式。自唐以后，又有同一性质的与沿革地理有关的专著问世，这就是《元和郡县图志》，作者：李吉甫，唐代，成书于元和8年（813年）成书。（图已佚，改称《元和郡县志》）。

而宋时期又有王存等编著的《元丰九域志》，北宋乐史编著的《太平寰宇记》（以13道的排次叙述），欧阳忞《舆地广记》，（孙□□《□地纪》不详），南宋王象之《舆地纪胜》200卷，南宋祝穆《方舆胜览》（70卷，以南宋临安为主），它们都是这类地理书出现的著作。余代正史中的地理志，即历代正史中的地理志部分。

宋代，除全国总志继续发展外，地方性的志书也兴起和发展起来。地方志书是分门别类记载各地的人文现象和自然的地理现象及人物艺文等的综合性著作。其中必有有关疆域和沿革的部分，而且的是主要的。目前保留下来的地方志书除全国总志外，有省区志，有府州县志，有州县志等等；其中以清代与民国时期的最为显著，总数达8千种，10万余卷。

元代又出现了《一统志》，同属于全国性总志，其内容与地方志基本上一致，只是它记载的范围是全国地理事物的概况，但以人文为主

J109877　　20×20＝400

第 22 页共 页

这就是此之一统志。明代、清代皆有一统志。（明代前有正统的《寰宇通志》。）此外，私人有关地理的著作也日益增加起来，尤以明清时期为多，以致明末清初出现了一批在中国地理学史上占有重要地位的地理学家：徐霞客、刘继庄、顾炎武、顾祖禹、梁份等。大量地理著作的编写和不断出现，为地理学的发展开辟了道路，奠定了基础。因此沿革地理研究，著述更加丰富多样，写作体例也有创新。其中最重要的代表作，在早期有顾祖禹的《读史方舆纪要》，在晚期有杨守敬的《历代舆地图》。这一书一图足以代表封建王朝时代中国独具特色的沿革地理研究的最高成就。举例

到民国时期，具有代表传统的沿革地理第一次以《中国地理沿革史》的名称于1917—1918学年度首先被列入了北京大学的教学科目之中，由张相文讲授，并编写了《中国地理沿革史》讲义（《中国科学史研究》1卷2期，1982，页150—15?，林传《中国近代地理学的开创者张相文和中国地学会》）。这是有重要意义的一件事。张其昀

由于这门课程的开设，进一步把沿革地理这项研究的性质揭示了出来。因为这项研究实

J109877　20×20=400

第 23 页共　　页

是属于历史学的范畴，叫做"地理沿革史"就更为恰当。尤其重要的是到了30年代初，顾颉刚在北大讲授这门课程时，又把课程的名称改为"中国古代疆域沿革史"，这比"中国地理沿革史"一名的含义更加确切。1938年顾颉刚与史念海合著的《中国疆域沿革史》出版，这部书成为在旧中国最后也是最重要的一部研究中国疆域沿革的专著。

当时顾颉刚是燕京大学历史系的专任教授，同时，也在北京大学历史系和辅仁大学历史系兼课，所讲授的是同一门"中国古代疆域沿革史"。在课堂讲授外，他还组织了三校同一课程的学生在其辅助下，创办了《禹贡》半月刊和禹贡学会。果取《禹贡》这部古代重要地理著作为名，意在倡导疆域沿革的研究，同时也包含着开展历史地理研究的目的。因当时自鸦片战争们以来一直到1931年"9.18"事变的九十年间中国沦陷为半殖民地，边疆地区不断遭受列强的蚕食鲸吞，日本入侵东北三省，学术文化也比较，他们在这时倡导疆域变迁及历史地理的研

第 24 页共 页

除，反映了这一时期知识分子的爱国主义思想。

《禹贡》学会的创办和《禹贡》半月刊的创刊，虽然持续时间不长，但为新中国培养了历史地理学方面力量和科学队伍。谭、侯、史历史地理三大家等都是《禹贡》学会的重要成员。

但是应该指出的是，直到建国初期，尽管学科名称已改称历史地理学，但实际上内容仍然是沿革地理，即疆域和政区的变迁，仍以这些方面为主，不存在科学地理学的内容。因此，沿革地理——这门历史学的附属学科作为历史学附庸的地位在中国存在了将近二千年。

(2) 国际历史地理学的发展

随着近代地理学在西方的发展，作为地理学的一个组成部分的历史地理，才真正摆脱了历史学的附庸地位，开始独立地发展起来。关于这一点应该提到洪堡(1769-1859)和李特尔(1779-1859)。洪堡和李特尔都是德国人，近代科学地理学的奠基人，代表了西方资本主义迅速发展时期在地理学学术上的两位大师，分别在自然地理学和人文地理学的早期发展中作出了重要贡

J109877 20×20=400

第 21 页共 页

献。

李特尔后期：李特尔先后在法兰克福（任历史学教授）和柏林大学任教（任地理学教授）。还在柏林军事科学院作过多次讲演，着重阐述了他的一些基本概念，其之一即在证明地表形态对历史发展的影响。其中《地理科学的历史因素》(1833)是最有代表性的一讲，对日后历史地理学的发展颇有影响。洪堡一生未婚，把全部精力投入地理科学研究的著述当中。在其一生最后的一部重要著作《宇宙》中，坚持了认识自然事物的历史观点（即事物的发展变化的观点）。他指出："如果我们要正确地理解自然，我们就绝不可把事物的现状及其过去的连续不断的发展截然分开。不回顾事物的形成过程，就不可能获得对事物性质的正确理解。不仅仅是有机体经常处于不断变化以及不断分解并产生新质的过程中，地球本身在其存在的每一形态中，也都有前一阶段的踪迹显露出来。……在对于地球的自然面貌进行描述时，现在和过去两者之间很明显地是相互渗透的"。而但近代地理学创始人的这些观点对于历史地理学的萌芽产生和形成产生了

J109877 20×20＝400

深远的影响。其后，和李特尔同样注意探索各种自然地理环境对历史发展的影响的，是《人类地理学》的作者德国地理学家拉采尔（1844—1904）。他的主要立论之一，就是把达尔文的生物概念应用到人类社会中来。他的学生、进一步发展了他的学说的美国学者森普尔（1863—1932）两次就学于拉采尔，并深受其影响。在她早期著作中显示了环境决定论的特色。她的《美国历史及其地理环境》（1903）和《地理环境的影响》就是实例。后来经过20多年不断的实地考察和研究，终于在临逝之前写成了《地中海地区的地理及其与历史的关系》一书（1931）。这是一部被认为足以代表历史地理研究法的重要著作。该书出版后第二年在美英地理学家中进行的一次调查说明，大家公认地理学家的任务，按其重要性依次排列总共七项，第一项就是确切断定地理环境的影响，第七项则是研究地理因子对历史的影响。

法国近代地理学研究的先驱者维达尔从一开始就不同意地理环境决定论的观点。他认为，自然为人类的居住规定了界限，并提供了可能性，但人们对这些事件的画定，则由于自己的传统生活方式而有所不同。这就是"或然论"观点，在研究人地关系上形成了自己的学派。在现代地理学的发展过程中，只有摆脱了环境决定论的片面性，才能使历史地理学日趋成长。

俄国和苏联历史地理学的发展，又有着自己的传统和特点。罗蒙诺索夫在《论地层》(1763)的论文中指出，"地球上一切可见的实体物质和整个地球，并不是从形成之初就象现在的状况一样，而是发生了巨大的变化"。这与后来洪堡在其巨著《宇宙》中所阐明的观点十分类似。如前所述。不过，俄国早期关于历史地理的理解，同中国传统的"沿革地理"的含义基本上是一致的。如俄罗斯传统历史地理学创始人В.Н.塔季谢夫认为历史地理学的任务是记述疆域、地界、地名、国号、民族、人口迁移、建筑或村落、治理状况、暴力、富足和贫困——"。即说明了这一点。

第一次世界大战之后，在地理学各学科的分化过程中，历史地理学才真正发展起来。

第 28 页共 页

1927年，第二代地理学大师、德国赫特纳的《地理学——它的历史、性质和方法》一书问世。他认为历史地理学既不同于地理学史，也不能仅仅限于国家疆域和地名的描述，至于把人类地理学和历史地理学同起来更不恰当。他指出："人们只能把历史地理学理解为过去时代进行的地理考察"。这一认识至关重要。

与赫特纳同时的施吕特尔则企图用历史地理学的方法，来分析地区的景观。[他们两人都注意到地球表面特征的多样性，这就是后来所说的"区域差异"。赫特纳强调了一个区域的特征如何反映到地表的基本模式，而施吕特尔则注重造成一个区域的种种特征之间的相互关系。]施吕特尔用历史地理的方法来分析地理景观，首先区别出他所谓的原始景观，然后再去探索一个原始景观转变为他所谓的文化景观的变化过程。此后他又用了20多年的时间研究中欧地区原始景观的复原，这开辟了文化景观的研究过程。在此期间，美国地理学家哈特向的《地理学的性质》一书于1939年出版。该书被认为是

J109877 20×20=400

地理学思想史上的一个里程碑，在北美地理学界影响甚大。值得注意的是他继承早年康德以及赫特纳的一些看法，认为地理学是空间科学，历史学则是时间科学。这里存在的问题是地理学中的时间因素被排除在外了。实际上研究一个地区在过去时代的空间模式，从而复原其地理剖面，无疑是地理学的基本内容。

哈特向的这本书引起了地理学界的热烈讨论，也产生了不少新问题。于是他又写了"地理学性质的透视"。他的观点有了变化，如他认为地理学研究的是地球表面上相互依存而又互相联系的各种现象所组成的统一体。对于"变化着统一体的历史研究"，只要注意力集中于地区性，就是地理，而不是历史。"

在哈特向热衷于理论探讨的时候，地理学界已开始摆脱了地理环境决定论和传统观点和传统的区域和区位论的地理描述的局限性，而继续深入研究人地关系的历史过程。这时一些重要的历史地理著作，首先在英美相继问世，开辟着现代历史地理学前进的道路。其

J109877 20×20=400

中首先应提到的是英国伊斯特(Gordon East)的《欧洲历史地理》。该书的内容从罗马帝国时代开始，止于19世纪铁路的兴起，分为政治地理、经济地理和城市地理三部分进行历史叙述。这也是与较早有影响的弗里曼(T.W.Freeman)的现已成为各种编写的同一主题的书籍、已有很大的不同。

该书出版前二年(1936)，一部更加重要的历史地理著作问世，这就是达比主编的《1800年以前的英格兰历史地理》。在序言中，他明确指出历史地理，"它所利用的资料也许是历史的，但是它的观点却是地理的。正如E.G.R.泰勒所指出的，这项研究'本身就是地理学'，仅仅是把地理学家的研究带回到过去的历史时代，而主题依然未变。"这个主题就是从而复原过去时代的地理，其目的在于提供关于一个地区在其发展过程中不同时期的一系列连续的地理剖面"。在这里，达比简明扼要地阐明了历史地理学的性质、特点和方法。

此后十年，美国布朗教授完成了《美国历史地理》一书的写作。美国学界早在1924年发表的《人类地理的形成》一文中，指出了对地球表面上由于人类活动而形成的变化，就必须回溯到它们的历史的过去，以确定其变化过程的性质。在另一篇论文中又谈到文化景观的形成完全是人类活动的结果。

美国历史地理学家克拉克，既是经济地理学家，又特别注意到文献档案的利用。他在历史地理学中特别强调的是地理的空间模式在时间过程中的变化，这就是地理的变化。他说："任何关于过去地理的研究，或者是关于时间过程中地理变化的研究，就是历史地理学。"

在新中国成立之初，从苏联介绍到中国来的，主要是十月革命以前有影响的一位历史学家B.K.雅宁斯基的著作。他认为一个地理学家如果在自己的研究工作中忽视历史地理的分析，就会不自觉地用地理唯物论来偷换历史唯物论。他还进一步指出："地理学家陷于这类错误的危险，比历史学家来得更为严重一些。"不过雅宁斯基始终主张历史地理学是历史学的辅助学科。直到1979年，A.T.伊萨钦科在其《今日地理学》一书中的持这种观点。但他不否认：近年来又出现了通常称之为历史地理之新的科学方向，即研究在历史时期由于自然环境和人类活动而引起的诸多生命地球系统的变化。这如象是古地理的最后一章。这个新的科学方向，也许可以R. C.据格林在1982年出版的《历史地理学：对象和方法》一书为代表。作者认为历史的研究大有助于现代地理学的整体化。因此30年代也曾被公认的所谓地理学上的"二元论"也就是所谓自然地理学和社会经济地理学的绝对对立的观点，到此已经成为历史的过去。

在我国，新中国成立之后的最初十年间，历史地理学已经开始发展为现代地理学的重要组成部分。当时一方面引进了西方历史地理学的理论和方法，另一方面也十分重视辩证唯物主义和历史唯物主义在历史地理研究中的指导作用。但也曾经出现的"二元论"以及把人文地理学看作是一种伪科学的错误，也同样影响到我国地理学界。

其次，新中国的经济建设又为历史地理学

的研究开辟了密切联系实际的新方向。野外考察在历史地理学研究中的重要性也开始受到普遍的重视。无论是在自然地理方面还是在经济地理的领域中，都有历史地理的专题研究结合当前的区域规划、水利建设、交通建设以及城市发展和农田灌溉等方面，取得了有参考价值的成果，引起了生产建设部门的重视。如竺可桢[illegible]的历史任务的一文，推动了[illegible]历史地理研究技术现代化。同时他还完成了《中国近五千年来气候变迁的初步研究》。1978年完成的《历史自然地理》一书，则是建国以来历史地理专题研究在气候、植被、水文、海岸、沙漠变迁几个方面的总结。谭其骧主编的《中国历史地图集》，更是中国历地学发展中承上启下的一项重要成果。

文革开始前的一段时期在英美国家的地理学界，出现了"计量革命"；整个地理学几乎都是入到空间法则的讨论中去。而多数历史地理学家对于在空间关系上进行数学的或统计学的地理现象，抱怀疑态度。不过也有人注意新的中的地方志、包括模式以及统计方法的引用。

这一时期城市历史地理研究在美国占有重要地位。这在历史地理研究中也不例外。如万斯关于西方文明发展中城市的作用和结构的专著《人的这一场所》(1977)被认为是城市历史地理研究的代表著作。尤其值得注意的是近十年的时期,在美国出版了几种重要的关于中国城市研究的著作和论文集。如芮沃寿的《中国之城》,牟复礼的《明初的南京:规划与建筑》和史坚雅主编的论文集《中国王朝时代晚期的城市》等。

这十年中中国历史地理研究中的发展很快

改革十年来,历史地理学又有了新的发展,专业队伍迅速增加,专著与论著不断有新的论著问世。我国历史地理研究领域广阔,从历史上某一区域地理环境的深入分析,直到针对当前某一重点地区或重点项目的实践要求,对于自然和人文方面各种问题的种种探讨,以为国土整治或地区开发的参考。深入系统地解决这些问题,也反映了发展着我们社会和历史地理学的必由之路。

(3)沿革地理与历史地理的关系。

由上述沿革地理和历史地理的发展过程可清楚地了解到：沿革地理在我国存在了近二千年，是一门土生土长的中国学问。而历史地理学是在解放之后，在引进国外理论和方法，以原有沿革地理为基础，逐步由不断完善和发展起来的新学科，历史较短，仅仅30多年的历史。因此二者是有密切联系又有区别：

联系：①. 沿革地理知识对历地研究十分重要，是深入探讨不同时期的地理环境及其发展演变规律的基础，是历地研究的开头。不了解这些对象和背景问题。但历史地理研究的开展，也将进一步促进沿革地理工作的发展。

②. 方法和资料来源上都运用历史文献。

③沿革地理的研究完成后继续深入前进，就可以促进全面的历地的开展。如人口地理研究、

区别：①学科定义：研究历代疆域和政区演变的一门学问；研究历史时期地理环境及其变化规律的科学。

②学科地位：沿革是历史学的附属，历史学的辅助学科；历地是地理学的现代分支，是地理学科的……

③对象决定方法，前者靠历史文献，后者除文献外，还运用地理学的理论和方法及野外考察方法以及新技术手段等。

④若干专题研究不通过沿革地理的研究，照常可以进行。

第 36 页共 页

(4)目前我国历史地理学研究机构和人员状况：在历史地理学界和学科中有所谓三大家之说。这指上海复旦、北京大学、西安陕西师大（师范）。分别以谭其骧、侯仁之、史念海为代表，他们都已是年高望重了之知名学者。

复旦大学1981年成立了历史地理研究所，有科研人员28人，以谭其骧为首，邹逸麟协助。并有《历史地理》辑刊，一年一辑，原三家联合主编，现实由复旦一家经营、招博士。

北大去年成立了历史地理研究室，科研人员6人，以侯仁之为首，侯的学生。与有关单位组织了环境变迁研究会，并有《环境变迁研究》之年才出一期。招收硕士生博士生。

陕西师大，去年也成立了历史地理研究所，科研人员5人，以史念海为首，有学生七八人。

此外杭州大学地理系也成立了历史地理室，以陈桥驿为首。他们地理学系历史地理专业和硕士研究生。招收硕士生。

武汉大学，历史系历史地理室，石泉为首，招收硕士生。

地理所有地理学历史地理室，历史地理室有黄盛璋

J109877　　20×20=400

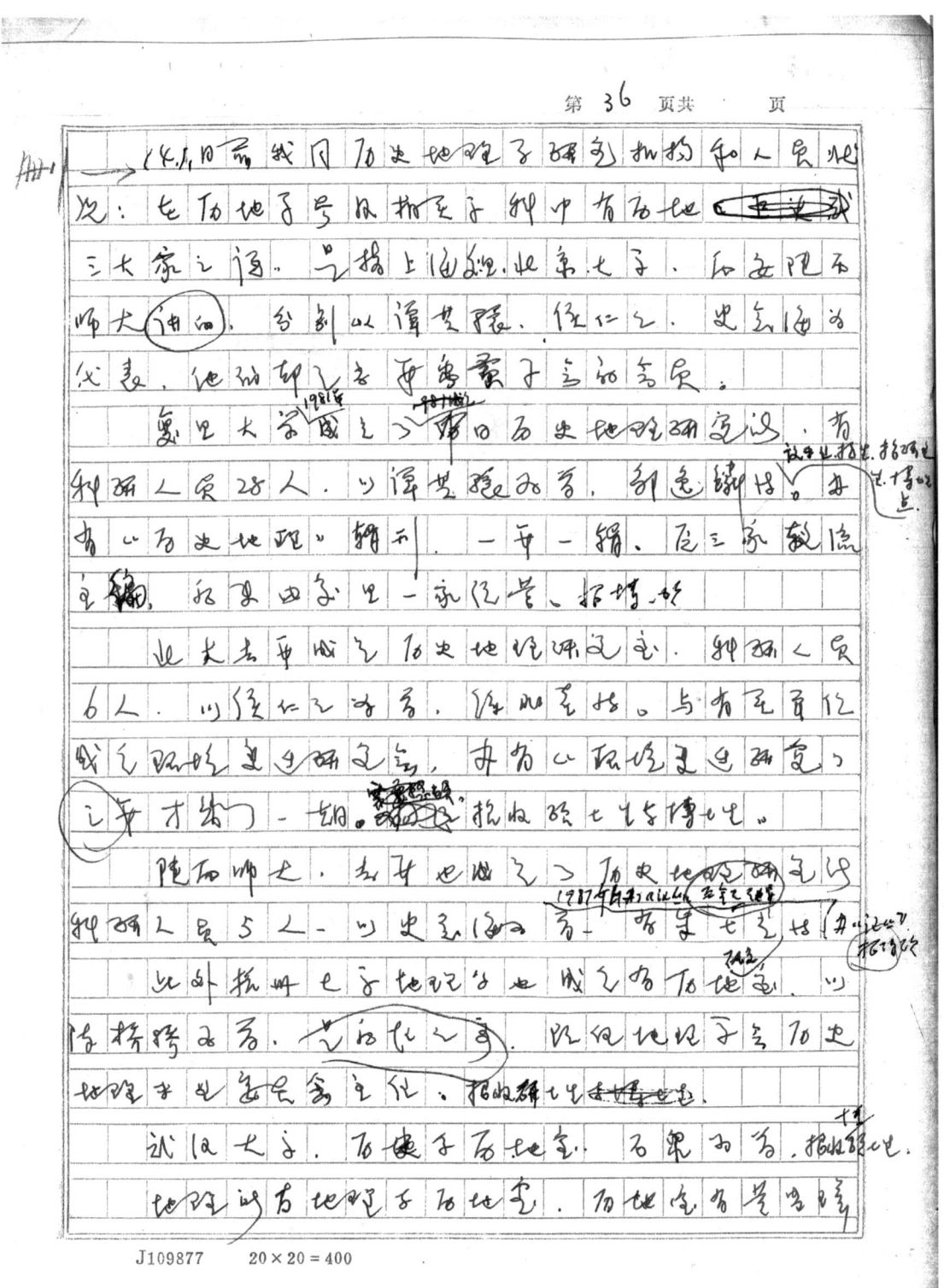

组织领导，招收研究生

中科院历史所的历史地理组，陈可畏为首，科研人员8人，招收研究生。

另外在西北大学、兰州大学、河南大学、山西大学、天津师大、中山大学、华东师大、上海师大，北许多高等院校和各省科学院中都有历史地理科研人员，队伍在不断扩大。

# 第一部分．历史自然地理

## 第二章 历史气候的变迁

### §1. 寒暖的交替变化

对五千年气候的全面考察表明，历史时期中国气候的冷暖是交替出现的。大致可划分为四个温暖期和四个寒冷期。

一、四个温暖期

1. 第一个温暖期（3000BC—1000BC） 插图 ①中华人民共和国[illegible] ②气温[illegible]示意图

这是被大量考古材料和物候材料所证明的。

① 西安半坡遗址（距今6000多年）（14C测定距今5600—6080年）位于浐河东岸。54.56年发掘，发现了大量竹鼠、獐和斑鹿（梅花鹿类）的遗骨骼。由这些动物生活习性考察：

竹鼠生活在竹林中的动物。

斑鹿善奔跑，常驰骋在森林之中

獐则主要生栖于沼泽附近的芦苇丛中。——

由此推断，当时的西安地区不仅森林繁茂而且绿，芦苇丛生的沼泽，并有片片的竹林。

这些动物能生存在西安地区，气候显然比现在温暖得多。

半坡遗址鱼骨骼也证明当地河水丰沛。

之候温暖湿润。

而上述动物在今天只能生存在长江流域，其北界只能到达陕、甘南部和汉水上游和白龙江流域。

③ 安阳殷墟遗址（约前13—11世纪），河南安阳市西北小屯村，1928年发掘。(1)动物遗骨表明，这里当时生物群落带有亚热带动物，如獐、竹鼠、水獐外，还有貘和水牛等

(2)甲骨文。当时安阳地区种稻在阴历三月下种，比今天早约一个月；捕获大象的记载。今天，大象在我国的地理分布仅有云南、广东一带地方了。

(3)河南省简称豫，即古代豫州。我中国字象形意义解释，豫乃人牵大象之意"豫"。

(4)山东历城两城镇龙山文化遗址（4000—5000年），1930—1931年发掘。灰坑中发现一炭化竹节，而一些陶器的外表也很象竹节的形状。

(5)至西周初年，竹类在黄河流域仍广泛分布，当时人们生活中的许多器物、如衣帽、书籍、家具、乐器都带有"竹"头就足以证明：笙、笛、箫、

J109877 20×20＝400

筏、笛、筐、箪、筒(粗大竹管)、筝、箱——等。

西周初郯国(今山东郯城)地方把家燕到来的时间作为春分日，作为一年农事生产开始的日子。春分日开始农事活动在此今古一样。而现在春分日(约3月22日)，家燕只能到达上海。——可见三千年前，今郯城一带的气候接近如今天的上海。

——总之，我国古代文献记载的动植物分布状况以物候资料的证据表明在距今5000—3000年这二千年间黄河流域属暖湿气候期。

第二个温暖期(B.C.770—公元初)。

自春秋至西汉末年持续约800年。主要表现在黄河流域冬天很少结冰。梅树与竹类分布广泛。《春秋》记载，当时地处今鲁中南的鲁国，隆冬季节，冰窖中竟往往得不到冰。梅树也常被提到。《诗经·国风·秦风》："终南何有，有条有梅"。终南即终南山在今西安市南部，生长梅树。《尚书·说命下》："若作和羹，尔惟盐梅"。商周时黄河流域的调味品。《史记·货殖列传》："蜀汉江陵千树橘（橘江陵、蜀汉和，树今之）……齐鲁千亩桑麻，渭川千亩竹"。梅、竹今天均生长于长江流域以南。这说明植物带北移

渭北 渭河

南地区。可见当时黄河流域之气候与现代长江流域，是一个温暖时期

第三个温暖期（AD 600—1000年）

隋代开始延续至北宋初年持续约400年。隋唐国都长安（今西安）有梅树与柑桔种植。曲江池（故址在今天西安市东南曲江乡。本为天然池沼，汉武帝修建造宜春苑，以池水曲折，故名曲江）周云里余。隋初建筑长安城，池被包入外城东南角，开黄渠导城东浐水穿城入池，改称芙蓉池，苑曰芙蓉苑。唐复名曲江，玄宗开元中重加疏凿，池周达七里，其西南为芙蓉园。有殿宇楼阁（紫云楼等）亭榭于池岸，花卉环绕，烟水明媚，为都中第一胜景。唐末迁都洛阳，黄渠断流，池遂涸绝）而梅花即为长安城最大而多胜风景增添了风采。同时，皇宫中柑桔也结（果）实。《酉阳杂俎》载，唐玄宗天宝十年（751年）宫中九株柑树结实150颗，味道纯美，与江南、四川蜀所贡无异。李德裕《瑞橘赋·序》，唐武宗时，宫中柑树结果，武宗分赐大臣每人三个。秦岭淮河东西一线大致是我们所指温度线且北的地方（我们地理分界线），"橘过淮化为枳"，则说是

知。推想当时比现在-8°C寒冷。现在西安地区每年元旦绝对低温几乎都在-8°C以下。说明隋代长安比今日之西安温暖得多。

第四个温暖期（公元1200年—1300年）。

自南宋中叶至元初约100年时间。13世纪初即南宋中叶都城杭州有四年无任何冰雪。唐代（第三个温暖期）曾在盩厔（陕西周至境）、怀州（河南沁阳、博爱境）、京兆府（陕西户县、西安境）设有司竹监（《长安县志》记《凤翔府·司竹监》），专门管理竹园。后来全部停废，只剩下凤翔一处。元初又恢复了凤翔南部竹园的专门管理机构，推行在北方大量经营竹林的法子。明初以后黄河流域就不再把竹子当作经济林木培植了。

五千年间出现的四个温暖期，持续的时间越来越短：2000—800—600—100年左右，温暖程度也越来越低。第一暖期黄河流域有大象，第二时期大象退居淮河流域及其以南地区，第三时期就只有长江以南。第四个时期，即今天，只有浙江衢州市境、广东、云南才有大象了。

二、四个寒冷期

与前述四个温暖期相交错有四个寒冷期。

第一个寒冷期(B.C1000年—B.C850年)是三千年前后出现的寒冷期，为西周时期。持续了将近两个世纪。《竹书纪年》载：汉江有两次结冰。《诗经》所反映的豳(邠bīn)一带物候，也可证明。

第二个寒冷期(东汉初—600年)

东汉、魏晋南北朝，持续600年。东汉建都洛阳，因冬季寒冷，至暮春，洛阳有时降雪下霜。三国魏文帝计划观兵广陵(今扬州附近江都)。因天气寒冷，淮河结冰，十万大军演习不得不临时撤消。这是我国历史上淮河结冰的第一次记载。北魏贾思勰《齐民要术》载：杏花盛开与桑树发芽时节，比现在要晚15—30天。—寒冷。

第三个寒冷期(A.D1000—1200年)

即两宋时代(持续200年)，因寒冷北方无梅花，北方人将杏花误认为梅花。王安石诗："北人初未识，浑作杏花看"。指此。进入十二世纪，气候更寒冷，公元1111年太湖竟全部结冰，冰层十分坚实，甚至可以行车。太湖洞庭山的柑桔全部被冻死。南宋国都杭州不仅冬季结冰，但经常还是寒暑。

第 84 页共 页

苏州运河也常结冰断交，阻止舟船航行。福州是我国东部沿海荔枝分布北界，一千多年来曾两遭冻害，均在这一时期（公元1110、1178年）——气候异常寒冷。

第四个寒冷期（A.D.1400—1900年）

明、清时期，持续500年。据统计（665种方志），太湖结冰16次，鄱阳湖6次，洞庭湖9次，汉水10次，淮河14次。近海地带热带地区降雪结冰的次数多。最寒冷的17世纪，共14个严寒冬天，19世纪次之，共10个严寒冬天。谈迁《北游录》记：17世纪中叶，天津一带运河封冰，一年中长达107天左右，而现在天津杨柳青一带平均每年结冰期仅50天左右。

——寒冷期与温暖期交错，长短相反，寒冷期越长，温度越低。从江河封冰看，第二个寒冷期仅淮河封冰例子，第三个出现了太湖封冰，第四个几乎连长江都封冰了。（竺可桢1972.《我国近代气候变迁的初步研讨》）。

1911年以后我国才有正式气象记录。气候仍在波动中。文字资料冰川进退也反映了寒暖

J109877 20×20=400

减少。

竺可桢以物候、气候复原和方志依据把近5千年中国气候的变迁划分为四：考古时期，物候时期（指生物与季节和气候等因素变化间的相关关系，或称生物对气候的反映。），方志时期和仪器观测时期。

即①近5千年中的前二千年，即仰韶文化至安阳殷墟，大部分时间年平均温度比现在高2℃左右。一月份温度比现在高3—5℃，其间上下波动因技术和资料，无法推论。

②此后，有一系列上下摆动。最低温度在前1000年（西周前期），公元400年（六朝南北朝前期）A.D.1200年（南宋后期）和A.D.1700年（明末清初），摆动范围为1—2℃。

③在每一个400—800年期间里，可分出50至100年为周期的小循环，温度变化幅度约0.5—1℃。

④在上述循环中，似乎最冷时期，均是开始从东亚太平洋沿岸开始，寒冷波动向西传播到欧洲和非洲的大西洋沿岸。同时也有从北向南的趋势。

王华等千年来气候间也同样存在着周期性的变化，在此从略。

太阳表面上暂时性的扰动区域，是扰动中心的温度较高。因温度低于周围地区，看起来为表面上的黑斑，故名。

第 46 页共 页

~~三、温暖期与寒冷期以及干湿变化的原因~~

52. 三、气候冷暖与干湿变化的原因探讨

——这是一个正处于探讨之中而未最后定论的问题。目前有两种观点：

1. 历史时期我国气候（气候冷暖、干湿交替变化）与太阳黑子的活动周期变化有关。关于太阳黑子的活动，早在西汉元帝永光元年（公元前43年）（距今二千多年了）就有记载。据初步统计，太阳黑子增多时（即太阳活动增强期），地球上多雷雨风暴。我国太阳黑子记载最多的是4、6、9、11和14世纪。除第4世纪的气象缺少材料外，凡是太阳黑子记录多的世纪，也是我国严重寒冷多的世纪。因为太阳活动增强世纪，北半球盛行经向环流（E型或C型），水旱灾害多，气候寒冷。反之，在太阳活动减弱世纪，北半球盛行纬向环流（W型），水旱灾害少，气候温暖。

（《地理学报》1983.1.《湖北省历史上的水旱灾害与太阳活动多年变化的初步分析》）

2. 气候冷暖与干湿变化是大气环流造成的，与太阳黑子的多少没有直接关系。这是近年来国内外学者经过研究提出的一种看法。

J109877 20×20＝400

因为，如果太阳黑子活动能影响气候的变迁，应该是全球性的，而不应该仅仅局限于某些地区。可是，目前现在还找不到太阳黑子活动影响全球气候变迁的实例。而另一方面也认为，太阳黑子活动对预报未来的气候变化也有一定的参考价值。

结论：由于影响大气环流的因素很多，如太阳辐射、海洋洋流、极地冰雪、青藏高原冰雪等。因此，影响气候变迁的因子很复杂，必须从各个方面进行综合探讨，才能得出科学结论。

第 48 页共 页

# 第三章 海岸线的变迁

我国不仅疆域辽阔，而且濒临浩瀚的太平洋。自北到南有渤海、黄海、东海和南海等四大海域。大陆海岸线长达18000余公里。其中杭州湾以北多平原海岸，是在河流、海流和波浪的动力因素共同作用下由泥沙堆积而成，故岸线平直，缺乏天然港湾，拥有广阔的海滩；杭州湾以南则多山地丘陵基岩海岸，故岸线曲折，水深湾大，多天然良港。同时，在陆地海岸线的外侧分布着无数个岛屿，其中最大的是台湾、海南岛。绵长的岸线，众多的港湾，无数的岛屿，为我们提供了交通海外民族之便利。但值得注意的是，历史时期我国的大陆海岸线从北到南都发生了重大变化，尤以渤海湾西部、苏北及长江三角洲间海岸线变迁最为显著。

## 一、渤海湾西部的海岸线

渤海湾西部平原，即华北平原的成陆过程就是海岸线不断向大海推移的过程。当然，这一过程中也曾发生过海岸线的退缩，但总的看，海岸线是向前推移的。

J109877 20×20＝400

据地质学家的研究，在华北平原生成以前，泰山仅是大海中的一个孤岛，海岸线在太行山脚下。[~~对此~~早在北宋时期，沈括即指出了这一点（《梦溪笔谈》卷24《杂志一》）。]

至更新世晚期（第四纪250万年以来的后一段），大约十万年以来，渤海湾西部又发生了三次大海侵，造成了海相沉积。

第一次大海侵约发生在距今8.5万年左右，称为沧州海侵。当时海岸线在今南皮、献县、大城、任丘和霸县以东；

第二次大海侵约发生在距今3.5万年左右，称为献县海侵。当时海岸线在沧州海侵时的海岸线以西，距离南皮、献县、大城、任丘和霸县更近；

第三次海侵约发生在距今6千至5 4年左右，称为黄骅海侵。当时海岸线在今天津、静海和黄骅以西。

三次海侵后海退所形成的海湾，与今之渤海湾西部的形势大体相似。在~~进~~退海岸线进退期间逐渐形成了三道贝壳堤（dī）。这三道贝壳堤即贝壳堤是海生贝壳动物的遗骸，在风浪和潮水作用下形成堆积。它们存在标志着海岸在此稳定了相当时期。

代表了历史时期渤海湾西部不同时代的海岸线。(《关于渤海湾西岸海相地层与海岸线问题》,《海洋与湖沼》,1978.1)。这就证明,黄骅海侵以后,今天津市以西早已成为陆地(这与丁骕关于西汉渤海湾海岸线走势图和文字,以东海岸线仍在天津以西的说法,与惠菁院著关于2500年前这一段海岸线经过天津市的4米等高线的说法均有一定差距)。

建国后,科技工作者对渤海湾西部的贝壳堤进行了系统调查,不仅弄清了它们的基本走向,而且结合考古发掘,确定了三条贝壳堤形成的具体时代。

第一道贝壳堤位于沿海的汉沽、蛏头沽、塘沽、高沙岭、歧口、贾家堡、狼坨子一线,以高沙岭、蛏头沽等地的堆积为代表,高出地面0.5—1米,宽20—30米。根据14C测年和考古瓷片断定,为12世纪(公元1194年),即金代中期以后的海岸线,它与今天这一地段海陆形势相一致。

第二道贝壳堤位于白沙岭、泥沽、军粮城一线,至歧口以南与第一道贝壳堤重合,并可以看到二者之间上下叠压的层位关系,而在公元11世纪前,自歧口至武帝台、西刘庄一线走向。从白沙

J109877　20×20=400

第51页共 页

岭，以汉沽堤岛为代表，高出地面2—3米，宽100—200米。据$^{14}C$测年和考古资料断定，为公元前6世纪到公元11世纪海岸线，即春秋时期到北宋中叶的海岸线。

第三道贝壳堤位于张贵庄、巨葛庄、沙井子、黄骅一线；以巨葛庄、沙井子堤岛为代表，高出地面1—2米，宽50—100米。据$^{14}C$测年和考古资料断定，为公元前20世纪到公元前14世纪的海岸线，即西周以前的海岸线。据此推论，今天津市区早在西周以前已经成陆。

凡此表明，全新世中期以来渤海湾西部岸线不断地向海推进，其主要原因是河流泥沙堆积和海退作用的结果。而历史时期人类活动也大大加剧了对于河流上游、中游地区的破坏，使生态环境不断地恶化，水土流失日趋严重，促进了河流的造陆作用和河口的堆积，推进了华北平原的成陆过程。

J109877　　20×20＝400

§2. 苏北海岸线

苏北沿海平原形成较晚，海岸线也处在不断的变动中，尤其是黄河口一带明显向海伸突出。但由于泥沙堆积，使岸线平直。

苏北海岸线的最早记载是在汉代，位于阜宁、盐城一线。今之盐城县即汉代盐渎县，是当时重要的产盐区，海岸线距盐渎县城不远是无争议的。其大致经过今连云港市、北沙、阜宁、盐城、东台、金河、靖江一线。

隋唐时代，苏北海岸线与汉代基本一致，也较稳定。今盐城县东门外一里，就是唐代大历中（766—779年）修筑的捍海堰，从山阳（今淮安）境向东南经盐城县东，直抵通（州）、泰（州）、海门，"筑堤障潮，绵亘数百里"。

代宗李豫年号（唐第二代）

北宋天圣五年（1027年）所修范公堤，大致利用唐代捍海堰，但略向西移。因为范仲淹主持创修，故名范公堤。现在的范公堤北起阜宁，南迄吕四，全长八百余里。而当时范公所修仅海安以北的一段，长143里；海安以南是后来陆续修成的。——由范公堤证明，自汉代至北宋，

第 53 页共　　页

历时一千多年，苏北海岸线基本上稳定在今阜宁、盐城一线。

金元以后，黄河夺淮入海，为苏北沿海平原扩展提供了丰富的泥沙，海岸线向海域迅速推进。至明嘉靖中（1522—1566），苏北海岸线已向东推移到今四套、匣子港、北洋岸、海神庙、小海、沈灶一线，而距范公堤已达10公里上下。自北宋元至至明嘉靖，仅历时500年，海岸线即向前推进了10公里，每百年二公里；沿海平原淤涨速度超过宋以前。再到清光绪年间（1875—1908），苏北海岸线已基本推移到今天的位置，与明嘉靖间的海岸线相比，废黄河口三角洲向前伸展达50公里，盐城以东伸展了30公里。这三四百年间，海岸线东移30—50公里，每百年东移达10多公里，这一地区海陆变迁明显地加速了。

苏北海陆变迁过程表明，营造苏北沿海平原、推进海岸线东移的主要泥沙来自黄河。黄河夺淮入海，把大量泥沙倾注苏北沿海，不仅使河口三角洲迅速形成，而且由于海流的作用，泥沙顺海岸南移，营造了整个苏北沿海平原，

J109877　　20×20＝400

废黄河口至灌河口海岸的变迁



使得了海岸线不断向前推移。

清咸丰五年（1855），黄河北徙，苏北沿海平原泥沙来源切断了。废黄河口三角洲在海流作用下，又向后退缩。最初平均每年退缩约一公里，以后逐渐减弱，本世纪七十年代，平均每年退85米。由于修了护岸工程，后退停止，但滩面继续刷深。因此，自黄河北徙，苏北中部海岸仍继续淤涨，其泥沙来源主要是废黄河口所侵蚀的三角洲。

由于海流侵蚀岸段逐年南移，苏北中部淤涨海岸淤涨速度逐渐减缓了。但废黄河口以南海域沙洲林立，说明废黄河口以东水下泥沙仍在继续向南搬运。

今连云港市以东海陆变迁是近年代的事。连云港市东云台山，原在海中，古称郁洲，因郁山得名，郁山即今之云台山。郁洲为海中大洲，周回达数百里。直到清末，云台山仍在海中，不与大陆相连。当时除灌河口沙嘴向海中突出外，灌河口以北仍是一个大海湾。明清两代，黄河也曾多次从灌河口入海，但灌河口距

J109877　　20×20=400

云台山离远，而且黄河泥沙又主要被海流搬运南移，故沉积在云台山附近的泥沙不多。而随着时间，云台山不仅与大陆相连，而且今天的云台山距海岸已有20公里远。海陆变迁如此迅速的主要原因：①淮河改道由此入海，沉积了一定数量的泥沙；②可能与局部地区新构造运动有关。因云台山一带海陆迅速变迁发生在黄河北徙之后，所以与黄河有关。

§3. 长江三角洲海岸线

由于各地理因素的影响，长江含沙量远较黄河少。根据实测，宜昌平均每立方米江水含沙1.19公斤，下游大通平均每立方米江水含沙仅0.52公斤。但是，由于长江水量丰沛，年输沙量仍然相当可观。如宜昌年输沙量约有5.28亿吨，相当于黄河输沙量的三分之一左右。

铜陵市上游（以下）

历史时期长江输沙等虽然不可能是一个常数，但总有大量泥沙被带到河口地积下来，造成三角洲的不断推移。根据地形判断，第四纪海侵时，长江在今南京入海，南京应为长江三

第 56 页共　页

角洲的顶点。

长江三角洲的成陆过程是复杂的，其不仅受到长江泥沙量的影响，而且也受到江流、海流、以及陆地下沉诸因素的制约。是多种因素综合作用的结果。那种孤立地把长江泥沙当作决定三角洲伸展的唯一因素，并静止地把泥沙量当作自古以来永远不变的常数的观点，那种片面地根据南汇一县境内几百年中几条海塘的兴筑年代来推进速度，断定长江三角洲在历史时期推进速度的方法是错误的，不可能得出科学结论。

事实上，今天上海市的成陆过程，也就是长江三角洲海岸线不断推进的过程。在推进中也伴有坍陷，造成海岸线的内缩。根据考古资料和冈身地形及海塘遗址推断，今上海地区大致经历了四个成陆阶段，即冈身地带，冈身以内，冈身以外和里护塘以外阶段。

1. 冈身地带　冈身就是过去海岸在这里停留时期，在波浪作用下堆积了大量泥沙和介壳残骸，形成的高出地面的沙带冈阜。

J109877　20×20=400

1663



①东松江（今吴淞江）故道以北并列着5条冈身，最西边的一条相当：

太仓、外冈、方泰一线

最东边一条相当：

娄塘、嘉定、马陆、南翔一线。

两冈身在太仓境内东西宽约8公里，至嘉定县南境减为6公里；

②松江故道以南并列三条，西边的一条相当：

马桥、邬桥、胡桥、漕泾一线；

东边一条相当：

诸翟、新市、柘林一线。

两冈身宽度一般不超过2公里，狭处仅1.5公里。

1959年在上海马桥以东发现了马桥文化遗址，下层为良渚文化，证明在4000年以前，大（故道南）海已离开了遗址所在的竹冈南北一线（即东边的一条）。据此推理，中、西两冈身之间成陆则不会晚于5、6千年前。冈身以东约为4世纪海岸线。可见冈身地带的形成长达4000年之久，平均每500年至3000年才伸展1公里。伸展缓慢原因是：由于古代长江流域森林茂密，植被良好，水土流失轻微，江流泥沙甚少，且泥沙作用与地壳下沉速度大致平衡的缘故。

2. 冈身以内（即冈身以西） 在第一条冈身形成以前，这里是一片浅海。最早露出水面的沙嘴便成了人们居住的陆地。青浦县崧泽遗址距今已有五千年即是例证。而这里的大部分地区则是冈身形成后，逐渐由潟湖封淤成陆地。从新石器时代遗址分布（十余处）来判断，当时已成陆。冈身以内是古潟湖的一部分，也是上海市境内地势最低的地区。

3. 冈身以外（东），里护塘以内（西）。这里成陆比冈身及冈身以内晚得多。4世纪的海岸线在华亭、闵行、南桥一线（横沥泾一线）。5世纪到12世纪约800年，海岸从冈身附近推向里护塘一带，共达三十余公里。这里上海域成陆过程划分的四阶段中成陆速度最快的一段。其原因：①这一时期长江流域迅速开发，生产活动扩大，植被遭到破坏，江流泥沙增多，泥沙与造陆过程造地，三角洲伸展加速。②海塘修筑也加速了这一过程。

4. 里护塘以外（以东） 从12世纪70年代到筑里护塘以来800年间，成陆仅九公里（北部）至十九公里（南部），此间陆地伸展慢，但比里护塘以内慢得多。原因是：长江主流经常由南支道入海，泥沙多沉积在北岸或江口。

近代5百年，长江主流向太仓境至川沙高桥港口附近逼近南岸，使这一带江岸受到严重冲刷，江岸有的坍进收缩。

历史上上海地区县级行政建置的变化也反映了这一地区成陆时代和快慢的差异。

这一地区最早设县在秦汉时期，仅海盐一县——今金山县东北松山附近（晋代移至今浙江武原镇）。

秦汉——清朝历时一千六、七百年，共增置五县。其中：

前京（金山城，已沦入海）、胥浦（金山县西南胥浦塘）二县——南朝梁、陈时期（502—589年）

——隋时开皇年间，撤省二县

华亭县（今松江县，1914年改为松江县）——唐天宝十年（751年）割嘉兴、海盐、昆山三县地置。

——历时200余年始增置一县。

嘉定县——南宋嘉定十年(1217)置。

——历时460余年时间增置一县

上海县——元至元二十九年(1292)置

——历时75年增置一县

前四县均在冈身以内，只上海县在冈身以外。经过~~经济~~经济开发，人口增长过程，冈身以外才设立行政建置，反映了这一地区成陆过程的先后顺序。(冈身以内低地成陆过程的缓慢(1600余年增置4县))

清代增置二县：

南汇、奉贤(治奉城镇非今日奉贤治)二县——雍正三年(1725)——历时430余年增置二县

川沙县——嘉庆十年(1805年)置，历时80年。把县治推进到里护塘一线。冈身以外、里护塘以内成陆速度较前快。(冈身以外588年即增置4县)。

原因：上游开发加深，下游淤积加快及捍海塘的修筑。

冈身以外，里护塘以内，还有三条明显的海岸线：

①上海旧城以西的旧捍海塘——从近年考

古发现的瓷器及1975年马桥遗址(唐宋村落遗址)表明，旧捍海塘应是七世纪以前的即唐代初年(618年)或者更早一些。

②宝山以西，通过北蔡、周浦、下沙、奉城一线的下沙捍海塘——据考古发现推断，最迟是唐玄宗开元初年修建的，即8世纪初修建的(开元元年(713年))

③通过宝山、高桥、横沔(mian)一线的郏亶(jia)《水利书》中的海岸线——11世纪中叶海岸线。

关于里护塘创建年代，一般认为在南宋乾道年间(1165—1173)，但据《宋史·丘崈传》：丘知华亭，"捍海堰废且百年""至海之诸遗址，已沦没，乃重创筑"。早在北宋中叶就在里护塘以东兴筑过一条海塘，只是至乾道中已沦没了。——这里护塘一带早在北宋初期已成陆。近年来在里护塘内发现的唐宋瓷片、陶片也证明了这一点。不难看出，今上海市在宋代初期已全部成陆，海岸前伸地带已同今天相仿佛。

今上海市的成陆过程并不是一直向前推进的

也有崩坍内缩。杭州湾北岸金山卫一带海岸线的变迁即为实例。

杭州湾外的王盘山直至公元4世纪时，尚在陆地上，而至唐初（七世纪初）则已成为大海中的孤岛，且海岸线已逼近金山，岸线内缩二十余里。自此后，金山就不断受到海浪冲击，金山一带海岸逐渐崩坍，但直到南宋绍兴(1131年)以前，金山仍在陆地上。至元初，大小金山均已成为海中孤岛，岸线已与今天相仿佛，距金山卫不远。

近年在金山半腰发现西周春秋战国时代的几何印纹陶片，更加证明金山本在陆上，后为海岛是海岸内缩的结果。

金山卫一带的海岸变迁除以崩坍为主外，金山卫以东海滩都存在淤涨现象。原因是长江来的北东南向回流与钱塘江从西来向顶冲流（潮流作用）在此地前后相遇，能量互相抵销，造成沉积条件与环境。加上人为挑流工程，金山卫以东滩地不但稳定，且有继续外涨可能。

J109877 20×20=400

长江口北岸海岸变迁也很剧烈，主要表现为沙洲并岸。廖角嘴不断向海伸展即为一例。

汉代，廖角嘴在今如皋以东，呈半岛形向海中突出。且近海已淤涨出二大沙洲，西长沙洲、东扶海洲。

唐代，随二沙洲先后并岸，廖角嘴推移到今掘港(如东)以东，与汉代比向海中推进)约四五十公里。唐末，廖角嘴东南海中涌现胡逗洲，南布洲又与大陆相连，廖角嘴移向东南。

宋代中叶，东布洲又与大陆相连，廖角嘴移向今吕四(通吕运河东端、滨海)东南。海岸伸展位置与今天相似。但通吕水脊以北为一弓形的海湾，从南濒临大海，只有通吕水脊状如一个半岛，伸入大海。

清末，三余镇一带(弓形的)海湾已淤涨成平陆。而廖角嘴东南又出现了永丰、阳涨、腰沙、永兴等沙洲。20世纪初，这些沙洲相继连陆并陆，使廖角嘴延伸到今天的位置，1928年增置启东县。

随着廖角嘴的不断伸延，长江口以北陆地扩大，海岸线向海推进。

但长江口以北陆地扩大过程中也不乏海岸崩坍，造成海岸内缩。

长江口北岸海门县，五代后周(951—960)建置，位于东布洲上(宋中并入陆地)，隶属于通州，西北距州城二百余里。宋中叶东布洲等与大陆相连，但到元末因海岸崩坍，海门县徙治礼安乡，距州城仅百余里。明代县境全部崩坍入海，仅寄治州境。清康熙十一年(1672年)，寄治州境的海门县城(在今南通县东南)又坍没入海，遂省县入州，撤销了海门县。

乾隆三十三年(1768)以海中31个沙洲设海门厅，说明崩坍入海的海门县境又逐渐涨出，31洲后来也相继连并岸。1912年改海门县，即今治。

廖角嘴一带海岸变迁原因：①海浪的作用，②与长江主流的南摆或北徙有密切关系。当主流南移，沙洲北偏，廖角嘴冲进；反之廖角嘴一带海岸崩坍。但总体看，由于右偏力作用，长江主流逐步南移，有利廖角嘴一带陆地涨出。

崇明岛的形成与发展也是长江口海陆变迁

的典型实例。

唐代(7-8世纪)，长江口出现了两个沙洲，名东沙与西沙，此乃崇明岛最早的雏形。十世纪上半叶，五代吴置崇明镇。

十一世纪初，西沙西北出现了姚刘沙，东、西二沙相继坍没。

十二世纪初，姚刘沙东南有三沙出水。

十三世纪初，即南宋嘉定十五年(1222年)始置天赐盐场于三沙之上。

十三世纪后半(元至元14年，1277年)升为崇明州，始设治。但至元末的90年间，因三沙涨、坍不常，屡二易其治。

明初(14世纪中后期)，三沙坍没，又两次迁治于其他沙洲。改崇明县。

十六世纪后半(明万历11年，1583)迁崇明县治于长沙(三沙东南)，长沙遂称崇明岛。今之崇明岛即由16世纪的长沙发展来的。

应该注意的是，长江主流向北摆动，使崇明岛时大时小，不是南涨北坍，就是北涨南坍。岛上土地很少有400年历史的地方。目前长江主流南移，岛北江汊已经淤浅，崇明岛与长江北

第 66 页共 页

岸大陆连接之成不可逆转之势。预计本世纪末，崇明岛将能接北岸。失去我国第三大岛的资格。

我国海岸线绵长，在各时期均有不同程度变迁，尤以河口淤泥质海岸显著。

其次，基岩海岸也有升降的存在。

华南地区（两广、福建）除河口三角洲向外伸延外，因新构造运动的差异，有的海岸段上升，有的岸段下沉。

雷州半岛45—55米高地发育有近期玄武岩上，是海岸上升的有力证据。

福建一带海岸伴着新构造运动以来，有上升，也有下降。为复式海岸。从岱山为界，北段海岸大幅度沉降后，上升运动一直微弱，始终不能补偿沉降幅度，也就造成了一段曲折海岸。南段则相反，大幅度下沉后，上升运动也很剧烈。在莆田以南地区尤明显。

总之，我国今日海岸线，无论淤泥质海岸，还是基岩海岸，都处在不断运动发展中，只是变迁幅度和大小的[illegible]罢了。

J109877 20×20=400

# 第四章 河流湖泊变迁（历史河湖地理）

这一章主要讲黄河下游河道变迁及我国几个主要湖泊演化的特征。

## §1. 黄河变迁与治理.

黄河是一大河，历史上又称河水，源于青海省巴颜喀拉山脉雅合拉达合泽山东麓的古宗列渠，至山东省垦利县入渤海。全长5464公里，流经九个省区，流域面积752443平方公里，耕地3亿亩，人口近二亿。

历史上黄河流域是中华民族文化的摇篮，长期是我国政治、经济和文化中心。但历史时期，黄河下游河道却以善淤、善决、善徙著称，常常给人民带来灾害。因沿途携带大量泥沙，故有"浊河"、"黄河"之称。黄河一名始于汉代。唐宋以前一般称作"河水"。黄河自古以来多泥沙，《左传》中就有"俟河之清，人寿几何"的记载。《汉书·沟洫志》更有"河水重浊，号为一石水而六斗泥"的记录，说明水沙矛盾是黄河问题的关键。据史书统计，解放前的三、四千年间黄河下游决口泛滥达1500余次，大改道26次，水患波及北达天津，南达淮河，纵横25万平方公里。给下游人民带来了另有待于今后发现。故从历史地理角度探讨黄河变迁规律，无论对治河，还是对今天建设，都有重要现实意义。

1. 黄河下游河道的最早记载

春秋以前，人类出现以前和出现以后的相当一段时间，黄河状况均难于稽考。春秋战国时代以后的变迁情况才有了较清楚的了解。

①《山经》河水下游河道

《山海经》是战国最早地理著作之一，成书于战国以前（依袁珂《山海经校注》出版说明）。根据《山海经·北山经·北次三经》记载，并与《汉书·地理志》、《水经注》的河水相印证，可清楚地勾稽出一条《山经》河道：自今河南武陟折向东北，至天津市东北入海，流经今浚县、内黄、曲周、巨鹿、安平、高阳、安新、霸县北。今河北平原京广线以东和流经山东的徒骇河以西，是战国前黄河摆动的主要范围。证明战国以前，黄河流经这一地区，并多次改道和泛滥。

②《禹贡》河水下游河道

《禹贡》是《尚书》中的一篇，出于战国人手篇。是我国古代最富科学性的地理著作。对黄河有明晰记载。根据《禹贡·导水》篇及《汉书·地理志》、《水经》、《水经注》诸书，确定其具体流向是深县从南与《山海经》记载相同。经县北，今武隆、青县，到天津市南入渤海。此河道称《禹贡》河。

③《汉书·地理志》（简称《汉志》）河水下游河道　根据《汉书·地理志》《沟洫志》及《水经注》记载，黄河河道自宿胥口（今浚县西南）以上与《山经》、《禹贡》河道同。以下则流经今浚县东、濮阳西、内黄、馆陶、高唐东、平原、东光西，至今黄骅县东北入渤海。此河道称《汉志》河。

——《汉志》河与《山经》河、《禹贡》河相比，河道更加偏东，入海口也在不断南移。

2. 西汉以后的黄河下游河道。

西汉后黄河下游河道变迁频繁，文献资料也十分丰富。从总的趋势看，北宋以前，虽然有黄河决口后徙向东南的事实，但主要是偏向东北，从渤海入海。而自金代起，历元、明、清三代，黄河决口后也有不断冲向东北，而主要是偏向东南，至清后从苏北入黄海。

① 王景治河后黄河下游河道

西汉中叶后，黄河已不断泛决。到王莽始建国三年（公元11年）终于酿成一次巨变。黄河在魏郡（今临漳西南）、元城（今大名东）以上决口，泛滥清河以东数郡，延续达60余年。至东汉明帝永平十二年（公元69年）才遣王景治理，使河汴分流，固定了一条新河道。

王景治河，沿河千余里进行实地调查，对不同河段采取不同措施予以治理，终于固定了一条从荥阳到千乘海口的新河道：从长寿津（今濮阳西南）与西汉大河分离，流经范县南，阳谷北，茌平东，临邑北，惠民南，东至利津入海。王景新河道正是以后经隋唐中期河水下游。

同时，为保障东汉政权的漕运，王景使河汴分流，修通了汴渠。

王景治河后，黄河进入相对安流时期。但至唐代，黄河下游决溢泛滥达21次。尤其中唐以后，河患日重，经五代，终于又酿成了一次黄河巨变，形成了北宋二股河道。

② 北宋二股河

五代时期黄河决徙已十分严重。后晋开运元年（公元944年），黄河在滑州（今旧滑县）决口，淹没了今河南北部和山东西南部广大地区。 Chán

北宋景祐元年（公元1034年）七月，黄河从澶州（今濮阳西南）横陇埽（濮阳东）决口，冲出一条新河道，一般称横陇河，位于原河道北，大致流经今聊城、临清一带，在今滨县从北入海。横陇河仅经行了14年。

庆历八年（1048年），河决澶州商胡埽（今濮阳东北），北流合永济渠，经今青县，从今天津市入海——宋代二股河的北派。

嘉祐五年（1060年）黄河又从魏县第六埽（今南乐西）决出一股，流经西汉大河故道和笃马河（今马颊河）入海。——宋代黄河的东派。

自此之后，黄河东流、北流迭为开闭，有时二股并行，有时决于二股之外，河道愈加紊乱。元丰以后，因河决北流，导河北流之议才占了上风。

北宋二股河并存时期，黄河北流趋向北派时间较长，这由于北流地势较低的缘故。

第 72 页共 页

③金代黄河主要河道。

宋高宗建炎二年（1128年），宋东京留守"杜充决开黄河，自泗入淮，以阻金兵"，开始了黄河长期夺泗入淮的局面。女真人占领黄河流域后"数十年间，或决或塞，迁徙无定"。

大定八年（1168）黄河决李固渡（今滑县西南）决口，"水溃曹州城（今菏泽）"，在单州（今单县）境内分为二股。从史籍记载黄河流经的地区推断，大定末年黄河下游分为三股：一股自李固渡经今东明、曹县、单县、砀山、至徐州南北入泗水；一股从今原阳经封丘、兰考、睢县、商丘至砀山以西与前一股相合；一股即建炎二年决口形成河道，流经今的滑县、鄄城、郓城、嘉祥，至鱼台东注入泗水。三股均注入泗水，这时黄河决泛范围已达豫北和鲁西南一带，但均经泗南下，由泗合淮入海。

④元代主要河道与贾鲁治河

元初，黄河泛决无常，尤以至元二十三年（1286）的一次最为严重。当时黄河决开封、祥符（今开封市）、陈留（今陈留镇）、杞、太康等十五处

J109877 20×20=400

第 73 页共 页

次之，泛滥于豫东广大地区。从这一地区推断，大致分为三股：一股即金末的古河，经陈留、杞县、睢县，东由汴水入泗，史称汴泗道；一股在中牟境内折而南流，经尉氏、扶沟，由颍水入淮；一股在开封境内折而南流，经通许、太康，由涡水入淮。黄河南移入淮是历史上黄河的极而异派，说明当时大平原由此向东已被黄河扫荡了一遍，已无处不受到黄水的灾害。

黄河经金以后，至元代中后期黄河出现了比较频繁，威胁着运河安全。至正四年(1344年)河决曹州白茅堤，专向南北泛滥，并冲决了济州河(运河一段)。至正中期，工部尚书贾鲁进行大规模治河，挽河复故道，即恢复金末以来黄河多次经流的汴泗道。大致流经今封丘、开封、东明、兰考、商丘、虞城、夏邑、砀山、萧县，至徐州入泗水，经泗入淮。史称贾鲁河。

⑤明代洪武中叶前后的河道。

洪武二十四年(1391年)，黄河在原武(今原阳西北)黑洋山决口，经开封北、陈州(今淮阳)、项城(今沈丘)、太和、颍州(今阜阳)、颍上，东至寿州(今寿县)正

J109877 20×20=400

第 74 页共　页

阳镇（今正阳关）会入于淮，而贾鲁河故道遂淤。同时又有一股由今菏泽、郓城向东北冲决梁山县北一带，元会通河（会通河北段）也淤。这是黄河干流第一次全部入淮，因水势平定，称"大黄河"，原贾鲁河流势甚微，称"小黄河"。明中叶黄河决口仍偏向东北，以冲张秋、漕，殃及运道。但黄河北决入运的危险依然存在。为治河保运，先后在黄河北岸兴筑长堤，使黄河北决机会减少。但中叶以后河决泛滥仍很频繁，直到潘季驯治河以后，才固定了一条由兰阳（今兰考）、考城（今民权东北）、虞城（今县北）、砀山、徐州、邳州（今邳县西南）、宿迁、桃园（今泗阳西南）、至清河（今淮阴市西）会淮入海的河道，亦即今天地图上的废黄河或称故黄河。

潘季驯是明代治河功绩最大的人，又是"束水攻沙"理论的创始人，对当时以后之治河影响极大。

（五）清代治河及咸丰五年铜瓦厢决口后的河道

明崇祯十五年（1642年），统治者在开封城北

J109877　　20×20＝400

扒开黄河堤，造成两处决口。（一为朱家寨，一为马家口）使开封城遭到灭顶之灾。直到顺治三年（1646年）才堵塞。顺治间黄河决口都不断冲向东北，溃运堤，挟汶水由大清河入海，使漕运受到阻隔。而清政府默守明代成规，以保运为中心，治河只是在固守一条偏向东南，仍然夺淮入海河道。那时河道总督靳辅及其幕僚陈潢的治河就是如此。

可是，历金、元、明及清代前期，黄河夺淮入海已有五六百年之久，下游河道严重淤积，河床里普遍抬高；加之决口泛滥多在今豫东、鲁西南和苏皖二省北部，使这里地形愈益低下，黄河向北改道的危险也愈以严重。道光年间，魏源即已认识了这一点。到咸丰五年（1855）六月，黄河在铜瓦厢决口，大流由长垣、东明至张秋穿运，注大清河入海。古河断流，结束了黄河经行东南、夺淮入海的历史。因没有统一的防护大堤，黄河仍不断决口泛滥。到光绪八年（1882）以后才普遍修筑了大堤，十年（1884）两岸新河堤才全部筑成，也就是现行地图上标绘的黄河下游河道。黄河从山东入海，距今已有130年历史。1938年国民党政府在郑州花园口扒开黄河南岸大堤，淹没了5.4万多平方公里土地，水灾波及44县市（豫、皖、苏诸省）。

由于泥沙沉积作用，自道光10年至22年，仅12年间，河床已高出堤外平地，~~成~~黄河即已变成了地上河。

3．黄河改道的原因

诸如上述，黄河决徙~~的原因~~①是自然的原因，②是社会的原因。而洪水量和含沙量则是主要因素。

①地势因素。黄河自上而下贯穿四个高程不同地区：~~即海拔2000—5000米~~青藏高原（海拔2000—5000米）；黄土高原（600—3000米）；内蒙古高原（1000—1500米），华北平原（200米以下）。比降悬殊，一泻千里；进入平原，水流缓慢，泥沙沉淀，河床抬升，河水易泛决。

②气候降水因素，流域大部分地区气候较干燥（上游年降水200—400毫米，中、下游600毫米左右），但全年降水量的70%集中在夏秋二季，

且多以暴雨形式降落，往往造成山洪暴发，河流猛涨。而由于以大暴雨形成的大洪水，来势猛，流速急，易冲刷性强，破坏成灾。

③黄土泥沙问题。

黄土高原是黄河泥沙的大本营。黄土高原西起日月山，东至太行山，北到长城，南达秦岭，面积约58万km²，其中水土流失达43万km²，而晋、陕黄河峡谷面积约10万km²，则是黄河粗沙的主要来源地，对黄河下游危害极大。

黄土质地疏松，易于冲刷和溶解，加之黄土区年降雨集中、变率大，黄土被冲刷和流失更为严重。大量泥沙随流水汇入黄河之中，经黄河搬运至下游和海口沉积。

事实上，华北大平原就是亿万年以来黄河与其他河流共同堆造而成的。早在宋代，沈括就指出过：“予奉使河北，边太行而北，山崖之间，往往衔螺蚌壳及石子如鸟卵者，横亘石壁如带。此乃昔之海滨。今东距海已近千里，所谓大陆者，皆浊泥所湮耳。……今关陕以西，水行地中，不减百余尺，其泥岁东流，皆为大陆

第 28 页共 页

之土，此理甚明。（《梦溪笔谈》卷24《杂志》）此乃真知灼见。

近现代对陕县附近河水泥沙量测算，多年平均径流量平均泥沙量为16亿吨。有人计算，若把16亿吨泥沙筑成高宽各一米长堤，可绕地球27周。16亿吨中12亿吨冲到海口，4亿吨沉积在河床内，使下游河床平均每年抬升10cm。现在黄河下游河床高出两岸平地2-10米，因之，黄河已成为悬河，河水全靠大堤约束。在开封以北，河床已高出开封市11米，而历史上明代开封周王府已埋在地下十几米深处。历史上被黄河淹没深埋地下古城不胜枚举（宋濮州城、旧考城、战国魏大梁城、新城城址）。明后也不例外。宋时梁山泊800里水面浩渺无际，至元代已经成平陆。河口造陆作用亦很惊人。近百年河口每年向海伸延3.6公里，平均造陆地50-60 $km^2$。

④中上游自然植被问题（经济开发与人类活动）

入河泥沙，源于包头以上者仅占12%，源于包头至龙门之间者却占88%，可见中游地区是黄河泥沙主要来源。中游植被覆盖状况直接影响来沙量多少。因人类历史时期对中游地区过

J109877 20×20=400

垦开发，植被被破坏，使水土流失日趋严重。谭其骧研究黄河中游地区农牧业交替的历史事实的变迁，得出结论，河患所以古少今多，其根本原因就在于中游地区的植被是否良好。

战国以前，中游流域基本游牧区，原始植被良好，水土流失轻微，下游决徙少。

秦汉，政府移民西北，向这中游区，扩大农耕区，使农牧分界线北移；同时为巩固边防，移民戍边屯垦，武帝后黄河下游决徙日烈，正好与这一地区土地开发和人口迅速增长吻合。

东汉，停止移民戍边，且内徙边郡，农业民族内徙，游牧民族南移，中游地区耕地减少，牧场扩展，黄河趋于安澜。

中唐后，土地兼并和苛政暴敛日益剧烈，广大农民依赖垦种"荒闲陂泽山原"为生，唐后又多战乱，黄河中游则原来荒地基本上被垦辟殆尽。从此是黄河中游地区水土流失的严重期，而唐以后——这就是下游决溢日以加深的原因也。

谭先生的研究成果，为今天治理黄河提供了宝贵的参考，应引起重视。

对黄河的历史研究表明，黄河问题极其复杂，必须实行综合治理。今天，一方面要加强水土保持，恢复生态平衡，减少输沙量；另一方面加强工程措施，截流拦蓄和巩固堤防，防患于未然。目前，黄河下游人烟稠密，城市集中，已非昔比，一旦黄河决口，后果不堪设想。

~~纪念平生在湖泊的论文~~。

~~我国湖泊众多，湖泊变迁，历史上在不断~~的~~变迁过程中~~。

## §2. 若干重要湖泊的演变

我国湖泊众多。据统计，目前天然湖泊面积在$1km^2$以上的有2800多个，总面积达80000平方公里。多数分布在长江中下游平原和青藏高原。前者为水乡泽国特有风光，后者主要是新构造运动和冰川作用的结果。其中，在历史时期中我国东部平原上的湖泊均处在不断的变迁过程中，有些消失，有些形成，有些缩小。西部湖泊亦有变化，但除少数湖泊以外其变化幅度一般较小。今天我所要介绍我国若干主要湖泊的演变类型及其实例。

### 一、渐次消失的湖泊

1. 云梦泽　泽是古代指水和草丛的地方，即古代的泽即今日的湖。

云梦泽是古代江汉平原上的一个著名湖泊。许多古代地理著作都有记载，如古书《禹贡》、《周礼·职方》、《尔雅·释地》、《吕氏春秋·有始览》、《淮南子·地形训》、《汉书·地理志》、《水经注·沔水注·夏水注》等。

云梦泽是在第四纪强烈下沉的陆凹地上逐渐发育形成的，并伴随湖陆变迁而演变。

解释词义

第82页共 页

由于古代训诂学者对各典籍的记载多指不同解释，致使云梦泽范围越来越大，至清代，其范围已扩大到"东抵蕲州（今蕲春西南）、西抵枝江（宜都南）、京山（今县）以南，青草（洞庭湖东南部）以北，皆为云梦（《嘉庆统一志》）"，拥有整个江汉、洞庭平原，以及湖北、湖南之间的广大地区。云梦泽已大到不可思议的地步。其方位和大小升即成为历史地理上重要的疑难问题之一。

其实，问题的症结在于对云梦与云梦泽含义的解释上，长期陷入混乱一样局面。

云梦是楚王的一个狩猎区，范围广阔，EW约800里，NS约500里，包括山林川泽多种地貌形态。西起今枝江，东达今武汉，南至岳阳以北长江左岸，北至安陆，西北至宜城以西。

云梦泽乃湖泊名称，"方九百里"（司马相如《子虚赋》）主体在今江陵以东的汉水与长江之间。三块 大致在汉水以北，今云梦县以南，天门县东，汉川县西有汉北云梦泽。大致在今江陵与潜江之间有郢都汉水间云梦泽。

可见二者均在长江以北，且云梦泽仅是云梦

J109877 20×20＝400

的一部分，从来有错认长江南北的云梦泽。

秦汉时代，云梦泽主体已向东南转移，位于华容县（今潜江东南）南，约占有今监利全县、洪湖西北部和沔阳县大部分地区，及江陵、潜江和石首三县的一部分地区。这是由于长江分流而泥沙堆积的缘故。东汉末年的赤壁之战，曹操败北，向华容撤退，华容道为泥泞沼泽，但已有道路可通。证明主体早经与郢都附近的云梦泽分离。

魏晋南朝时期，云梦泽进一步缩小，华容县南（潜江县东南）已经成为陆地，孙吴和西晋即在今监利县北增置监利县，云梦泽主要水体已经转移到华容县以东，并被分割成许多湖泊，其中以大浐、马骨和太白湖为著名，其水体周回达三四百里。——云梦泽名存，从一湖泊解体，作为古代著名湖泊云梦泽在位置已不存在了。

变迁原因：①江汉地区新构造运动，由北向南掀斜下沉；（南岸分流）②荆江分流减少，使汇注云梦泽的水源相应减少。

唐宋时代，大浐、太白二湖已不见记载，

马骨湖也成为一个季节性湖泊，夏秋泛涨时才"淼漫若海，春冬水涸，即为平田"。（《元和郡县图志》卷21）《太平寰宇记》已无马骨湖记载，说明到宋代，这一带的遗存湖泊也消声匿迹了。

另一方面，江汉平原上却有新湖泊——洪湖形成了。洪湖之名始见于明代，其迅速扩大则发生在清代中叶以后。清末洪湖周围达200余里，成为江汉平原上的最大湖泊。它的形成是由于江汉平原排水不畅与地势的低洼。

云梦泽一直位于江北的江汉平原，从未跨越过长江以南，故古长江以南洞庭湖之说。

二、大陆泽

又名钜鹿泽，另外还有广阿、泰陆、大麓、沃州、张家泊的名称，是古代河北平原上太行山冲积扇边缘的一片浅沼洼地。《禹贡》"北过降水（即古代河水），至于大陆"，战国之前黄河流经河北平原，黄河以北乃大陆泽，指出了大陆泽的方位。当时，大陆泽有许多河流汇注，面积广阔，为"九薮"（古有草的湖泽）之一，位于汉代巨鹿县北，占有今巨鹿、平乡、任县、隆尧北县地 荆州圃田之

J109877 20×20=400

《周礼·职方》：扬州具区，荆州云梦，豫州圃田，青州望诸，兖州大野，雍州弦蒲，幽州貕养，冀州杨纡；《吕氏春秋·有始览》……赵之钜鹿，燕之大昭——

唐代，大陆泽"东西二十里，南北三十里"，水产丰饶，已频于封闭。从当时巨鹿（今县）、陆泽（深县）、鹿城县（深县西）均有大陆泽记载看，大陆泽水体已北移，或者已分成许多小湖泊。

宋代，徽宗大观二年（1108年），黄河北徙在邢州决口，淹没了巨鹿县城，并将其埋入地下6.7米深，同时携了黄水泥沙倾注于泽中，使湖盆淤浅，湖水向低洼处转移，并形成新湖泊。今宁晋县东宁晋泊就是大陆泽北移后逐渐扩大而成。

明清时代，宁晋泊称为北泊，任县东北的大陆泽则称为南泊，又名小东湖、张家泊。南泊水通过穆家口河向北流注北泊。后因穆家口河淤塞，使大陆泽地区水灾严重。明嘉靖、隆庆、顺治和康熙时，曾三次疏浚此河，导南泊水注入北泊，并"引流种稻，营田数百顷"（《畿辅通志》），从此水患减轻。而大陆泽却名存实亡，仅剩下一个很小的洼地。

3. 大野泽

又名巨野泽，位于山东巨野县东北，古代有济水、濮水汇注。《禹贡》"大野既猪"，即指此。

大野泽也是古代九薮之一。汉代时位于巨野县北，称"兖州"薮。西汉武帝初年，黄河在今濮阳西南的瓠子决口，东南注入巨野泽，使之继续扩大。

刘宋元嘉中（424—453年），"巨野湖泽广大，南通洙泗，北连清济，旧县故城，正在泽中"（何承天语，《水经注》卷8《济水注》）。旧县故城位于泽中说明大野泽还在扩大。

唐代，巨野泽南北三百里，东西百余里，为茫茫巨浸。时梁山南据大野泽南边，大野泽水体还在全线岭（梁山县南30里）以南。后晋开运元年（公元944年），黄河决口滑州（旧滑县），"浸汴、曹（菏泽）、单、濮（鄄城北）、郓（东平）诸州之境，环梁山合于汶济"（《旧五代史》卷26），梁山遂成为湖中孤山。

宋咸平三年（1000年），天禧三年（1019年）和熙宁十年（1077年），黄河三次溃注梁山周围洼地，梁山泊之名始见于此（《宋史·河渠志》）。这时，水体以梁山为中心，号称八百里梁山泊。《水浒传》故事就发生在这里，梁山英雄即利用梁山与水泊

第 87 页共 页

变成了根据地。

唐代以后，黄河屡注梁山泊，水面扩大；而泥沙沉淀，湖底也日益淤高。金元时黄河南徙，但北流仍屡注梁山泊，使之迅速淤浅。因此，"金代梁山泊水退，地甚广"，（《金史·食货志》）。元至正4年（1344年），"河屡泊中，"河徙后，遂涸为平陆"。（《读史方舆纪要》卷33，《元史》卷66《河渠志》）。曾有800里水面的梁山泊终于成了历史的陈迹。

实地勘察表明，昔大湖泊已不存在。因此，从大野泽到梁山泊、后梁山泊的兴废，黄河泛滥起了决定作用。

二、由小变大的湖泊

1. 洪泽湖：江苏西部，面积1586 $km^2$，我国第三大淡水湖。形成较晚，且与黄河夺淮有密切关系，由淮河壅塞而几个小湖合并而来的。

2. 南四湖：鲁西南，指济宁以南运河西边的南阳、昭阳、微山湖和运河以东的独山湖。与北五湖相对而言。北五湖即济宁以北的安山、南旺、马踏、蜀山和马场湖，已基本淤成平陆。之所以发生于黄河南徙。黄河夺泗入淮，使

J109877 20×20=400

第 88 页共 页

回水下游河床抬高，注入诸水去路不畅，才能形成一些湖泊。运河开通后，阻水下泄成为运河的一部分，沿线农水人为控蓄补给运河，遂使南四湖逐渐形成。

2.高邮湖　江苏中部湖泊，又名新开湖。其形成和发展由来已久。春秋末年吴王夫差的凿邗沟，即连通江淮间湖泊修成的。

金元以黄河夺淮，黄河夺淮以后逐步由小变大的湖泊。

三、大小交替变化的湖泊

1.洞庭湖　湖南北部，面积2820 km²，我国第二大淡水湖。

《汉书·地理志》、《水经》载，洞庭平原上的河流，如湘、资、沅、澧四水基本上是单独入江的，汉晋以前，洞庭湖尚未形成。

东汉三国时，湘、澧二水仍单独入江，资水与沅水交会后注入湖中，再东北入江。《水经注·资水注》："湖即洞庭湖也……"。

汉晋以后，因洞庭平原继续下沉和荆江地区由北向南的掀斜性运动，及松滋一带的[illegible]

J109877　20×20＝400

线，造成长江向南分流，使洞庭湖由原来小湖，终于发展成水面广阔的大湖。《水经注》载，湘、资、沅、澧四水均注入洞庭湖，"湖水广圆五百余里"。洞庭湖一名青草湖。

唐代以后至清代前期，洞庭湖继续扩大。唐代周回计500余里；宋代为周七八百里；元明时周回达八九百里。同时，因长江泥沙倾注，湖底淤浅，水面不断扩大仅暂时现象。当长江与湘、资、沅、澧诸河水减少时，湖面缩小，沙洲出露，有由荡转熟的趋势。

从南宋起，侵占湖田的事即发生了；明代"岁月渐久，渐扩为甚"。到清道光中，"陂泽尽为陇亩"。故洞庭湖周围水害严重。

清代后期，荆江分水入洞庭湖，由原来的虎渡、调弦二口，增加了藕池、松滋二口，形成了四口分流局面，使荆江泥沙的45%通过四口排入洞庭湖，使其水面迅速缩小，沙洲不断涌现。20世纪以来，因沙洲的发育，堤垸的发展，已明显分成东、西、南三部分，水低时几乎各自成为不同的湖泊。现在只有岳阳市西南

第 96 页共 页

的水体较大，仍保留了洞庭湖名称。

洞庭湖由小到大，又由大到小的演变，主要原因：①地质地貌演变（构造）和新构造运动的影响；②长江来水来沙淤积（湖区沉积厚2—10米）；③人工修堤筑垸，与湖争田，更起了推波助澜作用。当日方圆八、九百里的洞庭湖，今天已面目一新了。

2. 鄱阳湖 江西省北部，面积3583KM²，我国第一大淡水湖。鄱阳湖地势比长江略高，长江水很难倒灌入湖，主要接纳江西境内诸河流。湖泊与洞庭湖一样，是江中部台背斜上的新构造断陷湖泊。过去认为彭蠡泽是鄱阳湖，这是错误的（《鄱阳湖演变的历史过程》，《江西日报》1982.2）。

西汉时，鄱阳湖南部尚不存在，仍然是平原旷野。汉代鄡阳县（今波阳西北）遗址恰位于今鄱阳湖南部的中心，就是证据。

南北朝时，湖水南展，鄡阳县全受到威胁，被迫于永初二年（421年）撤销。湖面逐渐增长。

隋末，由于彭蠡湖湖水已接近鄱阳山，遂有鄱阳湖之称。唐宋时，湖体迅速扩大，周回达200余

J109877 20×20=400

公里。

宋之时鄱阳湖已成大湖了，南到余干，东连鄱阳，西接隆安，与今天大小相当。

明清间约450年，仍有扩大趋势，但当注入的河水减少时，湖体则迅速萎缩。随赣江抚河流域泥沙增加，鄱阳湖之严重淤积，也有加大速之趋势。近年来诸河每年挟带泥沙，泥沙湖中沉积约1120万吨，已远远超过新构造运动下沉量，湖体萎缩，其势必然。

据实测，1954年鄱阳湖湖水面为5050 KM²，1957年为4900 KM²，1976年为3841 KM²，仅22年湖面萎缩了1200 KM²。

第92页共　页

# 下编　历史人文地理

## 第五章　政区的形成与划分

~~第一节　从分封制到郡县制~~

行政区划是统治阶级为加强自己的统治，对全国实行分区并以一定的组织形式建立地方政权的一种制度。政区划分是随着国家的产生而产生的。原始社会没有私有制，也没有阶级，也就不存在国家和行政区。传说尧舜时代，我国就曾经分为"九州"，建制万国，实际上只是一种部落，还不能说是行政区。我国真正行政区划分始于郡县制，在此以前的夏商周三代所实行的是分封制。

### 第一节　从分封制到郡县制

分封制是奴隶制的统治形式，以"封邦建国"的办法来划分区域，实行统治。除王都附近由周王直接进行统治外，其他地方都分封给贵族和功臣，也就是诸侯。诸侯又把土地分配给卿、大夫，作为采邑或禄食之地。据《春秋》等书记载，西周武王和成王大封诸侯国，多达"70"余国。

第 93 页共 页

一、西周的封国

西周的大分封主要有两次。第一次是武王伐纣以后，大封功臣谋士，其中主要的有：封太公吕尚于齐，都营丘；封周公旦之子伯禽于鲁，都奄；封召公奭（shi）于燕，都蓟；封叔鲜于管，都管（今郑州市），封叔度于蔡，都蔡（河南上蔡）。

第二次是周公东征胜利后，封商贵族微子启于宋，都商丘；封康叔于卫，都朝歌（河南淇县）；封成王弟唐叔虞于晋，都翼（山西翼城）。

凡受封的诸侯，在统治区内他们拥有领土权力绝对。诸侯、卿、大夫对上有纳贡、服役的义务，但纳贡数有限，基本上处于独立状态。

二、郡县制的产生和发展

1、郡县制产生的条件。春秋时期，铁制农具的使用和牛耕的逐步推广，劳动效率提高，荒地逐步开垦，土地更加受到重视。周天子与诸侯为取得更多利益，榨取更多的财富，希望把土地直接掌握在自己手中，推动了土地制度的变化。随土地制度变化，郡县制逐步代替了分封制这一独立性很强的制度，成了地方

县的历程(宋)



政区的主要形式。

2. 郡县制的内容及发展 县本指王畿附近的地方（见《周礼·地官》、《礼记·王制》）。后来把王畿附近地方划分为若干部分，每一部分仍以县名之，并设官统治，县遂成为一级政区的名称。

郡起源较晚，虽然《周书·作雒篇》已有郡的名称，但西周制，春秋战国 其最先设于边远地区，"使人守之，为戎翟民君长，故名曰郡"。

郡县制代替分封制经历了很长历史过程。春秋时，县首先设在经济较发达的王畿内，然后才遍及诸侯。同时各诸侯也开始在自己领地内和新夺的土地上设县。如楚灵王八年（前535年）灭陈，置陈县；九年（前532年）灭蔡置蔡县。晋则分祁氏家为县，而楚更在此时一次合併[illegible]达41个国。春秋时县的长官一般称"大夫"，或"公"，个别称"尹"。

郡县制初创时，县辖区大，又没有一定成规。楚灭陈为县，陈为春秋十二诸侯之一，陈县辖境广大。而战国[illegible]一次曾将数县[illegible]县，而西汉时在全国领土上设县仅1000余个，证明当时县的规模颇大。郡的大小亦相类似。

J109877 20×20＝400

郡县之间当初没有什么关系，只是设置的地区不同，因县设在内地，"城郭宫庐"，而郡设在边远地区，较县"荒陋"，故其地位较县为卑，县的地位还高于郡。如简子誓师"克敌者上大夫受县，下大夫受郡"即说明了这一点。

战国时期进一步演变为郡统县的局面。原设于边远地区的郡，因辖范围较大，在内地设郡，仍沿用边远地区的规模。其规模较县之远大于县，即在一郡之内可置有若干县，故郡"遂有属县矣"。战国中叶，郡大县小已成定局，甘茂对秦武王说："宜阳，大县也，……名为县，其实郡也"。就是指郡大于县，以郡统县的成规。

三、秦汉时代的郡

秦统一六国，把郡县制推行于全国，并一直为后世所因袭。只是唐代以后，郡名称没有了，县的建制一直被保留下来。

秦郡，包括国都咸阳的内史，共42个，其中有因袭战国时代的16郡（《史记》卷5、6、110等），如陇西（今临洮）、北地郡（今宁县西北）、上郡（今绥德北），在被灭亡各国国都设郡8个（《史记》卷5、6、40，《水经注》卷30、26、13），如魏旧都安邑（今山西夏县）设河东郡、韩国新城阳翟(河南禹县)设颍川郡等,以及在一些重要地区和交通要道附近设置16郡,如三川郡(河南洛阳)、薛郡(今曲阜)等(《史记》卷5.6.114、《水经注》卷8、卷13、卷26、卷38)。

西汉郡县数目有很大增加。除郡外,还有与郡平行的王国。王国与郡名义上平行,但实际上要比郡大得多。象西汉初年的王国有的统辖数郡或十数郡的。王国设置是分封制的延续和发展,以致王国势力扩大到与中央政府发生冲突。经过一系列斗争,王国地位下降,和郡相当。西汉末年共103个郡国,东汉中叶为105个郡国。

§2. 州的创立与演变

郡国不断增多,由中央政府直接统辖,很难于得以有效,为加强中央集权,在郡国之上再创设新的行政监察区域。西汉自汉武帝始设十三部,置刺史(《汉书》卷28上《地理志》),正式创立了州的建置,实际上是十三个监察区。

一、两汉的州制

汉武帝十三州是根据儒家经典《尚书·禹

贡》和《周礼·职方》《礼记·王制》及《诗经》(朔方)确定的。其中

冀州：河北省中部和南部、山东西北部；

兖州：山东省中部和南部，河南省东部；

青州：山东省东部、东北至成山角；

徐州：淮水下游南北，山东省南部部分；

扬州：淮河中游和长江下游；

荆州：湖北、湖南与河南省南部；

豫州：河南省东南部、安徽省北部；

益州：四川、云南、贵州和陕西省秦岭以南；

凉州：甘肃省；

并州：山西省大部和内蒙古一部分；

幽州：河北省北部、辽河流域及其以东广大地区

朔方州：内蒙古西部和陕西省北部；

交趾州：五岭以南。

此外，还有一个司隶校尉部，辖有关中和河南西部、山西西南部的几个郡，与州相当。

西汉各州置刺史，只有行监察职务，巡回流动，没有一定治所。

东汉改交趾为交州，内转也郡治省朔方入并州，为十二州制。司隶校尉部依如西汉，唯将国都从长安迁到了洛阳。

二、两汉以后州的演变与衰落

郡上置州的制度，自西汉中叶以后，沿袭了很长时间。初创这一制度的目的是为了加强中央集权，防止地方权力的扩大。州置刺史，可监察郡太守，但职位比太守低，秩仅六百石（太守二千石）。西汉末年，州刺史权轻位卑，不能应变，改为州牧，秩二千石，一跃而成为封疆大吏。东汉州牧位尊权重，便于成为地方最高军政长官。

魏晋南北朝时期，州郡滥置，数目不断增多，使州地位降低到与郡相仿佛，从而失去了原来的重要作用。三国合计19州，西晋增至21州，南北朝末期，陈置有42州，北周置有211州，南北共计253州。

隋初大加省并，且废掉郡一级，直接以州统县。隋中叶又改州为郡，说明州与郡没有什么差别，至隋末共190郡。

唐代仍有州郡并存互改而已现象。若数较隋代大增，贞观十三年(639)，全国有府州达358个。

[illegible]13。道与路制的创立。

南北朝至隋唐时期州郡的不断增多，给中央政府的直接统辖带来了很大困难。为加强中央集权，就必须设立新机构，对地方行使监察权。

隋朝有司隶和刺史分职，但究竟如何对地方监察，已难稽考。

唐代继承隋代监察办法，于贞观中分全国为十道，以贯彻监察制度。

道原系唐代前期的行监察区(而非)，到后期才成为地方区划单位，与汉代州的地位相仿佛。这里也是以道以若干来划分行政区以加强统治。

一、贞观十道与开元十五道

贞观十道：关内、河南、河东、河北、山南、陇右、淮南、江南、剑南和岭南。

关内道，治长安，主辖陕、甘、内三省区，东到黄河，西至乌鞘岭，南达秦岭，北到贝加尔湖。

河南道，治汴州（今开封），主辖今豫、鲁两省；东至海，西到潼关，北临黄河（唐时），南接淮水。

河东道，治蒲州（永济县），晋和冀、内一部分。

河北道，治魏州（大名），太行山以东，向东北直至黑龙江入海口。

山南道，治襄州（今襄樊市），主辖汉水流域，西至嘉陵江，东达桐柏山东侧，北至秦岭，南到大巴山、巫山和洞庭湖畔。

陇右道，治鄯州（青海乐都县），陇山至嘉陵江以西，直至今中亚地区。

淮南道，治扬州（今扬州）

江南道，治苏州（今苏州），长江以南五岭之间

岭南道，治广州（今广州市）五岭以南

剑南道，治益州（今成都市）山南道以西，陇右道以南，直至今云南东部。

贞观十道地域过大，大量地方的管理地区治理已发育难与监督之感。玄宗开元21年（733年）在原十道基础上，把全国划分为十五道。即把山南道划分为东、西两道，

山南东道，仍治襄州

山南西道治梁州（今汉中市）。

把江南道划分为东西两道和黔中道

江南东道　仍治苏州.

〃〃西〃　治洪州（今南昌市）

黔中道，治黔州（今四川彭水县）.

另外：

京畿道，以京师周围划分，治长安

都〃〃　以东都周围划分，治洛阳.

唐代道初期只作为州一级，是地方监察区划，设按察、采访、巡察、存抚、黜陟、观察使等，不是一级地方政区。随政治制度变质，中后期以后道成为地方最高政区，道的划分也多了。后来节度使所统辖的地方均以道称，全国计有四十余道、七百十余州，十百二、三州，割地称雄互相攻伐。使道失去了它原来意义，节度使遂成为一道最高军政长官。后来的五代十国，就是唐末藩镇割据的继续。

二、宋初的道和北宋二十三路

北宋初因袭唐制，分全国为若干道。为适

宋代吸取唐末藩镇割据的教训，加强中央集权，逐渐削弱藩镇势力。至道三年（997年），才正式设立这一行政机构，确定了路的划分。宋代各路的辖境有所变动，这里仅介绍元丰（1078—1085年）年间的二十三路。

京东东路　北宋建都开封，京东、西即以开封为分界线。京东路指今山东省。泰山以北、鲁山和蒙山以东为京东东路，治青州（今益都）

京东西路　泰山以南、鲁山和蒙山以西为京东西路，治郓州（今东平），后移应天府（商丘）。

京西路包括今河南、陕西、湖北各省的一部分

京西南路　大致以伏牛山为界，以南为京西南路，治襄阳府（今襄樊）。

京西北路　大致以伏牛山为界，以北为京西北路，治河南府（今洛阳）

河北路包括今河北省中部和北部。

河北东路　今饶阳、献县、威县、临清以东为河北东路，治大名府（今大名）

河北西路　以西为〃，治真定府（今正定县）

河东路 山西省雁门关以南；治太原府。

永兴军路 陕西大部、甘肃省东北部、山西省西南部和河南省西部、治京兆府(今西安市)

秦凤路 今秦陇、长武西北及以西，治凤翔府(今陕西凤翔县)。

淮南东路 今怀远、五河以北和秦山以东为淮南东路，治扬州。

淮南西路 〃 〃 一 以西为〜，治寿州(今安徽凤台)

两浙路 辖今浙江省，兼有今太湖周围诸县市，治杭州。

江南东路 鄱阳湖以东，太湖以西，治江宁府(今南京)

江南西路 今江西省大部分，治洪州(今南昌)

荆湖南路 洞庭湖以南今湖南省大部，治潭州(今长沙市)

荆湖北路 沅水流域及今湖北省大部，治江陵府(今湖北江陵县)。

成都府路 成都平原及其以西，治成都府(今成都)。

利州路 汉水上游和嘉陵江上游治兴元府(汉中)

鄞(yin)县

kui

第108页共　页

夔州路　今四川、湖北西南交界地区和贵州省东北部，治夔州(今四川奉节)。

梓州路　利州路以南、成都府路以东和夔州路以西，治梓州(今四川三台县)。

福州路　今福建省，治福州

广南西路　今广西及广东西南部，治桂州(今桂林市)

广南东路 ~~治广~~ 今广东大部，治广州(今广州)

与北宋对立的辽朝因袭唐制，以道辖分统地方政区为五京道：上京、东京、中京、南京和西京道。

与南宋对立的金朝，因袭宋制，以路划分地方政区为十九路。金代全国地域为19路，即上京、咸平、东京、北京、西京、中都、南京、河北东、河北西、山东东、山东西、大名府、河东北、河东南、京兆府、凤翔、鄜(fu)延、庆原和临洮(tao)路。

级省的确立和沿革

省是我国封建社会后期以来行政区中最高一级的地方行政区划。从历史沿革来看，我国自元代开始设立行省，时称“行中书省”。

中书省原是中央政府中的一个官署的名称，三国时魏国始设，是秉承君主意志、掌管机要、发布政令的机构。沿至隋唐，遂成为国家的政务中枢。唐代除在中央设立中书省外，又设门下、尚书二省，同为中央机要和行政机构，三权分立，以避免权力的过分集中。

宋代仍设有中书、门下、尚书三省，而以中书省最为重要，“是为政事堂，与枢密院对掌大政”。

辽建立南北面官制，因对不同民族实行“因俗而治”方针。南面官承袭唐制开始设中书、门下、尚书三省。

金人初设三省，海陵王省门下、中书二省，只置尚书省。

元代因袭金之制，除设中书、尚书于中央机构外，为加强对全国的有效统治，并向全国各地派出行中书省或行尚书省，使原来的路降低到次要的地位。

一、元明清三代的省

元置中书省（中央机构）外，在全国各地又置十一个行中书省。行中书省既不是临时性，也不是地方行政性，按其设官和机构，是中央政府的直派机构，直接控制地方，故是中央政府的一个代理机构。行省也设丞相，总领全省政务。

中书省直辖今河北、山东、山西三省，以及河南北部和内蒙古东部、南部。

河南江北行省　辖今河南省黄河以南地区及江苏、安徽、湖北三省长江以北地区，治汴梁路（今开封）。

陕西行省　辖今陕西、内蒙古西南部、甘肃东南和宁夏南部，治奉元路（今西安市）

四川行省　辖今四川省大部，及湖北省西南部和贵州省东北部，治成都路

甘肃行省　辖今甘肃西部，宁夏北部，内蒙古西部，新疆东部和青海湟源以东地区，治甘州路（今张掖县）

云南行省　辖今云南省和四川西南部及贵州西部，治中庆路（今昆明市）

第 107 页共 页

江浙行省 辖今浙江、福建两省以江苏、安徽两省长江以南和江西省东北部，治杭州路。

江西行省 辖今江西省大部和广东省东、中部，治龙兴路（今南昌市）

湖广行省 辖今湖南、广西二省和湖北南部、贵州东部、广东西部，治武昌路（今武汉市）

辽阳行省 辖境西包傅河、辽河、嫩江，南以朝鲜东北部地区、东至于海，包括今乌苏里江以东和黑龙江以北的大片土地，治辽阳路（今辽阳市）。

岭北行省 主辖今蒙古人民共和国，治和宁路（今蒙古哈拉和林附近）。

征东行省 大致辖今朝鲜半岛，设立不久即废，治开城路（今开城市）。

因中书省和行中书省辖区广阔，中央政令而下达常有鞭长莫及之感，故在某些行省下又置了道的机构，其中有山东东西道、河东山西道、荆湖北、湖南道、四川南道、广东道、海北海南道、江东道、福建道、浙东道和广西两江道共十一处。~~[illegible]~~

第108页共　页

明清承元之行省制，但已经不是中央派出机构（直接控制地方之），省已成为一级地方政区。

明洪武九年（1376）改行中书省为承宣布政使司，省的名称也被称为某某等布政使司，但习惯上仍简称为"行省"。

明初首先建都南京后迁北京（实行两京制），江苏、安徽二省直隶南京六部，河北省直隶北京六部，因而称南直隶、北直隶。此外的各地分置了十三个布政使司，即山东（山东包括辽东）、山西、河南、陕西（包括甘肃、宁夏、内蒙古西部、青海东部）、四川、湖广、浙江、江西、福建、广东、广西、贵州和云南（后来增设贵州），简称十三省。

清代地方政区多因袭明代。清初，南京不再设部，除今河北省仍保留直隶名称外，分明之南直为江苏、安徽二省。又分陕西为陕西和甘肃二省，湖广分为湖南、湖北二省，并调整了四川、贵州二省辖境。

清末又增设新疆、台湾、奉天、吉林、黑龙江五行省。此时除西藏、青海和内外蒙古外，共设22个省，即黑、吉、奉天（辽宁）、直隶（河北）、山东、山西、河南、陕、甘、川、湘、鄂、赣

J109877　　20×20=400

皖、浙、苏、闽、粤、桂、云、贵、新、台。

总之,明清二代边疆地区设置虽与内地略有差异,但实质相同。如西藏地区元世宣政院辖之,明置乌斯藏都司,清代西藏设驻藏大臣,地位与内地督抚基本相同,与各封疆大吏执行中央政令,东北亦与北边类似。清末新疆与东北先后设省,驻藏大臣也和内地督抚无异。

二、辛亥革命以后的省

辛亥革命后我国省区变动也较频繁。

1914年,将直隶省热河道、山西省绥远道、兴和道,内蒙古大部分地区分别设置热河、绥远、察哈尔三个特别区域。并在四川省西部及西藏东部设置"川边特别区域",到1928年分别改称热河、绥远、察哈尔与西康省。

1919年,将阿尔泰地方并入新疆省

1928年,改直隶省为河北省、奉天省改辽宁省、划甘肃省宁夏道及内蒙古阿拉善、额济纳两旗设宁夏省,甘肃省西宁道及青海地区为青海省。

1929年时,共计省(清末22加新设6省),6个直辖市（京、津、西安、岛、沪、宁），两个特别区（威海、东省），两个地方（西藏、外蒙）。

1945年抗战胜利后，国民党政府将原东北三省改划为九省：黑、嫩江、兴安、松江、合江、吉林、安东、辽北、辽宁。台湾回归祖国。

1946年，中国政府（被迫）承认外蒙古独立。

1947.5.1 成立内蒙自治区，辖区包括：东北九省的兴安、辽北二省，和察哈尔、热河两省北部。

至解放前夕，全国共35省（黑、嫩、吉、松江、合、安东、辽、新、青、甘、宁、绥、热、察、西康、晋、冀、陕、鲁、豫、苏、皖、浙、闽、赣、湘、鄂、粤、桂、黔、云、川、台），12个直辖市（京、津、沈、旅大、鞍、哈滨、青、西安、沪、汉、穗、渝）；1个自治区（内蒙）。

1949年全国解放后，对各级政区作了调整和改革。目前全国共有三十个省级行政单位，即22省、5自治区、3直辖市。

附历代地方政区简表

历代地方政区系统表



西汉地方政区系统表

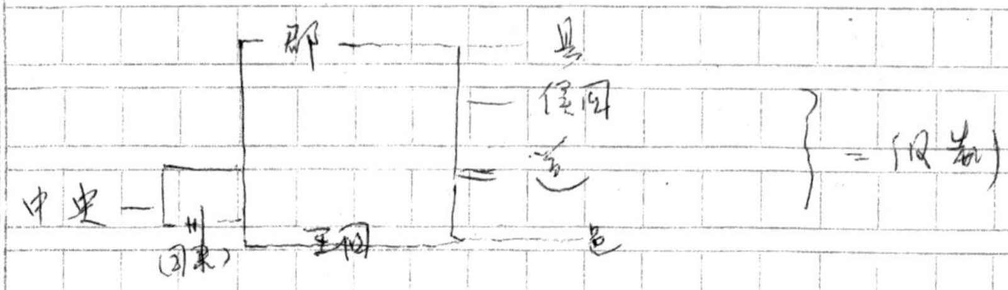


唐代地方政区系统表

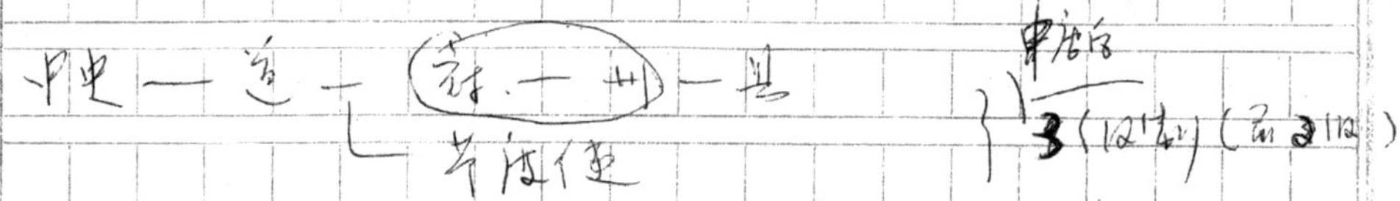


宋代地方政区系统表

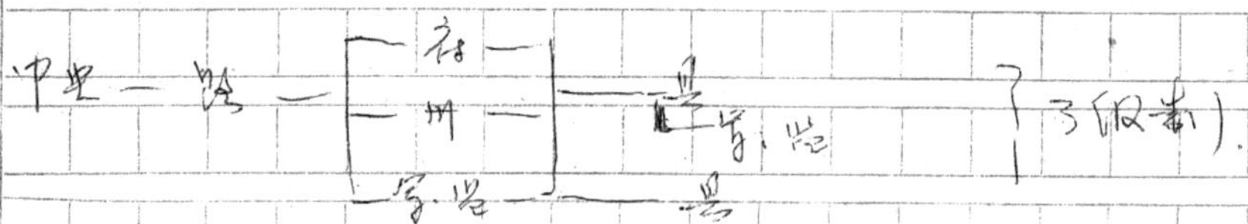


元代地方政区系统表

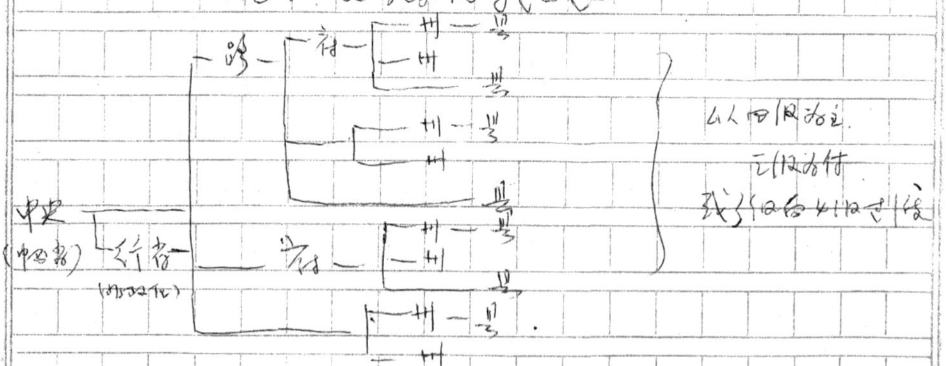

第 112 页共 页

明代地方行政系统

中央—布政使司—府—州
中央—布政使司—府—州—县
中央—布政使司—府—县
中央—布政使司—直隶州—县
4级 3级

清代地方行政系统

中央—省—道—直隶州—县
中央—省—道—府—县
中央—省—道—府—州
中央—省—道—府—厅
中央—省—道—直隶厅—县
4级

J109877 20×20=400

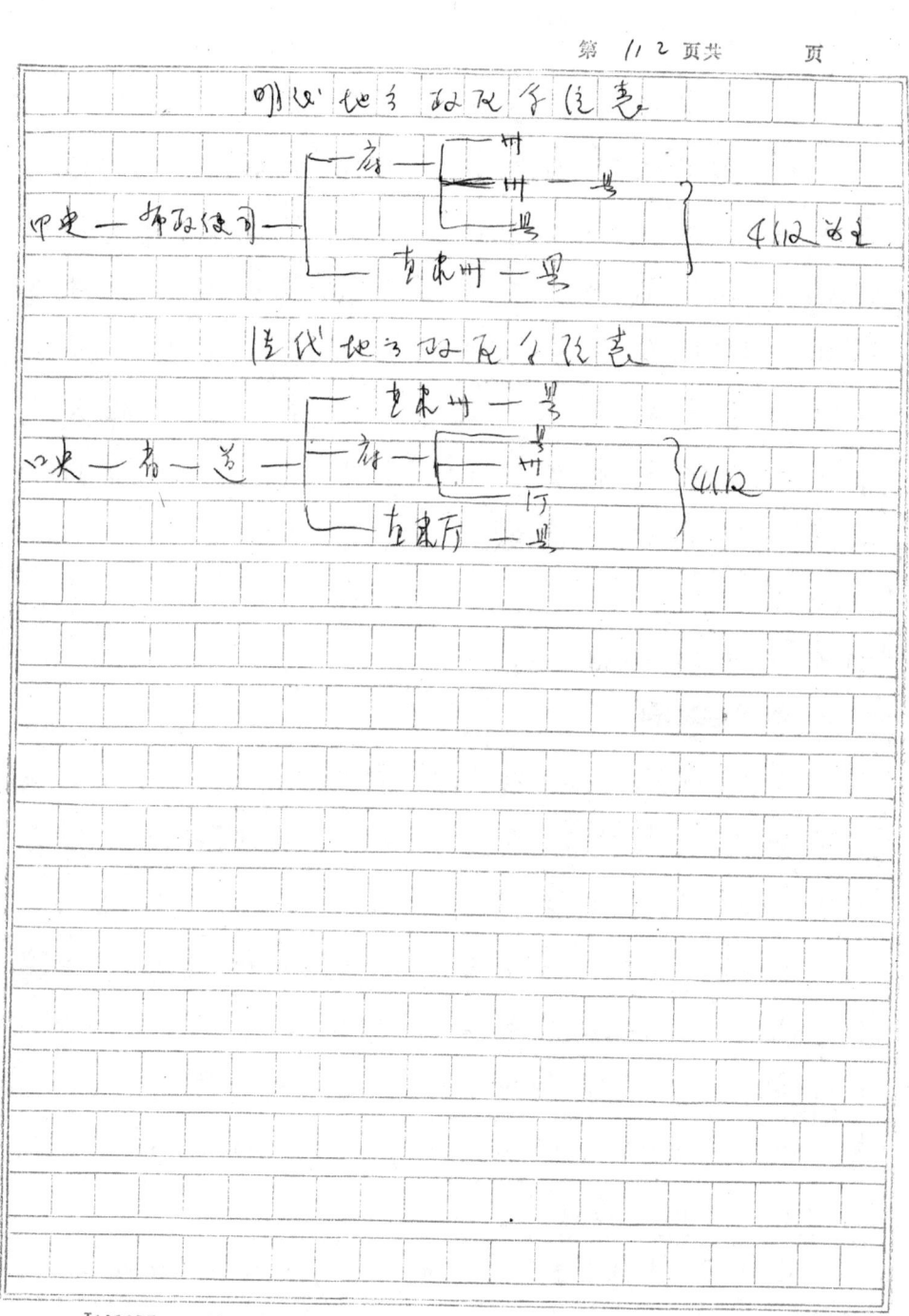

# 第六章 长城的修筑及其变迁

长城出现于春秋战国时代。从B.C7世纪左右开始，至明末止(1644)，两千余年间，断续修筑了不少长城。其中秦、汉、明三个朝代的筑长城均在万里以上，故称万里长城。若把历代长城连接一起，长达10万里以上。作为军事工程主要分布在黄河、海河、辽河流域和一些内陆河流域。

## §1 春秋战国时期的长城

长城的修筑，是伴随春秋战国时期不断发生的战争形势出现的。当时，各诸侯国家为防御敌方的军事进攻，都不断修筑长城。

一、楚长城。前7世纪时我国历史上修筑最早的长城。大致分布在今湖北省西北隅，陕西省东南角，河南省南阳地区的边缘地带，形如向南开口的棱形，故在历史文献上被称为"方城"，全长约一千里左右。

近年考古调查在陕西旬阳、白河县发现长城遗迹呈东西向，长达200多里。

二、齐长城。

齐长城的开始兴筑于公元前六世纪，完成于齐宣王（前320—前284年），历时200多年，防御鲁国。

齐长城西起平阴，东至海滨，横亘于今山东省中部。大致经行泰安、济南南部、潍坊、临沂地区及青岛市等部的十三个县市，长清、泰安、历城、莱芜、章丘、沂源、临朐、沂水、安丘、莒县、五莲、诸城、胶南，全长1千余里。齐长城大部依山势起伏伸延，人工修筑地段较短，且多以石块垒砌，故各县山区今天仍可见到遗存长城，在卫星上可以见到。

三、魏长城。

魏国为防御西面秦国侵袭，于战国时期，先后修筑了东西两道长城。

1、西长城。自华阴县华山西北麓谷之间起北行出华阴而至渭河南岸沿渭河东北行，渡河沿洛河至大荔县北，西行至洛河河曲东岸东北行，至澄城东南东行，北折，再东北行，抵韩城县南境黄河西岸止。自华阴至韩城，长城略呈弧形，全长600多里。今天，在华阴县长涧河西岸，

J109877 20×20=400

及绥德县境黄河西岸，所谓魏长城遗迹。—陕西境内。

2. 东长城.《后汉书·郡国志》："卷县有长城，经阳武到密"，指魏东长城。卷—今河南原阳县西北，阳武—原阳县东南，密县故城—今密县东南30里。长约600里左右。—今河南境内。

三 秦国长城.

战国时期，秦也筑有两道长城—秦北—

1. 北长城. 秦修筑长城始于秦惠文王（前324—前311年），秦昭襄王36年（前271年）灭义渠戎后，沿陇西、北地、上郡即今甘肃省南部与东部、宁夏南部、陕西北部及内蒙古伊克昭盟东境，利用自然地势，筑起一道长达数千里的长城，以拒胡人。西起临洮（今岷县），经今临洮、渭源、陇西、通渭、静宁诸县境，又经宁夏西吉、隆德、固原、甘肃镇原、环县、陕西吴旗、志丹、安塞、靖边、横山、榆林、神木诸县，东北直抵内蒙古准格尔旗东北黄河岸边的十二连城。志丹县北，长城向东分出一支，过子长县北抵绥德，沿无定河北上至榆林东鱼河堡止。

秦之在临洮、渭源、环县与吴旗县之间和

山峰上，还可见到这段长城遗迹。

2、齐长城

战国时期齐国最早的一条长城，当建于齐简公七年（前408年）。西起今平阴县东南，东北行，过济河、沿济河右岸而北行，经长清、肥城、今[illegible]县、止于今[illegible]县西北[illegible]山东坡。今平阴城东、肥城县东南尚有遗迹。

3、赵长城

战国时期，赵国也筑有两道长城，即漳滏长城和西北长城。

1. 漳滏长城

漳、滏战国时河北两条水名，漳水即今河北南境的漳河，滏水即今漳河以北的滏阳河。当时漳水从今磁县折向东北流，今滏阳河是其一支流。

这条长城自太行山东麓的武安县境起，顺漳水北岸东行，伸延到今磁县、临漳、成安、肥乡等县境，止于肥乡南漳水左岸[illegible]。全长400余里。——为防御魏、齐的国界而修筑。

2. 西北长城

公元前306年，赵国占领今山西北部林胡、

第 11 页共 页

接收楼烦林胡部族，开辟了代、雁门、云中诸郡。并兴筑了一道东北代郡北境（今宣化东北），西达高阙（今内蒙古包头市西北，乌拉特前旗东北、大青山和西部分支乌拉山西部）的东西长城防线。位于今河北北部、内蒙古黄河以北地区，大致呈东西走向，长达1300余里。在乌拉山、大青山地区仍有遗迹存在。

三、燕长城

燕国偏处东北部，北邻胡，西南界赵、齐诸国。为防御北方游牧民族进攻，也曾兴筑两道长城。

1. 南长城

又称易水长城。南长城的西北部大部分段落沿易水北岸伸延，西起太行山东麓沿易水东南行，过徐水再东南行，止于子牙河西岸，长500余里。

在徐水县漕河东岸及广门之外尚有遗迹。

2. 北长城

位于河北北部、内蒙古东南部、辽宁西北部、及朝鲜半岛西北部。西起今张家口，经沽源、丰宁两县，过内蒙古多伦县南部，河北围场

J109877　20×20＝400

第 118 页共　页

县北部，内蒙古赤峰市南，敖汉旗北，奈曼、库伦旗南，经辽宁阜新县北境，内蒙科左后旗南、彰武、辽河，经抚顺，本溪和宽甸向北朝鲜东部，过鸭绿江，抵朝鲜清川江北岸博川一带，东西长达2400多里。

§2. 秦汉万里长城

秦始皇统一六国后，为加强北边防务，陆续修筑了一条长达万余里的长城，大致经今甘肃东部、中部，宁夏西部，内蒙中部及东南部，河北北部、辽宁北部、东部及朝鲜北部。汉代继续沿用，并有兴筑。

△ 一、秦代万里长城.

除新修北段外，大体沿用战国时秦、赵、燕三国旧长城。西起甘肃岷县，沿洮河北行，沿黄河东岸过永靖、兰州，靖远北市县，抵宁夏中宁县境，过黄河，沿贺兰山北上，在高阙附近与赵长城相接，在多伦附近与燕长城相接。

二、汉代万里长城.

△ 1. 继修秦代长城

J109877　20×20＝400

刘邦定三秦（秦亡，项羽三分关中，陕中部咸阳西和陕东部地区，陕西咸阳以东地区，陕西北部地区），北击东胡；而汉间得之，修缮陇西、北地、上郡先秦旧塞即长城。

汉武帝元朔二年（前127年），卫青北击匈奴之后，而使之白羊王于河外、楼烦，蒙恬所筑的西至长城西段，把汉守防线推进到阴山一线。

3）元狩至、天汉间所筑河西长城

汉武时所筑河西长城可分三段，①东段最早。元狩二年（前121年），设武威、酒泉后，始建河西长城。东起令居县境（今永登县境内河处），西达酒泉郡北部（今金塔县境）（中经民勤、永昌、山丹张掖北）。——史称"令居塞"。

②中段（第二段），酒泉至玉门间边塞。元鼎六年（前111年），汉武析武威、酒泉置张掖、敦煌二郡。元封元年（前110年），汉破楼兰、车师，即筑河西长城中段，东起今金塔县境，西至敦煌县西北小方盘城的汉代玉门关。今之疏勒河沿岸，乃有长城遗址和烽燧遗迹。

③西段（第三段），敦煌至盐泽之间的边塞。

盐泽即今罗布泊，接至今罗布泊西侧。这段长城当以接至为佳宜。从玉门关，沿疏勒河岸西行，经哈拉湖达罗布泊北侧而接至。

此外，宣帝时从接至北面至居延(今额济纳旗)建立了南北相望的一系列烽燧亭障。沿今弱水河以北，有着其塔格山而蒙伸延到今额济纳。

3. 太初间汉朝外长城(前104—前101年)

分布在今内蒙古西部，蒙古人民共和国南部，由东、西二段连接而成，东段称"光禄塞"，或"塞外列城"，西段称"居延塞"。

《汉书·武帝纪》，太初三年，"遣光禄勋徐自为筑五原塞外列城，西北至卢朐，游击将军韩说将兵屯之"。《匈奴传》记载与此略同。五原塞即卫青所缮秦代故长城，位五原郡北境。五原郡治在今包头市西。塞外列城系新筑长城，东起今内蒙古乌兰察布盟武川县西部，与五原郡境秦长城衔接(分支)。自此向西北伸出而达五列墙垣，乌拉特中、后旗北，进入今外蒙境，然后又转入阿拉善盟，与居延塞相接。此道长城在蒙古境内直伸向阿尔泰山地。

同年，汉武又遣将路博德筑居延泽一带长城，即"居延塞"。居延泽在张掖郡居延县境，即今内蒙古阿拉善盟额济纳旗境内东部。

居延塞，汉代又称"遮虏障"。南起今甘肃北金塔县，与河西长城相接，沿弱水西岸北向，至居延泽北转向东北，穿过今中蒙边界，与西来的塞外列城东段相接。从而使居延塞与光禄塞构成一个完整的防御体系，统称"外城"。

汉武时期修筑长城的重点地区在五原郡以西，（据考证）以东基本沿用秦代长城。汉初因匈奴不断侵扰，曾放弃上谷郡斗辟县造阳一带地方（即今河北独石口一带），故在秦长城南创建新长城，加强防御。这在内蒙古河北接壤地带、昭乌达盟，已在南部发现了汉长城遗址，证明汉代确实在秦长城以南另筑新长城，对秦长城做了局部变动。

§3. 北朝时期各国长城

北朝时期，各国相对分裂局面，一方面为防御北边柔然南侵，另一方面防御敌对势力进

第 122 页共 页

设，又掀起了兴筑长城的高潮。

一、北魏长城（拓拔魏）

北魏为防御柔然之南侵和契丹侵从后方割据政权的进攻，先后筑有北长城与南长城。

1.北长城。筑于魏明帝泰常八年（公元423年），起自赤城，至于五原、阴山。即自今河北赤城县，至今内蒙古乌拉特前旗境。走向是自今北京市怀柔北境西北行，经过独石口，向西过张北、尚义、兴和、集宁、呼市北，过乌拉特前旗以北，东西长达2000多里。

2.南长城。又名"畿上塞围"，筑于北魏太武帝太平真君七年（AD446年），东起上谷，西至于河。即自今延庆县居庸关向西南，经蔚县和涞源间的五回岭（古飞狐陉），入山西灵邱县，又经平型、北楼、雁门、宁武、偏关诸关而达山西河曲县。——环绕北魏都城平城以作常捍卫平城的安全屏障。

二、东魏长城。东魏孝静帝武定元年（543年），在肆州（今山西忻县）筑了一段长城，西南起今静乐县北，东北止于今原平县崞阳镇西北，长150余里。

J109877　20×20＝400

三.北齐长城 为防御北面的突厥、柔然、契丹及东部北周，先后修筑了这长城。

1.西河总秦戍抵海的长城

总秦戍在今内蒙古清水河县境，海即山海关附近的渤海。这一长城东起山海关，西过喜峰口（迁西县）、古北口、独石口（赤城）、兴和北、杀虎口（内蒙凉城县南）、达清水河县境，全长约三千多里。其中独石口至兴和一段系修葺北魏旧长城。始建于天保三年（552）、天保六年（555）又修夏口（今居庸南口）至恒州（北魏京城，大同）一段。

2.较晚建成的长城

分三段先后施工。西段自今山西河阴西北60里处至朔县西南，长400里，呈西南-东北走向。天保三年（552）兴修。中段，自今朔县与偏关之间至灵丘县平型关东北、中经宁武、代县之南，大致同北魏"畿上塞围"走向。长400余里，天保八年（557）兴修。东段，自灵丘县平型关东北居庸关，沿北魏"畿上塞围"旧基，经涞源、蔚县之间，抵居庸关与古外长城衔接。成于河清四年（565年）。

北齐文宣帝年号

北齐后主年号

第 124 页共　页

3. 齐之长城。北起山西五台县与河北阜平县之间的长城岭，沿着紫荆关地带南去，过滹沱河，抵娘子关而止。大致呈南北走向。长约200里。河清二年（563）修筑，以防北周。

四、北周长城。

周静帝大象元年（579），即在北齐[illegible]，北周修葺西起雁门，东至碣石（今秦皇岛）的北齐长城。使之更坚固。此即北周长城。

§4. 隋代长城

为防御西北方少数民族突厥、契丹侵扰，也曾修筑了长城。

一、朔方至灵武长城。开皇五年（585）修筑。西起灵武，东达朔方、绥州。即今宁夏灵武县西南经今陕西横山县西，达今陕西绥德。与后来明长城路线相近。

二、大业三年修筑长城。

西起榆林，东至紫河。即自今内蒙古伊克昭盟准格尔旗十二连城，东达今和林格尔县浑河。并与秦汉以来北方旧长城相接。

J109877　20×20＝400

§5 金代界壕

为防御蒙古诸部，先后筑两道界壕。

一 北界壕

又称明昌旧城（明昌年间兴筑），金源边堡或兀术长城。分布在内蒙古自治区东北部、蒙古东部，以及苏联外贝加尔（南部）一带。东起内蒙呼伦贝尔盟额尔古纳右旗、根河支流库力河畔，西偏南延伸至蒙古肯特山脉东麓。即东北线由额尔古纳右旗，西至蒙古肯特山东侧。长1600余里。

二 南界壕

又称有明昌新城、金壕堑、金内长城和支线，位于北界壕以南，伸延于今黑龙江、吉林、内蒙古和河北省区，东北起于嫩江西岸，西南达于黄河北岸的大青山。全长约[illegible]000余里。（分三段）

金南界壕主体不是墙垣，而是宽深的壕沟，以障碍骑兵的冲锋马队。开掘的土石即堆放在壕沟两侧，状如长垣，故亦称作长城。其修筑大体经历了大定、明昌、承安、泰和四个时期，前后历时近半个世纪。

J109877 20×20＝400

§6 明代万里长城

明代人称长城为边墙，以区别于被人咒骂的秦始皇修筑的万里长城。

明边墙东起鸭绿江畔，西至祁连山麓，总长达12700余里。鸭绿江到山海关一段用土筑简陋，段垣矮危，遗迹极少。而山海关至祁连山山麓嘉峪关的土筑城墙坚固，迄今多处保存，周围东西各有关城遥相对峙。长期误认为明长城东起山海关，西至嘉峪关，并无山海关以东部分的长城存在。

明代把边墙沿线划分为九个防守区，称九边重镇，设总镇戍，置兵守之。

一 辽东镇边墙

总兵驻节今辽阳市。所辖此镇者，为辽东边墙，东起凤凰城（今凤城县），西至山海关，长1950里。（图）

因辽河东西两岸边墙分期分段施工，使北镇以东、铁岭至辽中以西的辽河未能包括在边墙以内，形成了"辽河套"这种地形，给辽东镇的防守和东西交通带来很大困难。（图）

二、蓟州镇边墙

总兵驻蓟州，即今遵化东三屯营。所辖长城东起山海关，西抵居庸关灰岭口（昌平城），长约1200余里。位于北京北部附近，是保卫京师安危的重要屏障。故边墙多用条石、青砖砌成，非常坚固。居庸关一带城墙竟有三重之多，沿线关口众多，分为东、中、西三路防守。

三、宣府镇边墙

总兵驻今河北宣化县，所辖长城东起居庸关四海冶，西止今山西东北隅阳高县西洋河，全长1023里。该镇位北京西北，对保卫京城重要性不亚于蓟镇，边墙修筑十分坚固，有的地段修筑有二道城墙。镇下分东、西、北、中四路，设路把守。东路为四海冶，中路葛峪堡，西路张家口、和西阳河等处，均为重要隘口。尤以北路的独石口为咽喉要地。

四、大同镇边墙

总兵驻大同，即今大同市。所辖边墙均在山西北境。东起山西天镇县东北镇口台，西达偏关县东北的鸦角山（丫角山），长647里。沿

J109877 20×20＝400

第 128 页共 页

线分东、北、西、中四路设防，重要关隘有西路平远堡、威远堡，中路大同右卫、大元堡。

五、山西镇边墙

山西镇亦称太原镇、三关镇，总制府驻偏头关，即今山西省偏关县城。防守边墙西起山西保德县黄河岸，向北经河曲、偏关，内蒙古清水河县老牛湾（黄河东岸）转向东行，至鸦角山（老营北）转向东南，经神池、宁武关北折向东北，过代县、繁峙县北，抵灵丘县平型关。由北南转，经龙泉关（河北阜平县西），固关达（马岭关）黄榆岭（山西和顺县东），全长1600余里。

六、延绥镇边墙

又称榆林镇，总兵府驻榆林城。所辖边墙东起清水营（陕西府谷县北）黄河岸，经神木、榆林、横山、靖边、定边诸县，西达花马池（宁夏盐池县东境）界，长达1200余里。沿线划为东、中、西三路防守，共辖36座城堡。其中以东路神木、孤山、清水诸营堡，中路榆林、鱼河、常乐诸堡，西路安边、定边诸堡最为重要。

七、宁夏镇边墙

总兵府驻今银川市。边墙东起大盐池，西达兰靖。大盐池位于今宁夏盐池县东，由此向西北经今灵武北，沿河而下至陶乐县，转而西去，经平罗县北而西抵贺兰山，又由贺兰山折而向南，经中卫县西而止于该县西南的黄河南岸（景泰县东），全长2000里。自今灵武到陶乐的一段，凭借黄河天险，没有构筑墙垣；而在平罗北，筑分东西并列的两道边墙，封锁了黄河至贺兰山之间的地带。在贺兰山通向银川平原的各个山口，也筑有南北向的二至四道城墙。

八固原镇边墙

总制府（三边总督）驻固原州，即今宁夏固原县城。所辖边墙位于宁夏镇之南，东起今陕西省定边县西南、甘肃环县北，经宁夏盐池县南，同心县北，甘肃靖远县北，然后沿黄河东岸南伸，至兰州市西，湟水入黄河处止，全长约1000里。沿线分东、中、西三路，东路为[illegible]城，中路下马房关，西路兰州，均由总兵主之。

九甘肃镇边墙

总兵府驻今张掖。所辖边墙东起景泰县黄

第 150 页共 页

河西岸。另有一支自兰州市北黄河岸，二支至古浪县黄羊镇附近合为一支，转向西北，经民勤、永昌、山丹、张掖、高台、酒泉诸县境，经过嘉峪关之南转，抵祁连山北麓止。全长1600余里。沿线重要关隘有甘州卫（张掖）、肃州卫（酒泉）、永昌卫（永昌）、凉州卫（武威）、镇番卫（民勤）和嘉峪关等处，尤以嘉峪关最为重要。

明代边墙横亘于今辽宁、河北、天津、北京、山西、内蒙、陕西、宁夏、甘肃等九省市区境，规模十分宏伟。其中自北京市昌平县居庸关附近向西至山西偏关县老营堡，长城分为南北二道，北称"外边"，南称"内边"。

外边，自居庸关至延庆城、赤城、张家口、万全、怀安、天镇、阳高、大同、左云、右玉、平鲁，经内蒙古山西交界处至老牛湾，沿黄河南下至保德。

内边，从居庸关至河北易县、涞源、阜平诸县，转西至灵丘、浑源、应县、山阴地界，至老营堡与外边相接。

内、外边大体沿着北魏、北齐长城。此外，

还有一道"三边"，位于晋冀交界处，北起河北阜平龙泉关，南至山西和顺以东的黄榆岭。

——三道边横亘于河北、北京、山西、内蒙境内，为拱卫北京的西北屏障，有著名的内外三关。内三关：指居庸关、紫荆关、倒马关；外三关指山西境内雁门、宁武、偏头三关。

"柳条边"是清王朝在东北地区修建的，用以限制内地人民进入东北垦荒、采参的封禁线，以保卫其龙兴之地的权利。不能视作长城工程。

今天，闻名于世界的长城已完成了其历史时期的防御功能，成为历史陈迹。但它作为我国历代劳动人民的伟大智慧的杰作，是一座巨大的文化艺术宝库。从月球上观察地球，人类活动遗迹，只有金字塔和万里长城尚清晰可辨。八达岭长城已成为中外旅游胜地，使人看到长城十分雄伟，被称为第二八达岭。怀柔县慕田峪长城修筑于明代之建成，全长1500米，比八达岭长300米。长城体现中华民族伟大气魄的象征

第 132 页共 页

智慧和劳动的结晶。应该加强保护和研究，使之发挥积极的作用。1986年被联合国教科文组织列为世界重要古代文遗产保护单位。

J109877 20×20＝400

准予毕业　授予理学学士学位

第 133 页共　页

## 第七章 中国疆域的形成和领土的丧失

疆域与国界是国家出现之后这一历史发展阶段的产物，且是随时代的前进而逐渐形成和发展的。清代中期以前我国的疆域远较今天为阔，鸦片战争之后，遭到帝国主义列强的蚕食，才逐渐形成今天的局面。

### 第一节 中国东北疆域

黑龙江流域自古以来就是中国领土不可分割的一部分。早自唐代起，这一地区就纳入了中国历代政府的有效控制之下。

#### 一、东北疆域的形成

1 唐代之前在政治经济文化上与中原地区就有着密切联系。

① 在今昂昂溪奔塔州(苏联东北、中国黑龙江西面)和滨海边疆区(符拉迪沃斯托克、海参崴)出土了具有黄河流域仰韶文化特点的三足器与彩陶。

② B.C.11世纪，肃慎人(生活黑龙江流域)臣服于西周王朝，常朝向周王朝贡楛矢石砮。

(楛) 可做弓箭的石头

桦叶槭木：荆类植物，茎可制箭杆。

J109877　20×20＝400

第 134 页共　页

③东北战国时，燕国在今东北地区南部置辽东、辽西和右北平（大部分）三郡。

④西汉——貊（mò）族政权"夫余"，由汉玄菟（tú）郡管理——汉属国。而黑龙江流域的肃慎（挹娄）则是夫余的属部。——整个东北地区在西汉政权的松散控制之下。但较春战以前的联系至今更明朗了。

2.唐代东北正式行政建置的设立及疆域形成过程

①黑水靺鞨——分布在松花江至黑龙江中下游地区——唐政权设置黑水州、勃利州，后建立黑水州都督府。作为当地最高管理机构，委任各部落首领担任都督、刺史等职。

粟末靺鞨——居住牡丹江、辉发河、松花江一带——唐置忽汗州都督府，以其首领大祚荣为都督，并册封为渤海郡王。从此改称渤海都督府。

室韦诸部——分布洮儿河（吉林西北部）以北，外兴安岭以南，石勒喀河以东广大地区——唐置室韦都督府，隶属卢龙节度使（治所营州——今辽宁朝阳）。

契丹——分布在西拉木伦河流域——唐置

J109877　20×20=400

松漠都督府。

室韦——分布洮河及其嫩河上游地区——称室韦东都督府。

②辽代以后相继出现的契丹、女真族建立了辽和金朝，均继承了唐代东北版图，有效地统治了黑龙江流域，乌苏里江~~流域~~以东地区以及沿海诸岛屿。

③元代，在东北地区设"辽阳行省"，辖东至库页岛，北达外兴安岭（斯塔诺夫山脉），南及朝鲜北部，西至洮河、鄂伦音镇、林亭、松江、梨树、开原以西一线，地域辽阔。行省以下设开元、水达达等七路。黑龙江中下游及乌苏里江以东属水达达路；外兴安岭以南、水达达路以北、以西属开元路。元世祖至元二十一年（1284年）又在黑龙江口奴儿干城置征东宣慰使都元帅府，加强了对水达达、开元路的统治和开发。为了使黑龙江下游与辽阳行省的中央的联系，开辟了通往北方的驿道。其中的一条起点在今辽宁开原附近（——这里开原县西，为东行之站），经过今吉林境内阿勒贵河口北岸——为终末站

第 136 页共　页

④明代，在恨古河口（今阿姆贡河口）对岸的特林，设奴儿干都指挥使司，辖鄂嫩河（斡难）以东，库页岛及其以西，外兴安岭以南，鸭绿江以之之河以北广大地区。都司以下辖有384卫，24所，7站，7地面，1寨。卫所官职由当地部落首领充任。

明政府曾派太监亦失哈先后十次出巡黑龙江下游一带。亦失哈在特林建有永宁寺，树立了永宁寺碑，和重建永宁寺碑，记述寺的修建经过。两块石碑是中国明朝政府在黑龙江下游行使主权的历史见证。帝俄侵略者于1904年将其运入海参崴博物馆。

⑤清代，满族入主中原，统一了东北地区，继承并接管了明朝在东北的全部领土。据《清太宗实录》：崇德七年（1642年）时，"自东北海滨，迄西北海滨，其间使鹿、使犬之邦，及产生狐、貂之地，不事耕种，渔猎为生之俗，厄鲁特部落，以至斡难河源，远迩诸国，在在臣服"。东北海滨——鄂霍（wò）次克海岸；西北海滨——贝加尔湖滨；斡难河——鄂嫩河。

第 13) 页共 页

清初，在东北地区上设将军统辖，下设旗及佐领，形成了完整、系统的行政机构，将各民族人民编入行政组织中。

顺治十年(1653)，始于宁古塔（今黑龙江宁安县）设昂邦章京及副都统二人，以镇守东北北部各地。

康熙元年(1662)，改昂邦章京为镇守宁古塔等处将军。辖境东至海(日本海)，东南至朝鲜山海岸，东北至黑龙江下游至库页岛沿岸，西至威远堡(今开原县)。

康熙十五年(1676)，移改宁古塔将军为吉林将军。

〃二十二年(1683)，令萨布素永戍瑷珲，另析置瑷珲将军(又称黑龙江将军)，辖境东至海(即鄂霍次克海)，西至尼布楚俄交界处，北至外兴安岭，南至今哈尔滨。——整个黑龙江流域由两将军管辖——一将军变为二将军，统治加强了。

将军与内地总督有相似作用和任务的，但因地处边疆，并有指挥之责，故官阶地位更显著些。后来演变为东三省总督。

事实证明，当时黑龙江以北、乌苏里江以东广大地区拥有无可争议的主权。这一事实是十七世纪初侵入黑龙江流域的沙俄侵略者哈巴罗夫

J109877　20×20＝400

不得不承认。他曾说过[illegible]他们的[illegible]五十个[illegible]移民[illegible]（[illegible]第一卷，722页俄文版）。

十七世纪中叶（1644），满族成为中国统治民族，军政机构内移，东北防务相对空虚，沙俄侵略者乘虚而入，强占尼布楚（今涅尔琴斯克）、雅克萨（今阿尔巴津）等中国城镇，烧杀抢掠，无恶不作。为保障边境安全，清政府多次出兵讨伐入侵的沙俄哥萨克。雅克萨之战，沙俄入侵者遭到惨重失败，同意清政府提出的谈判解决边界问题的主张。康熙二十八年（1689年），两国全权代表在尼布楚举行谈判，几经交锋，于9月7日正式签订《尼布楚条约》，划定中俄东段边界从外兴安岭至海、格尔必齐河和额尔古纳河为界。这从法律上确认了黑龙江以北、乌苏里江以东广大地区属中国领土的事实。

其后，清政府对沙俄也作了很大让步，把中国的尼布楚让予俄国，两国遂将乌第河以南的中间领土为暂不划定区域。这为后来沙俄鲸吞我国东北打下了埋伏。

二 东北领土的丧失

《尼布楚条约》签订后，中俄边境东段稳定了仅160多年，至1853年（咸丰三年），沙俄武力侵占了中国的库页岛。

19世纪后半叶，受到资本主义瓜分中国的狂潮，帝俄也利用了我国衰弱的有利形势，疯狂侵吞我国领土。

当时，①19世纪50年代，沙俄国内资本主义生产有了较大发展，但农奴制的存在，市场极为狭小，迫切需要向国外开拓市场。

②沙俄曾企图向西发展，夺取和独霸黑海出海口，但在克里木战争（1853—1856）中遭到了可耻失败。英法土等签订的巴黎和约剥夺了沙俄在黑海保有战舰和要塞的权利，并宣布达达尼尔海峡和黑海中立，对各国商船开放。沙俄独霸黑海出海口的企图破灭了。因此，沙俄为着战争，以百倍的疯狂向东方发展，急于向太平洋夺取出海口。亚洲东部最理想的出海口莫过于天然良港海参崴（符拉迪沃斯托克）与庙街（尼古拉耶夫斯克）。故霸占中国黑龙江以北和乌苏里江以东地区便成为沙俄蓄谋已久的目标。

1850年中国爆发了金田起义，势如破竹，占据江南半壁国土；1858年（咸丰八年），英法联军发动侵略中国的战争。英法联军北上，攻至天津。沙俄趁机出兵黑龙江，炮轰瑷珲城，逼使清政府于1858年签订了《瑷珲条约》，侵占割取中国黑龙江以北的六十多万平方公里的土地；中国乌苏里江以东领土划为中俄两国共管区。

这并没有满足沙俄鲸吞中国领土的欲望，因为它想夺取海参崴作为它的出海口。为此，在英法联军发动对华战争中，沙俄驻中国公使伊格纳切夫为英法帝国主义出谋划策，提供情报，损害中国利益。1860年英法联军攻占北京，咸丰皇帝逃往热河，急于和议成功，以求英法撤军。这时伊格纳切夫扮演一个"调停人"。《北京条约》签订后，伊格纳切夫借口"调停有功"，向清政府提出了割地"酬谢"的无理要求，并声言清政府若不答应他的要求，就把英法联军招回来，再兴兵端。软弱无能的清政府屈服于沙俄殖民主义者的武力威胁讹诈，终于屈服，于1860年11月，与沙俄签订了《中俄北京条约》，

第 141 页共 页

将乌苏里江以东约40万平方公里领土强迫割给了沙俄。

事件发生后，马、恩都曾严厉揭露了沙俄的侵略罪行。马克思说：“实际上从历次对中英战争中获得实利的唯一强国是俄国”。恩格斯说：“当英国终于进抵北京，法国争得了某种利益而达到英国之所求的时候，俄国却乘机向中国夺得面积等于法德两国的领土和长度等于多瑙河的河流……。——沙俄共割占中国东北领土100万平方公里。

但根据《中俄瑷珲条约》和《中俄北京条约》，黑龙江左岸精奇里河下游的江东64屯仍为中国所有，归中国政府管辖。其面积约6600余平方公里，居民3万多人。

1900年义和团运动爆发后，沙俄乘机占领我江东64屯，烧杀中国居民，把他们赶入黑龙江淹死，仅有百多人泅水(拯)逃回江右(西岸)。对沙俄屠杀中国人民的罪恶行径列宁曾予以痛斥，他说：“他们就象对待野蛮一样扑向文弱的，烧毁整个村庄，把老百姓淹死在黑龙江，枪杀和刺死手无寸铁的居民及其妻儿。”

J109877　　20×20=400

第 162 页共 页

§2.中国西北疆域

18世纪中叶以前，中国的西北边界一直在巴尔喀什湖北岸。这是我国各族人民长期建设祖国边疆的结果，为世界所公认。

一、西北疆域的形成．

㈠汉代以前．今新疆境内天山南北地区与中原已有经济文化联系，内地丝绸及手工业品很早就传到了这一地区。

㈡汉代 西汉建立后，西汉政府为打通内地与西域的联系，[redacted]，解除匈奴阻隔内地与西域联系；削弱我国北方地区的匈奴奴隶主贵族统治政权。西汉派遣张骞出使西域．访问了西域的大宛（今费尔干纳盆地）、康居（咸海至巴尔喀什湖间），大月氏（今阿富汗）、乌孙（巴尔喀什湖一带）诸国。从此，包括乌孙、大宛在内的西域36国与汉王朝之间交往日益密切，使者相望于道。汉武帝时期，经过几次战争，消灭了匈奴在西域的统治势力。宣帝神爵二年（BC60），为加强对西域的治理，防止匈奴奴隶主贵族势力东山再起，正式设立西域都护（治乌垒城，今新疆境内的轮台东），

J109877 20×20=400

代表中央政府行使主权。

西域都护的设立，是今新疆和中亚部分地区正式纳入中国版图的主要标志。郑吉为第一任都护。西域都护相当于地方最高行政长官——郡守，由中央政府直接任免，执行中央政府命令，监督和管理西域诸国。当地王侯首领，管理自己统治区域，要由汉政府颁发印信，为都护属下的地方官员。据《汉书·西域传》，其管辖范围包括巴尔喀什湖以东，及以南的乌孙、大宛、葱岭在内。同时汉政府还在乌孙赤谷城（伊塞克湖东南岸）驻兵屯田。

——这是二千年前，西域已成为中国统一多民族国家的一部分。

③西汉后，中国西北边界一直稳定在巴尔喀什湖北岸。尽管历史上出现过分裂和割据政权，但统一是历史的趋势，是历史发展主流。当统一王朝一建立，巴尔喀什湖以南以东广大地区便纳于中央政府管辖，成为中国版图不可缺少的组成部分。

④东汉 东汉政府仍派班超为西域都护。

驻于龟兹（今库车县），自公元73至102年，长达30年之久。

公元97年班超派遣属吏甘英出使大秦（罗马帝国）。甘英未完成使命，但作为中国外交使节，却第一次到达了波斯湾。

④隋唐时期，西突厥汗国臣服隋唐王朝。隋末始设西域校尉，代表中央政府统一处理西域地方事务。7世纪唐朝灭亡了东突厥和西突厥汗国，置安西、北庭二都护府管辖其地。

安西（治龟兹，今库车县）和北庭（治庭州，今吉木萨尔县）都护府，是唐王朝设在西域的最高军政机关。也如唐代锡尔河流域和帕米尔在内的西域广大地区均在其有效控制之下。

⑴安西都护府辖天山以南，葱岭以西广大地区，共设20个都督府，葱岭东4个，帕米尔以西16个。

⑵北庭都护府辖天山北路及其以西广大地区，设有濛池、昆陵两个都护府。其中昆陵都护府辖有23个都督府，分布于东起巴里坤，西至楚河流域，北到阿尔泰山，南达天山的广大地区。

唐代在西域驻有重兵，玄宗时达44000人，有战马7700匹。著名的安西四镇，即龟兹、于阗（和田）、疏勒和碎叶，均是重要军事之地。碎叶城位于楚河流域的托克马克，鉴有规模宏大的碎叶城（《新唐书》卷110《王方翼传》）郭子敬定，李白即生于碎叶城。

⑤元代 在忽必烈即位前蒙古国，已拥有对今新疆和中亚地区的统治权。忽必烈即位建立元朝，随即承袭了对这一地区的统治。后虽发生过窝阔台和察合台后裔叛乱，但元朝中央政府还是实行着对这一地区的有效控制。至元十二年（1275年），忽必烈罢阿力麻里总督（治阿力麻里，并设立别失八里行省，今霍城东北），辖至伊犁河流域。至元二十年（1283），分别在别失八里（今吉木萨尔）和哈喇火州（今吐鲁番）设立宣慰司，隶属别失八里行省。别失八里宣慰司统辖北疆军政事务，哈喇火州宣慰司统辖南疆军政事务。

⑥明代 在新疆哈密设有哈密卫，控制新疆通往内地门户。占据北疆和西部的蒙古部落瓦剌的几个首领被明廷封为顺义王、安乐王、顺宁王等，并任命其属下人员为各级官员。控制也

东喀什噶尔一带和新疆部分地区的察合台后王也经常向明朝进贡方物，表示归顺。

④清代 清初，居住在巴尔喀什湖一带和北疆地区的是我国厄鲁特蒙古人（即明代瓦剌）。当时分为四部（和硕特、杜尔伯特、土尔扈特和准噶尔）。十七世纪末，游牧在伊犁河流域的准噶尔部首领噶尔丹统一了厄鲁特各部，发动叛乱，占领南疆，南向青海、西藏进攻。历康、雍，延至乾隆初，准噶尔的叛服不常。直到乾隆二十年（1755年），才消灭了准噶尔等分裂割据势力，统一了新疆天山南北地区。此后，巴尔喀什湖以东、以南和新疆地区就全部统一于清政府的管辖之下。

为加强中央政府对新疆地区的管辖，乾隆二十七年（1762年），设伊犁将军，为清政府派驻新疆的最高军政长官。伊犁将军下，分设乌鲁木齐都统，伊犁、塔城、喀什噶尔参赞大臣，统一管辖分驻各城的办事、协办、领队大臣。北疆驻防兵与内地驻防同，统归伊犁将军节制。

在清代历史文献中，关于中国西北边界的记

载十分清楚：《西域图志》中的伊犁全图就标明我国西部边界在巴尔喀什湖北岸。伊犁之部所辖境，北至巴尔喀什湖，西至楚河流域。喀什噶尔西界，在伊西洱库尔淖尔，即叶什库里。叶什库里从东部帕米尔属中国版图。

《清一统志》对中国西北边界有同样记载（见此表册），巴尔喀什湖北岸（在19世纪中叶前）始终是中国西北边界的一部分。连1864年《中俄勘分西北界约记》的俄方全权代表巴布科夫也不得不承认（《1859-1875年我在西伯利亚服务的回忆》）。1958年，苏联政府审定的《苏联历史地图集》也明白地将标记中国西北边界画在巴尔喀什湖。

二、西北领土的丧失

本来中国西北地区和沙俄并不接壤。19世纪50年代，沙俄武装镇压了哈萨克大部的多次反抗，吞并了里海到巴尔喀什湖之间的广大哈萨克土地，并开始越过巴尔喀什湖侵入我国西北边境地区。

1860年11月的《中俄北京条约》，沙俄不仅强割了中国东北40万平方公里的领土，还把中俄西北边界线划在我国境内，将中国西部边界从巴尔喀什湖一带大大向东推移，为沙俄进一步鲸吞中国西北喀什湖以东、以南中国领土打开了方便之门。

1864年，沙俄在事先出兵侵占中国大片领土的情况下，援引《北京条约》，胁迫清政府签订了《中俄勘分西北界约记》，硬将中国常驻卡伦作为界标，并侵占中国卡伦之外，还把《北京条约》规定的斋桑湖和伊塞克湖划为沙俄内湖。这样沙俄又割去中国西北喀什湖以南、以东领土达44万多平方公里。

1865年，浩罕(都塔什干)匪帮阿古柏侵入我新疆，占领南疆与北疆部分地区，建立了"哲德沙尔汗国"(七城汗国)。阿古柏是英俄侵略我国新疆工具。沙俄借口"保护边境"，1871年公然出兵占领我伊犁地区。事后交涉，沙俄拒不交回，且[illegible]。

1875年5月，清政府任命左宗棠为钦差大臣，督办新疆军务，征讨英俄走狗阿古柏匪帮，收复失地。1876年进兵新疆，将七年前占乌鲁木齐(今迪化)。在清军的全力打击下，阿古柏政权

第 149 页共 页

伯克胡里、率回贼白彦虎北逃入俄境。

1878年初，清政府向沙俄提出收复伊犁要求。但沙俄借口边境事件没有解决拒绝撤兵。下半年清政府派崇厚去俄交涉，次年10月卖国贼崇厚在沙俄胁迫下，擅自签订丧权辱国的《里瓦几亚条约》。清政府迫于举国舆论压力，拒绝批准这一条约，另派曾纪泽赴俄重开谈判。沙俄以武力相威胁，迫使清政府让步，于1881年签订《中俄伊犁条约》，伊犁收回，而霍尔果斯河以西和斋桑泊以东都被沙俄强行割去。此后，根据条约原则，沙俄又迫使清政府签订了《中俄伊犁界约》、《中俄喀什噶尔界约》等一系列勘界议定书。由于与勘界的中方官员昏庸之极，受俄人操纵，使沙俄通过这些不平等条约和议定书，又割去中国领土7万多平方公里。

1876年，沙俄兼并浩罕国，并企图吞并帕米尔地区。

1892年沙俄借口防止英国扩张，出兵帕米尔地区，侵占乌孜别里山口以南，包括郎库里湖周围地区萨雷阔勒岭以西2万多平方公里的中国领土。但中国政府迄未予以承认。

J109877 20×20=400

综上所述，在短短的十几年中，沙皇俄国从中国掠夺了153万平方公里领土。这相当于三个法国或12个捷克斯洛伐克。

总之，中苏双方只有尊重历史事实，经过谈判，才能合理地解决历史遗留下来的两国边界争论。

关于唐努乌梁海地位.

清代乌梁海三部之一，因境内有唐努山，故名。分为5旗46佐领。由驻扎乌里雅苏台的定边左副将军管辖，每旗设总管一员。1864年中俄签订《中俄勘分西北界约记》，被沙俄强行割去西北部十佐领，相当今苏联哈卡斯自治州和克麦罗沃州的南部。1911年其中部27佐领为沙俄强占，东部九佐领为当时宣布"独立"的库伦封建主所占领。十月革命后中东部36佐领一度由中国政府收复，并派专员驻扎，但不久被迫撤退。东部九佐领之地今属蒙古库苏古勒省。中部俄占27佐领之地于1921年宣布成立"乌梁海共和国"，1926年改称"唐努图瓦人民共和

第 151 页共 页

国"，1944年被并入苏联版图，称"图瓦自治共和国"。1948年又宣布改为"图瓦自治州"。从唐努乌梁海变迁过程来看，苏联人在其中扮演了什么角色，就不言而喻了。

对苏联政府侵吞我国领土，吞并中国领土和主权的行径，中国政府是不予以承认。

J109877　　20×20＝400

§3. 中印边界的争端

中印边界在历史上从未正式划定过。但存在一条传统习惯控制线，其是沿两国历代行政管辖所形成。这一传统习惯控制线长约2000公里，分为三段：

西段：中国新疆与印度拉达克地区接壤部分，主要以喀喇昆仑山脉为限。由此喀喇昆仑山口，南抵中国同印度的拉达克与喜马偕尔中央直辖区交界点（地图上这什东南以北的界线处）。

中段：由此向东，至中国、尼泊尔、印度三国交界处的普兰以西，以喜马拉雅山脊为限。

东段：不丹以东，缅甸以西的一段，为喜马拉雅山南麓同印度接壤。

中印边界争端发源于英帝国主义统治印度时期推行的侵略中国西藏与新疆的扩张政策。

一、英帝对我西藏的侵略

鸦片战争前，英帝就已从西藏打开中国大门，侵略中国。为达此目的，其首先争取了控制、占领活动在喜马拉雅山南的各属国，以撤除西藏的外围屏障的策略。经过几十年武力进攻和分化离间，到19世纪60年代，英属印度政府即控

第 153 页共 页

割了尼泊尔(1860，廓尔喀)、锡金(1861，哲孟雄)、不丹(1865，布鲁克巴)，英印政府穿通临中国西藏的大门。

光绪14年(1888)二月七日，英国发动了对隆吐山的进攻。西藏人民对入侵者进行了英勇抵抗。16年(1890)，清政府与英印政府在加尔各答签订了《中英会议藏印条约》，规定锡金为英保护国，中国再割让则利拉岭以外至自纳的土地。

光绪29年(1903)，英军发动了第二次侵藏战争，攻陷帕里、江孜等地，越过雅鲁藏布江，于光绪30年6月22日(1904.8.3)侵入拉萨。9月6日英国与中国西藏地方政府在布达拉宫签订了《中英拉萨条约》。1906年4月26日，中英双方在北京签订《北京条约》，确认了《拉萨条约》的有关条款，挽回了中国对西藏的主权。

1912年，英政府企图阻止中国在西藏行使主权，同时派出三千人侵入拉萨。在此背景下，中英在印度西姆拉(时值[illegible])，举行西藏问题会议。英方公然

第 154 页共 页

提出要重新把中国主权改为一个所谓宗主权。当时中国政府拒绝接受签署该约。另据悉，西姆拉会议的主要内容（以中印边界问题无关）

西姆拉会议期间，英帝暗中同中国西藏地方政府的代表（背着中国中央政府）秘密交涉，于1914年3月24日在德里用秘密换文之方式，非法划出不丹以东的一段边界，即所谓"麦克马洪线"，吞并中国领土达9万多平方公里。对这条非法的"麦克马洪线"历届中国政府从未予以承认。

英政府作贼心虚，在德里秘密换文后的二十余年中，一直不敢正式公布有关文件，也未敢改变官方地图上关于这一段边界的历史划法。直到1936年英属印度政府在出版的地图上，才第一次标出了麦克马洪线，但仍附注未定边界。

第二次世界大战末，英印当局才开始越过喜马拉雅山南麓中印传统习惯线向北推进。可是在印度独立（1947）前夕，英印当局并未到达非法的麦克马洪线。

二、印政府的领土要求完全无根据的。

印政府不仅继续侵占当年英国殖民者侵

占领中印边界东段的中国土地和中段的最重要的地区，是进一步蚕食中国领土。

1.东段：

1949年中华人民共和国成立后，印军队继续侵占中国领土范围，向所谓麦克马洪线推进。

1954年，印军完全占领中印传统边界线以北，麦克马洪线以南的中国领土，约9万平方公里。不仅如此，印军也侵占了麦克马洪线以北的若干土地。同年，印度政府出版官方地图，修改中印传统边界，将非法的麦克马洪线标定为国界线，将中国9万Km²的土地划入印度版图。

2.中段：1950年后印军自西向东先后侵占了巨哇、曲惹、什布奇山口、波林三多、香扎、拉不底等地，至1954年侵占这些地。共侵占中国领土2000多Km²。

3.西段：印政府在1954年地图上，竟然将33000平方公里的中国新疆和西藏的部分土地划入印度。1958年9月，印方小股印军越过西段中印传统边界，侵入我新疆和田县大红柳滩一带进行军事侦察，侵犯我主权。

第 156 页共　　页

1959年3月10日，在西藏上层反动集团发动了破坏祖国统一的武装叛乱。印度暗中唆使支持叛乱分子，并向中国提出大片领土要求，包括东段9万km²，中段2000km²，西段33000km²。

中国政府根据理性原则批驳了印度政府侵犯中国之领土要求，并且重申了中国政府对解决中印边界问题的立场：根据和平共处五项原则，通过友好协商。鉴于解决中印边界问题时，但印度政府已把有关问题交中印边界谈判，终于挑发了中印边界战争。中国政府给予了入侵者以应有惩罚。

1962年印度扩张主义者对中国发动侵略战争以来，尽管中国政府为和平解决中印边界争执做了巨大努力，但26年过去了，两国边界仍旧没有解决。今天印度还占领着所谓"麦克马洪线"以南9万平方公里和中段2000km²的中国领土。我们相信，中印边界问题，总是要合理地得到解决的。

（1553年葡萄牙侵门，1841年英占香港）

J109877　　20×20=400

# 第六章 中国历史人口的变动

今天的中国已是十亿人口的大国。如此众多的人口是怎样发展来的？其人口的增长、人口的分布以及人口的迁移如何，对这一系列的问题进行系统地探讨和了解，是有必要。

## §1. 中国历史人口发展过程.

从总的发展趋势看，中国总人口是不断增长的。但这种增长不是直线式而是螺旋式，甚至呈现出波状增长的趋势。

秦代以前各人口数字，因资料缺乏，已不好确定。其中从夏到战国时期的人口数字，晋人皇甫谧《帝王世纪》谓分别为1300万与1000余万。对此不少人口学者提出了质疑，但也拿不出一个切合实际的数据。范文澜《中国通史》根据战国七雄军队的多少，按每5人抽一丁计算，楚国有人口500万，魏国有3.400万。齐、赵两国各有5.600万，秦国有3.400万。燕、韩两国各有三百万，总数约2000万。其实这也是不准确的估

第158页共 页

计。那么我国早期的户口统计自何时开始，如何发展呢：

一、中国户籍制度的渊源史 回 这是一个涉及世界各时期人口数据的根本条件。

据现有史料，我国最早进行户口统计是在奴隶社会的西周时期。当时不叫户口统计而称作料民（《国语·周语》）。这种料民制度是根据不同身份（人口的）、地不同方位进行统计的。据推测，在商代时可能就有过了户口调查。春秋战国以后，各诸侯国家逐步形成了籍，以县为单位进行的上计制度，包括将各年度人口增减数字和财政收支情况上报（各县）国君。秦国亦不例外，而且在商鞅变法时建立了连坐式的户籍制度。秦统一六国，便将这一套完整的上计制度推行于全国各地，进行了我国历史上第一次全国性的郡县人口调查。因此，刘邦称帝即掌握了（当时）全国户口多少”。

西汉的人口调查也是以上计形式进行的。时称比定，全国各县（道、侯国）在每年八月调查人口，九月上报郡（国），年底郡（国）上报京都。因此，汉代中央政府当拥有每年全国各郡县的人口统计资料，但流传下来的，仅西汉平帝元始二年（公元2年）户口数（《汉书·地理志》）这是现存的我国最早的（中原王朝）郡县户口统计数：共1223万户，5959万口。

J109877 20×20=400

这一数字有三个特点：1.中原王朝境内400多年来全部土地上郡县户口；2.准确性较高；3.世界上保存最早、最完整的人口调查记录。

东汉，上计制度仍然存在，但因分裂、动乱、人口流徙很频繁，户籍登记已不完备，但在局部地区还相当准确完整。北魏统一北方，户籍制度得到改革和有效执行，现存西魏的计帐文书表明，当时户口登记方式已较完备。并为北方政权和隋唐代所继承和沿袭。

隋始设民部，唐改户部，开始了全国户籍由户部专门掌管的历史。自唐代以后，上计的名称虽已消失，但其实质依然，由各级行政机构逐级定期上报汇总的户口统计制度一直保存到近代清代末期。

唐代设有专管州县乡里的行政组织单位，除每年由里正经过一系列逐级向户部上报户口统计外，还规定每三年编造一次户籍，一式三份：州、县、户部各一份。统计上报时间从一月中旬始，至三月三十日止。

宋辽金均大致沿袭唐代制度。但宋代户籍

第 160 页共 页

的登记只注重户与丁，这是当时赋役制度决定的。元代，根据封建国家的各种需要将全国户口划分为若干部分，采用诸色户籍。其中州县户口仅是全部户口的一部分。

明代初期先实行户帖制，逐户调查丁口、姓名、年龄、籍贯等。洪武14年（1381年）始推行以户帖制为基础的黄册制度，规定每十年进行一次全国性的户口调查，编造黄册。为保证这一制度的贯彻推行和赋役征发，规定了州县里甲作为[illegible]系统。明代共编黄册27次，每次约63册，至明末积至1703万册以上。这一保存于南京后湖库中。但中期以后，这一制度已渐流于形式、徒具形式。但早期调查报告的格式、制度的严密、时间的统一，为研究户口统计之相当有用。

清初承袭明制，康熙七年（1668年）停编黄册，改为五年编制丁口增减册，实行三年（后为五年）一编审制度。康熙五十一年（1712年）始行"盛世滋生人丁，永不加赋"制度，从此解除了户丁与赋役制度的联系，使户丁统计成为纯粹的调查记录。乾隆五年（1740年）始以保甲制全面调查户口，二

J109877　20×20＝400

十一年（1756年）进一步改进调查制度，打破了调查对象（种族、宗教信仰），使户口统计可信度大为增加。

清宣统间（1909—1911年），民政部进行了中国封建王朝时代最后一次全国性人口普查，但未能完成，清政府垮台。因这次普查将户与口分开，使各省任意报户与口数据不统一、不完全，所以这次调查全国户口数并不完整。

二、人口总量的历史变动

这里指出的是自西汉至清末的全部户口统计资料仅仅是州县户口统计的结果，并不包括各个时期的军人户口、皇家户口等。而且各时期军人户口所占比重又有很大的差异。这种现象是中国历史上始于秦汉时期对不同户口按系统分类进行统计造成的。同时，各时期户口统计中也不包括少数民族地区户口。

因目前对我国历史人口总量的变化缺乏系统全面研究，也还不可能对每一阶段的人口数作出新的推断和修改。故仅根据历史文献的记录，加以归纳（详见梁方仲《中国历代户口、田地、田赋统计》一书）。

西汉 平帝元始二年（A.D.2） 1200+万户 5900+万人

东汉 光武帝中元二年（57） 428+万户 2100+万人 —3800万人

| | | | |
|---|---|---|---|
| 桓帝永寿三年(157). | 1067万户. | 5600+万人. | +3500万人 |
| 三国末. (265±) | 147万户 | 767万人. | −4800+万人 |
| 西晋武帝太康元年(280) | 246万户 | 1600+万人 | +800+万人 |
| 迄南北朝后期(580±). | 353+万户 | 2200万人. | +600万人 |
| 隋炀帝大业5年(609). | 890+万户 | 4600+万人. | 2400万人 |
| 唐太宗贞观间(627). | 300万户 | 1500±万人 | 2100万人 |
| 玄宗天宝14年(755). | 891万户 | 5290+万人. | +3590万人 |
| 武宗会昌5年(845) | 495万户 | 2500±万人 | −2800万人 |
| 宋包合计58 | | | |
| 徽宗大观4年(1110年) | | 5000+万人. | +2500万 |
| 宋金合计 | | | |
| 光宗绍熙、章宗明昌6年(1194±). | 1952万户, | 7633万人. | +2600+万人 |
| 元世祖至元28年(1291). | 1343万户. | 5984万人 | −1700万人 |
| 明太祖洪武14年(1381). | 1065万户. | 5987万人 | +略有增加 |
| 永乐元年(1403). | 1141万户. | 6659+人 | +270+万人 |
| 嘉靖41年(1562) | 963万户 | 6365万人. | −294万人 |
| 天启6年(1626) | 983万户. | 5165万人 | −1200万人 |
| 清 顺治初期 | | 5000万人 | |
| 乾隆18年(1753) | · | 1亿+ | |
| 道光20年 | | 4亿+ | |
| 民国 | | 4.5亿± | |

J109877　20×20＝400

第 163 页共 页

三、变动特点

①增长缓慢。从公元元年的6000万到1901年的42700万，总数增长约6倍，平均增长率在1900年间仅1‰。若两汉人口也以后汉郡域计算，则增长率还不足1‰。

②户口也有剧烈的大起大落。盛衰更替与分裂时期户口大大减少，往往一个安定时期，户口迅速增加。户口增长呈现了波浪式的增减变化。

③户口发展的明显阶段性。第一阶段：五代宋以前，人口徘徊在6000万；第二阶段：宋至明末十七世纪初，人口徘徊在1亿以下；第三阶段，十七世纪中叶以后，人口迅速增长，到清末与民国时期增加到4亿多人。

④各阶段与阶段间人口增长的不平衡性。

四、人口变动的原因

①自然地理环境提供的生存条件

②农业生产发展和农业经济稳定状况

③政治动乱和战争等残杀人口迁徙

④封建制度下特有的人口思想和人口增殖政策

⑤清代实行的有关各税制

第 164 页共 页

§2. 人口的迁移

在中国历史上因政治与经济原因引起的人口迁移是很频繁的。总体来说，在政权更替、战乱发生的时期人口迁移具有持续时间长、迁移人口多、规模大、范围广的特点。而在新兴政权稳定了统治之后实行的移民实边、屯垦及填实京师的政策所带来的人口迁移相对持续时间短，人口迁移规模较小。我国历史上人口迁移持续时间长，迁徙人口规模大，人口迁移对人口分布格局和经济区划形成产生了深远影响的，莫过于西晋末年和北宋末年两个时期。此外唐玄宗天宝末年，金朝末年人口迁移规模亦很大。所有这些均是由于北方和中原战乱不已，引起北方人口的大量南迁。经过这些人口大迁移，尤其西晋、北宋末年的迁移，使我国南北人口的数量和分布发生了显著变化。

一、西晋末年北方人口南迁

1. 迁徙原因 从晋惠帝末年到北魏统一北方，历时140年，北方地区一直陷于分裂割据的局面。历史上把这一时期称"五胡十六国"。

J109877 20×20=400

①西晋末年统治阶级内部发生了晋室八王之乱（汝南王亮、楚王玮、赵王伦、齐王冏、成都王颖、河间王颙、长沙王乂、东海王越）和全面内战，史称永嘉之乱。

②西晋末年，北方少数民族如匈奴、鲜卑、氐、羯、羌均已内迁黄河流域及其附近地区。匈奴主要分布在并陕，晋冀鲁豫北部，尤以山西最多。鲜卑族主要分布在东北辽东，而至青海广大地区，以冀、晋最多。氐羌主要分布渭河流域及关中地区。羯人集中于晋东南。而西晋统治集团民族与阶级矛盾交织在一起，导致了民族间的混战，黄河流域北方混乱，生产破坏，人民流离。

③东晋政府在江淮流域侨置州郡县，安置招抚北方流亡人口。——出现了侨置州郡县。

2. 迁出与迁入地区

西晋末南迁人口，大致达90万以上，占当时人口的1/6。据西晋户籍推算，当时北方8人中即有一人南迁。

根据侨置州郡及其方位，可大致说明迁移地

主。(1)今北京市部——以山东、河北移民为主；

(2)皖豫淮北、鄂东襄北——以河南、皖北移民为主；

(3)山东黄河以南——以鲁西、黄河以北移民为主。

(4)鄂西及湘北——以山西移民为主。

(5)川东陕南——以甘、陕、晋北移民为主。

(6)豫鄂西以及汉水流域——以陕及豫西北移民为主

由此可见，永嘉之乱后，人口迁入、徙出地区大体上是自东部之北迁入东部之南；自西部之北，迁入西部之南。另外，还有不少的流人口迁往今甘肃西部、及迁出西部者。

当时南迁人口以士族及其依附人口为主。这也与政权南迁，作为这一政权社会基础的士族必然随之南迁。另外，其政权南迁，也需要一定经济实力的支持有关。

三、北宋末年的人口南迁

1. 迁移原因　历史上先后与北宋南北对峙的是辽、金两个少数民族政权。公元1125年金灭辽，翌年攻陷北宋汴京(今开封)。北宋并没有收复早已丧失的土地，由此引发了两政权争夺黄河流域的战争。

公元1126年（靖康之年）金兵再次分两路南下，会攻开封，城破，钦宗投降，北宋灭亡。翌年（靖康二年，1127），金军兵掳徽、钦二帝与赵氏宗室、后妃、百官技巧，以及宝器珍宝、书籍北归，史称"靖康"之难。同年康王赵构在南京（今商丘）称帝，是为南宋开国皇帝高宗。

同年10月高宗迁扬州，1129年（建炎三年）金兵陷扬州，高宗南逃，先后建都建康（南京）、越州（绍兴）、临安（杭州）。此后便开始了金宋对峙局面。

宋室南渡与宋金对峙，北方人口大量南迁，形成了中国历史上第二次人口大迁移，规模之大，远超过（西晋末年）东晋南北朝时期。因为①女真人南下对人口的掠夺，及强迫人户南迁进行的土地圈占，使汉人被迫是北方人口南迁的主要原因。②宋金对峙，战争发生在黄淮流域，社会动荡不安之中，"从官南者如市"。③南宋政府的鼓励，号召北方汉人南迁。④同上

2. 北方人口南迁的阶段性

（第一阶段）靖康之役主要是黄河流域居民向长江流域迁徙。自金兵南侵（1125）到绍兴十二年（1142）宋金和

的签订，（北人南迁）历时近十年之久。这之间宋金战争剧烈，无暇顾及，且女真人初入中原，以杀掠为生，致"两淮州县为之一空"，淮北黄河流民不息，相属于路，使黄河流域人烟稀疏。这一阶段人口迁移规模最大，对南北户口升降和民族文化生活影响最重要。

第二阶段，至完颜亮南侵（1161）。淮河流域居民向长江流域迁徙。时完颜亮撕毁和约，兵分四路大举南侵，淮河沿岸南迁移民屡屡不绝。同时南宋政府招抚来自西北南归的商人，免征商税，百姓得以生息，这种招抚政策更刺激人口南迁。

第三阶段，蒙古骑兵南侵（1273—1276），长江流域居民向珠江流域迁移。这一阶段实际上开始于南宋与金人绝交。金末在蒙古骑兵的攻击与金统治者的苛暴下帝国大乱，时携流南迁的中原人口已络绎于道。蒙古灭金后进攻南宋，北方民众避来东南，江南沦陷，长江流域人口又迁往岭南，以避兵锋。

3. 南迁人口主要分布区

靖康之难以后人口的第次南迁高潮，主要

徙入长江流域。元至存宗、长江流域成为战场，徙入岭南人口也不在少数。以今之省区论，徙入江、浙两省的人口最多。

浙江为南宋都城临安所在，故为当时移民最集中地区。主要来自河南、西北地区人。

江苏、因扬州、建康先为南宋临时都城，故也有大批人口迁入。其中以开封等地人为多。

另外，皖、赣、鄂、湘、闽、粤、桂、川也是北方移民的主要接收区。大致因战局而迁往南方亚北部，分别由西部之北迁入西部之南、由东部之北迁入东部之南。

若将北宋崇宁元年（1102年）与绍兴32年（1162年）江南北各路户口数相比较，能反映人口迁移对各路人口的增减影响。如京西路由22.8万户，43万人减少到4.2万户、7.2万人，分别减少了18.6万户、35.8万人；淮南东路由32万户，73万人，减少到11万户，27.8万人，分别减少了21万户，45.2万人。而两浙路则分别增加了27万户，56万人。

南宋偏安江南150余年，由于北方人口的第二次大量南迁，使江南地区城市和经济迅速设施提供了交通的发动力，使长江流域及其以南地区社会经济有了较大发展。我国社会经济与文化重心已经开始南移；到这时南宋以后，则已经完成。所谓“今之沃壤，莫如吴、越、闽、蜀”，与“苏湖熟，天下足”，正是这一人口迁入而地区经济繁荣发达的真实写照。

（三）人口分布稠密区的转移

随着北方人口的多次大量南迁和南方社会经济的开发与发展，中国人口分布的稠密区发生了明显的对置。北方由密变疏，而南方由疏变密。

1.南北人口比重的变化

若以秦岭、淮河为界，把各时期的户口统计区域分为南北两部分，并根据各时期的政区对户口数字略加调整，则

西汉平帝元始二年，北南户口之比大致为 3:1

东汉永和五年， 北南户口比大致为 1.4:1

西晋太康初年 北南户数比大致为 1.24:1

隋大业五年（609） 北南户数比 —— 4.5:1

唐天宝元年(742)，北南户口比约为 1.5:1.

宋元丰三年(1080) 北南户口比约为 1:2.5.

金宋对峙的公元1194年左右，北南户数比 1:1.7.

元代因限于资料，无法比较(至元七年，27年)

明万历六年(1578) 北南户数比为 1:2.

口数比为 1:1.5.

清末 北南户口比为 1:2

总之，南北户口比重的变化发生在宋代。自此之后，南北户口比长期稳定在1:1.5至1:2之间。但由于户口统计区域的差异也造成了南北户口比重的某种不稳定性，但并不影响南北户口比重的基本状况。

三、南北人口分布重心的变迁

南北户口比重的长期变化，反映了我国人口分布重心的转移。这一转移过程与政局的治乱、经济的盛衰密切相关。历史表明，经济重心的转移与人口重心的转移基本一致。因为人口可以创造物质财富，而物质财富又可以供养人口。其次，在南北两个地区内部，人口分布也是不平衡的。

西汉末年，人口分布稠密区位于华北平原的中部，山东半岛以及汾渭、汾水下游。这些地区自然条件优越，开发历史悠久，经济发达，人口十分稠密。西汉103郡国中人口密度在150人/km²以上的仅9个，均位于黄河下游地区。关中人口稠密的是京兆尹，主要集中于渭河两岸平原。

东汉永和五年（140）人口分布仍以黄河下游为最稠密，但由于西汉之际战乱和黄河泛滥，原人口稠密区已显著缩小，新人口稠密区已向今河北中部、山东中南部和淮河以北转移。关中因战乱失去首都地位，人口分布开始很稀疏了。

隋代统一后，黄河下游经济恢复迅速，人口较为稠密。大业五年（609）户数达5万户以上的郡主要分布在关中平原，河南、山东西部，安徽淮河以北，江苏淮河以北的西北部，河北、山西西南的中南部。

唐代是我国封建社会的鼎盛期，南北方都形成了人口稠密区。除黄河中下游经济发达，继续保持该地区人口分布稠密外，江淮流域的淮南道、江南东道也形成了人口分布稠密区北宋人口分布稠密区已转移到长江流域，因为经济中心南移至此区。故黄河中下游人口分布的比较分散。崇宁元年(1102)平均每方公里20人以上的有九个路，位于黄河中下游的有4个(京畿、京东西、河北东、河北西)，位于长江流域的则有5个路(两浙、江南东、江南西、成都府、梓州路)，人口密度最大的是成都府路，45人/km²。

元代，据至元27年(1290)统计，在11个行中书省中，江浙与江西二行省人口最密，分别为91人/km²、43人/km²；成为全国人口最稠密的地方。在全国239个路、府、州、司中人口超过20万的，仅嘉兴、平江、扬州、信州、(抚州)、吉安等五路。可见元代人口最稠密的地区已转移到长江三角洲、抚州流域、鄱阳湖周围各地。

明代，明初由南向北的大量移民，使华北平原形成了人口稠密区。据洪武26年(1393)、弘治4年(1491)和万历6年(1578)统计，平均20人/km²以上的仅有直隶、浙江、江西、山东、山西五省，其中浙江人口一直保持在50人/km²以上。而苏州府仅领七县一州，人口总数一直保持在200万以上，为全国158个府中人口最多的一个。

清代，乾隆32年(1767)，平均100人/km²以上的有江苏(240)，山东(173)，浙江(170)，安徽(163)，和河南(103)五省，均位于黄河下游，长江下游和淮河流域，且在地理上形成一片。是当时全国人口分布最稠密地区。嘉庆25年(1820)，苏州府达547万人，平均1073人/km²，居全国诸府之冠。江宁府人口总数达650万，394人/km²，成都府达568万人，507人/km²。因此长江三角洲仍为人口分布最稠密的地区。

至清末，全国各省人口最多的为四川(4400万)，山东(2955万)，湖北(2764万)，直隶(河北，2672万)，河南(2610万)、江苏(2588万)六省。按人口密度也为江苏最大，287人/km²，山东次之250人/km²，直隶188人/km²，河南177人/km²，湖北154人/km²，四川53人/km²。另外浙江省总人口达1807万，人口密度200人/km²以上。因此江苏、山东、浙江为全国人口密度超过200人/km²的三个省份。长江三角洲人口密度最大已成为不可逆转的历史事实。这是历史时期人口增长、迁徙、分布为今天人口的增长、分布奠定了基础。

　~~([illegible])~~

第175页共 页

第二讲 四十余年来我国历史地理研究概况

我国历史地理学的发展在经历沿革地理研究阶段之后，经过五六十年代学者们共同努力才真正转向科学的历史地理学的研究方向。而经过十七年的[illegible]和[illegible]，[illegible]历史地理学思想才产生了萌芽。

经过理论和方法论的探讨，推动历史地理学朝着健康发展的道路前进，推动了学科的发展和学科体系的日益完善。这在前面已经基本上解决了。一些历史地理学理论和方法论还在继续发展、深入研究，尤其是方法论方面的问题还需要不断探索、研究，深化认识，才能更好地推动学科自身的发展。这是必然的道理。

除理论和方法论探索之外，几十年来我们历史地理研究大体上可以划分为三个领域，即历史自然地理与历史人文地理和地图编绘（三个方面）及古代地理文献。地理学家的研究多属于地理学史

(电58) 20×20=400

的研究，专攻的不属历史地理研究范畴，但与历史地理研究是有密切关系的。因此历史地理学者都要注意地质及地理学史，即古代地理书籍和古代地理学家的工作，借以为历史地理研究服务。

经、史、译、该及我们需要的旧书的分析或文章发表。专搞地理学史研究的学者一般对历史地理学也有较全面的了解，而此大学生我们也主张研究生就写以历史地理为主题的。另此外可以发挥其作用。

当前历史地理研究最重要的还在于历史自然、历史人文和地图编绘三个方面。

一、历史自然地理研究：

主要集中在气候、~~土壤~~植被、河湖、海岸、沙漠、动物变迁等方面的研究。在这方面已有一批重要的论文发表，成果是很大的。其是有代表性的工作成果主要有：[illegible]

1. 气候变迁方面：竺可桢《中国近五千年来气候变迁的初步研究》。前半部分，采用了考古资料。四个时期：考古时期（B.C 3000—1100），物候时期（B.C 1100—A.D 1400年），方志时期（A.D 1400—1900年）

和权贵加以制约(AD 1900—14代)。这两文章在国外并引起反响。

文焕然《秦汉时代黄河中下游气候研究》

徐近之《青海大通史料整理》出于文字，对研究也有很大帮助。

和年代以来国家气象局气象科学研究院主编《中国近五百年旱涝分布图集》(1981)；台湾学者刘昭民《中国历史上气候之变迁》(商务，1982版，台湾)。

龚高法《历史时期我国气候带的变迁及生物分布界限的推断》(《历史地理》第五辑，1987)

满志敏《山西北川与湖泊的变迁探索和五代时中期气候干旱化与季节城市发展》(地理学报，1990.1)

2. 河湖变迁方面。

研究工作主要集中在黄河流域和长江流域、海河流域，兼及珠江流域河湖水系的变迁。

郑肇经《中国水利史》商务，1939年，钟歆的。

岑仲勉《黄河变迁史》(人民，1957)；

黄委《黄河水利史述要》(水利出版社，1982)

史念海《论〈禹贡〉的导河和春秋战国时期的黄河》陕西师大(1978)

谭其骧《西汉以前的黄河下游河道》(《历史地理》创刊号)

第178页共 页

朱士光《[illegible]地区河湖水系变迁与土地沙漠化的初步研究》。

史念海《历史时期黄河流域的侵蚀与堆积》

邹逸麟《历史时期华北大平原湖沼变迁述略》（《历史地理》第五辑）

张修桂、谭其骧、对长江中下游湖沼的研究、云梦泽、洞庭湖、鄱阳湖、太湖等的研究

谭其骧《海河水系的形成与发展》（《历史地理》四）

[illegible]《[illegible]》（1981）。

[illegible]《[illegible]历史论据》（文物1980）

3. 沙漠史述方面。

侯仁之[illegible]开始了沙漠历史地理研究，发表了一系列有价值的论文，多已收入论文集。

朱震达、刘恕《中国北方地区的沙漠化过程及其治理区划》（中国林业出版社，1981）。

景爱、[illegible]《[illegible]》（《历史地理》[illegible]）《从地理环境的变迁看科尔沁沙地的形成》（《中国社会科学》1988.4）

王北辰、李并成、[illegible]等关于沙漠历史研究

(电58) 20×20=400

北京市电车公司印刷厂出品 九一·三

第178页共 页

4. 海岸线变迁方面

渤海湾西部岸线：5(4)

1964年中国科学院[illegible]化学家(C.P.王[illegible])同年发表了《渤海湾西部[illegible]成》文，刊登在《中国水利[illegible]》(1964)。[illegible]在《[illegible]》(1964)2期。

1965年侯仁之发表了《[illegible]渤海湾西部海岸线的变迁》(《地理[illegible]》1965.1)。接着，了解[illegible]汉初[illegible]海岸线之后，[illegible]以北[illegible]上[illegible]4年[illegible]记。

六十年代以来[illegible]发表了《历史时期渤海湾西岸[illegible]》(人民日报1965.10.8)

参见《海陆变迁图》之说明。

至于上海成陆问题，解放后复旦大学历史系谭其骧做了大量工作。

谭其骧先后发表了《关于上海地区的成陆年代》(文汇报1960.11.15)，《上海市大陆部分的海陆变迁和开发过程》(考古1973.1)[illegible]

(收入《上海地方史资料》一，1982)

北京市电车公司印刷厂出品 九一·三

(电58) 20×20=400

5. 植被变迁方面

解放前陈嵘著有《中国森林史料》一书，版于1934年《历代森林史略及民国林政史料》，1951再版增加1934—1951资料改名，1983再版。

解放后

陈桥驿《古代绍兴地区天然森林的破坏及其对农业的影响》（《地理学报》1965.2）。

史念海《历史时期黄河中游的森林》（《河山集》二）

史、曹、朱《黄土高原森林与草原的变迁》（陕西人民出版社）

对历代植被研究突出的文焕然、何业恒、[illegible]

80年代以孢粉分析方法推进了植被变迁研究的进程。

王开发《根据孢粉组合推断上海西部三千年来的植被、气候变化》（《历史地理》6，1986）。

朱士光《全新世中期中国天然植被分布概况》（《中国历史地理论丛》1988.1）。

6. 地貌变迁方面。

史念海《古代关中》论述黄土原与隰变迁

第181页共 页

度对黄土地貌变迁探讨。

"历史时期黄河中游的侧蚀"
" " " 下切" （河山集·二集）
"周原的变迁"

80年代《历史时期黄土高原沟壑的演变》，[illegible]

景爱撰《历史地貌学》建立的研究地貌变迁成果，第一次从理论上进行了探讨。

7. 动物分布区域变迁方面。

这是一个比较薄弱的领域。

七十年代初文焕然开始这方面的研究，是我国这方面的开拓者。

文焕然、何业恒、高耀亭等于七十、与八十年代发表了一系列论文，探讨了历史时期我国珍稀的野象、犀牛、大熊猫、长臂猿、孔雀、鹦鹉、扬子鳄、扭角羚等野生动物分布的地域变迁。

何业恒还探讨了竹鼠、水獭、梅花鹿、麋鹿等珍稀动物历史上地域分布的变迁。

8. 土壤变迁方面。

（电58） 20×20=400

北京市电车公司印刷厂出品 九一·三

解放前已有过这方面的探讨。如王梦九《中国土壤之历史研究》(《中华农学会报》86期，1931)。王璧全《土壤之历史观》(《通俗丛刊》2卷1期，1934)。

解放后

史念海《古代的关中》中，探讨了农业中改良土壤、增多粮食的问题。

文焕然《周秦两汉时代华北平原与渭河平原盐碱土的分布及利用改良》(《土壤学报》12卷1期，1964)

文焕然等《北魏以来河北省南部盐碱土的分布和改良利用初探》(《土壤学报》12卷3期，1964)。

文敏《历史上黄淮海地区治理改良盐碱地的结果》。(《人民日报》1965.12.7.)

朱士光《内蒙古河套地区历史时期的水利开发与土壤盐渍化问题》。(《农业考古》1989.1)。

九、区域历史自然地理方面。

邹逸麟、等的文章。

所有以上的研究都是地理的部门，来探讨的“学科”性质的地理环境变迁及其与人类活动的关系，探究

史念海等学者对这些问题都作了许多研究。

限于篇幅对这些成果不再一一介绍。



北京市电车公司印刷厂出品 九一·三

第 143 页共 页

《中国自然地理·历史自然地理》乃集七十年代之前历史自然地理各领域之大成的著作。请同志阅。

二、历史人文地理研究：

历史人文地理也和人文地理那样是一个内容十分丰富的学科。在传统研究领域深入研究的基础上开拓了新的领域的研究，[illegible]以往[illegible]七十年代历史人文地理研究[illegible]侯仁之[illegible]了人文地理的重要方面。90年11月上海历史地理学会上谭其骧教授提出了加强历史人文地理研究的倡议，引起极大反响。随着以往的新十和[illegible]重要。历史人文地理研究将就以这一方面的发展同时九十年代历史人文地理研究的开展。这就谈一下如下九个方面的成果。

1. 沿革地理与历史政治地理研究或称历史疆域地理研究。这一项研究在中国有上千二千年，自《汉书·地理志》开创了沿革地理研究这一门学科，历代学者沿袭不递。今之研究，远及一切历代疆域的领域，尤其近代以来的变动[illegible]

割中国领土，[illegible]。[illegible]

[illegible]文章

[illegible]

[illegible]。

[illegible]一系列论文。其中

史[illegible]《[illegible]》《[illegible]》1974.1.

谭[illegible]《[illegible]》《[illegible]》1974.1.

[illegible]《明[illegible]》《考古学报》1975.2

[illegible]《明[illegible]城考》《考古学报》1976.1

[illegible]《[illegible]》《[illegible]》1976.3

[illegible]《[illegible]》《新疆[illegible]》

[illegible]《[illegible]》《文物》1975.8.

[illegible]《[illegible]》《[illegible]》1976.6

[illegible]《[illegible]》《文物》1975.8

[illegible]：[illegible]。

[illegible]

[illegible]。

[illegible]。

(电58) 20×20=400

北京市电车公司印刷厂出品 九一·三

第 185 页共 页

此外，还有大量有关中国古代城市、城镇研究等根据性论文与专著。如

周振鹤《西汉政区地理》

谭其骧《沿革地理》（附图）

2. 历史农业地理及农田水利研究

这是一个内容相当广泛的研究领域。包括历史时期区域农业开发、土地利用、水利建设（水运、灌溉、防洪工程、农业）等一业、商业、经济部门、粮食作物许多方面。是又一个颇受重视的研究领域。解放前不少前辈已部分涉及这方面。解放后成果较多的论著有：

史念海《春秋战国时代农工业的发展及其地区分布》（《河山集》第一集）

张家驹《两宋经济重心的南移》

任美锷《黄淮流域历史地理初探》《地理学报》（？），1958.1.

徐兆奎《清代黑龙江流域的经济发展》

侯仁之《历史上北京城的供水问题》《地理学报》1958.2.

黄盛璋《关中农田水利的历史发展及其成就》《农业遗产研究集刊》二集

李健超《成国渠及沿线历史地理初探》《西北大学学报》1977.1

陈桥驿《古代鉴湖兴废与山会平原农田水利》《地理学报》1962.3.

冀朝鼎《中国历史上的基本经济区与水利事业的发展》《社会科学出版社》

(电58) 20×20=400

北京市电车公司印刷厂出品 九一·三

第186页共 页

近几年出版的几本《历史地理》著作名单.

司徒尚纪《海南岛与台湾岛历史开发中早期几个问题的探讨》《海南大学学报(社科版)》1988.2

苗普生《清代前期新疆对于伊犁地区的开发和利用》《新疆社会经济》1986.7-8.

宋代北部边疆的粮食供给地区 [illegible] 1988.4

5. 历史交通地理. 包括水陆交通二方面.

史念海：《娄敬和汉朝的建都》《文物》1975.10.

王文楚：《历史时期南阳盆地与中原地区间的交通发展》《史学月刊》1964.10.

黄盛璋《川陕交通的历史发展》《地理学报》1957.4.

黄盛璋《历史上黄、渭与江、汉间水陆联系的沟通及其贡献》

王北辰《古代居延道路》《地理学报》1962.4. 《北大学报》1980.1.(转载)

王子今《秦汉长城与北边交通》《历史研究》1988.6

[illegible]《广西古代沟通江珠水系的灵渠与相思埭》《地理研究》1982.

4. 城市(城镇)历史地理

侯仁之《北京城市历史地理概述》及对淄博、承德、邯郸城市历史地理研究之地区选择之举，已刊.

魏嵩山《天津都市聚落的起源和发展》《南大学报》(社)1956.1

任美锷《南京都市地理初步研究》《地理学报》1950.17卷.

马正林《汉长安城总体布局的地理特征》《陕大学报》1978.3.

[illegible]《论北京先秦时期的[illegible]发展》《历史地理》第二辑

关于城镇体系形成发展的理论

(电58) 20×20=400

北京市电车公司印刷厂出品 九一·三

5. 历史人口地理、明清以来一个值得加强的领域

三十年代，谭其骧等人作过若干时代的研究，但解放以后的三十年间，基本上是个空白的领域。所以在以后各断代组，因连续不断地发掘，发表的论著很多，大概可以划分为封建各时代全国人口数字、人口分布、人口迁移，城市人口数字、人口分布、人口迁移，都市人口地理、人口思想史及市镇的发展等几个方面。

王育民　东汉人口考　上海师大学报　1988.2.

〃　三国人口探索　历史地理　第6辑

〃　两晋人口考　上海师大学报　1985.3

葛剑雄　秦汉时代人口迁移　中地论丛　'85.3

〃　〃　分布　——　'85.2

[illegible]　[illegible]人口问题探讨　中州学刊　1988.6.

拙著　《宋代北方的户数和人口》[illegible]　中国史研究　1988.2

张博泉　金代的人口与户籍　学习与探索　1985.2.

拙著　[illegible]研究。　[illegible]　1991 增刊

葛剑雄　《西汉人口地理》　1986.

《中国人口发展史》　1990年版

何炳棣　《1368—1953年中国人口研究》　《中国人口》丛书

[illegible]　[illegible]

6. 历史文化地理　终属史上。地的研究但发展较为研究领域，也只勉强之一。（区域文化地理、文化扩散、文化景观、文化生态）

| | | |
|---|---|---|
| 曹文柱 | 六朝时期江南社会风气的变迁 | 历史研究 1988.2 |
| 卢云 | 《两汉时期关陇地区的学术文化》 | 复旦学报(社科版) 1988.6 |
| 卢云 | 三国西晋时期的文化区域与文化中心 | 历史地理 第6辑 |
| 周振鹤 | 秦汉宗教地理略说 | 中国文化 第3期 1989 |
| 陈正祥 | 中华区域传统文化的扩展 | 社会科学 1989.5 |
| 孙文明 | 乐都文化探索 | 文物 1989.7 |
| 王尚文 | 汉魏时期山西文人地域分布及其文化意义 | 山西大学学报 1988.4 |
| 曲英杰 | 近年来中国古代城市文化研究概述 | 中史研究 1989.3 |
| 周振鹤 | 《方言与中国文化》(上海人民 1986) | |
| 卢云 | 《汉晋文化地理》 陕西人民 1990 | |

7. 历史民族地理。民国时期已经有一些学者有过这方面的研究，发表了一批有价值的论文，新时期以来研究也取得了新的进展。

| | | |
|---|---|---|
| 张振邦 | 两汉时期长城内外的民族迁移 | 内蒙古师大学报(社科版) 1988.4 |
| 陈金生 | 魏晋南北朝时期的民族地区 | 北大学报(社科版) 1988.3 |
| 林幹 | 匈奴与周边各族的地理分布 | 历史地理 第6辑 |
| 黄烈 | 《中国古代民族史研究》 | |
| 周伟洲 | 评马长寿《北狄与匈奴》民族史研究 | 历史研究 1988.4 |

8. 历史医学地理研究。这也是一个新开辟的研究领域，但一直有人在进行这方面的工作。近年来的主要成果有：



北京市电车公司印刷厂出品 九一·三

杜金鹏 商汤伐桀之史实与其历史地理价值

杨[illegible] [illegible] 《[illegible]》1988.1 《中国史研究》1988.3

张[illegible] [illegible] [illegible]

王北辰 [illegible]地理考 《内蒙古[illegible]》1986.6

林[illegible] [illegible] 《[illegible]》1988.1

长城研究，这也是一个[illegible]入的领域。特别在长城学会[illegible]后，[illegible]研究。这是一个与历史地理与历史学与地理学[illegible]研究领域。[illegible]

史念海 《黄河中游战国及秦长城遗迹的探索》 《陕西师大学报》1978.2

[illegible] 《临洮秦长城、敦煌玉门关、酒泉嘉峪关勘查简记》

[illegible] 《文物》1964.6

《西北部分汉长城调查简记》 《文物》1977.5

华夏子 《明长城考实》 1988 档案出版社

二十世纪九十年代，这些历史地理研究将有新的发展。

（电58） 20×20=400

北京市电车公司印刷厂出品 九一·三

# 许学工

## 《中国自然地理》

我于1993年7月博士研究生毕业留校任教，接手了《中国自然地理》课程的教学任务，当年9月给90级本科生上这门课，这是备课的手稿。

《中国自然地理》是自然地理学专业的必修课，本科学生三年级的课程，开始是80学时，后来改为51学时至今。

1993年上课时采用的教材是高等教育出版社出版的赵济主编《中国自然地理》(第二版)。当时的主要参考书有：《中国自然地理总论》，科学出版社，1985；任美锷，包浩生主编《中国自然区域及开发整治》，科学出版社，1992；《中国自然地理图集》，地图出版社，1984；等等。1995年，赵济主编《中国自然地理》(第三版)出版，改为使用第三版教材。因此，在讲稿中有一些调整，如：教材第二版的“中国近海”是第三章，第三版调为第五章；其他有些内容也作了调整。随着时间延续，教学内容有些新的变化和新的认识，这在讲稿中有一些后期的标注和添加。

2010—2013年开了面向全校本科生的《中国自然地理》通选课，34学时。届时备课已不用手写稿，但仍参考此讲稿，因此可以看到打勾表示通选课采用的思考题等。

《中国自然地理》内容可概括为总论和分论，总论讲全国尺度的自然环境和自然资源，包括国土概况、中国地貌、气候、陆地水、近海、土壤地理、生物地理，自然资源和环境演变；分论讲中国自然地理区划与地理区域，包括自然区划的方法论和中国自然区划体系，含三大自然区和七个自然地区。由于本书篇幅所限，删减了一些页码，其中总论中“中国地貌”一章的“第三节 地质构造基础及地貌形成因素”“第八章 环境演变”以及分论中七个自然地区（东北、华北、华中、华南、内蒙古、西北、青藏）的教学手稿没有收入此书中，特此说明。（许学工）

1-①

年 月 日 第 1 页

# 中国自然地理

教材：《中国自然地理》（第2版），高等教育出版社 1984.5.

《中国自然地理图集》（高等学校教学参考用），地图出版社 1984.6

学时：周4学时，一般 4×18(20) = 72～80学时 78学时

年级：本科三年级上半学期.

自然地理专业、地貌专业、经济地理专业

阅读参考书：1.中国自然地理（总论），科学出版社，1985.

2.中国地理，冯嘉苹、程连生编，北京师范大学出版社，1988.9.

3.任美锷、包浩生主编：中国自然区域及开发整治，科学出版社，1992.

4. Physical Geography of China

装 J719932 订

(电开01)

年　月　日　　　　第 2 页

(第一篇：总论)　第一篇：中国的自然环境

## 第一章：(绪论)　国土概况

教学目的：了解本课程的研究对象、任务和学习方法，掌握中国自然环境的基本特征。

重点：中国自然环境的基本特征

学时：2学时～3学时

教具：挂图：1.中国在世界上的位置。

2.中国地势（地形）图

### (第一节)(中国自然地理的研究对象和任务)　绪论（导言）

一、自然地理学的研究对象是自然地理环境，它是整个地球表面或某一特定地域，包括气候、地貌、水文、土壤、植被、动物等全部自然要素相互联系、相互作用的自然综合体，还包括过去和现代人类活动的影响在内。

一、中国自然地理的研究对象：

《中国自然地理》以中国的自然环境为研究对象，换言之，即研究中国这一自然综合体。中国自然地理环境的概念可以从以下几个方面理解：

（电开01）

年　月　日　　　　第 3 页

1. 是一个独特的综合的地理体系：它是由中国境内的大气圈、水圈、岩石圈、生物圈共同组成的相互结合，相互联系，长期发展的独特的地理体系，是一个综合的统一的整体，它是各要素之间通过太阳能、地球内能、人类作用进行着广泛的物质、能量转化和交换过程，成为一个不断演化的有机系统，并最终形成中国不同等级的自然地理综合体，这些自然综合体的组合，反映了中国自然地理的特殊性。

2. 是一个空间和时间的统一体系。区域自然地理，不仅包括了各要素的空间分布和组合，而且包括了自然现象的历史形成和发展演化的过程和特点，是空间和时间的统一体。中国自然综合体发展的时间因子包括历史（古地理），长周期特征（如气候周期变化、环境急变）?，短周期特征（如季节的变化）。任何地理过程离不开空间，也离不开时间，都是二者的综合表现。

3. 是一个多层次的结构体系（等级系统），即包括不同尺度的地理体系。

如：从地域结构看——可分为陆地与海洋两个一级地理系统

陆地又分为三大区，自然地区，地带，区，小区等。

研究时必须对大尺度、中尺度、小尺度综合体分层次进行剖析。

（电开01）

年 月 日　　第 4 页

4．是一个长期受人类活动影响的国家。中国的人类历史悠久，在人为作用下，许多自然环境的本来面貌发生了变化，如平原地区已基本见不到纯自然的景观了。自然环境往往已转化为次生环境，这就在研究中国自然地理时不能忽视人类影响的因素。

总之，中国自然地理具有明显的区域性和综合性，体现了地理学的两个最基本的特征。

现代自然地理学从研究结构着手转向以下内容：→（三层次）
- 自然地理环境
- 自然资源
- 区域分异与区域地理特征
- 资源环境保护与国土开发整治

二、中国自然地理的任务和目的。

中国自然地理在研究全国及不同等级地区的自然地理结构，自然环境发生发展的过程和规律及区域分异规律，从而充分认识和全面掌握我国自然地理的基本情况，自然条件和自然资源的分布规律，以便利用，保护，改造自然环境的基本方向和途径。

通过自然地理研究，可以了解我国的自然资源状况，可以提供自然地理区划，因此对制定国家经济规划和全国国土开发整治的战略及措施。

通过本门课程的学习，培养学生对地理环境综合分析的能力，并初步掌握区域自然地理的基本理论和方法，为学习其他专业课程和今后的科学研究工作

（电开01）

年 月 日 第 5 页

打好基础。

三、中国自然地理的学习和研究方法：

1. 综合分析的方法：对区域的地理现象与各个要素的综合作用，对部分地理要素看作综合自然环境的因子，先分析后综合，并落实在地域上。

2. 用发生发展的观点研究、分析自然现象：任何现代地理特征都打着历史和发展的烙印。研究历史和现代，能揭示可以预见今后趋势和发展方向，防止静止地、孤立地看问题。

3. 相互分析和地域结构研究：各要素之间有着一定的相互关系，如气候与水文、土壤与植被等。各种要素的组合形式及不同地域结构。一个地区的地域结构包括地貌的垂直结构、水平结构，水平结构包括水文结构、土壤结构、风化结构等，地域结构对于自然社会发展的影响。如气候水热结构和垂直结构决定了一个地区的大农业结构，从而指导该地区的农业发展和生产，合理进行农业规划布局。

4. 比较研究法：广泛运用地理比较法，找到各不同区域之间、不同要素事物之间的差异和共性异同点，可以比较得到地区间差异的地理特点。

5. 充分利用地图：自古以来，地理研究讲究"左图右书"，地以图明。

（电开01）

装

J719932

订

年　月　日　　第 6 页

选择例子和现代化的方法。我们不是要到东西的讲授，要以读图用图的能力

目的：使用地图建立和加强空间概念，并提高学生的读图用图的能力。

6. 理论联系实际。力求利用自然地理的基本理论和方法，来分析、研究我国区域开发和建设中的实际问题。使学生了解自然地理学也是理论联系实际的有效方法。

四、本教材的结构和学习要求：　全书分四篇：

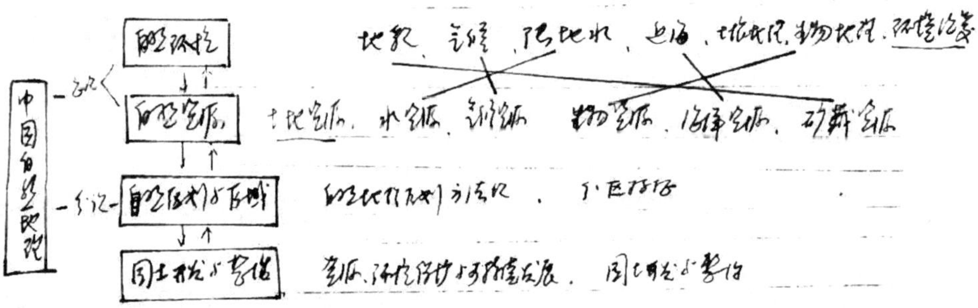


第一、二篇是自然地理总论，是按照要素来阐述，既阐明各要素的特征、空间分布和规律，又指出各要素之间的相互联系，指出它们的规律。为了避免过于繁琐和重复，这里着重讲解地貌、气候、陆地水、土壤与植被、动物地理，以及海洋资源、海洋和自然地理。

第三篇分区自然地理，是在自然区划的基础上，阐述自然区划原则和指标系统，阐述中国各自然地区的自然地理特征及其形成过程，并在此基础上阐明各区域的利用改造方向。

学习方法：讲到自然一个区，先介绍区域的基本特点，注意归纳其规律。

第四篇是国土开发与整治，介绍资源、环境保护与持续发展，以及国土开发与整治的有关内容

小结

年 月 日 第 7 页

区域的综合篇，是在自然地理区划原则的指导下，综合分析各地区的自然地理特征及其区域差异，并在此基础上阐明各区域的利用改造方向。

在学习中要特别注意掌握地域结构和各种界线，不能仅仅记住其实际。

本门课程的考核方法：期末考试占~~70%~~ 60%，平时作业占~~30%~~ 40%，因此希望大家认真完成作业，多动脑思考中国自然环境和开发建设的问题。

第一篇：中国的自然环境 第一章：国土概况

第一节：中国的地理位置和疆域

一、地理位置~~和疆域~~

~~1. 地理位置~~ （挂图1）

1. 经纬度位置：我国位于北半球的中纬地带。

N 53°31′（漠河以北的黑龙江主航道中心线）～ N3°52′（曾母暗沙以南）
（北端） （南端）

73°40′E（帕米尔高原上萨雷阔勒岭……）～ 135°05′E（黑龙江与乌苏里江汇合处） 耶字界碑
（西端） （东端）

我国南北跨纬度49°39′，距离5500+km。从南到北包括热带……太阳入射角，日照时间和昼夜长短差别很大，导致了气候、植被、土壤等的"纬度地带性"。

我国东西跨经度近61°25′，距离5200km，时差4小时。当东部的乌苏里江边太阳已升起时，西部的帕米尔高原还在深夜（格林时间）。

（电开01）

年　月　日　　　　第8页

1、海陆位置：我国位于世界最大的欧亚大陆东部，东临世界最大的太平洋（太平洋西岸），海陆兼备，西南有全球最高最大的高原——青藏高原，因而季风气候非常发达，气候一年内冷热干湿交替。对我国自然地理环境的形成及地域差异，起着非常重要的作用。

2. 疆域：我国陆地总面积约960万km²，约占世界陆地总面积的6.4%，居世界第三位。

海陆疆界总长38000km（40000±（全部））。

其中 陆疆：20000+km（22000（全部）），陆上相邻的国家有14个（朝鲜、俄罗斯、蒙古、哈萨克斯坦、吉尔吉斯斯坦、塔吉克斯坦、阿富汗、巴基斯坦、印度、尼泊尔、锡金、不丹、缅甸、老挝、越南）

海疆：大陆岸线18000km（18400），北起鸭绿江口，南到北仑河口，岛屿岸线14000km，是世界上海岸线最长的国家之一。与我国隔海相望的国家有朝鲜、日本、菲律宾、马来西亚、文莱、新加坡和印度尼西亚），东部的海（以及濒临的太平洋海区）（渤、黄、东、南），渤海是我国的内海。主要由海陆间的岛屿组成的海域，海域有众多的岛屿（5000+个）和海岛（约1500个）（以有300万km²的管辖海域相当于陆地的三分之一），为发展海洋和海洋开发提供了有利条件。

辽阔的疆域，巨大的纬度和经度差异以及复杂的海陆位置，使我国具有独特的自然地理特征，拥有丰富多样的地理环境和自然资源。

（电开01）

装 J719932 订

年 月 日 第 10 页

经营者为了扩大耕地面积增加收入，如围湖造田，毁林开荒，滥垦滥伐。

④ 人为影响大。有些地方对土地资源利用不合理，造成生态平衡的失调。

如黄河流域，西北地区，水土流失，沙漠化加剧。如天然植被破坏严重。

全球性的生态问题。

## 第三节：中国自然环境的基本特征：

我国自然环境的特征，有以下几点：

1. 季风影响显著，范围广阔：东亚季风，世界上最典型的季风，我国是受季风影响范围最广的国家之一。

之间，青藏高原隆起，季风气候尤为显著。季风环流不仅使我国气候具有明显季节变化，

从而改变了气候要素的组合形式和分布规律，并且对我国自然地理环境的发展有一定的综合

因素。如我国东部和西部的差异以及东部季风区自然地带的南北更迭，也很大

程度上受季风控制。我国亚热带湿润地区，世界同纬度大部分地区是荒漠

和半荒漠，因此，我国亚热带地区是世界同纬度地区在季风控制范围内，却不象同

纬度的许多地区那样成为荒漠和半荒漠，而成为一片繁茂的森林覆盖的

地区。

2. 地形复杂多样，山地和高原面积广大：我国地形复杂多样，高原、山地

（电开01）

装

J719932

订

是青藏高原东南缘横断山区植物区系的丰富性。同时，高原上也广布着许多特有的高山植物。

（[illegible]）即新近一年多已也在本区发现中心、喜马拉雅

植物区、山地生态系统和物种的多样性是全国的第一位。但高原地区的第一和水平

地带的垂直地带和水平之结合，加深了植物多样性的复杂性和多样性。但我们高原

地区的许多地带等方面的特殊性。

3. 特殊的地质历史、地形、生物的区系事实：由于高原第四纪冰川

作用过后多次冰期，[illegible]同样在地区可以找到，[illegible]，生物[illegible]期的[illegible]

[illegible]（[illegible]）[illegible]。加上隆起[illegible]，同[illegible]

[illegible]，[illegible]的[illegible]。又如，[illegible]

[illegible]。[illegible]的[illegible]

[illegible]

4. 人类活动影响深刻：我们人的知道，历史悠久，人类活动对[illegible]

[illegible]影响，[illegible]，[illegible]，[illegible]人[illegible]

人类[illegible]。人类[illegible]一农业活动，已有7000年之久。[illegible]

[illegible]。[illegible]人类[illegible]的[illegible]巨大痕迹。

年　月　日　　第 12 页

人类活动的影响以及自然环境特征的各个方面的差异。此外还介绍了自然地理分区及其形成的原因和必须注意之点。

总之，中国幅员辽阔，人口众多，自然环境复杂多样，自然资源总量多而人均少。此外它还从我们的生活，自然地理特征，寻求适合的发展途径。这就是我们学习这门课程的目的。

思考题：

1. 分析我国自然地理位置的地理意义。

2. 中国自然地理的三大分区。

（借《中国自然地理图集》）

（电开01）

Ⅱ-(1)-①

年　月　日　　第2-1页

## 第二章：地貌与地质构造　（中国地貌）

教学目的：地貌是我们所用作环境总体特征和人类活动的载体之一，自然地理要素之一。通过本章的学习，了解中国的地貌轮廓和构造特征，掌握地貌类型及地貌的形成原因，并训练绘图、读图的能力。

教学时间：共8～10学时。

其中，第一节：1～2学时。第二节：4～5学时。

第三节：2～3学时

教材处理：第一节：地貌轮廓的基本特征：加上课外作业和地形图作业。

第二节：主要地貌类型：教材太略。参考书：

①《中国自然地理总论》（科学出版社）p.45. 各类地貌特征简表

②《中国地理》（北京大学出版社）p.31-41. 主要地貌

③ 主要地貌的成因与构造部分《中国自然地理》。

第三节：地质构造基础：① 教材稍嫌深奥和抽象，② 补充介绍地质构造学说的概况。

③ 以这部分与作为《中国地理》的…… ③ 补充外营力及岩性的作用。（前段部分、讲地貌形成因素）

第四节：分区：略。

（电开01）

年　月　日　　　第 2-2 页

重点难点：1.重点：地形基本特征及主要地形的分布。

2.难点：地形特征与其成因的联系

教具：1.中国地势图（挂图）　2.中国地形图（教学挂图）

3.《中国自然地理图集》图9-10，11（剖面），12（风光），13-14，19-22（三大阶梯），23（地貌类型），27-28，30，34（海岸）

小结：填图（山脉及主要地形类型），习题。

引言：

地形是自然环境中一个最重要的要素。它本身不仅作为区域的主要特征之一，而且直接影响到气候特征，在很大程度上控制着水热条件的再分配，以及水文、土壤、植被的分布等。因此，掌握我国地形的基本特征及其形成是学好中国自然地理的主要内容之一。

在我国辽阔的疆域里，地势高低起伏很大，地形多种多样。境内不仅拥有许多绵长雄伟的山脉，广大的高原和封闭状的盆地，还有岭谷交错的丘陵和河湖密布的平原。这些丰富多彩的地形类型及其地域组合，对于我国自然地理环境的形成和发展起着极为重要的作用。

年　月　日　　　　第 2-3 页

(三版一)
↓
(3-1)

装 J719932 订

## 第一节：地形~~（地势）~~的基本特征　(1-2学时)

打开《中国自然地理图集》P.5-6图"中国地势"

从中国地势图上可以对地形地势有一个较概括的认识，总的特点有以下几方面：

### 一、地势西高东低，~~呈三级阶梯下降~~呈阶梯状分布。

我国地势西高东低，由三级阶梯构成，这一特点在中国地形图上反映得很明显。阶梯的界线如下：

#### 1. 三级阶梯的界线及分布：

第一级阶梯：青藏高原。其外缘为昆仑山—祁连山—岷山—邛(qióng)崃山—横断山
(3000m等高线)

第二级阶梯：青藏高原外缘至大兴安岭—太行山—巫山—雪峰山之间。

第三级阶梯：二级以东——沿海地区
在沿海以东为大陆架浅海。

#### 2. 三个阶梯的主要特点：

第一级：青藏高原：海拔平均4500m，在大山的环抱中（穹窿 jen），分布着宽谷盆地相间，湖泊广布

第二级：海拔一般1000～2000m，主要由广阔的高原和盆地组成。如内蒙古高原、黄土高原，

云贵高原及塔里木盆地、准噶尔盆地、四川盆地、柴达木盆地等一系列大盆地。

（电开01）

大陆架：深度<500m的浅海平原是大陆的延续部分。我国大陆架是世界上最宽的陆架平原之一。渤海、黄海全部为陆架，平均深度200m以下。东海中的陆架平原占海域的大部分，是大陆的延续。南海分布着大陆架、大陆坡和深海盆地。最深处超过5500m，是我国最深的海域。

冲绳海槽为大陆坡深海槽，水深100—2000m，宽400—600km。

3. 地势的影响：

① 加剧了气候的地区差异。既加强了东部地区的季风环流，抑制了西部地区西北气流的深入，加强了西北内陆的干旱，并出现了青藏高原的高寒。

② 地势的这种西高东低的特点决定了许多大河自西向东流的流向。这种向东倾斜的地势在气候上有着重要的意义。由于我国雨带的季节移动自南向北推进，恰与河流干流相平行，从而各雨带将在河流下游排水时，给上、中、下游同时带来大量降水，各河段之间缺乏调节作用，水量迅速增加形成洪峰。雨带过后各流域则同时减少流量，增加了河川径流量的年际和季节变化。这种地区的河流是我国东部季风区大陆性河流水文的特征。

这种自西向东的流向，便于东西向的水路交通，从而加强了沿海与内陆之间的联系。我国地势呈阶梯状急剧下降的地段，落差大，水力资源丰富，是建设水利枢纽工程的理想地点。

（电开01）

J719932 装 订

年 月 日 第2-5页

(3三)

## 三 点. 地貌类型多样，复杂多变

1. 五大基本地貌类型俱全

我国地域辽阔，地质构造复杂，在漫长的地质历史演化中，由内外营力塑造了高原、山地、盆地、平原、丘陵等五种基本地貌类型，在我国都有分布。它们所占的比例是：山地约占全国土地总面积的33%，高原约占26%，盆地约占19%，平原约占12%，丘陵约占10%。

2. 特殊地貌类型丰富：除了基本地貌类型外，在我国不同类型的自然地理环境下还发育着规模宏大的冰川地貌、冰缘地貌、黄土地貌、风沙地貌、岩溶地貌、海岸地貌以及火山地貌和多种类型的构造地貌。

3. 各种地貌交错分布：我国地貌的复杂多样性，还表现在各种地貌的交错分布。在一种主体地貌背景上往往镶嵌着多种其他地貌，使地貌更加多样复杂。如：在青藏高原上还有众多的山地、盆地；在黄土高原上，还分布着众多的山地和盆地；在云贵高原上又有山地、丘陵、盆地和平原；在四川盆地内也有丘陵和平原。这种错综复杂的地貌类型，是形成我国自然环境多样复杂的基础，是我国因地制宜开发利用土地资源发展多种经营的依据，也为农林牧副渔的各种经营创造了优良的环境。

(电开01)

装 J719932 订

年 月 日 第 2-6 页

(3=12)

二、山脉众多，高差巨大，地貌复杂

~~2. 山地面积广，地势高差大~~：

1. 山地面积广：山地比较多是中国的突出特点。各种地形类型齐全，[illegible]（纵横的山脉众多）山地在国土中比重最大，约占全国总面积的三分之二。如果把丘陵和崎岖的高原也包括在内，广义的山地面积占全国总面积的65%。

2. 山地海拔较高：H>1000m的山地（也）占61%，H>500m占84%。

3. 从下而上看：兰州—昆明一线以西，多为高原（H>3500m），横断山（H>5000m）……[illegible] H>8000m的高峰[illegible]……地势都在6000m以上。

[illegible]，成为世界[illegible]。

而兰州—昆明一线以东，多为H<2000m的中山、低山。世界屋脊[illegible]

山地超过7000m，其中[illegible]峰高7950m，[illegible]

2005年测：岩石高程：8844.43m（±0.21m）
峰顶冰雪深度3.50m
8846.27m（[illegible] 1992.9—10月对世界第一高峰珠峰[illegible]）[illegible]，见"[illegible]"94.8.19）

6. 高差之大，世界第一：中国珠穆朗玛峰海拔8848m，而吐鲁番盆地

艾丁湖湖面低于海平面-154m，[illegible]相对高差[illegible]

（2008.10.6公布 -154.31m，误差±0.22m）[illegible] 4900m.

2000m以上（峰>5000m，谷2000—3000m）~~[illegible]~~ [illegible]

[illegible]。[illegible]

珠峰高度 { 1975年：8848.13m（冰雪高程）
~~2005年：8844.43m（岩石高程）~~
2020.12.8：8848.86m（雪面高程）

（电开01）

装 J719932 订

(3三四) 四、~~[illegible]~~网格状的地貌格局

地貌格局——大地貌单元在平面上的排列组合形式。

前述三级阶梯是我国地貌格局中最突出的一点，再~~[illegible]~~（细看）讲我国呈网格状的地貌格局。（挂图：中国地形图）（3级P.6）

1. 山脉按一定规律排列，交织成网。

我国山地~~[illegible]~~比平原多，大小山脉纵横交错，但它们并不是杂乱无章，而是按一定方向有规律地排列。按山脉走向的不同可分为几种类型：（挂图上山脉图。）

(1) 东西走向的山脉，主要有三列：自北而南依次为：

① 天山—阴山山脉。② 昆仑山—秦岭山脉 ③ 南岭。

构成我国的8个阶梯，具有明显的分隔性。

(2) 南北走向的山脉：主要有贺兰山—六盘山—横断山脉

高度不大，山势比较平缓。但它们都是我国东西之间的重要地理界线、区域分界。

(3)(西部) 北西走向为主（NW、NWW）：有阿尔泰山、祁连山、喀喇昆仑山（可可西里山、唐古拉山）、冈底斯山、（念青唐古拉）喜马拉雅山脉。山体高大。在东部地区的山脉，西段呈NW走向，东段逐渐转为EW

（电开01）

年　　月　　日　　　　　第 2-8 页

走向. [illegible]排列.

(4) ([illegible]) 北东走向的山地： [illegible]三列（自西向东）

① 大兴安岭—太行山—（巫山—）武陵山—雪峰山

② 长白山地—辽东山地—山东丘陵—武夷山（东南沿海山地）
（丘陵）（鲁中低山丘陵）

③ 台湾山脉.（[illegible]山脉）

[illegible]

[illegible]“三级阶梯”[illegible].

[illegible]

[illegible] a.[illegible]

[illegible] b.[illegible]； c.[illegible]；

d.[illegible]； e.[illegible]

[illegible].

2. ~~[illegible]~~ [illegible]：

[illegible]

[illegible].

年 月 日 第 2-9 页

平原，内陆地区仍一致的。在很大程度上受到我国山脉的制约。如位于（受东西走向山脉控制，北NW走向）

北部的蒙古高原、塔里木盆地、以秦岭以南黄土高原、准噶尔盆地则呈东西向；

位于南部的云贵高原、青藏高原东南及青海的柴达木盆地，则受到南北一系列、东北一西南

走向山脉的控制，多为东北一西南向地层的平行的地形；位于中部的山脉间盆地

如四川盆地，则为我国山脉东部走向与西北走向的交汇。

四川盆地，东北方为大巴山，西南方为云贵高原，东南方为大娄山，西北为龙门山，

大雪山。四川盆地周围的山脉构成四川盆地的轮廓和地形的基本方向。

以上~~[illegible]~~4个特点体现了我国的地形结构。

[阅读《中国的地理》（9+10）及《中国的地形，全国小丛书》"中国地势剖面图"(II)]

9

装 J719932 订

（电开01）

年 月 日 第 2-10 页

## 第二节：主要地貌类型 （4—5学时）

各地貌形态类型，我们依地形分为山地、高原、盆地、丘陵和平原。

按形态分别[illegible]简单介绍一下这些地貌。

### 一、山地：

[illegible]

我国是多山的国家，山地面积广大，而且山脉纵横交错，构成地貌格局的骨架，[illegible]。山地的分布，在西部多为极高山和高山，东部多系中山和低山。[先简单介绍一下各类山地的地貌一般分类特征（地貌类型比较清楚，[illegible]、山地类型特别是[illegible]……）]（见P.9）

装

719932

订

各类山地的地貌特征

| 山地类别 | 海拔(m) | 相对高度(m)(切割) | 地貌特征 | 分布范围 |
| --- | --- | --- | --- | --- |
| 极高山 | >5000 | >1000 | 山顶终年积雪，发育现代冰川 | 主要分布在青藏高原，如喜马拉雅山、昆仑山、天山等山地地区。 |
| 高山 | 3500~5000 | (深)>1000<br>(中等)500-1000<br>(浅)100-500 | 位于现代雪线以下、森林线以上，冰川地貌显著，残存古冰川及古代冰川遗迹，部分山地有现代冰川。(1) | |
| 中山 | 1000~3500 | (深)>1000<br>(中等)500-1000<br>(浅)100-500 | 位于森林线以下，山体受到不同程度的流水切割，山顶[illegible]古代冰川遗迹，[illegible] | [illegible]如大兴安岭、长白山、太行山、阴山、秦岭、巫山、武夷山、[illegible]山地。 |
| 低山 | 500~1000 | (中等)500-1000<br>(浅)100-500 | 山势低缓，地形破碎，在东部以湿润地区，[illegible]，[illegible]风化，西北干旱地区以干燥剥蚀作用为主。 | 主要分布在东部中山外围，长江以南[illegible]，[illegible]分布尤多。 |

（另外，作简单介绍） 丘陵 （<500）（一般） <200

（电开01）

年 月 日 第 2-11 页

熟悉我国主要山地的分布大略，我们(通过读图)来了解一下主要山地的特征。

（见《中国地理》p.31—35）

(一) 东西走向的山脉：

东西走向的山脉主要有 { ①天山—阴山 ②昆仑山—秦岭 ③南岭。 ，这些山脉都非常重要，我们了解一下。

1. 天山山脉： 189—190，191（新图集） （图集：173—174，175 天山山脉）

天山 { 北天山 中天山 南天山 伊犁盆地 焉耆盆地 吐鲁番—哈密盆地 (189—190) (191) （天山山脉73）

2. 阴山山脉：（图集：165 / 179） （立体图）

阴山山脉 { 广义：狼山、乌拉山、大青山、（东端是燕山）大马群山、冀北山地 南缘山地。 狭义：大青山

—内流区与外流区的分界

3. 昆仑山：203，201—202（图集：185，187） （立体图）

昆仑山 { 西昆仑 中昆仑 东昆仑 { 北支 中支 南支 —（塔里木盆地与柴达木盆地的界山） —巴颜喀拉山～（黄、长二江的分水岭）

4. 秦岭山脉：125—126，130（图集 109—110，114 或 14） （立体图）

秦岭 { 广义 西起甘肃东南部，东到河南中部，包括西倾山、岷山、……伏牛山…… 狭义（陕南一段）

①渭河与淮河、汉水、嘉陵江的分水岭。

(电开01) ②暖温带、亚热带……—地理上重要的分界线。

年　月　日　　　　第 2-12 页

5. 南岭 (五岭)　　143　(图集:137-138)　(挂图)

越城、都庞、萌渚、骑田、大庾　(透明胶片)

九嶷山 ([illegible])

— [illegible]

[illegible]

(二) 东北走向山脉

武夷山—台湾山—横断山脉.

(1) 武夷山 (图集 9-10, 14)

(2) 台湾山 (图集 9-10, 14, 109-110)

6. (3) 横断山脉: (图集 153) 154、157　(挂图)

① 山河平行相间排列　(透明胶片 57)

② 垂直变化明显　"一山有四季，十里不同天".

(三) 西北走向山脉

7. (1) 阿尔泰山 (图集, 14, 175) 189、191

"金山": ① 山势 NW—SE 降低.

② 山麓—山谷 [illegible].

(电开01)

J719932

年 月 日 第 2-13 页

8.(2) 印度山脉 (南山) (国家:14, 173→174, 176)  89-190, 192

① 一排列WN-SE走向,平均拔海6000m以上,多冰川

② 北侧内部高原,南侧陡急,冰川发育

③ 是印度洋内陆水系的分水岭

(3) 喀拉昆仑山:(国家:13-14, 185-186, 187)  201-202, 203

乔戈里峰 (8611m),世界第二高峰

(4) 唐古拉山:(国家:同上) 山势较和缓

} 接一页

9.(5) 喜马拉雅山 (国家 185-186, 187)  201-202 203  (已明地图)

① 范围:(西)南迦帕尔巴特峰——(东)南迦巴瓦峰

(个小的等, 归自西向东的弧形)

② 世界最高的山系

有世界最高峰——珠穆朗玛峰 h 8848m
8848.13m
8844.43m
8848.86m

世界最年轻的山脉

} 三"最"

③ 特点:a. 外貌特征:多角峰尖峰,断崖,山谷,岩屑,冰川地貌。

b. 南侧为陡坡——印度河平原,落差大。

北侧为缓坡对青藏高原,落差不大。

c. 阻挡从印度洋来的西南季风进入内陆。

南坡降雨充沛,气候湿润;北坡降雨稀少,干旱,仍为山地草甸。

并造成南北两侧成为干旱区。

（电开01）

年 月 日 第 2-14 页

(四). 北东走向山脉：三列

① 大兴安岭—太行山—武陵山—雪峰山.

② 长白山地—(辽东山地、山东丘陵)—武夷山.

③ 台湾山脉.

10、11 大兴安岭、长白山、及 东北山地 (图集14. 113—114, 115 ~~197—98~~, 99) (多教图)

~~由~~ 东北山地—东北平原—小兴安岭

东北山地 { 兴安山地 { 大兴安岭 / 小兴安岭 (1400—1800) 玄武岩台地. 五大连池 火山熔岩堰塞湖. "五大连池"

~~[illegible]~~ 长白山脉 (东北东部山地) { 西列：大黑山、大青山、吉林哈达岭 / 中列：张广才岭. (4山) / 东列：完达山、那丹哈达岭、(老爷岭) 太平岭、长白山 └ 白头山"天池". }

(2) 太行山脉 (图集14. 109—110) 6.9 126

(3) 巫山. (武陵山). (图集14. 112) 6.9 138

(4) 雪峰山 (图集14. 122) 6.9, 138

(5) 武夷山 (图集14. 122) 6.9, 138

} 推一下.

11. (6) 台湾山脉: (图集: 14. ~~127—174. 176~~ 137, 148) 6.9, 176 (多教图)

台湾山脉 { 台东山脉 / 中央山脉 ("台湾屋脊") / 玉山山脉 · 玉山 (高3950)—北部第一高峰) / 阿里山脉、 日月潭. }

(电开01)

第 2-16 页

## 2. 高原

| 名称 | 地理位置（参阅图） | 地貌单元（结构、组成） | 特点 | 备注 |
|---|---|---|---|---|
| 青藏高原（旧称"青康藏高原"） | 我国西南部。北界：昆仑山、阿尔金山、祁连山。南界：喜马拉雅山。东界：横断山（[illegible]，1500 m 等高线）。西南界：喀喇昆仑山、国界。 | 山脉：昆仑山、阿尔金山、祁连山、唐古拉山、喀喇昆仑山、冈底斯山、念青唐古拉山、喜马拉雅山、横断山脉。高原：羌塘高原（[illegible]），青海高原。盆地：柴达木"聚宝盆"。谷地：藏南谷地（[illegible]） | 高、大、年轻（高、大、新）<br>1. 高："世界屋脊"，高 >4000 m，许多山峰在 5–6000 m 以上，有世界第一高峰（珠峰）和第二高峰（乔戈里峰 [illegible]）。<br>2. 大：东西长 2700 km，南北宽 1400 km，面积约 230 万 km²，[illegible]。<br>（3.）[illegible] 3,097 万 km² [illegible]（[illegible] 1940 km²）[illegible]。<br>4. 新：青藏高原是喜马拉雅运动 [illegible] 300–500 万年 [illegible]。 | ① 世界上 [illegible] 高原。② [illegible] ③ [illegible] ④ [illegible] ⑤ [illegible] ⑥ [illegible] —[illegible]（[illegible]）⑦ [illegible] 世界上 [illegible] |
| 内蒙古高原 | 我国北部，[illegible]，大兴安岭以西，阴山以北 | 高原：呼伦贝尔高原（[illegible]），锡林郭勒高原（[illegible]），阿拉善高原（贺兰山以西）[illegible]。平原：河套平原、银川平原（宁夏平原），[illegible]。山地：阴山、贺兰山、大兴安岭等。沙漠/沙地：巴丹吉林沙漠、腾格里沙漠、[illegible]，毛乌素沙地、[illegible] | ① 地形坦荡开阔，[illegible]。"[illegible]"——"[illegible]"（[illegible] 1000–2000 m）<br>② [illegible] 沙漠 [illegible]<br>③ [illegible] 平原 [illegible] | [illegible] |
| 黄土高原 | 位于太行山以西，乌鞘岭与秦岭之间（面积 40 万 km²） | 陇中高原、陕北高原、山西高原、关中盆地（渭河平原）、豫西山地。山地：六盘山、吕梁山、太行山、中条山、[illegible]等 | ① 黄土覆盖 [illegible]（[illegible] 200 m）[illegible]<br>② 水土流失严重，[illegible]。<br>（以图表示 [illegible]） | [illegible] |

6, 202, 203（旧书：6. 9–10，105–106）
6, 177（旧书：9–10，101–102）
67. 68
6, 130（旧书：9–10，109–110）
40. 42

J719932

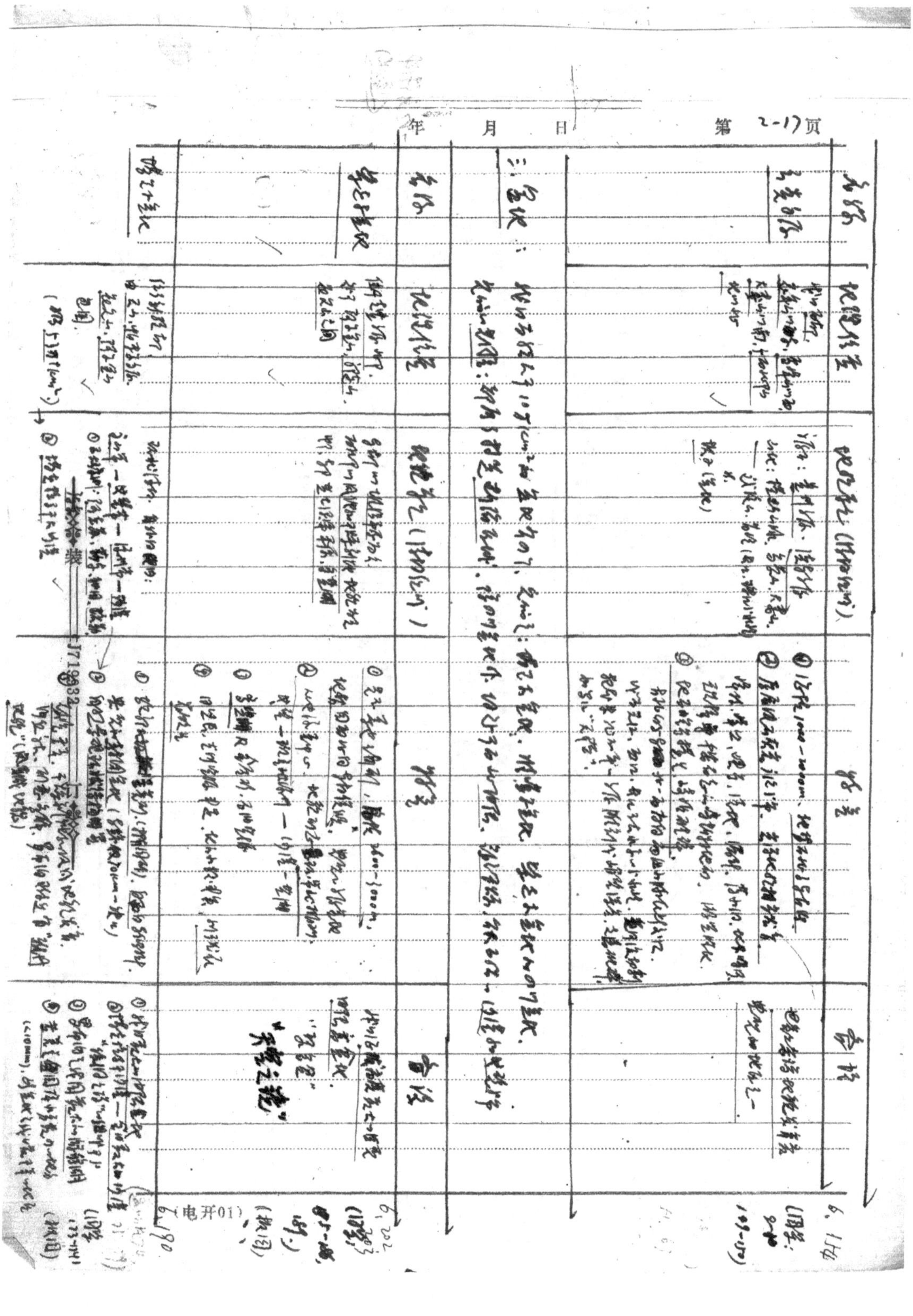

2-18

| 名称 | 地理位置 | 地貌特点（结构组成） | 特点 | 备注 | |
|---|---|---|---|---|---|
| 准噶尔盆地 | 新疆北部，天山与阿尔泰山之间，西部一连串断块山地，总称"准噶尔界山" | 陷落盆地，[illegible]——[illegible]——[illegible]——[illegible]。古尔班通古特沙漠 | ① 风积物不多（[illegible]），有半封闭的盆地。地势由东南向西北倾斜。538km² ？② 西部山地不高又有缺口，大西洋和北冰洋的湿润气流可进入盆地，[illegible]，[illegible]。固定半固定，草场良好。③ 有[illegible]——[illegible] | [illegible]大盆地 | （图集：9-10，133-134）6.190（挂图） |
| 四川盆地（27） | 青藏高原以东，巫山以西，云贵高原以北，秦岭以南。四周：[illegible]，四周大都是2000—3000m的高山与高原；北部：龙门山、米仓山、大巴山（秦岭）；东部：巫山；南部：[illegible]；西部：大凉山 | 东部：川东平行岭谷区（华蓥山1704m）；中部：川中丘陵区（红色丘陵区）；西部：成都平原 | ① [illegible]——"紫色盆地"，[illegible]（[illegible]）。② 长江[illegible]，[illegible]。有嘉陵江、涪江、沱江、岷江（"四川"名）[illegible] ③ 中生代[illegible]，称为"红色盆地""紫色盆地" ④ 地形复杂，[illegible]，称"丘陵性盆地" ⑤ 成都平原[illegible]，物产丰富"天府之国" | "三峡"——长江穿过巫山形成的。 | 6.137 图集9—10，149—150，152，（挂图）（[illegible]） |

四、丘陵：丘陵是指相对高度500m以下，相对高度不超过200m，高低起伏，坡度较缓，连绵不断的隆起地。我国丘陵[illegible]，山地、平原、盆地也有丘陵，但主要分布在东部[illegible]，[illegible]丘陵和[illegible]丘陵。

| | | | | | |
|---|---|---|---|---|---|
| 东南丘陵 | 在长江以南[illegible]和[illegible]以北。 | 江南丘陵 { [illegible]丘陵 / [illegible]丘陵 | ① [illegible]，[illegible]。② 丘陵[illegible]，[illegible]。③ [illegible]：[illegible]。④ [illegible]：[illegible]，[illegible]，[illegible]。 | | 6.186 （图集9-10，109-110） |

J719932

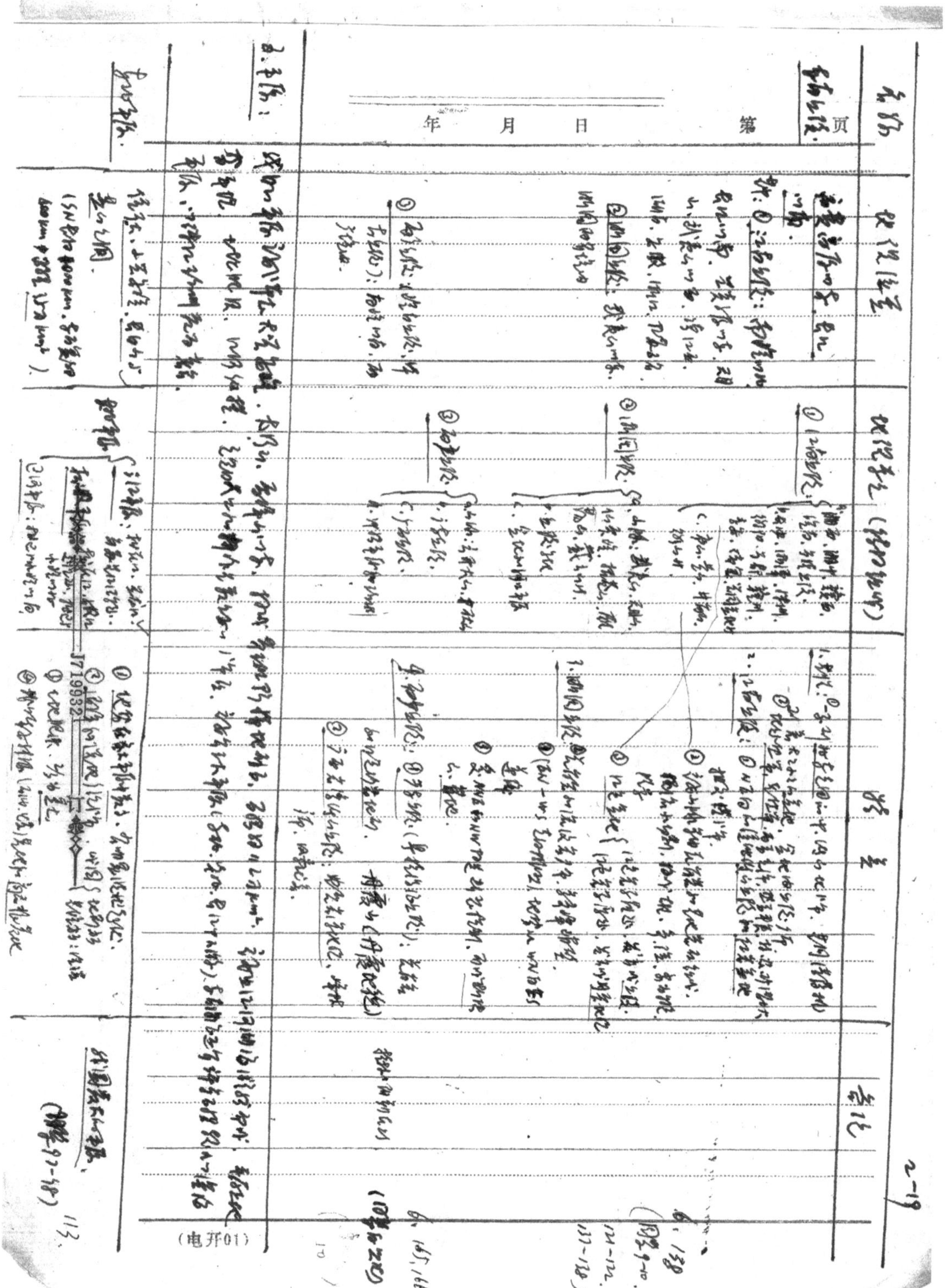
年 月 日 第 页
2-19
丹霞山
(电开01)

2-20

| 名称 | 地理位置 | 地貌类型（[illegible]组合） | 特点 | 参考 |
| --- | --- | --- | --- | --- |
| 华北平原 | 燕山以南、太行山以东、[illegible]<br>[illegible]<br>[illegible]之间。<br>（S 31万km²） | 山前平原 / 黄淮平原 [illegible]<br>（[illegible]）{ 冲积扇 [illegible]平原<br>[illegible]{ 冲积扇平原 [illegible] [illegible]<br>（[illegible]） | ① 地势低平，坡降小，[illegible]<br>② [illegible]<br>（[illegible]）<br>③ 旱、涝、碱、沙<br>④ [illegible] | 中科院华北平原<br>（旧书 9-10，109-110，111）<br>6. 126 |
| 长江中下游平原 | 三峡以下[illegible]<br>（[illegible]）<br>（S 20万km²） | ① 两湖平原 { 江汉平原 洞庭平原<br>（[illegible]）<br>② 鄱阳湖平原（[illegible]）<br>③ 苏皖平原：[illegible]<br>④ 长江三角洲：[illegible] | ① [illegible]<br>② 地势低平，河湖密布，[illegible]<br>③ “鱼米之乡”<br>④ [illegible] | （旧书[illegible] 123-124）<br>6. 138 |
| 珠江三角洲 | [illegible] | ① 西江—北江三角洲（大三角洲）<br>（[illegible]）<br>② 东江三角洲（小三角洲）<br>（[illegible]） | ① 地势低平，[illegible]<br>② [illegible]<br>③ [illegible]<br>④ [illegible]：“桑基鱼塘” | 166<br>（旧书[illegible] 137-[illegible]，139）<br>[illegible] |

作业：填图：山脉[illegible]，[illegible]，[illegible]。

J719932

年 月 日 第 2-16 页

思考题：

选思考（√）

1. 中国地貌~~轮廓~~的基本特征

√ 2. 从大地构造和地壳运动阐明我国地貌格局的形成。

（青藏高原的形成及其发展）
（以一种学说为主）

√ 2.3. 我国主要地貌类型的分布规律（按图区别表——作业）
包括：山脉走向、高原盆地、平原丘陵的分布。

3.4. 概括我国地貌的作用（内力、外力、宏观、不注意地貌的……）

4.5. 地貌对其他自然地理要素的影响及其在区域自然地理中的意义。

~~第四节：冰川（自学）~~ [illegible]

第十四章：沙黄土（自学）

思考题. 5. 中国沙漠与黄土的形成。

作业：中国主要地貌类型分布图。

① 在《中国地形图》（附件或自绘）上绘制山脉走向。要求山脉走向清楚，位置大致准确。

② 在山脉和中国地形图的基础上，标出高原(4)、盆地(3)、丘陵（三大丘陵），平原(4)的名称。要求相对位置准确。

~~③ 读地貌图写出地貌类型，绘制其分布~~

4-117-①

年 月 日 第4-1页

# 第五章 气候

<u>教学目的</u>：气候是自然地理的要素之一，也是最活跃的地理要素，是自然地理学很重要的组成部分。通过本章的学习，了解中国气候的基本特征、大气环流、特殊天气过程及各气候要素，加深理解地形与气候之间的相互关系以及对地理环境形成的作用。

<u>学时分配</u>：8学时

其中：第一节：1－2学时，第二节：2－3学时。（一、二节4学时）

第三节：1－2学时，第四节：2－3学时（三、四节4学时）

<u>教材处理</u>：第一节："中国气候的基本特征及其形成因素"（突出讲一下季风气候的特征（地形））

第二节："大气环流"：偏重于近地面环流，包括季风环流，高空环流略讲。

（第三节：改为"特殊天气过程（灾害）"：寒潮、梅雨、台风。）

第四节：改为"气候特点"，分别讲气温、降水，突出"积温"和"干燥度"等概念的物理意义和分布规律。

<u>重点与难点</u>：1.重点：气候基本特征及其形成的因素，季风环流。

2.难点：大气环流。

年　月　日　　　　第4-2页

教具：1. 挂图：①中国温度带、中国干湿状况分布图。

②中国一、七月气压和风、年降水、气温分布。

2. 《中国自然地理图集》45、46、47、48、53、54、——68页的图。

3. 板图：青藏高原对气候的影响、四季气候划分。

引言：气候与地貌是构成自然地理要素，而气候又是最活跃的自然要素，对自然地理综合体，自然环境的形成往往起着决定性的作用。气候资源还是自然资源的重要组成部分，它与人类生活和国民经济建设有密切的关系，对于动植物的生长发育也起着重要作用，气候在一定程度上决定着农业的内容、分布和规模。认识了解我国的气候状况，对于国民经济建设和国防建设，特别是农业的发展是十分必要的，对于研究自然环境整体规律，也是一个必要的前提。

## 第一节：~~中国气候的基本特征及其形成因素~~ 气候特征

我们伟大的祖国位于亚洲东部、太平洋西岸，南北纵跨热带、温带（跨越大陆与大洋之间），同时又有高大的青藏高原，西高东低的地势，复杂的地表，尤其是青藏高原的存在，明显地影响了大气运行，阻挡了南北气流势力东

(电开01)

海和大陆的差异，加以了这地区高空的行星风系，使中国成为了世界气候中

所以典型的季风气候区。

四、气候的基本特征是：

(一) 大陆性季风气候：（也可以从季风性和大陆性两方面来加以分析：）

1、① 季风气候显著：这是我国气候最突出的特征，我国季风区②范围大③显著，

④ 风向更替，⑤ 冬夏季风的强度相差大（如中印半岛冬季季风强烈、夏季风较弱），

这在同纬度其他地区及全球范围内，都占有特殊的地位。(1) 其特征表现为：冬季各地

多受大陆气团控制，盛行偏北风，气候干冷；夏季受海洋气团控制，盛行偏南风，气候

湿热，雨热同期。

(2) 我国季风有多种类型：依形成可分为：

（广义）广义季风：指风向随季节变化而有明显转换的现象

① 由海陆热力差异的季节变化而引起的海陆季风；（狭义季风）

② 由行星风带的季节位移而形成的行星风带季风；

③ 由青藏高原的高原面与周围自由大气的热力差异而形成的高原季风。

可见，我国的季风不仅表现显著，而且成因复杂，是世界上独特的季风气候区。

(3) 季风区的范围：我们把受季风影响明显的地区称为季风区与非季风区

（按照夏季风、海陆季风）

年 月 日 第 4-4 页

的等值线：大兴安岭—阴山—贺兰山—乌鞘岭—巴颜喀拉山—唐古拉山—冈底斯山（过渡线），此线东南部为季风区；此线西北部是除大兴安岭以外非季风区；如果包括高原季风区，其范围则包括青藏高原东南部。这样季风区可占全国面积的3/4，可见季风区面积之广。

二、气候的大陆性特征

~~气候大陆性气候特征明显~~：我国的大部分地区位于大陆东部，而西北地区又深入到亚欧大陆中部，除东南沿海岛屿和南海诸岛地区以外，均表现出不同程度的大陆性。

(1) 大陆性特征（气温）：气温和降水在时间分配上的变化剧烈。

① 气温年较差大，日较差大。（我国大部分地区10°—30°C，比世界同纬度大10°—20°C）

② 一年中最热月为7月，最冷月为1月。（最热与最冷月份均比海洋性气候早出现）

③ 春温高于秋温

④ 降水集中于夏季

据大陆度计算公式得出大陆度，计算年、月平均、日较差指标，也可以区别：
(1) 大陆性和海洋性气候区分界线：漠河、兰州、四川盆地、青藏高原的东缘
(2) 区划：① 海洋性气候区：大陆度<50，年ΔT<10°C，包括：华南沿海……
② 海洋性过渡气候区：大陆度>50 <50，"<" >10°C，包括：长江中下游、云南的东部与西部
③ 大陆性过渡气候区：大陆度>50 <50，7.8月ΔT<10°C >10°C，包括：东北部、华北、内蒙古东部
④ 大陆性气候区：大陆度>60，年ΔT>20°，主要在西北。

（记忆）① 按金斯基大陆度公式（P.16页下）
② 划分大陆性海洋性区划

2. 气候的大陆性与海洋性区划：（书 P.17）

(2) 大陆度50%的等值线：温州 —(WS)— 南平 —(WS)— 贵阳 —(W)— 柳州 —(WS)— 兰州（—拉萨）一线

此线东南为海洋性气候，西北大陆度递增，西北内陆地区大陆度达80%—90%。但沿海大陆度<50%的东南沿海，年温差小，降水变率小，降水季节分配均匀，表现出海洋性的特征。

（电开01）

装 J719932 订

年　月　日　　　第 4-5 页

正因为我国气候大陆性特强，故我国同纬度地区为大陆性季风气候（世界上只有湿润季风气候）。

三、(四) 气候类型复杂多样，以亚热带、温带气候为主。

我国幅员辽阔，地形复杂，距海远近不等，因而形成了复杂多样的气候类型。

1. 按温度带划分：从南到北可分为9个温度带：南热带—中热带—北热带—南亚热带—中亚热带—北亚热带—暖温带—温带—寒温带。
（南岭）　（秦岭—淮河）

其中：①热带（陆地）范围较小，除南海诸岛、台湾南部、琼雷、滇南为热带区域之外，我国大多数地区属亚热带、温带气候区域。

② ~~南岭以北至秦岭—淮河之间为亚热带气候区~~，我国亚热带受季风环流，形成了与世界上同纬度干旱沙漠不同的亚热带湿润季风气候，温暖湿润，四季分明，这在世界上是得天独厚的，

(引自) 气候区划

③ 秦岭—淮河以北为温带气候区，我国温带地区，不但有中温带和南北温带影响，又有随距海远近不同而形成干湿差异，故形成不同的各种温带气候类型较为复杂。

2. 按干湿分区：由东南向西北，由沿海向内陆依次为（区）：湿润、半湿润（湿）、半干旱（干）、干旱。

（电开01）

年 月 日 第 4-6 页

水热条件的结合，基性的古代风化壳，其本上是经过一体的产物，而基性的

经历的水分条件加强。气候带的体现较为明显。

补充 P.(第一19 到出) 气候带的经纬度向气候区划表，论文对于气候区划的总一下。

3. 东亚的地位 引起水热条件的重分布，增加了气候类型的复杂性，特别是形成的青藏高原，不仅能影响到世界上独特的高寒气候，并且通过热力和动力作用影响邻近地区的气候，使我国气候更加复杂。

二、气候区划：介绍我国气候带和一个地区气候区划。 (三版P.18，四版P.65)

第二节(一) 气候的形成因素 (三版：第二节)

(三版天，[illegible] 论气候)

(一)太阳辐射：是气候形成的基本的因素，是大气热能的来源(唯一)，其纬向分布决定气候在地带分布。一般是辐射量大的地方温度较高。但是气温还受到湿度、地形等的调节，所以气温高的地方和辐射量大的地方并不一定相同。我国太阳辐射对气候的影响，可以通过以下几个指标：

1. 太阳辐射总量：(总辐射量)主要与太阳高度角、云量、大气透明度、海拔、纬度等因素有关。a. 全国各地总辐射量在 80—190 千卡/cm²·年，西部大于东部。

b. 最高值在青藏高原(海拔很大的)的喜马拉雅，在 150—190 千卡/cm²·年。

[illegible]

c. 最低值在贵州东部至四川盆地的四川盆地，大约只有 80 千卡/cm²·年。(以绵阳为)

(见图 P.52. 图4-1. 《中国气候》分图)

年　月　日　　第 4-8 页

这种冷、暖程度的季节变化和地区分布，特别是冬季气温的南北差异，气温的年较差，都有直接的影响。

一、(一) 地理因素 位置

(一) 地理位置

1. 纬度位置：

(1) 纬度位置决定着太阳辐射的强弱和季节变化，是影响气候最基本的因素。我国处于 53°31'N — 3°51'N 之间的纬度位置，地跨热带、亚热带、温带，由于南北纬度的差异，从南到北形成了热带、亚热带、温带等温度带的分布特点。由于太阳高度角和日照时间长短的不同，夏季南北温差不大（南 角大、时小 → 北 角小、时大），而冬季南北温差大（S→N：角大→小，时大→小）。

(2) 纬度位置又决定了我国在大气环流中所处的行星风带，我国绝大部分处于中纬度西风带和低纬度信风的影响。冬季西风带南移，在（500mb）25°—35°N之间为主，西风带是全年控制，为主要的控制范围；北侧，终年为西风控制，温带气旋活动频繁；南侧，冬季受副热带高压和西南气流及低纬度信风的影响，热带气旋活动频繁。

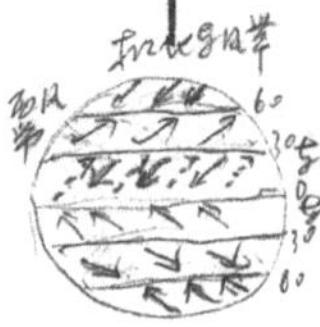

2. 海陆位置：

(1) 我国位于亚欧大陆东岸太平洋之间，海陆热力性质的不同，产生了明显的热力差异，正是……

(电开01)

年　月　日　第 4-9 页

加剧了这种差异，形成了性质不同的季节性活动中心，导致了我国季风环流的形成。

详见课本：冬季陆地冷却快，形成高压，风从陆吹向海；夏季陆地增温快，形成热低压，风从海吹向陆。

（我国处于大陆东岸，海陆热力差异尤为明显，冬季高空大槽在大陆东岸得到加深，使冷空气南下范围扩大，夏季高空大背脊加强，加上青藏高原的剧烈增温，东南、西南来的海洋暖湿气流得以深入，使我国成为世界上显著的季风气候区。）

(2) 我国横跨纬度（相差约50个纬度）对海陆温差的季节性调节作用，也加剧了海陆之间的热力差异。因跨越大陆的纬度广，热力分异大，特别是冬季在由陆一面冬季风吹送下，更形成了强大的冷高压，而海洋气流是寒流性质，故加强了大陆的干寒。夏季，东南季风可带来显著的海洋气流的水汽，使夏季形成降水季节。我国季风非常显著，受其影响之大，也是世界季风气候多雨的原因之一。

二、下垫面

~~1. 地形状况（地形因素）~~：

地形对气候的影响主要表现在两个方面：一方面是地形对大气环流的屏障作用，改变了地面的温度和降水的分布趋势；另一方面是地形随高度的升高引起的气候要素的垂直变化，形成气候的垂直变化。

（电开01）

年 月 日 第4-10页

地形对我国气候特征的影响，主要表现在以下几方面：

1. 从地势：我国西高东低三级阶梯状的地形大势，利于季风的推进和加强，使得季风推进速度加快；又处于太平洋东亚季风的迎风面，为来自季风一步步深入提供了方便，使东部地区降水的季节分配和变化范围很大，从而使季风影响的范围扩大到全国。

2. 从山脉：a. 山脉东西向更高度，引起气候的垂直分异(−0.6°C/100m)，使气候的垂直地带性显著化。b. 此外，东西走向的山脉能（对冷空气起障碍作用）阻挡气流的南北运行，形成气候的地区差异。c. 如秦岭南北；而山地的迎风坡降水量丰富，背风坡却少雨，气候大不相同；d. 对于全国范围内地形对气候的影响，加剧了其独特性。

3. 从青藏高原：对我国气候影响的最突出，青藏高原体积庞大，面积大，除本身是有独特的高原气候外，还以其热力作用和动力作用影响东亚季风环流。

参 P.35-36.

① 动力作用：A. 对西风环流的动力分支作用（绕流、分支）：冬季，（5000m以下）西风环流受高原阻挡分为南北两支：

西风带南移 ⇒ 在高原分支
- 北支：在高原西北部为西南气流，绕过高原东北部后转为西北气流 —— 反气旋性弯曲（西北脊）（平均位置35°−40°N）
- 南支：在高原西南部为西北气流，绕过高原南侧后转为西南气流 —— 气旋性弯曲（西风槽）（平均位置25°−30°，冬季在15−20°N）25°？

→ 汇合于长江中下游

年　月　日　　第4-11页

动力：①a、在冬季和春季使西风带的范围向南移动。

南支可达15°-20°N，并形成冬季风的南部界线之一。

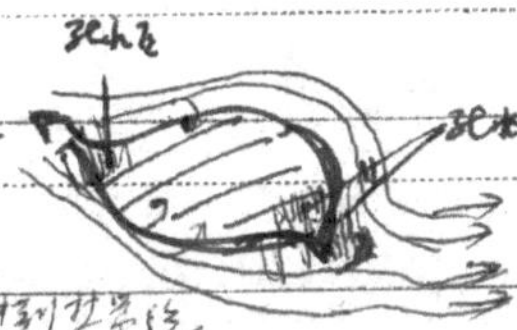


（附图1）

（北支西风带，加深西北部冷空气的势力，南支西风槽，促进我国华南降水的增加）

b. 南支急流的消失，又是季风开始的一个重要因素。冬季、夏季明显。5月初6月末，西风带北移，南支急流消失，西南季风爆发，东南季风向北推进，我国雨带一般都由华南地区开始；7月以后，西风带南移，南支急流重新建立，夏季风退出大陆，冬季风南下，冬季开始来临。

c. 高原东侧的背风西南气流，由于处于高原西风带的背风静区，风速小，出现"死水区"，造成四川盆地冬季多云雾的天气。

B. 屏障作用：a、阻滞西来天气系统的东移。

b. 阻挡南北冷暖气流的交流：冬季，北方寒冷的冷空气受阻，高原以及北部大片地区无法加强，加强冬季风，而高原东侧由于高原阻挡冬季风的直接影响，却比其东西两侧同纬度地区温暖，而且不冷；夏季，来自印度洋的西南季风受阻不能进入内地，使北侧西北地区更加干燥，为荒漠气候。

② 热力作用：A. 高原季风：由于高原高达4500m以上，高原上空气稀薄，太阳辐射强，高原的物理性质不同于同高度的自由大气，引起高原与周围大气之间的热力差异，以

（电开01）

年　月　日　　　第 4~12 页

是以高原为中心，夏——夏季，高原强烈增温，成为热源，高原上是地面热低压，风从四周吹向高原；冬——冬季情况相反，高原上是冷高压，风从高原吹向四周，季节不同，形成高原季风。

（板图2）

B. 对（保持）季风环流的加强作用：

冬季：冷高压，空气下沉辐散——迭加在蒙古高压之上——加强冬季风势力。

夏季：（近地面层）热低压，空气上升辐合（高空）——加强印度低压活动——拉动太平洋到印度洋暖湿气流深伸——加强夏季风的势力。

青藏高原的热力作用，以夏季最明显。可以说青藏高原是夏季季风环流的"加热机"。

此外，青藏高原的动力作用，还可以阻挡和抑制北来冷空气南侵，对天气系统（如西南涡），扩大了季风作用的影响范围。

三大气环流

（三、大气环流：（只作为一个因素讲）　[illegible]

我国大气环流的基本特征：中纬度（大约30°N以北）的西风环流，低纬度的信风环流与季风环流的冬夏季节更换。

我国的气候状况，是在纬度位置和海陆分布基础上，由季风环流最终塑造形成的。）

装　J719932　订

（电开01）

4-(2)

年 月 日 第4-13页

三、~~第二章~~ 大气环流

大气环流是大气圈内空气水平和垂直运动的总体，是大气中热量、水分、动量输送交换的重要方式，是形成天气和气候的重要因素。我国是季风环流明显的地区，认识我国大气环流的特征，我们将着重讨论近地面环流，重点是季风环流。

一、影响大气环流的因素：（前学期认为气候中都讲过）

（一）活动的气压中心：

1. 蒙古高压：是亚洲大陆冬季最强的一个高压，也是西伯利亚高压的一个中心。为季节性高压，（10月建立，4月消失）1月强度最大（可达1050 mb），（中心位置位于蒙古的北部，蒙古高原西部）主宰我国冬季冷空气的活动。

2. 阿留申低压：属半永久性低压，因为冬季海洋相对较暖而形成。中心位置在阿留申群岛，冬季南伸可达鄂霍次克海，~~[illegible]~~ 气压可达996 mb，一般冬季加强，夏季则收缩。其影响我国冬季作用不大。

3. 西太平洋副热带高压：是太平洋副热带高压伸向西太平洋的高压脊，冬季比较偏南，范围较小，其位偏东南，很少伸入我国陆面，夏季势力加强，前面伸北上对我国影响很大。其与印度低压配合，是我国东部广大地区的水汽来源，伴随着高压脊伸入我国，其西北侧的西南风及西南侧的热带大气系统直接影响我国。

（电开01）

（现称为"亚洲热低压"吗）　　第 4-14 页

4. 印度低压：是个季节性大气活动中心，多年平均位置在30°N、70°E一带，即印巴交界处，中心气压994mb，向西的槽可伸到非洲西部，向东的槽可伸到中印半岛以东，我国即处于其向东伸展的低压槽里。印度低压有明显的季节变化，其变化可反映我国夏季风活动的变化。

这四个活动中心控制着我国的气压场，它们在一年四季中的消长变化支配着我国的盛行风（冬季风、夏季风），影响着我国的温度、湿度、降水的变化。

（二）气团：

气团是大气环流的物质基础，都发源于高压区，受高压场的控制而活动，控制我国这地区的主要气团有：

1. 极地大陆气团，其源地是蒙古高原，寒冷干燥，在其向南运动中，不同的下垫面使其发生变性，因而又可分为：

- 新鲜极地大陆气团（Pc）：保持着源地的性质，寒冷而干燥，保持着原来寒冷干燥的特性，其控制下天气多晴朗干冷。
- 陆上变性极地大陆气团（LNPc）：由于活动经过陆地南下，温度、湿度有所增高，但仍保持冷干的特性，LNPc一年四季都有，冬春季最频繁。
- 海洋变性极地大陆气团（$S_1NPc$）（冬半年）：从我国东北部的Pc经过日本海、黄海、渤海以后温度增高，再从海上沿东北季风回流到大陆上，因冷而湿，气团变得冷湿。
- 海洋变性极地大陆气团（$S_2NPc$）（夏半年）：由东北向南，流经东海等海面，在华南登陆，气团变得暖湿，常在长江中下游的南部，在它的控制下的天气温暖多阴雨。

（电开01）

国外也称 NTP—变性热带太平洋气团

年　月　日　　第 4-15 页

2. 热带海洋气团（Tm）：发源于西太平洋的热带地区，性质湿热而稳定，当它与第一股强冷空气接触则形成梅雨天气。若有冷气团侵入，可形成锋，出现雷阵雨降水。夏季，为我国东南季风。

3. 赤道海洋气团（Em）：发源于南半球的副热带地区，经过赤道转变而来，性质高温高湿，层结极不稳定。向北移动时成为西南季风。

（4. 西南暖流：西风急流的南支，在绕过青藏高原时所形成的气旋性弯曲，在高空形成低槽，槽前的西南气流即是。性质暖湿，冬半年影响到云贵高原一带。）

此外，~~[illegible]~~ 还有热带大陆气团、"南海流"气流等。

国外也称：TP 热带太平洋气团
TC 热带大陆气团
Pm 极地海洋气团
NPC 变性极地大陆气团

(三) 锋面：

不同性质气团之间的过渡带，锋面附近势力大者造成升降运动，形成我国云雨天气和降水。

1. 寒潮冷锋：是在极地大陆气团（PC）和变性极地大陆气团（NPC）之间形成的锋面，活动于冬半年，具冷锋性质。

2. 昆明准静止锋：变性极地大陆气团（NPC）和西南暖流之间形成的锋面，活动于冬半年，位于昆明和贵阳之间。

（电开01）

3. 华南准静止锋：是活动在长江流域、华南以南海北区附近准静止锋的总称，~~[illegible]~~ ~~[illegible]~~ ~~[illegible]~~ 是由变性的极地大陆气团之间的锋面，一年四季都有出现，但以12月—次年7月活动最为频繁，在其控制下多阴雨天气，且维持时间较长。

4. 极锋：是由变性极地大陆气团（LNPc）与热带（赤道）海洋气团（Tm，Em）形成的，发生在西风带的一种锋（也可以说是受季风影响的锋面），具有准静止性质，在其所在地区出现降水的锋面天气系统。

5. 赤道锋：热带海洋气团（Tm）与赤道海洋气团（Em）之间的锋面，两气团都是高温高湿，只是气流方向不同，所以锋面性质不明显。赤道锋又称"热带辐合带"，常见于热带海洋及其沿岸地区上空。

锋面的移动，往往取决于两方气团的消长和移动。气压、气团、锋面三者之间是紧密相联系的。

（四）气旋：——在北（南）半球呈逆（顺）时针方向旋转的大型空气涡旋，在气压场上表现为低气压

气旋是影响我国范围广、大风等天气现象的重要系统。气旋可分为锋面气旋和无锋面气旋。"锋面气旋"发生在锋面的波动上，温度分布很不对称，一般移动性很大；"无锋面气旋"在气旋中没有锋面，一般可分为暖性气旋（热低压）和冷性气旋（冷涡）

西部。锋面、无锋面两种气旋可以互相转化。

1. 我国的气旋主要是锋面气旋，主要发生在南北两个锋面带上。

锋面气旋
(1) 北部为蒙古气旋和东北低压：一般发展时可扩大北方锋系的大风范围。
(2) 南方为江淮气旋和东海气旋：一般发展时，可扩大锋系的降水范围。

2. 另外，在青藏高原特殊地形影响下形成的动力性低涡"西南涡"（西风气流遇到青藏高原发生绕流，在高原东侧形成风向上的"北槽"；南支西风气流到达高原东侧时，在低层部分产生气旋性切变，形成低涡即西南涡。西南涡形成后，一般在原地消失，引起四川盆地阴雨天气，若其东移，则会造成江淮流域、黄河中下游、以及华南地区的暴风暴雨。

由于青藏高原的屏障和抑制，活动在我国的气旋大多是锋面气旋，如热带气旋都向东北方向移动（受西风带控制），只有少数进入内陆，横行到东北发展。
以上气旋大多形成和活动在中国的地理边缘（东部）。

气压 → 气团（高压）→ 流场 → （气团交绥）→ 锋面、气旋 → 控制各季各地天气状况（季风节律）→ 形成中国的气候状况。

## 二、四季环流形势：《D学》p.29-30，35-36

### (一)冬季环流：

我国冬季环流自10月开始，12月—1月最盛，3月以后逐渐衰退。
（"地学"47页图）（附图 p.27 图3-8）

1. 气压场：冬季亚洲大陆为强大的蒙古高压所控制，这是北半球冬季最强大的冷高压，蒙古高压是常以冷空气为主的浅薄系统。此时，北太平洋北部存在着一个很深厚的阿留申低压，其势力强大时可伸展到北纬30°N左右的地区。吸引冷空气南下。

另外，太平洋西部洋面上也存在低压，称"东亚低压"，在这种气压形势下，这使得蒙古高压一侧的冷空气（极地大陆气团）以及西伯利亚的冷空气南下时，一股向东流去而出海，往往绕行于阿留申低压中心附近，另一股直下蒙古高压，顺着东亚沿岸南下而到达低压，形成 WN（华北）、NEN（东北～西南）风，称冬季风。

同时，北方冷空气南下主要是受控于蒙古高压和阿留申低压中心之间的强大气压梯度力的影响。青藏高原也起一定作用。

2. 气团：冬季我国主要受极地大陆气团和另一变性气团的控制（Pc、NPc），气团带来干燥、寒冷（变性中）等性质。另外，西南暖流造成了云贵的天气。

3. 锋面与气旋：（"地学"图）（附图 p.32 图3-13）

（电开01）

年　月　日　　第 4-19 页

①新疆和北大陆气团和变性极地大陆气团的影响下寒冷干燥，常受锋面气旋

也比较多降雪，东北则在北方气旋。降水不很多，较为寒冷，偏北大风，各地以晴天

为主多云天气。

② 长江中下游受冷气团控制，华南准静止锋。常多出现气旋，锋面以北气旋多出现

气旋，造成阴雨天气。

③云贵高原一带出现昆明准静止锋。其东西两侧天气大不相同。东侧受

冷锋控制之下，多阴天小雨，西侧在西风南支气流控制下天气晴朗温和。

④此外，青藏高原北部大陆气团受西风带影响，常出现地形降雪——天山准静止锋

造成阴雨雪天气。

~~[illegible]~~ 从图上可看出气旋活动的分布规律。冬季以锋面为主，全年气旋活动最

弱，以北方为主。全年高空急流偏南，以北方为主，这是因为冬季冷空气南侵活动的结果。

4. 冬季环流：冬季全国主要受西风环流控制，而且由于蒙古高压等冷空气南下势力强大，影响和

控制着全国的天气要素。

5. 天气：~~[illegible]~~ 总的特点是寒冷、干燥、晴朗，吹N、NW、ENE风，

但也时有低温阴雨雪天气过程，即冷空气一次一次南侵造成寒潮。也就是说冬季风



装 J719932 订

年 月 日 第 4-20 页

的分布。同时天气表现为时阴时晴的变化。在北方平均4－7天一次（冷空气的移动变化），东亚冬季风区冬季风增强（即为寒潮），10－15天为一循环。每次必伴随天气。冷空气的活动称为寒潮过程。[illegible]大风等。

（此时在台湾还可能出现[illegible]）

(二) 夏季环流

此后季环流 6月开始，7月完成，8月开始衰退。

P29，35，36.

1. 气压场：（图集"48页"）、（讲义 P29 3-10 页）

夏季的气压场分布形势与冬季完全相反（北层大气中心太平洋副热带高压和印度低压是控制气压系统。）亚洲大陆已成为印度低压控制的热低压区（亦称热低压）。而此时的太平洋上是一个强盛的太平洋副热带高压，强度达1025mb。东南季风以此为源。

同时，地球的气压带北移，夏季亚洲大陆南部位于赤道低压带内，南半球的东南信风越过赤道以后成为西南季风，进入我国的有两支，一支在东经[illegible]越过赤道，经阿拉伯海印度洋到达印度半岛和孟加拉湾，以及从印度半岛向东经中南半岛进入我国西南、华南以及长江；另一支来自澳大利亚，在东经[illegible]越过赤道，经南海北上进入华南。（华中、华北）这两支气流，可称为"西南季风"，后者称为"东南风"。——三版未提

夏季风一进来，和来自副热带的东南风交汇形成锋面，西太平洋副高位移有

年　月　日　　　　第 4-21 页

类，气候的演变成因，西伸的变迁，北进的幅度，都会引起我国天气的变化。

2、气团：影响我国夏季主要是热带海洋气团（Tm）和赤道海洋气团（Em）。前者是主要降水的主要水汽来源，它向北可以一直影响到华北、东北。性质湿热而稳定，在它控制下一般控制下天气晴朗少雨，比如长江中下游的伏旱天气；后者常影响于南部沿海到华南地区，赤道海洋气团比热带海洋气团温度更高，不甚稳定，强烈上升一般会引起雷雨天气。另外，此时蒙古高压完全不存在，但是印度低压控制全亚洲的低气压，全亚洲的降水为降水的动力。

3、锋面气旋：（问答 54 小同）（课 p.30 图 3-11）

夏季影响我国的降水主要是极锋。通常，极锋4月在华南登陆，5月到南岭，6-7月到长江流域（梅雨），8月到华北、东北，9月以后开始迅速退出大陆，引起各地的降水。极锋出现迟早、进退、过快、过持，都会造成旱涝灾害。

此外，赤道锋常是台风或热带低压发生发展之地

从全年看，夏季锋面气旋比冬季频繁，但是不如春季频繁，气旋活动一般是与极锋的位置有关。从区域看，长江以北最为频繁，以南较少。

4、高空流场：以西风带，以偏西风气流控制，以南副热带高压和赤道辐合带控制

（电开01）

年 月 日 第 4·22 页

这时北方为冬季西风气流，南方为冬季东风气流。夏季与冬季此时的西风气流与东侧的西南

气流在川滇地区一带形成一条[illegible]的幅合，此外受季西南高压[illegible]（5000m以上）

夏季[illegible]大气出现以东气流[illegible]。下层大气出现了[illegible]（4000m以上）[illegible]

[illegible]。

5、天气：多晴雨 高温、多雨，吹S、SE、WS风。

[illegible]

[illegible]

[illegible]

[illegible]

(三) 春季[illegible]环流：（[illegible]）、（[illegible]）、（[illegible] 75、[illegible]）

[illegible]

[illegible]

[illegible]

[illegible]

[illegible]

(电开01)

年　月　日　　第 4-23 页

气旋活动频繁。天气多变，风向也不稳定。并常出现一些大风和沙尘天气

内蒙古和东北南部沿海地区大风最多。[illegible]。偏南气流与来自河套地区

的东北气流在华中地区交汇，形成一个比较稳定的锋带，使江南地区多阴雨天气

(四) 秋季环流：（"图集" 48页图）（"图集" 54页图）（讲义 p.76 图4-18）

秋季是夏季环流型转向冬季环流型的过渡季节。蒙古高压在中国北方迅速建立。

地面气压场显著加强。太平洋副热带高压南退。蒙古高压扩展到中国大部分地区，[illegible]

9月，北方大陆气压升高。太平洋副高控制着华北和华东。华中的暖湿气流也开始南撤。但

对流层中上层仍有副热带高压控制。由于下沉气流的增温作用，形成稳定的大气层结，

大部分地区出现秋高气爽的稳定天气。此时，青藏高原南部也出现[illegible]。西南季风南

撤。极锋南撤，受地形阻挡常常在华西地区形成"华西秋雨"，到10月中旬，副热带

高压迅速南撤（西太平洋副高中心南退），印度半岛以北已由冬季型环流控制为反气旋

环流。北方大陆上秋季气旋活动逐渐增加。华西秋雨停止。标志着夏季环流型已经变成冬

季环流型。

由于我国是大陆性季风气候，大陆和海洋因素起主导作用。对于大气环流的季节性变化

以下降为主。同时过渡季节的上下层不一致的现象比较明显。春秋季节风向变化。春季是季风[illegible]

(略新01)

年　月　日　第 4-24 页

夏季季风虽从上层逐步北移，←陡 缓，加之得之温带西北行进，乘以北之；

冬季季风从北方南下 陡 缓→，呈现季风一边推进北退走，兼有突变化。

装　J719932　订

（电开01）

五-四

年 月 日 第 4-30 页

## 第三节：气温与降水

~~第四节：主要气候要素~~

一般常用的气候要素有太阳辐射、日照、气温、湿度、降水、风等，其中最为重要的反映一个地区气候特征的要素是气温和降水。因此，我们主要讨论一下中国的气温和降水特征。

### 一、气温

#### (一) 气温分布特征：

地球表面的热量来自太阳辐射，经大气调节后，太阳对地球、大气的加热，一般随纬度的增高而减少，但受地势和海陆形势的影响，使气温的分布复杂化。我国南北跨49°纬度，南北温差大，冬年平均气温不同，从海南岛南部的25.5°C以上到黑龙江北部的-5°C，年均温相差30°C以上。从东西差异看，东部地区，受纬度影响，由南向北逐渐降低，而西部地区，地形影响大于纬度影响，呈现垂直地带性。如青藏高原大部分地区年均温在0°C以下，而其北部的塔里木盆地和准噶尔盆地等大多数地区，年均温反而在10°C以上。可见，纬度也起很大作用，如新疆的吐鲁番盆地和阿拉善高原，气温又远低于同纬度东部地区的，气温分布复杂化了。

(电开01)

年　月　日　　　　第 4-3页

A.
总之，我国气温分布的总的特点是：冬冷夏热（各地气温年较差比同纬度地区为大），北冷南热（大陆性强），高冷低暖。（同纬度，随海拔升高递降）。

由于我国是属于大陆性季风气候区，气温分布具有明显的季节差异，年平均气温并不能反映出区域的气候特征。因此，气温分布特征必须从各季节的气温分布状况加以剖析。

B.

1. 冬季气温：

P. 37　3-15

1月是全年最冷的月，可作为冬季气温的代表（教P.37图3-21）（"地图"1-5的图）

从图上我们可以看出以下特点：

① 1月等温线大致与纬线平行，分布密集，这是由于我国南北纬度相差很大，南北温差悬殊的。黑龙江北部气温低于-30°C（1月均为-30.6°C），而到了南部的海南岛却在20°C以上，平均每向北增加一个纬度，气温递降约1.5°C（-1.5°C/纬度），我国冬季气温比全球同纬度其他地区为低，这主要是我国冬季风强大所造成的。

东部大致与淮河、秦岭山脉相一致，到陕西南部向西沿青藏高原东南边缘折向西南
② 1月平均0°C等温线东部大致与淮河、秦岭山脉相一致，到陕西，向西沿至藏东南青藏高原东南边缘折向西南，穿过横断山脉到达西藏东南，这说明我国东部冬季1月有3/4的地区气温在0°C以下。青藏高原和东北北部的大部分地区都在-30°C，是全国气温最低的地区

（电开01）

年 月 日 第4·32页

③ 1月各等温线的位置（大致）

-28°C 在大兴安岭北部，是寒温带与温带的分界线

-8°C 长城一线，横穿华北地区，温带与暖温带分界线

0°C 秦岭淮河一青藏高原东部：暖温带与北亚热带分界线。

8°C 南岭，中亚热带与南亚热带分界线。

16°C 雷州半岛西部沿海南部，南亚热带与热带的分界线

④ 几个特殊地区：

a. 凡高山峡谷所阻障的盆地多为相对的暖区，如塔里木、准噶尔、吐鲁番、四川盆地等。由于盆地的封闭，特别是北部秦岭的阻挡了冷空气的侵入。

b. 云贵高原等温线向北突出，是受西南暖流影响的引起。

c. 长江中下游地区（4°C）等温线向南突出，因地形开阔，是寒潮南下的通道，气温偏低。

d. 台湾、云贵高原的等温线与地形走向一致（如西部地区的等温线向南突出）。

⑤ 当寒潮来临时，全国均出现低温。全国绝对最低温度出现在黑龙江漠河，-52.3°C（1969.2.13），阿尔泰山的富蕴县-51.5°C（60.1.12），青藏高原

装 J719932 订

（电开01）

的那曲也曾有过-50℃以下的记录。长江以南在寒潮侵袭中均可出现<0℃的低温。广东曾有过降雪现象，海南岛也曾出现过霜冻和结冰的现象。

2. 春季气温

以4月为代表。（"图集"55(2)图）

① 大陆普遍增温，等温线分布基本上呈纬向分布。东北、[illegible]地区，平均每纬度气温差为0.6℃（-0.6℃(+14)），除大兴安岭北部、青藏高原、天山外，其余广大地区，各地气温都在0℃以上。

② 增温幅度受下垫面影响很大。大致北方大于南方（平原），内陆大于沿海。

东北、华北 6-12℃/月，华中5-6℃/月，长江流域3-5℃/月（春雨），华南2-3℃/月（受海洋影响），

增温（[illegible]，增温较快）和西南地区（地势高，干燥），等温线向南凸出。

3. 夏季气温：

全国大部分地区7月最热，但有一段时间7月是全国普遍高温时期：

（湖图 p.83[36]，图4-22[3-16]）（"图集"56(1)图[P.37]）。

① 全国普遍高温，全国大部地区气温在20-28℃之间，南北温差很小。这是因为夏季各地太阳照射时间长，北方白昼时间长于南方，所以

年　月　日　　　　第4-34页

和对气候的影响较大，同时我国温度的变化和世界的趋势一致，也是偏暖的。

② 等温线分布：东部，等温线稀疏，每纬度一度约差0.2°C（−0.2℃/+1纬）呈NE—SW走向（受季风影响）；西部，等温线密集，大体与等高线一致（地形影响）

③ 高温中心：七月份气温最高的地区（吐鲁番盆地）在吐鲁番盆地，如吐鲁番盆地，柴达木盆地，塔里木盆地以及长江中下游地区。吐鲁番盆地7月平均气温达33℃，极端最高气温达47.8℃，为全国最高温记录。另外所谓"三大火炉"（南京、武汉、重庆），也是长江沿岸一带温度最高之处，极端最高气温40℃以上。

夏季南北之间温差不大。

④ 我国夏季是世界同纬度地区中气温最高的。（大陆地区（除沙漠地区外））

⑤ 最热月多出现在7月（受海洋影响），沿海地区出现在8月，西南部地区在云南南部，最热月出现在雨季前的5月或6月（旱季）

⑥ 夏季普遍高温对农业生产有利，使喜热作物得以种植，使我国的农业生产有很大的优势，如水稻等作物种植北界[illegible]

北，远较世界同纬度地区为北。

4. 秋季降水

(1) 10月降水量图 (《图集》56 页图)

① 冬季风势力增强，全国气温下降，年降水分布是东南向西北递减，与夏季降水地区年降水中心转向西南移 (但仍以降水为主).

② 华西地区 (云贵川陕南甘南)，秋雨多于春雨 (这里是准静止锋活动地区，加上地形抬升，使西南地区秋季降水，其中甚至比夏季多些)

海南 (长江以南沿海地区) 秋雨多于春雨 (这是多台风活动的结果，而秋季锋面少，台风影响较多).

(二) 气温年变化与年较差

1. (A)、气温年较差.

● 我国冬季气温偏低，夏季偏高，所以气温年较差大，这是大陆性气候一个重要特征

2、气温年较差分布有两个特点：

① 全国年较差从南往北随纬度的增高而加大。华南、东南沿海一带，年较差小，大约10—20°C，长江中下游 25°C，黄河流域30°C左右，东北北部和北疆达40°C以上。青藏高原纬度低，地势高，接受太阳辐射多，全年气温较低，夏季凉爽，气温年较差较小，一般18—20°C，其北部也在20°C以下，比同纬度东部地区低.

年 月 日 第 4-36 页

(2) 各地比同纬度其他地区的气温年较差大。

| | 50°N | 40°N | 30°N | 20°N |
|---|---|---|---|---|
| 如：我国 | (哈尔滨) 47.8°C | (北京) 30.7°C | (武汉) 26.2°C | (海口) 11.3°C |
| 同纬度平均 | 26°C | 20°C | 13°C | 6.5°C |
| 差值 | 21.8°C | 10.7°C | 13.2°C | 4.8°C |

2. (三) 四季划分：

四季划分有多种标准。如：

| | 春 | 夏 | 秋 | 冬 | |
|---|---|---|---|---|---|
| 天文学划法 | 春分(3.21)始 | 夏至(6.21)始 | 秋分(9.23)始 | 冬至(12.21)始 | [illegible] |
| 农历划法 | 立春(2.4)始 | 立夏(5.5)始 | 立秋(8.8)始 | 立冬(11.8)始 | [illegible] |
| 民间划法 (阴历) | 1-3月 | 4-6月 | 7~9月 | 10~12月 | [illegible] |
| 气候统计 (阳历) | 3-5月 | 6-8月 | 9-11月 | 12~2月 | [illegible] |
| 候温划法 (五天一候) (张宝堃) | 10-22°C | ≥22°C | 22°~10°C | ≤10°C | [illegible] |
| 物候 | [illegible] | [illegible] | [illegible] | [illegible] | [illegible] |

按候温划分四季，四季的长短各地不一，北方冬长夏短，大兴安岭北部、黑龙江北部长冬无夏(寒温带)，冬季可长达8个月以上；南方则夏长冬短，南岭以南长夏无冬(如华南、南海诸岛)。青藏高原最热月平均气温低于22°C，[illegible]全年无夏，[illegible]。[illegible]比同纬度其他地区的影响。[illegible]的影响相应减少。(P.39，[illegible] P.89，[illegible])

(4-2-4-2-4) ([illegible] 39(2))

[illegible]第二的影响见P.39 表3-3

(引北京气候站 1957) (三) 农业界限温度（农业指标温度）

农业界限温度也称作农业指标温度，它是对指示农田作物生长的温度。常用的农业界限温度有日平均温0°C、5°C、10°C、15°C等。

1. 几个常用的农业界限温度： p.79-80

① 日平均温≥0°C的持续期——农耕期：开始日为土壤解冻日，终止日是土壤开始冻结日。持续期即耕作期。大致纬度每增加一度，农耕期平均减少1.2天（-1.2天/+1°）

② 日平均温≥5°C的持续期——生长期：大部分越冬作物（喜凉作物）和大多数林木的复苏相当（期），北京110天左右。纬度每增加一度，生长期平均缩短9.4天（+9.4天/-1°），纬度变化对其影响较大。

✓ ③ 日平均温≥10°C的持续期——植物活跃生长期：植物（喜温·喜凉）大多数~~喜温作物~~开始播种，活跃生长。~~喜温作物~~ ~~也是大多数作物~~

④ 日平均温≥15°C的持续期——热带喜温作物的适宜生长期：即水稻、棉花等喜温作物的安全生长期。

我国农业指标温度的起始日期由南向北逐渐推迟，而终止日期则由南向北逐渐提前，所以持续期由南向北逐渐缩短。秦岭、淮河以北广大地区有日平均温≤0°C的时期；而秦岭—淮河以南地区则全年为农耕期（≥0°C）；温州、长沙—贵阳以北广大地区

（电开01）

年　月　日　　第 4-38 页

的北部、南岭一线以南，最冷月均温在零度以上(≥5℃)；大陆以南大部分地方全年各月均温达生长期(≥10℃)；即雷州半岛、海南岛以南及台湾南部全年≥15℃，喜温作物全年生长。这样造成了全国南北农事季节、宜种作物等方面的差别。

P.78(下) 此处说明一下，在农业气象中还常用"无霜期"这个概念，它是指日最低温度≥2℃这段时间的持续日数，地面温度指定0℃。关于"无霜期"的分布情况可参阅"图集"98页图

2. 活动积温及其分布：

某一农作物播种后从开始出现到成熟期间，日平均温度高于某临界温度，(有效)积温。积温常常用来表示某地区气候对农作物生长所提供的温度条件。人们把农作物和植物都以日平均温度≥10℃的日数作为统计标准，把多年的≥10℃植物生长期的积温称为活动积温，来表示温度条件。

我国的活动积温从北往南逐渐增加，大约从1500℃到10000℃左右。但因地形及其他因素的影响，活动积温的分布不是完全随纬度一致，而是有些比较显著

P.80(上)　P.82(下)　见P.80(上)

("图集"57页图)

积温分布状况和温度带的划分是有一定关系的。

(电开01)

装　J719932　订

年　月　日　　第 4-39 页

| 地区 | 活动积温 | 温度带 | 耕作制度 |
|---|---|---|---|
| 阿尔泰、大兴安岭北部、长白山、青藏高原 | <1600°C | 寒温带或高寒地区 | 勉强一年一熟（春小麦、马铃薯、燕麦） |
| 北疆、东北地区、内蒙 | 1600–3400°C | 中温带 | 一年一熟（春小麦、大豆、玉米、谷子） |
| 南疆、华北平原、黄土高原 | 3400–4500°C | 暖温带 | 两年三熟为主（冬小麦、谷子、玉米、棉花）也有一年两熟 |
| 秦岭、淮河以南、长江以北 | 4500–5300°C | 北亚热带 | 一年二熟（水稻为主） |
| 长江以南、南岭以北 | 5300–6500°C | 中亚热带 | 一年三熟或两熟（双季稻） |
| 南岭以南、贵州南部以南 | 6500–8000°C | 南亚热带 | 一年三熟（双季稻、三季稻、热带作物） |
| 西双版纳、海南岛、台湾南部、南海诸岛 | >8000°C | 热带 | 终年可生长作物（热带作物） |

从以上可见，热量资源是一个非常重要的指标，加上大气水分和土壤肥力等条件，就决定了耕作制度。活动积温与降水分布与此关系也很大。→ 详见作物气候学中（书 P.140）

（我国农业气候资源与耕作制度区划）　略 P.82（下）

（电开01）

年 月 日 第 6-40 页

## 二、降水

降水必须具备两个条件，一是水汽来源，二是抬升作用。我国大部分地区降水的水汽来源主要是自西太平洋(南海)以及太平洋西部海区、印度洋，大西洋水汽对北疆降水有一定的影响，但因为路途遥远，水汽很少。抬升作用有三种形式：地形抬升、锋面抬升、热对流抬升。其中以锋面、气旋、低涡等天气系统引起的动力抬升是引起降水的主要原因。

我国大部分地区受季风影响，降水比较丰富，全国年降水量平均约650mm左右，都是雨热同期。但由于降水主要来自夏季风，我国的降水具有地区间的不均匀性、时间上的不平衡性和年际间的不稳定性。这是我国降水的最基本特征。

(一)年降水量的地理分布：（讲义P.87图4-23）（"图集"60图）（书P.40图3-18）

1. 我国年降水量是从东南沿海向西北内陆递减。等降水量线是从东北向西南走向。全国可以划分为几个降水量带：（见图）

①降水量>1600mm的地区。指华南沿海地区以及台湾、海南、云南南部、喜马拉雅东南。

川西1500～2000

其中台湾东北部年降水量>2000mm。基隆有"雨港"之称，火烧寮(海拔420m)年均降水量6557.8mm，最多的一年达8409mm，是我国降水最多的地方。

（电开01）

年　月　日　第4-41页

② 降水量800—1600mm：主要是秦岭—淮河以南，西南地区以及台湾的北部地区。

秦岭—淮河大致相当于800mm等雨量线，就其以南湿润区，半湿润区。

③ 降水量400—800mm：主要分布在秦岭淮河以北（包括东北地区）的华北

地区及东北地区大部，青藏高原东南地区。400mm等降水量线大致相当于森林

草原与草原的过渡带，也是湿润区与半干旱区的分界线。

④ 降水量200—400mm：包括内蒙古东部、黄土高原北部等，以及新疆西北部

及青藏高原的大部。是半干旱区到干旱区的过渡地区。200mm等降水量线

也大致是草原（半干旱）与荒漠草原（干旱区）的分界线。

⑤ 降水量<200mm：西北广大内陆干旱区，且大部地区降水量在100mm以下，如

塔里木盆地、柴达木盆地<50mm，位于塔克拉玛干沙漠东缘的且末仅18.3mm，

若羌仅15.6mm，托克逊仅5.9mm，在新疆南部是我国最干旱的地区。

2、山地多雨，迎风坡多于背风坡。

一般多雨中心，大多是位于山地迎风坡的迎风坡。

如：a. 台湾山地年降水>2000mm，台北年降水1600mm，背风坡<1000mm。

b. 南岭迎风坡2000mm，背风坡仅1000mm左右。

（电开01）

年 月 日 第 41-42页

c. 长江以南达1000mm，而巴蜀平原只600mm左右。

d. 峨眉山、五指山南部、武夷山东坡、都是多雨中心，这是与地形的抬升作用有关。（这可参看"图集"p.40 60页"全国年平均降水量分布图"）

3. 青藏高原西北的降水少于相邻部的大陆性地区。

这主要是由于高原面积大、地势高，对气流、气旋、锋面的阻挡和抬升作用小，减少了降水机率。同时高原气温低于四周，气压梯度较大，风速也大，更使降水机率减少。如拉萨年平均降水量为619.8mm，[illegible]为748.3mm。

p.40

4. 年降水的相对变率：ES→NW减少。（见P.41 中国年降水相对变率）〈[illegible]〉

（二）降水的季节分配。

（参考书P.42图）

夏季风是影响降水的主要因素，我国大部分地区降水集中在夏季，[illegible]北方[illegible]。夏季风的进退，使雨带从南向北推进，[illegible]到[illegible]。[illegible]，各地雨季出现和结束的时间有先后。（参见P.88，图4-20，"我国东部地区夏季雨带的推移"）

4～5月，雨带主要在华南，6月在长江流域，7、8月在华北、东北一带，8月下旬，雨带开始南撤，9月中旬到华南，10月雨季基本结束，[illegible]

(电开01)

年 月 日 第4-43页

东部地区[illegible]，[illegible]最多的是7、8两个月。[illegible]

我们在"[illegible]"61.62[illegible])

从降水量的季节分配来看：（[illegible]8个[illegible]）

①夏季：全国大部分地区降水量占全年的50%以上，[illegible]，[illegible]

[illegible]。[illegible]40%以下，[illegible]

[illegible]60%，华北[illegible]80%以上。

②冬季：全国普遍少雨，大多数地区占全年的10%左右。降水较多的地区有：

台湾东北部（30%左右，[illegible]），新疆[illegible]、伊犁谷地（20%左右，[illegible]

[illegible]）

③春季：北方都少降雨（15%以下），此时蒸发又大，引起春旱特别严重。南方降水较

多，多雨的地区有：长江中下游[illegible]（[illegible]），台湾

山地（[illegible]），伊犁河谷（[illegible]）

④秋季：大部分地区占全年的10—20%，降水多的地区有：东南沿海、台湾中南部、海南岛、[illegible]

（[illegible]），秦岭[illegible]四川[illegible]（[illegible]）

另外，我们[illegible]各季降水变率之大，~~[illegible]~~

（补收）从降水的季节分配看：大致分如下几种，我国分为以下八种类型雨区。

①华南春夏雨区：该区春夏之间为锋面气旋雨期，夏秋为台风气旋雨期。

②长江流域春夏多雨一些的雨区：该区冬春受锋面气旋活动，秋季有短期晴朗天气。年中各季有降水但以春夏比重大。

③北方大陆性的夏雨区。该区年降水量在1000mm以下（多在800mm以下），降水季节短，多集中于夏季。青藏高原大部分也属夏雨区，但年降水量少，降水集中性大。

④西北内陆全年少雨区。该区月平均降水量不足20mm。多集中在6、7、8三个月。

⑤西北山地年雨区。该区降水量不多，但季节分配较均匀。
（春32.6%，夏30.4%，秋24.8%，冬12.2%）

⑥云南冬春干旱区：该区年降雨量比北方夏雨区略多，雨季结束略迟，年中干湿季分明。

⑦海南热带夏秋雨区：该区以热带气旋雨为主，年中降水集中夏秋季。

⑧台湾东北部冬雨区：该区迎海上来的东北季风，全年多雨。

基隆附近冬雨约占全年降水的30%。暖暖（25°03'N，121°45'E，海拔44m），1月平均降水为598.1mm，其中1930年1月降水1195mm。

另外《自然地理》P.40（下）有中国年降水日数及雨季类型图。

部分学者的记录。据统计，从公元前206年到1949年的2155年间，共有1056次旱灾和1029次水灾。水旱灾害几乎每年都有一次。

84入气候区划

四、干燥度：✓ （三、按以后气候区划中）

干燥度指某地的可能蒸发量与降水量的比值。一个地区的降水量的多少并不完全反映该地区的干湿程度，还要看蒸发量的大小，相对关系，所以常用干燥度来反映地区的干湿状况。一般多用干燥度。

$$K = \frac{E}{r} = \frac{0.16\,\Sigma t\ (\geq 10°C\ \text{期间的积温可能蒸发量})}{r\ (\geq 10°C\ \cdots\cdots\ \text{降水量})}$$

这里的可能蒸发量的概念，不同于我们平常说的蒸发量，它指总蒸散量（蒸发(土)+蒸腾(植)），可用彭曼公式计算。系数0.16是根据我国全国性的资料推算出来K=1，得出的经验系数。

当K<1时，表示该地区降水有余，较湿润。K>1时，表示降水不能满足蒸发，较干旱。根据我国干燥度的差异（地区），大体上从东南向西北分为4个带：

（地图P.93，图4-26）（"国情"64(2)图） 参考P.82(上)

| | 干燥度(K) | 干湿区 | 自然植被 | 农田 | 区域 |
|---|---|---|---|---|---|
| 1. | K<1.00 | 湿润区 | 森林 | 水田为主 | 东北东部、秦岭以南、青藏高原东南部 |
| 2. | 1.00–1.49 | 半湿润区 | 森林—草原 | 旱田为主，灌溉水田 | 东北、华北平原、黄河中下游、山东半岛、青藏高原东南 |
| 3. | 1.50–4 (3.99) | 半干旱区 | 草原 | 旱地、灌溉农业 | 内蒙古东部、黄土高原、青藏高原、天山山地、阿尔泰山 |
| （电开01） | ≥4 | 干旱区 | 荒漠草原和荒漠 | 绿洲农业为主，灌溉农业 | 新疆大部、柴达木盆地、内蒙古西部、宁夏大部、河西走廊西部 |

3、相对湿度：空气的湿度减干燥程度。空气中没有水汽时，相对湿度为0，空气中水汽饱和，[illegible]，相对湿度为100%，月平均相对湿度有差

第 4-49 页

我国东部季风气候区，各季干湿程度不同，[illegible] 各季干燥度 进一步加强

全年一干湿状况，各季干燥度指数与年干燥度指数不一致，可看 P.~~94~~ 143 附说。

总之，我国降水的特点可以概括为：雨热同季

但 地区分布不均匀，季节分配不平衡，~~降水变率较大，降水强度大~~ 降水强度和降水变率大。

全国划分为~~[illegible]~~十个干湿区。

△ 我国、[illegible]概括一下气候的[illegible]特点。 重

气候的[illegible]特点。

(1) 季风气候显著：[illegible]，冬季[illegible] 80—~~[illegible]~~[illegible]/cm²，[illegible]

40°N 以北 冬季[illegible]，[illegible] —— [illegible]

(2) 大陆性气候强：[illegible]，[illegible]，年日较差大。

①年较差大：冬冷夏热 —— 全国各地 { 夏热：全国普遍高温[illegible]（[illegible] 50°N）
冬冷：[illegible]，[illegible]

②日较差大：—— [illegible]，[illegible]。~~[illegible]~~ [illegible]（[illegible]）

(3) 雨热同季 —— 有利于作物生长。

(4) 气候复杂多样 —— 有利于[illegible]。

(电开01)

年　月　日　　第49-50页

(5) 降水变率大、强度大、多暴雨——影响水旱灾害频繁；台风、[illegible]等灾害性天气

我国的气候灾害有：

① 旱涝：[illegible]

② 冷害：[illegible]

③ 干热风：（[illegible]）

④ 冰雹：青藏高原（[illegible]）、[illegible]

[illegible]

⑤ 台风：华南、华东、[illegible]

关于气候对人类生活的影响，[illegible]

[illegible]　[illegible]

△ （作业）[illegible] 67 [illegible]

[illegible]

选学（V）[illegible]：1. 中国气候 [illegible]（500字 [illegible]）

2. [illegible]

3. [illegible]（[illegible]）

（4. [illegible]）

5. [illegible]

年 月 日 第 4-51 页

4. 概述的主要内容。

(5. ~~植被与地貌~~ 植物与植被的一些关系 )

我国气候的形成特点与各地特征(及其形成因素。)

3 ✓ 5 6: ~~从气候要素的空间分布特点看我国气候的基本特点……~~

4 ✓ 6 7. 说明各种农业气候指标的农业意义。

5 ✓ 7 8. 我国的气候分区的依据、干湿等级区划的依据及各地的比较差异。

第十一章：

(3版) 气候资源 ：一、热量资源：农业界限温度、各种热量的区划

二、水分资源：降水总量及变率，干燥度及其分布，相对湿度。

三、太阳能资源：年日照时数及百分率，太阳总辐射，太阳能分区，

风能资源：风能密度，有效风能，风能分区

(气候资源包括农业界限温度、积温及各种热量区划(九一下)，干燥度及其分布。)

（电开01）

5-11-①

年　　月　　日　　　　第5-1页

## 第四章：陆地地表水和地下水（河流与湖泊）（也可"陆地水"）

**教学目的**：水既是自然环境的组成因素，又是人类不可缺少的资源。它既影响到自然地理过程的进行，又对某地自然地理因素和各个景观、环境的形成起决定作用。通过本章的学习，了解中国地表水和地下水的空间分布和时间变化的基本特征，并认识水资源开发及重大水利工程建设的意义与重要性进行探讨。

**学时分配**：6学时—8学时

其中：第一、二节（2学时）　　第三、四节（讲完）（2学时）

专题（2学时）

**教材处理**：第一节：河川径流概况（讲授）

第二节：主要河流：（自学：黄河、长江、珠江、黑龙江、塔里木河；专题讨论：黄河或长江，可选其一作出专门讨论）

第三节：湖泊和沼泽（讲授、自学与讨论）

第四节：地下水（补充：据《中国自然地理概论》和《中国地理》）

第五节："南水北调"和"长江三峡"专题讨论（结合《中国自然地理概论》）

（明确提出一下水资源开发利用和存在问题）

（电开01）

J719932

年　月　日　　　　第 5-2 页

重点和难点：1. 重点：河川径流。

2. 难点："南水北调"和"长江三峡"专题讨论。

作业：1. 列表对比黄河、长江的水文特征。

2. 列表对比珠江与黑龙江的异同点

教具：1. 挂图：中国水系

2. 《中国自然地理图集》：70、74、75、76、77、78以及有关图幅

3. 挂图：黄河、长江、珠江、黑龙江的水文曲线图

## 第一节：地表水与地下水

我国是个江河众多，水资源丰富的国家，有纵横交错的河网，星罗棋布的湖泊沼泽，有众多的冰川雪原以及储藏在地下的丰富潜水，它们组成了我国大小河流的水系（了解比较地表水和地下水，地表水包括河流、湖泊、沼泽和冰川）中。a) 全国流域面积在 100 km² 以上的河流有 5 万多条；流域面积超过 1000 km² 的河流有 1600 余条；b) 面积在 1 km² 以上的天然湖泊有 2800 多个，水面面积 7.18 万 km²。c) 沼泽面积有 11 万 km²。d) 冰川主要分布在西部高山，极地北区，面积 5.7 万 km²，储水量 29640 亿 m³，形成了"固体水库"。

全国多年平均河川径流总量为 27115 亿 m³，约占全世界径流总量的 20%。

（电开01）

年 月 日 第 5-3 页

相当于世界河川的总量的6.8%，居世界第五位。而我国水能蕴藏量为6.8亿千瓦，已探明可供开发的3.7亿千瓦，居世界首位。

~~在本节中，我们主要研究河川的特征。~~

一、河川径流：

(一) 水系和流域

1. 流域：

我国河川径流按其归宿可分为外流流域和内流流域。

(1) 内外流域的界线：大兴安岭西麓—阴山—贺兰山—祁连山—日月山—巴颜喀拉山—念青唐古拉山—冈底斯山—喜马拉雅山西端国界。

(地理.P.46 图4-1)(《图集》70)(地图集51-52)(王版书 P.46 图4-1)

这条线大致相当于400mm等降水线和50mm年径流深度线。

其东南为外流流域。外流流域中亦有小面积的内流区，如鄂尔多斯高原、羊卓雍错等半干旱地区的内陆湖泊区。如黄河流域的鄂尔多斯高原，雅鲁藏布江流域的羊卓雍错等内流区。

其西北为内流区，也有小部分外流区，如新疆北部的额尔齐斯河流域(注入北冰洋)和帕米尔高原西部的印度河流域(注入印度洋)

(电开01)

年 月 日 第1-4页

(2) 外流流域：占全国总面积的64%，包括太平洋、印度洋、北冰洋流域

~~(参阅P.97 表5-1)~~

①太平洋流域：占全国总面积的56.71%，占外流流域面积的88.5%，该流域

最大，包括我国地势三级阶梯的大部分地区。

其中：注入鄂霍次克海流域：黑龙江、乌苏里江。

日本海流域：图们江、绥芬河

渤海、黄海流域：鸭绿江、辽河、滦河、海河、黄河、淮河

东海流域：长江、钱塘江、瓯江、闽江。

南海流域：珠江、元江、澜沧江（进入中南半岛后称湄公河）（老、柬）

直接入太平洋的：台湾东部河流。

②印度洋流域：占全国总面积的6.52%，外流流域的10.3%。

主要分布在青藏高原的东南、南部和西南一角，一般流经他国后注入印度洋。

其中：注入安达曼海、孟加拉湾：怒江（[缅]萨尔温江）、瑞丽江、独龙江（缅）（伊洛瓦底江支流）；雅鲁藏布江（[印]布拉马普特拉河）

阿拉伯海：象泉河（朗钦藏布），狮泉河（森格藏布）（上游）印度河（西藏）

(电开01)

年 月 日 第 1-5 页

③ 北冰洋流域：占全国面积的 0.53%，水流量的 0.8%。

[illegible]流域：额尔齐斯河（流入鄂毕河入海）

(3) 内陆流域：占全国面积的 36%。

我国内陆流域深居内陆或被高山阻隔，气候干旱，水分很不丰富，河流稀少，甚至有很多无流区。按地区可分为内蒙古地区，甘新、青藏高原地区，羌塘高原地区，以及[illegible]内陆区的内流区。

内外流区不仅在河流注入归宿上有根本的区别，而且在水系的结构、水文特征、水的补给方式上，以及水文的一切变化规律方面都有显著的不同。

二、水系：

气候和地形是水系分布的决定因素。降水的多少决定了水系分布的疏密程度，而水系的发育和流向，则受地形的控制和影响。

(1) 外流水系：我国外流水系的干流，大部分都是自西向东流注入海洋。

第一带（阶梯）：青藏高原东南部（第一阶梯），发源于第一阶梯的河流的源头区。我国的几条著名的大河如：长江、黄河、澜沧江、雅鲁藏布江、怒江等。

第二带（阶梯）：第二阶梯东部边缘山地地带，即大兴安岭、燕山山地、太行山地、云贵高原等。

装 J719932 订

(电开01)

年　月　日　　　　第 5-6 页

河流很大，如呼兰江、乌河、汤河、讷河、西辽河等。

东北河系：长白山地、山前丘陵和平原湖区的地区。河流短小，大部分独流入海。流程短、坡度大。有图们江、鸭绿江、浑江、辉发河、太子河、绥芬河、牡丹江、穆棱江、浑江等及辽河的东辽、太子河等。

受气候的影响，外流河大多是自西向东的流向，这种流向对地理环境的意义：

① 自中纬度向低纬流，水量向下游增加，河网密度增大。

② 西部和河流源头海拔高，第二级 整个河流上、中、下游的水量增加，流速加剧。

③ 西部由高原山地补给，使河流流量由高原山地逐渐减少。

④ 多数河流的河源地，由于地形的原因，一般落差大，形成大瀑布、峡谷，水力资源丰富，便于开发。

(2) 内流水系：我国内流水系大部分分布在闭塞的盆地内，多是季节性的间歇河流。

如：西北干旱区的内流区：地形封闭，远离海洋，河流主要靠降水补给，降水少而不稳定，河流少而短，有大面积无流区。

半干旱地区的内流区：由于地处高原内部，都是一些内陆湖泊，河流主要依靠冰川融水补给，河流较短，如塔里木河、伊犁河、疏勒河、黑河等。

（电开01）

年 月 日 第 1-7 页

石草沟等，河尾或注入沙漠，或流入内陆湖。

蒙古高原地区河流发育很少。全区中部为内流区，东部大兴安岭以东，西部多为无流区。

青藏高原地区：地势高，气候寒冷，冰川作用，湖泊众多，河流发育很少，多内陆湖泊。

径流深(度) $y = \frac{W}{F}$ (mm) $= \frac{W(m^3)}{F(km^2) \times 10^3}$，流域面积除该流域一年的径流总量，即得到径流深度

( $W = \bar{Q}T$，$\bar{Q}$(平均流量)—某时段内流过河流断面的平均流量)

(二)径流分布：

年径流深：一年内从流域单位面积流出的水量，折合为流域面积上的水层深度(mm)

1、地区(空间)分布：我国径流的分布受降水、地形、植被、土壤、地质以及人类活动等各种因素的影响，其中降水是主要因素。所以我国径流的分布与降水量的分布趋于一致。大体是：东部大于西部；沿海大于内陆；山地大于平原。

我国同时年径流总量为27115亿m³，折合径流深284mm，但地区分布差异很大。

我国径流的全国分布可以明显的比较地带性规律。(根据年径流深等值线(900, 200, 50, 10mm)可把我国划分为五个径流带，即丰水、多水、过渡、少水、缺水带。这些径流带与我国气候上的自然带大致相符。径流带的排列，大体自东南向西北依次为：(阅"水" 53-54)

(引张：P47 图4-2) ("阅" 77(2) 84)

(1) 丰水带 年径流深 >900mm (国家800–1000mm)，年降水量 >1600mm。(径流系数>蒸发损失。)

大致相当于亚热带常绿阔叶林和热带季雨林、雨林带，包括东南沿海和台湾省各地区，以及长江以南的广大地区，福建、台湾、广东大部，江西、湖南山地，广西东部，云南西南部以及西藏东南部。

(电开01)

年　月　日　　　第 5-8 页

(2) 多水带：径流深 200—900mm（300—国家），年降水量 800—1600mm.（径流系数小于蒸发损失）相当于亚热带常绿阔叶林和常绿、落叶阔叶混交林带。包括广西、云南、贵州、四川以及秦岭—淮河以南之长江中下游地区.

(3) 过渡带：径流深 50—200mm（300 国家），年降水量 400—800mm.（蒸发损失已超过径流量）相当于暖温带、温带落叶阔叶林和森林草原地带，它包括华北平原、山西、陕西大部，东北的大部，四川西部和西藏东部.

其中径流深50mm等值线，与400毫米等降水量线相似，是中国东部、森林与草原的分界线，以西，气候干旱，地表径流很少，称为缺水区.

(4) 少水带：径流深 10—50mm，年降水量 200—400mm，（蒸发损失大大超过径流量）相当于草原和荒漠草原地带，它成为主要牧区和旱作农业区。包括东北西部、内蒙古、甘肃、宁夏、新疆北部和西藏西部.

(5) 缺水带：径流深 <10mm，年降水量 <200mm，而且几乎全部消耗于蒸发。相当于荒漠地带，它分布着荒漠、半荒漠一些地方有绿洲。包括内蒙古西部、柴达木盆地、塔里木盆地以及甘肃北部的沙漠区.

由以上可见，我国的径流地区分布很不平衡，东南部多，西北少，……

（电开01）

年 月 日 第 5-9 页

[illegible]。(详见[illegible]P.100页表5-2，和5-3，从表5-3

可以看出长江流域[illegible]为2620 m³，而黄河流域[illegible]仅160—240 m³/s。[illegible]

的6.8%—9.5%，不足1/10。[illegible]，[illegible]

[illegible]，[illegible]"南水北调"的方案。)

三版：河流补给

2. 河流补给

~~(4) [illegible]~~：[illegible]

[illegible]：[illegible]，[illegible]。

[illegible]河流的补给条件

(三版无此段) (1) 补给来源：河流的补给来源有：雨水补给、冰雪融水补给、地下水补给。[illegible]

[illegible]河流以雨水补给为主，[illegible]2—3种补给[illegible]。[illegible]河流[illegible]

[illegible]补给区：

(1) 雨水补给[illegible]地区：[illegible]，[illegible]

[illegible]、[illegible]、[illegible]

(2) 雨水、融水补给区：[illegible]、[illegible]。[illegible]补给，[illegible]

[illegible]——[illegible]。

(3) 融水、雨水补给区：[illegible]。[illegible]补给[illegible]，[illegible]补给。

(电开01)

年 月 日 第 1-10 页

水热条件的组合受制于纬度、季风、地形、海陆位置等的影响。

北方干旱区：几乎全年都受大陆气团控制，降水变化很大，年际、季节分配很不均。

大部分地区在20—30%，最大的、沙漠地区在60—70%。

(2)季节分配：东部季风区降水集中于夏季，各地区的雨季开始时间与结束时间各不相同。

(课本4-2，不同地区月份降水量占全年降水百分比率 P.51) 可归纳为以下几种类型：

① 华南东南沿海地区：入雨早(7月)，出雨晚(9月)，雨期长达7月。降水量占全年总量的60—65%以上。

[illegible]

② 华中、华东地区：3—4月即开始进入雨期，9—10月出雨，雨期长达4—7个月，降水集中于

夏季，降水量占全年的60—90%，其中春季和梅雨期两次集中降水，3月即开始入雨，9月出雨。

③ 西南地区：受青藏高原影响与华中、华东地区不同，受西南季风环流影响，雨期7—9月，

降水集中于夏季，降水量占全年的60%以上。

④ 西北与内陆干旱地区：雨期短，降水集中在7、8两个月，且有年际变化很大。

除此以外，华北地区：降水分布较均匀，雨期为3—4个月，降水多集中于夏季，占50—60%。

总之，我国降水主要集中于夏季，其中6—8月为最集中。

(电56)

北京市电车公司印刷厂出品 九二一·一

[变差系数是一个表示均方差相对于平均数大小的指标。 变差系数(CV)=均方差(σ)/平均值(x̄)
(即x平均值)
或：指出随机变量相对于均值离散程度的一个参数。]

年 月 日 第 5—11 页

(3) 年际变化：因季风降水的年际变率大，致使由降水补给为主的我国河流的径流年际变化也大。多年变率与降水基本一致。(3版 P.49 图4-3)（湖文 P.103 图5-4）（"国"22 47图）

(概念) ⑴ 变差系数CV是衡量每年径流变化程度的指标（CV大——径流变化大），如0.2—0.3（东北等），西北增至0.8—1.0。（淮北等）

② 大河变差系数（CV）一般都较小，因为流域面积大，流经地区的自然条件不同，各支流的汛期不一致，互相调节作用，因此CV较小。一般干流又比支流小。

③ 径流的多年变化还表现在丰枯循环上，有时出现连续丰水和枯水的现象。如黄河1922—1932年连续11年枯水期，1943—1951年连续9年丰水期，80年代也是连续枯水期。有人预测到90年代将进入连续丰水期。但年际间径流变化较大的，有人为因素

(3版：) ④ 年径流变化的趋势与降水的年际变化一致，径流变差系数CV的变化趋势基本一致。——大纲书 P48 表4-1。

(3版之) 三、河流与湖泊

(1) 河流：

1. 我国河流多，是世界上河流最多的一个国家。

全年外流河等于一…流域面积在100km²以上的河流有5万多条，其中长江12亿T，占4%

黄河含沙量为37kg/m³，是世界含沙量最多的河流。（密西西比河0.6kg/m³，尼罗河1kg/m³）

→插入 江湖河的和河流 ~~三、山地地形~~ 四、长江水，

年 月 日 第 5-14 页

15—17
16
17

## 第二节：主要河流

学生自学，阅读教材和图集，并列表对比（请北京下，按进度布置）

阅读第二节（P.105—117）"图集"70（全图）73—74（黄河、长江、珠江）72（东北）

97（黑龙江）、137—138（珠江）

△ 完成以下作业：

1. 列表对比长江、黄河的水系特征和水文特征。（另册）

提纲：河流名称。

- 水系特征
  - 起讫
  - 江源
  - 上、中、下游
- 水文特征
  - 流域、流域面积
  - 流域长度
  - 水系风浪较急
  - 补给
  - 河流量
  - 流水
  - 含沙量
  - 结冰期
  - 冰期
- 利害及改造利用
- 备注

2. 列表对比珠江、黑龙江水系和水文特征的异同点。

着重了解这水系特征（如珠江由三大支流组成，黑龙江有上、中、下游之分），水文特征[illegible]

加以对比它们的异同点。

（由于时间关系，黄河和长江可对照图阅读。
珠江、黑龙江）

5-15

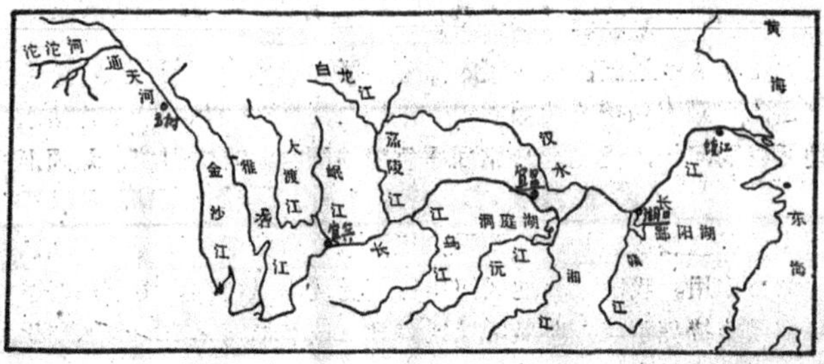


图 6-2 长江水系示意图

图 6-3 黄河水系示意图

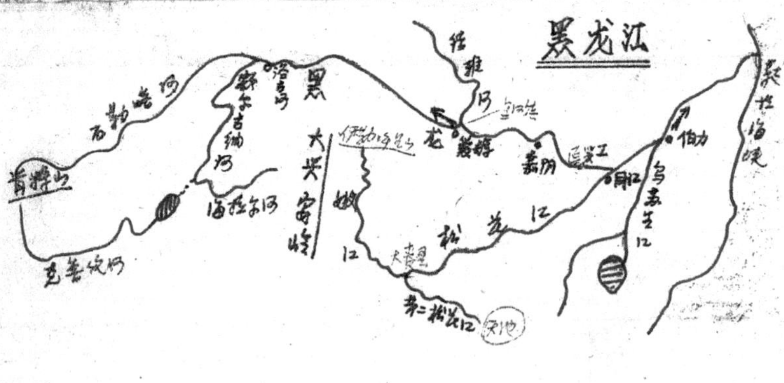


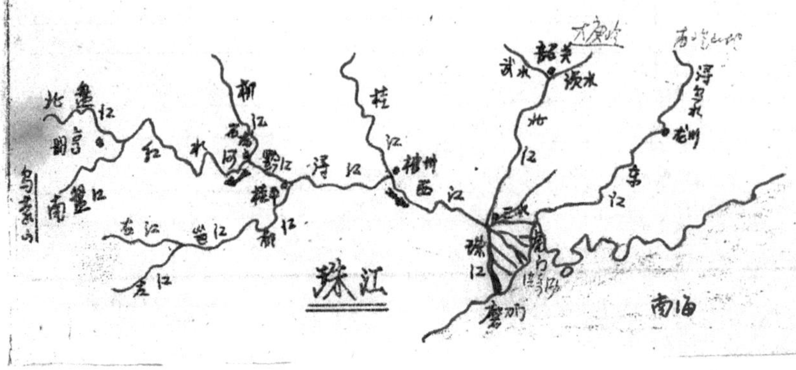

8-16

四、主要河流：

| 河流 | | 长江 | 黄河 |
|---|---|---|---|
| 水系概况 | 起迄 | 发源于青藏高原唐古拉山<br>流经青、藏、滇、川、鄂、湘、赣、皖、苏、沪十个省市<br>注入东海 | 发源于青海巴颜喀拉山。<br>流经青、川、甘、宁、蒙、陕、晋、豫、鲁九省区。<br>注入渤海。 |
| | 源流 | 正源河流：楚玛尔河、沱沱河、尕尔曲、布曲、当曲<br>正源：沱沱河，发源于唐古拉山各拉丹冬雪山西南侧。 | 源河流：约古宗列渠、扎曲、卡日曲<br>正源：卡日曲，发源于巴颜喀拉山西段[illegible] |
| | 上中下游 | 上游：河源—宜昌（特：多峡谷、水量大、水力资源丰富）<br>a. 源地→玉树 叫通天河，高原宽谷、流经植被、沼泽<br>b. 玉树→宜宾 叫金沙江，流经横断山，河谷狭窄，河水湍急、水量大、支流雅砻江、普渡河、牛栏江<br>c. 宜宾→宜昌 称川江，江宽水大、支流岷江、嘉陵江、乌江<br>d. "长江三峡"：白帝城—南津关，瞿塘峡、巫峡、西陵峡<br>中游：宜昌—湖口（中游平原地带）<br>（特：水量大、河道曲折、支流众多、湖泊密布）<br>a. 荆江："九曲回肠"，分为上荆江、下荆江，下荆江直线距离80km，河道长270km<br>b. 汉水、洞庭湖水系（湘、资、沅、澧），鄱阳湖水系（赣、抚、信、饶、修）<br>下游：湖口—长江口（镇江以下称扬子江）<br>（特：支流少、江阔水深、[illegible]、水位较高）<br>黄浦江、太湖、巢湖、黄浦江支流 | 上游：河源—河口镇（长3472km）<br>a. 河源段：卡日曲—星宿海—扎陵湖—鄂陵湖—[illegible]，流经高原、水流缓慢<br>b. 峡谷段：龙羊峡—青铜峡，[illegible]，水力资源丰富<br>c. 冲积平原段：青铜峡—河口镇，流经平原，[illegible]，水量小，有银川平原、河套平原<br>中游：河口镇—孟津（长1122km，两岸黄土高原）<br>a. 河口镇—龙门：落差大、多峡谷、瀑布（壶口瀑布）<br>b. 龙门—潼关：地势低平，水量大增，支流汾河、渭河、洛河<br>c. 潼关—孟津：黄河穿行于峡谷中，有三门峡<br>下游：孟津—入海口（河道宽阔、河床高出地面，地上河，善淤善决）<br>a. 孟津—高村，[illegible]<br>b. 高村—陶城铺，[illegible]　c. 陶城铺以下，[illegible] |
| 水文特征 | 长度流域 | 长6300km，流域面积180万km² | 长5464km，流域面积75万km² |
| | 流经地带 | 湿润带、半湿润带，亚热带气候区 | 半干旱、半湿润带、[illegible]，温带气候区 |
| | 水量 | 水量大，10000亿m³/年（9793.5），占全国36%（等于黄河20倍） | 水量小，年径流580亿m³（488）（[illegible]） |
| | 径流分配 | 水量沿程一直增加：上游46.4%，中游47.3%，下游6.3% | 水量主要来源于上中游，沿程[illegible] |
| | 补给 | 雨水为主 | 雨水为主。 |
| | 径流变化（季节变化） | 年内变化小，最大最小流量相差二倍，年Cv<0.2<br>汛期长（5～10月），7、8月为大汛 | 年内变化剧烈，最大最小流量相差100倍，<br>汛期流量占70～80%，[illegible] |
| | 洪水 | 峰高量大 | 洪水暴涨暴落。 |
| | 含沙量 | 小（宜昌1.19kg/m³） | 特大（陕县最大值37kg/m³） |
| | 输沙量 | 大（宜昌5.3亿吨/年） | 很大（陕县13.9亿吨/年） |
| | 冰情 | 无结冰现象 | 结冰，有凌汛现象 |
| 利、害<br>及改造利用 | | 利：水力资源丰富，航运价值大，灌溉。<br>害：主要中游，特别荆江段洪害<br>改造：荆江分洪工程、葛洲坝水利工程、[illegible] | 泥沙、洪水灾害[illegible]<br>治理：上中游，特别黄土高原水土保持、[illegible]；下游[illegible]，加固大堤，[illegible] |
| 备注 | | 我国第一大河。<br>世界第三长河。 | 我国第二大河。含沙量为世界各大河之冠。<br>特点：a. 黄河主要流经黄土高原（以含沙多）<br>b. 河道多弯曲，大小转折多<br>c. 下游善淤善决，地上河。 |

5-17

| 珠江 | 黑龙江 | |
|---|---|---|
| 珠江水系包括西江、北江和东江三大支流。西江最长，为珠江主干。<br>流经云南、贵州、江西、广西、广东，注入南海 | 有二源，发源于大兴安岭和蒙古高原。<br>中苏界河。<br>最后在苏联境内注入鄂霍次克海。 | |
| 西江：占总流域77.8%，长2197km，占总径流量[illegible]%<br>a、主流南盘江，发源于乌蒙山，会北盘江后，称红水河（[illegible]—石龙）<br>会柳江后称黔江（石龙—桂平），会郁江后称浔江（桂平—梧州）<br>在梧州会桂江后始称西江，三水以下三角洲，最后在磨刀门入海<br>b、上游：河源—石龙：石灰岩区，河流深切，降落大。<br>中游：石龙—梧州：峡谷平坝相间。<br>下游：梧州—入海口，河谷宽阔，也有小峡谷。<br>北江：占总流域10.6%，长582km，占总径流量15.6%<br>上源浈水，发源于大庾岭南，至韶关附近与武水相会后称北江，向南流经[illegible]，在三水附近进入三角洲，分股与西江相通，主流由虎门流入海。<br>东江：占总流域[illegible]6%，长523km，占总径流量[illegible]%<br>—上源寻乌水，发源于南岭山地，龙川以下始称东江，至石龙附近，在下游与北江相连，最后自虎门入海。<br>珠江三角洲：占总流域面积4%，三角洲面积1[illegible]，网状水系。 | 南源额尔古纳河，又称海拉尔河，发源于大兴安岭西侧[illegible]<br>北源石勒喀河，发源于蒙古高原[illegible]。<br>>在洛古河村汇合，始称黑龙江。<br>上游：洛古河村—黑河（结雅河口）：山地河流。（黑河市）[illegible]<br>中游：黑河—伯力：乌苏里江汇合处<br>a、黑河→嘉荫：南岸山地，北岸大平原，河道弯曲多沙洲。<br>b、嘉荫→延兴（兴东）：峡谷段，水深流急。<br>c、兴东镇→伯力：三江平原区，河谷宽广，水流平缓。<br>大支流：①松花江：北源嫩江，发源于伊勒呼里山南麓；南源第二松花江，发源于长白山天池 >于扶余汇合→向北流入黑龙江。<br>②乌苏里江：发源于[illegible]，在伯力注入黑龙江。<br>下游：伯力—入海口，全在苏联境内，平原性河流。<br>乌苏里江汇合处 | 珠江、黑龙江水系特征差异原因 |
| 长2197km（西江）流域面积45万km²（不计越南境内） | 全长4000多km，我国1900多km。<br>流域面积180多万km²，我国占46%多一点 | |
| 南亚热带 | 寒温带、温带 | |
| 流量最大，3400亿m³（[illegible]） | 伯力：2720亿m³，入海口3465亿m³，流量第大。 | 径流量大 |
| 典型雨水补给。<br>夏季水量最多（40—50%），冬季水量少（10%），北江、东江春汛>秋汛，西江 秋汛>春汛<br>汛期在夏半年（4～10月），二个高峰 {5—6月，8—9月。（[illegible]）<br>一般三江洪水遭遇，易酿成灾，汛期常年洪水较大（形成于暴雨） | 季节性降水补给为主（75—80%），其次融雪水、地下水。<br>春季占20%，夏季<50%，秋30%左右，冬季5%最少。<br>两个汛期：夏汛大，春汛小。（[illegible]）<br>暴雨，形成于夏季 | 雨水为主<br>季节分配较均<br>两个汛期<br>有洪水，形成于暴雨 |
| 少 | 少（含沙量少） | 少 |
| 少 | 少 | 少 |
| 无 | 长 | |
| 流量丰富，水网密布，水位变化较缓和，含沙量小，水利资源丰矣，航行。<br>三角洲[illegible] | 径流资源丰富，流域内有[illegible]，森林资源丰富，[illegible]，便于航运，[illegible]，水力资源丰富。<br>[illegible] | ∵珠江热带<br>黑龙江冷温<br>[illegible] |
| 水运意义：[illegible]<br>[illegible] | | |

5-(2)-①

年 月 日 第5-18页

参：第一节、二

（第三节）湖泊和冰川

湖泊和冰川是地表水体存在的另一种形式。

（一）湖泊

我国是一个湖泊众多的国家，初步统计，全国天然湖泊面积>1km²的有~~2800~~ 2300多个，总面积~~8?~~ 71787 km²，占国土面积的0.8%左右。除了天然湖泊外，还有数以万计的人工湖，它们都是水利建设的组成部分。

1. 我国的主要湖泊：（二版 P.54，表4-3）（P.118 表5-7）（同学 69）（第?）56，52

1. 最大的内陆湖（咸水湖）— 青海湖 面积 ~~4583~~ 4200 km²（青海）

2. 最大的淡水湖 — 鄱阳湖 面积 3583 km²（江西）

3. 五大淡水湖 — 鄱阳湖、洞庭湖、太湖、洪泽湖、巢湖
（3583km²）（江西） 2740（湖南） 2338（江苏） 1851（江苏）（安徽）

4. 最高的湖泊 — 纳木错（湖） 高4718m（西藏）（又发现……错，5556m）（S?）（西藏）
（51961 km²）

5. 最低的湖泊 — 艾丁湖 高 -154（-155）（新疆，吐鲁番盆地）

6. 最深的湖泊 — 天池 水深373m（吉林，白头山）

次深湖泊 — 抚仙湖 水深151.5m（云南）

7. 最大的游移湖 — 罗布泊 面积3006km²（新疆）（1972年已干涸）

8. 最大的火山熔岩堰塞湖 — 镜泊湖 面积95km²（黑龙江）

（电开01）

年　月　日　　　　第5-19页

## 2. 四、湖泊分布：

形成湖泊的成因是多种多样的，既有风力湖、冰川湖、岩溶湖、海迹湖等外力作用形成的湖泊，又有构造湖、火口湖等内力作用形成的湖泊。~~[illegible]~~ 湖泊分布和类型主要取决于湖水的补给条件和排泄方式。以此为依据可分为内流湖泊和外流湖泊两大类。

- 内流湖泊：多为咸水湖（矿化度1–35克/升）、盐湖（>35克/升）。~~[illegible]~~ 约占全国湖泊面积的55%
- 外流湖泊：多为淡水湖（矿化度<1克/升），约占全国湖泊面积的45%。

如果根据成因和水文特征，大致可将我国湖泊分为五个湖区。作为了解我国湖泊分布总的范围及其水文特征的特点。（略 56）

（训练 按季节顺序 有时改动）七2）

1. 东部平原（长江中下游、黄淮平原）湖区：是我国淡水湖分布最集中地区。

① 全区湖泊面积 ~~[illegible]~~ 21641 km²，约占全国湖泊面积的 ~~[illegible]~~ 30.2%。

② 湖泊多位于长江中下游的平原，多数是河道演变而来的浅水湖泊。

③ 湖泊特征：a. 成因：主要是河道变迁而成，因此湖泊底部平坦，湖水较浅。

b. 湖水更新快，湖泊水位一年四季变化随河流水位变化而升降。

（电开01）

年　月　日　　　　第 5-20 页

c. 多为外流河水系的一部分，对河川径流有调蓄作用。

d. 由于河流泥沙淤积作用和对湖区的围垦，湖泊有日益缩小的趋势。

③ 主要湖泊：a. 五大淡水湖：鄱阳湖、[illegible]（江苏、皖、赣、鄂、湘、[illegible]）

洞庭湖[illegible]湘、资、沅、澧四水，分别为我国第一、第二大淡水湖。但洞庭湖日益缩小[illegible]

[illegible]洪泽湖[illegible]，已成为"悬"湖。

巢湖[illegible]，是出流湖，下游平原积水，造成很大危害。

太湖是一个古泻湖，但近年来也有人认为是一个构造湖。[illegible]

b. 多为连河泄洪的吞吐湖（[illegible]、[illegible]、[illegible]、[illegible]、[illegible]）和南四湖（南阳、独山、昭阳、微山），是利用天然条件修建的平原水库。[illegible]

c. 沿海湖泊有白洋淀、[illegible]、[illegible]、[illegible]，[illegible]。

(4) 2. 青藏高原湖区：为世界上最大的高原湖群区，总面积 ~~[illegible]~~ 2377 km²，占全国的 ~~45.6%~~ 3.3[illegible]

② 湖泊特征：a.（成因）构造湖、冰川湖较多，这些湖泊[illegible]，有机沉积物[illegible]

[illegible]，[illegible]地势[illegible]，[illegible]（[illegible]），[illegible]。

b. [illegible]、[illegible]（[illegible]、[illegible]）

b. 以咸水湖和盐湖为主。

c. [illegible]、[illegible]、[illegible]，[illegible]多称为"泡子"或"海子"。

(电开01)

① 主要湖泊： a. 内蒙古的呼伦池，我国第四大湖泊，也是东北地区最大的湖。是第二松花江的水源地。b. 五大连池：由我国北方最新的火山熔岩堰塞而成的。镜泊湖是我国最大的

是我国第二大堰塞湖，也是东北地区由火山熔岩堰塞而成的湖泊。

c. 长白山天池是我国最深的湖泊，为火山口（陷落）湖，[illegible]⅓。

(5) 3. 云贵高原湖区：① 东面湖泊面积 ~~[illegible]~~ 1108 $km^2$，占全国的 1.5%

② 湖泊特征： a. 成因：主要是构造断陷和溶蚀作用（岩溶湖）。构造湖主要分布在云南，溶蚀湖主要分布在贵州和滇东。

b. 构造湖多为南北向延伸的长条形，湖岸陡峭，湖水较深。溶蚀湖多呈圆形，面积小，湖水浅，一般是那些小湖泊，也有地下暗河相通。

c. 水质：为硬水，无污染，主要是淡水湖。

d. 湖水清澈，主要风景区。

主要湖泊：③ 滇池、洱海、抚仙湖等是构造湖。其中滇池是断层湖，湖岸受大断层控制[illegible]。洱海和抚仙湖是地堑式断层。

b. 草海为溶蚀湖。

（电开01）



装 J719932 订

年 月 日 第 5-22 页

(3) 4. 蒙新湖区：①全区湖泊面积为 ~~2249[illegible]~~ 9411 km²，占全国的 ~~27.8%~~ 13.1%.

② 湖泊特征：a 成因：风蚀风积湖、构造湖.

b. 分布：以[illegible]为主. 东部：湖泊分布密集，较大，多为构造湖.

([illegible]) [illegible] 西部：湖泊较小，多为风成湖.

c. 大部为内陆咸湖. 湖泊水量收入补给[illegible]. 也有一些[illegible].

d. 湖水咸，矿化度高，多为咸水湖、盐湖.

e. 多游移、多变.

③ 主要湖泊：罗布泊、居延海、博斯腾湖([illegible]) [illegible].

博斯腾湖为构造湖，[illegible]. [illegible]

并[illegible]. 近年来湖水[illegible]，湖水矿化度[illegible]（>1g/L）

是我国[illegible]. ([illegible])

艾丁湖 -155 m，[illegible]

(1) 5. 青藏高原湖区：是我国湖泊分布最密集的地区，也是世界上最大的高原湖群分布区.

([illegible]) ①全区湖泊面积为 ~~30974~~ 36889 km²，占全国的 ~~[illegible]~~ 51.4%.

② 湖泊特征 a. 成因：青藏高原构造[illegible]，又发育[illegible]，[illegible]湖泊多为构造

[illegible].

（电开01）

装 J719932 订

b. 湖泊外泻多半[illegible]河川的[illegible]。因此多为[illegible]性湖泊。

c. 因为(之)内陆湖区，多形成咸水湖和盐湖。此外，[illegible]也有一些[illegible]。

如青海、[illegible]湖泊即是

d. 因为气候干旱，湖泊[illegible]，湖泊[illegible]。

③ 按成因湖泊：a. 构造湖——[illegible]。火山湖——[illegible]，[illegible]

(天池) [illegible]，h 2155m，[illegible]

[illegible]。b. 冰川湖[illegible]。

c. 人工湖泊：[illegible]。

总之，湖泊是[illegible]的重要资源之一。它蕴藏和储存了大量的水资源和水力资源，并[illegible]。

用之不竭的[illegible]。

如何[illegible]，[illegible]湖泊[illegible]，[illegible]，[illegible]，

如何[illegible]，都是需要进一步解决的问题。

年 月 日 第 5-24 页

(二) 沼泽：

1. 沼泽的特征：沼泽有三个相互制约的特征：

① 地表经常过湿或有薄层积水。

② 生长有湿生植物和沼泽植物。

③ 土层有多量腐殖质或有泥炭层形成和积累。

根据有无泥炭形成和积累这一特征，可将沼泽分为泥炭沼泽和潜育沼泽两大类。泥炭沼泽主要分布在东北的山地河谷地区，其次是青藏和新疆的高原高山地区，约有3.52万km²；潜育沼泽则以平原和湖泊地区为多，约有7.48万km²，占沼泽总面积的68%。

2. 沼泽的分布区：我国沼泽面积约11万km²，占全国土地面积的1.15%，比较集中的地区有：

(1) 东北沼泽区：主要在三江平原、大小兴安岭的北部和长白山地。这里气候湿润，广泛分布着永久冻土和季节冻土，又年平均气温低，蒸发弱，对于地表水分的保持，加上地形平坦，易于形成沼泽。三江平原是我国最大的沼泽分布区，沼泽面积8640 km²，占总面积的20.3%，多为泥炭沼泽。

(2) 青藏高原和新疆的山地沼泽区：这里地势高寒，冻土发育，在低洼平坦处常

装 J719932 订

年 月 日 第5—25页

和冲积洪积扇地[illegible]的风蚀洼地，湖沼[illegible]在地形低洼处形成一些浅水，常有大片沼泽出现。

其中四川阿坝藏族自治州的若尔盖沼泽，沼泽面积约7000km²，是我国面积最大的一片泥炭沼泽，

泥炭层很厚，一般2—3m，最厚可达8—9m以上，[illegible]，[illegible]大陆上唯一的[illegible]沼泽。

(5) 青藏高原和高山沼泽区：北部的柴达木盆地、羌北高原、长江中下游[illegible]均有分布，

排水不畅，[illegible]，加之以冻土[illegible]，[illegible]沼泽化，西部[illegible]

[illegible]沼泽。[illegible]沼泽比较[illegible]一些[illegible]沼泽

[illegible]。[illegible]。

另外，在华南沿海的丘陵、三角洲、内陆盆地的湖滨的一些地区[illegible]

发育有零星的小块沼泽。

湿地是地球的肾

3. 沼泽既是湿地的组成部分又是一种自然资源，沼泽和湿地是地表水和地下水的[illegible]

[illegible]，沼泽中泥炭储有大量水分，是天然的水库，[illegible]，[illegible]

[illegible]。北方大部分沼泽地区已[illegible]，[illegible]。

沼泽中的芦苇和泥炭，[illegible]。此外沼泽地区也是[illegible]沼泽的[illegible]

中心。如何保护和合理利用沼泽，也是非常有意义的课题。

狭义湿地—沼泽；广义湿地—江、河、湖、沼、浅海—6m等浅域的水域。
每年2月2日是"世界湿地日"

(电开01)

年 月 日 第 页

三、山岳冰川

中国是世界上中、低纬度山岳冰川分布最多的国家之一。冰川面积达5.87万km²，占世界山岳冰川总面积的1/4，亚洲山岳冰川面积的1/2。

1、山岳冰川的分布：

(1) 冰川分布于海拔3500m以上的高山区，青藏高原是世界上中低纬冰川最发育的地区之一。

其中以昆仑山、喀喇昆仑山、天山、念青唐古拉山、喜马拉雅山最为发育。

(2) 从省区看，西藏、新疆、青海三省区冰川面积占全国冰川总面积的4万km²、94%，甘肃、四川、云南

也有一定分布。

我国境内最长的冰川是天山托木尔峰西南坡的南依诺勒切克冰川，长达63.5km，

其次是喀喇昆仑山的音苏盖提冰川，长41.5km。

2. 山岳冰川的类型：根据冰川发育的气候条件的差异，可分为：

(1) 大陆型冰川 ↗W （分布最广） 受西风环流影响

——特点：目前冰雪补给少，冰川积累少，雪线高，工作面积变化不大……

(2) 海洋型冰川 ↘E 受季风影响，冰川运动迅速，为海洋型冰川。

冰川消融量大

（贡嘎山、海螺沟）

3. 冰川融水资源的分布：

我国冰川总储量达5万亿m³，相当于黄河年径流量的1.9倍，是一个巨大的固体水库

（电开 01）

年　月　日　　第　页

我国冰川每年融水补给量约为560亿m³，与黄河多年平均径流量相当，约占全国年径流总量的2%。占西部甘、新、青、藏四省区河川径流量(5272亿m³)的10.62%，是一笔十分可观的水资源。

书上P57，表4-5、4-6列出了西部各省区的冰川融水径流。

第二小节，可以看出：

① 我国冰川融水径流量最大的为西藏，其次是新疆，青海、甘肃较小，三者合占全国的81.9%。

② 次者是，山区冰川的河流几乎全部分布于外流域，二者合占全国冰川面积的90.6%，冰川融水径流量的91.4%。

（电开01）

年 月 日 第 5-30 页

专题讲授：

一、南水北调问题

二、长江水资源的开发利用与三峡工程建设问题

二、黄河下游断流问题及解决途径
[参见 5-13]

三、塔里木河与黑河的治水

思考题：

选讲：(√)

√ 1. 我国地表径流分布的特征及其形成原因。

√ 2. 对比长江、黄河、珠江、黑龙江的水文特征。(作业)

√ 3. 简要说明我国湖泊的地理分布，说出湖泊中的"中国之最"。

√ 4. 中国水资源——其特点及开发利用中存在的问题，及对策。

5. 陆地水在自然景观形成和演变中的作用。

J719932

(电开01)

3-11-①

年 月 日 第3-1页

# 第五章：中国近海

**教学目的**：通过本章的学习，了解中国近海的特征，认识海洋在国民经济建设中的作用和海洋资源开发的意义和途径.

**学时分配**：共8学时

其中：第一节：2学时.

第二节、第三节：共3学时

第四节：2学时， 第五节：1学时.

**教材处理**：第一节：海域划分和发展简史，可参阅《中国自然地理总论》P.57

第二节：海底地貌.

第三节：中国海岸与岛屿.

第四节：中国近海的水文特征：概括

第五节：海洋资源：阅读《中国自然地理总论》，补充海洋资源开发的内容

**重点与难点**：1、重点：中国近海的多种特征，海洋资源.

2、难点：中国近海水文特征.

**教具**：1、挂图.

(电开01) 2.《中国自然地理图集》图39—44

（引言）

中国近海是太平洋西部与中国大陆相邻的边缘海。东边的海区与西边的大陆是两个性质截然不同的物质体系，它们互相作用，联系密切，是进行物质、能量交换的重要场所，因而也是影响中国自然地理环境、决定中国自然地理特性的重要因素。其作用在以下几方面尤其突出：

1. 相同纬度的太阳辐射对照射于陆地表面和海洋表面是不同的，由于两者的反射率、比热容、透射程度、导热率、蒸发耗热性能不同，因而在升温速率、蓄热能力、包括辐射平衡的方面，有显著不同的状态表现，这样就形成了热量在空间分布上的不平衡，从而引起热量在水平方向上的大规模传输。这种海陆热力性质的热量交换，是引起自然地理过程的一个重要动力来源。

2. 海陆热力性质的差异，是世界大规模环流系统形成的主要条件之一。诸如水分的蒸发、季风环流、陆地径流、洋流等，都是物质与能量交换的重要手段。海洋又是决定全球大气环流程度的基础，对于从大陆到海洋的物质输送过程，都有起到调节作用的"缓冲地带"的作用。一般说来，海陆的作用也是全球地质过程的体现与纽带、推动与建造的基本营力。

年 月 日 第 3-3 页

3. 海岸线的形态和变化，是河流与海洋动力作用的直接结果。一方面，随着物质的陆向运输与堆积，将海岸线向海洋方向推进；另一方面，海洋不断冲蚀岸线，破坏岸的形状，将岸向大陆方向推进。在这两方面的综合作用下，海岸线(带)的形态地貌不断得到更新和发展。

4. 海洋与人类的生活生产活动有着极大的关系。海洋的动力资源、生物资源、化工原料、运输能力、海产养殖等，在人类发展中，占有越来越大的比例。

由此可见，对中国近海的研究，是中国自然地理不可缺少的组成部分。

第一节：~~中国近海海域概况~~ 海域 …（海洋的形成和发展简史）

一、中国近海的位置范围：（图集：39）（59-60）

：概括地说，位于亚洲大陆与太平洋之间

东：朝鲜半岛、日本九州岛、琉球群岛、菲律宾群岛、太平洋；

南：加里曼丹岛，苏门答腊岛（属大巽(xün)他群岛）

西南：中南半岛、马来半岛。

西北：中国大陆。

即：41°N～3°N，107°E～137°E 附近

（海域）自北而南呈弧形排列着：渤海，黄海，东海和南海，总称中国近海。

年 月 日 第3-4页

图集P.59

## 二、五大海区：

我国海域可分为五大海区：渤海、黄海、东海、南海和台湾省以东的太平洋海区。渤海为我国内海，黄东为太平洋西部的边缘海，前二者称为东中国海，南海称为南中国海。（内海：一般意义指地中海，国际法上指同属一国的建在领海基线之内，同陆地相连接的海域，如我国渤海）。（加国际规定）

### （一）五大海区的界线

1. 界线划分的主要依据：
   - ① 大陆和岛屿、半岛的地形特征。
   - ② 河流的入海口。
   - ③ 海底地形（如黄东海主要海底为长江浅滩）
   - ④ 海域的水文特征。

2. 具体界线：（图集：59，60）

渤海、黄海 —（辽东半岛）老铁山角—（庙岛群岛）—（山东半岛）蓬莱角

黄海、东海 —（长江口北侧）启东角—（沿水下长江浅滩）—（韩国济州岛西南侧）济州岛

东海、南海 —（广东）南澳岛—（沿台湾浅滩）—（台湾岛南端）鹅銮鼻

台湾以东海域：台湾岛与先岛群岛—巴士海峡之间（琉球群岛以南，巴士海峡以北的太平洋海区）

### （二）五大海区概况：

（电开01）

年 月 日 第3-5页

1. 渤海：（内陆海、北海） （图集~~110~~ 126）

(1) 位置：37°11′—41°N，117°30′—122°20′E.
37°07′—41°0　117°35′—121°10′

深入大陆、由辽东、山东半岛环抱，位于[illegible]。

(2) 面积、水深、盐度：A=9.7万Km²（7.7）　H=26m（18m）　S=26‰—30‰

(3) 组成：由四个部分（五）：① 辽东湾：（北部）老铁山岬—大清河口（秦皇岛—长兴岛）

② 渤海湾（西部）大清河口—黄河口，③ 莱州湾（南部）黄河口—屺㟂角

④ 渤海中央盆地：三个海湾之间。

*⑤ 渤海海峡：（东部出口）老铁山与蓬莱角（南北宽约106km），庙岛群岛纵列其间，[illegible] 15个 （海峡宽约57海里）

(4) 海底地形：a. 自三海湾向中央盆地倾斜，坡度极小，平均0°0′28″。

最大水深在老铁山水道附近，h 78m。

b. 海底多为大陆架，[illegible]

(5) 海峡地：渤海海峡由6条水道，北部为老铁山水道（老铁山与南[illegible]—北隍城岛间）

最宽（40km），深度较大（50—65m，最深达70m），[illegible]

(6) 性质：内海（半封闭）大陆架浅海。a. 三面为陆地包围，[illegible]

b. 大陆影响，水温变化，盐度较小，含沙量较大，入海的黄、海、滦、辽河

（图集 58—60　97—98　110　126）

J719932

（电开01）

年　月　日　　　　第 3-6 页

带来的多层沉积，大陆架浅海沉积，近海盆地断陷带，陆架（海盆地和断陷区，形成近海和外缘的外缘）；“地壳运动，水温较低，主要为海洋气候。

（附录：39）2. 黄海：

(1) 位置：31°40′–39°50′N，119°20′–126°50′E，我国东部与朝鲜半岛之间。

(2) 面积 A=41万km²（38万km²），平均水深 H=44m，最大深度140m（济州岛北）

盐度 31–32‰。

(3) 分区：
- 北黄海（S—8万km²，H 38m）
- 南黄海（S—33万km²，H 46m）

以成山角～长山串为界。

(4) 海底地貌：a. 海底全部为大陆架，地势由西、北、东向中央及东南方倾斜。坡度，平均坡度 0°01′21″。

b. 黄海槽：ES→WN 延伸，大体位于济州岛一带的海域，h>80m，最深140m。（水下谷地的残迹）

c. 古黄河三角洲：海州湾北部，苏北沿海。

d. 长江浅滩（长江沙）：长江口以北—济州岛，为长江的水下三角洲

长100多km，h 30m。

(5) 沉积物：沿岸沉积粉砂质，深部沉积为软泥。

(6) 性质：半封闭的大陆架浅海。受大陆影响很大，气温、水温、盐度变化较大，

受黄河、长江等大河径流影响，水色呈黄色，故名“黄海”。

（电开01）是浅海，海温夏季和冬季差别很大，南北温差很大。

年 月 日 第 3-7 页

3. 东海 （图3.39）

(1) 位置：23°—33°10′N，117°11′—131°E，我国大陆与九州、琉球群岛之间。

(2) 面积 80.9万km²，（75万）平均水深370m（349），最深2719m（冲绳海槽），盐度31-32‰。

(3) 组成：① 大陆架（东海北界长江北岸—济州岛西南五岛列岛连线以南）

② 大陆坡和冲绳海槽 { 大陆坡：大陆架外、琉球群岛以西；冲绳海槽：东海大陆坡中央 }

③ 台湾海峡：{ 北：平潭岛（海）—富贵角；南：南澳岛—鹅銮鼻 }，台湾福建之间。（也属大陆架）

(4) 海底地形：海底地形比较复杂。a. 大陆架面积占全海域的2/3，地势平缓倾斜，平均深78m，坡度0°1′11″（不超过0°02′）。b. 大陆坡EN—WS向，坡陡而深（h600-800m）（h1000-2500m），以下为冲绳海槽。c. 台湾海峡长380km，宽190km。

d. 水下古河谷、古河道、古海岸等多种沉积地形保存较好，如长江口外的水下河谷及近中部长江古河道、台湾岛周围，由EN—WS伸至冲绳海槽。（e. 岛屿众多）

(5) 海水交换：① WS：台湾海峡—与南海相通。② EN：朝鲜海峡、对马海峡—与日本海相通。

③ E：琉球群岛之间诸海峡—与太平洋沟通

海湾：杭州湾最大。岛屿：台湾、舟山群岛、澎湖列岛、钓鱼岛等

(6) 性质：较开阔之海域。~~[illegible]~~。海底地形比较复杂，外海至近岸，水温和盐度高于黄、渤海，季风与海流过渡。

（电开01）

年　月　日　　　　第3-8页

4. 南海：（问答：39）

(1) 位置：23°40′~3°10′N，99°10′~122°10′E。是个半封闭海盆，

南至加里曼丹岛、苏门答腊岛，西为中南半岛、马来半岛，北为中国大陆和台湾。
（大巽他群岛）

~~2) 面积~~ 四周几乎全被大陆、半岛、岛屿包围。

(2) 面积：350万km²（5-）。平均水深1212m，最深5567m（+377）（中部海槽）

盐度：34-35‰

(3) 组成：① 南海大陆架：北部、西部和南部沿岸

② 南海大陆坡：水深150—3000m之间（中部）

③ 南海中央盆地：~~位于南海的南北两侧陆坡大陆坡之间~~
（中沙与南沙群岛之间）

④ 多岛屿、浅滩和深海槽

⑤ 大海湾：北部湾、泰国湾

(4) 海底地貌：海域宽阔，地形相当复杂，海底地貌类型多样（架、坡、盆、海槽）

① 南海大陆架：是水下地形较小的。北宽、南宽、东窄，占海域面积<50%。

a. 北部、西北部大陆架（珠江口至海南岛南端）。坡度0°03′40″，平均57m。最大宽度285km，

地势由WN→ES倾斜。

b. 北部湾：h<100m，N、W较浅（20-40m），中、ES较深（50-60m）
（湾心）

（电开01）

年 月 日 第 3-9 页

② 北大西洋洋底：呈阶梯状，h 150—3600 m，可分几带：

a. N（挪威）大陆架——埃尔斯加尔：较平缓，α 1°—2°，上分布丘陵高原。

b. 西大陆坡：埃尔斯加尔——波多黎各：阶梯状，α 5°—10°，上有西沙、中沙群岛。

[illegible]波多黎各海沟，位于西沙、南沙之间，最深达 5567 m。

c. 南大陆坡：中南半岛——纳土纳群岛，南沙群岛位于其上，h 1000—2000 m。

d. 东大陆坡：陡峭，与菲律宾海沟相连。

③ 南海中央盆地：介于中沙群岛与南沙群岛之间，呈NE—SW走向，北大、南窄，深海盆地，水深 3400—4000 m，最深 > 4400 m。

海盆中有一系列海山和海丘，不出海面，称为海山群。

④ 南海海洋水文

(1) 海峡[illegible]：与太平洋与印度洋相通。

• N：台湾海峡——与东海相通。 EN：巴士海峡、巴林塘海峡——太平洋相通

E：（巴士海峡）、巴林塘海峡、巴拉巴克海峡——太平洋、苏禄海相通

S：（马六甲海峡）、加斯帕海峡、卡里马塔海峡——（爪哇海）相通

WS：马六甲海峡——安达曼海和印度洋相通

(2) 特征：是深水海盆，面积大，水深大，海洋气候、地处热带，水温高，

盐度高，季节变化明显（季风海流），热带性海域。

（电开01）

年 月 日 第 3-10 页

5. 台湾以东太平洋海区 （图集：39，137/138）

N（自琉球群岛） S （与菲律宾和巴拉望群岛相连）

山地状：

(1)位置：指先岛群岛—巴士海峡与台湾岛之间，海底地形起伏大，台湾地貌完全。大陆架窄（宽仅1-2km，至多20km左右），大陆坡陡，大洋盆深，距岸不远水深>3000m。∵台湾东部大断层



(3)结构：根据地形分三段：（页 165）

北段：（三貂角—乌石鼻），陆架较宽（5-9海里），陆坡较缓，水深较浅（600-1000m）

中段：（乌石鼻—三仙台），陆架甚窄，陆坡甚陡（10°±），水深>3000m。

南段：（三仙台—鹅銮鼻）：东、西两条海底山脉向北延伸为岛链，展布于台湾岛、兰屿与绿岛之间（岛弧并列），之间海槽深3000m。

(4)性质：是台大洋性的海域。窄架、陡坡、盆深

受黑潮暖流影响，高温，高盐。

△结论：一由以上分析表明，我国近海（特别是四海）是有明显的陆缘海性质，而台湾以东海区是有大洋性质。

三大题 三、中国近海的发展简史与第四纪中国海岸线的变迁 （海岸变迁）

海洋与陆地一样，伴随地球的发展变化，都有一部漫长复杂的历史。我国近海的大部海域在地质构造上属于中新生代发育起来的沉降带！在第四纪，

（渤海、黄海为第二沉降带；东海、南海为第三沉降带，其外为第三隆起带中的褶皱区；台湾以东海区为西太平洋的新生代活动带）

年 月 日 第 3-14 页

## 第二节：海洋地貌

本节在"五大海区"中我们已经分海区对海洋地貌概括有所了解，这一节则着重从总体的角度看我国近海的海洋地貌。本节的内容都已是有地貌学一基本知识，对中国近海的情况也已有所了解，可以采用自学和讨论的方法进行学习。首先请大家自学本节的内容，阅读教材，然后我再进行简要的小结。阅读时要把课文与插图和图集进行对照。

（15分钟，参考自学辅导 P.32－34）

小结：（图集 P.60）

中国近海的海底地势同中国大陆地势一样，大体上由西北向东南倾斜，海底地貌的复杂程度也随之加大。

海底地貌从上到下基本上可分为大陆架、大陆坡和深海盆地三大类。大致以"海南岛—台湾—琉球群岛"一线为界，以北为比较平缓的大陆架，约占全海区的60%。以南则地形复杂，大陆坡、海沟和深海盆地，深海盆地集中在南海。

一、大陆架：

（电开01）

年 月 日 第 3-4 页

1. 中国近海大陆架是世界上最宽的大陆架之一。

2. ………（以）堆积型大陆架为主。（另一种是侵蚀—堆积型）

3. ………发育的有利条件是：

(1) 有辽阔的沉降带，入海河流含沙多，堆积旺盛（不断沉积）

(2) 水下地形有利于沉积物堆积：—— 由一系列水下隆起所围限的堆积盆地

由北向南，主要水下隆起有：

前古生代造山 ① 海州湾—济州岛水下隆起。（属胶辽隆起的断陷部分，山东→朝鲜南部）

中生代造山 ② 台湾—钓鱼岛（东海）隆起带构造的水下隆起。（闽浙沿海与台湾的，台湾岛）

新生代造山 ③ 东海大陆架边缘水下隆起。（钓鱼岛位于其上）

④ 台湾海峡—海南岛大陆架水下隆起。

这些水下隆起把从大陆搬运来的泥沙层层拦截，形成了宽阔的大陆架。

4. 宽阔的大陆架，深厚的沉积层，使我国近海具有丰富的生物和油气资源。

二、大陆坡、海槽和深海平原。

1. 中国近海大陆坡分布于东海、台湾东侧海区和南海。

(1) 东海和台湾东侧海区的大陆坡，~~陡窄、陡急，常与海槽海沟相伴分布~~

随着大陆架下降与海槽、海沟相伴分布。

（电开01）

年　　月　　日　　　　第 3-16 页

剥蚀平原也是突出。

(2) 南海大陆坡的阶梯状地形，阶梯常被小型的海谷分隔，其上发育着~~珊~~珊瑚礁。

2. 海槽：主要有地堑海槽、断陷的海槽。

3. 深海平原：

我国近海的深海平原位于南海中部，由阶梯及海谷与大陆坡相间，是自成体型比更深的地形。由NE→WS倾斜的平坦海底有一系列（火山锥）海山脉（北深海平原），可能是沿NE方向的断裂带喷发而成。

以上构成我国近海海底地形的大势，南海区又有其地貌的独特性。

~~第三节~~：

（电开01）

年　月　日　第 3-17 页

(1学 6时)

## 第三节：海岸与岛屿

一、海岸、海岸线、海岸带

在世界各国中，我国是海岸线最长的国家之一。大陆海岸线北起中朝交界的鸭绿江口，南至广西北仑河口，呈现一个向东南凸出的弧形。全长

(2012.10.27 新：大陆海岸线 19097 km)　(则 33697 km ?)　32600

18000+ km。(若加上岛屿海岸线则可达 32000+ km)。

作为陆地与海洋分界线的海岸线，事实上是一个陆与海洋间经常相互作用的空间地带，因而称之为"海岸带"。[illegible]包括经常受到大陆与海洋的

(而海水和陆地相接触的线叫"水边线")

互相影响。其上界以海水作用经常到达的地带为限；其下界则以波浪对海底起作用的深度为准。由于各地区地形、岩性、地质构造、海水动力条件不同，海岸

而海岸一般包括现在海水运动和对海岸起作用及过去曾经起作用过的地方。

带~~[illegible]~~的宽度也是不同的。

二、(一) 中国海岸的基本特征

海岸的基本性质特征，主要取决于地质构造条件，也与太平洋西部的气候、海岸带的动力特征等因素。

1. 地质构造背景：

我国大陆海岸的轮廓，大体以杭州湾为界：

a. 杭州湾以北的海岸线，以辽东半岛[illegible]为主的山地海岸 (基岩—[illegible] / 山东半岛、辽东半岛、[illegible]) 和平原海岸

基岩山地[illegible]的山地，基岩海岸

([illegible]) ，[illegible]。海岸线[illegible]

(电开01)

上段海岸多下降的平原海岸或堆积海岸；

b. 台湾的海岸，基本上受台湾隆起的与地壳上隆的海岸，这个海岸带基本上处于同一个隆起带中，因而海岸形态在很大程度上具有一致性。

② 此外，NNE和NNW断裂交切组成的X型深大断裂构造，对我国海岸的分布形态也有明显影响。

如：a. 渤海湾沿岸由一些港湾组成的岛屿和半岛海岸。岛屿排列呈NNE方向展布，而半岛的长轴则为NNW方向。（东西两侧，而以断裂的控制或切割）

b. 浙江以南的海岸，如大鱼湾、丁字湾、杭州湾、三门湾、大鹏湾等，在两组断裂控制下，形成一些相间而有规律的沉溺海湾。
（25） （浙江） （浙） （闽） （粤）

2. 岩性影响：在海岸的构造组成上，与新生代的花岗岩组成，坚硬的花岗岩抗侵蚀能力强，海岸形成岬角和港湾；而软弱岩性的地带，受侵蚀，在相同的动力条件下，海岸形成的是凹入的海湾，从而形成不同的海岸形态。

3. ~~由于新构造运动和~~ 海平面变动影响：由于新构造运动和冰期间冰期的交替，使海平面在地质时期上曾发生多次升降，海岸带的侵蚀、堆积、沉积出现了不同的形态。
（地壳升降） （海平面升降）

（电JF01）

年　月　日　　第 3-19 页

4. 动力要素影响：在海岸的波浪、潮汐、海流及河流等动力因素，是影响海岸发育的决定因素。加之我国海岸线漫长，跨越热带、亚热带和温带几个不同的气候带，以上动力因素对海岸发育有着显著的影响差别。

因此，我国海岸地貌呈现复杂多样的特点。

二、(四) 海岸类型：

中国复杂多样的海岸地貌，按构造来分可归为三大类型：平原海岸、基岩海岸和生物海岸。

1. 平原海岸：

我国的平原海岸长约 2000+km，主要分布于杭州湾以北的渤海湾西部，辽河平原南缘和华北平原的大面积地区，在杭州湾以南仅有少数分布于河口地区。

我国平原海岸是由很多河流堆积而形成的，主要沉积物的动力是河流、海流和潮流。其地貌特征，组成物质颗粒细小，海平原坡度极缓。

突出特点是地势低平，岸线平直，海水[illegible]浑浊，潮滩宽广，~~[illegible]~~，泥质滩涂，潮间带[illegible]宽阔，潮沟发育，一般可以分为以下几带：

（电开01）

年　月　日　第3-20页

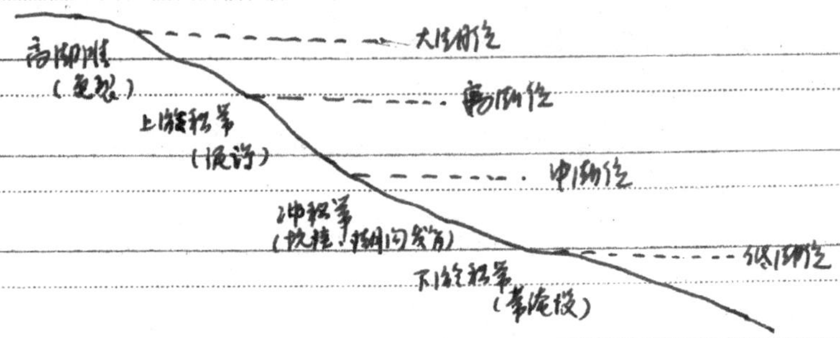

（多级也会是如此分法，如高剥蚀面、中剥蚀面、低剥蚀面等，再查一下）

一般性阶地比较平缓，陡的一般很窄，宽的一般很低（河漫滩）

由于物质组成的，水流搬运作用及所处的地形差异，平原类型又可分为三角洲平原、洪积平原、冲积平原和湖积平原。（图示：39）

(1) 三角洲平原：

我国三角洲平原面积不大。三角洲平原的形成条件：一是有丰富的泥沙来源，二是海洋的动力作用较小，三角洲平原和（是由河流的泥沙堆积，三者共同作用形成的平原）河流入海处堆积的泥沙含量大的大河出海口。

三角洲平原的主要特点是每年向海的推进。

另外一个重要的就是三角洲的堆积过程，如黄河入海段一段三角洲的时间，黄河流域是世界含沙量最多的，含沙量达36.9kg/m³，每年入海的泥沙量达16亿吨。

（电开01）

年　　月　　日　　　　第 3-21 页

使得黄河入海泥沙量多年平均12亿t。其中2/3沉积在河口、滨海，黄河除了输沙量大外，河口潮差小、海域较浅，加之河口摆动频繁，形成以宁海为顶点的扇形三角洲。每次改道都形成一个新的三角洲叶瓣。现代黄河三角洲（近代三角洲）是1855年铜瓦厢决口夺大清河进入渤海后形成的，近100多年以来，造陆面积达6000 km²，海岸线平均每年以2～3 km的速度向渤海推进。（图表 112、128）

黄河口河段的河道，经常处于变动之中，河口每年向外延伸，不大上长江口也出现过类似形式的淤积，也淤积得较少[illegible]。

黄河在渤海湾形成了大片的滩涂，每年有160多平方公里新淤出的土地，为发展种植业、养殖业、林业提供了广阔的土地资源，现今仍在不断向海淤进，形成一个年轻的三角洲。

河口三角洲目前还处于不断淤积、延伸的过程中，河道淤积抬高，河口摆动，如黄河三角洲的老河道已废弃，改道不断发生的过程中。



J719932

(2) 粉砂淤泥质平原海岸

主要分布在苏北海岸和渤海湾西岸，辽河湾和莱州湾。

成因：是在河流长期作用下把河流输出的细颗粒泥沙搬运到海岸带堆积而成的。

特征：淤泥质平原海岸与三角洲海岸相比有两点差别，一是组成海岸的物质比较细，二是需要通过河流和海流的二次搬运，所以淤泥质平原海岸与三角洲海岸的发育相隔远的，就是大的规模三角洲海岸的大河，也是淤泥质平原海岸形成的原动力。

如：苏北淤泥质海岸和渤海湾淤泥质海岸的发育，都与黄河有密切关系，而（~~[illegible]~~），而辽河和大、小凌河是辽东湾淤泥质海岸发育的主要物质来源。

(3) 砂砾质海岸：

成因：砂砾质海岸是山地河流或近海物质在激浪作用和较大的海浪作用下堆积形成的。

分布：在我国分布范围有限，主要分布在台湾西海岸和山海关至滦河之间。（以冲积扇和大沙坝最为著名。）

年　月　日　第 3-23 页

1、四、~~[illegible]~~ 基岩海岸（山地丘陵海岸）：（山地海岸，港湾海岸）

1、分布：基岩海岸主要分布于杭州湾以南的浙江、福建、台湾、广东等海岸以及杭州湾以北的山东半岛、辽东半岛，辽西走廊的秦皇岛、葫芦岛等地海岸，以及台湾东部的海岸。

2、特征：岸线曲折，总是突出的海岬和深入的海湾，水深湾大，岬湾相间，多天然良港，海岸岛屿多列，也有些岸多是断层控制，岸线比较平直，如台湾东部海岸。

由于岩性和动力条件的不同，又可分侵蚀基岩海岸和堆积基岩砂砾质海岸。

(1) 侵蚀基岩海岸：基岩海岸受到海浪一直侵蚀，形成了岩壁和海蚀崖为特色的侵蚀基岩海岸。~~[illegible]~~ 海蚀崖地貌的岩性的差别使基岩岬角和外围岛屿分布分割切去了。如以花岗岩为主体的地形的突出的花岗岩、片麻岩和变质岩等，海岸又在岛屿的屏障，岩性坚硬较少，海蚀崖也陡峭，如山东半岛的成山头。如以基岩松软，海岸又无岛屿屏障，在海浪作用下，岩性软弱，如台湾东岸的乌石鼻、清水断崖，前的岩崖高达800—1000m，在海岸还未有在一过程中，可以看到形成的海蚀地貌，如海蚀穴、海蚀柱、海蚀拱、海蚀平台等。

（电开01）

装 J719932 订

(2) 机械与黄沙堆积海岸：以沙为主的环境和平原的砂砾物质运到此，机械砂砾堆积海岸的发育中。我们古书上所说的沧海变桑田的海岸风化等。在黄河流域地下的大量砂砾可能堆入海滨，因此将会是完全海岸的泥沙淤积到岸前。泥沙淤积的结果使岸线外移。河口的淤多为沙洲，常常把一个个海湾封闭起来成为潟湖，并造陆。此类海岸多分布在我国的海中、陆中，滩田、岛屿的N海岸一带。在山东、辽东半岛的一些基岩海岸也有发育。其中以我国黄河三角洲的沙洲最为著名。(图案108)

(3) 断层海岸：由断层直接构成的海岸线为平直型式)

3. 生物海岸

是生物作用构造成的海岸。可分为两种类型：一种是珊瑚礁海岸，一种是红树林海岸。它们都是在热带、亚热带环境下形成的。

(1) 珊瑚礁海岸：由造礁珊瑚的骨骼和石灰质藻类钙质胶结造成的海岸。主要分布在北回归线以南。以南的北部湾和雷州湾为多。在雷州半岛的南海岸，海南岛的珊瑚礁海岸；南海中的岛、礁、沙洲，大都以珊瑚礁构成的，一直到南沙群岛，均由珊瑚礁海岸组成。

(电开01)

年　月　日　第 3-27 页

(2) 红树林海岸：是在热带地区的平坦、细粒的泥质潮滩上的红树林所形成的海岸，主要分布在我国广东、海南、广西（福建）。以海南岛的铺前港和清澜港最典型。红树林不仅是一种重要资源，而且具有促淤造陆的功能，在防潮保堤、防风消浪方面起着重要作用，对保护海岸也起着重要作用。

第四章 岛屿：

2012.10.27 公布：中国大陆海岸线19097km，岛屿10312个

我国是个岛屿众多的国家，沿海散布着大小岛屿6536个，岛屿的总面积约8万$km^2$，约占我国陆地总面积的0.8%，岛屿海岸线长度为14247.8km。（比大陆海岸线少3700km。）

一、岛屿的分类：

按岛屿的成因、分类标准，基本上可以把中国沿海的岛屿分为：

(1) 基岩岛包括大陆岛和海洋岛。

① 大陆岛，是大陆的延伸体，它原是大陆的一部分，由于海侵地壳下沉，海水入侵到低洼的地方，原先地面较高的丘陵和山地突出水面而为岛屿。大陆岛的地质构造、地貌的基本特征，都与附近大陆相似。例如舟山群岛、长山列岛、庙岛群岛、台湾岛、海南岛都属于大陆岛。

（电开01）

年 月 日 第3-26页

②所谓海洋岛，[illegible]指从未和大陆有直接联系，在海洋中单独生成的岛屿。如火山岛、珊瑚岛等。

(2) 第二种分类是：大陆岛（陆源岛）、火山岛、冲积岛、珊瑚岛四类：①这里的大陆岛是指陆源性的岛屿，概念与上述大陆岛一致，这个岛屿[illegible]由原来陆地分离，原是大陆的一部分。

②所谓火山岛：指由海底火山喷发物堆积而形成的岛屿，在我国主要分布在台湾海峡和北部湾沿海，如澎湖列岛、东海岛等。

③所谓冲积岛：主要是由（大陆）河流带来的泥沙在河口沉积而成的岛屿。我国的冲积岛主要分布在长江口和珠江口，如位于长江口的崇明岛就是我国最大的冲积岛。

④所谓珊瑚岛：是由珊瑚虫的骨骼所构成，主要分布于热带海域，在我国主要分布于南海，如南海诸岛中的东沙、中沙、西沙、南沙四个岛群就是典型的例子。

(3) 第三种分类是大陆岛、冲积岛（陆岛）、珊瑚岛三类，其各自的概念如上所述。

这三种分类的区别在于划分的标准不同，三种分类之间并没有严格的界限。[illegible]根据概念，我们可知这三种分类之间的关系是：

（电开01）(4) 第四种分类为大陆岛、冲积岛、海洋岛三类，其各自概念如上所述

年 月 日 第3-27页

(1) (2) (3) (4)

大陆岛 { 冲积岛 —— 冲积岛（北方岛） — 冲积岛

基岩岛 } 基岩岛 — 大陆岛

海洋岛 { 火山岛 } 海洋岛

珊瑚岛 —— 珊瑚岛

比如教材中之采用的第三种分类。（第三种分类：大陆岛、冲积岛、海洋岛）
基岩岛

二、四 我国主要岛屿：（四个岛屿）

（四个岛屿） ① 台湾岛：为我国最大的一个岛屿，属于大陆岛，也是基岩岛。面积35760 km²，呈纺锤状。岛上地势中东部高，西部低，山地丘陵占2/3。山脉走向与岛的走向一致，为NE—SW向。自东向西分别为台东山脉、玉山山脉（玉山3952m 我国东部最高峰）、中央山脉和雪山山脉。阿里山以西是台西平原。台湾岛周围还有澎湖列岛、钓鱼岛、赤尾屿等80多个岛屿。

四个岛屿 ② 海南岛：是仅次于台湾岛的第二大岛，也属大陆岛、基岩岛。面积32200 km²（33556）。北隔琼州海峡与雷州半岛相望。呈椭圆形，东北—西南向。地势中央高，四周低，呈环状结构。内环为山地，中环为丘陵台地，外环为台地和平原。北部和东部地势平坦，西南地势较高，山脉多呈东北—西南走向。最高山为五指山1867m。

海南省：特区（最开放的经济特区）1988、国际旅游岛 2010、自由贸易试验区 2020、具有国际影响力的高水平自由贸易港

年　月　日　第3-8页

③崇明岛：为我国第三大岛，为冲积岛，位于长江口，东西长80km，南北宽10-15km，面积1083km²，是由长江带来大量泥沙，在河口沉积而成，至今还在不断向外扩大。在崇明岛东有一些沙洲，如长兴岛和横沙岛，它们的历史只有近100年。

④舟山群岛与舟山岛：位于杭州湾以东的浙江北部海面，有嵊泗岛、岱山岛，由大小600多个岛屿组成，总面积1200km²，是我国沿海最大的岛群，它们是浙东天台山的延续，东北—西南走向，东西长150km，南北宽100km，主要岛屿有舟山岛、普陀山岛、嵊泗岛、岱山岛、嵊泗列岛、金塘岛、桃花岛、六横岛及韭山列岛等。其中舟山岛最大，面积524km²，为我国第四大岛，是天台山脉的延续，海拔一般100-400m。

165 ⑤东海岛：是我国第五大岛，位于雷州湾，原为二岛，后以堤连成一整岛，面积达317km²。

除以上五大岛屿外，我国有名的岛屿还有：位于辽东半岛和山东半岛之间的长山列岛，还有位于辽东半岛东南侧的长山群岛（由50多个岛屿组成）和位于山东半岛北部的庙岛列岛（由40多个岛屿组成），扼守着渤海海峡（大门）。

在我国南海的南海诸岛，由东沙、西沙、中沙、南沙四组群岛组成

（电开01）

年　月　日　　　　第 3-29 页

4）黄岩岛（为"南海诸岛"之一）。这些岛屿一般海拔4—5m，地势低，面积小。[illegible]广布在海底高台的珊瑚石

二十几个围绕组成。以珊瑚岛、礁、滩、沙等

组成。　2012.7决定成立"三沙市"（西沙、中沙、南沙），驻地在西沙群岛中的永兴岛

（?）　　　　　　　　（6,3,12个）

据统计，全世界岛屿总数约5万多个，中国岛屿约占世界岛屿总数的1/10。我国的岛屿

6536个

中，90%以上属于大陆岛。在90%岛屿中有浙江、福建、广东省岛屿，其中浙江省

的岛屿数目居全国第一。

"岛港"：如上海在舟山群岛中找到离上海30多公里的小洋山岛和大洋山岛，

在这里上海港建立了深水码头（洋山港），开启了"岛港时代"

（电开01）

装　J719932　订

年　月　日　第3-30页

（旧集P61-62）

## 第三节：近海水文特征

近海水文的基本特征包括 { 海水运动：海流、水团、潮汐、海浪等。
海水性质：物理性质、化学性质，如温度、盐度等。

我国水文特征是多种因素影响，除纬度因素外，海陆分布形式以及气候因素影响很大。我国近海，南北跨38个纬度，属太平洋的边缘海，又紧靠中国大陆，使我国的海洋水文特征既受大洋影响，又受大陆影响，地区差异、南北差异很大。

### 一、海流：

海水在水平和垂直方向上大规模的定向流动称为海流。它的性质和流动速度，海流对海域的气候状况、水文特征、渔场形成以及航海事业都有重大影响。

中国近海主要受两大海流系统的控制，一是来自北太平洋的黑潮暖流系统（外来海流），二是近海形成的海流系统，包括沿岸流和季风漂流。渤海、黄海和东海，也就是东中国海，主要由黑潮暖流和沿岸流组成的气旋式的海流系统所控制。南海（南中国海）主要由季风漂流系统所控制。

#### （一）东中国海的海流系统：

1、黑潮暖流系统：

年 月 日 第 3-31 页

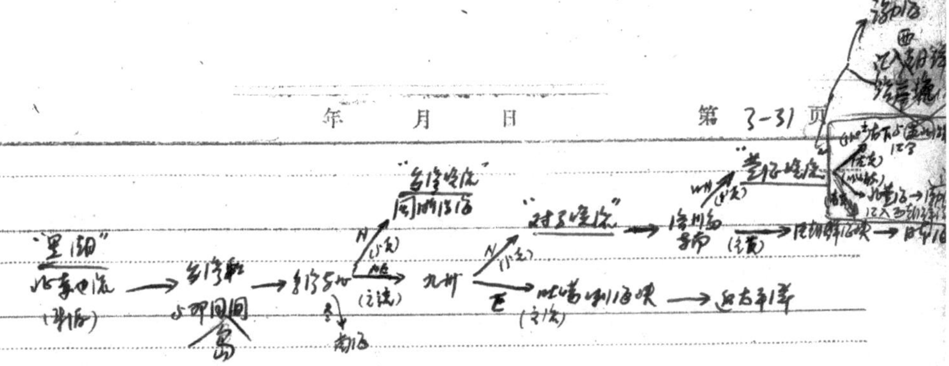


（了解讲义 P.76 叙述）

黑潮暖流的特性：~~①流量大、流速快、高温、高盐~~。黑潮暖流是由北赤道流在太平洋西部边缘沿东亚沿岸向东北方向运动的高盐、高温的强大海流，因其具有

（平均流量约为 $3\times10^{6}\,m^3/s$，大约相当于长江年平均径流量的1千多倍）

流量大、流速快、高温、高盐的特性，它的影响在于具有调节作用，因为夏季东南

〈在台湾东部水温夏季可达30℃，冬季也>20℃〉

为ES季风，比暖流速度快，而冬季为NW季风，比暖流高信，黑潮暖流主要影响

沿海的气候、水文、海洋的各方面。

2. ~~东中国海~~沿岸流系统：我国沿岸海域，由于大量河水注入海洋的一股冲淡水

←盛冬季

性质的沿岸流，我们称其为：鲁北沿岸流，~~苏北沿岸流~~（~~浙闽沿岸流~~），闽浙沿岸流。

（鲁北沿岸流和苏北沿岸流可合称为黄海沿岸流） 黄海沿岸流

沿岸流的特性：水温低、盐度低、含沙~~量大~~。冬季盛行一种冷的、寒流

讲义 立版 P.77

等沿岸流随之进入南海，受季风影响汇入对马暖流。（据图 P.40）

3. 海流系统：东中国海的海流系统由黑潮暖流与沿岸流二者组成~~寒暖~~而成~~环流~~。不同季节，不同海域中环流形式又各不同。

（再开01）
东中国海的海洋环流，是黑潮暖流与沿岸流共同构成的，它们相互交替，并随着季节变化而调整其范围

年 月 日 第 3-33 页

深水区。向东北方向流入黑潮暖流（和对马暖流）。同时，在夏季风吹送下南海海水可一直北上进入长江口冲淡水流。

台湾海峡是东海与南海海水交换的主要通道。夏季，台湾海峡中主要为北流的南海水。冬季，海峡中西部为南下的台湾海峡沿岸流，东部则有一支从南推进的黑潮暖流路经台湾海峡北上。

总之，黑潮暖流以及延续与中国海沿岸流一起，共同构成了渤海、黄海和东海海水环流的基本模式。

（二）南中国海的海流系统：

南海一方面受季风控制的季风区，这里是季风的典型地区，冬季盛行东北季风，夏季的海流方向与季风方向一致，因而对海流的发展特别重要。南海又是2000m深度的水域，海流的路径、方向和强度均受季风所控制，故又称季风漂流。

~~南海环流~~（南海环流）主要由季风漂流与补偿流构成，全年不同。

① 冬季：东北季风漂流（西南漂流）10月开始形成，2月最强。a、黑潮暖流在台湾南部通过巴士海峡进入南海南部，与来自台湾海峡的东海沿岸流汇合，沿着广东海岸流一起流向西南。b、补偿流：来自菲律宾以东的黑潮分支进入南海，流向西北，汇入主流。

（电开01）

年 月 日 第 3-34 页

从而形成气旋式海流系统

②夏季：西南季风漂流，(与冬季相反)6月以后开始形成，8月达到最盛时期。

a. 表层海水被推动，大部分经巴士海峡进入菲律宾海域。一小部分经台湾海峡北上进入东海。另有一小支进入北部湾。 b. 补偿流：引起越南沿岸、马来西亚东岸、爪哇海及南海中部涌流。从而形成反气旋式海流系统。

二、水团：

水团的含义是指海洋中的水团。它是指源地和形成机制相近、理化性质相对均匀、变化规律和运动趋势基本相同的水体。~~[illegible]~~ 从根本上说，海洋一水文状况是不同性质的水团相互作用的结果。(南海：它被中南半岛、菲律宾群岛、加里曼丹、大陆岛、台湾岛)

根据海水温度、盐度和密度的差异，我国近海水团可分为外海水团、沿岸水团以及介于两者之间的混合水团。按理化特性在垂直方向分布上的差异，又可分为表层水、次表层水、中层水、深层水和底层水等。表层水团的分布与海区环流系统相一致，以下各层水团都是由外海水团下沉形成的。

(一)外海水团：中国外海水团是由太平洋的水变性而成的，具有高温、高盐的特点。

我国的外海水团又可分为东海外海水团和南海外海水团

1. 东海外海水团：是太平洋表层水进入东海后变性而成的。分布于台湾、琉球群岛以东地区。包括台湾暖流、对马暖流和黄海暖流以至琉球以东的控制的范围。其表层

(电开01)

为高温、高盐水，但也受外海水团及海洋气候影响，温度、盐度和水文要素季节变化也较显著。

冬季为较低温低盐，温度季节变化大。夏季为高温、低盐。
(18-24°, 34-34.8‰)　(22-30°C, <34.6‰)

2. 南海外海水团：是太平洋表层水进入南海而形成的，分布于南海中部和东部。其主要特征为高温高盐(>22°C, >34‰)，水平梯度很小，季节变化很不明显。

(二) 浅海水团：

1. 是大陆河川径流入海后与海水混合、冲淡而形成的特殊水团。它们主要分布在浅海，是河口附近与沿岸的主要水体。

2. 我国近海浅海水团分为：① 渤海浅海水团 ② 黄海浅海水团 ③ 东海浅海水团 ④ 南海浅海水团等四个。
(黄海：北黄海浅海水团、南黄海浅海水团；东海：江浙浅海水团、闽浙浅海水团；南海：广东浅海水团、北部湾浅海水团)

3. 特征：盐分低(27-29‰)，温度相对低于外海水团。水团的温度和盐度受入海河流径流的影响。

夏季、洪水季节：水团向外扩展，范围大。
冬季、枯水季节：水团收缩。

(三) 黄海水团：

1. 黄海冷水团是外海水团进入大陆架浅海与浅海水团混合，又受当地气候条件的强烈变性而形成的一种过渡性水团。

(电开01)

年　月　日　第 3-36 页

2. 分布：渤海，黄海的局部海区。水深 30－150m 以内的区域。

3. 特征：跃层一温度跃层。冬季：表面温差很大，4－15℃之间。（夏季的状态）

夏季：上下温差很大 { 表面 11℃、高温低盐（混合层）
. 12℃，低温高盐。

上述三种水团之间，经常出现水平梯度较大的海锋，也称锋面、（利于）渔场等现象，如黄海的冷水团与黄海暖流之间，~~锋面较为显著~~，与海外海水团和沿岸水团之间的锋面附近。这一锋面在我国海洋也很明显。

三、潮汐：　（见 P.94）

潮汐是海水的一种周期性升降运动。中国海洋的潮汐和大洋不同，大洋潮汐是由（天体）引潮力直接引起的潮振动，而中国海的潮汐主要是大洋潮波传入以引起的一种协振动。

中国近海的潮汐现象，主要由太平洋传入潮波，并在陆架浅海海区和海底地形共同作用下形成的。

1. 潮汐类型：（图示：40）

渤海、黄海、东海的主要潮汐是：以半日潮为主。渤海多为不规则半日潮，但在黄河口外和秦皇岛外为不规则全日潮；黄海、东海多为规则半日潮，而在……一带

（电开01）

装　J719932　订

连云港外、渤海以北、朝鲜海峡东部及朝鲜西岸为不正规半日潮。

南海以全日潮为主，北部湾是正规全日潮，珠江、台湾海峡为不正规半日潮，其余大部分为不正规全日潮。

2. 潮波路径 ~~及潮波系统~~ 及潮波系统：（课本：40）

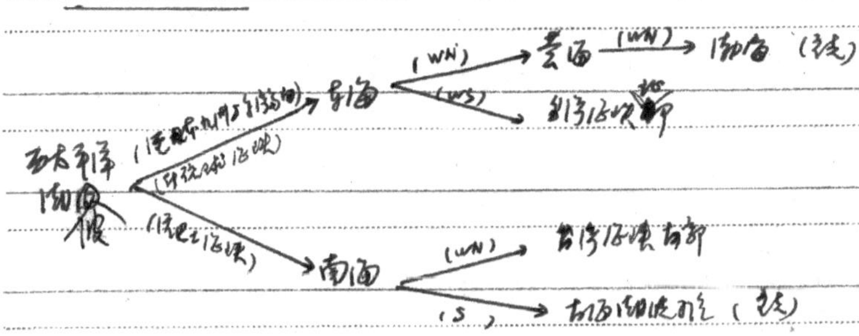


（叙述指教材 P. 80/45）

~~由于~~ 由于进入渤海的西太平洋潮波传入以后，就产生潮波系统，潮时近似即发生与月亮"中天"时刻，即有这种现象。

渤海：潮波按逆时针方向旋转，潮时发生时间也按逆时针方向推迟。

黄海：从成山角外到济州岛外形成了潮波旋转中心，逆时针方向旋转，故黄海西岸，潮时由南向北推迟；而黄海东岸也，潮时由北向南推迟。

东海：潮波向WN推进，潮时也向WN推迟。

南海：潮波由EN→WS推移，潮时也向WS推迟。

（电开01）

年 月 日 第 3-38 页

3. 潮差：

潮差与海岸轮廓、海底地形的状况有关。比如港湾大、岸线曲折，潮差大。

一般海区，中央潮差小，靠近海岸潮差变大。海湾顶端，潮差很大。

我国的台湾海峡潮差大（且西侧大于东侧），如澉浦达8.4m（最高8.9?m），钱塘江口的潮差可达……钱塘江潮闻名世界。而黄海潮差较为复杂，渤海中央[illegible]小，海湾顶端大，中央为2m左右。辽东湾与渤海湾顶端，可达5m；南海潮差较小，中部不足1m，而大陆沿岸稍大，北部可达7m。

潮差对入海河流的水文特征有很大影响，潮水上溯的远近与河床地势有关，与潮流强弱也有关。长江潮水可上溯624km，珠江279km，[illegible]江段上溯30?km。

潮汐对航运、晒盐、捕鱼、围垦、发电都有很大影响。例如在我国有些海港，由于受潮汐作用有限，万吨级以上的轮船必须乘潮出入，使潮汐成为航运的助力。（如天津新港[illegible]）

（王颖：61-62）

四、海水的温度与盐度：（同学：41-42）

海水的温度和盐度是最重要的海洋要素。温度常常代表了海水的物理性质，而盐度则常常代表了海水的化学性质。它们直接影响洋流甚至是大部分海洋水文现象。

（电开01）

年 月 日 第 3-39 页

四 水温：

（一）分布规律和四季变化：总的海温分布有以下规律：

1. 分布大势：南海高于黄渤海，外海高于近岸；冬季温差大，夏季温差小。各海区水温分布差异一致，尤其冬季更为明显。外海区的水温分布并不单纯按纬度排列，而是与沿岸流和暖流相关，大致呈北东走向。渤海水温年变化幅度大，等温线分布较密。

原因：这是因为水温的地理分布除与太阳辐射有关外，还与海流有关。沿岸流使近岸海域水温降低，而黑潮及其分支使外海水温升高。

表层海水温度分布有着明显差异：水温自北而南逐渐增高，而年较差从北往南逐渐减少。冷暖流交汇处的地区水温分布较为复杂。

2. 冬季：受西北季风影响，沿岸流势力强，黑潮和台湾暖流的作用，海区南北温差大，等温线大体呈 EN—WS走向。

（从南往北海区）南海 20-26°C，东海 8-22°C，黄海 4-8°C，渤海 3~-1°C。渤海及黄海北部岸边有不同程度的结冰现象。（课本 P79 图5-2）

3. 夏季：外海受东南季风影响，对黑潮的影响加大，而台湾暖流和沿岸流也相应减弱，加之受太阳辐射增强的影响，使得全海区水温南北温差不大。各海区表层水温在24°C以上，南海28°C以上，南北温差仅4°C，同时也出现冷水团。



（P.79、图5-3）

年 月 日 第 3-40 页

析，渤海海区，除存下层冷水团做分析，而此以温为主。如舟山群岛、[illegible]、海域[illegible]。

4. 表层水温年较差：渤海＞黄海＞东海＞南海，由北向南减小

5、海水盐度：海洋之海水中各种盐类含量多少的指标，[illegible]

近海盐度分布和变化，决定于入海径流、降水与蒸发之差、环流形势和水团特性的制约。外海主要受来自太平洋的高盐水团，沿岸主要受江河径流影响的低盐水团，我国近海盐分的特点主要由这两种不同性质水团进退消长所控制。1. 总的分布趋势是近岸低、外海高，表层低、下层高。

2. 冬季：近海等盐线基本上与海岸线平行，由近岸的30‰逐渐增到外海的34‰

(~~附图，P.45，图3-8~~ 补充 P.41 左上图)，[illegible]

(3版指各海区) 3. 夏季：由于大量入海径流和丰富降水影响，近海盐度显著降低，[illegible]

尤其是长江入海口可以形成大片低盐水舌，盐度仅5‰，[illegible]

10‰，水平梯度大。 (图集，P.42 左上图)

6. 海水盐度年变化，[illegible]，渤海[illegible]2‰，[illegible]，南海<1‰。

近海因为沿岸海水，降水、蒸发，河流径流[illegible]的原因。

J719932 装 订

(电开01)

年　月　日　第 3-41 页

第十三章　（P.153）　图集91-95

## 第五节：海洋资源

海洋是地球上人类未来开发的宝库。12海里以内的资源丰富，在世界人口[illegible]。资源储量的[illegible]，人类将来[illegible]海洋。

（21世纪将是开发海洋的世纪时代）

### 一、海洋生物资源：

我国近海位于大陆架，[illegible]，生物资源丰富。

1. 鱼类近4000种，其中300+种经济价值较高。带鱼、大黄鱼、小黄鱼、墨鱼为我国的"四大海洋鱼类"，（洄游性鱼类）[illegible]。

2. 底栖动物丰富。有[illegible]。

3. 海生植物200+种，以藻类为主。（[illegible]）紫菜、海带、石花菜[illegible]

4. 我国的四大渔场：黄渤海渔场，舟山渔场，南海沿岸渔场，北部湾渔场。

[illegible]，如舟山渔场[illegible]，是世界上一大渔场。

✓ 四大渔场：石岛、大连、吕四、舟山、闽东、闽南—台湾浅滩、珠江口、北部湾北部、西沙、南沙渔场。

### 二、海洋矿产资源：　图集91

（电开01）

装　J719932　订

年　月　日　　第 J-42 页

~~1. 化学资源~~：海水化学资源丰富、有待开发。这是指存在于海水中的大量的各种化学元素，也有称为海洋化学资源。

据估计，海水中含有80多种元素。每升海水中含有1毫克以上的元素有十一种，含量在1毫克以下的元素叫微量元素。由于海水总量大，即使是微量元素，其总量也是相当可观的。如铀元素在每升海水中含量只有0.0001毫克，但海水中铀的总量却有137000000（13亿7千万）T

$137\times10^6$ T，可以说海水是巨大的化学资源宝库。

海
1. 盐：食盐是化学工业之母。世界现在从海水中提取的食盐和其他物质约有[illegible]亿吨，可以说海水是化学工业的原料基地。我国海盐生产历史悠久，具有发展海盐生产的有利条件。我国海岸线长，滩涂广阔，日照强，蒸发量大，宜于晒盐。现在年产海盐达2000万吨左右。

已占世界第一位。主要盐场，已在辽宁、河北及山东一带沿海一带分布。
我国四大盐区为：辽宁盐区、长芦盐区、山东盐区、淮北盐区。还有两浙盐场（浙江）、布袋盐场（台湾）

2. 海水提取溴、镁、钾、铀等的研究。[illegible]技术、铀的提取研究

已达到世界先进水平。海水提取重水，海水淡化技术也在研究。

3. 海水资源利用：直接海水淡化、海水直接利用（沿海工业冷却用水、[illegible]）。

三、海洋动力资源。

海洋动力资源包括有以下几种：

(电开01)

海滨的金、铂、金刚石砂矿

近海大陆架及浅海封闭海盆中：石油、天然气、[illegible]

[illegible] 金、铁、铜、锡、磷、锰结核

（[illegible]：渤海、黄海、东海、珠江口、北部湾、南海、黄海[illegible]）

[illegible] 深海底的锰结核 [illegible]。

我国石油天然气的海底[illegible]是重要的资源，以渤海、东海[illegible]陆架[illegible]，[illegible]比较多了，如渤海、黄海、东海、珠江口、北部湾，黄海[illegible]的资源，[illegible]（[illegible]）

四、海洋动力资源

海洋[illegible]，[illegible]。如潮汐、[illegible]中[illegible]，即海洋动力资源，[illegible]。[illegible]，[illegible]。

[illegible]。

~~五、[illegible]~~

五、海岸带开发 ~~[illegible]~~ （海洋空间资源与湖泊与滩涂水体，港口和海上交通，海岸旅游与疗养等。）

海岸带是海洋的陆地边缘带，也是[illegible]，[illegible]。

年　月　日　第 3-44 页

1. 湖泊资源（淡水渔业基地）：我国天然湖泊面积3200万亩。（其他可用560万亩（90年））

适宜发展水产养殖、灌溉、种植芦苇、为开发利用提供好的

和发展湖泊旅游。

2. 港口地位（海上运输）：（沿海每500km才一个良好港口。）大多数的是港口运输，加之有铁路、公路的只有、运量也很巨

大、此外也可发展港口建设和海运事业。

3. 海滨旅游资源：这方面的空间资源包括海滨浴场、游钓场、水上运动、海岸与岛屿风景区等。

六、湖泊的保护：

湖泊是宝贵的资源。但湖泊资源不断开发也带来了湖泊保护一系列问题。

1. 当前湖泊资源利用中存在的问题有以下几方面：

① 湖泊面积缩小：主要是由于围湖造田、淤积和围垦。

② 对湖泊生物资源过度捕捞：酷渔滥捕

破坏湖泊生物资源生态平衡、恶化湖泊环境，是湖泊资源开发中最为严重的问题。

③ 无序的填湖造陆对湖泊生态环境造成很大影响（生态平衡失调下降）

2. 湖泊保护措施：④ 气候变暖引起湖泊面积缩小的问题

① 合理利用湖泊资源，制定科学的捕捞规定。

② 保护湖泊环境，制止湖泊污染蔓延。

（电开01）

装　J719932　订

年 月 日 第 3-45 页

② 划定海洋领土，以维护我们的海洋权益、钓鱼岛、南沙主权

③ 制定切实可行的海洋法，加强海洋管理。

④ 对有经济意义的[illegible]：蓝鲸—保护[illegible]、红树林、珊瑚礁、海草床、礁湖沉积、封存

~~[illegible]~~ 加强[illegible]海洋[illegible]的[illegible]，并[illegible]、[illegible]

主权[illegible]的作用。

（电开01）

年 月 日 第3-46页

思考题：

1. [illegible]的[illegible]是怎样的特征.

2. 我们需要[illegible]地形的特征及影响.

3. 我们一定[illegible]气候与自然带[illegible]特征.

4. 简述我国近海的~~[illegible]~~. 海流和潮汐的变化.

5. 中国近海的海水[illegible]的特征. 其[illegible]的分布及原因.

7.(5). 海洋在自然地理环境中的作用.(通过海不用)

6. 海洋资源开发前景

1. [illegible]

2. [illegible]

1. [illegible]

2. [illegible]

(冉开01)

装 J719932 订

⑥-(1)-①

年　月　日　　　　第 6-1 页

# 第六章：土壤与植被　（原“土壤与生物”）

（“六”旁改为“七”）

**教学目的**：土壤与植被是自然综合体形成发展的重要因素，也是体现自然综合体特征的标志。通过本章的学习，了解我国土壤植被的类型、结构和分布，着重认识土壤植被的分布规律，并从自然景观在地球表面各种地带性的表现特征，初步认识各自然地理要素之间互相影响、互相制约的关系。

**学时分配**：6学时。

说明：第六章土壤地理：~~总讲第一节，第二节接下去的……~~ 第三节分布，详细讲述……
第六章生物地理：动物地理不讲，植被着重讲植物区系与植被，九一小学时，讲植被的类型和分布规律。

〔其中，第一节：1学时。　　第二节：1-2学时（一、二两节2-3学时）

第三节：2学时　　第四节：1学时（三、四两节3-4学时）〕

**教材安排**：第一节：中国土壤的基本特征及其形成过程。（参阅本系“中国自然地理”（第二版）中“土壤与其形成过程”）

第二节：~~中国植被的组成与发展过程~~（改为：中国植物区系特征）（参阅本系“中国自然地理”（第二版）中“中国的植被的组成”及“中国自然地理”中“我国的植被类型的分布”）

第三节：中国植被与土壤的分布规律（部分参考本系“中国自然地理”[illegible]

参考“中国植被”（作者……）及“世界自然地理”[illegible]）

〔第四节：[illegible]土壤和植被的合理利用与保护（参阅“中国自然地理”第四章……）[illegible]

（电开01）

年　月　日　　　　第 6-2 页

（原第八章"中国的土壤和植被"六讲，教学6学时）

[illegible]

2. 掌握：各因素之间的关系。

参考：1. 挂图：①中国植被土壤分区挂图。

②中华人民共和国土壤图。

2.《中国自然地理图集》：81、83、84（土壤图、植被和土壤），86、90

3. 教具：……水平地带性（图示）、垂直的水平地带性（图示、图示）

引言：

土壤和植被是生物圈的重要组成部分，是地球表层与大气相互作用的产物。它们的分布既具有自然地理地带性，又有明显的地带性、区域性和非地带性。在整个生物圈的土壤、植被、水分和气候诸要素之间，存在着千丝万缕的因果联系，它们是一个不可分割的整体。植物和土壤是地球表层生态系统物质和能量转化的枢纽，它是一个自然综合体，对自然环境也会起到重要作用。

由于土壤、植被的分布与环境……大多分布在我国的各部分，我们将着重介绍其中……。

第一节：中国土壤的基本特征及其形成过程

一、~~中国的土壤~~ 成土因素 中国 的土壤基本特征：

（电开01）

年 月 日 第6-3页

(一) ~~中国的土壤~~ 因素:

土壤是气候、地形、水文、地质、生物等各种自然条件相互影响、共同作用下的综合产物。我国幅员辽阔，自然条件错综复杂，因而形成的土壤类型复杂，分布错综，发育阶段的多样性，成土条件的复杂性，以及它们在地域之间的差异性，则足可以说明我国各种土壤类型及其分布的复杂性。各种成土因素在我国的情况，我们将其分析于下：

1、位置：我国幅员辽阔，南北跨越了纬度多带，但大部分位于暖温带和亚热带地区，因而决定了土壤的发育具有相当的一致性。除我国土壤除了有红色土外，还有棕色土、黑钙土、荒漠土等，世界各类土均有分布。

2、气候：我国深受季风气候的影响，水分从西北向东南增多，热量从北向南增加，水热条件在不同的地域组合不同。这直接影响着成土过程中地球化学作用的各个阶段，使其总的趋势是从西北向东南逐渐增强的趋势，相应形成了各地不同的风化壳类型和相应土壤的剖面形状。除东北地区外，内蒙古大陆东部水分条件较好，使我国各种土壤分布广泛。

3、地形：我国地形复杂多样，西部多高原和山地，东部多丘陵和平原，全国

（电开01）

山脉纵横分布，影响着大气运动和水分的分配。它影响成土因素，相对高差可达5000m到6000m以上，使山地土壤分化发育，垂直分布明显，增加了土壤类型分布的复杂性。西北内陆的封闭式地形增加了气候的干旱特征，也形成了大范围的风沙、盐渍土等土壤类型。

4. 地质与母质：不同岩性的母质因素是土壤形成的物质基础。我国地质构造复杂，地层岩石组成多种多样，为多种类型土壤的形成提供了条件。岩石和母质的风化差异性，对土壤形成[illegible]，阳性[illegible]，土层厚度和机械组成都有直接的影响，母质一定程度上起着加速和延缓土壤发育的作用。而在外力作用下的移动和堆积也影响着风化成土的过程。一般说来，[illegible]地区风化层[illegible]厚度大，[illegible]年轻的[illegible]，土壤也表现出年轻。

5. 水文：我国河流众多，河流比降大，上游的侵蚀和下游的堆积作用均十分强烈，构造地形发育了山地和平原的多种土壤，地下水埋深的差异，也导致了隐域性土壤的广泛分布。

6. 生物：生物是影响土壤有机质的主要物质来源。我国生物种类繁多，分布地域广泛，使生物作用的强度在各地不一，也影响到了土壤的肥力和性质。

年 月 日 第 6-5 页

7. 山地：我国山地面积广大，是各种矿产的蕴藏地。除了[illegible]地区[illegible]森林[illegible]，

[illegible]，如西南至西北的山地，[illegible]，[illegible]

等地，是我国[illegible]。新疆[illegible]

阿尔泰[illegible]，是世界[illegible]之一。

8. 人为影响：我国是一个古老的农业国，已有4000年左右的耕作历史，在长期的生产

中不断加深人为的影响，形成许多不同的耕种土壤，如水稻土、塿土。

以上诸条件中以气候、母质、生物条件最为关键。

在以上条件的综合作用下，形成了我国土壤的基本特征。

(二) 中国土壤的基本特征。 [据中国科学院[illegible]土壤[illegible]全国[illegible]土纲，[illegible]亚纲，[illegible]土类[illegible]]

[全国[illegible]土类，亚类[illegible]多个]

1. 类型丰富：我国是世界上土壤类型最丰富的国家之一。我国从热带的[illegible]

[illegible]，[illegible]，世界上一些主要土壤在我国都有分布。而[illegible]

的[illegible]，[illegible]，[illegible]，[illegible]，[illegible]

[illegible]。

2. 分布规律：[illegible]。[illegible]。[illegible]

[illegible]，[illegible]，[illegible]，[illegible]。

(电开01)

年 月 日 第 6-6 页

3. 生物因素：生物包括植物、微生物（包括人为的各风化壳的形成），加之耕作等人类活动，可引起许多地区的土壤和耕作层形成耕作土壤.

## 二、中国风化壳与成土过程：

### （一）风化壳的特征：

风化壳是土壤形成的物质基础. 风化过程与成土过程是不可分割的.

~~[illegible]~~ 我国风化过程从西北向东南由弱到强，自北向南由浅到深，这种风化的地带性规律决定着我国土壤与风化壳的地带性分布. 成土过程也是由西北向东南，由北向南逐渐增强，在不同地区形成了不同的风化壳及土壤.

我国风化壳的地带差异

| 地区 | 风化状况 | 风化壳及土壤特征 |
| --- | --- | --- |
| 青藏高原及西北高山地区 | 机械物理风化强烈，处于风化过程初始阶段，水热条件差 | 碎屑状风化壳，分布的多为初始土壤 |
| 西北内陆干旱地区 | 水分缺乏，化学风化作用微弱，石灰和石膏多，一二价盐类大量累积 | 含盐风化壳，~~黄土~~，盐渍土等 |
| 半干旱（~~[illegible]~~）地区 | 雨量较多，一价盐类淋失，二价碳酸盐积累，风化过程中等 | 碳酸盐风化壳，半干旱土壤因淋溶程度不同而不同，[illegible]硅铝土，半干旱的[illegible]硅铝土 |
| 南部湿润地区 | 雨量丰沛，化学风化作用强，并以北向南增强，以硅铝、铁铝化作用为主 | 硅铝风化壳，铁富铝风化壳，多种森林土，（南）湿润硅铝土，铁硅铝土，铁铝土 |

（电开01）

年　月　日　　第 6-7 页

（二）综合成土过程

根据发生学的观点

在成土的自然条件下，土壤形成包括11种基本过程，即原始过程、淋溶过程、粘化过程、灰化过程、钙积化过程、盐化过程、碱化过程、潜育化过程、漂洗（白浆化）过程、有机质积累过程、熟化过程和土壤的过程。

（→加"我国综合土壤形成的基本过程"，见参考资料之"P.107 表7.1"）

在自然条件下，每一种土壤都不是单一基本成土过程的产物，而是几种成土过程共同作用下形成的，但其中有一种是主要的过程，也可以是决定某个成土过程的土壤的地带性。

（概括了综合土壤类型，与各成土过程的综合）

我国综合成土过程的主要特点表现在：

1. 季节性淋溶过程与积累过程相结合：

季风气候降水季节性变化，使土壤的下渗作用得到加强，特别在北方，多数夏季雨水多，土壤中水分以下行淋溶作用为主，但以冬春季，上升作用是大于下行作用，使成土过程中土壤淋溶与积累两过程结合地区，因此，一方面是土壤粘化过程、脱钙过程和钙积化过程的比较普遍；另一方面，季节性土壤中，钙积土多有较大的比重，尤其是淋溶地区的地带性土壤具有较为强烈的性质。

2. 从不同的方向，土壤的成土过程在不断加强。

年 月 日 第 6-8 页

这种土壤自北而南的地带性更迭，~~[illegible]~~ 从成土过程、风化过程、脱硅过程、富铝化过程的强弱相联系的，这种情况在一定程度上可以从各类土壤的粘粒含量、粘土矿物的组成、土壤的硅铝率和酸碱度上得到反映。

从北而南各类土壤有如下规律的变化：

粘土矿物结构由简单→复杂。

粘粒含量由少→多。

硅铝率逐渐减小(→小)，土壤盐基饱和度逐渐减小，土壤酸性逐渐增大(→大)(pH变小)

具体见下表：

| 土壤 | 粘土矿物 | 粘粒含量 | 硅铝率($SiO_2/Al_2O_3$) | pH | 盐基饱和度 |
|---|---|---|---|---|---|
| 荒漠、半荒漠土 | 水云母 | 14-17% | 3.0-4.5 | >8 | |
| 半干旱草原土 | 水云母—蒙脱石 | 19% | 3.8-4.0 | 7.5-9 | |
| 半湿润森林、棕壤 | 水云母—蛭石，有时高岭石 | ~~19-29%~~ 25-30% | 2.5-3.0 | 5-7 | >30% |
| 北亚热带黄棕壤 | 水云母—蛭石—高岭石 | ~~29%~~ 30% | 2.0-3.0 | 6-7 | |
| 中亚热带红、黄壤 | 高岭石—水云母 | >30% | 黄壤 2.5<br>~~2.0-2.5~~<br>红壤 2.0-2.2<br>赤红壤 1.7-2.0 | (4.5-6)<br><5 | <30% |
| 南亚热带、热带赤红壤、砖红壤 | 高岭石、三水铝矿、赤铁矿、针铁矿 | 39-60% | ~~1.7-2.0~~<br>砖红壤 1.5-1.8 | (4.5-5)<br><5 | |
| 变化趋势 (电开01) | 结构简单→复杂 | 变大 | 变小 | 变小(酸性变大) | 变小 |

年　月　日　第 6-9 页

3. 土壤的生物过程从西向东，从北向南逐渐加强。

土壤的生物过程，主要表现在有机质的含量和生物有机质的积累—分解—吸收的循环过程中。

① 从西向东有机质含量逐渐增加，这主要是水分条件的增加使生物循环不断加强的结果。

| | 荒漠土 | 栗钙土 | 黑钙土 | 黑土 |
|---|---|---|---|---|
| 有机质含量(%) | 0.15-0.5 | 1.5-3.8 | 3-4<br>(高可达6-10) | 3-6<br>(高可达15) |
| 腐殖质层厚度(cm) | 20-30 | 30-80 | 30-50 | 70-100 |

② 南部森林区自北向南，生物循环作用不断加强。

南部森林区水分条件较好，植物残落物是有机质的主要来源，因此在土壤有机质含量（多5-10%左右）和腐殖质层的厚度差异，南北的差异并不明显。甚至出现南方大于北方的现象。（例：有机质含量：棕壤5-6%（不超过10%以上），黄棕壤5-10%，红壤1-5%，砖红壤3-5%）但从生物的循环过程中可以看出由北向南增加的趋势。北方气温低，有机质分解慢，因此其表现为积累的明显；而南方在高温作用下，有机物的分解速度很快，生物循环作用迅速，因而表现出强烈的生物作用。

森林地区和中部草原地区比较，也是如此。草原土壤的腐殖质层的厚度和有机质含

（电开01）

年　月　日　　第 6-10 页

为暑绿阔叶林土壤，但生物循环的周期短，引起它的变化，土壤的发育过程主要由西北向东南逐渐加强的。

二、(四) 我国东部地带性土壤的形成过程—它们结构模式为：

草甸过程（草甸土）⟶ 钙化过程（黑垆土）⟶ 淋溶过程（棕壤）；钙化过程（褐色土壤）
{ 硅铝铁淋溶过程（黄壤）
淋溶灰化过程
铁铝化过程

北 ↓ 南 ↓ 增加

南—北：水平地带

（三次加）(三) 现代和古代成土过程在时间上的发展：

现在的现代和古土壤层的研究，对于说明第四纪以来气候变化的历史很重要，可以看到各种类型土壤的发展过程。

如：北京黄土中第三纪以来的红土、黄土和棕红土，是它们形成于过去时期气候的。

黄土下层是红土，是古代气候条件下土壤发育。

新疆多处发现不是现代形成的一个古风化壳（在河谷水下，地下水很深）。

另有古土壤层在新生代以来的地层里，是土壤发育在一年年发展，发育阶段也很好。

近代土地经过人类复杂的耕作，使其环境的变化，加上人类的利用，成土过程有所改变了的，也可以加速或延缓。

引起对土壤的土壤发育的分析，说明其发生的自然条件，又要考虑环境的变化及人类活动作用的干扰。

（电开 01）

年 月 日 第 6-10′ 页

三、关于土壤发生分类及其命名体系：（P63-64）

我们在绪论中，已提到过应用土壤发生学分类，这里阐述土壤地理的命名体系问题。我们知道"地带性学说"是由俄国学者道库恰耶夫提出来的，那就是一个土壤学派。

我国发布应用的土壤分类系统，是1978年的《中国土壤分类暂行草案》。该分类系统依据土壤发生学原则，而且要考虑到成土条件、成土过程和土壤属性（以土壤属性为主）的综合[illegible]土壤分类的[illegible]。在本书的第二部分中，我们第六章第二节"我国土壤类型"就是根据新的分类系统编写的。

（但是，这种分类系统还不完善，还在不断发展。我们书上采用了诊断分类[illegible]第一版，但尚需[illegible]。所以，我们不得不[illegible]。诊断分类在土壤学中是以[illegible]土壤命名体系。[illegible]今后的土壤分类[illegible]。所以我们可以看到，在书上第三节"土壤分类体系"中具体[illegible]发生学分类和土壤分类。）

第二、这两种分类方法[illegible]，在[illegible]表6-14，在土壤一栏中，[illegible]常用的土壤类型名词（也是发生学的土壤），这样我们可以[illegible]，完全[illegible]，不至于[illegible]。

关于土壤分类体系，由于[illegible]分类体系，[illegible]，我们就[illegible]把二者结合起来[illegible]。

各类型土壤分类（诊断分类）

[illegible]

（电开 01）

年　月　日　　第 6-11 页

中国植物区系的基本特征

第二节：~~中国植被的特点与发展演变~~

一、~~植被特点~~（~~植物区系特征~~）

引证要点
1、植物种类丰富
2、起源古老
3、地理成分复杂
4、各种地理成分联系广泛，分布交错混杂
5、特有植物繁多。

~~一、植物种类丰富~~ 一定地区的植物群落的总和叫做植被。植被是自然地理环境的一个重要组成部分，也是生态系统中最活跃的因素之一，为第一性生产者。

植被是在过去和现代环境因子的作用和影响下，不断发展演化的结果。我国疆域辽阔，地形结构复杂，气候和土壤类型非常复杂，再加地质历史和人类活动历史十分悠久，因此造成中国丰富多样的植被类型。它们既是世界植被和植物区系的重要组成部分，又具有我国独有的许多特征。其中最显著的特点是：种类丰富，起源古老，地理成分复杂，分布交错混杂，~~区系特有植物繁多~~ 及特有植物繁多等。

年　月　日　　　第 6-12 页

① 我国植物区系保存有大量古老的种属和科属，并保存有许多孑遗植物，多半为第三纪的孑遗种（②古老原始的种属），如水杉、银杏、鹅掌楸以及第三纪古地中海植物区系的孑遗种古老的（只含1种）（含2—6种）水杉；~~[illegible]~~ 还有银杉、金钱松、水松、柳杉，都是特有古老的裸子植物，以及钟萼木、连香树、珙桐、金钱槭、杜仲等古老的被子植物。

② 随着在我国发现的一些世界的稀有种，在我国也含有许多世界性古老的种属的重要。如蝶形花科的一些原始种属代表，间断分布于我国西南和北美东部，又如~~[illegible]~~亚洲中部荒漠中的一些原始的孑遗植物。

③ 全省白垩纪以下的少型科和单型属多为古老的科属的残遗属，而单型科和少型科占全部被子植物的38%，~~[illegible]~~ 我国的特有属196属中，单型属和少型属占了95属，由此可见我国植物区系之古老性。~~[illegible]~~ 我国西部一些地带，是植物繁衍区，特别是西南地区的一些山地，可能是古老植物的发源地和分化中心。

3. ~~[illegible]~~ 区系（地理）的分化：　（说明地理成分复杂）

① 我国西北和东北植物中也有北温带植物区系，又如分布在东亚大陆和古地中海区（西亚地区）植物区系的成分。~~[illegible]~~ 通过中国地史事实可得植物区系成分比较复杂。根据我国的种子植物二万七千多种的区系分析，可以分为15个分布区类型和31个变型，它们包括了泛热带、泛温带、

（电开01）

年　月　日　　第 6-13 页

温带、亚热带山区及亚热带的各种成分，以及我国特有的各种成分。（不少种属在旧北区、旧世界温带分布的种子）

② 在我国植物区系中具有明显的热带性质，属于热带分布的科，属分别占全国总科数的 [illegible]% 和 54%（1-7表），如泛热带分布的番荔枝科、樟科、豆科等，热带亚洲至热带美洲分布的木兰科、省沽油科等，热带亚洲至大洋洲分布的金缕梅科、猕猴桃科等，热带亚洲至热带非洲分布的龙脑香科、凤仙花科等，以及我国特有的古热带地区的龙眼科、苹婆科等。

在我国的种类很多，这些热带科属分布甚广，有些种可以延伸到华北、东北地区。

③ 我国植物区系中，又具有世界著名的温带成分，几乎包括了北半球所有各种温带科属，（8-11、14表）其中有些温带科属的分布中心在我国，例如槭树科、桦木科、胡桃科、杜鹃花科、龙胆科、松科、杨柳科等。许多温带分布的科属在全国自南北均有分布。

④ 此外，还有不少分布于地中海区（或泛地中海）的科属，如蒺藜科、柽柳科、十字花科、（12、13表）唇形科、石竹科等。这些地中海科属在我国主要分布于西北干旱地区，但有些属也分布到华北、东北或西南，甚至广布全国。

⑤ 我国特有的196属，大多分布在热带、亚热带地区。（15表）

**4. 各种地理成分互相交错，分布交错混杂**

① ~~[illegible]~~ 我国植物区系不但丰富复杂，在地理分布上还具有各种成分互相交错的特性，分布交错混杂的特性。上述已提到的各种区系成分在我国境内相互渗透交错的现象，说明它们

[illegible] 我国种子植物的326科中，有60科属热带，50属广布到亚热带，110多科达到温带。
② 许多温带分布的科属在全国南北方均分布，但绝大多数集于南方山地。
③ 属于地中海区的一些科属，在我国主要分布于西北干旱地区，但有些属也分布到华北、东北或西南

年 月 日 第 6-14 页

在我国这里的植物区系的组成。而且这种交错渗透的现象以及受第四纪冰川的影响在西

南地区特别突出。这与这一地区植物区系的历史进程和生态环境是分不开的。

~~5. 特有植物种类~~ → 二（P.6-11 另附页）

5、特有植物种类：

在我国的植物种类中，由于经历了第四纪冰川的影响，我国特有植物种类很丰富，共计有190属，约72种，占全国属的6.8%。如银杏科、珙(gōng)桐科和杜仲科三种为我国特有科。我国的特有种，集中分布在[illegible]，尤以西南特别是云南为最多。

二、植物分类系统 （p.67-68） （参阅 P.95-97）

关于我国植物分类的系统，在植物分类学中有如下体系。

（一）《中国植物志》的分类系统。

是钱崇澍教授主编的《中国植物志》一书，采用三级分类系统：

植物界（门）[299]、 种子（中级）、 种类（亚科等级）

各一级分类单位之下都有一个辅助等级，即

植物亚门（104） 种子亚位 种类亚位

以上[illegible]分类等级不[illegible]。

中国的[illegible]分类系统可以 p.96 表7-2 "中国植物分类系统"中反映出来（[illegible]）

（二）《中国植物地理》的分类系统：

侯学煜教授主编的《中国植被地理》一书，采用三级分类系统：

主要[illegible]等级为 植被型组（74）、 植被型

另在[illegible]辅助等级： 植被型（74）、 群系组

~~中国的分类系统可以 P.97 表7-3 "中国植被地理分类系统"中反映出来（[illegible]）~~。

详细情况可阅读教材，[illegible]"植物地理"采用[illegible]分类系统。

（电开 01）

年　月　日　第 6-16 页

## 第三节：中国植被与土壤的分布规律 （引北大[illegible]讲）

植物群落、土壤的地理分布，主要取决于温度与水分条件，造成植被的地带性规律，它受着大气环流、海陆分布和地形条件的影响。植被、土壤的地理分布又是自然地理区划的重要依据。

从我国的[illegible]地位看，对土壤植被的控制作用因素：

1. 以"大兴安岭—吕梁山—六盘山—青藏高原东缘"一线为界，东南半部是森林区，西北半部是草原和荒漠区。

这个界线同年降水量[illegible]，降水由东南向西北递减而造成的。

2. 东部由南向北递变，土壤植被表现为纬度地带性。这在东部湿润区表现更为显著。

3. 西北从沿海向内陆的变化，土壤植被表现为干湿度地带性。这在温带最为显著。北纬[illegible]从东向西[illegible]依次[illegible]

4. 青藏高原是世界最高的高原，植被土壤又有垂直分布的规律。而且一定程度上反映出水平分布的规律。

5. 在山地[illegible]垂直地带性，这个[illegible]植被与土壤分布。

这种和地理位置等对土壤植被分布的控制作用大体可以概括为：

（电开01）

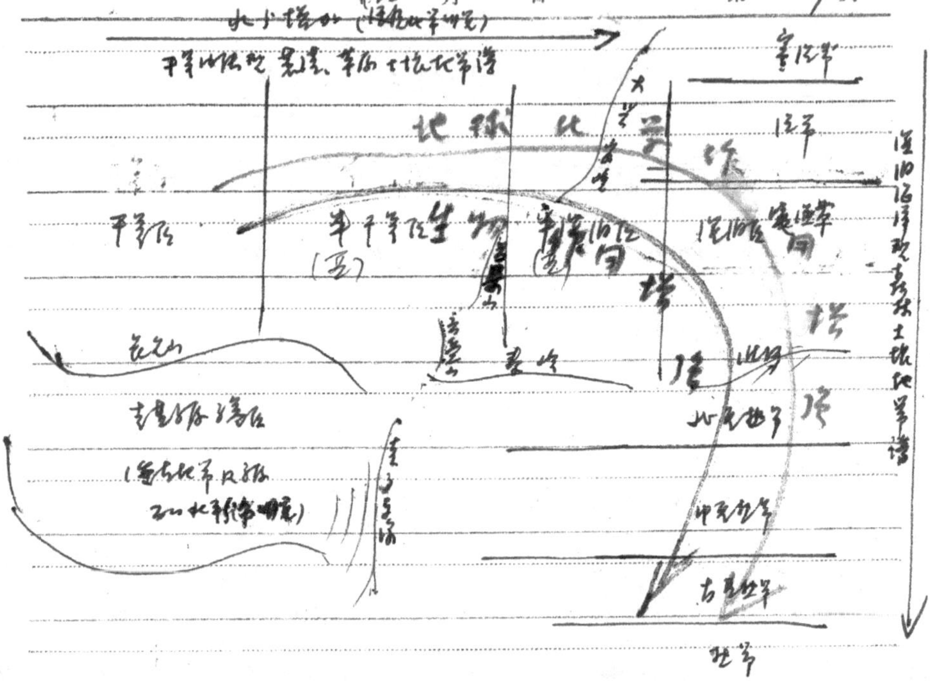

（图1）我国水热动态条件对土壤地带性分布的控制作用。

以下我们再来看一下我国按照土壤的分布规律：

一、水平地带分布规律：

[illegible]

（参阅[illegible] P.131 图6-3 中国按照土壤水平地带分布模式）

（"地理" 83（1）"中国按现土壤区"） （地学 67-68）

（一）纬度地带性分布：按照[illegible]土壤分布的纬度地带性一般都沿纬度带[illegible]

[illegible]，自北而南依次出现下列按照土壤地带：

（电[illegible]）[illegible]

[illegible] 月（[illegible]） 第 6-18 页

| 植被-地带 | 分布 | [illegible] | 土壤[illegible] | 备注 |
|---|---|---|---|---|
| 1. 寒温带针叶林（[illegible]）地带 $I_1$ | [illegible]大兴安岭[illegible] | [illegible] | [illegible] | [illegible] |
| 2. 温带针阔叶混交林（红松）地带 $I_2$ | [illegible] | 红松，[illegible] | [illegible] | [illegible] |
| 3. 暖温带落叶阔叶林地带 $I_3$ | [illegible] | [illegible] | [illegible] | [illegible] |
| 4. 亚热带常绿阔叶林红、黄壤地带：北亚热带[illegible]阔叶林[illegible]地带 $I_4$ | [illegible] | [illegible] | [illegible] | |
| 中亚热带常绿阔叶林红、黄壤地带 $I_5$ | [illegible] | [illegible] | [illegible] | [illegible] |
| 南亚热带季风常绿阔叶林[illegible]地带 $I_6$ | [illegible] | [illegible] | [illegible] | |
| 5. [illegible]地带 $I_7$ | [illegible] | [illegible] | [illegible] | 热带[illegible] |

（[illegible]）

2. [illegible]

注意：① [illegible]
② [illegible]

年　月　日　　第 6-19 页

（[illegible]"中温度地带性"）

(2) 中温度地带性分布：由于水分条件引起的植被、土壤(中温度)地带性[illegible]

[illegible]土地区。

(中温度)地带性分布表　([illegible])

| 植被土壤地带名称 | 分布 | 植被 | 土壤特性 | 备注 |
|---|---|---|---|---|
| 1. 温带森林草原、草甸草原黑土地带 | 大兴安岭西麓山前丘陵以及东北平原北部。黑钙土区 | 森林草原和草甸草原：以[illegible]针茅、羊草等，草层[illegible]。乔木：蒙古栎、白桦、山杨、柳、榛子 | 黑土系列：黑土、白浆土(灰化)、黑钙土、灰黑土(半湿润)。[illegible] | [illegible] |
| 2. 暖温带森林草原褐土地带 | [illegible] | 乔木：辽东栎、栎、桦、山杨、侧柏 | 褐土系列：褐土、黑垆土(半湿润)、[illegible]。塿土(半[illegible])、[illegible]。灰褐土([illegible])。[illegible] | |
| 3. 温带草原栗钙土地带 | 内蒙古高原东部，[illegible] | 建群植物：[illegible]。针茅：大针茅、克氏针茅([illegible])，[illegible]针茅([illegible])，[illegible]。草层30—50cm。 | 栗钙土：[illegible] | |
| 4. 温带荒漠草原棕钙土地带 | [illegible] | [illegible]针茅、戈壁针茅、[illegible]针茅。[illegible]。草层[illegible]10—20cm，[illegible]15—30%。 | 棕钙土：[illegible]。灰钙土：[illegible] | |
| 5. 荒漠漠土地带 | [illegible] | [illegible] | 漠土系列：灰漠土([illegible])、灰棕漠土([illegible])、棕漠土([illegible])。[illegible] | |

[illegible]中温度地带性的[illegible]。

见[illegible]图7-1(电开01) 中国温带、暖温带(40°—45°N)植被[illegible]及其与大气降水、土壤的关系

年 月 日 第 6-20 页

~~[illegible]~~ 我们从分布模式上可以看出，在温带地带性中的各种垂直带谱差异，如森林带中，

暖温带之落叶阔叶林，[illegible]；荒漠带中，暖温带山地覆盖棕漠土，温带山地覆盖灰棕漠土。

此外，温带地带性中也有经度地带性[illegible]，如荒漠带中[illegible]差别，而

它们垂直带谱[illegible]。

(3地) 复合式 { 垂直分布 { 报地式的垂直带谱 (世界[illegible]) / 上垂直带谱 ([illegible]) / 下垂直带谱 ([illegible]) }；水平分布，[illegible] { 北部：[illegible] / 南部：[illegible] } }

(二) 青藏高原是一个独立的地理单元，[illegible]，是另一系列的垂直带谱。高原内部[illegible]，也有不同的垂直带谱。

这种差别[illegible]同时[illegible]，也有水平分布规律：

高原上，以"[illegible]，全青藏高原"为[illegible]。 (图第209)

北部：E→W：(山地森林草原[illegible]土地带—山地草甸土地带—山地草原土地带—高寒荒漠土地带。)
及寒毡土土带 寒漠毡土〃〃 寒漠钙土〃〃 寒漠土〃〃

南部：E→W：(山地森林[illegible]土地带—亚高山草甸土地带—亚高山草原土地带。)
黑毡土—山地暗棕壤—~~[illegible]~~—山地棕壤—山地[illegible]下垂带谱 寒毡土地带—寒钙土地带

(三)(四) 我们以世界典型的水平地带性[illegible]：

[illegible] 寒漠带 [illegible] NS [illegible]

我们[illegible]世界[illegible]水平地带性[illegible]：

1. 欧亚大陆[illegible]

● 世界上水平地带性最完善的是欧亚大陆，[illegible]可以作为[illegible]

理想大陆。

这里可以看一下"世界土壤带分布图的欧亚大陆部分"和"欧亚大陆土壤水平分布模式图"。(附图)

(电开01)

年 月 日 第 6-21 页

欧亚大陆的土壤分布总的说来是以纬度地带性分布，但中部有青藏高原和一些高山和高地，与西部相对的纬度带分布打乱。东部季风区（东亚和南亚部分）受季风影响，水分条件的影响，是呈了经度地带性。而在西部沿海的海洋性气候区（西欧西北、中欧），受大西洋水汽影响的作用，也是呈经度地带性的分布。

在北部的冻原苔原部分，纬度地带性是明显的，自北而南的排列顺序为：（从苔原带到欧洲的大部分地区（西欧平原、东欧平原、西西伯利亚平原））

北极荒漠带——苔原冰沼土带——泰加林针叶林（森林）灰化土带——混交林带草原灰色森林土带——[illegible]黑钙土带——温带干草原栗钙土带——温带荒漠草原棕钙土带——暖温带荒漠灰漠土带。（温带、暖温带荒漠荒漠土带）

2、北美大陆、美洲部分。

土壤的地带性分布也不像欧亚大陆那样明显。从北美洲看，东部和西部的土壤分布为经向排列带，西侧是与山地高原相间的断续分布的一部分。东侧是[illegible]由于经向地形影响比较大。中部是大平原的中央地区，北方的美加是西侧高地中央的，南部为东部地区的接续。

北美洲北部寒、温、热带，气候差异大体上在北纬40度以北地区的土壤的排列，接近一般的纬度带排列。大陆北部为接近于苔原的苔原—冰沼土带和针叶林—灰化土带，它们在北美东部和西部连续，呈带状分布。它以纬度为主要地带性特征，它与欧亚大陆的[illegible]

（电开01）

年 月 日 第 6-22 页

地带（[illegible]）。[illegible]，因[illegible]，不[illegible]。[illegible]

[illegible]。[illegible]。从南而北依次是：暖温带（3）

[illegible]林棕壤 — [illegible]林褐土（4）— [illegible]（5）。

中部和西部[illegible]，[illegible]。植被、土壤是

[illegible]，[illegible]。自东而西依次是：森林草原黑钙土（6）

— [illegible]草原黑钙土（7）— 短草原栗钙土（8）— 荒漠草原棕钙土（9），[illegible] — 半荒漠及荒漠灰棕漠土（10）

和棕漠土，以及高山土壤（11）。

在西部[illegible]地带，[illegible]。自东而西依次是：[illegible]

— [illegible]（[illegible]）（12）— [illegible] — 北带荒漠[illegible]（10）

[illegible] — [illegible]（13）以及[illegible]（14）

其模式可表示为：

图

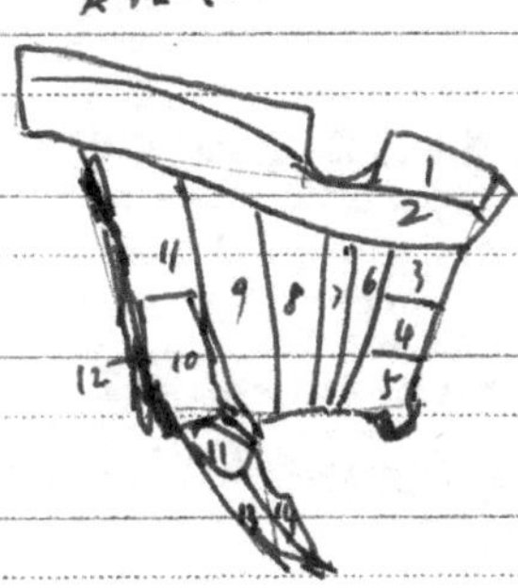




装 J719932 订

年 月 日 第 6-23 页

因为[illegible]距海较远的原因，干旱更加突出，[illegible]荒漠[illegible]大大地到[illegible]的地带性[illegible]。

Δ 与以上两种地带[illegible]大陆[illegible]若干大的山地[illegible]。[illegible]

[illegible]

[illegible]

二、垂直地带分布规律：

按照分布的地带性规律还表现在山地的垂直分布，即山地植被随高度而变化的[illegible]规律的[illegible]。[illegible]气候条件的[illegible]，其[illegible]是[illegible]山体的[illegible]、山脉走向、坡向、坡度[illegible]。

(一) 山地垂直带谱类型：

我们按照土壤的垂直带谱可以分为南方湿润的季风类型和西北干旱的内陆类型，二者之间也有过渡类型。

1. 西北干旱的内陆类型：[illegible]垂直带谱[illegible]干旱气候的控制，土壤带谱模式为：

荒漠 —— 荒漠草原 —— 山地荒漠草原(草甸草原) —— 森林 —— 亚高山草甸

灰漠土/棕漠土 山地棕钙土 山地栗钙土(黑钙土) 山地(灰褐土)/[illegible] 山地(草甸土)/高山[illegible]

(高开01)

年 月 日 第 6-24 页

[illegible]山地[illegible]山峰[illegible]不同，和山坡[illegible]不同，[illegible]。

可分为：① [illegible]（[illegible]）② [illegible]（[illegible]）③ [illegible]（[illegible]）

④ [illegible]（[illegible]）⑤ [illegible]（[illegible]）

（[illegible] P.135 图6-4）（or "图集" 84）

（[illegible]：103）

山地垂直带[illegible]山地[illegible]垂直带[illegible]山地[illegible]

[illegible]（山顶）[illegible]

[illegible]

2、[illegible]

[illegible]

[illegible]：山地[illegible]—— 山地[illegible]

[illegible] —— 山地[illegible] —— 山地[illegible]（[illegible]）

[illegible]

山地[illegible]。 （[illegible] P.136. 图6-5）（"图集" 84）

（[illegible]：102）

（二）山地垂直带[illegible]：

（[illegible] P.102、103、图7-4、7-5）

[illegible] P.137[illegible]"[illegible]"[illegible]

装 J719932 订

（自开01）

年　月　日　　　第 1-25 页

青藏高原自然地带有以下特点：

1. 垂直带谱与山地的海拔高度有关，一般山地愈高，相对高差愈大，其垂直带谱也愈完整。

如我国的珠穆朗玛峰为世界第一高峰，其垂直带谱完整而复杂。特别是南坡，

[illegible]，可以见到：（图第210）

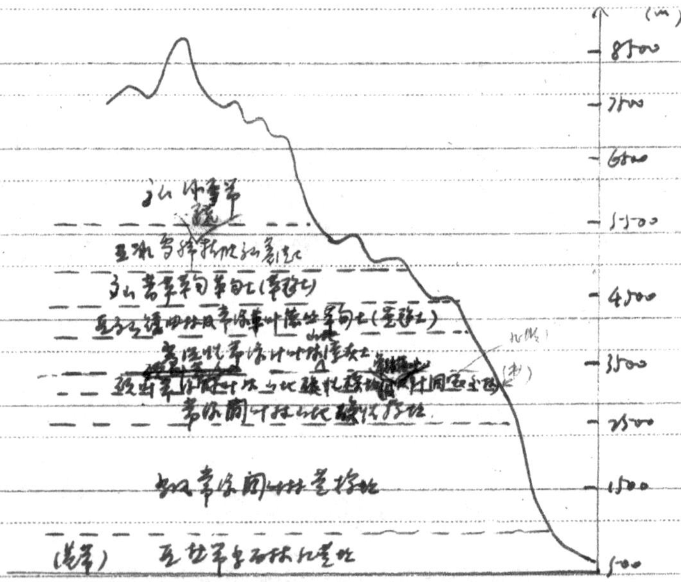


（《珠穆朗玛峰地区…》 P.38 及附图）

喜马拉雅山南坡植被垂直带谱。

[illegible]

2. [illegible]

[illegible]

[illegible]

3、各部位同一山地垂直带谱从南向北、由繁变简，层次减少，垂直带分布高度也由高降低一定趋势

4、从各部位的地区……垂直带谱结构趋于简化

（3. 对相邻地区山地，由南→北，山地垂直带谱由繁变简，层次减少

由东→西，……

……）

例 ……

……

……（4例）……

……

（4. 对同一带谱，由南→北，分布高度由高→低（随纬度升高）

而由东→西，分布高度由低→高（随……由湿变干，相应温度层高度升高））

（3例）……，东部长白山（吉林）可达海拔2800m，……（小五台山）……2000m以上，……（内蒙）则降至1200m。

（4例）……，在长白山……为1200m，……2000m，……则达3000m。

（湿润区）

总之，山地的垂直地带性是……再分配，植被、土壤垂直带谱……

……，但垂直带谱……水平带谱……

地带性）水平地带性规律，也可以说，垂直地带性是另一侧面……植被、土壤及其他

（南开01）

年　月　日　　　　第 6-27 页

[illegible]地带性—水平地带性。
(三) 青藏高原垂直带与水平地带性的结合(高原地带性)(6-20 结束)
(参阅[illegible]《中国自然地理区划总论》P.30)

三、隐域性植被与土壤：

在我国各地区的一定地带中还有某种非地带性植被和土壤，它们一般面积不大，往往只是局部生境—如盐渍、沼泽性、地表过湿性等，由于水分和非地带性因素的影响，在一个地带范围中受非地带性因素的影响。

我们的隐域性植被与土壤，这有草甸植被—草甸土，盐生植被—盐土，沼泽植被—沼泽土，砂生植被—砂土。[illegible]非地带性也是相对的，也受地带性的影响。

如：1. 草甸植被—草甸土：在我国东北的平原和山前潜水位较高的低湿地一带发育着草甸土—暗色的草甸土—其下部为潜育化草甸土，而[illegible]，由南向北为盐化草甸土（淋溶化和盐化草甸土），并逐步由草甸土发展为[illegible]的过渡带。

2. 盐生植被—盐土：我国由北至南的广大地区都有[illegible]为盐生植被[illegible]二种类型：盐土、碱土[illegible]（盐土与碱土的区别引自教材 P.135页）
盐土：表层积累盐分—氯化物或硫酸盐类型。
碱土：表层含盐量较少[illegible]，但土壤溶液中普遍含有苏打

(电开01)

年　月　日　　　　第 6-28 页

3. 石质低矮山地植被——石灰土 发育在石灰岩性母质上，也受地带性土壤分布影响。华南的石灰土的石灰性是很突出的。有黑色石灰土、棕色石灰土、红色石灰土以及黄色石灰土，石灰岩区的植被也是常绿林。[illegible]

[illegible]一般生长在[illegible]。

4. 沙生植被——风沙土 发育在流动或半固定的沙丘上，沙[illegible]性土、[illegible]阳坡[illegible]的沙地 [illegible]的沙地的植被主要有[illegible]。

另外，盐生植被——盐碱土（如：盐土、碱土、[illegible]），水生植被（[illegible]）也属于隐域性的。[illegible]

关于这些隐域性植被土壤的分布地区，可阅读教材 p.138—139.（P.104—105（[illegible]））

第十二章、生物资源

第一节：植物资源
一、森林资源
二、草地资源
三、经济植物资源
四、珍稀濒危野生植物资源

第二节、动物资源
一、陆栖脊椎动物资源
二、淡水鱼类资源
三、珍稀动物资源（见课件）

第三节：土地资源

第四节：土壤和生物资源的利用和保护

复习题：

1、中国土壤的基本特征及成因.

2、简要说明中国植被的特点及分布规律.

3、举例说明我国的植被、土壤的水平地带性与垂直地带性分布规律.

4、水平地带性与垂直地带性之间的关系（垂直 ↔ 水平）

5、试：在土壤形成过程中自然地理要素之间的相互作用和联系.

6、论述生物资源利用和保护的途径.

（作业）请以"中国植被、土壤水平地带性分布规律"……

按照地带性、非地带性和垂直地带性.

通过课外阅读：① 查查我国垂直地带谱类型？

② 生物资源保护措施？

中国2021年10月12日在《生物多样性公约》第十五次缔约方大会（COP15）上宣布正式设立三江源、大熊猫、东北虎豹、海南热带雨林、武夷山等第一批国家公园。

（电开03）

Ⅱ-11-①

第三篇：中国自然地理区划与地理区域　　第 7-1 页

## ~~第七章~~第十五章：中国自然地理区划

**教学目的**：自然地理区划是区域自然地理研究的基本理论与方法论问题，在本门课程中理论性较强，方法性也强，也是总论与分论的承转环节。通过本章的学习，要求明确基本掌握自然区划的原则和方法，理解各种主要区划方案的优缺点，掌握地域分异规律和研究方法，为在今后区域研究中进行自然区划工作打下基础。

**学时分配**：共8学时

第一节：(2)~3学时。　　第二节：3学时

第三节：2~(3)学时

**教材处理**：第一节：自然区划的原则与方法：结合传统自然地理学的"地带性"和"非地带性"的区划方法，及"区划原则和方法的关系"。

第二节：中国地域分异规律：要求讲述中国地域分异的主要规律，地域分异基本规律介绍后，讲清主要规律，注意不断更新内容。

三大自然区的基本特征与界线一起列表总结。

第三节：中国自然区划的主要方案，指明赵松乔等的方案（任美锷、赵松乔）

（电开01）

年　月　日　　　第 7-2 页

重点与难点：　1. 重点：方法论，地域分异规律。

2. 难点：方法论。

教具：　1. 中华人民共和国地形图（挂图）

与书略有不同

2. 《中国自然地理图集》 95、96、93、94图，课本P.158图。

引言：

我们先来了解一下自然区划的一些基本概念。

1. 什么是自然区划：

自然区划是划分地表自然区域的一种方法。地球表面由于受各种地域分异规律综合作用，使其各部分的自然地理特征发生明显的地域差异。可以说，地球上任何地方的自然条件都不可能与另一地方绝对相同。然而，自然条件的空间地理分布，具有逐渐过渡的性质，必然出现某些自然条件差异性较小而相似性较显著的区域。按照区域的内部差异，把其自然特征不相似的部分划为不同的自然区，并确定其界线，进而对各自然区的特征及其发生、发展和分布规律进行研究，按其区域从属关系，建立一定的等级系统。这种地域系统研究法，就是自然区划。

概括地说，地表自然界是由一些大小有不同、等级有高低、复杂程度有差别、相互有联系、特征有区别、分布范围彼此有交错重叠的地域单位所组成的复杂和多等级的镶嵌体系。自然区划就是反映客观存在的地表镶嵌状况的一种方法。这样的区划有利于人们认识、利用和改造自然。

2. 进行中国自然地理区划的目的和意义：

(1) 了解自然各不同地区自然地理的基本特征，揭示自然体系的地域分异规律，总结和发展关于地域分异规律的理论。

(2) 掌握各地区自然条件的优势（和劣势），评价自然条件的利弊，为

年　　月　　日　　　　第 2-3 页

开发、利用、改造自然环境提供科学依据。

3）分析存在着的和人类开发利用自然的可行性，为协调人地关系，发展自然保护和保持生态平衡提供依据。

专门，也可以为了一定的生产目的而进行区划，例如，农业自然区划、公路自然区划、建筑自然区划等，均可称为实用区划。

根据不同需要而编制的各种自然区划，包括对整个自然区域的条件的开发利用，简单一些，理论性也更强一些。

3. 自然地理区划的对象：

中国自然地理区划的对象是中国地表的自然综合体，而不是某一个要素。

专业，也可以进行某一要素的区划，因为单项要素也会在地域上有分异规律，也会在开发、利用上的差异。

自然区划因对象的不同而有综合自然区划和部门自然区划之别。前者从自然环境的综合特征，即各自然地理成分的相互联系的性质和特点出发，依据整体景观差异进行地域划分。后者只依据某一个组成成分，如地貌、气候、水文、土壤、植被等的差异进行划分。自然环境是一个统一的整体，因此部门自然区划应以环境的综合特征为背景，而综合自然区划又必须以各部门的资料为依据。这两种区划应该具有互补性。

我们这里研究的是综合自然区划，即在进行自然区划时，要综合分析自然各要素的相关因素及其相互关系，对自然环境进行综合分析。

自然区划是全面认识自然环境的重要方法之一，是自然地理研究发展到一定阶段的产物，具有重要的理论和实践意义。一个正确反映客观存在的自然区划，不仅可以深化自然地理研究理论，而且可为全面评价和合理利用自然条件和自然资源，为拟订改造自然的规划提供科学依据。因此，自然区划既被看作现代自然地理学的重要组成部分，又被视为服务国家建设的一项基础研究工作。



（电开01）

年　月　日　第 7-4 页

以上我们了解了经济区划的基本概念、目的、意义等，下面我们来研究一下如何进行经济地理区划。

## 第一节：经济区划的原则与方法

如何进行经济地理区划？这是方法论问题。首先包括经济区划的理论基础、原则和方法等内容。

### 一、经济区划的理论基础。

经济区划的对象是客观存在的经济地理综合体，经济综合体是指[illegible]形成的各级经济地理综合体，在地理空间上的一个整体。我们关于地区[illegible]的学说是经济区划的理论基础。

[illegible]，大工业的地域[illegible]包括[illegible]经济性、[illegible]和[illegible]经济性的[illegible]，也[illegible]（[illegible]）、[illegible]经济性（[illegible]）、[illegible]经济性的[illegible]。各个经济区所在经济性的[illegible]。

年 月 日 第 7-5 页

综合特征。

为把区域分异规律真正运用到区划工作中，必须以区划的原则作指导。

一、区划的原则：

区划的原则，是区域划分区域分异的基本规律。是进行区划的指导思想，是选取区划指标，建立等级系统，采用不同方法的基本依据。

不同区划的原则，因为目的不同而不同，也会随着学者对区划理论的理解不同，使得区划的原则不同而有所差别。

目前，为了将区域分异规律作为区划的指导，在区划工作中，选择的是以下区划原则作指导，既有根据实际的和采用的区划原则：有发生学原则，综合分析原则，主导因素原则，区域共轭性原则，相对一致性原则等。

1、发生学原则：

发生学原则是指所有区域都作用的一致性和区域发展过程的一致性原则

发生统一性是每个区域单位都具有的特征。任何区域单位都是在地域分异因素作用下的历史发展的产物，是一个自然历史体。它们都具有自己的年龄，而历史发展道路的共同性则使其具有自己的发生统一性特征。因此，必须以历史的态度来对待区域单位的划分。也就是说，在区划工作中必须遵循发生统一性原则，或简称发生学原则。

（电开01）

年　月　日　　第 2-9 页

荒漠、半荒漠平地比较近似，或证明两者同属一种景观类型，却不能证明柴达木在区划上应归属蒙新高原。从区域共轭性原则看来，要把柴达木盆地划归西北区，关键在于论证阿尔金山的从属性问题，而不在于论证柴达木盆地是否在形态上、气候上甚至植物区系发生上与蒙新荒漠平地相近。同时这种论证不应该从阿尔金山所起的"间隔作用大小"出发，而应从大地构造的从属关系出发。强调形态类似而又不致违反区域共轭性原则，必然导致忽视阿尔金山地的存在，把它合并于"罗布泊洼地"省，或者在阿尔金山打开一个缺口，以便把柴达木从青藏高原划出来。

三. 区划原则的方法：

为使上述原则得到正确贯彻，必须采用相应的区划方法，才能达到目的。区划的原则和方法是紧密相联的，每一个区划原则，都必须通过相应的方法加以贯彻。

与各项原则相适应，常用的区划方法有：古地理法、景观法、地理相关分析法、主导因素法、以及部门和综合区划图叠置法。

1. 古地理法.

区域单位的古地理研究是阐明区域分化历史过程的最有效办法。因此，发生统一性原则必须通过古地理法，即历史的方法来贯彻。周廷儒在把发生统一性原则贯彻于我国自然区划方面做了非常有益的尝试(周廷儒，1962、1963)。但是要确定区域单位的年龄和发展历史需要占有丰富的古地理资料。目前并不是所有区域都具备足够的资料。因此，在这方面将会遇到不少困难。今后应加强区域古地理的研究。在缺乏这类资料的情况下，更多地注意以其他区划方法进行弥补是必要的。

2. 景观法、地理相关分析法与主导因素法：

部门区划、景观法和地理相关法是贯彻综合性原则常用的方法，而主导因素法是贯彻主导因素原则的方法。这两种方法也是区划的基本方法。

年 月 日 第 7-10 页

(1) ~~部门区划~~叠置法:

叠置法是指采用若干个部门的各种部门区划图(气候区划、地貌区划、土壤区划、植被区划等)叠置在一起,得出一定的网格,然后选择其中重叠最多的网格线作为综合区划的依据。其优点是可以减少主观性和任意性,并有助于发现一些自然地理规律。

但是,由于部门区划的作者对划分各个组成成分的区域单位的依据不同,区划的详细程度不一,原始材料的质量不一样,以及区划方法有差异等,各部门区划的网格界线常常是不一致的。这将给叠置法的运用带来困难。~~但是~~,某些外国学者认为,这一方法是“毫无根据”和“不可靠的”。这种责难却未免失之片面。因为,各部门区划所存在的这个缺点,在很大程度上是不注意制图协调所造成的,并不是叠置法本身的问题。此外,用叠置法进行区划,并非机械地搬用这些叠置网格,而是通过分析和比较各部门区划的轮廓,以确定区域单位的界线。由于电子计算机的应用,这一方法在原始资料准确时是很有意义的,因此现在又重新获得重视。(arc/info 即采用这一方法)

ArcGIS. overlay (?)

(2) 地理相关法:

地理相关分析法主要是运用各种专门地图、文献以及统计资料,对各自然地理成分之间的相互关系作分析后~~进行区划的方法。~~(而后据若干自然因素之间相互存在的关系,制定区划界线的依据。这种方法)在区划工作中运用比较广泛。如果与叠置法配合使用,将会得到较好的区划方案。

(3) 主导标志法:

主导标志法强调选取反映地域分异主导因素的指标作为确定区界的主要依据,尤其强调在进行某一级分区时必须按照统一的指标划分。主导标志法是以往自然区划中使用最广泛的方法。必须区分地理综合体发展的主要矛盾、自然界区域分异的主导因素和划分某一等级界线的主导标志这三个概念。三者有一定联系,但彼此却完全不同。区域分异的主导因素无非是地带性或非地带性因素。因此,区域分异因素不同于区域发展的主要矛盾,更不能用某一标志或指标(水热指标、积温等)来代替。划分每一区域单位的主要标志,仅仅同区域分化的主导因素有一定关系,它是各组成成分对区域分异因素不同程度的反映。各种气候指标,以及地貌形态、土壤、植被等的分布界线都可能成为主要标志。然而,通常用来确定区域界线的,往往是那些最鲜明的和最灵敏的具有指示意义的标志——派生组成成分的土壤和植被,以及各种气候指标,即正好是不能视为区域分异主导因素的那些组成成分。因此,如果单独使用主导标志法,是必须慎重从事的。

如气候区划、地貌区划等采用气候指标或地貌类型的主导标志法,事实上综合性区划也主要用于区划的分级系统。

3. 顺序划分和合并法及类型制图法：

区域单位一致性的相对性质表明其本身有一定的等级系统。因此，顺序划分和合并法以及类型制图法就成为贯彻相对一致性原则和区域共轭性原则的重要方法。

(1) 顺序划分和合并法：

顺序划分和合并法，即所谓"自上而下"和"自下而上"的区划方法。"自上而下"进行区划，主要是根据区域分异因素的大、中尺度差异。按照区域的相对一致性，从划分高级区域单位开始，逐级进行划分。~~图3-1~~下图就是采用这种方法进行区划的一种图式。

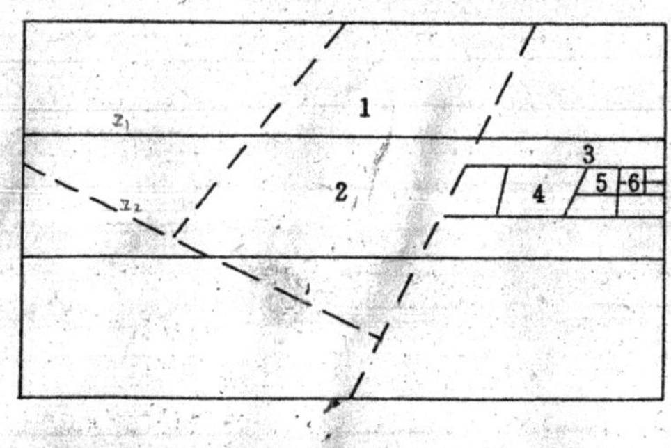


1)根据大尺度的地带性和非地带性分异划分热量带和大自然区($l_1$：热量带界限，$l_2$：自然大区界限)；2)热量带和大自然区互相叠置。得出地区一级单位。地区也可视为热量带内的高级省性分异单位；3)根据地区内的带段性差异划分地带、亚地带；4)根据地带、亚地带内的省性差异划分自然省；5)自然省划分为自然州；6)自然州划分为自然地理区。

~~图3-1~~ 自然区划等级系统逐级划分图式

"自下而上"的区划是从划分最低等级区域单位开始，然后再将它们依次合并为高级区域单位。随着土地类型制图工作的广泛开展，这种方法与类型制图法结合，正作为最科学的区划方法而被广泛采用。

(2) 类型制图法

类型制图法是根据土地类型单位的对比关系进行区划的方法。这种方法首先在部门自然区划中普遍应用。地貌区划、土壤区划、植被区划等，都是以其类型图为依据的。例如，地貌区域是各种不同地貌类型的结合，土壤区域是一定的土类或土种的有规律结合。土地类型图出现后，就成为综合自然区划的依据。也就是说，应根据土地类型组合分布图式的差别来进行区划。~~图3~~·

年　月　日　第 7-12 页

图3-2是根据土地类型的质和量的对比关系自下而上划分自然地理区的方法图式。

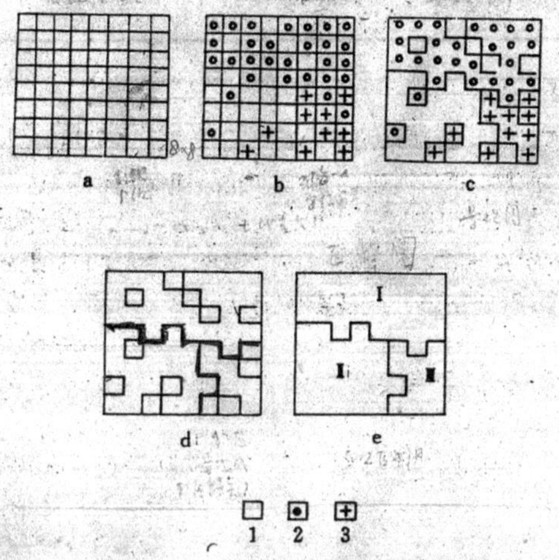

a. 划分出若干具体土地单位；b. 对土地单位进行分类，区分出三种土地类型（1、2、3）；c. 去掉土地单位的具体界限，即为表示土地类型差别的景观图；d. 根据土地类型的质和量的对比关系，即组合分布图式的地域差异，划分自然地理区（粗线条为自然地理区界线），同一种分布图式所占有的范围相当于一个自然地理区；e. 去掉土地类型界线，即为自然地理区（Ⅰ、Ⅱ、Ⅲ）。

图 3・2　根据土地类型的质和量对比关系自下而上划分自然地理区的方法图示

近年来，随着科学技术的发展，数量分析方法和遥感分析方法也越来越多地应用到自然区划中来。聚类分析方法是一种较好方法（用相似系数和距离系数反映地区之间的亲疏程度），由于自然区划也有一定模糊性，还发展为模糊聚类方法。而遥感分析方法则是利用遥感图像解译和计算机，将各地反映出来的状况的特征（和多种图件叠置方法），将遥感资料与地学分析结合起来进行区划。数学方法和遥感技术的运用，都增强了区划工作的确定性和科学性。

四、区划原则和方法的关系

区划的原则和方法是紧密联系的，它们之间的关系如下：

(电开01)

年 月 日 第 7-13 页

四、区划原则和方法的关系

发生学原则 —— 古地理法

综合性原则 —— 迭置法
　　　　　　 ＼ 地理相关法

主导因素原则 —— 主导标志法

相对一致性原则 ╳ 顺序划分和合并法
区域共轭性原则 ╳ 类型制图法

上列这些区划原则和方法都是互相补充的。采用某一个原则和方法，并不排斥其他原则和方法，相反，它们应当结合使用。

应该指出，区划作为一种形式研究，可以视为一门阶段逻辑和数学的形式地理学。现代区划理论把地域区分为均质区和枢纽区，但无论均质区和枢纽区都是具有一定等级的系统。总之，在区划工作中，同时运用上述原则和方法，只要结合得当，必然会收到良好效果。

（电开01）

年 月 日 第 7-17 页

## 第二节：中国地貌分异的特征

要研究中国自然地理区划，就必须了解中国地域分异规律，了解中国地域分异的特征。

前面讲大地构造演化时提到，我国大地构造单元轮廓的展布奠基于燕山运动，而三大阶梯地形高差轮廓，则是喜山运动的结果，青藏高原的隆起，影响到现代季风格局的形成和沙漠荒漠的扩展，奠定了我国三大自然区分异的基础。从以上发展过程中，我们可以看出自然环境演化与现代地域分异之间的联系。

一、中国地域分异的基本轮廓：

地带性分异（ ）分异

大尺度的地域分异主要包括纬度地带性、经度地带性和大地貌分异，[illegible]

引起地形气候分异也十分复杂。

非地带性

(一) 纬度地带延伸和排列方向的宏观表现。（一般规律）

1. 地势低平，纬度地带性占优势的地区，纬度地带呈东西延伸，南北排列，并形成分布一致。（如欧亚大陆北部，北美洲）

2. 纬度地带性与经度地带性共同起优势作用的地区，纬度带一经度带与[illegible]排列。（如我国东部和中部）

（电开01）

年　月　日　　　　第 7-18 页

3. [illegible]

4. [illegible]（大河谷、大山系、大平原）[illegible]

[illegible]

(二) [illegible]：

[illegible]

1、[illegible]：

[illegible]

(1) [illegible]：[illegible]

[illegible]

（电开01）

年　　月　　日　　　　　　第 7-19 页

[illegible]

(2) [illegible]

[illegible]

(3) [illegible] 干燥度(K) [illegible]：

| 比值： | <1 | — 1 — | >1 — 1.5 — | >1.5 — 2 — | 4 | |
|---|---|---|---|---|---|---|
| | 湿润地区 | 半湿润地区 | 半干旱地区 | 干旱区 | 干旱地区 | |
| | 森林 | 森林草原、草甸、草原 | 干草原 | 荒漠草原 | 荒漠 | |

（电开01）

从东南→西北 [illegible]，[illegible] 明显。

年 月 日 第 7-20 页

2、[illegible]:

(1) [illegible]: ① [illegible]: [illegible]

[illegible]

② [illegible]: [illegible]

[illegible]

[illegible]

③ [illegible]

[illegible]

[illegible]

(2) [illegible]: ① [illegible]

[illegible]

[illegible]

② [illegible]: a. [illegible]

[illegible]

[illegible]

b. [illegible]

[illegible]

(电开01)

年 月 日 第 7-24 页

总之，我国自然条件的区域差异是十分复杂的。并不是简单的纬度地带性的结果，非地带性因素（海陆、地势）对我国自然环境的区域差异所起的作用不低于纬度地带性因素，而且是制约地带性条件的组合形式。

## 三、三大自然区的基本特征：

转《中国自然区划》一级区（P17-25）

根据我国自然情况的主要差异，可以分为东部季风区、西北干旱区和青藏高寒区三个大自然区。

（一）三大自然区划分的主要依据：

1. 现代地形轮廓的形成和它所受地质作用的新构造运动的不同；

2. 气候特征及其引起的土壤、植被、地貌外营力和水文的差异性特征的差异；

3. 自然界（土壤、植物、地貌地区）的发展历史不同。

4. 人类因素对自然界的影响以及利用和改造自然方面的差异；

5. 自然条件地域分异对农业的主导因素的差异。

（二）这三大区的界线大体是："大兴安岭西麓—内蒙古高原东缘—内蒙古高原南缘—黄土高原西缘—青藏高原东缘" 以东以南为东部季风区，以北以西的青藏高原部分为青藏高寒区，其北部为西北干旱区。

（电开01）

(三) 三大自然区的主要特征：　　7-22

| | 东部季风区 | 西北干旱区 | 青藏高原区 |
|---|---|---|---|
| 占全国总面积% | 46% | 29.9% | 26.7% |
| 地形特征 | 以平原、丘陵、山地、盆地等为主。大部分海拔<500m，少数>1000m，>3000m的山峰不多 | 主要以高原、盆地为主（h1000m²）山地（>3000m）大盆地（h250-1500m）并有著名的吐鲁番盆地（h-154m） | 大高原，H>4000m，其上有雪峰耸立的山脉、山峰（h>6000m-8000m） |
| 新构造运动 | 新构造运动以上升运动为主，在"哈尔滨—北京—郑州—银川"一线以东以沉降为主，有广阔的冲积平原 | [illegible]地区新构造运动以差异升降运动为主，山地上升幅度不大，一般[illegible] | 新第三纪以来全区大幅度上升 |
| 气候 | 季风气候显著，受季风影响明显，湿润程度较高 | 远离海洋，降水稀少，以干旱、半干旱气候为主 | 空气稀薄、辐射强、太阳辐射强、风力强，有高寒气候特征 |
| 植被、土壤 | 天然植被以森林为主，少部分为草原，发育相应的森林和草原土壤 | 植被大部分为荒漠、荒漠草原和干草原，山地垂直带中有森林、山地草原，发育相应的土壤 | 植被以高寒草甸、草原为主，高寒荒漠也较多，土壤以高山草甸土、高山草原土为主 |
| 水文 | 地表水以外流河为主，流量丰富，河网稠密，多淡水湖 | 绝大部分属内陆流域，河流稀少，多咸水湖 | 大部分为内陆流域，多冰川、湖泊，是我国许多大河的发源地 |
| 地貌外营力 | 季节性冻土作用；流水侵蚀、堆积作用显著；溶蚀作用；部分地区有风力作用 | 干旱和半干旱气候下以物理风化为主，风力侵蚀、搬运和堆积作用显著 | 冰川、冰缘作用显著，以冻融风化和冰川、流水的侵蚀、搬运作用为主 |
| 自然景观演变过程（古地理） | 受第四纪冰期影响不大，有第三纪以来的古老残遗种 | 中生代以来逐渐干旱，新生代干旱和半干旱气候[illegible] | 新第三纪以来才隆起，是年轻的自然环境 |
| 人类影响 | 开发历史悠久，天然森林大多被破坏，平原已大部分开垦为农田，[illegible] | 绿洲农业发展[illegible]，[illegible] | [illegible]，[illegible] |
| 自然区划的主导因素 | 温度，但湿润状况也有影响。（纬度位置） | 湿润状况（距海远近） JY19932 | 海拔高度，[illegible]（海拔高度） |

(电开01)

7-25

## 第三节：中国自然区划的主要方案

### 一、我国综合自然区划的主要方案

综合自然区划地理的研究，在我国已有悠久的历史，但现代的全国综合自然区划比较重要的主要有以下几个：

1. 1954年，林超等人为了编写综合大学地理系教学的需要而编制的全国综合自然区划
2. 由罗开富主编，中华地理志编辑部拟定的自然区划，也在1954年完成。
3. 由黄秉维主编，中国科学院自然区划工作委员会编制的区划，1956—58年编制
4. 1961年任美锷等编制的全国自然地理区划。
5. 1963年侯学煜等编制了以发展农、林、牧副、渔为目的的自然区划。
6. 1980年，全国农业自然资源调查和农业区划委员会编制，1984年完成的区划
7. 1985年，中国科学院编写《中国自然地理·总论》时，赵松乔提出的区划。

近年新出现较大的有：

### 二、本教材采用的自然区划方案：

赵松乔主编的《中国自然地理总论》与《中国自然地理区域图》（见挂图）

依据自然区划的原则，中国自然地理的特点和地域分异规律，以及前人的经验，首先按照地域分异的规律来划分，本教材的区划方案采用三级区划。第一级区划按照地带性与非地带性……三大自然区，第二级区划单位是自然地区，第三级区划单位是自然地理副区。

与讲稿（P.7-21）

（一）三大自然区的划分 依据地域特点一致性原则：

（二）自然地区的划分和自然副区

1. 自然地区是区划单位中的自然地理区划的第二级单位，其根据温度条件和水分条件的组合大致相同，区域内植被的地带性，土壤、植被，土地利用等方面有一定共同性的划分。同一地区内部的自然条件的组合基本一致。因此将全国划分为七个自然地区：

（电开0）

年 月 日 第 7-26 页

（三版并入华中区）

即东北地区、华北地区、华中地区（西南地区）华南地区、内蒙古地区、西北地区、青藏地区。（P.184有简略介绍，讲一下）（看讲义P.185页图）

2、自然地理区划：主要依据自然地理的差异，考虑气候，根据一系列的指标。目前分为35个自然地理区。讨论中的意见，只能作为教学的一定参考。

3. 区划中的若干问题 P.184—185页 [illegible]。

3. 东北区划（和华北）的争论之处。

我们看讲义P.185页图15-1，了解各区划的概况。东北区的 [illegible] 和华北之处，也引起一些争论。

① 华北区—包括山东的大部，这是许多区划方案所采用的。[illegible] 地区的一致性，包括东北地带。[illegible] 地带 [illegible] 的划分 [illegible]，[illegible] 区划的 [illegible] 多有争论。

（第三版并入了华中区，这个问题尚未有一致的结论）

② 西南区 [illegible]。[illegible] 是一个区，[illegible] 西南区的 [illegible]。[illegible] 也有很多争论。

（二版以）

东北地区—华北、西南地区和华中地区的界线，[illegible]（考虑）（原西南区）划分 [illegible] 华中地区的 [illegible] 差异。如：a. 指标差异：{西南：[illegible]；[illegible]：[illegible]}

（电开时 [illegible]）

年 月 日 第 2-29 页

b. 气候 { 长江中下游（华中）：春雨多，冬比华南冷，比华北暖。
西南：冬半年干。

c. 植被土壤 { 华中：常绿阔叶林
西南：多了高山植被……[illegible]

d. 农业 { 华中部：双季稻
四川盆地：冬播小麦。

e. 景观 { 华中：亚热带常绿景观
西南：[illegible]

故本区的西部比东部[illegible]

[illegible]

③ 华北、华中的分界线划在秦岭的理由：秦岭以南和以北的差异大。如华北[illegible]

[illegible]

[illegible]（目前秦岭基本划为华中区）

④ 把秦岭[illegible]华中北界，这一点争论不大。

⑤ [illegible]

自然区划只是人们对客观自然环境的一种认识，其有一定的随意性。不同时期、不同[illegible]

和指标可以得出各种各样的区划方案。中国就有多种区划，如黄秉维、[illegible]区划方案

有较大的通用性，各区划也有一定道理。[illegible]

[illegible]

[illegible]

（电开01）

年　月　日　　　第 7-8 页

**思考题:**

1. 为什么要进行自然区划?自然区划应遵循哪些原则?

2. 自然区划的主导因素法与区划原则的关系?

3、试述我国自然环境的差异性,特别是中国东部季风区、西北干旱区、青藏高原区
([illegible])

自然环境的重要性:

4. 中国自然区划系统

5. 根据东北林区的区划方案,你认为它们在此区域哪个自然地理区?划分的依据是什么?

6、七个自然地区各自的主要特征、内部结构,开发利用和保护治理方向。

(电开01)

8－(1)

年 月 日 第 8－1 页

# 第二节 区域分论

**教学目的**：通过本节的学习，了解各地理区的基本特点和区域研究的方法途径，进一步训练综合分析的能力。

**学时分配**：共 20 学时

每一大区 2 学时，课堂讨论共 4 学时

**教材处理及教学环节**：

1、讲授"华北区"

2、其他区域由学生结合参考书在大区分组，用课堂讲解、讨论等多种作业的方法进行学习，教师小结、讲评，以提高学生的自学及表达能力。

**教学方法**：1、讲授：各大区的规律性和区域差异，注意分析的深度，结合各种新的研究和建设，联系实际，结合发展问题相结合。

2、讨论：组织和掌握课堂讨论

**作业**：1、各组共同讨论一个讲授提纲，如论文是否成功（打一个分数），并作为全组同学的共同成绩

（共10分）

2、每人写自己的小论文，在全组（或小组）选择好的论文在课堂宣读下。只要至少一个问题，能创造性，占10分。（打分数）

交讲授一个大区的详细提纲作为作业。（华北区的除外 ~~[illegible]~~ 每人可以选择其他大区或华北区专题，并进行比较（各个区域详细具体情况））

（电开01）

年　月　日　　第 1 页

小结：在区域自然地理环境中各自然地理要素之间的作用和联系

一、自然地理各要素之间的关系：(→)

| i \ j | 地质地貌 | 气候 | 水文 | 土壤 | 植被 | 海洋 |
| --- | --- | --- | --- | --- | --- | --- |
| 地质地貌 | | 1. 宏观地势：[illegible]<br>2. [illegible]：①[illegible] ②屏障作用 ③[illegible] ④[illegible] ⑤[illegible]<br>7. [illegible]<br>8. [illegible] | 1. 流域（[illegible]）<br>2. 水系形式：[illegible]<br>3. 落差、水力资源<br>4. [illegible]<br>5. [illegible]<br>6. [illegible] | 1. 垂直分异<br>2. [illegible]（[illegible]）<br>3. 地形：[illegible] | 1. 垂直分异（[illegible]）<br>2. [illegible] | 1. 海岸地貌[illegible]<br>2. 海底地形<br>3. [illegible]<br>4. [illegible] |
| 气候 | 1. 地貌外营力差异，形成气候地貌（[illegible]） | | 1. [illegible]<br>2. 水文特征（[illegible]）<br>3. [illegible]<br>4. [illegible]<br>5. [illegible] | 1. [illegible]<br>2. [illegible]<br>3. [illegible] | 1. [illegible]<br>2. [illegible]<br>3. [illegible] | 1. [illegible]<br>如：[illegible]<br>2. [illegible]<br>3. 海洋气象（[illegible]） |
| 水文 | 1. [illegible] | 1. [illegible] | | 1. [illegible]（[illegible]）<br>2. [illegible] | 1. [illegible]<br>2. [illegible]<br>2. [illegible] | 1. [illegible]<br>2. [illegible] |
| 土壤 | [illegible] | 1. 土壤[illegible]<br>2. [illegible] | 1. [illegible]<br>2. [illegible] | | 1. 植被[illegible]<br>2. 植被[illegible] | [illegible] |
| 植被 | 1. [illegible]作用<br>2. [illegible] | 1. 小气候<br>2. [illegible]作用<br>3. 防风 | 1. [illegible]<br>2. [illegible]<br>3. [illegible] | 1. [illegible]土壤肥力<br>2. [illegible]作用 | [illegible] | [illegible]<br>（[illegible]） |
| 海洋 | 1. 海岸地貌<br>2. [illegible]<br>（3. [illegible]） | 1. [illegible]<br>2. 海洋性气候（[illegible]）<br>3. [illegible]<br>4. [illegible]<br>5. [illegible] | 1. [illegible]<br>2. [illegible]<br>3. [illegible] | 1. [illegible]<br>2. [illegible] | 1. [illegible]<br>（[illegible]） | |

（由开01）

* [illegible]作用[illegible]　（关于[illegible]）

装　订　1719928

年 月 日 第 2 页

以上结合要素两两之间的关系，还有三个要素、四个要素、全部要素之间的相关关系。如：暖温带落叶阔叶林棕壤，以落叶林 气候－植被－土壤之间的相关关系。

二、自然地理各要素的作用强度和层次。

我们把地球表层的自然地理要素或圈层组成成分分为3个作用强度层次，其关系可用下图来表示：

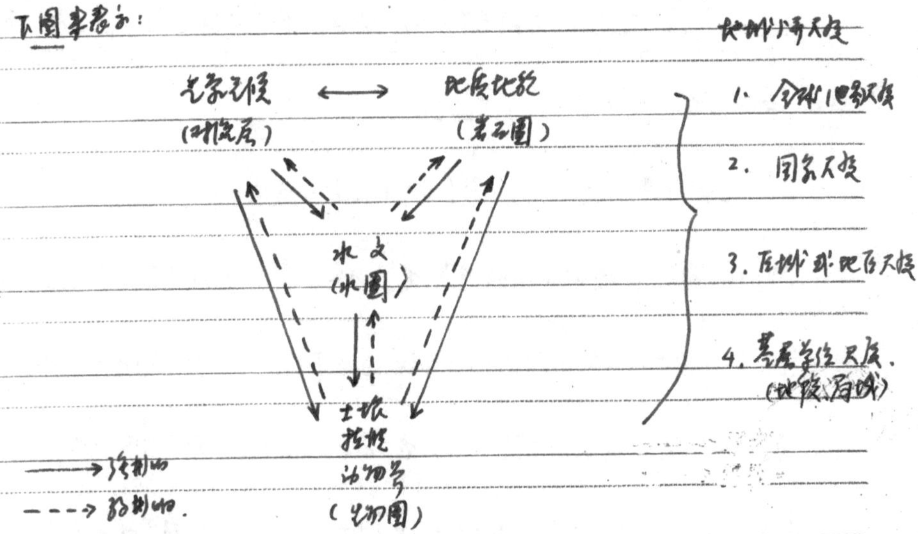


在这3个作用层次中，气候和地质地貌是强制约的原生成分，水文、土壤、植被、动物等都是派生成分。当然，派生成分对原生成分并不是不起作用，但原生成分对派生成分的制约作用强，派生成分对原生成分的制约作用弱。

另一方面，地球表层可以分为4个层次尺度：1. 全球（世界）尺度，研究海陆分布和地理带

（电开01）

年　月　日　　　　第 3 页

的问题。 2. 国家尺度。 3. 区域或地区尺度。 4. 基层单位尺度（地段、城市） 地方尺度

5 相互联系作用影响相结合起来，可以得出以下的结论：较高一级的尺度系统控制较低一级的层次，是高层次对基层次尺度不起作用的。例如：行政区划形成的格局。

高一级控制的原先形成的各层次的小尺度特征。不同控制的基本尺度差异。但是有等级规定，后以前相互之间的作用/反馈意见对学习差异的影响。

三、区域研究、区域开发、国土整治，要着手分析和解决它的各方面、中间环节和关键性的问题。

区域是各个不同的尺度，各种经济地理要素共同作用于这一区域当中，表现为区域的综合特征。我们在区域研究时，要揭示各经济地理要素之间的关系，找出区域的再进行组织地域分工的总体，以便进一步进行经济区划，合理进行开发和布局。（当然，层次不同的研究）。一般情况下，各种要素之间有上述的相互关系，但区域尺度不同，发生原因不同，其制约的经济环境相结合的结果也不同。在具体研究时要具体对待。

如：对黄河三角洲地区进行研究，这是属于地区尺度的区域，影响制约其经济发展的主要因素：地貌、地理、气候、以黄河为主的地表水、地下水、土壤、植被、动物、海洋、矿、石油、气候（涉及到黄河的）影响比较大的，但气候是在大范围内起作用。对三角洲这个区域来说主要是如何利用石油资源，如何防治黄河决口问题，不可以从局部出发

（电开01）

年 月 日 第 4 页

复杂的特征。三角洲是黄河泥沙淤积形成的。黄河尾闾的决口改道，决定了三角洲的地貌特征，塑造这片陆地的动力和海洋的地质营力有关。而地貌部位决定了地下水埋深的大小，引起不同的水盐运动，从而决定土壤类型和植被特征。

自然条件与资源的组合图式：黄河三角洲的优势资源有：土地资源、石油、天然气资源；盐卤资源、海洋资源、黄河水资源、气候资源、生物资源(包括植被等)；黄河三角洲的不利因素：黄河尾闾摆荡、决口和断流、土壤盐渍化、地下水埋深浅、引水困难、风暴潮、生态脆弱等。

经过分析了这些条件的相互作用和机理，把我们所有变化的关系建立模型，输入计算机。同时提出将各种关系的网络图(包括水、中间环节、色彩如何等)，得出以下结论：

1. 黄河是本区的环境形成过程中最主要的影响因素。黄河水是本区的资源中的一个关键条件，同时，黄河的摆荡、决口和断流又是造成本区环境不稳定和生态脆弱的根源。因此要抓好黄河的治理这一主要关键。

2. 地下水是本区环境格局中的中间环节。地下水受地貌的控制，并影响到不同地貌部位、不同沉积物组成、会有不同的水盐运动方式，从而影响到土壤类型及土地

年 月 日　　　　第 5 页

的生活和环境，使开发利用措施，并在新的条件和生态环境中反映出来。我们在改良盐碱土，改善生态环境，即主要是在降低地下水位和地下水矿化度上下功夫。如：种稻排水、排灌配套，在引黄灌溉时控制地下水位的上升并排除盐碱；防风措施，改良盐碱土，又排水降低地下水位；打井防渗漏，加强风蚀的治理。防止地下水和土地盐碱中矿化度的增高[illegible]。这些措施都已行之有效的。

3. 不断地开垦荒地。土地措施是为了在荒地的利用上要有作用的保障，也是反映出生态环境的另一个侧面。包括土地的利用规划，以及改造，在开发的过程中要研究，控制生态环境的措施，导致土地的盐碱化，以及生态环境的破坏，大规模的改造必须工程。这些规划是必须的。我们改造盐碱土、保护、恢复、扩大措施是需要进行研究的这种改变地形环境应当的方面。但不能忽视，在改造盐碱土中，要从根本上解决问题，即对地下水，也随水走。在引黄灌溉和降低地下水位上下功夫，即不仅治标，还要治本。

我们，在黄河流域的北方地区中，要从黄河水源的治理措施进行整体的研究，降低地下水位和矿化度是重要的环节；改造盐碱土、保护、恢复、扩大措施是有效的方法，保护河流的淡化。

4. 在开发中，以循环发展的方式处理地下水位，特别是在黄河流域这样的发展区，根据不同的资源情况，要从开发和利用土地开发建设，并与[illegible]其他资源综合开发。

(电开01)

年 月 日 第 6 页

因为西部地区是东区走向现代化的先导。土地资源是保持发展的宝库，并且在东区有很大比重。土地资源的保护开发，可带动其他，包括对其他各类资源的开发，因此保护开发，又与保护生态环境和发展经济结合在一起。这也增加了该区资源的优势和作用。以合理地使用资源开发为中心。东区有新中国成立以来的西部开发历史。西部地区的开发已发展，农村经济也在变化。另一方面，我们应当全面地注重环境保护的措施。东区的开发要以国家全面的环境保护为前提，也强调保护生态环境，并要求各区域的同步发展，促进该区经济与社会的良性循环和可持续发展。

以上第一个例子说明在区域研究、区域开发和国土整治中，我们要善于分析和概括其特点，中间环节的有效组织。每个区域都有其特殊性，不能千篇一律，用一个模式去套。这也说明我们在进行不同时间和不同空间的研究要对问题的研究深透。

我感到比考试的掌握作中国自然地理的学习，加强区域研究的基本原则和方法，并运用到今后的学习和工作中去，把大家引入新的，作出成绩，建功立业，大展宏图。

93.11.23

补充二：区域差异性与区域可持续发展

(电开01)

(五) 加强综合研究

# 冯长春

## 《城市总体规划》

这门课的名称叫《城市总体规划》，是经济地理专业本科生的必修课，安排在三年级上半学期上。2001年后，在修订的教学计划中，这门课程名称改为《城市规划原理》，包括城市总体规划和详细规划两部分内容。经济地理教研室要求：每个教师要给本科生开两门课，每门课要有两位老师都能讲授。我给本科生讲授的两门课程是：《城市总体规划》《城市基础设施规划》。《城市总体规划》课程一直由董黎明老师主讲，1983年董老师去德国不莱梅大学访学，《城市总体规划》课由我来上，主要给经济地理专业80级（84届）三年级学生讲授，也有地貌专业和自地专业的学生选修。经济地理专业学生修了这门课后，接着进行暑期生产实习，正好理论与实践结合，培养了学生的城市规划编制能力。1983年暑期，经济地理专业80级学生到河北任丘市实习，在胡兆量、谢凝高和我等老师的带领和指导下，完成了任丘市城市总体规划编制任务。1984年给北京大学国际政治系政治学专业干部专修科的学生讲授了城市总体规划的部分内容。2001年，我和吕斌老师共同为资源环境与城乡规划（理科，四年制）和城乡规划（工科，五年制）专业的学生教授了《城市规划原理》。城市总体规划课件的主要参考教材是经济地理教研室编写的《城市总体规划原理》和城市规划系列参考资料。主要内容有：城市的起源与发展、城市规划学的产生与发展、城市职能、性质与发展战略、城市人口规模预测与用地平衡、城市空间布局、城市交通道路和城市给排水等专项规划内容。（冯长春）

第　　页共　　页

# 第一章　绪论（城市的发展过程）

## 第一节　城市的产生

### 1. 城市是人类社会发展到一定阶段的产物

与地球的历史相比，人类的历史只不过是短暂的一瞬间，地球的年令已有50－60亿年，而人类自类人猿分化出来，只不过200－300万年的时间。城市的出现，是人类社会发展到一定阶段的产物，它形成的历史更短，仅仅是五、六千年以前的事情。

马克思和恩格斯最先揭示了城市产生的客观规律：“城市是生产力的发展、社会劳动分工加深和私有制以及阶级出现的结果。”

（1）在漫长的原始社会初期，人类靠采集野生植物和捕捉动物为生，以渔猎为生，过着穴居或半穴居的生活，没有固定的住所和居民点。

（2）当人们使用木棒和石制工具，掌握了驯养动物和种植植物，农业与畜牧业分离，出现了人类第一次社会大分工，人们才在某些地点定居下来，形成最初的乡村居民点。例如，西安半坡村发掘的遗址，是五、六千年以前新石器时代后期母系氏族公社的一个村落，其特点是规模小，只有四十座房屋；房屋简陋，多为半穴居形式；有公用仓库及氏族公用房，说明没有商品交换。

（3）随着生产力的进一步发展，人们由使用石制工具逐步过渡到使用金属工具，手工业也从农业中分离出来，城市随着社会

J109877　　20×20＝400

分配的，于此同时，出现了对土地、牲畜、奴隶的私有制。伴随着第二次社会大分工，出现了农村集镇。

a. 它是农民用剩余农产品交换的场所；

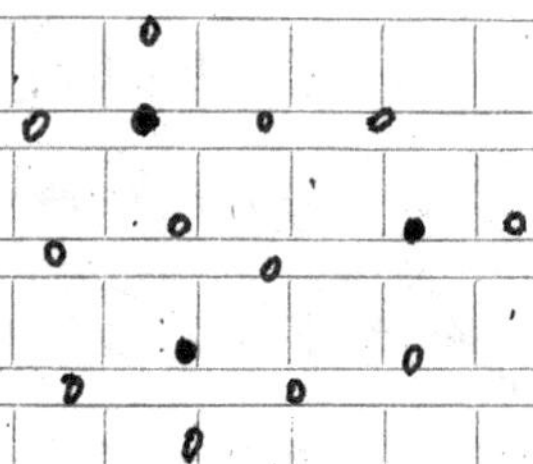

b. 由于手工业人从农业分离出来，集镇上也有为农业服务的一些功能，如农具修理，打铁。

c. 集镇交换双方都是当地农民，他们不可能跑到很远的地方交换，因此其规模小，服务半径一般为5-6里。

(4) 随着商品货币交换的进一步发展，分化了专门从事商品交换的商人，这是人类社会的第三次大分工。这时，居民点也发生了分化，为了便于经常交换农牧产品和手工业产品，一些地理位置适中、交通方便的乡村居民点，特别是农村集镇，便成为商人、手工业者和奴隶主聚居的固定场所；这就出现了最初的城市居民点（或称为中心集镇）、与农村集镇不同。

a. 拥有其他的非农业人口，如：手工业者、商人、奴隶主、行政管理人员、学者……

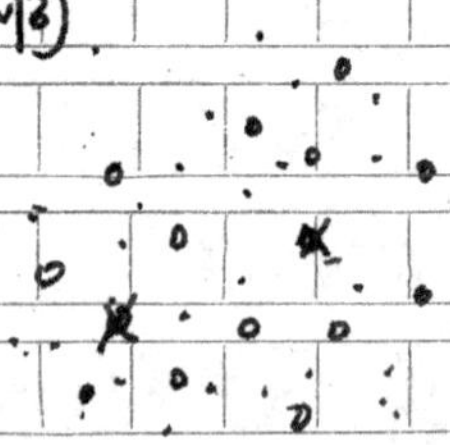

b. 规模比农村集镇一般集镇大，从事商品交换的服务半径，可达到15-20里。集中的服务设施日益齐全，拥有饭店、旅馆、大车店、各种商店……

c. 居民点的主要职能由以农业为主逐渐转向从事商业和手

之处，同时也具有一定的行政职能。

(5). 中心集镇可以看成是城市与集镇的过渡形态，这些集镇也一步步发展、变化，甚至随着现代化的进程，可以逐渐演化为县城或更大的城市。在职能上，这些城市成为一定地域范围内政治、经济、文化中心，构成剥削阶级统治广大农村的堡垒。

小结：

尽管目前对于城市的定义和划分有不同的理解和标准，通过上述分析，可以看出：

(1) 城市是生产力发展到一定阶段的产物，确切地讲，城市是奴隶社会、国家、私有制出现的产物。我国"城市"一词的含义深刻地反映了城市的实质："城"代表统治阶级的权力；"市"即商业市场，有城墙保护，二者有机结合构成"城市"。

(2) 城市的主要职能以非农业的政治、手工业、商业、军事为主；

(3) 具有一定的规模。

实例：

现今城镇是原始城镇发展变化的结果，尽管两者有很大差别，但我们通过对现代城镇的研究，可以推论原有城镇的发展过程。

(1) 我国许多城镇都是在村、集、店的基础上发展起来的，尤其是有的今日已形成较大城镇，但仍用过去名称，如：

庄：石家庄市、枣庄市

店：张店（淄博市所在）、驻马店、

村：周村（6万人）、黄村（6万人，相当20万人）

集：辛集（河北束鹿县县城）

乡：新乡。

(2) 淄博市城镇居民点体系分布规律，符合城镇演化规律。淄博市共有城镇约20多个，图上所示为最重要的城镇，它们有以下特征：

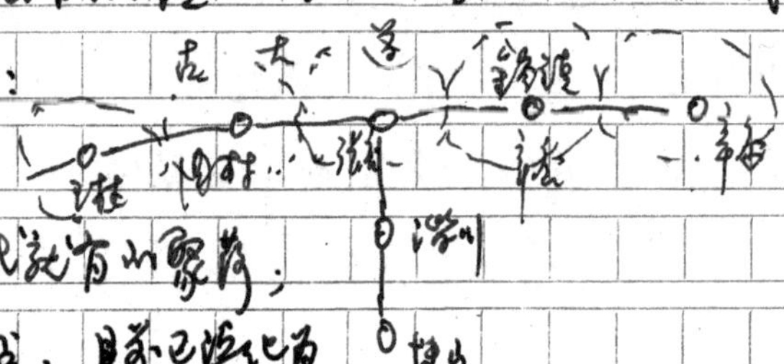


a. 历史悠久，都是在战国时代就有的聚落，所以名字多叫村、店，目前已演化为市镇。

b. 位于古代的西方交通大道上，交通方便。

c. 每个城镇相距大约20km（里），以是集市的间距来，15—20里是中心集镇最大的服务半径；当时交通以步行、马车为主，以每小时步行5k计算，这一距离需走4小时，要吃饭休息，正好有一中心集镇。一天行程80里，需要住宿、住店。

(3) 江苏无锡县集镇分析（从近代我国小城镇的发展看，江浙一带商品生产发达，小城镇发展快）

a：全县总面积1055km²，有集镇35个，每个集镇平均分摊的服务面积30km²，服务半径平均3.1k，相当于步行30—40分钟

b 人口超过5000人的中心集镇4个（包括县城关镇），每个镇平均服务范围250KM²，服务半径18里。

c 人口职能构成：（全县平均）：非农35.7%，农业人口30.01，亦工亦农33.29%。

第二节：剥削阶级社会城市的一般特征

引言：

城市是与私有制、奴隶制和国家同时出现的，随着商业与手工业者聚居到城市，奴隶主、剥削贵族和奴隶制国家的官吏也聚居在这里。这样，在阶级的基础上，或经济上，城市同乡村日益分离。随着阶级矛盾的加剧，城乡矛盾也日益加深。只有消灭了阶级压迫和剥削，才能从根本上消除城乡对立，为工农结合、城乡结合打下良好的基础。

剥削阶级社会城市的共同特征是城乡对立。但在不同的社会发展阶段，由于生产力发展水平及生产关系、上层建筑的差异，城市的结构、规模、布局都是不同的。掌握不同时期城市的发展特点，将有助于我们更好地了解城市发展的规律，运用历史的观点来规划建设今天的城市。

一、奴隶社会的城市

奴隶社会最早出现于尼罗河下游。西亚的底格里斯河与幼发拉底河的两河流域、及印度河与中国的黄河流域，在此产生了一大批奴隶社会最早的城市聚落。奴隶社会城市的共同特征是：

(1) 防御职能，一般规模较小；

(2) 城市职能：a.行政和宗教中心；b.手工业贸易中心。

(3) 城市的布局形态反映了奴隶主与奴隶之间的阶级对立。

(一) 埃及的城市

尼罗河三角洲是古埃及的摇篮，肥沃的土地，发达的灌溉农业，促进了当地经济的发展，因此，当时的人口与城市都沿尼罗河两岸分布，这些城市中的卡洪城就是其中一例：

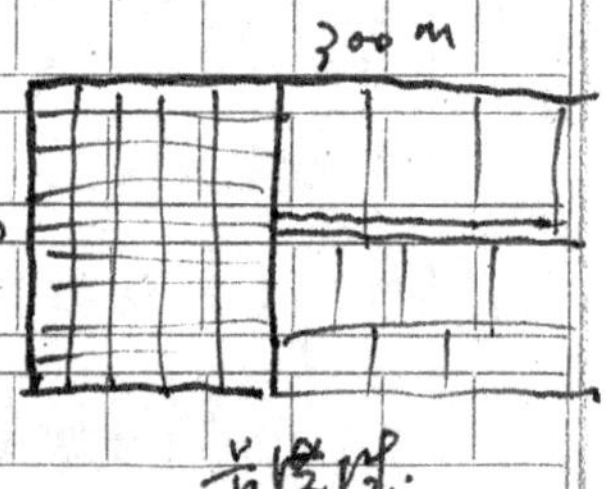


它建于公元前3000年，是为埃及法老修建金字塔而形成的。平面呈长方形，边长300m和260m。城市一部分为奴隶居住，拥挤不堪，另一部分居住着贵族和自由民，住房设施十分完整，中间用围墙隔开，反映了强烈的阶级对立。

除卡洪城外，西亚的乌尔（公元前2200—2100年）城、巴比伦城、以及欧洲希腊、罗马的城市，都具有奴隶社会城市的一般特征。城市中心分布着行政、宗教的公共建筑，象征着奴隶主的统治。

（二）中国奴隶社会的城市

我国自夏（约公元前二十一世纪）开始进入奴隶社会，经过夏、商、周（西周及春秋战国），持续了1600多年。当时的城市主要分布在黄河流域，大多以奴隶主的宗族中心——邑（农村居民点）的基础上发展起来的。目前发现的最早城址是位于郑州的城址，为商代都城。据考古研究，该城大约建于公元前1500年，城墙南北长2000米，东西宽1700m，城内住房大小相差悬殊，最大的房子达16×7.6m（>100$m^2$），小的为5×4.5$m^2$，反映了奴隶社会的等级制度。城墙以外为分散的村落，城的北、南、西三面已发现了冶铜、制骨、制陶及酿造工场，说明是一个手工业与商业相当发达的城市。

此外，在河南安阳挖掘出土的殷墟，以及最近在洛阳附近发现的古城遗址，都是奴隶制时代的城市。

中国奴隶社会城市不仅有遗址，也有文字记载。据殷墟出土的甲骨文分析，商代奴隶主进行掠夺战争时，为了防备其它部落的进攻，便挖掘深沟，高筑城墙。每个城的城门有2－3个门，门上建有城楼，城墙呈凸形，便于防守。这种形制，一直延续了几千年。

周代城市（都城）的建造已有一套明确的规定和措

导思想。

(1) 城市规模大小按奴隶主的地位而定，帝王都城方九里，诸侯都城分别方七里、五里；

(2) 城市布局反映了王公贵族与一般平民的严格界限。城市中有"城"与"郭"之分，"城"是指城市的中心部分，是皇宫、贵族居住的地方和御城垣，城与郭之间是一般奴隶、平民居住的地方。

《周礼·考工记》有一段记述，反映了当时奴隶社会城市规划建设的指导思想。

"匠人营国，方九里，旁三门，国中九经九轨，左祖右社(稷坛)，面朝后市，市朝一夫"。

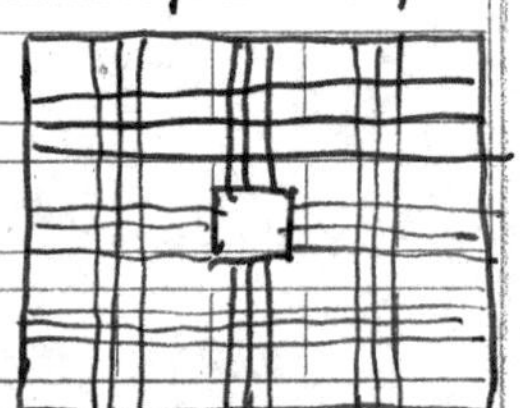

这一思想，对我国封建社会的城市布局有一定影响。

二、封建社会的城市

世界各国进入封建社会的时间和程度有很大差别，与欧洲相比，我国早在公元前500年的春秋战国时期就已进入到封建社会，且稳定持续了2000多年。欧洲封建社会持续的时间比我国短得多。因此，我国封建社会的城市更有代表性，其一般特征如下：

(1) 城市发展与布局反映封建地主阶级与被剥削阶级的对立与矛盾——剥削阶级社会城市之共性。

(2). 由于经济的发展，生产力水平的提高，城市规模普遍大于奴隶社会城市，此时最大的城市达数十万，甚至超过百万人。

(3) 城市职能和类型较多。大致可分为：a. 作为政治中心的都城；b. 各州府或县级中心城市；c 商业城市；d. 集镇。

(一) 封建社会前期的城市：战国时期的临淄、邯郸、常有一定的过渡性质，城市形态不甚规整，但有"城"与"郭"之分，统治阶级居住"城"不一定占据城市的中心位置。而随政治、军事、地形等因素而异。

例1. 齐国都城临淄。

早在奴隶社会期间，在山东土地肥沃、矿产森林资源丰富的淄河冲积扇上就出现了城镇居民点。经过历代统治阶级的经营，在临淄到春秋战国时期已发展成为规模宏大、经济繁荣的齐国都城。据《战国策·齐策》一书的记载："齐地方二千里，带甲数十万，粟如丘山……临淄之中七万户。……临淄之途，车毂(轂)击，人肩摩，连衽(衽，衣襟)成帷(围在周围的帐幕)，举袂(袂，衣袖)成幕，挥汗成雨，家敦而富，志高气扬"。这些描述，反映了当时临淄古城的景象。根据考据，城市有如下特征：

（1）城市规模较大，有大小两城，大城（郭）南北4里，东西7里；小城嵌在大城西南角，南北4里，东西3里，两城总面积60多方里；居民有30多万人。

（2）有城与郭之分，城依于郭，为统治者的宫殿，地势高，居高临下，易守难攻，反映了统治阶级与平民之间的矛盾对立关系。城中有殉马坑一个，反映封建社会特征。

（3）城市中发现有大量的冶铁、冶铜、铸钱的作坊遗址，城市有下水道、水井，污水由此引流入淄河，反映出当时生产进一步提高。

（4）城市形状不规则，东西城墙沿淄河及系水走向的地形布局，利用天然河流作为保卫城市的屏障，以防御当时东部的小国（莱夷）进犯，说明城市设计依山就势，而不是教条地搬《周礼》。

（二）封建社会中期的城市——唐长安城

唐朝是我国封建社会发展的全盛时期，唐初一百余年间的恢复，大力兴修水利，扩大耕地面积，进一步促进了农业和手工业的发展；大运河的兴修，"丝绸之路"的畅通，密切了关中地区与国内外其它地区的经济联系和商业贸易。国家的统一，在政治上的稳定局面，也为城市的发展打下良好的基础唐长安城不仅是国家的都会，也是最大的商业贸易中心，人口共三十余万户，超过100万人，是当时世界最大的城市之一。

唐长安城以其巨大的规模和尺度、整齐严谨的坊里，宽阔平直的街道，按阶级制度进行的功能分区，充分反映了一个强大封建帝国首都的气魄：

(1) 无比巨大的规模：城市南北长8.5km，东西宽9.7km，总面积相当于北京现在的城区（东城、西城、崇文、宣武：87km²）。最宽的道路朱雀大街宽150m，相当于东西长安街的宽度。

(2) 城市布局充分体现了为统治阶级服务的思想，宫殿与禁苑居中偏北，占据了城市最好的风景区。宫城以南为皇城，也称子城，东西墙与宫城的墙相连，是隔离宫殿与民居、安置百官衙署的内城，皇城东西两侧是皇室贵族的府邸，南部为平民居住区。城内划分108个坊里（相当于现在的街坊），坊里有高墙围绕，夜闭坊门，以便于治安，反映了封建统治阶级对人民的严格统治和防范。

(3) 城市以朱雀大街为南北中轴线，南北11条大街，东西14条街，街坊、城楼、市场基本上呈对称布置，例如东市（以国内贸易为主）、西市（以外贸为主）对称分于居住区两侧。

(三) 封建社会末期的城市——明清北京城

明清时期，中国封建制度开始走向崩溃，代之而来的是资本主义萌芽、帝国主义的入侵。作为城市的规划建设，一方面仍反映了封建统治阶级的意志和思想，在建筑艺术和建设形式上，则达到了封建社会发展的顶峰，明清北京城就是突出的一例。它是有计划地规划修建的一座城市，在元大都城的基础上，经明、清两代大规模的经营改造，成为了中国封建社会城市建设的最高成就。

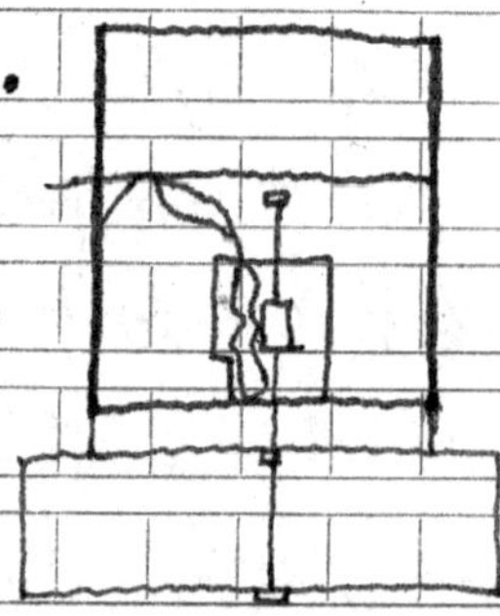

明清北京城由元大都城演变而来。在此之前，元大都城的规划设计完全参照"周礼、考工记"的思想：城郭南北略长，呈长方形，北有城门两座，其余三面各有三个城门，东西南北各有9条道路纵横交叉，宫城位于城市南北轴线偏南部位，与湖泊水系密切配合。鼓楼之后为市场，位于积水潭北岸，旧称日中坊，太庙和社稷坛分别布置在皇城两侧。明清北京城位置稍偏南，城市布局有以下特点：

(1) 城市由三套城墙组成，紫禁城于全城中心，是皇家住地，筑主要为组金碧辉煌的宫殿建筑，外面用城墙、护城河将其与一般居民隔开；第二套城墙为皇城（东西长安街南北墙）主要为内府官署及贵族的府邸，衙门，房屋建筑质量较高，在此还分布有许多宽阔的院落和花园（如北海什刹海的恭王府等）；皇城之外为一般贫民居住区，一般来说，东城、西城的住户地位较高，也有部分王府，达官贵人的私宅。外城则为地位最低下的穷苦居民集聚，这里人口密集，房屋简陋，环境恶劣，例如：天桥和菜市，龙须沟的污水……，都反映了封建社会鲜明的阶级对立。

（2）规划设计在以紫禁城为中心，有意地布置了一条长达8km的中轴线，城内最主要的建筑物，如象征最高统治中心的前三殿（太和、中和、保和殿）和后三殿（乾清宫、交泰宫、坤宁宫），一律建造在中轴线上，其他次要的建筑，都按照严格对称的原则，布置在中轴线的两侧。这种布置，气势很雄伟、庄严，表现了封建帝王君临天下，唯我独尊，"老子天下第一"的思想。甚至连一般建筑物的高度也不得超过皇帝的宫殿。

（3）城市道路系统为棋盘式（网方格），在主要干道之间，又分布有许多胡同，以利交通；根据气候特点，房屋多采用封闭院落式（四合院），以防止冬季的寒风沙，取得良好的审美条件。

（4）充分地利用了周围的河、湖、泉及地下水，将自然景观与人工景观紧密结合在一起（如北海、中南海）。在华北干旱缺水的条件下，充分挖掘水源，解决了这样一个庞大的城市对水源的各方面要求（宫殿、园林、水运）。

## 三、资本主义社会的城市

例：1835年英国用蒸汽机来纺织后，英国城市的人口由2.5万人→400万人，40年增长近40倍

### (一)、现代工业的发展与城市化

(1) 资本主义城市化是工业化的产物.

早在十六世纪新航路与新大陆的发现时，欧洲已产生了资本主义萌芽。十八世纪中叶(1784)的产业革命，蒸汽机的发明，机器生产取代了手工业工场，更加剧了资本主义经济的发展。资本主义工业化的初期阶段，首先产生资本、劳动力的集聚。农村广大破产农民，成为工业革命后最廉价的劳动力，大量涌入城市做工，于是促使了城市的发展及城市人口的急剧增加。这一过程称为城市化过程。由此可见，资本主义国家城市化的过程就是与工业化的过程伴随着在一起的，两者基本上是同步的。

(2) 经历了近150年的时间.

如果把城市人口占全国总人口的比例超过50%以上作为城市化的标志，西方主要资本主义国家城市化的过程大约用了100—150年的时间。即从1780年—1920年，与资本主义工业化过程基本吻合。

主要资本主义国家城市人口占总人口比重 %

| | 1801年 | 1851 | 1881 | 1901 | 1921 | 1980 |
|---|---|---|---|---|---|---|
| 英国 | 32.1 | 50.0 | 67.9 | 78 | 79.3 | 88.3 |
| 美国 | 4.0 | 12.5 | 28.6 | 40 | 51.4 | 82.7 |
| 法国 | 20.5 | 25.5 | 34.8 | 40.1 | 46.7 | 78.3 |
| 德国 | | | 41.4 | 54.3 | 62.4 | 86.4 *(联邦德国) |
| 日本 | | | | | 18.0 | 63.3 |

J109877 20×20=400

上表表明：英国是工业革命的故乡，也是工业化与城市化最早的国家。在那里，不仅老的城市人口数迅速发展，像曼彻斯特、利物浦、伯明翰等新的城市、港口也迅速发展起来。十九世纪中叶，它的城市人口比例已超过50%，目前已达到88%的高水平。美国在独立革命时刚刚由英国的殖民地变为独立的资本主义国家。当时全国只有24个小的城市，1801年城市人口仅占总人口4%，100年以后，全国已发展到1348个城市，城市人口占40%。到第一次世界大战结束后（1920年），世界主要资本主义国家的城市化均已达到较高的水平。

（二）资本主义社会城市的特征

受资本主义生产方式的影响，资本主义城市发展带有极大的盲目性和自发性。工业革命前固有的城乡对立、阶级对立随着财富集中于垄断集团手中而进一步激化；资本主义生产的无政府状态，使城市畸形发展，并带来布局混乱、交通拥挤、住房紧张、环境恶劣等一系列问题。具体表现在以下方面：

1. 工业与城市的分布高度集中　（例：鲁尔工业区面积4000 km²，大小城镇53个，人口>10万11个，人口50万3个）

资本主义国家工业发展的不平衡，造成了城市畸形的发展，高度集中。例如以钢铁工业为基础发展起来的美国工业，主要集中在东起大西洋沿岸的波士顿、巴尔的摩，西到芝加哥和圣路易斯的"工业带内"。目前美国10个人口200万人以上的城市中就有7个位于这个工业带内。日本工业发展的原料和燃料大多数来自国外，因此战后新建的工业高度集中在对外交通方便的东京湾和濑户内海沿岸。这片狭小的土地集中了全国钢铁的80%、石油化工的79%，炼油能力的74%，人口几乎占全国人口的一半。此外，英国以伦敦、格拉斯哥和伯明翰为中心的工业集团，法国以巴黎、里昂为中心，西德以鲁尔、汉堡为中心的工业城市群，都是资本主义工业、城市畸形发展的典型。

2. 城市布局混乱

现代工业、交通的发展，使城市职能结构更加繁杂、复杂。例如大型港口、铁路站场、飞机场、金融贸易中心、以及位于城市中心的CBD (central business district)，都是前资本主义社会没有的。另一方面，由于城市盲目发展，城市新旧建筑在空间上相互交织，使城市布局相当混乱。

例如：在资本主义发展初期，各大城市纷纷建设工厂、仓库、站场、码头，这些功能设施位于城市边缘，随着城市进一步的膨胀，新的居住区又在更外围的地区发展，又把工业区、铁路包围在城市中间。这种不合理的布局，是造成城市各部分相互干扰、环境质量下降的重要原因。从空间上看，前资本主义社会的城市道路主要为马车交通设计的，随着小汽车等私人交通工具的盲目大量发展，交通事故堵塞也成为城市化的一个重要问题。为了解决这一矛盾，资本主义国家的城市被迫修建大量的立交，地铁以及穿过城市上空的高架铁路（道路）和多层停车场。从而更增加了城市的混乱局面。[一些专家认为这种集于资本主义现代化的产物，是资本主义盲目发展的产物]。

(3) 城市土地利用打上了资本印记，贫富差别悬殊。

资本主义国家的城市包括土地、房屋在内的一切物质基础都成为商品。土地、建筑地租剥削的存在，决定了城市土地利用。城市中心地区，地价租金昂贵，纽约华尔街、曼哈顿地区每平方地价高达数千美元，在土地商品化条件下，只有少数资本家才能在此买下土地，拼命修建高层建筑，而使城中心地区的"城市峡谷"，终日缺乏阳光和新鲜空气，环境质量低劣。另方面，由于郊区土地租金便宜，环境质量较好，中等阶级纷纷到此置地兴建私人住宅，于是城市像摊大饼一样向外蔓延，通过占用郊区的农地，加剧了城乡的矛盾。这就是资本主义国家城市的所谓"郊区化"，这一过程，还加剧了城市交通的紧张：因为大量的人住在郊区，白天进城上班，产生了不均衡的单向交通。

土地、建筑的地租剥削，也反映了城市中的贫富差别和阶级对立。由于地价及房租昂贵，低收入的劳动人民只能居住在高密度的住宅区内，这些地方一般地势低洼潮湿，临近铁路、工厂，环境质量恶劣，房屋破旧不堪，这就是所谓的"贫民窟"、或者是所谓"高层住宅"区。例：美国的黑人居住区。中产阶级和大资本家则居住在幽静而华丽的住宅区，多为花园、别墅式的建筑，人口密度与建筑密度很低，有的地方甚至还为死去的猫狗盖漂亮的房子。我国解放前在帝国主义侵略下规划兴建的城市：青岛、哈尔滨、大连等也反映贫富阶级的明显差别，例如青岛东部为德国人当年建的别墅区，每公顷人口密度仅十余人；城市西部的劳动人民居住区每公顷人口密度高达数百人至上千人。旧上海一个被帝国主义侵占的公园竟挂有"华人与狗不得入内"的牌子，反映了强烈的阶级、民族对立。

4. 畸形膨胀的城市景观

在资本主义制度下，城市的一切都打上了金钱的标记。它的城市中心，象征着中世纪神权的教堂已被拔地而起的商业性的摩天大楼取代。[世界最高的建筑为芝加哥的西尔斯塔楼 107层，433m，次为纽约世界贸易中心 110层 410米，有110部电梯。][被人们视为经典的伊利诺斯大楼计划建于芝加哥，共528层，总高度1608m] 目前，世界上最高的建筑物达到 110层左右，这些建筑从功能

J109877　　20×20＝400

上层，那些富裕居民们的需要（夜生活的色情、摇摆、安全……），也有碍于城市的环境（遮阳）和景观，出于竞争，建筑设计师秉承资本家的旨意还要设计150-200层超高层建筑。为了标新立异，城市里展露着参差不齐的奇形怪状的建筑物，建筑物、街道、广场、汽车、公共汽车上布满了各式各样的广告。构成一幅光怪陆离的城市景观。

以上特征，都是在资本主义制度下在城市中派生出来的。另方面也要看到，资本主义社会由于生产力的高度发展，科学技术日益进步，也给城市带来了光明的一面：如先进完备的城市设施（暖气、空调）、较多的绿化面积、新型的建筑材料。一扫前资本主义旧城市的面目。

§4 第三节 近代城市规划科学的产生和发展

尽管很早以前国内外许多城市的发展都受到某种规划思想的影响，甚至按一定的规划建设起来的。但城市规划作为一门独立的系统的科学，都是在十九世纪末期才开始形成。其背景是：

（一）、在城市化进程中，资本制度在城市中造成的矛盾日益尖锐。它不仅严重损害劳动人民的利益，也阻碍城市的进一步发展，资产阶级为了维护自己的切身利益，摆脱困境，需要一套能解决上述矛盾的理论和方法。

（二）、产业革命以后，城市的功能、结构日趋复杂，城市规划涉及的内容不再只局限于房屋的建造。它还要解决许多工程、经济、社会、环境等问题，于是，城市规划便从建筑学的领域内分化出来，逐渐成为一门独立的，具有系统理论方法的科学。近代城市规划的科学理论可从霍华德的"田园城市"开始，至今还不到100年的历史。

一、霍华德的"田园城市"理论（Howard: Garden city）

十九世纪末至廿世纪初，西方城市规划思想家分为英美派及欧洲大陆派。霍氏是英国最有影响、最有经验的思想家。他的著作"明日的田园城市"是现代城市规划史上最重要的著作之一，再版多次，对当代的英国的规划理论、实践有很大的影响。奇怪的是霍华德本人并非城市规划专业人员，而是一个法庭速记员，早年以速记为职业，是一个善于思考的人。

(一)理论提出的时代背景

(1). 19世纪末，资本主义工业高度发展，不仅加速了城市化进程，同时大城市迅速扩大、蔓延。例如：

| | 1800年 | 1900年 |
|---|---|---|
| 伦敦 | 86.5万 | 453万 |
| 巴黎 | 54.7万 | 271万 |
| 柏林 | 17.2万 | 188.9万 |

大城市的迅速膨胀，带来了住房紧张、交通拥挤、环境恶化等一系列问题。于是：在实践上需要寻求一种办法去限制城市的自身膨胀，以克服大城市带来的种种矛盾。

(2) 在写这本书之前，欧洲已有一些空想的社会主义者，为了解决资本主义社会固有的矛盾（城乡对立），提出了种种改革方案。其中最有代表性的是罗伯特·欧文(Rorbert Owen)，他于1800年—1810年在苏格兰新拉纳克建有实验性的居民点，又于1825年到美国试行"新协和村"。其基本思想是居民点规模500—1500人，村中为工厂作坊，村外有耕地牧地，力求做到自给自足，必需品由本村供给，集中于公共仓库，统一分配。以后，英、法、美一些资本家纷纷尝试利用农村廉价土地建设一批"样板城市"。

有的称为"阳光港"、"太阳城"……，这些城市包含着霍华德规划的思想观点：即工业从大城市，或者说从城市中移到远郊，在远离散出去的工厂周围建设新城，把工作与生活组织在一个卫生的环境里。

（3）19世纪90年代英国大城市的物质文明虽有所提高，但广大劳动人民的生活水平和居住环境仍非常恶劣，例如1884年曼彻斯特市居民平均寿命仅29岁，伦敦有约1/4以上的居民生活在贫困线以下。这些现实问题，也促使霍氏寻求解决的对策措施。

（二）理论依据和基本思想

这一理论是1898年在其著作：《明天——一条引向真正改革的和平道路》中提出的。

他首先提出著名的"三种磁力"图解，作为田园城市的理论依据：

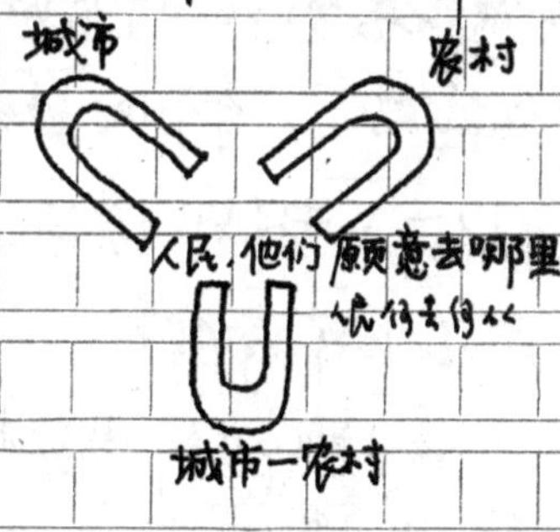


1. 城市：远离自然，富于社会机遇，人们互相隔离；有娱乐场所；上班距离遥远；高工资；高的租金和物价；就业机会多；过分消耗时间；失业大军；烟雾和缺水；排水设施昂贵；污浊的空气，朦胧的天空，照明良好的街道；贫民窟与豪华的酒店；宏伟的大厦。

2. 农村：缺乏社会性；具有自然美；缺乏工作；土地的

闲置；害怕阴沟气侵入；树林、草地，森林；工作时间长，工资低；新鲜空气；低租金；缺少排水；丰富的水；缺乏娱乐；明亮的阳光；没有公共精神；需要改革；拥挤的居住；荒芜的村庄。

3. 城市—农村：具有自然美；富于社会机遇；接近田野和公园；低租金；高工资；低税；有充足的工作可做；低物价；没有繁重的劳动；企业有发展场所；资金周转快；干净的空气和水；排水良好；明亮的住宅和花园；无烟尘，无贫民窟；自由，协作。

从以上分析可以看出：现代城市与农村各有利弊。城市的有利条件在于有获取职业岗位和享受各种市政服务设施的机会，不利条件则表现为自然环境的恶化。相反，农村有良好的自然环境，实质上没有任何机遇（缺乏社会性）。而"城市—农村"，即田园城市能汇集城市的所有的有利条件——"近便"，汇集农村的有利条件"环境好"，而同时避免两者的不利条件。

（三）规划模式

1. 城市群的模式

任何城市达到一定规模时，应停止增长，其过量人口应由邻近的另一个城市接纳（表现于卫星城的田园城市，人口3.2万人）。因而，居民点就象细胞增殖那样，在绿色田

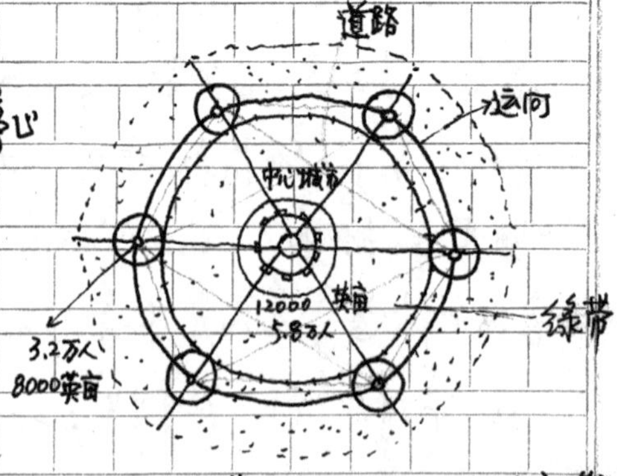


人口规模约25万的社会城市模式

 这幅图1898年出版，1902年又取消了，怕别人认为过于理想化。

野乡的背景下，呈现为多中心的复杂的城市聚集区。

2. 单一的田园城市模式

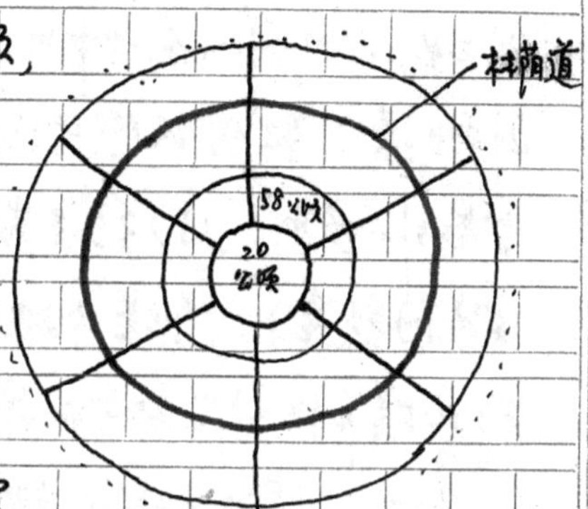


城市人口规模3.2万人，占地400公顷，外围2000公顷为永久性绿地，供农牧业生产用。城市布局结构由一系列同心圆组成，中央是一个占地20公顷的公园，沿公园布置公共建筑，包括市政厅、剧院、图书馆等。它们的外面是一圈占地58公顷的公园，外围是一些商店，其外一圈为住宅。再向外为宽128 M的林荫道，大道当中为学校、儿童游戏场及教堂；大道另一面又是一圈花园住宅。

（四）实践

英国政府根据霍氏思想，1903年在英国伦敦东北64 km的列契沃思（Letchworth）兴建田园城市，1917年人口仅1.8万人，1920年又在距列契沃思南数英里的韦林（Welwyn）又建了一个。其周围都有广阔的绿带，但两城都遇到财政困难，未能按规划实现。

评价：(1) 田园城市的理论反对摘集中的大城市，强调规划应为居民创造良好的环境，主张"城乡结合"，就规划思想而论，无疑是有其进步、合理的一面，因而对今日的城市规划理论、特别对卫星城的理论有重要的影响。(2) 另方面，霍氏的理论有忌[illegible]资义制度城市畸形发展的现实，把现代工业、交通等视为一种可怕的力量，企图在资义世界中寻找一个"世外桃源"取代现实生活中的拥挤、喧哗、污染的环境，是[illegible]是行不通的。(3) 经过数十年的实践证明：城市规模过大，困难问题甚多，但若只接3万人的花园城，其等规模太小，这样的城市仍缺乏社会机遇和引力。

二、卫星城镇的规划理论和实践

(一) 背景

Howard 脱离现实的田园城市理论并不能阻止大城市的恶性膨胀，相反廿世纪二十年代之后，世界大都市日益增多，规模愈来愈大。例如：

(1) 霍氏所在的英国伦敦从1921—1939年，市区面积扩大了三倍，离市中心8—24km的环上建满了低密度的住房。在大约半个世纪内，伦敦连续发生了四次严重的大气污染事件，伦敦烟雾夺走了数千居民的生命。

(2) 世界其它的城市：巴黎、纽约、东京、柏林都在膨胀，人口规模达到七八百万，城市问题更突出，以东京为例：东京在廿世纪七十年代，在半径50km的范围内集中了2450万人，占全国人口23%，工业产值占全国30%，规模过于集中导致：

a. 住房紧张，市区人口密度高达4万人/$km^2$，住房不足，只能在郊区盖住宅，又导致上下班距离和时间增加，有的人每天花在路上的时间长达4小时。

b. 交通拥挤：交通圈的范围由10km扩大到30-50km，地铁、公路每天客流量高达2100万人次，高峰时有3,100多条列车运行，交通的拥挤不堪，以致在上班高峰时在一些火车站不得不雇用"推送员"（多为学生，据说车厢装载量可比平日增加2-3倍。）

c. 公害严重：仅1970年就发生了二次轰动一时的光化学烟雾事件，受害者上万人。过量开采地下水的结果，地层每年约下降18cm。

为了解决大城市无限膨胀产生的恶果，霍华德的追随者恩维在1922年提出了在大城市外围建立卫星城市以疏散控制大城市人口规模的理论，在此后的年代里，英、美、苏等国的一些建筑规划师也结合本国的情况提出类似方案，概括起来是：

(1) 把卫星城视为母城（大城市）的一个组成部分，将两者纳入统一的规划；

(2) 卫星城的职能主要是接纳母城过多的工业和人口，

起到控制大城市规模的作用。

(3) 在规划布局方面，在母城外围用绿带形成"围墙"，控制城市继续扩展；绿带以外建设若干卫星城。其建设模式接近霍氏的田园城市的构图。

小结：卫星城的理论实际上是田园城市理论的进一步发展。由于各国具体情况不同，在建设实践中产生不同的模式。

(二) 卫星城的实践

卫星城的理论虽出自廿世纪初，由于经济上的种种原因，直到二次世界大战以后，才得以大规模的实践。这是因为欧洲遭到战争严重的破坏，战后国家政府必须拿出一笔经费用于城市重建；其次，战后各国大都市的人口规模都达到"饱和"，急待解决种种矛盾。于是英、美、法、日、苏等国都进行了大量的实践，其中以英国规模最大、经验最多。

1. 与"大伦敦规划"相结合的卫星城镇建设

英国伦敦位于泰晤士河口，凭借优越的地理位置，它不仅成为英国的首都，也是世界上最大的金融和贸易中心，是资本主义国家最先突破百万人口的城市，二次大战后，伦敦人口达到800万，同时在战争期间受到巨大破坏。早在1943年英国首相就任命一些专家负责研究战后重建工作，1944年由阿伯科龙比(Abercrombie)制定了著名的大伦敦规划。

规划面积6735平方公里，人口规模1250万，此规划把这个地区划分为四个地环：

(1) 城市内环：包括伦敦郡和1/3的已有建成区，即市中心区。这里人口过于密集，需要迁出120万人或工作岗位；

(2) 近郊环：这里分布有许多两次大战期间建起的住房，此规划建议在此不再增加人口，控制发展。

(3) 绿带环：宽16km，主要功能为农田及绿化用地，在此安置30万人。

(4) 乡村环(外围环)：距市中心30—50km，拟建设8个卫星城，安置50万人，并扩建原有的20多座旧城安置40万居民。

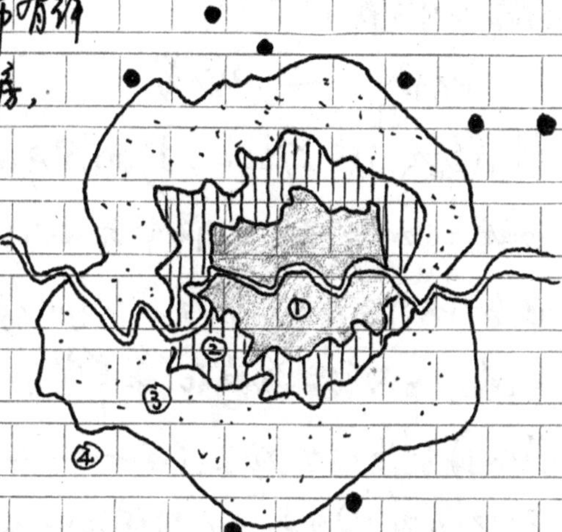


大伦敦规划及卫星城镇示意图

英国在战后共建设40多个新城(New town)，其中有部分是位于大城市周围的卫星城，伦敦郡区的8个卫星城建于四十年代后期，到六十年代基本形成规模，也有人称它们为英国第一代卫星城，它们具有以下共同特点：

a 城镇规模小，一般为3-6万人；

b. 人口密度低，居住区人口密度平均75人/公顷。

c. 功能分区较明确，工业区位于城镇边缘，靠近铁路，居住区以邻里为单位，其间用绿带分割，绿地面积较大。

d. 强调独立自足，工作、生活就地平衡，尽量减少对母城的依赖。

实例——哈罗

哈罗卫星城规划结构（P156）

位于伦敦以北37km，新城建于1947年，面积2500公顷，城市分为四个住宅区和两个工业区，住宅区之间以绿带分隔，市内主要道路在绿带穿过。每个住宅区大约有2万居民，往下再分为13个邻里（4000—7000人），新城建筑密度很低，80%为花园平房，人均绿地面积50余平米，公共建筑按市—区两级设置。至1969年基本建成，人口规模达7.5万，其中有1.6万人在当地就业。

为了吸引居民和工厂迁入，城市由开发公司统一开发，首先搞好基础设施。此外，政府还采取减税措施，居民房租比伦敦低20-25%，这些政策均有利于卫星城的发展。

第　　页共　　页

# 第四章 城市用地评价与城市环境保护

## 第一节、城市自然条件的分析

前言：

一、城市是人类利用改造自然的产物。

斯大林有一个著名的论断：地理环境是人类赖以生存和发展的必不可少的经常必要的条件。人类社会要生存发展，必须有适宜的温度、一定数量、比例组成的空气，洁净清净的水源、维持生命活动及物质生产的各种形式的能源。如果缺乏这些基本条件，或者这些条件和环境因素遭到严重破坏，生命的活动就会停止，人类社会就会停止发展。

同样，城市作为一个地域单元，占据着一定的地理空间，必然受到周围自然环境的影响，它不可能脱离一定的用地、气候、水源、植被等自然地理条件，悬在太空中。

城市是人类利用改造自然的产物，人类要把原生的自然环境、改造成适合自己需要的城市环境，首先要认识掌握自然界的发展规律，只有认识它的规律，才能充分利用其有利条件，避免不利的条件，创造最佳的居住环境与技术经济效果。因此，在城市规划工作中，要仔细研究自然条件对城市发展的作用与影响。

二、我国古代城市建设，对自然环境就十分重视，巧妙利用。

《管子》对城址选择曾有过一段精辟的论述："凡立国都，非于大山之下，必于广川之上，高毋近旱而水用足，下毋近水而沟防省。因天材，就地利，

[毋：不要、不可以]

北京市电车公司印刷厂出品 八三·五

(1458) 20×20＝400

故城郭不必中规矩，道路不必中准绳"。大意是说：都城选址要选在依山傍水的有利地形，使其不致受旱涝威胁[正好上，恰好合上]而又能节省开渠筑堤、防洪等工程设施。结合水系、地形特点，城市布局应因地制宜、自然，城郭不必一律方方整整，道路也不必须修得笔直"。

北京城址的选择，就充分考虑了以下原则：(1)城址位于永定河冲积扇上，地势平坦，又有一定坡度，利于排水；2)故早的居民点在永定河旁之古渡口高地上，能防洪，现城址与永定河保持一定距离；3)充分利用西山诸泉，作为城市的主要水源，并构成城市中不可少的风景点。

三 教训：中外历史上，凡是违背自然规律者，都要受到自然界的报复与惩罚。2000年以前，古罗马的一个城市庞培距维苏威火山仅4 km，一次火山爆发，滚滚的浓烟、沸石，火山灰将城市深深地埋在地下，城里的2.5万人无一幸存；这座死城如今成为著名的"旅游"城市。

北京市电车公司印刷厂出品 八三·五

(1458) 20×20=400

第 1 页共　页

## 第二节 对外交通运输与城市布局的关系

城市对外交通运输是指以城市为基点，与城市外部空间进行联系的各类交通运输的总称，包括铁路、公路、水运(港)、航空等运输方式。从城市的角度看，对外交通运输具有明显的两重性，一方面，如前所述，对外交通是城市形成与发展的基本因素之一，许多城市就是在交通线路的衔接点上发展起来的。如石家庄原为很小的村落(农村居民点)，1907年正太铁路在该地与京汉铁路接轨后迅速发展起来的。哈尔滨和蚌埠是由于东清铁路的修建和津浦铁路通车后成为重要的水陆转运枢纽；鹰潭是随着鹰厦铁路的修建而兴起的10万人口以上；郑州——我国铁路中枢也是几条铁路相交而迅速发展起来的。历史上很多城市如汴梁(开封)、扬州、南京等都形成于水、陆交通要道，而近代的许多大城市如上海、天津、沈阳、武汉、重庆等的发展更是如此。此外还可以看到许多新城市由于新的对外交通线的开辟使城市迅速发展和繁荣的例子，例如：由于湛江新港的建设而发展起来的湛江市，成渝

(1549) 20×20＝400

北京市电车公司印刷厂出品 八二·七

铁路的建设，而由原来的小乡镇发展成具有几万人口至十几万人口的中、小城市，如南阳、资阳等。由此可以看出，对外交通在城市的形成和发展过程中起着多么大的作用，尤其是现代城市必不可少的物质条件。但从另一方面，对外交通运输对城市又产生多余的干扰，具体讲(1)飞机、火车、汽车的噪声的干扰；(2)铁路、公路穿越田、分割城市，阻碍市内交通的正常联系；(3)铁路枢纽、港口码头、航空港会使城市布局受到限制……，以上原因又可见，对外交通运输又往往构成城市布局中的主要矛盾，如果没通盘考虑，合理布置，是其既能有利于促进城市的发展，又不致于干扰城市生产与生活的正常进行。

一、铁路在城市中的布置。

嗯，在城市对外交通中，铁路是城市间客货运输的主要工具。铁路用地是城市用地的不可分割的组成部分之一，（特别是铁路枢纽城市，占了相当大的比重）。一般占5—8%，个别达到15%左右，因此，铁路线路的在城市中的布局很大程度上影响和决定城市其它功能部分的布置。如工业区的分布，仓库区的设置，居住区的位置，道路网的连接与协，其中尤以客运站、货运站、编组站、工业站等对城市规划布局与城市的发展影响最大。一般根据铁路与城市的相互关系来决定它们在城市中的位置。对于与城市直接有关的客运站、货站、货场设在市区或市区边缘，与城市无直接关系的技术设备如编组站、客车整备场、迂回线以及其他设备应设在市区之外比较远的地方。但是，在具体布局时并不是这样简单容易，由于涉及到很多其它方面，因此铁路布局就成为一项十分复杂、艰巨的任务，需要进行详细调查、综合分析，深入研究之后方能提出比较完善的布局方案。下面以芜(湖)枢纽规划为例来介绍在城市规划中如何进行铁路规划布置。

在城市总体规划中，铁路布局涉及到的内容主要在原有站场的改扩建、增设新的站场，改造搬迁旧线路和建设新线路等几项。由此，铁路布局的任务就是如何选择线路走向、站场位置和估算铁路用地规模等问题。

北京市电车公司印刷厂出品 八二·七

(1549) 20×20=400

布局的方法与步骤：

(一)．首先要从调查研究入手．摸清铁路现状布局情况和拟建的新线路、新站场的规划设想(以及与铁路有关的其它部门)．

调查的主要内容

1. 规划城市的铁路或铁路枢纽的组成．

2 枢纽内各站场的性质及其客货流量的调查了解．

客货流是铁路运输为服务生产生活的具体反映；是铁路规划的经济依据，必须详细调查．调查各个线路(如有几条铁路)按货物种类、运行方向、货流性质(中转或地销)，车站到发量分别统计。客货流量按线路运行方向和到发量统计．对货流作比较细致的调查，可以有助于认识城市的性质，便于从区域的角度来分析铁路(枢纽)的作用．为了便于从区域的角度分析铁路走向和位置，对本市进出铁路的大宗货物的产销地也应调查了解．

最后根据客货流调查资料，编制铁路客货流图．

(1549) 20×20＝400

北京市电车公司印刷厂出品 八二·七

3.铁路技术装备和运输能力的调查

包括线路的数量(股道数、到发线、专用线)，到发线有效长度、线路等级以及技术状况(坡度、弯道)；车站的性质(客、货、混合)，等级；列车运营情况(列车对数、牵引定数、平均列车重量、客车班次)等。

4.铁路用地情况调查

站场在城市中的位置，线路在城区经过的地点，两者所占地面积(范围)；

5.铁路站场与城市其它部分的联系方式(专用线，公共汽车、步行)、距离；铁路线与城市道路的交叉情况(交叉次数、地点、交叉道路的性质，干扰次数等)。

6.将在本市已新建的线路、站场情况以及与铁路有关的情况。如芜湖长江大桥、飞机场等。

(二)铁路布局现状的综合分析

根据铁路在城市交通运输中的作用和对外交通相互联系的特点，主要从两方面进行综合分析，找出存在的问题和矛盾。①现有铁路技术设备(包括线路和站场)的能力和规模是否能适应

(1549) 20×20＝400
北京市电车公司印刷厂出品 八二·七

今后客货运量发展的需要；②现有站场、线路的布置与城市其它功能部分的关系如何，即布局是否合理。具体要分析以下几点：

1. 现有站场、线路的设备能力和用地与目前客货运量的适应情况，即潜力的发挥程度，是达到饱和，还是有潜力可挖？（从规划的角度讲主要指线路能力和用地潜力）。

2. 现有站线的位置和客货流向是否相符合？是否存在（存在）不合理的运输情况。

3. 货运站场与工业区、仓库区，特别是一些大运量的企业联系是否便利？（线路是否能接近，出线是否方便）。

4. 与城市其它运输方式之间，特别是铁路与水运，铁路与公路之间是否相互密切配合了？相互位置是否接近合理？技术作业能力是否协调？（如港口吞吐量与铁路装卸量之间、港口装卸能力与铁路专用线能力之间）等。

5. 站场与是否有便捷的城市道路联系，站前广场与城市道路的衔接是否合适？客站与市区、市中心联系方便与否？铁路站场与线路对城市公

(1549) 20×20=400

北京市电车公司印刷厂出品 八一·七

割、干扰，造成环境污染的程度如何？

通过以上分析，找出主要矛盾，在下一步规划布局中就可对症下药，予以解决，如在已有铁路的情况下，布局与城市关系相对合理，干扰不大，而且今后运量增长又不大，在今后发展还有潜力，那么今后就是挖掘潜力、改造调整。主要是对枢纽站场、线路的改建（扩建）。反之，布局不合理，今后客货流量变化大，增长快，对城市干扰多，且无发展余地，新建线路又较多，则规划工作主要是站场线路的布局问题。

(三)铁路枢纽总体规划布局(包括线路、站场)。主要从铁路与城市和铁路本身的相互关系出发，在现状调查和现状存在问题分析的基础上，通过多方案、多因素的全面比较和深入研究，确定出最优化的布局方案或提出倾向性的意见(规划人员意见)供领导抉择。

工作内容：

1.运量客货流量的分析。

运量货流量是规划布局的主要经济依据，是铁路部门进行规划时必须做的工作。因此，可以利用它们的资料，但还要从总体规划作全面进行分析。在缺乏规划运量情况下，可作以下分析计算：

三、①根据历年来铁路运量增长的规律，推求远景运量。例如烟台站根据建站以来20年的运量分析，年增长率为15%左右。考虑1972—1977年平均递增7.7%。

②规划期内（近期远景）新货流的推估。如大运量工厂的新建、大型中转仓库的设置、矿产资源开采的可能。

③按合理的运输分工，新建铁路后，估计从其他运输方式转入铁路的运量。例如某城目前日用煤主要由水路自徐州运入，待宜线新建后，煤炭运量将全部转入铁路。

④远景运量的估计，除调查运输部门外，还要根据城市大宗货物情况到有关物资部门（如煤炭、石油、粮食……），共同研究运量增长的幅度。

⑤由于铁路线路的能力是按单向最大货运量（即重车方向）计算的，因而远景运量的分析，除计算总运量外，还要分析货物流向。这也给工

北京市电车公司印刷厂出品 八一·七
(1549) 20×20＝400

工业、仓库的布置充分利用铁路方向，发挥铁路潜力的作用。

据上述分析计算、对比，然后选取一个概算运量运费数。

2. 从区域角度出发，研究铁路或铁路枢纽在铁路网中和在城市中的地位和作用。

3. 铁路枢纽中各站场、线路在城市中的规划布置。

布置要考虑的因素或原则。

与城市：

①. 铁路站场、线路布置与城市进一步发展的关系，铁路布置最好不要与城市发展方向产生矛盾，要为城市远期发展留有余地，广开一面。

②. 站场位置、线路走向与城市功能分区的关系。a. 尽可能减少对居住区环境的干扰，为居民提供安静舒适的居住环境。b. 避免与城市道路网的多处交叉，减少相互干扰，与城市交通密切衔接，为居民提供便利、舒适的交通条件。c. 方便工业区、仓库区的货物运输，便于专用



北京市电车公司印刷厂出品 八二·七

线的接轨。

③与其他对外交通的关系。应紧密合作，合理分工。

④铁路用地与农业生产关系。尽量少占良田，不占农田，节约用地。

⑤铁路站场与合理运输的关系。应尽量充分利用原有设备，做到运行合理，管理方便。避免往返、迂回、折角等不合理运输，降低运营费用，减少工程投资，保证列车安全。

下面从以上几方面分析某枢纽图中编组站、客站、工业站布局问题。

## 二、港口在城市中的布置

由于水运是最廉价的运输方式，随着造船工业技术的发展（50万吨以上油轮，法国一艘油轮54万T，日本一艘47.7万T；另外船舶航行速度达22—30海里/小时）、以及采用集装箱的运输（1971年全世界共有集装箱船321艘，计278万登记吨，其中美75艘、英51、西德42；70年用于远洋运输的大型集装箱船专用码头泊位共184个，正建中的114个；仅英国就有81个专用码头。）进一步促进了港口水运的发展和沿海工业的兴起及对外贸易的增长。目前世界上的贸易港口约有2000多个，其中年吞吐量＞100万T的有200个。就国际贸易而言，99%的货物是船运的。我国建国三十多年来，随着内河航运和海运的发展，对原有老港已进行了大规模的改造和扩建，同时加强新港口建设，已经建成使用的有湛江、鲅鱼湾（大连）和北仑（宁波）等，正在建设的有石臼所（山东）和鲅鱼圈（营口）等，并且随着港口建设将会形成新的滨港口城市。特别是随着国民经济的发展，预计今后大宗货物及集装箱运输将在我

北京市电车公司印刷厂出品 八二·七
（1549）20×20＝400

2

国也较大的发展，但是，由于很多港口现状存在很多共同的问题，表现在：港口方面：

1.随着国民经济和外贸事业的发展，货物吞吐量激增，相形之下码头泊位更显不足，尤其是深水、高效专业化码头泊位更少。我国交通部直属港口泊位总数340个，泊位岸线总长度45KM，而日本神户港的泊位就达230个，泊位岸线长33KM。我国沿海港口的吞吐能力，1979年比1972年增加了66%，而同一时期外贸海运量增长了107%，当然目前各港口的实际吞吐量都超过设计能力14—20%，但港口压船现象仍十分严重，有时一天高达100余艘，使国家在经济上和政治上带来很大的损失。外轮在黄浦江、大沽口要等2—3个月，80年支付的延期费2亿美元。有人讲的黄浦江里是黄金，三分钟一两黄金。内河航运更落后，长江仅6000～7000万T/年，等于一条支线，美国密西西比河相当10～14条支线。

2.港口陆域纵深狭窄，库场面积不足，已不能适应现代船舶运输和装卸作业的需要。比较突出的是缺乏外贸、内贸口岸库场，即使

北京市电车公司印刷厂出品 八二·七
(1549) 20×20=400

秦皇岛市海岸线规划示意图

仓库场．过去外贸货运依靠港区内部仓库■短存，新的海港建设以后，吞吐量急剧增多．港口本身的库场已不能满足需要．难以承担外贸货的贮运任务，因此外贸口岸一定要有自己的仓库、堆场用地．

3、港口后方疏集运条件差．方式单一．我国大部分海港的后方疏集运主要是依靠铁路，有的港口铁路疏集运的运量占港吞吐量的98%。随着国民经济的发展，铁路运输的通过能力日趋紧张，尤其是与沿海港口衔接的几条干线，如京大线，沈山线、京沪线、京广线均已达饱和，铁路货运密度指标已大大高于国外，我国的这一指标为美国335万吨公里/公里的2.8倍，西德242万吨公里/公里的2.0倍．

表现在城市方面，

1、岸线使用混乱，占用现象十分严重．据全国十六个主要海港城市的统计，在已使用的岸线中，属不合理使用的平均占10%，有的城市高达25%。有些优良的风景■岸线被占用，风景资源遭到破坏．有些城市的岸线全被铁路和

北京市电车公司印刷厂出品 八二·七

(1549) 20×20=400

生产单位占用，为人民生活服务的生活岸线普遍不被重视，往往被挤到城市的边缘，出现了"身在海边不见海，身在江边看不见江"的现象。

2. 港口、铁路和城市三者不能协调发展。例如大连市在本世纪三十年代初期，港口吞吐量900万吨，城市人口37万，用地45 $km^2$，港口、铁路和城市三者之间发展比较协调，布局也比较合理。目前大连已发展到百万人口，城市用地发展到70平方公里，而港口和铁路用地并没有增加。大连港的实际吞吐量已接近或超过核定吞吐能力，铁路编组站的编解能力已达90%以上，超负荷运转；这种三者不协调的状态，严重地阻碍着港口城市生产的正常进行和人民生活水平的提高。

3. 城市布局混乱，环境质量很差。~~海港城市~~

针对以上问题，必须搞好港口城市规划，合理确定港口在城市中的位置，~~这~~是一项很重要的工作。

北京市电车公司印刷厂出品 八一·七

(1549) 20×20=400

海港城市具有和一般城市相同的共性，也有区别于一般城市的特性。我们在进行海港城市规划时，需要掌握住这些特点，解决好港城中存在的主要矛盾，才能作出海港城市规划的特色和布局的合理性。

一、作好岸线规划，统一安排各部门的使用位置~~尽量满足各部门需要~~。

岸线是港口城市特有的自然条件，对于城市的发展，是具有多种用途的宝贵资源。

(1)

:

为此，合理分配和使用岸线，兼顾各方面的需要，使各得其所，能最经济、最有效地利用岸线。同时关系到整个城市总体布局的合理性。岸线合理分配问题是做好港城规划布局的基础。

那么如何合理分配岸线呢？首先来讲：

①应遵循"深水深用、浅水浅用、统一规划、保证重点、照顾一般、避免干扰、各得其所"的原则。将有条件建设港口的岸线留给港口近期建设，使之能首先发展，远近结合，使港口和城市协调一致发展。

②岸线资源是有限的，用一寸少一寸，因此，要珍惜每一寸岸线，不能随意浪费，考虑

(1549) 20×20=400

北京市电车公司印刷厂出品 八二·七

第5页共 页

会，留有余地，切忌一次分光用尽，给以后发展造成被动。

北京市电车公司印刷厂出品 八二·七

(1549) 20×20=400

第6页共 页

陆域规划。

港口与仓库用地之关系。

港口要有足够之陆域面积，以满足港区作业之需要。陆域规划要满足港城规划及组成部分：

1. 泊位长度和货物种类。它取决于港口吞吐能力，同时与装卸机械设备的分布、铁路线之铺设等，所以二者有很大关系。仓库、货场可用码头岸线长度指标来规划用地面积。但这些指标因素各不相同，且往往受各种政策条件制约。目前，国内外各港港区陆域面积指标不一致，相差甚大，日本大阪港仓库用地面积为51m²/m码头岸线，神户港为28.8m²，比利时安特卫普港为22.1m²，德国汉堡港为169.5m²

我国大多港口陆域面积较小，按每个泊位计算，大连一般6500—9200m²（1—1.5万T泊位），湛江、青岛一般5000—7000m²（1.0—1.2万T），日本48，65700m²，英国6600m²。

国内几个主要港口港区用地面积约为120~162m²/每m²码头岸线

秦皇岛规划中采用150—170m²/m²码头岸线 李

(1549) 20×20=400

第 7 页共 页

港区平均面积150m²，仓储堆场比要求多加300m²。按此估计，每个港区约需10000m²仓库用地。

2．二线仓库。随海运的发展，比较突出的就是出入外贸、内贸的库存场（二线库场）。过去外贸依靠港区内仓库暂存，新的港区建设后，原有库场面积减少，港口本身库场已不能满足需要。外贸的需要，适当安排仓库、堆场地在全岛。外贸之大量的运送、出口，仓储之主要是在港区附近，约占外贸总吞吐量的30%。其余70%外贸库场，可分散到货源地或其附近地区。二线库场除了外贸货源外，还包括日常生活和物资部门之仓库场。

二线库场的面积的计算。外贸货物的堆放期一般要考虑两次，入库率为25—30%。堆存指标每平方米可达一吨，仓储使用率为30%。按这几个指标就可以计算出面积。

(1549) 20×20=400

北京市电车公司印刷厂出品 八二·七

## 第三节、仓库用地在城市中的布置

仓库是短期或长期存放生产资料和生活资料的建筑物或堆场。仓库用地一般由库房(存放物资的建筑物)用地、堆场(存放一些大型笨重、体积过大、日晒雨淋后不易变质、流失的物资的场所)、晒场(定期凉晒物资的场地，以防存放物资变质损坏)、运输通道(包括装卸运输物资的铁路、道路、月台等)、机修动力间(进行装卸机械、电器维修保养的场所以及变电所、水泵房等)、办公用房和安全卫生间距(仓库内部相同性质物资之间、不同性质物资之间的防护和防火间距)、卫生防护地带用地及其他附属建筑物用地(如食堂、浴室等)所共同组成的用地。仓库用地是城市用地的组成部分之一。它与城市其

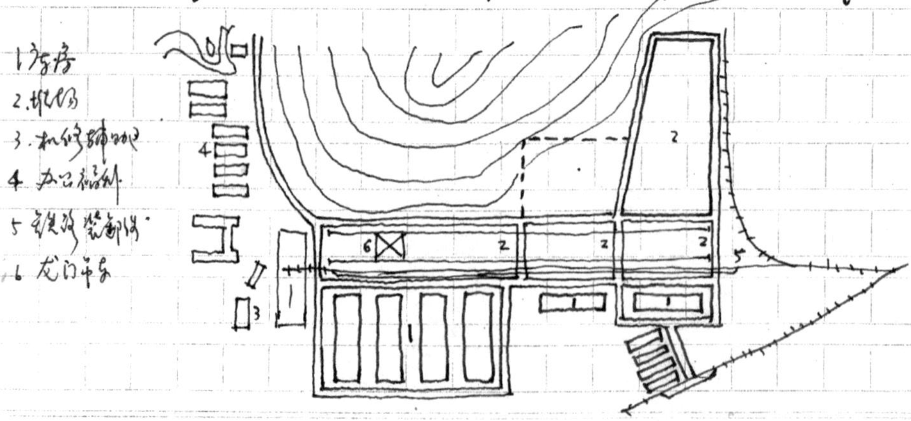


北京市电车公司印刷厂出品 八二·七

他功能部分：如工业、对外交通、城市道路、生活居住等具有密切的关系，是为城市更好地组织生产与生活的重要保证。由于城市功能日益复杂，储运的物品种类很多，而且数量大，出入频繁，对整个城市的影响是很大的，因此必须要善加以规划，合理布置仓库用地，会使工业区所需的原料、燃料、建筑材料得以就近供应，对外交通运输的周转能力也能提高，市内交通也可以组织的更加合理。否则，也会对城市产生不良的影响。

例子：1974年黑龙江绥棱县发生了一次全国少有的火灾。由于料库电线短路起火，把粮仓烧毁，火势迅速蔓延到木材仓库及木材加工厂及周围住宅，共烧毁房屋400多栋，木材5万M³，大火连续烧了一天多，损失3000余万元。事后中央派来工作组帮助总结经验教训，大家一致认为重要原因之一是城市规划布局不合理，工厂、仓库、房屋居住区混在一起，厂中有库，库中有厂，厂库不分，居住混杂，易燃仓库与工厂交错分布，中间无防护带，此外，粮库在

北京市电车公司印刷厂出品 八二·七

(1549) 20×20=400

面长1km，中间仅设有一条路，由县城通往仓库的一条路上开了明沟（送渠），救火车过不去，仓库附近消防水源不足，每小时仅能供15T，而消防车一小时用70T……。为此，省建委组织城规短训班，现场规划，总结经验教训。

一、仓库分类：

仓库分类的目的，是为合理布局的需要。仓库分类有多种方法，按城市总体规划的需要，从以下个方面把仓库加以分类：

（一）按仓库用途和性质可分为

1. 国家储备库：存放国家的储备与战备物质，如粮食、工业品、石油、设备及其它物资的仓库。其特点是规模大、储备期长、服务面广，要求有良好的对外交通运输条件，但与城市的联系不密切，因主要不是为本城市服务的，往往布置在城市的郊区。

2. 中途转运仓库：暂时储存国家级、省级或地区级的中转物质，即通过水陆交通相继转运从甲地运往乙地的物质，如综合物质，商业中转批发物质、粮食油脂、外贸、供销、收购建材及设备物资等。其特点储存期长，不包装不加工，物资流动性较大，其服务对象主要是一个地区，有时也为一个省区或者以外的地区服务。例如地质部门在地就有许多中转仓库。它们要求有方便的对外交通运输条件，同时与城市关系不大，可与车站、货场，港口等对外交通运输设施摆在一起。

3. 城市供应仓库 主要为本市服务，与城市生产与生活密切关系。一般存放为本市工业生产和居民生活服务的物资，如日用百货，食品、粮油、燃料、建材，工艺品、危险品等物资。其特点是储存物品最杂、种类最多、集中运进，分散运出，因此，可根据储存物品的不同分别布置在城市的不同位置。

4. 收购仓库。

(二)、按仓库设备性况分类，分为六类：

1. 露天堆场或场地：存放不怕日晒雨淋货物的场地。

2. 地下式或半地下式仓库，存放瓜果、蔬菜等。

3. 简易货棚，质量差、不封闭的建筑物。

4. 单层或低层仓库：一般的封闭式仓库，层数最低

5.高层或多层仓库、层高6—7米以上，库门4×4米以上；或多层建筑，宜随仓的装卸机械、空气调节和安全消防设施。

6.特殊或专门仓库。如冷藏库、石油库、散装料库等。

(三)、按仓库储存物品种类分类。

1.一般性综合仓库；如百货、五金、布匹、医药器材、烟酒、棉麻土产以及不危险的化工原料等库。

2.食品仓库：存放不需要冷藏的干果、罐头、糖果和需要冷藏的禽蛋、鱼、肉、水果等库以及牛、羊、猪、鸡等活口仓库；另外还有茶叶、盐等专用仓库。

3.粮(食)油仓库，是城市中最主要的生活品仓库。

4.燃料仓库。如煤。

5.建筑材料仓库或场地，如水泥、木材、油毡、钢材、砂石等的仓库或堆场。

6.工业品仓库，存放工业企业原料、成品的仓库。

7.危险品仓库，存放易燃、易爆、有毒物品如挥发性油库、化工原料、农药、炸药库等。

8.废旧物回收仓库。

北京市电车公司印刷厂出品 八二、七

(1549) 20×20=400

## 二、仓库用地规模

由于城市内各种类型的仓库很多，影响因素也很复杂，目前国家尚无仓库用地的统一指标。仓库用地的大小与城市性质、规模、城市地位、经济特点、地理位置、气候条件、居民生活习惯、生活水平、储存物质的性质与特点、仓库的类型、布置方式与设备等因素的影响，各城市仓库用地规模差异很大。从我国一些城市仓库用地现状指标来看，仓库用地占城市总用地最高达19.7%（九江），最低1.5%（阜新）；每城市居民仓库用地最高达39.5m²/人（廊坊），最低1.5m²/人（福州、南昌、淮南）上海1.6）。因此在规划时要根据各城市的具体情况加以分析，确参考我国类似规模的城市来确定仓库用地规模。（下面分析仓库用地的主体：库房及堆场用地的指标及计算方式）一般仓库用地指标的估算方法如下：

1. 估算近远期仓库货物的通过量（吞吐量T）。吞吐量指进出货物的总和（用它的年度计算）。

2. 按照吞吐量考虑仓库货物的年周转次数估

北京市电车公司印刷厂出品 八二·七

（1549）20×20=400

按所需的仓库容量(仓容吨位，T).

$$仓库容量=\frac{年通过量}{年周转次数}$$

周转次数是指一定时间内进出次数.

$$年周转次数=\frac{12}{平均贮存期限(月)}$$

贮存期限是指贮存周期，在没有固定期限时可取其平均数.

(仓库容量)是指同一时间内仓库里存放的货物量，若按这贮存量为仓库的建筑的依据，则贮存量就可以等于仓库库容量.(指平均每次进入仓库的货物吨量).

仓库年通过量(年通过能力)T = 设计库容量×年周转次数.

3. 根据实际仓容吨位中分别进入仓库或堆场的吨位比例，分别计算出仓库用地和堆场用地面积.

$$库房用地面积=\frac{仓容吨位\times进仓系数}{单位面积荷重\times仓库面积利用率\times层数\times建筑密度}$$

$$堆场面积=\frac{仓容吨位\times(1-进仓系数)}{单位面积荷重\times堆场面积利用率}$$

$$进仓系数=\frac{货物年进仓量}{年总吞吐量}$$ 即指进入库房的货物(年)量占进入仓库的货物总量的比例. 例如

(1549) 20×20=400

北京市电车公司印刷厂出品 八一·七

某综合仓库全年通过量（运入、运出）1万吨，其中7000T入库房，则进仓系数为0.7。

单位面积存量 T/m²（单位面积堆存指标）是指每平方米仓库面积上能堆存货物的重量，与货物比重、堆放高度有关。

仓库面积利用率：为库房中利用堆放物品的面积与库房面积之比。显然，库房用地面积与仓库吨位，进仓系数成正比，与……成反比。

举例：某仓库全年共运入量12000T，储存周期3个月，采用库房储存，堆的单位面积荷重=2T/m²（体积荷重为1T/m³，堆放高度2米），仓库面积利用率75%，建筑密度40%，仅用单层仓库，求该仓库用地面积。

$$库房用地面积=\frac{12000T/4\times 1}{2(T/m^2)\times 0.75(\times 0.4)}=\overset{2000}{5000}米^2$$

考虑到仓库库房周围还需一定空地，∴仓库用地面积 $=\frac{库房面积}{建筑密度}$　　建筑密度 $=\frac{库房基底面积}{仓库用地面积}$ 以库房为主一地区一般为40%左右。仓库面积 $=\frac{2000m^2}{0.4}=5000m^2$

同理：

$$堆场用地面积=\frac{仓库吨位\times(1-进仓系数)}{单位面积荷重\times 堆场面积利用率}$$

仓库用地面积＝库房用地面积＋堆场用地面

推算仓库用地面积的目的在于更好的节约用地，目前我国的城镇（特别是小城镇），仓库往往圈地，里面空洞无物，浪费很大，例如邯郸与沧州也是位于铁路线上的工业城市、地区所在地，前者每人仓库用地7.6M²/人，而沧州高达20.9米²/人，江苏盐城（地区所在地）每人4.4M²，而南部高达30.5M²/人，相差数倍

从上述中可看出：仓库面积与层数成反比，提倡建设多层仓库，对节约用地有很大意义。

三、仓库在城市中的布置

（一）原则：1. 满足仓库用地的一般技术要求.

地势高亢，地形平坦，有一定的坡度，利于排水；储存果品、蔬菜的食品库要求地下水位离地面2.5M—4M以上；沿河建库应考虑河岸的稳固性和土壤承压力。

2. 必须有方便的交通运输条件，尽量减少运输距离。仓库用地必须接近货运量大、供应量大的地区为原则，以减少空车行驶里程；大型仓库必须考虑铁路运输和水运条件。

3. 集中与分散相结合。不同类型和不同性质的仓库应分开布置，同类仓库尽可能集中布置，为居民服务的日用品库则应均匀分布，接近供销点。在布置仓库用地时，要尽量合理选择适当的用地。

① 危险品、易燃易爆仓库应与一般仓库分开布置；如石油一样

北京市电车公司印刷厂出品 八二·七

（1549）20×20＝400

化学药品—粮食；

③有相互影响、干扰的仓库宜分开，如粮食—食品、蔬菜（粮食撒药杀虫）

4. 保护环境，防止对居住区的污染。从环保及防火安全的角度考虑，仓库用地应与居住区保持一定宽度的防护距离。

表一、各类仓库与居住街坊的卫生防护带宽度标准。

1. 全市性的水泥供应仓库、砂石库、起尘的建筑材料堆场——300M。

2. 非金属建筑材料供应库、煤炭库、炭库、未加工的二级无机原料临时储藏仓库、500T以上的藏冰库，100M

3. 蔬菜、水果储藏库、600T以上的批发冷藏库，（危险品材料的建材与设备供应仓库、木材贸易和箱桶装仓库，50M。

表二、易燃和可燃液体仓库的隔离带。

| 隔离地带 | 仓库容积 | |
|---|---|---|
| | 600M³以上 | 600M³以下 |
| 一 至厂区边界 | 200 | 100 |
| 二 至居住街坊边界 | 200 | 100 |
| 三 至铁路港口用地边界 | 50 | 40 |
| 四 至江河码头边界 | 125 | 75 |
| 五 至不燃材料露天堆场边界 | 20 | 20 |

装运石油的油库，通常布置在港口码头、船舶修理厂，水电站，

北京市电车公司印刷厂出品 八三·五

(1458) 20×20=400

造船厂、桥梁、水上构筑物的下游300m以远，如布置在上游，则一、二、三级油库为3000M，四、五级油库为1000M。

(三) 仓库在城市中的位置

中小城市工业门类少，规模不大，为了使城镇布局紧凑合理，仓库区不宜分得过细，一般可设立综合仓库区（1-2个）集中布置在城市边缘，靠近铁路、公路、或河流附近。以便接专用线方便。但要注意不要布满铁路干线和河流两岸，以免进一步分割城市。

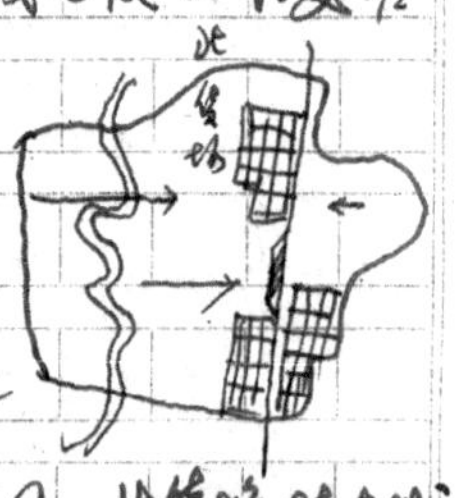


例：沧州市人口10万，城市被运河、铁路分为三块、本来东西交通就不便，由于是地区的交通枢纽，仓库较多，特别是油库、地区建材库、水利库、粮食库等都安在铁路以西，北货场设在城市北部，进一步阻碍城市的交通联系，同时也不利于人防战备。

大中城市的仓库区则可集中分散相结合，根据仓库的不同性质、服务对象，分别布置在城市的不同地段。以烟台为例：

烟台过去因殖民地小，只是一个渔港，工业主要为钟表、制造业轻工业。人口约20万，烟台位有芝罘岛为屏，是一个天然良港，可进出万吨级船只。为了开展对外贸易，性质已由单纯的渔港转为以外贸为主的港口。为此要处理好港口、铁路、仓库的布局。(见图.

北京市电车公司印刷厂出品 八二·五

(1458) 20×20=400

在规划和建设上也可以由近及远，初期如仓库少、规模不大，可以一同布置在靠近市区和铁路的近旁，当发展后，则将其扩充成为为本市服务的仓库区，而将其它仓库迁出，仓库规划与建设应和工业区的建设配合起来，共同修建铁路专用线或利用水运。例：保定市在仓库区规划上，解放后在市区南部建设了工业及仓库区，共同利用一条101专用线，并建设成为交通枢纽，后为专用线的形式(3-4KM)。随着发展，在化工油田专用线经过之南郊开辟中转仓库区，将原仓库区改为以本市为服务对象的仓库区。

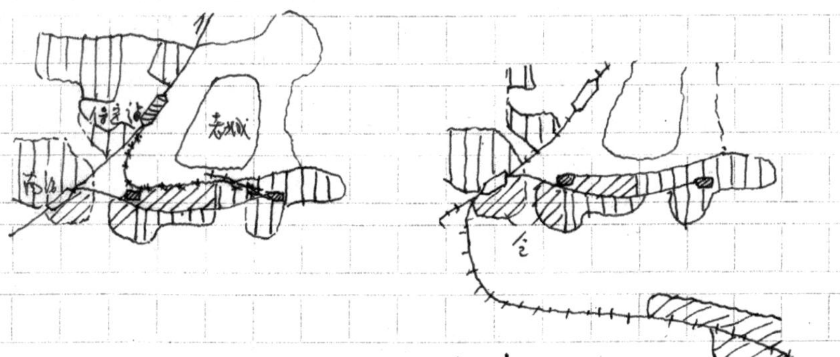


保定.

第 5 页共　页

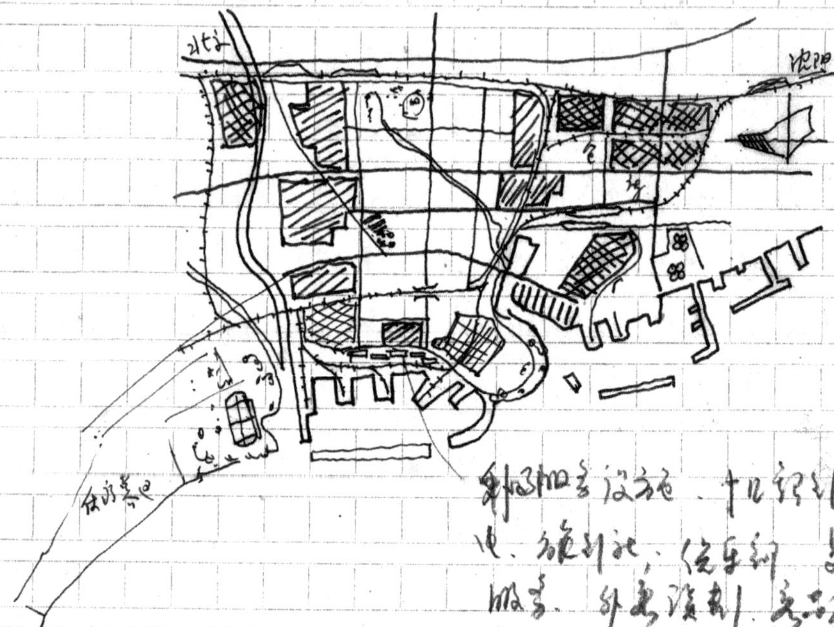


新港服务设施、中心银行、日本领事馆、旅行社、俱乐部、银行、海员服务、外轮供应、出口工业品展示
生物　外贸部门

北京市电车公司印刷厂出品　八一·七

(1549) 20×20=400

# 第五章 城市组成要素的规划布置

## 第一节 工业在城市中的布置

一、概述

就国家而言："工业是主导。"毛主席曾说过：
在国民经济中占主导作用
"建设工业，便建设强大的国防，便建设人民的福利，便建设国家的富强。"就一个城市来说，工业是城市主要的物质生产部门；是城市最重要的组成部分之一。
占用地1/3，职工2/3，起带头组织作用。
它与城市其他各要素（特别是生活部分）是"骨"和"肉"的关系，工业既是城市形成发展的最基本的因素，也是大多数城市规划布局的决定性因素。解放以后，随着我国大规模的工业建设不仅推动了原有城市的发展，而且直接促使产生了不少新的工业城镇。如随钢铁工业的建设而建立的包头市、渡口市、宝山钢铁基地、梅山小城镇等；随石油油田采掘和石油化工的发展而形成的大庆市、金山卫、燕山石油化工和胜利石油化工基地；随汽车工业发展建设的汽车城——十堰市；随三门峡水电站的建设而诞生的三门峡市；随重型机械制造工业发展起来的黑龙江省的富拉尔基；随铜矿开采而形成的云南东川；还有贵州省的水城、六



北京市电车公司印刷厂出品 八二·八

校、开阳等。

同时，工业的发展，相应地也给城市建设和城市规划带来了一系列的矛盾。如何在城市总体规划中合理安排工业，将会对城市其它功能都会产生影响。

1、首先，工业布局往往直接影响或决定城市(布局)的形态、结构和轮廓以及城市用地的发展方向，一般地说，工业集中布置，则城市也较紧凑（沈阳、北京、西安、金山卫），合肥随工业布置城市结构呈三翼发展，工业分散布置，则城市也较松散（渡口、二汽），甚至无法形成城镇（胜利石化、东炼）。

2、工业在城市中位置恰当与否，直接影响到城市的环境质量。在同一自然地理环境条件下，合理地布置城市工业，可在很大程度上减轻污染的危害（例马鞍山），相反将造成严重污染（兰州，桂林）。

3.影响城市其它功能：如生活居住区，对外交通、仓库、城市道路系统及其它市政公用设施的布置。因此围绕工业区的布置，需考虑

北京市电车公司印刷厂出品 八二·八
(1549) 20×20=400

解决职工上下班、给排水、供电、供热、接铁路专用线、布置工业货站、工业码头……等一系列问题。

总之，合理布置工业，是城市规划一项重要任务。

二、城市工业区的组成

工业在城市中一般采用集中与分散相结合的布置形式，前者主要是通过组织城市工业区来实现；后者通常指城市中零散分布的企业。

1.工业区概念。工业区是城市工业用地的主要组成部分。所谓城市工业区是指在一定的地域范围内，围绕一个或几个骨干工业项目，把生产上协作关系密切，共同使用工程设施，或在原料、副产品、"三废"等方面便于综合利用的工厂，根据专业化生产、方便生活、节约用地、节省投资、保护环境等方面的要求，集中成组地布置在城市的适当地段，形成联系密切的整体，这样的地段就叫做工业区。

2.工业区组成（用地）

北京市电车公司印刷厂出品 八二·八

(1549) 20×20=400

(1). 工业企业用地．包括a.属于工业企业．b.配套协作工业企业．c.辅助和维修等服务企业用地（如配件、备件等企业，机修厂，汽车修理厂等用地．在工业区内，应尽可能考虑联合使用）．是工业区的主要组成部分，其面积约占整个工业区60%以上．

(2).仓库用地，除每个工厂内部设有原料、燃料、成品、半成品库之外．为了共同使用站场和码头，还设有联合设置的仓库与货场．

(3).动力设施用地，包括电站，热电站．变电站(所)，煤气发生站，氧气厂，地区性锅炉房．高压线走廊等．一般视需要而定．例，石油化工区耗电量大，又需汽，则宜建热电站；钢铁工业区则以电力为宜；小型机械工业区，变电站即可．

(4)运输设施用地，包括为工业区专用的铁路货站和工业编组站、专用线，货运码头．工业区内部道路、对外联系的道路以及联合停车场地等．

(5)市政工程设施用地；工业区统一使用的水(源)水，污水处理厂，地上地下各种管线．

(6)厂前区公共福利设施用地，包括行政办公楼



北京市电车公司印刷厂出品 八二·八

医务所、食堂、饮食、俱乐部、消防站、商业服务设施等。

(7) 科学技术中心用地，如设计研究机构、业余职工学校、中等技术学校、电子计算机中心、厂史陈列室、试验站以及相应的文化体育设施等用地。

(8) 绿化及卫生防护地带。

(9) 建筑施工基地。

(10) 预留发展用地。

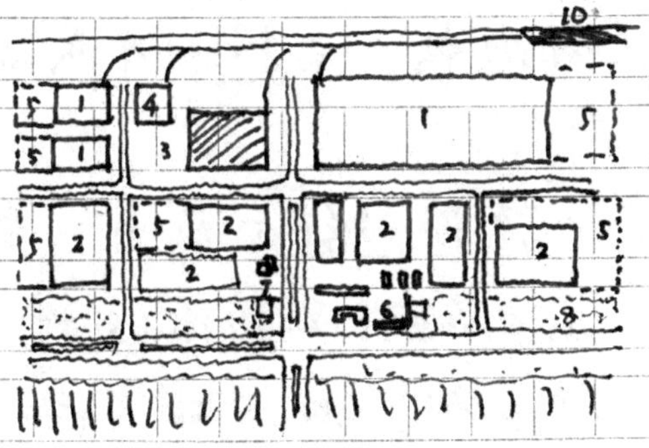

1. 污染较重　运量大工业
2 ……轻纺　3 仓库　4 热电站
5 工业发展用地。　6 科技中心
7 商业服务设施。　8. 防护绿地
9. 生活居住区。　10 工业编组站。



北京市电车公司印刷厂出品 八二·八

小结：①工业区不是由一个工厂组成，而是由工厂群组合在一起；②不仅有生产部分，还有生产服务部分及大量的辅助设施；③公用设施不是为一厂使用，而是共同使用。根据以上特点，工业区不宜由某工厂或某工业主管部门自己安排，而应由城市规划部门统一规划。

3、优点：

(1)便于进行生产协作，例如棉纺厂，由纺纱→织布→针织→印染厂组成的纺织品工业区，从棉花(原料)→成品在工业区内一气呵成，可以使生产过程加快，原料和半成品的运输费用降低。

(2)有利于原料的综合利用、合理加工和回收付产品，集中处理和利用废料。例山东市某铝工业区，氧化铝厂排入的废渣—赤泥，供水泥厂作原料，"变废为宝"。

(3)可以共同建设利用各种公用设施，节省投资。而分散布置的工厂，必须样样俱全，全部一套，浪费极大。

(4)节约用地：在工业区内，由于辅助设施较



北京市电车公司印刷厂出品 八二·八

如集中锅炉，(只建一套)，建统一的防护地带，各工厂不必单独设置，从而节省了大量用地。根据国外经验(苏联)，按城市规划要求设置的工业区，可使城市工业用地节约10～20%，节约企业的工业场地面积的20～30%，缩短交通运输线路20～40%，减少工程管网10～20%。获得节约基建总投资的3～5%的经济效果。

鉴于工业区有许多优点，城市工业用地应按工业区的理论进行组织，但我国关于工业区的实践问题不少：①许多城市工业布局过于分散，形不成较完整的工业区，例常州工业发达，都无标准的工业区；②即使在城市集中在一起，都是工业简单的组合，各企业生产联系不密切，各项公用设施各搞一套，例如湖北荆门12个工厂同时在一个水源地区四套取水设施，分建分管，共投资377万元，如合建一套，仅14万元即够。③四川某工业区由各厂自己负责修公用道路(一厂一段)，结果道路宽窄不一，高低不平。

原因分析：

①林彪、四人帮极左路线干扰，如在三线地



北京市电车公司印刷厂出品 八二·八

8

区搞山、散、洞，大城市也要搞小三线，工业分散在山沟里，根本无法组织成集中的工业区。

②体制上，各工厂归口各工业系统(部、局)管理，在一个工业区内的工厂分属不同的系统，无法组织生产协作，即使同一性质工业区，有的为市属，有的为区属，亦不能联合。

③、工业区的组织是城市规划的薄弱环节，计划部门无法提供工业发展的项目。尽管规划图上划了一块工业区，都无法组织工业企业，只好来一个，上一个，不管它们有无联系或干扰。

三、工业区的规模

工业区之规模是以工业区的职工人数和用地面积来衡量的。

工业区要有合适的规模，规模过小，无法体现工业区的优越性，不便协作，也会引起城市布局的分散；过大过于集中也会带来很多问题：如工业区内集中布置工厂过多不符合战备要求；工业区集中的职工太多，会使交通流量过分集中，对职工上下班高峰时间交通拥挤，并造成突出的单向交通，使交通组织复杂化；同时，会造成市政公用设施负担过重，用地、用用水、用电紧张，出现工业"三废"交叉污染，危害污染物扩散等现象。举例：沈阳铁西工业区，共有市属以上企业460个，工业区总用地1600公顷，占地4000公顷，居人口达48.4万。由于工业区规模过大，工厂过分集中，各企业用地紧张，缺少必要的原料、燃料、产品的堆放场地，有的工厂只好占用道路堆放材料，区内冶炼厂、橡胶制品厂、化工厂、铸造厂、砂石粉厂等散发出大量烟尘，严重污染周围环境，影响附近居民的生活和健康。因此，在城市中组织工业区应注意研究工业区的合理规模。

北京市电车公司印刷厂出品 八一、八
（1549）20×20＝400

综上分析解剖，工业区的规模究竟多大合适，目前尚无一个统一的指标，今年59年我国城建部门作了一些规定，只能作为参考，因为这些指标是在当时条件下以战备人防为主要依据而确定，有一定的时间和局限性。因此，合理地确定城市工业区之规模，要对影响工业区规模的诸因素进行综合分析，即要战备人防又要考虑生产配合、协作的要求，以及从城市建设的现状分析，使工业区的规模适应生产协作，综合利用、人防、卫生以及经济合理的使用水、电、路、供热等厂外公用设施的要求，满足职工上下班方便及布置公共福利设施的要求。如：无锡市部工业区沿运河带状发展，延伸达5km，附近用地受到限制无法配制工业区，上下班和货运交通集中在一条道路上，道路也无法拓宽，已发生交通拥挤、阻塞现象，虽然工业企业大型工厂不多，但规模已不能再扩大。又如石家庄市工业区的发展已使东西交通造成困难，同时，在取用地下水方面也过于集中，已形成不合理安排，从城市合理布局分

北京市电车公司印刷厂出品 八二·八

(1549) 20×20=400

析，东部工业区规模亦不宜再进一步发展了。

我国各类钢铁厂占地面积、职工人数。

| 类型 | 生产规模(万吨/年) | 占地面积(公顷) | 职工人数(万) |
|---|---|---|---|
| 大型钢铁厂 | 250～400 | 700～900 | 1.5～5.0 |
| 中 〃 | 50～80 | 160～250 | 1.4～2.4 |
| 小 〃 | <40 | 100～150 | 0.1～0.15 |

石油化学工业占地面积，职工人数。

| 厂别 | 生产能力(万吨/年) | 占地面积(公顷) | 职工人数(人) |
|---|---|---|---|
| 上海金山卫石油化工总厂 | 化纤10.5，原油加工250，乙烯等塑料11.5 | 670 | 24500 |
| 辽阳石油化学(纤维)总厂 | 涤纶8万T/年，锦纶4万，低压聚乙烯3.5万T，聚丙烯3.5万T | 550 | 21900 |
| 天津石油化工厂 | 炼油250万T，涤纶纤维5.2万T/年，聚酯切片2.6万T | | 25000 |
| 兰州西固石油化工公司 | 原油加工250万T/年 | 1130 | 42000 |
| 茂名石油化学工业公司 | | 1100 | 13500 |

大型钢铁联合企业和石油化学工厂占地面积大，一般都在500公顷以上，加之与之协作配套的企业以及厂外公用工程和其他设施，整个工业用地一般均超过1000公顷。如武汉青山钢铁工业区，总用地1445公顷，工业职工6.64万人，每职工工业用地为217.6m²，所形成的工业城镇总用地2728公顷，总人口21.9万人。

北京市电车公司印刷厂出品 八二·八

(1549) 20×20=400

③ 外国工业区规模参考数据

英国. 1. 工业区用地规模最大不超过300公顷，一次开拓的工业用地最好不超过100公顷.

2. 工业区内，每公顷建厂用地的工人数平均为150人，形成8—10万人口工业城镇.

3. 轻工业工业区规模最小12公顷，最大为40～60公顷.

法国、美国.

1. 工业区用地每职工平均80—300～350平米.

2. 工人上下班步行距离在2—3公里，步行时间不超过30分钟.

3. 位于居住区边缘的工业区，最好与居住区平行布置.

法、美工业区规模.

| 类型. | 用地面积(公顷) | 职工人数(万人) | 形成工业城镇总人口(万人) |
| --- | --- | --- | --- |
| 布置在居住区范围内的工业区. | 30-60 | | |
| 布置在城市边缘的工业区 | 100 | | |
| 远离城市布置的 . | >1800 | <2.5 | 8-10. |

苏联.

1. 工业区规模的理想阶段：工业职工人数2.5



北京市电车公司印刷厂出品 八二·八

—30万人(其中人数最多的一组为1.5—2万人。形成10—12万人口的工业城镇。

2. 工业用地以每职工300平米计，占地约占总的750公顷

3. 工业小区，布置在居住用地范围内，用地30—60公顷，职工人数6000—10000人。

4. 大型工业区，都安在远离居住用的地段。

| 项目、 | 单位、 | 冶金联合工业、 | 石油化学工业综合体 |
|---|---|---|---|
| 工业区总用地 | 公顷 | 1600—1800 | 2000—2400 |
| 其中工业企业用地 | 〃 | 1000—1200 | 1400—1600 |

5. 特大型工业区，用地可达5000—6000公顷。

提出注意：当工业区用地>1000公顷，拥有几万名职工时，客运交通和市政工程设施就会显得紧张。

以冶金工业、石油化学工业为联合企业，由于其规模一般都较大，厂区利用系数较低，工厂占地大，职工人数多，因此形成大型或特大型工业区。这些联合企业"矿区"用界都比较多些，要形成特大型工业城镇



以加工工业为主的综合工业区和一些专业性的中、小工业区（机械、电子、轻工、纺织等），一般多布置在城市边缘或城市附近地区。这类工业区货的运输量虽大，职工人数也多，但工厂用地规模均小于冶金、石油化工等联合企业的用地规模。（如武汉青山钢铁工业区每职工工业用地为217.6m²），而以机械制造为主的武汉工业区，每职工工业用地仅99.4平方米。

通过分析，可得出一般规律：

①以钢铁联合企业或石油化学工业为主组成的大型综合性工业区，总合理规模为用地不超过1000公顷，工业职工不超过2.5万人，形成拥有8—10万人口的工业城镇。

②以加工工业为主的综合性（工业区和一些专业性的中、小工业区）的中型工业区的合理规模一般为：工业用地在400公顷以内，工业职工人数不超过2万人。

③一些专业性的小工业区：一般工业用地不超过200公顷，工业职工在1万人以下。

北京市电车公司印刷厂出品 八二·八
（1549）20×20＝400

四 三1. 工业在城市中的布置.

(一) 工业(区)布置的一般原则:

1. 要满足工业本身的要求(需要): (1) 对用地的要求——良好的自然条件; (2) 生产方面的要求: 原料、燃料、交通运输、水、电、生产协作配合……。(图).

2. 要与城市各功能部分取得良好的关系, 有利于城市的进一步发展. 例:

(1)、工业区的布置应使工业与城市要有发展余地.

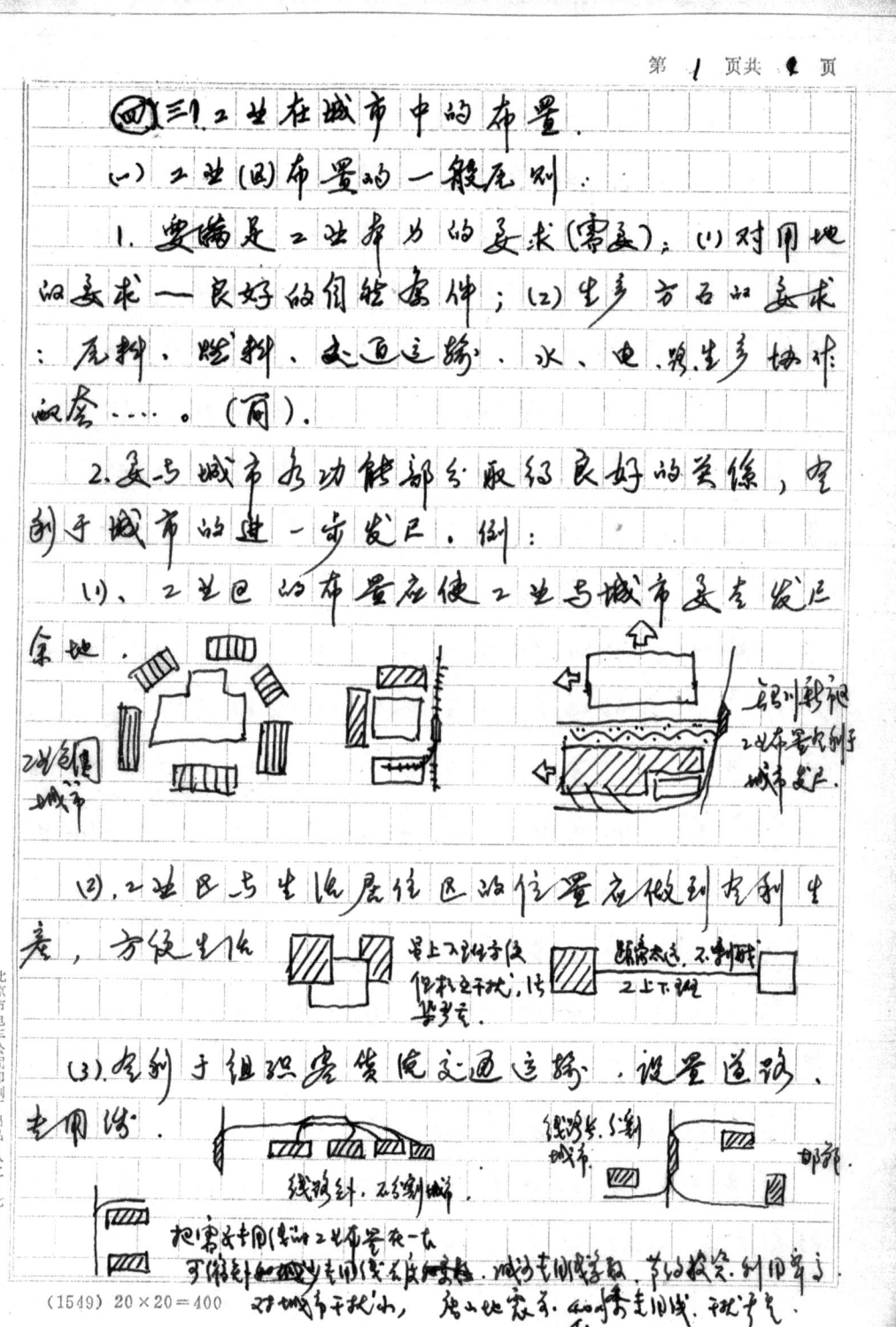

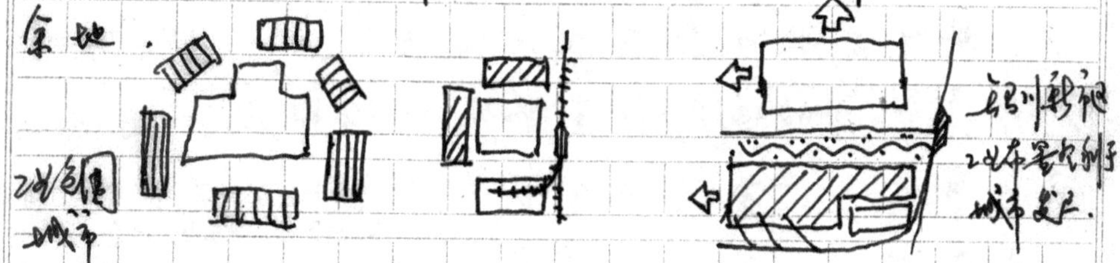


(2). 工业区与生活居住区的位置应做到有利生产, 方便生活.

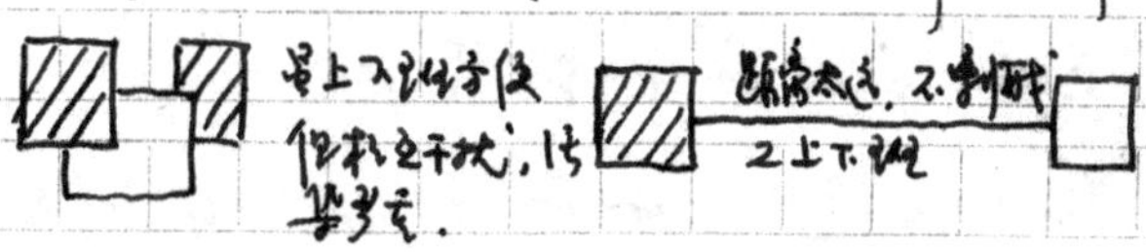


(3). 有利于组织客货流交通运输. 设置道路. 专用线.

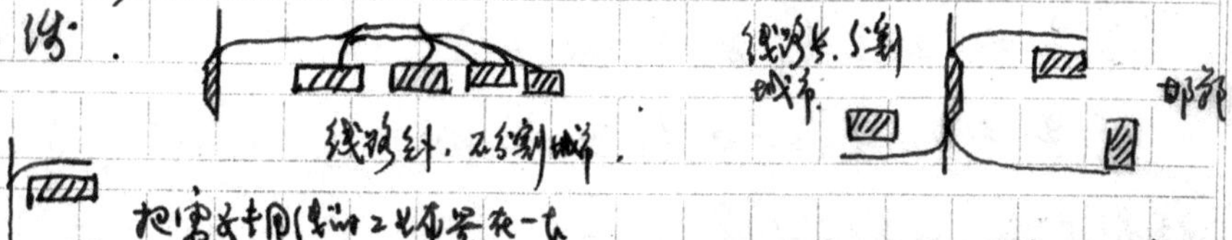


把需要专用线的工业布置在一起
可缩短专用线长度. 减少专用线条数. 节约投资. 利用率高.
对城市干扰小, 占地也少等. 41 条专用线. 干扰大.

北京市电车公司印刷厂出品 八一·七
(1549) 20×20=400

3. 宜利于城市环境保护。

（二）工业（区）在城市中布置方式：

前已讲过，工业在城市中的布置，受很多因素的影响，如城市规模、工业性质、工厂大小，交通运输条件，资源条件、建设条件等，都在不同程度上影响着工业布置方式。但归纳起来不外乎是集中布置与分散布置两种形式。具体讲主要有以下几种布置形式：

1. 在生活居住区用地内布置工业

占地面积不大；运输量较小，~~用水用电~~不需要专门的运输设置和原材料堆场；用水、用电量不多；产品与居民关系密切的无害工业可布置在居住区内。这类工业多为规模小、资金少，经济效益好的一些地方和街道举办工厂企业。包括：

① 小型食品工业；

② 小型纺织和服装加工

③ 小五金、小百货、日用工业品生产以及小型服务修配厂

④ 文教卫生体育器械工业

⑤ 其他企业，如精密机械厂，仪器制造厂、钟表厂，电讯仪表厂等。

（1549）20×20＝400

北京市电车公司印刷厂出品 八二·七

布置方式有两种：a.一种分散布置在生活居住用地范围内，如设在居住建筑底层；也可沿街布置，在后面生产，临街作为门市部，使产销结合，方便供应。b.另一种是把有一定噪音、运量组织的，半机械化和机械化操作的，对内对外有协作关系的，需要一定数量的"三废"排出，但不多，经过处理和加以防护措施对周围环境不致造成污染的中小型企业，如无线电厂、精密仪表、仪器厂、小型电器厂、食品厂、粮食加工厂、小型制药厂、机械修造厂等集中起来，布置在居住区内适当的地段，组成工业街坊或工业小区。

2. 按工业区的形式布置工业（略）。

3. 独立的工业点（或工人镇）。由于城市近期建设的用地分散，或由于工业企业生产的特点需要接近原料开采地（如砖瓦厂、造纸厂、水泥厂，林木加工厂等），或由于易燃易爆、爆炸危险的工厂，必须离开居住区，不安全，也不可能与其他企业组成工业区的企业，往往独立分散布置在大城市周围地区，形成独立的工业

北京市电车公司印刷厂出品 八二·七

(1549) 20×20=400

1-2万人

工矿或工人镇，一般规模不大，生活服务设施不能完全配套，对市区（母城）依赖性较大。如四川维工人镇规模2—5万人，公共福利设施较完全。（还如成都青白江、重庆的歇马场）。山东淄博的洪山、昆仑[illegible]。

4. 工业卫星城镇，指一些新建或扩建的大型工业项目，如石化、钢铁、化工等联合企业，一般占地多，职工人数多，污染严重，运输量大，为了控制市区规模，减少环境污染，布置在远郊小城镇，形成有一定规模的，相对独立的，生活服务设施比较完善的卫星城镇，一般规模比工人镇要大

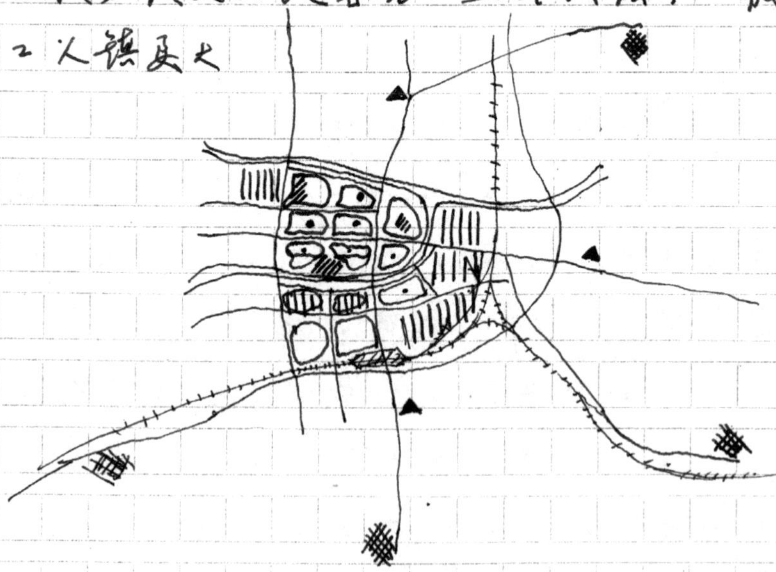

北京市电车公司印刷厂出品 八二·七

(1549) 20×20=400

[用地之相对配置方式]

(五)四、工业区与居住区的相对位置。

工业区的职工绝大部分住在居住区，每天往返上下班，联系密切；另外，工业区对居住区又有一定的干扰，合理安排工业区与居住区的相对位置，是做好城市功能分区的关键。因此，在配置工业区与居住区的相对位置时，要考虑以下因素：(1)用地发展条件；(2)卫生条件；(3)运输条件；(4)给水、排水与热力供应的条件。

(1)、工业区和居住区的用地要求不应有冲突，互不妨碍各自今后正常发展和合理的规划。

(2)在卫生方面要保证对居住区不造成污染，使居民避免受有害气体、火烟、烟渣、臭味、灰尘、废水、噪声等的影响。

(3)保证工业区与居住区之间有便利、安全、舒适的交通条件。

(4)保证市政和工厂之给、排水和热力供应系统有合作的可能性。

城市工业区与居住区相对配置方式多种多样：苏B.T.大维多维奇在《城市规划(工程经济基础)》一书中(1957年译)归纳为四种形式，即：

北京市电车公司印刷厂出品 八二·七
(1549) 20×20=400

① 斜边相对布置.
② 长边相对 ..
③ 两边相对 ..
④ 相间布置

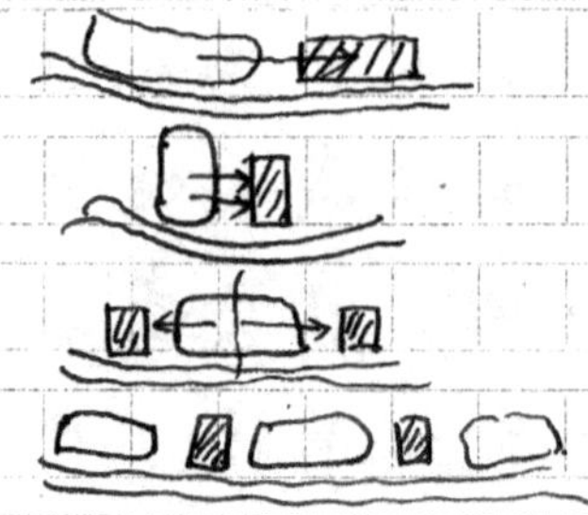

苏B.И.卢克雅诺夫在"城市工业区"一书中概括为11种布置形式.

我国工业区与居住区的相对布置我列在"城市计划与交通网"(1955年)一书中系统地归纳为五类十三种布置式。一般常见的可归纳起来为以下种形式:

1. 工业区与居住区长边相对，平行布置。如石家庄北部联合纺织厂、玻璃厂及制药厂和各仓库即为这种布置。郑州市西郊的纺织工业区和南阳的工业区即为此方式。

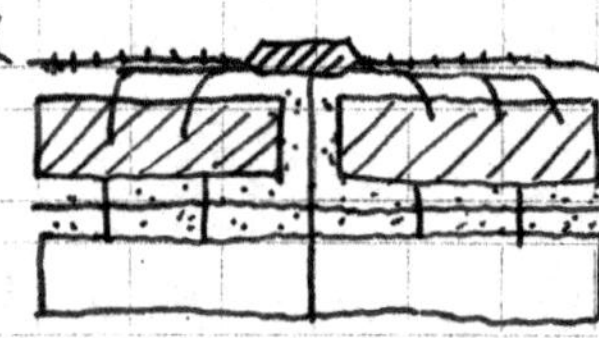

优点: ①工厂正朝(大门)城市林荫大道(干道)，职工就近居住，上下班方便。②工业区内各工厂靠近铁路，接引专用线方便，且铁路对居住区无干扰。

缺点: ①居住用地不自由发展，工业用地周围

北京市电车公司印刷厂出品 八二·七

(1549) 20×20=400

受居住区限制，北为铁路线阻截(包围)，均无发展余地，只能向两侧伸展。石家庄东北部工业区最典型。②不能较好地满足旅客性质附加的要求，沿线用地全为工厂占用，缺乏为旅客服务的必要设施。

适应情况：①工业区基本无污染，或污染较轻，中间用城市(林荫)道路作防护带。②工厂企业和工业区规模相对较小。且工厂职工多，女工占比重大，多使用步行交通上下班；③大城市中的外旅客乘降站旁采用。北京东郊纺织工业区就是此布置方式，跨一条马路就可上下班。

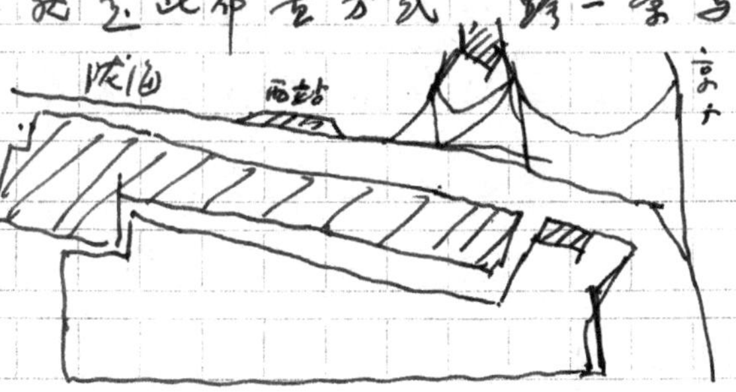


郑州西部纺织工地

2. 工业区与居住区垂直布置，对边相对。

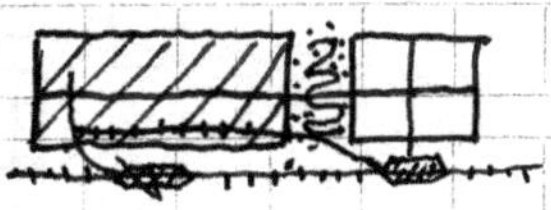

工厂通过工业交通干道与居住区取得联系。优点：①工业区与居住区均有较大的发展余地；②可把有多污染的工业摆在距居住区较远的一端。污污轻或无污染的加工装置靠近居住区布置，节省卫生防护带；③对客、货运均能兼顾，相当于解决专用线与人流交叉的矛盾。缺点：工地规模过大，由居住区的一端到工业区的另一端路线较长，职工上下班跟需较远，故要有方便的交通联系，否则会造成生活不便。举例，金山卫石油化工区根据尽量减轻对居住区污染的原则，采用这一布局形式：a 西部远离居住区为化工一厂11.5万T乙烯裂解、化二、丙烯腈；炼油设备。b.中部，化纤原料合成加工：腈纶、维纶、涤纶。c东部污染最轻或无污染，塑料、机修、仓库、热电厂。d 300米的绿地作防护地带。

又如，辽阳石化总厂也是这种布置。

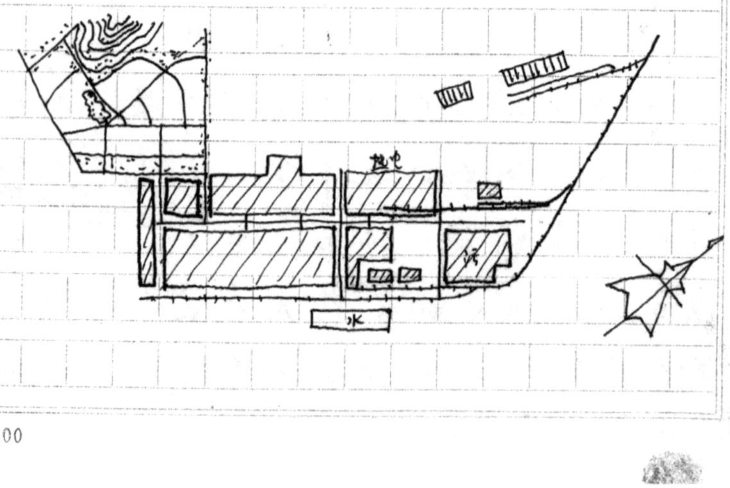


北京市电车公司印刷厂出品 八二·七

(1549) 20×20=400

3. 工业区与居住区混杂布置，一厂一区，甚至厂内盖宿舍，居住区内摆工厂，是最不合理的布局方式。①无法设置卫生防护地带，由于居住区四面受工厂包围，无论何种风向，都受多种污染；②工厂与居住区犬牙交错，相互干扰，无发展余地，③居住区过于小或分散，无法集中配置比较完善的生活服务设施，市政工程设施不经济，④工厂专用线过多，往往能分割居住区，影响城市交通组织。这种布局形式，主要是在建设初期，缺乏统一规划，各自为政的无政府主义及小农经济的产物。如常州，株洲的东北工业区（车辆厂及各种机电，轻工业厂）。

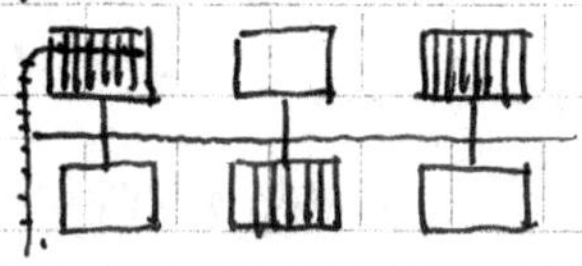

优点：个别居住区职工上下班方便

4. 工业区相对独立于城市居住区之外（工业区与居住区相对独立布置），两者之间相隔（保持）一定的距离。主要原因是①工业区与居住区的规模都比较大，占地多，因受地形限制，工业区与居住区分别布置在两个独立地段，中间

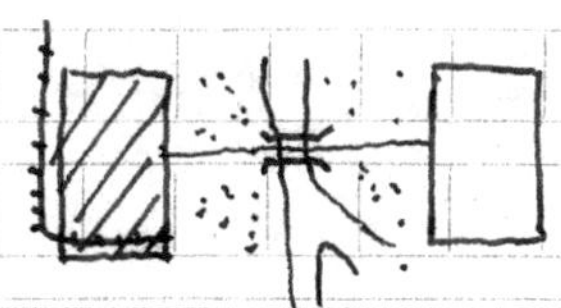

北京市电车公司印刷厂出品 八二·七

(1549) 20×20=400

的丘陵、河流等所隔。③工业区具有多重污染，不宜靠近居住区布置。例，成都青白江工业区，距成都30KM，人口4万人，钢铁、化工均具有多重污染，故采用相对独立的布置方式，中间用河流隔开。

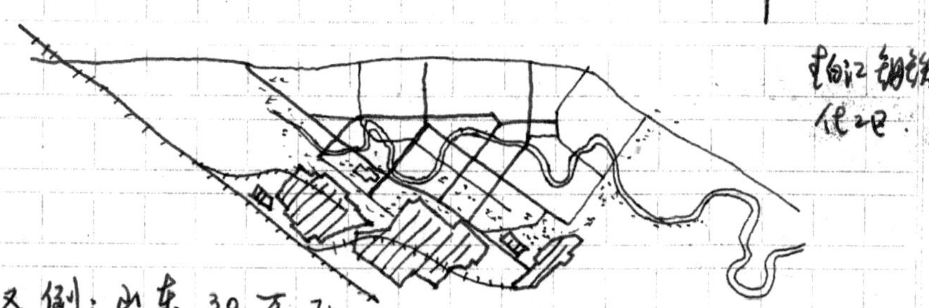


又例：山东30万乙烯装置布置方案：居住区人口规模10万人，吸取胜利石化总厂工业与居住交错分布、污染严重的教训（两者之间的防护距离）采用此形式。优点：居住区基本不受污染，河流山丘可作为天然防护带；②各自均有较大的发展余地；③可集中搞生活服务设施。问题：工业区与居住区相距较远，最近2K，最远>5K，平均3-4K，中间为丘陵阻隔，交通不便，因此，必须合理组织好专用交通解决上下班问题。西安市东郊纺织工业区就存在此问题，女工多，又相距市区较远，上下班不方便

北京市电车公司印刷厂出品 八二·七

还有一种特殊形式是沿着现状铁路两侧分别布置工业区与居住区，~~两侧~~

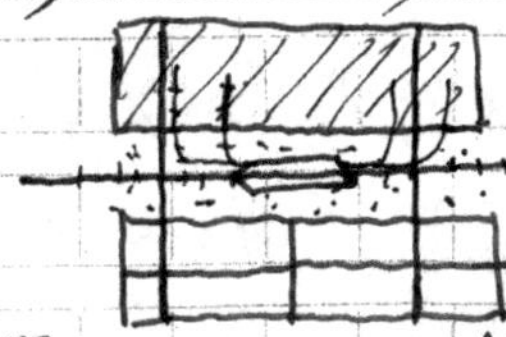

其优点明显，缺点也很突出

优点：①工业区对居住区干扰影响小，②铁路一侧办理客运，另一侧办理货运，都很方便，车站可建为典型的横列式；缺点：①铁路分割工业区与居住区，对城市交通干扰大，上下班多浪费时间，在铁路与道路交叉口处形成"瓶颈"、"卡口"，阻塞交通，需建很多立交桥、组织交通、投资大，~~在~~在条件允许下，一般尽量避免采用这种布置方式。举例：沈阳铁西工业区；嘉兴东部工业区。

五、工业区（内部）布置形式

工业区的布置形式与城市现状、自然条件和工厂总平面布置的基本要求有密切关系，一般有以下几种：

1. 条带状布置（长方块布置方式）。

工厂分组沿厂前道路布置，铁路专用线一般从工厂后侧引入，避免了铁路和道路交叉，职工上下班不受铁路线的干扰，这种布置形式要求有较平缓的地形。条带状布置又可分

北京市电车公司印刷厂出品 八二·七

(1549) 20×20=400

为以下3种形式

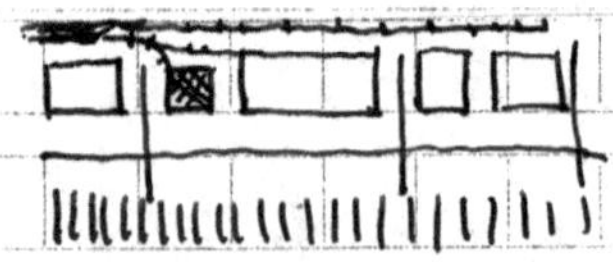

① 单列式组合（详图）。

优点：a.工业用地与居住用地可朝两个方向发展；b.较简捷，方便工人联系，上下班方便；c.专用线从厂背后引入，汽车运输从厂前与城市道路通过，互不干扰。缺点：a.工业区的发展某种程度上不如居住区发展余地大；b.呈狭窄的带状用地，土地利用不经济；c.相对相对，工业区一端距居住区较远，上下班交通不便。

适合：布置卫生级别相同或相近的工厂企业系列。配置不同级别的有害企业时，所需设置的卫生防护带宽度就不一致，规划结构的完整性就会破坏了。

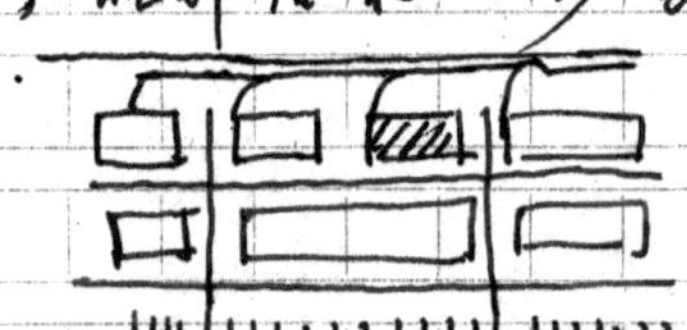

② 双列（排式）组合。

适合布置排放有害物相同（也可不同）运输方式不同的工厂企业。具体布置是工业区内部第一列和第二列之间用工业区内部运输干道分隔开。把不需要铁路专用线的工业布置在第二列；需要的布置第一列，在第

北京市电车公司印刷厂出品 八二·七

(1549) 20×20=400

一侧这一边，还可配置需要铁路运输的动力设施、装卸设施以及公用仓库。这种布置方式，可使得铁路专用线从工业企业背后引入，而工厂的主要出入口和厂前广场均可面向城市工业区干道，铁路与汽车运输互不干扰，并可考虑将没有污染或污染小的工业企业布置在靠近居住区的一侧。

③多列式组合，一般工业区规模不很大，但项目较多，工厂企业污染程度不同，可考虑采用这种方式。铁路专用线从工业区背侧或旁侧引入，使工业区的发展受到一定限制。这种工业区的布置时可按不同卫生级别将企业按序排列，把污染小的工业安排在靠近居住区一边，污染大的工业企业布置在远离居住区一边。

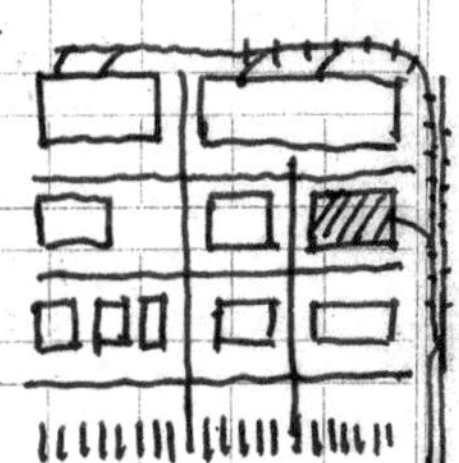

2. 块状布置形式。大型联合企业的规模大，占地多、污染危害严重、企业内部各厂协作关系密切，因此，多采用此类布置形式。由于工业区规模大，污染严重，需设置较宽的卫生防护地带。

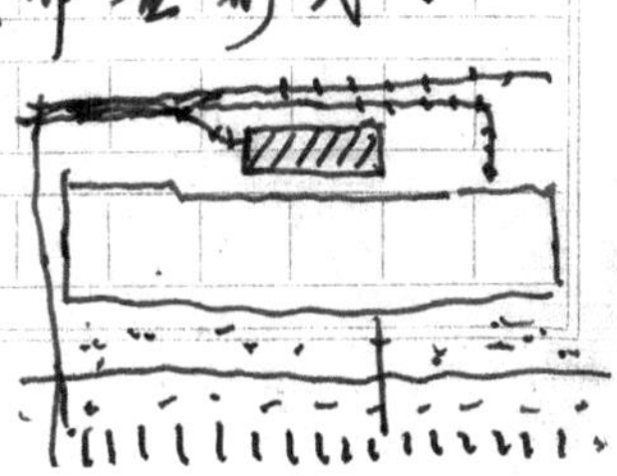

(1549) 20×20=400

北京市电车公司印刷厂出品 八二·七

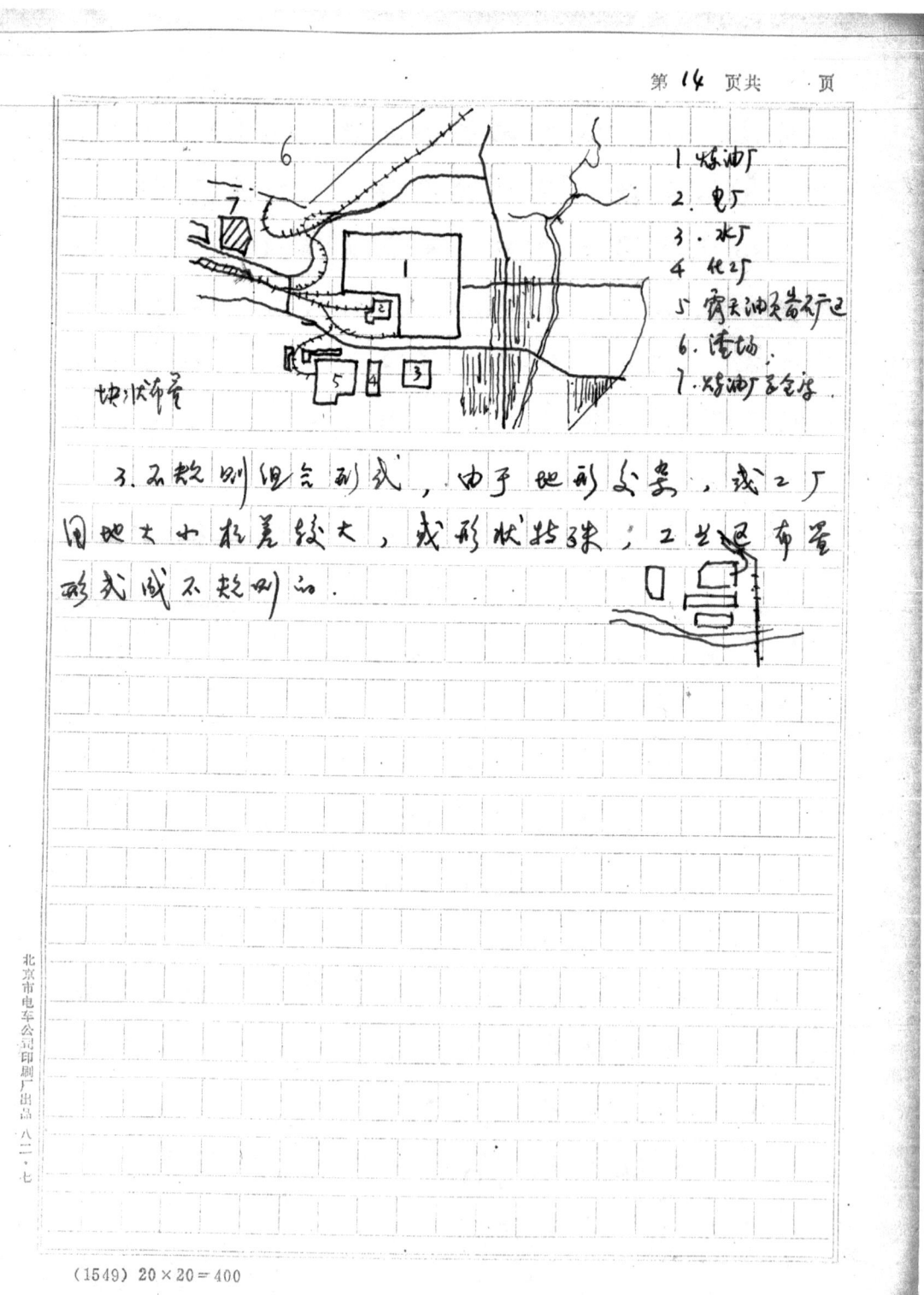

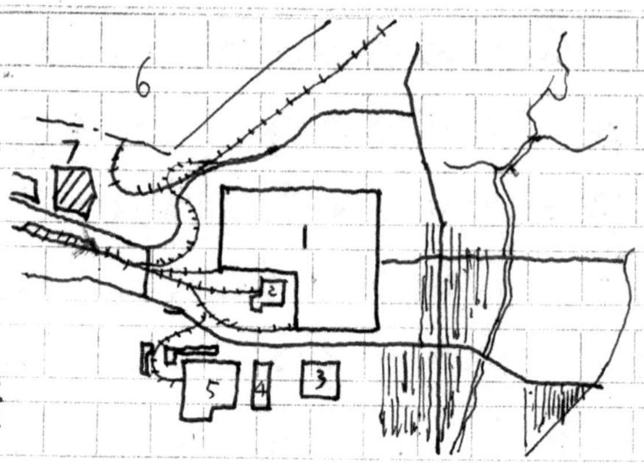


块状布置

3. 不规则组合形式，由于地形复杂，或工厂用地大小相差较大，或形状特殊；工业区布置形式成不规则的。

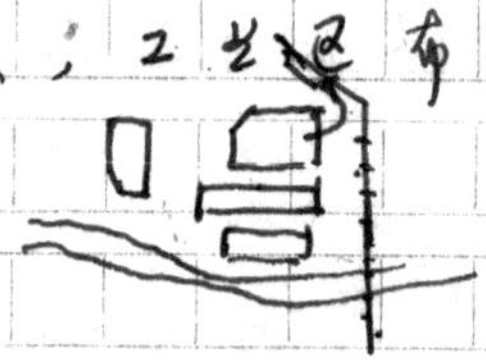

北京市电车公司印刷厂出品 八二·七

(1549) 20×20=400

四、工业区类型划分（或组织形式）及其在城市中的分布

根据工业的性质、生产协作关系、对环境的污染程度及管理上的不同要求，可将工业区划分不同的多种类型。

(一)、按工业部门划分，可划分为冶金工业区、机械工业区、纺织工业区、电子仪表工业区、建材工业区。

(二)按工业区性质划分：重工业区、轻工业区、综合性工业区、专业性工业区。

综合性工业区通常指在一定的~~用地~~面积土地上（一到数平方公里），集中布置多种性质不同的工业企业。或指多种工业部门的多个企业在工业区内的有机组合。

专业性工业区，一般指由具有一定联系的同一性质的工业组成的企业群，集中建设于几平方公里面积上的工业综合体。或指一种工业部门的多个工业企业在工业区内的有机组合。

(三)按工业企业排放有害物质的程度（或污染程度）及货运量大小（以及在城市中的位置）划分有Ⅲ类工业区：

Ⅰ类：有污染的、货运量大的、远离市

北京市电车公司印刷厂出品　八二·八

（1549）20×20＝400

区的边部工业区。即工厂企业排放出大量有害物质，对环境污染严重，而且货运量特别大，主要采用铁路运输之企业或占多专用线货场的企业，如冶金、化工、石油加工及采矿业以及易燃、易爆、有放射性的工业组成工业区。布置在远离市区的边部区，需要设置Ⅰ、Ⅱ级的卫生防护地带。

Ⅱ类：轻度污染的、运量也较大的，布在市区(以居住区)边缘的工业区。即排放的有害物质数量不多或(一定工艺技术水平、较完善防治措施)不排放有害物质，污染轻微，但货运量大，需要敷设铁路专用线，如机械制造、轻纺造纸工业以及某些食品工业，一般布置在城市边缘，设置Ⅲ、Ⅳ级卫生防护地带。

Ⅲ类：无害(的)工业(一般工业)，运量不大，规模较小，位于市区内部居住区的工业小区(或工业街坊)，需设置Ⅴ级卫生防护带，一般50—100米。

英国也将工业区划分为三类：

即：远离城市的采掘工业和主矿区为一类工业区；货运量大和散发有害物质的工业区为二类工业区；布置在城市内的工业区为三类工

北京市电车公司印刷厂出品 八二·八

(1549) 20×20=400

工业区。第三类工业区又分为沿着居住区发展的带形工业区；从城市中心向外扩展的楔形工业区和靠近城市边缘的尽端式工业区三种。

(四) 工业区按工业企业之间各种形式的协作关系可划分为以下四种类型。

1. 大型联合企业形成的工业区

这类工业区是把生产过程具有连续性的工厂企业组合在一起，即生产联合化的布局形式，主要以一个工业部门为主，从原料粗加工→半成品→成品的生产过程联合化，如大型钢铁联合工业区，石油化学工业区综合体，纺织联合企业形成的工业区以及食品冷冻和一些加工工业区均属此类。

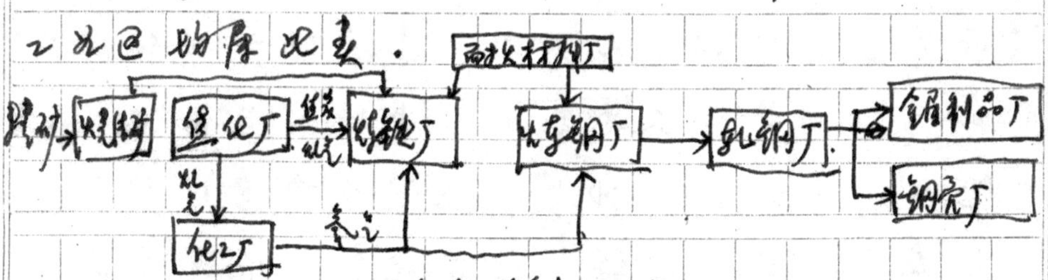


钢铁联合企业工业区。

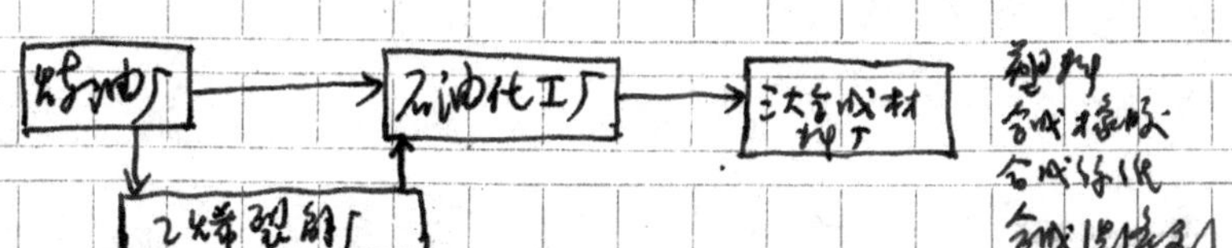


石油化工联合企业工业区。

北京市电车公司印刷厂出品 八二·八

(1549) 20×20=400

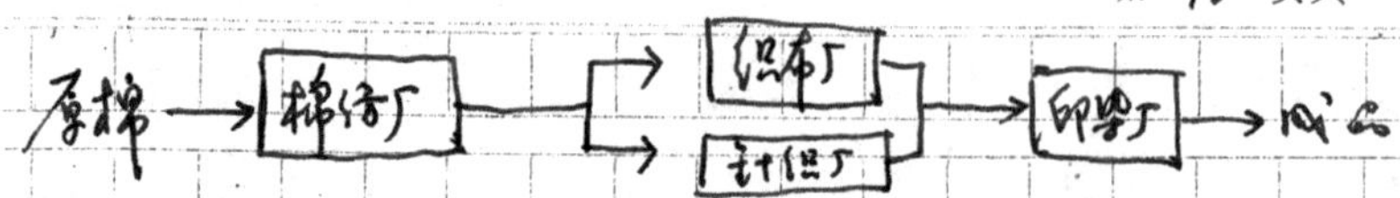


纺织工业"一条龙"生产联合关系

大型联合企业形成的工业区，便于生产管理，减少运输距离和运输环节和半成品的预加工设施，满足工艺上的要求，有利于综合利用资源。有些协作关系极为密切的企业，由于未能组成集中紧凑的工业区，明显地影响了工业企业间的生产协作，增加了投资及运输管理费用。如南京炼油厂、化肥厂、南京化工厂等都是有密切协作关系的工厂，但都分散布置在东西长15km，南北宽4—6km的用地范围内，造成管道纵横交错，公用工程和设备各搞一套，其建设投资约比集中炼油、化肥联合建设的化肥厂多40—50万元。又如东方石油化工总厂1973年改厂址时，并作了炼油与化肥（包括热电）、联合与分散布置的方案比较，经过比较，确定采用了联合布置的方案。

大型联合企业形成的工业区，一般规模大，占地多，职工人数多，"三废"污染多，因此往往以形成工业小城镇形式出现。如上海金山卫

北京市电车公司印刷厂出品 八二·八
（1549）20×20=400

石油化学工业区、宝山钢铁工业区、成都青白江化学工业区、天津大港石油化学工业区等。

2. 以产品协作配套组织工业区。

这类工业区中各工业企业之间在原料、产品、付产品等方面有密切的协作关系。如机械工业在产品，工艺零件专业化基础上的协作配套。包括汽车拖拉机制造、电机制造和以铸锻中心为主体组织协作的各机械工厂等。

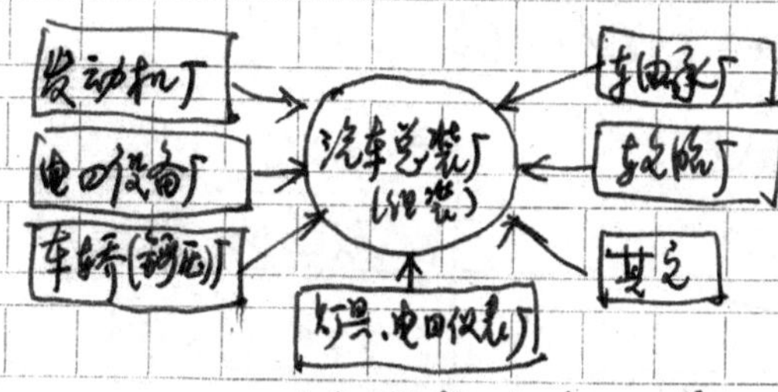


汽车(拖拉机)的协作关系。

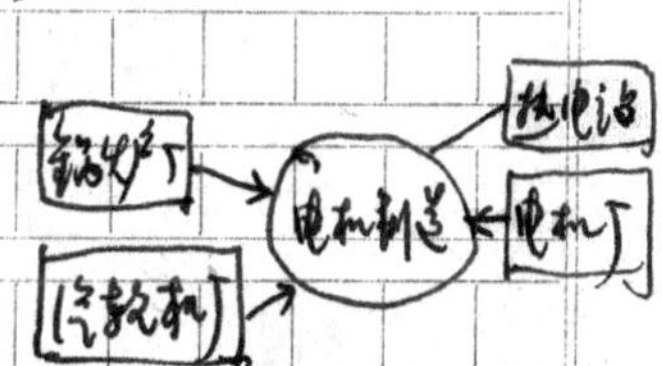


的协作化、发电机组配套工厂

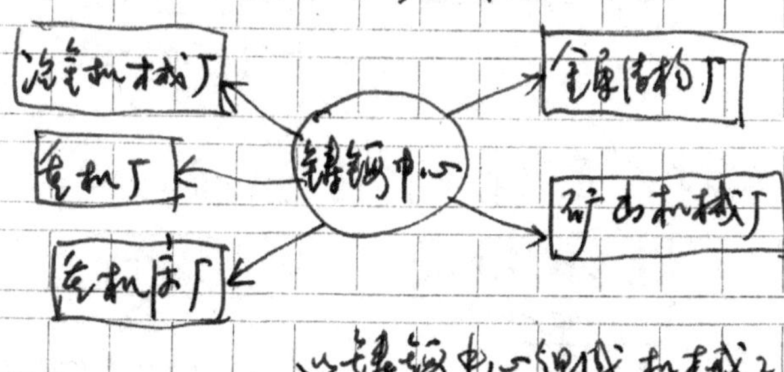


以铸锻中心组成机械工业区。

3. 按综合利用原料、付产品、"三废"组织工业区。

这类工业区是以一个主体企业的生产为主



北京市电车公司印刷厂出品 八二·八

相应配置对其原料、付产品或"三废"进行综合利用的企业组成工业区。通过对原料、付产品、"三废"的综合利用，可以充分利用自然资源、避免浪费，变废为宝，化害为利，减少对环境污染。目前，发展综合利用的部门是：钢铁工业、有色冶金工业、石油化学工业、化学工业、轻工业、火力发电、矿山采掘等。

①．利用同种原料组成工业区．

a．以石油为原料的综合利用

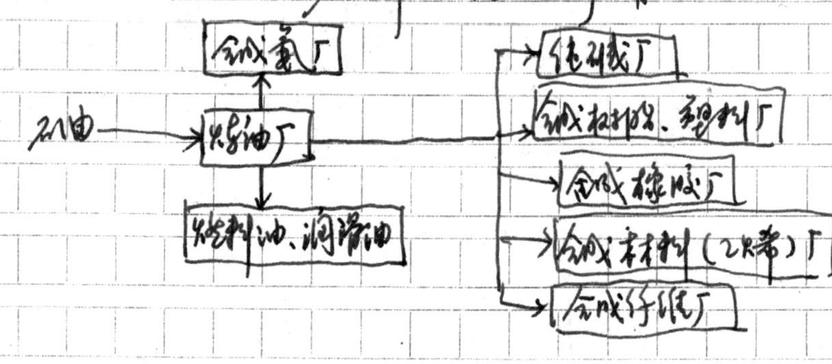


b．以木材为原料的综合利用．

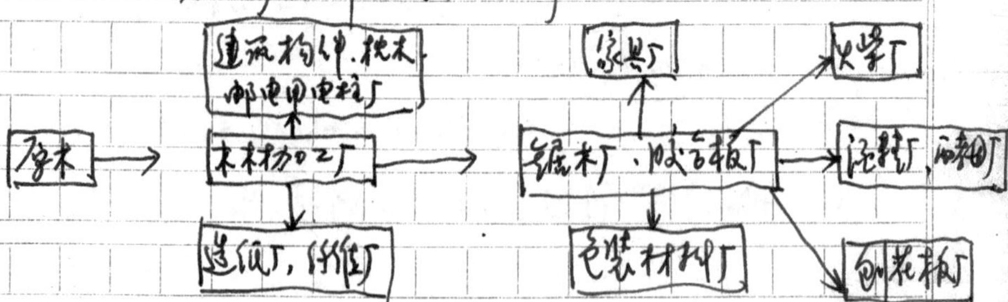


②付产品综合利用．



北京市电车公司印刷厂出品 八二·八

例：

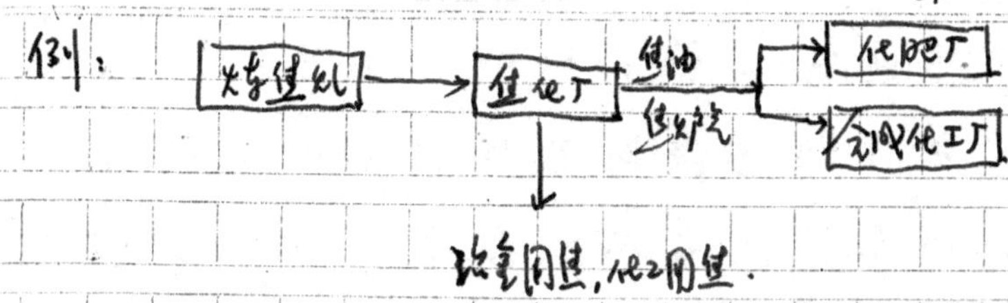


③ "三废"综合利用.

工业"三废"综合利用内容很多，范围很广，但目前综合利用技术较成熟，规模较大，并对工业区规模和布局结构有影响。如有色冶金工业中利用炼铝废渣赤泥生产水泥；利用铜、铅锌冶炼时排放之含硫烟气生产硫酸；火力发电厂炉灰生产硅酸盐制品作建筑材料。

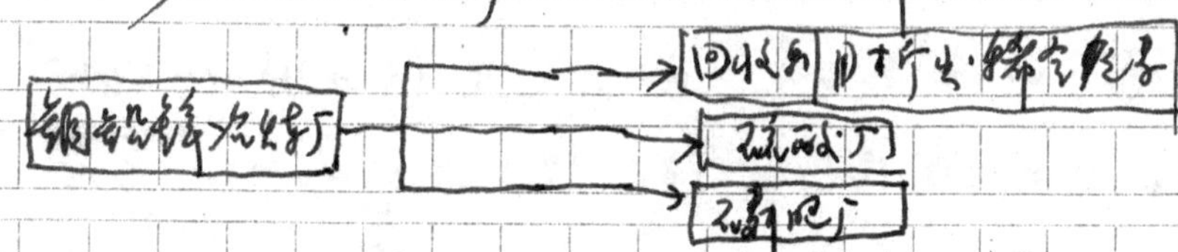


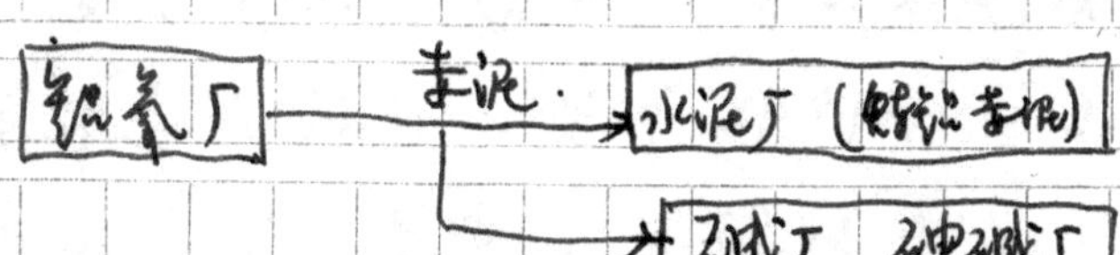


四、共同建设和利用厂外公用工程和城镇生活服务设施而组成的工业区。如围绕铁路编组站、工业站、专用线、区域性输电线路、变电站、大型水源工程、港口码头、建筑施工基地以及其他生

3、生活服务设施可利成工业区.

①共同利用铁路专用线和工业站。可节省企业的专用线长度和投资，由工业站统一解决各企业运输作业，包括车辆的交接、解体编组等，可充分利用运输设施.

如合肥市西南郊和北郊工业区，共同投资修建了长18KM长的专用线，不仅解决了各厂的运输要求，也为工业发展创造了条件

太原化工区以北堰站引出若干支线为化工各厂服务

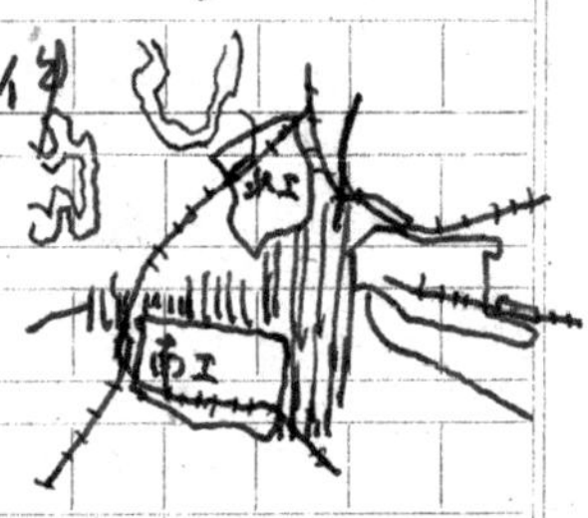


②以热电站、区域变电站为中心组成工业区.

我国以区域性热电站为中心组成的工业区有吉林化工区、太原化工区、北京东郊工业区.

如轻工业中的纺织印染、造纸厂纸浆蒸煮、制药、机械工业中的锻压、冲洗；化学肥料的工厂都要耗用大量的蒸汽和热水。这些企业可集中布置在热电中心，或接近热电厂布置。以减少管网和热力损失，节约能源。

③、共同建设和利用城镇生活服务设施组成

北京市电车公司印刷厂出品 八二·八

（1549）20×20=400

工业区。一般由中小型企业组成，如合肥解放初期由于城市改造之需要，建设东郊大通河工业区，在与铁路之中间地带建设了生活区，配备了比较齐全的职工服务和文化设施。

北京市电车公司印刷厂出品 八二·八
（1549）20×20＝400

## 第四节 生活居住用地的（规划）布置

### 一、生活居住用地的内容与组成：

在城市四大功能——工作、居住、娱乐、交通中，生活居住用地主要承担一半的任务（居、娱）。由于其服务对象是人，它涉及到居民的物质文化生活及身体健康等一系列的问题，因而生活居住区的规划成为群众最关心的问题。

从用地比例而言，生活居住用地占城市总用地的45—60%，其布局与组成，对城市总体布局与用地有举足轻重的影响。

居民日常生活的活动是多方面的，如家庭内的工作、学习、起居、家务、家访；外出的上班、上学、就医、购物、游乐……。为了满足上述功能的要求，生活居住用地是由多项设施和用地组成的，包括：

1. 居住用地：居住小区或街坊内用于布置居住建筑、道路、庭院绿地及家务院落的用地；

2. 公共建筑用地：~~居住小区或街坊内用于布置~~各种为居民生活需要以及城市行政、经济等公共设施的用地；但不包括外地区的公建用地；

3. 道路广场用地：居住小区或街坊外围的城市各种道路广场用地。（不包括小区道路）

4. 公共绿地：居住小区或街坊外的各种城市公共绿化用地；

5. 其它用地：小型工厂。零星在居住区中的小工业（占积在1/2公顷以下）、仓库。

北京市电车公司印刷厂出品 八三·五
(1458) 20×20=400

上述五类用地是按一定比例组成的一个有机整体。城市总体规划对居住用地规划的任务是：

1. 正确地选择生活居住用地的位置，使之与城市其它功能部分保持合理的相互关系；

2. 结合城市具体情况，确定居住用地的标准和定额指标，使各类用地在空间上保持一个合理的比例关系。

3. 确定城市居住用地结构和组织形式。

一、生活居住用地的选择布置的基本要求。

从生活居住用地的~~选择布置~~功能和要求出发，其用地选择需要考虑：

1. 生活居住用地是城市居民的生活场所，根据"保护环境造福人民"的原则，应选择环境质量最有利的地段，避免受工业污染和交通噪声影响。例：吸取"前门"地区住宅环境质量低劣的教训，北京总体规划拟将北郊作为新的生活居住用地。苏联西伯利亚科学城生活居住用地紧靠森林，前有湖泊，环境极佳。

2. 在保证居住有良好环境质量的前提下，生活居住用地与城市其它部分，特别是工业区应保持方便的交通联系，同时使双方都有进一步发展余地。步行交通不超过30分钟(2Km)

3. 生活居住建筑适应性强（层数可高可低，体型宜大宜小）。可以利用较差的用地条件（工业上不宜用地），以节约土地和投资

北京市电车公司印刷厂出品 八三·五
(1458) 20×20=400

例：东城居住区位于通风坡。

4. 生活居住用地应尽可能集中、紧凑，实行成片建设，以减少城市工程管线，便于组织公共生活设施。防止分散建设，一厂一生活区、机关、宿舍同一个大院的倾向。

5. 生活居住区是城市艺术面貌的主要组成部分，应当符合生活居住区规划布置的美观要求，尽可能集中争取接近开畅的水面、富于变化的风景优美的地形，利于绿化建设，为丰富城市建筑艺术面貌创造条件。例：北京龙潭湖、团结湖小区具有优美的环境。

二、生活居住用地的组织（结构）.

生活居住区的组织结构是指：在城市中用什么方式合理地组织居民的生活。人所共知，城市居民的日常活动是多种多样的，就象在大学里，有人学物理，有人学文，有人学地理……，不可能用一个机构把各专业的学生、教师组织在一起，而是通过专业（教研室）—系—校三级结构来组织全校的各种教学科研活动，在三级结构中，专业（教研室）是最小一级结构，相当于人体的"细胞"，北大这样一个庞大的学校正是由许许多多的基层单元细胞组成的。城市更为复杂，也必须用不同的结构形式组织居民的生活。

我国城市规划一般以小区作为城市生活的基本构成单位。其规范围内，人口规模大约在1—2万人左右，用地20—30公顷：

除布置居住建筑外，还配备居民日常生活需要的公共建筑，如：中小学、付食店、粮店、托儿所、居委会等。居住区则是高一级的居住用地结构，它由若干个居住小区组成，配备高一级的、较为完善的生活设施，服务半径在1.5k—2km，人口3—6万。居住小区还可分为若干个住宅群组，每组一般2000—3000人，2-3公顷用地，住宅8—10幢5层住宅楼，其内设有托儿所、居委会等最简单的服务机构（直接设在住宅楼里）。

总结：城市生活居住用地结构——生活居住区——居住区——
——居住小区——住宅群组 或居住生活单元、街坊。

由于各地情况不同，组织形式是多种多样的。大中城市由于规模大，通常呈多级的组织结构形式，一般是由上式组成。每级结构都有一个与之相应的公共服务中心；小城镇只有几万人，生活居住用地由几个小区或街坊组成，结构方式简单的多。

举例：① 金山卫：居住区（生活居住区）——小区——居住生活单元 4万人。

② 梅山 居住区（居住小区）（生活居住区）——住宅组。

上述结构图式是一种理想模式，随着居民生活水平的提高，现代交通工具的发展，按此方法组织城市居民生活似乎已经过时，甚至连小区的发源地——苏联最近也摒弃了这种结构。而西方国家则是以交通干线为界限划组织生活。小区组织等形式在我国.

北京市电车公司印刷厂出品 八三·五
(1458) 20×20=400

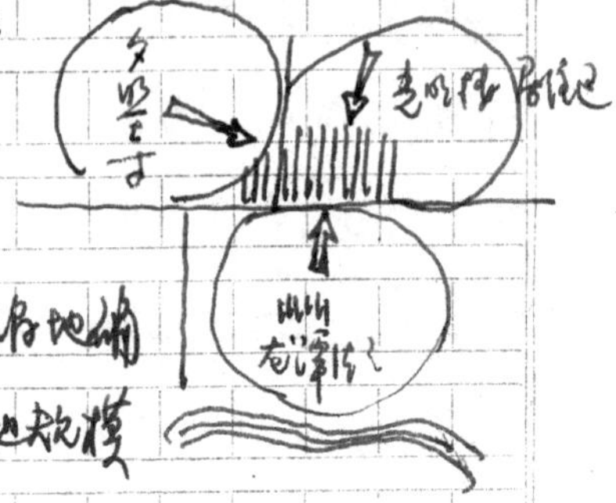


也不尽适用。龙潭小区的生活服务设施离居住区的设施太远，利用率不高便是一例。

三、生活居住用地的指标。

生活居住用地占城市用地一半左右，正确地确定生活居住用地的指标，直接影响城市用地规模及城市建设的经济性。

（一）拟定生活居住用地指标的依据。

解放以来，在拟定生活居住用地指标问题上，有许多经验教训。"一五"照抄苏联，指标偏高；六十年代至"十年浩劫"，又受极左路线影响，把指标压得过低，规划水平尚不及资本主义国家现状水平。在总结经验教训的基础上，当前考虑生活居住用地指标的依据是：

1. 符合我国当前的国民经济状况和居民的生活水平，同时也要考虑规划期内人民物质文化生活水平逐步提高的要求。（旅游——公共绿地要增加，住房标准提高……）

2. 根据不同类型城市的具体情况，因地制宜，例北方城市用地宽裕，指标可比南方城市高些。大城市用地紧，高层建筑多，指标要低于中小城市。

3. 贯彻节约用地的原则，在高产农田地区，用地指标尽量采用低限。

北京市电车公司印刷厂出品 八三·五

(1458) 20×20＝400

根据国家城建总局"城市规划定额指标暂行规定"(1980年9月) 城市生活居住用地指标可参考如下定额：(书P—124)

| 项目 | 平均每居民用地（平方米） |
| --- | --- |
| 居住区用地 | 19.5～29 |
| 市级公共建筑用地 | 2—3 |
| 市级公共绿地 | 3—4 |
| 市级道路广场 | 26—8 |
| 发展备用地 | 1.5～2 |
| 合计（城市生活居住用地） | 32—46 |

注：居住区用地，还包括居住区级的公建、绿地、道路、面积

(二) 居住用地指标及推算

居住用地指标取决于四个因素。

1. 居住面积定额，
2. 层数比例；
3. 居住建筑密度；
4. 平面系数；

它们之间相互关系可用下式表示：

$$每人居住用地面积 = \frac{居住面积定额}{平均层数 \times 建筑密度 \times 平面系数}$$

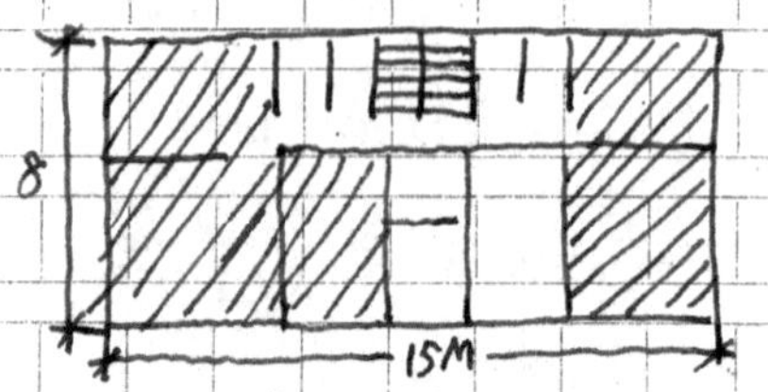


居住面积定额
平面系数

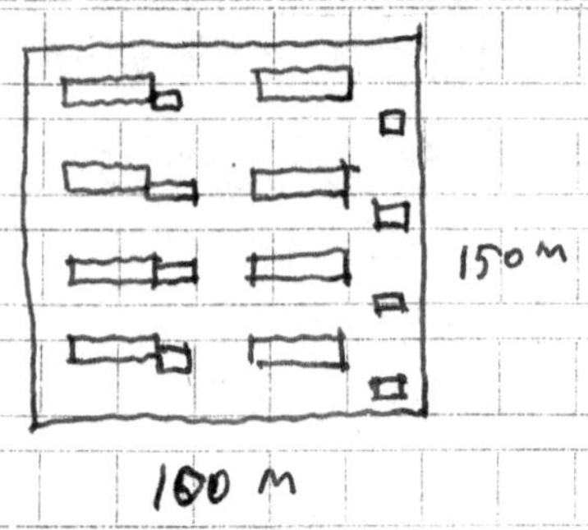


假设房屋面积 120M² (单元)　　布置住宅用地 15000M²

居住净面积 66M²　　住宅基底面积 4500M²

平面系数 55%　　建筑密度 30%

1. 居住面积定额：

指城市中平均每个居民占有的居住面积，以米²/人表示。

居住面积指标是城市居住水平的基本标志，它反映着一个时期的经济水平和人民生活水平。我国现状情况是：新建工矿城市每人平均约4—5平米，老城市较低些，平均3平米/人左右。而提高城市居住水平，始终是我国社会主义建设的一项重要任务，但是必须根据国家投资、建筑材料和施工力量的可能，逐步地加以实现。

2. 层数比例：

指城市或居住区中各种层数住宅数量的比例。一般按建筑面积计算出其平均层数。例如梅山炼铁厂生活区三层建筑面积为8594.9平米，占总建筑面积6%；四层建筑面积为133813平米，占总建筑面积93%；五层建筑面积为1203.5平米，占总建筑面积1%。则平均层数为：

北京市电车公司印刷厂出品 八三·五

(1458) 20×20=400

$3\times0.06+4\times0.93+5\times0.01=3.95$层.

层数比例取决于国家投资标准，建筑材料供应条件，城市公用设施水平及用地状况等。目前我国城市住宅平均层数较低，中小城市住宅大部份是平房，大城市一般仅1.5—2层。提高住宅平均层数，对节约土地具有重要意义。在有条件的地区，中小城市的平均层数可以考虑以3—4层为主，大城市以4—5层为主，个别地段和重要干道经过批准，也可建六层以上的高层住宅。

3．居住建筑密度.

指居住建筑基底面积与居住用地面积之比，通常以百分数表示。（参阅北大城市总规p125，p126）

（三）．城市居住用地平衡.

确定居住用地指标后，还需确定公共建筑、公共绿地、道路广场的规划指标，同时进行综合平衡，其目的是：

1．对城市土地使用现状进行分析，作为规划制定定额指标的重要依据；

2．检查规划方案中各项用地的定额和比例关系是否合理.

北京市电车公司印刷厂出品 八三·五

（1458）20×20＝400

常用的用地平衡表的格式如下：(表5-4-3)

银川新市区 生活居住用地平衡表

| 用地类别 | 总用地 公顷 | | 占生活居住用地 % | | 每个居民所占用地 m²/人 | |
|---|---|---|---|---|---|---|
| | 现状 | 规划 | 现状 | 规划 | 现状 | 规划 |
| 居住用地 | 148.98 | 300 | 67.4 | 39.3 | 26.0 | 24.0 |
| 公共建筑用地 | 55.11 | 145.39 | 24.9 | 19.2 | 9.6 | 11.6 |
| 道路广场用地 | 16.96 | 230.95 | 7.7 | 30.3 | 3.0 | 18.5 |
| 绿化用地 | 0 | 86.1 | 0 | 11.2 | 0 | 6.8 |
| 其它用地 | / | / | / | / | / | / |
| 合计 | 221.05 | 762.44 | 100 | 100 | 38.6 | 60.9 |

银川新市区分析：① 现状、缺少公共绿地，道路广场用地小，居住用地比重过大；

② 规划：总用地远超过规定指标；道路广场所占比重太大。

## 第十讲：城市公共建筑、广场、活动中心规划布置.

### 第一节．公共建筑的规划布置：

各种各样的公共建筑是城市重要的组成部分。与人民生活、工作息息相关。是城市面貌的主要缩影.

(1) 公共建筑的数量、指标，反映一个国家（城市）的物质生活文化水平。例：国外从事第三产业的职工与生产职工之比，旅馆、饭店、影剧院比较普遍，我国公共服务设施不足，往往上旅馆挤满堂



北京市电车公司印刷厂出品 八三·五

第 10 页共 页

政府办公楼不够多，北京医院规定37.5°C才能住院……，反映了生活水平的差异。

（2）城市大型公共建筑群，反映出该城市面貌，如天安门广场，十大建筑反映了人民中国首都的政治面貌、郑州城市面貌——"二七"纪念塔，外地人，南京城公建群——建筑面貌。

一、公共建筑的分类

城市公建种类很多，按其性质可归纳为十个系统，（P98）大体可归纳为三大类：

1. 行政经济管理机构：主要为国家机关、办事机构，其特点是只为城市少部分居民使用，使用频率一般不高（除上访者外，很少人每天去市府办事……）故吸引的人流较少。对城市其它功能干扰少，一般也不怕干扰（无线电站，微波站除外）。

2. 教、科、文、体、卫生部门：主要承担文化科学卫生任务，使用对象较普遍，（以青少年为主），在布置上要求环境安静，同时本身对城市环境又有一定影响；如中小学、文体等产生的喧闹声，医院的污染。

3. 商业服务部门——商业系统、公共饮食系统、公共服务系统。为全市居民的日常生活服务，服务对象广，使用频率高，吸引人流多，不怕干扰，同时对城市有一定干扰（主要对城市交通）。

各类公建具有不同的特点，规划时要分门别类，因地制宜布置。

二、公共建筑指标（非市区除外）

由于不同的公建，其服务的对象和服务半径是不同的，所以公建的指标一般采用三级配置：市级、居住区级，和小区级。

根据城建总局规定：公共建筑的用地定额，市级为$2\sim3m^2$/人，居住区级为$1.5\sim2.0m^2$/人，小区级为$3.5-5.0m^2$/人；三级总计为$7-10m^2$/人；为了促进体育事业的发展，上述定额中还规定包括$0.6\sim0.9$米²/人的体育运动用地。

在总体规划阶段，确定公建用地的定额指标主要是从总体上考虑城市用地规模的大小，分析公建的设置是否合理、满足城市居民的需要。由于城市规模、性质不同，公建的项目和指标应根据当地情况作具体安排，一般大城市高于小城市，旧 > 新。

除总的指标外，国家还规定了居住区级和小区级的公建配置项目和千人指标，这对于在详细规划阶段确定公建项目及规模具有重要意义。同时，也有助于近期建设规划考虑城市公建的安排问题。
例：某市人口20万，有医院两座，共500床位，平均每千人2.5床，按规定指标偏低，尚缺100床位；近期规划城市人口规模达25万，若按低限考虑，则共需医院床位250×3=750床位，与现状相比，差250床，据此，近期该市应考虑新建一个250床位的医院（用地面积1公顷）以适应该市人民的需要。

三、公共建筑在城市中的布置

北京市电车公司印刷厂出品 八三·五

（1458） 20×20=400

第 12 页共 页

在总体规划阶段，公共建筑的规划布置主要是在确定用地规模、指标的基础上，确定对全市具有重要影响的大型公建的位置、分布，组织城市和地区的公共中心，以及确定生活服务设施网点的分布形式。公建规划布置的要求如下：

1. 根据城市不同的性质规模，公共建筑分级、成套配置。

由于居民的生活要求是多方面的，城市中必须设置完善的公建系统，才能满足需要（例同住院小区要有住宅、商店、中小学，居民才能生活）。配套的内容包括：①整个城市的公共建筑，分级配套；②在局部地区，根据它们的性质和服务对象，配置相互联系的设施，以方便群众，例如在火车站周围应相应配置商业、饮食、旅馆、邮局、公共汽车站等项目。

为了既能满足需要，又方便群众，公建要分级布置。（例如在每个居住小区内都搞一个图书馆等是不经济，也无必要）。一般城市可按市级—居住区—小区三级配套布置。为居民日常生活服务的设施，可以采取均匀分散的分布形式，以接近居民，它们的规模可小一点，而一些非经常使用的设置则可集中设置，规模、服务范围也大（市级）。例：北京商业服务设施三级配置：市级—王府井、前门、西单；地区级—海淀、五道口，小区级—北大内部、中关村……

2. 公共建筑应具有合理的服务半径。

服务半径一般是指公共建筑到其服务范围最远一点的直线距离。



北京市电车公司印刷厂出品 八三·五

其中包括时间与距离两个因素。不同规模的设施有不同的服务半径，（北医三院＞北大校医院），同时，某项公共建筑服务半径的大小，又受使用频率、服务对象、地形条件、交通的便利程度、以及人口密度的高低等所影响。例如，小学的服务半径受使用对象的影响（年龄7—12岁，不宜穿越城市干道），一般认为500M为宜；而中学就可增至1500M，北大附小的服务半径远过1500M，过大。又如使用频率高的公共建筑（托管、综合商店，门诊所）分布半径要小，以节约居民每天的往返时间。

3．公共建筑的分布要有利于城市交通。

一些经常是居民的集散点，尤其是一些吸引大量人、车流的大型公建，要与城市干道系统相协调配合，一般不宜过于集中分布，以免引起城市交通堵塞恶化。如北京王府井中心的交通都很拥挤；幼儿园、小学校最好与居住区的步行道路系统组织在一起，避免车辆交通的干扰。

4．兼顾公共建筑本身的特殊要求及城市的利益。如前所述，不同性质功能的公建，布置上有不同的要求。例如：商业服务设施需要吸引大量顾客，布置在位置适中，交通方便的地段；但为了方便居民，有利交通出发，又不宜过于集中，更不宜占用城市主要十字路口，必须采取集中分散相结合的分级布置；医院一般要求有一个安静的环境，不宜布置在闹市，但为了便于病人看病，又不宜布置在交通不便的偏僻地区（市为飞院离城5里）。露天剧场、球场的布



北京市电车公司印刷厂出品 八三·五

置，既要考虑它们对周围环境的影响，同时也要防止外界噪声对表演和竞技的干扰。学校、图书馆等单位一般不宜与剧场、游艺场毗邻，以免相互之间干扰。

5. 公共建筑布置要考虑城市艺术面貌的要求。公共建筑种类多，而且建筑体型和立面也比较多样丰富，因此可通过不同的公共建筑和其它建筑的协调处理与布置，利用地形等其它条件，组织街景与景观，以创造具有地方风貌的城市景观。这是体现城市地方特色的主要途径。例：宁夏回族自治区——银川，绿色顶子的清真寺；南方带有遮阳板的庭院……。

6. 公共建筑布置要考虑分期建设、远近结合，留有余地。与一定时期的经济技术水平和城市规模相适应。新建城市可以从中、小型的，居民日常生活需要的、综合性的项目开始，再逐步搞大型的、专业性的高级项目。以节约资金。

## 第二节、城市广场规划布置

城市广场是城市中具有多种功能的空间，是城市居民社会活动的中心。①广场上可组织集会游行；②组织人、车、货运的交通集散；③组织居民的游览休息。

广场上一般都布置着城市中的主要建筑和设施，如行政、文化商业、娱乐等公共建筑，成为城市艺术面貌的表现中心。

按性质和用途，城市广场可划分为许多类型：纪念性广场、

北京市电车公司印刷厂出品 八二·五
(1458) 20×20=400

集会广场、集散广场、商业广场、交通广场……。不同类型的广场对其规划布局有不同的要求。

1. 纪念性广场：主要是为纪念革命导师、民族英雄以及具有纪念意义的事件而设。广场上的主体建筑是塑像、纪念碑、纪念堂、纪念塔，前面留出适当的空地供人们瞻仰纪念活动。这类广场的布置和规划设计要注意使建筑主体适当突出，空间比例要协调，注意人瞻仰时的视线、视角的要求。

2. 集会游行广场：多为城市市中心广场、区中心广场。广场一般布置市、区级的公共建筑，平时供游览休憩活动、节日供游行集会。其规划布置要求：

① 位置适中，使各方面的群众能方便到达；

② 应足够的面积供集会游行，并能合理地组织交通，以保证集会游行时大量人流迅速集散，故广场宜用开敞式布置。但对于通向广场车流量应加以限制，不应将与广场关系不大的货运交通引到广场和广场旁的交通干道上；

③ 游行集会广场都要检阅台，一般应设在广场和广场主要建筑的中心轴线上，在接近和通达检阅台的地方，应保证游行队伍能直线通行。有的检阅台可与纪念性的建筑物相结合，如北京天安门，莫斯科红场的列宁墓。

实例 P397.

(1458) 20×20=400

北京市电车公司印刷厂出品 八三·五

天安门广场在历史上曾经是一个封建统治者的宫廷广场。经解放后的改造，已成为中国人民政治活动的中心，在功能上兼有纪念性广场和游行集会广场的作用。其规划设计有如下特点：

①位置适中，位于北京南北中轴线和东西轴线的交汇点上，象征着中国的心脏。

②规模宏大，气势磅礴，广场长800米，宽500米，中心可容纳50万人，如果把东西长安街也利用，可供100万人集会游行；

③广场周围的建筑物都是体量庞大、新颖，体型丰富，具有很高的建筑艺术水平。广场上的建筑共分两组，一组位于南北中轴线上（天安门、英雄纪念碑、毛主席纪念堂、正阳门），历史博物馆则对称分布在广场东西两侧。新的建筑群组成的广场成了北京政治生活的中心，而旧城的中心故宫已被推到了后院的地位。

④空间组织与比例尺度适当、协调。广场宽500米，两侧的建筑高度均在30—40 m之间，其高度与宽比为1:12，这样的比例会使人感到开阔。但由于广场中布置了英雄纪念碑、毛主席纪念堂，灯柱、旗杆、花坛、树带，丰富了广场内容，增加了广场层次，使人感到不空旷，而是主次分明。在轮廓线上，各种建筑物的高度、体量都做出模型、反复实验研究。如毛主席纪念堂的高度，当时考虑从天安门南望，要超过正阳门大屋顶，但又不能压住英雄纪念碑，故最后确定其标高为33 m。

北京市电车公司印刷厂出品 八三·五
(1458) 20×20=400

例2：美国华盛顿中心广场，位于城市东西方向的轴线上（8K）其上有纪念性的建筑林肯纪念堂、华盛顿纪念碑，直到国会大厦前结束。两旁有大片开阔的绿地，任人游憩其间。身临其境，给人一种感觉：好象它在重现林肯所说的：民有、民治、民享。该规划设计思想突出了资产阶级个人主义的自由、民主的思想，显示了资本主义上升时期的时代精神。

3. 交通集散广场。

其功能主要解决人流、车流的交通集散，如车站广场、城、剧院前的广场、体育场、展览馆前广场等，其规划布置的要求是：保证广场上的车辆、人流安全互不干扰，畅通无阻。故

① 广场要有足够的行车面积，停车面积和行人活动面积。其大小要根据广场上的车辆、旅客数决定。如北京火车站4公顷；泰安火车站站前广场要求3公顷，就没有必要。

② 广场上要避免人流、车流、货流混杂，相互交叉干扰。使之各有各自的出入口和路线。使公共汽车站、站前广场和旅客出入口取得有机联系，尽量缩短旅客上下车的步行距离。

第三节 城市活动中心

城市公共活动中心是城市居民进行政治、经济、文化生活的中心。城市中心在人们的想象中一般指的是中心广场；实际上除此外，还包括由建筑场地、道路、绿地组合在一起。例如：

北京市电车公司印刷厂出品 八二·五

(1458) 20×20＝400

第19页共　页

上海市中心——外滩、南京路一带；北京——天安门广场——东西长安街，杭州——西湖。∴城市中心实际上是指一个地区的范围而言的。

城市中心是逐步形成的，选择城市中心的目的在于更好地组织城市主要功能部分，使它成为城市的纽带。相反，脱离城市现实条件，单纯为艺术构图而规划选择的中心，往往是难以实现的。城市中心用地的选择应考虑：

1. 要位于城市适中的地段　参新城镇总规 p141.

2. 城市中心位置的选择应与城市用地发展相适应

3. 市中心位置应考虑城市建筑艺术要求

芜湖——镜湖，济南——泉城，杭州——西湖，兰州——五泉山.

4. 符合经济要求.

(1458) 20×20=400

北京市电车公司印刷厂出品 八三·五

第十二讲. 城市郊区规划.

一、郊区规划的意义.

郊区是与城市紧密联系的市区外围地区，是城市不可缺少的部分。在城市的发展中，郊区的作用在于：

1. 为城市提供大量的副食品：蔬菜、水果、家禽、牛奶、水产品等。

2. 郊区是城区空间的进一步延伸，是城市进一步发展的"后备用地"。

3. 在郊区发展卫星城镇，适当布置工业等项目，可以疏散城区工业、人口的过于集中，控制城市扩大规模；

4. 郊区大片的农田、森林，可以改善城市环境，居民节假日游憩提供良好的条件。例：北京郊区的绿化，可减轻城市风沙；郊区的名胜古迹，森林公园，水库——香山公园、潭柘寺、上方山、密云水库、十三陵、八达岭为旅游胜地。

据此，郊区规划成为总体规划不可分割的部分。

二、郊区的范围.

郊区范围大小一般随城市规模而异。小城市郊区一般由几个公社组成，不分近远郊；而大城市郊区多分为"近郊"和"远郊"。

近郊：建成区的外围地带，农业生产以副食品为主，同时还布置有相当数量的工业、对外交通、市政设施。与城区联系最为密切，故市

北京市电车公司印刷厂出品 八三·五

(1458) 20×20=400

是郊区规划的重点。(北京：朝、海、丰、石)

远郊：市界以内远离建成区的地带。大多设有县的建制。(北京：通县、平谷、顺义……)。农业生产以种植粮食、经济作物为主，并也部分供应城市的付食品。此外，还分布着独立的小城镇、工业点、建筑材料基地等。据1976年统计，全国约有四十城市(大多数为省会以上城市)实行市辖县，约占全国城市1/5。

市辖县在行政管理上归城市领导，但农业生产方针、供应标准与一般县大体相同。实行这一办法具有如下优点：

1. 由于增加了空间，可以使城市布局更为合理，城市中一些不宜摆在城区、近郊的项目可放在远郊县发展；

2. 远郊县的经济在城市的带动下，可获得迅速发展，实现工农结合、城乡结合；

3. 城市规模扩大了，但并未增加国家负担，(近郊以付食品生产为主，国家要供应农民返销粮，远郊县则能自力更生)。

在郊区规划中，郊区范围多大合适是个值得研究的问题：郊区面积不够，影响城市付食品的供应及城市合理布局；如果郊区面积过大，又会增加国家负担，超过城市带动的能力。对此，1954、1963年国务院曾规定：城市的郊区是指这样的地区：为城市建设所必须的地区，另有市区的职工家属区，供给市区附近必须的蔬菜等付食品主要基地，和清从市区划出的插花性质的农业地区，要加以限制划归

(1458) 20×20=400

北京市电车公司印刷厂出品 八三·五

市区比较密切的地区，那些经济生活与城市关系密切的地区。市总人口中农业人口所占比重一般地区不应当超过20%。

上述规定照顾整体的因素，也应当有所修改。根据我国多数城市的反映。以郊区农业人口占城市人口20%为标准划分郊区，郊区面积过小，不适应城市发展。（国务院作出规定时，我国尚无建卫星城计划）。例如济南市是个千百万人以上的特大城市，郊区仅有一个历城县，目前近郊只有1.2分地/人［已没有发展余地］，历城县平均耕地2亩/人，现已下降1亩/人，征地困难，城市规划部门设想在离市区30km左右的地方发展新的工业点及卫星城镇（3个），都都处于市界以外，无法实现。此外，郊区过小，还有许多问题不好解决，如：

① 城市水源：济南地下水枯竭，要从外县引水，难实现。

② 大型铁路编组站，用地问题（货运、蔬菜用地）

结论：仅从满足城市付食品的角度考虑，不适应现代城市发展的需要，还要考虑城市合理布局的因素。＊新建城市的郊区，要考虑比现在适当加大。

三．郊区规划的任务与内容：

随着城市功能的空间分布日益扩大，郊区规划的内容含义也在发生变化。过去认为郊区规划限于城市付食品基地的规划，现在内容越来越多，实际上已成为一个“区域规划”，因此在一些大城市的总体规划中，通常有“卫星规划”与“地区规划”，后者实际上是郊区规划。目前，郊



北京市电车公司印刷厂出品 八三·五

区规划的范围已不受行政区划的限制。例：北京市考虑城市与周围地区关系时，以城市为中心，按交通路线划了三个圈 ① R=120KM 包括京津、保定、怀来；② R=250Km，包括张家口、承德、秦皇岛。③ 向外放射得更远。（建筑学报1981-2）。

北京从市区向外发展，仅依靠1.68万Km²的行政区是难以完成的，划定大范围的目的在于使北京的发展与周围地区紧密结合在一起。在北京的地区规划中设想：

a. 通过向东的通县—唐山—迁安—秦皇岛一线，可引进石油、煤、铁矿资源，北京的重工业，可设在这些能源供给的地区，促进当地钢铁、化工等重工业发展。 b. 第二条是向东南的天津、塘沽一线，转向海港，连结着外贸、轻工和石油化工基地。一些与外事有关的工程，如旅游旅馆、外贸中心、国际展览馆等，可在此布设，它们可放到天津之内或天津附近。 c. 第三条是向南出丰台、大兴，指向保定、石家庄。是北京蔬菜、粮食、轻工原料来源线，因京广、京沪两铁路是北京通往华东、华中的交通走廊，故南郊应为铁路交通枢纽和仓储、仓库等基地； d. 第四是对向西北、西南、东北方向的山区，那里青山、绿水，风景优美，名胜古迹丰富，拟开辟六处风景游览区，其间将有大片山林、果园和牧场，并把有些大专院校、科研单位、体育运动场地分布在该区，使之成为科研文教基地。

上述规划设想虽很粗略，但它第一次跳出了市区的范围，从更大的

北京市电车公司印刷厂出品 八三·五

（1458）20×20=400

空间统一安排北京的发展。也只有这样，才能从根本上解决首都的环境、污染、水源不足，能源紧张等问题。

根据国家城建总局拟定的《编制城市总体规划深度的规定》的意见，城市郊区规划的内容包括：

1. 合理地布置郊区城镇居民点，包括安置建设的卫星城镇以及中心的工业、工人镇；

2. 安排农村付食品基地的用地——蔬菜、牧业、水果、水产、家畜家禽。

3. 布置建筑材料基地的用地；

4. 确定铁路编组场、机场、港口等交通设施的位置，以及对外公路郊区公路的走向；

5. 确定国家储备仓库、危险品仓库的位置；

6. 布置市政工程设施，包括：水源保护地、污水处理场、垃圾处理场、变电站、通讯设施位置；

7. 安排林地、郊区公园（森林公园）、公墓、休疗养地、风景游览地、大型体育设施的位置；

8. 农田水利工程、防洪工程等。

缺点：未提郊区工业的布置（城市大工业的外迁地点；县社地方工业的规划）。

四、郊区付食品基地规划



北京市电车公司印刷厂出品 八三·五

付食品是城市居民日常生活不可缺少的生活资料，在生活水平不断提高的基础上，人们消费的付食品比重日益增大。例如加拿大是盛产粮食的国家，每人每年食品消费量是：粮食140斤，肉类192斤，鸡蛋25斤，奶制品75斤，土豆181斤，蔬菜112斤，食油44斤，水果213斤，糖82斤。我国城市居民的消费结构以粮食为主，随着生活水平的提高，对肉、蛋、奶、水果等付食品的要求将日益提高。

付食品的共同特点是：种类多，数量大，不耐储存、易变质腐烂，长途运输损耗大（北京从外地调入鸡蛋，每百斤损失28元，每头猪亏损22元）。因此，贯彻付食品生产出发点主要是立足于就地生产，就地供应为主，外援为辅的方针，这样做的好处是既保证质量好、价廉、供应及时，又节省国家运输力量和运输费用，避免损耗，所以城市郊区的农业生产应贯彻以付食品为主的方针。1978年中央十三号文件强调：“所有城市特别是大中城市，都要该搞好郊区的农、林、牧、付、渔业生产，把付食品生产基地建立起来”。即城郊农业应为城市服务，在此强调“以粮为纲”是错误的。

（一）.蔬菜基地规划：

蔬菜含水量大，达85–95%，瓜类95%，易腐烂；体积也大，损耗率也大，（广州市每年4–5月蔬菜淡季从增城、江门，花县调运蔬菜，损耗率30%。）不宜远距离运输，一般要当天及时运输供应市场，因此蔬菜生产基地都安排在近郊区，贯彻就地生产、就地供应的方针。蔬菜生产基地规划的主要内容是确定菜地面积，然后确定其生产基地的合理布局。为此，需作如下

北京市电车公司印刷厂出品 八二·五

(1458) 20×20＝400

工作：

1. 摸清城市蔬菜生产现状及居民蔬菜消费水平。包括：现有菜地的分布状况，单产及总产（生产水平），主要的蔬菜品种，蔬菜的供销情况，居民的消费量（水平），蔬菜生产的主要问题。

2. 确定城市规划期的蔬菜消耗量。关于城市居民的蔬菜消耗定额，1959年中央批转14个城市蔬菜会议情况报告提出："城市应该按照每人每天1斤菜的标准，加30%的安全系数，再加20%的损耗，按城市供应人口每天1.5斤菜来布置生产（菜农自给部分除外）。

关于蔬菜消耗量，不必强求统一，要因城而异。例如：北方蔬菜生产季节短，受自然条件影响大（干旱、霜冻、冰冻），安全系数要大（30%），而有的南方城市可为10—15%，（长沙市5—10%）；此外，北京冬储大白菜消耗大，南方新鲜蔬菜上市消耗小，每人消耗量也不相同，例如湖南为0.7斤/人，而北方为1斤/人。

3. 确定每人蔬菜用地定额及蔬菜用地面积.

这指标与每人消费定额、安全系数及蔬菜的单位面积产量有关。我国地域辽阔，农作物生长季节长短不同，南方全年均可种植蔬菜，有的地方全年可种植6—7次，北方生长季短，北京市蔬菜复种率为2.2，东北则更低。因而在同一技术条件下，蔬菜亩产差异很大。例如东北一般为6000—8000斤，华北8000—10000斤/亩，南方>10000斤/亩。

但不论安全系数的高低多少，蔬菜种植面积均应根据"以销定产、产

北京市电车公司印刷厂出品 八三·五

(1458) 20×20=400

按大于需的原则确定，要留些余地，这样，气候条件不好，蔬菜欠收，仍可保证供应。气候正常，蔬菜多了，吃不了，可以加工腌制，以备淡季使用，也可支援外地。

$$每人蔬菜面积=\frac{每人全年消费总量+每人全年消费总量(安全系数+耗损率)}{蔬菜规划亩产量}$$

$$=\frac{每人全年消费总量(1+安全系数+耗损率)}{规划亩产}$$

蔬菜种植面积＝规划期吃菜人口×每人平均蔬菜面积。

也可以参考本市，根据过去多年蔬菜生产供应经验，直接采用每人菜地面积定额来安排菜地面积也是可行的。如江苏省规定每吃菜人口为3.5厘，烟台每吃菜人口为5厘，长沙市3厘/人（亩产1万斤计）直接用规划期吃菜人口数乘以每人定额面积即可得总面积。

举例：某市每人平均每日消耗蔬菜1斤，安全系数0.3，蔬菜损耗率0.2，规划蔬菜亩产10000斤，规划期城市吃菜人口30万（包括流动人口），求全市蔬菜种植面积。

$$每人蔬菜面积=\frac{365斤(1+0.3+0.2)}{10000}=0.055亩/人$$

全市蔬菜面积＝300000×0.055＝16500亩

以上菜地面积系指常年菜地而言，蔬菜的季节性很强，为了淡季补缺，均衡供应，还需安排一定的季节性菜地。面积大小需因地而定，如北京安排2万亩，南京1.3万亩，上海20万亩，杭州1万亩，多半在远郊，品种以较耐贮运的瓜、豆类为主。

北京市电车公司印刷厂出品 八三·五

(1458) 20×20＝400

4. 安排蔬菜用地的位置：蔬菜用地的布局，需要考虑以下因素：

①蔬菜生产技术性强，需经一定生产规模和生产经验，才能获得较好效果，故生产布局宜适当集中，不能平均分散地给每个生产队。其集中规模决定于生产队的劳动力、每人占有耕地面积数等而定，根据北京经验，蔬菜队的菜地占总耕地面积的比重一般30—60%，最大比例<75%。一个劳力可负担菜地2—3亩；当然这和机械化水平有关。美国加州的西红柿1962年只18%实行人工收获，1967年95%以上改为机械收获，仅此一项就减少劳动力44%；保加利亚一个农业工人可管理15—300亩西红柿。北京郊区蔬菜生产条件，减少了，机械化程度提高了，除耕地、运菜外，其余还是手工操作，平均每个劳动力仅担负约2亩菜地，1956—1977年一亩西红柿用工30—50个。

②蔬菜地应尽量利用老菜田。据调查，一亩老菜田平均能产达10000斤，而新开的菜田仅3000斤；由新菜地转化为老菜田快者需3—5年，慢者10年。为此，城市建设要尽量少占老菜地；

③开辟新菜地应避开近期城市发展的备用地，这样，不致刚开辟好随即被城市工业占用。

④蔬菜基地要有良好的交通条件，接近供销地点，以便新鲜蔬菜及时送到消费者手中。

（二）瓜果基地规划

1. 随着劳动人民生活水平的日益提高，瓜果的消费量的比重将越

北京市电车公司印刷厂出品 八三·五

(1458) 20×20=400

率越大。新疆每年每户普通家庭要储藏数百斤哈密瓜。北京仅每人消费西瓜就数十斤，苹果、梨子、广柑等……。因此，果品基地的规划也要搞好，首先考虑到人民生活不断提高的要求。近期北京市以0.2斤/人水果安排（年均每户3000斤）。（西瓜在每瓜季平均0.5斤/人）。远期还要适当提高指标。

2. 水果比蔬菜耐于运输，但从外地调入，长途运输损耗率高达5-8%，采用成本又大，因此，城市水果应以自给为主，除部分品种因受经济气候条件限制需从外地调入外，原则上应将其安排在城市的近郊。其规划可综合按一般平均每户3000斤左右计，另考虑损耗率占总产量10-20%。

3. 果树一般为多年生木本植物，根系深，耐旱能力强。从合理利用土地的角度出发，大片果园的布置尽可能不占用耕地良田，充分利用山地、荒地、丘陵、台地、河滩沙地种植。如北京最大的苹果园之一——南口苹果园（南口农场），即为1958年改造冲积扇上沙卵石地而成。经过十多年努力，北京现在水果自给率已达70%。北京在房山、昌平、怀柔、平谷、密云和延庆等地的花岗岩地区建立板栗基地；在海拔500米以下背风向阳而且土层较厚的丘陵、台地发展核桃、杏仁基地；苹果、梨适当在丘陵和沙荒滩发展，桃、李、杏、草莓、樱桃等鲜果，不耐贮存，在城市近郊和县区适当发展，在怀柔、门头沟深山区建蜜蜂良种繁育基地。

4. 号召城乡绿化，栽种果树，大有可为。1964年毛主席指示：



北京市电车公司印刷厂出品 八三·五

"北京的中山公园和景山要逐步改种些果树和油料作物，这样既好看又实惠，对子孙后代也有好处。"现北京、南京、上海、南宁、临汾、新会等城市都根据自己的特点，在公园和行道树中有计划种植一些既有观赏价值又有经济价值的果树，收到很好效果。

(三)、畜牧业规划.

包括肉类、家禽、蛋品、牛奶、水产品的规划。这类生产具有以下共同特点：

1、家畜、家禽的生产需要大量的饲料，如年产奶一万斤的奶牛，每头需饲料地4.5亩，牧地0.5亩；一头育肥猪约为0.4—0.5亩。如果全部集中经营，则要求大量饲料地，国家一时供应有困难，难以充分利用农村社员的积极性及零散的劳动力、饲料。除奶牛场、养鸡场技术性要求高的项目需集中饲养外，主要用集中与分散相结合的方法。因为集中饲养的家畜、家禽其饲养成本、经济效果好，今后将可能成为城市肉类供应的主要来源。

2、从运输上考虑：在郊区发展养猪和家禽，比从外地长途调运猪和鸡，要节省运费，损耗率小，也可避免牲畜传染病带入城市，因此，宜放在城市近郊区；

3、大规模集中的奶牛场、养鸡场要求较高的卫生条件（参观者也须更衣方能进入）为了防止传染病，其位置既要考虑靠近好的运输条件，又不宜离居民点、厂矿太近。

北京市电车公司印刷厂出品 八三·五

(1458) 20×20=400

## 第五讲：城市对外交通的规划布置

城市对外交通是指以城市为基点，与城市外部空间进行联系的各类交通运输的总称，包括铁路、公路、水运、航空等运输方式。从城市的角度看，对外交通运输有明显的两重性，一方面，如前所述，交通运输是城市形成发展的基本因素，促进了城市的发展，因而是现代城市必不可少的要素；另方面，交通运输对城市又有多方面的干扰，(1)飞机、火车、汽车的噪声干扰；(2)铁路、公路穿越城市，阻碍市内交通联系；(3)铁路枢纽、港口码头使城市布局受到限制，……。以上原因，对外交通运输往往构成城市布局中的主要矛盾。(鹰潭、秦皇岛、石家庄……)。

### 第一节．铁路在城市中的布置

铁路是城市对外交通的主要工具。从(铁路)与城市的关系分析，铁路用地及其技术设备基本上可分为两类：

1、直接与城市生产和生活有密切关系的客运站，综合运站，货场站，在接近它们的性

北京市电车公司印刷厂出品 八一·八

(1547) 20×20=400

应分布在城市范围内或接近城市中心，或设在城市边缘与市内干道连接的地区；为工业、仓库服务的工业站和地区站应接近工业区及仓库区；

2. 与城市生产、生活没有直接关系的技术设备：如编组站、客运整备场、迂回线等以及其它设备，在满足铁路技术要求及铁路相互配合作布置的前提下尽可能布置在远离城市的外围。

一、铁路站场位置的选择.

铁路在城市的布局中，站场位置起关键主导作用，因为它决定了线路的走向。铁路站场类型很多，这里主要介绍中间站、客站、货站的布置。

(一)中间站：

是客货合一的车站，多采用横列式布置，适宜于小城镇选择。其中货场的布置对城市布局影响较大。

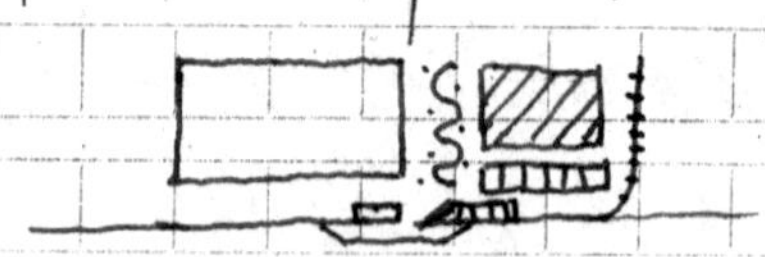

a

1. 为了避免铁路切割城市，最好铁路从城市边缘通过，并将客站与货站均布置在城市一侧，使货站接近工业、仓库区，而客站位于生活居住用地的一角。图a.

北京市电车公司印刷厂出品 八一·八

(1547) 20×20=400

这种布置对城市很理想。但在运输作业上，接入3.4股道（2股道为正线）的摘挂列车进行调车时，不可避免地要与正线交叉，运输能力受较大限制。因此这种方式只适宜工业较少、运量较小的城镇。否则，由于在城镇发展过程中布置了过多的工业，运量增多，专用线增加，也能影响铁路正线通过能力。

(2)当货运量大而同侧货场又受地形、现状等因素的限制无法扩建时，可将货场放在客站的对侧，同时将需大量铁路运输、职工人数少的工业企业、仓库安排在货场一侧，而将城市市区主要部分仍布置在客站一边，同时还要选择好跨铁路的立交口，以尽量减少铁路对城市交通的干扰。如泰安。

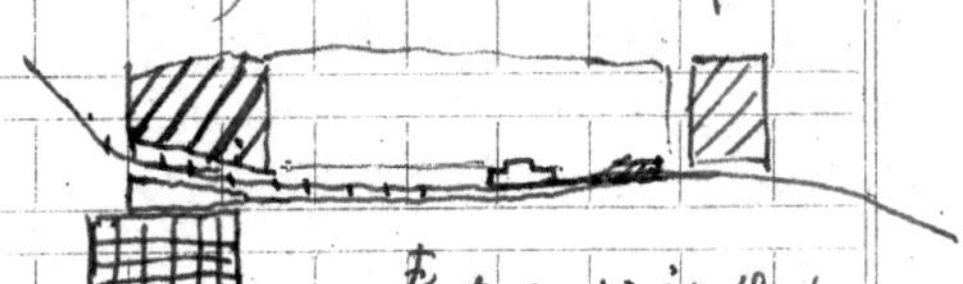

泰安规划之新货场

（缺点：货场离客站5k，火车调车线路长，并加大了市内短途运输。）

(3)当工业企业货运量与职工人数都比较大时，也可将城市市区主要部分设在货场一侧，而将客站设在对侧，这样，大量职工上下班不出跨越铁路，主要货流也在城市同侧，仅少数旅客上下火车时跨越铁路（可立交）。

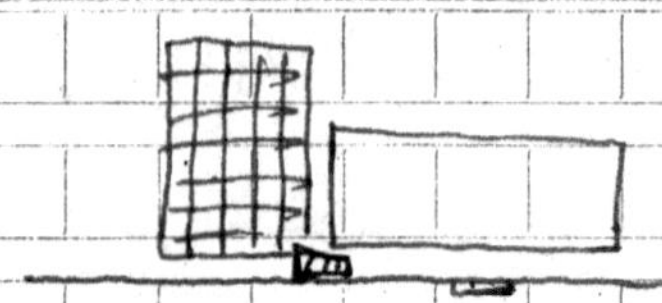


（二）客运站的位置：要考虑以下因素：

1、要方便旅客上下车。客运站的服务对象是旅客，因此其位置应接近市中心或居住区，否则旅客深感不便。据调查，客运站距市中心2—3公里以内较方便。根据城市规模，中小城市客站可以靠近市区边缘：如安阳（汤阴）、开封、张家口、北京的通县、顺义、怀柔、密云……若太远，则不便。例：京包线上康庄站距延庆县城17km，万一公共汽车中断；旅客无法进城。岩沿火车站5km（旅客步行不方便）。大城市规模大，如把客站设在郊区及边缘，将加大旅客市内交通的距离。所以通常将客站布置在市中心边缘。例：北京前门站，较方便；北京站，方便；永定门站（市区边缘），尚可；丰台站，不方便。天津北站较方便，西站，尚方便。

为了便于为旅客服务，中小城市一般只设一个客站，对于大城市或特大城市，以及因地形影响(山、河)，城市分散或呈狭长带形时，可考虑设二个或两个以上的客站。如武汉(古城市，又分割为三，故设三站；兰州规划要搞两站(相距3km，不合理。

2、要与城市道路交通保持良好的关系。对旅客来说，客运站仅是对外交通与市内交通的衔接点，到达旅行的最终目的地最后必须由市内交通来完成，因此，客运站必须与城市主要干道连接、直接地通达市中心以及其它联运地点。例南京新车站(西站)虽位于市区边缘，距市中心4km(新街口)用直通全市中轴线(沿江路，三块板)，有无轨、公共汽车多路，并与环路与下关站联系，很方便。芜湖客站仅2km，无路，不便。

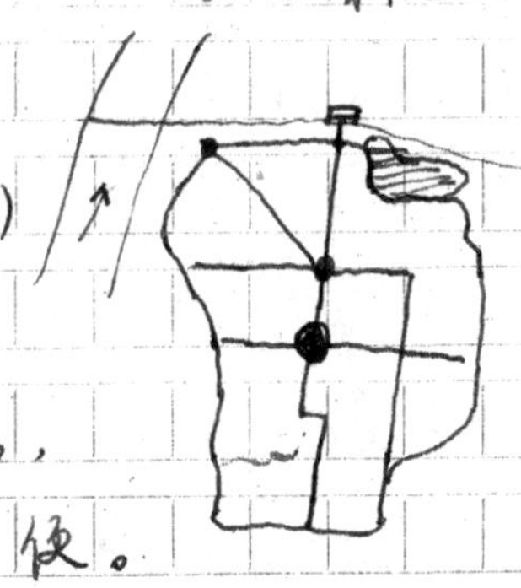

b、地铁的衔接：为了方便旅客避免干扰，国外甚至有把地下铁道直接引进客运站或将客站伸入市中心地下者，我国北京站则不方便：下火车到地铁，要爬下、爬上、再爬下。

c、 安排避免交通性的干道与站前广场的相

北京市电车公司印刷厂出品 八一·八

(1547) 20×20=400

互干扰。

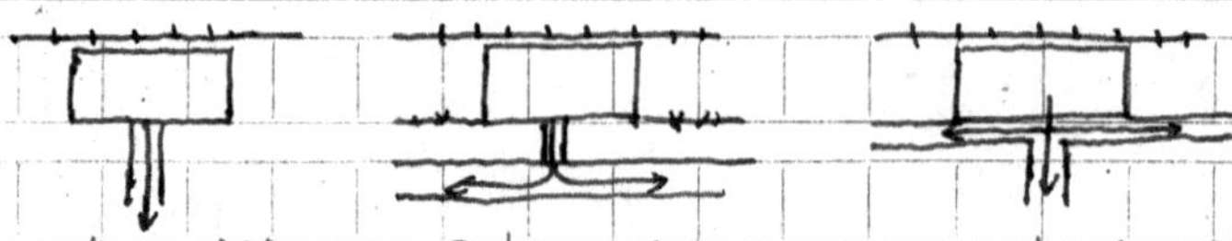


3. 反映城市大门的面貌。客运站作为城市的大门，在规划设计时要尽量反映城市的艺术面貌。当然，这决不是单纯依靠车站站房本身所能达到的(反对单纯追求雄伟壮丽加大屋顶和面积，如景德镇站仅贵宾室就两个400m²，被批评)，它必须与广场周围的城市公共建筑有机结合成为一个建筑群体来体现。(例：郑州)此外，还应与环境、风景、地方特色结合起来，例：玄武湖与南京站。

4. 客站的改建。既要控制城市发展，也要控制和提高铁路运输能力。

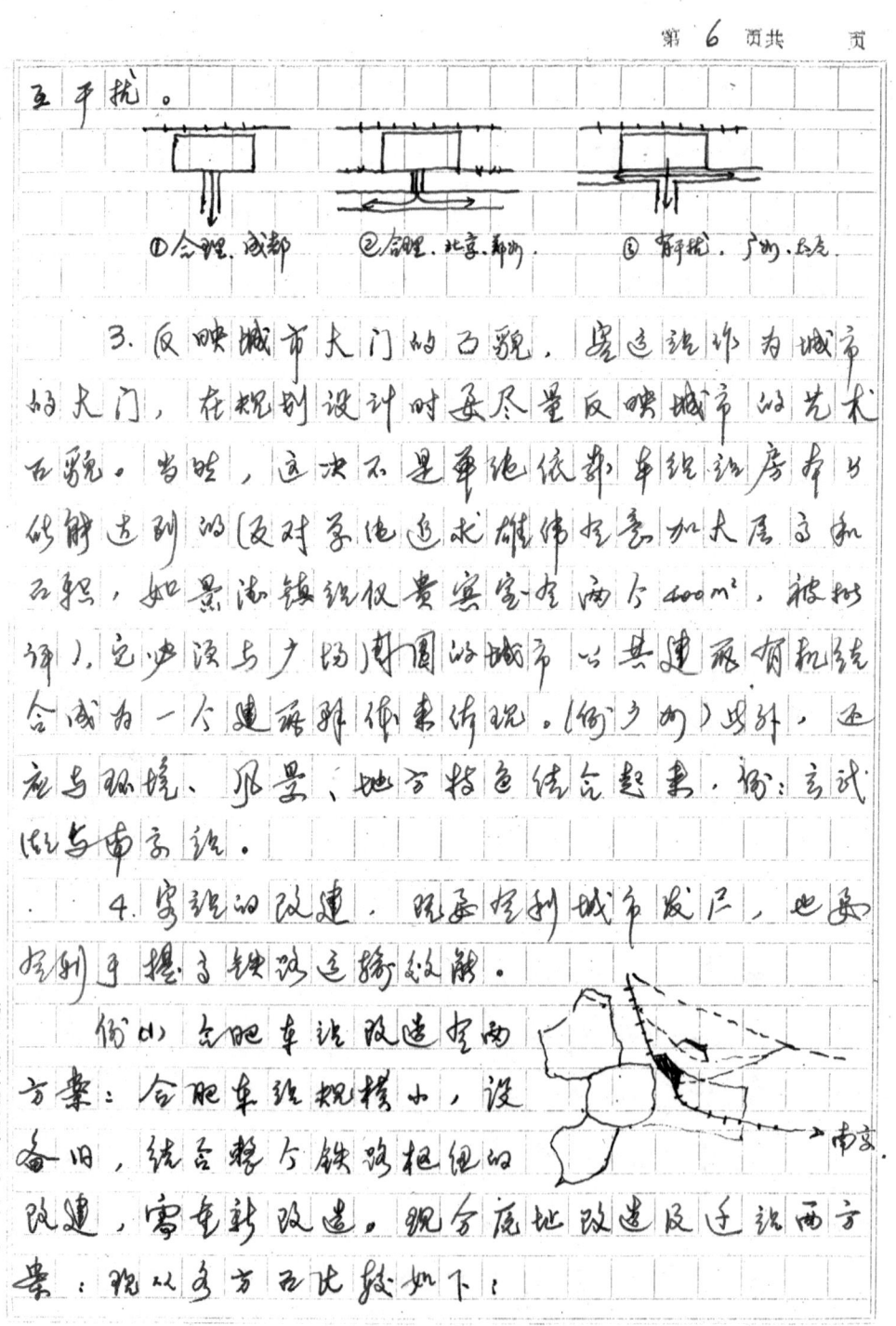

例(1)合肥车站改造的两方案：合肥车站规模小，设备旧，结合整个铁路枢纽的改建，需重新改造。现分原址改造及迁站两方案，现从各方面比较如下：

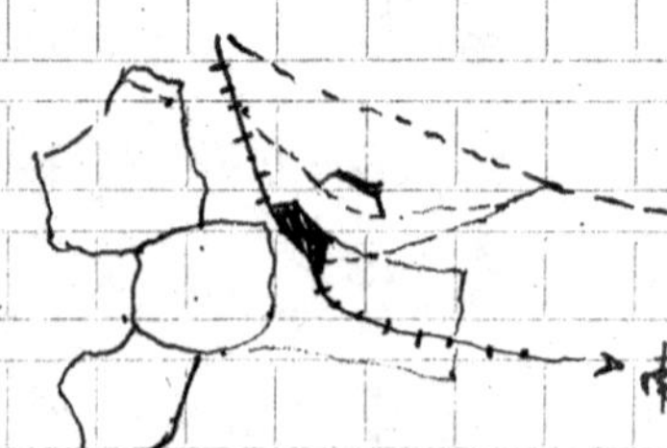


北京市电车公司印刷厂出品 八一·八

(1547) 20×20=400

第 7 页共 页

| | 原址 | 迁站 |
|---|---|---|
| 1. 旅客上下车距离 | 至市中心2km. | 至市中心4K（位于规划城市边缘） |
| 2. 与城市道路关系. | 站前的主路横穿车站广场人流车流交织，原地加建难度多、多处拆迁、拆迁工作量. | 车站广场与穿城干道分开布置，避免干扰. |
| 3. 城市环境 | 烟尘、噪音、干扰大. | 基本无. |
| 4. 对铁路管理及运营 | a.受既定设备和周围建筑限制较大，铁路布局难以合理，且管理不便. b.改造施工时，营运受影响 | 用地不受限制，新站可布局得合理、美观，铁路管理机构与生活区可联成一体，但要搬迁滑翔机场. b.对营运无影响. |
| 5. 总投资. | 4780.6万元. | 5422.8. 一次投资大. |

例2. 银川客站调向方案

为了车站对准新市区的一条规划主干道，将新货站拉到南部（对石用地不足）

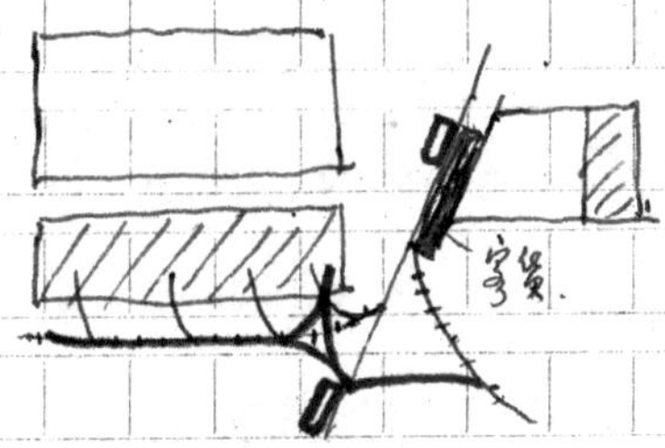


使许多专用线（17条）调向，增加投资700万元无必要.

（三）货站：

1. 小城市一般设置一个综合性的货站（货场）即可，大城市可设若干个货站，以便于缩短运输距离.

2. 货站的位置要根据服务对象的性质和规模设置，尽量避免对城市的干扰。

①以列车为主的综合性货运站(特别是零担货场)一般应伸入市区接近货源或消费区;(北京广安门站)

②以某种大宗货物为主的专业货物为主的专业性货站,应接近其供应的工业、仓库区,一般在市区外围;(北京东郊站)。

③不为本市服务的中转货物装卸站应放在郊区接近编组站或水陆联运码头。

④危险品(易燃易爆)及有碍卫生(如牲畜货场)的货运站应设在市郊并有一定的安全隔离带。还应与主要使用单位,储存仓库在城市同一侧,以免造成穿越市区的交通,例前门化工厂生产的黄色炸药穿过闹市上车。

三、货站应与城市道路系统紧密配合,在城市干道联系,货运站的引入线应与城市干道平行,并尽量采用尽端式布置。

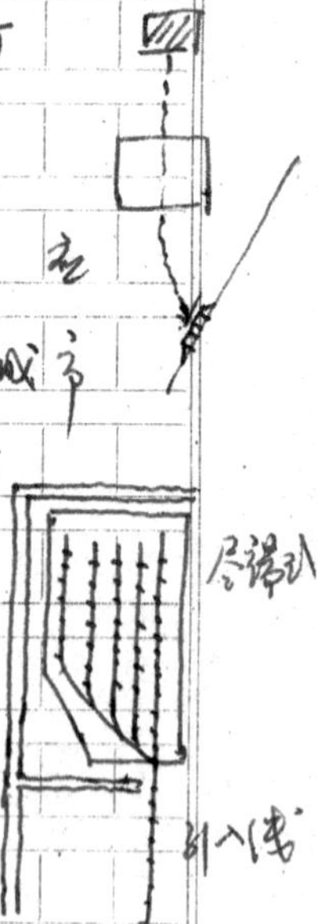


北京市电车公司印刷厂出品 八一·八

(1547) 20×20=400

## 第二节、港口在城市中的布置。

水运是最廉价的运输方式，随着造船工业技术的发展（50万T以上的油轮），以及采用集装箱的运输，进一步促进了港口的发展。沿海工业发展及对外贸易的城市，目前世界上的贸易港口有2000个，其中年吞吐量＞100万T的有200个，就国际贸易而言，99%的货物是船运的。

水运必须有水域、码头、仓库等设备，因此港口便成为这类城市必不可少的重要组成部分。除水运设施外，港口城市还有工业、仓库等部门，货物从船上装卸后，还要通过铁路联运。因此，城市必须以水运为中心，正确处理港口与城市其它部分的关系。

一、作好岸线的合理规划，合理安排各部门的位置。

临水的岸线，是具有多种用途的宝贵资源

(1)首先供船舶行驶，发展水运事业。

(2)有些工业也离不开岸线，如船舶制造、渔业加工，目前许多原料依靠进口的工业，如钢铁、石油化工都建在海边。

北京市电车公司印刷厂出品 八一·八

(1547) 20×20=400

(3) 风平浪静的海湾，是理想的休息、疗养场所。

(4) 具有丰富艳丽的水景、居住建筑临水布置，可以城市面貌焕然一新（上海外滩）。

(5) 岸线还是国防要地，布置必要的国防设施。

为此，要合理分配岸线，兼顾各方面的需要，使各得其所，最经济、有效地利用岸线，否则各自为政，必然造成浪费、破坏的后果。

分配岸线时，①应遵循"深水深用、浅水浅用，避免干扰，各得其所"的原则，将有条件建设港口的岸线留作港口建设区，但不宜把港口岸线全部占用，应当有一定长度的岸线给城市生活居住区、工业区等其它各项。

②岸线资源宝贵，用一寸少一寸，考虑港口和城市均要进一步发展，岸线不宜一次分完，要留有余地。

举例：秦皇岛（P104）

全市包括三个性质各不相同的城镇——海港区、山海关（工业）、北戴河（休疗养），由港区至西

北京市电车公司印刷厂出品 八一.八
(1517) 20×20=400

长约15km，海岸线长55km。秦皇岛港区港址优良、不冻不淤，浪小水深(7-9m)，由于它接近开滦煤矿、大庆油田输油管通此，因而成为我国重要对外贸易港口。根据规划，今后要新建泊位22个，吞吐量由600万T/年提高到3000万T以上，仅次于上海、大连居全国第三(煤1000万T，油1400万T，杂货770万T)。岸线规划如下：

1. 港区水深不一，前者被深水区供进出吨位大的船用码头——煤、石油、杂货；浅水区主要供渔港、海岸码头、港口建设基地等。例如新开河浅水区供地方性的渔业和小位以下船用，煤油港作业区以东都为浅水区，这里城市布置与城市无关的单位：船舶工程处，航道局航修站，首都水产公司，海上警备区。

2. 原港(大码头)是以运输煤炭为主。杂货为付二港口，由于煤杂不分，黑白混合，互相干扰，管理非常不便，曾出现过煤粉夹杂在散装粮食的事故，影响出口质量。为此，规划按"黑白分明"的原则，将煤油和杂货分为两大港区，相距2KM，克服对环境及作业的干扰。不足之处

北京市电车公司印刷厂出品 八一·八

(1547) 20×20=400

是化油港区离市区仍较近，目前尚未全解决。

3. 海滨城市应使居民尽量接近海面，为劳动人民创造优美的环境，不能把市区内的海岸线全部封死，故选择地势起伏、海湾曲折的东山沿岸，规划了一个海滨公园。把汤河以西的一段海滩(浅)，作为海上运动场和第二海浴场。港口向西发展不准跨越汤河，以保证北戴河疗休养区的发展。

问：①城市无临海浴场、公园，假日居民纷纷拥至北戴河，[illegible]人数，每天仅开一班公共汽车，拥挤异常。②不便对北戴河的保护海滨。

4. 在新开运河以西为造船工业保留了一段岸线。

二、正确处理港口与工业的关系。由于水运价廉，许多工业都要求靠水域，若不加控制，势必造成不必要的浪费。原则：

1. 根据工业的性质按需安排在不同地段：

①必须靠近水面的工业：造船、水产品加工、塑化工厂，要保证其有一定的码头线和水深。

北京市电车公司印刷厂出品 八一·八

(1547) 20×20=400

③依靠水运输送大量原料、燃料的电厂、钢厂石油化工厂等也可靠近沿海沿河。(芜湖电厂扩建85万瓩：用长江水、运煤300-400万T)如果岸线紧张，也可只设专用码头(梅山)。

④既可用水运、又可用陆运的工业，尽量留出岸线布置。(芜湖水泥制品厂、10万T/年、水泥不宜水运，另求搭建浮水码头(朱家桥区)。

2、沿河工厂的布置尽量位于城市水流的下游(湖口市内酿厂在上游)。沿海工业不宜与居住区混杂，(青岛红旗造船厂之旁为海滨浴场)。

三、正确处理港口与生活居住区的关系。

在考虑规划时，就应将生活居住用地与港口用地同时选择，除了将部分岸线开辟为公园、浴场外，还可直接把居住区摆在临江临海部分。如烟台留500m岸线为居住用地。青岛则控制了一段岸线为居住用地之据，增加了滨海城市的风光。(居住用地在港区一侧)。

位于港口作业区后方的生活居住用地，为了避免水运作业的干扰，应与港口间隔一定距离，也可用林带道路、库场辅助建筑分隔，

北京市电车公司印刷厂出品 八一·六
(1547) 20×20=400

且最好安排港口职工就近居住。

四、使港口与其它交通运输系统保持良好的关系。

1.加强水陆联运的组织。港口是水陆联运的枢纽，为了提高港口的疏运能力，除做好港口本身的规划外，还要同时考虑相应的铁路、公路、内河水运的密切配合。

①为城市居民服务的特种作业区和客运码头，要有便捷的城市道路通往市中心区，并与铁路车站、汽车站有便捷的联系。例：湛江公路江门水运广州，方便；大连海运天津市区方便，大连水运唐沽火车天津不便。（唐沽码头离火车站还一段距离）

②、中转联运作业区应与城市对外交通枢纽有好的联系。例，[illegible]口北港，前方有铁路编组站，满车从此驶出车到此编组直接装船。火车→皮带运输机→装船。

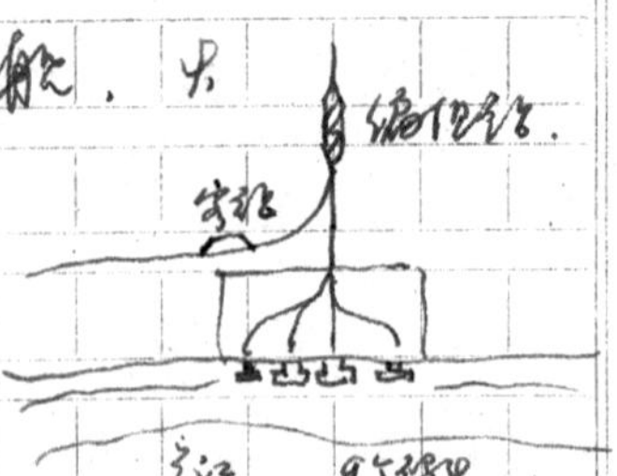


2、伸入港区的铁路专用线避免分割城市。

秦皇岛过去为一线对一港，穿山线、专用



北京市电车公司印刷厂出品 八一·八

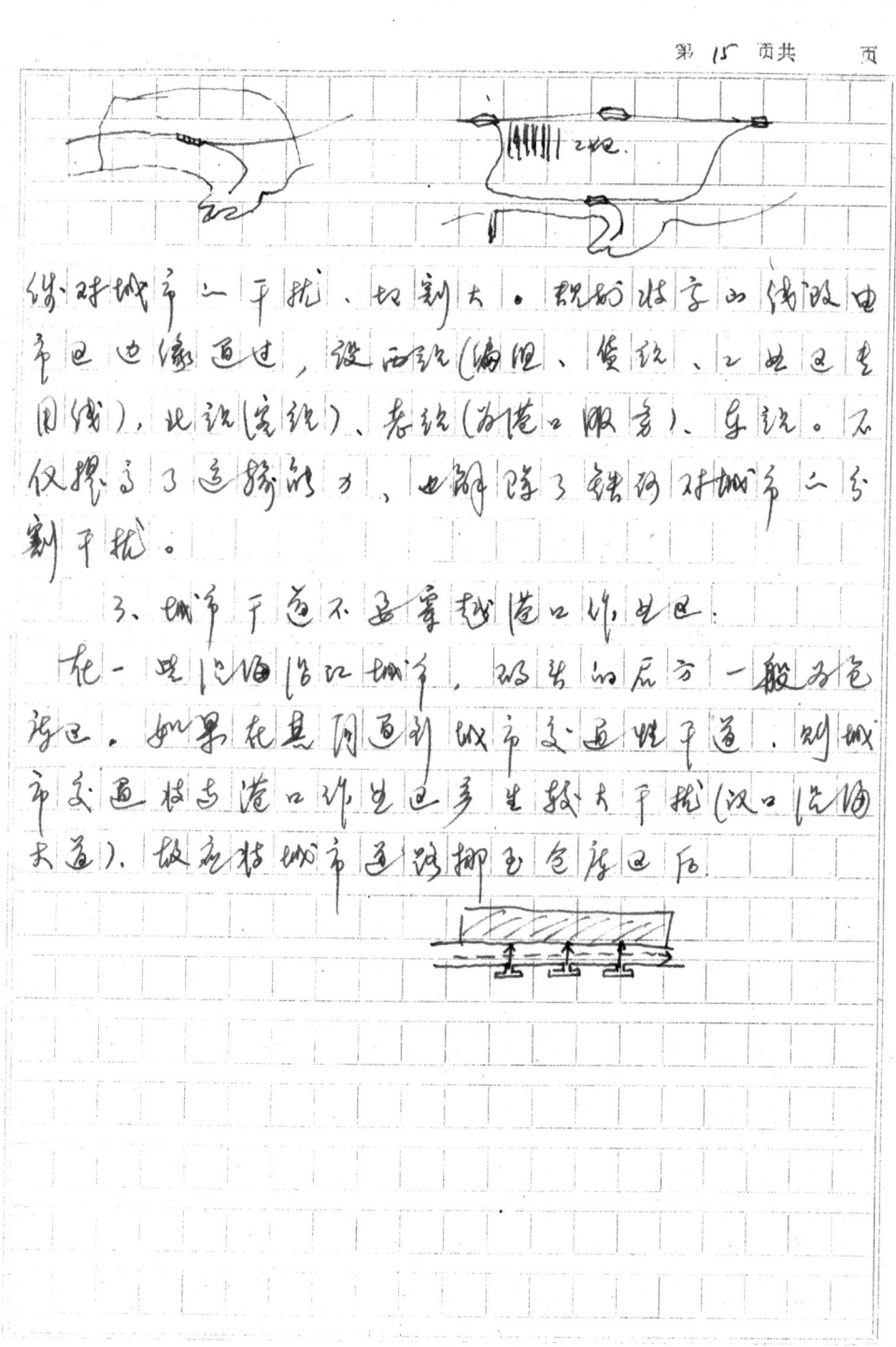

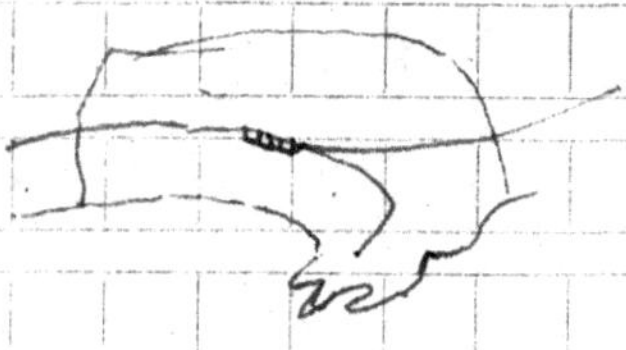


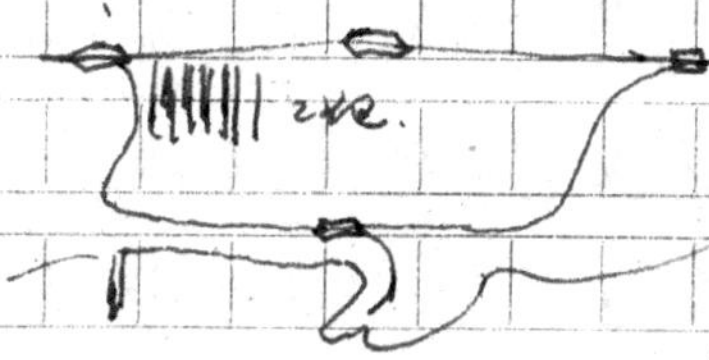

线对城市的干扰、切割大。规划将穿城线路由市区边缘通过，设西站（编组、货站、工业区专用线）、北站（客站）、东站（为港口服务）、南站。不仅提高了运输能力，也解除了铁路对城市的分割干扰。

3、城市干道不要穿越港口作业区。

在一些沿海沿江城市，码头的后方一般为仓库区。如果在其间通过城市交通性干道，则城市交通将与港口作业区产生较大干扰（汉口沿江大道），故应将城市道路挪至仓库区后。

北京市电车公司印刷厂出品 八一·八

（1547） 20×20=400

第三节. 航空运输与城市布局

航空运输的重要性及机场布置的技术要求已在交通运输地理讲述，本课侧重讲机场与城市的相互关系及交通组织。

一、机场与城市的相对位置：现代飞机噪声很大；特别是说起飞、降落方向干扰更大，为了避免飞机起落越过城市上空产生的干扰，在机场跑道方向与盛行风向基本一致的前提下，机场及其净空的位置宜与城市市区平行或与城市边缘相切(图中之A、B、C)，而不宜通过城市市区(E之位置)。

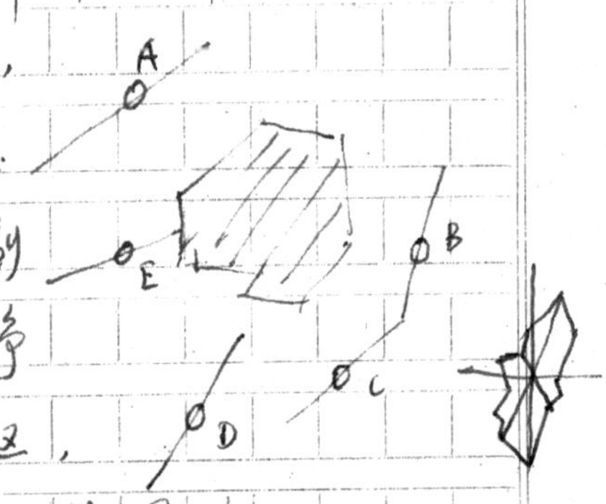


主要由于地形和其它条件限制无法达到如上要求时，也要争取机场设于离城市较远的郊区，保证其净空区不要在城市市区范围内。

二、机场与城市的距离：

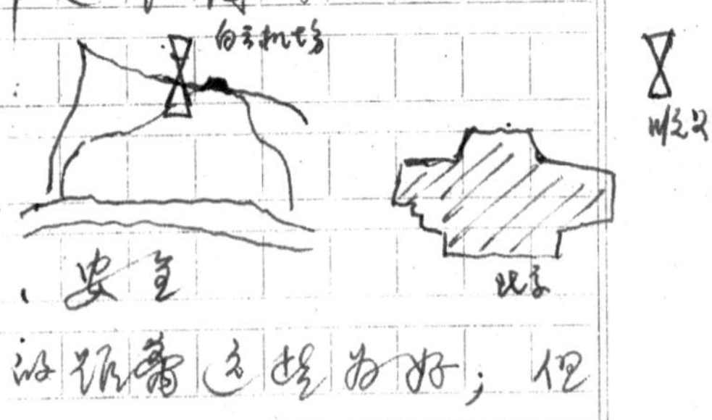


从机场本身的使用和建设以及对城市的干扰、人防、安全等方面来考虑，机场与城市的距离远些为好；但从机场为城市服务，更大地发挥高速航空交通

北京市电车公司印刷厂出品 八一·八

(1547) 20×20=400

的航速越来越快，则要求机场接近城市。城市规划必须恰当地处理好这一对矛盾。由于现代航空技术的发展，国外一些国家机场与城市的距离都已超过10 km，据国外60个机场统计：机场距城市：

10～20 k 占50%；

20－30 k 占15%；

30—40 k 占35%；

一般来说，我国民航部门认为10～20 km较好，城市与机场规模都大，两者距离可远，城市与机场规模小，可近些。我国有些机场与城市的距离就很不理想：如兰州机场70 km，城市→机场2小时，兰州→北京2小时；西藏拉萨机场为我国最远者，位于贡嘎，距城市100多km，费时费钱；也有一些机场过近，如银川，就在市区里，汛期有受洪水淹没之虞；承德机场也位于市区，技术条件最差，跑道仅700来米，净空区一头对山，一头对城市。

三、机场与城市的交通联系.

机场并不是航空运输的终点，而是地空运

输二个衔接点，航空运输的全过程必须经过地面交通的配合才能完成。目前，机场—城市的地面交通联系的速度与效率已成为现代空运速度提高的主要矛盾。据美国统计，当航程为250哩时，地面交通所占全部旅程时间为51%(1:1)，当航程为1000哩时，地面交通占22-32%。北京—上海航程约1000K，空中飞行时间1小时20分钟，从东四—机场距离只有20余km，坐民航大客车耗时40分钟。若从海虹桥机场至市中心也需要40分钟，时耗量在地上的时间与空中相当。因此，在机场位置确定的同时，必须规划好机场—城市之间直通、高速的道路交通系统。

目前国外解决机场与城市的快速交通联系一般采用以下几种方式：设专用高速公路、高速列车(包括悬挂单轨)、专用铁路、地铁和直升飞机等。上述方式各有优缺点：铁路、地铁运量大，速度高，但旅客要多一次转乘增添了麻烦，浪费了时间，而且一次投资大，灵活性较差。采用汽车—高速道路的方式比较方便、灵活、直接，但国外由于机场周转量大，旅客都

北京市电车公司印刷厂出品 八一·八

(1547) 20×20=400

来的汽车，常常造成交通拥塞、行车场地不够甚至矛盾。我国目前还不存在这种情况，可考虑使用高速公路（专线）把机场与城市干道系统相联系（北京）。

第四节、公路运输与城市布局

公路与城市道路在功能上和技术上是有区别的（提问），但在城市发展初期，两者经常混和使用。例如我国许多小城镇最初多沿公路两侧发展，借公路之"光"发展工商业，（节省筑铺城市道路）：一些县城的对外联系，通常沿着四个城门向外延伸，而城市中心又布置了许多商业，吸引着大量人流。由于道路功能不分，于是大量过境车辆穿行城市人口密集地区，既影响公路运输，也给城市带来极大不便。这是我国小城镇布局遇到的一个非常普遍的问题。

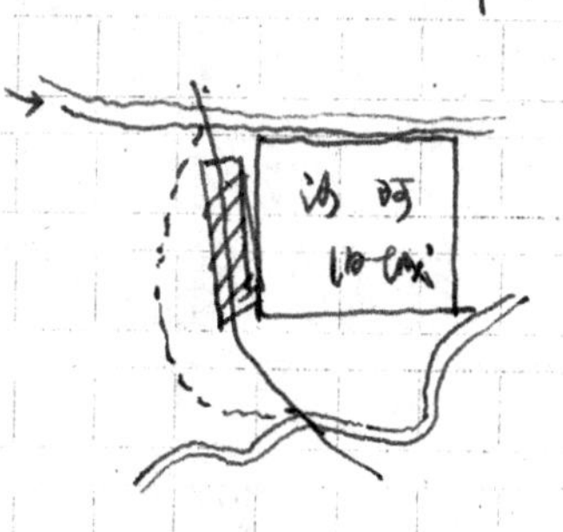


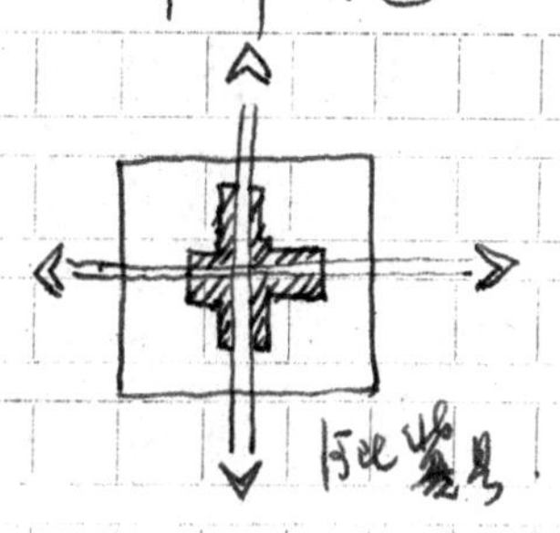

北京市电车公司印刷厂出品 八一·八

（1547）20×20=400

一、公路线路与城市的联接：

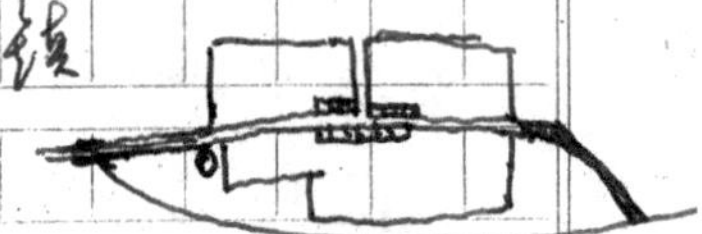

1.对于一般有公路穿过的小城镇为了减少过境交通的穿越，通常将公路引至城镇边缘通过，而将车站设在城市边缘的入口处，使过境交通也终止于此，不再进入市区。

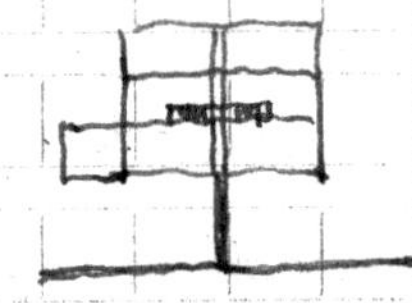

2.一般公路的等级愈高而经过的城镇愈小，则通过该城镇的车流中过境的比重愈大，因而公路宜远离城区为宜，它与城市的联接采用入城道路引入。

3.一般大城市往往是公路的终点，过境交通较少，或者长途汽车站可设入城市边缘，但其它车辆仍要进入城市；或因城市较大，车站设入城市边缘很不方便，希望引入市区，因此可采用利用城市部分交通干道作为公路对外交通与城市的联结形式，但要避免与城市交通密集的地区干扰，宜与地区相切而不宜于过于深入，例：芜湖市利用大庆路与宁芜、芜一公路联接。车站设在交叉点上。

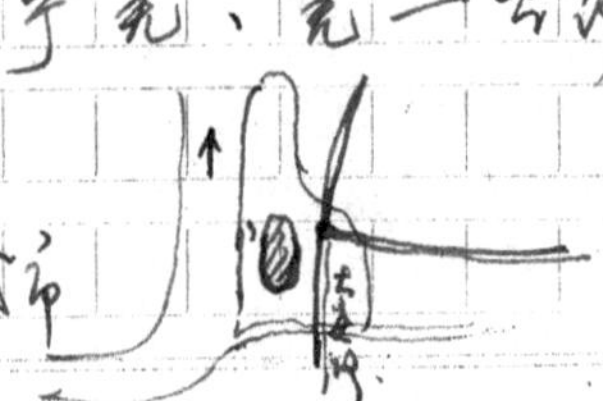


4.在交大航埠的城市设在城市

北京市电车公司印刷厂出品 八一·八

(1547) 20×20=400

环路绕于城市外围，它是交通干道（此系二环二环）。公路过境交通可利用环路通过城市，而不必穿越市中心区。

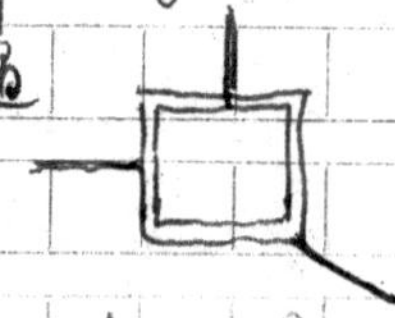

由于城市性质、规模、自然条件不同，公路采用何种形式与城市联接，应因地制宜，目前许多城市不论大小，一律规划环路，是否必要，值得研究。

为了减少过境交通进入市区，可在对外公路交汇的地点或城市入口处设置一些公共服务设施：车站、修配场（保养站）、加油站，停车场以及旅馆、食堂、邮局，等等。既可为过境车辆司机与旅客创造便利条件，又可避免不必要的车辆和人流进入市区。

二、站场位置之选择

长途汽车站场的位置选择和其不同的方式总的原则是：既要使用方便，又不影响城市的生产生活，并要与铁路车站、轮船码头有较好的联系，便于组织联运。

1.在中小城市，公路、铁路客流量不大，一般可将长途汽车站与铁路客站结合布置，例如

北京市电车公司印刷厂出品 八一·八

（1547） 20×20=400

出。

2.大城市客运量大，线路方向多，车辆也多，集中设置车站不一定经济，可采用分路线方向在城市设若干个客运车站，如北京：东北方向→东直门；向南：珠市口，向北：德胜门。

总结：城市对外交通综合布局之一般原则：

一、各类对外交通运输设备之间，在接具联运要求，创造方便条件，以便于组织水、陆、空各种运输方式之综合运输；

二、各类对外交通的客运部分应与城市市区靠近，联系直接方便；

三、对外交通站场与城市交通干道系统密切配合，把城市大量货流集散点串联起来，充分(发挥)提高运输效率；

四、对外交通运输设备的布置与城市功能布局密切配合，尽量减少对城市的干扰。

北京市电车公司印刷厂出品 八一·八

(1547) 20×20=400

第　页共　页

# 第六讲、城市郊区规划

## 一、城市与郊区的关系（郊区规划的意义）

城市郊区是指在城市行政范围以内与城市紧密联系的市区外围地区，是城市不可缺少的重要组成部分。在城市的发展过程中，郊区的作用在于：

1. 为城市提供每天所需要的大量的农副食品，特别是不宜长期储存和远途运输的蔬菜、水果、家禽、乳品（牛奶）以及水产品等。

2. 为城市发展提供建设用地。郊区是城区空间的进一步延伸，是城市进一步发展的后备用地。

3. 为城市提供季节性劳动力和运输力量。

4. 在郊区安排不适于建在市区的一些建设项目，发展卫星城镇，可避免城区工业、人口高度集中，起到保护环境、减轻污染、控制城市规模扩大的作用。

5. 郊区大片的菜地、农田、森林、果园，可以改善城市环境；郊区的名胜古迹、森林公园、河湖水面可供城市居民节假日休息游览。例：北京郊区的绿化，可减轻城市风沙；郊区的名胜古迹、森林、河湖池塘、水面——香山公

北京市电车公司印刷厂出品 八二·八

(1549) 20×20=400

园、颐和园、潭柘寺、戒台寺、上方山、密云水库、十三陵、八达岭等均为旅游胜地。

另一方面，城市支援郊区，工业就近支援农业，直接提供粪便、垃圾、食品下脚等肥料、饲料，并帮助郊区进行农田基本建设和农工企业建设等。促进了郊区小城镇发展，对巩固工农联盟和缩小城乡差别具有积极的作用。

由此可见，郊区和城市关系极为密切。因此，城市郊区（特别是近郊区）规划是总体规划的重要内容之一，是不可分割的部分。

二、郊区规划的任务与内容

随着城市功能的空间分布日益扩大，郊区规划的内容含义也在发生变化。过去认为郊区规划限于城市副食品基地规划，现在内容越来越多，范围愈来愈大，实际上已成为一个"区域规划"，因此，在一些大城市的总体规划中，通常分"市区规划"与"地区规划"，后者实际上是郊区规划，甚至有些城市已跳出行政区划的界限，不受行政区划的限制来考虑城市规划。例北京市在总体规划中分：城区、市区、地区三

北京市电车公司印刷厂出品　八二·八

（1549）20×20＝400

部分，即划分三个圈。第一圈——整个北京地区，面积16800 km²，人口850万；第二圈是市区，建成区为340 km²，规划为440 km²，范围东到定福庄、西至石景山，南边到南苑，北到清河（人口约500万）；第三圈是城区（二环路以内），面积62 km²，人口170万，平均每平方公里3万人。除此之外，还从更大的范围出发，考虑了北京与其周围地区的相互关系（行政区划以外地区），并以北京市为中心，按交通路程划了三个圈。①第一圈 R = 120 KM，包括京、津地区和保定、怀来等；② R = 250km，包括张家口、承德、秦皇岛；③向外放射的更远一些。

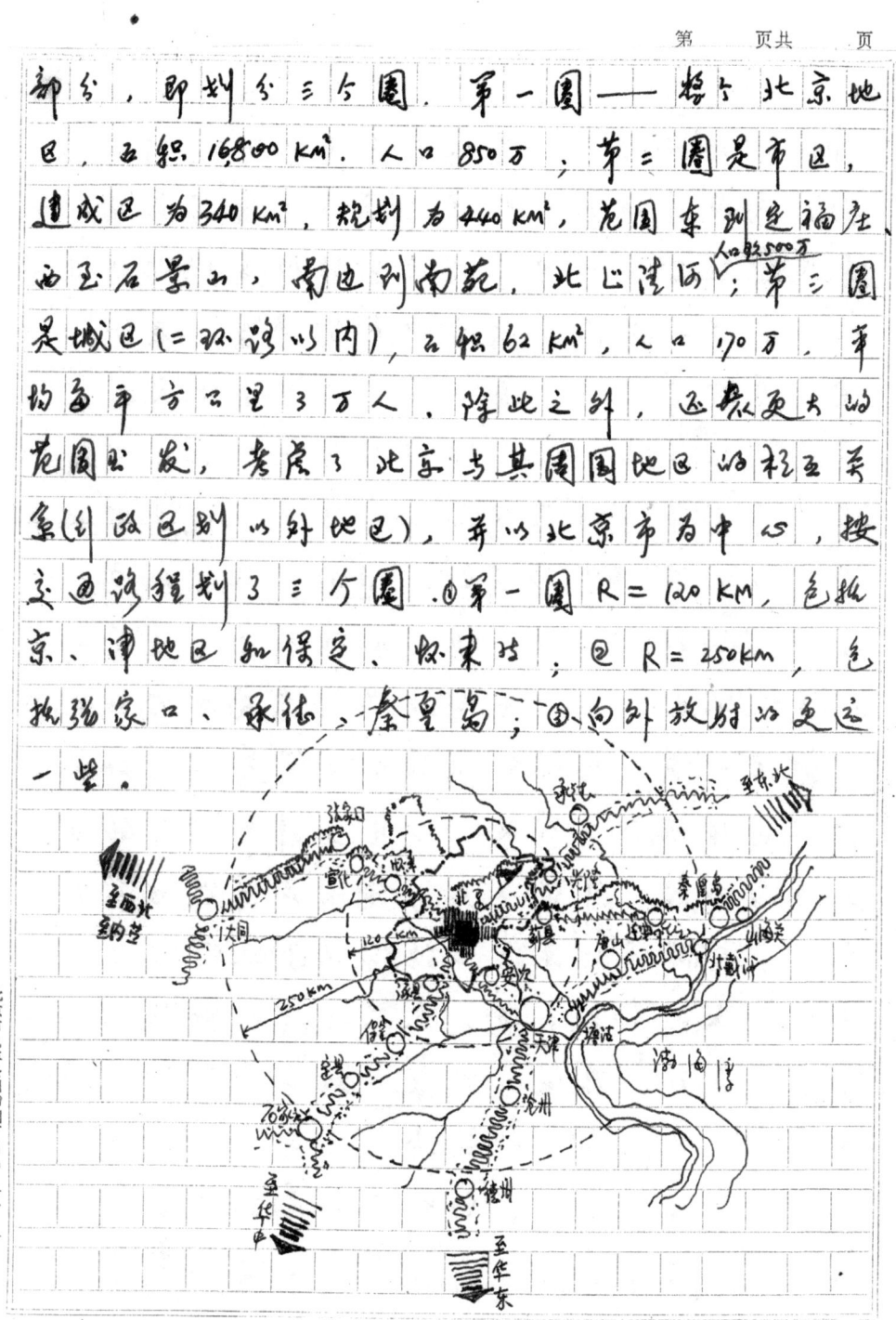

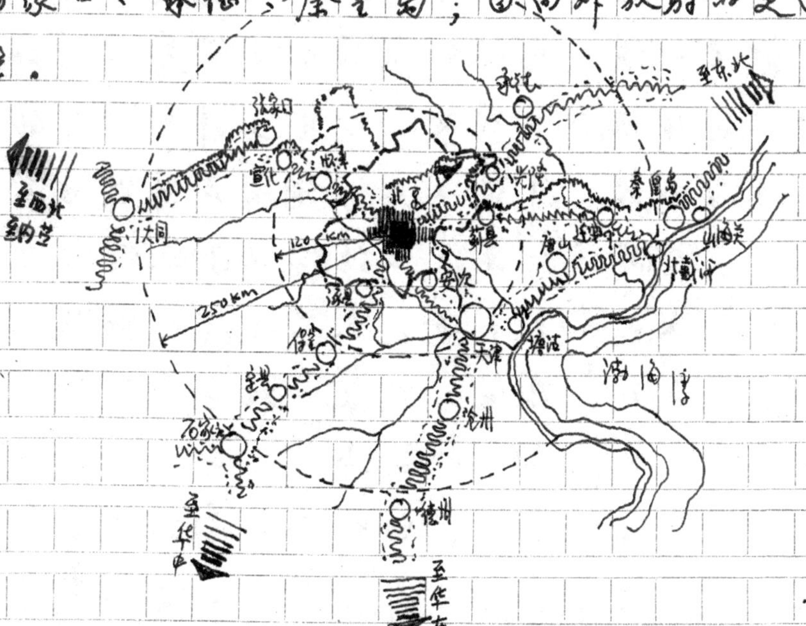

北京扩市区向外发展，城市总体布局，仅依靠1.68万km²的郊区面积看来是不够的，划分更大的范围的目的是在于使北京的发展与周围的地区紧密结合在一起。在北京的地区规划中设想：

a.第一条线，通过向东由通县—唐山—迁安—秦皇岛一线，再经由锦州可至东北大区。在这条线上分布着石油、煤、铁矿等资源。北京的重工业，可设想迁往该线的迁安等地，促进当地钢铁、化工等重工业的发展。同时，北京从这条线上可得钢材、木材、电力和建材等，为首都建设服务。b.第二条是向东南方向的天津、塘沽一线，它朝向海港，适宜建一些外贸、轻工和盐碱化工基地。一些与外事有关的工程，如旅游旅馆、外贸中心、国际展览馆等可在此布设，这些可放到京津公路沿线和天津附近。c.第三条是向南出丰台、大兴，指向保定、石家庄。这是北京蔬菜、粮食、轻工原料的来源线和京广、京沪两条铁路线，也是北京通往华东、华中的交通走廊。因此北京南郊应为铁路交通枢纽和仓库、冷藏库等基地。d.第四是外向



北京市电车公司印刷厂出品 八二·八

第　　页共　　页

西北、东北和西南方向的山区。那里有山、有水，风景优美，名胜古迹众多，在规划中，拟开辟六处风景游览区，并同培育大片山林、果园、牧场，并把多数大专院校、科研单位、体育运动场地分布在这些地区，建立大学城、科研区，体育城、水上风航空俱乐部等等，使成为科研、文教的基地。至于北京城区应继续成为首都的城市中心，也是政治活动和对外联络的中心。

市区集中了百分之百的中央和市属机关，百分之九十的大专院校和75%的工业，建城区平均人口密度1.2万人/km²以上，超过伦敦（9千人/km²）巴黎（8千人/km²）、苏联莫斯科（9.5千人/km²）、华盛顿（4千人/km²），引起了一系列难以解决的问题，为了控制市区规模，发展卫星城镇，近期是在市区外围20—50km范围内建设石油化工区、黄村、通镇、顺义、牛栏山、昌平、沙河等。为便于生活设施配套，人口规模10—30万人。以获得因地布局。

上述规划设想虽很粗略，但它第一次跳出了市区的范围，从更大的空间统盘考虑北京的

北京市电车公司印刷厂出品　八二·八

（1549）20×20＝400

第　　页共　　页

发展。也只有这样，才能从根本上解决首都的环境污染、水源不足、交通拥挤、能源紧张等问题。

根据国家城建总局拟定的《编制城市总体规划深度的规定》的意见，城市郊区规划的内容包括以下几方面。

1. 郊区范围的划定。

2. 合理地布置郊区城镇居民点，包括重点建设的卫星城镇及独立的工业点、工人镇；

3. 安排不适于建在市区的一些城市建设项目，包括：

(1) 布置建筑材料基地，如砖瓦、砂、石灰等；

(2) 安排某些生产上有特殊要求的，占地面积多、污染严重、运量大的，需要与城市保持隔离的工业企业用地，如冶金、石油化工联合企业、制氧厂、化工厂等。

(3) 确定铁路编组站、枢纽站、航空港（飞机场）、港口码头等一些对外交通设施的位置以及对外公路、郊区公路和铁路线路的位置和走向；

(4) 确定~~不需要建~~与城市日常关系不密切，并对市区有一定危险的国家储备仓库、危险品

(1549) 20×20=400

北京市电车公司印刷厂出品　八二·八

仓库的用地；

(5)、布置一些市政公用事业设施用地，如水源及水源保护地、污水处理厂、垃圾处理场、变电站、通讯设施用地等。

(6)安排市郊绿地系统。包括郊区公园(森林公园)、林地、烈士陵园、革命公墓、休疗养地、风景游览地、大型体育设施的规划布局；

(7)、其它用地，如火葬场、堆场、一些军事工程等；

4、郊区付食品基地的规划；

5、结合城市水利、(引)防洪等市政建设工程系统规划，搞好郊区农田水利、道路网规划。

6、郊区农村居民点与社队工业规划。

三、郊区范围的划定

郊区范围大小一般随城市规模而异。小城市如县城镇的郊区一般只有一个或几个(附属)公社组成，不分近远郊；而大城市的郊区多分为"近郊"和"远郊"。(包括郊区县、居民点、工业镇)。

近郊：建成区(市区)的外围地带，农业生产以~~种植粮食~~种植蔬菜、付食品为主，同时还布置有相当数量的工业、对外交通、市政设施。

北京市电车公司印刷厂出品 八二·八

(1549) 20×20=400

与城区联系最为密切，故而是郊区规划的重点。(例. 北京的朝、海、丰、石等区).

远郊：市界以内远离建成区的地带。大多设有县的建制。(北京：通县、平谷、顺义…等十县；上海远郊也设十县). 农业生产以种植粮食、经济作物为主，并生产部分供应城市的付食品。此外，还分布有相对独立的小城镇、工业点、建筑材料基地。据1976年统计，全国约有40个城市(大多为省会以上城市以及部分大中城市)有市辖县，约占全国城市的1/5以上。

目前体制改革，实行以市带县，撤销原来的专区，使城市范围将更加扩大.

市辖县在行政管理上归城市领导，但农业生产方针、供应标准与一般县大体相同，实行这一办法具有以下优点：

1. 由于增加了城市空间，可以使城市布局更为合理，有利于城市的发展。城市中一些不宜摆在城区、近郊的项目可放到远郊县发展；可起到控制人口规模，改善城市环境的作用。

2. 更有利于郊区农林牧付渔的综合发展，

北京市电车公司印刷厂出品 八二·八

(1549) 20×20=400

第　页共　页

从而生产更多的蔬菜、副食品来满足城市的需要。

3、城市工业支援县、社、队办工业，城市中排泄的大量粪便、垃圾、饮食、食品下脚等支援农业生产，这样近郊区、远郊县在城市的带动下，可获得迅速的发展，有利于工农联盟、城乡结合。

4.城市规模扩大了，但并未增加国家负担。（近郊以副食品生产为主，国家要供应农民返销粮，远郊县则能自力更生）。

所以在郊区规划中，郊区范围多大比较合适，因而也是个值得研究的问题：如果郊区面积过小，不够，将影响城市副食品的供应及城市的合理布局；（使大中城市的控制市区人口和用地规模落空，以及近郊区与城镇连成一片）反之，如果郊区面积过大，特别是郊区农业人口比重大于市区时，超过城市"带动"的能力，往往会放松对远郊农村的组织领导和对农业生产，给国家加重负担。所以说郊区范围的划定是一项比较复杂的工作，它涉及到政治、经济、自然条件等许多因素，并且受到城市性质、规模、布局形式等因素的影响。

(1549) 20×20=400

北京市电车公司印刷厂出品 八二·八

第　　页共　　页

一般是城市规模越大，人口越多，其郊区范围越大；但郊区范围并不同比例与城市人口成正比例，而是随城市的具体情况而异。如人口比湛江市多八倍的南京市，郊区面积只有湛江的1/2多一点。边防重镇、工矿城市和布局比较分散的城市，如拉萨、威海卫、连云港、淄博、平顶山、阳泉、鹤壁等，一般郊区范围都比较大。

《关于调整市郊区应当注意的几个问题的通知》

关于郊区范围，1954(5.4)年，在内务部首先规定，"范围应限于在政治、经济、文化和国防事业的发展上与市区有密切联系的区域。" 1963年(12.7)《中共中央国务院关于调整市镇建制，缩小城市郊区范围的指示》又进一步具体(指示)规定：城市的郊区是指这样的地区：1)为城市建设所必须的地区；2)紧靠市区的职工聚居区；3)设在市区附近的蔬菜等主要副食品生产基地；4)无法从市区划出的插花性质的农业区；5)受地形限制划归市区比较合理的地区；6)群众经济生活与城市关系密切的地区；市总人口中农业人口所占比重，一般地区不应当超过20%。

北京市电车公司印刷厂出品 八二·八

(1549) 20×20=400

上述规定既有定性因素，也有定量的指标。但根据我国多数城市的反映，以郊区农业人口占城市人口20%为标准划分郊区，郊区多偏过小，不适应城市发展需要。(因国务院作出规定时，我国尚无建卫星城计划)。例如济南市是个百万人以上的特大城市，郊区仅有一个历城县，因而近郊只有1-2分地/人[工业项目无法摆]，历城县建设初期2亩/人，现已下降到1亩/人，征地困难。城市规划部门设想在离市区30km左右的地方发展新的工业区及卫星城(三个)。都都超出市界以外，无法实现。此外，郊区过小，还有许多问题不好解决。如：

①城市水源：济南地下水枯竭，需从外县引水，难实现。

②大型铁路编组站，晓店(肖堂、黄湖县)。

北京市电车公司印刷厂出品　八二·八
(1549) 20×20=400